# 目　录

# 致　谢

我衷心感谢牛津大学出版社的制作人员，感谢他们在帮助准备本书出版所用的手稿以及附带地图和插图的过程中，对细节的小心关注以及耐心的编辑协助。在此，我特别感激执行编辑蒂莫西·本特（Timothy Bent），从最初的提案到文本编辑再到本书最终付梓，他都给予了有力的指导和支持。我感谢他在提案、外部审查、编辑和修改等复杂过程中耐心给予的明智建议。我由衷感激牛津大学出版社的两位匿名审稿人，他们的见解和批评促使我更好地去阐明本书中的一些关键论点，但愿我的论证足够细微且准确。另外，波士顿大学的古典学教授罗兰·J. 萨蒙斯二世（Loren J. Samons Ⅱ）、波士顿大学的迈克尔·科特（Michael Kort）教授、英属哥伦比亚大学的卡尔·霍奇（Carl Hodge）教授、耶路撒冷希伯来大学的丹尼·奥尔巴赫（Danny Orbach）教授和杜克大学的亚历克斯·罗兰（Alex Roland）教授都对本书不同部分分别给出过口头或手稿形式的评论，在此一并深致谢意。当然，我永远感谢我的妻子瓦莱丽（Valerie），对于她给予我的鼓励、支持以及其余一切，我都心存深深的感恩。

卡塔尔·诺兰

马萨诸塞州，纳蒂克

2016 年 6 月 12 日

# 引　言



军事史之所以是一门艰深的历史，原因或许就在于它看似简单。乍看之下，战争当中似乎充满了显而易见的转折点，它们以决定性会战为中心所组成的密集事件夺人眼球、抢人思绪，令人不禁得出这样一个结论：一个小时或者一天的戏剧性事件决定了过去数百年整个文明的进程。[1] 自古代世界第一批史学家和宣道者的作品开始，这种关于世界级历史性会战的观念始终在公众想象中占有一席之地。不过，近来有一些强烈且不无道理的声音开始出现，它们反对把历史，哪怕是军事史，写作重大会战的串联史，而是倾向于把几乎所有巨变的产生都归因于长时段（*longue durée*）的社会、经济、文化、知识和技术等因素。除了自上而下的战时行动规划和执行之外，在关于如何以更长远的视角探究起因和变化、如何研究军队的社会影响和实践经验的话题上，可说的还有很多。然而近来对传统军事史的学术敌意愈演愈烈，当需要阐释一些更为广泛的变化时，学者们已经不再愿意援引那些重大的战事了。

许多现代史学家对军事史漠不关心。有的持公开的敌对态度，有的则将战争史重新定义为社会史的一个分支，研究战争发动对军队和社会的影响，而不是研究战争本身。许多人强烈反对任何将决定性战争视为推动持久变革的主要动力的说法。出现在传统军事史研究中的宏大命题正遭摒弃，而且这一趋势正在强化，因为学界的主要目光已经开始从宏大的决策叙事转向以小人物、小事件以及日常环境、素材和实践为基础的社会和文化史。然而即便如此，战争，在解释许多历史和更大范围内的人类事务方面，仍然起着举足轻重的作用。事实上，或许它才是最重要的。

武装冲突的重要意义，不是一句简单的“战争解决不了任

何问题”就可以打发的。事实上，历史上许多真正重要的事情都是由战争决定的。历代的重大战争深刻地改变着世界历史的进程，尤其是在18、19世纪之交和20世纪上半叶这几个关键的现代历史节点上。这些战火纷飞的年代又一次证明了——如果此前的证据仍嫌不足的话——战争仍然是所有人类共同事业中最昂贵、最复杂，也是最耗费体力、情感和精神的一项。哪怕是伟大的音乐、艺术，或者教堂、佛庙、清真寺，或者洲际运输网、粒子对撞机、太空计划，为了攻克不治之症而做的研究，它们得到的资源和投入，与人类的作战投入相比，与战后恢复、重整军备这类需在如履薄冰的和平时代里进行的数年甚至数十年的投入相比，都不值一提。这和本书将要论证的观点，即几乎决定着其余万物命运的现代重大战争，其命运往往不由某几场会战所决定，不是一码事。

战争之于世界历史的根本重要意义，意味着非军事史学家们终有一天会回过头来，更加仔细地去端详它。而与此同时，军事史学家已经将他们的关注点从会战转移到了更具长远意义的军事制度上，比如作为战争筋骨的财政和后勤系统；工业制造、官僚体制和战争动员在当中扮演的角色；以及战争是如何被记忆的，而这记忆又是如何，至少是经常地，被改写和掩盖，以服务于其他公共目的的。其余人则研究战斗的模式和详细的作战行动——介乎以小型作战单位为基础的战术和在战争中制胜（或落败）的战略之间的中间层次战事，它们依然在所有军事史中处于近乎中心的位置，只是现在它的相关发现都有赖于其余历史分支和其他学科的进展。[2] 说到底，我们都在寻求一个解释：作为深刻变革的加速器和塑造者，这些大型战争的动力来自哪里？欧洲是如何走向三十年战争的？法国大革命和拿破仑战争中导致民族主义和群体暴力爆发的真正根源是什么？两次世界大战的灾难究竟是什么？为什么普通民众会同

意开战？为什么那些杰出的人所制订的计划，不仅带来世界大战，而且引致有计划的大规模屠杀，引致社会秩序的崩坏和所有旧帝国的灭亡？这些才是历史学家，以及公众，真正应该关心的问题。

我们总想在战争中找到一种明确性。然而，现实未必总能如人所愿。我们谈论“胜利”和“失败”，但这些都是情绪化的措辞，极易受到激情的左右，而激情会扭曲记忆和理解。明确性对那些对冲突持二元观点的公众来说或许意义重大，但于政策制定者而言则不然。更多时候，战争的结果是一种模糊不清，既非胜利也非失败的东西。这是一个灰色地带：解决争端的方案含混而偏颇，使得武力作为一种政策工具在一开始就成为一种选择。没有明确的解决方案，意味着战争很可能再次发生，因为优柔寡断会鼓励战争，而战争又会招致更多的战争。我们战斗，是为了迫使敌人作出某个重大抉择，一旦期望落空，我们便会停下脚步，重整旗鼓，然后再一次投入到战斗中。让许多战争，甚至可以说大多数战争走向终结的，不是几场会战的胜败，而是军心涣散和物资耗竭。大国争战，无论发生在哪个时代，结局也不外如是。而对那些竭力争夺军事和政治霸主地位的现代大国，那些似乎最有能力承受大战的巨大消耗和代价，却同样打得筋疲力尽的列强来说，更是如此。

3

“决定”是一个比胜利或失败更具道德和政治中立性的词，因此在描述战争结果时更为有用。当某些重要的战略和政治目标借由武器得到实现，使得其中一方获得持久的优势，得以巩固其关键价值和切实利益时，这场战争通常就被认为是决定性的。历史学家惯于寻找那些将战争推向终局的关键时刻，认为会战——尤其是那些结果一边倒的大型会战——是实现武力推动决策的关键。然而，“决定性会战”是衡量胜利的真正标准吗？这种说法，即便把它放在那些最为令人瞩目的会战案例

上，比如马拉松、坎尼、洛伊滕、特拉法尔加、滑铁卢、葛底斯堡、中途岛、斯大林格勒——它们的名字是如此耳熟能详，这些在一名英雄或至少是一位令人无法忘记的领袖的带领下取得伟大胜利的景象早已深深刻入我们的脑海——是成立的吗？我们怎么知道一场会战的胜利是“决定性的”？换句话说，就此锁定了战争的成果？更多时候，“决定性会战”仅仅被用来表示一方的死伤比另一方多。这种粗糙的死伤记录称得上是一个衡量“决定性”的真正标准吗？更夸张的情况，是笼统地用“决定性的胜利”来表示单纯的技术或战术成果，比如在一天战斗结束时因为成功击退敌军或敌舰而守住了战场，或者在某一场会战结束后保住了更大范围内的战局的主动权。

这也许是记录某场会战谁胜谁负的合理手段，但它并不能坐实战争最后的胜负。许多在会战中能够以寡敌众、以弱胜强的人，最后却输掉了整个战争：汉尼拔在坎尼胜了，拿破仑在乌尔姆胜了，希特勒的装甲部队 1941 年在基辅城外俘虏了 65 万名战俘，然而三人的结局终归是落败。上述案例中，战略损失无一例外地都发生在与敌人旷日持久的消耗战之后，因为对方并不接受那些早期的战术性成果在更大的冲突语境中的“决定性”地位。也就是说，许多大规模会战所缺少的——用它的提出者及后来史学家们的话来说——是长期的战略影响。它们也许更应该被视为消耗的加速器，而消耗，在长时间的大规模战争中，才是那个真正决定成败的因素。如果“决定性会战”一词是为了阐明而不是模糊军事史，那么它的使用范围就必须收得更小，用以指示那些创造了长久的战略性变化，并直接或最终将战争推向决定性时刻的非同凡响的胜利或失败。在一场战争中，真正的决定性会战可以转化为持久的政治成果，这实际上是相当罕见的。

那些旷日持久的战争，有些甚至持续了数十年，而大多数

的单次会战除了加速潜在的人力、物力损耗之外别无意义，而本书将要表明的就是，在决定战果方面，人力、物力的损耗速率反而才是那个更为重要的因素。赢得会战当天的胜利是不够的，你还必须赢得一次战局[①]的胜利，一年的胜利，十年的胜利。胜利必须带来政治上的持久性。如果没有，那么在短暂的偃旗息鼓之后，战火又将重燃。又或者，新的战斗循着旧日的因由卷土重来，最终引致持续数十年的连环战，比如百年战争、路易十四和路易十五的战争、腓特烈二世仓促发动的长期战争、法国大革命和拿破仑战争，还有如今多被打散、分别记录为第一次世界大战和第二次世界大战的现代“三十年战争”。在这种浩大而持久的战争中，一次会战的胜负将变得越来越无足轻重，因为消耗将成为压倒一切的战略现实。值得注意的是，即使是最伟大的会战将领，或者像是拿破仑的法兰西第一帝国、德意志帝国和日本帝国这样的现代战争国家，也并不总能理解这一点。武将和政府反而更易屈服于会战的诱惑，更愿寻求快速见效的战术胜利，而不愿倾力于艰苦的战略投入。

虽然大规模的会战在历史上远没有人们普遍想象的那样具有决定性意义，但这个概念仍然十分诱人。我们总是不由得歌颂会战，因为它们似乎可以推动一个“决定”的诞生。不仅如此，我们还是在感官的牵引下走向战场的，因为战斗的开场可能是这样的：随着战争号角的响起，罗马军团向前推进，铠甲熠熠发光，武器准备就绪；随着国王的一个扬手，衣着华丽的骑士们跃马而上，组成一队重装骑兵，发起冲锋；蒙古部落的战马扬鬃奋蹄，飞奔而去。盛大的会战是一台露天大戏，它有着数以万计的表演者，他们是色彩鲜艳的雇佣兵，是文艺复兴时代的民兵，是以风筝为战斗信号的日本武士，还是以正

① 指较长一段时间内（多为一年，但并不绝对）在一个战区中发生的军事活动，而非“战争局势”。（如无特别注明，本书脚注皆为译者注）

色、镶色旗帜为组织单位的清朝精锐步兵；他们既有骑在大象上的象夫，穿过茂盛草地赤脚冲向身着红衫的英军火线的祖鲁矛兵，也有头戴华丽羽饰，举起黑曜石战刀，砍向火枪、钢剑和胸甲的阿兹特克美洲虎战士和雄鹰战士。战斗打响的那一刻，战鼓齐鸣，旌旗猎猎，身着醒目的红、蓝、白等不同颜色军服的各营士兵迈步挺进；风帆战舰上鼓起的船帆下帆减速，舷侧的炮火轰隆齐发，在朵朵白烟中喷出炽烈的火光；一队尖牙利爪的装甲部队在坑洼不平的俄罗斯干草原上全速开进；又或者，直升机低空盘旋，瓦格纳的乐音①伴着轨道炮的轰鸣一同奏响。而紧接着发生的事情我们根本没有机会细看，遑论深究。

我们也许会在大学的文学课上讲授更为悲切的战争诗篇，也许会每年站在冷雨中的墓碑前默哀上几分钟。但是，每一次战争结束后，我们还是会写出更多的英雄诗篇和故事，来宣扬“那个古老的谎言”。[3] 我们埋葬死者，却全然忘了尚存的生者。我们哀悼一段时间，或许是一代人的时间，但通常要比那短得多，然后写出更多的战歌，并向那些对战争充满渴望的年轻男孩们大谈“倒出红色的青春甜酒”。[4] 于是，我们埋葬更多的亡者，竖起更多的花岗岩雕像，把过不了多久就会被我们抛诸脑后的外国地名用酸蚀刻在石碑铜牌上。我们将敬仰的目光投向油画里那些骑着高头大马、穿着绸缎的匹夫莽将——那些为了给他们的国王圈定地界带领军队在不知休止的战争中杀伐屠戮的人。也许更为荒唐的是，我们所看的电影，里面那些令人感到宽慰的角色和结局，所起到的效果同样是在美化战争，即使它的本意是谴责。

在谈到第二次世界大战时，这种倾向尤其明显，尽管它的

① 理查德·瓦格纳（Wilhelm Richard Wagner），19世纪德国作曲家、剧作家，因其作品中的反犹思想在二战中备受希特勒的推崇。

破坏力是所有战争中最可怕的。复杂的社会和政治问题似乎变得无关紧要，就像一部不加批判的英雄文学所呈现的那样：在一部关于善与恶的长篇道德剧中，讲述最伟大的一代盟军士兵的故事，可能作为点缀还会再加入一点有关道德模糊性的描述。[5]那场“正义之战”①已经成为一种肤浅的助兴品，每每沦为浮夸电影、新媒体博客和电子游戏的背景。更糟糕的是，盟军为对抗纳粹而发动的这场规模庞大、无法避免的多国战争背后的道德议题和基本起因是被漠视的。纪录片找回了一些关于这场战争的影像和声音，但即便如此，这些过于遥远的黑白影像和沉闷的说教式叙述，都让我们游离于严酷的现实之外。战斗回忆录可能有助于浇灭我们以英雄话语解读现代战争的天真欲望，可是时至今日，大众历史依然是以那种“号角起，战鼓擂”的文风写就，它们追求对战斗场面的生动描述，但对艰难的军事后勤和日常磨难不着一墨，对制造出大量军队并将这些军人派往一个遥远的战场，让他们为一个自己一无所知的事业而战的社会和文化也毫无批判。

所有这些媒体都在迎合我们的喜好，于是它们乐于在举国欢庆的日子里为我们展现血气之勇，展现从现代战争的全貌中剥离出来的惊险战斗场面，并对轰炸和会战的诱惑大加渲染。因为战争自然地唤起了我们对盛大场面的迷恋，而没有哪个地方能够比战场提供更大的舞台和更富戏剧性的角色。迈克尔·霍华德爵士（Sir Michael Howard）恰如其分地将大量并不触及更为深层的武装冲突问题的战斗文学称为“一种历史色情文学”。[6]维克多·戴维斯·汉森（Victor Davis Hanson）则对“在会战叙事中使用委婉的叙事语言，或者索性对杀戮细节一概省略”的做法提出批评。他说：“战争说到底就是杀戮。死

6

① 指第二次世界大战。

亡的代价一旦被忽视，故事就会变得荒谬。”[7]这两个说法当然都是对的，但是对历史学家和读者来说，应该如何区分纯粹的对杀戮的窥探欲与对冷酷事实应有的尊重之间的区别？

尽管会战有其恒常的诱惑，但我们还是得研究战争，而不仅仅是会战。[8]然而，要完成从战斗到更为庞大且复杂的冲突的视角转移是很难做到的。我们想要相信，或许也需要相信，那些发生在伟大会战中的苦难可以给予我们真正的教益，可以带来具有长久意义的决策。我们似乎坚信不疑地认为，会战总比消耗可取，前者一定更具决定意义。我们说会战绝对不能是那些在一个小时或一天时间里制造出来的机器残骸和断肢残臂的简单相加，但这仍然不能解决那个关键的问题：除了大战一场，我们还能怎么赢？因为害怕发现这些残酷的损耗背后只有苦难，而这些苦难却无法带来任何鼓舞或救赎的意义，我们于是屈服于一种强大的情感需求，相信会战是更为重要的，更为壮烈的，也是更具决定性意义的。

这不只是一个事后的问题。会战对于那些摩拳擦掌、谋求一战，但实力处于下风的战争策划者来说有着持续的诱惑力，否则他们无法想象还能有什么办法击败或者对抗那些比自己强大的军事大国或联盟。消耗战模式就此开启。弱势的一方从一开始就奔着一战定乾坤而去，他们希望一战歼敌，给敌人一个迅速而有力的打击。目标是在敌人的兵力和物资优势还未发挥出来之前，立即发动、赢得会战，并最终凭借这场决定性会战取得胜利。这一开局策略似乎提供了一条通往“决定性时刻”的捷径，让弱势一方既能在侵略中获得成功，又能避免陷入一场更为困苦而漫长的战争。但在大多数情况下，这都是痴人说梦。强势的一方也曾有过类似的误读，尤其是在拿破仑战争之后。这些大国有时也会因为误判，而被拖入预期之外的漫长战争的泥淖当中，饱受精神和物资消耗带来的折磨。到 1914 年

时，速战速决已经成为各国的一个普遍幻想。

然而，在大多数现代大国战争中起决定性作用的不是会战，而是消耗，尽管后者不会是开战之初就作出的选择。更常见的情况是，经过前期一通手忙脚乱的非决定性战斗之后，战略性的消耗才会以一股永不言败的劲头、一副不到对方因为伤亡和力竭而先于我们倒下绝不罢休的坚定面貌翩然登场。理论上关于在战争中哪种战略更为可取，是击溃还是消磨，是在一开始就以压倒性的出击来歼灭敌人主力，还是通过长时间的消耗提高对方作战成本，来削弱其继续战斗的意志和能力，向来有不少争论，本书无意对此置评。[9]这里希望说明的是，无论最初作何选择，事实证明，自17世纪以来的所有大国战争当中，几乎没有哪次会战的决定性意义是能越过局部或战术层面的。相反，这些规模空前的超级大国争战，有一个共同的特征：因为两方势均力敌而带来的长期僵持局面，只有在长期的消磨将战争变成一场耐力比拼之后才有可能被打破。例外的情况极少，譬如普奥战争和普法战争，普鲁士的迅速取胜只是增加了会战对德国人的吸引力，这在很大程度上造成德国人的误判，并最终引致20世纪的两次世界大战。

7

认为发生在所谓“会战时代”以及之后的会战通常不具有决定意义，并不等于说战争不值得发动。一位会战史家曾有论断，战争早就没有了决断的用处，这话并不正确。[10]无论战争是不是解决争端的最佳或唯一手段，它都已然决定了许多事情。我们不应该把大规模会战的非决定性与大规模战争的最终决定意义混为一谈，无论这些战争的短期进程和结果如何。大国之间的战争已经在事实上改写了历史。虽然比起我们的前辈，这样的想法或许会让我们感到更加不安，但我们仍与他们在一件事上是共通的，那就是愿意相信会战可以决定战争，因为战争真的很重要。否则我们为什么要打那么多仗？消耗似乎

在抽空战斗的崇高意义和紧迫性，以及它的道德使命感。而会战将战争框定在一个有限的战区和时间内，使其有一个清晰的开局、发展和结尾，似乎只有这样，战争的正当性才能得到更好的呈现。我们情不自禁地要以这种方式看待会战，是因为我们一直抱有这样的希望，即可以从中找见某种超越自己的日常生活的东西：英雄主义和天才。

自1815年以来，会战的魅力越发凸显于主要政治领袖和军事专业人士所追求的战争计划和战略，以及主流的理论文献当中。随之而来的是对军事天才这一存在的笃信，天才的将领凭借出神入化的天赋，可以洞悉战争本质并带领军队取得决定性胜利。这一信念在拿破仑战争之后尤其显著；自腓特烈和拿破仑以后，一代又一代的将领和军事理论家为之沉醉。这一须由“伟大将领”统率战争的理想，反映的是一种核心信念——会战是拥有战争艺术之天赋者的画布。这一信念影响着19世纪的主要军事理论，而且直至20世纪中期之前，它都一直在当时的作战和战略思想中占据着统治地位，特别是在普鲁士及其之后的德国。那些被认为赢得了现代史上最伟大会战的指挥官都被挑选出来，因为他们被认为具有一种与生俱来的才能，只有他们才能穿透战争的浓雾，直视战争的本质并取得胜利。史学家们因此宣称马尔博罗公爵（Duke of Marlborough）的胆识、魄力和才能无人能及。腓特烈二世创新的“斜线战术”据说显示出其独一无二的才华。拿破仑是天才的化身，尽管他未能在博罗季诺（Borodino），以及后来的滑铁卢展示这一点（怪他的部下、他的病痛，还有天气和恼人的泥浆）。下级将领和部属的决定有时会令一个天才失去应有的荣耀。他手下的元帅内伊（Ney）在滑铁卢根本不该独自带着骑兵前进。他为什么不等步兵的支援？在葛底斯堡之役的第三天，罗伯特·李（Robert E. Lee）不该让皮克特的师团冲进重重防线自取灭亡。而根据他的

8

将军们的说法，希特勒不该把装甲部队转向南边的基辅，尽管他这样做赢得了截至当时的战争史上规模最大的包围战的胜利和俘虏规模。一个小小的决策可以影响会战，一场大型会战可以左右战争的局势，而战争的结果将改变世界的历史。[11]

失了一颗铁钉，丢了一只蹄铁；
丢了一只蹄铁，折了一匹战马；
折了一匹战马，损了一位骑兵；
损了一位骑兵，少了一份情报；
少了一份情报，输了一场会战；
输了一场会战，亡了一个帝国。
这全因少了一颗马蹄铁钉。[12]

在过去三个世纪的主要战争中，很少出现一次行动就改变一场决定性会战的结果，继而扭转整个战局的情况。人们极力搜寻着可以拿来当作反例的所谓关键时刻，但似乎只是透露出为了维护关于英雄将才和决定性会战的价值信念而陷入的近乎绝望的迫切。然而，这种天才观念在战争和现代将领思想中依然存在，这么做尤其是为了确认我们与古时伟人和旧日荣光的联系。太多的历史学家过分颂扬古斯塔夫、马尔博罗、腓特烈二世以及，没错，还有拿破仑，代价是罔顾消耗在现代战争中所起的更大作用。宫廷史学家与诗人和宣传家串通一气，极力掩盖长期战争中的严酷现实，直至20世纪的全面战争将个人天才和所有关于短期战争的幻想，连同无数城市和数千万人的性命，统统抹去。[13]

即使是在用上各种手段的以彻底摧毁为目标的战争中，会战的诱惑依然存在。我们并不认为旷日持久的大规模消耗战是英勇的、有意义的，相反，我们认为它们是悲剧的、无谓的。

9

无论是在克里米亚半岛、奉天、一战中的伊松佐河河谷或西方战线，还是第二次世界大战中令人恐惧的位于俄国境内的东部战线，那些发生在众多无名战壕中的故事，通常被描绘为一出出道德剧，讲述英勇的战士如何献身于愚蠢的军令，头脑愚钝的将领和独裁者如何发起徒劳无益的进攻，年轻一代又是如何将青春和生命葬送于此。[14] 自凡尔登会战、索姆河会战、伊普尔会战以及更多的大规模流血事件以来，消耗战的主流形象就是毫无用处。不仅如此，它还是邪恶的。其结果就是引发重返运动战的呼声，人们呼吁让天才归位，恢复机动性和决策速度，认为为了开启新的光明征程，必须用上老办法。然而，相对于 1914 年秋天的机动战，以及 1918 年春夏德国和盟军在西线所发动的攻势所造成的损耗，战壕确是挽救了生命，减少了伤亡。在第一次世界大战和其他战争期间，士兵和军队都在挖掘战壕，因为战壕可以保护他们免受以弧线轨迹飞入的炮弹、机枪以及糟糕作战计划的伤害。防御也能赢得战争，即便它不具备那么大的诱惑力。

本书的大部分内容对熟读军事史的读者来说都不陌生，但我相信它所要呈现的视角将是全新的，它将着重讲述侵略国的短战思维和追逐会战的行为如何随时间的推移而演变。除了结尾几章涉及日本从 1894 年第一次中日战争①到第二次世界大战最后那段戏剧性的时间的部署和战略外，全书的重点将放在几个世纪以来的西方战事中所呈现的人们对会战理想的追求和始终存在的防御现实之间互相缠绕的关系上。本书的重点将是大国之间的大战，因为欧洲帝国之间的战争在持续吸纳吞入整个世界的人力和资源，直到 1945 年的全面战争使其统治地位走向终结——战争既是统治地位终结的标志，亦是它终结的根

① 即甲午战争。

源。会战对处在欧洲帝国时代的大国来说，诱惑是最为巨大的。速战速决在这个时期的大国当中发挥着最为强劲也最为持久的魅力，它几乎主导着当时所有的军事思想，所酿成的灾难性后果日益严峻，并在20世纪上半叶两场旷日持久、以消耗为标志的世界大战中达到顶峰。

本书并非认为在书中涵盖的所有时期中，追求会战作为一种战略一定就是错的，也不认为所涉战争完全由消耗决定。然而，它认为除了极少数个例外，在过去几个世纪主要的强国战争中，最终起决定性作用的都是无休止的消耗，而不是哪位统帅的作战艺术，哪怕他是最为伟大的现代帅才。出于对挥军奋击这一姿态的畸形迷恋，军事史常常忽略对防御的研究，因为历朝历代的人们都在努力战胜阵地战争和防御姿态所带来的深层自然优势和技术革新优势。传统的军事史过于关注古斯塔夫·阿道夫（Gustavus Adolphus）的线式战术、腓特烈二世的斜线战术、拿破仑的整个“战争艺术”，还有毛奇（Helmuth von Moltke）的快速机动和歼灭战略。大部分的笔力都用在了探讨如何恢复在阵地和消耗中越陷越深的战争的机动性上。然而，防御对大国之间的主要战争也是不可或缺的，这些战争的胜利往往是靠消磨而不是天才取得的。 10

我认为很重要的一点是不能摆出精心挑选过的例子来附会自己的论点。这也是我在本书中加入有关毛奇战略在普奥战争中的成功以及他对各地军事家的深远影响（即使他后来在普法战争中的成功并不太令人信服）的内容的一个原因。然而，即使是这些反例，也在某种程度上帮助本书在一个更加宽泛的范围内建立起一个观察结果，即正是普鲁士在19世纪中叶取得的两次“歼灭战役”的胜利，助长了20世纪上半叶的德国人在面对渺茫的胜算和困难的后勤问题时的傲慢，激进的逐战心态最终让他们在陷入两场漫长的消耗战后走向失败。作战上的

狂妄让德国人深陷一场最终被证明是（也许一直以来都是）他们无法取胜的物资之战，它的另一个名字是让毛奇和他的追随者们为之恐惧并极力避免的“全民战争”。德国的战争策划者们知道，一旦打起消耗战，他们是不可能赢过敌方盟军的，但他们的激进政策和侵略行动却势必促成敌人的联手对抗。于是，在一开始就打一场大决战，成为他们走出这个战略困境的唯一出路，这是一个可以解决政治和战略难题的作战方案。但这个方案失败了，世界陷入全面战争。同样的诱惑诱使日本帝国发动了它认为将是“速决战”，然而同样以可怕的损耗和失败而告终的战争。

虽然本书论及的大部分内容都是欧洲的现代军事史，但它无意踏入所谓“西方的战争模式”的争辩，即认为西方强国发动的现代战争植根于其独特的从法律到公民阶层的古典尚武传统，并强调逐战和屠杀是军事文化的精髓。[15] 对此只需说明一点，那就是我们不应将西方或其他任何地方的战争实践和历史，简单地归因到某块单一文化模式下的罗塞塔石碑，某种声称普适的战术、公民兵制，或者战争原理上去。没有哪一种作战理论或策略是适用于所有地方和时代的。在西方形态各异的历史中，也并不存在单一的作战方法，遑论更为广阔的世界。战争不能被简化为某一件东西，不论那是某种推定的传统还是作战风格，甚至是决定性会战这个概念。敌人在不断调整自己，战争也在演化嬗变。因此，真正的现代军事史远比任何一项理论所能覆盖的都要复杂。它不只是某一独特门类文化所能涵盖的，它充满着战术磕绊和令人始料不及的混乱，这一切都远远超出任何一名作战技术超群、天赋异禀的统帅所能掌控的范围。

11

本书意在阐述理想化的将领观和标志性的会战观之间的冲突，同时强调精神和物质消耗是决定大国战争结果的主要因

素这一强大现实。这并不是说，消耗就是一切战争，甚至一切大国战争的必然结果。如果局势的发展、事件的推动恰到好处，那么那些在历史上曾有过，现在似乎仍依稀可见的迅速彻底取胜的空间，将来或许还会继续存在。这就是为什么会战的诱惑如此强大，而又如此致命。当某个大国在战争中面对的是一个孤立小国时，结果往往就是意料之中的——尽管并不总是如此，因为战争和不确定性相关联，它总是在充满不测的迷雾中爆发。如果冲突是在大国之间直接爆发的，那么情况就会有所不同，在这种情形下，对实力和军事力量平衡的误判更为常见，意外、狂妄和无能将在其中发挥意想不到的作用。因此，它需要战争本身去澄清或推翻旧的平衡，而这个过程并非一蹴而就，而是漫长的、无尽的，直到掏空一个国王、一个国家以及之后的整个帝国的最后一点资源。欧洲的战争已经越发不是国王与国王或国家与国家之间的事务，而是大国联盟之间的长期较量。这种情况一旦发生，企图凭借短促一击，率军越过边界，并在夏天结束之前达成协议的希望，将随着第一场雪的落下化为泡影。以速战速决来推翻旧秩序的机会已经不复存在，尽管尝试的诱惑一直都在。一次又一次地，在战前迷雾中摸索前进的挑战者都满心以为自己看到了一个突破口，并发起攻击。而每一次，他们都会挑起一场旨在击退他们的联盟战争。20世纪的两次世界大战便是这一悲剧的巅峰。它们将是本书的一个重点。

本书将以一个简短的章节开始，回顾在中世纪末和近代步兵急剧扩张之前的会战形象，并在接下来讨论火药武器和防御工事的巨大变化，以及在财政-军事国家崛起背景下的步兵扩张。尽管文艺复兴时期的思想家重燃对古典军事史的兴趣，而且这一思潮也在后来的启蒙运动中再次出现，但是“炮兵堡垒”的存在让会战的发动举步维艰。为了突破这些深沟坚垒，

12

人们开始将目光放在技术发展，以及寻找有别于以往的沙场将领上，这些将领是古典美德的化身，他们将让古老的作战方式在今世复现，以巧妙的机动引领两军走向最终的正面对决。然而，即使近代的枪炮和步兵为17世纪出现的“新模范军”的演变指明了方向，岿然不动的石墙依然在战争中占据主导地位，并在18世纪的线性战争中导致一种新的战术僵局。即便如此，启蒙作家们还是宣称，现代伟大将领终于降临战场，在那里，他们通过应用理性，实现了对会战的完美理解和实践。但他们错了：石头仍然占据主导。对会战的追逐直至18世纪后期才开始浮出水面，对战场机动性的推崇则是在19世纪早期进入狂飙阶段的。

拿破仑战争反映了指挥思想从回避会战到会战崇拜的一个深刻历史转变。拿破仑早期在战术和作战层面取得的成功掩盖了他最终的失败，盟军在西班牙和俄国开启的消耗战拖垮了他。在把他的军队撤出这两个失败的战区之后，拿破仑在德国和法国的最后阶段的战局暴露了一个事实：除了下一场会战或战局，他没有任何战略目标或计划。滑铁卢不是他的决定性失败时刻，他的败象早在一年前就已显露。滑铁卢不是他的高潮，而是他的突降。即便如此，在约米尼（Antoine-Henri Jomini）等人僵化的理性主义理论中，拿破仑激进逐战的作战方式仍被追捧为战争的理想甚至是完美形式。这些在19世纪初极具影响力的理论家从拿破仑的箴言与实践，以及他的兵法中提炼出一套所谓的通行原则，虽然战争就是赌博，但他们说这套原则可以将虚无缥缈的赌博简化为一套无论在何时何地、何种形势下都能取胜或避免失败的固化规则。充满深沉的浪漫理想主义的卡尔·冯·克劳塞维茨，他对拿破仑的看法，虽然并未使用如前者那样的溢美之词，但其敬畏之态却也别无二致；他的观点起初影响不大，但后来逐渐上升为军事理论和思

想的主流。对拿破仑的崇拜者和克劳塞维茨的信徒来说，军事天才就是那块能在一场高潮迭起的会战或战局中把机动转化为决定性歼灭的“贤者之石”。正是这种不稳定的化学反应最终导致了灾难。

因为一个巨大的悖论出现了：在更深层次的消耗现实面前——更准确地说，正是因为这个现实的存在——对会战的追求变成了对会战的崇拜。会战的诱惑，或者换句话说，速战的幻觉，一直主导着 20 世纪上半叶的理论、战术和军事行动。之所以如此，很大程度上是因为在大国战争中，那个最有效的战略以及决定胜负的最关键因素，到最后几乎都会被证明是消耗。[16] 13 没人愿意在下一场战争开始时接受这种设定，因为这会降低战争作为政策的吸引力。此外，消耗被认为是一种防御性的，因此也是长期的战争策略，长期意味着僵局，而天才总是在进攻中寻求快速和决定性的胜利。因此，对实力不足以支撑这种高成本的长期战争的侵略性强国来说，会战创新是首选的解决方案，因为它们清楚如果不这样做，胜算只会更加渺茫。这个想法对 20 世纪的德国和日本的战争策划者有着巨大的吸引力，这两个国家实力较弱，但都极富侵略性，有着被反对其地缘政治野心的势力围困的不安全感。战争从根本上被看作一个指挥问题，这意味着它是可塑的，而不是一场它们从一开始就落于下风的物资比拼。因此，战争作为一种国家政策工具，仍然在其野心扩张之路上保留着它的实用性。

另外，决战理论的其中一个信条是，只有天才才能解决战争僵局、固定防御工事和长期战争消耗的问题。正是凭借纯粹的意志、才华，以及挥洒于军事艺术的天才，伟大而又天赋异禀的将军们才能克服战略阻碍或先天劣势。腓特烈二世和拿破仑不是用他们锋利的亚历山大之剑斩断了戈耳狄俄斯绳结的僵局吗？他们的存在不是表明，只要拥有天才的指挥官，会战

依然可以是决定性的吗？然而，问题依然存在：当整个世界处于一种大国相互结盟的制衡体系中时，如何才能培养出一个天才，一个像亚历山大或拿破仑这样的伟大的将领，去下注一场胜率渺茫的侵略战争并希冀速战速决？在这个科学日益受到推崇的时代，这个科学被视为对一套固有的自然规律的发现的时代，这个人们试图将理性应用到万物身上的时代，天才是可以被绘制的。天才对战争的普遍原则的本能洞察力及其例子，都是可以被捕捉和研究的。因此，伟大将领的战局可以被学习，他们机智的格言和机动策略可以被记忆，他们不变的会战和战争原则可以被模仿。

如果天才只在一场战局实际发生时才显现出来，那么至少可以通过一种新的专业研究来接近它。因此，普鲁士人试图在他们的总参谋部将天才制度化。这是一次倒退，退回到了腓特烈和拿破仑的时代，追求一种“德国的战争方式”，希望通过“短促而激烈”的速胜和全胜，消除这个铁血王国因为地处欧洲中部、资源基础薄弱导致的深层劣势。[17]这似乎是可行的。1866 年，普鲁士总参谋长赫尔穆特·冯·毛奇沿着专门修建的铁路，快速调动军队，在 6 周内迅速击溃哈布斯堡奥地利，确立了普鲁士在德意志地区的强权。1870 年，他又和普鲁士首相奥托·冯·俾斯麦一道，在 6 个月内孤立并击败了法国，成功确立了普鲁士在欧洲的霸权。毛奇的天才似乎打破了僵局，为普鲁士带来了决定性的政治和战略收益。他的名字因此出现在了那些值得研究和仿效之人的名单中。

然而，早在毛奇成功撩拨起整个欧洲的心弦之前，19 世纪中叶两场相隔万里的冲突证实了现代战争中消耗这一持续、突出的特性，即克里米亚战争和美国内战。但是 19 世纪 50 年代中期在克里米亚出现的战壕、漫长的围攻和大量伤亡，并未让下一场欧洲战争的策划者们对消耗产生真正的认识。甚至

14

1864—1865 年里士满城外环绕的战壕和尸骸也未引起他们的关注。美国内战在当时（或者说“自那时起”也不为过）更为人熟知的是其声势浩大但多不具备决定性意义的东部会战，而不是更具决定性意义的西部战局（它让南部邦联过度拉长的后勤补给线和外围各州遭受沉重打击），也不是最后一年在东部战场上演的战斗进展缓慢的堑壕战，或者令人窒息的联邦海军封锁，以及联邦军队为了摧毁南方经济和战斗意志而驾着“铁马”① 在整个南方腹地发动的苦战。

相反，欧洲人把目光投向了来势凶猛的德意志统一战争，并从那回溯至拿破仑和腓特烈二世。普鲁士的成就确实令人瞩目，但这并不意味着它全无挫折和惊险。俾斯麦为此精心策划和准备的外交环境，以及毛奇惊人的作战速度，都成功地将欧洲其他地区与普鲁士的侵略战争隔绝开来，德意志战争因此没有演变成全面冲突，但并非没有这个可能。正值国内动乱、帝国在墨西哥的远征也遭受重挫的法国分身乏术之时，普鲁士人摧毁了哈布斯堡的军队，称霸德意志。4 年后，当普鲁士的大炮包围巴黎时，俄国、英国还在各自埋头处理帝国的内部冲突。于是，普鲁士国王加冕为新统一的德意志帝国的皇帝，俾斯麦在凡尔赛宫宣告德意志第二帝国成立。普鲁士 1866 年在克尼格雷茨（Königgrätz）的决定性胜利以及 1870 年在色当的又一次大捷光辉夺目，令之后的几代人为之目眩神摇。在德意志统一战争这一速战速决的典范的推动下，人们开始思考一切有关扩军备战、快速机动以及如何打赢下一场战争的问题。每个人都在说要以速取胜，要用更大、更快、更雄心勃勃的战局和全面胜利达到一举歼灭敌人、赢得战争的目的。这就是主要的军事强国早在 1914 年仲夏的大战到来之前，就已在制订



① 指蒸汽机车。

战争计划时怀有的致命妄想。

毛奇的胜绩似乎证明，现代战争中的消耗趋势是可以摆脱的，19世纪中期“步枪革命”和新型速射火炮带来的高伤亡也是可以规避的。19世纪这两场有违常规的战争，让人们得出一个极具破坏性的经验教训：消耗战，即德国人所说的物资战（*Materialschlacht*）是可以避免的，哪怕你对抗的是另一个大国。前提是必须计划并展开一场闪电般的战局，复现前人在克尼格雷茨、色当或乌尔姆（现代坎尼）的机动战术。我们仍然可能像腓特烈和拿破仑那样，像西庇阿和汉尼拔那样，调遣大军，在广阔的乡村纵横驰骋，去寻找敌人的踪迹和决定性的战场。我们仍然可以找到、牵制和包围敌人，并从战术和行动的辉煌中取得政治和战略的最终胜利。那些有利于防御的火力技术的进步、基本的物资和人力劣势，毕竟不是一切。天才仍有发挥的空间，钢铁般的国家意志仍有掷下铁骰子[①]的余地。因此，作为一种政策工具，作为外交通过另一种手段的延续，作为解决地缘政治问题的一种高效手段，战争依然是管用的。

而19世纪普鲁士军事理论和20世纪德国军事计划未曾注意到的，是在普法战争后期显现出来的全民战争雏形。败走色当之后，法国仍有数月的顽抗，法国民众被动员起来，他们从国外招募新军，组建新的武装部队。不仅如此，抵抗外侮的民族意志也在法军输掉开局战役之后不断增强。这种抵抗给普鲁士的占领带来巨大压力，它导致战争走向长期化，而这是普鲁士军在事前毫无准备的。然而，开局的辉煌战绩，仍然强化了歼灭战对德国人的吸引力。而对其他国家来说，这加深了它们对开局败阵，进而输掉下一场战争的恐惧。对决定性会战的追

---

① “铁骰子”指战争。这个说法最早出自德国诗人席勒的诗歌《咏战地》（*Die Schlacht*），后来因为第一次世界大战前夕德意志帝国首相霍尔维格的使用（“若是铁骰子必须滚动，愿主协助我们”）而传开。

求，连同它背后极有可能导致战略误判，以及因为轻视后勤而在一场潜在的长期消耗战中败下阵来的赌徒思维，从此上升为所有大国的军事规范。在1914年的前夕，以及1939年的前夕，这俨然已是德国军官心中不容置疑的教条，德国正是在这一信念的驱动下，作出了鲁莽的开战计划和极其冒险的战时决策。

现在回过头来看，普鲁士在19世纪中叶的成功显然是一个例外，粗略的战略平衡和长期的战争消耗才是现代大国冲突局势中的决定性因素。毛奇自己也警告说，他的内阁战争（cabinet wars）时代已经过去，全民动员的全民战争才是未来的大势。他不再对孤立和击败一个大国抱有幻想，即便他和俾斯麦曾经先后孤立和击败过奥地利和法国。他警告后人不要效仿他的战略，并预测未来这条路能通往的只有漫长而疲惫的消耗战。但他的继任者并未在意。正如他们对出现在克里米亚和弗吉尼亚的战壕和杀戮无动于衷一样，他们对1904—1905年日俄战争中教训的关注也很有限。而在那里，面对防御阵地的机枪、速射步枪和支援炮兵，日俄双方均付出了极高的伤亡代价。

16

世界各大国军队都自信地表示，在下一场战争中，他们可以通过机动来避免这些问题，他们将以某种法国人称为“生命冲力”（*élan vital*）的东西克服防御性火力。对进攻的崇拜，以及对战争中的精神力量的信仰支配着各地的军事思想。[18]所有的人都期望在下一场战争中，自己的军队快速机动，直抵边境，然后在短促而激烈的战局中，发起决定性的、足以左右最终结果的会战。但他们也担心同样的事情会在边境的另一侧发生，因为这是毛奇的速战案例的另一个公认教训：能在边境一带迅速打响战役就是一切。所以，务必抢在前头抵达那里，调动一切可以调动的兵力，即使为此不得不停下国内大部分经济活动。如果率先动员起来的是敌人，那么这场所有人都在计

划、期盼的短期战争的胜利者就很可能是对方，因此，分秒必争地动员大军并将其迅速转移到边境前线就是一切。这种军事焦虑让空气中的危机气氛变得浓厚，深重的不安全感在1914年7月加速积聚；直至8月到来，不出几日，各国闻风而动，从和平到战争的转换几乎就在一瞬间。

在1914年之前，基于他们的恐惧和速战假设，未来战争的规划者们业已备战数十年，各个大国除了极力扩军之外，更是积极整合用以动员数百万人和汲取全国资源应战的社会物力。20世纪两次世界大战的灾难就这样上演了。本书以三个惊人的案例阐明了这一点，它们的共同特征就是，因为对速战抱有幻想，所以对决定性会战紧追不舍：首先是第一次世界大战前夕德国不顾一切的作战计划，以及由此引发的长期战争；其次是德军对装甲部队快速歼灭能力的妄想，而纳粹又赋予了它另一层险恶的意味；最后，日本帝国主义基于同样的思想内核，醉心于追求一场开局制胜的海上战役，其速战的迷梦起于第一次中日战争和日俄战争，历经对华的长期消耗战泥潭，最终在1941年至1945年的太平洋战争中被击得粉碎。

17

这些事情，军事史学家们早已熟稔，因此他们不是本书的目标读者。本书的目的是就会战在现代战争中的地位，帮助纠正扭曲的大众记忆，涤除决定性会战在公众想象中的流行形象，取而代之以对倾尽全部国力应战这一更大事实的清醒认识，这些旷日持久的战争曾在18世纪杀死数十万人，在19世纪杀死数百万人，进而又在20世纪夺走数千万人的生命。事实证明，这些目标越发激进彻底、规模越打越大、穷尽工业科技所能提供的一切手段来进行的现代战争，决定其最终通往的是胜利还是失败的往往还是消耗。然而，关于将军之道，关于一位英勇善战的马背天才凭借意志和高明的机动巧妙化解战争死结的古老理想，仍然萦绕在军事想象和战场上。所谓的会战

诱惑，在现代工业和动员现实面前，宛然一种古怪的倒退，它带来的是长期战，而不是战争发动者们口中宣称的速决战。这些战争带来的巨大伤亡和破坏——其规模在它开始时几乎无法预见——变成了解决国家和帝国冲突的最终手段。这个问题至今仍以一种弱化的形式存在着。

## 注 释

1 对这一传统的简要总结，见 Yuval Noah Harari, “The Concept of ‘Decisive Battles’ in World History,” *Journal of World History* 18/3 (2007): pp. 251–266。

2 “行动”（Operation）指的是大型作战单位的指挥和运动；所谓大型作战单位，具体到本书大部分章节所涉及的时期，指的是师、军、军团和集团军。就其实质而言，战术是赢得会战的方法，行动是赢得战局的方法，战略是赢得战争的方法。

3 Wilfred Owen, “Dulce et Decorum Est” (March 1918).

4 出自鲁伯特·布鲁克（Rupert Brooke）的《死者》(“The Dead”, April 1915）。

5 例如：Stephen Ambrose, *D-Day: June 6, 1944: The Climactic Battle of World War II* (New York: Touchstone, 1994)。

6 Michael Howard, “When Are Wars Decisive?” *Survival* 41/1 (1999): p. 130.

7 Victor Davis Hanson, *Carnage and Culture: Landmark Battles in the Rise of Western Power* (New York: Doubleday, 2001): p. 8.

8 Michael Howard, “The Use and Abuse of Military History,” *Parameters* XI/1 (1981): pp. 9–14; John Whiteclay Chambers, “The New Military History: Myth and Reality,” *Journal of Military History* 55/3 (1991): pp. 395–406; Peter Paret, “The New Military History,” *Parameters* XXI (1991): pp. 10–18; Roger Spiller, “Military History and Its Fictions,” *Journal of Military History* 70/ 4 (2006): pp. 1081–1097.

9 J. Boone Bartholomees, “The Issue of Attrition,” *Parameters* (2010): pp. 5–19. The classic debate was framed by Hans Delbrück, *The Dawn of Modern Warfare: History of the Art of War*, Vol. 4 (Lincoln: University

of Nebraska Press, 1990), and Basil Liddell Hart, *Strategy: The Indirect Approach*, 4th ed. (London: Faber, 1967). 有关这方面争论的文献如今数量繁多。

10 Russell Weigley, *The Age of Battles: The Quest for Decisive Warfare from Breitenfeld to Waterloo* (Bloomington: Indiana University Press, 1991): pp. xii–xvi.

11 最近的一个相关例子是：Paul Davis, *Masters of the Battlefield: Great Commanders from the Classical Age to the Napoleonic Era* (New York: Oxford University Press, 2013)。

12 佚名。这本是13世纪的一段德国谚语。它在英语中的成名和理查三世在玫瑰战争中的最后一场重大会战——博斯沃思原野会战（1485年8月22日）中的坠马致死有关。2013年，这位国王的骸骨被发现埋在一个原为教堂墓地的停车场底下，骸骨脊柱侧弯，曾遭到刀砍、箭刺和殴打。2015年，遗骨在莱斯特大教堂重新安葬。

13 关于拿破仑对第一次世界大战中的将军们的影响，可参见 Lorenzo Crowell, "The Illusion of the Decisive Napoleonic Victory," *Defense Analysis* 4/4 (1988): pp. 329–346。

14 如 Bevin Alexander, *How Great Generals Win* (New York: Norton, 2002)。

15 维克多·戴维斯·汉森提出西方存在一种独特但值得商榷、危害极大却合乎道义的线性作战传统，关于这一点可参见 *The Western Way of War: Battle in Classical Greece*, 2nd ed. (Berkeley: University of California Press, 2009)；在其以下著作中这一观点有着比之前者更为激进的演绎：*Carnage and Culture: Landmark Battles in the Rise of Western Power* (New York: Doubleday, 2001)，及"The Western Way of War," *Australian Army Journal* 2/1 (2004): pp. 157–164。

16 见 Carter Malkasian, *A History of Modern Wars of Attrition* (Westport: Praeger, 2002): pp. 1–6。史蒂文·比德尔（Steven Biddle）提出"兵力运用"而不是"数量"才是现代会战中的关键决定因素，但他也承认他的论点适用的是会战而不是战争，见 *Military Power: Explaining Victory and Defeat in Modern Battle* (Princeton: Princeton University Press, 2006)。

17 重要著作见 Robert Citino, *The German Way of War: From the Thirty Years' War to the Third Reich* (Lawrence: University Press of Kansas, 2005)。

18 Stephen Van Evera, "The Cult of the Offensive and the Origins of the First World War," *International Security* 9 (1984): pp. 58–107; Antulio Echevarria, "The 'Cult of the Offensive' Revisited: Confronting Technological Change Before the Great War." *Journal of Strategic Studies* 25/1 (2002): pp. 199–214.

## 一 历史书写中的会战

18 至少近两千年来——而不只是近几个世纪——人们普遍固守这样一种信念，即世界历史的转向是在几天或几个小时的激战中，在那些具有非凡勇气和天赋的伟大将领发动并赢取的重大会战中实现的。一场大型的武力冲突足以解释王朝和帝国的崛起和覆灭，这场冲突是如此彻底，以至于胜者可以决定败者的政治和文化方向。被压抑的构造应力（tectonic force）在战争的激荡下迅速释放，它取代了缓慢的社会侵蚀或文化沉积的过程，在顷刻的血色与怒气中完成了对历史的重塑。而包裹在决定性战争中的决定性会战，则在改变、动摇和分裂着文明的深层文化根基和政治根基。[1]错综复杂的因果关系被简化为在某一天内上演的血腥戏码，它决定了古老帝国与文化的兴衰，决定了过去的时代将被如何定格或遗忘。一场灾难性的战斗凝缩为一个上午或下午的打斗场面。一次重要的军事行动可能只持续一个春天或夏天。然而几十年甚至几百年来积蓄的变革压力，却在突如其来的历史性大屠杀中得到了释放。大战以及决定了这些大战的会战都是地底深处的断层，它们猛烈地拉张，开裂出巨大的裂缝，让古老秩序的基石为之崩裂，时代的边界为之重置，帝国坍成废墟，旧的时代陷了下去，新的时代被抬起。尽管野蛮的血肉相搏充满了道德荒谬感，但战场上血肉与机器的激烈碰撞，却是政治和文化灭绝或生存的试金石。会战和战争的胜负决定国王、国家、民族和文化的命运。[2]会战即历史。战争即命运。战败，即永远。

这种想法在现代军事史中已不多见，但也并未完全绝迹。它仍然在这个领域占有一席之地，并主导着面向大众读者的通俗叙事。[3]然而，把野战看作战争的灵魂，把战争看作文化的灵魂，始终是对军事史以及文化史的严重歪曲和过分简化。[4]

因为，即使在许多古代战争中，战略胜利也并不总是取决于从战场凯旋的天才统帅的介入，甚至在大国力量相互牵制，从而引发漫长的兵力和物资消耗战的现代时期之前，就是如此。古代战争同样可能需要经受旷日持久的耐力考验，遭遇长时间的围困作战，历经伤亡减员和物资供应的枯竭，历经漫漫征途上一场场令人疲惫的血战，军队需要穿过险山恶水、高峡低谷，忍受太阳的炙烤、恶劣的天气，以及糟糕的水和食物。伴随体力不支而来的还有精神上的消耗，如此直到战争陷入僵局，或者其中一方取得有限的胜利，因为另一方抵抗的意志或能力已被侵蚀和削弱。

只要想到决定性会战这一概念是如何随着希罗多德的《历史》一书萌芽的，它的深入人心也就不足为奇了。《历史》由古希腊的希罗多德于公元前 5 世纪写就，是一部试图追溯重大事件的前因后果的早期经验主义探究作品，常被认为是最早的一部历史（historiē）著作①。希罗多德是已知的第一个对此有过严肃思考之后，以事实为基础进行事件撰写的人，或者准确地说，他至少是在重复神话故事并将事件因果归于诸神的作用这些惯常做法之外做了事实性的补充。[5] 希罗多德指出，在公元前 479 年的普拉提亚（Plataea），一支由 10 万普通民众组成的军队做了一件不平凡的事：他们从入侵的波斯皇帝薛西斯手中拯救了希腊，用武力以及他们惊人的意志和血气之勇保护了独一无二、充满活力的伯罗奔尼撒文化。他还赞扬希腊人在希波战争中的马拉松会战、萨拉米斯会战和米卡勒（Mycale）会战取得的胜利，其中的米卡勒一役乃是与普拉提亚会战同一

① historiē 是爱奥尼亚希腊语（古希腊语的方言之一，也是希罗多德的书写语言），它对应的古希腊语 ἱστορία（historia）即现代英语中“历史”（history）一词的词源。虽然希罗多德称自己所作为 historiē，不过在那个时代，historiē 的核心意义仍只是“调查”“探究”“研究成果”，虽然有所接近，但不完全是我们后世所理解的“历史”。

天在小亚细亚打响的。[6]就这样，伴随着历史的书写，诞生了以会战为大局之关键转折点的观念，开启了关于因果性和偶然性的无休止争论。某个大人物在一个下午的时间里丧失了他的事业或王国，这值得我们去赞扬或责备吗？在会战打响之前，预见失败的是理智，还是命运女神？帝国的倾覆难道不是因为任何的狂妄或道德过失，而是像那句顺口的中世纪谚语说的，仅仅因为一些微末的偶然事件，因为“少了一颗铁钉”？

争论随即发生，因为其他的希腊人强调马拉松一役才是漫长的希波战争中真正具有决定性意义的一场会战。他们甚至指向一个精确的时刻，那就是重甲步兵方阵发起绝地冲锋的高潮之时，它成功地阻击并打破了波斯人的入侵攻势。这场引发了长久争议的重甲步兵冲锋，很有可能是属实的，如果我们不去计较细节的话。大多数学者认为，军队发起冲锋的距离，不像有人曾经说的，是从两军相距 8 个斯塔德（9/10 英里）①的时候开始的，而是在大约 200 码到 300 码②处，也就是在希腊人进入波斯弓箭手的射程之内的时候。希腊人的勇气在马拉松一役中起着决定性的作用，这一点毋庸置疑，但要说马拉松会战在希腊与波斯的长期战争中起着无可替代的决定性作用，却是值得商榷的。这个说法可能出自那些极力要让雅典取得希腊事务领导权的城市宣传家之口。随着雅典的崛起，这一版本的希波战争成为那个唯一的史诗传奇，比之事实——在对战波斯帝国的战争中还有一场规模宏大得多的会战，至少希罗多德是这样介绍的——更有力量。[7]马拉松会战依旧经常被视为雅典崛起的分水岭，事情是这个样子的：如果那天雅典人战败，他们的城邦就必然会屈服于波斯的侵略者，这样一来，那支闻名于

20

① 斯塔德（stadion）是古希腊采用的基于这种跑道长度的度量单位，1 个斯塔德约等于 185 米，8 个斯塔德约合 1480 米。

② 约 180 米到 270 米。

世的大型舰队就可能永远不会被组建起来，雅典也就可能无法崛起成为希腊首屈一指的城邦。在希波战争中，有些会战是真正具有决定性作用的，马拉松会战很可能是其中之一，因为对公元前490年之后雅典在整个希腊世界中的历史来说，它的成功防御是关键性的。然而，如果像部分观点认为的那样，将马拉松一役视为撑起整个未来两千年西方文明的支点，则有过分夸大之嫌。[8]

这里想要说明的主要问题是，对决定性会战这一名号的抢占先例，是早在历史记录出现之初，在史家的创作和实践之初就存在的，而且有其影响力。自那之后，类似的争论就从未停止：哪些会战是决定性的，哪些不是，哪个时代开启、终结于一场大战，哪个文明因为一日的刀光剑影而在那一日之间生出了盛衰之变。有时，这个论点是说得通的。单次会战确实可以启动或终结某个城邦或帝国的野心，并为日后的政治竞争和演替格局定下基调。这个现象，相对于日后，必然更适用于早期古典战争，特别是在公元前5世纪之前的希腊，因为那个时候打仗，一战决胜负是完全可行的。然而，随着波斯人的入侵和雅典帝国的崛起，情况发生了变化，战争规模越来越大，时间也越来越长，战争的谋划和发动也就不得不把时间、距离，以及在长期战局中可能发生的多次交战加入战略层面的考量。[9]古代最伟大的军事统帅亚历山大大帝的征伐生涯就是一个例证。公元前331年，他在高加米拉（Gaugamela）得胜，但这只是他在波斯帝国漫长的征讨之行和围城会战中的其中一个高潮环节。他后来将这种持久战策略延续到了印度。[10]

和希腊一样，长期的战略比拼也是罗马战事的一个特点。罗马和迦太基之间的第一次布匿战争历时23年，直到对战双方同时遭遇内部叛乱和外来部落或雇佣军压境的威胁，战争才于公元前241年以罗马在陆战和海战中的略占上风告

终。短暂的和平之后是第二次布匿战争，开战之初的公元前218年，另一位举世公认的古代战神、迦太基帝国的大将汉尼拔（Hannibal Barca）对意大利发动了一场声势浩大但风险系数极高的入侵。他与努米底亚骑兵和数千名高卢人结成紧密联盟，越过阿尔卑斯山脉，发动进攻，并在特雷比亚河（Trebia）和特拉西梅诺湖（Lake Trasimene）的两次血腥会战中重挫罗马军团及其盟友，借此控制住了意大利的北部。然后，他又于公元前216年在坎尼（Cannae）全歼罗马军队。坎尼会战中，训练有素的努米底亚骑兵负责压制罗马军队的左翼，为汉尼拔的重骑兵包抄罗马军队右翼、制造合围之势争取时间。就在两翼骑兵奋力厮杀的同时，汉尼拔本人率领中军稳在中路，以防罗马军队突围，此时在中路上的交战基本就是一场纯粹的步兵对战。就在汉尼拔的骑兵将罗马骑兵打得七零八落后，他的中央步兵开始掉转身来，由中间进逼，给前进中的罗马步兵来了一个迎头痛击，会战到此结束。汉尼拔的目的达到了，他歼灭而不是简单地击败了一支罗马大军。[11] 他造成罗马军团及其盟军的数万士兵战死（人数可能多达7万），代价是自己一方阵亡约5000人，其中大部分是从高卢拉来的炮灰。罗马军团的幸存者随后遭罗马流放，在耻辱中被送走。这次战败是如此惨烈，以致吓坏了的罗马人用包括孩童在内的活人献祭，以安抚他们的神灵。[12]

然而，即使是这场当时罗马历史上规模最大的一次会战，同时也是最惨重的一次失败，也不足以让迦太基在长期斗争中获胜。罗马兵败特拉西梅诺湖后，曾被任命为独裁官的费边（Quintus Fabius Maximus）再度领军，这一次，新组建的罗马军团选择回避与汉尼拔进行代价高昂的正面交锋，而是继续执行费边在特拉西梅诺湖之役后首次采用的周旋、迂回和伺机骚扰的策略。坎尼的灾难证明，与汉尼拔正面作战是不明智

的。另外，罗马人也依靠他们坚固的城镇来阻击迦太基人。总之，除非绝对必要，否则拒绝在战场上与汉尼拔的军队交战，而事实证明这种策略非常有效，它如今已经进入战略术语的行列，被称为“费边战略”，即通过回避作战、转而攻击敌人的补给和士气来拖垮对方。汉尼拔本来以为只要到了开阔战场，他高超的战术技巧定能给罗马人带来致命打击，可现在罗马人拒不应战，他对此无计可施。有人称这是一次巨大的误判，甚至是汉尼拔在整个第二次布匿战争中犯下的最严重的错误。[13] 这么说可能并不公平，因为他无法预见这样一种新颖的应对战争的方式。他仍然成功地牵制住了罗马军团，他的军队不仅完好无损，而且还在意大利的地盘上盘桓了15年之久。这本身就是一个巨大的成就，虽然并未给他带来战争的胜利。

汉尼拔的另一个所谓无心之失是他接受了意大利第二大城市卡普阿（Capua）的倒戈投诚，却未将对方人员编入自己的队伍。5年后的公元前211年，罗马人经过漫长的围攻，夺回了卡普阿。这是罗马战力恢复的一个预兆。不管是不是失误，这个结果与其说是汉尼拔战略的一个核心薄弱点，不如说是罗马人实力的证明，这一点即使是善战的汉尼拔也无法克服。汉尼拔在战术运用上的高明依然是一众罗马将领所无法匹敌的，几乎没人敢站出来与如此可怕、用兵如神的对手较量。对手直接发起的会战挑战，他总是能赢。因此，公元前212年在赫多尼亚（Herdonea），当当地总督愚蠢地走出城墙发起挑衅时，汉尼拔一举刷新此前特拉西梅诺湖的杀敌数量，歼灭罗马军16000人。然而，这已是强弩之末。在那之后，汉尼拔的势力日见衰颓。

22

汉尼拔在坎尼出色的战术成就，创造了古典时代，乃至整个人类历史上一举歼敌的会战典范。[14] 然而他并未获得持久的战果，反而在敌人残余力量和费边战略的逼迫下，辗转游荡于

意大利半岛，进行着战略上模糊不清、以年为单位的拉锯战。他15年来为削弱罗马势力在地方上所依傍的拉丁和意大利联盟所做的努力确实取得过一些成效，但最终证明仍是徒劳。迦太基本土也并未给予汉尼拔足够有力的支援——他们选择增兵伊比利亚，而不是帮助汉尼拔加快他在意大利停滞不前的攻势。随后战争从西班牙打到意大利，又打到非洲，在这绵延数年的战略较量中，罗马人坚壁清野，这让汉尼拔既无力强行发动第二次、第三次坎尼会战，也未能靠着攻破罗马城墙，从围城中得胜，因为围城战需要解决的恰恰就是战略层面的问题。他的力量随着罗马实力的恢复、增强而渐弱。罗马充分利用其海军阻止汉尼拔在意大利的远征军获得增援，先后派出三位西庇阿率领罗马新军出征西班牙。他们对迦太基位于伊比利亚的财政基地发起一场残酷而成功的侵袭，使其丧失对罗马长期作战的能力。大西庇阿（Scipio Africanus）先是入侵西西里，并在时机成熟后，于公元前204年率军登陆非洲，直取迦太基本土。

大西庇阿挥师西西里、进军非洲，旧日盟邦努米底亚转投敌营，眼前态势令迦太基本土备感威胁，急忙将汉尼拔从意大利召回。这位迦太基大将于是率领着最后一支军队，出征迎战大西庇阿——汉尼拔新奇战术的模仿者。公元前202年，汉尼拔在扎马惨败，这也是他人生中的第一场败仗。[15] 这些都是众所周知的事实，但人们依然会陷入这样一种错觉中，即围绕第二次布匿战争最重要的事实不是汉尼拔最终的失败，而是他一时的成功，不是他和迦太基方面的战略错判，而是他绝对高明的战术创新。隐含在这些观念中的是这样一个假设，即所有的战争都是由战术天才通过决定性会战赢得的。而另一边的罗马，也有一位同样被誉为古代名将、与汉尼拔旗鼓相当的大西庇阿。如果二者选其一，谁应该是那个最终胜出者？一位历史学家写道："如果所有条件都相同，很可能汉尼拔才是扎马的胜利者，

23

因为二人之中，还是汉尼拔技高一筹。”[16]这个说法完全忽略了罗马的实力和战略，它们的存在就是为了确保条件的不同。战争当中，几乎从来不会出现双方境况相当的情况。输掉一场会战并不是汉尼拔输掉整个战争的原因，而是那些在伊比利亚和海上进行的永无止境的战斗，它们所带来的战略消耗让迦太基从地中海霸权的竞争者沦为罗马未来的一个属国。[17]事实证明，在第二次布匿战争中，最重要的是如何小心谨慎地跑一场战略和军事的马拉松，并且坚持到终点，而不是总想着再打一场马拉松会战。只有这样，才能在扎马打出足以终结战争的致命一击。

毫无疑问，汉尼拔早先在意大利的战斗以及他在坎尼一举歼敌的战术巅峰之作极具戏剧色彩。然而，关于他的指挥有方和辉煌战绩，最为关键的一个事实是他在那场最受追捧的会战中的战术成功并未给迦太基带去任何政治上或战略上的胜利果实。这一点应该是显而易见的。然而在接下来的数百乃至上千年的时间里，迦太基在布匿战争中的败局并未妨碍现代战争的规划者和将军们将汉尼拔在坎尼的包抄战术提升为一种理想的制胜策略。两千年后，在第一次世界大战之前，德意志帝国的总参谋长阿尔弗雷德·冯·施里芬就把坎尼当作德国制胜欧洲战场的典范。[18]作为一场经典的歼灭战，坎尼之战的吸引力可谓历久弥新，以至在第二次世界大战之前及其期间，它又再次以其超常的影响力左右着德国人的思维。正如迦太基在漫长战争中变得疲惫不堪、汉尼拔最终在扎马的战场上经历溃败一样，他后世的德国跟随者也遭遇了灾难性的逆转，被迫两次卷入他们无力取胜的长期战争，在越来越深的绝望中接连掷下铁骰子，并在消耗中走向1918年的溃败和1945年的彻底崩解。这一切并非全是巧合。

即使是恺撒大帝，在成就其一番霸业的高卢征服战中也不是轻易获胜的，他花了8年的时间和心力，构筑起大量的坚固

防线，方才击败凯尔特人，占领高卢。[19]在更遥远的日耳曼尼亚、巴尔干半岛和东部地中海，那里悠长的边境战线没有速战



速决，有的只是残酷、拖沓的复仇之战。日耳曼尼亚从未屈服于罗马。相反，报复性的突袭反击和边境战时有发生，间或穿插着局部的休战和退让，这样的战事一打就是数十年，甚至数百年。然而，后世评论家对这些漫长的战局视而不见，他们往往把罗马征服日耳曼尼亚的失败归咎于发生在公元 9 年三个秋日里的一场会战；在那场会战中，三个罗马军团在普布利乌斯·昆克蒂利乌斯·瓦卢斯（Publius Quinctilius Varus）的带领下步入森林深处的险境，结果遭到野蛮的日耳曼人部落的伏击，三个军团的将士，连同一众随军亲属，全体覆没。[20]这次失败促使奥古斯都和他的大多数继任者转而采取更为保守的全局战略，帝国扩张的边界有所收敛。然而，19 世纪的德国民族主义者大肆宣扬条顿堡森林一役的所谓世界历史意义。诗人，乃至史学家们，纷纷将这三天的屠戮及其发动者阿米尼乌斯（Arminius）捧上决定欧洲历史命运的宝座。无独有偶，维多利亚时代一位著名的世界会战史家爱德华·克雷西（Edward Creasy）也奇怪地把 19 世纪中叶英国的独立归因于日耳曼人部落的这一场大胜，称“我们的自由都要归功于它”。德国民族主义者坚称条顿堡森林之役是“坎尼会战的姐妹篇”，这一说法在无意间点出了关于这场久战背后的消耗本质，个中真相比之几个世纪后的浪漫主义诗人和沙文主义史学家所能意识到的，或许还要多。[21]

罗马军队打了很多的仗，其中不少还是败仗，阵亡的军团主力和辅助部队人数或以数十万计。[22]所以真正的问题是，是什么让它在意大利本土自然资源匮乏、早期无力抵挡强大对手攻击的情况下依然称霸数百年？如果说是那些意义非凡的会战决定着战争，那么罗马又如何能在坎尼大败之后恢复元气，并

且日益强大起来？答案，和其他大多数持久战的一样，并不在于高明的战术、行动，或者多么英明神武的将帅，而在于卓越的社会组织能力和强大的后勤保障能力。就罗马的情况而言，这个答案还包括：寡头体制下，好战风气盛行；严酷的公民纪律成功转化为严苛的军纪和长期的作战实力；长期服役的征召军队视死如归，军团将士因为永远处于战争状态，所以总是训练有素且往往经验丰富；庞大的帝国也意味着潜在的经济和人口优势；在击败迦太基后，并未出现一个可以真正撼动其政治或军事霸主地位的强大挑战者；此外，精心构建的联盟体制也在持久战中为罗马带去多次作战的军事耐力，使其打败一个又一个对手。[23] 几乎罗马的每个阶层都能从帝国的军事政策中获益。统治阶层借此获得政治权力，实现升迁，而中下阶层则得到了新征服的可供开拓的土地和某种意义上的政治认可。这就是为什么会有那么多的罗马人愿意为获得和保持这些优势而去战斗，去拼命。灭了一个军团，下一个军团又杀上阵前，当中体现的就是无可匹敌的战略深度和实力。

25

虽然在与组织、训练或补给不及自己的敌人的公开战斗中，罗马的优秀将领往往能占据上风，但是战场上的胜绩本身并不是使罗马成为军事强国的主要原因。更为重要的，是罗马政府有能力从庞大的军事编制（常备军）中拨出兵力弥补损耗、继续战斗；有能力以一拨接着一拨令人发怵的新编军团和辅助部队向敌人发起反击。这些军队的投送，是在能力极强的工兵和补给部队的带领下通过优越的道路网或者游弋于罗马帝国“内海”的桨帆船①完成的。这种吸收失败甚至是一场灾难性失败的战略能力，更多地根植于其经济、社会和文化储备，以及军民一体的强制推行，而不是多么优越的战术或统率。例

① 即Galley，也音译作贾列船，古罗马时期以桨手推动为主要动力、帆为辅助动力的一种船。

如罗马的统治阶级愿意扩大公民权，这一点至关重要，与之相对的雅典则规定父母双方皆为雅典公民者才能获得公民权。罗马拥有长期作战的战略能力，弥补了偶尔因为将领技不如人和军团能力有限所带来的战术不足的问题。这一储备无人可敌，至少在帝国分裂和末日到来之前是如此。但即使在那个时候，谢幕的过程也被拉得极其漫长，因为罗马军中有不少服役的“野蛮人”，同时他们的同胞又站在对抗罗马的阵营中。在这种持续数个世纪的武装冲突中，除了无穷无尽的消磨，几乎没有任何高光场面。

酿成罗马最终败局的，与其说是战场上的失利，毋宁说是文化的没落，是军政的腐败，是兵变频仍、内战不休，是一段接着一段生存在惶惶不安的恐惧之下，继而被一把暗杀的匕首送上绝路的短命皇权。公元前378年罗马在阿德里安堡（Adrianople）战败，此次会战也许是这一时期最接近决定性会战的一场，因为它导致哥特人被获准永远留在帝国的疆界之内。[24]除此之外，在其漫长的边境战争中，很难找出哪一次失利是可称决定性的；多数情况下，这些来犯之敌更应被视作在为装备精良的族人的缓步迁徙打前站。从3世纪到5世纪，外来的军事文化和势力蚕食着罗马的边境，直到他们开始对帝国的核心区域施加影响，权力从中心转移至各省。僭主（tyrants）和统帅来来去去，帝国的边境防线被一再突破。对此，18世纪研究“罗马衰亡”的权威编年史家爱德华·吉本（Edward Gibbon）认为这是一个漫长而腐朽的衰落过程，其标志是并未掌握实权的军营皇帝一路从“兵营，到帝座，再到坟墓”的走马灯式上场。然而，现代学者的研究证明，这与其说是一连串的败仗，不如说是一个蛮族文化与晚期罗马为适应和控制移民所做的努力之间缓慢而复杂的相互作用过程，当中也包括为抗击军事敌人而进行的远比以前想象的复杂得多的长

26

期斗争。[25]

***

那么，从最后一批披甲戴胄的罗马军团在西罗马帝国的销声匿迹，到15世纪西欧近代国家的崛起，此间漫长的中世纪战事又是怎样一番图景呢？人们过去常说，随着“罗马的覆亡”，黑暗随即降临。在中世纪早期，民众被迫蜷缩在私家堡垒周围，这些堡垒与已经不复存在的军团要塞毫无相似之处。宗教当局宣布用道德法代替难以执行的邦国法律，因为大大小小不成气候的王国和贵族领地对政治忠诚和世俗法律体系提出了相互冲突的要求。在个人安全受损、商业衰败的情况下，道路和河道也荒废了下来。由于没有一个中央军事权威来执行法令和法律，税赋无人征缴，司法和治安管辖权落入私人手中。城市凋敝，人口减少，生产难以为继，于是在后来的许多评论者看来，影响战争质量的某些必要因素也就随之走向了没落。

过去的观点认为，在这一时期，要想通过武力跨领地实现政治意图，或者从乡村显贵手里收税，难如登天，贵族雇用武装队伍对抗国王命令，将附近的城镇和乡村都控制在自己手里。这些打斗主要是沿着没有标志的边界地区（争议边界）发生的劫掠，以及带着私人扈从的小贵族为地方问题和口角而发生的暴力冲突。[26]据称，民众流离失所，人口因此萎缩，旧日良田要么长满荒草，要么重归沼泽。而随着钱币供应和贸易活动的减少，建立在薪饷基础上的军队数量也随之缩减。大多数战斗无非是显贵豪强镇压地方上的小起义，或是强大的地方军阀反抗弱小的国王。日益降低的人口和社会承载力，使得出动和养护大型军队都变得困难，因此大规模的会战据说鲜少

发生。

现代学者对这种关于中世纪战争的过时观点提出不少质疑，他们认为甚至在中世纪早期就已经表现出比此前人们所认为的更为先进的军事水平。[27]然而，在主流的大众想象中，分崩离析的拉丁西方①民族长期处于防御战争状态，坚守着他们所能坚守的城寨城堡②或其他任何防御设施，以抗击外来劫掠者和入侵者。继可怕的蛮族劫掠之后，是野心勃勃的外来民族的移民入侵，他们敏捷地跨过开放的海陆边界，汹涌而入：欧亚游牧民族如马扎尔人，自东方骑马而出；维京人从北方驾着长船乘风而来，他们掠过海岸，顺着河流直抵巴黎和基辅；穆斯林入侵者则从中东涌出，取道北非，进入西西里，到达意大利南部和伊比利亚，其间甚至还曾短暂地掠过法国南部。[28]不过，关于维京人和其他劫掠者不断流窜进犯，造成严重破坏的旧说法大多已被摒弃，现在的观点普遍认为这些流寇的影响是有限的。再者，西罗马帝国在它最后的时光里，同样被旷日持久的边境战乱和内部的军事和政治分裂扰得苦不堪言。它也面对着包括匈人和哥特人在内的强大入侵者。它也在丢失领土，随着它的常备军在最后几个世纪里一点一点地接受新来者的渗入而丢失它传统的公民权利。因此，罗马晚期和早期中世纪世界的状况是极为相似的。过去一般认为，中世纪与罗马之间在一切军事和文化方面的传承是断裂的，而且这种断裂一度被夸大为是根本的和有害的，可事实上它们的发生并不像人们曾经

27

① 拉丁西方（Latin West）指的是相对被近东文明笼罩的东部希腊语区（Greek East）而言的西方拉丁语区，东、西罗马帝国的地理分界线可视同其东、西界线。

② 城寨城堡（Motte-and-Bailey）是一种特殊的防御型城堡结构，大致是一个略微凸出地面的土丘，或人为填起的一片较高的土堤（称作“Motte”），其上设置防御木塔，土丘脚下地势较低的部分则修建为广阔的、作为生活区的封闭式外庭（称作“Bailey”），围以栅栏或壕沟。

认为和描述的那样猝然或彻底。[29]

与文艺复兴时期的崇古、复古思潮相对应的，是对大部分中世纪事物的鄙夷和蔑视：以马基雅维利为代表的近代思想家，对发生在古典时期和自己所处时代之间的这段中世纪时期的战事是不屑的，认为那是一片乌烟瘴气。[30]他们认为，西罗马帝国的后继政权既无常备军，也无可供彰显军力和保卫边境的边防驻军，是一件可悲可叹的事。据说，对穷困潦倒的劣等后罗马人来说，军队已经失去了意义，程式化的定点会战（set-piece battle）也一样。国王多是名义上的君主，他们小小的邦国则是在帝国余晖掩映下七零八落的行省。更糟糕的是，随着常备军和定点会战走向衰落，继任的王国不仅丢失了军事技艺，也丢失了它的公民美德。原先来自罗马城镇的军事和贵族阶层如今被目不识丁、不修边幅的乡村贵族取代。所谓将领都是妄称自己胸怀战争艺术的粗野匹夫，他们身后临时拼凑起的军队不过是一群拿着武器的乌合之众。这些中世纪的战士，固然也有着相当水准的技术，但那只是他们作为个人单打独斗（顶多带上几个家仆）的能耐，远谈不上士兵素养。然而，这只是对英雄骑士的荒诞看法，并不反映中世纪军队和民兵组织（milites）的现实；现实是，这些军队和组织吸收的武装扈从有着各异的社会背景，他们不仅各怀军事技能，而且往往相当出色。

对中世纪战事的抨击极其猛烈且充满负面情绪。与希腊和罗马相比，中世纪的围城、混战、季节性的士兵和流动的雇佣军队，能为文艺复兴时期这些野心高涨的城邦国家带来什么？冗长的围城战役是非决定性战争的标志。打破僵局的伟大会战在哪里？继查理大帝之后，就再没有哪位伟大将领的光荣事迹能与汉尼拔、西庇阿或恺撒争辉，甚至对查理大帝本人，历史上也不乏争议。[31]中世纪没有马拉松，没有萨拉米斯。中世纪

28

的坎尼、亚克兴、阿德里安堡在哪里？这些用壮烈场面堆砌的足以平衡文明天平，推动荣耀与历史向前发展的支点时刻在哪里？[32]一场会战一定比一次围城更有用吗？那些令人沮丧的、目的不过是进行一场无耻的集体盗掠的夏季征战，它们的用处在哪里？甚至是盛大的“骑行劫掠”（Chevauchée），即在百年战争期间烧毁了法兰西大片土地、由骑兵和龙骑兵发动的可怕的大规模“骑行行动”，它的用处又在哪里？与伯罗奔尼撒战争、布匿战争或罗马人征服高卢和不列颠的英勇与不朽相比，中世纪的经验能给近代的人们带来什么？[33]中世纪的战争缺乏古典战争中所有最为美好和令人钦佩的东西：纪律、全民尚武、庞大的军队、盛大的交战，以及最重要的，伟大将领的天纵之才。发起战争的名义也被认为是不当的：为教会服务，以上帝的名义而战，而不是为了文艺复兴时期崛起的世俗国家的利益，在他们的王子和欧洲君主的命令下进行。

这种过度批判的轻蔑视角在文艺复兴时期大行其道，并在其后几个世纪得到延续。直到1885年，颇具影响力的中世纪史学家查尔斯·欧曼（Charles Oman）在描述中世纪战事时使用的仍是源于文艺复兴和启蒙运动批判时期的那套陈词，而19世纪拿破仑会战的诱惑又进一步强化了这种观念。[34]欧曼把所有的中世纪战士斥为战术的门外汉，称他们的军队原始落后，没有行动意识（当时称为“战局战术”），他们的将领则对现在所称的“大战略”一无所知。于是随着18世纪和19世纪初野战在他书房窗外的悄然复兴，欧曼认为他在腓特烈、拿破仑和毛奇崛起的余波中瞥见了通向决胜的正确道路，那只会是，而且一直都是决定性会战，而他无法在中世纪的历史中找到与此有关的任何记录。[35]后来的批评家说，中世纪军队发动的战争形式是错误的。长期苦战不是真正的战争，古希腊和古罗马的统兵之道和运筹战略才是高级的军事艺术。长期苦战不

是马基雅维利所向往的高尚的公民战争，不是启蒙运动所设想的那种在元帅的指挥棒下，用火枪奏起潺潺的琶音、大炮响起渐强的轰鸣声所组成的扣人心弦的华彩乐章般优美的线性战斗，也不是19世纪的作家们所认定的在现代军事领袖的天才引领下、带着复萌的逐战心态所展开的战争。欧曼的作品直到20世纪中叶仍然发挥着影响力。屈服于会战诱惑的不仅仅是将军和国王，这妖冶而危险的塞壬之歌同样吸引着学者。[36]

29

此外，他们也开始寻找值得铭记和颂扬的中世纪渊源，寻找可能将近代欧洲与古典世界联系起来的会战和英雄，并将前者立于后者的坚实肩膀上。[37]一个相应的现代论题是“西方战争模式”论，它认为伤亡巨大的、线性的战争传统可以从20、21世纪的西方社会一直回溯至罗马和希腊的公民军，可奇怪的是，它几乎跳过了整个中世纪非线性的军事史。为了在中世纪军事史中找到它所缺失的英雄和史诗级战斗，有时甚至到了要凭空杜撰的地步。爱德华·吉本认为，他在公元732年（或734年）的一次图尔－普瓦捷小规模冲突中找到了那一个关键性的时刻。[38]这次冲突，查理·马特（Charles Martel）率领一支法兰克军队成功抵抗了一支扎营的摩尔骑兵侦察队——按照古代标准，这不过是对骑兵突袭的一次成功阻击。吉本称，勇敢的法兰克人在那个秋日改写了一整段历史，挡住了穆斯林连续征战上千英里、准备大举涌入欧洲的扩张步伐。吉本说过这么一句名言，如果在图尔获胜的是穆斯林骑兵而不是法兰克人，“那么现在牛津大学讲诵的将是《古兰经》，她的讲坛将向受过割礼的人们传授真主神圣的启示与真理”。[39]

尽管缺乏证据，但这一主张还是得到了支持。甚至19世纪德国伟大的经验主义历史学家利奥波德·冯·兰克（Leopold von Ranke）也将图尔会战视作保护西方文明免遭伊斯兰入侵的一个重要时刻，爱德华·克雷西则将图尔会战列

为世界历史上最具决定性的十五次会战之一。汉斯·戴布流克（Hans Delbrück）不仅肯定了查理·马特“从穆斯林手中拯救了王国”的壮举，还断言道，的确，“世界史上再没有比这更重要的会战了”。另一些人则认为图尔－普瓦捷之役的决定性意义体现在另一方面，遂将这场战斗与曾经占主导地位但后来被抛弃的封建主义军事理论联系起来。来自穆斯林骑兵的威胁，有人如此写道，迫使法兰克人转而发展重骑兵。在短短50年的时间里，加洛林王朝的军队就采用骑士冲锋的冲击战术，开启了骑士阶层牢牢掌握社会、政治、军事和文化生活大权的几个世纪。法兰克人在图尔－普瓦捷之役的得胜也在诗歌和绘画中得到广泛的颂扬。[40]就连对真实历史知之甚少、懂得更少的阿道夫·希特勒，也固执地被他脑海中认为的图尔所代表的东西打动。他认为图尔－普瓦捷一役导致了欧洲的文化解体，表示如果得胜的是伊斯兰教——相对颓废和软弱的基督教，他认为伊斯兰教是必胜的战士的信仰——情况将会更好。与吉本相反，希特勒认为，欧洲如果在8世纪时皈依了伊斯兰教，那到了他那个时代，德国人将会在世界历史中取得更大的成就，为日后德国立于世界历史之巅铺平道路。[41]

图尔在现实中的决定性作用有多大？今天，大多数历史学家将图尔－普瓦捷之役看作一次次要交战，并指出重骑兵冲击战术崛起的时间要比这晚得多，不早于11到12世纪。[42]两位著名的军事史学家明确将它排除在重要会战的研究之外，理由是它既无时代意义，也无历史影响。它甚至不被列入索引。[43]然而，认为决定性会战改变世界历史这一根深蒂固的信念，以及由此产生的对图尔会战之重要性的固有看法，即使最终可以消除，也是一个极其艰难的过程。[44]图尔之战在此后的几个世纪一直被认为是一个关乎生死存亡和西方历史走向的世界性历史时刻，但这更大程度上反映的是夸大单一会战重要性的长久

诱惑，而非历史现实。即使再加上黑斯廷斯和其他几场血腥会战，也还是很难得出中世纪有与古典时期某些大战兴起时类似的转捩时刻的结论。[45] 更糟糕的是，对决定性会战的一味追寻，忽略了这样一个事实：虽然几个世纪的中世纪战事在大多数情况下并不以会战为中心，但对所有涉战者来说，这一时期的战争仍是至关重要的。

相反，现代学术研究发现，中世纪晚期社会的战略和动员能力高超。这一时期的皇帝、国王和将军们对战术、会战和更高战略的理解，可能与其他任何人一样深刻（或一样浅薄、无力），包括他们在古典时代的前辈或近代的后辈。[46] 这就是为什么他们认为会战往往不如围城。塔西佗曾说 *pecunia nervus belli*（“钱财乃战争筋骨”），这句话仍是对的。围城得到的好处通常会比一次胜利的会战更多，所承担的风险却又比投入一场会战更小。只要有一座大城堡向围攻者投降，较小的堡垒通常也会跟着投降，整片领地就这么转手易主。围城成功给胜利者带来的不仅有桂冠，还有土地、可以带走的战利品，以及一两座可供保卫战果的现成堡垒。战场上的胜利有时也有类似的效果，它为胜利者带来不可战胜的名声，让征服看来不可避免，使抵抗显得危险而徒劳无益。但是，对脆弱的军队来说，野战的风险却比持续一个夏天的围城要大得多，因为即使一次围城不成功，明年还是可以再来的。除非是为了疏解围城之困，或者为了打断一次骑行劫掠而被迫开战，否则野外作战通常是要避免的。骑行劫掠这一战术的破坏力极大，也比冒险的野战更具战略效力：通过快速摧毁农田和村庄基础设施（磨坊、谷仓和粮仓），将敌方国王的资源付之一炬，不仅有激怒对方提出公开对战的可能，也能通过暴露其在保卫臣民方面的无力来威胁其统治的合法性。它还有一个核心的后勤目的：骑行劫掠，让一支沿途掠夺的军队得以在敌人的土地上生存，消耗对手的战

31

时财源，同时还可以用劫掠来的物资和俘虏赎金充当己方雇佣部队的军饷，而无须花费难于取得的钱币。其中的许多原则和做法非常有用，以至在中世纪结束后依然存在。[47]

中世纪社会与罗马的一个关键区别是它并不具备长期养护大军的能力，薄弱的财力和后勤限制使其无力发动大规模的战斗，[48]而不是因为缺乏意愿或才智。此外，大型城镇的防御工事、拔地而起的城寨城堡，以及后来石制城堡的兴起和郊区城堡化，都在大幅减缓领土扩张的进程。是的，和罗马相比，这意味着军事权力的彻底分散。然而，这不代表衰败。它更应被理解为对全新的社会和军事现实，即以采邑为核心的政治组织形式，以及防御技术相对进攻能力的优势地位的一种积极适应。[49]为什么要让一支开支巨大的军队冒险投入一场可怕的混战？为什么要投入一场可能在一天之内就失去依靠多年休养生息攒下，本可用于防御、政治镇压和对外征服的宝贵人力和物质资源的战斗？野战太危险了，因为它太血腥了。在 11 到 15 世纪的西欧，一场中等水平的会战能让战败一方 20% 到 50% 的人当场殒命。[50]不愿冒险的国王和将军会在中世纪结束后的很长一段时间里继续避免大战，这种情况一直持续到 18 世纪。这在大多数时候是一种智慧。

真正主宰中世纪战争的神明，是薄弱的王室财政和有限的后勤保障，而不是人们宣之于口的对某位领主或对十字架的忠诚。此外，不管是男爵领①、主教辖区，还是大型城镇，都纷纷主张自己拥有一系列的军事攻防权，这导致暴力冲突几无休止。有关诉诸战争权的法律和道德主张建立在并不成熟的募

① 男爵领（barony）即男爵的领地、地产。需要注意的是，在欧洲，男爵（baron）一词在很长一段时期里是作为贵族的集合名词使用的，并不表示特定的等级位次。在 12 世纪的法兰西，男爵泛指拥有重要封地的领主，到 13 世纪末则指一些直接从国王那里获得封地的人，在这种情况下，男爵多为自封的礼称。为避免歧义，下面的译文会使用“贵族”“贵族领地”来表示相关概念。

兵制度上，本就不成体系，而且因为缺乏用以支付雇佣兵的钱币，这些主张更是成了无源之水、无本之木。加上补给困难，几天或几周的行军下来，国王的权威消失殆尽，其意志也就再难得到执行。到那时，他将很快遇到手握私人军队、堡垒和城堡的豪强们的顽强抵抗。因此，是诺曼底的公爵们，而不是法兰西的国王们从法莱斯（Falaise）的一座巨大的石制堡垒里统治着这个富饶的行省，就像欧洲各地在石堡中躲避国王或皇帝攻击的其他领主一样。后来，城市民兵出现了，他们急于从城墙后捍卫古老的公民权利和中世纪特权，对抗野心勃勃的贵族乃至君主。甚至在意大利各城邦的城墙之内都出现了微型的防御工事。[51]

32

这种部分重叠的忠诚和边界不明的战略僵局招致虽不壮观却历时久远的战斗，其中的许多冲突持续了数十年，甚至数个

费拉城堡（Castelo de Feira）

图片来源：Wikimedia Crcative Commons

世纪。[52]伊比利亚半岛的基督徒从9世纪开始对安达卢斯穆斯林发动的收复失地运动直到1492年格拉纳达在基督徒的围攻下陷落才算告终。这次运动由卡拉特拉瓦、圣地亚哥和阿尔坎塔拉等教会骑士团（“武僧”）主导；他们是一群遵守僧侣的清规戒律，但同时保留雇佣部队的武装骑士。[53]而在另一场披着崇高的十字军会战外衣的武装迁徙中，德意志北部和斯拉夫西部则经历了城主易手、被迫改宗的劫难，条顿骑士更是让十字架的恐怖阴影遍及波罗的海沿岸、波兰以及立陶宛。[54]更加广为人知的是十字军东征，它由教会骑士在宗教力量的推动下发动，向中东圣地进军，诺曼人和拉丁基督教会将近200年的心力都倾尽于此。[55]

33

教宗们还在法国南部发动过一次正式的阿尔比十字军行动。在超过两代人的时间里，法国骑士讨伐被指控为异教徒的卡特里派，镇压朗格多克的独立活动，在那里掀起一场残酷野蛮、不带一丝怜悯或慈悲的殊死之战（*guerre mortelle*）。而在这一可怕的过程中，几乎没有爆发过定点会战。相反，卡特里派战争是一连串残酷的围城战，是对伏守于设防堡垒和一两座像卡尔卡松（Carcassonne）这样的巨石城堡的守军发起的围攻。伴随围城而来的是凶残的骑行劫掠和零散发生的骑兵抢夺，他们横行乡野，烧毁村庄，散播恐慌，滥杀屠城，广泛制造包括集体火刑在内的暴行。[56]中世纪晚期还有另一场同样旷日持久的冲突（虽然较少发生蓄意制造的恐怖和破坏），它是教宗、君主、贵族三者之间的争斗——归尔甫派与吉伯林派间的战争。战火在意大利北部、奥地利和德意志南部部分地区蔓延，持续近两个世纪，并以派系分裂这种弱化形式一直延续到文艺复兴早期（并进入但丁的长诗《地狱》）。[57]

如果说从恺撒到图尔，再到文艺复兴，或者到后来开明的法兰西或普鲁士国王军队，他们英勇的军事探索之间不存在

直接的关联，那么就要另辟蹊径来将古典与早期现代和现代联系起来了。如果将罗马的后继政权看作是在几个世纪的“黑暗时代”中挣扎，不复当年的军事活力和罗马荣耀，而空留褪色记忆的败坏存在，那么我们的任务就不再是在中世纪的泥淖中寻找缺失的英雄主义，而是确保文艺复兴和启蒙运动已将中世纪的一切抛诸脑后，义无反顾地回归古典的怀抱，就像承继其他一切有价值的古典事物一样，承继关于古典战争的思想。但是后罗马时代的西方军事史可资借鉴的东西太少，如何才能达到这个目的？意大利文艺复兴和法国启蒙运动中的人们认为他们在古代伟大将领所率军队进行的战斗中看到了永恒的真理和战争的荣光，于是很多人得出的答案便是干脆将中世纪置于一旁，直接效法古典世界。

在一定程度上，这一结论的得出是对这样一个令人挫败的事实的回应：进展缓慢而又无决定性作用的围城战对野战军的支配长达几个世纪之久，这种情况一直延续到文艺复兴时期，直到启蒙时代依旧如此。[58]守城和围城仍然是主要的交战形式：军队只能留在防御工事周围，或者被迫停止机动，留守营地、挖掘战壕。考虑到马基雅维利所处的时代及其决心改革的壮志，一个非常讽刺的事实是，在新的理性主义推动下突飞猛进的，不是野战技术，而是围城和防守技术。意大利各城邦革新了碉堡要塞的设计，这些要塞在被推广到欧洲以及欧洲以外的其他地方后，被称为“意大利式要塞”①。这一有着现实意义的技术进步，更加巩固了围城战（阵地战）的统治地位，使得这一时期的战事发展与古典战争的拥趸以及像马基雅维利这样的改革家所推崇的理想——让有着共和血统、公民身份的民兵部

34

① 又称星形要塞（star fort），是火炮开始主导战场后发展出的一种城塞形式。相较中古时代的环形要塞，它的特点是有众多可以相互掩护的三角形棱堡，棱堡的楔形斜面可以削弱火炮弹丸对墙体的破坏，使得进攻方难以靠强攻取胜。

队领导战争，重拾对会战的追求——相去甚远。[59]这种发端于马基雅维利时代的意大利的新的几何作战法，随后在路易十四时代的法国，在凝结着理性色彩的堡垒、围城和战壕阵线的完美对称中，达到了极致。

***

在中世纪后期，步兵渐渐成为军队主力，这被当时的史学家称为14世纪的“步兵革命”。不过在此之前，步兵的重要性就已经在某些地方凸显出来，比如英国军队，以及弗兰德①和意大利的城市民兵。在西欧，较低阶层、没有太多作战技能，因而也就相对便宜的平民步兵取代了服役贵族和领主扈从，被吸纳进入军队。相比之下，东欧和俄国的军队则仍以骑兵为主。这并非因为他们的改革和现代化水平滞后，而是因为东部的天然屏障和防御工事较少，城镇之间距离较大。所以在波兰、乌克兰和俄国西部，征发掠食都难以进行。西欧新军装备有弓、长弓、弩、斧和戟，手持铁尖枪矛的步兵以这样或那样的伪装组成方阵屏障，抵御重型骑兵的攻击。瑞士方阵（*Haufen*）护卫着戟兵、斧兵、弩兵，以及后来的火枪手，摆出齐刷刷的铁尖长矛迎向冲锋的骑兵。苏格兰人摆的是长矛圆阵（schiltrons）。弗拉芒人则用短矛（*goedendags*，或称“日安棒”）列队作战。总而言之，矛弓组合（以及后来的矛与火枪组合）的步兵阵型和战术得到发展，重骑兵及其辅助兵种的统治地位遭到挑战。这一转变的完成虽非一蹴而就，但趋势明显。[60]

变化和适应，部分是人口恢复的结果，部分则与经济富裕

① 西欧一历史地名，大致位于今日比利时西部、法国北部和荷兰南部一带，人口为弗拉芒人。

和君主为了集权而改组军队有关。步兵——多是雇佣兵——常保卫弱小的国王对抗寻衅好斗的贵族。传统的披甲骑兵比新式的着布衣、执弩斧的步兵要昂贵得多。而且武士阶层对王权的服从性往往还很低。此外，将世袭的武士阶层从战场中心位置上推开的还有技术的进步。随着此前靠人力拉弦的短弓、长弓让位于利用机械力量张弦，此后更是发展为全钢材质的弩弓，所有抛射武器的射速和远程准度都得到了提高，步兵的远距离杀伤力已不可同日而语。在当时被称为手铳（或“手炮”）的原始长管火器，则为后世火绳枪的诞生和发展完善指明了方向[①]，武器穿透盔甲变得越来越不费力。

35

装填钢弩需要用双手（通常还需加上一只脚）开弦并装上弩箭。火绳钩枪上以蛇杆夹持的引线（一段火绳）极易在闷燃中被一阵微风吹熄，药池里的火药只需一阵小跑或疾驰就会飞

① 原著使用 arquebus 和（matchlock）musket 这两种不同形态的火绳枪指代火绳枪的不同发展阶段。因为这两个词含义模糊多样，译法不一，在此稍作厘清。arquebus 本意是钩铳，指的是枪管上带有钩形件、使用一切外部高温体作为点火工具的原始枪械，在这个意义上，arquebus 只是火门枪（前文所说“手铳”）的一种；及至 15 世纪早期，火绳枪机（一种蛇形杆装置）被发明出来并应用到火器上，标志火绳枪的诞生，这种新生的火绳枪在习惯上延续了 arquebus 的叫法，在此称“火绳钩枪”。本书所称 arquebus 指的是后者。15 世纪后期，西班牙人对火绳枪作出改进，将改进后的大口径火绳枪称为 musket；musket 起初只是火绳钩枪的放大版本，因为口径更大，威力更大，可以洞穿骑兵盔甲，而引得各国仿制，不过随着技术的进步，后期的 musket 在保留其原有威力的基础上，已经变得越发轻巧。它的成功最终导致火绳钩枪的消失，“musket”渐渐变成火绳枪的代名词，到了后来更是成了所有在来复枪出现之前的前装滑膛枪的统称。有据于此，为避免歧义，译文会将火绳枪发展初期作为并列概念出现，即在机械操控原理上没有本质不同，只因轻重制式、机动程度不同，而导致二者使用场景有别的 arquebus 和 musket 分别译作“火绳钩枪”和“重型火绳枪”，对应兵种译作“火绳钩枪兵”和“重火绳枪兵”；将一般意义上的，以及在 17 世纪前后因为发展臻于成熟，而不再有轻、重之分的 musket 译作“火绳枪”；将 17 世纪中叶燧发枪普及后作为一类枪系概念使用、不再强调击发装置的 musket 简译作“火枪”或“滑膛枪”。

散到空中。由于这些武器在马背上不易使用，甚至根本无法使用，于是它们被交到了新组建的、训练和装备成本都更为低廉的步兵手中。即便如此，步兵战场地位的转变仍然需要几十年的时间。最初的重型火绳枪，其发射必须由两人手持，或者架在三脚架托或马车上，或者钩在城堡或城墙上进行。后来的重型火绳枪虽然在重量上已经大有减轻，但仍然存在火绳太易熄灭和火药在雨雾或潮湿天气中极易受潮的问题，即使是后来的燧发枪也还是没有解决药池和风的问题。不过随着时间推移，士兵薪水的回归、集权君主对垄断军事力量的兴趣，以及新武器技术等诸多因素，共同推动了步兵地位的提高和世袭重骑兵地位的下降，而这一变化带来的社会影响是巨大的。随着野战军规模在中世纪晚期的不断壮大，一股回归会战的暗流也在此时涌动了起来，会战成为一些指挥官有意识的选择。旷日持久的石头战和围城战仍然占据绝对主流地位，但是因为投入野外兵力数目的增多，机动军队之间的遭遇变得更加频繁，野战的发生概率也就随之提高。[61]

关键的改变发生在新武器的使用方式及其对使用者的影响上。为了真正有效地对抗更传统的骑兵部队和装备类似武器的步兵部队，需用双手装填和发射的投射和穿刺武器的使用，这必然对士兵的协同作战——让手持长矛或长戟的步兵保护投射部队——提出了要求。协同作战的表现形式各异，但其中最令人生畏，同时也是最成功的是瑞士方阵使用的推进战术，或者让两到三人为一组呈梯队形式移动，并派散兵组成“敢死小队”走在前面，迷惑和分散前方敌军的注意力。要让同在一个作战单位的士兵们团结作战，就意味着恢复有限度的军事操练，让士兵们熟悉行军和技术动作，因为他们每个人的性命都将牵系于此。大批走上战场的下层阶级也因为这些共同的训练和战斗经历而更紧密地团结到了一起。阶级仇恨随之而来，譬

36

如在阿金库尔会战中，威尔士和英格兰的弓箭手恣意屠杀法军贵族俘虏，而法兰西的骑士们，尽管他们自己的阵营也雇用了热那亚弩手，但并未收起那副将让他们送命的嚣张态度。[62] 没人会在胜利时手软，或在失败时指望对手大发善心；特别是当来自弗兰德自治城镇，或从无王的瑞士山谷和联邦汹涌而出的大量步兵与来自法兰西和奥地利的老牌军事贵族交上锋时，场面往往极为惨烈。在与以步兵为主的新生军队的早期对抗中，重装骑兵依然能够，而且事实上也确实取得了胜利，但随着时间的推移，骑兵贵族会被平民步兵至少从其军事统治地位上拉下马来。[63] 这还需要花上几个世纪的时间，但是随着平民步兵逐步装备上更好的火枪，并开始使用刺刀保护自己免受骑兵攻击，他们最终还会把高高在上的贵族赶下社会和政治舞台。

对旧秩序来说，它第一次真正的措手不及出现在 1302 年 7 月 11 日弗兰德的科特赖克城墙外，那里，城市民兵挥舞着手中 8 英尺长的日安棒和长柄斧头，将上千名法国贵族父子圈住、钩拿，然后拉下马来杀死。骑士们要么被带钩的长矛和长戟从马上拉下来，要么被遭砍伤后嘶叫着狂蹬乱跳的马掀落在地，他们努力缩进紧束的盔甲之内，然而盔甲没有覆盖到的部位仍然遭到刀砍剑刺：胳膊下方、大腿根部，或者面罩当中。又或者，整个人被双手斧径直劈成两半。这次对骑士以及他们训练有素的珍贵军马进行的乱斧砍杀，在历史上有一个温和而又浪漫的名字，叫作“金马刺会战”，得名于死去骑士曾使用过的马具——弗拉芒人将它们洗净后，挂在他们的小镇教堂当中。这叮当作响的耻辱不停地刺激着法国的贵族们，他们在几十年后杀了回来，以一场阶级复仇的血腥狂欢索回他们祖辈的马刺。[64] 但纵是如此，重骑兵的声誉还是遭到了严重、永久的损伤。1314 年，班诺克本，狭海对岸，苏格兰步兵以坚固密集的长矛圆阵迎战英格兰骑士，将其击溃。随着两军对阵日

久，英格兰骑士被迫下马步战，并由甲士（man-at-arms）和长弓手负责掩护侧翼。将苏格兰人打回北方后，英王爱德华三世随即把这些创新战术带到了法国，并在1346年的克雷西（*Crécy*）会战中大败法军。他的儿子，黑太子爱德华，1356年在普瓦捷发动了一次大规模的骑行劫掠，完成了新旧战术的结合，并为其父爱德华三世的战术取得了第二次大捷；由此，英法百年战争的第一阶段以英军打败法国贵族告终。[65]变化同时也自阿尔卑斯，瑞士的联邦和山谷席卷而来。1315年，在莫尔加藤，以少胜多的瑞士步兵被载入军事史册，让全欧洲的马上特权贵族为之震惊；他们从莫尔加藤的隘口边上投下滚木，截断隘口的前后退路，屠杀了一支由骑士和甲士组成的奥地利（哈布斯堡）军队。不久，瑞士人来到平原，靠着矛弩方阵横扫战场。他们还接受国王和教宗的雇用，而且由于在接下来的200年时间里无一败绩，瑞士佣兵在佣兵市场上变得炙手可热。“无钱不使瑞士兵”（*Pas d'argent, pas de suisse*）成了一句俗语，在那200年间，如果没有瑞士人站在自己这一边，那往往（如果敌人有，则是“必然”）意味着失败。他们没有国王或贵族，而是在选举产生的军官带领下，使用致命的弩箭，或在长矛的保护下挥舞长斧作战。他们的奔跑速度比一些骑兵部队都要快，通过多个方阵作战来增强突击力量，提高在战场上的灵活性。这些令人闻风丧胆的瑞士步兵，让马基雅维利大加赞赏，也令敌人和模仿者——德意志佣兵“国土仆佣”（*Landsknechte*）——深恶痛绝。最终，他们还是输了，就像几乎所有的长期战争玩家走到最后都会输一样。1515年，意大利战争（1494—1559年）正酣之际，瑞士步兵在距离米兰20英里（32公里）的马里尼亚诺遭法兰西人血洗。叱咤战场200年之后，瑞士步兵的无敌神话终究还是因为装备不足和过于拥挤的阵形，而被加农炮、火枪和手枪的密集扫射彻底击破。

一场巨变正在悄然发生，因为始于14世纪的步兵革命并未就此结束。步兵成为主力兵种，这一事实加速了欧洲战争社会基础的关键性转变，军队开始走上扩张和职业化的道路，成为中世纪晚期军队有别于早期军队的标志性特点。[66]如后文所说，这些变化在意大利文艺复兴时期的长期战争中持续发生，在后来的意大利战争中得到延续，至16、17世纪欧洲战争首次将其军队和影响带到海外之际，步兵革命之巨变在欧洲各地的宗教战争中再掀波澜。步兵数量和战斗规模到了18世纪启蒙运动时期，更是在动辄持续数十年的战事中大肆扩张。随后，法国大革命极大地扩大了步兵在现代战争中的作用，以及社会战争动员的影响力——18世纪的战事将一直持续到19世纪早期。步兵规模和地位的长期增长趋势在19世纪下半叶进一步加速，并在20世纪上半叶达到顶峰，步兵人数跃升至数百万，然后是数千万。

## 注释

1 19世纪和20世纪流传较广的著作包括 Edward Creasy, *Fifteen Decisive Battles of the World: From Marathon to Waterloo* (London: Bentley, 1851); Thomas Knox, *Decisive Battles Since Waterloo* (New York: Putnam's Sons, 1887); Nugent Robinson, *A History of the World with All its Great Sensations*, 2 vols. (New York: Collier, 1887); Frederick Whitton, *Decisive Battles of Modern Times* (New York: Houghton-Mifflin, 1923); J. F. C. Fuller, *A Military History of the Western World*, 3 vols. (New York: Funk & Wagnalls, 1954–1956); and Fletcher Pratt, *Battles that Changed History* (Garden City, NY: Hanover House, 1956)。

2 例如 Paul Cartledge, *Thermopylae: The Battle that Changed the World* (New York: Knopf Doubleday, 2007)。两位研究二战的著名历史学家认为，在军事史上，“最重要的是，人们可以把战争的结果追溯到产生重大影响的具体会战和事件上”。Williamson Murray and Allan R. Millet, *A War to Be Won: Fighting the Second World War* (Cambridge: Harvard

University Press, 2000): p. 304. 与这一“决定性会战改变一切”的说法形成鲜明对比的一个近期的例子包括西奥多·科比特（Theodore Corbett）的逆主流研究：*No Turning Point: The Saratoga Campaign in Perspective* (Norman: University of Oklahoma Press, 2012) 以及 John D. Grainger, *The Battle of Yorktown, 1781: A Reassessment* (Woodbridge: Boydell. 2005)。另有一学术合集，它超越了战争叙事，探讨的是战争背后的社会、宗教和意识形态：Ariane Boltanski, et al., eds., *Du fait d'armes au combat idéologique XIe-XIXe siècle* (Rennes: Presses Universitaires de Rennes, 2015)。

3 近期例子参见 Joseph Dahmus, *Seven Decisive Battles of the Middle Ages* (Chicago: Nelson-Hall, 1983)；David Eggenberger, *An Encyclopedia of Battles: Accounts of Over 1,560 Battles from 1479 B.C. to the Present* (New York: Dover, 1985)；Robert Mantran, *Les grandes dates de l'Islam* (Paris: Larousse, 1990)；H. Verma and Amrit Verma, *Decisive Battles of India Through the Ages* (Campbell: GIP, 1994)；Richard Gabriel and Donald Boose, *Great Battles of Antiquity* (Westport: Greenwood, 1994)；Paul Davis, *100 Decisive Battles: From Ancient Times to the Present* (Oxford: Oxford University Press, 2001)；Richard Holmes and Martin Evans, *A Guide to Battles: Decisive Conflicts in History* (Oxford: Oxford University Press, 2009)；Mir Bahmanyar, *Vanquished: Crushing Defeats from Ancient Rome to the 21st Century* (Oxford: Osprey, 2009)；Christer Jorgensen, editor, *Great Battles: Decisive Conflicts that Have Shaped History* (New York: Parragon, 2007)；Jim Lacey and Williamson Murray, *Moment of Battle: The Twenty Clashes That Changed the World* (New York: Bantam, 2013)；G. B. Malleson, *The Decisive Battles of India from 1746 to 1849* (New Delhi: Asian Educational Services, 2007; facsimile reprint of the new edition, London: Reeves & Turner, 1914; originally published 1883)；Bryn Hammond, *El Alamein: The Battle that Turned the Tide of the Second World War* (Oxford: Osprey, 2012)；Robert Lyman, *Kohima: The Battle that Saved India* (Oxford: Osprey, 2012)；Geoffrey Roberts, *Victory at Stalingrad: The Battle that Changed History* (London: Longman, 2002)；and Richard Overy, *A History of War in 100 Battles* (New York and Oxford: Oxford University Press, 2014)。这个主题在大众电影中也很突出，例如 *Decisive Battles of the Ancient World* (History Channel: 2004), *Frontier: The Decisive Battles of the Old*

*Northwest* (History Channel, 2000), and *Decisive Battles of World War II* (Cannon Vision, 2013)。

4 Hanson, *Carnage and Culture*: pp. 168–169 以及多处。约翰·林恩（John Lynn） 在 *Battle: A History of Combat and Culture* (Boulder, CO: Westview Press, 2003): pp. 13–27 中做了简明扼要、令人信服的批评。另见 John France, "Close Order and Close Quarter: The Culture of Combat in the West," *International History Review* 27–3 (2005): pp. 498–517。对此前关于古希腊重装步兵战的描述进行了有趣反驳的是 Christopher Matthew, *A Storm of Spears: Understanding the Greek Hoplite at War* (Philadelphia: Casemate, 2012): pp. 1–16, 127–128。针对古希腊重装步兵的战事、武器和战术，彼得·克伦兹（Peter Krentz）也为读者提供了一个不一样的视角：*The Battle of Marathon* (New Haven: Yale University Press, 2010): pp. 51–60, 143–143, 157–159。

5 Herodotus, *The Histories* (New York: Penguin, 2003). 希罗多德向来被指责轻信编造之辞，写的是小说而不是历史。在希罗多德的因果阐述中，神始终扮演着一个基本的角色，而与之相对的修昔底德却并未将神与任何的因果问题相联系。这一比照视角有赖罗兰·萨蒙斯的帮助，在此表示感谢。

6 同上书，第 563–585 页及多处。

7 J. A. S. Evans, "Herodotus and the Battle of Marathon," *Historia: Zeitschrift für Alte Geschichte* 42/ 3 (1993): pp. 279–307; Krentz, *Marathon*: pp. 137–160, 172–174.

8 马拉松之役的这一深远的决定性意义在以下作品中得到多次重申：Alan Lloyd, *Marathon: The Crucial Battle That Created Western Democracy* (London: Souvenir Press, 2005)；and Richard Billows, *Marathon: The Battle That Changed Western Civilization* (New York: Overlook Press, 2010)。有关此战的更多细节可见 J. F. Lazenby, *The Peloponnesian War: A Military Study* (London: Routledge, 2004): p. 43。许多通俗历史作品对其他的古代战争也都有过类似的论述，例如 Barry Strauss, *The Battle of Salamis: The Naval Encounter that Saved Greece—and Western Civilization* (New York: Simon & Schuster, 2005)。

9 在此再次感谢罗兰·萨蒙斯。

10 关于会战与后勤等其他因素在希腊战事中分别扮演的不同角色，以下书目可以提供较为全面的视角：Robin Lane Fox, *Alexander the Great* (London: Penguin Books, 2004)；idem, *The Long March: Xenophon*

*and the Ten Thousand* (New Haven: Yale University Press, 2004); John Lee, *A Greek Army on the March: Soldiers and Survival in Xenophon's Anabasis* (Cambridge: Cambridge University Press, 2007); Archer Jones, *Art of War in the Western World* (New York: Oxford University Press, 1987): pp. 1–26, 65–70。

11 Yozan Mosig and Imene Belhassen, "Revision and Reconstruction in the Punic Wars: Cannae Revisited," *International Journal of the Humanities* 4.2 (2006): pp. 103–110; and J. F. Lazenby, *Hannibal's War: A Military History of the Second Punic War* (Norman: University of Oklahoma Press, 1998): pp. 77–85.

12 活人献祭以慰罗马神灵的狂热做法在坎尼之役后持续了很多年。Eve Macdonald, *Hannibal: A Hellenistic Life* (New Haven: Yale University Press, 2015): p. 188.

13 Alvin H. Bernstein, "Strategy of a Warrior-State: Rome and the Wars Against Carthage, 264–201 B.C.," in Williamson Murray et al., editors, *The Making of Strategy: Rulers, States, and War* (Cambridge: University of Cambridge Press, 1994): p. 78; Lazenby, *Hannibal's War*: pp. 29–86.

14 正如下面所讨论的，直到19、20世纪，坎尼之战一直令普鲁士和德国的军事思想家和战争计划魂牵梦萦。时至今日，它仍被广泛书写。Mark Healy, *The Battle of Cannae: Hannibal's Greatest Victory* (Oxford: Osprey, 2000); Robert O'Connell, *Ghosts of Cannae: Hannibal and the Darkest Hour of the Roman Republic* (New York: Random, 2010); Richard A. Gabriel, *Scipio Africanus: Rome's Greatest General* (Washington: Potomac, 2008): pp. 25–54; Adrian Goldsworthy, *Cannae: Hannibal's Greatest Victory* (New Haven: Phoenix, 2007). 戈兹沃西（Goldsworthy）对费边战略是否取得胜利表示怀疑，但他也批评汉尼拔居然认为他在坎尼的战术大胜足以让罗马妥协。一部揭露"战争真实面目"、讲述战争本质的作品是 Gregory Daly, *Cannae: The Experience of Battle in the Second Punic War* (London: Routledge, 2002)。

15 对此提出异议的是 Yozan Mosig and Imene Belhassen, "Revision and Reconstruction in the Second Punic War: Zama—Whose Victory?" *International Journal of the Humanities* 5.9 (2007): pp. 175–186。相较而言，Lazenby, *Hannibal's War*: pp. 219–225，以及 Macdonald, *Hannibal*: pp. 198–217 较为可靠。

16 Trevor Dupuy, *Understanding Defeat* (New York: Paragon, 1990): pp.

10–11. See instead Gabriel, *Scipio Africanus*: pp. 175–197.

17 Ibid., pp. 83–174; Bernstein, “Warrior-State,” pp. 56–84; Lazenby, *Hannibal's War*: pp. 87–232; Adrian Goldsworthy, *The Punic Wars* (London: Cassell, 2001): pp. 197–221, 222–244; idem, *The Fall of Carthage* (London: Cassell, 2007).

18 Alfred von Schlieffen, “Cannae Studies,” reprinted in Robert T. Foley, editor, *Alfred von Schlieffen's Military Writings* (London: Frank Cass, 2002): pp. 208–218. 为了在坎尼与施里芬所鼓吹的独一无二的“德国的战争模式”之间建立联系，施里芬提到了1870年的色当战局，详见Andrew Loren Jones, “Debating Cannae: Delbrück, Schlieffen, and the Great War” (2014), *Electronic Theses and Dissertations*, Paper 2387, http://dc.etsu.edu/etd/2387。

19 Julius Caesar, *The Conquest of Gaul* (London: Penguin Classics, rev. ed., 1983); Michael Sage, *Roman Conquests: Gaul* (London: Pen and Sword, 2012); Jones, *Art of War*: pp. 72–79.

20 关于此次战败，较为权威的记录包括Tacitus, *Annals of Imperial Rome* (London: Penguin Classics, 1996): pp. 61–89; Ovid, *Tristia* (“Lamentations”)。掀起现代“决定性会战”复兴之潮的一部作品是Peter Wells, *The Battle that Stopped Rome* (New York: Norton, 2003)。作者在论述中援引了自1987年以来最新的重要考古发现，尽管这并不能证明他在序言中所说的条顿堡森林会战“也许是欧洲历史上最具决定性意义的会战”。

21 Creasy, *Fifteen Decisive Battles*: pp. 115–140；德国民族主义者称条顿堡森林会战是“坎尼会战的姐妹篇”的观点引述见第137页。Also see Fuller, *Military History*, Vol. I: pp. 239–253.

22 “Roman Military Disasters and their Consequences,” Special Issue, *Classical World* 96/4 (2003).

23 Bernstein, “Strategy of a Warrior-State,” especially pp. 60–68. 此外，罗马军队无论对内对外都在执行暴虐政策，特别是在帝国的东部，他们的关键任务往往是占领和镇压，而不是保护平民。Benjamin Isaac, *The Limits of Empire: The Roman Army in the East* (Oxford: Oxford University Press, 1990, 2004): pp. 80–87, 101–160. 有关后勤方面的问题，以下作品堪称杰作：Jonathan Roth, *Logistics of the Roman Army at War* (Leiden: Brill, 1998), especially pp. 279–328; also Jones, *Art of War*: pp. 26–91。更为宽泛的论述可参见Philip Sabin, editor,

*Cambridge History of Greek and Roman Warfare*, Vol. 2: *Rome from the Late Republic to the Late Empire* (New York and Cambridge: Cambridge University Press, 2008)。

24 Loren J. Samons 2016 年 3 月 18 日致作者的说明。

25 G. Halsall, "Movers and Shakers: The Barbarians and the Fall of Rome," *Early Medieval Europe* 8 (1999): pp. 131–145; Martin Goodman, *Roman World* (New York: Routledge, 2012): pp. 89–170; Thomas Burns, *Rome and the Barbarians, 100 B.C.–400 A.D.* (Baltimore: John Hopkins University Press, 2009): pp. 248–373; Edward Luttwak, *Grand Strategy of the Roman Empire* (Baltimore: Johns Hopkins University Press, 1976): pp. 127–190; Adrian Goldsworthy, *Roman Army at War 100 BC–AD 200* (Oxford: Oxford University Press, 1998): pp. 39–75, 163–170; idem, *How Rome Fell: Death of a Superpower* (New Haven: Yale University Press, 2009): pp. 283–415; Ramsey MacMullen, *Corruption and the Decline of Rome* (New Haven: Yale University Press, 1988): pp. 171–177, 199–208; M. J. Nicasle, *Twilight of the Empire* (Amsterdam: Geiben, 1998); Walter Goffart, *Rome's Fall and After* (London: Hambledon, 2003); A. D. Lee, *War in Late Antiquity* (Malden: Blackwell, 2007).

26 Charles Oman, *A History of the Art of War in the Middle Ages: 378–1278* (Ithaca: Cornell University Press, 1953): pp. 41–62; Hans Delbrück, *History of the Art of War*, Vol. 3: *Medieval Warfare* (Lincoln: University of Nebraska Press, 1990): pp. 13–92; Ferdinand Lot, *Art militaire et les armées au moyen âge en Europe et dans le Proche Orient* (Paris: Payot, 1946): passim; J. F. Verbruggen, *The Art of Warfare in Western Europe during the Middle Ages from the Eight Century to 1340*, 2nd ed. (Woodbridge: Boydell, 1997): pp. 204–275. 认为约 1200 年以前的中世纪军队，无论是骑马还是投掷，它们的战斗形式都"更像是个体而不是群体"的老观点在以下作品中仍有体现：Jones, *Art of War*: pp. 92–147. Quoted at p. 144。

27 Wood, Merovingian Kingdoms; Philippe Contamine, "La fondation de Regnum Francorum," in Contamine, editor, *Histoire militaire de la France*, Vol. 1 (Paris: Press Universitaires de France, 1992–1994): pp. 5–18; Kelly DeVries and Robert Smith, *Medieval Military Technology*, 2nd ed. (Toronto: University of Toronto Press, 2012): pp. 99–114. Jan

Wilhelm Honig 将这一错误部分归因于 19 世纪克劳塞维茨的影响以及对规范战略的中世纪惯例的基本误解："Reappraising Late Medieval Strategy," *War in History* 19/2 (2012): pp. 123–132。

28　Philippe Contamine, *Guerre, état et société à la fin du moyen âge* (Paris: Presses Universitaires de France, 1972). Cited here from the English version, *War in the Middle Ages* (Oxford: Blackwell, 1984): pp. 1–29.

29　对过往观念做过纠正的主要作品包括 Bernard Bachrach, *Merovingian Military Organization* (Minneapolis: University of Minnesota Press, 1972); Patrick Geary, *Before France and Germany: The Creation and Transformation of the Merovingian World* (Oxford: Oxford University Press, 1988): pp. 3–76; Ian Wood, *Merovingian Kingdoms, 450–751* (London: Longman, 1994); Peter Heather, *The Goths* (Oxford: Blackwell, 1997); Michael Kulikowski, *Rome's Gothic Wars* (Cambridge: Cambridge University Press, 2007); Timothy Reuter, "Carolingian and Ottonian Warfare," in Maurice Keen, editor, *Medieval Warfare: A History* (Oxford: Oxford University Press, 1999): pp. 13–35; Roger Collins, *Early Medieval Europe, 300–1000*, 3rd ed. (New York: Palgrave 2010): pp. 31–113，151–172。

30　Theodore Mommsen, "Petrarch's Conception of the Dark Ages," *Speculum* 17/2 (April 1942): pp. 226–242. 19 世纪关于文艺复兴研究的关键文本是 Jacob Burkhardt, *Civilization of the Renaissance in Italy* (New York: Modern Library, 2002), originally published 1860。作者在此书中宣告文艺复兴与衰落的中世纪世界的彻底决裂，对于中世纪，他直言不讳地认为那是极度迷信和堕落的时代。

31　查理大帝（Carolus Magnus）理应被视作军事史上最伟大的将领之一的说法在当时和之后都一直存在争议。例如 Philippe Wolff, *The Awakening of Europe* (Harmondsworth: Penguin, 1968): p. 18。

32　关于中世纪文化和军事衰败的老派观点在以下作品中得到集大成式的保留：Wolff, *Awakening of Europe*: pp. 15–35。除此之外还有：Contamine, *War in the Middle Ages*: pp. 1–2 以及多处。最新的观点可以在有关这一时期的最新研究中找到，例如 Leif Inge, *Siege Warfare and Military Organization in the Successor States 400–800* (Leiden: Brill, 2013): pp. 149–189, 234–255。

33　克利福德·罗杰斯（Clifford Rogers）认为英国的骑行劫掠是求战而非避战之举，参见 Clifford Rogers, "Edward III and the Dialectics of

Strategy, 1327–1360," *Transactions of the Royal Historical Society* 4 (1994): pp. 83–102。关于中世纪战争的其他模式，参见 Ivy Corfis and Michael Wolfe, editors, *The Medieval City Under Siege* (Woodbridge: Boydell, 1999); Kagay and Villalon, *Circle of War*: pp. 33–44; Christopher Allmand, "War and the Non-Combatant in the Middle Ages," in Keen, *Medieval Warfare*: pp. 253–272; Clifford Rogers, "By Fire and Sword: *Bellum hostile* and Civilians in the Hundred Years' War," in Clifford Rodgers and Mark Grimsley, editors, *Civilians in the Path of War* (Lincoln: University of Nebraska Press, 2002): pp. 33–78; Strickland, *War and Chivalry*: pp. 204–229。

34 关于欧曼这一具有时代特征的对决定性会战的笃信，参见 Azar Gat, *A History of Military Thought from the Enlightenment to the Cold War* (Oxford: Oxford University Press, 2001): p. 6。

35 Oman, *War in the Middle Ages*. 特别是第四章，他着重论述了"封建"军队和战事的原始落后。A similar argument is made in H. J. Hewitt, *The Black Prince's Expedition of 1335–1357* (Manchester: University of Manchester Press, 1958); Reinforcing Oman's depiction of military primitiveness were Hans Delbrück's *Barbarian Invasions*: pp. 13–9; and Ferdinand Lot, *Art militaire et les armées au moyen âge en Europe et dans le Proche Orient* (Paris: Payot, 1946)。Correction began with J. F. Verbruggen's identification that knights actually fought as cavalry, ingroups and not singly: *Art of Warfare*: pp. 19–109; Also see David Bachrach, "Early Ottonian Warfare," *Journal of Military History* 75 (2011): pp. 393–409; Contamine, "La fondation de Regnum Francorum," pp. 5–18; DeVries and Smith, *Medieval Military Technology,* loc. cit.; and Clifford Rodgers, *War Cruel and Sharp: English Strategy under Edward III, 1327–1360* (Woodbridge: Boydell, 2000)。

36 Henry J. Webb, "Prisoners of War in the Middle Ages," *Military Affairs* 12/1 (1948): pp. 46–49; Delbrück, *Medieval Warfare*: pp. 429–543. 许多现代学者对这一观点作出纠正，参见 John France, "Recent Writing on Medieval Warfare," *Journal of Military History* 65 (2001): pp. 441–473。

37 见注释 44。

38 习惯上认为图尔 – 普瓦捷会战发生在 732 年。但在 *Oxford Guide to Battles* 一书中，理查德 · 霍姆斯（Richard Holmes）和马丁 · 埃文斯（Martin Evans）根据现代研究将战争年代确定为 733 年或 734 年，参见

*Oxford Guide to Battles* (Oxford: Oxford UniversityPress, 2006): p. 43。

39 Edward Gibbon, *Decline and Fall of the Roman Empire* (London: Penguin Classics, 1994): Chapter 52.

40 Ranke, *History of the Reformation in Germany* (1844): Vol. 1, Chapter 5; Creasy, *Fifteen Decisive Battles*: pp. 157–169; Delbrück, *History of the Art of War: The Barbarian Invasions*: pp. 14, 441; Dahmus, *Seven Decisive Battles*: p. 8 以及多处。在视觉记忆方面，可参见查尔斯·德斯图本（Charles de Steuben）于1837年绘制的令人印象深刻的浪漫主义画作：*Bataille de Poitiers en octobre 732*。加洛林王朝转向重骑兵的核心理论是由德国的中世纪学者海因里希·布鲁内尔（Heinrich Brunner）提出的，但查尔斯·欧曼、汉斯·戴布流克等人对这一突如其来的转变表示质疑，见 Kelly DeVries, *Medieval Military Technology* (Peterborough: Broadview, 1992): pp. 95–110。关于法兰克重骑兵突然出现的旧论是完全站不住脚的，见伯纳德·巴赫拉克（Bernard Bachrach）以下这篇关键论述："Charles Martel, Shock Combat, the Stirrup and Feudalism," *Studies in Medieval and Renaissance History* 7 (1970): pp. 47–75。

41 David Motadel, *Islam and Nazi Germany's War* (Cambridge: Belknap Press, 2014): p. 65.

42 William Watson, "Battle of Tours-Poitiers Revisited," *Providence: Studies in Western Civilization* 2/1 (1993); Charles Bowlus, "Two Carolingian Campaigns Reconsidered," *Military Affairs* 48/ 3 (1984): pp. 121–125; John France, "Military History of the Carolingian Period," *Revue Belge d'Histoire Militaire* 26 (1985): pp. 81–99. 伯纳德·巴赫拉克对此持不同意见，他认为查理·马特在普瓦捷对穆斯林营地的攻击展示了加洛林王朝复杂而精密的军事体系，该体系足以维持大规模的军队，亦已超越罗马的军事教范和实践，对此他提出加洛林人有自己的包括侦察等主题在内的军事教范：*Early Carolingian Warfare: Prelude to Empire* (Philadelphia: University of Pennsylvania Press, 2011): pp. 26–32, 170–177, 182–188。

43 Robert Cowley and Geoffrey Parker, editors, *Reader's Companion to Military History* (New York: Houghton Mifflin, 2001): p. xiii.

44 例如，1991 年一位外交政策分析家就曾感叹，第二次世界大战后"大量的穆斯林移民进入法国"也许"让 732 年查理·马特在图尔会战中的胜利为之逆转"。William Lind, "Defending Western Culture," *Foreign Policy* 84 (1991): p. 42. 维克多·戴维斯·汉森的"西方战争模式"论认

为西方的战争延续了古典经验以及线性的公民战斗模式；2001 年，在对这一理论近乎绝望的辩护中，他写道："显然，西方对欧洲的成功守护在普瓦捷一役中得到整体性的延续。" *Carnage and Culture*: pp. 166–167. 一位军事史学家指控汉森对从罗马陷落到 16 世纪的所有军事史的解读是激进的还原主义，通过强行拆解图尔 – 普瓦捷会战来达到目的。France, "Culture of Combat," quoted at p. 501, referencing Hanson's *Why the West Has Won*.

45 将会战作为战略来处理的对照案例参见 John Hosler, *Henry II: A Medieval Soldier at War, 1147–1189* (Leiden: Brill, 2007): pp. 125–194; also idem, *The Warfare of Henry II: 1149–1189* (Wilmington: University of Delaware Press, 2005)。

46 Idem, *Henry II*: pp. 103–124; John France, *Western Warfare in the Age of the Crusades* (Ithaca: Cornell University Press, 1999): pp. 66–86; J. F. Verbruggen, *Art of Warfare*: pp. 276– 350; Kelly DeVries, *Infantry Warfare in the Early 14th Century: Discipline, Tactics, and Technology* (Woodbridge: Boydell, 2000); Contamine, *War in the Middle Ages*: pp. 126–172; Matthew Bennett et al., editors, *Fighting Techniques of the Medieval World, 500–1500* (London: St. Martin's, 2006): pp. 6–65; Honig, "Reappraising Late Medieval Strategy," pp. 132–151; David Caldwell, "Scottish Spearmen, 1298–1314: An Answer to Cavalry," *War in History* 19/3 (2012): pp. 267–289.

47 对骑行劫掠的战略目的发人深省的描述，参见 John Lynn, *Battle*: pp. 73–109。关于除了使用掠夺、赎金和没收充公成功维持更多的战争开支之外，是否还曾达成其他任何成就这一质疑，参见 M. Postan, "The Costs of the Hundred Years' War," *Past & Present* 27 (1964): pp. 34–53。关于这种"摧毁土地的战争"的惯例和实践，参见 Strickland, *War and Chivalry*: pp. 258–290。至于更大范围内的、代表个人而非国家行为的索要赎金行为，参见 Rémy Ambühl, *Prisoners of War in the Hundred Years War: Ransom Culture in the Late Middle Ages* (New York: Cambridge University Press, 2013)。

48 Helen Nicholson, *Medieval Warfare* (New York: Palgrave 2004): pp. 13–38; Geary, *Before France and Germany*: pp. 3–76; Wood, *Merovingian Kingdoms*: pp. 203–220; Bachrach, *Merovingian Organization*: pp. 113–130; Heather, *Goths*, op. cit.; Reuter, "Carolingian and Ottonian Warfare," in Collins, *Early Medieval Europe*: pp. 99–132.

49 Richard Jones, "Fortifications and Sieges in Western Europe," in Keen, *Medieval Warfare*: pp. 163– 185; Rogers, *Medieval Warfare*, Vol. 3: pp. 264–270; Contamine, *War in the Middle Ages*: pp. 101–114; Jim Bradbury, *The Medieval Siege* (Woodbridge: Boydell, 1992); DeVries and Smith, *Medieval Military Technology*: pp. 187–282; André Chatelain, *Architecture militaire mèdiévale* (Paris: l'Union REMPART, 1970); Raymond Ritter, *L'architecture militaire du Moyen Age* (Paris: Fayard,1974); Bennett, *Fighting Techniques*: pp. 170–209.

50 Contamine, *War in the Middle Ages*: pp. 228–237, 250–259.

51 Norman Housley, "European Warfare, c.1200–1320," in Keen, *Medieval Warfare:* pp. 113– 135; Michael Howard, *War in European History*, rev. ed. (Oxford: Oxford University Press, 2009): pp. 1–19; Reuter, "Carolingian and Ottonian Warfare," pp. 13–35; Delbrück, *Medieval Warfare*: pp. 93–223. 关于区分地方性社会暴力与战事（也许这个叫法更为合适）的困难，见论文选集：Richard Kaeuper, editor, *Violence in Medieval Society* (Woodbridge: Boydell, 2000)。关于政治上的复杂性，见 France, *Western Warfare*: pp. 39–52。关于物质现实中的硬性限制，见 John Pryor, editor, *Logistics of Warfare in the Age of the Crusades* (Burlington: Ashgate, 2006)。关于在广义文化语境下的战争，见 Corinne Saunders et al., editors, *Writing War: Medieval Literary Responses to Warfare* (London: D. S. Brewer, 2004); Matthew Strickland, *War and Chivalry: The Conduct and Perception of War in England and Normandy, 1066–1217* (Cambridge: Cambridge University Press, 1996); and Kagay and Villalon, *Circle of War*, op. cit。

52 Howard, *War in European History*: pp. 1–19; Norman Housley, "European Warfare, c.1200–1320," in Keen, *Medieval Warfare*: pp. 113–135; Delbrück, *Medieval Warfare*: pp. 93–223; Contamine, *War in the Middle Ages*: pp. 30–64.

53 Sam Zeno Conedera, *Ecclesiastical Knights: The Military Orders in Castile, 1150–1330* (New York: Fordham University Press, 2015); Joseph F. O' Callaghan, *Reconquest and Crusade in Medieval Spain* (Philadelphia: University of Pennsylvania Press, 2004): pp. 124–151; Desmond Seward, *Monks of War: The Military Religious Orders* (London: Methuen, 1972): pp. 143–204; and Part III, David Kagay and L. J. A. Villalon, editors, *Crusaders, Condottieri, and Cannon: Medieval*

*Warfare in Societies Around the Mediterranean* (Leiden: Brill, 2003): pp. 175–238.

54 Seward, *Monks of War*: pp. 95–142; Eric Christiansen, *The Northern Crusades*, 1100–1525 (Minneapolis: University of Minnesota Press, 1980); Alan Forey, *Military Orders from the 12th to the Early 14th Centuries* (New York: Palgrave 1991). 对此表现出相对宽容态度的是 William Urban, *Teutonic Knights: A Military History* (Barnsley: Greenhill, 2006)。

55 十字军东征研究的经典之作当属 Steven Runciman, *A History of the Crusades*, 3 volumes (Cambridge: Cambridge University Press, 1951–1954)。克里斯托弗·泰尔曼的这部作品也不失理智：Christopher Tyerman, *God's War: A New History of the Crusades* (Cambridge: Belknap, 2006); see also idem, *The Debate on the Crusades* (Manchester: Manchester University Press, 2011)。篇幅较短的有 Hans Mayer, *The Crusades*, 2nd ed. (Oxford: Oxford University Press, 1988); and Jonathon Riley-Smith, *Crusades*, 2nd ed. (New Haven: Yale University Press, 2005)。更为细化的研究包括：Zsolt Hunyadi and Jozsef Laszlovszky, editors, *The Crusades and the Military Orders* (Budapest: Central European University Press, 2011); and Carole Hillenbrand, *The Crusades: Islamic Perspectives* (Edinburgh: Edinburgh University Press, 1999)。有关后勤方面的论述，参见 Christopher Tyerman, *How to Plan a Crusade: Reason and Religious War in the Middle Ages* (Oxford: Allen Lane, 2015)。

56 军事方面的信息，见 Jonathan Sumption, *The Albigensian Crusade* (London: Faber, 1978)。关于为卡特里派叛教打下基础的当地的社会状况和宗教观点，见 Emmanuel Le Roy Ladurie, *Autour de Montaillou, un village occitan* (Castelnaud-la-Chapelle: L'Hydre, 2001); and idem, *Histoire du Languedoc* (Paris: Presses Universitaires de France, 1974)。骑士制度中有关赎金、俘虏与围城和会战战斗的惯例，见 Strickland, *War and Chivalry*: pp. 132–229; Craig Taylor, *Chivalry and the Ideals of Knighthood in France* (Cambridge: Cambridge University Press, 2013)。

57 总的来说，归尔甫派（Guelphs）拥护教宗，吉伯林派（Ghibellines）则支持霍亨斯陶芬王朝自治，支持神圣罗马帝国皇帝拥有更高的政治自主权，但其实两方皆是由敌对领主、自由城市和长期不睦的大家族组成的复杂联盟，两方也都极力捍卫自己在地方上的领地利益。教宗与皇帝之

权威的政治较量结束后很久，各派进一步分化，为了各自的物质和领土或其他利益继续争斗，见 Louis Green, "Changes in the Nature of War in Early 14th Century Tuscany," *War & Society* 1/1 (1983): pp. 1–24。有关但丁的愤怒观点，见 Anthony K. Cassell, "Dante in the Eye of the Storm," in *The Monarchia Controversy* (Catholic University of America Press, 2004): pp. 23–49。

58 Peter Purton, *A History of the Late Medieval Siege* (Woodbridge: Boydell, 2010); Geoffrey Hindley, *Medieval Siege and Siegecraft* (Barnsley: Pen & Sword, 2009).

59 Niccolò Machiavelli, *The Art of War* (Chicago: University of Chicago Press, 2003): passim; Felix Gilbert, "Machiavelli: The Renaissance of the Art of War," in Peter Paret, editor, *Makers of Modern Strategy from Machiavelli to the Nuclear Age* (Princeton: Princeton University Press, 1986): pp. 11– 31; John R. Hale, *War and Society in Renaissance Europe, 1450–1620* (Baltimore: Johns Hopkins University Press, 1998): passim.

60 Inter alia, Clifford Rogers, "The Military Revolutions of the Hundred Years' War," *Journal of Military History* 57/2 (1993): pp. 241–278; Maurice Keen, "Changing Scene: Guns, Gunpowder, and Permanent Armies," in *Medieval Warfare:* pp. 273–292; John Stone, "Technology, Society, and the Infantry Revolution of the 14th Century," *Journal of Military History* 68/2 (2004): pp. 361–380; Anne Curry and Michael Hughes, editors, *Arms, Armies, and Fortifications in the Hundred Years War* (Woodbridge: Boydell 1994); David Simpkin, *The English Aristocracy at War* (Woodbridge: Boydell 2008): pp. 183–190; Frank Tallett, *War and Society in Early Modern Europe, 1495–1715* (London: Routledge, 1992): pp. 21–23. 杰里米・布莱克持明显不同的观点：Jeremy Black, *War and Technology* (Bloomington: Indiana University Press, 2013): pp. 71–100。另见 Howard, *War in European History*: pp. 33–34; Verbruggen, *Art of Warfare*: pp. 111–275; DeVries, *Infantry Warfare*: pp. 23–31，65–85，191–199。

61 关于 14 世纪对会战的新强调，参见 DeVries, *Infantry Warfare*: pp. 1–8 and passim, and Nicholson, *Medieval Warfare*: pp. 113–143。

62 John Keegan, *The Face of Battle* (New York: Viking Press, 1976): pp. 108–113; Anne Curry, *Agincourt: A New History* (Stroud: Tempus, 2005):

pp. 235–268, 291–297.

63 Bert Hall, *Weapons and Warfare in Renaissance Europe* (Baltimore: Johns Hopkins, 1997): pp. 41– 66, 105–155; Contamine, *War in the Middle Ages*: pp. 74–89; 126–172, Bennett, *Fighting Techniques*: pp. 66–129; Andrew Ayton and J. L. Price, “The Military Revolution from a Medieval Perspective,” in idem, editors, *The Medieval Military Revolution* (London: IB Tauris, 1995): pp. 1–22; Stone, “Technology,” p. 377.

64 Verbruggen, *The Battle of the Golden Spurs: Courtrai, 11 July 1302* (Woodbridge: Boydell, 2002).

65 阿彻·琼斯的《西方战争艺术》一书对此次会战做了严谨的战术讨论，参见 Jones, *Art of War*: pp. 154–161。关于英国凭借高超战术取得的初步成功，参见 Desmond Seward, *The Hundred Years' War: The English in France, 1337–1453* (London: Penguin, 1978): pp. 41–76; Jonathan Sumption, *The Hundred Years' War, Vol. 1: Trial by Battle* (Philadelphia: University of Pennsylvania Press,1991): pp. 319–410, 455–534; and Philippe Contamine, *La guerre de Cent Ans*, 9th ed. (Paris: Presses Universitaires de France, 2010): pp. 22– 45; and Jones, *Art of War*: pp. 161–168。

66 Adrian Bell and Anne Curry, *The Soldier Experience in the Fourteenth Century* (New York: Boydell, 2011); Kelly DeVries, “The Question of Medieval Military Professionalism,” in Michael Neiberg, editor, *Arms and the Man* (Leiden: Brill, 2011): pp. 113–130.

## 二　停滞不前的会战

38

百年战争（1337—1453年），有时也被称为“中世纪的世界大战”，是军事史上发生根本性变化的一个时期和舞台。战火在几代人的时间里时燃时熄，它见证了大胆的进攻如何遭遇坚固的防御工事，创造性的军事探索如何遭遇顽固的保守主义。它见过新升的锐气，见过寻求会战的新颖战术，也见过古老办法带来的侵蚀与毁灭：那便是让四分之一的法国为之分崩离析的围城、烧杀和骑行劫掠。它开启了14世纪的步兵革命；革命首先在劫掠的英军中开始，进而引来法军的效仿，更重要的是，法国政府和军队在战争末期开始践行改革，使用黑火药的野战加农炮得到使用。历经近一个世纪的苦难和失利后，法国开始改革作战方式和军队，制造火药武器，钻研新型战术，君主与贵族重新订立他们之间的社会契约，为其赢得战争打下基础。[1]相比之下，英格兰的命运，却从早期对阵苏格兰人时凭借在战术上的锐意创新所取得的压倒性胜利，滑向技术和军事保守主义、内政和财政危机，以致最终兵败战场，不得不将自己的军队和势力撤出法国和欧洲大陆。

和其他多数错综复杂的持久战一样，对英法双方而言，任何想要通过决定性会战取胜的想法，都被证明是妄想。考虑到当时防御工事的强大优势，这尤为不可避免，至少在1435年之前是如此；在此之后，更为强大的野战炮和攻城炮的出现打破了这个平衡，天平开始倒向改革中的法国政府和现代化军队一边。法国最终取得了胜利，这在一定程度上得益于它在战争最后阶段使用了经过改良的加农炮，但更多的则是因为它通过团结统治阶层、改革财政达到了高效发动战争的目的。然而，这是在经历了几次战场重创，承受过英军和自由佣兵团对它发动的令其付出更为惨重代价的骑兵劫掠和入侵之后才实现的。几

39 十年来无力驱逐入侵者，也无力镇压在勃艮第和加斯科涅爆发的地方性叛乱，终于迫使法国的统治阶级于 1422 年开始从更“民族”的角度考虑问题。只有这样，查理七世才能克服贵族阶级的离心倾向，在“奥尔良少女”贞德的帮助下迅速重夺王位，借助宗教以及一种接近于原型民族主义（proto-nationalism）的情感来赢得战争。法兰西人在最后 20 年的战斗中，奉行更加团结和有效的反英战略，终于得以在从诺曼底到加斯科涅的一系列会战中锁定最后的胜局。[2] 与此形成鲜明对比的是，英格兰虽然在过去的一个多世纪里攻城略地，攫取过大量财富，却因为长时间的因循守旧，丧失了他们曾经得到的一切。

百年战争的爆发，源于英法王朝在法律、封臣和君主权利上高度复杂、交错的利益诉求。此外，对土地、掠夺品、荣誉和声望的寻常欲望也在推动和维持着这场战争。会战在这百年间时有发生，但相较于其他形式的武装冲突和巧取豪夺，则可谓罕见，造成这一结果的最主要原因在于发动会战的风险极高。从自 14 世纪 30 年代起在位近半个世纪的爱德华三世开始，一直到 15 世纪初重启战端的亨利五世，英格兰好战的军阀式君主确实取得过数次大战的胜利。然而，即使是在它四处劫掠、战无不克的辉煌年代里，英军的核心战略依然是通过抢夺和破坏来向瓦卢瓦王朝施加经济和道义压力，发动的是一场以土地而非法王军队为作战对象的战争。每个夏天，战局一经启动，英军的劫掠随即展开，数十年间年年如此。这种方法使英国得以发动一场它本无力承受的长期战争，用劫掠财物和赎金供养、奖励英国军队，从而达到以战养战（*bellum se ipse alet*）的目的。[3] 首选的方法是在夏季来临、牧草转绿的时节发起劫掠和围城，向贵族俘虏和其他人质索要赎金，持刀没收财物，以杀人放火相威胁，武装勒索城镇、修道院以及其他有财可敛的场所。在持续数月的庞大的骑行劫掠行动中，损毁和

掠夺随处可见，乡村被蹂躏得支离破碎。骑兵和龙骑兵无所不用其极的劫掠烧杀太具有毁灭性，有时逼得法兰西人不得不出兵野战，尽管事实已经证明英军——尤其是在长弓射箭方面——有着明显的战术优势。[4] 此外，为了掌控富庶的沿海贸易，双方还曾爆发过海上冲突，虽然今日已经鲜有人提，但它们有着十分重要的意义。

英军在几场著名的野战中都取得了胜利，最广为人知的当数发生在克雷西（1346年）和普瓦捷（1356年）的血战。在这两场野战中，英军采取的办法是让下马骑士充当重装步兵，将弓箭手（长弓手）分布在侧翼略前方，因为两处都是开阔阵地，因此对拥有创新战术的英军极为有利。[5] 然而比会战更为频繁和常态化的则是围城，以及伴随其中的大大小小的骑行劫掠，此外更常见的还有武装猎食者们在地方上的焚烧杀掠，由此造成的浩劫已经沿着英军的行军路线深入到了其途经的每一片土地。法国还遭受着不受管束的流民，或四处劫掠的路盗者（*routiers*）、自由佣兵团的践踏。这些往往是由英格兰人、弗拉芒人和法兰西人混杂组成的帮派，顶着“碎骨棒”“铁臂”“白佣兵团”“大佣兵团”之类的名号四处敲诈掠夺。其中，“大佣兵团”的成员多达1万人。只要战事扩大、银钱到位，他们便效力于英国人，其余时间则行方便于自己。在国王和王室军队断断续续的休战期间，他们四处作恶行凶，向城镇和乡村、地方贵族庄园和富有的修道院强索保护费（*appatis*）。这些佣兵成为一大祸害，法国的大部分地区都曾遭其蹂躏，比如在1356年至1364年期间，就有超过450个场所被路盗者或自由佣兵团强索保护费。佣兵团的侵占可以持续相当长的时间，以卢鲁修道院（Abbey of Louroux）为例，其被侵占的时间长达15年。[6]

40

法国的命运在1356年跌入谷底，当年国王约翰二世

（Jean Ⅱ）在普瓦捷被俘，被开出名副其实的“王之赎金”①，还被迫签下一份严酷的和约。在接下来的十年里，路盗者一边收着英国人的钱，一边在法国地方上收取保护费。他们以乡村要塞为据点，继续对法国王室发动经济战，通过证明其在保障乡村安全上的无力，来削弱它的统治合法性。从某种程度上来说，第二阶段所经历的残暴和消耗，与1339—1356年的骑行劫掠时期相比，并未减少。然而，到1369年的时候，查理五世已经部分重建了君主制，也重组了王室军队，因此到14世纪70年代中期的时候，法兰西人得以将曾在普瓦捷失去的、在约翰二世的赎金中奉上的，以及在迫于无奈的和平中损失的许多东西重新夺了回来。这一结果的取得，靠的不是在与仍占优势的英国军队的野战中取胜，而是在一系列的小围城战中迫使敌人守军投降。[7] 随后，这种模式将会重复上演：英军靠着野战攻城略地在先，法兰西人稳步收复失地在后，直到最后一波力量将英国的驻军和救援部队彻底摧毁——这一模式成为法国在百年战争末期的制胜策略。

不过，要做到反守为攻，进而取得军事上的成功，法国还有很长的路要走。在接下来的几十年里，英军的声势得到重振，脚蹬马刺的法军遭到猛烈打击，将士受辱，士气低落。1415年10月25日，法国的命运在一次举世闻名的大溃败中再次跌入新的低谷：由英王亨利五世率领的一支在人数上处于劣势，且在撤退途中遭到围堵的英军，在阿金库尔击溃法军，许多法国贵族被打落下马，随即战死。但人们不清楚的是，对法国的战略命运而言，更具破坏性的行为来自亨利后续的围城和勒索：他再次发出威胁，要对拒绝他的条件的整个城镇发起无差别的殊死之战。[8] 除了阿金库尔，另一次惨败发生在阿夫勒尔

41

① 国王的赎金（king’s ransom）是英语中对“巨额钱财”的一个形象化说法。

（Harfleur）附近的海域上（1416 年 8 月 15 日）。在陆上任人蹂躏，到了水上也不敌对手的法国，唯有暂时接受亨利的要求，将大片乡村和许多重要城镇拱手相让。[9]

然而，英国并未因此取得持久的战果，其中最重要的一个原因就是法国防御森严，无法最终攻克。法国面积辽阔，财力雄厚，拥有英国望尘莫及的军事潜力。终于，在亨利五世去世后的 1422 年，法国的这种潜力得到激发，战争局势由此扭转。历经几十年的侵扰、劫掠、勒索以及激烈的札克雷暴动（农民起义），法国的君主政体终于迎来复兴和改革。法军随后采用改良过的费边战略，凭借民众对战争的广泛支持，迫使英国人放弃吉耶纳省（Guyenne）。然后是诺曼底，最后是加斯科涅。由此可见，英国在前几十年里的战场胜利，带来的只是战术意义，在这场漫长的战争中，法国因其持久的战略韧性而获胜，而英国则因其在战略上的弱点，特别是无力克服军事占领的长期成本而最终落败。[10]

无论是战争初期在克雷西和普瓦捷通过爱德华三世激进的战术创新取得的胜利，还是更加闻名于世的、由傲慢的亨利五世及其甲士和长弓手所取得的阿金库尔大捷，都未能让这场时代大战的胜利天平永远倾向英国一方。然而，它们却是英语世界中最令人耳熟能详的三大会战，甚至在战败后的很长一段时间里，因为威廉·莎士比亚对亨利五世的歌颂和温斯顿·丘吉尔所著帝国史而声名更盛。[11] 可事实证明，这些会战都是非决定性的，相比战争后期法国在福尔米尼（1450 年）和卡斯蒂永（1453 年）两次会战中对阵英军的胜利，就更是如此；而说到福尔米尼和卡斯蒂永，它们又只是一场规模更为庞大的漫长围城大战的其中两次激战。这些最后决战的重要性并不在于它们促进了任何最终决定的达成，而在于它们如何为法军的围城打开缺口或作出响应，以削弱英格兰和加斯科涅的防卫和抵

抗，直到二者的彻底崩溃。《阿金库尔颂歌》固然可以宣布上帝将永远站在国王亨利一边，但法国的国王们还是通过更加世俗的手段取得了胜利。[12]他们的胜利是通过重新树立王室权威，收服桀骜不驯的贵族势力，赢取社会各个阶层乃至低下阶层的支持，进而驱逐大肆破坏的入侵者和占领者而获得的。有了这些关键性的变化，更多的财富开始流向国王的金库，被用来配备更多更好的、可供打一场持久战争的枪支和部队。

42

到了战争的中后期，英格兰的王室军阀和军队仍沉湎于其父辈和祖辈昔日的战场荣耀，未能及时改变自己的长弓战术与募兵和财政体系，去适应中世纪晚期和近代战争黑火药日益盛行的局面，使得法国有机可乘。同样令法国得益的是，1422年35岁的亨利五世逝世，也就是在这一年，法国王太子查理开始执行他的复国计划（尽管直到1429年，查理才在贞德神魂超拔的目光中于兰斯大教堂完成他的加冕）。到了亨利五世去世的时候，英国要想挽救战局，大概为时已晚。亨利五世和他的将军们曾利用战争促进英国王权与民族意识的相融，但他们没有意识到的是，外敌的入侵和占领同样会在法国国内激起相似的反应。当这种情况发生时，法国一度休眠的军事潜力便被唤醒，战局由此发生彻底的、决定性的扭转。

比之一代传奇军事首领的死和年仅一岁的亨利六世的继位，在英国战败这一事件中，更值得关注是一种胜利者疾病的存在。幼年君主的辅臣和议会都未能适应历史学家所说的“财政－军事国家”模式①，这一模式肇始于意大利，如今也已在法

① “财政－军事国家”（fiscal-military state）是指为维持强大的武装力量，通过高额赋税，以及设立国债和信贷机构等财政创新手段，将财政资源挹注于军事的国家。这个概念首先由社会学家约翰·布鲁尔（John Brewer）于1989年在其《大国的肌腱：战争、财富与英格兰国家，1688—1783年》（*The Sinews of Power:War, Money and the English State, 1688-1783*）一书中提出。

国初具雏形。得益于圣女贞德的出现，新加冕的查理七世（绰号“胜利者”）能够将法国团结在新兴的君主政体周围，发动一场全新的战争，驱逐可恶的英国人，并取得最后的胜利。这在很大程度上依靠的是在欧洲建立一个最早、最强大的财政-军事国家，从而指明未来战争成功的道路，它在接下来的两个世纪里的发展都将以此为原点。这个国家潜在的精神力量、社会和经济资源被激活，它们为武装力量供血，被调动起来发动一场长期战争，孤立并摧毁数十个英国的驻军城镇。最后的几场会战说明了一切，并为法国带来胜利的终局。定点会战也打过，但它们与最终结果的关系不大，而且大多是英军为解除围城之困而发起的。[13]

在1453年战争正式结束的前20年里，法国的军队调整、君主制改革，以及战争局势的扭转趋势都是显而易见的。[14]从15世纪30年代开始，一支现代化的法国王室军队开始走上战场。新的税源被用来支付更加强大的攻城加农炮和机动性大为提升的野战炮，而事实证明，它们确实成了法国国王们的“终极手段”。新式火炮交由才华横溢的枪匠大师（*maîtres d'artillerie*），如布罗兄弟（让·布罗和加斯帕·布罗）铸造，布罗兄弟是这个新时代里军事专家和合同承包人的杰出代表。军队和国王仍然需要仰仗敕令骑士（*gendarmerie*，贵族重装骑兵）①和甲士，但军中也已出现由长矛兵、弩兵混合编组的领饷步兵的身影，并开始少量使用早期的重型火绳枪。于是在克雷西、普瓦捷和阿金库尔会战中落败的贵族骑兵和甲士，得到了新式加农炮和布衣步兵的支持（出于社会原因，后者此时还未能取代前者的位置）。因此在战争后期法国国王派出的军队中，新旧武器是混杂使用的，不过新式武器占据了更重要的地

44

① 指1439年查理七世通过奥尔良敕令建立的直属国王的常备骑兵部队，又译“宪兵骑士”，与今日gendarmerie所指“国家宪兵”含义有所不同。

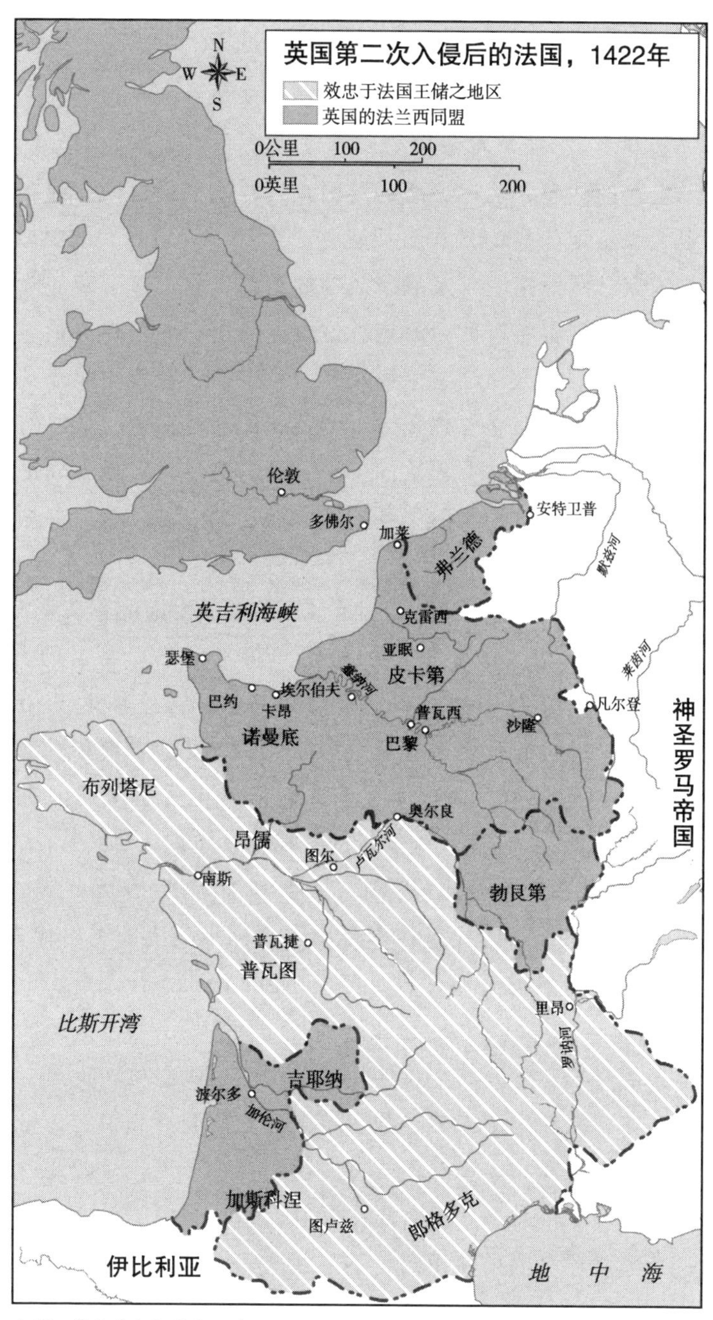


亨利五世离世之年的法国（1422 年）

美国西点军校历史系提供；George Chakvetadze 重绘

位。如此一来，随“胜利者”而来，查理七世很快又获得另一个称号，“多助者”[①]；这一名号与其说是对查理七世本人的描述，不如说是给法国关键转变的评论。

但是，转变不只是开始使用新的黑火药技术（比如威力更大的颗粒火药和更好的铸造方法）这么简单。尽管骑兵冲锋前的大炮射击的确起到了作用，但推动转变的原动力不只来自新的步兵武器和火炮战术，更来自新兴法国政体的基本改革，以及随之而来的君主与贵族关系的重塑。除此之外，财政和税收改革也是一大推动力，它们是法国王室和城堡主阶级力量博弈的结果。从 1435 年开始，当法国新军以铁炮的震天巨响击溃了更为保守且过于自信的英格兰－加斯科涅联军时，他们嗅到了血腥味。被逐出战场的英国人，蜷缩在年纪比他们曾祖还要大的旧式防御工事里，不敢出来应战，以为这些老旧的城墙足以顶住炮轰，但他们都大错特错了。这种幻想被倾泻而下的石子弹片击得粉碎。越来越多的英国城堡和城镇只要看到攻城大炮、看到大批在布罗兄弟的指导下挖好工事部署火炮的工兵，便都不作抵抗，纷纷投降。兄弟俩已经做好弹火纷飞的准备，他们要让炮弹砸向石墙，使其像耶利哥的城墙那般应声倒下。如果哪支顽固的守军拒绝交出城门钥匙和武器，攻城的大炮便将开火，密集而精准地将实心铁球轰向城墙的砖石。接下来，辎重部队将继续开进，转向下一个城堡或城镇，然后再下一个。法王的军队就是通过这种方式扩大并巩固了王室对城堡

① 关于查理七世的绰号 the Well-Served（法语：*le Bien-Servi*），常见译法是“忠于职守者”，但这个译法似乎并不准确。结合世人对查理七世的评价，即虽然其在位期间的法国日渐强大，但查理七世本人则被普遍认为是一位并无雄才，甚至性格过于怯懦的君主，他作为一位本已失势的王太子，得以复国继位，打赢百年战争，倚赖的是包括圣女贞德和一众能臣的效力和襄助，故 the Well-Served 作“被忠于职守者”理解或更为恰当。本段中，作者则在暗示为他和法国变革带去一臂之力的是新式火炮和平民步兵的加入，故此处译作“多助者”。

环绕的乡村的控制，同时迅速打破英国对港口的掌控，重新控制了沿海发达的葡萄酒、食品以及布匹等物品的水上贸易。

意识到局势变化的勃艮第随即倒戈，在1435年与法国签下《阿拉斯条约》，并将其占领了数十年之久的巴黎交还给越发昂扬和成功的查理七世。围城和会战接踵而至，直到1442年加斯科涅的大部分地区被法兰西人收复。1449年10月，鲁昂投降。12月，阿夫勒尔失守。1450年1月，翁弗勒尔放弃抵抗。已到最后关头。[15]那一年的4月，由4000人组成的一小支英国部队（其中四分之三的人还配着长弓）在遭到追击堵截后，被迫在福尔米尼迎战。法军将两门蛇炮（culverin）装上轮车，拖上战场。这是一种炮管长、射程远的轻量加农炮，法军用它们攻击敌人的侧翼防线，向英国的弓箭手发起纵射。炮位在长弓的射程之外，长弓无力回击，而蛇炮的炮火却可以穿透密密麻麻尚在列阵的长弓队伍，弹雨在弓箭手的队伍中飞速翻腾而过，顷刻便将这些血肉之躯撕裂。急于反击的英军长弓手放弃了他们的主战武器，转而向两门火炮发起冲锋。他们成功夺下冒着浓烟的火炮，但法军很快调来更多火力，对已经暴露的英国人发起猛轰。随后，第二支法军抵达，1200匹马疾驰而来，后面跟着800名喘着粗气的弩手。英军被法军的增援部队逼退到一道防御弧线上，由于阵形过于密集，许多长弓射手被挤在当中，根本无法射击。英军陷入两面受敌的局面，前来支援的法军步兵对其发起密集的近距离弩、枪射击，直至其防线告溃。英军要么被杀，要么被俘，要么在恐惧中落荒而逃。这压倒性的结果使得失去增援的英国没能守住它在诺曼底的最后一批固定据点。很快，法莱斯和瑟堡的守军放弃战斗，诺曼底再次回到法国手中。

英格兰没能改革它的财政 - 军事体制，使之现代化，直到眼看就要输掉它在法国的战争，英格兰也仍未做到它需要做到的

事，因为它在苏格兰的战事已经挤占了它的大半精力，之后又在慌乱中打响了金雀花的王室内战。而且，除了双方都还在使用古董武器和战术的红白玫瑰内战——那是长弓最后的辉煌——长弓制胜战场的时代早已过去。[16]英军纷纷逃离他们在诺曼底和吉耶纳的最后据点，而且多半一枪未发。守军的投降，既是出于对法国攻城炮的恐惧，也是因为他们知道已经没有援兵可以指望了。[17]在这之后，加斯科涅经历了一段短暂的复兴和抗争；然而，1453年7月17日，英军在法国南部的卡斯蒂永遭遇围城，迎来致命的最后一击。在一场由围城引发的战斗中，布罗兄弟亲自指挥的炮轰让英国和加斯科涅仅存的抵抗力量彻底屈服。

英军试图解除围困，百年战争就这样迎来它的最后一场战斗。意图支援卡斯蒂永守军的最后一支援军赶来，不料却落入陷阱。部队正面遭遇野战炮，随即被发起纵射的弩手和火绳枪手射杀。蛇炮再次从长弓射程之外的地方开火，英国人和加斯科涅人伤亡惨重。挥舞骑枪和利剑的法国骑士则好整以暇地等在交火区外，先等火炮轰上一轮，再行发起冲锋。接下来是新式步兵，他们会近距离向密集的长弓手阵列发射弩箭，击发火绳钩枪。法军在卡斯蒂永部署了大约300门各种类型的火炮，其中大部分是手铳，但也有更大型的。这比当时欧洲的任何一场会战中使用的都要多。不过这不只是火药武器对长弓的胜利，因为法军弓箭手同样付出了沉重的代价。可是，如果说法兰西人曾想为他们的父辈和祖辈在阿金库尔所遭受的痛苦和屈辱复仇的话，那么在血腥的卡斯蒂永战场上，他们已经将当年的苦难如数奉还。卡斯蒂永的伤亡情况竟然和莎士比亚笔下阿金库尔的伤亡数字如出一辙：法军阵亡人数100，英国和加斯科涅阵亡人数4000——换句话说，就是几乎所有经过30英里强行军，匆匆赶到卡斯蒂永试图向围城营地发起进攻的人。在这最后几场厮杀当中，热血沸腾的法国进攻者不时高喊“阿金

46

库尔”。这是一场如此漫长的战争，法兰西人等复仇的这一刻等了几十年，因此，他们对这场战斗感到兴奋不难理解。在后来的战斗中，其他军队的某些部队一样在为永远无法忘怀的折磨寻求报复：在法军服役的爱尔兰人，一面向红衫阵线发起进攻，一面高喊“不忘丰特努瓦（Fontenoy）”；联邦军在宾夕法尼亚州或弗吉尼亚州的麦田上对着身穿褐色土布衣服的邦联军大吼“弗雷德里克斯堡”；1945 年，苏军在柏林街头击毙德军时高呼“斯大林格勒”。

随着波尔多归顺法国王室，这场中世纪大战终于画下句点。英军从拉罗谢尔启航回国，只在加莱留下了条约允许的小支驻军驻守。英王和英军靠着抢夺、劫掠和长弓横扫天下的好日子到头了。[18] 百年战争的结果再次证明，要在长期战争中取胜，靠的不是战场，而是财力、耐力，靠的是挖掘出更深层次的社会力量和政治支持，然后拖垮对方。15 世纪 30 年代，法国终于唤醒了它那沉睡的军事力量，开始反攻，购买大量只有国王才有能力负担得起的昂贵新式加农炮，用领饷的新型步兵补充传统的服役贵族，由此大败英军。英军的战术依靠的还是在最后几十年里变得越来越过时的长弓，而火器则帮助法国战胜了这种古板陈旧的英国战术。不过，英格兰真正的阿喀琉斯之踵还不在于它的技不如人或者缺少干将，而在于即使它打的是一场全新的战争，面对的是一个幅员更加广大、富庶、根基深厚，且被唤醒了反抗和取胜意志的对手，它仍然寄希望于 50 年甚至 100 年前那套老掉牙的、临阵磨枪的财政和募兵制度。

47

这场战争使法兰西从一个古老的中世纪军事强国转变为一个新兴的近代战争国家：一个拥有中央财政，能够镇压地区动乱、强化本国忠诚、高效发动对外战争的火药大国。经过一段复杂的谈判拉锯，愤懑的地方城堡主不再抵抗，法王的军队

终于跳出贵族私人武装与脆弱的政治忠诚形成的藩篱，突围而出。它通过禁止私战，包括制止路盗者和自由佣兵团的作乱，巩固了王权在社会和法律上的至高地位。结果，其中的部分佣兵逃离法国，越过阿尔卑斯山，转而去折磨文艺复兴时期的意大利。[19] 旧贵族仍然在法国军队中扮演重要角色，这种情况会一直持续到下个世纪。然而，借着财政手段和战争行为，法国王室归拢了权力，获得了用来支付铸造厂、火炮、围城辎重、工兵，以及新型付酬士兵费用所需的税源。合约士兵（不管是一国的常备力量还是外雇的佣军）以及不断提高的专业水平和火力，将是所有未来战争的主导力量。

***

还是 1453 年的夏天，在半个大陆之外，新发现的火药火炮相对于旧式防御工事的威力和显著优越性再次得到无可辩驳的惊人展示。苏丹穆罕默德二世（Mehmed Ⅱ）率领的奥斯曼帝国大军，凭借巨大的射石炮，以及比射石炮更令人印象深刻的后勤保障，终于攻破了环绕君士坦丁堡而建、有着 1000 年历史的拜占庭防御工事。[20] 此后，奥斯曼帝国先从巴尔干半岛开始，然后向西蚕食哈布斯堡皇朝腹地，成为拉丁西方的一大威胁。拜占庭帝国首都的沦陷早是意料中的事，甚至已经来得太晚。[21] 虽然并不像人们普遍认为和被教授的那样，君士坦丁堡的陷落清晰地标志着中世纪的结束和近代的开始，但它仍然给文艺复兴时期的意大利、整个欧洲乃至更远的地区带去冲击，影响着它们的文化、政治，乃至战争实践。[22] 从此之后，拉丁西方自诩古典时代的守护者；莫斯科公国以东正教世界之领袖自居，扔掉拜占庭的意识形态衣钵，标榜“第三罗马”；而奥斯曼帝国的苏丹们则恢复君士坦丁堡作为一个庞大帝国首

48

都的庄严地位，尽管眼前这个帝国与此前统治这片土地逾千年的帝国已经全不是一回事。

在君士坦丁堡陷落后的数年和数十年里，奥斯曼大军深入巴尔干半岛，沿地中海海岸向西一直推进到亚得里亚海。[23] 来自东方的军事威胁其实在 1453 年拜占庭帝国灭亡之前就已经显现。奥斯曼军队早在 1444 年的瓦尔纳已经击败一支由匈牙利军和各方志愿军组成的庞大联军。然后，它再次在科索沃波尔耶的三日血战（1448 年 10 月 17—20 日）中，击溃另一支由匈牙利人领导的军队，原本意在粉碎和阻止穆斯林入侵者的匈军，自己却惨遭重创。苏丹军队在欧洲边境的这些胜利，只是奥斯曼帝国快速西进、充满野心的扩张之路的开始。科索沃波尔耶大屠杀过去 4 年后，作为苏丹麾下无可匹敌的战争机器，主力工兵部队开拔前往君士坦丁堡，为接下来的围城挖好火炮掩体，这次围城将成为那个时代的一场大战。这次的攻城

铁条箍成的射石炮（15 世纪）

图片来源：Wikimedia Creative Commons

者是一股比当时任何一个欧洲国家都更有组织、更为强大的军事力量。[24] 在彻底失去拜占庭这个屏障之后，匈牙利、奥地利和巴尔干半岛皆难逃奥斯曼大军的蹂躏，即使是古老的东罗马帝国，也早在 1453 年之前就已经失去了它昔日的荣耀和武力。

49

那个时代的多数拉丁人早在多年之前就已经意识到，拜占庭帝国之都注定要落入穆斯林手中。所以当这件事真的发生的时候，真正令人感到震惊和担忧的是苏丹借以实现如此伟大军事成就的方式。君士坦丁堡固若金汤的防御工事被火药加农炮一举摧毁的故事给文艺复兴时期的军事和文化思想家们留下了极为深刻的印象。这座城市有着长达 14 英里的多条防线，号称是古典与中世纪防御工事的完美结合。逾千年来，无人能破。[25] 然而，在铁制射石炮和闪亮的青铜加农炮的重锤之下，城墙轰然倒塌。至少传闻是这么说的，举世闻名的君士坦丁古城城墙在奥斯曼帝国的轰击中倒下。这个说法并不完全准确，因为到最后，奥斯曼人已经从炮轰改为使用更为血腥的攻城塔和直接攻击战术。尽管如此，城墙被加农炮火轰塌的故事还是被那时的人们所采信，并成为近代战争史上最具影响力的说法之一。[26]

1453 年 4 月初，穆罕默德的部队和围城辎重抵达博斯普鲁斯海峡，海军则绕海岸而行，一则可为他的庞大军队提供补给，二则可以实施水上封锁。经过近一年的工程准备，君士坦丁堡的防御工事将受到特制巨炮的轰击，这些巨炮中既有投掷铁石的青铜火炮，也有投掷卷着浓烟的焦油球的臼炮，可能还包括希腊火（Greek Fire）①。最让人印象深刻的，是一种需要 60 头牛、大量马车和几个月的时间才能移动到位的重炮，它们

① 希腊火是拜占庭人特有的一种以石油为基本原料的可燃液体，“希腊火”是西欧人和阿拉伯人对这种火攻武器的称呼，拜占庭人多称这种武器为“海火”“流动之火”等。

所投掷的花岗岩或大理石弹由熟练石工现场切割，重约 700 磅（300 公斤），可射出一英里远的距离，飞越博斯普鲁斯海峡。其中最大的一门出自苏丹雇用的一位匈牙利工程师之手，不过在攻城中使用的多数火炮还是由技术纯熟的奥斯曼铁匠打造的。[27] 为安置这些砸墙巨兽而建造的堡垒被称为 Boğazkesen（"割喉者"）。[28] 另一个用于安置加农炮的堡垒位于城南 6 英里处，那是很久以前一次失败的围城战所留下的残垣。突击部队和轻型火炮被运过马尔马拉海，占据陆上阵地，负责包围并攻击西城墙。这就彻底断绝了这座城市从陆上获得增援的希望。它可以等来的援军本就不多，哪怕拜占庭皇帝和拉丁教宗一再向各个无动于衷的西欧国家求援。

50

水路救援也被苏丹的海军完全切断，围城期间只有少数几艘桨帆船可以冲进金角湾，带来少得可怜的援军或补给。4 月 5 日，炮轰开始。铁石弹雨接连下了两个月，有一些重重地砸在外城墙上，有一些则径直越过城墙抛掷而来，向城内倾泻。巨大的轰隆声在海峡上空掠过，然后远处传来爆裂声，刺鼻的黑色浓烟在海岸两边滚滚升腾。穆罕默德麾下技术高超的炮手们很快找到了他们的靶子，对外围工事发起连续猛击。铁块和石头以巨大的动能砸向老式方砖塔和城墙，它们是数百年前为抵御低速扭转炮而建的，为了抵挡云梯和攻城塔，它们被建得又高又薄。其余的重弹化作一道弧线落入城内，击碎屋顶，将平民压倒在瓦砾堆下。接下来是拖着浓烟、能把一切点着的燃烧弹。居民或蜷缩在家中，或躲进城内的几十座教堂里，其中包括著名的、由皇帝查士丁尼一世于 537 年重建的圣索菲亚大教堂。

守军兵力不足，外墙上那些被重炮砸出来的等不及被修补的豁口和裂痕，只能以隔板、围桩和战壕来稍作填补。[29] 随着石头、铁块和燃烧的焦油炮弹落到城墙和城内上空，奥斯曼的

坑道工兵和矿兵开始往长长的环形外城墙逼近，那是这个坚固的防御体系中的第一道防线。一有小的缺口被打通，土耳其人便发起血腥猛攻，然后被凶残的肉搏战击退。土耳其的耶尼切里军团（Janissary）和“狂战士”（berserker，一些希腊人和西欧人对狂热的、被支付额外酬劳去发动近乎自杀式攻击的奥斯曼士兵的称呼）向缺口冲去。[30] 双方面对面厮杀起来，不是你死就是我亡，有中弹身亡的，有被刀刺死的，他们倒地时要么断了手脚，要么肠子挂了出来。尸体满满当当堵住了缺口，阻碍着后续攻城者的冲锋。入夜后，伤员被送走，堆积在城墙漏缝中的死尸被移开，为数不多的守军开始尽力修补损坏的城墙，将内部防御工事草草搭建起来，并为第二天的肉搏战做准备。这样的日子，日复一日，整整持续了55天。此时的古都，石块、炮弹和燃烧弹组成的弹雨倾泻而下，进攻愈加疯狂，轰击愈加可怕，平民惊慌失措，受尽了折磨。

在穆罕默德的命令下，30艘桨帆船绕过金角湾的北岸海堤，经由陆路被拖来；这条陆路也是他的超级作战工兵修建起来的。他们冲过横亘在内港入口前的巨大铁链水栅，然后将军队调回外海，封锁住了进入君士坦丁堡的最后一条海上通道。5月6日，他们对一个小的缺口发起冲锋，但遭到阻击，而阻击他们的不过是一个在夜里临时搭建起来的工事，以及矛、剑、火枪和守军的一腔孤勇。这是地中海世界在近几个世纪里所熟悉的战争方式：先展开一场拖沓的围城，然后对着被迫拉长战线的守军来上一记猛击，而不是在一个春夏的午后，依靠某位将军的作战策略，双方集结在某片草地上决一死战。多条地道开始向着城墙蜿蜒而去，在城墙底下穿过。可用以发动攻势的缺口多了起来。整整三周的时间里，射石炮和臼炮的轰击有增无减，令人绝望。地道遭遇了反地道，双方在漆黑的地下交锋，上演起刀棍互搏。尽管如此，地道还是在一点点逼近。

51

大型臼炮被带入射程，巨大的炮弹和更多的焦油火球被高高抛入城内的街道，所到之处，砸毁一切，烧毁一切，守城的人、活下来的人日渐减少，他们的斗志也日渐萎靡。攻城塔抵达并触及城墙，然后被火点着、抛下。终于，1453 年 5 月 29 日，末日来临。穆罕默德手下的非正规军（*Bashi-Bazouks*，身着便装或其他非正规军服装的部落雇佣兵），与苏丹亲兵和“狂战士”一起，发动了一场全面进攻。[31]

这座城市并没有以欧洲人后来认为的那种方式倒下，即古老的城墙在加农炮的锤击下轰然倒塌，打开一个巨大的缺口，大批穆斯林士兵汹涌而入，迅速占领内城。事实上，只有一小撮攻击者进入了一个低矮的小缺口内，沿着墙内要道跑向已经暴露的最后一群守军的侧翼，发动攻击。拜占庭的最后一位皇帝，君士坦丁十一世·巴列奥略（Constantine Ⅺ Palaeologus），被发现死在他的一堆卫兵当中。然后是屠城。居屋、教堂、市场和公共广场无一幸免，城市被洗劫一空，平民或被刀剑杀死，或被带走卖为奴隶。[32]后来，穆罕默德下令洗掉圣索菲亚大教堂地板上已经变黑的血泊。大获全胜的他宣布这座城市为他的帝国首都。无论是就战略意义还是象征意义而言，君士坦丁堡都是这个崛起中的自信帝国的中心，是连接他的亚洲领土与伊斯兰教的欧洲扩张野心的桥梁。后来的苏丹们又在这座昔日大教堂的圆顶四周安设了宣礼塔，使之成为世界上最大的清真寺之一。这并不让人意外。[33]

仅是为了把巨型火炮，连同它们的小型表亲和大批支援工兵及突击部队运到博斯普鲁斯海峡，奥斯曼帝国在军事运输和工程建设上所取得的非凡成就就足以令人印象深刻。[34]整个欧洲都清楚，既然苏丹已经跨过海峡，没有离开的打算，那么更多的欧洲城镇甚至首都面临围城就是迟早的事。更令人担忧的是，这年夏天同时发生的两件事——拜占庭的灭亡和英国在

法国沿海堡垒遭遇的失利——敲响了一个警钟：现存的中世纪防御体系已经无法抵御经过改良的火炮。而且这一事实正在变得更加令人确信，因为在意大利，使用新式大炮来发动围城和炮轰已经变得普遍起来。我们不难得出这样一个关键结论：若连举世闻名的君士坦丁堡城墙，这座在当时最坚不可摧的防御工事在大炮面前都不堪一击，那就没有哪座老式城堡会是安全的。一场再设计、再筹资和重建过时城堡和城墙的竞赛在整个意大利如火如荼地进行着。而 1453 年发生在欧洲大陆两端的事件则给这场比拼注入了一种新的动力和紧迫感。

52

1453 年在东方发生的连串事件，或许在军事上是被误解的，但在文化上，这一年确实是 15—16 世纪的拉丁世界重新思考奥斯曼帝国之威胁的一年，那些塑造了近代和现代欧洲文化的关键思想便是在这个时候开始形成的。[35] 拜占庭的灭亡及其与希腊世界的联系，强化了文艺复兴运动自认为是通往古典智慧和实践的重要桥梁的自我意象。许多迷恋古代地中海世界的人文主义思想家认为，这些不久前才被重新发现的文化已失之于穆斯林之手，遭到践踏。他们也相信，军事上的很多事情已经发生了改变。[36] 恐惧情绪日益弥漫开来，其中土耳其人的可怕固然是经过宣传渲染的，但是面对已经展现出了空前强大的后勤和军事实力、形成巨大威压之势的奥斯曼帝国，各国对自己军事力量孱弱的恐惧却是真实的。不过，西方对东方认识的转变，恰恰发生在欧洲各国自身正在走向集权、践行军队和防御现代化，且在与曾被赋予至高地位的宗教权威的抗衡中日益获得世俗信心的时候。[37] 因此，“西方崛起”的开始与伊斯兰帝国的走强几乎是同步的，而后者又深深地影响着欧洲的军事和政治文化。[38] 最近的学术研究也再次证实了那个旧有的观念，即 1453 年拜占庭都城的陷落的确是影响文艺复兴和欧洲历史的一个大事件。[39]

黑火药加农炮在欧洲两端表现出的相比石墙的显著优势，以及黑火药火炮的技术发展给筑在城墙上的意大利城邦带来的威胁，都是这种变化的明证。大炮的威胁极大地增加了城市的不安全感，提高了对现代防御体系的需求。其结果就是迎来全新的防御工事设计，以及防御性火药火力的变革，它们的结合将重塑未来三个世纪的战争形态。[40] 军事思维发生了深刻的改变，在接下来的数个世纪，过时的防御工事被推倒重建，代之以新型的坚固工事，加农炮被纳入防御体系中，同时用于攻城和发动攻击。火炮要塞开始采用几何模型进行设计，这些新式的军事要塞随后又将继续推动军队结构的改革。这场变革诞生于文艺复兴时期意大利城邦之间的长期战事中，但它对战争的意义却将远远超出意大利的范畴。16 世纪 90 年代，随着当时的欧洲大国——西班牙和法国——插手意大利战事，意大利的军事顾问、新兴的军事理念以及要塞设计将随之输出到欧洲各地，乃至世界其他地区。这意味着单单是在原地设防，就需要额外的大笔军费开支来维系，意味着在接下来的 200 年里，围城战役仍将是西欧的主要战争模式。这是事实，尽管在新兴的近代国家的城墙和石界之外，强悍的步兵和火炮也并未停止它们的发展脚步。因此，这个时候的欧洲，军队无意复兴会战，战场更是鲜见伟大名将的身影。

53

与此同时，世俗想象中的奥斯曼帝国，日渐走出中世纪十字军眼中狂热的圣战发动者和信仰斗士之国的形象，变成一个君权国家，一个通过外交和战争手段追求合理利益的政体。不过文艺复兴时期的一些人文主义者始终无法接受奥斯曼帝国的全然合法性，想方设法要将它的历史写成是蛮族文化的崛起，而东方更为高等的希腊文化则受到这种蛮族文化的侵占。[41] 教宗号召拉丁基督徒向东突围的呼吁遭到回绝，这说明甚至连拉丁西方联合组成“基督教共和国”（*res publica Christiana*）

的理想都已破碎。事实再次证明，教权衰微，它已经无法说服任何西方军队东进，去完成教宗口中那项重要的基督教事业，当然，它还是在波兰和其他几个地方激起过零星的十字军行动，因为那里距离奥斯曼帝国的威胁更近。所谓一个统一的基督教世界、基督之神的唯一子民等旧观念，从来只是愿望，而非现实；过去一次次在东方发动圣战的呼吁也无人响应。不过，这次不一样了。到15世纪末，军事实权开始大量落入世俗政权之手，尽管不同地区权力的转移速度有所不同。政治力量则仍有必要不时向罗马俯首，用教宗和基督教赋予的合法外衣包裹自己，但二者的离心已成定势。这与其说是宗教势力在拉丁社会内部影响力的下降、宗教势力对其催生和维系的军队的影响力的下降，不如说是这些力量的使用重心正在发生转移：它们正被更多地用在推动实现地方和王室的利益上。而这个漫长的过程，正是从西方开始用它缓慢显露出的日益世俗化的视角去观照东方和更广泛意义上的政治开始的。[42]

随着奥斯曼在随后的几十年里进一步侵蚀欧洲的领土和政治利益，其帝国政府，即俗称的“高门”（Sublime Porte），将被新兴的欧洲国家体系中的其他大国力量视为棋盘上的另一个大国玩家。[43] 将奥斯曼人视为世俗而非宗教威胁的文化再认识，也标志着欧洲内部关于战争性质和目的的深层理论正在摆脱它的神性，走向世俗。在外交上，始于意大利文艺复兴时期的世俗现实主义倾向，是直到17世纪的重盟战争（War of the Reunions，1683—1684年）才最终在路易十四的行为中得到确认的：路易十四暗中鼓励奥斯曼入侵哈布斯堡奥地利，好让自己在更北地区的扩张战争不那么引人注意。在文艺复兴时期的思想洞见与路易十四时代的世俗实践之间，是欧洲血腥而漫长的宗教战争年代。然而，在教派争论和宗教暴力的外衣下，深刻的变化已然成形。马基雅维利很好地捕捉和记录了这

54

一新的感受变化，而其他人文主义者则加快了对“那个土耳其人”及其伊斯兰帝国基本的再定义，对方不再是宗教敌人，而是世俗的战略威胁：这个威胁在疆土的边界上，而不在天堂里。它和其他任何一个大国没有区别。

## 注　释

1　有质疑的观点认为应将百年战争理解为系列战争，而非单次冲突，参见 L. J. Villalon and Donald Kagay, editors, *The Hundred Years War* (Leiden: Brill, 2005, 2008, 2013)。但本书仍将其视为一次虽然复杂但战略一致的斗争，尽管中间经历了停战和不同的阶段，但在战略层面是前后贯通的。相关的著名通史包括 Christopher Allmand, *The Hundred Years' War* (Cambridge: Cambridge University Press, 1988); Contamine, *La guerre de Cent Ans; Anne Curry, Hundred Years' War, 1337–1453*, 2nd ed. (New York: Palgrave 2003); Jean Favier, *La Guerre de Cent Ans* (Paris: Fayard, 1980)。有关军事与社会事务之间的相互作用，参见 Richard Kaeuper, *War, Justice and Public Order*: *England and France in the Later Middle Ages* (Oxford: Oxford University Press, 1988), and Wright, *Knights and Peasants*。

2　Michael Maller, “Mercenaries,” in Keen, *Medieval Warfare*: pp. 209–229; Steven Gunn, “War and the Emergence of the State,” in Frank Tallett and D. J. B. Trim, editors, *European Warfare, 1350–1750* (Cambridge: Cambridge University Press, 2010): pp. 50–73; John Bell Henneman, “The Military Class and the French Monarchy in the Late Middle Ages,” *American Historical Review* 83/ 4 (1978): pp. 946–965. 更宽泛的论述见 George Duby, *The Chivalrous Society* (London: Arnold, 1977): pp. 94–111, 134–148。

3　David Simpkin, *The English Aristocracy at War: From the Welsh Wars of Edward I to the Battle of Bannockburn* (Woodbridge: Boydell, 2008): pp. 183–190; Seward, *The English in France, 1337– 1453*: pp. 19–102, 127–152; Marilyn Livingstone and Morgen Witzel, *The Road to Crécy: The English Invasion of France, 1346* (London: Taylor & Francis, 2005). 关于“以土地为作战对象”、骑士精神的惯例以及消耗，参见 Strickland,

*War and Chivalry*: pp. 258–290。

4 克利福德·罗杰斯认为，英国的骑行劫掠意在迫敌出战："Edward III and the Dialectics of Strategy, 1327–1360," *Transactions of the Royal Historical Society* 6/4 (1994): pp. 83– 102。在他的另一部作品中，他再次重申了这一观点："To Make an End to the War by Battle," in *War Cruel and Sharp*。无论是否有意为之，黑太子率领的骑行劫掠行动确实带来一场重大会战，那便是普瓦捷之战。另见"To Make Chevauchées and Harm His Enemies: Three Campaigns of Early 1356," in ibid; and Lynn, *Battle*: pp. 73–110。

5 Seward, *The English in France*: pp. 41–76; Sumption, *Trial by Battle*: pp. 319–410, 455–534; Contamine, *La guerre de Cent Ans*: pp. 22–45. 关于后勤和财务，参见 H. J. Hewitt, *Organization of War Under Edward III, 1338–1362* (Manchester: Manchester University Press, 1966): pp. 28–92, 180–186。

6 Maller, "Mercenaries" : pp. 209–229; M. Warner, "Chivalry in Action," *Nottingham Medieval Studies* 42 (1998): pp. 146–173; Nicholas Wright, "Ransoms of Non-combatants During the Hundred Years War," *Journal of Medieval History* 17/4 (1991): pp. 323–332; idem, *Knights and Peasants*: pp. 80–116. 一部虽然过时但经典的作品：Siméon Luce, *Histoire de Bertrand du Guesclin et de son époque* (Paris: Hachette, 1876)。

7 Contamine, *La guerre de Cent Ans*: pp. 46–71; Seward, *The English in France*: pp. 103–126; Sumption, *Hundred Years' War*, Vol. 3: *Divided Houses*: pp. 18–280.

8 综述性内容，参见 Laurence W. Marvin, "Atrocity and Massacre in the High and Late Middle Ages," in Philip G. Dwyer and Lyndall Ryan, editors, *Theatres of Violence: Massacre, Mass Killingand Atrocity throughout History* (New York: Berghahn Books, 2012): pp. 50–62。

9 在其所著《百年战争》第四卷中，乔纳森·萨姆欣（Jonathan Sumption）追溯了百年战争的历史脉络，内容一直延续到 1422 年：Jonathan Sumption,*The Hundred Years' War*, Vol 4: *Cursed Kings* (2015)。

10 Seward, *The English in France*: pp. 127–152; Nicholas Wright, "Ransoms of Non-combatants During the Hundred Years War," *Journal of Medieval History* 17/4 (1991): pp. 323–332; idem, *Knights and Peasants: The Hundred Years' War in the French Countryside* (Woodbridge: Boydell, 1998): pp. 80–116; Jones, *Art of War*: pp. 169–173. 关于阿金库尔一役，

参见 Alfred H. Burne, *The Agincourt War* (Westport: Greenwood, 1976); Keegan, *Face of Battle*: pp. 78–116; Curry, *Agincourt*。

11 William Shakespeare, *Henry V* (1599); Winston Churchill, *A History of the English Speaking Peoples*, Volume I: *The Birth of Britain* (Cassel, 1956–1958).

12 “他在阿金库尔英勇杀敌，在上帝最神妙的恩泽下，他同时赢得了战场与胜利……Deo gracias Anglia, redde pro victoria（英格兰感谢主，赐吾胜利）！” *Agincourt Carol* (n.d.)。

13 Curry, *Hundred Years' War*: pp. 73–82，86–90; Seward, *The English in France*: pp. 153–212; Kelly DeVries, *Joan of Arc: A Military Leader* (Stroud: History Press, 2011); J. Glénisson, editor, *Jeanne d'Arc, une époque, un rayonnement* (Paris: Editions du Centre national de la recherche scientifique, 1982); Bonnie Wheeler and Charles Wood, editors, *Fresh Verdicts on Joan of Arc* (New York: Routledge, 1996).

14 Contamine, *La guerre de Cent Ans*: pp. 80–99.

15 Henneman, “The Military Class and the French Monarchy” : pp. 946–965; Steven Gunn, “War and the Emergence of the State,” in Tallett and Trim, *European Warfare*: pp. 50–73; P. S. Lewis, editor, *The Recovery of France in the 15th Century* (London: Macmillan, 1971); Clifford Rogers, “Military Revolutions of the Hundred Years' War,” *Journal of Military History* 57/2 (1993): pp. 241–278; Seward, *The English in France*: pp. 233–252.

16 Michael Hicks, *Wars of the Roses* (New Haven: Yale University Press, 2012). 长弓的威名在福尔米尼画上了句点。它的最后一次重大登场是在玫瑰战争期间，在那之后就只有极少的几次无足轻重的亮相。DeVries and Smith, *Medieval Military Technology*: p. 39; Stone, op. cit. p. 371.

17 Seward, *The English in France*: pp. 253–262.

18 Kelly DeVries, “Castillon,” in idem et al., editors, *Battles that Changed Warfare* (New York: Metro, 2008): pp. 78–87.

19 Contamine, *La Guerre de Cent Ans*: pp. 100–106; P. S. Lewis, editor, *The Recovery of France in the 15th Century* (London: Macmillan, 1971): passim; Contamine, La Guerre de Cent Ans: pp. 107–123.

20 有关拜占庭的军事政策、后勤和战争财政，参见 Edward Luttwak, *The Grand Strategy of the Byzantine Empire* (Cambridge: Belknap, 2009)。针对拜占庭在拉丁西方中扮演的关键角色，亨利・皮雷纳有一

个经典且颇具争议的论点，参见 Henri Pirenne, *Medieval Cities: Their Origins and the Revival of Trade* (Princeton: Princeton University Press, 1925, reprinted 2014) 等作品。另一个与众不同的观点则来自 Molly Greene, *A Shared World: Christians and Muslims in the Early Modern Mediterranean* (Princeton: Princeton University Press, 2010)。

21 关于奥斯曼帝国的军事能力，以及这一时期限制其军事行动的因素，参见 Rhoads Murphey, "Ottoman Military Organization in Southwestern Europe, 1420–1720," in Tallett and Trim, *European Warfare*: pp. 135–158; idem, *Ottoman Warfare, 1500–1700* (London: UCL, 1999); Virginia Aksan, "Ottoman War and Warfare, 1453–1812," in Jeremy Black, editor, *War in the Early Modern World, 1450–1815* (Boulder, CO: Westview, 1999): pp. 147–175。

22 关于文艺复兴时期文化对伊斯兰教的反应，参见 Thomas Arnold, *The Renaissance at War* (New York: Smithsonian, 2006): pp. 122–155; Nancy Bisaha, *Creating East and West: Renaissance Humanists and the Ottoman Turks* (Philadelphia: University of Pennsylvania Press, 2004); Margaret Meserve, *Empires of Islam in Renaissance Historical Thought* (Cambridge: Harvard University Press, 2008); Philippides and Hanak, *Fall of Constantinople in 1453*: pp. 3–290; and Robert Schwoebel, *Shadow of the Crescent: The Renaissance Image of the Turk, 1453–1517* (New York: Palgrave 1969)。至于整体性的影响和反应，参见 Michael Angold, *Fall of Constantinople to the Ottomans* (New York: Routledge, 2014): pp. 1–24 以及多处。

23 Franz Babinger, *Mehmed the Conqueror and His Time* (Princeton: Princeton University Press, 1978): pp. 64–100, 215–268, 347–408; Kelly DeVries, "Lack of a Western European Military Response to the Ottoman Invasions of Eastern Europe," *Journal of Military History* 63/3 (1999): pp. 539–559; John Guilmartin, "Ideology and Conflict: The Wars of the Ottoman Empire, 1453–1606," *Journal of Interdisciplinary History* 18/4 (1988): pp. 721–747; and Brian Davies, editor, *Warfare in Eastern Europe, 1500–1800* (Leiden: Brill, 2012).

24 奥斯曼帝国和军队比这一时期任何欧洲国家及其军队都更为强大，且水平更为先进，参见 Gábor Ágoston, *Guns for the Sultan: Military Power and the Weapons Industry in the Ottoman Empire* (New York: Cambridge University Press, 2005): pp. 190–206 以及多处；另见 Rhoads Murphey,

*Ottoman Warfare, 1500–1700* (London: UCL Press, 1999): pp. 13– 64, 105–114。

25 君士坦丁堡曾被洗劫过一次，但彼时城墙并未被攻破。1204 年，第四次十字军东征的拉丁骑士两次进攻君士坦丁堡，君士坦丁堡正是在第二次进攻中，在由皇帝阿莱克修斯四世被杀而带来的误会频出、契约破裂、暴徒暴力和内部分裂等复杂局势中，被攻陷的。它的城墙是被徒手攀爬、凿开，而不是用投石机或其他轰击手段攻破的。拉丁人在拜占庭重新崛起后，于 1262 年被赶出。Donald Queller, *Fourth Crusade: The Conquest of Constantinople, 1201–1204* (Philadelphia: University of Pennsylvania Press, 1997); Thomas Madden, "Vows and Contracts in the Fourth Crusade," *International History Review* 15/3 (1993): pp. 441–468; Stephen Turnbull, *Walls of Constantinopl* (Oxford: Osprey, 2004): pp. 47–57; Susan Wise Bauer, *History of the Renaissance World* (New York: W. W. Norton, 2013): pp. 673–682.

26 Marios Philippides and Walter Hanak, *The Siege and the Fall of Constantinople in 1453: Historiography, Topography, and Military Studies* (Burlington: Ashgate, 2012): pp. 291–568.

27 这种巨型火炮都有自己独有的"艺名"。"国王之女"（King's Daughter）是英国著名的射石炮。重达 15000 磅的铁炮"巨型绅士"（Mons Meg），是勃艮第军械库中令人印象深刻、广受赞誉的宝贝。"疯女格丽特"（Dulle Griete）安置于根特，而"克里姆希尔德"（Chriemhilde）则服务于纽伦堡。有史以来最大的射石炮是 1586 年在莫斯科建造的"沙皇炮"（Tsar'-pushka）。

28 又被称作"海峡切割者"。关于这一时期奥斯曼大炮的大致情况，见 Gábor Ágoston, "Ottoman Artillery and European Military Technology in the Fifteenth and Seventeenth Centuries," *Acta Orientalia Academiae Scientiarum Hungaricae*. Vol. 47, No. 1/2 (1994), pp. 15–48。

29 Steven Runciman, *The Fall of Constantinople: 1453* (Cambridge: Cambridge University Press, 1965, reprinted 2012): pp. 73–85, 133–144. 在君士坦丁堡之围这个课题上，朗西曼（Runciman）的著作接替爱德温·皮尔斯（Edwin Pears）在 1903 年的作品成为经典。另见 Michael Antonucci, "Siege Without Reprieve," *Military History* 9/1 (April 1992), and Philippides and Hanak, *Siege and Fall of Constantinople*: pp. 359–428。爱德华·吉本在《罗马帝国衰亡史》中对此发表过一个兼有文学和论辩意趣、经典但又不免带有偏见的看法：Edward Gibbon, "End of the

Roman Empire," in *Decline and Fall of the Roman Empire* (1783)。

30 这种"狂战士"的战死率有时会高达 90%。

31 Runciman, *Fall of Constantinople*: pp. 100–122; Philippides and Hanak, *Siege and Fall of Constantinople*: pp. 429–546.

32 Antonucci, "Siege Without Reprieve"; Runciman, *Fall of Constantinople*: pp. 133–159.

33 将自己一方的庙宇和胜利之神竖立在战败方信仰的废墟和祭坛上，证明对方的神的失败，是身为征服者一贯以来的做法。在耶路撒冷，圣殿山也同样被改造过，至今争议不断。印度教的庙宇被莫卧儿皇帝奥朗则布（Aurangzeb）拆毁改建；阿兹特克的神庙在被其征服的城邦上拔地而起，如今又不得不为后继征服者建立的天主教大教堂和教堂让路。阿富汗的塔利班 2001 年摧毁了建于 6 世纪的宏伟的巴米扬大佛。2015 年在伊拉克，来自 ISIS（"伊斯兰国"）的激进分子炸毁或拆毁了有数百年历史的什叶派清真寺和基督教教堂。就这样，曾经和未来的宗教战争，都在争论在战争和历史中，神灵，如果有的话，到底站在谁那一边。

34 有关奥斯曼帝国的围城技术及其在运送和补充兵力方面的能力，见 Murphey, *Ottoman Warfare*: pp. 65–104, 115–121。

35 Nancy Bisaha, *Creating East and West: Renaissance Humanists and the Ottoman Turks* (Philadelphia: University of Pennsylvania Press, 2004): pp. 60–69, 125–132; Margaret Meserve, *Empires of Islam in Renaissance Historical Thought* (Cambridge: Harvard University Press, 2008) pp. 30–34, 65–67, 74–75, 95–99.

36 Meserve, *Empires of Islam*: pp. 1–5; Ágoston, *Guns for the Sultan*, passim; Murphey, *Ottoman Warfare*: pp. 13–64, 105–114.

37 奥斯曼大军在 1466 年前征服希腊、塞尔维亚和波斯尼亚，又在 1470 年从威尼斯手中夺取了埃维亚岛，1480 年在奥特朗托登陆。DeVries, "Lack of a Military Response": pp. 539– 559; John Guilmartin, "Ideology and Conflict: The Wars of the Ottoman Empire, 1453–1606," *Journal of Interdisciplinary History* 18/4 (1988): pp. 721–747. 这场缓慢的入侵涉及大量的边境战斗，通常由双方的非正规军进行，但很少发生绝对意义上的会战：与哈布斯堡皇朝的迈泽凯赖斯泰什会战（Mezokeresztes）是这场长期战争（1593—1606 年）中有过的唯一一场大型的会战。Günhan Börekçi, "A Contribution to the Military Revolution Debate: The Janissaries Use of Volley Fire during the Long Ottoman-Habsburg War of 1593–1606 and the Problem of Origins," *Acta Orientalia* 59/4 (2006):

pp. 424–429.

38 Andrew Hess, “The Ottoman Conquest of Egypt (1517) and the Beginning of the Sixteenth-Century World War,” *International Journal of Middle East Studies* 4/1 (1973): p. 57. 关于文艺复兴时期各方对君士坦丁堡陷落相关消息所作出的各式各样、奇奇怪怪的反应，参见 Terence Spencer, “Turks and Trojans in the Renaissance,” *Modern Language Review* 47/3 (1952): pp. 330–333；Arnold, *The Renaissance at War*: pp. 122–155；Angold, *Fall of Constantinople*: pp. 1–24 以及多处。

39 Linda T. Darlin, “The Renaissance and the Middle East,” in Guido Rugierro, editor, *A Companionto the Worlds of the Renaissance* (Oxford: Blackwell, 2002): pp. 55–69.

40 John Hale, “Early Development of the Bastion: An Italian Chronology, 1450–1534,” in John Hale et al., editors, *Europe in the Late Middle Ages* (Evanston: Northwestern University Press, 1965): pp. 466–494; Christopher Duffy, *Siege Warfare: The Fortress in the Early Modern World 1494–1660* (New York: Routledge, 1979): pp. 8–42. 关于老式堡垒，见 A. Châtelain, *Architecture militaire médiévale* (Paris: l’ Union Repart, 1970)；B. H. St. J. O’ Neil, *Castle and Cannon: A Study of Early Artillery Fortifications in England* (New York: Praeger, 1960)；Ritter, *L’architecture militaire médiévale*；Richard L. Jones, “Fortifications and Sieges,” in Keen, *Medieval Warfare*: pp. 163–185。

41 Meserve, *Empires of Islam*: pp. 5–6.

42 一项对从意大利到德国和弗兰德的军事形象进行的有趣研究是：John R. Hale, *Artists and War in the Renaissance* (New Haven: Yale University Press, 1990)。更多一般性研究，参见 Bisaha, *East and West*: 174–187, and Meserve, *Empires of Islam*: pp. 238–244。

43 DeVries, “Ottoman Invasions,” pp. 554–555; Stephen Christensen, “European-Ottoman Military Acculturation in the Late Middle Ages,” in B. P. McGuire, editor, *War and Peace in the Middle Ages* (Copenhagen: Reitzel, 1987): pp. 227–251.

## 三 记忆中的会战



15 世纪中后期的新式火炮叫人闻风丧胆，以致一些城镇和城堡，光是受到炮轰的威胁就已经举手投降。这使人无法接受。作为一种应对手段，文艺复兴时期的工程师使用了一种创新的城防设计，设计重点在于其中向前凸出的或呈箭头形状的棱堡；这是一个由土墙（后来改为石砌）围起的高台，它有两个角，以及两个与较长幕墙相连的面。城墙被建得又厚又矮，这样虽然降低了敌人的攀爬难度，但可以换来用以安放防御火炮的承重力。它突出幕墙的棱角将守军推向前方，使他们可以沿着幕墙的连接部分对进攻者发起（火力直接沿侧翼而下的）纵射。护城河或者干沟也可以进一步拖慢进攻者的速度，并使他们暴露在棱堡的火力之下。关键是创造出相互重叠的射击区域，这样守军就可以从每一段幕墙两侧的棱堡上发起扫射，让进攻者无处藏身。棱堡的发展和普及，使野战军队优势尽失，而布满城防大炮，足以应对围城火力和粉碎来犯步兵的设防城镇和新式城堡开始占据上风。棱堡的防御能力是出色的。不仅如此，它还兼有数学之美，与文艺复兴时期新的理性主义和经验主义美学相契合。设置多个可以相互支援的火力点是棱堡的设计逻辑，在这一思路下，到 1515 年，形态规则、具有建筑美感的多边体式的火炮堡垒应运而生，它们没有侧翼，拥有全方位的防御能力。棱堡随后从意大利普及到其他欧洲地区和中东一带，被称作“意大利式要塞”[1]；而后又随着欧洲贸易公司和海外帝国的扩张，被带到亚洲和北美海岸。[2]

不断变化的防御工事自然也会迫使攻城一方作出改变，因为就连小城市也在增建棱堡，统治者们更是在重要的道路和河流关口修建起了新式要塞。增设棱堡的堡垒更能抵御炮击，因

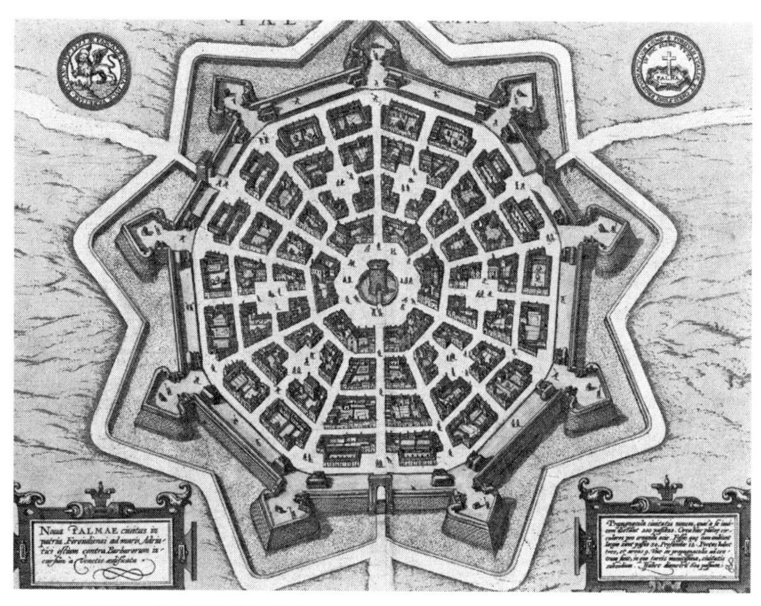


意大利式要塞（建有棱堡的城镇），16 世纪

图片来源：Wikimedia Creative Commons

为比起石头砖块砌起的又高又薄的老式城墙，低矮的土墙可以更好地承受炮弹的轰击。不仅如此，面对攻城炮轰击时，城堡和带有棱堡的城镇还能从低矮、坚固、有土墙支撑的炮台上进行有效的反炮群射击。守军向着四周军队（围军）曾经无坚不摧的围城营地开火，逼退进攻的火炮，或者与敌方的士兵、工兵以及正处于待命状态的突击部队开战并将其消灭。除此之外，攻城的一方需要一支更为庞大的军队才能攻下一个无死角的防御工事：完全包围一个多边形要塞，需要更多的地道（战壕）、更多的部队，这也就意味着更多的时间、金钱，以及供给人马的粮草。[3] 城墙变得更低、更易攀爬，却让攻城变得更加困难。攻击者若要掘出一条从城墙底下穿过的地道，就必然会进入守军的火炮和火枪射程，于是他们不得不通过挖掘复杂的防护性地道网，避开交错的火力，继续前进。箭镞形的棱堡

56

相互掩护，子弹和炮弹从四面八方射出，形成火力压制。这些射击是重火绳枪手站在坚实的城墙或者土垒后完成的，而城下的进攻者则要么小心翼翼地匍匐在地道里，要么在发动直接进攻的时候，因为四周没有遮蔽而暴露。围军和奇袭部队的高伤亡率因此成为常态。这足以让守军拖垮对手，直至对方撤退或者等来援军，守城一方的优势因此得到极大恢复。攻守战术就这样在残酷的对抗中相互追赶，被打破的平衡再次回到原点。在军事工程师重新配置好那些墙体，并在棱堡与棱堡之间建立绝杀区之后，大炮相对石墙的绝对优势就不复存在了。只有最铁石心肠或者坚定不移的指挥官才能承受一次强攻带来的死伤。但让国王们庆幸的是，这样的指挥官有的是，这样可以冲向敌人棱堡充当炮灰的普通士兵也很多。

57

面对如此坚实、棱角分明，即使付出高昂代价也极难攻破的防御工事，围城者即便坐拥火力强大的攻城炮，也不得不将希望重新投注到机动野战部队的身上——他们再次成为潜在的战局仲裁者。国王和将军们此时面临的是：一次耗时的围城，但这将给进攻者带来极大的伤亡；或者一场野战。[4]对攻守双方来说，战争成本都呈指数级上升，这时要做一个选择已经不像过去那样容易。相比风险永远高企的会战，漫长围城的进攻成本和伤亡数字已经越来越难被压下来，因此更有野心的进攻者选择野战一决胜负的概率开始增加。然而，在很长一段时间里，这样的赌徒还是少数。各方趋势仍以避战为主。采取守势以及凭借巧妙的机动武力夺取补给，仍有较高的胜算。就让好斗的敌方指挥官把他的将士性命、城市或国王金库里的东西都扔到棱堡的城墙上去吧。聪明的防守者会拒绝野战的邀请，会战的风险太大，资源和声望都是押下去的赌注。而且，即使赢了，你的敌人还是可以把剩下的人马撤回堡垒和城镇里，战争还将继续。

即便如此，回归传统、让英勇的将领率领野战大军在城墙之外开战的讨论开始传开。没有侵略者可以单凭守着一座堡垒或者一个建了棱堡的城镇取胜。那些有志开拓疆土、扩张自己的权力版图，而不只是想着据守旧业的人，必须让军队组建起来，让战争冲破城墙的阻隔。望着自己城市的城墙寻找灵感的文艺复兴思想家们，在重见天日的古典世界中得偿所愿。他们相信，无论在战争中还是在其他任何方面，古人总有一套更上乘的行事章法。据古典史家和传道者们说，在人文主义者的重新挖掘下，希腊和罗马的军事史中一个古老的观点得以复现，那便是会战是战争的灵魂。他们认为，会战有着无可比拟的决定性作用；这种古老的激烈碰撞，表达出了战争中那种巨大的、具有救赎力量的牺牲；而胜利最好由组织紧密的步兵取得，因为步兵的招募、战术、操练和服役过程也是崇高的公民美德的培育过程；更重要的是，会战能让天才以昂扬的姿态登上历史舞台，成就他们的伟大——是人的伟大，而非胜利是神之意志的彰显、失败是上帝对邪恶的正义惩罚的中世纪臆想。[5] 诸如上帝会在君主间的战争中偏袒其中一方的妄想将不复存在。文艺复兴时期的妄想是更具人文色彩的：它信仰战争的美德，信仰一场由全体有德行的武装公民参与的战争。[6]

58

因此极具讽刺意味的是，除了那些古代军事史上的伟大故事，文艺复兴时期思想家们军事智慧的一个重要的经典来源是一位5世纪的罗马文官韦格蒂乌斯（Publius Vegetius Renatus）写的《论军事》（*De Re Militari*）。这本稍嫌枯燥的古典战事经验总结和实践简编（也被称为晚期罗马的“兵法”）成书于4世纪末或5世纪初。而它早在加洛林时期就对中世纪的思想产生了影响，这种影响一直持续到中世纪晚期，文艺复兴运动在标榜自己重拾古典智慧的独到时，显然是忽视了这一事实的。[7] 除了被以拉丁文阅读外，它在1500年之前已

被翻译成6种欧洲语言。事实上，在19世纪卡尔·冯·克劳塞维茨的《战争论》（*Vom Kriege*）出版之前，《论军事》是欧洲阅读量最大的军事专著。研究韦格蒂乌斯遗著的权威专家克里斯托弗·阿尔曼德（Christopher Allmand）指出，正如今日的“孙子”和“克劳塞维茨”，在他死后的1000年里，韦格蒂乌斯这个名字也一直是战争的代名词。[8]

《论军事》主要关注的是诸如征兵和补给之类的行政事务，韦格蒂乌斯的信息大概直接来自他所从事的行政工作，而且他似乎认为这些问题是当时罗马军队所面临的最紧迫的军事问题。关于领导力和士气的重要性，他给出的只是一般性建议，而将重点放在广泛动员和招募的必要性上。他花了大量的笔墨讨论步兵，但对骑兵或者如何攻城等问题只留下无关紧要的寥寥数语（他那个时代的罗马对手极少生活在城镇里，无论设防与否）。韦格蒂乌斯认为，罗马在其崛起和雄霸时期得来的历史军事教训在其衰落期仍然适用。因此，他的一套解决战争问题的系统化办法，是基于更早之前更加著名的罗马军事文献提出的，但这些文献的大部分内容在文艺复兴以前已经失传，因此只能在《论军事》中间接读到。[9]

带着所引经典赋予它的权威色彩，《论军事》至少在一定程度上涉及了文艺复兴时期的一些常见问题，这些问题是近代社会在向财政－军事中央集权转变的过程中产生的。和马基雅维利一样，韦格蒂乌斯坚信，统治者（佛罗伦萨人所称的“君主”）必须学习和了解战争，他们的领导力对战争的成功至关重要。马基雅维利对在佛罗伦萨发展罗马模式的民兵有着浓厚的兴趣，希望借此解决雇佣兵在道德和政治上的两面性问题；他和其他人一样，认为雇佣兵问题是意大利城邦战争永无休止的根源，相对于西班牙和法国等强国来说，这更是一个致命的军事弱点。[10]《论军事》也呼吁建立一支由训练有素、纪律严

明、品德高尚的士兵组成的中央军队。它甚至提出了如何组建这样一支军队的办法，涵盖了操练和战术细则，使之看上去无论是在形式还是结果上都要优于混乱的中世纪军队，优于文艺复兴时期从法国和德国越过阿尔卑斯山频频袭扰意大利的寄生虫似的雇佣兵团。[11] 和人们认知中的那个古老的罗马军团一样，操练和纪律被认为是比教会和中世纪的战士阶层所定义的勇气或个人荣誉更加重要的东西。转变在意大利之外的地方已经发生，在那些地方，日渐壮大起来的步兵队伍配备的是长矛和火绳钩枪，手持这些武器的士兵必须练习如何集体行动，以及团队作战。

更讽刺的是，虽然韦格蒂乌斯的讨论是从“将军的权威”出发并为之辩护，但他在罗马帝国最后的日子里给指挥官们的主要作战建议却是避免会战。他说，要想歼灭敌军，将军们不应寄希望于正面作战，而应当依靠巧妙的计谋和策略，大型的武力冲突只有在万不得已的情况下才能接受。这一建议倒是非常符合以“谨慎”著称的意大利佣兵的一贯做派。意大利文中的佣兵（condottieri）即契约者，他们由佣兵队长出面谈判，与雇主签订军事合约；马基雅维利对他们最是深恶痛绝，因为在意大利富庶城邦无休止的战争当中，这些受雇的大型佣兵团可以而且确实会根据谁是最后填满他们钱包的人而轻易倒戈。最初他们受雇参加的是为期一个夏天的征战，并被要求自带盔甲和武器。但就像百年战争休战期间在法国的“自由佣兵”一样，在一个冬季都无饷可领、无事可干的情况下，后果可想而知：他们四处作恶，强奸劫掠。在最猖獗的时候，他们曾经挟持整个城市索要赎金，盗取大量财富。他们多是德意志人，但也不乏匈牙利人、英国人、法国人、伊比利亚人和意大利人。一个佣兵队长胸甲上刻着的这句座右铭，将他们这个群体的凶残体现得淋漓尽致：“上帝之敌，虔诚之敌，怜悯之敌。”最

后，随着一支佣军在意大利的福尔诺沃（Fornovo）遭法军击溃（1495 年 7 月 6 日），这种作战方式在意大利走到尽头。然后，之前的军事迁移模式来了个逆转，为钱而战的佣兵开始转移到意大利之外的地方活动，雇用他们的人当中最出名的一位便是时运不济的末代勃艮第公爵，大胆查理（Charles the Rash）。

尽管佣兵如此野蛮和唯利是图，他们的存在也只是意大利战事拖沓和文艺复兴时期政局长期不稳的反映，而非根源。与即将在整个欧洲上演的宗教战争及其后更为暴力的世俗意识形态战争相比，他们参与的战争实属平淡无奇。尽管如此，马基雅维利对他们的描述还是极尽挖苦。他们无法决出胜负的战争方式并不对这位从古典智慧中汲取灵感、更具开拓思维且胸怀大志的佛罗伦萨改革家的胃口。[12] 他对雇佣军的偏见，以及对今日所称“公民士兵”（与他们所保卫的国家有着个人利益联结的战士）的青睐，将在以后的几个世纪里不断被后人所重复。[13] 同样被继承下来的还有他将会战视为战斗最高境界的观点——想必也是古代经验所得。[14] 马基雅维利希望文艺复兴运动能从对古代军事艺术以及古典军事史经验的重新发现中获得比行政改革更多的东西。他希望改革佛罗伦萨乃至整个意大利的军队基础，摒弃靠不住的外国雇佣军，转而使用更为可靠的由公民（至少也是居民）组成的城邦民兵。总之，他希望复兴罗马军团，灌输公民美德，同时推动根本性变革，让拖沓的城邦战事重拾决断姿态，让意大利做好迎接今后更大规模战争的准备。他还试图重建会战的中心地位，因为在他和其他人看来，这就是会战在古希腊和古罗马时期的分量。他想看到民兵伫立在佛罗伦萨的城墙上和城门前，但是他想要的又不只是一支共和国军。他期盼共和的美德可以被注入军队和君主的神圣领导中。他期盼领导这支具有公民道德的新军的是令人耳目一

60

新的伟大将领，而不是佣兵队长。他期盼的无非是一个全新的英雄的战争时代。[15]

马基雅维利从完整的历史记录中挖掘关于军事的洞见，为的是保护佛罗伦萨和整个意大利免受外部的威胁。和其他文艺复兴时期的理论家一样，他更多的是在古代军事历史中，而非在基础的军事指南如《论军事》中，寻找正面对决的理想会战模式。他认为，世俗君主展现力量的最佳手段，是率领优秀的公民军在会战中决出胜负，而不是指望打起仗来优哉游哉的雇佣军，或者依靠诡计。他对古典战争中世俗英雄理想的颂扬，是对中世纪战争模式的根本否定，因为他认为这种模式无法带来真正的政治和战略决策。这一转变，至少在一定程度上，来自他和其他人文主义者对拉开他们的时代与此前几个世纪的距离的渴望，包括仗应该怎么打，战争应该如何发动以及如何取胜。另外，14 世纪步兵的扩张似乎也在预示着未来的战争将在能力超凡的大将的领导下，迎来新一轮的辉煌战局和决定性会战。然而，61 文艺复兴时期错综复杂的战争现实，使得几乎所有想在军事上回归古典的愿望——用具有公民美德的共和民兵取代季节性部队，即总被（误）认为靠不住的雇佣军；实现对战时财政、锻造厂和堡垒、军械库和铸造厂的集中控制；以永久性的军事机构（常备军）取代服役贵族、家臣和买来的忠诚；激发当地民兵的公民意识，培养他们的战术严谨性和严明纪律，让他们为他们的城邦或国家、为他们的切身福祉而战——变得遥不可及。

马基雅维利承认，与野战的不确定性相比，避免会战无论对一支军队还是对君主的霸业而言，都是一个风险更小的选择，但他也抨击了围城的低效和残酷，以及雇佣军优柔寡断的作战策略。作为一名行政官，以及后来《战争的艺术》（*Art of War*）一书的作者，他首先从古代历史中为自己这个时代的改革寻找仿效对象。他于是成了希腊、罗马模式的共和民兵的

终生拥趸，希望用共和民兵取代佣兵，因为他错误地认为佣兵只是摆摆样子，绝对不会动真格。[16]作为同时代的一个范例，他提到了共和制的瑞士联邦：瑞士的步兵方阵，从1315年到1515年，从莫尔加藤到马里尼亚诺，两百年间从无败绩。他并没有把他对雇佣兵这个群体的蔑视扩大到瑞士人身上。事实上，他从瑞士步兵方阵中看到了他们对古典步兵阵型及其机动性的再造，某种程度上可与古代的方阵战术相媲美。此外，他认为瑞士人虽然受雇于人，拿的是外国金币，但他们的战斗有着正确的公民基础：因为他们是以共和体制下团结牢靠的州为单位集体受雇的。瑞士人没有世袭的军官或贵族，也没有可以统治他们的国王或武士阶层。他们选举自己的官员，并在州旗下服役，旗上印的不是某位伟大男爵或王室的纹章，而是随处可见的形象，比如穿着鼻环的公牛、一头直立的熊，甚或只是一只卑微的猪。他深深地被这些来自北方山区的武装平民打动了，他称他们为“新罗马人”。[17]

马基雅维利所生活的意大利由弱小的城邦拼凑组成，彼此之间纷争不断。[18]他所痛恨的1494年之前的佣兵战争之所以永无休止，主要是因为五个最大的城邦——威尼斯、米兰、佛罗伦萨、那不勒斯和教宗国——之间始终保持着大体上的均势，这些城邦逐步吞并了较小的邻国，却无法战胜彼此。这一均衡局面并不总是稳定的。但是随着时间的推移，它催生出一种新的外交模式；这一外交模式最大的特点是回答了政府应当如何应对持续不断的战争威胁，以及一个多极权力体系带来的不稳定性的问题，它帮助重塑了欧洲的国家间关系，并最终改变了现代世界政治格局。马基雅维利还为后世留下了一套新的世俗政治分析理论，他所使用的直白的权力语言在今天被称为“政治现实主义”。他意识到，只有让像法国，或者西班牙和奥地利的哈布斯堡家族这样的强权不断有让他们分心的事，分裂的

62

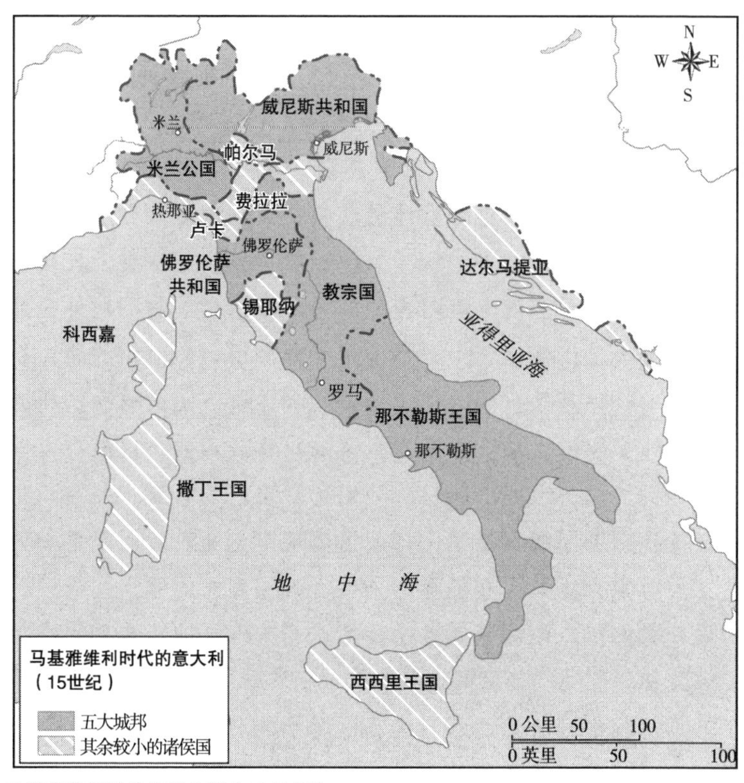


马基雅维利时代的意大利（15 世纪）

美国西点军校历史系提供；George Chakvetadze 重绘

意大利才能免遭入侵，不至于沦为外国统治的对象。正如他所担心的那样，文艺复兴时期意大利城邦之间此起彼伏的小规模战争，最终在一场可怕的冲突旋涡中达到高潮，城邦为平息本地争端不惜引入外部力量，给了外国军队插足谋利的机会。法国军队在 1494 年抵达意大利北部；第二年，西班牙入侵那不勒斯。哈布斯堡皇室的大军随后从奥地利和西班牙席卷而来，围剿意大利境内的法军，整个意大利成为战场，直到 1555 年、1556 年哈布斯堡皇朝广阔的帝国遗产被查理五世一分为二。[19]

两大主题贯穿了 15 世纪文艺复兴时期政局动荡、战乱频

仍的意大利。首先，各个城邦并不是在一个接受法律和道德约束的体系中运行的。它们是在赤裸裸的权力斗争中、在对君主利益的追逐中维持统治，或者走向灭亡的，能够约束它们的主要是五个最大城邦之间的权力平衡，而且这种约束也只是最低限度上的。这个体系虽然包括教宗国，但并不接受教宗的权威。愤世嫉俗的战士－教宗或许还在气急败坏地重申自己所拥有的至高无上的道德和宗教地位，喋喋不休地告诫所有人上帝之法要高于人的意志；但君主们依然随着自己的心意行事，他们屈膝于正义战争构想的年代已经过去。在大炮的铁律面前，教会法被迫低头。自此之后，正义战争将会降临，又或者如马基雅维利所说："战争在必要时都是正义的。"[20]其次，近代国家，作为一种新的政体，正在意大利和其他各地发展起来。表面上看，法律是非严明，古老的宗教权威得到尊重，政府是正义的、公正的，有着上帝赋予的统治合法性。但掩蔽在这层层外衣之下的事实是，这些新兴政权能否站稳脚跟，归根结底靠的是它们组织和发动战争的能力。他们或许仍向上帝祈祷，就像国王们、政客们在即将到来的宗教战争中，乃至未来几乎每场战争中都要做的那样；但是君主的长袍和仪式性的跪拜，有如教宗的紫衣，掩藏在它们之下的都是不恭与贪婪。在教会口中，政治是而且应该是上流社会的美丽谎言，但文艺复兴时期呈现的政治却并非如此。政治与战争带来的影响要比那大得多。它们代表的是一个丑陋且永恒的真相，即权力的计算。

马基雅维利是第一个充分认识到这一点的人，这是他的最高成就，只是至今仍不被大多数世人理解。他最闻名的，或者说最臭名昭著的，是他对政治中利益、权势和力量的运行机制所进行的清晰且丝毫不留情面的描述。他了解眼前的权力平衡，也了解这些文艺复兴时期如狼似虎的城邦国家以及新兴欧洲体系的掠夺本性。他认为，武力在一切政治活动中，无论是

在一国之内还是国与国之间，都是最重要的；哪怕是表面看似最为温和的理想主义，深处也涌动着一股对权力的原始欲望。他见解深刻，文字富有教益和才华，如果不能说他永远正确的话。他的作品遭到天主教会的封禁，被列入教廷的《禁书目录》（Index Librorum Prohibitorum）。直到今天，他也还是唯一一个名字被拿来当作魔鬼撒旦的代名词（“Old Nick”），姓氏成了狡诈小人的修饰语（“Machiavellian”）的人。

有关弹道学和防御工事（意大利式要塞）的创新，连同关于力量均势和其他已经显示出其现代性的外交理念和实践一道，在意大利战争期间越过了阿尔卑斯山，其深刻影响波及当时大半个欧洲，并进一步作用在了后来的现代国际政治上。[21]而此时，大批实践者和军队却反过来拥入了意大利：法国的瓦卢瓦家族与来自奥地利和西班牙的哈布斯堡家族在意大利打了起来，大国交战的炮火就这样落到了意大利的头上。[22]起初，这些外国军队的存在和插足帮助马基雅维利登上高位、掌握实权，使他得以在共和制的佛罗伦萨试验民兵改革。然而，1512年美第奇家族的复辟粉碎了他在公共事务上大展身手、厉行军事改革、获取政治影响力的希望。共和国瓦解后，马基雅维利遭到复辟的美第奇家族的逮捕和严刑拷问，并被驱逐下台。在被迫引退期间，他写下了《君主论》和其他关于战争的重要作品。尽管这些作品为世界贡献了政治洞见，但是当时的佛罗伦萨正淹没在接连而来的大事件和外部军事力量对意大利战争的控制当中，根本无暇顾及他写下的那些关于民兵和古典谋略的军事思想。此外，事实证明，与在16世纪和17世纪残酷的宗教战争和内战期间席卷德意志、法国和不列颠群岛的大规模暴行相比，雇佣兵的活动简直可称温和。他们的放肆行径与那些将由国王以及此后的世俗意识形态造成的更大的骇人事件相比不值一提：18、19和20世纪，在那些由专制君主一手酿造和发动的长期战争中，逐

64

战的将领率领着由公民士兵组成的大军，在数十个国家的土地上肆虐横行。其中意大利遭祸尤甚。

***

进入意大利北部的各路大军还包括瑞士人，但那并不是马基雅维利想要的。在16世纪初，瑞士人的实力和无敌名声都达到顶峰。200年来，从哈布斯堡家族到勃艮第人再到法国人，他们的军队击败了所有的来犯者。他们彻底摧毁了勃艮第，15世纪后期的勃艮第号称自己的军队是最现代化的军队之一，配备数量可观的精良大炮，有着规模庞大的炮兵部队。然而，这是一支组织奇特的军队，它以骑兵为主，骑兵部队所使用的是一种与众不同的四马阵型，一个作战单位被称为一个“兰斯”（lance）。瑞士和勃艮第之战始于勃艮第公爵“大胆查理”试图通过开辟一条直穿瑞士联邦的走廊，将他在北方的腹地与南边的意大利富饶土地连接起来。瑞士人不会答应。第一战发生在1474年的埃里库尔（Héricourt），拥有成熟战术的赤脚瑞士步兵表现出如祖鲁人般敏捷的移动速度，他们可以单独行动的作战方阵很快就将勃艮第的大批装甲骑兵团团围住。马背上的士兵被一如既往凶残狠辣的瑞士人残忍击杀。1476年，瑞士人在格朗松（Grandson）缴获了勃艮第的炮队——400多门欧洲最好的野战炮，连同所有的弹药和辎重。同年，两军在莫拉特（Morat）[①] 再次相遇，12000名以兰斯为单位组阵的勃艮第人和雇佣兵联军，倒在了瑞士人势不可当的长矛阵，以及与瑞士联邦并肩作战的洛林骑兵的长矛和手枪（瑞士人没有自己的骑兵）之下。瑞士人在莫拉特又缴获了200门大炮。致命

65

① 又称穆尔腾（Muten）。

的那一击发生在1477年的南锡，查理在那里失去了一切，包括这场会战、勃艮第的独立，以及他的生命。他的骑兵和战术在纪律严明的瑞士步兵面前节节败退，瑞士步兵用弩、戟和长矛向他的骑兵发起攻击，查理被一个戟兵从马背上钩下，砍死在地。就这样，历代公爵用了一个世纪的时间组建起来的独一无二的骑兵和火炮大军，被一群来自阿尔卑斯的山民彻底击垮了。

接下来，轮到瑞士人不适应变化了，这是军事史上又一个骄兵必败的例子。他们的灭亡发生在米兰城外的马里尼亚诺（Marignano，1515年9月13至14日）。当时意大利北部乱成一片，企图趁火打劫的瑞士人走下山谷，以一种罕见的狂妄占领了米兰。年轻气盛的法国国王弗朗索瓦一世（Francis I）产生了要为法国拿下米兰的想法。他带着60门青铜大炮连同与威尼斯的盟约来见瑞士人，试图用钱收买对方，不过如果对方软硬不吃，谈判无果，他也是做好了开战准备的。瑞士人中的确有收钱离开的，但大多数人还是选择留下战斗。法国大炮的口径差别很大，这种情况在那个铸造非标准化的时代很常见，不过火炮的部署和弹药装填就难免变得复杂。不过即便如此，法国人的炮用来碾压瑞士人的火力仍是绰绰有余。弗朗索瓦拥有近万名配备火绳钩枪、长戟和长矛的法国步兵，多支钢弩手队伍，枪骑兵，以及传统的披甲敕令骑士。他还带来了超过19000名来自黑帮的“国土仆佣”。黑帮（Black Band）是一支有名的佣兵组织，他们模仿瑞士人的步兵方阵作战，同时身着颜色怪异、蓬松宽大的破衣烂衫。它由12000名长矛手、2000名双手剑士、2000名火绳钩枪手和1000名戟手组成。国土仆佣憎恨瑞士佣兵，那是他们此前从未赢过的商业对手和军事宿敌。前方将是一场恶战。

弗朗索瓦把他的军队分成三个部分。他的先遣部队离马

里尼亚诺最近，他们在那里挖了一道壕沟，将火炮排在壕沟后方，由火绳枪手守卫，两翼是各1万名法国步兵和国土仆佣。第二个营地同样由多个兵种混合组成，包括大部分的敕令骑士和9000名国土仆佣。大约两英里外是第三个分组，这是一个全骑兵阵营。[23]就在对手安营扎寨等待这场冗长的谈判过去的时候，瑞士人仍然留守在米兰城墙的后方，但在9月13日，法国侦察兵撞上了一小队瑞士人，一场会战就这样爆发了。正午时分，教堂的钟声响彻米兰，号召2万名瑞士步兵做好战斗准备。他们悄然出动，打算给驻扎在前线营地的法国人来次出其不意的突袭。他们只有200名来自教宗国的骑兵做支援，8门小炮就是全部的火力。步兵们大多没有穿鞋或者披甲，有些穿了锁子甲、护甲或者头盔的，也是以前打了胜仗之后从死去的敌人身上摘下来的。

66

他们在下午4点前后到达第一个法军营地，共分三个方阵，每个方阵六七千人。虽然未见其阵，但是空气中随着上万人脚步所至而浮起的扬尘，足以让枕戈待旦的法、德军队警觉起来。瑞士人快步前进，方阵打头的是三排长矛兵，他们身后长矛挺立，仿佛一片移动的小树林，中部和后方则是投掷部队和斧兵。就在即将冲向法军的火绳枪手和火炮防线之前，方阵脚步一滞，进攻势头慢了下来——是营地前那道切断进攻路线的壕沟起了作用。这一个趔趄，让领头的方阵慢了下来，方阵攻向火炮防线的冲击力度和效果因此打了折扣。瑞士步兵鼎鼎有名的冲击战术失效了。他们没能倾尽全力，直插敌群，给予其毁灭性的一击。两个世纪以来，冲击一直是瑞士步兵战术成功的关键。如今它甫一进入战斗就受了挫，剩下能利用的就只有长矛了。回过神来的瑞士人随即冲过防线，把法国步兵推到一边，冲向另一边正以稳定步伐向前推进的德意志方阵——这1万名德意志步兵组成一个巨大的方阵，而且和瑞士士兵一样，

他们也有自己的长矛盾墙。两大步兵方阵撞到一起，长矛的比拼开始了。

两个战阵相撞，站在前排的人在后方不断传来的推力下，要么扎入对面的刺刀阵，要么被压成肉饼，活活闷死。在两边的同时推挤下，死去之人的尸体被牢牢楔在两个水泄不通的方阵之间，直挺挺地立着；推挤的力量来自两边各数千人的合力，前面的人正在死去，但后方同伴的手仍搭在前面某个壮硕家伙的肩膀或后背上。站在方阵前排的许多人已经无法使用武器，他们的手臂被挤得动弹不得，因而毫无用处。[24] 有人尚能挣脱出来，将武器刺向敌人，但对大多数人来说，死亡的威胁来自方阵的内部，因为在这么近的距离下，枪弩对准的是同伴的脸，胡乱挥舞的长戟轻易就能削掉身边人的脑袋和四肢。密密麻麻的人群互相推搡，就像两个狂躁而又块头硕大的相扑手，只不过在这里，若是一个脚步不稳，后果将是断肢和死亡。有人因为力竭而倒下，有人被刺中或砍伤，涌出的鲜血漫灌在他们脚下本已血流成河的草地上，于是又有更多的人因为滑倒在地而被击杀。德意志人在一步一步地被逼退；而每进一分、每退一步，都意味着倒下的人又多了一个。

67

死去的人先是几百，然后是几千：他们被棍棒打、被斧头砍、被捅、被刺、被弩箭或枪弹击倒。倒下的人，无论是死是活，都会被踩踏在两万只靴子或赤足下，然后剩下的人继续搅动着这长矛乱阵；浸血的秋草变得湿滑，一脚踩上去，轻易便会滑倒在巨大的血泊中。随着人墙的起伏，原本遮蔽视线的漫天硝烟不时露出一丝空隙，伺机而动的大炮随即近距离开火。铁球在瑞士士兵中炸开一个个缺口，大块的骨肉翻飞出来，每一次爆炸都会炸死十几个甚至更多的人——在滚滚浓烟的掩护下，一场屠杀正在发生。方阵还在向前推进，步兵们紧挨在一起，在拥抱中走向死亡。法国骑兵循着枪炮声、步兵的呐喊

声、火绳枪的突突声，还有铁斧砍在盔甲和骨头上发出的锵锵声，疾驰赶去。公爵、王公和披甲兵士，踏着脚下模糊的血肉，杀向瑞士的长矛方阵，他们或用骑枪刺击，或从不过8英尺到10英尺的距离外用火力孱弱的手枪射击。

试图脱离方阵的年轻新兵会被老兵和军士按住，施以殴打和将其处死的威胁。任何一个人的逃跑都会引起恐慌，而恐慌意味着其他所有人的死亡：一个步兵方阵，只能在并肩作战中迎接胜利，否则就要在失败中共同赴死。僵持不下的两个主力方阵拥挤不堪，一些法国骑士用骑枪刺上一刺，或可同时刺中两人。对于折磨他们的人，瑞士人将以弩、戟还击。弩手可以近距离精准击中马匹和敌人，并刺穿盔甲和血肉。戟手可以砍断马腿、割破马腹，先将骑手掀翻在地，再将其一击致死。屠杀持续了数小时，双方步兵一直在进行这场肩接肩、脸贴脸的肉搏近战，骑兵则在两翼和后方周旋。他们因为炎热、脱水和疲惫而倒下。年纪稍大的甚至可能当场心脏病发。天色渐暗，法军骑兵将瑞士人围住，并在骑马而过时拔出手枪射击，被围攻的瑞士人用长矛和弩矢回击，结果更多的骑枪和子弹在夜色中朝他们射来。双方谁都没有退却，谁也都没有手软，他们伴着秋天的月色一直打到将近午夜。直到密云遮住了月光，杀戮才在黑暗中被迫暂告中止。两军拉开距离，分驻在那道浅沟两侧不超过25英尺的地方。

人们在黑暗中挤作一团，口渴难耐，浑身是伤，四周是横陈的尸体，还有发出阵阵呻吟和抽泣的垂死之人。受伤马匹的哀鸣，响彻夜空。有的人挣扎着爬出好几英尺，试图找到援助或战友，直到发现自己爬错了方向，但为时已晚，他们的喉咙已经被割断了。凌晨4时许，伴着即将升起的朝阳，在双方指挥官的一声令下，浑身是血的士兵站了起来，幸存者集结列队，继续新一天的屠杀。法军吹起尖锐的号角，拉起新的战

68

线。瑞士人则吹响低沉的、被称为“乌里公牛”和“翁特瓦尔登之牛”①的山地战斗号角，将遭到重创的三个步兵方阵重新集结起来，发动攻击。他们的进攻首先在右翼被击退，于是双方都把兵力转移到左翼，仅存的国土仆佣和剩余兵力最多的瑞士方阵在那里开始对峙。大炮和手枪在瑞军队伍中生生撕开一个又一个口子，近距离的肉搏战则充斥着近身的刺击和砍杀，场面血腥无比。最终让瑞士人在战场上崩溃的，是那一排大炮和多得让他们根本无法抵挡的手枪：他们遭到一波又一波的纵射。上午 8 点前后，姗姗来迟的威尼斯骑兵向瑞军侧翼发起了冲锋，其间还一边高喊着他们城市的战斗口号：“圣马可！圣马可！”到此为止吧。兵败后，精疲力竭但一息尚存的瑞士步兵伤员在一支由 400 名视死如归的苏黎世人组成的后卫队的掩护下，撤回了米兰。

尸体数到第 16500 具的时候，掘墓人停止了计数。之后还有更多的人因为伤势过重而在不久后死去，或者余生都在断手断脚中度过。瑞士人放弃了这座城市，并与弗朗索瓦一世和法国签订了“永久和平”协议。直到 1798 年拿破仑入侵他们的州土之前，瑞士人都未再与法国开战。[25] 瑞士人在当时被认为是欧洲最致命也是最可靠的步兵，如此惨败，整个军事和政治世界都为之震惊。法国的军事声誉上升到了一个前所未有的高度，而瑞士各州及其密集长矛方阵的名声则急转直下，从此一蹶不振。新旧战术和技术的交融，以及不同的作战模式，同时出现在了马里尼亚诺的战场上，它是步兵革命（始于 14 世纪，如今已步入 16 世纪）以来战场正在经历的基本变化的一次浓缩体现。规模化的步兵在战场上相对骑兵的重要地位，已经得到肯定。枪炮相对弓箭的优势虽然还未到无可争议的地步，但

① 乌里（Uri）和翁特瓦尔登（Unterwalden）都是当时的瑞士州名。

已逐渐走向明朗，步兵装备火器化的趋势也在加快。而且，很明显，矛弩战术和步兵方阵的时代已经结束。在马里尼亚诺之后，西班牙大方阵（*tercio*）取代瑞士和德国的方阵，成为西欧最主要的步兵阵形和作战模式，并于1525年在帕维亚（Pavia）战胜了法国人，赢得了一次令人折服甚至是决定性的胜利，弗朗索瓦一世不仅因此受辱，而且被俘。

69

变革还在持续加速。西班牙步兵的改革还在继续，原本的“方”阵在一定程度上被缩窄、加长，以躲避不断升级的野战炮火力，他们还在这个偏矩形的方阵中额外配置火绳钩枪兵和重火绳枪兵，以争取更长的射击线。然而，这些阵形仍然非常笨重。16世纪的一个西班牙大方阵多为3000人，更大的可达6000人，排成50到60列横队，每列80人。方阵士兵以长矛兵和火绳钩枪兵为主，外加一些重火绳枪兵，在角落位置可能还有掷弹兵，尽管各个兵种训练有素，但这些方阵依然是非常笨拙的作战单位。在当时的观察家看来，它们就像是一块块“铁玉米田”。取胜靠的是冲击和体量，而不是任何巧妙的策略，况且因为笨拙不灵而导致的低机动性，它们本身也无法执行任何巧妙策略。另一些人则认为它们是一个个“行走的城堡”，防守在四个角落的重火绳枪兵群是四个炮塔，一个方阵便是一座在战场上移动的城堡。即使是改革后被拉长了的西班牙大方阵，在16世纪中后期仍然十分厚重，其纵队还是有30列甚至更多，不过随着时间的推移，矛兵将进一步减少，弓箭手则会完全被火枪兵或掷弹兵所取代。这是迈向以火枪和轻型燧发枪为主导的线式战争的一个开端，只是这个开端进行得迟疑不定，转变要到一个世纪后才完成。[26]西班牙大方阵的纵深厚度将在几十年后大为减弱，但它们仍旧无法摆脱笨重且僵硬的特性，相比机动能力，步兵作战的规模依然是它的首要考量。线式队形的突破性改革要等到16世纪末才随着尼德兰人

的创新出现，并在17世纪初由瑞典人推进。

***

与此同时，越来越多的战争已经蔓延到欧洲各地，而且规模不断升级。沿着曾经的拉丁基督教世界（Latin Christendom）的北缘，第一次北方战争（1558—1583年）[①]演变成一场旷日持久的战斗，波兰立陶宛联邦、莫斯科公国（俄罗斯）、瑞典和丹麦之间，为了争夺立窝尼亚（Livonia）的控制权，以及波罗的海霸权，以不同的排列组合方式，长期相互斗争。这场冲突最后以一种含糊不清的方式结束了，这就为17世纪战端再起埋下了隐患，战火在整个17世纪以及18世纪的前20年里燃遍所有的北方国家。这些战争久拖不决，其核心是王朝和领土问题：丹麦、波兰、瑞典和俄国等主要力量，都有争夺空悬王位、抢夺自由城市和彼此富饶省份统治权的野心，因为互不相让而陷入数十年的“麻烦”当中。于是就有了斯摩棱斯克战争（1632—1634年）、托尔斯滕森战争（1643—1645年）、第二次北方战争（1655—1660年）、十三年战争（1654—1667年）、斯堪的纳维亚战争（1674—1679年）以及最后的北方大战（1700—1721年）。[27]

70

新教的宗教改革和天主教的反宗教改革之间的冲突持续恶化，因此产生的教派争端让原本的政治和军事斗争变得更为复杂，欧洲的基督教派正在竭力发起最后一场打着宗教旗号的屠杀——它将在18世纪之后让位于怀揣现实主义政治抱负的新君主们在更大范围内发动的世俗战争。在欧洲的东部和北部，路德宗和天主教在王朝事务和领土问题上严重的教义分歧，使

① 又称立窝尼亚战争。

得政策制定中的教派博弈色彩越来越浓。教派忠诚成为王朝主张和政权合法性的基石，这使得整个波罗的海地区曾经的“自由”城市和各个诸侯国全都面临一个站队的问题。这场冲突的一个最大后果是瑞典的崛起。从1630年开始，为支持新教事业、保住自己在三十年战争（1618—1648年）中所获利益，瑞典在国王古斯塔夫·阿道夫的率领下，大举出兵德意志。[28]

随着1648年《威斯特伐利亚和约》（Peace of Westphalia）的签订，宗教战争在欧洲中部的大部分地区总算告结，但是导致区域性战争的世俗核心问题却仍未得到解决。[29]这个时期，北方诸国中的主角是瑞典，它迅速崛起，随即又在大北方战争中迎来灾难性的溃败，瑞典持续一个世纪的“大国时代”（*Stormakstid*）落下帷幕。1708年，瑞典国王卡尔十二世（Karl Ⅻ）领军入侵俄国，彼得一世（人称“彼得大帝”）率领俄军退入乌克兰，孤军深入的瑞典军自此滑向灾难的深渊：彼得一世将当地居民迁向后方，并在侵略者面前把庄稼和农田烧得精光——这一幕在1812年和1941年的俄国再次上演。瑞典全军苦熬了一个寒冬，饿死冻死者过半。勉强苟活的残兵也在此后的波尔塔瓦会战（1709年7月8日）中被一击即溃。在彼得一世的战地快信中，旧的宗教犬儒主义与新的现实主义得到融合：“上帝以他的伟大仁慈赐予我们一场无与伦比的胜利。简言之，敌人已经被彻底打败。”瑞典野战军或溃散，或被俘，卡尔十二世逃往奥斯曼，被迫在那里苟延残喘多年；与此同时，俄国用新造的火炮接连轰击对方暴露出来的边境要塞，一举将瑞典踢出欧洲强国之列，然后取其位而代之。[30]

在西欧，僧侣内部的论战由来已久，并随着马丁·路德1517年在威滕伯格（Wittenberg）的宣言而公开化，持续而显著的宗教战争起先只是夹杂其间，而后俨然已成教派斗争的

主要形式。与地方纷争、继承问题、物质利益和王室夺利等更常见的战斗动因比起来，起初的神学争论只是轻覆其上微不足道的一点。但随着冲突在几十年间的绵延，矛盾在战争掠夺和宗教暴行下开始激化，教派间的针锋相对严重侵蚀着各国内部的社会秩序和它们之间大致和平的局面。正因如此，法国在意大利战争结束后，随即陷入几十年的地区性教派内战，这就是法国的宗教战争，或称法国内战。内战的双方是法国的天主教徒和加尔文宗（胡格诺派），战争从1562年一直持续到1629年，其间几经起伏，过程极尽凶残。这场惨烈的冲突，除了有着所有战争都常见的暴行，还见证了水刑（死于象征性的受洗）、火刑（死于火的净化）等宗教酷刑的惨景。数以千计的平民被宗教暴徒以这些方式屠杀，而死于胡格诺派和天主教军队挑起的数十次围城和小型会战的人，更是不计其数。[31]

与此同时，在宗教虔诚和政治动机的双重作用下，费利佩二世（Philip Ⅱ）发动西班牙进行了一场旷日持久的远征，以镇压弗兰德的加尔文派叛乱。之后，由于“异端”英格兰的新教君主伊丽莎白一世出手援助叛军，费利佩二世又越过大海，威逼英格兰。尽管被他尽忠职守的顾问告知，西班牙的舰队、军队或税收资源都不足以帮他实现军事目标，费利佩二世的信仰让他寄希望于奇迹与神助。这也让战败的原因变得难以宣之于口，因为显然，用世俗的话来说，战败本身传达了上帝对他治国之道的一种判断。费利佩二世曾斥责一名狂热程度不及自己的官员说：“你是在为上帝服务，也是在为我服务，它们是一回事。”出于虔诚，他鼓励西班牙宗教裁判所的迫害行为，派审讯官北上弗兰德清理异端，支持耶稣会传教士在他的海外帝国传教，并于1570年前在利马和墨西哥城分别建立了宗教裁判所。但在反宗教改革事业上的大力投入，并不意味着费利佩二世与教宗的相处总是融洽的。1557年，教宗保

禄四世（Pope Paul Ⅳ）将他逐出教会，并向西班牙宣战，只是不出数月，教宗便不得不低头，因为费利佩二世切断了西西里岛至罗马的粮食供应，以此表明在意大利到底谁说了算。从此，费利佩二世愈发深入参与教会政治和教宗国事务，使用金钱、恐吓、武力等手段，阻止任何有可能反对其政策的教宗当选。

费利佩二世把自己的计划称为“宏图”，而且此时的法国，由于深陷长达40年的胡格诺派和天主教徒间的教派内战，外交瘫痪、军队战斗能力疲弱，这让费利佩二世的野心进一步膨胀。即使是法国，只要愿意，他也可以对其任意加以干预，而无须担忧对方会有任何有力的反击，阻碍自己一展抱负。法国的不幸恰恰是西班牙的机会，费利佩二世利用这个机会，在法国北部边境对弗兰德的荷兰叛军发动了一场长期战，并屡屡插手法国南部事务。荷兰危机加剧，最终演变为一场在弗兰德及其周边地区长达80年直至1648年方告结束的战争。在这场费利佩二世留给继任者的八十年战争（1568—1648年）中，与荷兰丐军（*Gueux*）[32]的海战也在不断蔓延，战火燃及世界各个大洋。同时，在西班牙国内，被强行改宗的穆斯林（称“摩里斯科人”）在格拉纳达发动叛乱；1570年，为了控制东部地中海，奥斯曼人再度挑起战端，出兵塞浦路斯。费利佩二世没能充分利用法国深陷宗教战争的机会永远地除掉这个敌人。相反，他多次卷入与奥斯曼帝国和巴巴里国家（Barbary States）的冲突，同时还要抽身应付弗兰德的宗教叛军。1571年，他的舰队在勒班陀赢得了最后一次以桨帆船为主的海战，这是一场在海上进行的步兵血战：数百艘船的步兵登上甲板，扭打在一起。他的桨帆船和威尼斯联军的加莱赛战船①联手，杀敌4

72

① 加莱赛战船（galleass）是传统桨帆船（galley）的加强版。

万，重挫奥斯曼舰队。然而这场看似决定性的海战也没有产生什么实质性的结果，因为费利佩二世并未乘胜追击，将控制着富饶的地中海贸易的东部岛屿一举拿下。[33]相反，他的注意力又回到了他的其他战争上，主要是对荷兰加尔文派和他们的新教盟友——英格兰的伊丽莎白一世的战争。费利佩二世看起来是个巨人，但在他权力的外表之下，过多的长期战争以及随之而来的接连失利，一下子侵蚀了西班牙本土乃至整个帝国的意志和耐力。在塞万提斯（他曾是费利佩二世手下的一名士兵）的笔下，这位过分虔诚的国王成了一个神志不清、与异教风车展开搏斗的老战士。

1588年，费利佩二世不顾阻挠，派出满载大炮和海军的“无敌舰队”北上。他的打算是让这支舰队护送他的弗兰德军（Army of Flanders，一支用来对抗荷兰叛军的大军）登上英国海岸，逼迫伊丽莎白一世的新教王国重新皈依天主教。为此，这支舰队还带上了审讯官和数百名神父。糟糕的出航和更加糟糕的谋划，让这支巨大的舰队在加莱（Calais）附近海域下锚时遭到夜袭，被仿照荷兰“地狱纵火者”建造的爆炸性火攻船（explosive fireships）炸得七零八落。这些特制的火攻船，不只是在易燃物、干木头和风帆上涂上沥青那么简单，它们的船舱里和甲板上装满了黑火药桶，加农炮里塞满了双发炮和铁链，会在铁器被熊熊蔓延的火焰烧得通红时引爆。它们先是由小艇拖向内海，然后在涨潮时顺着潮水漂入内港，船上没有一个船员。西班牙的大帆船被炸得四分五裂，船长们砍断锚链，仓皇四散，挣扎着逃出已化作火海的港口，一面等待散落的船只出来，一面与英国舰队展开混战。后来，这支舰队被迫驶入英吉利海峡，残余船舰在那里重整阵形。此时，海面刮起英国人所说的“新教之风”，无奈之下，他们只好绕个大弯，沿着苏格兰和爱尔兰海岸回航。

73

那是一次凄惨绝望的航行，断水、染病和兵变等的威胁无处不在。由于船队极缺饮用水，船上的数百匹马被扔进北海。海难接踵而至，人手不足的船只在风暴肆虐的爱尔兰附近的大西洋海域上挣扎求存——这片陌生海域并未出现在伊比利亚领航员绘制的海图上。[34] 失败只会使费利佩二世变得更加坚定。“无敌舰队”的命运和战绩让他感到困惑，他无法理解他的上帝为何在他急需军事援助、急需个人和政治忠诚的危难时刻抛弃了他。虽然“无敌舰队”战败，1591 年的他依然说：“宗教事业必须高于一切。”于是，西班牙继续着与加尔文派荷兰人在弗兰德以及海上的八十年战争，继续在地中海与穆斯林的巴巴里国家和奥斯曼人缠斗。费利佩二世，或者西班牙，是否在 16 世纪的最后几十年里有意称霸，进而成为在 16 到 20 世纪将欧洲列强及其海外帝国推入一场又一场战争的潜在霸主中的第一个？在这个问题上，历史学家们仍有争议，这一争议预示着另一场正在进行的学术争论——有关路易十四在 17 世纪下半叶宣布的“防御性侵略”政策的问题的到来。[35]

不管西班牙帝国是否有意争夺霸权，事实就是 80 年来荷兰的叛军、西班牙的占领军和宗教裁判所，因为争夺基督，因为在国王权利和在庞大的海上贸易的控制权问题上互不相让，不惜倾洒大量财富和鲜血。战斗既发生在远海和遥远岛屿、殖民地和大陆的沿海地区，也发生在人口稠密、水涝频繁的田野和弗兰德的偏僻小道上。发达的经济、林立的大型银行、不断上涨的股票市场，使得荷兰的领导人能够按时足额支付军队的军饷，有时还有额外的报酬。这是荷兰丐军相对西班牙人的巨大优势，西班牙部队的军饷时常一拖就是好几个月，甚至几年。因此，在 80 年的战争中，西班牙人战斗热情不高，还发动过数十次兵变。最严重的一次，史称“西班牙人之怒”，起因便是西班牙士兵被拖欠军饷，缺乏口粮；兵变导致乡村饱受

摧残，安特卫普①连续两日遭到洗劫（1576年11月4—5日），西班牙在弗兰德的谋划因此受到长久损害。1000多座建筑被夷平，数千人遭奸淫掳掠，数百人被杀。荷兰方面称有18000人死亡，不过这一说法不免夸大其词，是一种意在制造西班牙残忍和宗教迫害形象的“黑色传说”。[36]这场漫长的战争在1648年以荷兰的独立告终，不过，它的最后阶段是和三十年战争粘连在一起的：三十年战争是最大的一场宗教战争，虽然战场中心在德意志境内，但其实所有的欧洲大国最终都被卷了进来。

74

教派冲突在三十年战争期间达到高潮。帝国政治和哈布斯堡家族的野心推动了这场始于波希米亚，最终蔓延至神圣罗马帝国及其他地区的战争。它带来了数十年的浪费、掠夺、屠杀、暴行，还有焚烧女巫和因王室纷争及世俗事务而起的血腥战斗。它的发动同时也是为了决定一方的“唯一真正信仰”能否战胜另一方的“唯一真正信仰”，至少在开始的时候是这样。到战争结束时，各德意志邦国人口几乎少了四分之一。多个领地被夷为平地，城市被洗劫一空，居民惨遭屠戮，其中又以1631年的马格德堡之战最为千夫所指。这场位于欧洲中心的长期武装战斗，所影响的远不只是简单的变体论（transubstantiation）、灵魂预定论，或者其他神学家和宗教权威所辩论的神学问题，它完成了从中世纪晚期到近代、从宗教战争到政权国家战争的最后一次文化转型，是社会和政治在各个层面上的一次巨大激荡。[37]这一时期，战争的性质经历了一次关键转变，从被冠以上帝之名的战争，演变为了世俗统治者公然发动的、使之为其利益服务的战争；宗教冲突从一开始就被卷入这一转变过程中，而且深受其影响。这次规模最大、

① 今日位于比利时的安特卫普，在当时是荷兰最大的城市。

斗争最激烈的宗教战争把上帝和君主同时推上风口浪尖，让属于一部分关键人物的狂热的原教旨主义和属于另一部分关键人物的原始的世俗野心掺和到一起。它高潮迭起，最终演变成为17世纪的一场大战（似乎每个世纪都有一场自己的大战），几乎所有的周边大国都被牵扯其中，直到1648年，在威斯特伐利亚，以各方相互妥协、教派冲突从此走入漫长僵局而告终。[38]君权在政治上的至高无上性、世俗世界的权力平衡，以及以文艺复兴时期的理念为蓝本的新外交体系，都在《威斯特伐利亚和约》中得到确认、规范，并在最初得到复兴的法国军事力量的维护。[39]

有一个人，他制定的政策对三十年战争终局和1648年长期协议的确立起到了无人可及的作用，但他却不曾在有生之年亲眼见证大和平的到来。此人便是枢机主教黎塞留（Cardinal Armand Richelieu）：从1624年开始直至1642年离世，他一直是法王路易十三的首席大臣，是欧洲最有权力的政治家。虽然身居枢机，黎塞留却是马基雅维利世俗现实主义精神的继承者；虽然身着红袍红帽，却把他的国王、他的国家（以及不得不说，还有他的财富、家族和他本人）置于他的天主教信仰之上。他毅然推动法国专制制度的形成和发展，为法国即将到来的路易十四时代奠下基石。他将打造权力平衡、让法国的敌人走向持续分裂作为他的外交政策。1630年，三十年战争激战正酣之际，作为天主教会枢机，他出面支持瑞典国王古斯塔夫二世·阿道夫和新教势力对抗哈布斯堡家族。这样一来，他便将天主教法国从捍卫信仰的位置转向了捍卫自身、捍卫*raison d'état*——我们今日所说的“国家利益”。波旁王朝的主教座堂和这位红衣主教的最大忠诚，终究还是留在了巴黎，而非罗马。[40]

75

此前的《奥格斯堡和约》（1555年）曾提出过“教随国

立”的限制性原则，目的是阻止宗教战争的进一步恶化，但这是一次失败的尝试，八十年战争和三十年战争便是例证。经过几十年的教派战争，1648年的《威斯特伐利亚和约》基本上已经放弃了这一原则。[41]谈判在分属天主教和新教势力统辖的不同地点举行，历经4年方才完成。正如一位天主教代表所说：“我们在冬天谈判，在夏天战斗。”不过，已经疲于应对教派纷争的交战各方，对这种以平衡和宽容换取安稳，进而以王权代替教权主导世俗生活的想法不无共鸣。这些迷人的理念早已一路北上，但孕育它们的不是古老的神学故乡罗马或维滕贝格，而是佛罗伦萨和威尼斯，是马基雅维利的笔杆，而威尼斯总督和美第奇家族冷酷无情的行事做派则使其有了实例支撑。就连教宗国也曾被穷兵黩武的教宗统治，这些教宗在战争中的表现已经和其他世俗君主没有两样。他们来到饱受战火蹂躏的土地，划定经世俗统治者同意的疆界，这些战争假上帝之名，行的却是维护市民阶级（burgher）①利益之实。在这趟漫长旅程的尽头，是对战争和权力政治的深刻的世俗理解，它们取代了那个注定走向分裂，而且显然行将灭亡的基督教共和国，登上舞台的中央。

欧洲的君主们在1648年约定，高级政治领域应不再涉及教派和教士问题，除了无关紧要的日常用语以及那些作为文化和政治点缀出现而并不具约束力的敬语之外，他们使用的是一套避免提及上帝的话语，以此来彰显他们自己，彰显世俗主权理想的独特性。[42]君权或国家主权这一显而易见的现代原则在条约和解决方案中得到体现，它提出的“不干预别国内政”（当时指宗教事务）的新准则在今天的国际法中变得更为普遍。从此，世俗主义将渗透于国际政治新秩序的方方面面。无人理

① Burgher多指介于地主与平民之间、以工商业起家的城市居民，如商人和银行家。

会教宗们的政治主张，包括天主教的君主们——对君主特权，他们有着和他们的新教对手同样的渴望。面对天主教代表们在奥斯纳布吕克和谈会上表现出的实用主义，教宗英诺森十世（Pope Innocent X）大发雷霆，他呵斥所有的教派宽容条款都是“无效的、站不住脚的、不义的、不公的、有罪的、应予批驳的、愚蠢的、没有效力且无用的，任何人不得遵守，即使它们经过宣誓批准”。[43] 可是已经没人再去理会这些话了。

76

尽管教宗如此咒骂，宗教改革派和反改革派一样，都未能实现各自教派或教义的独占和排他。至少在世俗政权的均势面前，在经历了一个多世纪的战火之后，他们无法做到。正如一位疲惫的天主教徒对这一新处境给出的表述：“由于现实的紧迫需要，与异端建立永久和平是合法的。”自此之后，不管是宗教仪式还是哪位神父的公开宣誓，不管多么严苛的教义或教会法，又或者在日内瓦、巴黎或罗马发行的煽动人心的粗暴宣传册子，甚至在波希米亚或普法尔茨的宗教屠杀，都已经无法左右君主们的政治决策。不仅如此，《威斯特伐利亚和约》还为这一新兴的世俗政治秩序颁布、制定规则，它在法律上认可并在实践中赋予了君权以摒弃任何凌驾于其上的权威的合理性。这是一场酝酿已久的变革，它推翻了教宗和神圣罗马帝国皇帝至上的主张，转而鼓励国王和邦国的世俗主义发展趋势。[44]

君主仍在迫害少数教派，但主要目的是通过在其领土上推进王朝一统来完成近代国家的专制集权进程。因此，在爱尔兰的天主教徒受到英国占领者的迫害，在西班牙的异端遭到驱逐，法国的所有胡格诺派教徒都被路易十四追捕，被迫改宗或流放。路易十四派出龙骑兵住进新教徒家中，强迫他们集体改变信仰，并颁布了臭名昭著的《枫丹白露敕令》（1685 年），宗教宽容在法国走到了尽头。该敕令禁止新教事物出现在公开场合，授权焚烧胡格诺教堂，强制所有新生儿接受天主教的洗

礼，禁止男性新教徒离开法国，否则将被贬为摇船奴（galley slave）。其他法令则禁止新教徒在法国兵团（为王室服务的外国军团不受影响）或者皇家军舰上服役。愿意留下服役的新教徒只要皈依天主即可，还可凭此得到赏金。此后，路易十四派了更多的龙骑兵去镇压塞文山脉的卡米撒派叛乱（1702—1705年）①。尽管如此，这一切更多只是路易十四对政治专制主义的本能追求，并不体现他对普世信仰的个人主张。颁下这些政策的是一位君主——一位潜心王朝一统和专制主义而非宗教信仰的君主。

这些外交政策为路易十四带来29年的战争，而为这些政策背书的，是一套出自马基雅维利的新政治语言，是渊源于文艺复兴时期并经过黎塞留调和的世俗外交策略，是让像太阳王路易十四这样的君主有了以石与铁来标记和夯实疆界之能力的新式火炮。如果说在这种玩世不恭的现实主义面前，理想主义依然存在的话，那它将以一种全新的面貌呈现，即我们今天所称的“国际法”。这个概念是由伟大的外交家和法学家雨果·格劳秀斯（Huig de Groot/ Grotius）在其主要著作中定义和阐述的，这些著作包括首次出版于1609年的《海洋自由论》（*Mare Liberum*）和出版于1625年的《战争与和平法》（*De jura belli et pacis*）。在没有任何教会法来至少尝试管理一个因战争而变得四分五裂的王国政治共同体的情况下，这些在他的法学体系中清楚列明且通过条约达成一致的外交原则就变得尤为重要。[45]不过，战争以及战争政治仍旧占据主导。而战争，和大自然一样，它的“爪牙”总是“染满了血”②。

77

① 卡米撒派（Camisard）是位于法国南部塞文山脉的胡格诺派，在18世纪初为反抗路易十四的宗教迫害而发起叛乱。

② 语出英国诗人丁尼生的长篇组诗《悼念集》中写自然之残酷的“自然的爪牙染满了血”（Nature, red in tooth and claw）一句。

真正发生改变的，是未来发动战争的动机，以及不断升级的战争规模。信仰仍然会被当作结盟举事的理由，比如在18世纪呼吁对奥斯曼人开战，奥斯曼人则呼吁对其敌人发动圣战，新教徒奋起反抗路易十四和天主教法国，而法国则去支持爱尔兰和苏格兰的天主教叛军。然而，君主们再也不会为了强迫另一个国家改宗而发动战争。《威斯特伐利亚和约》证实，文化秩序以及军事和政治力量平衡已经发生了构造上的变化。重心已从教会转移到了主权国家，从指挥上帝之战的神父和教规转移到了发起君主战争的将军和大炮。教宗和传教士被告知只需管好自己的教会事务，不要插手君主和国家的政务。接下来的战争规模将会更大，战争时间同样漫长，但驱动它们的已经不再是从前的原因。宗教战争已经结束。国王和帝国的战争即将打响。

## 注释

1 黑尔（J. R. Hale）证明意大利式要塞的起源可以追溯到1450年前后。而更为复杂的圆形或几何形状的火炮堡垒则在1500年至1515年间的意大利逐步完善起来，并在1530年前得以被普及到各地。请见Hale, "Early Bastion," pp. 466–494。另见Howard, *War in European History:* pp. 35–37; Jones, *Art of War*: pp. 194–195。

2 例如，位于加拿大新斯科舍路易堡（Louisbourg）、负责守卫圣劳伦斯河河口的法国火炮要塞，便是建于1720年至1740年之间。

3 关于近代"军务革命"（如果它真的存在的话）的时间、地点和性质的许多争论，都是围绕着"意大利式要塞"和全棱堡式火炮要塞对军队构成的影响展开的，如John A. Lynn, "The trace italienne and the Growth of Armies: The French Case," *Journal of Military History* 55/3 (1991): pp. 297–330; and Geoffrey Parker, *The Military Revolution: Military Innovation and the Rise of the West, 1500– 1800* (Cambridge: Cambridge University Press, 1988): pp. 169–171。

4 近代战争中关于围城与会战的比较经验，参见 Tallett, *War and Society*: pp. 44–49。

5 关于中世纪时期视战败为上帝的一种施惩手段的思想，参见 Kelly DeVries, "God and Defeat in Medieval Warfare," in D. Kagay and L. J. A. Villalon, editors, *The Circle of War in the Middle Ages* (Woodbridge: Boydell, 1998): pp. 87–100。

6 Azar Gat, *A History of Military Thought from the Enlightenment to the Cold War* (Oxford: Oxford University Press, 2001): pp. 1–11; "The New Caesars," Arnold, *Renaissance at War*: pp. 102–121; and see Chapters 4 and 5 in Felix Gilbert, *Machiavelli and Guicciardini* (Princeton: Princeton University Press, 1965).

7 关于韦格蒂乌斯和马基雅维利，参见 Christopher Allmand, *The De Re Militari of Vegetius: Reception, Transmission, and Legacy of a Roman Text in the Middle Ages* (Cambridge: Cambridge University Press, 2011): pp. 1–3, 139–147。关于中世纪时期留下的相关著作，参见 ibid., pp. 251–328; Nicholson,*Medieval Warfare*: pp. 13–20, 135–142; Bernard Bachrach, "The Practical Use of Vegetius's De Re Militari in the Early Middle Ages," *The Historian* 21/7 (1985): pp. 239–255; and Philippe Richardot, *Végèce et la culture militaire au Moyen Âge* (Paris: Economica, 1998)。

8 Allmand, *The De Re Militari*: p. 7.

9 Ibid. pp. 3–7.

10 Howard, *War in European History*: pp. 25–27.

11 Allmand, *The De Re Militari*: pp. 17–46. 关于军事雇佣的漫长进化以及各个君主和城邦为了控制他们而做的努力，参见 Jeff Fynn-Paul, *War, Entrepreneurs and the State in Europe and the Mediterranean, 1300–1800* (Leiden: Brill, 2014)。

12 Allmand, *The De Re Militari*: pp. 314–320. Machiavelli, *Discourses*, Book I, Chapter 21 and Book II, Chapter 20; *The Art of War*, Book I. 驳斥马基雅维利对雇佣军的描述的是：Michael Mallet, *Mercenaries and Their Masters: Warfare in Renaissance Italy* (Barnsley: Pen and Sword, 2009); and idem and John R. Hale, *The Military Organization of a Renaissance State: Venice, c.1400–1617* (Cambridge: Cambridge University Press, 1984): pp. 181–198, 313–336。另见 John R. Hale, *Machiavelli and Renaissance Italy* (New York: Macmillan, 1960)。

13 认为奋进的西方公民士兵军队有着与生俱来的优越性，认为他们引发了“一场民主狂热的浪潮……以战术手段将挡住去路的敌军通通迎击并粉碎”的这种不加批判、受意识形态驱动、对会战的美德持颂扬态度的观点见 Victor Davis Hanson, *Soul of Battle* (New York: Anchor, 1999), Quoted at p. 116。

14 马基雅维利对雇佣军的错误描写，以及他对中世纪的军事思想和实践体系所持的轻蔑态度，在此后流传了几个世纪。在崇拜会战的 19 世纪，颇具影响力的中世纪史学家查尔斯·欧曼沿袭了马基雅维利对雇佣军讥讽式的蔑视，并同样将会战提升到高于所有其他理想战斗方式的地位：Oman, *Art of War*: pp. 283–312。对雇佣军难堪大用的印象，直到历史学家汉斯·戴布流克在第一次世界大战结束后与德国的战略制定者展开了一场辩论，讨论德国在下一场战争中是应该采取“消耗战略”来拖垮敌人的补给和继续战斗的意志，还是采取“歼灭战略”以积极寻求在一次决定性会战中或在一场征战行动中消灭敌人的主力，才得到纠正。德国总参谋部对他口中的历史既无印象，也无兴趣。关于他们这场著名但没有结果的辩论，奇蒂诺曾做过简明扼要的论述，参见 Citino, *German Way of War*: pp. 63–66。

15 *Discourses*, Book III, Chapter 11; Hale, *War and Society in Renaissance Europe*: pp. 75–126, 209–254. 黑尔避开了战役和会战历史，而倾向于谈论军事社会历史，关注文化、士气、财政和防御工事等因素对政治的影响。另见 William P. Caferro, “Warfare and Economy in Renaissance Italy, 1350–1450,” *Journal of Interdisciplinary History* 39/2 (Autumn 2008): pp. 167–209。关于近代军队日常经历的困难和死亡（尤其是在医药和死亡率方面），参见 Tallett, *War and Society*: pp. 105–147。理论热点概述见 Thomas Arnold, “Violence and Warfare in the Renaissance World,” in Guido Rugierro, editor, *A Companion to the Worlds of the Renaissance* (Oxford: Blackwell, 2002): pp. 460–474。

16 Gat, *History of Military Thought*: pp. 3–4; Machiavelli, *Discourses*, Book I, Chapter 21 and Book II, Chapter 20, and *The Art of War*, Book I. 更准确的呈现见 Geoffrey Trease, *Condottieri, Soldiers of Fortune* (New York: Holt, Rinehart and Winston, 1971); and Mallett, *Mercenaries and their Masters*: pp. 51ff。

17 Machiavelli, *Art of War*, Book I; Gilbert, “Machiavelli,” pp. 11–31; Gat, *Military Thought*: p. 5. 关于瑞士人的部分，见 “The New Legions,” in Arnold, *Renaissance at War*: pp. 68–101。

18 Hale, *War and Society in Renaissance Europe*: pp. 13–45. 与之类似但持续时间不长的另一场城邦争战是十三年战争（1454—1466 年）。普鲁士的主要城市（但泽、埃尔布隆格和托伦）联合后来加入的 16 个其他城镇和容克地主们，组成了“普鲁士邦联”。参战方还包括民兵、波兰军队、鞑靼人和日渐衰落的条顿骑士。更多综述性的话题，见 Tom Scott, “Turning Swiss: Cities and Empire, 1450–1550,” *German History* 4/1 (1987): pp. 95–101。

19 查理五世的退位是分两步进行的：他首先在 1555 年以神圣罗马帝国皇帝的身份退位，传位给他的弟弟斐迪南；而后于 1556 年在西班牙退位，传位给他的儿子费利佩二世。他退隐到西班牙埃斯特雷马杜拉的一座修道院，两年后因严重的精神抑郁而死。Martyn Rady, *Emperor Charles V* (London: Taylor & Francis, 1988): pp. 89–93; James Tracy, *Emperor Charles V, Impresario of War* (Cambridge: Cambridge University Press, 2002): p. 5, 269.

20 转引自 Howard, *War in European History*: p. 23。

21 这方面的经典之作是 Garrett Mattingly, *Renaissance Diplomacyy*(Boston: Houghton-Mifflin, 1955)。

22 Michael Mallet and Christine Shaw, *The Italian Wars, 1494–1559*(New York: Routledge, 2014); Also see J. R. Hale, *Renaissance War Studies* (1983); F. L. Taylor, *The Art of War in Italy 1494–1529* (Cambridge: Cambridge University Press, 2010); and Jones, *Art of War*: pp. 182–194.

23 R. J. Knecht, *Francis I* (Cambridge: Cambridge University Press, 1982): pp. 42–51.

24 关于长矛方阵战术，见 Jones, *Art of War*: pp. 175–178; Gerry Embleton and Douglas Miller, *The Swiss at War, 1300–1500*(Oxford: Osprey, 1979): passim。

25 Knecht, *Francis*: pp. 44–51; idem, *Renaissance Warrior and Patron: The Reign of Francis I* (Cambridge: Cambridge University Press, 1994): pp. 62–87.

26 Fernando González De León, “Spanish Military Power and the Military Revolution,” in Geoff Mortimer, editor, *Early Modern Military History*, 1450–1815 (New York: Palgrave, 2004): pp. 25–42.

27 关于战争起因，见 Robert Frost, *The Northern Wars: War, State and Society in Northeastern Europe, 1558–1721* (New York: Routledge, 2000): pp. 23–43; Karin Friedrich, *The Other Prussia: Royal Prussia,*

*Poland and Liberty, 1559–1772* (Cambridge: Cambridge University Press, 2000): pp. 121– 146, 171–188; Norman Davies, *God's Playground: A History of Poland*, Vol. 1 (New York: Columbia University Press, 1981): pp. 116–124, 134–148; Robert Crummey, *The Formation of Muscovy, 1304– 1613* (New York: Routledge, 1987): pp. 205–233。

28 Richard Dunn, *The Age of Religious Wars, 1559–1715* (New York: Norton, 1979); Olaf Asbach and Peter Schröder, editors, *Ashgate Research Companion to the Thirty Years' War* (Burlington: Ashgate, 2014); and relevant entries in Cathal J. Nolan, *Age of the Wars of Religion*, 2 volumes (Westport: Greenwood, 2006).

29 详见下文及 Joachim Whaley, *Germany and the Holy Roman Empire*: Vol. 1 (Oxford: Oxford University Press, 2013): pp. 619–631; Derek Croxton and Anuschka Tischer, *The Peace of Westphalia: A Historical Dictionary* (Westport: Greenwood, 2001)。

30 Frost, *Northern Wars*: pp. 226–300; Stewart Oakley, *War and Peace in the Baltic, 1560–1790* (New York: Routledge, 1992): pp. 104–120; Peter Englund, *The Battle that Shook Europe: Poltava and the Birth of the Russian Empire* (London: IB Tauris, 2013): pp. 35–52, 240–252; "Battle of Pultowa," in *Creasy, Fifteen Decisive Battles*: pp. 168–176.

31 Denis Crouzet, *Les guerriers de Dieu: La violence au temps des troubles de religion, vers 1525– vers 1610* (Seyssel: Champ Vallon, 2005); James Wood, *The King's Army: Warfare, Soldiers and Society during the Wars of Religion in France, 1562–76* (Cambridge: Cambridge University Press, 1996); Henry Heller, *Iron and Blood: Civil Wars in Sixteenth-Century France* (Montreal: McGillQueen's, 1991); Mack P. Holt, *French Wars of Religion, 1562–1629* (Cambridge: Cambridge University Press, 2005); Robert Knecht, *The French Civil Wars, 1562–1598* (New York: Routledge, 2014); Barbara Diefendorf, *Beneath the Cross: Catholics and Huguenots in Sixteenth-Century Paris* (Oxford: Oxford University Press, 1991).

32 帕尔马的玛格丽特（1522—1586年），是神圣罗马帝国皇帝查理五世的私生女，是费利佩二世同父异母的姐姐。她在1559年至1567年间任荷兰摄政王，她的轻率言论激起了叛乱情绪，最著名的一次是她将提出讼状表达不满的荷兰贵族称为“乞丐”，这个蔑称一直流传至今。关于费利佩二世的将军们后来在荷兰实施的野蛮镇压，她是警告过费利佩二世

的，但对方并没有听。

33 John Guilmartin, *Gunpowder and Galleys: Changing Technology and Mediterranean Warfare at Sea in the Sixteenth Century* (Cambridge: Cambridge University Press, 2003): pp. 235–268. 在对勒班陀会战的战略结果的评价上，富勒有着明显的政治倾向，因此他的观点是不一样的：*Military History*, Vol. 2: pp. 1–40。

34 主要著作包括 Henry Kamen, *Philip of Spain* (New Haven: Yale University Press, 1997); Geoffrey Parker, *The Grand Strategy of Philip II* (New Haven: Yale University Press, 1998); and Colin Martin and Geoffrey Parker, *The Spanish Armada* (Manchester: Manchester University Press, 1988)。Garrett Mattingly's *Armada* (New York: Houghton Mifflin, 1959) 是研究无敌舰队的经典著作，但在某些结论上已经过时。

35 费利佩二世的话转引自 Geoffrey Parker, "Making of Strategy in Habsburg Spain: Philip II's 'Bid for Mastery,' 1556–1598," in Murray: *Making Strategy*: p. 149。保罗·肯尼迪（Paul Kennedy）对费利佩二世有争霸的野心提出异议：Paul Kennedy, *Rise and Fall of the Great Powers* (New York: Vintage, 1987): pp. 31–71。杰弗里·帕克（Geoffrey Parker）则指出，当时西班牙的邻国并不是这样看问题的：Geoffrey Parker, "Bid for Mastery," pp. 115–150。关于荷兰叛乱的源起，参见 Jonathan Israel, *Dutch Republic: Its Rise, Greatness and Fall, 1477–1806* (Oxford: Clarendon, 1998): pp. 155–219。

36 关于西班牙的军饷问题和各次兵变，参见 Olaf van Nimwegen, *The Dutch Army and the Military Revolutions, 1588–1688* (Woodbridge: Boydell, 2010): pp. 21–84。更综述性的内容，参见 H. L. Zwitzer, "The Eighty Years' War," in Hoeven, *Exercise in Arms*: pp. 33–56; Paul Allen,*Philip III and the Pax Hispanica, 1598–1621* (New Haven: Yale University Press, 2000); Alastair Duke, *Reformation and Revolt in the Low Countries* (London: Hambledon, 1990); Jonathon Israel, *Conflicts of Empires: Spain, the Low Countries and the Struggle for World Supremacy, 1585–1713* (London: Hambledon, 1997); idem, *The Dutch Republic and the Hispanic World, 1606–1661* (Oxford: Oxford University Press, 1982); Geoffrey Parker, *The Dutch Revolt* (Ithaca: Cornell University Press, 1977); Marco Van der Hoeven, editor, *Exercise of Arms: Warfare in the Netherlands, 1568–1648* (New York: Brill, 1997)。

37　Ronald Asch, *The Thirty Years' War: The Holy Roman Empire and Europe, 1618–1648* (New York: St. Martin's, 1997); Geoffrey Parker, editor, *The Thirty Years' War* (New York: Routledge, 1993); Peter Wilson, *Europe's Tragedy: The Thirty Year's War* (Cambridge: Harvard University Press, 2011): pp. 8–11. 反对威尔逊的修正主义，且仍然有用的是：S. H. Steinberg, *The Thirty Years' War and the Conflict for European Hegemony, 1600–1660* (New York: Norton, 1966)。关于战时外交的核心问题，参见 J. H. Elliott, *The Count-Duke of Olivares: The Statesman in an Age of Decline* (New Haven: Yale University Press, 1989): pp. 65–79, 359–408, 457–639; and David Parrott, *Richelieu's Army: War, Government and Society in France, 1624–1642*(Cambridge: Cambridge University Press, 2001): pp. 84–163。

38　俄国虽然没有参加三十年战争，但也出现了地方性的宗教冲突，且与欧洲规模更大的宗教冲突的起源不同。例如，席卷莫斯科的 1648 年“莫罗佐夫暴动”。这些都是针对俄皇阿列克谢的贵族侍臣而起的狂热暴动，俄皇以野蛮镇压作为回应。相较之下，英伦三岛在这场德意志战争中的参与程度更深，尤其是它充当了雇佣兵和教派志愿者的招募基地的角色，不过英国并不是正式的参战国。后来它便逐渐陷入国内危机、军队乱政和国王与议会的内战当中。在威斯特伐利亚之后，三国战争（或称不列颠内战）又持续了数年，而且战事带有明显的教派色彩，尤其是在爱尔兰。James Wheeler, *Irish and British Wars, 1637–1654* (New York: Routledge, 2002): pp. 195–246.

39　“Peace of Westphalia,” in Helfferich, *Documentary History*: pp. 252–273.《威斯特伐利亚和约》是指一系列经过数年谈判达成，并以神圣罗马帝国境内的非军事化城市命名的独立条约，包括两份《明斯特条约》和《奥斯纳布吕克条约》。第一份《明斯特条约》（1648 年 1 月）结束了八十年战争，第二份《明斯特条约》（1648 年 10 月）和《奥斯纳布吕克条约》则约定了三十年战争的解决方案。见 Nolan, *Age of the Wars of Religion*, Vol. 1: pp. 931–936。

40　“Advice of Cardinal Richelieu of France,” in Helfferich, *Documentary History*: pp. 151–152; Parrott, *Richelieu's Army*: pp. 399–504; Wilson, *Europe's Tragedy*: pp. 371–384, 464–465, 551–553; “War and raison d'état,” J. H. Elliot, *Richelieu and Olivares* (Cambridge: Cambridge University Press, 1984). 关于综述性内容，参见 William Church, *Richelieu and Reason of State* (Princeton: Princeton University Press, 1972);

Michel Carmona, *Richelieu: L'ambition et le pouvoir* (Paris: Fayard, 1983); Joseph Bergin and Laurence Brockliss, editors, *Richelieu and His Age* (Oxford: Oxford University Press, 1992)。

41 神圣罗马帝国的皇帝们保留了领地世袭的旧权。不过，除开这部分土地，从 1648 年起，各地开始奉行普遍宽容的原则（虽然实践中并不总是这样做）。帝国境内的少数教派只要在条约约定的标准年（Normaljahr）之前在当地已经进行过宗教活动，就可以随其意愿继续在该地活动；经过各种明里暗里的辩论，标准年被定为 1624 年。这和平得来不易。

42 见 "Imperial Instruction for the Peace Conference" and "Letter of Cardinal Mazarin to the French Plenipotentiaries," both reproduced in Helfferich, *Documentary History*: pp. 233–248; also see Wilson, *Europe's Tragedy*: pp. 671–747。

43 Innocent X, Papal bull *Zelo Domus Dei*, November 26, 1648.

44 Daniel Nexon, *The Struggle for Power in Early Modern Europe: Religious Conflict, Dynastic Empires, and International Change* (Princeton: Princeton University Press, 2009): pp. 265–288.

45 参见以下这部重要选集：Olaf Asbach and Peter Schröder, editors, *War, the State, and International Law in Seventeenth Century Europe*(Farnham: Ashgate, 2010)。

## 四　改革后的会战

78

随着军队规模、昂贵火炮和驻兵火炮要塞的不断扩张，近代国家在后勤和行政方面的需求也在增长。相应地，军队力量正在日益为中央政府所垄断，因为私有利益已经无法像中世纪时那样去与一个不断扩大的中央税基抗衡。这是一个长期演进的模式，其速度虽然是渐进的，但效果却是革命性的，昔日的骑兵贵族被更为强大的君权拉下马来，其他的实体，比如一度享有过真正的地方和军事自治权的自由城市，也面临同样的命运。战争正在变得越来越昂贵，这个过程不仅限制了参与者的数量，也将武装力量集中到了王室的手中，强化了君主在法律和社会上的权威地位，甚至丰富了他们向其他国王发动持久战的手段。游戏中的玩家越来越少，但它们的战斗力却在飙升：步兵的规模越发庞大，边境防线也因为有了配备火炮的石制防御工事的加持而越发坚不可摧，这让战斗中的各方都变得更有组织且更具杀伤力。[1]

战场上，武器、战术、补给和军队实践正在经历一场基础变革。一些历史学家将这些变革确定为一次“军事革命”。[2] 这一理论最早由军事史学家迈克尔·罗伯茨（Michael Roberts）在 20 世纪 50 年代中期提出，他将这一革命的发生时间限定在 1560 年至 1660 年这一特定时期，特指发生在弗兰德和瑞典地区的战术改革、火枪操练以及其他的创新变化。后来，另一位历史学家杰弗里·帕克（Geoffrey Parker），将革命的时间轴线前后延伸，将这一概念运用在一个更长的历史时期内，并认为它在随后的几个世纪里，仍在推动欧洲力量在全球范围内的扩张。时至今日，争论仍在继续，但它们的核心论点是一致的，那便是革命的确存在，而在这场革命中，战争的面貌和行为，连同其赖以存在的社会，都在军事技术、战争财

政、步兵操练和火药武器等推动下发生了巨大变化，这个变化先是在整个欧洲激荡，之后跨过欧洲大陆，沿着纵横密织的贸易之路和帝国防线一路延伸开去。[3]

79

这个理论的重点之一是步兵的变化，而步兵的变化又与火器的演变——从火绳钩枪到重火绳枪，再到17世纪20年代瑞典使用的第一门真正可移动的野战炮——密切相关。同样在该理论中占据中心地位的是增设棱堡的意大利式要塞。为了抵御火力升级的攻城炮，几何化设计的炮兵要塞大为发展；而这些要塞的存在，如前所述，又刺激推动了军队的扩张，因为全方位防御的要塞要求攻城部队必须同时在各个方向上发起围击。一种力量激发另一种对立力量的扩张，技术和社会变革因此进入一个不断扩大的循环，它让新的社会阶层挥舞着新的武器走上战场。战争规模不断升级的同时，直接介入战争的阶层和社会要素也在增加。据称，即使在军事革命的早期变化完全融入社会活动之后，一种长期的军事扩张趋势仍在继续，它集中体现在不断扩张的步兵规模，以及持续走高的社会参与度和战争破坏力上。因此，1567年沿“西班牙之路”前去镇压反费利佩二世叛乱的军队，共有1万兵力，包括3个各3000人的火枪手和矛兵方阵，以及作为支援力量的1000骑兵。这在当时被认为是一支大军。30年后，它的后继者弗兰德军的兵力已达6万，人数膨胀到了此前的6倍，而这只是西班牙几支战区军队中的其中一支。再往后30年，在三十年战争期间横扫德意志的各路军队，兵力均已扩充到了10万甚至更多。尽管也有过短暂的收缩期，但这一扩张趋势并未改变，到19世纪初，军队规模将以数十万计，到20世纪中叶更是达到千万级别。

军事革命理论的另一个核心信条是火药技术不仅改变了战争的面貌，它还通过对武装力量和资金的高度集中改变了宿主

社会（host society）。因此，军事革命创造了战争国家，它强化并维系着强大的君主政体——其合法性和运行效力首先仰赖于其发动战争的能力。[4]棱堡式火炮要塞的力量达到新的高度，这意味着新的开支，意味着要想维护一支本就耗资不菲的庞大陆军和世界级海军，负担将越来越重。这个理论的拥护者认为，欧洲在全球的主导地位是在军事革命的推动下取得的：独特的舷侧炮台以风帆战舰的形式抵达外国海岸；为了保护沿海飞地，棱堡式要塞被建造起来，以防对手的军队及政治势力侵入内陆。欧洲能够取得全球政治和贸易霸主地位，军事优势是它的最大后盾，即它的主动权是在击败了各支驾驶桨帆船或中式战船的海军和旧式陆军（即便对手并不缺乏枪炮，比如印度和中国）之后获得的。总而言之，这些观点认为，从15世纪至16世纪在欧洲国王统治下的财政－军事国家的崛起开始，到欧洲向全球扩张它的军事力量，进而输出它的文化和政治影响，是军事革命在驱动着整个现代世界史的发展。

80

其他学者则质疑是否真的存在这么一场军事革命，或者换句话说，该理论将视角局限在西欧是否合适。他们指出，在东欧、俄罗斯和邻近的奥斯曼土地上，骑兵主宰战场的时间要长得多，因为那些试图穿越地广人稀的东欧大草原的步兵，最终都只是落得脚力耗尽、补给枯竭的下场。漫漫无际的东方大地，和弗兰德拥挤潮湿的低沼泽地、人口稠密的法国和德国，或城市林立、山地绵延的意大利迥然不同，这里的开阔地带让骑兵的移动范围更远、速度更快。地理环境的不同造就了差异。在对付哥萨克人和鞑靼人的快马军的长距离争战中，慢条斯理的步兵是几乎不起作用的，因为对方几乎不设要塞，也没有久攻不下、需要动用远距离攻城炮和步兵部队的棱堡城墙。东方军队认识到，在这个更讲究空间和移动的战场，除了龙骑兵或其他类型的骑马步兵，普通的步兵根本无法用火力来弥补

他们在机动性上的不足。骑兵仍然是这里的主要兵种，这不是因为东方军队或政体在军事上或技术上“落后”，而是因为他们了解自己作战的战场和补给需要。

一些军事史学家进一步将军事革命理论置于全球背景下去审视，认为它与许多效率极高的非欧洲军队在区域性战争中获胜的事实是矛盾的。[5]另一些人则指责这个理论过于关注枪炮和火药，有技术决定论之嫌。[6]拥护者说，是枪炮推动了巨大的社会变革；反对者称，战争形态的演化是社会变革的结果，而非原因。是因为有了枪炮，所以下层阶级涌入并重塑了战争的形态，还是枪炮碰巧武装了那些接受其他动因驱使而广泛投身战争的大众？是如一些学者争论的那样，“火枪让民主成为可能”，还是像我们更常看到的那样，火器帮助巩固了国家、君主和独裁者对其人民的统治？最后可能会被质疑的一点是：一个耗时几个世纪才算完成的历史进程是否可以称为一次“革命”？而且，军事技术除了工艺技术之外，本就包含社会层面的内容。[7]如此推演下去，争论大概会陷入先有鸡还是先有蛋这样谁也无法说服谁的逻辑循环里；这个问题应该如何解决，恐怕对同一阵营的历史学家来说，也是个难题。也许更有意义的做法，是将战争和社会的根本性变化看作一对共生变量，枪炮的力量和社会的力量在多个不同的时间点以不同的方式相互作用，进入一个交相融合的演变过程，最后在时间的推移中实现它真正的革命性影响。[8]

81

16 世纪末或是一个不错的切入时间。那时，尼德兰率先恢复了包括排枪射击在内的密集队形的火枪操练，其他地区也随即跟上。在 1600 年之前，即使在最理想的情况下，一个经验丰富、训练有素的火绳枪手，完成一发射击也要大约两分钟的时间。那个时代的火枪，操作复杂，装填困难，这在战场上是致命的。两分钟的时间足以让敌方步兵靠近并组织火力回

击，或者诉诸白刃。如果面对的是冲锋的骑兵，那么这两分钟就是永恒。排枪齐射是唯一的解决办法，但这很难做到。这需要更加训练有素的队伍，他们首先不能退缩，然后要做到在敌人前进时进行队列轮替，完成子弹的发射和再装填。如果能做到这一点，就能大大提高步兵的射速，从而提高防御和进攻的能力。解决办法是创建一支“新模范军”，恢复以操练为重点的治军办法，并加入其他的步兵革新战术。历史上有过好几支“新模范军”，但第一支是16世纪90年代在尼德兰由一帮深受马基雅维利的罗马公民和军事纪律观点影响的军事改革者创建的。[9]

1594年——此时荷兰与西班牙的八十年战争已经打了将近30年——威廉·洛德韦克（Willem Lodewijk）将排枪战术引入联省共和国①的军队。他的设计是，第一排开火，然后第二排穿过第一排到达队伍前方，接着是第三排、第四排，依次轮替。队伍共有十排。洛德韦克更为有名的表亲拿骚的莫里斯（Maurits of Nassau），后又加入“退行”战术，即一排士兵完成齐射后，转身退到枪阵最后，在那里装填弹药，下一排士兵接替上前射击，完成后又再退下。这样一来，就压缩了步兵方阵的纵深，拉长了射击线，提高了灵活性，而且还能获得优越的射速。训练有素的荷兰军团现在通过排枪战术，可以持续输出相当稳定的火力，足以碾压迟钝、笨重的老式阵形，比如弗兰德军的西班牙大方阵。西班牙人因为使用了一种发射3/4盎司重铅弹、常被称作“西班牙火枪”的超重火绳枪而显得愈发笨手笨脚。他们阵形厚重，射击线上露出的枪口数量少得可怜，射速也就因此大打折扣。荷兰推动了改革趋势。在接下来的25年里，瑞典陆军将方阵从10排减少到6排，并

① 全称尼德兰七省联合共和国，即荷兰共和国。

发明了致命的“双排枪”，即以三排士兵为一个射击单位，前排卧倒，第二排跪立，第三排站立，三排同时开火，完成一组排枪施放后再退至后方，由后三排士兵接着开火，如此不断循环。[10]

其他国家开始效仿荷兰和瑞典的改革，更高的射速来自更加可靠、可快速装填弹药、射击精度更高、重量更轻的火枪。西班牙人抵制的时间最长，但最终人人都被迫采用新的操练办法。一个纵列从10人降到6人，作为对比，即使是在改革后的西班牙大方阵中，一个纵列的步兵数量依然多达16至20人。更细更长的射击线意味着每个连、每个团或者旅可以露出的枪口数量更多，而以纵列为单位进行的排射则增加了飞弹的杀伤力。改革方向始终未变，那就是追求更多的枪口。这种对枪口数量的无限渴求在推动战事缓慢朝着“线性战争”的方向演变。后排既是为下一轮火力做好准备的弹药装填点，同时也是一个内置的预备役，一旦前面士兵阵亡，他们可以随时顶上进入火线。掷弹兵放下了他们的手雷，拿起了火枪，但还是保留了原来的名字和他们特有的无檐高帽。长矛兵也在被逐步淘汰，不过直到17世纪末刺刀在法国出现之前，长矛都仍占据着一席之地。

82

人们一度以为排枪射击是欧洲独有的，是在直接效仿古典战术如“标枪排射”的基础上进行的再创造。但这个想法至少在两点上是不准确的：排枪战术既非古罗马标枪排射的火药版，也非欧洲独有。似乎更合理的解释是，排枪是随着火器的改良自然演进而来的。它的出现很可能是军队反复试错和学习的结果，是士兵们的实战经验总结，而不是对从故纸堆中翻出来的古罗马人的模仿。改革者们真正的智慧在于他们对荷兰和瑞典士兵的操练，这使得他们能够比其他国家的士兵更娴熟、更迅速地完成任务。此外，退行战术的加入也是一大进步，它让步兵火力保持灵活移动，避免遭受攻击。它们表面看似是模

仿，其实是真正的创新，将随着时间的推移重塑会战的面貌。

直到16世纪20年代在荷兰问世之前，欧洲的部队从未听说过排枪射击。但我们现在知道，日本人和奥斯曼人都有自己独特的排枪阵法，而且出现时间比欧洲要早得多。日本战国大名织田信长麾下的火枪手在1575年的长篠之战中使用了排枪射击，比荷兰人的第一次试验早了近20年。他们对西方古典战事一无所知，也并未通过信息的传播从欧洲习得这一技术。[11] 奥斯曼的耶尼切里军团在1605年，甚至更早的时候，就已经开始使用排枪战术。他们没有已知的可供参考的西方古典模式，也未与荷兰军队发生过任何直接接触。奥斯曼军中火器操练的时间也明显要早于欧洲军队。此外，在1600年，奥斯曼人有着更为先进的军需供应和后勤系统，以及更健全的战争财政和军事官僚体制。他们兵力充足，攻城辎重队伍庞大，养着一支具有先进的薪酬支付体系的常备军队——军人平日领取军饷，退休后有养老金，军中医疗水准也远胜当时的欧洲。在17世纪80年代之前，奥斯曼军在枪炮质量上的相对落后，并没有阻碍苏丹军队的发展。通过从国外雇用铸炮高手，比如1453年在君士坦丁堡铸造重炮的匈牙利人，让其与当地的能工巧匠一起制枪铸炮，奥斯曼人的枪炮并没有比西方军队的差多少——至少在17世纪末之前是如此，之后奥斯曼人才慢慢在与欧洲的军备竞赛中败下阵来。[12]

83

***

在16世纪的欧洲，野战只占军事活动和开支的一小部分。在1495年至1600年之间，会战极少发生；即便有，多数也是为了纾解围困或者解决军队补给这类紧迫问题（包括一次因为啤酒短缺而出兵）。后勤和调动是两个大难题，即使是最热

衷于寻找战机的指挥官，也常会因为缺乏信息或行军速度的问题，而将敌军放跑。一个将军，率领的若是一支笨重的队伍，那他光是号令全军拔寨上路就已然困难重重，更不用说单凭巧妙的用兵计谋就想取得任何决定性的战术成果，毕竟这不是一支大军的日常操练内容。发起攻势意味着要启动一个庞大的后勤支援系统，每支军队身后都拖着一条臃肿的尾巴。即使是最常规的粮秣征发也要消耗巨大的精力，发动一次“吃干抹净”敌方土地的战局就更是不易。[13] 所以，面对技高一筹的战术家，对方将领要做的是耗时间，而不是和对手拼智力——又或者在敌人到来之前及时离开即可。

他迟早是要离开的，因为粮草有限，一支军队不可能在一个地方停留太久。生存法则已经变成了：要么行动起来、征用物资——最好是从敌人的土地和城镇偷取；要么留在原地，活活饿死。不断找粮，这几乎已经成了一种作战方式，一心填饱肚子的两军往往就在这个过程中错过了彼此。这可能要耗去数月甚至数年的时间，依靠会战打下一个战术成果尚且不可能，遑论取得任何战略性的成果。[14] 在这种情况下，16、17 世纪的战争不再是连续战场上的两军对垒，而更像是一场行政和战争管理体系的较量，一场磨人心志的耐力比拼。对防守一方而言，最明智的做法不是贸然出兵、决一死战，而是蹲守矮墙、躲进战壕。战争不是简单的两军对垒、浴血搏杀就可以决定一切的，甚至发动一次或者一连串的围城也无法左右哪怕一时的形势。驱动战争，甚至在很大程度上决定战争的，是财政和行政能力；有了它们，军事基础设施才能继续运转，士兵才能拿到粮饷。所以多数时候，它们才是决定成败的因素。一旦用于支付粮饷的钱银耗尽，花钱雇来的士兵便会叛逃，他们将不再履行保卫的职责，转而干起叛变、作乱、掠夺的勾当；更有甚者，将本该守卫的堡垒或城市，拱手让给出价

84

更高的对手。[15]

这解释了为什么后勤就是一切。为了补充给养，双方军队大肆抢掠破坏，其中又以那些签了雇佣合约的将领最为凶猛，因为他们的最大职责乃是养活自己的队伍，而非效忠雇用自己的君主。常见的补给方式无非就是没收钱财和征用物品：野战部队沿着行军路线一路抢掠，攻城部队则围绕驻地就地搜刮。庞大的队伍在军事指挥官们的率领下缓缓行进，虽然有时也会在筹措粮草时与敌军擦肩而过，但总的来说极少正面相遇。王室财政不时会开出期票，但实际的兑付次数却不多。久而久之，这逾期不付的名声让君主发动战争的能力受到削弱，军队途经一地，当地的农民和大商贩都会选择将粮食和草料藏匿起来。抢粮的行径让军队失去了部分民心，因为即使路过的是友邦领土，他们也会吃空整个山谷，将良田沃土扫荡一空。富裕城市会拿钱收买前来敲诈勒索的指挥官，好让他们绕过自己的地盘，去掠夺邻近的城镇或山谷。不过，过路军队对沿途商贸的发展却是有利的。军需商可以用车把大宗货物运到军中，也可以赶着满载货物的马车，作为辎重部队的一员随军出行；军队如果沿河行军并在岸边扎营，他们可以撑着驳船兜售货物；甚或也能将整个驻军或攻城部队的军需补给承揽下来。总之，军队是一个真正意义上的大型流动市场。由于他们几乎每年夏天走的都是同一条进攻路线，所以慢慢地，这些军需市场和驻地就都多多少少成了固定场所。在这门源源不断的战争生意里，佣兵队长和大供应商便是合作伙伴。

至于在没有军需商或金币耗尽的情况下，如何解决行军中的补给，各国仍不具备相应的组织能力。解决办法是在敌人的土地上以武力征收贡金（*Kontributionen*）。贡金最初是一种合法的军事税，但在三十年战争的巨大压力下，它变成了一种以大规模无差别的武力威胁获取的税金。征缴清单在军队到

达时发出。若不按时足额缴纳，就会遭到报复：整座村庄被烧毁，名单上的人质被处决。这种以刀剑相逼的勒索手段残忍而有效。哈布斯堡的将军们依靠这些强征的现金税款来填满他们的战争金柜；战争金柜指的就是字面意义上的保险柜，里面装满了用来支付饷银和粮草的钱。贡金使得部队可以定期发放薪酬，士兵不必为了填饱肚子辗转觅食，不必费尽周折地掠夺一切能带走的赃物抵充军饷。用金柜的钱支付饷银一来可以降低兵变风险，二来军队也更容易被商人接受，因为贡金最终还是会流出军营，回流进入当地经济。心切的商贩于是带着食物和货物，销给军人和随军人员——一支军队就是一座流窜乡野的活动武装城镇（事实上，除了特大都市，很多军队的人口规模会比当时的城市大）。这种供应体系也就比直接偷盗抢掠要好上那么一点，但它的确颇有成效，所以很快就被各方采用。[16]

85

然而，这个解决办法是有政治代价的。有了贡金，军队得以继续前进的脚步，阻止了敌人获得人力和物资，但它同时也将士兵的忠诚捆绑在了作为金主的佣兵将领的身上，佣兵将领的势力因此坐大。最终，哈布斯堡家族感受到了来自其佣兵大将、军事指挥官华伦斯坦（Albrecht von Wallenstein）的威胁，于是皇帝斐迪南二世（Ferdinand Ⅱ）在1634年将华伦斯坦的职务秘密解除，并派刺客杀死了自己这位最好的将军。从1635年开始，帝国守军的供养和付饷不再单纯依靠贡金。税收改由帝国议会投票决定，这对哈布斯堡皇朝的皇帝来说又将是另一种形式的政治代价。1648年后，源于三十年战争的高额税收被欧洲各地的王公君主保留了下来，用以维持新成立的、经过扩编的平时军队或常备军。

在17世纪长达数十年的战争中，基础的后勤问题使得无论是统治者还是将军们，都不愿为了更大的军事成果而诉诸高

风险的会战。防御开始占据战术优势，进攻的代价愈发高昂，因为随着装备不菲的军队规模日渐庞大，这样一支队伍连调遣都很困难，遑论满足它的行军补给。同时，如后文即将说到的，那些实际发生了的会战，多数也未能转换成战略或政治成果。即便在战场上取得了压倒性的胜利，敌军的主要兵力依然可以稳稳当当地躲到其他易守难攻的工事后方去。因此，围城仍是主流，而且流血和耗资的规模还在升级。17世纪的围城战，投入兵力更多，从两侧低矮石墙开火的大炮也更多，就物资成本和死伤人数而论，这时的一场平均水准的围城战，只有中世纪晚期最大规模的围城战役可以超越。[17]17世纪战事的这些基本特征，及其指向未来线式作战的潜在趋势和改革活动，在两位人物的征战事业上得到最为充分的体现，他们便是荷兰省和泽兰省的执政拿骚的莫里斯，以及瑞典国王古斯塔夫·阿道夫。他们是最伟大的改革者和创新者，有人甚至称他们为最早的两位现代伟大军事将领。

***

86

莫里斯深受马基雅维利的影响，对古罗马人在战争中的军事操练和公民纪律推崇备至。他不厌其烦地操练荷兰的新模范军，训练内容包括小单位机动作战、火枪手之间的协同作战和排枪射击，以及退行战术。荷兰使用的排枪战术最终将使火力取代人力成为影响会战走向的最大因素，但在莫里斯的时代，它最大的作用还是体现在促进团队协同、提高步兵的团队精神和团队纪律上。为了达到排枪射击的效果，他和威廉·洛德韦克统一了火枪的口径和样式。那个年代，所有炮营和攻城辎重队都有铸件和口径不规则的问题，莫里斯于是将攻城炮和野战炮也一同做了标准化处理，取消了那些奇怪繁杂的口径，将口

径规格限定在四种，每种都有相应的预配弹药，这就大大提高了弹药供应的可靠性和枪炮的射速。接着，他又限定了炮架的样式和种类。他对步兵操练的改革和对排枪战术的实验成为早期关于军事革命的学术讨论的重点，但其实他最令人瞩目的改革是在后勤方面：使用驳船来为野战部队提供补给、运输大型攻城炮。在这方面，他比同时代的任何指挥官都要出色。[18]

莫里斯沿着由莱克河、马斯河（默兹河）、莱茵河和瓦尔河开辟的大型内陆河道线，大批运送炮兵辎重。大型火炮被运到陆路无法到达的攻城或野战战场，其速度之快几乎每次都让原本以为它们必定会被困在半道上的西班牙守军大吃一惊。莫里斯对攻城术的发展也有贡献。他颇为明智地让工程和后勤官兵担任重职，让前线部队去挖炮坑、架设野战工事。他甚至把挖壕沟的铁锹当作士兵的常规装备来发放。以往，这类劳动一般由女性随军人员或者其他不上前线的工程兵来完成，但是通过为这类劳动提供额外的报酬——这对富庶的尼德兰来说完全不在话下——莫里斯克服了那个时代常有的对从事火炮掩体挖掘和其他军事劳动的士兵的偏见。[19]这就为职业部队树立起了一套行为规范，促使尼德兰军竭尽全力，以前所未有的速度完成围城或野战工事的筑设。

莫里斯同时也是一位新派指挥官，有时求战心切，迫不及待地要调动自己战技纯熟、训练有素的部队。不过，这并不意味着他真的打过很多会战。因为即便莫里斯有意开战，西班牙的指挥官，和其他大多数将领一样，在与荷兰人的长期战争中，仍以避战为上；因此即便是对于莫里斯而言，围城也仍然是他主要的和默认的战略。1590年，他在一次突击中拿下了位于今天荷兰南部的布雷达（Breda），其速度之快令西班牙驻军和当时的军事思想家们大为震惊。参与这次进攻的只有1万名步兵和2000匹战马，倒是大炮，长长一字排开好不壮观。

87

隔年，他仅用 7 天时间便攻下聚特芬（Zutphen），11 天拿下代芬特尔（Deventer），6 天即让奈梅亨（Nijmegen）乖乖投降。强大的火炮和他开出的优厚条件，是令对手迅速投降的主要原因。1592 年到 1593 年间，围城捷报频传，莫里斯不断从西班牙人手中夺过更多的城市，尽管此时的他在国内遭遇了重大的政治限制。1593 年，历时 4 个月，他率军完成了那次著名的围城战，重夺海特勒伊登贝赫（Geertruidenberg）；第二年，他攻下格罗宁根（Groningen），并于 1597 年相继占领驻军重镇奥尔登扎尔（Oldenzaal）、恩斯赫德（Enschede）和赫龙洛（Grol）。[20]1597 年，莫里斯率部以不到 9 小时的时间完成 20 英里的强行军——这在当时是一个了不起的速度——一路开进弗兰德，并在蒂伦豪特（Turnhout，位于今比利时的安特卫普省）与西班牙人展开正面交锋，西班牙军被这次奇袭搞得措手不及，最终折损兵力 3000。尽管征战多年且激进求战，蒂伦豪特之役却是莫里斯与他的新模范军到那时为止打过的唯一一场会战。

他的另一场也是最后一场会战，是在 3 年后弗兰德的尼乌波特（Nieuwpoort）私掠船港外进行的，在那里他赶走了西班牙人，但付出了惨重的伤亡代价。他后来回到奥斯坦德，开始抵御西班牙人长达 3 年的围城（1601—1604 年）。他靠水路解决了城里的补给问题，但面对长时间的围城依旧无计可施。1602 年，他率领一支由 19000 名步兵、5400 名骑兵组成的军队，计划以迅雷不及掩耳之势，解放低地国家的心脏地带——布拉班特和弗兰德。他在 700 辆马车上装上面粉、磨石和烤炉，用来在路上烤面包；其余食物的供应则安排驳船运送。他的炮队包括 13 门巨炮、17 门半炮和 5 门小型野战炮，其中大部分由运河或河道驳船运输。他的行军计划中包括了好几段 5 天甚至更长时间的路程，而每两段行军之间的间隔是 3

至4天，这是用来在营地烤面包的时间——很符合那个时代的特色。他邀请西班牙人正面决战，但遭对方回绝。后来，食物耗尽，他只好退到马斯（Maas）。这是17世纪的战争，此时荷兰本土的政治主君们已经逐渐厌倦了这种花费不菲却无法换来城池和财富的军事行动。他曾许诺率领他的新军打赢这次会战，可到头来，除了军饷和补给账单，他什么都交不出来。于是，他们叫停了他接下来准备入侵弗兰德的激进计划。莫里斯只能转而围攻北布拉班特省的赫拉弗城（Grave）。他为会战训练了一支新模范军，但囿于敌人的回应和国内的限制，他不得不发动了一场老式阵地战。[21]

88

荷兰与西班牙商定休战，双方达成十二年停战协议（1609—1621年），莫里斯对此持强烈反对意见。后来，因为他带头反对延长停战协定，并于1618年发动政变，联省共和国一度濒临内战。[22]同年，独掌大权的他给年轻的腓特烈五世（Friedrich V）送去金钱和5000名荷兰士兵，鼓动对方夺取波希米亚的王位，给即将席卷德意志和欧洲的三十年战争的爆发添了一把柴。[23]1621年，莫里斯再度率领荷兰人与西班牙和哈布斯堡家族开战。于是，八十年战争重启，与德意志内部因为帝国控制权之争、新教和天主教间的军事和教派之争等事端而爆发的三十年战争搅和在了一起，休战期至此告一段落。为支援更多的新教君主，莫里斯向外输出大量金钱和丐军，或雇来的德国佣兵，甚至在哈布斯堡家族加大力度镇压他们坚持认为是理应属于他们的荷兰臣民的非法叛乱的时候也不例外。[24]其间，莫里斯于1625年在试图解救布雷达的围城之困时因为发烧而死于军中。就这样，荷兰人和西班牙人重新启动了这场已经进行了50年的战斗，而在接下来的30年里，整个欧洲都陷入了一场规模巨大的战争之中。那是一波接一波的进攻和反攻，以及漫无止境的围城和随之而来的巨大消耗，比如1629

年到 1632 年发生在马斯特里赫特（Maastricht）的那次长达三年的围城。莫里斯死了，但两场战争还在继续，甚至在不断扩大和恶化中又持续了 23 年，最终吸引了包括瑞典和法国在内的更多列强的加入，这场全面战争在那个时代的破坏力，无异于 20 世纪的两次世界大战。

***

17 岁加冕为瑞典国王的古斯塔夫·阿道夫，是 17 世纪另一位重要的改革家。他的国家不但资源贫乏，而且人口稀少，但这位年轻且雄心勃勃的"午夜雄狮"（"午夜"意指北方），早已做好用新的土地和掠夺的财富来充实它的打算。要做到这一点，唯一的办法就是发动战争，于是他开始改革军队。在瑞典，古斯塔夫很快就证明了自己作为改革者和管理者的才能，他还将在日后的德意志一展自己作为战略家和将军的雄才伟略。在他当上国王的头十年里，他将军队转变为国家力量，并建立了海军来保护他通往波兰和德意志的补给线。他不仅努力让瑞典军队的武器、训练和战斗技巧现代化，同时也在使其专业化。他一改从当地征召未经训练的农民的传统征兵方式，转而建立一支由训练有素的正规军组成的国家军队，并通过征兵制度来保证士兵的长期服役。他把荷兰的改革硕果，带出那个易涝、狭小、遍布运河的低地环境，使之在波兰和德意志广阔的战地平原上最大限度地发挥其革命潜力，因为在那里，兵力的移动更有可能升级为野战，也更能获得成功。与莫里斯和其他荷兰改革家一样，他开始强调以排枪和双排枪射击为中心的操练和步兵纪律。在会战的排兵布阵上，他以旅为单位进行部署，把部队从旧的步兵方阵中解放出来，重组为更加灵活的偏线性阵形。扁平化是伴随一定的防御代价实现的，因为这种队

89

伍的移动方式不同于由 50×50 左右的普通士兵组成的长矛方阵，它会暴露侧翼。[25] 但这一取舍是值得的：所有这些都为瑞典跻身列强，以及出于自身利益和对新教事业的支持而对三十年战争的介入铺平了道路。

在前往德意志之前，古斯塔夫还尝试着将他那笨重的大口径攻城炮——“破墙者”（*Murbräcker*）的炮管缩短、管壁减薄。人们常会在“破墙者”的炮管上刻上吹嘘它的攻城威力、为其王室主人歌功颂德的话，或者刻上某种流于形式的表达宗教虔诚的文字。这在瑞典（以及德意志地区）是很普遍的做法，但古斯塔夫不以为然。他修短了炮管长度，这样便可减少牵引重量，以及移动攻城炮所需要的马、牛数量和运送草料的车辆数量。他还铸造了一种全新的小口径炮，称为“皮炮”（leather guns）。皮炮用铁铸成，衬以黄铜或铜，并用合金加固。炮管缠上金属线和绳索夹板，接着用帆布包好，再用木箍固定，最后在炮管外钉上硬革。它们重约 600 磅，不仅极易移动，而且造价便宜。皮炮的名声因此传了开来，但距离真正的成功还很远。最后，全铁铸被证明具有最优性能，小巧的军团炮甚至得到了古斯塔夫的青睐，随后成为火炮的标准。到了 1640 年前后，皮炮在瑞典退役，被全铁炮取代，之后就只有回到苏格兰和爱尔兰打三国之战（或称不列颠内战）的雇佣兵才使用。[26] 虽然名声不响但更为成功的军团炮，其口径标准是一磅半和三磅。虽然全部用铁铸成，但它们的重量很轻，一至两匹马即可拉动，移动时放在一辆两轮马车上，如此便既可于战前在崎岖的地势上拉行，也方便战时调整火炮布局，这是当时其他军队都无法做到的。这些优秀的小型火炮的射速也超过了当时一名出色的火枪手的最高射速。它们令瑞典军队在战斗中获得了比当时任何一支军队都要强大的机动火力。[27]

90

古斯塔夫深知冲击在战斗中起到的作用，即以整支队伍

的重量和力量直插敌群，给予敌人出其不意的致命一击。他于是通过步兵的双排齐射、骑兵的猛烈冲锋，以及一系列的大型火炮、小型皮炮和军团炮，来最大限度地发挥冲击的作用。他的轻型火炮有机动性较差的口径标准为 6 磅、12 磅和 24 磅的重炮的支援。他还对每种口径火炮的火药量和枪弹做了标准化处理。火药装在计量袋子里，以提高再装填的效率、射速，以及重复射击的精度。大炮随攻城辎重部队一起，由大批役用牲畜或驳船运送；如果用的是驳船，那么，和莫里斯在弗兰德移动他的大炮一样，军队将沿着河岸随漂浮的火炮一起行进。而同时代的其他将领则会让他们最大的火炮留在笨重的陆上攻城辎重队伍中随军行动，准备用它们来攻打要塞或城墙。他们的大炮由于体积过大，难于移动，因此在野战中只有一次布阵机会，也就是在战斗刚开始的时候。一旦瑞典人转移兵力，避开了对方的火力输出点，对方的大多数大炮就会因为太过巨大，无法重新定位而变得毫无用处，但瑞典人的轻型野战炮却移动自如。古斯塔夫确保他的轻炮可以随自己的步兵和骑兵一起移动，随时做好变阵的准备。在战斗中，他把小口径的军团炮摆在步兵的前方，随步兵的移动而移动，能够随时转向以掩护突然暴露的侧翼，或者在骑兵或步兵的掩护下，设下隐藏的炮阵陷阱。

古斯塔夫使用了簧轮枪，这种枪比大口径的西班牙重型火绳枪（一种需要两人合力或者架在支架上才能射击的火绳枪）要小得多，也轻得多。他大大提高了方阵中火枪手相对于长矛兵的比例，增强了步兵的冲击能力。他甚至将长矛从更为常见的 18 英尺到 21 英尺缩短到 11 英尺，让他的最后一批长矛兵与受其保护的火枪手们一样轻巧、灵活。三到四个旅组成一条灵活机动、组织缜密、充分延伸的战线。每个旅又再细分为三个中队，每个中队约 500 人，提供了更大的灵活性和机动机

会。每当侧翼遭到攻击，瑞典步兵都会迅速换阵，从新形成的直角线上排枪齐射，同时加入战斗的还有易于移动、发射 1.5 磅或 3 磅重炮弹的火炮。将射击队伍减少到 6 列，并使用双排齐射，这意味着所有的中后方士兵都有自己明确的射击区域，而每个旅也都确信，自己有一半人的火枪是上好了膛随时待命的。把军团炮放在前面，增加了移动攻击以及防御的杀伤范围和火力。

91

古斯塔夫以善战的波兰骑兵为蓝本，组建了他的骑兵部队。波兰骑兵是东欧战场的特色，但在西欧，知道他们的人不多。他取掉了人和马身上的沉重铠甲，换上装备轻便的马匹和类似骠骑兵的穿着硬革简衣的轻装骑兵。他用马刀和骑枪取代了在所谓“半回旋战术”（caracole）中使用的效果甚微的簧轮手枪。半回旋战术是 16 世纪在西欧，特别是在德意志骑士（*Ritter*）中盛行的一种骑兵版本的簧轮手枪射击战术。它对单打独斗的长矛兵部队有一定作用，但对受长矛兵保护的火枪手则几乎毫无用处。半回旋战术放弃了骑兵挥舞骑枪或马刀冲锋所产生的物理和心理冲击效果，而是让骑兵们排成短队，一个一个或两个两个地以小跑的形式骑到长矛步兵和火枪步兵组成的阵列前，击发手枪（每个骑手都带着一个枪托），然后在安全距离内转身，重新装填弹药后，再回来进行第二次或第三次击发。手枪射程几乎不会超过 10 英尺，而在古斯塔夫改革之前，长矛的平均长度却有 18 英尺至 24 英尺，因此人类的天性促使他们只在有效射程之外进行射击。所以，半回旋战术对进攻的骑兵本身构成极大的危险，但对火枪步兵的攻击力却极其有限。[28] 而一旦敌方志在必得的步兵挥起钩矛或长戟，或者排枪扫射的火枪手对准了小心翼翼接近的骑兵，骑兵的落马也就无法避免。[29]

古斯塔夫希望恢复冲击战术，所以瑞典军中的战马保留了

慢跑和疾驰的训练，而不再是朝着敌人做半回旋式的小跑，同时骑手们也被告知要拔出马刀、使用骑枪，以重拾昔日骑兵冲锋的慑人威力。于是，古斯塔夫恢复了战马的古老角色，即发起冲击，只不过他依赖的是轻骑兵的速度而非重骑兵的质量。瑞典人在战场上的凶狠作风广为人知，古斯塔夫的改革利用的正是他们的凶狠，以及他的骑兵对追击败将的渴望。改革带来的优势是巨大的，只要其他骑兵用的还是半回旋战术，那么他们那些华而不实的长队列便是可以一击即溃的。在战斗中，他的骑兵往往守在两翼，他们的首要任务是截断敌方骑兵的进攻，其次才是利用空隙或暴露的侧翼，又或者利用步兵们用双排齐射的强大火力创造出的任何进攻机会，发起助攻，而机动炮兵则始终占据随时在变化的战线的中心。

古斯塔夫不仅注重战前的准备和谨慎，也强调要与敌人正面对决的进攻精神。有迹可循的是，他是最早使用现代联合作战技术的人之一，即让互为支援的步兵、炮兵和骑兵部队发起协同攻击。除此之外，他还开创了开火－转移（fire-and-movement）的战术，复兴了集中兵力对付某个强点的古老原则。一次瑞典式进攻的力量（及其带来的冲击）源自其步兵和野战炮兵。一排小炮用霰弹对着敌人的方阵或横队近距离扫射，将对面阵营打出一个个血肉模糊的缺口，然后再由步兵逼近，最大限度地发挥他们双排齐射的威力。最多两到三轮的齐射过后，前排队伍就会转用短矛冲锋，掉转火枪枪口，把它当作棍棒来用。在这个过程中，（退行到位的）后面三排队伍随时准备利用突破口来保卫他们所在旅的侧翼，或者在列队防御时进行反击。骑兵则一直处于逡巡状态，他们轻盈、骁勇，而且致命。技术娴熟的瑞典军队对呆板保守的敌人的打击是惨不忍睹的。整个过程十分可怕，却也十分成功。

92

当古斯塔夫完成对瑞典军队的改造和改革后，这支军队

成为那个时代最优秀、最致命的军队之一：训练有素、纪律严明，兼具军事爱国主义和狂热的新教精神，并且能够以欧洲任何其他部队无法比拟的战斗速度和效率完成攻防转换。波兰见证了这支军队的威力，以及古斯塔夫的军事才能。1627年，古斯塔夫进攻但泽。8月17至18日，在波美拉尼亚的特切夫（Dirschau，位于今天的波兰），他虽然颈部和手臂受了重伤，但得胜而归。这是这位年轻国王多次御驾亲征中的一次。而1629年6月27日，在今日波兰北部的什图姆（Stuhm），他不仅输了战争，还险些丧命。[30]古斯塔夫随即撤军养伤，修筑防线，准备择机再战。巴黎那位狡黠的红衣主教黎塞留于是趁着这段时间，与波兰的齐格蒙特三世（Sigismund Ⅲ）签订《阿尔特马克条约》（Truce of Altmark），对方同意放弃瑞典王位。1630年，古斯塔夫终于做好了介入德意志三十年战争的准备，当时的形势对德意志的新教诸侯来说并不乐观。与法国的结盟给了他更多的动力：每年40万泰勒的补贴，以及一个与神圣罗马帝国相抗的强大盟友。德意志邦国和欧洲各地的新教徒都恳求他站在他们那一边。[31]黎塞留也不例外，尽管他公开对抗在维也纳和马德里的天主教哈布斯堡政权为的是法国的世俗和君主政体利益。

古斯塔夫似乎是一个真诚的路德教徒：他在领兵出战时会带着部队唱赞美诗，还给每个旅指派了牧师，令全军在牧师的监督下每天祈祷两次。古斯塔夫接受了黎塞留对他与波兰旧有争端的调停，以便他可以将精力投向德意志。他带着他的17世纪瑞典版新模范军，一路唱着路德教会的赞美诗，踏上了三十年战争的战场。宗教虔诚，加上有着军事操练和黑火药助力的攻击性，这一北欧式的融合，让他的军队在战斗中有着非同一般的纪律性和凝聚力。拿破仑后来将古斯塔夫与亚历山大大帝相较，称古斯塔夫是近现代最先涌现的伟大统帅之一。这

93

种比较不免夸大其词，虽然，和亚历山大一样，恰逢军事才华大放异彩之时，他的生命就在德意志境内、在1632年一次疯狂的领兵冲锋中戛然而止。[32]

1630年7月，他带着不多的14000人在佩讷明德（Peenemünde）登陆。为了配合大型攻城炮，他带上了80门野战炮。他的军中，每千名士兵拥有近10门大炮，而神圣罗马帝国的这个比例只是1000：1。尽管他做了改革，但他每年可以依靠的瑞典新兵只有1万人左右，所以在他进军德意志时，除了由训练有素的瑞典军组成的强大的国家军队核心之外，他还安排了雇佣兵作为支援。与他的帝国敌人相比，古斯塔夫的"战争金柜"实在逊色，所以他更需要让军队寄生在别人的地产和城市中，以达到以战养战的目的。他的行动步步谨慎，一边收集情报，一边保存战力、壮大队伍，他知道，自己还没有足够的实力可以毕其功于一役。尽管如此，作为势弱的一方，古斯塔夫并未放弃打一场进攻战的选择，只要时机合适，他随时准备放手一搏。[33]

瑞典对三十年战争的干预就这样开始了，它将改变战争的进程：扭转1630年天主教哈布斯堡皇朝占尽上风的局面，教派之争开始陷入僵局，并在1648年以经过谈判达成的世俗和平作结。在接下来的两年里，直到1632年他在吕岑会战中战死之前，古斯塔夫取得了惊人的成功；成功更多来自军队紧张的前期准备，以及他对敌人心理和政治弱点的敏锐感知，而不是因为他是战场上的天纵之才。他固然会充分考虑他所观察到的敌人在排兵布阵上的漏洞，但这并不意味着他总能（哪怕是"大部分时候"也不行）依赖他的"慧眼"（*coup d'œil*）纵横沙场；"慧眼"，是一些伟大统帅一瞥即能洞察战场态势的本事，这大概是基于一种与生俱来的可以读取地形、阵势以及双方可用战力的能力。他有指挥官的天赋，但他发动会战的手段

靠的也多是威逼恐吓、猛追猛打和长途行军。他多次让他的军队出现在敌方主力部队的后方，导致哈布斯堡的将军们急于回防，或是保卫一些重要据点，或是安抚在维也纳的皇帝的恐慌。这是旧式战争中佣兵流动作战方式的一种变体，所不同的是一旦敌人疲乏不备或发起挑衅，瑞典军是时刻做好了战斗准备的。和所有高超的将领一样，古斯塔夫双眼盯着战略目标，在战术和作战上灵活多变，并不固守某一个体系。如果需要的话，他会开战，但更愿尽其所能通过行军截断敌人补给来获益。他用他的军队打击哈布斯堡的政治利益和声望，正如他打击它们的雇佣士兵和炮兵坚垒。他认为会战和机动是密切相关的，而不是两个互相对立、非此即彼的战略选项。

94

波美拉尼亚已经被吃干抹净，为了筹集粮草，古斯塔夫离开了那里。他沿着德意志北部河流，一路走一路打，打下的城镇他会派兵驻守，这样既可确保后方补给线和所得战争缴款的安全，也能在瑞典和它的对手之间设置一个领土上的缓冲带。随后，他一边安营扎寨，准备过冬，一边招募了数万名来自德意志（以及苏格兰、爱尔兰等）的雇佣兵，用他改革后的（这里的改革当然是不含教派因素的①）作战方式加以训练。可兵力固然是增加了，后勤工作却也随着冬季的到来而加重，迫使他在1631年开春坚冰初融时便拔营上路。[34]他向勃兰登堡（Brandenburg）进军，既是为了给军队提供给养，也是为了迫使那里的选帝侯②参战。随后缓步向南，占领科斯琴（Cüstrin），然后西进柏林，攻下斯潘道（Spandau）。这就保证了德国北部主要通航河流汇流点的安全，他需要它们为他输送向南哈布斯堡腹地转移枪炮和补给的驳船。4月13日，他攻进奥得河畔的法兰克福，击溃8个帝国军团，并屠

① 英语中改革（reformation）可特指宗教改革。

② 指德意志诸侯中有权选举神圣罗马帝国皇帝的诸侯。

杀了那里6400名守军中的三分之一，作为对早前天主教暴行的报复。之后，由于疾病和伤痛，他的军队兵力已经不支，加上所占领地的分散和再补给的需要，他无法前往马格德堡（Magdeburg）解围，那是一个主要的新教中心，彼时正遭到一支天主教哈布斯堡大军的围困。由于没有古斯塔夫的保护，马格德堡城墙被破，自1631年5月20日起，城里居民被屠杀。约有20000人因为此前的抵抗，遭到帝国军队和由蒂利伯爵（Johann Tserclaes, Count of Tilly）率领的天主教联军报复式的屠戮。[35]

马格德堡屠杀是三十年战争中最严重的暴行，也成了后来所有17世纪暴行的缩影，影响欧洲数十载；直到1720年，这座城市基本上还是一片废墟。古斯塔夫的实力在马格德堡之劫后愈加壮大，这是因为各地新教徒的恐惧和决心都得到了增强：小册子的作者不断创作出骇人听闻的故事和制作精美的恐怖蚀刻版画，印刷机日夜转个不停。与此同时，古斯塔夫先是清理干净了残留在波美拉尼亚的帝国陆军和卫戍部队，然后进军萨克森（Saxony），迫使它加入战争。现在，他已做好迎战蒂利和天主教联军的准备了。1631年7月22日至28日，他在韦尔本（Werben）静候天主教联军，此前他派出16000名瑞典兵挖掘壕沟，挡住了北面的路。蒂利误入阵地，带领笨重的西班牙大方阵在6天之内两次发起进攻。被双排齐射和军团炮的火力击退的蒂利，最终在韦尔本的野战工事前留下了6000多具尸骸。他撤入萨克森，身上肩负着两项使命：吃掉古斯塔夫的盟友萨克森——虽然这位盟友的示好永远不情不愿——疗愈自己的队伍，同时用新教徒的粮食、羊肉和酒喂饱自己的将士。

95

入冬前还有时间再打一仗，古斯塔夫正在寻找战机。为了撑起摇摇欲坠的德意志联盟，他必须向谨慎的新教君主们证明，即使面对的是奥地利和西班牙的哈布斯堡家族及其德意志

南部天主教盟友组成的庞大帝国对手，他的新模范军也能在战斗中站稳脚跟。1631年9月17日，他在莱比锡城西北的布莱登菲尔德（Breitenfeld）的平原上如愿以偿。他有人数达24000人的瑞典兵和按照瑞典作战方式重新训练过的雇佣兵，以及由萨克森和一个新教小邦联盟——莱比锡联盟（*Leipziger Bund*）提供的18000人的队伍，这些不太靠谱的部队占据的是左翼的位置。他的对手是由借给神圣罗马帝国皇帝斐迪南二世的35000名西班牙老兵组成的西班牙大方阵。支援这群老兵的是几千名巴伐利亚人、一些克罗地亚人，还有部分来自天主教联盟的盟军。两军对垒，剑拔弩张，有阵前祷告的，有叫嚣咒骂的，对于这场三十年战争中最大的会战，人人都做好了大战一场的准备。[36]

96 军团炮不断落下的弹雨激怒了帝国军队右翼的胸甲骑兵，

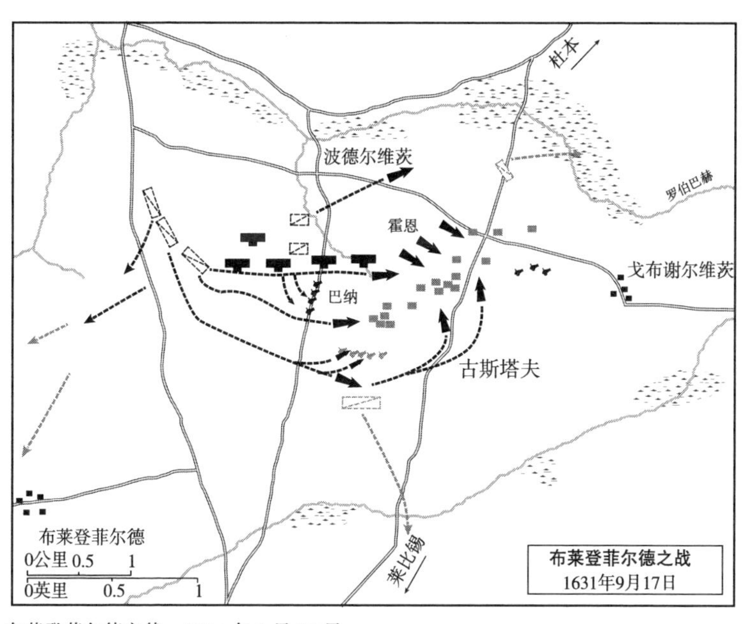


布莱登菲尔德之战，1631年9月17日

美国西点军校历史系提供；George Chakvetadze 重绘

他们发起冲锋，但都倒在了瑞典军的齐射之下。随后，侧翼发生了一场持续两个小时的骑兵混战。帝国骑兵终归还是不敌古斯塔夫更加轻巧敏捷的骑兵，悻悻而退。他们开始集中兵力攻击左翼，左翼是衣着光鲜但无甚斗志的萨克森军，两方刚一交手，萨克森军便败下阵来，作鸟兽散，连大炮也全都抛在了身后。不过，突然暴露的瑞典人守住了阵线，他们按照自己受过的训练，顶上失守的左翼，迎战对手的猛攻。以为自己可以以风卷残云之势收拾一个已经被暴露的步兵侧翼的帝国骑兵，在一阵讶异中被对手的军团炮和火枪手的双排齐射击退。更多的齐射火力和小炮霰弹穿透了这些人高马大的帝国骑兵。然后瑞典人齐齐冲向被萨克森军丢下、还未来得及损毁的大炮，将其收复。古斯塔夫再次合拢他的战线，他的部队移动速度之快，是笨重的西班牙大方阵所无法比拟的。帝国骑兵慌乱撤退，冲撞之下，将自己的火枪兵队挤作一团，步兵阵营因此暴露，古斯塔夫趁此机会迅速将其包抄。他还命令部下把他的重炮也搬上来，颇费了一番功夫之后，将炮口对准了那挤满了人的西班牙大方阵。

西班牙人守住了阵地，古斯塔夫的骑兵迅速绕到迟钝的西班牙人的后方，朝着他们的后方队伍用马刀劈砍、用骑枪冲刺，而轻炮、重炮和火枪的齐射火力则集中在前方和侧翼进行屠杀。战斗持续了几个小时。古斯塔夫亲自率领一支由1000芬兰骑兵组成的预备队，向敌人发起猛烈的冲锋；一整天处于他的强大火力之下，对方早已血流成河，如今又因为自己阵营的骑兵溃散而被暴露在战场上。蒂利本人也在战斗。他三次负伤，最后不得不由他的护卫将其抬出战场。帝国军在布莱登菲尔德之战中以溃败收场，许多人在随后的混乱中被挤压、踩踏。两方的伤亡人数之比是6：1，瑞典军大获全胜，这还不包括俘虏。帝国军和天主教盟军重伤及阵亡12000人，而古

斯塔夫方面仅损失了2000人。除此之外损失的还有所有的天主教联军火炮和120面团、连军旗，而这些都是从一支在过去12年中从未有过败绩的军队中缴获的。在被俘的6000名俘虏中，大部分（还是以雇佣兵为主）都自愿或被强征加入“瑞典”军。尽管在战斗一开始就被他的萨克森盟友抛弃，古斯塔夫依旧赢得了压倒性的胜利。伤员得到照顾，粮草靠着强征来的贡金也得到了补充，两军继续向冬季驻地进发。欢欣鼓舞的新教徒一路接管了几个要塞城镇。维尔茨堡（Würzburg）的守军乞求对手的宽恕，但只听得对方高喊“马格德堡之恕”，便死在了新教徒的信条和刀剑之下。[37]

97

此时的欧洲在想：击败了哈布斯堡的野战军之后，古斯塔夫下一步会不会让整个德意志改旗易帜，将其纳入一个正在崛起的瑞典帝国、新教帝国，以彻底击碎哈布斯堡家族的帝国野心，彰显新教的胜利？[38]天主教舆论陷入恐慌，斐迪南二世不得不召回华伦斯坦，亦即那位早前被他解除职务，而且日后也将被他暗杀的将军，让他担任统帅。这位持不可知论的佣兵将领接过帝国所有军队的指挥权，重整旗鼓。与此同时，1632年春天，蒂利带着一支新的天主教联军出征。他试图避免再次遭遇布莱登菲尔德那样的失利，但古斯塔夫出兵拦截了他。冲突发生在莱希河（1632年4月25日），史称莱希河会战。瑞典人在火炮烟幕的掩护下，大胆逼近莱希河。蒂利腿部被炮弹击中，伤势致命；5天后，作为领导西班牙大方阵的最后一员大将，他离开了人世。那个老式的阵型再也无法抵御更加灵活且组织严密的瑞典线列战术了。莱希河一战彻底地证明了这一点。这第二次的失利造成天主教和帝国内部反古斯塔夫力量的式微和分散，但却解决了一个棘手的领导人问题：蒂利死后，华伦斯坦被任命为卡波（*Capo*），意即领导一切“天主教”武装力量的总指挥。狡黠的波希米亚人此时召集欧洲各地的雇佣

兵前来投奔他们的老将军，他们的目的当然不是维护天主教正典或者哈布斯堡皇朝和皇帝，而是从战争捐税中分得一杯羹，冲的是华伦斯坦及其沙场克敌的威名。随着双方野战军队的组成发生变化，战场形势也发生了变化。

华伦斯坦还在募集新军，留下的天主教盟军不值一提，现在的古斯塔夫无人可挡，他可以选择留在巴伐利亚，吃掉哈布斯堡盟友的存粮，也可以直接挥师维也纳。他用纽伦堡和奥格斯堡两座城市的战争捐税支付军饷，补充粮草辎重。尽管如此，后勤，这个困扰着那个时代所有军队的问题同样牵制着他，为此他只能不断攻打新的天主教国家。这一点很重要，因为他的北方大本营——波美拉尼亚和勃兰登堡——的存粮已经被他消耗殆尽，如果继续北上，可能会给他的战略后方带来他不愿看到的政治后果。所以他的军队选择在敌人的乡村地区就地征发粮秣，沿着多瑙河一路吃过去。他占领奥格斯堡，拿下了慕尼黑，一边啃食巴伐利亚，一边准备佯攻或者开往维也纳，希望借此把华伦斯坦引出来，再来一场布莱登菲尔德之战。他的军队中仍有一批纪律严明的瑞典同胞，但其余都是来自欧洲各地的雇佣兵。在他权力和野心的巅峰时期，古斯塔夫指挥的联军超过 10 万人，其中包括 1 万名苏格兰人，补给则依靠河道驳船从半个德意志收集运来。他计划集结 20 万兵力，分 5 个军同时从多个方向直取哈布斯堡的帝国心脏，这看着像是拿破仑兵分多路的做法，甚至有点 1864 年尤利西斯 · 格兰特（Ulysses S. Grant）以五路大军攻打南部邦联的影子。这样的远距离协调和战略野心可能超出了那个时代的能力。可是不管怎么说，古斯塔夫并没有活到将他的计划付诸行动的那一天。

98

瑞典炮兵的威力、线式作战的灵活性，以及领兵作战的古斯塔夫，都给华伦斯坦留下了深刻的印象。于是他选择了避

战。他转而北上，巧妙机动，旨在将古斯塔夫从奥地利引开。此时哈布斯堡皇帝的盟友、巴伐利亚选帝侯马克西米利安一世（Maximilian I）正在为新教的蝗虫大军侵食自己的国家而焦头烂额，因此军中转战东线、襄助解围的呼声很高，但华伦斯坦顶住了压力。他领兵挺进波希米亚，在那里击败了一支出于无奈而与古斯塔夫结盟的弱小萨克森军。接下来，他绕过古斯塔夫进入萨克森本土，攻占莱比锡，糟蹋田地，试图把瑞典军队从维也纳引开。古斯塔夫的补给线、瑞典军与德意志北部募兵基地之间的通路都因此被切断。谨慎的古斯塔夫因此停止了对维也纳的威胁，改为北上纽伦堡。及至两军相遇，华伦斯坦依旧拒绝出战，尽管自己兵力占优，但他知道自己的部队无论在训练水平还是火力上都远不及对手。于是他挖起了战壕；作为应对，瑞典人也做了同样的事情。但华伦斯坦动作更快，所以占据了更好的防守位置。在接下来的几个星期里，两军都将蹲伏在一道道守备严密、平行设防的战壕里。

很快，17 世纪战事的后勤短板开始对这一战略产生不利影响，双方都因疾病、饥饿和逃兵问题而变得疲弱。两军坚守阵地，谁也不敢有一刻松懈，在这种情况下，补给问题只会变得更糟。丧失了移动能力的军队无法外出征发或进食，缺乏将堑壕战进行下去的补给能力，因而不能在原地停留太久。华伦斯坦派出轻骑侵扰瑞典人的征发队伍，瑞典人则一再试探帝国防线，希望找到突破点，可结果也只是挑起了几场不值一提的小冲突。眼看着部下饥饿缺粮，加上他对决战的渴望，以及华伦斯坦的轻骑的挑衅，古斯塔夫终于忍无可忍，率先发起攻击。他袭击了华伦斯坦在福尔特（Fürth）的防御工事和一个叫阿尔特菲斯特（AlteFeste）的古堡（1632 年 8 月 24 日）。他以损失 2000 人的代价被击退。虽然这次行动本身并不具有重大的军事意义，但这次出师不利还是玷污了这位瑞典大将所

99

向披靡的名声。

这次失利也持续影响着欧洲的战略预测。瑞典的政治地位，以及由此而来的军事地位，都因此变得不那么稳固了。古斯塔夫觉得有必要把华伦斯坦从他的战壕里拽出来，并在一场主力对决的野战中将其击败。他想着，只要南下巴伐利亚，故技重施，将与哈布斯堡家族有盟友关系的领土蹂躏一番，同时作势挥师维也纳，便可引得华伦斯坦离开他的阵地工事。于是，既是为了引出坚守不出的华伦斯坦，也出于着急养活自己队伍的需要，古斯塔夫撤出了战壕，又一次向着维也纳进发。现在，帝国军也可以外出寻粮了。华伦斯坦便是在此时展现出他过人的战略才能的。他无视古斯塔夫在南边给他设下的诱饵，转而向北出击。他没有去追击瑞典国王，而是回师萨克森，再一次威胁瑞典的补给线，并选择了南边一个与瑞典结盟的新教诸侯国征掠粮草，将其搜刮得一干二净。两方主力就这样分道而行，饥肠辘辘的武装部队各自行军，相互佯攻，啃食对方的盟友。[39]古斯塔夫再次受到对手出色的机动战略的阻挠，对方不仅避开了战斗，而且两次通过威胁新教联军的战略后方，将其拉回到北方战场。这是三十年战争中最伟大的两位将军，而他们用以证明自己作为指挥官的价值的，并非野战，而是属于他们那个时代的兵法：由战略运动、机动调遣和后勤补给构成的军事活动。

在布莱登菲尔德战败后的帝国军队改革中，华伦斯坦部分采用了瑞典的战术，稍微提升了西班牙式大方阵的灵活性，同时配备了更多的火枪手，以此显著提升其火力。另外，虽然瑞典人仍然占据明显优势，但与两年前横渡波罗的海的那支利落的职业军相比，其兵力无论就数量还是质量而言都有所下降。两年的行军打仗、疾病和逃兵，加上瑞典有限的人员储备和稀少的人口，意味着到1632年，在德意志境内的瑞典军其实有

近80%都是来自外国的雇佣兵。但是，他们仍由瑞典将军指挥，并按照瑞典的作战方式进行组织和训练。另外，关键的野战炮兵仍掌握在瑞典人的手中。现在也该轮到“北方雄狮”一展自己高超的指挥能力了。仗着瑞典军团过人的专业性和机动性，还有如今数以千计的已然按照瑞典方式加强训练的雇佣兵和盟军，古斯塔夫接受了那位佣兵大将的挑战，领兵北上，决心要赢一场大战，铲除华伦斯坦的威胁，或许更可借机拿下并终结整场战争。[40]他以当时任何一支军队都无法达到且无法想象的速度向北挺进，最终，1632年11月6日，两军在吕岑相遇并开战。



破晓时分，浓雾弥漫，久久不散，双方谁也看不见谁。这就导致古斯塔夫军队的机动性优势无处施展，而帝国军难于移动的重型步兵反倒有了更高的战斗价值。华伦斯坦选择了有利于他的地形：依托一道天然的双沟，他将他的35000名士兵蜿蜒着一路排开，同时将双沟加深，一侧配置火枪手，这样路沟就成了一道战壕。他认为，这道战壕足以削弱预期中敌军的骑兵突袭，抹掉对手步兵的训练优势和高机动性，同时最大限度地发挥己方方阵的防御火力。古斯塔夫同样信心满满。他吃过早饭，率领全军唱起路德教的赞美诗，然后派出一小支骑兵队伍，向驻守在吕岑小村庄的华伦斯坦的右翼发起攻击，拉开了战斗的序幕。与此同时，他亲率大批瑞典骑兵，一路奔袭，绕过帝国军的极左翼，将华伦斯坦最近的补给线连同撤退路线一并切断。瑞典步兵的主力位于中央，按照每排六人、纵深两排的惯例进行部署。瑞典的机动野战炮一如往常，跟随大批步兵在坚固的阵地中心一起移动。也就在古斯塔夫骑兵攻击帝国军两翼的当口，他的步兵同时在向帝国军的火枪队列靠近，而对方此时正守在双沟战壕边上等着他们。大雾掩盖着这一切，严阵以待的帝国军只能听见晨雾深处隐隐传来的数千只靴子的敲

击声。等瑞典步兵冲出迷雾，出现在帝国军火枪手的视野中时，双方已仅有咫尺之遥。两方展开近距离交火，一场激烈、持久的小规模战斗在战场中心爆发。

瑞典的军团野战炮被迅速调集到可以发起纵射的阵地，以便支援在侧翼迅速移动的骑兵去缴获对手的大炮。许多帝国炮兵在加入步兵寻找掩护之前，都会先将铁钉敲进自己的火炮，以防被敌方缴获。没了火炮的掩护，阵形僵硬的帝国长矛兵方阵便暴露在了瑞典骑兵的面前，平日里有的火力支援如今也所剩无几，因为他们的很多火枪兵要么已经倒在了敌方的机动火力下，要么就被双沟战壕防线那边的中央战场牵制着，无力分身。瑞典和芬兰骑兵疯狂冲击帝国防线的两翼，面对致命的火力和骑兵攻击，无力还击的帝国长矛兵只能撤退。中央战场的屠戮仍在继续。一排又一排的子弹飞向被困在方阵中无法动弹的人群，瑞典人的枪炮射速很可能是帝国军的三倍。在右翼，古斯塔夫再次一马当先，率领瑞典骑兵，不顾一切地冲向克罗地亚轻骑，挥刀便砍，硬是砍出了一条血路。进攻势头高涨的他，一路闯入更为善战的奥地利胸甲骑兵阵营，与对方展开近身肉搏。先后有三发子弹击中了他。致命的第三发打在了他的头骨上，致其头骨开裂，脑浆溅了出来。一位横空出世的伟大将领离开了战场，他的天才和事业在他 38 岁时戛然而止。而在他倒下的时候，更大范围内的会战正在演变为一场人群之间的殊死搏斗，他们的眼中没有其他，只有面前这些在浓雾中时现时隐的敌人。瑞典军团还在继续战斗，他们当中的大多数人直到这一天结束才得知他们的国王和将军已经死去的消息。[41]

101

华伦斯坦利用幸存的方阵力量展开反击，包抄了瑞典军中骑兵较少的左翼，并收复了部分在最开始的步兵进攻中丢失的堑壕防线。与此同时，8000 名帝国骑兵成功向右翼的大批瑞典骑兵发起反击，彼时的瑞典骑兵已经被打乱阵脚，与帝国的

辎重队伍纠缠在了一起。对反击的到来毫无准备的瑞典骑兵伤亡惨重。瑞典炮兵的速射扭转了这一危急局势，在枪林弹雨之下，帝国兵马纷纷倒下，溃兵仓皇而逃。现在，瑞典步兵的预备队开始显示它的威力。他们向前猛冲，再次夺取华伦斯坦一度收复的堑壕防线，发起双排齐射，与绝望的帝国军队展开激烈的近身肉搏。华伦斯坦手中仅存的方阵在这次进攻中溃不成军，并随着瑞典步兵用猛烈的冲锋撞开帝国军队的最后一道防线，直接碾过壕沟，夺取整个炮兵阵地，而彻底土崩瓦解。然而，新教徒们的胜利呐喊并未持续太久，因为消息传来，浑身是血的古斯塔夫被抬出战场，再无气息。清点过尸体之后，哀悼之情更甚：战场上的累累尸骨已然不分敌我，新教联军死伤上万，至少占了总数的三分之一，帝国军方面死者有 12000 到 15000 人，伤者不计其数。

吕岑会战对天主教和帝国事业来说是一次重创。它摧毁了华伦斯坦重建的哈布斯堡军事体系，使得战争得以继续，德意志的主要新教邦国得以生存。从这个意义上说，这是一场真正的决定性会战，当然也是三十年战争的所有会战中最具决定性的一场。然而，就算是吕岑会战，它的决定性作用也只在一时，因为它并未直接影响 1648 年威斯特伐利亚协议的达成。战将的阵亡没能逼迫瑞典退出战争，但它却让新教势力失去了它最富激情的捍卫者和最为伟大的将领。再没有哪位新教君主可以以一人之力决定反哈布斯堡联盟的战略。吕岑会战之后，瑞典仍然参与在德意志的战争，但在联盟政策的制定上扮演主导角色的却是法国的红衣主教黎塞留，他控制着更大范围内的战争走向，并将战果锁定为世俗君主间的一纸约定，而非教派间的和平。因此，瑞典军在吕岑的胜利，其最重要的意义就在于它让这样一个局势更加清晰：天主教和新教在德意志乃至整个欧洲长期抗衡的最终结果，无非就是双双陷入一场军事

102

僵局——尽管还要许多年的血腥杀戮和混战才能使各方明白这一点。

华伦斯坦的时日也无多了。他在吕岑会战后重建帝国军队，尽管他的队伍和军官接受的是不同的训练，动机也各不相同，但他仍尽可能地效仿瑞典的改革措施，主要包括恢复骑兵的冲击角色，降低线列步兵的纵深，将方阵中更多的长矛兵替换为火绳枪手，增加配置更轻、机动性更强的野战火炮。他一边与古斯塔夫留下的精锐余部周旋，一边秘密接触天主教甚至是新教势力，为他的军队——而非皇帝——争取筹码。他的谋划是结成联盟，迫使斐迪南二世放下他的天主教事业和宗教使命感，同意和谈。支持者说，华伦斯坦的目的是通过建立一个统一的、宽容的德国来结束战争。其他人则认为，他追逐所有与帝国权柄相称的头衔和华服，他一直在策划的或许是一场政变。但不管是哪种情况，间谍把华伦斯坦与敌人的密谈告诉了斐迪南二世，斐迪南二世决心除掉他的将军以绝后患。此时，西班牙有意正式参战，但拒绝接受华伦斯坦提出的由他一人独掌天主教联军最高指挥权的要求，这使得斐迪南二世的这一决定更加坚定。他暗中解除了华伦斯坦的所有职务，斥其雇用新教徒为军官，宣布其为在逃犯、叛国者，下令将其逮捕，等候处决。华伦斯坦得知密令，随即逃向新教阵营，并向前方传话请求庇护，但被拒绝。华伦斯坦在一支爱尔兰龙骑兵的护送下到达埃格尔（Eger）城堡，而这支骑兵队伍的指挥官与斐迪南二世的密探暗中有往来。最终，在埃格尔，两名跟随华伦斯坦多年的苏格兰军官和一名法国佣兵队长同意加入爱尔兰人的暗杀行动。在与他们的受害者共进晚餐后，他们先将华伦斯坦的所有手下杀死，然后潜入他的寝室，用手中的剑戟刺死了他。[42]

103

新教阵营在1632年失去了整场战争中最有能力的战略家和将领。此后不久，帝国军也失去了他们最好的将领、最

优秀的军需官和佣兵招募者。这一发展态势充满了战略僵局的意味。接下来的只是徒增死亡。瑞典的干预并没有为新教徒赢得三十年战争的胜利，也没有成功建立起新教和反哈布斯堡政权的天主教势力之间的联盟。但是，毕竟有古斯塔夫打下的基础，这场战争新教徒不会输，这是一个不坏的结果。于是，双方找到新的将领、新的战场，甚至新的奋斗事业，就这样，三十年战争又拖了16年。整个德意志和毗邻国家的军队和城镇都在萎缩，土地在野蛮残酷的人们蝗虫般的肆虐下发出呻吟，这些人已经是第三次、第五次甚或第七次前来啃食城市腹地和荒废的农田河谷了。恶性通货膨胀重创了德意志。城市和乡村经济萎靡，所有的贸易都在衰减。疾病和饥荒蔓延，牲畜消失，昔日的良田因为佃人的弃耕或死亡，而沦为荒地，长满杂草。直至战争结束，各德意志邦国约有15%至25%的平民人口死亡，使三十年战争成为欧洲史上最致命的战争，其死亡率分别是20世纪两次世界大战的3到4倍。[43]

如何解释三十年战争下半程的走向和结果？一些学者认为那是不同将领的能力高低和个性差异使然，而与两种军事体制无关，他们把最后的军事和政治僵局归因于统帅——尤其是哈布斯堡一方统帅的无能。[44]这个说法无疑低估了道德、体力、军事和财政消耗在最后几年里所起的决定性作用。战争重回僵局不是因为将领平庸，而是因为古斯塔夫的战术和武器革新被全面效仿，使得瑞典优势不再，将领在会战中的作用，乃至会战在战争中的作用，都被一再削弱。古斯塔夫在布莱登菲尔德遭遇西班牙大方阵时，他尚能用他训练有素的排枪射击以及轻量级的野战炮和骑兵，藐视对方笨重迟缓的步兵方阵和低效的火力射速，但在古斯塔夫和华伦斯坦离世20年后的时候，双方军队在武器和作战方式上的本质差异早已不复当初那般巨

大。敌人早已开始调整适应，这是战争中的常态，就连一向轻装上阵的瑞典军队也正变得疲乏和力不从心。

战争未以任何教派的胜利告终，而是在相持不下的情况下——正因如此而有了相谈的空间——以1648年在威斯特伐利亚达成的和解告结。在战争的最后阶段，枢机主教黎塞留也介入其中，不过那时他的身份不是一个狂热的天主教斗士，而是一个以国家利益为诉求的杰出政治家。天主教徒与天主教徒相抗，新教徒对新教徒开战，显然，这一规模最大、兼具变革性质的宗教战争同时也终结了宗教战争本身。这始终是一场关乎权力与名望、土地与税收，以及党派信仰的斗争。现在，主教们的野心终结在了由君主决定的和平中：世俗主义踩在了中世纪精神的尸体上。哈布斯堡皇朝已经从世俗政权间新兴的权力平衡中吸取了教训：1629年的“归还教产敕令”甫一颁布，被胜利冲昏头脑的哈布斯堡皇朝尚未从它的宗教狂妄中回过神来，即在第二年遭到一位得天主教会枢机主教暗中襄助的路德派国王的打击。接下来试图挑战权力平衡的是路易十四，这次轮到法国为自己国王的自负付出代价了。

104

***

莫里斯和一众荷兰改革者为提高步兵火力指明了方向，古斯塔夫·阿道夫则展示了灵活战线、速度和机动性在战术上的可能性。更快的火枪、更轻的火炮、更敏捷的骑兵让一名优秀的将军能够发动一场同时取冲击战术与火力之长的联合武器攻击战，击败对手厚重笨拙的阵形。但是，战争就是这样，一方的成功引来效仿，效仿带来新的势力平衡，而平衡又意味着重回僵局。各地统帅模仿荷兰和瑞典的战争方式，坚持让士兵操练的同时，缩小横队的纵深，以部署更多的火力。随着荷兰的

操练手册、瑞典的枪炮模型和三列步兵横队模式通过译介和复制传播到欧洲各处，各种形式的“新模范军”在17世纪余下的时间里遍地开花。他们通晓齐射、双排齐射和退行。各个铸造厂铸出了更轻、更易移动的大炮，造出了可将大炮拉到战场的马车。多数骑兵也放弃了半回旋战术，改用马刀或骑枪，以瑞典风格发起冲锋，以期达到冲击的效果。[45]

接下来，性能更为强大和可靠的燧发枪取代了旧式的火绳枪，在各地推行。1690年之后，环形刺刀、套筒形刺刀也迅速取代装在燧发枪上的效率低下的插入式刺刀。由于新式刺刀是套在火枪的末端，而不是装在塞进枪管的木塞上，所以火枪手们在装上这种刺刀后，即可在完成开火和装填弹药的同时亮出刀阵，保护自己，击退敌军骑兵。很快，长矛兵被全数淘汰，取而代之的是以宽而浅的横队排布的燧发枪手。首先完成这一转换的是法国军队——那个时代的法国人在与战争相关的很多事情上，不仅是做得最快的那个，还是做得最好的那个。只有在缺少燧发枪的情况下，长矛兵的身影才会出现在18世纪初的战场上。英国人的抵抗时间最长：迟至1704年，英国步兵仍在欧洲大陆上使用长矛。这种军事上的保守主义和贫瘠是另一个古老的故事，但它即将迎来戏剧性的改变。[46]在一些将领看来，标准化的武器和更灵活的新式阵形，能让攻方在机动行军、作战上取得根本性的突破，使会战成为决胜战争的关键。然而，同样的因素也在让防御性火力以及依赖步兵的长期趋势得到加强，而且在所有作战单位的成分和作战方式都变得相差无几的情况下，留给指挥官的创新空间也更少了。

105

从那以后火枪兵就有了巨大的火力优势，装配骑枪和马刀的骑兵虽然有着优越的机动性，也往往不是其对手，除非骑兵能够逮到列成行军纵队的一个步兵营，将其截断。到1700年，接下来一百年里以燧发枪为主导的战争的基本线列队形和标准

化武器，在这时就已经基本定型了。[47] 这算是一种进步吗？线式作战并不永远意味着良好的机动性，也就不意味着谋略过人的将军就一定能获得战术上的决定性优势。事实上，线列战术下的齐射，带来的是更加血腥的会战场面：30% 到 50% 的伤亡率在此类会战中非常普遍，战胜一方的死伤数量可能和战败一方相差无几，但获得的技术性胜利却无法决定任何关键性问题。这种情况直至 18 世纪中期腓特烈二世的战术革新之前都未见改变。而且我们将会看到，即使在那时，他能维持优势的时间也很短暂；而且不论什么时候，除了几个明显的战术选择——通过攻击一翼，来实现绕行、突破或翻转侧翼——其余可做的少之又少。它主要改变的是射速以及死亡率和伤残率，因为线式作战已经沦为步兵斗殴，考验的不再是横队的灵活、机动或指挥官的才智，而是看这些平民士兵当中，哪一排最先崩溃，扔下手里的燧发枪，逃离这个本就只属于他们国王而不是他们自己的战场。

一旦 18 世纪的军队按照在 17 世纪学习和检验而得的新的作战方式，以梯形战线进行布阵，那么随之而来的就是排枪、大炮的轰击和垂死之人的哀鸣，双方都用上了燧发枪和重炮，要将对方置于死地。将军们透过弥漫的浓烟，拨开不确定性的迷雾，寻找对方战线上的空隙；那些空隙或是因为弹雨侵袭所致，但更多时候，是因为在浓烟和恐惧的包裹下，阵势混乱，步兵营之间害怕误伤而互相退避所致。在一条进攻战线上，营与营之间一旦留下空隙，就会制造出一个局部的侧翼。此时警觉的将领就会手持白刃，朝着这道空隙长驱而入：如果是法军，他们会用刺刀发起冲击，更常见的做法是让预备队中的冲锋骑兵前去冲散这些被孤立的营队，将罅隙扩大为缺口，然后发起一波又一波的侧翼攻击，重挫敌方士气，使其溃逃。那些死去的人所留下的空缺永远会有源源不断的平民和强征来的步

106

兵前去填补——虽然经过一两场战斗后，步兵的技术水平会急剧下滑，站在射击前线的将是瑟瑟发抖的稚嫩新兵。

古斯塔夫留下了一扇通往指挥权的大门，门虽半开着，但还未宽到任谁都能进入的程度。战争拼的仍然是防御和后勤，因此慢慢悠悠的季节性作战、久拖不决的冲突仍是战场的主流。抛开那位瑞典战将在几场会战中的成功不说，他的战略意识，破坏敌人补给、募兵、政治活动的能力，以及打击敌人士气的能力，更加令人印象深刻。他精心策划的行动沉重打击了哈布斯堡的声威，瓦解了哈布斯堡联盟；他在神圣罗马帝国政治舞台上的漫漫征途令人瞩目，他在沙场上的成就亦然。古斯塔夫明白，会战是战争的其中一种形式，政治活动、消耗战以及其他用以击败敌人的手段也不例外。华伦斯坦同样深谙此道，甚至因为做得过于出色，招致皇帝对他才华和他在佣军中声望的忌惮，惹来杀身之祸。

战场上缺少能够带领新式军队应对会战的将领，将领如果资质平庸，或者哪怕能力不俗，大概都会让会战沦为力量相仿的两军之间一场互相送命的火力交换：骑兵被命令向着令人胆寒的防御火力发起冲锋，步兵迎着炮击列阵而立，直到一方先于另一方倒下。时代呼唤有战术想象力的天才将领。然而请战的人多，成功者寥寥。18 世纪能否培养出像古斯塔夫和华伦斯坦这样的大将，能够胜任指挥这些经过改造、阵形扁平、因汲取了前人教训而变得更加致命的新军的任务？就像在所有事情上一样，启蒙运动自信它能发动更好的战争，也能让战争变得更好。

## 注　释

1　后来偏离这种君主模式的是奥利弗·克伦威尔（Oliver Cromwell）的

新模范军。然而，从17世纪中叶开始，英国军队也出现了类似的以职业化、操练和纪律为上的模式。Henry Reece, *The Army in Cromwellian England, 1649–1660* (Oxford: Oxford University Press, 2013); Roger Manning, *An Apprenticeship in Arms: The Origins of the British Army, 1585–1702* (Oxford: Oxford University Press, 2006): pp. 430–444.

2 海军财政和建设在近代国家的形成和社会变革过程中的作用，在现有的理论研究文献中并未得到充分的、与之相配的阐述。

3 Michael Roberts, "Military Revolution, 1560–1660," in Clifford Rodgers, editor, *The Military Revolution Debate: Readings on the Military Transformation of Early Modern Europe* (Boulder, CO: Westview Press, 1995): pp. 13–36; "Paradigms," in ibid. pp. 37–116; Geoffrey Parker, *The Military Revolution: Military Innovation and the Rise of the West, 1500–1800* (Cambridge: Cambridge University Press, 1996): pp. 6–44, 155–176; idem, "Limits to Revolutions in Military Affairs," *Journal of Military History* 71/2 (2007): pp. 331–372; Brian Downing, *Military Revolution and Political Change* (Princeton: Princeton University Press, 1992). 这个想法后来被延伸到了原来理论中没有的全新领域和技术之中，例如 Michael Paul, "Military Revolution in Russia, 1550–1682," *Journal of Military History* 68/1 (2004): pp. 9–46; Kaushik Roy, *Military Transition in Early Modern Asia, 1400–1750: Cavalry, Guns, Government and Ships* (New York: Bloomsbury, 2014); and Peter Lorge, *The Asian Military Revolution* (Cambridge: Cambridge University Press, 2008): pp. 154–175。

4 Tallett, *War and Society*: pp. 188–231; Kennedy, *Great Powers*: pp. 70–114; Hall, *Weapons and Warfare*: pp. 157–236; Clifford Rogers, "'As if a sun had risen': England's 14th Century RMA," in MacGregor Knox and Williamson Murray, editors, *Dynamics of Military Revolution, 1300–2050* (Cambridge, Cambridge University Press, 2001): pp. 15–34.

5 Jeremy Black, "A Military Revolution?" in Rodgers, *Military Revolution Debate*: pp. 95–116; idem, *Beyond the Military Revolution: War in the 17th Century World* (Basingstoke: Palgrave 2011): pp. 151–187; idem, *War in the 18th Century World* (Basingstoke: Palgrave, 2013): pp. 188–208.

6 指出军事革命理论存在目的论倾向的一个有力批判来自 David Parrott, *The Business of War: Military Enterprise and Military Revolution in*

*Early Modern Europe* (Cambridge: Cambridge University Press, 2012)。作者关注的是三十年战争中的雇佣军和军事承包商，或者用他的话来说，“战争的买卖”。

7 Stone, “Infantry Revolution of the 14th Century,” op. cit. p. 364; Black, “A Military Revolution?” : pp. 95–116.

8 无论军事革命理论具有怎样的优点和缺陷，重要的是，军事革命的核心思想在试图解释西方崛起的过程中，将战争重新推到了历史的中心。也许有一天，军事革命论会被广泛接受，就像科学、工业和文化领域的其他“革命”理论被史学家们认为塑造了我们今日所知的世界一样。这一有价值的推测是盖·切特（Guy Chet）提出的，参见 Guy Chet, “Teaching in the Shadow of the Military Revolution,” *Journal of Military History* 78 (July 2014): pp. 1072–1073。

9 最著名的是莱顿的新斯多葛派哲学家尤斯图斯·利普修斯（Justus Lipsius），他于1596年出版的著作《论罗马军事体制》（*De Militia Romana*,）对威廉·洛德韦克和拿骚的莫里斯影响深远。

10 Günther Rothenberg, “‘Military Revolution’ of the 17th Century,” in Paret, *Modern Strategy*: pp. 32–63; Nimwegen, *The Dutch Army*: pp. 85–116; Marjolein ’t Hart, *The Dutch Wars of Independence* (New York: Routledge, 2014): pp. 37–57, 65–70, 92–96.

11 Delmer Brown, “The Impact of Firearms on Japanese Warfare, 1543–98.” *Journal of Asian Studies* 7/3 (1948): pp. 236–253; Michael Richardson, “Teppo and Sengoku: The Arquebus in 16th Century Japan,” *Concord Review* 1 (June 2011): pp. 187–210; Matthew Stavros, “Military Revolution in Early Modern Japan,” *Japanese Studies* 33/3 (2013): pp. 243–261. 理查森（Richardson）反对夸大西方火器传入日本的影响。

12 Börekçi, “Janissaries Use of Volley Fire” : pp. 407–438; Gábor Ágoston, “Firearms and Military Adaptation: The Ottomans and the European Military Revolution, 1450–1800,” *Journal of World History* 25/1 (2014): pp. 85–124; idem, *Guns for the Sultan: Military Power and the Weapons Industry in the Ottoman Empire* (Cambridge University Press, 2005): passim. Murphey, *Ottoman Warfare*: pp. 13–34, 65–104; Kenneth Chase, *Firearms: A Global History to 1700* (Cambridge: Cambridge University Press, 2003): pp. 56–140.

13 G. Perjés, “Army Provisioning, Logistics and Strategy in the Second Half of the 17th Century,” *Acta Historica Academiae Scientarum*

*Hungaricae* 16 (1970): pp. 1–51. 有关荷兰的后勤，参见 Nimwegen, *The Dutch Army*: pp. 117–131, 361–377。

14 Jones, *Art of War*: pp. 214–220.

15 Geoffrey Parker, *The Army of Flanders and the Spanish Road, 1567–1659: The Logistics of Spanish Victory and Defeat in the Low Countries' Wars* (Cambridge: Cambridge University Press, 2004); Parrott,*Business of War*: pp. 139–195; John Childs, *Armies and War in Europe, 1648–1789* (Manchester: Manchester University Press, 1982): pp. 1–27.

16 Jones, *Art of War*: pp. 214–220; Creveld, *Supplying War*: pp. 5–16; F. Redlich, "Contributions in the Thirty Years' War," *Economic History Review* 12/2 (1959): pp. 247–254.

17 Contamine, *War in the Middle Ages*: pp. 200–207，260–295; Bradbury, *Medieval Siege*: passim; Ivy Corfis and Michael Wolfe, editors, *The Medieval City Under Siege* (Woodbridge: Boydell, 1999): pp. 35–68.

18 Nimwegen, *Dutch Army*: pp. 85–116; Parker, "Limits to Revolutions" .

19 John Lynn, *Women, Armies, and Warfare in Early Modern Europe* (Cambridge: Cambridge University Press, 2008).

20 O. van Nimwegen, "Maurits van Nassau and Siege Warfare, 1593–1597," in Hoeven, *Exercise in Arms*: pp. 113–132; Nimwegen, *The Dutch Army*: pp. 151–170.

21 Parker, "Limits to Revolutions" ; Nimwegen, *Dutch Army*: pp. 171–188.

22 1619 年，莫里斯以叛国罪处决了主和派领袖约翰·范·欧登巴内菲尔德（Johan van Oldenbarnevelt），表面是为了通过组建更多的民兵（*waardgelder*）部队来削弱军队的影响。雨果·格劳秀斯则被判入狱，但在 1621 年逃离，在流亡期间于 1625 年完成了他的《战争与和平法》。Ibid., pp. 196–206; Israel, *Dutch Republic*: pp. 399–449.

23 See the sequence of documents "The Defenestration of Prague," "Declaration of Elector Frederick V of the Palatinate," "Edict of Ferdinand II Annulling the Bohemian Election," "The Battle of White Mountain," and "Terrifying and Piteous News from Bohemia," in Tryntje Helfferich, editor, *The Thirty Years War: A Documentary History*(Cambridge: Hackett Publishing, 2009): pp. 14–57. Also see Wilson, *Europe's Tragedy*: pp. 3–12, 269–313.

24 Nimwegen, *Dutch Army*: pp. 207–216.

25 Jones, *Art of War*: pp. 221–223, 245–246.

26 三十年战争后回国的苏格兰雇佣兵——他们大多是为瑞典军队服役，他们在 1640 年渡过泰恩河时，使用了一种“皮炮”作为掩护。三国之战期间，爱尔兰军队也曾尝试专门部署皮炮，但大多效果不佳。这些爱尔兰士兵要么是在德意志服役时了解到的，要么是从苏格兰人那里知道的。无论哪种情况，这都不是技术传播的一次成功案例。

27 Nils Ahnlund, *Gustavus Adolphus the Great* (New York: History Book Club, 1999): pp. 116–120.

28 对这一时期骑兵进行了简要介绍的是 John Ellis, *Cavalry: The History of Mounted Warfare* (Barnsley: Pen & Sword, 2004): pp. 77–108。

29 Ibid., pp. 81–84; Jones, *Art of War*: pp. 196–197.

30 什图姆（Sztum）也称霍尼格费尔德（Honigfelde）。关于瑞典与波兰的战争，见 Roberts, *Profiles in Power*: pp. 46–58。

31 关于古斯塔夫介入三十年战争的“重大决定”，参见 ibid. ，pp. 59–72 and idem, “The Political Objectives of Gustavus Adolphus in Germany,” *Transactions of the Royal Historical Society* 7 (1957): pp. 19–46。同时期记录见“Gustavus Adolphus’ Invasion of the Empire,” in Helfferich, *Documentary History*: pp. 98–106。威尔逊（Peter Wilson）对动机和策略的看法，与迈克尔·罗伯茨的解释有很大的不同，罗伯茨是著名的古斯塔夫·阿道夫传记作者，也是专注于瑞典“大国时代”战争的历史学家。Wilson, *Europe's Tragedy*: pp. 459–464.

32 Michael Roberts, *Profiles in Power: Gustavus Adolphus* (New York: Routledge, 2014): pp. 19–108.

33 威尔逊提出一种修正主义观点，认为古斯塔夫不仅即兴创作了他的地图，还即兴创作了他在德意志的战略。他对古斯塔夫是否有过更高层面上的帝国经济考量表示怀疑，相反，他认为一个更大的可能性是古斯塔夫需要靠着在德意志制造战争来满足军队的需求：*Europe's Tragedy*: pp. 461–464。

34 Roberts, *Profiles in Power*: pp. 109–126; Jones, *Art of War*: pp. 223–232.

35 同时期记录见“The Sack of Magdeburg,” in Helfferich, *Documentary History*: pp. 107–112。

36 韦格雷（Russell Weigley）断言，布莱登菲尔德标志着“会战时代”的开始，而这个会战时代将持续到 1815 年：*Age of Battles*: pp. xi–xii。无论是开始还是结束的时间，这个论断都似乎下得太过武断了。

37 “The Battle of Breitenfeld,” in Helfferich, *Documentary History*: pp. 113–117; Wilson, *Europe's Tragedy*: pp. 472–477; Weigley, *Age of*

*Battle*: pp. 3–23. 威尔逊给出的数字有一点不同。此外，他对修正主义的执着让他对瑞典军队的战前改革所赋予它的战术优势不以为意。更为深入的军事分析，参见 Jones, *Art of War*: pp. 232–237。

38 “Protestants Triumphant,” “The Swedish Discipline,” in Helfferich, *Documentary History*: pp. 118–136.

39 Jones, *Art of War*: pp. 237–241.

40 Weigley, *Age of Battles*: pp. 29–30.

41 Roberts, *Profiles in Power*: pp. 162–180; Weigley, *Age of Battles*: pp. 31–36.

42 “The Assassination of General Wallenstein,” in Helfferich,*Documentary History*: pp. 144–147. 更多一般性资料，见 Geoff Mortimer, *Wallenstein: Enigma of the Thirty Years' War* (Houndmills: Palgrave, 2010)。

43 Wilson, *Europe's Tragedy*: pp. 786–806.

44 William Guthrie, *The Later Thirty Years' War* (Westport: Greenwood, 2003).

45 J. L. Price, “A State Dedicated to War? The Dutch Republic in the 17th Century,” in Ayton, *Medieval Military Revolution*: pp. 183–200; David Parrott, “Strategy and Tactics in the Thirty Years' War: The ‘Military Revolution,’” *Militaergeschichtliche Zeitschrift* 38/2 (1985): pp. 7–26; Barbara Donagan, “Halcyon Days and the Literature of War: England's Military Education Before 1642,” *Past and Present* 147 (1995): pp. 65–100. 即使是瑞典骑兵，他们最晚在 17 世纪 80 年代还曾部分恢复过半回旋战术，所以在好几十年的时间里，新的瑞典冲击战术和传统的骑士手枪战术在战场上是交叠使用的。波兰骑兵一直到 17 世纪末仍在使用半回旋战术。Ellis, *Cavalry*: pp. 81–84; Jones, *Art of War*: pp. 196–197.

46 由于与欧洲大陆理论和实践的长期隔绝，英国很晚才改用燧发枪——最著名的如英国陆军使用的俗称棕贝丝（Brown Bess）的制式燧发枪；许多英国军官的这种对带刃武器的过时的贵族做派偏好保留得比其他地区的都久。Roger Manning, “Styles of Command in Seventeenth-Century English Armies,” *Journal of Military History* 71/3 (2007): p. 698; Richard Holmes, *Redcoat: The British Soldier in the Age of Horse and Musket* (New York: Harper-Collins, 2001): pp. 32–46.

47 Jones, *Art of War*: pp. 268–272; Brent Nosworthy, *The Anatomy of Victory: Battle Tactics, 1689– 1763* (New York: Hippocrene, 2000). 另

见一份不太确定的确定性研究报告：N. A. Roberts, J. W. Brown, B. Hammett and P. D. F. Kingston, “A Detailed Study of the Effectiveness and Capabilities of 18th Century Musketry on the Battlefield,” *Journal of Conflict Archaeology* 4 (2008): pp. 1–21。

## 五　理性的会战



由君主付薪的新式军队，其军服颜色除了骠骑兵的制服色彩鲜明多样外，其余大多使用的是白、蓝、红等代表国王的颜色。除了军服颜色不同，他们有着一样的外观、一样的操练方式、一样的战斗模式，接受统一的作战学说和风格。他们对纪律和在炮火中保持克制的战术价值和道德品质抱有一致的推崇。他们在皇家委员会的体系下逐步走向军官队伍的半职业化，开始依赖虽然有限但日益精英化的军官招募体制。他们有着与标准化的战术和武器相配的标准化的作战单位和战斗阵形。[1]许多士兵现在也是领受薪酬的职业军人，不过不再是雇佣兵：总体而言，他们是拿饷的志愿兵。当然也并不全是这样，部分国家是将陆军、海军当作了收容所，用来容纳不受欢迎的社会分子，比如因罪被判服兵役的人、穷困潦倒的人、身无长技者，还有那些因为倒霉被抓了壮丁的外国人。[2]

每一支军队的背后都代表着一个日臻成熟和现代的国家政体，它们集中体现在世俗主义、官僚体制，以及集于中央的用以供养一支全职军队的税收权力上。国家能力的上升，使得组建长期军队或者常备军队成为可能，而且有其必要（因为所有人都在这么做）。然而，这些还不是国民军队。他们仍然是国王的军队，特别是军官，他们几乎已经成了一个跨越国界的阶层。军官队伍在很大程度上仍由贵族把持，尤其是在一向比较保守的骑兵当中。不过，已经有越来越多的机会开放给了中、下阶层的人才，尤其在炮兵和工兵部队，功绩学识比血统门第更受重视。更多出身资产阶级的人正被委以“国王的使命”。此时的士兵还不是公民兵，这种根本改变的发生要等到法国大革命的到来。然而，与过去佣兵不同的是，他们身着国王的军服，常年吃住在军营里，接受国家的武装和训练，领受国家支

付的薪酬。他们日日操练、挖掘火炮掩体、架设野战工事、执108 行机动和反向机动，有时还在驻防地执行守备任务。作为回报，他们即使只是轻微触犯规条，也会受到严厉的惩戒：或罚拖炮弹、铁链，或受夹道鞭打，或被戴上颈手枷，或被绞死。所以，那个时代的所有军队，都存在严重的酗酒和逃兵问题。[3]但是，那些在战场上阵亡的、逃跑的或者因为逃跑而被绞死的，以及死于"营病"（通常是斑疹伤寒）的士兵，永远不愁找不到替代者。随着这些军队越来越多地使用同样的武器、同样的训练方式，对那些想要更多的人而言，显然只有高超的将领才能让他的军队在战争中与众不同。将领的时代，或者说有能力一战定乾坤的伟大现代将领的时代，是否即将到来？

现在说这话还言之过早。随着战争规模扩大、代价渐高，将军们和他们的声誉反倒日渐衰退。没有什么可以保证最终的战局，无论是撒出去的钱，还是送掉的性命。当时称雄战场的是路易十四领导下的法国军队，致力于研究这支军队的杰出历史学家约翰·林恩（John Lynn）直言："在古代政权中，几乎找不到可以终结一场大型战争的会战实例……冲突往往会拖延下去，直到损耗将问题解决。"[4]无论是路易十四，还是后来的腓特烈二世，他们的每一次侵略举动，都会使得其他国家联合起来与之对抗。在政治和外交力量平衡的背后是更加难以撼动的军事平衡，谁都无法以一己武力撬动整个政治均势格局。于是，战争总会因为一些看似微不足道的因素，比如家族继承权争端或者某位国王的虚荣，而加深、扩大、延长。在18世纪欧洲发生的较大规模的战争中，四次是因为王位继承权的问题（西班牙、波兰、奥地利、巴伐利亚）引发的。国王之间的矛盾，遂转化为两国人民的互搏。军队先是朝着敌人的驻地边界开拔，包围一座要塞或城市，后又班师折返，然后又在下一个夏天、再下一个夏天重复同样的动作。18世纪的战争规模更大、花费更多，但它们久拖不决的

特点其实和饱受诟病的中世纪战事并无本质区别。

阵地支配着战争。大大小小数以百计的要塞，像石蘑菇一样散落在紧凑的领地上。一位将军和一支军队的大部分精力都花在了要塞之间的往返行军、进攻或防守上。[5]甚至国王的资金也更多地被用于要塞建造（至少是加建棱堡）、打造野战工事，以保护边境、截断行军通道。它们构成了相互连通的“防线”，横跨乡村的各个部分，连接要塞和城镇、桥梁和桥渡，以及关键的交叉路口，所有的防线都有石筑工事和戍卒把守，阻止军队通行。正因防线阻断了军队的移动，所以“越线”（passage of Lines，让一支军队通过戒备森严的边防地带）十分罕见，发动一次越线，不管结果如何，都将被视为作战行为的一次巅峰、一次至高指挥才能的展示。18 世纪的防线和第一次世界大战期间的战壕一样，有通讯战壕、支援战壕，以及作战战壕、内堡、碉堡、火炮掩体和据点。它们与 20 世纪战壕的区别主要体现在两个方面：一是守卫它们的小支军队无法覆盖整条防线；二是它们的存在不是为了保护藏身其中的士兵不受炮火袭击，而是为了挡住敌人去路，阻止他们对后方富饶腹地的蹂躏。防线追求的是石筑边界的永固，代表的是一种战略防御姿态。不过，它们也还有两个为出击准备的功能，对军队部署和战争经济起着重要作用：一是保护即将发起进攻的军队的存粮和弹药；二是为小支守备部队提供一个固定基地，让他们可以四处劫掠、征发粮草——或是为了自给自足，或是单纯地破坏敌人领地。[6]

109

统治者们一如既往地憎恶战争，因为它过多地引入了偶然性。他们试图通过避免野战来尽可能降低出动昂贵部队的风险——为了减少成本，而非伤亡。他们担心战争中的一次不幸，以及那些往往成为战争转折点的重大意外和令人始料不及的后果，会从财政上将他们摧垮。军队的惯例是在一个接一个的防御工事之间作短途征战，这些工事数量密集，而每个工事的设置都

是为了守卫下一个关卡、运河、河道或征税城镇。多数时候，守备士兵都是乐意待在里面的，或者说迫于“侦察部队”的存在而不得不留在里面。打赢一场会战，或者拿下防线上的某一个要塞，还有更多守卫森严、完好无损的要塞等在前面。克劳塞维茨后来反对的正是这类作用有限的领地战争，他提倡的是在战场上使用无节制的暴力，而且暴力的目的永远是消灭敌方主力，战争的终局必须是一方发出号令而非谈判。[7]他所秉持的，正是后世所推崇的、以腓特烈和拿破仑为榜样的进攻和侵略的哲学。然而，对于一心防守的列强来说，18 世纪的防线已经起到了相当不错的效果，它提高了侵略者的成本，将外国军队拒于边境之外。

不过，因为没有足够的兵力去守护每一块砖石，还是会让聪明的敌人通过出其不意的机动钻空子，比如先是分散行军，暗示此行有一个更远的目的地，之后迅速集中兵力袭击。另一边的军队则平行于设防边界前进，同时让间谍和侦察兵保持密切监视，以防敌军“偷步”（steal a march）。进攻者还需要得到关于敌军真实位置的可靠情报。这在哪个时代都不是一件易事，一直到 18 世纪，最快的军事通讯方式还是通过快马和船舶送信。[8]此外，机动的主要目的也不是找到敌人挑起战斗，而是避开敌军，以便夺取它的仓库，消耗它的给养，抢占它的税收，挫伤它的士气——使得敌军弹尽粮绝，知难而退。如果你的目的是防守，那么这种战术结合设置得当的防线或者虽然规模不大但设在咽喉的防御工事就能奏效。于是战事就这样在拖拉磨蹭中，变得没完没了。一方挖好防线，筑起炮台，另一方挥师来围。

110

其中一道防线起于马斯，连接运河、河流、天然高地和山脊，横跨联省 100 英里后直抵大西洋；防线上有加深过的沟渠、新掘的战壕、高耸的瞭望塔，以及沿线加设步兵射击台阶和预装大炮的土方工事。荷兰人将运河、堤坝和可浸没的圩田纳入他们的“荷兰水线”，组成了一个庞大的水防体系。随着法军的推

进，塞巴斯蒂安·德·沃邦（Sébastien de Vauban）在西属尼德兰为路易十四建了新的防线，他效仿的是诺曼人当年依靠城寨城堡征服南英格兰的大战略，但是规模更为庞大，以与这位崛起中的太阳王相称。“布拉班特防线”（Lines of Brabant）仿照燧发枪兵在战场上的部署而建，双线并行；北起安特卫普，南至那慕尔（Namur）——默兹河与桑布尔河（Sambre）的交汇处，全长130英里。[9]与他的国王不同，主导沃邦的是防御型思维。不过，迫于后来一而再再而三的失利，路易十四的防御意识也在无奈之下慢慢增长起来。随着这位大帝年岁渐老，他不再热衷开疆拓土，而只想守住自己年轻时用武力夺来的东西；为让法国免受袭击和入侵，他要求沃邦强化边防，要将法国围得水泄不通。[10]作为那个时代，甚至可以说是历史上罕见的一位伟大的军事工程师，沃邦为路易十四构思并建造了一套新的防线，名为“决战地”，这是一个经过石头和大炮加固的阵地，用以捍卫法国扩张后的，或者说已经过度扩张的疆界。[11]

随着路易十四转攻为守，沃邦修筑的防线也越来越多，包括在斯特拉斯堡（Strasbourg）附近沿莱茵河界而建的“洛泰堡防线”（Lines of Lauterbourg）。荷兰人也针锋相对地在弗兰德和莱茵河沿岸修筑堡垒防线。1703年，他们在德国修建了一道较短（10英里长）的防线，名为“斯托霍芬防线”（Lines of Stollhofen），以严肃的财政承诺表明自己——相对于来犯英国指挥官的逐战——对阵地战略的青睐。路易十四从1708年开始下令在普罗旺斯修建“瓦尔防线”（Lines of the Var），以抵御即将在法国南部迎来的入侵。三年后，他又下令修筑了一条更加强大的内防线——*Ne Plus Ultra*（“铜墙铁壁”，或取其字面意思即“止步于此”），全长200英里。“铜墙铁壁”防线是在“决战地”上的堡垒被盟军攻破之后，由维拉尔元帅（Marshal Villars）建造的。防线始于海岸，途经旧日以及未来也将成为战

场的阿拉斯（Arras）和康布雷（Cambrai），再经桑布尔河，然后又到那慕尔，其中并入了几段部分损毁的布拉班特防线。

111

战略相持是当时的常态，这反映的既是砖石的停止力（Stopping power），也是太阳王时代各交战国相差无几的实力。各方军事力量实在是过于均衡，以致兵戎相见除了给边界带去咫尺寸土的变化，或者让双方互换海外殖民地，等下次开战再换回来或者换出去之外，再无更多的作用。所以列强发动的战争往往可达数十年之久，在此期间，长达数周的围城、整整一个夏天的行军或者防线建设、数年的海上封锁和商路破袭（*guerre de course*），比比皆是。类似“约翰·巴特”（John Bart）这样的法国民间私掠船，会联合服役皇室的巡洋舰劫掠荷兰、英国的商船，而荷兰和英国海军也会在七大洋上围剿法国船只。海外投资与军事活动如此相互搅和，把欧洲的战火带到了遥远的海岸上。陆上和海上战役打了又打，随着精神和物质损耗开始侵入战略层面，战争中的种种都在变得越发令人不堪忍耐，如此直至政治疲乏、财政破产，战争才被迫告一段落。然而一段时间的武装休战（而不是和平）之后，一切又将重启。

防线和堡垒是通往决战路上一道不容小觑的障碍，这不是某位伟大将领纯粹的战斗意志可以克服的。[12] 正如 1677 年一位观察家所言：“相比之下，野战已经鲜少成为人们讨论的话题。事实上，英明的出击，以及精巧的防御工事，这两点足以概括这个时代所有的战争艺术。”[13] 同样，一位英国军官也曾以一种透露自己阶层出身的方式感叹道：“比起猎犬，我们打起仗来更像是狐狸；你得打二十次围城战，才会遇上一次会战。”[14] 极难攻克的城墙奠定的是防御的力量，对抗着一切试图以并不充分的进攻手段决一高下的野心。每一次疲战总会陷入僵局，一旦有人试图打破这个平衡——先是路易十四，然后是普鲁士的腓特烈二世——都会促成新的联盟关系出来阻止。人力物力都被投入和消耗在了

一轮又一轮的有限战争或“内阁战争”当中，这些被单独命名的冲突或许更应被置于持续时间更长、影响更为重大的纷争背景中去理解，比如法国与尼德兰及其盟友之间、法国和英国之间的斗争。这些令人精疲力竭的战争蔓延到了全球的大部分地区，几乎贯穿整个 18 世纪，直到法国终于在 18 世纪 90 年代爆发革命，大半个欧洲又因此陷入了持续整整一代人的全面战争中。

军队的情况又是如何？当在自己的领土上时，兵员的粮饷可由中央国库承付，但在战时，外国的城镇和土地财富仍被视为掳掠和进行惩罚性破坏的合理对象。后勤仍然是一个基本问题。尽管出现了一些革新措施，比如在传统入侵路线上预先放置补给的弹药库系统的建立，但是军队仍会在补给仓库之外大肆抢掠。一旦进入敌人领地，他们就如蝗虫过境，吞噬一切，行径与他们在 17 世纪的祖辈如出一辙。拖沓战争的标志包括：非决定性的军事活动、（常是针对同一要塞的）季节性围城，以及通过在敌人领地上行军、扎营、因粮于敌等手段做到的以战养战。[15] 这么做不只是为了支撑己方军队，它有时也包括阻止敌军获得补给，以及通过勒索甚至恐怖行动发起经济战争和政治胁迫。此时出现了一种新的“摧毁”行为，即火烧全省，以达到迫使当地君主屈服，或者毁坏敌人土地和资源的目的；平民的死亡数量因此攀升，民族仇恨也在不断加深。1674 年，蒂雷纳子爵（Vicomte Henri de Turenne）的军队以路易十四的名义在普法尔茨（Palatinate）大肆掠夺，这是暴行扩大化的一个标志。当然，劫掠之类的事情，军队以前也做过不少，比如为了粮草，或者为了军饷、为了反抗某位指挥官，或者违反内部纪律而发起叛变的时候。但是，作为一项国家政策对整个地区进行如此系统性的破坏，这是第一次。[16] 这是一个预兆。

114

更糟糕的事情还在后头，路易十四下达了一道臭名昭著的破坏令——“摧毁一切”（*faire bien ruiner*），一支快骑兵队伍随即在 1688 年至 1689 年对普法尔茨展开了第二次更为

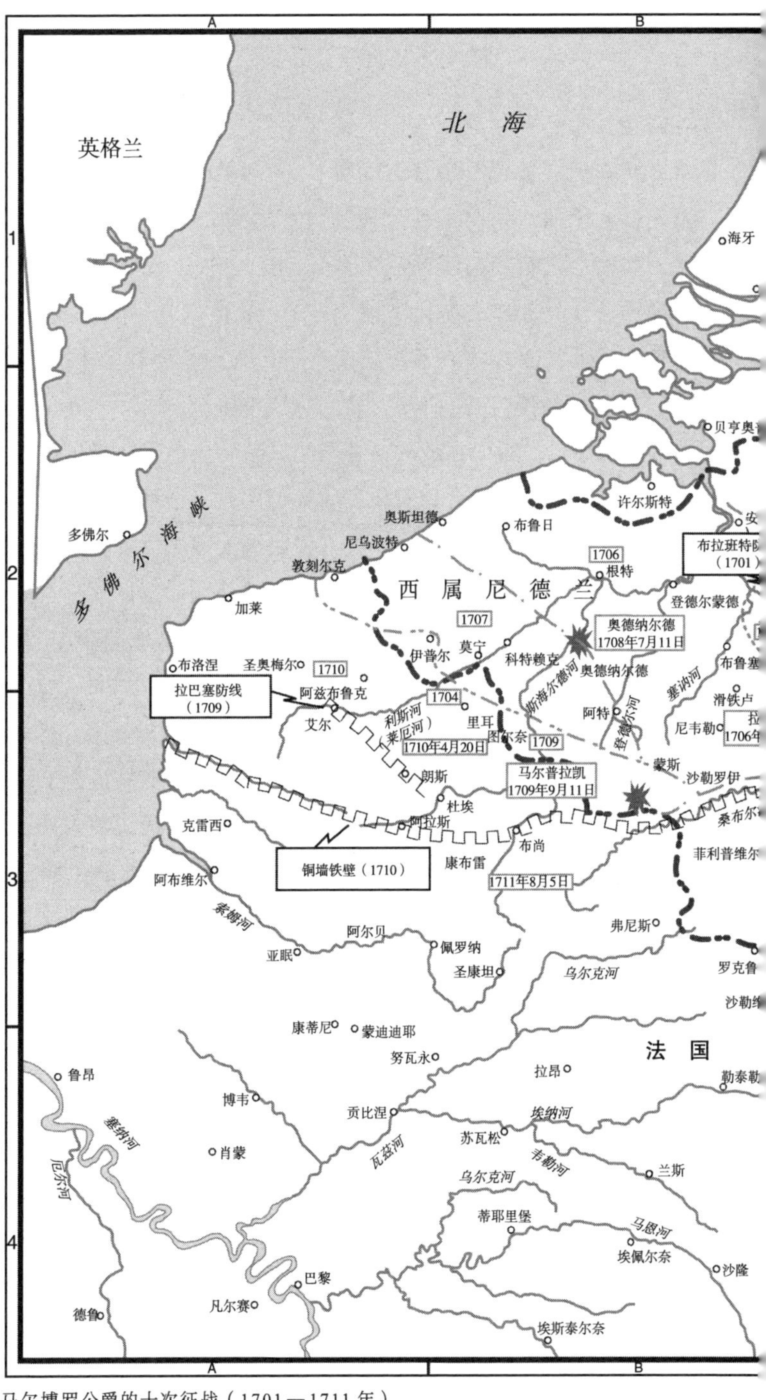


马尔博罗公爵的十次征战（1701—1711年）

美国西点军校历史系提供；George Chakvetadze 重绘

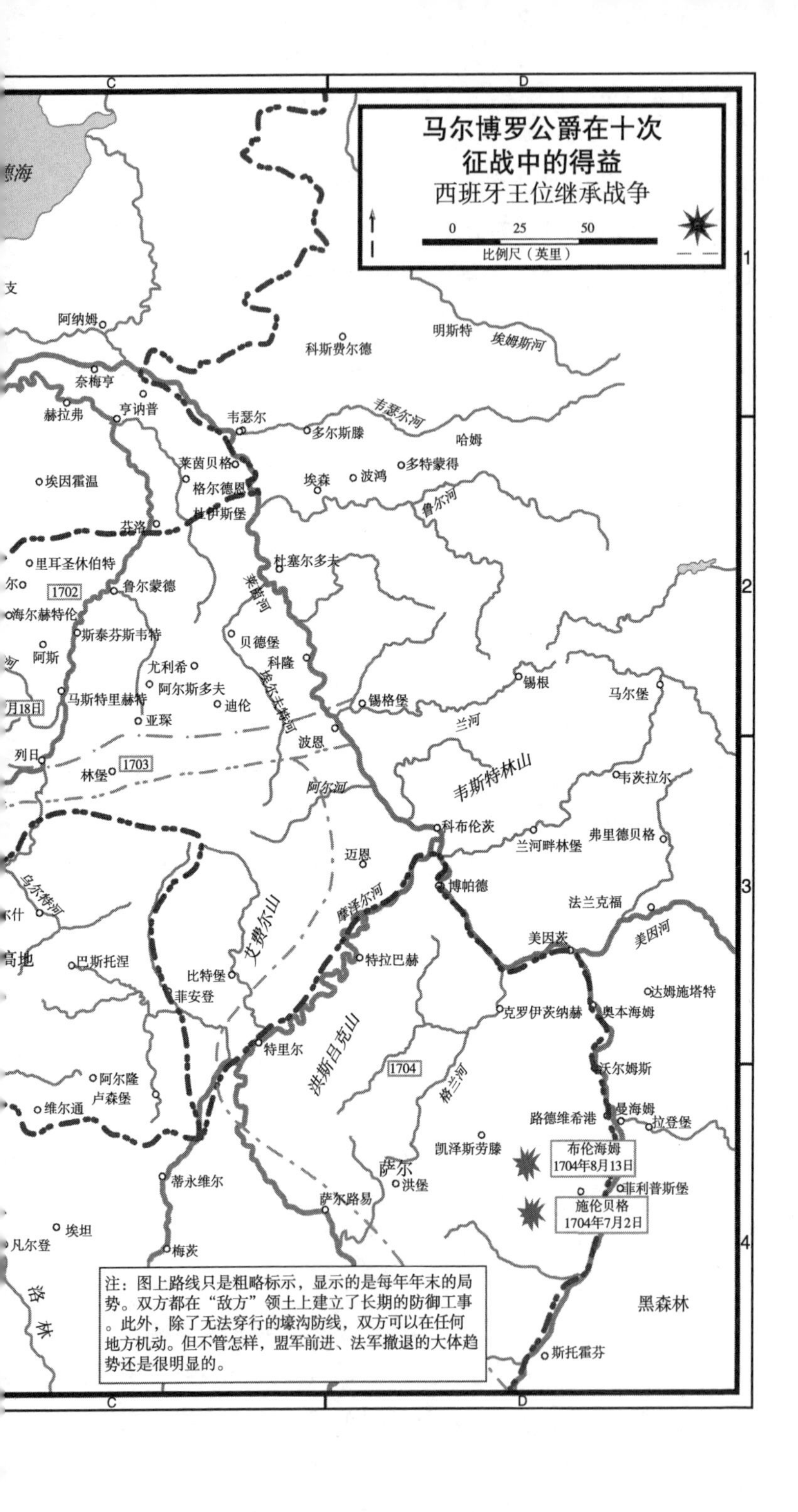


注：图上路线只是粗略标示，显示的是每年年末的局势。双方都在“敌方”领土上建立了长期的防御工事。此外，除了无法穿行的壕沟防线，双方可以在任何地方机动。但不管怎样，盟军前进、法军撤退的大体趋势还是很明显的。

彻底的摧毁行动。行动的策划是在卢福瓦侯爵弗朗索瓦·勒泰利埃（François Le Tellier, Marquis de Louvois）绘制的地图上完成的，每座要烧毁的城堡都被一一标注在了地图上：自从地图变得日益精确，它们就成了施暴的工具。除了反抗路易十四的地方贵族的城堡被烧毁之外，工人们也被迫烧掉他们的小家，农民被迫烧毁他们的庄稼和果园。随后，曼海姆（Mannheim）、海德堡（Heidelberg）、奥本海姆（Oppenheim）、沃尔姆斯（Worms）、施佩尔（Speyer）和宾根（Bingen），这些城市的大片建筑，都被卢福瓦一砖一瓦地拆除一空。德意志有 20 个大型城镇和数百个村庄毁于一旦。这次事件既让路易十四声名尽失，也长了对手的气势，再加上路易十四废除了给予胡格诺派教徒宗教宽容的《南特敕令》，普法尔茨的毁灭被视为路易十四在位期间的一大污点。[17]

野外行军是以营为单位进行的，队列的正面宽度依据道路宽度一般为 8 到 20 列不等，如果要跨越国界，则在进入战斗之前改为横队加预备队的形式。一旦交战，作战战术即受到射程短、精度低的武器的限制。燧发枪无法准确命中几百英尺以外的目标。如此短的射程，需要多排士兵同时行进，并在进入喊话距离后再行开火——如果他们选择先开火的话，因为能够顶住对方一轮甚至多轮火力而不开火还击的情况并不少见。一方视死如归，不顾弹火向前推进，对方只能在一轮扫射之后，匆忙重新装填弹药。这种战术和精神上的克制，固然会带来伤亡，但可以保证第一轮齐射在近距离内发挥它的最大威力。有些战斗最后会以白刃冲锋结束，但这样的情况不多。通常是身着鲜艳制服（为防在硝烟弥漫的战场上被友军误伤，这是必要的）的两军排枪对射，直到一方战线崩溃并撤退。[18] 就连列兵们也开始领会这种战斗耐心——在拉近与敌方步兵或排炮距离时停止射击的价值。普通士兵表现出的勇气和纪律终于说服了

115

越来越多的军官，不再被当作一群扛枪的绵羊，需要守在战线和方阵角落里的中士像边境㹴一样吠叫着将他们赶上战场。首先作出改变的是法国军官，而且这种改变甚至早在法国大革命之前就已经发生。正如下文所讨论的，随着“全民动员”被注入“心智的力量”（*esprit*），这种观念上的转变将为1792年后的征召军带去助力。

同时，在整个18世纪，崭露头角的革新者开始对作战战术作出调整，包括直接以行军纵队的形式出击，增加散兵的数量，把更多大炮拖上战场，将部队重新按营、旅、分营等兼具行军和作战功能的单位组织。[19]但是，主动寻求会战的做法仍然受到统治者和预算的限制，那些石筑防线和防御性火炮成为两军对决的拦路石，而且除了带来巨大的、政治上难以容忍的极高伤亡之外，会战的其余作用微乎其微。军队一方面诞生自养护和支持它们的社会，另一方面也是这些社会的反映。18世纪中叶的欧洲军队还不具备从拿破仑时期以及之后战争所造成的社会破坏中恢复过来的能力。这一能力的获得尚需依赖法国大革命和“全民动员”带来的改变，它们将向将军们保证，哪怕他们选择在某个下午的战斗中铤而走险并因此失去一支军队，那些举国动员而来的资源也能为他们另造新军。在1700年，这种消化大规模伤亡的社会能力还只是属于遥远未来的一个未知数。即便如此，军事先驱者们对会战的追逐还是提前到来了——任它风险巨大、残酷血腥，要来的终归要来。总有执着于此的将军。

17世纪的少数几场会战确实达成过决定性成果——如果我们从战术层面定义这个术语的话。当中的有些会战结束了一次战局，或者曾为一个夏天、一年的战斗画下句点，但没有发生过能为整场战争画下句点的会战。虽然说当中没有一场会战曾经决定过一次大战的战果，但布莱登菲尔德会战和吕岑会战

或许是其中最接近于此的两场，因为它们改变了大战的主要进程。而发生在尼乌波特或罗克鲁瓦（Rocroi）的战役则不然，116哪怕它们都是17世纪欧洲的著名战役。它们产生过一定的政治影响，但是对背后那场更大规模的、耗时费力的冲突来说，它们只是在白白消耗物资与人力成本，并未形成任何持久的作用。此外，为了安抚为军队开销埋单的国王和议会，雄心勃勃的将军或许是会打赢几场仗，但是这几场胜仗，成就的只是他们的个人威名，代价却是千千万万的生命和需要背后金主承担的巨额军费开支。那个时代几乎每场重大会战胜利的取得，都需付出高昂的生命与金钱的代价，这让人很难分清战胜和战败究竟有何区别。

17世纪末的国家更加强大，拥有更好的财政和官僚机构，来自国内的挑战也变得更少，甚或完全没有。随着17世纪英、法、德漫长内战的结束，军队再无内乱需要镇压，便可更多地用于海外作战。军队规模在经历了三十年战争后期的短暂萎缩后，很快又恢复了增长，部队的作战技术随之变得娴熟，装备也变得日益精良起来。在1643年5月19日的罗克鲁瓦战役中，只有23000名法国人对阵2万名西班牙人。到17世纪60年代时，年轻的路易十四所率领的法国军队仍然只有5万至6万人，但到1678年，这个数字已经变成了279000。这比罗马覆灭之后欧洲的任何一支军队都要庞大。1688年，这个数字攀升到了34万，并在17世纪90年代达到40万，为战时兵力之峰值。然而，这些数字也许不无欺骗性，因为占用了多数兵力的是守备区和筑垒防线，而不是在外行军作战的野战部队，前者才是关键。总体兵力数量见涨，并非因为军事文化转向了对会战的追求，而是因为需要有人去驻守不断涌出的要塞，需要有人去围攻，或者至少是作势威胁对手的要塞。[20]

因此，胜负在这一时期并不显眼，因为战争的主要战斗模

式仍是陆上的慢节奏围攻和在海上展开的封锁和商路破袭。奥地利、英国、荷兰、法国、意大利和德国等的军队年复一年地执行机动作战、围攻要塞和防线，或者大肆扫荡。战舰在互相平行的战线上驶过，即便开火，也只偶尔伤及个别船只、少数人的性命，多是无害的。与这种无关紧要的海战相比，私掠船和商船突袭对敌人造成的伤害要广泛和持久得多。每次一阵腥风血雨之后，一省可能易主，地方边界可能前移或者后退，疲惫不堪的国家和社会停下脚步休养生息，重整旗鼓，另辟财源。英国的红衣军和荷兰的蓝衣军对阵的是法国波旁王朝的蓝白衣军，他们年复一年，从夏打到冬，又从冬打到春。他们在夏天里行军、吃苦、杀戮、死于伤口感染或营地疾病，然后暂停脚步，等待冬季的大雪过去。他们可能要为国王和军队效命20年甚至更长时间，直到他们的儿子接替了他们的位置，但是战争还是没完没了，打不出一个结果。 117

每当攻下一个要塞城镇，或者一个能够控制渡口的关键堡垒，军队都会重建他们刚刚烧毁或推倒的要塞，为的是守住新打下的阵地。事实证明，想在列强之间的争战中迅速取胜，几乎是不可能的。得胜者给失利一方留下太多供他们重整旗鼓的时间和资源。所以，即使好战的政府和军队也会回归老套的战术，即不求决战，而是埋头筑垒修防，据守野战工事，蚕食敌方土地，拦截税收，通过打砸抢烧和经济战来耗空敌人的国库。最终，面对国库不支、兵力疲软的问题，野心再盛的将军和他们的政治统领也不得不接受和谈。这种模式数十年如一日地在一轮又一轮的战局、一场又一场的战争中重复上演。不过，并非所有人都甘心屈服于这种拖沓不决。有些将军渴望获得荣耀，或者希望借助重返会战战场来摆脱没完没了的机动作战和对设防城镇或筑垒防线的围攻。他们或是希望通过这种逼迫手段，得到一个政治谈判的结果，或是希望减少长期战争给

国库造成的损失，或是希望通过快速取胜来缓解联盟内部紧绷的情势，又或者只是希望靠着在一日激战结束时占领那片鲜血淋淋的草地，来博取个人名声。有了更多、更好的枪支和更专业的部队之后，至少对一些人而言，足以唤起其对会战的旧日幻想，即个别将军的天纵英才可以在突如其来的决战中迅速终结一场战争。开始追求会战、展开会战，并且偶尔赢得会战的将领多了起来。但这仍然只是少数人偶尔为之的选择。

***

多数发生在17、18世纪之交的欧洲战争，其焦点都离不开路易十四，这位在法国王位上坐了72年、执政逾半个世纪的太阳王。路易十四的连续征战使得法国在他主政的54年间几乎没有能持续两年的和平，因此为了更好地理解这些战争，我们有必要对他的政策稍作回顾。作为一个时代——且这个时代将以他的名字命名的伟大君主，路易十四做了许多值得一提的事。但是，由于他的一生都在拥抱战争，所以对他的评价首先要看战争的结果。在“路易十四时代”，战争是国王的事务。在这个舞台上，他创造的多是苦难、毁灭、徒劳和失败。从1661年到1715年，为了开疆拓土，为了维护法国在“天然疆界”[①]下的国土安全，最重要的是为了他个人和王朝的荣耀，路易十四有32年是在战争中度过的。他不是一个驰骋无忌的征服者，不是一个亚历山大式的或者拿破仑式的人物，而是一个好大喜功、执意将他的时代置于熊熊战火之中的愚莽之人。他要确保法国的绝对安全，这种安全势必会建立在他国的不安全之上，即便如此，他仍在被指控侵略时表现出震惊。他执着

118

① 指路易十四欲以阿尔卑斯山、大西洋、莱茵河、比利牛斯山等天然屏障作为法国领土边界的谋划。

于利用晦涩的法律主张、古怪的历史先例来赢取小利，对以自己为首的波旁家族手中的王朝权利则从不让步。他的外交政策是他个人的，不是国家的。他只是在为自己说话，然而法国和大半个欧洲却因此陷入战争。随着他漫长统治岁月中的光辉逐渐消融在战败和衰落的暮色之中，持续时间越来越长、规模越来越大的战争正以高昂的人力和物资负担将法国拽入灾难的深渊。[21]

路易十四治下的法国军队是一个奇迹，这要归功于无可匹敌的资金规模和众多能力超群的军事家和执政官。[22]他们建立了一支永久的、庞大的职业军队，直到路易十四发动的战争将法国经济拖入泥潭之前，这支军队一直有着坚实的财政基础。和罗马军队一样，法国军队也几乎一直处于备战状态，不是在戍守边境，就是在越过垛墙和河道向邻国行军。它通过一种新的效忠体系笼络旧贵族：显贵家庭要想取得社会成功，建立附庸网络，军团团长的身份是一个关键的途径。[23]资产阶级的加入则是出于其他原因。法国正在发生变化，巨额的战争开销不仅促进了一种新兴的——尽管是有限的——社会流动机制的形成，也成为人们参军的一个动机。而农民则是被强征入伍的。凡尔赛宫在世人面前熠熠生辉，彰显着法国及其时代领袖的至高权力。要想打败这一强军霸主，势必需要多个强国联手。在路易十四咄咄逼人的军事政策和他自己犯下的外交错误下，这一局面不难预见。

年轻的路易十四通过一些外交手腕得到了阿尔萨斯和莱茵兰的部分地区，但他在1667年对西属尼德兰的入侵，引发了为期两年的遗产战争，并因此吓得荷兰人对他的野心一直怀有敌意①。路易十四在谋求领土扩张的同时，往往还要牺牲他

① 西属尼德兰大致相当于今日的比利时，是法荷之间的缓冲区，荷兰因担忧法国入侵行为殃及自身国土安全，因而出手干涉。

国利益来保证法国国土的绝对安全，这使得瑞典、英国加入了荷兰与路易十四的斗争，英荷为此结束了两国之间漫长的海上战争。[24] 面对这样的反击，路易十四退缩了，他强压愤恨，并在 1672 年卷土重来，转而入侵荷兰。这次入侵，他以为自己可以凭借一次战局就轻松拿下荷兰，谁料这场战争（1672—1678 年）一打就是 6 年。[25] 这种情况不会是最后一次，每每挑起冲突的路易十四从没想过自己将会面对多大程度的反抗，也从没对冲突的规模之大、时间之长有过准确的预判。除了遗产战争，他的其他所有战争都未如他所想的那么短促和简单。[26]

119

1674 年之后，路易十四面对的对手就不再是单打独斗的小国了。他的挑衅正在让越来越多的国家结成联盟。没有一个国家能与他的国库储备、他手下 2000 万臣民组成的法国军队的规模和力量相媲美，但是联盟可以。从 1675 年起，他的国土边界四周便群敌环伺，他们将自己与日俱增的军事资产拧成一股持久的合力，旨在封堵法国的入侵。尽管如此，路易十四还是坚持追求一些实质意义不大但具有挑衅意味的法律主张，讽刺的是，他和他的大臣们称之为“侵略性防御”。后来，他还是回归直接的军事侵略。这是典型的路易十四思想，甚至也是典型的霸权思想。西班牙的费利佩二世在谈到他发起的军事远征和战争时说过类似的话，他说他是在防御，而非侵略。奥地利哈布斯堡皇朝在三十年战争开战之初以及路易十三时期也说过同样的话，直到遭遇古斯塔夫和黎塞留的联手阻拦。这个模式在路易十四之后还将继续上演。1794 年以及之后的一段时间，法国军队将会越过国境出击，用刺刀的刀尖将大革命输出国界，以此捍卫革命。许多德国人对他们 19 世纪侵略性的统一战争（1866 年和 1870 年）乃至他们在 1914 年所处的困境持有同样的看法：我们被包围了；因此我们必须出击，挣脱敌人的铁环，我们才能获得安全。在多数情况下，一开始的胜

利往往会滋长狂妄，最终导致战火无尽蔓延，因为面对侵略性的挑衅，组成反抗联盟是最直接的反应。历史只是在不断重复古老的故事，但是由于常被遗忘，它们总是伴随着新的铁血风暴重现。

路易十四要在法国的所有边境上竖起石墙铁壁，而所谓的法国边境，按照他单方面的界定，包括了许多与其接壤的、有争议的土地。这一政策吓坏了所有的邻国。没有谁会从他规模庞大的常备军上看到防御二字；尤其当他试图以“重盟”之名取得包括斯特拉斯堡市在内的小片地区，甚至都没有耐心走完法律论证程序的时候，或者当他在 1681 年公然占领这座要塞城市，进而引发重盟战争的时候。路易十四对帝国自由城市的占领，以及对它们传统的自由和在《威斯特伐利亚和约》中新约定权利的否定，让早已饱经战火蹂躏、深受哈布斯堡皇朝霸权之苦的德意志各邦深感恐惧。他还吞并了罗讷河畔的奥兰治公国，这个公国的背后是一个让路易十四恨之入骨但又极有才华的对手——奥兰治的威廉（William of Orange），这位荷兰执政从此成为路易十四的宿敌。这个错误带来的影响，要在很久以后才完全体现出来，那是威廉在 1688 年光荣革命后登上英国王位的时候。在那之后，他将英国，这个正在崛起的世界强国，带入与荷兰的联盟，共同加入反法战争。英国军队，因为受益于荷兰传入的专业知识和它直接雇用的外来流亡军官（编入荷兰国家军中的盎格鲁 - 荷兰和苏格兰人步兵旅），而变得愈发精良。荷兰的军事技术和领导能力与英国的财政实力、政权重组及其在贸易、战争和帝国事务中不断上升的国家魄力相得益彰，这让英荷的结盟恰逢其时。[27] 所以，仅仅为了吞并奥兰治这块毫无威胁的小小飞地，路易十四付出了比他想象中要高得多的代价。

120

路易十四还在继续树敌，他为了转移奥地利哈布斯堡家

族的注意力，暗中鼓励奥斯曼人入侵奥地利，引致1683年的维也纳大围城，奥地利与奥斯曼土耳其帝国之间从1683年持续到1699年的一系列漫长战争由此开启。他在玩一个狂妄而又愚蠢的游戏。1700年的路易十四四面受敌：哈布斯堡皇朝在南面举兵的同时，分兵跨过德意志边境与他在东面对峙，荷兰人封堵他的北面去路，英国人则在海上兴兵抗衡，并且已经做好将战场扩大到陆上的准备。反法大同盟（the Grand Alliance）结成，路易大帝是直接推手，而他也将在他的下一场战争——九年战争（1688—1697年）中为此吃尽苦头。1688年，一如既往地抱着德意志可以任其蹂躏、任何反抗都将随着他的一声令下予以终结的幻想，路易十四首先派卢福瓦侯爵前去扫荡普法尔茨。可惜事情进展并不如愿，法国被迫与一个越来越强大、不断逼近法国边境防线的联盟打了一场长达九年的战争。[28]战争失利，财政负担加重，甚至陷入困境，这些让路易十四不得不转向战略防御。但为时已晚。因为他不愿在西班牙的王位继承问题上妥协，坚持要将西班牙的继承权完全交到波旁家族手里，于是又一场大战紧随而至，这将成为他的所有战争当中持续时间最长且最具破坏性的一场。1702年，英国、荷兰、奥地利哈布斯堡家族、神圣罗马帝国同时向法国宣战，组成了一个新的反法大同盟；处于大同盟包围圈下的法国，在西班牙王位继承战争（1701—1713年）中几近崩溃。从1688年到1713年，路易十四又再迫使法国和欧洲经历了22年充满流血、捐税、会战、围城和战略无用功的战争。[29]

终其一生，无论在外交上还是在战争上，路易十四的习惯都是以毫不留情的侵略攻击别人的弱点，并以更大规模的侵略来平衡自己的软肋。虽然花了几十年的时间沉溺在侵略战争的幻想中，从1700年开始，他仍被迫转攻为守，但结果证明，这对法国来说是一个更为明智，而且在军事和战略上更为

成功的选择。尽管如此，在接下来的十余年时间里，仍有大片领土惨遭破坏、荒废，直到他的国土边界和西班牙继承权问题得到解决。解决的办法就是双方各退一步，而这一妥协结果，只要换一个不那么激进的国王，是极有可能通过和平谈判达成的。尽管路易十四也急于结束这场战争，并在1709年对反法盟军有过暗中求和的举动，因为饥荒和军费开支已让法国濒临崩溃，但除非双方都遭遇军事、政治、道德和经济等的枯竭，否则和平是无法达成的。各国对前述领土和继承权的约定随着1713年《乌得勒支条约》的订立而最终确定下来；条约的谈判在公开化之前已经秘密进行了数年。然而，今天的历史对这一切，对所有发生在陆上和海上的围攻、驻防和封锁，对法国的饥荒以及十几个邦国所经历的城镇和国民经济的毁灭性创伤，还能记得什么？我们还能回忆起来的无非是路易十四和他在凡尔赛宫的荣耀，以及少数几场经过宫廷宣教者和民族主义史学家的炮制而名动一时的会战。121

***

当时有限的后勤、武器和军队条件，意味着即使是精力充沛、一心追求决战的将军，采用的主要也是那套老旧、迟缓的作战方式。同样，大多数统治者在会战究竟是否有用这一点上也总还保持着真切的怀疑和深深的恐惧。将军们自己清楚，或者至少他们的君主会让他们清楚，历史上那些为了跳过旷日持久的拉锯战而冒险押上国王宝贵的军队去决一死战的做法，往往都以失败收场。野战仍然是在赌运气，胜率并不会比在流行的室内游戏卡瓦格诺（*cavagnole*）中抽中一次特殊编号的象牙珠子更高。他们倾向使用保守的战术，比如围城，或者行军——为的是让军队避开敌人而不是迎面撞上。因此，相对

路易十四漫长的战争岁月来说，野战的次数少之又少，而已经发生过的这些野战，几乎又都是极其血腥且鲜有产生过决定性作用的，这足以令人对野战望而却步。

然而，考虑到漫长战争的磨人，对身处18世纪初的一些人来说，他们很难抵挡速战速决这一念头的诱惑，特别是当路易十四转而采取阵地防御战略来巩固他的早期战果（尽管它们称不上显赫）的时候。而在对方阵营的主战一派中，最引人注目的当数约翰·丘吉尔（John Churchill）。约翰·丘吉尔就是后来的第一代马尔博罗公爵，名声更大的温斯顿·丘吉尔便是他的后裔和狂热崇拜者。约翰·丘吉尔曾在法荷战争期间为路易十四效力过。当时，作为蒂雷纳元帅麾下的一名年轻军官，他率领一个英军兵团在恩赛姆（Entzheim）迎战帝国军（1674年10月4日）。30年后，他将作为一名将军，率领反法联军回到欧洲大陆。在此期间，英国的王朝斗争再次爆发，丘吉尔受命于詹姆斯二世，指挥王家军队在塞奇穆尔（Sedgemoor）镇压蒙茅斯公爵（Duke of Monmouth）（1685年7月15日至16日）。对方部队虽然规模浩大，却也只是乌合之众，最终不仅“蒙茅斯叛乱”被成功平定，丘吉尔也赢得了这位天主教国王的格外赏识。然而，丘吉尔和这个国家一样，渐渐对这位国王不再抱有幻想，并在奥兰治的威廉带领一支荷兰新教军队在托贝（Torbay）登陆时（1688年11月15日），选择与詹姆斯决裂。就在这一可能决定光荣革命成败的危急时刻，丘吉尔抛弃了他的国王，带着大批英国王家军队投向威廉这位新君（以及新主）。倒戈之后，除了惊人的军事才干，丘吉尔还表现出极深的个人贪欲和政治野心。作为从始至终的一个阴谋家，多年来他一直与流亡在外的詹姆斯二世和詹姆斯二世党人保持着秘密联系。就连一位给予他相当正面的评述的传记作者也坦言，他“行走在叛国的边缘”。[30]或者说，

他已经急不可耐地将两只脚都踏进去了。

新王威廉三世从未完全信任过丘吉尔，但他需要丘吉尔为他筹划爱尔兰的战局，以保证英王室和新教在博因河战役（Battle of the Boyne，1690 年 7 月 11 日）中的胜利。此后十年，丘吉尔就一直生活在王室猜疑的阴影中，未得重用。直到 1701 年威廉三世与他的另一位故主路易十四交战，他才被重新起用。在此期间，英国改革了货币、土地税制和战争财政，所以在西班牙继承战开局之时，英国的处境要比法国好得多。[31] 接下来的十年，受封为马尔博罗公爵的丘吉尔成为由英军、荷军和各路德军组成的盟军的主帅。后来，威廉三世离世，加上夫人萨拉与安妮女王关系亲近，他的政治地位再度攀升。这成为他立足最高阶层的政治根基，地位不仅超出王室众人，甚至高于议会。不过这也让他树敌不少。及至 1710 年，萨拉与女王闹翻，往日风光开始离他而去。那时，英国上下震惊于马尔博罗公爵的个人贪腐丑闻，对其每每承诺胜利、结果也只是平添杀戮的做法心生厌倦。曾经为他带来好运的政党政治现在要让他威名扫地：他的辉格党朋友下了台，托利党取而代之，他在宫廷和议会中的势力大为削弱。1712 年 1 月，丘吉尔被解职——这位中饱私囊、名誉扫地的老兵试图阻挡英法的和平谈判，被新政府当作绊脚石踢开了。

终其一生，马尔博罗都离不开一个极尽所能自抬身价的习惯，这有助于解释他在政治立场上的摇摆不定。他始终是一个密谋家，汲汲营营于复杂的金钱和政治游戏，周旋在各个王朝、联盟之间，甚至敌我之间。他充盈自己的财富，抬高自己的声誉，贬低荷兰人在对法长期战争中的贡献。[32] 他厌恶那些荷兰监军，因为他们担心他在领兵时会鲁莽行事——马尔博罗的军队开支中有一半，甚或大半，都是荷兰人在埋单。马尔博罗斥他们为平庸之辈，挑剔无能，围城偷安，而他自己则是真

正怀有远见的决战者。有一种说法是，卑鄙的荷兰金主要求马尔博罗用其遭人妒恨的天才服务他们的无能和保守，强迫这位伟人和大将在无法理解他独特新颖的战争艺术的愚蠢富人和银行家面前低头。但这话说得不对。[33]荷兰盟友得到的这个评述确实有失偏颇，因为在荷兰的民族主义历史中，马尔博罗始终是“英国最伟大的将军”。[34]而在这期间，马尔博罗却通过欺骗公众、克扣军费来大肆敛财，并用赚来的钱建了一座奢华得令人发指的宫殿，这座宫殿以他那场最为令人瞩目的战役命名：布伦海姆（Blenheim）。[35]

事实上在对法战争中，荷兰在陆上投入的人力、物力和资金都是超过英国的。在这场对抗邻邦法国的陆上战争中，这个小小的联邦制联省共和国担负着主要责任，与此同时，他们在海外和沿海的贸易也没能逃过海上封锁和法国私掠船的袭扰。英国皇家海军在海上的投入超过荷兰，不过继盟军凭借1692年的巴夫勒尔（Barfleur）和拉乌格（La Hogue）海战确立制海权优势后，海上战场的重要性就大大下降了。而且1700年后的英国已经开始转向全球海军战略，这主要是出于其自身原因，与对法战争关系不大。[36]马尔博罗无法说服自己去接受一个被分散的、与他人共享的盟军指挥权，但是他应该认识到了他与帝国陆军元帅萨伏伊的欧根亲王（Prince Eugene of Savoy）建立伙伴关系的重要性。[37]此外，他还受益于他接任盟军主帅的时机，彼时法国军事实力转衰，而英国，尤其是在红衫军中优秀的参谋和后勤军官——如军需总长威廉·卡多根（William Cadogan）的襄助下，军事力量正在节节攀升。马尔博罗的成就是真实的，但不只是他一个人的，不管他和他在英国媒体和议会中的追随者，以及他的那位名闻天下的后人如何宣称。[38]

马尔博罗如今被人记住的是他对战斗的信仰，据说这是他

指挥风格的标志。这也是为什么有人视他为伟大将领之一。如果进攻是战争的全部，如果战役当天的战术是取胜的全部，那么他也许当得起这个称号。然而，在一个更基础的层面上，他对会战的狂热追求及其糟糕的盟军管理能力仅仅证明了他的名不副实。[39]马尔博罗想要快速取胜，因为他相信唯有如此，才能稳住多疑的阿姆斯特丹金主，并赶在他们裁撤他的资金和兵力之前，让缺乏耐心的伦敦主君满意。诚然，他需要对抗的不只是法国的军队，还有法国的人口和地理优势。但是1700年后路易十四遭遇的长期财政危机，以及他甫一登场即在法国南部爆发的政治和宗教动荡，都让他从中取得了长久的优势。还有几次，他抓住了法国人在战斗或行军时的部署失误并从中得利，这些都是战争中偶然出现的机遇，而他也充分利用了这一点。他的成功，主要依靠的是英国正在崛起的军事力量、荷兰和英国的雄厚财力、荷兰和英国训练有素的军队、众多能干的下属，以及另一位同样有着天赋英才的指挥官——萨伏伊的欧根亲王的相助。

124

1701年7月，马尔博罗登上了路易十四的战争舞台，扬言要以猛烈的进攻策略打破僵局。他是所谓“战争艺术”的杰出践行者，只是那个时代的技术限制了他。[40]和一个世纪前的莫里斯一样，迫于后勤压力和敌人的强大工事，马尔博罗不得不放弃会战，转而发动更多的围困战和消耗战，只是最终也未能逼迫路易十四或法国就范。不仅如此，对于他口中的“追求会战”和“赢得会战”，其结果即使不算失败，也是令人莫衷一是的。尽管他内心所求更多，但事实上他打过的大会战只有四场：布伦海姆（1704年）、拉米伊（Ramillies，1706年）、奥德纳尔德（Oudenarde，1708年）和马尔普拉凯（Malplaquet，1709年）。他的仰慕者们称，他打赢了这所有四场会战，而且它们都是决定性的。然而这一说法的成立

仅仅基于这样一种惯例：在战斗停止的那一刻成功占领了血腥战场的一方即为胜。正如我们所看到的，他的部队的确在马尔普拉凯战役后守住了阵地，但他留下的伤亡人数却远远多于法军，所以他的敌人理所当然地认为胜利是属于他们的，而不是他的。

马尔博罗多次引战，但是路易十四的将军们则被太阳王命令谨防风险、避免交战。从 1701 年起，法国的战略转向以保存兵力、节省给养和坚守防线为主，部队驻守于森严的石筑阵地工事之内，只在极少数时候为了收复失守的要塞发起突击，或向弗兰德发动有限的攻势。[41] 他的荷兰盟友同样不愿意让他们的军队在战斗中冒险，他们在 1701 年战局进入尾声时拒绝这么做，而马尔博罗却跃跃欲试，尽管作战季已经结束。在盟友和敌人都拒绝公开作战的情况下，他也就不得不像其他将军一样行军和围攻。他的行军能力比别人强，但这并不能说明他是个天才。有好几次他利用巧妙计策、强行军和快速集中兵力（以及他的间谍网情报）抢得先机或成功突破一组防线。其他将领也是如此。但是他没能说服他的主君相信会战的好处，或者相信他提出且为其命名为“宏图”的计划的好处，即在 1703 年通过大规模的登陆作战，从侧面包抄法国北部的所有三项防御工事，从而突破布拉班特防线。该计划被荷兰人否决，马尔博罗转而选择围攻休伊。[42]

125

荷兰的领导者们无非是不信任这个同盟内部甚至整个欧洲最藏而不露、最见风使舵的人，一个被指易主如换衣的人。在他们看来，他是一个阴谋家，两边阵营里都有他个人布下的间谍和特工网络。即使他的“宏图”能有所进展并顺利实施，他们也比他更清楚，因为缺少足够的军队、资源和国内支持，盟军到时连打开一个缺口都办不到，更不用说入侵法国。作为将军，他必须理解一场战争背后隐含的政治图景。但马尔博罗没

有，他也从未成功说服这些大人物，而他们的认可却是关系到他的宏伟计划中的军事需求能否实现的重要一环，所以这些都是他从未付诸实践的纸上战役，他只能在事后宣称如果当初这么做了一定会赢。与路易十四战斗仅仅两年的他，没有意识到荷兰人的这场仗已经打了四分之一个世纪。有一件事很能说明问题：荷兰人特别铸了一枚纪念章，纪念他们在1703年对抗石筑防线的阵地战争中取得的有限军事胜利，因为这次战局没有爆发过一次会战——这是一个他们想要，而马尔博罗绝不会想要的结果。纪念章上刻的是：兵不血刃。[43]马尔博罗对此肯定是无法想象的。

同时也不要忘了还有布伦海姆。1704年，凭借高超的技艺，马尔博罗从此跻身能征善战的大将之列。他首先将一小股英国盟军转移到多瑙河边，这出乎所有人的意料。他沿途获得多路增援，迫使敌人迎战，并使其在一场真正的决定性战役中落败。他的南下和在布伦海姆战役中的成功，比他的其他任何一次战役都更有战略意义，因为它们不仅将奥地利留在了反法同盟，还彻底断了路易十四觊觎德意志南部的念头。布伦海姆战役并未赢下整场战争，但它给法国造成的战略重创是持久且深远的。这是马尔博罗的杰作，也是卡多根和盟军的伟绩。

马尔博罗使了一招声东击西，成功骗过了一直监视他的对手：他先是在莱茵河上选了一个很有迷惑性的地点架设浮桥，让对手以为他的目标是法国，这就将派来监视和阻击他的法军诱去了另一个方向，这些军队原本是可以在他离开时追击和阻挠他的。接下来他又用更加聪明的佯攻和计策让敌方兵力继续留在错误的地方，自己则在5月19日带着2万名雇佣兵绕过科隆而去。汉诺威军和普鲁士军也在此后不久便前来与他会合。这显然不是像英国历史上常说的，是有史以来最伟大、最无与伦比的一次行军，20年前的扬三世（John Sobieski）即

126

使不是更胜一筹，至少也是不相上下；这位波兰将军在1683年为解救奥斯曼帝国对维也纳的围困，曾经在6周之内率军奔袭400英里，巅峰时一度15天行军220英里。[44]话虽如此，马尔博罗的这次征程依旧令人印象深刻：在5周的时间里，他率领盟军行军350英里，而且并未出现兵力疲软、马力不继，或者战斗力低下的状况。

马尔博罗和他的红衫军还有德意志人之所以能够做到这一点，是因为有卡多根在后方运筹，他在盟军弹药库被远远留在莱茵河边的情况下，仍有条不紊地管理着一个临时军需供应系统。他设法在行军部队前方提前安排给养，督促各个城镇及时为预先设置的休息站或仓库补充粮草，好供抵达部队购买。[45]他一边监管着所有的辎重车队，一边与地方上的军需商贩打好交道，利用预先安排好的仓库将2500辆辎重车重新填满。军队每隔四五天扎一次营，其间补充给养和在便携烤炉中烤制面包。盟军分成平行的两路纵队在不同的道路上行进，一路走人，一路走马，以减轻沿途仓库的压力。所以，英国历史上广为流传的“红色毛毛虫”，实际上是两条并行的红衣毛毛虫（来自荷军和德军的黑色条纹相间其中）。这是一场后勤而非速度的胜利，但这又是一场真正的胜利。虽然马尔博罗抢了卡多根和一个优秀的军需团的风头，但他的功劳也是实实在在的：他一路从他布下的特工那里获取了重要情报，而且指挥能力出众，在挑选行军队长方面也眼光独到。另外，他还绘制了路线图。[46]

随着抵达营地或在行军半途与他们会合的德军越来越多，营队数量猛增，甚至给卡多根的补给系统也造成了压力。为了加快行军速度，马尔博罗把重型攻城炮全数丢在身后，避免攻击一切可以绕开的要塞。然而，在多瑙河畔的多瑙沃特（Donauwörth），石墙挡住了他的去路。虽然敌方营地受到雄伟的谢伦山（Schellenberg）堡垒的拱卫，但没有了攻城炮的

马尔博罗只能对其发起强攻。对手是在兵力规模上稍逊一筹的法巴联军，这次马尔博罗挫败对手靠的不是任何战术上的聪明才智，而是单纯的硬碰硬：18000人直插敌营，前排士兵一边肩扛燧发枪，一边手持灌木和梢捆，抵御远程火力。战斗的最后阶段是野蛮的肉搏战：打空了枪膛里的子弹，士兵们就扔掉武器，赤手空拳地缠斗在一起。一次进攻不足以拿下营地，马尔博罗又派出下马步战的龙骑兵，方才制服守军。战斗结束后，卡多根受了伤，马尔博罗派去攻打谢伦山的18000人中有三分之一阵亡。近期一位传记作者称此次进攻是“一件杰作”。[47]不，它不是。不仅如此，它也称不上天才之作。它是一次靠着野蛮而血腥的压倒性力量取得的战术成功。

127

有了多瑙沃特做他的前线基地，马尔博罗最终越过防线，取得了在巴伐利亚全境绝对的行动自由。为了引得敌人应战，他纵兵在巴伐利亚掳掠焚烧。在给萨拉的信中，他哀天恸地地说这都是敌人的错，称只要巴军应战，他就会停止这一切。[48]8月11日，他与欧根亲王的帝国快骑和龙骑兵会合。大战在两天后的布伦海姆打响。之所以是布伦海姆，是因为法军营地就是在这里被盟军的先头部队撞见的。马尔博罗和欧根两人亲自在前面侦察，他们爬上一座教堂的塔楼，发现法军就在离他们自己营地大约5英里远的地方。他们看见敌人的营地里正在升起炊烟，帐篷成排地支着，营地前方是一片沼泽地和一条有着高耸河岸的小溪。此外，他们还侦察到敌军一翼此时正危险地驻扎在多瑙河边，另一翼则安顿在密林山丘当中。他们认为此刻便是发动突袭的绝佳时机，于是在子夜时分匆匆赶回盟军营地，然后率领52000人的大军星夜行军，投入战斗。天刚擦亮，大队人马便已抵达法军的哨兵线，并以迅雷不及掩耳之势将队列从行军纵队展开为横队。

马尔博罗和欧根两人共同指挥，在当天的战斗中协同作

战，宛若一体；而法巴联军的将领则不然，虽然身处同一个战场，两支军队仍各行其是。英、荷和帝国军面对的是 60000 名法国和巴伐利亚士兵，他们中的许多人因为连续几日的缺粮少食，此刻正在饿着肚子打仗。许多法国骑兵的马还染上了一种叫作马鼻疽的传染性肺病。枪声响起的时候，营中有人还处在半梦半醒中，有的正吃着早饭，征发队还在外面没有回来。英军、荷军、帝国军、丹麦军、黑森军、普鲁士军和汉诺威军以井然有序的三列横队前进，而塔拉尔德元帅（Marshal Camille Tallard）的士兵在与对方散兵的初次较量中反应迟缓。同样从一开始就很明显的是盟军优越的火力射速和高度的纪律性，这一点在彼时正以一支职业军队的身份崭露头角的强悍的英国红衫军身上体现得尤为突出。前进中的盟军队列紧

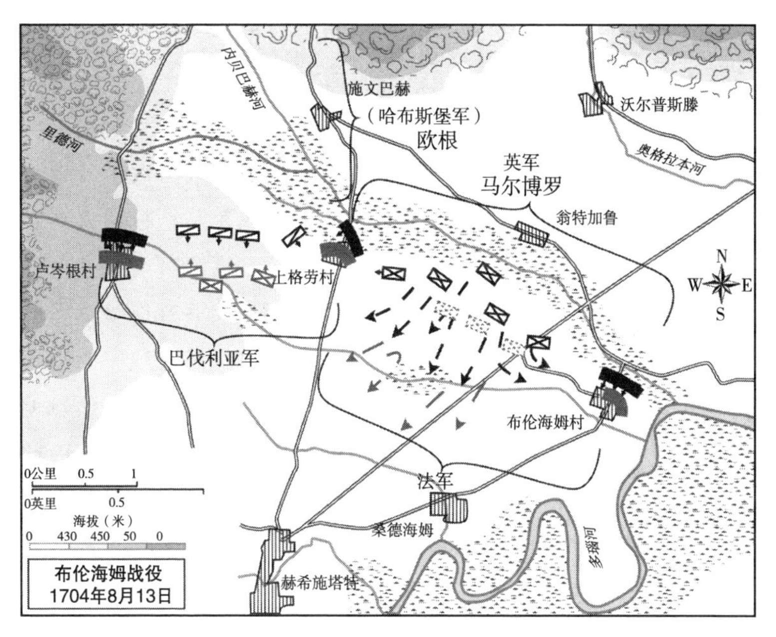


布伦海姆战役（1704 年 8 月 13 日）

美国西点军校历史系提供；George Chakvetadze 重绘

凑，前后相抵，齐头并进，朝着自相拥挤的敌阵快速逼近。法军由于部署仓促，导致队形太过密集，无法形成一道有效的抗衡阵线。在这一天硝烟弥漫的混乱局面里，也许法国人犯下的最大错误就是把骑兵留在中央，却没有为其预留足够的步兵支援。马尔博罗从中看到了机会，他先向敌人的两翼发起攻击，将敌军主力从中路引开，待到中路力量被削弱后，再一举直捣中腹要害，这一招将在日后成为他的标志性战术。

128

散乱的法军排成纵深五列的横队，分驻在布伦海姆和上格劳村（Oberglau）这两个小村庄内。盟军在中午时分向这两个村庄发动进攻，以吸引中路兵力。村庄内外的几轮厮杀下来，策略终于开始见效。盟军对上格劳村的佯攻被爱尔兰人击退，这些爱尔兰人隶属路易十四手下的爱尔兰旅（*Brigade irlandaise*），和他们服役于各个“野雁”（*Géanna Fiáine*）军团的天主教父辈和祖辈一样，他们也为法国国王服务。正当欧根的骑兵忙于填补战线缺口之际，马尔博罗赶来支援。塔拉尔德继续往这两个村庄的战斗填进数千兵力，他们身上的白色军服此时已经覆满火药和烟尘。两小时后，塔拉尔德把他主要的预备部队也调了过去，尽管此时他们已经拥挤不堪，很多人连拿起武器的空间都没有了。加之空中弥漫着呛人的硝烟和不停打转的灰烬，他们根本无法瞄准敌人。但是，他们能感受到迎面而来的子弹。[49]那是马尔博罗将他的预备队集结在了中路，前面是由40门火炮组成的炮兵阵地。他的第一波骑兵冲锋被击退，尽管他为了提高战马在白刃拼杀下的冲击力，收走了骑兵的弹药，就像古斯塔夫拿走他麾下骑兵的手枪，让他们用马刀和骑枪冲锋一样。未来的腓特烈二世也会做同样的事。[50]

129

接下来是一波全面的联合武器攻击。步兵跟在骑兵后面前进，实心炮弹落在坚实的草地上砰砰跳动。铁球径直从对方阵列贯穿而过，兵士的身体被炮火撕裂，炸起来的骨肉碎块飞

崩出去，变成人肉弹片，导致更多的伤亡。法国的大炮也瞄准了它的目标，其中一发炮弹差点就落在马尔博罗正奋蹄向前的战马身上。他随即命令预备队的步兵卧倒，这一战术后来为威灵顿公爵所仿效，用在了葡萄牙战场和1815年滑铁卢山脊的战斗中。法军冒着轰隆的炮火殊死奋战，坦然面对来自敌人步兵方阵的齐射火力和不断涌来的马刀砍杀和长矛穿刺。[51]塔拉尔德投入了他仅余的一点预备兵力。最后的战斗是一场骑兵混战，但凡见有敌骑在哪个硝烟弥漫的角落冒出头来，炮兵和步兵便齐齐朝着那个方向倾泻他们的火力。下午5点30分，随着薄弱的中路防线被破，法军阵线全面崩溃。此时在各个村庄内，仍有大批法军将士在与敌人进行近身巷战，他们对主要战场上发生的事一无所知。布伦海姆村的法军拒不撤退，直到面对盟军大炮的轰击才不得不投降。马尔博罗拒绝对方开出的条件，塔拉尔德为免屠杀加剧，将剩余部队交了出来。

在这场西班牙王位继承战争最具决定性的战役中，法国和巴伐利亚一方伤亡约2万人，其中包括3000名因为试图渡过多瑙河而溺毙的骑兵，他们连人带马跌落河中，尸体顺流而下，它们将在未来某个不为人知的日子停靠在某个不为人知的角落里，在那里腐烂成泥。另有14000名法国人被俘。[52]盟军伤亡14000人，其中9000人来自马尔博罗一翼。也就是说，参战的102000人中，有34000人非死即伤。截肢手术随即展开。没有人知道，也没有人统计过，后来会有多少伤员死于致命伤或败血症这种必然会发生的事情。成千上万的战马也伤势严重，但好在结束一匹受了伤的马的性命不是一件难事。荷兰人的战死率和英军相差不大，每支分遣队阵亡2200人。所有这一切都使布伦海姆一战成为几个世纪以来欧洲历史上最为惨烈的战役之一。盟军的伤亡数字表明，这极有可能是一个完全相反的故事：只因为在某个关键时刻，少了一颗钉子、遗漏了

一道命令，或者死了一个信使，又或者一道烟雾弥漫开去，恰好掩盖了敌人对炮群或暴露侧翼的一次冲锋。会战的风险仍然很高，即使胜利也要付出巨大代价。

马尔博罗无视盟军的功劳，给萨拉写信说："请代我向女王述职，让她知道她的军队赢得了一场辉煌的胜利。"[53] 为了名誉而制造战争、为了荣耀而轻易牺牲别人性命的不只是路易十四。不过，对马尔博罗和欧根亲王来说，这是一场显而易见的胜利。他们的胜利，凭借的是法军的失误、他们自己优越的火力、更好的射击战线和部队，当然还有他们的指挥才能。他们懂得事先侦察并熟悉战场地形，以激烈的防守战牵制住大部分敌军兵力，同时善于调遣后备部队，在他们所选择的中心位置创造局部优势，并在中路防线的兵力因为被不断抽调前去防守侧翼而遭到严重削弱的关键时刻，果断下令对这段法军防线发动突击。除了那些年老的将士，这大概是在场所有人有生以来第一次目睹一支法国军队惨败如斯。这场战役是一次重大的防御性胜利，它将维也纳从法国手中解救出来，将奥地利留在了战场上，也间接打击了（由拉科齐·费伦茨领导的）匈牙利的大叛乱。布伦海姆战役后，路易十四失去了继续干预南德或奥地利事务的手段。这次胜利因此保全了大联盟，并鼓励了其向战略进攻的转变；在这场战争以及路易十四统治的余下时间里，法国将始终处于防御状态。因此，布伦海姆战役是一场真正意义上的决定性战役，具有持续的政治效果。它没有赢得战争，但它改变了它的战略方向，路易十四和法国试图依靠武力实现其目标的梦想随之彻底破灭。进攻将变得更困难。

130

从 1705 年起，马尔博罗再次进军弗兰德湿地，"卡多根之马"（Cadogan's Horse）① 在这位总军需官的亲自率领下对

① 当时由卡多根担任团长的骑兵团名称。

拉米伊战役（1706 年）

图片来源：Wikimedia Creative Commons

布拉班特防线发起强攻，这是马尔博罗早在 1703 年就提出的一个宏大计划。虽然备受吹捧，但它最多只能算是一个战术成就。路易十四拒绝应战，而荷兰则对是否要让他们的军队再度踏入一个血腥如布伦海姆的战场而犹豫不定。然而在第二年的战斗季，路易十四转变主意，轻率下令，让维勒鲁瓦元帅（Marshal François de Villeroi）走出防线。维勒鲁瓦于是带着 62000 人组成厚重的两列纵队出发，试图前去封堵上一年留下的防线缺口。马尔博罗召集 6 万盟军，于 1706 年 5 月 23 日在拉米伊与对方相遇。[54] 维勒鲁瓦沿着一片微隆的高地建立他的战线，战线拉得很长，一字排开，长达 3 英里，纵深两个团。他的中军驻扎在拉米伊，这里部分处在沼泽地的保护之下。左右两翼的位置稍稍前置，所以战线两端略有弯曲。维勒鲁瓦将阵地锁定在几个他认为易于防守的小村庄上，但事实证

明，这些村庄相距太远，无法形成可以相互支援的棱堡。巴伐利亚的流亡者也参与了战斗，他们占据维勒鲁瓦防线的左翼，就在小盖特河（Petite Gheete River）的前面。一支西班牙军队也零散地排布在那边。

马尔博罗用他的大部分荷兰和英国兵力组成一道较短的凸形战线，这样一来他的左右侧翼因为兵力集中，更易取得内部增援，优势显著。然后他布置了120门野战炮，用来轰击不堪一击的法军。炮击于这天下午1时开始。对方的法国指挥官既要守住广阔的平原地带，又要派出重兵把守侧翼村庄，结果就暴露出了其中路的薄弱。马尔博罗再次抓住了对手的软肋。几个小时的激战过后，荷军占领了法军右翼的两个小村庄。这其实只是他们一次声东击西的佯攻，但维勒鲁瓦并未察觉，同时投入步兵和龙骑兵进行反击。这些倒霉的部队随后在旷野上遭到呼啸而来的盟军骑兵的碾压。英军在对另一个侧翼发起进攻，但三个多小时过去后，仍未取得突破。这也是一次佯攻，虽然所耗兵力巨大。维勒鲁瓦并未完全上钩。他有派兵增援侧翼，但力度并不大。双方都在中路投入骑兵。近25000人在一场大混战中相互挤压、碰撞，这是18世纪最大规模的骑兵战斗之一。在地形和硝烟的掩护下，直到被杀得尸横遍野之前，维勒鲁瓦都没有注意到马尔博罗调来的强大援兵。

131

马尔博罗也犯了错。现在已比当年战死吕岑时的古斯塔夫年长近20岁的马尔博罗，亲自率领骑兵从正面进攻，结果他身下的战马被子弹击中，他几乎因此丧命。到下午4点，法军的两个侧翼都遭到猛烈的炮火攻击，其中一翼孤军奋战，已经无法获得增援。下午6点，还在胜负未分之时，法军右翼突然让出一条路来。马尔博罗赶紧抓住这个等待已久的良机，将更多步兵从右翼调到了中路。他们在秘密转移兵力的同时，将战旗留在了原地，这个简单的小伎俩起了作用。整整三分之一

132

的法军就这么站在原地，看着对面的旗杆和一小撮人马，完全没有意识到对方真正的意图，也没有意识到在他们看不见的地方，战争的铰链正在转动，即将在这一天重重关上一道铁门。

针对中路的一次猛烈的联合武器攻击粉碎了法国人的防线。法国、巴伐利亚和西班牙的军队无力抵抗，四散溃逃，大炮不要了，火枪、弹药也扔在一边，维勒鲁瓦完全失去了对自己一方的控制。盟军乘胜追击，毫不留情地砍杀逃敌。当战斗结束时，盟军阵亡 1066 人，受伤 2560 人，其中大部分是荷兰士兵。法军伤亡则超过 13000 人。在这之后，马尔博罗和他的副官们迅速推倒被逃亡守军遗弃的部分防线，利用罕见的战场胜利拿下他们真正的敌人：石头和棱堡。连他本人后来也承认，虽然他已经在拉米伊倾尽所能，将法军大部歼灭，而且也推倒了部分防线，但他仍然，而且始终被"守军和敌人据点包围着"。石和铁依旧支配着一切。因此这次战局拖拖拉拉地打了数月，而这场战争之后又再迁延了七年之久。[55]

在拉米伊会战之后是两年艰苦的阵地战，其间一方行军、机动，积极寻求战机，另一方则避战不出。1708 年 7 月 11 日，马尔博罗和欧根亲王在奥德纳尔德与旺多姆元帅（Marshal Louis Vendôme）相遇，8 万盟军对阵 85000 法军。两支大军本没有在此时此地开战的计划，这是一场因双方在行军途中偶然相遇而引致的遭遇战。当时正领着一队骑兵幕（cavalry screen）走在盟军先头部队前面的"卡多根之马"，与法国后卫部队的骑兵狭路相逢，一场血腥混战随之展开，两方骑兵或骑马作战，或下马步战，牵扯的作战单位越来越多。主力步兵此时还宛如长龙般挤在隘路中，大炮自然也还在更远的地方。快步行进的步兵团和众多慢跑或疾驰而来的骑兵中队同时赶到，乱糟糟地挤作一团。每支部队各自为战，速度较慢的军团一边匆匆赶来，一边挣脱纵队，径直冲入敌方战线。所有人都

被不断响起的枪声和砰砰炮响吸引过来。增援行动持续了一整天，但由于行军纵队前后距离拖得很长，在战斗结束前，可能两方加入战斗的人数都不到6万人。[56]

133

正在率领盟军渡过斯海尔德河（Scheldt）的马尔博罗和欧根，被这次偶然的两军相遇搞得措手不及，他们前往增援仓促形成的战线。旺多姆也是如此，但是因为法国人必须掉转方向才能重整队伍，所以首先抵达那里的是盟军。迅敏、运气和技巧，再一次构成这个故事的全部。双方的火炮主力都离得太远，重炮和弹药箱也被困在长长的纵队中，无法投入战斗，会战于是变成步兵和骑兵之间的火枪、马刀和骑枪互搏。到了傍晚，法军被迫退至中路（这是马尔博罗最爱的主攻点，并不让人意外），两翼接近崩溃。欧根和马尔博罗两路包抄，试图包围整个敌方阵线，切断敌军一切退路。此刻，幸运之神眷顾了另一方：夜幕开始降临，旺多姆败军中的幸存者趁着夜色大批逃离。法军及其西班牙盟友方面的作战伤亡估计为8000到15000人，并没有一个确切的数字，反法盟军方面的伤亡数字较为可靠，为3000人。这是马尔博罗和欧根的又一次重大胜利，使他们得以在余下的夏季以风卷残云之势攻下不少城镇和几个孤立的要塞，包括在伊普尔附近的出自沃邦之手、一度固若金汤的几座堡垒。路易十四也被迫放弃了他最近在弗兰德的小规模再征服行动。[57]

随之而来的是更多的围城、行军和要塞攻防，直到历史迎来马尔博罗的最后一次也是目前为止最血腥的一次战役：1709年9月11日的马尔普拉凯之战。维拉尔元帅说服路易十四让他跨出防线作战，他有信心通过引诱马尔博罗进攻一个他准备好的防守阵地来与之抗衡。在拉米伊之战后，路易十四对是否要再冒险打一仗犹豫不决，但维拉尔说服了他。维拉尔的军队有75000人，包括一些巴伐利亚人、爱尔兰人和瑞士

人。[58]他们当中的很多人不是前线士兵，而是新兵，或者是刚从驻军中抽调出来的守军。但是，维拉尔的高明战术减轻了这一事实带来的影响。他知道，他不需要那些受过严格训练的一流士兵，他只需要他们坚守阵地，向着迎面而来的盟军步兵和马匹开枪就好了。但是，他的身边也不乏古老而经验丰富的皇家近卫军团和军旅的襄助，比如精锐的“法国卫兵”（*Gardes Françaises*）和“爱尔兰旅”。这是一位知道如何使用他的军队，以及如何对抗面前敌人的法国将军。他将坚守阵地，让敌人的自负瓦解在他坚固的堡垒上。事实上，马尔博罗太过自信了，他带着11万人投入到他的最后一战中，这是一支由丹麦人、荷兰人、英国人、爱尔兰人、汉诺威人、黑森人、普鲁士人、萨克森人、苏格兰人和瑞士人，连同100门大炮组成的大杂烩。他也在寻求战机。

134

在抵达马尔普拉凯之前，军队一路行经科特赖克、图尔奈、伊普尔、蒙斯、索姆河——这些一度或者即将沦为战场的山川地块，它们的名字已被深深地打上了那些可怕战役的烙印——以及过去、现在和未来仍将存在的土垒和战壕。由于兵力处于绝对劣势，武器装备也远不如人，维拉尔选择在林地掘壕固守，修筑野战工事，将步兵和大炮藏于其后，然后静候敌人的到来。他们等了一天。维拉尔知道那些英国人一定会找到这里，并向他发起攻击。他是对的。这日早饭时间刚过，进攻就开始了。奥地利和普鲁士的步兵朝着法军左翼推进，但被来自皮卡第和香槟大区的古老军团阻退。盟军的荷兰蓝衣卫队（Blue Guards）和苏格兰旅进攻法军右翼，但被准备充分、防御严密的法军挡了回来，而且在燧发枪兵的密集打击下，损失非常惨重。上午10点，马尔博罗继续加强攻势。他又开始玩他的老把戏，试图在发动主攻之前，通过把敌方兵力引到侧翼来削弱对手的中心力量。但是，维拉尔已经研究过马尔博罗的

战术，所以这些招式对他来说毫无新意，不难防控。他坚守阵地，一直没有出动他的后备部队。

在马尔普拉凯战场，爱尔兰军一如既往地两面作战，这不是他们在欧洲战场上的第一次，也不是最后一次。身着蓝衣的“爱尔兰旅”此时以“野雁”惯常的凶猛姿态向反法盟军的右翼发起反击。击退他们的是身穿红衣的“皇家爱尔兰团”——那是在安妮女王手下服役领薪并为其而战的爱尔兰军团。马尔博罗反击，法军阵线出现松动，左翼开始有了败退迹象。中午时分，明知敌人想要什么的维拉尔，发出了一道他最不愿发出的行动命令。他调出他中路的预备部队前去支援疲软的两翼，而这些兵力是他原本指望用来在马尔博罗不出意外地使出他那标志性的致命一击时再派上战场的。随后，维拉尔受了重伤，被抬出战场。马尔博罗提剑一挥，三万战马随即冲向步兵力量薄弱的法军中央阵地。法军骑兵奋起反攻，骑兵混战接踵而至；与此同时，盟军步兵还在沿着战线不断发起攻势，双方炮弹也从未停止掠过对方的头顶。慢慢地，盟军的人数和装备优势开始发挥作用。

没有了维拉尔的法军，在布弗莱元帅（Marshal Louis François de Boufflers）的巧妙组织下有序撤退。他先是率领近卫军战马进行反击，然后在大约下午3点时，有条不紊地率领全军撤离了战场。战场留给了盟军，那些身穿蓝衣、红衣和黑衣的人。穿着白、蓝军服的波旁军在撤退时留下11000名伤亡人员。然而，被留在战场上的盟军死伤人数达到惊人的24000人，其中包括欧根亲王。这几乎相当于整个盟军队伍的四分之一。这是马尔博罗和欧根的征战生涯中最血腥的一战。此外，它对大联盟的战略影响也远远大于它对路易十四或法国的影响，因为对他们来说，在迎战一个远比他们强大的对手的情况下，马尔普拉凯已经是一场成功的防御战。[59]尽管如此，

135

马尔博罗还是将这一战描绘成他的伟大胜利，正如他在当时和今日的崇拜者们所坚称的那样。他本打算把这次胜利作为迫使路易十四妥协而赢得战争的最后一击，后来他也的确声称他做到了。事实上，他赌输了，但伦敦和阿姆斯特丹的政治现实不允许他这么说。他要么选择宣布自己获胜，理由是法国人把战场留给了他，否则只能接受政治失败和指挥权的旁落。但谁占领了战场并不重要，夜色笼罩下的累累尸骨和阵亡士兵遗孀的悲痛才是真切的。所以这个谎言只为他赢得了一点时间，直到惊恐的伦敦和阿姆斯特丹政府看到进攻的真正代价，而这仅仅是一次会战，更不用说他的入侵法国的提议可能带来的后果。他们自此再没让马尔博罗带着他们的军队与敌人正面交锋。尤其是荷兰人，他们再没恢复过来，也再没信任过他。

马尔普拉凯一役的确是一场指向和平终局的决定性战役，但这是对法国人而言，而不是反法同盟。法国的将军们早在布伦海姆战役之前就低估了马尔博罗，布伦海姆一役是法军50年来的首次败北，但他们事后仍将失利归咎于他们的厄运，而并不真的视其为一次败绩。在拉米伊和奥德纳尔德之后，他们开始正视马尔博罗的才能，但从未怀疑过马尔普拉凯之战是属于他们自己的胜利。[60]所以事实就是，马尔博罗彻底输了，荷兰和英国军队也彻底输了，以及最重要的是，盟军丧失了只为争夺一点微不足道的筹码而继续战斗的政治意愿。维拉尔的防御战令人印象深刻，展现出了法国人的韧劲，即使法国已经被路易十四的连年战争搞得伤痕累累。当伤亡结果抵达伦敦和阿姆斯特丹时，同盟诸国的政治精英们深感震惊，其程度远超身在凡尔赛的路易十四。而就在马尔博罗千方百计寻求战机、浴血奋战的时候，路易十四正在为国内的饥荒问题烦恼，因此他早在与荷兰特使会谈时，就私下表现出了推动停战的意愿。他几乎就要接受荷兰人提出的苛刻条件了。结果，马尔普拉凯的

消息传来，此战非但没能让盟国如愿，反而重振了太阳王的志气，灭了荷兰人的威风。这一转变足以让战争在法国坚定的战斗决心和反法同盟的忧虑中延宕下去。[61]路易十四明白这一点，所以为了庆祝此次（他进入晚年后少有的）胜利，他奖赏了所有的法国指挥官。作为对马尔博罗宣称盟军得胜的说法的回应，维拉尔告诉他的国王："如果上帝保佑我们再输一次这样的战役，陛下就不愁他的敌人不被消灭了。"[62]他说得很对。后来，维拉尔从伤病中恢复过来，从1710年开始，他带领法国军队又陆续取得了些新的胜利，在德意志边境小有收获。那个时候，马尔博罗这颗巨星已陨落多时。

136

那些荷兰人不会再将他们的军队交给这位英国将领白白挥霍，他们还记得马尔博罗在1708年如何向他们信誓旦旦地说他不会带着荷兰的军队去和敌人决战，结果扭过身去他就这么做了。[63]英国政客们也厌倦了他的夸夸其谈和他带回的每每见长的伤亡数字。作家乔纳森·斯威夫特（Jonathan Swift）用他那支所向披靡的鹅毛笔对马尔博罗进行了猛烈的抨击，他的墨水起码抵得上大人国①一个营的战斗力。[64]马尔博罗带着一支人数和枪炮装备都占优势的军队上了战场，却足足损失了24000人。自此之后，他自己的政府也开始限制他的指挥自由，他们和荷兰人一样对他产生了怀疑。议会把火力集中在他的政治活动、过去的背叛和正在发生的丑闻上，并不理会他刚刚赢得一场决定性胜利的说法。1711年，马尔博罗突破残缺的"铜墙铁壁"防线，取得了他的最后一次军事胜利。他让卡多根作出防守阿尔勒堤道的假象，将维拉尔骗出阿尔勒（Arleux），然后自己再折返回去。马尔博罗利用这招声东击西，在阿拉斯和维米山脊（Vimy Ridge）之间（这个地方将

① "大人国"是乔纳森·斯威夫特的讽刺小说《格列佛游记》中的一个虚构之地。

因为20世纪的另一场大战变得声名狼藉）穿行。9月，他在没有遇到抵抗的情况下，毫发无损地通过了防线。他本可以出兵威胁巴黎，但于1712年1月被召回伦敦，因为公开的正式和谈已经在乌得勒支（Utrecht）开始了。后来，马尔博罗因贪腐遭到议会谴责，并开始了一段惬意的流亡生活①。

马尔博罗对战争理念的改变，体现在他以一己之力让人们将对阵地作战的热情重新倾注到会战上来。据说，当他的同时代人还执着于单纯的机动和围城时，他已经将眼光放在了决定性会战上。如果他的那些会战没有带来整场战争的胜利，那也是因为低级的军事思想阻碍了这位伟大英国军事天才的宏伟计划的实施。[65]更准确地说，挫败他的是由水道和砖石组成的防御工事、长长的筑垒防线和那些真正限制机动性的因素，再加上1700年后法国精明的战略防御政策，以及一位在战场上与他旗鼓相当的法国将军。从1701年开始的10轮战局中，他只打了4次大规模、2次小规模的会战，但发起了30次围城和要塞攻坚，以及3次越线攻防。只要法国人还未放弃战略防御，那么控制战争进程的就始终是他们的阵地战，而不是马尔博罗心心念念的两军会战。[66]

马尔博罗的天才虽然被不愿为胜利而战的软弱盟友拖了后腿，但还是在他的一众追随者中广为传颂。[67]而后又被民族主义史学家和他那位特别著名的后人不断提起。但不管温斯顿·丘吉尔和其他民族主义者如何义愤填膺，也无法改变马尔博罗甚至不是路易十四的主要对手的事实。在数十年的高层政治和绵延战事中，太阳王真正的眼中钉是奥兰治的威廉，也就是后来的英格兰的威廉三世。马尔博罗在战争的最后阶段登上欧陆战场，彼时威廉已以其成功的联合围堵之策遏制住了路易十四

137

① 马尔博罗偕妻流亡荷兰与德意志，得到奥地利皇帝查理六世的庇护。

的野心，法国因此被推入战略防御阶段。后来将马尔博罗列为现代伟大将领之一的军事史家们，过于迷恋战争中的战术性进攻，而没有充分考虑他所取得的战略成果的有限性。这或许是因为革新者给军事史家留下的印象过于深刻，当围城攻坚成为百年战事的主流，那么那些将运动的要素重新引入战争的将军便会获得格外的关注。又或者是因为现代史学家在目睹了他们那个时代可怕百倍的消耗战后，不免会把进攻夸大为一种理想的作战方式，以对抗在事实上一直占据优势的防御性火力。[68]然而，战术性进攻并不具备优越性，无论是就其本质而言，还是从战略或精神层面来说都是如此，哪怕它的进攻很勇猛。它也更容易沦为一场屠杀，就像在马尔普拉凯发生过的那样。同样，防御战并不因防御而减损它的崇高与辉煌。胜利也可以在防御中取得。四分之一个世纪以来，荷兰人依靠阵地防御击退路易十四，如今却只能止步不前，因为马尔博罗正以最大的进攻成本换取最小的收益。在马尔普拉凯，维拉尔取胜靠的也是防守。

马尔博罗的成功还得益于他在十次战局中所统帅的那支异常优秀的军队。尽管随着周边大国崛起，荷兰趋于黯淡，其军队也正步入漫长的衰退期，但荷兰人仍为他提供了坚实的作战力量。作为国家权力工具的英国陆军也已初立阵脚，一如曾经的皇家海军。它吸收了欧洲大陆军队的职业化和战争战术经验，其中又以荷兰对其贡献最大（通过威廉），当然还有回归的苏格兰军。它拥有众多优秀的后勤军官，他们为这个具有成熟的全球战略眼光的新兴商业军事国家提供服务。英国士兵和高级军官的素质相对较高。凭借个人能力当上将领（虽然这并非易事）的他们，至少更有能力把握摆在他们面前的机会。[69]而马尔博罗，无论是在寻找战机的路上，还是身在战场的当时当刻，都不缺少伸手抓住这些机会的智谋，相反，他缺少的是

不去抓住每个机会的智慧。

可以说，马尔博罗是一个比他的大多数盟友（除了欧根亲王）和他的所有敌人（除了维拉尔）都更有胆量的将军。然而，他的气魄是以牺牲，还有——也许这个才是更重要的——浪费1709年后的战略成果和机会为代价的。维拉尔，这个名字或许对英语国家的读者来说不那么熟悉，他自1705年开始成为马尔博罗的对手，而且与马尔博罗一样擅长战事。[70]作为一名伟大的法国指挥官，要说行军和机动，他几乎与马尔博罗不相上下，他在马尔普拉凯之战中显然还更胜一筹（他在这场战役中被一颗子弹击中膝盖，伤势严重）。同样重要，甚至可以说更重要的是，他能保住他的国王对他的重视与信任，从而更轻易地将自己的战斗策略与法国日渐匮乏的财政能力和统治后期的防御战略目标捆绑在一起。他也兼有勇气和毅力：1710年战局期间，他是靠把自己受伤的腿绑在马鞍上来完成骑马这个动作的。在莱茵兰，他打赢了一场规模不大但具有战略意义的德南战役（Denain，1712年7月24日）。然后，他席卷盟军驻地，俘虏驻军1万人。这最后一场胜利为双方在乌得勒支达成外交协议扫清了道路，并使战争于1713年正式结束。[71]有鉴于这些政治成就，维拉尔无疑才是那个更伟大、更富决断力的将军。

战争是一件太过严肃的事情，不应沦为将军之间的一场排位赛。显然在他的时代，以及对他的时代而言，马尔博罗都是一位非常优秀的将军，即使他的名声在当时因为政治原因而被夸大，而后又因民族主义情绪而被放大。重要的是，他处在一场更大范围内的战役文化变革的风口浪尖之上。总要有人率先尝试用子弹击穿石头、用战术运动绕开防御工事筑成的漫长僵局。而这个人恰好就是马尔博罗。他的失败表明，作为指导战术和行动的方法，进攻和防御之间始终存在着更深层次的紧张

关系，这一点在他的时代几乎没有改变；而他的成功则表明，在18世纪结束之前，变化在多大程度上可能到来。

***

对消耗性会战的回避，并不意味着消耗性战争不存在。在整个18世纪，势均力敌的大国或互相抗衡的大国联盟一再打着战果微乎其微的持久战。这些在旗鼓相当的对手之间进行的旷日持久的较量，带来的是大量伤亡和其他成本的急剧上升，最终的结果就是资源耗竭。它们的标志不再是某个“战役年代”，而是陆上或海上封锁，数不清的围城、防线，数不清的破坏、消耗，以及挥之不去的远洋商业掠夺。连年的战争在几十年间相互交叠，贯穿数代君王，耗尽几代人的税收、心血和无数充作炮灰的生命。然后，事情就慢慢发展为海外殖民地的互换或边界的微小调整，留下没有决断的要害问题，最后迎来一个没人真的想要但人人都被迫接受的休战期。[72]正因如此，杰里米·布莱克（Jeremy Black）说内阁战争时代“既非有限，也非静态”，这个说法和自克劳塞维茨以降的主流观点截然相反，但绝对正确。[73]这自路易十四1715年在悔恨中离世后就不再被记起。整整一代人的时间，欧洲被一种不寻常的宁静笼罩着。它的不动声色持续的时间是如此之久，久到启蒙时代的早期思想家们都误以为这成千上万门大炮的静默就是永久和平的开始。



法国启蒙运动中最著名的那些知识分子，即所谓的启蒙思想家，像看待其他事物一样看待战争，认为这是一个可以通过应用理性来理解和解决的问题。他们当中的许多人——除了伏尔泰，出于讨好皇室的目的，他对发生在世纪中叶那些由路易十五和腓特烈二世主导的战争大都持支持态度——都提出了

基于坚定信念的反军事主义，尽管稍显幼稚，还有一小部分人提出相当疯狂的普世和平计划。[74]卢梭、爱尔维修、霍尔巴赫（Paul-Henri Holbach）、孔狄亚克（Étienne de Condillac）、雷纳尔（Guillaume Raynal）、孟德斯鸠等人对战争的思考和写作则都很少。当他们这样做的时候，他们通常会表达一套相当浅显的观点，归结起来即战争是非自然的，是一种不和谐的、耗费性的创造，是一种应当受到高雅思想鄙夷的不道德行为。[75]狄德罗也写过关于战争的内容，但只是一些模糊的表述，观点和康德在世纪末提出的类似，即表达对所有常备军的厌恶，抗议士兵在严酷的军事法律和惩罚下受到的不人道待遇。他从未像对待其他大多数社会问题那样系统地思考过战争，甚至似乎从未真的意识到世纪中叶那些在他身边响起的轰隆炮声都意味着什么。[76]大多数启蒙思想家都只把战争视为另一个可以解决的社会问题，但又与他们眼下关注的急需通过科学、教育和改革取得进步的问题无关，是一个有待在遥远的未来研究和解决的问题。[77]

多数启蒙思想家，与狄德罗一样，他们最为关切的社会问题集中在荣誉问题以及下层绅士军官的待遇（作为一种阶级偏见的反映，他们并不认为普通士兵会和荣誉扯上关系）上。他们的政治不信任矛头主要指向常备军，认为它的存在是对自由的威胁，但是基于人道原因，他们又对普通士兵所受的摧残表示关切。启蒙思想家们将博爱视作和平的天然纽带，社会的和谐也已朝着这个方向发展，在法律与国际礼让原则的约束下，它正从暴力和野蛮的过去，走向永久和平的未来。然而，这种观点并没有使他们都成为和平主义者，尽管这是一些人如圣皮耶（Abbé de St. Pierre）给出的明确结论。[78]他们的共同点是相信战争同样可以用科学来描绘，同样可以受到理性的约束与管理，并被重塑为在科学统驭下的一种虽然仍有遗憾但却是

自然的、有序的暴力模式。而且，在这个不再受迷信和宗教动机束缚、摆脱了16世纪和17世纪长期宗教战争的根源的有福世纪，战争业已变得更加人道。在他们的设想中，世俗主义断然不会像宗教仇恨那样，堕落至黑暗深处；君主和国家的傲慢，也断不会像路西法或古代诸神的傲慢那样，让战争重蹈覆辙，坠入残酷与折磨的深渊。[79]但事实证明，启蒙思想家们低估了残酷战争对腓特烈二世这样的“开明专制君主”的诱惑，也完全没有预见到即将在法国大革命中爆发出来的世俗的狂怒与不满。

140

而在德国的军事启蒙运动中，有这么一批为数不多、不甚知名的思想家，他们走的是另一条路。对多个领域都有广泛研究的思想家，比如在世纪中叶撰写了一本《通用词典》（*Universal Dictionary*）的约翰·泽德勒（Johann Zedler），以及以赞美战地兄弟情和为腓特烈二世的战争高歌为己任的狂热的战争诗人约翰·格莱姆（Johann Gleim），他们作出了更广泛和自觉的努力，修订并完善了战争理论和实践。法国的改革者们希望对军事理论和法律作出修订，使之与更广阔的、遵循经验主义展开探讨和改革的启蒙文化和知识理念相契合。[80]在德国，思想家们同样希望战争变得更为人道和有效，使之超越僵硬的纪律管教，释放深层的心理力量，这可能比单纯利用士兵对粗暴惩罚的恐惧更能激励军心。他们希望，部队中能有更多的自由意志，就像社会上的其他地方一样；士兵们能在“自己为何而战”这个问题上拥有更为自知的动机，这样他们才能有更好的表现。相应地，他们要求士兵被体面对待。他们认为他们在腓特烈二世的身上找到了这些改革思想的特质。1735年，腓特烈二世写了一本相当愤世嫉俗的书——《战争教义问答》（*Catechism for War*），其风格很像是在向儿童进行基础教育普及的路德教义，这件事放在一个鄙视国教的统治者

身上，是一个不仅古怪，且很可能带有嘲讽意味的行为。他在柏林继承王位后，这本书被作为普鲁士士兵的操练建议发行。[81]然而，他们被骗了。无论在战争还是和平时期，腓特烈对待手下士兵的方式与他对待任何用后即弃的物件并无不同，他对他们的苛刻程度之高，欧洲任何其他统治者都难望其项背。除了沙皇。

到了18世纪中叶，各地开始将理性之光注入战争艺术与科学。理论家们把数学应用到了战略、战术、机动、会战和围城中。他们将精力和研究重新聚焦在作为战争尖角的会战上，用冰冷的智识主义和沙龙品位掩盖战争的现实尖锐性。纯粹的理论图纸被精心勾画出来，它们描绘着数学在弹道学、防御工事设计中的全等火力场以及与之对抗的攻城术中的平行应用。141在蒂雷纳子爵和沃邦的笔下，这项工作完成了对优雅的极致追求，前者用精巧的图解阐述会战，后者则将科学原理应用到要塞的攻防设计中。艺术和科学就这样融入线性战争尤其是会战当中。战斗经过精心的编排，高潮渐起的暴力终于又回到了它在战神神庙中的应有位置，战争依旧是天才的竞技场，是英雄叱咤风云的地方。那些最聪明的头脑用数学法则演示如何在战场上，或者如何利用一座多边形堡垒——人类文明借以跃升的世俗祭坛——一个不漏地射杀成排的士兵。连戴假发的沙龙客人、穿绸着锻的侍臣都在玩比较军事几何和线性战术的游戏。这是每个大国国都的宫廷里最受欢迎的消遣方式。[82]所有人都说，完美的线性布局精致优美，武器碰撞和帝国冲突与那高雅艺术一样，令人振奋。

建筑师、园艺师、城市规划师、国王和将军们喜欢在石头上、自然中、人的身上强加直线。高雅文化崇尚直线，从树篱到林荫大道到建筑物，再到围城和会战，无一不是如此。然而，这还不够。理性与美丽几何图形的交融，需要一个超乎寻

常的军事头脑来让残酷的战场辉映出美丽的光。战争需要，并且呼唤天才的到来。凡尔赛宫和法国军队都反映了这种审美取向——一种新的、对线性的优雅品位。理性制造出精细的、可预测的抛物线和完美的炮弹飞行轨迹；发射出可在城墙内熟练弹跳的跳弹；建造出更多兼具数学精度、审美意趣，且火力场环环相扣的炮兵堡垒；展示如何理性地挖掘地道和爆破地雷；催生出在亚麻纸上用尺子和量角器绘制的几何战斗计划。[83]在路易十五的世界里，没有一根树枝或一个士兵可以越出自己的位置；花园中的树篱需要修剪；要塞中的棱堡，必须有着完美无缺的角度；他的卫兵队列，如果当中有人因为身中铅弹而倒下，空缺会被立即补上，队列即刻恢复它的整齐划一。国王甚至会骑马前去观赏。

线性在阵地防御中和会战开始之前，都是没有问题的。防御工事坚实而稳固，部队严谨地从纵队切换为横队。但是横飞的子弹告诉我们，战斗不是静止的。它是流动的，而且时刻受到人的左右。这时便需要天才的到来，而天才这一概念，并未得到狄德罗等人的最终剖析，虽然他们曾经尝试这么做。[84]这个概念被泛化为一个笼统的术语，用来指在指挥中涉及的一切无法被轻易体系化为“棱堡”或“线性部署”的人的因素；具备如此品质的伟大指挥官，只需慧眼一瞥，就能洞穿战斗和战争的本质，从而一击即中，取得胜利。启蒙运动的天才站在揭示普世真理的科学认知的基石之上；它们包括或由观察得到、或经推导得出的适用于一切时间和地点的战争法则，这些法则发端于日益强势、基于理性的科学，并在对艺术性的极致追求中达到高潮。事实上，这是从纯粹理性又回到古老的英雄浪漫主义的肇始，这导致了18世纪末的拿破仑崇拜，以及以克劳塞维茨为代表的德国军事浪漫主义者对军事天才这一概念的推崇。[85]

142

在此期间，莫里斯·萨克斯元帅（Maurice de Saxe）的一篇关于战争的论文仍然是那个时代最有影响力的军事著作之一，他是在拿破仑之前18世纪最著名、最受尊敬的法国将领。他在1732年曾写下《我的沉思》（*Mes rêveries*）一书，虽然此书直至1757年才出版，但是他狭隘的理论观点并未因其多年的实战和屠杀经历而变化。他主张按照罗马军团模式重组军队，这与在他之前的马基雅维利，以及在他之后名气较小的模仿者们的观点彼此附和。他还提出要让白刃肉搏回归战场，这个呼吁令人费解，却又颇具影响。他坦言机动作战的优越性，称自己并不相信野战，他说："我不赞成打会战，尤其是在一场战争的开始阶段。我确信，一个好的将军，即便一生戎马，也可以不打一场会战。"[86]然而，让他名声大振的却是在他率领下的几场极度血腥的战役。他唯一的一次胜利是在1745年5月11日的丰特努瓦（图尔奈）取得的，那是发生在奥地利王位继承战争（1740—1748年）期间的一场血战。

丰特努瓦战役在一个晴朗的春日进行，当天路易十五身着华服，亲临战场。穿着白色军服的波旁军团，与身着深蓝色军服的法国卫兵精锐和爱尔兰旅野雁一道，静候战役的打响。萨克斯将各营部署在一条下沉的L形道路后方，那里是一道隆起的低矮山脊，山脊边上是茂密的灌木丛。和萨克斯一起观战的，还有国王和一众好奇的贵族和侍臣，此时两列密集的步兵正踏着整齐有力的步伐向山坡上等待中的法军进发。指挥英军的是坎伯兰公爵（Duke of Cumberland），他是乔治二世的第三个儿子，后来因为在托利党的宣传中被冠以"卡洛登屠夫"之名而声名狼藉。盟军方面还有身穿灰黑色军服的奥地利和荷兰步兵，他们此时已经被调回左翼。当天负责向萨克斯的蓝白两色阵线的强大中心发起主攻的是着红衣的不列颠军。盟军右翼向着法军部署在树林中的炮群发起进攻，总共15000人肩扛燧发

枪，排成密集的纵队，像阅兵游行一样列队上坡，他们即将迎来法军炮弹和霰弹的连发纵射。军官拔出剑来，军士大声发号施令，士兵踏着步子前进；在猎猎飘扬的战旗下，战鼓咚咚敲出节拍，横笛和双簧管同时吹响，风笛悠扬奏起，密集红衣纵队伴着鼓点，踏着铿锵有力的步伐，整齐划一地往坡上迈进。[87]

战斗早在几个小时前就已开始，盟军在凌晨2点已经摆好战斗队列，并在黎明前迎来第一轮炮击。盟军回以炮火，但显得有些无力。不论如何，荷兰步兵还是向前推进了，他们在穿

143

萨克斯和路易十五在丰特努瓦（1745年）

图片来源：Wikimedia Creative Commons

过盟军左侧的两个小村庄后，被法军的狙击手和大炮从精心布置的堡垒中以交叉火力轰击。荷兰骑兵陷入慌乱，溃不成形，步兵也个个身负重伤，不得不撤离。如果说坎伯兰曾经研究过马尔博罗在布伦海姆的战术，那么从他在丰特努瓦的部署和命令中，是完全看不出这一点的。他在尚未削弱敌人的侧翼的情况下，就贸然向重兵把守的中路发起攻击，而萨克斯的军团主力枪已上膛，就等着这些红衫军进入他们的射程。坎伯兰不顾身边高级指挥官的极力劝阻，命令不列颠和汉诺威步兵直接往坡上推进。步兵迈着稳健的步伐向上挺进，最后他们走进了丰特努瓦镇和一片密林之间仅半英里宽的窄道上，两侧是等候他们的法国大炮和狙击手。由于地形的牵制，留给他们的进攻通路很窄，队伍两头弯向后方，就像一张被拉满了的弓。

144

就在红衣队伍列队前进的时候，萨克斯说，和此前被击退的蓝衣荷军相比，“现在我们面对的英国人，会更难啃”。[88]坎伯兰故意把行军节奏放得很慢。战士们向着山上移动，所到之处，左右两侧都暴露在法军的火力之下：右侧是林中一座不动声色的棱堡，它露出雄伟的铜炮炮口；左侧则是为数更多的大炮和狙击手。先是滚落而下的实心炮弹，然后是让人血肉横飞的霰弹，但是稳步前进的士兵们没有开火。他们爬上山脊，来到距离下沉道路还剩30步的地方，与集结的法国步兵横队面对面，这时他们才停下脚步，向法军发起齐射，对方也没有客气，同样回以一阵弹雨。

这场蔚为壮观的战斗，经过几十年诗歌、艺术和大众记忆——尤其是伏尔泰一首简短史诗的颂扬，俨然已经成为18世纪一次伟大的步兵推进行动。[89]这正是启蒙思想家们心目中战争该有的样子，它们经由最优秀的头脑构思和描摹，随着吟游诗人对热烈激荡的青春年华的缅怀而被写入诗中。事实是，萨克斯派出骑兵向英军阵线发起攻击，接下来就是一场昏天黑

地的红白混战，间或夹杂着与泥泞的搏斗，战场上只见兵铁相搏，乱弹横飞，没有了骑手的战马在失控乱窜。在近距离的火枪互射将子弹耗光之后，在燧发枪已经被当作木棍用来在肉搏战中互抡之后，在英军组成一个紧凑的方阵井然有序地撤下山坡之后，总之当这一切都结束之后，6000 名法军和两倍于此的红衫军倒在血泊中，非死即伤。[90] 萨克斯成为光荣的胜利者，因为当屠杀结束时，他占领了大部分战场，死亡人数也只有对方的一半。路易十五对他大加犒赏，包括赐予其一座胜利城堡。他在他那部（并不见沉湎之情的）沉思录中写到过他对手下将领的指挥才干的评价，这些将领曾经在图尔奈，以及更早之前的马尔普拉凯的血战中追随他作战，他说："士兵们的勇气是变化无常的……一个将军真正的技能就在于知道如何通过他的兵力部署、他的阵地安排和那些伟大将领应具备的天赋特质来保证它们不出差错。"[91] 对于启蒙运动来说，在丰特努瓦的山坡和 L 形道路上发生的战斗是冷静且理性的。[92] 战争是美丽的。战争中的天才是非凡的。

天赋能够赢得战斗和战争，正如它能够解决这个时代的一切难题。问题是，在哪里可以找到它？它可能在那些卓越超群的人身上，比如路易十四和腓特烈二世这样的开明专制君主，或者他们麾下的某一位或两位将军。至于那些普通事务，比如实实在在的行军打仗，还有单纯对枯燥的数学战术的执行和应用，都不过是任何受过教育又不太笨的人就能做的事。在 18 世纪，发动围城、调动军队、补充给养和战斗，所有这些都被归在"战术"之下，它们不过是给孩子们上的空间几何课里的一些内容。还有那些死记硬背即可掌握的普世的战争法则，这些法则经由理性的揭示，于历史的积淀中被重新发掘出来，然后又被逐条写入给军官的战术手册中。战略是天才的舞台，是智识超群之人的保留地。当时最为杰出的军事改革家之一保

145

罗·德·迈泽罗伊（Paul de Maizeroy）说，它属于那些拥有“最为非凡的思维能力和理性”的头脑。在经历了近30年的全球陆上和海上战争之后，他仍然信奉在这个假发和沙龙成风、自诩“启蒙”的世纪里的那套僵化智慧。他于1777年写道：“战术极易沦为一成不变的规则，因为它完全是几何的，和防御工事一样。”[93]

由于启蒙运动时期的高级战争美学是一种可以用数学原理解读的力的冲突，是发现和表现人的天赋的正当舞台，所以它回避一切对战斗真正含义的严肃理解。它否认驱使一个人将刺刀刺入另一个人的身体，或者越过草堆向着对面挤作一团的步兵一次又一次地开火，或者用葡萄弹将敌人连人带马炸得血肉模糊，或者从马背上挥舞马刀，切开一个男孩的脸颊，或者决绝地喊出“不要俘虏”①的那一刻所需要的仇恨、恐惧和激情。宫廷史学家用巴洛克式的语言为国王和将军书写颂歌：战争是一曲力量与反抗的协奏曲，而会战则是其中由炮声演绎的渐强音、枪声泛起的缭绕琶音、刺刀激荡起的悠扬弦乐共同鸣奏出的律动；头顶上方，袒胸露乳的大自然一袭锦霞溢彩流光，正惊叹地俯视着人类的英雄杰作。在他们的笔下，军队之间的碰撞仿佛只是路易十五和蓬巴杜夫人之间一段虽然暧昧却也无伤大雅的宫廷共舞。启蒙时代的战争有如一台戏剧，剧中有属于人类社会的精致几何结构和别致优雅的才思，它是天才的游乐场、国王的消遣地，是可以在山坡上一边啜着白兰地一边观看的盛大场面，而不是事实上的血腥的杀戮现场。[94]

老彼得·勃鲁盖尔（Pieter Bruegel）打破16世纪古老的英雄式的战争观，转而发出对社会现实的批判，在他的画作《盲人引领盲人》（*The Blind Leading the Blind*）和《对

① 不留活口之意。

无辜者的大屠杀》(*Massacre of the Innocents*)中表现出了普通人的悲惨与痛苦。17 世纪 30 年代，雅克·卡洛(Jacques Callot)在《战争的苦难》(*Miseries of War*)中刻画的生动画面至今仍令人震惊，或者说我们应该为此感到震惊。委拉斯开兹(Diego Velázquez)虽然是西班牙国王费利佩四世的宫廷画师，但他仍不露声色地在画作《布雷达之降》(*The Surrender of Breda*)和《玛尔斯》(*Mars*)中传递出他在道德上的怀疑；鲁本斯(Peter Paul Rubens)则借由《和平与战争》(*Peace and War*)和《战争的恐怖》(*The Horrors of War*)等作品进行毫不含糊的谴责。[95] 太多的启蒙画家，将战争视为单纯的几何冲突，他们惊叹战线的对称，专注于刻画国王和将军的高贵与天才。画中不见死去者或垂死挣扎者的身影；那里没有真正的人，似乎夺走的、失去的不是真实的生命，经历的也非真实的死亡。我们在当时的城堡、现在的画廊墙壁上所看到的，不过是凝固了的规则，是线条与方块的拼贴。在布伦伯格(Louis van Blarenberghe)的《路易十五的图尔奈之围》(*Siège de Tournai par Louis XV*)中，我们只能看到对规则形式和军官英雄主义的狂热颂扬，看到虚假的高贵姿态如何掩盖鲜血淋漓、伤痕累累的人。在迪特尔(Edouard Detaille)的《丰特努瓦之战》(*Bataille de Fontenoy*)中，我们又一次见识到了理性的力量。在本杰明·韦斯特(Benjamin West)的《沃尔夫将军之死》(*Death of General Wolfe*)中，沃尔夫将军正以垂死的眼神祈求上苍，他虽然身负重伤，血污却不曾沾染他洁白的衬衫袖口；而美洲大陆化身为魁北克外亚伯拉罕平原上的一名易洛魁勇士，正满怀惊奇地注视着眼前这位高贵的、死前不忘将社会规训和最高礼仪教授给新世界的欧洲贵族。随着“启蒙时代”的结束，军事艺术中古老的英雄题材将在雅克－路易·大卫(Jacques-

146

Louis David）为拿破仑创作的大量歌颂作品中高调回归。[96]

在巴黎和柏林的顶级沙龙之外，在凡尔赛宫和无忧宫镀了金的窗外，真实世界中的战争从来不是欧几里得式的、牛顿式的，或者启蒙式的。在鲜血浸染的德意志平原，在奥地利斜陡的山坡，在湿漉漉的弗兰德，战斗也从来不是什么取悦感官或刺激智力的巴洛克协奏曲。它是一场屠杀，在这场屠杀中，获胜一方的伤亡率往往高达35%甚至更多。而围城，无非是精心设计过的慢速会战，其死伤累累只会有过之而无不及。还有那些无法计算的伤亡和惨状：因军队沿途劫杀而枉死的平民，因庄稼被毁而引致的饥荒，以及因陆海封锁而造成的商业萎缩。此间还有因为国王们的虚荣自负而连绵数十年的王朝战争、英法之间持续逾百年的战事。战争不只是通往启蒙和永久和平这条可靠道路上非理性的拦路石，它刹住了无端的宗教狂热，又释放出民族主义，在顾此失彼中为理性时代画上了句号。理性和启蒙时代才是欧洲战争中非自然的空位期。

## 注释

1 约翰·林恩（John A. Lynn）发明了“国家佣金军队”（state commission army）一词来描述这种18世纪形式的演变。“International Rivalry and Warfare, 1700–1815,” in T. C. W. Blanning, editor, *The Short Oxford History of Europe: The 18th Century* (Oxford: Oxford University Press, 2001): pp. 178– 217. 关于法国军队，见其杰作：*Giant of the Grande Siècle: The French Army 1610–1715* (Cambridge: Cambridge University Press, 1997)。关于军官贵族，参见David Bien, “The Army in the French Enlightenment: Reform, Reaction and Revolution,” *Past & Present* 85 (1979): pp. 68–98。关于荷兰改革，参见Nimwegen, *Dutch Army*: pp. 301–324。关于英国的做法，参见David Chandler, *Marlborough as Military Commander* (New York: Scribner’s, 1973): pp. 62–77。

2 有关海军方面，参见Denver Brunsman, *The Evil Necessity: British Naval*

*Impressment in the Eighteenth-Century Atlantic World* (Charlottesville: University of Virginia Press, 2013)。

3 P. E. Kopperman, "'The Cheapest Pay' : Alcohol Abuse in the Eighteenth-Century British Army," *Military History* 60 (1996): pp. 445–470; A. N. Gilbert, "Why Men Deserted from the Eighteenth-Century British Army," *Armed Forces and Society* 6 (1980): pp. 553–567; Christopher Duffy, *Military Experience in the Age of Reason* (Ware: Wordsworth, 1998): pp. 98–104, 166–167, 172–173.

4 Lynn, *Battle*: p. 129.

5 Idem, "Food, Funds and Fortresses: Resource Mobilization and Positional Warfare in the Campaigns of Louis XIV," in *Feeding Mars: Logistics in Western Warfare from the Middle Ages to the Present*(Boulder, CO: Westview Press, 1994): pp. 137–159.

6 Lynn, "Growth of Armies" ; Christopher Duffy, *Fire and Stone: The Science of Fortress Warfare, 1660–1860* (Mechanicsburg: Stackpole, 1996); and idem, *Siege Warfare: The Fortress in the Early Modern World 1494–1660* (New York: Routledge, 1979).

7 Clausewitz, *On War*, Michael Howard and Peter Paret, editors (Princeton: Princeton University Press, 1976): Book IV/11 and Book VI/10–1: pp. 258–262, 393–403.

8 马尔博罗公爵（约翰·丘吉尔）曾在对方军队中收买法国军官作密探，而且很可能在"高层会议"（*Conseil d'en haut*，路易十四的咨询机构）内部也有不少他安插的间谍。

9 沃邦的地图、平面图和草图，以及那个年代的攻城指南，可见 Jean-Denis G. G. Lepage, *Vauban and the French Military under Louis XIV: An Illustrated History of Fortifications and Strategies* (Jefferson: McFarland, 2010)。

10 Nimwegen, *Dutch Army*: pp. 132–145, 442–447, 456–459; John Lynn, "A Quest for Glory: The Formation of Strategy Under Louis XIV, 1661–1715," in Murray: *Making of Strategy*: pp. 192–194; Henry Guerlac, "Vauban: the Impact of Science on War," in Paret, *Modern Strategy*: pp. 64– 90; John Hebbert and George Rothrock, *Soldier of France*(Oxford: Peter Lang, 1990): passim; Jamel Ostwald, *Vauban Under Siege: Engineering Efficiency and Martial Vigor in the War of the Spanish Succession* (Leiden: Brill, 2006): pp. 5–13, 46–91, 123–172, 215–308;

Parker, *Military Revolution*: pp. 115–145.

11 Jānis Langins, *Conserving the Enlightenment: French Military Engineering from Vauban to the Revolution* (Cambridge: MIT Press, 2004); Ostwald, *Vauban under Siege*.

12 关于围攻战的功效与它作为一种“失败的”战争手段的比较，见 Jamel Ostwald, “Marlborough and Siege Warfare,” in John Hattendorf et al., editors, *Marlborough: Soldier and Diplomat* (Rotterdam: Karawansaray, 2012): pp. 122–143。

13 转引自 Christopher Duffy, *The Fortress in the Age of Vauban and Frederick the Great, 1660–1789* (London: Routledge & Keegan Paul, 1985): pp. 13–14。

14 转引自 Chandler, *Art of Warfare*: p. 234。

15 John Lynn, *Giant of the Grande Siècle*: pp. 107–126, 550–551; Weigley, *Age of Battles*: pp. 50–51; Martin van Creveld, *Supplying War: Logistics from Wallenstein to Patton*, 2nd ed. (Cambridge: Cambridge University Press, 2004): pp. 5–16.

16 Jean Bérenger, *Turenne* (Paris: Fayard, 1987): Chapter 4: “Turenne et l’armée” ; Lynn, “Glory,” p. 192.

17 Jean-Philippe Cénant, “Le ravage du Palatinat: Politique de destruction, stratégie de cabinet et propagande au début de la guerre de la Ligue d’Augsbourg,” *Revue historique* 2005/1 (n° 633): pp. 97–132.

18 关于行军和作战战术，见 Chandler, *Marlborough* (1973): pp. 77–93。

19 Jones, *Art of War*: pp. 267–319; Strachan, *European Armies*: pp. 23–37; Martin van Creveld, *Technology and War* (New York: Free Press, 1989): pp. 87–95.

20 Weigley, *Age of Battles*: pp. 37–43; John Childs, *Warfare in the Seventeenth Century* (Washington: Smithsonian, 2001): pp. 86–113; Peter Wilson, “European Warfare, 1450–1815,” in Black, *War in the Early Modern World*: p. 196; Lynn, “Glory,” p. 196.

21 Lynn, “Glory,” pp. 178–204; idem, *The Wars of Louis XIV: 1667–1714* (Boulder, CO: Westview, 2003); Jeremy Black, *From Louis XIV to Napoleon: The Fate of a Great Power* (London: UCL Press, 1999): pp. 33–69, François Bluche, *Louis XIV* (London: Blackwell, 1990); Jöel Cornette, *Le Roi de guerre: Essai sur la souveraineté dans la France du Grand Siècle*, 3rd ed. (Paris: Payot, 2010); R. Hatton, *Louis XIV and*

*Europe* (London: Macmillan, 1976); Andrew Lossky, *Louis XIV and the French Monarchy* (New Brunswick: Rutgers University Press, 1994).

22　主要包括让 – 巴蒂斯特・柯尔贝尔（Jean-Baptiste Colbert）、蒂雷纳子爵、路易二世・德・波旁 [Louis de Bourbon，外号"大孔代"（*le Grand Condé*）]、米歇尔・勒泰利埃（Michel Le Tellier）及其儿子、弗朗索瓦・勒泰利埃（卢福瓦侯爵）。

23　G. Rowlands, "Louis XIV, Aristocratic Power and the Elite Units of the French Army," *French History* 13/3 (1999): pp. 303–331.

24　Bluche, *Louis XIV*: pp. 241–263; J. R. Jones, *The Anglo-Dutch Wars of the Seventeenth Century* (London: Longman, 1996).

25　在他的第一次荷兰战争中，路易十四并未追求宗教目标，但他的确尝试粉碎国内异见，为下一次战争做准备。Carl Ekberg, *The Failure of Louis XIV's Dutch War* (Chapel Hill: University of North Carolina Press, 1979); Paul Sonnino, *Louis XIV and the Origins of the Dutch War*(Cambridge: Cambridge University Press, 2003); idem, "Plus royaliste que le pape," in David Onnekink, editor, *War and Religion After Westphalia, 1648–1713* (Farnham: Ashgate 2008): pp. 17–24；G. Satterfield, *Princes Posts and Partisans: The Army of Louis XIV and Partisan Warfare in the Netherlands, 1673–1678* (Leiden: Brill, 2003).

26　Lynn, "Glory," p. 203.

27　Bluche, *Louis XIV*: pp. 283–306, 419–458; Israel, *Dutch Republic*: pp. 807–862; James Scott Wheeler, *Making of a World Power: War and the Military Revolution in Seventeenth-Century England* (Stroud: Sutton, 1999); Manning, "Styles of Command," pp. 684, 698–699. 关于英荷旅对英国军队职业素质的影响，参见 John Childs, *The Army, James II, and the Glorious Revolution* (Manchester: Manchester University Press, 1980): pp. 119–137。

28　Geoffrey Symcox, "Louis XIV and the Outbreak of the Nine Years War," in Ragnhild Hatton, editor, *Louis XIV and Europe* (New York: Macmillan, 1976): pp. 179–212; Lynn, *Wars of Louis XIV*: pp. 191–265.

29　Bluche, *Louis XIV*: pp. 513–539. 马克・汤姆森对此持不同观点，他认为路易对西班牙继承权的主张是合理的，参见 Mark Thomson, in "Louis XIV and the Origins of the War of the Spanish Succession," *Transactions of the Royal Historical Society*, 5th ser., 4 (1954): pp. 111–134。关于荷兰，见 Israel, *Dutch Republic*: pp. 968–984。

30 Richard Holmes, *Marlborough: Britain's Greatest General* (New York: Harper-Collins, 2008): pp. 119–128, 151–153, 165–166, 467–474. Quoted at p. 3; Chandler, *Marlborough*: pp. 12–44; Corelli Barnett, *Marlborough* (London: Wordsworth, 1974): pp. 11–25.

31 Lynn, *Wars of Louis XIV*: pp. 24–27; Daniel Dessert, *Argent, pouvoir et société au Grand Siècle* (Paris: Fayard, 1984); John Brewer,*Sinews of Power: War, Money, and the English State, 1688–1783* (London: Unwin Hyman, 1989): pp. 73–108, 132–179; Martin Jones, "War and Economy in the Age of William III and Marlborough," *Parliamentary History* 9/1 (1990): pp. 212–214.

32 John Stapleton, "Marlborough, the Allies, and the Campaign in the Low Countries," in Hattendorf, *Marlborough*: pp. 144–171. 关于马尔博罗自己的说法，直接的文字材料详见 Henry Snyder, editor, *The Marlborough-Godolphin Correspondence*, 3 volumes (Oxford: Oxford University Press, 1975)；间接引述参见 David Chandler, editor, *Military Memoirs of Marlborough's Campaigns, 1702– 1712* (Mechanicsburg: Stackpole, 1998)。有关英荷两国的投入，参见 Jamel Ostwald, "The 'Decisive' Battle of Ramillies, 1706: Prerequisites for Decisiveness in Early Modern Warfare," *Journal of Military History* 64/3 (2000): p. 664n67。

33 关于马尔博罗传闻中的天才，参见 Carlton, *This Seat of Mars*: pp. 223–227。约翰·哈滕多夫提出了这个疑问，不过他未给出解答：John Hattendorf, "Courtier, Army Officer, Politician, and Diplomat," *Soldier and Diplomat*: pp. 38–102。

34 Holmes, *Britain's Greatest General*. 霍姆斯的传记作品充满了感怀的亲英情结，以及对法国将军如何从宽宏大量的英国天才的阴影下"逃之夭夭"的平行而不公平的描述。同样，普通的红衣军团取得了胜利，但法国的蓝白大衣却在（见第 241、294 页，以及该书多处）。

35 Holmes, *Britain's Greatest General*: pp. 438–481. 理查德·凯恩（Richard Kane）著于 1747 年的伟人传记是早期民族主义观点的一个代表：*Campaigns of King William and the Duke of Marlborough, with Remarks on the Stratagems by Which Every Battle Was Won or Lost, from 1689 to 1712* (BiblioBazaar reprint, 2010)。温斯顿·丘吉尔在《马尔博罗：他的生活和时代》[*Marlborough: His Life and Times*, 4 volumes (1933–1938)] 一书中，不遗余力地阐述了他的先祖所指挥战役的决定性特征，称这些战斗是"战场上的绝对碰撞"。他是在居住于布伦海姆宫

时写下这本书的。

36 Jaap Bruijn, "The Anglo-Dutch Navies in Marlborough's Wars," in *Soldier and Diplomat*: pp. 274– 299; William Maltby, "Origins of a Global Strategy, England 1558–1713," in Murray, *Making Strategy*: pp. 151–177; Shinsuke Satsuma, *Britain and Colonial Maritime War in the Early Eighteenth Century* (Woodbridge: Boydell, 2013).

37 迈克尔·霍切德林格认为马尔博罗与欧根亲王的关系是盟军成功阻止路易十四霸权的关键：Michael Hochedlinger, "Friendship and Realpolitik," *Soldier and Diplomat*: pp. 248–273。

38 与此形成鲜明对比的是，艾伦·盖伊将功劳公正地归于了他人：Alan Gay, "John Churchill, Professional Soldiering, and the British Army, c1660–c1760," *Soldier and Diplomat*: pp. 103–121。

39 整体性论述见 John B. Hattendorf, *England in the War of the Spanish Succession* (New York: Garland, 1987)。关于更大范围内的西班牙战事，参见 David Francis, *The First Peninsular War, 1702–1713* (New York: St. Martin's Press, 1975); Henry Kamen, *The War of Succession in Spain, 1700–15* (London: Weidenfeld & Nicolson, 1969)。关于法国国内的叛乱，特别是"卡米撒派的叛乱"，参见 Roy McCullough, *Coercion, Conversion, and Counterinsurgency in Louis XIV's France* (Leiden: Brill, 2007): pp. 21–52，181–242。

40 Will Stroock, "Marlborough's Art of War," *Strategy & Tactics* 238 (2006): pp. 6–17.

41 若要比较堡垒和战略要点防御在 1700—1711 年的波罗的海一带（大北方战争的前半段）的类似作用，参见 Bernard Kroener, "'The only thing that could save the empire,'" in *Soldier and Diplomat*: pp. 216–247。

42 Jamel Ostwald, "Marlborough and Siege Warfare," in *Soldier and Diplomat*: pp. 122–143; Chandler, *Marlborough*: pp. 94–122; Barnett, *Marlborough*: pp. 28–36.

43 Holmes, *Britain's Greatest General*: pp. 211–214, 249.

44 J. B. Morton, "Sobieski and the Relief of Vienna," *New Blackfriars* 25 (1944): pp. 243–248, doi: 10.1111/j.1741–2005.1944.tb05698.x.

45 John Lynn, "How War Fed War," *Journal of Modern History* 65/2 (1993): pp. 132–140.

46 Holmes, *Britain's Greatest General*: pp. 258–269; Chandler, *Marlborough*: pp. 126–135, map at pp. 134–135; Barnett, *Marlborough*:

pp. 86–103; Lynn, *Wars of Louis XIV*: pp. 286–288.

47 Holmes, *Britain's Greatest General*: pp. 272–276. 大卫·钱德勒在其一项更早的研究中给出了比这低得多的伤亡数字：David Chandler,*Marlborough*: pp. 136–137。

48 Holmes, *Britain's Greatest General*: pp. 277–281.

49 Chandler, *Marlborough*: pp. 145–150.

50 Nosworthy, *Battle Tactics*: pp. 370–371.

51 霍姆斯对法国士兵在布伦海姆一役中表现出的勇气不以为然：*Britain's Greatest General*: p. 294。史学家们后来对处于炮火中的战士的勇气的质疑和贬低似乎并不妥当。试问：有多少教授站在 18 世纪的战线上能做到不退却一步？

52 Jones, *Art of War*: pp. 274–277; Barnett, *Marlborough*: pp. 104–121.

53 Holmes, *Britain's Greatest General*: p. 297.

54 Chandler, *Marlborough*: pp. 158–183.

55 Holmes, *Britain's Greatest General*: pp. 329–352; Lynn, *Wars of Louis XIV*: pp. 266–360. 马尔博罗的话转引自 Ostwald, "Ramillies," p. 675。

56 Chandler, *Marlborough*: pp. 201–222.

57 Holmes, *Britain's Greatest General*: pp. 353–406; Lynn, *Wars of Louis XIV*: pp. 319–321. 奥斯特瓦尔德对拉米伊一役的"决定性"作用持怀疑态度：Ostwald, "Ramillies," pp. 665–677。

58 关于数字的争论由来已久，相关讨论见 André Corvisier, *La Bataille de Malplaquet, 1709* (Paris: Economica, 1997): pp. 74–75。

59 Chandler, *Marlborough*: pp. 240–272; Lynn, *Wars of Louis XIV*: pp. 331–335.

60 Clément Oury, "Marlborough as an Enemy," in *Soldier and Diplomat*: pp. 192–215.

61 Bluche, *Louis XIV*: pp. 532–572; Lynn, *Wars of Louis XIV*: pp. 325–335.

62 转引自 Lynn, *Wars of Louis XIV*: p. 335。

63 Holmes, *Britain's Greatest General*: p. 361.

64 Jonathan Swift, *The Conduct of the Allies* (Ann Arbor: University of Michigan Press, 1916).

65 Chandler, *Marlborough*: passim but especially pp. 300–331. 韦格雷认为，马尔博罗恢复的是战役中而非战争中的决定性，参见 Weigley, *Age of Battles*: pp. 74–78。

66 Ostwald, "Ramillies," pp. 653–654.

67 参见 Tony Claydon, “A European General in the English Press,” in *Soldier and Diplomat*: pp. 300–319。

68 Chet, “Teaching the Military Revolution,” pp. 1073–1074.

69 Allan Guy, “John Churchill, Professional Soldiering, and the British Army, c1660–c1760,” in *Soldier and Diplomat*: pp. 103–121.

70 François Ziegler, *Villars: Le Centurion de Louis XIV* (Paris: Perrin, 1996); Claude Sturgill, *Marshal Villars and the War of the Spanish Succession* (Lexington: University of Kentucky Press, 1965). 威廉·奥康纳·莫里斯曾发表过一篇在英语世界中少见的维拉尔赞歌，文中对维拉尔的天才极尽老派的赞美和钦佩之辞：William O’Connor Morris, “Villars,” *English Historical Review* 8/29 (1893): pp. 61–79，可见于 http://www.jstor.org/stable/548315。

71 Lynn, *Wars of Louis XIV*: pp. 350–358.

72 一项研究认为，15 至 18 世纪发生在不列颠群岛的战役比欧洲大陆的更具决定性，因为死亡人数更多。但是，研究显示，在三国战争中，只有 15% 的死亡发生在被定义为“高强度战斗”的会战和围城战中。长期小规模战斗和其他“低强度战斗”造成的死亡人数是其三倍以上，这说明，疾病、艰辛的军营生活，以及过程中没有爆发定点会战的行军，具有更大的消耗性。Charles Carlton, *This Seat of Mars: War and the British Isles, 1485–1746* (New Haven: Yale University Press, 2011): pp. 96–110, 144–178, 237–265. 另外，“费边战略”和“歼灭”策略下的损耗对比，参见 Stanley Carpenter, *Military Leadership in the British Civil Wars, 1642–1651* (New York: Frank Cass, 2005): p. 64, 87, 116, 148, 153。对“决定性战役”的一种传统解读，参见 Malcolm Wanklyn, *Decisive Battles of the English Civil Wars* (Barnsley: Pen & Sword, 2006)。

73 Jeremy Black, *The Battle of Waterloo* (New York: Random House, 2010): p. 14. Robert Citino agrees, in *German Way of War*: pp. 34–36.

74 伏尔泰对路易十五战争的看法主要遵循的是法国人的意见。Émile Léonard, *L’Armée et ses problemes au XVIIIe siècle* (Paris: Libraire Plon, 1958): pp. 217–233.

75 Adrienne Hytier, “Les Philosophes et le problème de la guerre,” *Studies on Voltaire and the Eighteenth Century* 127 (1974): pp. 243–258.

76 Antonio Torio, *Diderot et la Guerre* (Villeneuve: Presses Universitaires du Septentrion, 1995): passim. 关于伏尔泰在战争问题上的不同的天真看法，参见 Armstrong Starkey, “To Encourage the Others: The Philosophes

and the War," in Mark Danley and Patrick Speelman, editors, *The Seven Years' War: Global Views* (Leiden: Brill, 2013): pp. 23–46。

77 Armstrong Starkey, *War in the Age of the Enlightenment*: (Westport: Greenwood, 2003): pp. 10–20, 105–132.

78 Patrick Riley, "The Abbé de St. Pierre and Voltaire on Perpetual Peace in Europe," *World Affairs* 137/ 3 (1974–1975): pp. 186–194.

79 Starkey, "Philosophes," pp. 37–40.

80 Starkey, *War in the Enlightenment*: pp. 33–68.

81 Sara Eigen Figal, "When Brothers Are Enemies: Frederick the Great's 'Catechism for War,'" *Eighteenth-Century Studies* 43/1 (2009): pp. 21–36.

82 Gat, *Military Thought*: pp. 14–80. 关于作为侍臣所钟爱话题和消遣方式的战术和军事几何学，见第 25 页。

83 David Parrott, "Cultures of Combat in the Ancien Régime: Linear Warfare, Noble Values, and Entrepreneurship," *International History Review* 27/3 (2005): pp. 518–533.

84 有关启蒙运动对天才的着迷，参见 Herbert Dieckmann, "Diderot's Conception of Genius," *Journal of the History of Ideas* 2/2 (1941): pp. 151–182。

85 Clausewitz, *On War*: pp. 134, 157–158.

86 Starkey, *War in the Enlightenment*: pp. 49–52; Maurice de Saxe, *Mes rêveries* (1732), translated as *My Reveries Upon the Art of War*(Harrisburg: Stackpole, 1985). 现代人对萨克斯作为一名将领的评价，参见 Jean-Pierre Bois, *Maurice de Saxe* (Paris: Fayard, 1992): passim, and Robert Quimby, *Background of Napoleonic Warfare: The Theory of Military Tactics in Eighteenth-century France* (New York: Ams Press, 1957): pp. 41–61。

87 Reed Browning, *The War of the Austrian Succession* (New York: St. Martin's, 1993): pp. 206–212. 关于丰特努瓦以及战斗中关于勇气和忍耐的概念，参见 Lynn, *Battle*: pp. 111–114, 143–144。关于英军的步兵战术，参见 Holmes, *Redcoat*: pp. 32–33, 88–134, 201–205, 216–221。

88 转引自 Starkey, *War in the Enlightenment*: p. 114。

89 Voltaire, *Henriade*, available at http://catalog.hathitrust.org/Record/006544585. See also Abbé de Prades, "Certitude," *Encyclopédie*, Vol. 2 (1752).

90 Browning, *War of the Austrian Succession*: p. 210; Starkey, *War in the Enlightenment*: pp. 116– 120. 伤亡情况见 David Chandler, *The Art of Warfare in the Age of Marlborough* (Tunbridge Wells: Spellmount, 1997): p. 306。对这场战役给出最全面完整的记录的是：Jean-Pierre Bois, *Fontenoy, 1745: Louis XV, arbitre de l'Europe* (Paris: Economica, 1996)。

91 Saxe, *Mes rêveries* (1732). Gat, *Military Thought*: pp. 34–35.

92 伏尔泰的反应是一名爱国者的反应，他为胜利感到振奋，为路易十五和萨克斯写下赞歌：*Poeme de Fontenoy* (1745)。参见 John R. Iverson, "Voltaire, Fontenoy, and the Crisis of Celebratory Verse," *Studies in Eighteenth Century Culture* 28/1 (2010): pp. 207– 228。关于伏尔泰对丰特努瓦的看法和当时社会的普遍反应，参见 Starkey, *War in the Enlightenment*: pp. 105–132。

93 转引自 Gat, *Military Thought*: p. 44。

94 这段话源自约翰·林恩对作为一种高雅审美的战役文化观（包括贵族男性将参战作为一种性魅力的展示手段）的讨论但做了适度的延伸，约翰·林恩的讨论见 Lynn, *Battle*: pp. 111–144。关于这一时期的“荣誉文化”（honor culture），参见 Starkey, *War in the Enlightenment*: pp. 69–103。

95 精彩的评论和印制作品见 Theodore Rabb, *The Artist and the Warrior: Military History through the Eyes of the Masters* (New Haven: Yale University Press, 2011): pp. 83–118。

96 雅克－路易·大卫以拿破仑为对象的画作，参见 ibid., pp. 152–158。

## 六 重新拾起的会战

147 继马尔博罗在布伦海姆和拉米伊的成功，以及维拉尔在马尔普拉凯和德南的成功之后，决定性会战这一概念至少开始重回人们的视野。但它还没有被认为是赢得战争或开启战争的致命一击。“决定性”仍然是一个温和的概念，其文化意义是有限的。会战不过是将军们为了获得他们国王最看重的东西——比如攻克防线，占领边境城市，吞并一小块世袭领地或省份——在采用其他策略时作为一种补充添加进来的。有限战争仍然需要付出难以承受的代价，直到敌人筋疲力尽，退出战斗。不过，赢家开出的条件绝不会是“政权更迭”或社会转型，那是19世纪和20世纪的事情。只要围绕一个多边形堡垒，以有序的几何队形或者在辐条状的地道里打上一段时间，外交官们就会站出来呼吁理性和适度，并相互达成和解。这是宗教战争和意识形态战争之间的一段启蒙空位期。或者说理性时代将会如此自诩和坚信，如果它能预见世纪末即将到来的灾难的话。

躺在临终的病榻上，路易十四告诫他5岁的孙子，这位即将成为路易十五的年幼王储：“尽量保持和平。我是太爱战争了。”[1]太爱战争的不只有路易十四，整个欧洲大半都是如此。瑞典和俄国之间的大北方战争一直持续到1721年；此战之后，瑞典颓势尽显，被迫退出大国俱乐部，俄国则取而代之，在彼得大帝的领导下崛起。不过除了大北方战争，以及个别几个地区的战火，欧洲对战争的饥渴在1715年这位大君主①去世后的25年里已经有所缓解。各国正是花了足足25年的时间修复财政、重建信心，同时恢复作战意愿与能力。于是，在接下来的几十年甚至更长时间里，几何方法和阶级傲慢

① 指路易十四。

主导着18世纪的战争思维。像萨克斯元帅这样的老派军官，也在最后几年的和平时间里研究军事几何学和从数学推导得出的战争法则，并写下他的“沉思”。当战争在18世纪40年代卷土重来时，他们对其凶猛程度毫无准备，因此还是使用老阵线和老方法，将平民士兵派上战场去战斗和牺牲。即使是像腓特烈二世这样的不凡将领，他们在最初的战斗中也同样磕磕绊绊，直到新的作战方式在战马与火枪的组合下达到成熟。 148

其他的人则在最后几年的和平时间里，讴歌功成身退的将军，研读马尔博罗或维拉尔的回忆录和信件，评说军事首领们的荣耀。那些更为普通的识字大众，读的则是些早就老掉牙的零碎战争史，只要有老兵的地方，就会有那种“当时我就在现场”的讲述，它们就像春天里的野草，会在每一次战争结束之后疯长起来。而对不在现场的人而言，布伦海姆、马尔普拉凯以及上百次围城的恐惧会逐渐消失在记忆里，取而代之的是以其他方式制造出来的关于国王和国家虚荣的记忆。一些人开始思考该如何赢得未来的战役，但和平已经爆发，他们的想法已经无从检验，这时的欧洲对所谓的战争艺术，不管是旧的还是新的，都已经厌倦得麻木了。至少在他们自己的茵茵绿地上是这样。但在海外，那就是另一回事了。为了争夺香料、奴隶、渔获、毛皮，还有用来造桅杆的原始木材，各大帝国的风帆战舰没少发生冲撞。在加拿大，或在印度的马拉巴尔海岸，有足够的空间，以及足够的利润，让热切的年轻人为之战斗。也许终有一天，在如此遥远地方的殖民地将让欧洲为其发动一场战争。

王国和帝国在和平年份里渐渐富裕起来，再加上军队使用的武器往往会让战场硝烟滚滚，于是各国开始让自己的军人穿上全套的制式军服。在此前一千年中的大部分时间里，

军队是没有统一军服的，例外的情况屈指可数：穿着森林绿的威尔士长弓手，穿着一样简单的城镇布衣的意大利和弗拉芒民兵，以肥大衣袍为标志、头戴白色毛皮帽的土耳其耶尼切里军团，还有法国的近卫军团和其他皇室卫队，比如彼得一世的普列奥布拉任斯基和塞米诺夫斯基近卫军。军队丰富多彩的外观已经成为这个时期一个强有力的文化符号：鲜艳的色泽、双角和三角军帽、绑腿系扣、白色长裤、宽皮肩带。我们可以在名人画像和大幅的战役壁画上，在玩具士兵和博物馆或旅游纪念品的精致模型中，特别是在电影里看到它们。骑兵的外观也趋于统一，只是风格更加华丽，因为骑兵固守传统的时间要更长一些，比如法国骑兵，他们在1914年第一次世界大战的揭幕战中仍然穿戴比如胸甲这样的小件精致盔甲。萨克斯命令骑兵使用带刃武器，这也是腓特烈二世和当时大多数骑兵将领的选择。骑兵们用上了骠骑兵特有的张扬的衣色和发辫，戴的是从波兰、匈牙利或更远的东部或南部地区进口的大毛皮帽或带硬质羽饰的高筒军帽。

军队仍会雇用非正规军，比如哈布斯堡军队中招募自巴尔干人的边防民兵[2]，他们穿的是当地服装而不是标准制服，此外还有边境和山区的游击队员[3]和兼职民兵。除此之外正规军穿的都是标准化制服，而且虽然军服的设计初衷是用以代表皇（王）室和王朝，颜色繁杂，但是其中的民族国家意味正在变得越来越浓。军服的发展始于17世纪末，到18世纪时各国都有了自己专属的军服颜色。和在大多数与时尚沾边或者具有军事价值的事情上一样，这次引领军服潮流的还是法国。上尉会领到军服津贴，用于给各自团里的士兵置装，或者军队统一为每个士兵提供军服布料，并在士兵薪酬中将布料钱扣去。地方行政长官或其他地方代理人会检查这些采购活动，防止军官中饱私囊

149

或者购买劣质商品以便从中赚取差价。穿上制服之后，要当逃兵就变得更加困难，因为当你仅有的衣服的颜色和剪裁都在宣称你是国王的人的时候，临阵脱逃是一件很难的事；制服作为军事单位身份的一种彰显——团名、镶边、臂章，还有旗手昂扬高举的军旗——还可以起到提振士气的作用。大衣是用粗羊毛（绒面呢）制成的长尾大衣，穿在白色或浅黄色的马甲外。18 世纪后期，大衣样式开始转向短尾剪裁。

18 世纪的英国士兵每年可获得一整套制服，或与之相当的布料。这笔费用，会作为例行扣减项目的一部分，从入伍赏金中扣除；例行扣减项目被叫作“清账项目”，它们加起来最高可达日薪的四分之一。皇（王）家军团最初穿的是蓝色马裤，普通军团穿的是红色——不是鲜艳的大红色，而是更深一点的类似甜菜的红色。[4] 进入 18 世纪 40 年代，系紧的大衣外扎上了腰带，上面钩着挂钩和刺刀。掷弹兵以一顶高帽为标志，最初为了不妨碍掷弹时举手过肩的动作，帽子使用的是无边帽。随着射程更远的燧发枪被发明出来，掷弹兵的作用下降，他们的角色就逐渐转化为精锐燧发枪兵。但他们仍保留掷弹兵的名称，戴的是特殊的高筒军帽，以显示他们与众不同的出身和精英地位。有些掷弹兵的帽子上还有一个白色绒球，让人联想到过去战场上的手榴弹烟团。一国制服通常也会考虑地区差异，例如英国陆军内部有高地兵团，哈布斯堡营中会出现巴尔干装束，极具异国情调的骠骑兵和哥萨克人装扮也几乎从乌克兰和波兰传遍了欧洲。

皇（王）家军队以及后来国家军队的军服，用的都是醒目的标准化色彩，这样做的主要目的是在硝烟弥漫的战场上区分敌友，以免误伤友军。但选择特定颜色更多是出于经济考量，而不是为了好看。英军逐渐穿上红色军服，是因为红色染料便

宜。丹麦军服的颜色也是红色。蓝色染料更贵，所以总是留给皇（王）家卫队和军队中更受器重的军团使用。普鲁士王家陆军（*Königlich Preussische Armee*）中的国王卫队（*Königs Leibgarde*）穿明黄色的夹克。也有少数军队不计成本地让所有军士都穿上蓝色军服。瑞典军服是蓝色的，普鲁士军服则是一种深蓝黑色的。巴伐利亚向来不甘于现状，渴望更大的权力和更高的地位，或许正是部分出于这一原因，它给它的步兵都穿上了天蓝色的军服。彼得一世改革后的俄军多穿绿色军服。在法国，“皇室蓝”是为精英部队比如法国卫兵和爱尔兰旅准备的，它的正规军用的则是一种简单的未经染色的布料，名叫“波旁白”，这种布料和廉价红衣一样醒目，而且还更便宜，因为它们连染料都不需要。出于同样的原因，奥地利、荷兰和西班牙的步兵军服也都是暗白、浅灰或深灰一类的颜色。[5]

150

只要是组建了新模范军的地方，彩色军服的标准化问题总会迅速跟上，比如英国就在1645年通过了相关的议会法令（虽然直到1707年这个要求才在全军实施）。[6]英国步兵军官最初通过他们的镀金剑柄、肩章和缠于腰际的深红腰带来显示他们的等级，最后也都穿上了全套的红色大衣，但是和普通士兵用的粗毛呢料不同，他们的大衣用的是精纺的绒面呢，在穿戴上保留了肩章，腰带则随着时间推移逐渐沦为装饰品。法国的军官制服普遍更加华丽，虽然不管在哪支军队，多数军官都会尽可能地把自己打扮得威风凛凛。但普鲁士是个例外，在那里，即使是军官制服也相当朴素，这和普鲁士国王的节俭和他们在经济上的拮据密不可分，但若要说到国王卫队这样的军中宠儿，自然又是另当别论。意大利和奥地利的军官们受到更为温暖或更加多元之文化的影响，因此格外沉迷于精致细腻的饰边和高高立起的羽毛。后来那些远道而来、在意大利作战的外来军官，尤其是法国的将军

们，则更倾向于选择穗带加羽毛的样式。一些早年曾经追随拿破仑在意大利作战或生活的元帅，比如著名的若阿尚·缪拉（Joachim Murat），即使到了战场，也要重重地挂上一堆金色、银色的穗带，并在胸前佩上醒目的勋章；不完全是戴着锥形尖帽、头插高耸羽毛的阿兹特克雄鹰或美洲虎战士的样子，但很接近。[7]

不管他们身上是哪种装束，阶级的不同决定了他们在战场上的位置，至少在战斗开始的时候是这样。许多下级军官因为年轻、贵族出身，或者仅仅就是冲动，而太过冒险，他们为了自己的荣誉，选择置身于战场屠杀之中。很多时候，即使是高级军官也会因战斗场面的混乱而直接暴露在敌人面前。在18世纪的战场上，战斗开始前，将军通常会把自己放在火线或大炮的后方，但战斗一旦打响，不管他们愿不愿意，都免不了被卷进战斗中心，迎接枪林弹雨的洗礼。塔拉尔德在布伦海姆被俘；坎伯兰在丰特努瓦之战中也极有可能死在他领兵上攻的半坡上；马尔博罗和腓特烈二世时常打头阵，而且两人都有胯下马匹被射杀的经历。维拉尔和卡多根（他已经不是第一次了）在马尔普拉凯受伤。其余的将军们，战死沙场的也不少。许多团级和师级指挥官都没能在会战中存活。将军们也许不再像黑太子或亨利五世那样手握剑矛立于阵前，但在大多数战役中，他们面临的仍是实实在在的人身危险，因为他们的人还在战场上，而不是在某个后方指挥部里。

151

大多数18世纪的欧洲军队并不全由一国国民组成，尤其是他们的军官队伍，族裔组成十分多样。联军通常会包括几路德意志人或几路意大利人，这里所谓不同地区的人，指的还是地理和文化层面上的概念，而不是主权国家意义上的。来自爱尔兰、苏格兰和巴尔干的佣兵服役过很多军队，有些团、旅甚至称得上是历史悠久。即使在一个团内，族裔

或其他方面的多样性也是存在的，至少德意志人是一定会有的：欧洲的君主们普遍认为“德意志士兵贸易”是一种非常方便和有效的充实兵力的手段。而且，抓壮丁的人也不会在族裔问题上挑肥拣瘦，他们只求顺利完成任务，拿到报酬。[8] 腓特烈二世的父亲，腓特烈·威廉，派人远赴各地，诱拐或绑架各种国籍的人加入普鲁士军队。他尤其希望为他的“波茨坦巨人团”招募高个儿士兵，因此其巨人团里都是些身着鲜红和深蓝色军服的大块头掷弹兵。这种国际主义一直延续到 19 世纪初。拿破仑的帝国卫队（*Garde Impériale*）是另一支国际化部队，其人数在 1812 年超过十万。那一年，年轻的克劳塞维茨正在俄罗斯帝国陆军服役，当时他还只是一名 20 多岁的普鲁士军官。各军士兵之间也存在着一种朴素的战友情谊，这是在长期的行军、军法和共同的战斗经历中培养出来的。此外，军队中还存在着一种平等主义伦理，它在 18 世纪的发展中变得愈加普遍。[9] 然而，这种共同的军事和职业尊重文化并没有扩展到非正规军身上，甚至没有扩展到美国独立战争中的大陆军身上。在英军和其他来自欧洲的职业军人（法军和德军）眼中，美国士兵不过是得了势的民兵，不管他们的外衣颜色有多蓝。[10] 现实中的殖民地民兵是十分被嫌弃的，他们更多被当作野蛮的边防民兵，而不是真正的士兵。

在 18 世纪的军队中，团级军官在战斗中的职责是激励、指挥，以及保持队伍的秩序和战斗力。[11] 他们可以对破坏队形的人施以体罚，比如用剑面或短棒击打，在极少数情况下甚至可以射杀他们，以达到“杀一儆百”的效果。伏尔泰就曾在他的《老实人》（*Candide*）中提到，英国皇家海军就因为它的海军上将约翰·拜恩没有“尽其最大努力”而被处决（1757 年 3 月 14 日）。[12] 破坏队形者要被处死的威

胁一直存在。一般来说，威胁本身就够了，但它也总有失效的时候。这时手枪就会被拔出来，甚至派上用场。军人只能在真实的战场上，通过战斗，学会战斗。活下来的人因为有了经验，所以总是技高一筹，在后续的战斗中，老兵部队的战斗力明显会比新兵连队强。然而，考虑到在大多数战役中即使是胜利一方也常遭受大规模的伤亡，所以在下一场战斗中，稚嫩、瑟缩的新兵身影总会同时出现在两方的阵营和火线上。 152

如果对手是另一支欧洲军队，军官们一般不会担心自己会成为敌方射手的特别追踪目标。当然，他们会吩咐自己的部下，礼尚往来时注意看准敌人的阶层地位和军阶。但如果对手是边防民兵这样的非正规军或者北美叛军，这套规则就不再适用。到了北美战场，欧洲军官会选择摘下他们身上的等级和地位标志，比如与众不同的头饰或金穗带，因为美洲土著射手和手持线膛枪的狙击兵在挑选目标的时候是不假思索的。欧洲的边防民兵也一样，他们因此备受鄙视，一旦被俘，不会得到半点优待。在布尔战争和第一次世界大战的战壕中，移除外在的职务标识，隐身于队伍中的情况还会发生，因为在那些狙击手横行的无主地，别说是一枚军官徽章，仅是一个敬礼，就足以让你送命。然而，在18世纪的欧洲，人们期望团级军官在炮火中展现出他们的刚毅不屈，这和要求士兵坚忍本质上是一样的，但需要达到一个更高、更显而易见的水平。他们必须在带领进攻或防御时站在队伍的前方，展示其个人勇气，这使得许多低级军官在第一轮或第二轮齐射中即被打死或者打成重伤。但即便伤势严重，有时为了彰显身为军官的勇气，也要拒绝离开战场。[13]

18世纪中叶，威力更大但重量更轻的野战炮的出现，使得作战战术发生变化，伤亡人数见涨。然而，并不是所有

国家都能从新式火炮中获取同等的好处。法国陆军在17世纪末取得了火炮方面的巨大优势，但在18世纪却陷入了急剧的衰退期。1756年，七年战争开始时，它的炮兵力量显然是当时所有大国中最弱的一个。学者们指出，这是由于在1713年之前，大量资金都被花在了攻城以及武装要塞和防线的大型火炮上，路易十四留下的巨额赤字，也使其继任者的军费开支长期无法得到满足。错误的采购决策和糟糕的火炮设计也有一定责任。随着大炮越来越多地开始扮演步兵支援的角色，枪炮大师和战术家就是否应该减轻枪炮重量以提高机动性的问题展开争论。奥地利和普鲁士略微减轻了他们最大的野战炮的重量，法国则大大缩小了它的火炮口径，导致它的炮群在18世纪中期的野战中明显落了下风。不甘屈辱的法国皇家军事机构此后厉行改革，重新设计和铸造新式大炮，为18世纪90年代及其后的革命军和拿破仑炮兵的巨大成功奠定了基础。[14]

153

在七年战争期间，上了刺刀的燧发枪仍然是线式战役中的主要步兵武器。其有效射程约为300步，但发射极少会在200步之前就进行。排枪射击需要时间学习，因此无论在营房还是野战营地，操练都是重中之重。越野行军教会部队如何在横队与纵队之间切换；如何以稳定的步速前进，如何重新装弹，完成排枪射击；以及如何“有序”撤退，既不丧失防卫能力，又不乱了阵脚。部署的失败或失当都会导致更高的伤亡，甚至溃败，这一点在盟军大败法军的奥德纳尔德之战中可见，普军之后在罗斯巴赫（Rossbach）的大胜更是一次确凿的证明。通常情况下，两条主要战线会分守开阔场地的对立两面，各自组成两个平行梯队（德军中的*Treffen*），每个梯队三列纵深。一些军队到18世纪时还保留了四到五列的纵深，但纵深逐步降低是大势所趋。前方梯队负责开火，

后方是队形紧密的预备队。根据地形，他们可能会停留在后方 200 步或更远的地方。[15] 骑兵被部署在两翼，从侧面保护主力步兵（这种做法可追溯至古斯塔夫），其他的骑兵中队则被安排在中路，以便在危急时刻发起冲击性攻击（在马尔博罗之后出现的做法），或者在敌军各营出现因为站队间距或战场移动而造成的空隙时，发起小规模的缺口攻击（这是所有人的标准操作）。

轻炮兵被安排在各营的两翼，负责支援步兵，一般的配置比例是每营两到三门炮。一个密集或“大型”的炮群可能会被安置在侧翼或中央，具体视当时的攻防计划或地形优劣情况而定。[16] 大炮被部署在靠前位置，用来轰击敌人的防线，并随时做好移动准备，支援部队向前推进。加农炮和榴弹炮发射出的实心弹（12 磅的铁弹），至少可以粉碎一英里范围内的人、马、弹药和枪炮。子弹向上划出清晰可见的抛物线。一旦定位好了射击范围，整个炮群就开始开火，将密集的队列和野战工事轰得体无完肤。步兵无法反击。只有反炮兵射击可以做到这一点。如果地面干燥，落地反弹的实心弹将从因尚在等待行动命令而不敢擅动的步兵阵列当中弹跳而过，这个场景对身在队列中的士兵身体和心理而言，是一场实实在在的噩梦。远程火力则对身在第二梯队、肩扛燧发枪站在原地的士兵有同样的效果。如果地面是湿的，实心弹嵌入草皮时那“砰”的一声闷响能让人稍微松一口气。否则，士气将在跳弹的一起一落之间急剧下降。尽管如此，在 18 世纪的大多数战役中，大多数军队的大多数作战单位都是原地不动，直面炮火的。当中所表现出的个体勇气和纪律令人震惊。在近距离内，与步兵协同作战、由 3 磅和 6 磅炮组成的轻型移动野战炮群，其杀伤效果会更好。一颗水平发射、窜入站立不动的步兵队列的实心炮弹，足以让两个、三个、六个或更多的人当场重伤或死亡。

154

更可怕的是，前端火炮在极近距离内发射霰弹或葡萄弹，足以产生类似猎枪铅砂弹的爆炸效果，将敌兵连队连人带马炸得粉碎。[17]

如果两军战线还是相距太远，步兵对射难以进行，一个更富攻击性的将军会选择以接敌行进（*Anmarsch*）的方式前进，缩小两军距离。线性推进最常见的办法是由各营排成横队或梯队，每个作战单位之间保持相互靠拢，力求作为整个前进军队的一个部分行事。一个营时刻保持与侧营的接触是有道理的，因为如果接触中断，或者由于部队在不同轴线上以不同的速度前进或后退而使战线出现缺口或鼓胀，让伺机而动的敌方骑兵逮个正着，这个营很可能会被切断，导致侧翼被袭。甚至更糟糕的是，如果中央和两翼之间的缺口，或者仅仅是横队中某两个营之间的空隙大到足以让敌人的骑兵冲进来，那么后果可能就是整个梯队的崩溃。骑兵中队被放在步兵后方正是这个目的：在前进过程中攻击敌人的缺口，或者及时堵住自己队伍中的缺口。每个营内的连，也同样努力地在移动中保持彼此之间的视线和身体接触，连级战术只是营级战术原则的仿照和缩影。轻步兵连和散兵线是两个例外，特别是在18世纪后期的法国军队中。这一切在指挥部的地图或沙龙知识分子的蚀刻画上都是可行的，但在实战中，几乎无一例外的是，指挥官的错误部署或糟糕的地形，或者仅仅是推进时弥漫的浓烟或晨雾，都会让整个部队陷入孤立无援的境地，成为纵射和屠戮的目标。同时，在开阔的战线两翼上，骑兵混战也几乎已成惯例，因为两军将帅采用的是类似的部署，即把骑兵当作侧翼守卫。

待步兵战线之间的距离足够近后，就由一方先开火，此时双方都处在惊慌、激动的状态中，谁先开火取决于谁可以挺过第一轮齐射，谁无法承受或者忍耐等待的折磨。然后双方都陷入一轮

接一轮密集的燧发枪火力之中。起初是以排和连为单位射击；后来，为了最大限度地提高士气和排枪火力的冲击效果，齐射也可能以营为单位进行。通常，每个营会被排成3列横队，分为8个射击单位。后来这在英国（以及普鲁士）步兵中被减少到2列，因为与法国陆军不同，英国陆军从18世纪开始直到世纪末，一直非常强调步兵的火力。每个营都会以排为单位，反复按照从中央向外或从两翼向内的顺序射击，这样可以保证士兵在重新装填时整体火力的可持续性。也就是说，整个战线只要开始射击，火力的输出是连续不断的；不过到了战场上，士兵需要抵御的除了身体伤害之外，还有面对子弹以及施放子弹时的心理压力，在恐惧、浓烟和不断增加的伤亡之下，各射击单位的射速将会有所下滑，队伍变得松散，火力效果也会因此打个折扣。[18]关键问题还在于，这样的战术很难在野战战场上取得有价值的胜利；相反，它们通常只会带来一场残忍却没有结果的互殴。[19]

155

与这一结果遥相对应的是18世纪“战列线”战术下的海战。这种舰队之间的战斗对船员来说可能非常血腥，但几乎起不到决定性作用，甚至不会导致太大的足以让整个舰队的生存受到威胁，或者扭转整个海战战局的船舰损失。大多数18世纪的海战都无果而终，因为一道战列线完全可以在硝烟的掩护下，利用上风位，顺利脱离战斗。对于风帆船舶之间的搏斗来说，顺风航行是至关重要的，因为它可以保证攻击者以最快的速度冲向敌人，发射舷侧火炮，然后在掉头重新装弹的同时发射船尾的舰炮。因此，在真正的行动之前，舰队可能先要花上数个小时甚至数天时间去获取或者抢占一个优势风位，并在战斗到来之前保住它。如果战斗过程中形势不妙，如果一方承受的近距离轰击比另一方更为猛烈，占得优势风位的海军将领此时往往可以轻松转身离去，既有浓烟的掩蔽，又能

获得些许速度优势——而这多出来的一点速度恰是他的对手无论如何也追赶不上的。事情一直如此，直到英国皇家海军的上校们违抗海军部的“战术条例”，打破己方战列线，“抢占T字横头”①，才最终攻破了敌人的战列线：其中1782年的桑特海峡战役（The Saints），乔治·罗德尼上将（George Rodney）大概只是无意为之，但1805年的特拉法尔加战役（Trafalgar）则是霍雷肖·纳尔逊（Horatio Nelson）精心设计的结果。[20]

回到陆上，如果第一轮齐射可以达到预期效果，即对方射击线被打乱或分散，或者由于某种原因，敌方阵营当中显现出明显缺口，支援或后备骑兵就会疾驰而入。当然也有步兵直接端着刺刀冲锋的。如何使用刺刀，在一定程度上取决于每个国家自己的战斗风格。追随萨克斯的法国军队尤其强调心理冲击的作用，所以他们会先施放一两轮齐射，“热热身”，甚至连这个步骤都免去，径直拔出剑、骑枪或刺刀来，击溃对手。萨克斯提倡的白刃作战，与其说是为了刺杀敌人，不如说是为了吓跑敌人，击垮对手的抵抗意志。很少发生双方都上刺刀的战斗，步兵混战并不多见。[21] 固定在枪管上的刺刀会影响射击准度，因为它们会压住枪管末端，整根枪管被往下拽，导致命中点偏下，甚至射到地上。因此，偏好冲击的军队会命令自己的步兵一枪不开，冒着对方的齐射火力，迅速推进到刺刀的刺程之内。普鲁士部队只有在离敌人30步内时才被允许使用刺刀，也只有在那时他们才会发起冲锋。近身推进需要配合极大的纪律、勇气以及伤亡代价，但它通过将首次齐射严格控制在绝对

156

① Cross the T，又叫T字横切，即以直角姿态切入敌舰群，在T字阵位中占据横头位置。因为火炮主要布置在军舰两舷，所以占据T字横头阵位的一方可以充分发扬全部侧舷火力，而相对地，占T字一竖的一方绝大部分的火力都会受到抑制。

致命和精准的极近距离内施放，最大限度地提高了密集燧发枪火力造成的心理冲击力度。这一战术也反映了贵族军官的疑虑，即一旦让士兵在前进时停下脚步去开火和重新装弹，再想让他们继续前进就会变得十分困难。所以，站在队伍角落的军士会大喊口令，不让队伍停下前进的脚步，即使不断有人负伤或倒下。

***

18 世纪 40 年代在欧洲重燃的战火还是一如既往地拖沓不决、不清不楚，陆战、海战打打停停，停停打打。帝国矛盾和欧洲战火已经拖了几十年，而且战火还在随着欧洲无休止地寻求军事了结，随着世界各个角落的地区和人民被牵扯进来，而逐渐蔓延至全球；对于那些遥远的受牵连者，这些发动战争的国家对其知之甚少，更无意去关心。越来越多的战役，越来越多的胜利和失败，新的地名被镌刻在教堂的墙上或小镇中心广场高耸的纪念碑上，名单还在不断加长。但石刻的荣誉也终将被遗忘。显贵身着制服的画像被挂在宅邸中，巨幅公共壁画描摹的是穿绸着缎的马上贵族。英雄的故事被用来鼓励那些做着白日梦的学徒工和农民的儿子，让他们去追随“刺耳的鼓声”，穿上国王的戎装，奔赴海外战场。如约翰·斯考特（John Scot）1782 年在《鼓声》（*The Drum*）中所表现出的忧郁情绪并不多见：

> 我讨厌那刺耳的鼓声，
> 它一遍又一遍地，招摇，喧闹。
> 对无思无虑的年轻人，那是快乐的味道，
> 它引诱他们，出卖自由，

> 从城市里，从田野上，只为
> 华丽的饰带，和闪耀的刺刀。
> 然后一声令下，以抱负之名，
> 行军，战斗，陨落，在他乡之遥。[22]

157 还有更多的会战要打，更多的围城要发动或解除，更多闻所未闻、古怪但又正因古怪而尤显光荣的异国地名，将以各国特有之昂扬、称颂的口吻，刻入书本和冰冷的教堂石碑上。将有更多的男人、男孩存在于那些为生活奔波的人们的模糊记忆中。将有更多满头银发、一身黑衣的寡妇哭倒在坟前。整整几代人耗在了战争上。

然而，在18世纪下半叶这片废墟残垣中，一位以决定性会战闻名的大将横空出世，尽管他的职业生涯中存在并不光彩的瑕疵。腓特烈二世（1712—1786年），普鲁士国王，日后的腓特烈“大帝”：伟大的智者、伟大的改革者、伟大的战争统帅、伟大的理性先行者，以及最伟大的德意志人。[23]他所做的一切都被认为有其伟大之处。将他理想化的除了普鲁士和德国的历史学家之外，还有伟大的英国历史学家托马斯·卡莱尔（Thomas Carlyle），他花了12年时间为这位令人钦佩的外国国王写了一本传记。[24]腓特烈被誉为德国现代史的塑造者，也有人将他列为世界现代史上最重要的人物之一。他被认为是国家理性的非道德化拥护者——这既是称赞也是贬斥——对“国家理性”的追求高于一切，对*Staatsräson*的定义比之黎塞留的*raison d' état*①更为严苛。他广受景仰，被认为是

① Staatsräson和raison d'état分别为德语和法语中的“国家理性”（也译作“国家理由”），即我们现在通常所讲的国家利益。虽然有着名词形式上的一致性，但不同论者的“国家理性”有不同的指涉，因此文中使用提出者的语言来体现这一层意图。

一个出色的战术创新者，一个可以以弱胜强的战略家。他又屡受抨击，被认为缔造了第一个以及典型的掠夺性国家，并因此使得德国在20世纪沿着所谓的德意志特殊道路疾驰，直至滑向耻辱和灾难的深渊。不过，这一论点和观念并不被今天的历史学家所认可。[25]或者说，他受到民族主义者的称颂，被奉为普鲁士乃至德国的救星，这使其免受周边其他掠夺性国家的围堵。伏尔泰便是众多奉承者中的一员。奥地利的玛丽亚·特蕾莎则不然，她评述腓特烈的话十分出名，她说他“目无上帝，目无法纪”。

在军事史上，腓特烈被誉为掌握进攻战术的天才，敢于发动侧翼进攻，取得压倒性的胜利。他是古斯塔夫的后继者，是拿破仑的先驱，是伟大的现代将领，是可与亚历山大、汉尼拔和大西庇阿相提并论的战神。在一个自诩开蒙，而又希望自己的英雄能够跟上古希腊罗马脚步的时代，他的勇猛再现了古典歼灭战诸如马拉松、高加米拉、坎尼和扎马战役中荣耀与命运的冲突。讽刺的是，在他自己的军事著作（这些著作作为国家机密在他生前未曾公开）中，腓特烈强调的却是军事教育和理论的作用，这一理念更接近标准的启蒙思想，而不是古典方法。他对古典战役的认可并非全然不加批判，或者说他的认可其实十分有限。他认为像他这样的现代将领无须从恺撒或大西庇阿的身上学习什么。他相信，在他的时代，一切对指挥和战争有用的见解都始于莫里斯和古斯塔夫的火药会战经验。[26]他学会了如何在时代的限制下突破重围，因为他知道那些会战不得不打，不管是基于选择还是迫于现实。然而，他从来不是一个歼灭主义者，或者一个空想家，像许多追随他的德国人那样。他不会总是通过将主力部队置于一场冲突当中来促使决策的达成，他明白作为一位将军，会战是箭筒中的一支箭，但不是唯一的一支。

158

另一个与他的好战名声截然相反的事实是，他对18世纪会战中那些不可避免的屠杀感到害怕。这倒不是出于对部下的关心和体恤，因为事实上他看不起他手下的普通士兵，平民和士兵在他眼里只是用来壮大普鲁士的工具。在这方面他并不孤单。1813年威灵顿在提到英国军队时说过这么一句臭名昭著的话，他说他们是“地上的渣滓，纯粹的渣滓。奇妙的是我们要靠他们做成那么多事”。一位法国战争部长同样称自己的部队同胞为“国家的烂泥，对社会无用的东西”。[27] 对腓特烈来说，会战在更多时候不是一项直接应对的战略，而是一种绝望之举，是当自己与一个更为强大或势众的敌人对峙，而其他代价更低的政治或军事手段并不成功或者已经用尽时的最后手段。不过有时会战也会是一个亟须抓住的机会，比如当敌方将领在行军、扎营或兵力部署中犯下致命错误的时候。如果发生这种情况，腓特烈比谁都更能把握住机会。第三个讽刺之处在于，腓特烈也打过不少敌人强加给他的会战，而对方这么做的原因和他如出一辙：对手认为自己人力物力占优，不仅击败资源匮乏的普鲁士军队不在话下，还能给这位不知天高地厚的国王来一个下马威，力图以一次出击决定整场战争的输赢。

正如我们即将看到的，他的首战出师不利，遭到奥地利人的羞辱，差点在一开始就摧毁了他的军队和雄心。然而，随着时间的推移，腓特烈展示出了他身上真正的战术天赋。他不仅在理论而且在实战中学会了如何指挥会战和战局。但和路易十四一样，他的最大问题是，他没有成长为一名合格的长期战略家——这是所有一国之君都应具备的基本品质，对一个决心建立并领导一个军事国家的国王来说尤其如此。我们还将看到，他在1740年入侵西里西亚，在他的计划中，这次入侵将是短促的一击，为的是快速得到普鲁士跻身大国行列所需的人口和税源，谁料却由此引发了欧洲各国之间的连年战争；而持

159

续了整整一代人的战火，也险些将他自己和普鲁士送上绝路。1740 年他赌了一次，1756 年他又赌了一次，而这次豪赌直接引致七年战争的爆发，将普鲁士和欧洲所有大国以及它们遍布世界的海外帝国全都拉入了一场漫无止境的冲突中。强邻环伺，普鲁士疲于抵御，腓特烈因此陷入绝望境地：对手的财政和军队力量，绝非普鲁士这个弱小王国能独力相抗的。[28]

腓特烈二世在简朴、暴戾的环境下长大，接受的是他父亲腓特烈·威廉一世对他严厉苛刻的军营教育。二人在性情上反差极大：父亲粗暴，心胸狭隘，为人刻薄，举止粗俗，有着斯巴达式的品位和观念；儿子博学多识，外表温文尔雅，有着雅典式的思维与情感。18 岁时，腓特烈试图挣脱父亲的压迫，逃往英国。他被抓住并送回柏林，在那里，腓特烈·威廉恐吓他的继承人，将以叛逃罪处决他，然后强迫这个年轻人亲眼观看他的好友（可能是他的情人）——中尉赫尔曼·冯·卡特（Hermann von Katte）被斩首的过程。[29] 早在 1740 年 28 岁的腓特烈继承王位并将整个欧洲拖入战争泥潭之前，他就已经饱受伤害、心怀怨恨，是一个早熟、愤懑，且内心矛盾复杂的厌世者。他掩饰着自己的愤世嫉俗，同时又通过写作《反马基雅维利论》（*Anti-Machiavel*）而显露出这种愤世嫉俗；在此书中，他站在道德制高点上批判了这位佛罗伦萨的现实主义者。[30] 关于此书，伏尔泰做了校订和背书的工作，并添入一点他自己对宗教的蔑视之辞，除此之外再未作增补。凭借《反马基雅维利论》，这位年轻的普鲁士王储被奉为新时代开明专制君主的典范，世人相信理性时代所急需的开明专制君主已经诞生。作为一名精于谋算的君主，一名将军队视为国家利益的实现工具并给予其大量关注的君主，腓特烈的统治手段实际上正是马基雅维利所推崇的。他在很多方面都展现出过人才华：他是一名真正天赋异禀的作曲家，一名在国家治理和哲学论题上

著述颇丰的作者，一名坚持不懈的行政改革者和国家建设者。不过，他也有他的局限性。他几乎未对国家和容克地主阶级之间僵化的社会契约做任何改变；他是许多美术和文学活动的赞助人，是公共图书馆的创建者，但有时也会焚烧书籍，在个人观点上有着传统的反犹太思想和强烈的厌女倾向。[31] 他与这个时代的文人学士通信，并受到他们的喜爱，例如他与伏尔泰之间就有着长达42年的往来。他还常穿蓝色的天鹅绒衣服，在他的晚年这些衣服上总是沾满了滴落的西班牙鼻烟。

1740年的普鲁士还是一个领地小而分散（不连续）、资源匮乏、人口稀少的王国。为了在大国中获得一席之地，腓特烈需要更多的臣民、更多的税收以建立他的军队。战争是唯一的办法，尽管这与先辈们几十年来谨慎而缓慢地通过继承扩张领地范围的做法相去甚远。面对法国、俄国、英国甚至奥地利这样财政宽裕、资源富足的大国，战争拖得越久，他获胜的概率越小。如果战争是这位弱势政治家扫除实现其野心道路上的地缘政治阻碍的必然选择，那么它最好是一次激战，通过速战速决来制造一个既成事实。但那不能是一场决定性的会战。即使对这位心急的普鲁士人来说，会战也是一件太过冒险的事。相比揪出敌人然后将其主力歼灭的做法，他更愿意从今天所谓的战争的“作战层面”入手解决这个问题；所谓作战层面，换句话说，即介于小单位的战术层面与赢得（或输掉）战争的战略层面（比如加入联盟，或加强防御）之间的军队行为和运动。这在他那个时代，意味着指挥和调动军队进行一个夏季或者最多一年的战局，有些人还会提前为下一年的战斗做好准备。如果说战术是他赢得会战的方式，那么向正确目标移动的技能则是他赢得战局的方式。他很少考虑战略，甚至可以说完全不予考虑。[32] 他以闪电般的速度发动战局，掠取他需要的东西，同时尽可能地避免会战，然后让外交官们去为赔偿、违约、毁

约的事情争执吵闹。而在他们斗嘴的时候，他又继续埋头建立军团，铸枪造炮。他总是希望从他掷出的俾斯麦式的铁骰子中得到高风险、高回报的结果，希望可以在一次战局中为普鲁士获取他想要的资源和权力。他更想要的是这些，而不是得到伏尔泰称许的沙龙名声，或者那些衣着光鲜、喋喋不休人士的赞美。

1740 年 5 月登上王位后不过数月，腓特烈就发动了一场闪电般的局部战争，从奥地利哈布斯堡家族手中夺取了西里西亚省。他的突然袭击在更大范围内引发了新一轮的大国争战，奥地利王位继承战（1740—1748 年）只是一个开始，这场战争得名于 1740 年 10 月奥地利和神圣罗马帝国皇帝查理六世去世所引发的危机。查理六世生前曾与帝国诸侯协商一致，并颁下保证其女儿继承权的《国事诏书》。然而老皇帝去世后，多数利益相关政权旋即翻脸，拒绝承认诏书，仍以神圣罗马帝位禁止女性继承为由，向哈布斯堡家族提出挑战。为了确保自己女儿顺利即位，查理六世从 1717 年女儿玛丽亚·特蕾莎出生开始就在这上面花费了极大心血，其中包括外交和领土方面的让步，给人留下奥地利国力被大大削弱的印象。[33] 因此，当玛丽亚·特蕾莎在维也纳继承她的奥地利遗产时，她对神圣罗马帝国（德意志）其他遗产的继承权即遭到对手的挑战。因为传统的性别偏见，加上她年纪尚轻，众人普遍认为特蕾莎无法胜任帝位。但她很快证明了自己的能力和志气，她做好了战争准备，拒绝接受西里西亚落入入侵者腓特烈之手。[34]

161

虽然在当时看来哈布斯堡已经开始衰落，但事实却是，在 1740 年之前，为与其他列强抗衡，奥地利已经建立起了一支常备军，并改革了其散乱的政治体制。虽然经历了类似《国事诏书》这样的外交闹剧，但 18 世纪中期实际上是哈布

斯堡帝国和奥地利的一段中兴时期。一系列重大的军事化改革，使其能够在德意志地区与普鲁士叫板，在波兰与俄国抗衡。和它的这些对手一样，奥地利仍保留着中世纪遗留下来的特权阶级，以及古老的地方权力结构和效忠体系。由于这些因素的限制，它无法像法国或英国那样收拢和行使自己的中央政治权力。尽管如此，它仍然平定了匈牙利的叛乱；在几个面临战争的边境地区，也保住了自己的地盘。在18世纪上半叶的一系列战争中，它击退了奥斯曼帝国对维也纳和整个巴尔干地区的威胁，并在下半叶几近击败普鲁士。[35]它只在19世纪初期短暂地屈服于拿破仑率领的入侵军队，此后不久又重新崛起为一个超级大国，并作为反法同盟的一员击败法国，将拿破仑永久流放。[36]它在革命、领土割据，以及1866年普奥战争的失败中走完19世纪。及至20世纪，内乱不断的奥地利和其他几个帝国一样，深陷第一次世界大战的泥潭，并随着战争的结束走向终结。奥地利的名声以及在它灭亡之前遭遇的许多不幸都暴露了它内在的那些关键不足，但它在1700年后仍然存活了两个多世纪的事实也表明，帝国的衰退可以延续很长一段时间。

但正是1740年外界对玛丽亚·特蕾莎和奥地利实力的低估，诱使其他国家反抗哈布斯堡对德意志的继承主张，诱使腓特烈出兵抢占富裕的西里西亚省。在之后的40年里，直到她于1780年离世，玛丽亚都是腓特烈最大的敌人。她称腓特烈为“那个邪恶的人”，但是为了对付他，她模仿他的做法，包括他的战争习惯和兼并行为（她的兼并对象来自波兰）。“老弗里茨”（Old Fritz，众人如此称呼晚年的腓特烈）这样评价玛丽亚·特蕾莎：“她没有停止过流泪，也没有停止过吞并。”还有一次，他拿她与自己和俄国的叶卡捷琳娜大帝——众所周知的掠夺者——比较：“叶卡捷琳娜和我不过是土匪强盗；我倒

想知道这位女皇陛下是如何与她的告解神父达成共识的。”[37] 她把战争当作政策却又为此矛盾不已，图谋国家利益却又两面为难的情绪，让他难以理解。毕竟他撕毁起条约、发动起战争来，是断不会为此心感愧疚或流泪的。

162

不到一年，法国加入普鲁士，投身第一次西里西亚战争。受到挑衅或胁迫的英国、汉诺威、萨克森，以及神圣罗马帝国的其他德意志小邦，前来支援奥地利。1742 年，夏天才过了一半，玛丽亚·特蕾莎已经丢掉了西里西亚，不过没过多久，普鲁士和奥地利之间就又打起了第二次西里西亚战争（1742—1744 年）。在更大的欧洲舞台上，各地此前隐忍未发的矛盾在腓特烈的侵略举动之下一挑便起，各种冲突借着奥地利继承权争端的名义爆发出来。很快，奥地利和英国联合荷兰和德意志小邦，共同对抗法国、普鲁士、巴伐利亚和西班牙。[38]1741 年至 1743 年，瑞典在波罗的海与俄国交战，波美拉尼亚的战况让观战各国看到了沙皇不断上升的影响力和军事力量。[39] 英法再次展开它们沉寂一时的世界级冲突，他们派出护航商船和舰队，将军队和战争带到北美、西印度群岛、地中海和印度的争议飞地。

伏尔泰在《老实人》中讥讽说，列强“正在争夺加拿大边境上的几英亩雪地”。[40] 也许是吧，但同时也在抢夺鱼、毛皮和木材——在欧洲枯竭的森林中已经很难再找到高大笔直的树木，但巨大的一等战舰，也就是最大型的风帆战舰，它们的复合桅杆需要这种木材。等待被建造起来的还有更多的其他大型风帆战舰（二等、三等和四等战舰），大量用来填充战列线的五等、六等战舰，以及成群结队的负责侦察、护送工作，并对远方港口和贸易路线发起迅速商业袭击的护卫舰。他们的雪仗也是在为国王的威望和新兴国家的虚荣而打。伏尔泰同样清楚地知道，就在南面一点的地方，在那片新大陆

上，他们也在为了肥沃的土地和进入新大陆的航运通道而战，争夺有着广阔发展前景的糖蜜、朗姆酒、白糖和奴隶的贸易权。在这块大陆下面还有另一块大陆，那里同样是他们的战场。正如苏里南一个被铁链拴着、缺手缺脚的奴隶对老实人所说的："这里的习俗就是这样……我们付了这代价，你们欧洲人才有糖吃。"[41]

伏尔泰曾为了取悦他的国王、在宫廷中占得一席之地而热烈赞美丰特努瓦，但是，溅在雪地上的鲜血和1745年涂抹在丰特努瓦绿草上的鲜血有什么不同吗？萨克斯和路易十五走出图尔奈，迎战坎伯兰公爵，最后留下21000具尸体，成行成列地倒在血泊里，倒在国王们的自负中。同样在1745年，美王子查理（Bonnie Prince Charlie）登陆苏格兰，惊慌失措的议会急忙将其军队从弗兰德召回。起初詹姆斯党叛军横扫北方，直到在卡洛登荒原的一次高地冲锋（1746年4月16日）中，因为不敌红衫军的燧发枪而被击溃。坎伯兰纵容手下屠杀受伤和被俘的苏格兰人，并在此后对所有疑似詹姆斯党人发起严厉镇压。在卡洛登战役中阵亡的还有皇家苏格兰兵团的人，这个兵团来自法国，他们也曾在伏尔泰称许的战役中，为这位启蒙哲学家的国王而战。然而，挥洒在几亩石楠花上的血，和英国人、法国人、爱尔兰人和苏格兰人洒落在加拿大雪地上的血，似乎并无不同。

欧洲新一轮的争战随着《1748年亚琛条约》的签署得以暂停，这是一场伪装成和平的武装休战。除了成功将西里西亚收入囊中的普鲁士，没有哪个大国真的满意这份条约。他们只是对战争有所顾忌，需要停下来重新征税，填充空虚的国库。即使到了这个时候，法国和英国也没有仅仅因为远在欧洲的国王们最终解决了奥地利的继承权问题——继承权最终还是由玛丽亚·特蕾莎取得——而停止它们在印度或美洲

荒凉边境上的战斗。腓特烈将西里西亚并入他的战争国家，但他知道战争还没有结束。奥地利和西班牙依旧深怀怨恨，其他国家也好不到哪里去，它们要么伤痕累累，要么因为和平而在某种程度上无法得到想要的回报。它们都在热切期盼着、计划着下一场战争，停战只是为了重新征税，补充耗竭的国库，组建新的营队，再造更多的大炮，为更强大的战舰铺设龙骨。于是，战斗在七年战争中卷土重来，这是1756年爆发的一场波及范围更广、破坏性更大的冲突，直到1763年方告结束。

这场新的战争也起因于腓特烈在1740年的侵略，因为拒绝接受失去西里西亚的玛丽亚·特蕾莎决定一改几个世纪以来的哈布斯堡政策，誓要夺回此地。1756年，她与俄国、法国秘密结盟，这俩国家一个是奥地利在东边的新对手，一个是她在西边的旧日死敌。她的这次外交结盟政策调整有时也被称作1756年的“外交革命”，它推动了一场旨在粉碎“那个邪恶的人”和肢解普鲁士的大战。腓特烈在绝望中求助于英国，此时的英国虽然失去了昔日与它并肩作战对抗法国的盟友奥地利，但却是一个正在崛起的全球大国，拥有无可比拟的财富和影响力。这轮盟友重组贯穿了整个七年战争，甚至在战争结束后也未完全停止。[42]腓特烈因为自己的野心和对西里西亚的侵占捅了一个马蜂窝。欧洲从此变得不再一样了。

普鲁士是一个贫穷的王国，但腓特烈仍然在1740年率领着他那支规模位居欧洲第四的军队（83000人）走入了战争的旋涡。普鲁士军队的士兵接受的是“腓特烈式的操练”，这种操练建立在他的父亲和祖父的强硬的作风、规定和严厉的惩罚之上。这种做法也被其他国家模仿，但是它们永远不可能在严苛程度上与普鲁士匹敌。腓特烈进一步压缩他的燧发枪阵，使普鲁士的横队比它的所有对手都要短，从而最大限度地增强它

166

七年战争中的腓特烈二世（1756—1763年）

美国西点军校历史系提供

哥尼斯堡
但泽
科尔伯格
波美拉尼亚
图例
设防仓库
隘路
战场
马里安韦德
东普鲁士
什切青
奥得河
鲁
士
索恩
（1758年）腓特烈与俄军对峙
堡
曹恩道夫
科斯琴
库勒斯道夫
法兰克福
波兹南
波兰
维斯瓦河
（1759年）奥俄联军击败腓特烈
瓦尔塔河
普鲁士内部防线
（1758–1760年存在争议）
奎斯河
）腓特烈击败道恩所率奥军
（1760年）腓特烈击败奥俄联军
包岑
霍克齐
格尔利茨
李格尼茨
布雷斯劳
洛伊滕
莫尔维茨
西里西亚
劳班
霍恩弗里德贝格
齐陶
布里格
霍恩弗里德贝格
希维德尼察
兰茨胡特
奥得河
尼斯河
盖贝尔
利托摩利斯
格拉茨
尼斯
科塞尔
普鲁士外部防线
（1756–1758年存在争议）
克尼格雷茨
布拉格
米亚
科林
霍图西采
奥洛穆茨
（1758年）奥洛穆茨之围–腓特烈失利
布隆
摩拉维亚
匈牙利
奥地利
多瑙河

的步兵火力。他的军队在1740年时训练有素、纪律严明，甚至比几年后的情况还要好，因为随着会战次数的增多，军队伤亡日增，顶替上来的新兵难当重任，他能感觉到自己的势头越来越弱，而敌人变得越发强大。他的部队在射击线上的老练表现，远胜其他任何部队，除了英国的红衫军。他们的齐射以排或连为单位进行，每分钟可装填和施放燧发枪弹4到5轮。说到战斗最初的战场部署，普鲁士军从纵队转化为横队的速度也是最快的。他们精确地练习和执行腓特烈所提出的“斜楔序列阵形”，这一极具胆识的战术后来名扬天下，腓特烈能获得卓越战术家的声誉与此密不可分。[43] 这种标志性的战术，首先让战线上薄弱的一翼后退，避免与敌人近距离交战，利用其第二梯队的分遣部队绕着敌人的远处侧翼旋转行军包抄敌人。这一战术经常发挥作用，足以引人注目，并从此成为腓特烈天才战术的标志。罗伯特·奇蒂诺（Robert Citino）是研究“德意志战争方式”的杰出学者；德意志的战争方式一般认为形成于腓特烈时代，然后被历代沿袭，直至第二次世界大战结束。奇蒂诺认为，腓特烈的作战方式其实谈不上有什么技巧，而是比那更原始、更残酷：“他通常只看到一条通往胜利的道路，那就是将敌人牵制在一处……自己占据一个有利的攻击位置，然后从一个出其不意的方向以压倒性的力量将其击溃。”[44] 姿态是否优雅并不重要。重要的是它有用，那就用到它不再有用为止。

腓特烈是他那个时代一名出色的将军——哪怕说是最出色的也不为过，但是，和古斯塔夫一样，他日后在会战中取得的成功多半不是基于战术天才，而是基于战前准备。他和他的先辈们对普鲁士陆军的投入使其拥有了过硬的技能，这些技能随后在会战中转化为真正的优势——被他严重忽视的普鲁士骑兵除外，正是他在战前对骑兵的忽视，导致了他在战争初期的失

败。从1740年开始，在战场上对垒的两军，有着几乎一样的武器部署，遵循类似的战斗习惯和作战原则（最大的不同在于在进攻中是强调步兵冲击还是强调火力）。在战前战后操练中所学到的技能、军队的心理素质和道德纪律，以及统帅的指挥和控制能力，都有可能在会战的千钧一发之际起到关键作用。问题是普鲁士的早期优势是否足以克服敌人强大的防御性火力和更强大的资源优势。

腓特烈的战术确实打了对手一个措手不及，为自己赢得了胜利。然而，随着时间的推移和普鲁士军队早期优势的逐渐消失，他将不得不降低自己对法式步兵冲击的偏爱。因为伤亡数字高企，他最终不得不将重点转向依赖火炮的防御性阵型和战术。本就负重极大的炮兵辎重，如今又被加上了更多的弹药车和弹药，这使得他的军队在战局之中或在两次会战之间的行军速度大为减慢，降低了他的指挥灵活性，普军的行军和作战方式如此一来已经变得和别国无异。而那个时候，他的敌人拥有更多的兵力、枪炮和资金，而且即便不是全部，至少部分敌方将领已经从落败于腓特烈及其新奇战术的经验中吸取了教训。他的敌人学会了预判和反击他的斜线运动，他再想取得新的胜利已经变得越来越难，胜利的把握从原本的十之八九，变成十之五六、十之一二，最后彻底离他而去。他和普鲁士的命运如今已经掌握在除他自己之外的人手中。正如我们即将看到的，拿破仑的军戎生涯遵循的也是类似的模式，法国军队的技能和其他优势在1809年后日渐下滑，而对手军队的专业素养和战斗能力却在节节上升，他们无论是外观还是作战方式都在向法国人靠拢，直到将法国击败。腓特烈最终勉强逃过这一命运，但更多靠的是外交运气，而不是被大肆吹嘘的战争技巧和军事天才。

167

腓特烈为了夺取西里西亚，打破了欧洲的长期和平，普鲁

士也自此从欧洲的二流小国跻身一流大国的行列。然而，就他所挑起的这些大战而言，他永远不可能指望自己在没有援助的情况下赢得胜利，也就是说，如果要赢，他必须把整个欧洲推入战争，然后再寄希望于能在乱局中周旋讨巧。[45] 他的傲慢自负和他对速战速决的幻想，让他以为凭借自己的天赋和精锐的普鲁士陆军，可以让胜算变得不再渺茫，让他发起的任何战事都可以赢得轻而易举。这种错觉会让腓特烈，正如在他之前的路易十四和在他之后的其他人一样，陷入漫长的战争和近乎灭顶之灾的溃败。大国或会兴衰易位，但大国之间的总体战略和军事平衡仍在主导着一切，这就决定了计划中的那些为有限目标而战的有限、短期战争终会走向全面和长期。考虑到战略不平衡和军事劣势地位给普鲁士带来的负面影响，高超的战术和行动显然无法弥补这些不足。正因如此，普鲁士和腓特烈可以存活，甚至在腓特烈统治的最后阶段普鲁士竟然得以扩张的事实，给当时和后来的观察家们留下了深刻印象，他们认为这是腓特烈的军事天才和治国天才的体现。可事实上，即使腓特烈本人都比他们更清醒地知道是怎么回事。他是出了名的不可知论者，但他还是将来自莫斯科的一出始料未及的政治倒戈——这次倒戈瓦解了反普同盟，也瓦解了敌人占领并瓜分普鲁士的计划，将腓特烈从自杀的边缘救了回来——称为“勃兰登堡家族的奇迹”。

***

168 1740年12月16日，为了达到出其不意的战术效果，普鲁士军在没有正式宣战的情况下，越过积雪覆盖的边境进入西里西亚。普军一路攻城略地，长驱直入，包围了格沃古夫（Glogau）、布里格（Brieg）和尼斯（Neisse）的堡垒，没

有遇到任何有规模的抵抗。腓特烈似乎没有付出什么代价就获得了他的新省份，但在整个冬季的剩余时间里，奥地利人都在重整军队，准备发动春季攻势，夺回西里西亚。1741 年春天，冻土还未完全消融，19000 名哈布斯堡士兵就在陆军元帅奈佩格（Wilhelm Neipperg）的率领下出征了。奈佩格一路行军顺利，他切断了腓特烈的退路和补给线，意图逼迫对方出来应战。4 月 10 日，腓特烈在莫尔维茨（Mollwitz）迎来他的第一场考验，他并非有意为之，而是迫于敌人给他的压力。腓特烈写道："会战决定一个国家的命运。"[46] 然而，真正的战争不同于柏林阅兵场或每年一次在他视察下进行的野外演习。这是他第一次率领军队与一位经验丰富的敌军指挥官展开真正的战斗。他在那天早晨突击行军，在敌人全然不察的情况下抵达奥军营地，但由于没有及时有效地部署兵力，他浪费了这个先发制人的机会。也就是说，还未等来火枪对射和马刀拼杀，他的第一次指挥就这样失败了。

就在奥地利人从对他突然出现在帐外的讶异中回过神来的当下，腓特烈还在慢慢布置他的队列，按照旧例将骑兵派往两翼驻守。他的其他部署也不见得高明。普军有 9 个团的兵力脱离了主战线，右翼所在位置也没有任何利于防守的地形优势，侧翼门户大开，有如"悬于半空"，极易受到骑兵攻击，进而脱离战线。而这也正是奈佩格在开局时所尝试做的：他的骑兵朝着对方悬空的右翼发起了凌厉攻势。腓特烈普军的总兵力为 21600 人，其中骑兵 4000 人，而对方精骑足有 8000 人之多，普军在骑兵数量上并不占优势——这在整场战役中是如此，在被攻击的侧翼上也是如此。于是，兵力不足、训练不精、战前极不受腓特烈重视的普军骑兵，在 4500 名哈布斯堡骑兵的攻击下溃不成军，集体向赫尔姆斯多夫（Hermsdorf）逃窜。在他第一场战斗的头几分钟里，他似乎已经输掉了战斗，而且离

输掉整支军队也不远了。[47]

更糟糕的是，他跑了，骑着他的马奔离战场，留下细细的蓝线（他的步兵）守在原地。他跑不是因为怯懦。他的勇气不容置疑，因为在莫尔维茨以及后来的几场战斗中，他没少让自己暴露在敌人的枪炮之下，好几次险些送命。他是为了躲避快速逼近的奥地利轻骑的追捕，否则随之而来的后果将在他的国王生涯真正开始之前，断送掉他的一切。他可能会被押解到维也纳，可能会被关押在那里，就像卡尔十二世在波尔塔瓦败给彼得大帝后被关押在君士坦丁堡5年一样。玛丽亚·特蕾莎也不会因此受到谴责，毕竟是他入侵西里西亚在先。但令人意外的是，精湛的普鲁士步兵在没有国王照看的不利情势下仍然集结起来。两列横队踏着无比整齐的步伐前进、右转，向此时暴露出来的奥国骑兵侧翼开火。前一秒他们的脚下还围满了阵亡的、垂死的普鲁士骑兵，下一秒他们自己就倒在了普鲁士步兵极速发出的燧发枪火力之下。普军的齐射火力一发不停，直到打光了火药和子弹，他们才不得不停下，到附近的死伤者身上搜刮弹药。奥军又在左翼发起冲锋，刚有突破就被迎面而来的枪林弹雨击退。两军步兵在中路相遇，奥地利人被赶出战场，退往尼斯的堡垒。腓特烈在莫尔维茨损失了近四分之一的野战军（普军损失4659人，奥军损失4550人），但他认识到了两件大事：他要提高自己的指挥能力，以及他要改革他的骑兵。经此一役，他也更加坚定了自己必须速战速决的信念，否则他输掉的将是整场战争。

他重组了他的骑兵，步兵的水准已经得到检验，他希望可以将骑兵的素质也提高到与之匹配的水平。为了增加机动性，他还提高了轻骑兵的占比。他需要他的骑兵完成骑兵的传统任务，即在战斗中保护他的战列步兵侧翼，但他也在考虑如何在轻型火炮的支持下使用步兵和骑兵完成真正的、创新的联合

武器攻击。更重要的是，他在那个夏天获得了一个强大的盟友——路易十五决定支持普鲁士，共同对抗法国宿敌哈布斯堡家族。玛丽亚·特蕾莎将在1756年掀起一场外交剧变，目的是借助法国和俄国的军事援助，一举夺回西里西亚，消灭普鲁士，不过那是很多年之后的事了。无论如何，普鲁士现在已经被注意到了，腓特烈也被注意到了：他已经在这场权力政治的游戏中投下赌注。这意味着他与奥地利之间的战争还未停止，而且规模将变得越来越大，耗时越来越久，对他能力的要求越来越高，对普鲁士匮乏的经济和人力资源的消耗也将越来越大。

莫尔维茨一役之后，腓特烈被迫调出更多兵力保卫他的物资，因为奥地利使用的是一种所谓"小战争"（法国人叫它 *petite guerre*，德国人叫它 *kleine Krieg*）① 的打法。"小战争"意在将非正规军的小规模骚扰、袭击与大规模的围城、会战即"大战争"（*grande guerre*）区分开来。在小战争中，哈布斯堡的非正规部队常装备成轻骑步兵，专门袭击普军的补给、农场、征发队和通讯员。他们有的是从西里西亚和德意志诸邦招募来的穿着便装的当地游击队员，有的是从巴尔干半岛过来的身着制服的边防民兵。他们实施的是一种等待、伏击、打了就跑的战术，在整个冬天不厌其烦地骚扰占领者。[48] 这是哈布斯堡军在他们的军政国境地带（*Militärgrenze*）上长期进行的一种非正规战事；军政国境地带是奥匈帝国沿着它与奥斯曼土耳其帝国接壤的国境前线设立的一长片半设防山区边界地带，暴力冲突在那里已经成为常态。[49] 这种游击战实际上在整个欧洲相当普遍。从匈牙利到法国，各个王国都会在边境驻军或武装村落中保留几百到几千名游击队员，游击队员会得到一定的工

170

① 即游击战。

资报酬，但掳掠来的财物才是他们的主要收入来源。他们四处侦察劫掠、打草谷，并在敌人出动打草谷的时候袭击对方，再将落单者杀死或向其索要赎金。他们强征财物，劫持人质并杀死任何未按要求交付赎金的人；深入敌腹快速扫荡，烧毁庄稼和村庄，骚扰驻军；埋伏于山口，一旦有所损失，就残忍报复当地平民出气。小战争的士兵们尤其擅长秘密行动和玩假动作。他们的机动性很强，几乎总是以龙骑兵的身份参加战斗，但有时也会与骠骑兵合作，两人一马，共骑出动。所以，克罗地亚游击队和边防民兵确实给腓特烈的部队和补给系统带去不小的麻烦，所以最后尽管没有促成任何他想要以及需要的目的，他也不得不率领这支近乎饿死的军队撤退。[50]

春天来临时，他重新训练的骑兵帮他拿下了这次战争中的第二场定点会战，即1742年5月17日的霍图西采（Chotusitz）会战。形势变化得很快，6月11日双方在布雷斯劳（Breslau）达成协议，西里西亚被暂时割让给普鲁士，第一次西里西亚战争就此结束。这个和约不过是一纸停战协议。不管是维也纳还是柏林，都不认为战斗已经结束。至此，腓特烈速战速决的如意算盘算是落空了。这位野心勃勃的战地指挥官目前所展现出的战术水平和作战技巧，连他手下的将军都还未超过，更不用说要去震慑兵力占优、领兵得当的敌军了。但他值得称道的一点是，他承认自己的表现是主要问题。所以，他重新学习技艺，重新组建了一支匹配他个人指挥风格的普鲁士军，誓要使其成为欧洲最具攻击性的军队。他花了数周时间研究会战战术，试着使用骑兵和步兵并配合轻型野战炮做联合武器攻击。他想出的主要招数就是他日后闻名天下的斜线战术：步兵行进时一翼在前，第二梯队在后；第二梯队通常有地形掩护，因此可以削弱它的兵力和战力，但需把握好行进速度，延后其与敌接战时间，好让集中了优势兵力的第一梯队向对侧敌军发起压倒性的

攻击。无论行军还是会战，侧翼始终是他的目标。这和马尔博罗惯用的作战计划截然相反，后者每次攻击两翼都是在为中路的最后一击做准备。腓特烈则通过在一翼集中兵力，向敌人对翼行进，整个军阵（至少在理论上和地图上看起来）呈梯队行进，以一个倾斜的角度穿过战场。他有时会把步兵放在骑兵后方，或者有条件时也借助高地作为掩护。也有那么一两次，他是在敌人的视线范围内完成这整个过程的。

171

然后，以其特有的行事风格，腓特烈再次挑起战端。《布雷斯劳和约》墨迹未干，他径直打破休战协议，于 8 月入侵波希米亚，拉开第二次西里西亚战争的帷幕。由于隔着一整个省，他的军队兵分三路，各自行动，于 9 月初在布拉格城外集结。[拿破仑欣赏、模仿并最终完善了军队在集结作战前以军为单位的快速移动方法。毛奇也在 1866 年入侵波希米亚、1870 年入侵法国时尝试过这种方法，唯一不同在于他的行动单位是集团军而不是军] 但是，由于法国人未能如腓特烈所愿，在西边吸引足够多的奥军兵力，普军不得不在波希米亚面对一支庞大的哈布斯堡军。雪上加霜的是，萨克森改变站队，生生从他的战阵中带走 17000 名士兵，加入敌军阵营；无奈之下，腓特烈只好放弃布拉格，两手空空撤回西里西亚。参加入侵的 66000 名普军将士中，活着回来的只有 4 万人。而一半的幸存者还将在接下来的冬天里死去。[51] 腓特烈在这场战役中指挥不善，屡次被人以谋略打败，整个冬天他都在总结教训，努力学习如何可以做得更好。翌年春天，他终于做好了战斗的准备，试图在一天之内完成他通过过去几个夏天的机动，以及过去几个冬天的据守都未能完成的任务。他想要胜利，而且是决定性的胜利。

他派人在奥地利到处散布普军士气萎靡的消息，希望诱使敌人走出驻地营垒，出来决战。这招奏效了：他们和萨克森人

出来找他，要和他开战。腓特烈率领59000人的大军向他们进军。盟军也很有信心，因为他们也有59000人，正通过隘口下山，要给士气低落的普鲁士人一次重挫。腓特烈连夜拔营，急行至一个隘口脚下，希望伏击从此经过的奥地利人。但他错过了他们的抵达时间，于是两军转而于1745年6月4日在霍恩弗里德伯格（Hohenfriedberg）相遇并交战，此时距离萨克斯击溃红衫军团和其他盟军的丰特努瓦之战仅过去一个月的时间。腓特烈用他那已经大为改进的骑兵发动进攻，并成功击退一次兵力为他的三分之一的奥地利骑兵冲锋。接下来，他率领一贯出色的步兵出击，以轻型火炮在前方支援。激战在三个小镇周围展开。伤亡人数不断攀升。

172 马尔博罗的一贯策略是佯装对侧翼发起强攻，等把敌人的大批预备力量都吸引过来之后，再对准薄弱的中路发起奋力一击。腓特烈则不然，他总是寻求突破敌人的侧翼。虽然这在其他时候是有效的，但在这一天却不那么奏效。军阵在做斜线运动时出现了缺口，经验不足的指挥官和技术还未到家的普鲁士军因而没能完成这个特殊动作。但是，普军士兵用铁的纪律弥补了他们将领在指挥技巧上的不足和整支军队在战斗经验上的欠缺。两军步兵对垒，排枪互射，前排被打得血肉横飞。普军的龙骑兵和（以骠骑兵为主的）轻骑兵大举冲锋，端掉了奥地利的一个侧翼。20个步兵营被击溃、冲散，2500名哈布斯堡士兵被俘，普军方面损失96人。[52]后来在索尔（1745年9月30日）又发生了一场战斗，但在那之后，所有人都感受到了将大军长时间留在战场上所导致的财政负担。1745年的圣诞，疲惫不堪的交战各方签署了《德累斯顿和约》，第一次奥普战争结束。西里西亚的大部分地区仍在腓特烈手里。玛丽亚·特蕾莎虽然在该和约上签了字，但内心复仇的念头从未停止，她誓要报复柏林那个偷走了她富饶省份的邪恶之人。普鲁士暂时

退出了战争，而奥法和英法则在腓特烈掀起的这场大战中持续斗争到了1748年。

欧洲其他地区和海外持续蔓延的战火表明，腓特烈在大国之间挑起的事端已经远远超出他的掌控，带来的压力可能也已超出普鲁士自己的承载能力。[53]但是，他作为将军的名声和才能已经赢得了普遍认可。腓特烈被视为启蒙时代的将帅中追求秩序的典范，在战马加火枪的时代，他的普鲁士军是近乎完美的存在。他的将领风范得到赞赏，他被认为在普鲁士的成功中发挥了核心作用，然而，取胜凭借的是普鲁士军队的素质和专业精神，是它扁平化的燧发枪队列、日常操练和快速的排枪射击，最重要的是它过硬的纪律。坏消息是，所有这些都是可复制、可习得的技能，而非天赋。[54]这意味着成功的普鲁士体系中的一些内容很快就会被对手采用，只要他们能将其融入自己的军事文化。而且，其他国家有着更丰富的资源，更大的税源，以及更多的、可用以补充兵员的人口。腓特烈在没有合适的普鲁士人可用时，会转而招募外籍兵员来充实他的军团和中队，但这需要钱。西里西亚是不够的。显然，如果普鲁士要在强国之路上再上一个台阶，总有一天他要发动另一场战争。他必须再抢一个省回来。萨克森选帝侯国，作为中欧最富饶的土地，而且就在他的边界下方，是一个不错的选择。从1756年起，他的征发队和军队将进入萨克森，榨尽它的财富。

173

可以说，在奥地利王位继承战和（同样是腓特烈挑起的）七年战争之间的这段时期，是腓特烈真正的辉煌时期，是他在除了战争之外的其他方面的“大帝”时代——因为就此刻而言，战争本身已经得不偿失。它使他获得了不朽的英名，保住了西里西亚。然而，在那么多年的和平岁月里，他清楚自己刚抢到手的东西还没捂热，也渴望夺取更多的领土和权力，渴望让他的国家成为一流强国。他想知道，自己能否用决定性的会

战来弥补普鲁士在军队规模和战略上的不足，他的侵略行为已经将这些弱点暴露无遗。在接下来的几年里，他一直在练习、完善他的斜线战术，为了即将到来的战斗。不过，他此时还未把会战当作他的第一选择。他在为各种形式、各个阶段的战局做准备，包括作为战局高潮的野战。他预想自己终会在某个时候进入一场会战，不管那是他的选择还是敌人的选择，但他此时还没有对一战消灭敌人的想法感到心动，虽然他终有一天会的。他的伟大之处——如果可以这么说的话——从来就不在于斜线战术或者寻求决定性会战本身，而在于他愿意顺应战局的发展，在作战层面上有什么样的条件就打什么样的仗：可以当面决战，如果有用的话；可以机动和拖延，如果可能的话；甚至发起防御或主动性的消耗也无不可，如果不可避免的话。

消耗，这个腓特烈向来最不喜欢的选择，也是弱小的普鲁士胜算最小的打法，确实将是一个不可避免的选择。腓特烈知道他的敌人很多，但他还未意识到的是，这几十年的战争都是他1740年进攻奥地利所引起的。繁荣和惬意的和平将在一代人的时间里被推翻，取而代之的是围城、行军、反向行进、烧杀、入侵和相互封锁。而在这一切结束之前，他险些失去一切：他的权力和他的王国，因为他的决定导致了普鲁士和几乎整个欧洲地区的财政、军事和军心的枯竭。这一切都是他执意要挑起的。当第一次将军队驱往法国的“自然边界”，并在这样做的同时侵犯了邻国的实际边界时，路易十四也不知道自己接下来要面对的是长达29年的战争。在每一个案例中，速胜的幻想都让侵略的君主和国家付出惨重代价，也给数以百万计的人带来悲剧。

***

174

七年战争开始前的普鲁士拥有一支庞大的军队，庞大到

不容其他大国忽视，但它仍然十分弱小，弱小到无法独立存在。在腓特烈的努力下，普鲁士勉强跻身强国之列，地位尚不稳固，却因迅速壮大而被邻国视为潜在的威胁，成为哈布斯堡的眼中钉和列强干涉的对象。奥地利拒绝停止夺回西里西亚的努力，即使它已经两次将其割让给普鲁士。很快，它将派出数目更多、规模更大的军队前来对付腓特烈，侵入普鲁士本土。和平时期只有一个意思，那就是玛丽亚·特蕾莎和哈布斯堡的盟友们正在训练新军。这一点腓特烈很清楚，所以这些年里他也在重新训练自己的军队。他不清楚的是，她要在1756年掀起一场外交革命，给全欧洲一个惊喜。她要让奥地利与它的老对手法国，以及正在崛起的俄国成为盟友。她要在自己出击之前，团结其他强国，用他们的军队而不是自己的军队，包围孑然一身的普鲁士。她是一个值得尊敬的对手。

腓特烈如今强敌环伺。这种局面的产生，既是受到普鲁士自身地理位置的影响，也是腓特烈自1740年以来的各种政策及其展示出来的扩张意图招致的直接结果；同时也少不了维也纳出色的复仇主义外交；玛丽亚·特蕾莎即将发起的外交革命，根源于她的复仇意识和她对夺回失地的渴望。和平时期，腓特烈也在一如既往地为战争做准备，战争是他推动国内行政改革和制定外交政策的主要动力。如果战争一次只在一处边境爆发，他也许可以活下来。如果它们一股脑儿同时涌来，那么弱小的普鲁士将无法单靠自己的力量存活。普鲁士四面受敌，这个问题导致它必须在每个作战季来回行军，这样才能堵住几乎时刻都在冒头的新威胁。这也是腓特烈军事成就的一个体现，他将在七年战争期间，利用普鲁士内部较短的移动线和补给线，逐一击退间距跨度更大的敌人。这固然是一种娴熟的作战调整能力，但是它所需解决的政治和战略问题，从一开始就是他在外交上的出尔反尔和吞并行为引致的。它在军事上无疑

是出色的。但是，它的作用到最后会越来越小，即便只有一个掷弹兵为此粉身碎骨，也是得不偿失，更不用说让成千上万普鲁士人赔上性命。[55]

在又一次赤裸裸的侵略之后——腓特烈需要萨克森的资源和人口，来支撑普鲁士留在大国之列，让它在一场更大的战争中坚持下去——腓特烈再次转向战略防御。和1700年后的太阳王一样，在挑起相当于现代意义上的第一场世界性大战之后，晚年的老弗里茨只想尽可能地保住他年轻时用武力夺来的东西。他冷酷而有意识地发动战争，为的是国家利益。他再一次先下手为强，毫无征兆地入侵萨克森，将这块领土收入囊中，这样既能获得对易北河几乎垄断性的贸易控制权，还能减少一处需要守卫的边界。后来，他试图将发动七年战争的所有责任转移到他的敌人身上，辩称自己只是为了防御，并冷嘲热讽地指出，其他大国在北美为了抢夺百万英亩的雪地而发起的战斗——伊利湖附近的小规模冲突——才是真正的导火线和战争起因。这是一个精心策划的谎言，技术上毫无破绽，但却是纯粹的误导。[56]他为此练兵数载，谋算好了托词，当看到时机成熟，其他冲突或许可以掩盖他最新的侵略行为时，他就在欧洲发起了战争。他这样做，是因为他清楚自己必须将第二次无端侵略置于一个更大的冲突当中，而这个冲突就是英、法之间的全球斗争。所以，只是为了让普鲁士多占一个省份，他挑拨各路势力，蓄意去破坏整体的和平局面。

175

1755年的里斯本地震夺走了6万到10万无辜者的生命，严重地动摇了启蒙运动的信心和自然是有序和温和的假设。次年爆发的“七年战争”将对欧洲的启蒙思想家和新兴国家造成更大的冲击。因为这是一场激烈的、已经上升至全球海洋层面的世界性冲突，除了那些作为前兆出现的状况，这一次的波及

范围之广是前所未见的。从波罗的海到西班牙，从西非到西印度群岛，从圭亚那到北美，从菲律宾到南太平洋，从卡纳蒂克到孟加拉，战斗延及世界各地。后勤和资金在决定结果方面发挥了关键作用，甚至可能是决定性作用。战争的大部分关键历史并未发生在战场上或者远洋的海战中，而是发生在大型贸易商行的会计室里、政治沙龙上的秘密谋划中、政治报刊的版面上、议会上，以及首相和君主的议事厅和寝宫里。[57]交战国的国内政治对战争结果所起的决定性作用和关键战役无异。正规军的斗争对象除了正规军，还有非正规的游击队。“封锁”，无论它是军事还是金融意义上的，都对战争结果有着举足轻重的影响，因为一个城市、省份或者国家可以遭遇这样或那样不拘形式的“围困”。

战争还未结束，腓特烈先发制人的策略使得仅普鲁士一国就损失了它400万臣民中的近40万人，土地和财富受到严重破坏。此外，波希米亚和摩拉维亚遭普鲁士军入侵，因此哈布斯堡的土地也没能逃过一劫。两国军队阵亡者合计50万人，伤者更是不计其数。[58]平民伤亡情况同样严重，但因为缺乏有效统计，我们能看到的只是冰山一角。这绝不是在皇室和内阁政府之间发动的、使用最低限度的手段来确保有限目标的内阁战争。普鲁士的周边国家无一例外地都被引诱或牵连了进来。甚至连瑞典，这个几十年来都无法维持在欧洲体系中玩这种高风险游戏所必需的军事开支的国家，也加入了这场战争。它的领导人也认为他们可以迅速获胜，凭借一场短暂、激烈的战斗，改变实力强弱的计算法则。可事实证明，随着它的战场从波罗的海转移到波美拉尼亚，战火蔓延至中欧和德意志，无休止的低强度战斗的现实取代速战的幻想，瑞典的负担将日益沉重。[59]

176

腓特烈率先出击——这并不令人意外。他派遣军队蜿蜒

进入萨克森和波希米亚；1756 年 10 月 1 日，他在罗布西茨（Lobositz）迎战奥军，由于他个人将敌人的主力部队误当作后卫而仓促投入战斗，这场血战普军最后只是勉强险胜。奥地利也一直在为战争做准备，它改革了自己的军队和征兵制度，使长期作战成为可能。虽然它的中央集权程度远低于其他国家，但它对战争的准备确实超出了腓特烈的设想。[60] 经过数月的冬季扎营休整，1757 年春天，腓特烈从萨克森和西里西亚往波希米亚派遣了一支 115000 人的大军。军队按照他现在的作战习惯，兵分四路，行进 200 多英里，在布拉格外集结作战（5 月 6 日）。之后，他又自己带领一支 35000 人的队伍离开布拉格城，前往科林（Kolin），迎战一支 5 万人的奥地利救援部队（6 月 18 日）。这一战他输得很惨，撤出波希米亚时被留下的阵亡者数以万计。在此之前，他屡战屡胜，未尝败绩，因此这不仅是一次重大的军事失利，也是对他迄今未受玷污的战无不胜之名声的一次巨大打击，虽然有鉴于在莫尔维茨和罗布西茨发生的事情，“战无不胜”对他而言显然是一个失之过宽的评价。这个时候，敌人已经适应了他的作战战术。在布拉格，他以斜楔序列行军攻击敌人侧翼的战术遭遇奥地利人的重新调防，效果大为削弱。他在科林故技重施，又因敌军的步兵和枪炮数量远胜于己而宣告失败。[61] 经过多年的武装升级和战斗准备，这一次的伤亡数量已非第一次奥地利战争时可比：仅布拉格一役，奥军死伤 24000 人，普军死伤 18000 人。更多的死亡正在到来。

正当普鲁士军慢慢从两次惨败中喘过气来时，又有两支军队联合东征，来跟腓特烈叫板。较大的一支是法国军队。较小的一支是神圣罗马帝国军，又称“帝国行刑军”，由神圣罗马帝国 200 多支分散的，同时也是桀骜不驯、各行其是的小股特遣队拼凑而成。当中的许多人都将在罗斯巴赫（1757 年 11 月

5 日）丧命，这主要是因为他们自己的将领个个争强好胜而又无能，犯下大错，而腓特烈又尤其善于利用自己的好运。联军在战斗之初共有兵力 6 万。帝国军中多民族混杂，不过当时的军队大多如此，联军自不必说，就连法国和普鲁士这样的民族国家里的军队也是一样。族裔的多元并不是联军的问题所在。真正的问题在于，就像布伦海姆一役中的法巴联军一样，这次的法国和帝国联军仍是一个在指挥上联合但不合作的双头生物。联军将领甚至在究竟该以何种方式——机动还是会战——对抗普鲁士人的问题上都不能达成一致。腓特烈虽然手下只有 25000 人，但至少他说话是管用的。

177

就在战斗即将打响之际，消息传来：一支奥地利骑兵突击队已经穿过城门进入柏林（1957 年 10 月 16 日），并且带着他国库中的 20 万泰勒银币离开。腓特烈一惊，急忙赶往他的首都，但当联军在机动中因为失误而导致兵力分散时，他又调转身来向联军发起战斗。现在的他带着 21000 名普军对阵联军的 41000 人。[62] 就像马尔博罗和欧根亲王在布伦海姆时一样，腓特烈在罗斯巴赫战役之前也亲自做了侦查。他发现敌营侧翼没有防护，于是决定进攻。他于 11 月 4 日开始进攻，却发现敌军暴露出来的缺口已被一套坚固的野战防御工事修复。此时两军相距 2.5 英里，分阵而列，如此阵势，看来一场经典的定点会战将在第二天上演。团旗招展，鼓声阵阵，战马踩蹄嘶鸣，军士高声呐喊，将军们也在来回踱步，但什么也没有发生。

联军决定先行放弃接敌交战，以便绕过已发现的腓特烈阵地，包抄他的侧翼。他们于 11 月 5 日的傍午开始行动，计划利用这天余下的大部分时间行军，以便在当天晚些时候，或者赶在 11 月 6 日早晨开战之前完成机动，占据优势阵地，向敌人发起攻击。但联军的这次行动不仅进行得不慌不忙，

而且执行得并不到位。得知联军仍在列队行进，腓特烈随即利用这个难得的机会对他们发起了致命的一击。这再次证明了他作为一名伟大指挥官所拥有的独特“慧眼”，即看到并读懂战场地形及其所有可能性的天赋，而其他人还只能看到山丘、田野和树林，因而毫无想象力地将部队随意撇下。他还颇有胆识，抓准时机果断派他的骑兵迂回到联军纵队前进方向的正面，而骑兵的行踪完全得到两座低矮山丘的遮挡，联军对此毫无防备。这是一个难得的机会，可以逮住正在行军的敌人，杀他们一个措手不及，而腓特烈也充分利用了这个机会。[63]

这不只是对斜线战术的简单重复。派出骑兵抓住时机、充分利用地形优势，这是罗斯巴赫之战的两个关键。不是每个将军都能做到这一点，也不是每个将军都有冒险一搏的权力。年轻的塞德利茨将军（Friedrich Wilhelm von Seydlitz）带领38个骑兵中队，绕着低矮的山丘快速前进。当其余的普鲁士军也消失在视线之外时，观望的联军将领们以为那是普军自知寡不敌众，正在撤退，因而不以为意，继续以纵队阵型行进。普鲁士骑兵于是得以趁敌不备，在没有遇到任何干扰的情况下完成了包围。慢跑前进的骑兵中队绕过山丘和奥地利军，突然出现在联军正面。对方的将领们大吃一惊，眼见七个普鲁士骑兵团排成冲锋梯队，分列两阵，15个中队在前，18个在后，正朝自己冲来。他们自己的骑兵此时尚被困在行军纵队中，步兵还在队尾，大炮就离得更远了。[64]普军铁骑以雷霆之势，举着骑枪、亮出马刀俯冲而下。双方缠斗在一起，紧接着就是一场左劈右砍、横冲直撞、掺杂着马刀和手枪肉搏的砍杀混战。联军阵型大乱，骑兵纷纷夺路而逃。先头部队掉头逃走，慌不择路，径直冲过后方的步兵部队，以躲避战斗和追击。

178

与此同时，共计15000人的普鲁士步兵，已经以战斗队形

登上山头，出现在还不知就里的联军部队和他们一脸茫然的指挥官面前。此时，三路法军步兵纵队继续前进，勇敢地拉近接敌距离。其间谁都没有开火，直到两军距离仅剩20步。普鲁士人的侧翼有着完美的掩护，并且已经排好战列横队。鼓手们在疯狂地敲击，试图让混乱的法军尽快进入有序的队列，以便鼓声一停，就开始射击。向前推进的法军纵队仍处在一片慌乱之中，他们试图展开为可与普军射击横队对峙的线式阵形，但由于事出突然、队形拥挤，他们根本无法及时回应对方的排枪火力。普鲁士兵甫一开火，三路纵队即被击溃，联军前方的法军步兵营全军覆没。更多的法国步兵前赴后继，勇敢地冲进枪林弹雨中，但普鲁士人拉长了他们的横队，使之形成一道楔形射击阵线，枪弹从两个斜面倾泻而出。一轮接着一轮的齐射火力持续不断地沿着楔形阵线的两个侧面撕裂法军。坡上的火炮随即开火，然后是大规模的骑兵冲锋。除了屠杀，一切都结束了。

联军损失了72门大炮——或者说他们几乎所有的大炮，早已被溃逃骑兵丢下的步兵纵队溃不成军，陷入垂死的悲哀，他们在跌跌撞撞中后退，但两侧是普军步兵暴风骤雨般的齐射，高处还有重炮的无情扫射。然后，队伍后方也开始陷入溃逃的恐慌，营与营之间左冲右撞，整支军队挤作一团，就像一条从头部开始被慢慢碾压的毛毛虫。联军死伤逾5000人，丢下武器投降者5000人。几天后，人们从附近的一条河里捞上来1万多支被丢弃的火枪。普军169人阵亡，379人受伤。罗伯特·西蒂诺总结道："这是独一无二的，是腓特烈职业生涯中赢得最轻松也是最彻底的一次。它只用了90分钟。"[65]

179

这是他赢得最轻松的一次，但还不是最伟大的一次——这个形容通常是留给西里西亚的洛伊滕（Leuthen）会战的。就在腓特烈迎击法军之时，奥地利人不仅从腓特烈留下的驻军手中夺回了西里西亚，还将留守的普鲁士军赶回了奥得河对岸，

取得了真正的进展。腓特烈经过艰苦的初冬行军，在泥泞和初雪中跋涉了140英里之后，终于在11月28日越过边界。此刻，摆在他面前的是败退部队士气严重低落的问题。因此，审时度势之后，虽然内心鄙夷，他还是一改平日高高在上的模样，按捺住对部下士兵的厌恶，坐在将士营中与他们促膝交谈，似乎他关心的是他们，而不仅仅是他们的战斗力。然后，在12月3日的一次著名战争会议上，他告诉自己的高级指挥官及其参谋人员，即将到来的战役许胜不许败，否则等待他们乃至于他自己的，便是死亡。当12月5日这个冰冷阴森的日子到来，他和他仅有的35000名普鲁士军，对阵65000名据险而守的奥地利军和帝国军。普军在武器上也不占优势，对手有235门大炮，而他们只有78门。他发起了进攻。他别无选择，要么进

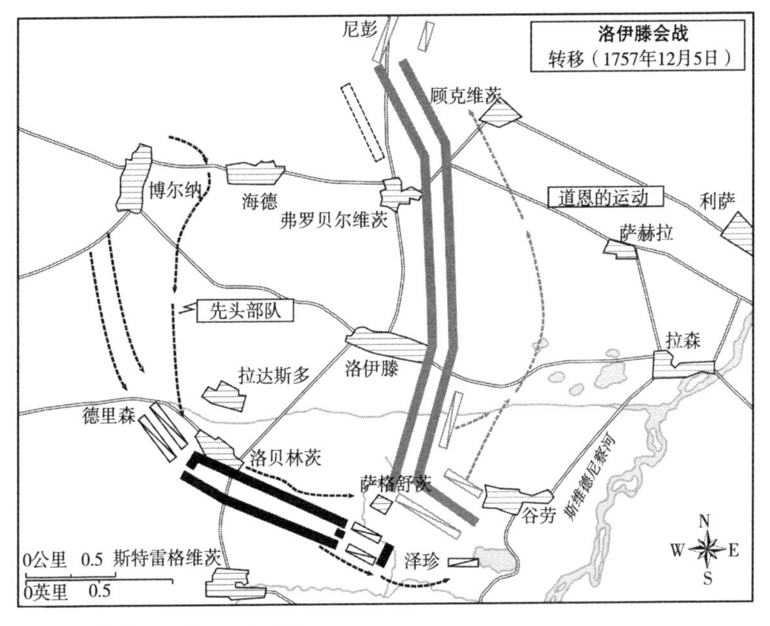


洛伊滕会战（1757年12月5日）

美国西点军校历史系提供；George Chakvetadze 重绘

攻，要么失去西里西亚——至少在即将到来的冬天是如此，而更坏的结果是自此之后永远如此。

让腓特烈感到庆幸的是，联军在12月4日离开了他们的工事，继续前进。他非常熟悉这一带的地形，连夜制订了一个复杂的行军计划。他的步兵将以纵队形式迂回行进，目的地是此刻已无险可守的联军南翼的1.8英里开外处。和在罗斯巴赫一样，他的这次行动同样需要借助一排低矮山丘的掩护。不过，说是山丘，其实它们并不比寻常土堆高出多少。他的计划最出其不意的关键之处在于，他会安排骑兵留在那里，作出攻打奥军北翼的样子。这使得哈布斯堡的步兵固守原地，他自己的步兵则向南移动到联军南翼顶点的位置，而且丝毫不被察觉。他的运气又一次好了起来，清晨的一阵薄雾掩护了普鲁士人的行进。接下来，步兵转而向左、向东行进，与奥军侧翼的正面相对。普军已经摆好了战列横队，相对敌人的侧翼，他们的两列横队如今正好就在T字阵位的横头位置。这是一次得到了回报的高风险行军，他把他的战力分三个阶段全部投入右翼的运动中，以便包围敌人的左翼缺口，完成由南向北的席卷式打击。

180

这是一次精彩的胜利，但也不乏运气的成分。他的所有机动，包括两翼的移动，以及射击横队的推进，都被冬季的浓雾和低矮的山丘所掩盖。当普军最后的推进和射击开始时，位于被暴露出来的战线末端的联军连队根本毫无招架之力：士兵大量死去，活下来的也多半夺路而逃。奥军的指挥官们急忙重新部署，试图掉转他们那道1.8英里长的战线，以正面迎击突然从浓雾中出现的普鲁士人。但是奥军队形纵深太大，有100列之多，大量兵力堆挤在一起，根本没有腾挪的空间。在绝望中胡乱反击的领头部队，阵形松散断裂，被占据方位优势的普鲁士军队的步兵齐射和大炮火力撕得粉碎。然后，混乱拥挤的联

军步兵遭遇迎面而来的普军横队，一场可怕的屠杀在洛伊滕村开始了，垂死的哀鸣响彻它的教堂和墓地。

一轮又一轮的齐射火力倾泻到了奥军身上，与此同时，伴随着震耳欲聋的轰鸣声，数百颗铁球从低矮的山顶上飞射而下，直直落入挤作一团的人群中。联军的中心防线崩溃瓦解，士兵们往非普鲁士人所在的方向四散而逃。最终是黑夜阻止了屠杀的继续和两支联军的彻底毁灭。腓特烈的军队也承受了不小的伤亡：6000 名普鲁士将士阵亡在了洛伊滕。但联军损失达 23190 人，其中包括失踪、被俘者 13343 人。死伤者直到第二天早上才被看见，他们的身上落着前天夜里下的新雪，乍看之下就是一座座小小的、静谧的雪堆。这是人们在战役过后所能看到的最美的战场了。类似的场景还出现在 1914 年圣诞日的索姆河畔、1916 年的凡尔登和经历过第一次、第二次世界大战无数战役的东线战区，以及 1944 年的阿登：尸体上薄薄覆盖着一层白雪，看上去非常安详。这当然只是建立在恐怖场景之上的幻觉，真相将在每次融雪之后显露。

181

洛伊滕战役是一次决定性的胜利，这不只是因为联军方面伤亡惨重，而主要在于此役过后，哈布斯堡军队被驱逐出了西里西亚：驻军选择交出他们的堡垒，这一年还未结束，4 万名奥军就这样退出了战斗和他们的阵地。[66] 这可称之为真正的战略成果。然而，战争仍在继续，因为它现在已经成了一场联盟之战，普鲁士既不能赢也不能单凭自己的意志脱身。腓特烈接下来要对阵的是 45000 名俄军，他们给柏林带来了新的威胁。这一次，他决心要以一场大规模的会战取胜，因为在罗斯巴赫和洛伊滕取得的惊人的决定性胜利，甚至令他本人也大受触动。所以，尽管占据了有利的防御阵地，尽管据险而守是一个更为明智的选择，他仍迫不及待地要与俄军交手。他的目标是在行军途中完成拦截，但他错过了他的目标。[67] 若放在年轻时

候，腓特烈或许不会求战心切至此，因为那时的他害怕得不偿失。但现在的他已经彻底被会战迷住了。他全情投入，孤注一掷，满心都是对另一场罗斯巴赫战役，最好还是另一场洛伊滕战役的渴望，作为一名将军，这将是他余生的追求。这也将成为许多追随他的德国人的追求，但他们似乎忘了这场战役给普鲁士带来的后果。

他的行军和机动之舞再次开启，直到普俄两军在曹恩道夫（Zorndorf）相遇并交战（1758 年 8 月 25 日）。事情并没有像在罗斯巴赫和洛伊滕时那样发展，这证明腓特烈要想以少胜多、以弱胜强，好运和技巧缺一不可。他的先头部队和左翼被毁，俄军的一个侧翼也被击退，此时战役演变成了一场长达数小时的骑兵和步兵混战，双方指挥官的指令和调遣已经显得多余，它们对场上士兵和炮兵的行动完全没了效用。与那些挂在沙龙和画廊里展现线性战争的干净整洁的画作相反，曹恩道夫战役依旧是一场挥舞斧头的屠杀，而不是一场使用决斗的刺剑甚至军官马刀的速决战。俄军损失兵力近半，约 22000 人。腓特烈损失了三分之一的兵力，为 13000 人。[68] 他为自己没能如愿在战术上给俄军来一记“洛伊滕”而感到惋惜。他后来说——无视所有身着普鲁士军装的将士的死伤——“第一次，我的军队让我失望了。”[69]

他完全有理由担心。考虑到每次会战的兵员流失速度，以及为了应对哈布斯堡边防军在其南部占领区发起的滋扰运动而损耗掉的，北方可用的兵力已经不多了。更糟糕的是，他要对付的俄军远比他在曹恩道夫歼灭的多，他们此时正与其他联军一起向他发起进攻，而且得益于沙皇强大的动员能力，俄军兵员还在源源不断地补充上来。战役期间进入欧洲，且在战后顺势留在了那里的不只是俄国的军队，还有它插足欧洲事务，意图从中谋利的野心；俄国正以前所未见的姿态介入欧洲国家体

182

系的战争和政治。普鲁士和欧洲的1758年，全是拜腓特烈所赐。战争还在继续，它的形势并未在罗斯巴赫战役和洛伊滕战役之后变得更加明朗，同样捉摸不定的还有腓特烈的命运，许多战区的发展态势早已脱离他的影响，更别提控制了。他将更多的时间消耗在每年的战局上。他还将经历更多的会战，会战的结果或赢或输，使外交和战争朝这样或那样的方向发展，但他无法解决真正关键的问题，因为七年战争已经不再关乎这个弱小的普鲁士，而关乎英、法、奥、俄之间的帝国竞争。这不是普鲁士人可以再玩上一个世纪的游戏。

战争发展到现在，腓特烈并未赢得多少决定性的胜利。他只是在进行着一场又一场血腥的战役，这些战役他输多赢少，即使赢了也几乎没有解决任何问题。他输了1758年10月14日的霍克齐（Hochkirch）战役，当时他不顾身边一位陆军元帅的警告，把营地扎在距离敌人极近的地方，将军队置于危险之中。他以特有的傲慢无视了这一警告，这一恶习随着他年岁渐长、变成性情暴躁的“老弗里茨”而愈发明显。奥军在黎明前正式发动进攻，击溃了他的军团。在库勒斯道夫（Kunersdorf，1759年8月12日），他又损失了20000人和大半个炮队，奥俄联军不仅击溃了他的军队，也挫伤了他的声誉。他输了，尽管他使用了最新的战地创新技术——骑炮兵：他让战马拖着大炮，作为移动火力，随时跟上骑兵的步伐。[70]他试图复制在曹恩道夫的做法，迂回绕过凭险据守的对手侧翼，但是这一次的机动失败了。在战斗中，他的两匹坐骑倒毙，还有一发子弹穿透他的大衣。他当晚写道：“我很不幸地还活着……所有人都在逃亡，我不能对我的人施加任何影响。在柏林，你该为自己的安全考虑。我将难逃这残酷的命运。”联军战前共有65000人，在战役中损失15000人，其中包括5000名阵亡者。普军方面，损失的死者、伤者，再加

上25000名在恐慌中不管不顾、四散而逃的新兵，腓特烈最初的51000人的军队，在战斗结束后就只剩下区区3000人。他又一次把自己造成的灾难归咎于机遇和“我那些该死的步兵”的畏缩不前。[71]

即使手上兵力比第一次和第二次奥地利战争时更少，也要坚持使用激进策略，然后将由此造成的苦难归罪于他人，这几乎已经成了他每日里的习惯。灾难接踵而至。在1760年8月15日的李格尼茨（Liegnitz）会战中，在敌军兵力占有绝对优势的情况下，他虽然勉强逃过劫难，但普军伤亡之惨重也令他难以承受。10月的第一周，一支庞大的由18000名骑兵组成的俄军骑兵队伍对柏林发起突袭，他们短暂地占领了柏林。此后，一支奥军屯兵于莱比锡东北的托尔高（Torgau），并在那里沿着山脊修筑了一个坚固的防御阵地，这位钟爱穿蓝色天鹅绒服饰的国王于是决定将其赶走（1760年11月3日）。他又一次尝试了他那标志性的既长且宽的侧翼机动战术，但结果证明，战线被拖得太长太宽了。托尔高一役，最多只是一场技术上的险胜，但在战略上却是代价惨重。他在战斗结束时守住了战场，但这个战场已是尸体横陈，其中至少包含16700名，也有可能是24700名普鲁士人，以及以此代价换来的11700名奥地利人。这些死者为他争取到了一个和平的、可以用来恢复元气的冬天，但仅此而已。财政成本也在变得日益沉重，这是所有人都面临的问题。为了支付其无法承受的战争债务，俄国采取了发行纸张而不是钱币的办法，径直宣布根据沙皇政令，收据用于支付物资款有效。于是，一纸公告取代了实实在在的银币，这不仅将商人送上绝路，也削弱了俄国的再补给能力和联军对莫斯科还能留在联盟保持战力的信心。不过，战争至少不是发生在俄国的领土上，它至少没有像在普鲁士那样大肆摧毁城镇和庄稼，令多达10%的人口死于

183

非命。

在1761年7月15日的威林豪森（Vellinghausen），主要交战方集结了157000人，上演了更多血流漂杵但不解决任何问题的杀戮。战争发展到这个地步，早已告别单一战役叙事，无论那场战役的军队规模有多庞大，阵亡名单拉得有多长。现在，这是一场帝国之间的世界战争，列强们越洋跨洲，相互折磨，都想置对方于死地。1759年，法国在海外战场惨败于英国，这一年成为英国和英国首相威廉·皮特的奇迹之年。法国还在继续它的海战，但为了争取不同的和谈筹码，它的军队和精力都已重新集中到了德意志的战场上。1759年后，随着英国在印度和北美的优势确立，红衫军团也开始回流欧洲。奥地利一如既往地在德意志地区死磕腓特烈，它在1762年之前唯一关心的事情就是，普鲁士是作为强权崛起，还是在屈辱中走向毁灭。[72]而普鲁士还只是一个中等强国，仍在腓特烈挑起的旋涡中艰难求存。讽刺的是，人们总是关注腓特烈在寻求战机上的热切，却忽略了他在事实上对砖石工事的巨大依赖。在这场日益深重的灾难中，若非普鲁士在马格德堡的大型堡垒成功守住了易北河，他或许根本无法挺过这场战争。[73]

他的幸运在于，直到1762年，除了在波兰侵占一些无关紧要的堡垒和边境地区，俄国在东线并未取得多少实质性进展，法国在德意志的收获更是微乎其微，而且还撤退了。即便如此，一想到又一年的战事即将涌来，想到普鲁士面临的入侵，他还是陷入了绝望，这种心情因为年龄和长年的病痛折磨而变得更加糟糕。他谈到了自杀，并吩咐他的大使们做好投降准备，只要对手能为他的继承人留下这个铁血王国的一小片完整领土。[74]关于这场本意是为了充实普鲁士财富而发动的战争，还有另一个讽刺的事实，那就是它之所以能在入侵中幸存下来，很大程

184

度上正是因为它太穷了。这片土地本就出了名的贫瘠艰苦，再加上战时人口减少，导致生产凋敝，联军到了这里根本难以生存。为了补充给养，他们不得不跑到其他地方行军作战。所以击退敌人的，除了腓特烈的军事成就和对内线机动优势的出色利用，还有——或者说“更多是”也不为过——普鲁士本土荒凉的农场和差劲的道路。面对灾难，他总是幻想着奇迹的降临，比如奥地利遭到奥斯曼帝国的毁灭性入侵，能将他从自己的所作所为中拯救出来。但他万万没想到，最终将他从他自己制造的深渊中拯救出来的，将是一件发生在俄国宫廷的奇事。1762年1月，俄国女皇伊丽莎白突然去世，彼得三世登上皇位——他在位时间刚满六个月，就因强大得多的叶卡捷琳娜二世发动政变而遭废黜。这位年轻的沙皇幼稚地迷恋着腓特烈。他在自己死前的短暂时间里，召回了进攻柏林的俄国军队，并同意与普鲁士单独媾和。这个“勃兰登堡王室的奇迹”——腓特烈如此称呼这份彻头彻尾、从天而降的运气——瓦解了反普联盟。[75]这次好运保住了腓特烈在历史上的名声，也保住了他的权力。

他在1756年催生的反普联盟，随着军事和外交平衡被此次俄国事件打破而分崩离析，无法预见的战争命运和绝对可以预见的欺骗、变节和外交背叛循例起了作用。玛丽亚·特蕾莎对联盟的意愿和资源感到绝望。她对她在巴黎的大使秘密坦言称，入侵、打击普鲁士，并收复西里西亚的愿望已经超出了她的能力。她写道，这是“一个空想，不可能实现”。[76]因此在发动了普鲁士无法承受的艰苦的防御性战争之后，晚年的腓特烈守住了他年轻时取得的有限的领土利益。与早期的战场胜绩相比，他之所以得以生存，更多的是靠外交幸运（与英国结盟）和意外（俄国宫廷政治的转变）。腓特烈让欧洲走上了一条长达数十年的没有决断的战争之路——连普鲁士自己也差点没能活下来——直到每个大国血流成河，濒临破产，精神力量

和政治资源耗尽，尤其是普鲁士。1740年，他借着奥地利继承权的名义开战。1762年，他又因俄国皇位的一次承继而被从战争中拯救出来。连接这两次意外的王权更替的，除了他出色的军事才能，还有不折不扣的运气。

185

笨手笨脚的反普联盟在协调政治和军事力量上屡屡失败，无法对腓特烈和普鲁士发起重击，这让腓特烈有了喘息的机会。他走的正是路易十四走过的老路：基于速战速决的幻想发动侵略，以致四面树敌，最后不得不沉潜蛰伏，进入一场久拖不决、持续了整整一代人时间的防御性战争。腓特烈因其在七年战争后期的高超战技——即使以寡敌众，他也能将战术转折转化为战场上的成功——而备受推崇。事实上，他也经常输得很惨，至少有那么一次，灾难性的惨败曾让他一支50000人的军队在夜色到来时尽数溃散。他勉强在这场自己发动的战争中活了下来。他最终保住了西里西亚，而且在这个过程中，他那极富才华又极度冷酷的威名早已取代了原来贴在他身上的开明君主标签。不过，如果要衡量他在所有现代名将中的地位，那么天平的另一端就不能不放入他因为臣服于幻想，而把一个中等强国带入一场波及范围巨大的大国战争，并让他的王朝和王国走向毁灭的边缘的事实。他的闪电式侵略带来的不是“短促而有活力”的战争，而是在长达20年的疲惫战事和千疮百孔的财政拖累下的无效地缘政治。

因为错误判断了战争的效用，腓特烈付出了高昂的代价。和路易十四一样，他在这些深不见底的战争深潭中倾注他自己的大半个人生，耗费大量的生命和财富，为的只是保住一个，以及随之而来的另一个，偷来的省份。他一直在与比自己强大的国家为敌，它们威胁要摧毁他的王国，推翻他的王位。他在军事上战略性地利用普鲁士的内线机动优势，带领军队往返于普鲁士的各个边界，抵御接踵而来的威胁，这从作战层面而言

不可谓不高明。然而，他之所以需要这么做，只是因为一个更为根本的战略失败，以及他对奥地利人对他入侵西里西亚的反应的严重误读。他的对手们适应了过来，这是每一场持久战的必然结果。他们拥有更多的人口和更深厚的财富基础，可以组建更多更庞大的军队，因此，诚如伏尔泰所言，上帝总会站在他们这一边。[77]他们研究了腓特烈的战术，并在科林和后来的会战中予以反击。军事上的成功和熟悉不仅孕育尊重，也催生效仿和与之对抗的战术。他的战术已经在普军中被演练、实践过无数遍，以致永远不会被放弃，但又因为太过知名，以致它无法永远发挥作用。这是所有战术创新都要面临的现实。考虑到普军和反普联军的消耗，战争后期凭险而守的战略对普鲁士来说更加现实。值得称道的是，他后来抛弃了积极、主动的作战方式，转而实施更为谨慎的战争手段，并对他再也无法承受的伤亡数字给予了关注，虽然他也只是从实用主义的角度看待这个问题。可惜为时已晚，他的敌人仍在集结，并准备向柏林进军。直到运气将他拯救了出来。

186

战后的普鲁士国力衰弱，急需时间来恢复和重建。他保住了富饶的西里西亚，但代价是普鲁士本土成为一片废墟，人口锐减，财政枯竭，哈布斯堡皇朝成为宿敌。战争还将俄国这个强大的、掠夺性邻国引向他的东部边界，俄国自此更为直接且永久地影响着这场大国博弈的游戏。普鲁士真正进入一流大国行列是后来的事了，这既发生在他借着与俄国的叶卡捷琳娜女皇的掠夺性外交合作，以牺牲波兰为代价，不断扩张自己势力和领土的时候，也发生在他不再想要战争，并试图利用其他手段（三国联合瓜分波兰）避免与奥地利的冲突的时候。此外，这位伟大的创新者在离世后留下了一支极度保守的普鲁士军队，他们在老将军们的带领下，对亟待调整和改革的弊病习以为常，执拗地认为最高“兵法”无外乎操练、备战和

投入战斗；他们机械遵循的正是腓特烈的样板，而从腓特烈本人第一次这么做时算起，这套办法他已经用了半个世纪。所以，当这支早已不合时宜的军队，投入到与充满活力的、经过改革的、规模更大的新式革命军队的战斗中去时，即在一天之内被击得粉碎，普鲁士也不得不面临割地和声望下落的结果。

然而，作为一名积极寻求会战的大将，一位并非透过外交手腕，而是凭借出色的战时行动，以及其他形式的政治和外交活动，让普鲁士崛起并脱离蕞尔小国之列的军阀式领袖，腓特烈依然在军事史上占有极其重要的地位。的确，尽管并非战无不胜，但他证明了战术和作战机动以及决策是可能在一天之内完成的，他展现出了真正的、让他的所有对手都望尘莫及的指挥才能。他的侧翼战术让他在战场上有了兵力集中优势，而他在内线上的技巧和机动又让他在辗转不同战线时有了作战优势。在战术和行动层面，他是赢家，只不过有时赢得漂亮，有时赢得凶险。但是直到1762年之前，他在最重要的治国层面，即战略层面，却是屡屡失败。他的政策和赤裸裸的侵略行径，迫使一众敌国联手缔盟，威胁不仅要收回他的斩获，还要摧毁普鲁士，这是他作为一名优秀的将领从未克服过的危险。

腓特烈的忠实军事拥趸们，常常忽略了欧洲在他的挑拨下卷入了一场持续一代人时间的战争的事实，也没有记起在战争结束之前，在誓要将他毁灭的大国联盟面前，他曾几近失去普鲁士，让普鲁士差点落入险被列强瓜分的境地。[78]他们看到的是他1786年离世时的那个崛起的普鲁士，于是有些人便误以为，这是因为他开辟了主动寻求会战这一坦途。他们称赞他即使在逆境和强敌面前也能生存，他们认为是他自身的那些美好品质让他活了下来，这些品质——经过他们的理想化加工

187

后——即他在追求必要的领土扩张时所表现出的至高无上的智慧、过人的胆识和高超的军事本领。[79] 还有一个常被后来的德意志民族主义者忽视的事实是，普鲁士所面临的致命威胁从一开始就是他的战略误判和侵略政策导致的：先是1740年被人称颂的大胆进攻，然后是1756年再次不顾后果地铤而走险。[80] 在随后200年普鲁士和德国的几代战争策划者眼中，以及就更广泛意义而言现在仍然存在的浪漫主义军事史中，他便成了一个完美的、理想化的政军领袖，一位统帅国王（德语所谓*König-Feldherr*，法语所谓*roi-connétable*）。语言的影响力比不上传奇，更比不上克劳塞维茨的一个观点，即一个出色的指挥头脑是“阻力”① 的对抗物。可悲的是，20世纪的德国军事思想家和战争策划者还会回过头来效仿腓特烈二世，为了消除帝国暴露的中心位置和相对薄弱点带来的不利因素，而策划“短促而激烈”的战争。他们也试图依靠会战和战局技巧寻求速胜，可结果却是彻底的一败涂地，将德国拖入消耗与毁灭相伴的战争泥潭。

***

到1763年，尽管已有一代人将他们的大半年华耗费在连年的战争当中，但让列强达成约定的也仅是一些微不足道的事务。联盟被组建起来，而后又遭解散和背叛；一国之都被付之一炬或落入外来侵略者的手中；各省在你争我抢之间被来回蹂躏；强征来的士兵穿着国王或女王的黑的、红的、绿的或蓝的衣服，一场会战接一场会战地互相攻伐。最后的结果就是大

① 克劳塞维茨所说的“阻力”（friction，德语：*die Friktion*），指的是一切“将实际的战争与纸上的战争区别开来”的因素，例如危险、劳累、不确实性、偶然性等。

陆边界的微小调整，以及零落的、无足轻重的海外殖民地互换。随后，在18世纪的英法大战，以及因腓特烈的侵略而引发，且最终演变成一场世界大战的连带冲突中，出现了一段被称为“和平”的间歇期。即使在1763年和约中法国已将整个新法兰西割让给英国，也没有结束久拖不决的战事——这俨然已经成为路易十四和路易十五统治时代的标志。殖民地的割让甚至没有解决所谓的北美问题，而英国认为自己在德意志战场上的胜利已经为自己赢得北美这个战利品。法国很快又向英国宣战，并大力介入美国独立战争，在加勒比地区和南美开战。[81]

回到欧洲，大多数18世纪的军队仍然无法在会战中取得足够决定性的胜利，从而在一场战争中在战略层面上推动决定性时刻的到来。直到法国大革命和随之而来的全民动员，以及在法国模式的广泛传播下“全民皆兵”和“被唤醒的全民战争”的出现，才算是打破了18世纪的这一局面。大规模征兵的国家可以承受17、18世纪的皇家军队所无法承受的损失。一场会战成为决定性会战的概率仍然很低，而伤亡代价却越来越高。即将改变战争的面貌和凶猛程度的，不是一场两场来自技术、战术或指挥层面的军事革命，而是更根本的东西。改变军队和战争的，将是来自将军队组建起来并将其派上战场的社会的更深层次变化。启蒙时代试图以理性驯服战争的理想，将随着社会和政治暴力的大爆发——而事实上可称之为狂欢——而破灭，这场暴力的狂欢将推翻国王的统治，他们的有限战争和野心也将在其映衬下变得黯然失色。然后，在举国皆兵体制下掌控着庞大兵力的拿破仑，将试图通过决定性会战，通过他的战争意志，将帝国的疆界扩张至全欧洲，与同样被唤醒了作战热情的各国人民为敌。在冷酷和理性的智识主义中，战争是优雅的、有限的，但它很快就会被世俗的愤怒淹没，在革命

188

和反革命战争的暴力中坍塌，这种愤怒足以匹敌古老的宗教仇恨，这种暴力将让旧日的宗教战争也难以企及。而让大革命和拿破仑时代走向终结的全民战争，又将在接下来的100年甚至更长时间里，让上层集团时刻处于恐惧之中，并埋下暴力的种子，让暴行反复上演。战争并未在18世纪被驯服，反而被解开了缰绳。

## 注 释

1 另一个版本是，“我常常过于轻率地去打仗，为了虚荣而开战”。转引自Bluche, *Louis XIV*: p. 221。要说如此带有讽刺意味且充满道德意识的言论出自路易十四之口，杜撰的可能性不小。

2 边防民兵负责把守奥地利卡尔施塔特（Karlstadt）和温迪什（Windische）边境上的设防村庄、碉堡和瞭望塔。在拿破仑战争期间，他们作为正规军重新接受训练，组成线列步兵。Günther Rothenberg, *The Austrian Military Border in Croatia, 1522–1747* (Urbana: University of Illinois Press, 1960); idem, “The Habsburg Army in the Napoleonic Wars,” *Military Affairs* 37/1 (1973): pp. 1–5.

3 “游击队”，德语称Parteigänger或Partisanen，主要是奥地利哈布斯堡皇朝雇用的非正规部队。他们大多是克罗地亚人、塞尔维亚人和希腊人，在16—17世纪沿着哈布斯堡帝国和奥斯曼帝国之间的军政国境地带与奥斯曼帝国作战，当时边境上的跨境袭扰十分普遍，几乎已成生活常态。现代意义上的为抵抗外国占领而在既有前线的后方组建非正规志愿军的做法在那个时候还不适用。

4 Holmes, *Redcoat*: pp. 15–16, 65, 183–192, 225–226; S. Reid and R. Hook, *British Redcoat, 1740–1793* (London: Osprey, 1996). 议会委员会直到1883年才决定使用“印度卡其”色。“The Colour of the Military Uniforms,” *British Medical Journal* 1/1163 (April 14, 1883): p. 730, available at http://www.jstor.org/stable/25262857. 完全转换至卡其制服则是在1902年。

5 Daniel Hohrath, *Uniforms of the Prussian Army under Frederick the Great from 1740 to 1786* (Vienna: Militaria, 2012); Gueorguy

Vilinbakhov et al., *Au service des Tsars: La garde impériale russe, de Pierre le Grand à la révolution d'Octobre* (Paris: Musée de l' Armée, 2010); Stephen Summerfield, *Austrian Seven Years' War Infantry and Engineers: Uniforms, Organization, and Equipment*, 2nd ed. (Huntingdon: Trotman, 2015).

6 W. Y. Carman, *British Military Uniforms from Contemporary Pictures, Henry VII to the Present Day* (London: Hill, 1957); Michael Barthorp, *British Infantry Uniforms since 1660* (Poole: Blandford, 1982).

7 For example, see Antoine-Jean Gros' 1807 mural *The Battle of Abukir, 25 July 1799*.

8 Peter H. Wilson, *German Armies: War and German Politics, 1648–1806* (London: Routledge, 1998): pp. 202–297. 关于18世纪英国陆军招募，参见 Robert Johnson, "The Scum of Every Country," in Erik-Jan Zurcher, editor, *Fighting for a Living: A Comparative Study of Military Labour 1500–2000* (Amsterdam: Amsterdam University Press, 2014)。

9 Christy Pichichero, "Le Soldat Sensible: Military Psychology and Social Egalitarianism in the Enlightenment French Army," *French Historical Studies* 31/4 (2008): pp. 553–580.

10 Stephen Conway, "The British Army, 'Military Europe,' and the American War of Independence," *William and Mary Quarterly* 67/1 (2010): pp. 69–100.

11 Matthew Spring, *With Zeal and Bayonets Only* (Norman: University of Oklahoma Press, 2008): p. 169.

12 Voltaire, *Candide* (London: Penguin, 1947). 最初于1759年在法国出版时题名为 *Candide, ou l'Optimisme*。

13 Spring, *With Zeal and Bayonets*: pp. 171–177; Duffy, *Military Experience*: pp. 26–65.

14 自1765年起的关键改革者是让-巴蒂斯特·德·格里博瓦尔（Jean-Baptiste de Gribeauval）。Frédéric Naulet, *L'Artillerie Française (1665–1765): Naissance d'une Arme* (Paris: Économica, 2002); Bruce McConachy, "The Roots of Artillery Doctrine: Napoleonic Artillery Tactics Reconsidered," *Journal of Military History* 65/3 (2001): pp. 618–621.

15 Lynn, *Battle*: pp. 122–123.

16 Duffy, *Military Experience*: pp. 140–197.

17 Ibid., pp. 216–219, 230–236.

18 Spring, *Zeal and Bayonets*: pp. 177–215; Nosworthy, *Anatomy of Victory*: pp. 29ff.; A. Balisch, "Infantry Battlefield Tactics in the Seventeenth and Eighteenth Centuries on the European and Turkish Theatres of War: The Austrian Response to Different Conditions," *Studies in History and Politics* 3 (1985): pp. 83–84; John Houlding, *Fit for Service: The Training of the British Army, 1715– 1795* (Oxford: Clarendon, 1981); H. C. B. Rodgers, *The British Army of the Eighteenth Century* (London: Allan & Unwin, 1977); R. Ross, *From Flintlock to Rifle: Infantry Tactics, 1740–1866* (Cranbury: Associated University Presses, 1979).

19 Citino, *German Way of War*: p. 50.

20 这一时期的海战文献卷帙浩繁，一个不错的入门选择是：Michael Palmer, "'The Soul's Right Hand' : Command and Control in the Age of Fighting Sail, 1652–1827," *Journal of Military History* 61/4 (1997): pp. 679–705。

21 Duffy, *Military Experience*: pp. 204–206.

22 John Scott, "The Drum" (1782).

23 有关腓特烈崇拜的由来，参见 Tim Blanning, *Frederick the Great: King of Prussia* (New York: Random House, 2016): pp. 496–501。

24 Thomas Carlyle, *History of Friedrich the Second, called Frederick the Great*, 4 volumes (New York: Harper, 1864). 军事部分的节选本：Cyril Ransome, editor, *Battles of Frederick the Great* (New York: Scribner's, 1892)。另一部著名的传记：Gerhard Ritter, *Frederick the Great: A Historical Profile* (London: Eyre & Spottiswoode, 1968)。在里特的笔下，腓特烈热衷于在会战而非巴洛克式的机动中求取胜利。Also see Robert Asprey, *Frederick the Great: The Magnificent Enigma*(New York: Ticknor and Fields, 1986); David Fraser, *Frederick the Great: King of Prussia* (New York: Fromm, 2001). 纯军事事务，参见 Christopher Duffy, *Frederick the Great: A Military Life* (New York: Routledge, 1985)。

25 "特殊道路"的概念源于学界早期对德国历史趋势的解释，这些解释认为德国的历史趋势不可避免地导致了 1933 年的纳粹革命。所谓的德国历史的"特殊道路"或"错误转向"论认为，纳粹主义是德意志几个世纪以来历史发展的唯一可能产物。它的追随者称，从路德教改革到勃兰登堡－普鲁士的崛起，再到俾斯麦和毛奇领导下的德意志统一，所有这些重大事件都在不可避免地推动纳粹势力的崛起。这被现代历史学家认为是不

顾史实的简单粗暴的还原主义论调。

26 Frederick II, "The Sovereign and the Study of War" and "From the Pages of History," *Frederick the Great on the Art of War* (New York: De Capo, 1999): pp. 35–55, 213–257; Gat, *Military Thought*: pp. 58–60.

27 关于威灵顿和他的部队，参见 Rory Muir, *Wellington: The Path to Victory* (New Haven: Yale University Press, 2013): pp. 533–536。法国部长的话见 Lynn, *Battle*: p. 123。

28 布朗宁（Blanning）对腓特烈二世在 1756 年进攻萨克森的决定提供了解释，甚至是辩护，他认为此举是为了先发制人，因为不管怎么样，奥地利、法国、萨克森和俄国都已经做好了向他发起进攻的准备：Blanning, *Frederick the Great*: pp. 281–283。

29 最近一部强调腓特烈成长中的青春伤疤是他行动和政策的终身动力的传记是：ibid., pp. 3–148。

30 Frederick II, *The Refutation of Machiavelli's Prince; Or, Anti-Machiavel* (Athens: Ohio University Press, 1981).

31 丹尼斯·肖沃特（Denis Showalter）指出，腓特烈在国内事务的处理上是保守的，他尤其不愿改变军事体制，因为普鲁士军队是支撑国家和王朝的核心社会契约的基础，是使得军队和君主制连成一体的约定，即赐予容克军官职务和自由支配农奴的权力，以换取他们接受专制政体：*Wars of Frederick the Great* (London: Longman, 1996): passim。

32 罗伯特·西蒂诺有力地论证了，普鲁士的作战理论就是从这个时候发展起来的，它强调作战层面的机动战：快速出击，保持流畅，随时准备转移到下一个受威胁的前线，最重要的是依靠闪电出击击倒一些敌人（这是一种基于战局而非单一的以消灭为目的“歼灭战”战略）：*German Way of War*: p. 36, 52–53, and passim。丹尼斯·肖沃特反对德国自腓特烈二世起就在作战层面始终占有优势的说法："Prussian-German Operational Art, 1740–1943," Olsen Andreas and Martin van Creveld, editors, *The Evolution of Operational Art from Napoleon to the Present* (Oxford: Oxford University Press, 2011): pp. 35–63。李德·哈特（Basil Liddell Hart）将一套类似的概念套用在英国的身上，但在战略层面上不得主流历史学家认可。David French, *The British Way in Warfare, 1688–2000* (London: Unwin Hyman, 1990); Keith Nelson and Greg Kennedy, editors, *The British Way in Warfare: Power and the International System, 1856–1956* (Burlington: Ashgate, 2010). 与西蒂诺对德国的主要研究不同，以上两部作品都未涉及太多的作战行动

历史。

33 Browning, *War of the Austrian Succession*: pp. 37–50.

34 Robert Pick, *Empress Maria Theresa; the Earlier Years, 1717–1757* (New York: Harper, 1966).

35 除了长期的边境冲突外，奥地利还在 1663—1664 年、1683—1699 年的“长期战争”（Long War）中以及 1716—1718 年和 1737—1739 年多次与奥斯曼帝国交战。在“长期战争”中，它还在意大利、西班牙和德意志南部与路易十四抗衡。

36 See Michael Hochedlinger, *Austria's Wars of Emergence: War, State, and Society in the Habsburg Monarchy, 1683–1797* (New York: Longman, 2003); Christopher Duffy, *Army of Maria Theresa: The Armed Forces of Imperial Austria, 1740–1780* (London: David & Charles, 1977).

37 转引自 review of Zbigniew Góralski, *Maria Teresa, in Polish Review* 45/2 (2000): p. 244。

38 有关战局和会战，参见 Browning, *War of the Austrian Succession*: pp. 113–323。有关外交和政治，见 Matthew Anderson, *The War of the Austrian Succession, 1740–1748* (New York: Longman, 1995)。和腓特烈相关且较为全面的观点见 Duffy, *Frederick the Great*, and Asprey, *Frederick the Great*: pp. 139–262。

39 Gunnar Åselius, “Sweden and the Pomeranian War,” in Danley, *Seven Years' War*: pp. 135–164; Oakley, *War and Peace in the Baltic*: pp. 129–156. 关于俄国在彼得一世后成为财政 – 军事国家，见 Carol Stevens, *Russia's Wars of Emergence, 1460–1730* (New York: Routledge, 2007): pp. 277–285; 以及在彼得一世之前的俄国：idem, *Soldiers on the Steppe: Army Reform and Social Change in Early Modern Russia* (DeKalb: Northern Illinois University Press, 1995)。

40 Voltaire, *Candide*: p. 110. See Ian Steele, *Warpaths: Invasions of North America* (Oxford: Oxford University Press, 1994): pp. 175–247, and Michael Laramie, *The European Invasion of North America: Colonial Conflict Along the Hudson-Champlain Corridor, 1609–1760* (New York: ABCClio, 2012): pp151ff. 还有虽然年代久远，但并未过时的：Howard Peckham, *The Colonial Wars, 1689–1762* (Chicago: University of Chicago Press, 1964)。

41 Voltaire, “What Happened to Them at Surinam,” *Candide*, Chapter 19: pp. 110–111.

42 Matt Schumann and Karl Schweizer, *Seven Years' War: A Transatlantic History* (New York: Routledge, 2008): pp. 4–44; Black, *Fate of a Great Power*: pp. 96–127.

43 Weigley, *Age of Battles*: p. 170.

44 西蒂诺拒绝使用“斜线”一词，但它已经在历史文献中被广泛使用和承认，难以取代。citino，*German Way of War*: p. 51.

45 丹尼斯·肖沃特认为腓特烈是国际体系的捍卫者，只是希望通过迫使普鲁士进入大国行列来改变这一体系的结构：*Wars of Frederick the Great*: p. 358。然而在外交史和国际关系术语中，以侵略战争达成的强迫性变革，被称为是“修正主义者”的政策，甚至是革命势力的政策，而不是一个接受现有的合法的外交秩序并在其商定的规则内运作的防御性的或希望维持现状的国家的政策。称腓特烈是他那个时代的国际体系捍卫者，无异于落入路易十四所说的“防御性侵略”的语言陷阱。

46 Frederick II, “Anatomy of Battle,” in Jay Luvaas, editor, *Frederick the Great on the Art of War* (New York: Da Capo, 1999): pp. 139–169.

47 Citino, *German Way of War*: pp. 38–51; Showalter, *Wars of Frederick the Great*: pp. 45–50; Franz Szabo, *The Seven Years' War in Europe, 1756–1763* (New York: Routledge, 2008): p. 5, 28, 67.

48 法国人说的小战争（*petite guerre*）在巴尔干地区被称为 *partizan*，在德国被称为 *kleine Krieg*（字意“小型战争”），及至 19 世纪初，英语开始普遍使用 *guerrilla*（字意“小型战争”）一词，它来自半岛战争时期（1808—1813 年）的西班牙语。关于游击战这一 18 世纪战事中有时未受重视的方面，参见 Sandrine Picaud Monnerat, *La petite guerre au XVIIIe siècle* (Paris: Economica, 2010)。

49 Militärgrenze（*vojna krajina* 或 *vojna granica*），又称“军事边界”，由斐迪南一世于 1527 年建立，是一个由塞尔维亚人和波斯尼亚瓦拉几人承担的军事义务区。塞尔维亚人和波斯尼亚瓦拉几人为了逃离奥斯曼帝国的侵略而来到这里，斐迪南一世允许他们在这里定居和停留，作为他们保护边境的回报。这些由当地人组成的驻军不仅为哈布斯堡的国库省下了一笔开支，还成功将“土匪山贼”的力量转而用于对抗奥斯曼帝国。整个军事边界区宽 20 英里到 60 英里、长 1000 多英里（1600 公里）。在 17 至 18 世纪，它被 90 个堡垒所包围，不过多数都很简陋原始，并非全副武装的炮兵堡垒。它由边防民兵负责守卫。见 Rothenberg, *Military Border*。

50 Citino, *German Way of War*: pp. 49–50.

51 Showalter, *Wars of Frederick the Great*: pp. 74–76.

52 Browning, *War of the Austrian Succession*: pp. 213–218; Citino, *German Way of War*: pp. 52–62; Weigley, *Age of Battles*: pp. 174–175.

53 Browning, *War of the Austrian Succession*: pp. 257–363.

54 Weigley, *Age of Battles*: pp. 176; Gat, *Military Thought*: p. 40.

55 俾斯麦曾说："整个巴尔干都不如一个波美拉尼亚掷弹兵的骨头值钱。"关于在库勒斯道夫（腓特烈所挑起的七年战争中的一场战役）战场上找到的一名真正的阵亡俄国掷弹兵的尸骨，见 Grzegorz Podruczny, "Lone Grenadier: An Episode from the Battle of Kunersdorf, 12 August 1759," *Journal of Conflict Archaeology* 9/1 (2014): pp. 33–47。

56 Jürgen Luh, "Frederick the Great and the First World War," in Danley, *Seven Years' War*: pp. 1–22. 作者在一定程度上是在为腓特烈开脱，他说有关这场战争的历史都是错的，战争真正爆发于 1754 年 5 月 28 日的伊利湖（第 3 页）。这是一个古怪的日期和论点，尤其是他后来还指出，腓特烈一直在筹划战争，但不确定他该站在哪一边，又说"腓特烈在欧洲大陆上发动了战争"（第 16 页）。更可靠的是 Asprey, *Frederick the Great*: pp. 425–559，引人注目。

57 Starkey, "Philosophes," pp. 23–24. 关于 1756 至 1763 年间的众多战区，可参见一部引人入胜的文集：Danley, *Seven Years' War*。关于后勤，见 Schumann and Schweizer, *Seven Years' War*: pp. 91–129。关于媒体和政治影响的一个例子，见 Mark Danley, "The British Political Press and Military Thought during the Seven Years' War," in idem, *Seven Years' War*: pp. 359–398. Quoted at p. 129.

58 Hamish Scott, "The Seven Years' War and Europe's ancien régime," *War in History* 18/4 (2011): pp. 429–430; Starkey, "Philosophes," p. 31; Citino, *German Way of War*: pp. 71. 关于奥地利和欧洲战争最权威的两卷本研究是：Christopher Duffy, *Instrument of War: The Austrian Army in the Seven Years' War* (Chicago: Emperor's Press, 2000); idem, *Force of Arms: The Austrian Army in the Seven Years' War* (Chicago: Emperor's Press, 2008)。

59 Michael Roberts, *The Age of Liberty: Sweden, 1756–1763* (Cambridge: Cambridge University Press, 1986): pp. 15–58, but especially 43–45; Patrik Winton, "Sweden and the Seven Years' War, 1756– 1763: War, Debt, and Politics," *War in History* 19/1 (2012): pp. 5–31; Marian

Füssel, "'Féroces et barbares?' Cossacks, Kalmyks and Russian Irregular Warfare during the Seven Years' War," in Danley, *Seven Years' War*: pp. 243–262.

60 Szabo, *Seven Years' War*: pp. 24–29.

61 Ibid., pp. 36–59; Citino, *German Way of War*: pp. 67–70. 戴布流克尖锐地批评了腓特烈在科林会战中的表现，见 Delbrück, *Art of War*, Vol. 4: p. 344。

62 Citino, *German Way of War*: pp. 72–75; Christopher Duffy, *Prussia's Glory: Rossbach and Leuthen, 1757* (Chicago: Emperor's Press, 2003): pp. 7–35.

63 Ibid., pp. 36–64.

64 西蒂诺将这次运动和攻击列为"骑兵史上最伟大的时刻"之一：Robert Citino, *German Way of War*: p. 79。

65 Ibid., pp. 78–81; Szabo, *Seven Years' War*: pp. 94–98; Showalter, *Wars of Frederick the Great*: pp. 177–192; Duffy, *Wars of Frederick the Great*: pp. 174–176; idem, *Military Life*: pp. 134– 143; idem, *Prussia's Glory*: pp. 65–90; Asprey, *Frederick the Great*: pp. 464–473.

66 Citino, *German Way of War*: pp. 83–90; Duffy, *Prussia's Glory*: pp. 138–175.

67 Szabo, *Seven Years' War*: pp. 159–169. 关于此次战役后的机动，参见 pp. 240–255。

68 卡尔·罗赫林（Carl Röchling）创作的《洛伊滕的普鲁士步兵》（*Prussian Infantry Advance at Leuthen*）（1890 年）是一幅 19 世纪末的德国版画，反映的正是启蒙运动时期那种不见一丝血污的干净特质。俄国画家，如亚历山大·科茨布（Alexander Kotzebue）的《曹恩道夫之战》（1852 年），则将曹恩道夫描摹为一场战争的风暴。19 世纪中期的俄国绘画记忆中不再像以前那样时常弥漫着浪漫和英雄主义色彩。例如科茨布的《库勒斯道夫之战》（1848 年）就充满了混乱、迷茫和悲怆。

69 转引自 Citino, *German Way of War*: p. 99。

70 骑炮兵从 18 世纪 90 年代起也开始支援步兵。拉法耶特侯爵称其为"飞行炮兵"。它耗资不菲，直到 1791 年才被法国采用。McConachy, "Napoleonic Artillery Tactics," p. 623.

71 Blanning, *Frederick the Great*: p. 256–258, quoted at pp. 257, 258.

72 关于这场漫长战争的成本投入和后勤困难，参见 Schumann and Schweizer, *Seven Years War*: pp. 91–129。

73 Blanning, *Frederick the Great*: p. 282; and Szabo, *Seven Years' War*: pp. 48–98, passim, 313, 382.

74 Szabo, *Seven Years' War*: pp. 285–291, 312–335, 352–373; Duffy,*Army of Frederick the Great*: pp. 194– 196, 235; Frederick II, "The New War of Positions," in Luvaas, *Frederick the Great on the Art of War*: pp. 263–305.

75 Szabo, *Seven Years War*: pp. 374–422.

76 Ibid., pp. 280–281.

77 伏尔泰："上帝总是站在人多势众者一边（God is always on the side of the big battalions）。"

78 关于作为掠夺者的腓特烈如何被逼入绝境，以及普鲁士的军事败绩，参见 Szabo, *Seven Years' War*: pp. 203–255，328–373。关于他的狂热崇拜者，见 Blanning, *Frederick the Great*: pp. 496–501。

79 Citino, *German Way of War*: pp. xi–xii, and most insightfully pp. 64–66; also Peter Paret, "Clausewitz and Schlieffen as Interpreters of Frederick the Great," *Journal of Military History* 76/3 (2012): p. 837–845; Reed Browning, "New Views on the Silesian Wars," *Journal of Military History* 69/2 (2005): pp. 532–533.

80 有关腓特烈在 1756 年时是如何铤而走险的，参见 Szabo, *Seven Years' War*: pp. 36–88。

81 See Jonathan R. Dull, *The French Navy and American Independence: A Study of Arms and Diplomacy, 1774–1787* (Princeton University Press, 2015); Ronald Hoffman and Peter J. Albert, editors, *Diplomacy and Revolution: The Franco-American Alliance of 1778* (Washington: Historical Society, 1981); Jeremy Black, *Fighting for America: The Struggle for Mastery in North America, 1519–1871* (Bloomington: Indiana University Press, 2011): Chapters 7 and 8; idem, *Fate of a Great Power*: pp. 128–147.

## 七 决定性的会战

189 这些由腓特烈挑起的战争，它们带来的损失和债务，需要很长一段时间去填平，而这个过程刚一完成，欧洲新一轮的战争就迫不及待地开始了，这一次它将持续到1815年。首先，美洲殖民地上的叛乱，让长达百年的英法之争战端再起，法国军队重返北美大陆，参与了西印度群岛的舰队行动和两栖进攻战。法国大力干预英国与其殖民地的战争，它的介入对美国独立战争的最终成功起了很大的推动作用。即便如此，英法之间的全球霸权争夺大战仍未结束。巴黎在1759年失去新法兰西，伦敦也在1783年失去新英格兰（以及更多），等它们适应过来后，这场全球争霸战终于发展成熟，在丰收季中一举收割了其他大国。从1792年起，这场再次持续一整代人时间的战争，战火燃遍法国边境，延及七大洋，它从沿海向内陆推进，从大西洋到中欧，再到俄国；战线从巴塞罗那延伸到莫斯科，又再回到法国。然后是一段短暂的虚假和平，接下来是百日王朝；拿破仑的最后一次出击，最后在1815年6月的滑铁卢走向终结。这场战火改变了军事和世界历史，未来所有的重大战争都将受到它的影响。

自1740年以来，半个世纪的税收和战争压力，让整个欧洲的政治和社会契约为之动摇。然而在法国，这些裂痕和债务可以一直追溯到路易十四时代。直至1789年，法国社会已经不堪重负。此处无意回顾法国大革命的复杂根源，它的影响是如此深远，以至于史学家们仍然习惯于将发生在法国大革命之前的事划为“非现代”，将此后的事划为“现代”。但是为了理解这一时期战争的背景，我们仍有必要对来龙去脉做一次快速的梳理，这场巨大的动荡导致了战火的迸发和蔓延，当一切都在走向分崩离析时，战争的暴力程度也是革命性的，旧制度

瓦解，一种近乎无政府的混乱状态被释放进入欧洲和世界。法国大革命带来剧烈的动荡，它所造成的直接、永久性军事后果，相当于在战争模式和规模上的第二次军事革命。变革的中心是观念的剧变，政治和社会的合法性内涵被相继推翻重建，它们从国王的绝对权利、贵族和教会的传统权利，转向自然的人权和公民权以及“人民主权”。在与过去的决裂中，普通人与国家的关系从臣民变为公民，皇室军队中所谓“国王的人”也就不可避免地变为民族国家的“公民士兵”。革命改变了很多需要改变的东西。它还允许——随后变成强迫——当权者动员整个国家投入战争。

190

军事史中有两个不言自明的道理，即军队是其所在社会的反映，以及战争中的成功势必引起模仿。因此，尽管法国大革命促使反法和反大革命联盟的建立，但始于法国国内的社会和军事组织的深刻变化也越过边界，影响了所有的大国，包括对大革命所拥护的一切都恨之入骨、在1792年到1815年的一连串联盟战中与法国为敌的保守君主国。在战争平息之前，变革已经在动荡中悄然酝酿，它将给所有国家带去发动整个社会参战的巨大能量。然而，革命派很快失去控制，他们把人民军队和这个国家的战争目标拱手让给保守势力，然后又让给了“马背上的人”——那位乘着军事变革的浪潮，一跃成为现代最伟大将领的浪漫主义英雄。作为一位被剥夺财产、驱逐出岛的年轻科西嘉贵族，拿破仑·波拿巴有着过人的才智和无可匹敌的意志和野心，他从少年时代起就开始学习炮术和“战争艺术”，他像1812年的彗星般在一代人的时间里划过，主宰着他所处的时代，他对历史的影响可以说无人能出其右。[1]

法国大革命的直接导火线是一场财政危机：自17世纪90年代以来，君主体制下的法国为争夺霸权而与英国进行了逾百年的战争，战后的债务负担引发深重的财政危机，并最终导致

革命的爆发。在大革命之前，国家预算中有75%被用来偿还债务和用作军事开支。君主政体在战争债务的重压下，不得不开征高额税款，而不愿放弃历史特权的那些阶级和社会阶层却可享受税务豁免。这些税收通过一个受人唾弃的腐朽法律制度来调节，它向贵族和教会倾斜，如此一来，最沉重的负担就落在了商人阶层和农民身上。表面是强加税赋造成的紧张局面，实质是更深层次的阶级和社会冲突，是对一系列社会、经济和政治改革的预期与改革受挫的事实之间的巨大冲突。[2] 法国启蒙运动的成果，那些启蒙思想家如涓涓细流般注入人们内心的关于自由、博爱、自然人权以及公民公共参与权的观念，早已发酵。这些观念在一个新兴的，受过教育、自我意识觉醒和有社会抱负的资产阶级群体中很受欢迎。农民阶层也对要向一个遥远的国王纳税，被迫在他无休止的王室战争中服役感到十分痛恨。最后，随着法国因为一连串的外交危机而声望大跌，君主政体跌落神坛，民族主义者对国王的不满情绪也与日俱增。许多人认为路易十六过于软弱且优柔寡断，无法有力地保护和彰显法国的利益。一个现代国家终于挣脱旧的附庸网络，显露出它的身影，而且它将比它的国王们更有生命力。[3]

191

从1789年5月5日到6月下旬，随着三级会议在凡尔赛的召开，革命也在国王与会议的友好协商中礼貌地开始了。国王将代表“王国秩序”的三个阶层（神职人员、贵族和广大资产阶级）召集起来，目的只是在平民税之外加征更多的税，以便支付过去的战争费用和目前的维护开销。平民税是一种法国国王未经协商征收的直接税，这种永久和直接的王家征税权意味着在约1500年之后、1789年之前的法国国王通常不会询问三级会议的意见。即使在路易十三、路易十四和路易十五的战时年代，会议的内部设置和阶级划分也给了国王们随心所欲统

治国家的机会。但是几十年积累下来的战争债务不再是一个可以轻易解决的负担，因此它提供了一个特殊的政治机会。要求加强协商的呼声愈演愈烈，迅速演变为要在法国实行君主立宪的呼吁。百年前的英国立宪主义和新近的美国革命同时冲击着凡尔赛，会议宣誓在路易十六同意改革之前不会解散，这一呐喊的实质与“无代表，不纳税”是一样的。路易十六不情愿地让了步，同意召开国民议会，但同一时间他也开始在巴黎周围调集军队。可就在双方还未来得及行动的时候，革命走上了街头。7月14日，巴黎人看到保王党的军队正在包围他们的城市，于是冲进巴士底狱寻找武器。血溅当场的首先是暴徒刀下的看守和囚犯。鲜血改变了革命的一切。这并不是巴黎暴徒最后一次重设革命路线，使其朝着更加激进的政治要求和日益扩大的社会暴力迈进。他们颁布了一套重塑法律和社会秩序的“八月法令”，以及反对君主制的专制主义主张的《人权和公民权宣言》。在此之后，无论国王、贵族、神职人员和高级资产阶级提议什么谈判或提出什么要求，由巴黎的无套裤汉们（*sans-culottes*）——平民和工人阶级——发起的街头暴乱和暴力威胁，俨然已是一切审议活动的背景，他们的行为之后更是激进化到了公开在欢呼的人群面前进行大规模处决的程度。

192

从1790年7月起，激进主义开始抬头。要求建立共和国的呼声在革命大会（改名后的国民议会）中日益高涨。这一发展态势让路易十六想要回到他的专制主义老路的愿望破灭。于是路易十六决定带着他的奥地利妻子玛丽·安托瓦内特（Marie Antoinette）出逃，希望带着哈布斯堡军队回来镇压他的臣民。但他的乔装打扮被一个邮差识破——邮差从硬币上认出了他的脸。他回到巴黎，成了一名囚犯，但未被关进普通牢房，而是被好生安置在了杜伊勒里宫（Tuileries Palace）。尽管如此，王室叛国——国王联合外国君主密谋入侵法国、扶

持一个哈布斯堡家族的女儿和波旁王朝的女婿的行为，已经断送了君主制的命运。只是时间问题。[4]对法国将向欧洲输出其混乱和暴力变革的预期，以及法国大革命对君主统治合法性这一国际原则的根本挑战，促使第一次反法同盟形成。普鲁士与老对手奥地利的结盟，预示着欧洲各国将一次又一次地结成对抗革命的反法同盟，而且它们的规模在接下来23年的战争中，将变得越来越宏大。[5]

1792年4月20日，革命大会对奥地利宣战。及至年中，它的作战对象还将包括英国、那不勒斯、荷兰、普鲁士、皮埃蒙特和西班牙。战争改变了革命的进程，加速了君主制的倒台，雅各宾派在法国处于紧急状态时接掌权力，开始镇压异己。一种革命理论也在影响着战争：法国在向外国的暴君而不是他们的人民宣战。意识形态的时代到来了，他们的推翻政策完全是世俗的，但其充满激情的不容忍与过去的宗教战争基本无异。8月9日，一场雅各宾派暴动在巴黎成立了一个尤其激进的公社。从此，革命快速走向左派，走向恐怖统治和断头台。外部危险加速了一切。凡尔登在8月下旬落入普鲁士人之手。在对遭受入侵的恐惧的驱使下，在马拉（Jean-Paul Marat）[6]和激进的雅各宾派的鼓动下，巴黎的暴民再次通过夺取生命来推动政策。在9月2日至7日为期半周的半自发式谋杀中，牧师、保王党囚犯被杀死在街上、巴士底狱或其他监狱的牢房里。超过1000人死亡。王室成员被关进监狱，君主制被废除。9月21日，在结束了“九月屠杀”和在瓦尔密（Valmy）与普鲁士军的小规模战斗（9月20日）后，法国宣布成立共和国。[7]正如查理一世被克伦威尔和议会以叛国罪审判一样，公民路易·卡佩①现在也被判叛国。1793年1月21

193

① Louis Capet，即路易十六。

日，他向人民的断头台交出了自己的头颅。王后在同年10月16日紧随其后。他们的儿子没有活到成为路易十七的那一天。他在共和派的一个阴暗地牢里待了两年，最后在10岁时死于肺结核。有传言说他死于谋杀，流亡者①普遍认为传言才是真相。

接下来，革命进入恐怖统治阶段。[8]国家与天主教会的联系已经被切断。现在，不断加速的正式世俗化——在有如教士般呆板拘谨、缺少幽默感的罗伯斯庇尔领导下的一种相当滑稽的世俗化——刺激了法国西部旺代地区的农民暴动。他们同时抬出“上帝与国王”的大旗，要求巴黎恢复上帝和国王在国家生活中心的应有地位。来自中央的暴力是无情的，这次暴动没能逃过与以往旧制度下的农民起义一样的下场；虽然这次主持暴力的是共和派而不是保王党，但对旺代的农民来说，结果同样血腥。在革命热情的驱使下，人民政府和人民军队对旺代人野蛮镇压，恣意屠杀，他们组成“地狱部队”，追捕反抗者，屠杀、烧毁整个村庄。[9]旺代陷入了一场残酷的长期战争，到处都充斥着小型的伏击、焦土作战、大规模的溺毙和处决，以及发生在战役和劫掠期间或之后不由分说的杀戮。革命在鼓励极端化社会暴力的路上越走越远，而无论是革命的参与者还是反对者，都对此表示支持。

处死了被废黜的国王之后，法国及其首都被笼罩在一种围困感当中，而实际上它们也的确被重重包围着。法国的边境上外敌环伺，使其倍感威胁，国内的革命也正面临考验，一方面是西部叛乱，另一方面是共和政府和军队高层被指控存在叛徒（军官、贵族和其他旧体制的支持者）。革命来到这个时候，各种叛国阴谋论开始盛行，这是所有大革命迟早都要经历的阶

① émigrés，指在法国大革命中逃离法国的贵族、教士等反对共和政府人士。

段。然而，即使偏执如吉伦特派和雅各宾派也总有对的时候，因为真正的阴谋是存在的。除了已被证实的国王的叛国行为外，许多旧体制下的官员和贵族的确决心用武力推翻革命。那些将军可以信任吗？共和国军队中的其他贵族军官呢？4月，一位前战争部长发动政变的计划被挫败，事后他背着阴谋家的罪名流亡维也纳。在乔治·丹东（Georges Danton）和罗伯斯庇尔的领导下，一个本身已经十分激进的救国委员会（*Comité de salut public*）加剧左倾，革命司法制度的质量进一步遭受考验。[10] 在随后的大清洗中，几位贵族将军被逮捕和处决。由于担心革命会被国内外的敌人击垮，成千上万的人被送上断头台。罗伯斯庇尔的个人私心和无情的猜忌加剧了这种罪行。接下来发生的事情才是真正令人震惊的，而且它远比恐怖统治更为重要，那就是全民动员。

194

***

历史学家通常不认为17世纪和18世纪的战争可以帮助解释现代战争的特点，就连七年战争的意义，也是近些年来才被重新拿出来审视的。法国革命军参与的战争，尤其是拿破仑领导的战争，更常被认为是现代战争的开始。甚至有人指出，19世纪中期的“步枪革命”才是那道分界线。其实，技术并不是驱动法国大革命催生剧变的主要力量。从萨克斯元帅和腓特烈二世时期，到拿破仑和布吕歇尔（Blücher）或威灵顿（Wellington）的时代，它们在武器技术上的区别其实微乎其微。除了个别微小的差异外，1800年的士兵所使用的武器和50年前就在使用的武器没有本质区别——以普鲁士军为例，他们直到1806年使用的都是1754年型号的燧发枪。线膛枪和线膛炮有，但并不多见。线膛枪一般是给散兵和狙击手用的，并

不分发给广大的普通步兵。每支军队都在使用以6磅和12磅滑膛炮为基本配置的前装滑膛步兵武器，这一做法可追溯至腓特烈时代。法国的12磅“格里博瓦尔炮”（Gribeauval guns）是一个显著例外，它们的重量轻了1/3。[11]而骑兵仍然在坚持用马刀和骑枪，通过冲击发起进攻，尽管此时轻骑兵已经表现出更强的适应能力。[12]所以，有人认为“军事革命”是在指挥方面。

有一点是公认的，那就是18世纪的战争打得优柔寡断，战事进程缓慢拖拉得近乎愚蠢。它的背后是一套腐朽的、被过度理想化的“战争艺术”，被束缚在几何砖石之内，只能用在以堡垒为基础的阵地防御战中。腓特烈的经历透露了，或许还存在另一套可行的办法，而拿破仑则证实了这一点。至少当时的人们是这么认为的，而所有的19世纪和许多20世纪的理论家也是这么说的。他们说，拿破仑回到依靠纯粹意志和智慧的决定性会战的道路上来，是对战争本质的重新认识。他当时的崇拜者说，在拿破仑之前的一切，都是他天才的前奏——多年以后，过时的军事史同样持此观点。莫里斯的战场改革，古斯塔夫以会战为中心的战术，马尔博罗和腓特烈对会战的追求，都在拿破仑这里达到了高潮。即使腓特烈，这位普鲁士国王，并不刻意追求会战，但只要对手犯错，他都会抓住时机，如恶狼般直扑敌人的咽喉；这种攻击性在当时的将领当中并不多见，而拥有与之匹配的战术和作战技巧的将军就更少了。凶猛是为将者的基本美德，而腓特烈恰恰具备这一品质。尽管如此，真正的战争大师穿的是法国蓝，而不是普鲁士黑。

195

拿破仑是战狼的化身。当他发动战争时，一切都被改变了。天才终于出现在了战场上，他的荣耀，不容置疑。[13]他在马背上思考，有着直视战争本质、不在会战中将敌人一举歼灭不罢休的冰冷意志。他曾说过他的办法：“我只看到一样东西，那就是敌人的主力。我相信，只要将其击溃，其他次要的问题

自然迎刃而解。”[14] 及至1800年，他的战技和声誉已超过同时代的任何一位将军，他成了一个统帅国王、一个所向披靡的政军领袖，还曾于1804年加冕为帝。他要用他的剑劈开扼着政治喉咙的古老的戈耳狄俄斯之结①，然后仁厚地将欧洲的普遍法则纳入他的个人帝国。曾作为普军和俄军一员与他对战的克劳塞维茨，称他为“战争之神”。拿破仑行军打仗其实并无固定章法，有的只是无人可及的天赋和自信。无论在那时还是今天，试图把他的每个想法和行动都塞入一个严密、系统的框架里去的，从来都是别人。[15]

真正变了的是军队，在1793年后的会战中出现的军队与以往的都不一样。早在七年战争期间，军队向着民兵制转变的趋势就已经开始显现，战争最初只是国王之间的打闹，如今已显现出民族战争的早期特质。在七年战争结束时，一种新兴的公众舆论在一些国家露出端倪，它不再是沙龙里的清谈，人们开始高声赞美自己的将士，为胜利的报道欢欣鼓舞，为失败的消息低落颓丧，而这一切在过去都被认为是国王的事。[16] 从1793年的法国开始，战争已经确凿无疑地进入了这个新时代。这是因为现代国家有了大规模征调人力、物力的能力，可以部署多支大型军队，支持它们发动长时间的战局，适应频繁长久作战的需要。这首先发生在法国，因为法国有着抵御入侵的迫切军事需求，再加上革命热情的鼓舞，使得一支临危受命、有着惊人规模和强大威力的法兰西军队应运而生。但是，虽然有既存的职业军人作为支撑的核心，聚集在其四周的所谓公民士兵却是缺乏训练的。所以当时几乎没有哪个军事专家认为，这样一支由普通志愿者和应征者组成的临时军队——即使为他们

① 源出希腊神话的典故。戈耳狄俄斯之结的绳结外面没有绳头，喻指难以解决的问题，有神谕说解开戈耳狄俄斯之结之人当可成为亚细亚之王。传说亚历山大大帝见到这个绳结之后，拿出剑将其劈为两半，解开了这个难题。

配备大量的燧发枪和刺刀——会有能力保卫边境，更不用说推进革命了。[17]事实证明他们错了。

因此，当数以万计的公民将士开赴战场，当他们奋勇迎战外国的职业军人并将他们杀得跌落马下、落荒而逃的消息传来，各国的政军高层，乃至法国上下的工区、村庄，无不感受到来自文化和军事力量的强烈冲击。人们的参战动机五花八门，而且随着时间推移这些动机还会随着应征入伍者阶层的变化、他们在共和政体和帝制下的社会经历的变化而变化。[18]但总的来说，法国征兵军队的成功必然会让像普鲁士和俄国这样的交战国群起仿效，为了体制和政权的生存，所有的大国都或多或少地把自己的国家武装了起来。到1812年，由于军事需要，就连最反革命的君主国也加入了大规模征兵的队伍，旧体制下的财富和权力继承者也不得不承认，他们宁愿征召和武装自己的工人和农民，也不愿被别人的工人和农民打败。

196

面对普鲁士这样的小国，法国在七年战争中尽管已经投入大量的生命、财富和努力，却只换来一个军事僵局，专业人士认为这不仅是一场灾难，而且对法国来说得不偿失。所以，法国的军队改革早在大革命前就已经开始了，改革首先关注的是人们普遍认为的导致战争拖沓寡断的精神原因，比如“士气懒散”。[19]不过早在征兵之前，有赖于新的共和主义政治，这个问题至少看起来已经得到解决。从1792年的志愿兵开始，法国士兵不再是国王强征的臣民，他们不再麻木地、沉郁愤懑地参与属于国王的战争。他们是法兰西民族和共和国的公民士兵，他们当中的许多人是全民皆兵型国家在意识形态上的忠实拥护者。变化体现在两个方面——战争的规模和强度，而且这次改变是根本性的。第一个全民皆兵型国家是一个共和国，它的军队体现的是共和式的理想主义，以及新近涌现的民族情感和民族忠诚。它在第二年宣布实行的“全民动员令”是最早的

普遍男性义务兵役制，这种兵役制度使得民众的参军规模有了保障。全民动员先从法国军队开始，然后随着各地不可避免的争相效仿而遍地开花，结果就是整个欧洲战争规模的显著升级。与此同时，新公民士兵强烈的意识形态动机和他们民族情感的真实投入还带来了战争强度的升级。

1793 年 2 月，国民公会宣布征兵 30 万人。这遭到法国西部和南部农民的抵制，而他们的抵制又遭到已经被外面的大军压境吓得半死的当权者的凶残镇压。尽管新兵源源不断地送来，但前线的消息却一日坏过一日。东北面是奥地利和普鲁士的军队；南面是西班牙军队；港口、海岸线和海外贸易则遭到英国的封锁。从那年的春季直到盛夏，法军在各条战线上节节败退，主要要塞相继失守。恐慌笼罩着巴黎。8 月 23 日，国民公会发布第二道征兵令。第一条内容如下："从这一刻起，直到敌人被逐出共和国的领土为止，全法国人民将时刻处于为军队服务的动员状态。"[20] 数十万人被征召入伍，在接受过基本的军事训练后，即被赶去保卫边境。代服兵役不被允许，逃避兵役将受到严厉惩罚。根据 1793 年的无限期征兵令，被征召入伍的人实际要服 6 年兵役，直到督政府在 1799 年为所有 20—24 岁男性制定了年度征兵法。

197

其余条款还征用了军用动物，包括作为骑兵坐骑的骑用马，用来运送物资、拉动炮队辎重的挽马。私人持有的所有军用级武器都要上交共和国军队，或者由新兵带上战场。"规定口径的武器，为［边防士兵］专用。内卫部队应只使用猎枪和随身武器。"另外，根据该法令，一家专为"半旅"①提供武器的国有武器生产商在巴黎创立。举凡生产所需，以及在更大

① 半旅（demi-brigade）在法国大革命战争期间代替"团"成为法国陆军相应建制单位的名称，因为在法语中，"团"（régiment）会让人联想到旧制度（Ancien Régime）。拿破仑上台后，"半旅"即被弃用。

范围内的战争投入所要用到的材料和技术工人，也都被征用。“国有建筑应改为军营，公共场所应改为武器车间。”把军工企业设在巴黎不只是为了保卫首都，公社领袖也需要为不安分的城市工人提供工作，因为行为暴力且不可预测的无套裤汉有时甚至让他们自己感到害怕。结果就是全国的人力、工业力量和财政力量都被迅速动员了起来。接下来颁布的是收集人类排泄物的命令。“粪便将被清洗，以便提取硝石。”[21]妇女加入了收集硝石（硝酸钾）的行列，她们从整个巴黎的夜壶、地下室和马厩中收集人类和动物的粪便，再从中分离出硝石，用于制造火药。因为英国的封锁导致硝石短缺危机，因此这是一项重要的战争工作。这种白色化合物在巴黎的日产量很快就达到了5000磅。[22]

来自法国各地的新兵加入共和国军的队伍，走上了前去拯救巴黎的行军路，外表粗野的他们看起来不如职业军队那样整洁漂亮，行军步伐也不如职业军队的干净利落，但这不重要。至少在现阶段，这不重要。他们有着前所未有的昂扬势头、经验丰富的指挥官和精良的格里博瓦尔大炮，这就够了。[23]他们把法国的敌人全都赶出了边境，分别于9月6日在翁斯科特（Hondschoote），10月15日和16日在瓦蒂尼（Wattignies）取得胜利，1794年更是捷报频频。随后，他们跨过边境，发动侵略，侵占外国土地。起初，一些征召部队因为缺乏训练，人们根本不相信他们能在炮火下执行除了基本机动之外的更多任务。其中一支部队表现出极为激进的平等主义，那里的士兵拒绝服从一位试图在营地中训练他们基本技能的军士，他们谴责他是暴君，并试图将其绞死。这位军士活了下来，后来成为拿破仑麾下的一名将领。[24]

一度有观点认为，这批法国新军可以取胜，无非是凭借凶猛的爱国主义和浩大的声势（既来自其强大的士气，也来自

198

其绝对的兵力优势）：因为会战到了最后关头就是毫无章法的刺刀比拼，因此来势汹汹的法军可以轻易压制在规模上不如他们的专业部队。[25]大革命把战场搞得这般乌烟瘴气，于是许多历史学家说，只有拿破仑才能重建秩序，重塑传统的军事美德，恢复被雅各宾派废除的荣誉与奖赏制度。有人认为，是他让督政府军，以及1799—1804年的执政府军，发挥出效用。然后他把他的帝国军队变成了他个人意志的最高工具，并于1805年将其更名为大军团。可后来的研究表明，共和国军（“美德之军”）中的应征部队在战场上的表现，比那些将法国的成功悉数归功于拿破仑的领导的人口中所说的要好得多。[26]更进一步地说，改革早在他之前就已经开始，它们有些甚至可以追溯到旧制度时期，不过多数是罗伯斯庇尔专政被推翻、军事专业主义明显回归之后的事，总而言之，拿破仑不仅受益于改革的延续性，他自己的改革也因为前人的努力而有了良好的根基。[27]

这些革命军人并非只是不成熟的农民大众，并非只是武装起来的乡野村夫。他们也不只是法国版的狂战士，只比空有武力但目不识丁的乌合之众略胜一筹。相反，他们有着相当的政治素养，而且常常心怀保卫共和的强烈愿望，因为他们中的许多人，生平第一次感受到了自己个人所有的那一份国家权益。[28]这种共和精神产生了真正的军事效果：不是因为缺乏战斗技巧而莽撞发起的刺刀冲锋，而是主动自发的对训练和战术的积极学习。新兵缺乏训练的短板很快就被士兵的高昂斗志所弥补，他们渴望学习战争技巧，渴望挺身保卫共和国。他们高昂的士气也反映在与旧制度下的波旁军队相比创出历史新低的逃兵率上。[29]1793年征兵时，正值革命狂热和恐惧情绪爆发（一般认为这种情绪从1792年开始出现，并持续至1794年）的高峰期。雅各宾派的敌人（包括他们当时的政敌和后来反对革命的

历史学家）认为这是一个庞大的激进主义群体，并不将其视作对迫切军事需要的直接回应。事实上，在征兵令下吸收入伍的新兵群体，虽然整体带有激进底色，但仍是混杂多样的，因为法国还存在着大范围拒服甚至是暴力拒服兵役的情况，特别是在它的南部和西部。[30]不过关键的一点是，这道征兵令集结起了大批保卫法国的军队力量，而且任务完成得非常出色，这帮青涩的新兵从此增添的战斗经验和军事自信，可以在他们成为老兵之后替代他们身上逐渐消退的共和理想。胜利也使他们更具攻击性，这在最初的一段时间里给法国军队带去了无人能及的战斗精神。然而，这并不是团队精神。与保守势力不同，革命军队的政治领袖们惧怕这种天然存在的军队现象，因为他们认为这可能会让军队脱离人民，或者更准确地说，脱离人民的政权。这正是保守君主们希望看到的，但在法国，所有军队中都常见的部队忠诚在最初并不被鼓励，这种情感需要让位于更崇高的对共和国理想的忠诚。[31]

199

在雅各宾派的计划中，“全民动员”的初衷是发起一次字面意义上的民众起义，一次自发的、理想化的由国民保卫国家的行动。当它未能集结足够兵力时，它便成了第一次大规模征兵，使共和国军数量在1793—1794年间膨胀到75万（纸面兵力为100万）。[32]这是1789年之前的波旁王朝军队人数的500%，波旁王朝军队在其兵力的顶峰时期也只有大约20万人，但这足以使其在18世纪的所有军队中成为一个庞然大物。从1795年到1804年，督政府下的法国军队人数减少到平均38万人，与路易十四在其战事高峰期时保持的兵员数量一致。到拿破仑时期，军队再次膨胀，截至1814年他总共招募了200万人加入他的大军团。[33]他还可以从盟国或暂时被征服的敌人那里借来兵力。从1805年到1812年，他的部队总是比他的敌人多，对此欧文·康奈利（Owen Connelly）有一个令人

信服的看法，他认为这一事实“让他既可以在战术和战略上犯更大的错，又能更轻松地活下来”。[34]他的敌人无法做到这一点，直到他们也采用大规模征兵和庞大的军队来达到与其相配或将其超越的军事和战略深度。他在俄国和西班牙的失利，以及盟军的征兵行为，使1812年后的力量天平开始倒向法国的对手。

变化的不仅仅是规模。不只是像拿破仑这样雄心勃勃的小贵族开始投身共和国的军事事业，有才华的资产阶级也在凭借自己的真才实干获得晋升。于是，有了英明军官的带领，纪律严明、组织独特灵活的法国军队，在既有的人数优势和强进攻性外，也开始具备过人的专业素质，他们将很快证明自己相对于敌人的优越性——虽然不是百战百胜，却常出人意表，而且这个时间比想象中来得更早。他们证明自己可以像所有专业军队一样机动，在前往会战途中获得战术优势，当然，抵达战场时，他们也会以更大的热情投入战斗。[35]兵员数量的重要意义将随着时间推移显现出来，伴随旷日持久的战局和年复一年的战争，在一场又一场的战役中显现出来。这种优势是罗马式的——源源不断的新生后备力量，使其拥有战败的资本，失败是不要紧的，总还有更多的军队可以派往战场。而敌人却无力承受越来越高的伤亡数字，不仅如此，在似乎永远打不完的会战面前，他们的心理防线也在不断受到挑战。依靠国家征用、义务兵役和对战争的官僚政治管理，法国拥有无可比拟的恢复能力。它可以调动物资和新兵去补充战斗损失，或因疾病和逃兵造成的损耗——而在创出新低的逃兵率下，损耗之低又是那些更加传统的军队无法匹敌的。取之不竭的兵员和物资，200 让法国不再那么惧怕失败，它相信那些失去的战役，乃至失去的军队都是可以找回来的。赢了，就能拿下米兰或布鲁塞尔。输了，法国也还能活着继续战斗。

1792年后的法国军队还拥有他们敌人所没有的先进的行政结构。增加的兵员通过一个灵活的体系来处理，在这个体系下，一个单位的规模要比旧时的营、旅和团大得多。这项改革在大革命前就已经开始，现在只是随法国军力的大幅扩张而加紧了步伐。全兵种混编的师级单位（包含步兵、骑兵和炮兵）在大革命时期成为标准，后来拿破仑时期的“大军团”又将多个师组建为军。一个军的规模相当于一支18世纪中期的军队，约为20000—25000人，不过在现实中，实际人数会因应不同国家、不同情形而有较大变化。军的设置是为了提升行军速度，因为它们可以各自独立行动，彼此之间保持一天的行军间距。它们通常只会在预先安排好的会合点重新集合投入战斗，或者如果其中一个军遭遇敌人并交火，其他军则“循着炮声行进”。理论上，这种做法可以集中力量攻敌不备，因为敌人一般不会料到对手的行动可以如此迅速。简言之，改编的目的是最大限度地提高行动速度和出其不意的效果。如果发挥得当，它也可以提供局部的数量优势。而且从征发效率来看，军团若以军为单位进行分编，并散开沿不同轴线行进，比整支队伍全都沿着一条路线行进，覆盖的地盘范围更广，可获得的粮草供给更多。

军队分编同样意味着，直到开战前军队集合的那一刻，敌人都不会知晓行军的真正目标。以军为单位行军的冒险之处在于，单独行动的每一个军如果遇到优势敌军（因为此时的敌军仍集全军力量于一体），是很有可能落败的，这就导致整个军队陷入被“各个击破”的险境。然而，理论上，一个拥有自己的强大步兵、骑兵幕和支援炮兵的军已经相当于一支小型军队，因此即使敌众我寡，它也至少可以顶住与敌军一日的交战。所以它会一面坚守阵地或者发起战斗性撤退，一面等待在附近行军的其他几个军前来增援，因为不管哪一路军与敌人发

生交火，其他路军接到的现行命令就是必须向着炮声前进。所以分编的好处就是，整个队伍的行军速度更快，征发范围更广，并且可以在目的地的问题上迷惑敌人的侦察兵和指挥官。由于每个军都有自己的道路和行军路线，因此也能更好地避免拥堵。拿破仑告诉他的军指挥官什么时候往哪里去，然后让他们自己和参谋人员去决定走哪条路，以及如何走。普鲁士军的分编在军团一级进行，凭借相同的技术，普军于1866年击败奥地利军，后又于1870年大败法军。他们是从拿破仑那里学到的，而拿破仑则是从腓特烈入侵波希米亚的小规模实践中学来的。

201 雅各宾派对保王派军官的清洗，以及共和国军中许多贵族军官的自我流放，带来一个意想不到的好处，即鼓励了来自征兵队伍下层新晋军官的职业化。[36]激进的雅各宾派还将那些也许曾经忠于共和国但反对军事变革的军官扫地出门，这次革命总的来说为出身较低但有才能的人提供了真正的军事进阶之路。斯大林在1937年发起的血腥大清洗也让苏联红军经历了类似的事情，而且规模还要更大。因为所谓的政治不可靠，或者仅仅就是为了完成指标，太多无辜而又有能力的军官遭到清洗，但是除此之外，这场清洗也在无意中清除了集中在最高领导层中来自俄国内战和老布尔什维克一代的无能者。这场幸运之罪为更年轻的青年军官提供了在战时担任将领的机会，其中包括格奥尔吉·朱可夫（Georgi Zhukov），他在对纳粹德国的作战中展现出了极为出色的领导才能。[37]

1795年，随着征兵热潮的消退，法国军队也变得越来越专业化。领导和训练军队的是一支经验丰富、技能娴熟的军官队伍，他们在一个相对的精英体制下工作，并得到专门官僚机构的支持。拿破仑的军队便是在这个基础上建立起来的，确切地说，他的军队在帝国建立之前、在他从1805年开始将其重

新组建并命名为“大军团”之前就已经存在。和其他所有军队相比，这都是一个巨大的优势；因为在其他军队中，仍然有太多贵族仅仅因为出身高贵或与君主有亲缘关系就凌驾于才能和学识之上，坐上了指挥官的高位。至于应征入伍的士兵，在拿破仑时期，农民被告知他们都可以成为军官，这一革命性的承诺与他的那句名言遥相呼应，他曾说，每一位法国士兵的背包里都装着一根元帅的权杖。现实当然没有说的这么完美，不过共和战争时遗留的任人唯能的精神还是得到了一点延续。[38]而且不管怎么说，法国人在这一点上肯定做得比其他各国要好：无论在共和国军还是后来的大军团，士兵是可能跨越他们原属的社会阶层的。然而，我们不应夸大这一平等主义转向，或者低估旧贵族在法国军事事务中所扮演的角色。在 1804 年新的帝国政权建立后，军官团中仍有 60% 是旧贵族，8 名新晋元帅中旧贵族就占了一半。[39]其他的旧贵族则通过充任帝国辖下被占领地区和盟国的军政要职，来为拿破仑管理这个横跨欧洲大陆的帝国。这是一个兼顾能力和门第的混合体，就像出身科西嘉小贵族、凭借自己的才能成为法国皇帝的拿破仑的化身。

无私这种品质在生活中是罕见的，在战争中就更是如此：它总是会牺牲掉那些最不自私的人，并让剩下的人重新掂量他们的选择。因此，即使是共和国军也不能长期依赖美德或革命热情，因为这种纯粹的意识形态上的投入会随着战斗和伤亡的发生而消退。事实证明，在 1794 年取得胜利之后不过一年，革命的热情就已经再难维系了，尽管它此后又以弱化的形式延续了相当长的时间。此外，公共安全委员会从一开始就将革命军职业化，也是因为它认识到即使诉诸恐怖统治，也只能在一定程度上培养出强制性的大众美德。他们也曾尝试在军营和战场上强制灌输这一热情，但这一努力在持续的

202

危机和战乱氛围中终究还是走向了失败。他们需要一些别的东西，一种现实的、可以来补充并取代正在消退的共和精神的战斗动机。清教徒式的共和主义已经在1795年督政府的宣导下，演变为一种更可持续的、以荣誉和国民踊跃服役为导向的意识形态，它摒弃激进的世俗理想主义，推翻并处决了罗伯斯庇尔。[40] 彼时跟随1793年征兵令入伍的人已是老兵，随着服役时间愈长，他们正在变得更加专业，当中的大多数人游离于以督政府为代表的国家政权之外，更依附他们的部队和将军。就这样，拿破仑完成了这一不可阻挡甚至是自然的转变，他通过让军事荣誉感回归战场、让全军上下共享荣耀（以及战利品），使士兵的忠诚有了新的焦点。当然，战场上的革命军和他们的对手本来就是这种军事荣誉的拥有者，不仅如此，因为置身战场，他们还是战地荣誉的享有者。但这是另一回事。拿破仑是在重塑人们对荣誉的颂扬，使之回归军事文化的核心地位。

拿破仑恢复了每个作战单位的徽章和独一无二的营旗，后

拿破仑颁授帝国之鹰（1804年12月5日）

图片来源：Wikimedia Creative Commons

来还颁授著名的“帝国之鹰”。他从 1797 年开始即为意大利的军队发放营旗，而后在 1804 年 12 月 5 日举行的那场盛大典礼上，他又将营旗授予整个帝国军队。雅克－路易·大卫在其 1810 年创作的新古典主义壁画《颁授鹰旗》（*Serment de l'armée fait à l'Empereur après la distribution des aigles*）中记录了这一刻，画中的拿破仑被刻画成了罗马军团前的恺撒形象。斯大林在更绝望的情况下，同样摒弃了政治信仰对部队的激励和苏联政委对部队的神圣鞭笞，并在第二次世界大战期间恢复了红军的传统徽章以及部队和个人的荣誉。在这两种情况中，都是成功将曾经受到抨击的旧制下的贵族规范普及泛化到所有的社会阶层中，于是这些规范便改头换面，成为士兵的激励机制。不管军衔高低，拿破仑都格外关注（或者着意表现出这种关注）和奖励将士的勇气和领导才能。他花时间做公开的颁奖、表彰和提拔；从初级军官到普通士兵，只要是表现出了他所需要的战斗行为和忠诚的人，他都会作出平易谦和的样子，与他们会面交谈。如果说腓特烈也是通过在洛伊滕会战前夜一边掩饰自己的蔑视，一边走近他们的营火来赢得部下对他的忠心，那么拿破仑就是在以一个更加宏大的规模做这件事，就像他做过的其他每一件事一样。

他还迎合了“神”这个概念，年轻且对他充满敬仰的克劳塞维茨也曾称这位法国人的皇帝为“战神”，但拿破仑的这个神，与克劳塞维茨的神显然是很不同的。尽管大军团继承了反教会和怀疑论的传统，但对许多士兵来说，他就是战神，这个“神”几乎是字面意义上的：他凌驾于他们和大军团的命运之上。他们把他们的战将皇帝视为近乎神的存在，就像曾经的天主教和波旁王朝军队将法国国王奉若半神一样。诚如学者吉恩·莫尔万（Jean Morvan）所说，在拿破仑战争期间，法军“当中有一个活生生的神，一个实实在在的天意，一个让他

们可以在所有令人目眩的战争行动中，得以自信行进和战斗的人：拿破仑”。约翰·林恩对这一想法进行了补充，他说：“这位战神不是美德之神，而是荣誉之神。”[41]

团队精神再次受到鼓励，雅各宾派曾经害怕这种精神会让共和国军脱离人民和国家，但现在这种担心已经不复存在。拿破仑设立了荣誉军团勋位，这是一种有着高度排他性的军事奖励：在荣誉军团颁授的48000枚十字勋章中，只有约1200枚授予了平民。虽然荣誉军团勋位后来成为一种国家荣誉体系，但在设立之初，它更是一种依靠强大的个人荣誉感和联结感在士兵与他本人之间建立纽带的手段。这一荣衔体系被建立起来后，大军团便从罗伯斯庇尔的乌托邦式的“美德之军”转变为更加传统和可持续的“荣誉之军”。[42]他的战斗是由对他们的统帅国王、他们的部队和个人荣誉充满强烈自豪感的军队进行的。这些情感与十年前的征召兵部队有很大不同，它们既是传统的回归，又加入了某些新的东西。鹰旗在纵队上空高高飘扬，熠熠生辉的荣誉军团和他的恩典在向众人张开双臂。大军在拿破仑的带领下，怀着对部队认同和个人忠诚这一可持续的战斗激情，以及对帝国荣誉和荣耀的崇高幻想（而不再是不可持续的献身公共事务的终极理想），沿着坚实的道路前行。同样重要但不常被提及的是，他还用从外国掠夺来的贡金——征服者及其军队的一贯做法——打赏他的部队。

204

***

作为一名战场指挥官，拿破仑有足够的资本去不断尝试使用更加激进的行动和战术，而且这种做法也迎合了当时对旧体制下的一切古老、陈腐事物都弃若敝屣的革命观念。1792年之后，和以往保守的君主相比，法国将军和他们在巴黎的政治

主君都更愿意发动血腥的会战，因为他们不再需要顾忌旧体制下职业军人极高的招募、维护和更替成本。这是一个具有决定性意义的优势。和昔日的波旁王朝之军相比，公民军队虽然伤亡严重，却是完全可以承受的，但是面对在国内等待战报的民众，不加上一层为国捐躯的浪漫面纱，谁又能直白地宣之于口呢？于是，这便成了这个全民皆兵新时代里，各地战时宣传的一个特色。[43] 不过，这是事实，法国的政府和将军们也明白这是事实。当意识到他们不仅承受得起会战损失，乃至多次会战的损失，而且在此之后仍然可以通过一场又一场的会战去消磨规模不如自己的敌军来赢得战争时，他们对战斗风险和大规模伤亡就不再那么厌恶了。再说军队规模庞大，本就更有可能在移动中与彼此的分编队伍发生遭遇战。伤亡是无法回避的。

接触点和冲突点成倍增加，部分原因是军队规模太大，国内仓库无法满足粮草供应，他们便跨过边境在国土之外觅食。拿破仑所吹嘘的就地取给、摆脱仓库限制，并以此加快行军速度的做法，其实也是，甚至在很大程度上是对传统仓库储备已经无法满足征召大军的后勤需求的一个回应。最好的办法就是像古斯塔夫和华伦斯坦那样保持前进，吃光外国的羊和粮食，榨干别人的财富，像蝗虫一样涌入并破坏敌人的土地。这种做法并不新鲜。随着整个法国政权组织的官僚化，雅各宾派的集中管理取代了后勤系统对私人承包商的早期依赖。拿破仑沿用了这个更加精妙的供应体系。不过，后勤始终是一个要考虑的问题，这便让他更倾向于把应征士兵作为野战军积极部署在边境上，而不是编入大型驻军里。从这一步到军队的就地取给，只剩一小步的距离。在帝国的鼎盛时期，以铸币（以及驻扎在法国境外的外国军队）形式支付给拿破仑的贡金也进一步减轻了国家为支撑其虚荣心和大军团开支产生的负担。

205

公民军队所特有的冲劲赋予了它在机动和突击上的优势，

拿破仑自然也十分清楚这一点。因此，他特别使用冲击战术来最大限度地发挥这一优势；不过这些战术在他取得军队的全面指挥权之前，业已被共和国军中专业军官团熟练掌握。在作战层面上，他喜欢选定一个中心位置作战，首先分散敌人兵力，然后一一歼灭敌军的各个分部或各支联军，即分而歼之，各个击破。在战术上，法军其实在大革命之前已经迎来一个关键的变化：使用重型纵队，通过粉碎敌人的防线，制造并攻击侧翼，来打破线性战斗的僵局。早在拿破仑之前，法国军官团就已发展出一套新的作战理论，在这套理论下，无论是快速的接敌运动，还是为了在会战中拉近敌我阵线间距，军队都会倾向于采用纵队队形。[44]旧的平行梯队被弃用，因为当两军交换多轮排枪火力，并等到其中一方崩溃时，另一方却常因队形破碎而无法充分利用缺口发起进攻。纵队是更适合进攻的队形，它利用自身的重量、厚度和一鼓作气的势头，可以像公羊一样直接撞开敌人的薄弱防线——如果对手是英军，那么这道防线将只有两列纵深。这是一个由来已久的争论，至少可以追溯到萨克斯时期。是发起冲击，然后以白刃相搏，还是站定了拼火力？新法军实际上两者都做了，而且做得非常好。

其他的基本战术在大革命和拿破仑之前已经存在，比如转为薄阵（*ordre mince*，即横队）以最大限度地发挥步兵火力；以厚阵（*ordreprofond*，即纵队）发起冲击；派土著步兵带着线膛枪在前面冲锋陷阵；还有就是前文所说的，使用重型纵队发起攻击。法国人也会混合使用前述三种队形，即混合队形，这实际上是法军在大多数会战中的惯常做法。另外，法军的“纵队”并不是真正意义上的纵队，而更像是一个矩形块，正面均宽40列，平均纵深12列——神似一个侧面向的纵队。一道装备线膛枪的散兵幕在前面带路，负责瞄准并扫射敌人战线，预先削弱敌军战力，为配备滑膛枪和刺刀的纵队打好

基础，同时阻止敌军在向前推进过程中发起的攻击。1793年公民新兵的加入强化了这一战术的运用：纵队攻击更适合那些负责带领在全民动员令下第一批入伍的新手部队的革命军将领，因为这些新兵缺乏经验或训练，无法在战前部署或战斗过程中完成从纵队到横队的转换。因此，战术的创新方向是以纵队队形展开作战，而不是转入梯队战线。[45]即使在重型纵队中，也存在着对旧体制的一种延续。法国步兵在罗斯巴赫以纵队作战，虽然结果不尽如人意。大革命前的军事改革者们早在1789年或1792年之前就已经开始投入纵队的训练，而以刺刀进攻的战术偏好则可以追溯到18世纪30年代的萨克斯元帅以及更久之前。然而，1793年的征召新兵很快就会褪去他们的青涩。一旦他们学会战斗，可以根据战况和敌军部署情况灵活使用或新、或旧、或混合的横队和纵队战术，那时的法国军队才是一个真正可怕的对手。

从某种意义上说，法国军队在陆上所做的，也是皇家海军在海上行动中发现可用来应对战列线战斗拖沓不决的一个办法。就像纳尔逊在特拉法尔加海战中一样，他们将最初的火力优势让给对方，转而以纵队形式击穿敌人防线，然后猛攻被击穿的薄弱部位，从而打破横队相搏的僵局。这招是奏效的，于是拿破仑紧随其后。面对坚持使用旧式作战办法，展开线式队形施放排枪的对手，他训练有素的重装步兵将以纵队队形迅速逼近，并以磅礴的气势和冲击力杀向敌阵，只有在距离非常近的时候才会转而使用火力。进攻纵队的头部将首先受到来自两侧的燧发枪火力的攻击，并承受一定的伤亡，但他们往往会在炮兵的掩护下，冲破敌人单薄的横队，攻击早前已被“削弱了”意志和战力的敌人防线，号叫着、喧嚷着，将刺刀插向敌阵。步兵端枪射击、上刺刀，甚至把敌军士兵踩在脚下，为骑兵打开缺口，好让他们包抄敌军侧翼，然后追击或杀死溃逃而

去的敌人。[46]

拿破仑积极寻求会战，并将其视为战局的高潮，认为会战是通过在心理和政治上的关键时刻增加对手伤亡和挫折来摧垮对手抵抗意志的唯一最大机会。他说："要塞和帝国的命运是在战场上决定的。"[47]毫无疑问，他是一位旷世军事奇才，同时具备与生俱来的天赋和后天习得的才华。他对权力和战役的渴求、在战场上对行动和反应速度的追求，使他超过了所有的对手和挑战者。虽然不是每时每刻，但在大多数时候是这样的。然而，在他的慧眼和敏捷的运筹之下，征兵大军和战马与火枪火力的交会从未在战术和作战层面达到可称近乎完美的程度，不管他最不挑剔的崇拜者们如何宣称。相反，他的联合武器战术是欧洲战争在长时间积累下一个水到渠成的结果。他在这方面无疑比所有人都强，但他既非战神，也非战争中的完人。他也会犯错，尤其是在战前的行动当中。当他在1809年和1812年离开熟悉的西欧战场，在更开阔的波兰和俄国作战时，他在行动和后勤方面犯下的错误更为严重。

207

拿破仑在制定战略和行军作战上表现得并不像一个大艺术家，即使面对空白的画布也能做到成竹在胸，而更像是一个科西嘉强盗——迅猛、暴力、横冲直撞。欧文·康奈利，他言辞最为犀利的批评者之一，认为拿破仑是一个冒进的机会主义者，虽然他比当时任何一位将军都更善于使用现有的战术和武器，也比大多数人都更不可能犯重大错误。[48]也许这么说已经足够：他在挑起战争方面明显更胜一筹，但在计划或赢得战争上则优势不大。因为他的战略与他的战术和行动完全是两码事。事实上，我们根本不清楚他是否有过这样一个战略。在开战之初或在下一轮战局和战斗到来之前，没有一个现实的目标或终局意识，而是寄希望于战场上的速胜，或者认为自己一定可以凭借过人的才干赢得最终的胜利，这是无法抵御会战诱惑

的确切标志，通常也是灾难的先兆。在还没有想清楚该如何真正取得胜利，或者根本没有考虑过最终目标和他的帝国事业可能遭遇的外部阻力的情况下，就开始投入一场甚至是一系列的大战，拿破仑不是第一个，也不会是最后一个。

战争财政一如既往地帮助塑造战争的性质。在拿破仑的案例中，他高度侵略性的战争手段，便是部分出于必须拿出战利品安抚国内战线，以配合他野心勃勃的帝国计划的需要。他必须让征服带来的事实性战利品——定期收缴的贡金——从被征服的各省、各国流入他的帝国，否则他的战争政权将无以为继。他把“以战养战”的古老格言落实为一个庞大的集体行窃与敛财系统。当他的贡金收缴体系和荣誉体系取代原来的共和理想主义之后，举国征兵的长期影响就不再是输出更多的或不一样的参战热情，而变成了战争规模的空前扩大。这就是为什么到后来即使是反共和、反革命的君主国，也能集结和动员大规模的征召部队，与拿破仑和法国军队抗衡，并最终将其击败。

208

1796年初，奥地利是法国的主要威胁，德意志南部预计将成为关键战区。督政府将年轻的拿破仑派往意大利，准备让他到山里去荒废时间，说不准还能重挫他的声威，因为此时的拿破仑因显露出图谋政变的迹象，已令督政府感受到了威胁。但事与愿违，拿破仑通过一系列大胆的行动，最终剑指维也纳，逼得对方不得不答应他开出的和谈条件。他敢于在远离后勤补给的情况下，通过沿途掠夺补充给养，一路轻装前行、快速移动，表现出非凡的魄力和主动性。[49]看来他十分擅于构想会战和军队大规模移动的场景，也就是说，当他勘察地形或研究地图时，他的“慧眼”其实已经一路延伸到了作战层面。[50]他还相信，将敌人的首都作为主要的军事政治目标进行攻击是有效的，他在维也纳是这么做的，而且秉持同样的理念，他将

分别在1806年和1812年再次向柏林和莫斯科进军。在这一点上，他与古斯塔夫和腓特烈都不同，他们二人从未对维也纳有过任何举动。1796—1797年意大利战局的一连串短小战役让他名声大噪，这些战役没有任何决定性作用，除了一点，那就是让声威大震的他从此更加接近法国的政治权力中心。1798年，他发动了一场声势浩大、异想天开，但毫无用处，且终告失败的埃及远征。[51]

次年8月中旬，他在中东抛下他的军队，启程回国。他于10月抵达法国，此时法国上下弥漫着对督政府的不满情绪，批评其领导抵抗第二次反法同盟不力。拿破仑参与策划政变，并于11月9日推动政变成功。这使得他坐上法国“第一执政”的位置，成为名义三人执政中的实际独裁者。1800年，他入侵意大利，6月14日在马伦哥（Marengo）获胜，这成为他后来记忆中最喜欢的一场战役。虽然只是险胜，但这场战役让他在国内收获极大声望，稳住了他的执政地位。1802年，在一次被暗中操控的公民投票中，他被任命为终身第一执政，他的独裁统治得到进一步巩固。1804年12月2日，在又一次被操控的全民公决之后，他在法国的中世纪大教堂巴黎圣母院加冕称帝，自称“法兰西人的皇帝”。他有意仿效查理大帝，没有像法兰克国王那样躬身屈膝接受加冕，而是从被召见的教宗（庇护七世）手中接过皇冠，戴在了自己的头上；同时宣称自己是拿起武器的国家的化身，“以法国人民和军队的名义”戴上皇冠。[52]然后他为他冷漠的妻子约瑟芬加冕为后。

拿破仑让所有见过他的人，尤其是那些毫不保留地崇拜他的人为之疯狂。[53]这种对会战的狂热追逐、对拿破仑的君主崇拜，也在当时的各种宣传手段、在得到国家政权支持的通俗文学中，以及在标志着他的统治时代的英雄战役题材画作的复兴浪潮中找到了自己的表达方式。[54]几十年后，在列夫·托

209

尔斯泰的《战争与和平》中，我们可以发现深植其中的矛盾心理，它主要表现在众多人物对拿破仑的不同评说中，而不是托尔斯泰本人对拿破仑的夸张描述里。[55] 拿破仑的才思敏捷是出了名的。从伦敦到莫斯科，他的人格魅力笼罩着整个欧洲。和路易十四一样，他的名字是整整一个时代的烙印，唯一不同在于他只用了 20 年的时间而不是 50 年。和马基雅维利一样，他的名字从此也有了修辞意义：宏大的事物被称为“拿破仑式”（Napoleonic）的。和腓特烈一样，他对法律制定和改革的推动令人印象深刻。还是和腓特烈一样，他谈论自由与博爱，却不愿触及奴隶问题，一如腓特烈自诩开明，却在农奴问题上对容克阶层留下余地。更糟糕的是，拿破仑试图强行恢复海地的奴隶制，为此损失兵员 2 万，最后还将杜桑·卢维杜尔（Toussaint L'Ouverture）① 扔进阴暗的牢房里等死。他也干过司法谋杀的事，最恶名昭彰的一次是处死了一个无辜的人（年轻的昂基安公爵）。[56] 他是上流社会和艺术界最慷慨的赞助人，让谄媚奉承的雅克－路易斯·大卫为自己作画。[57] 他也资助修建建筑物和图书馆，在重建的城市中铺设林荫大道。然而，和腓特烈一样，他理所应当被后世记住的，而且也是事实上最被世人记住的形象，依然是一位战争的缔造者。

加冕不足数月，内心并不满足的他又蠢蠢欲动了起来。谈到战争，他永远不甘安分，以便再次检验他以整体的战略角度构思战局的才能（但他从未从战略角度考虑战争，也从未思考过任何除了获取荣耀之外的战争目的）。战争就是且将永远是他的执政原则，除非暂时的休战将其中断，但是只要他愿意或需要，他会毫不犹豫地撕毁休战协议，而不考虑这是否有损他和法国的谈判能力或维持稳定和平的能力。从 1801 年到 1812

---

① 海地革命的领导者之一，1802 年在法国被捕入狱，次年病死狱中。

年，每个大国都曾争取和平，它们或让步、或妥协，甚至选择与他结盟。[58]但他每每盛气凌人，将入侵他国当作儿戏。

意大利被攻陷、蹂躏，他被比作汉尼拔——这个长期战争的譬喻比画家大卫所认识到的要更为贴切。[59]他分裂了对他完全无害的瑞士，将其改造为“赫尔维蒂共和国”。孱弱而过时的神圣罗马帝国也被推翻，统治德意志的从此只能有一个皇帝。从瑞典、荷兰到那不勒斯和威斯特伐利亚，他的元帅们、兄弟们被相继推上这些古老的、新立的王位。德意志被占领；波兰又一次被瓜分。普鲁士也未如它怯懦的国王所愿被允许缺席这场战争；拿破仑在耶拿－奥尔施泰特（Jena-Auerstedt）击溃普鲁士人，并在1806年攻占柏林。他入侵葡萄牙和西班牙，后来在西班牙爆发了反对其占领军的游击战。奥地利则时而被欺负，时而挨打，时而又受巴结讨好。1809年，他在瓦格拉姆（Wagram）大败奥军，维也纳不得不向这个新贵低头，并于1810年将哈布斯堡家的女儿嫁给了拿破仑，取代约瑟芬成为他继承人的母亲，为他的政权和王朝合法性背书。[60]这还不够。从1813年开始，他再次与奥地利交战，直到整场战争结束。1807年，沙皇亚历山大在蒂尔西特（Tilsit）与他达成一项重大协议。1811年，拿破仑与俄国关系恶化，并于次年入侵俄国；等他从俄国撤出时，莫斯科已是一片焦土，他和他的大军团也在随后的致命撤退中伤亡惨重。从1801年起，英国曾多次设法向他示好（其不屈不挠地与拿破仑做抗争的自我吹嘘说法暂且按下不表），结果发现此人软硬不吃。

210

从任何意义上说，拿破仑都不是一个普通的政治家或统治者。他是一个统帅国王，比路易十四更有野心，比腓特烈二世更有无穷的军力。一旦意识到他永远不会妥协，独裁是他的唯一目的，列强随即达成共识，从各个方向入侵法国，要将这个扰乱他们和平的人驱逐下台。他们有过两次行动，第一次还

能以宽大示人，第二次已是义愤填膺。如果没有这样一个不计后果的军阀在大革命后执掌法国，权力平衡也许早在1815年之前就已经得到恢复，这件事情放在绝大多数法国领导人身上都会成立，就像玩世不恭但政见温和的法国外交大臣塔列朗（Charles Maurice de Talleyrand）在法国和它的对手们已经付出如此惨重的生命和财产代价之后，在1815年维也纳会议上所做的那样。但这绝对不是拿破仑——对战争充满热情的拿破仑——会做的事。他的狂妄随着战事的扩大而日益膨胀，与此同时，战争也在背离法国人自己的野心和法国国家利益的道路上越走越远。让这一切变得更加糟糕的是，付出如此惨痛的代价，追求的只是蝇头小利。当代著名外交史学家保罗·施罗德（Paul Schroeder）曾一针见血地总结道，拿破仑不仅缺乏战争制胜的战略，他甚至没有一个"最终的目标，或者说，在他的扩张主义背后，他并没有一个能够一以贯之、统领全局的帝国计划"。[61] 和在他之前的路易十四一样，这一切都是虚荣使然：为了满足个人的狂妄和意欲主宰一切的野心，为了挑战无意义的所谓荣耀的极限。

拿破仑打过太多的重要会战，多到无法在此一一回顾。[62] 马伦哥（1800年）、奥斯特利茨（1805年）、耶拿-奥尔施泰特（1806年）和瓦格拉姆（1809年）等会战的胜利，使他在欧洲的势力范围一度西起英吉利海峡的狭长海域，东达维斯瓦河。这位军阀不安地坐在和平的宝座上，统治着一个自查理大帝以来从未见过，直到1940年至1942年在阿道夫·希特勒的手下才算是昙花一现地再现过的庞大帝国。他是如何做到以及他为什么要这么做，一直是近两个世纪以来的研究课题，类似的问题还包括：在战役中常胜的他为何会输掉战争？他似乎一度找到了取得决定性胜利的那块贤者之石，然而最终他还是失去了一切。如果说是他的天才帮助他取胜，那么这样的答案

不仅没有意义，也没有说服力，因为他曾说过——故作谦卑实则炫耀——“在他人都意想不到的情形下，那些在刹那间让我灵光闪现、秘密向我揭示我接下来该做什么的，不是天赋，而是思考和准备。”[63] 有些人似乎认为，这份天赋不知怎的在博罗季诺离他而去，在1814年战局中重新出现，然后又在滑铁卢再次抛弃了他，这样的说法同样于讨论无益。把失败归咎于下属，比如格鲁希元帅（Emmanuel de Grouchy）和内伊元帅，更是无法令人信服，他们本身都是才华横溢的将军，当然也曾犯错，但他们始终是在按他的指令行事。还有人怪泥泞、寒冷、病痛和命运。导致他最后的失败的是更深层次的东西，那是他从未掌握过的深刻的战略现实。

211

1805年夏天，为了保卫他的帝国，也为了重整欧洲最古老帝国的秩序，拿破仑重返战场。他效仿查理大帝进行的加冕仪式，便是对神圣罗马帝国内部现状和整个德意志地区的直接挑战。他希望赶在普鲁士加入敌方阵营之前，迅速击败奥地利和俄国，因为此时还有另一个正在酝酿的联盟，即将集结它的全部力量向他压来。奥地利分散了自己的军力，将9万人派往意大利，以防他在那里发动攻击，这使得德意志只剩下卡尔·麦克将军（Karl von Mack）领导的7万人。俄国陆军元帅米哈伊尔·库图佐夫（Mikhail Kutuzov）率领95000名俄军前来与麦克会合，但是作为先遣部队的35000人与主力的距离拉得太远，两者相隔数日路程。不过这已经不重要了，因为他们谁都没赶上增援。拿破仑带着20万人，以军为单位兵分七路，越过莱茵河，比在他身后的敌人领先了数周的路程。麦克先是入侵了拿破仑的小盟友巴伐利亚，然后向符腾堡附近的乌尔姆移动。回过头来看，似乎是拿破仑设计把他困在那里的。但事实并非如此，反而是拿破仑差点把自己困在了那里，不过他调整得很及时，继续往乌尔姆进发。奥地利方的三个军于几天前

在与法国骑兵第一次交手后逃脱，一片混乱的奥军如今可以投入作战的就只剩下27000人。在包围了奥地利人之后，从10月16日至20日，他一连数日轰炸乌尔姆。麦克不战而降。[64]

乌尔姆是一次行动上的，而非战场上的胜利——正如我们很快就会看到的，将奥地利挤出第三次反法同盟的奥斯特利茨战役，便是一场确确实实的战场胜利。与此同时，库图佐夫将军带领的38000名俄军已经赶到，库图佐夫此前曾率军抵抗奥斯曼，是俄国的独眼英雄。缪拉的骑兵发现了俄军踪迹，随即展开追击，对掉队的步兵围追堵截，直到库图佐夫转向一边，重新集结大军。此时奥地利首都门户大开，缪拉和率领骑兵的达武将军（Louis-Nicholas Davout）没忍住诱惑，带着他们手下的两个军挥师维也纳，11月12日，他们大摇大摆地走在了维也纳的街道上。这使库图佐夫得以在奥洛穆茨（Olmütz）将他的两路军队合并为一支71000人的大军，并得到15000名奥军和沙皇亚历山大本人的增援。而拿破仑的主力部队此时不过57000人。即使兵力占优，库图佐夫对于会战与否仍然十分谨慎，这时亚历山大极不明智地将指挥权握到了自己手里——这位俄国皇帝想要一战。年轻而未经考验的他急于证明自己是那位法国皇帝的对手。 212

拿破仑一边向北移动，一边故意暴露薄弱点，引诱联军出击。在一个寒风凛冽的早晨，两军在距离维也纳约70英里的宁静的奥斯特利茨村附近相遇。那是1805年12月2日。达武匆匆领兵从维也纳回援，拿破仑的兵力于是增加到73000人。对面是由俄军和哈布斯堡军组成的86000名联军。他将大约4万人部署在南翼，将16000人部署在名字听着十分响亮的普拉钦高地（Pratzen Heights）上，另有14000人仍在一条主要支线道路上列着纵队前进。战场正面宽度7英里，地势错落，既有低矮的普拉钦高地，也有哥德巴赫溪（Goldbach

Brook），这是一条缓缓流淌的小溪，看起来更像是一个宽阔的池塘。俄国步兵在白雪覆盖的沼泽地中艰难跋涉，脚下的碎冰浸透了他们的靴子，又冷又湿。他们走得很慢，但还是顽强地穿过了冰沼，在沙皇的注视下，他们朝着法国人的方向前进。拿破仑一声令下，战斗开始了，尽管达武的军队只到了一半。虽然最后是成功的，但这仍是一着险棋，弄不好就会一败涂地。俄军的战术则毫无技巧可言。经验不足且确实没有什么军事才能的沙皇亚历山大只是单纯地让步兵一波接一波地蹚过冰沼，直直地往法军的燧发枪和大炮口上撞。越来越多的士兵被他送入这场屠杀，但是除了徒耗兵力之外，收效甚微，他的右翼也渐渐陷入不济。

就在达武成功牵制住了俄国的步兵主力后，拿破仑派出帝国元帅苏尔特（Jean-de-DieuSoult）去攻占普拉钦高地。俄国帝国卫队（Russian Imperial Guards）激烈反攻，成功击溃了苏尔特手下整整一个师，拿破仑也将自己帝国卫队中的骑兵投入战斗，由他手下最可靠的老兵们发起猛攻。他又从附近各军调来骑兵和步兵，就地增援苏尔特，并集中炮兵发动大规模的联合武器攻击。他将在关键时刻投入他的预备队。拿破仑在奥斯特利茨的作战战术是他在前往战场途中的行军战术的一个缩影。他将自己看似薄弱的右翼暴露给对手，引诱联军主动攻击，从而削弱他们驻守在普拉钦高地上的中路兵力。法军的行军纪律意味着，即使侧翼遭到联军攻击，增援部队也会在达武身后迅速展开成横队，稳住他的阵地。数以千计的俄国人在达武的燧发枪阵和发射霰弹和弹丸的炮组前挣扎并死去。然后，拿破仑指挥他后备部队中的两个整编师向联军中路发起进攻，就在这一刻之前，这两个师一直静静潜伏在冰原和沼泽上升起的晨雾中。几个小时的肉搏激战后，普拉钦上的联军投降。

213

上午 11 点 30 分，法军将俄军赶下普拉钦高地，驱至冰冻的水塘和沼泽地中，那里早已堆满战死和淹死的尸体。[65]90 分钟后，法军再次对大量蜷缩在冰面上的俄军发起轰击，结果冰面碎裂，数以百计的人葬身水底。当落水的人争先恐后地试图挣脱冰冷的水面时，拿破仑的大炮毫不留情地对他们发起纵射和猛击。汩汩涌出的鲜血将这里的水色染得如 140 年后奥马哈海滩上的潮汐池一样红。下午 4 点前后，天开始下雪，军队仍在战斗，直到仲冬仁慈的夕阳在飘雪中早早落下，战斗方告结束。黑暗给人带来了些许宽慰——对没有受伤的人而言是这样的，但对那些奄奄一息躺在普拉钦高地上的人、挣扎着试图爬下高地的人，或者正在沼泽地和哥德巴赫溪中慢慢流血而死或失温冻死的伤者来说，接下来将是一个要在孤独和煎熬中度过的漫漫长夜。剩下的俄军在混乱中溃退；军、师、炮兵连、连队和个人竭尽所能地夺路而逃。各支部队，不管完整与否，都在朝着一切可以远离法军的方向移动，黑暗中，法军难辨敌情，况且他们自己也有大批伤员，已经无力追赶逃军。1 万具俄军尸体和 15000 名俄军伤员被留在了沼泽地和普拉钦高地上。法军则有 2000 人死亡，7000 人受伤。[66]

奥斯特利茨当然是拿破仑指挥的所有战役中极具决定性的一战。在短短几周的时间里，这位刚刚称帝的法国皇帝接连击溃两支联军，连带羞辱了两位皇帝，而这两位帝君所代表的——一个是哈布斯堡，另一个是罗曼诺夫——无不是雄踞历史多年，完全可以将他这个才得势不久的新立政权比下去的伟大皇朝。一日之内联军伤亡 25000 人，不仅如此，上午联军形势还一片大好，结果不出半日便被拿破仑抓住时机反败为胜，这一巨大的心理冲击，足以让哈布斯堡皇朝在几天后退出战争。战败后，两股俄军残兵退守沙皇的波兰边境，将广大的德意志和哈布斯堡的世袭领地留给拿破仑，满足他开出的议和条件。自 1757

年洛伊滕会战以来，欧洲从未见过如此灵巧的会战策略和如此一边倒的决定性胜利。作为一名批评家，欧文·康奈利一向是不留情面的，他认为拿破仑在奥斯特利茨开战之前的军队管理和调集是失败的，以致战斗发生时还有许多军力闲置在外，没有得到利用。但对他在战场上的表现，康奈利总结说："乌尔姆是一次临阵发挥的战略胜利；奥斯特利茨则是一次临阵发挥的战术胜利。它们足以表明，拿破仑是当之无愧的军事指挥艺术大师。"[67] 这一点毋庸置疑。从技术和战术上来说，他都是大师。

214

然而，拿破仑用他的胜利在政治和外交上做了什么又是另一回事。他从奥地利手中夺取了威尼斯、伊斯特里亚、蒂罗尔和达尔马提亚，并把它们交给了他的仆从国。这些赏给小盟友的（临时）奖励，无疑会给他的大国对手的威望和财富造成持久且难以磨灭的伤害。他还得到全权处置德意志的权力，于是他推翻神圣罗马帝国，重绘古老的边界，用他的剑尖抹掉那些延续了几十年或几百年的领土主张和版图。他把俄国赶回波兰，远离他不断扩张的帝国边界，拒绝让亚历山大插手解决横亘在他们之间的"德意志问题"。谈判只能由他说了算。这一个下午用旁人的鲜血和旁人的儿子换来的战绩还算不赖。然而，在他拒绝一切商议和让步的傲慢下，这决定性的军事胜利并没有为法国换来任何可持续的和平约定。它换来的只有敌意。

他苛刻的要求和命令使他付出了沉重的代价，他复仇心切地夺走了哈布斯堡家族自 14 世纪以来取得的所有领地，因此失去了与奥地利共谋永久和平的机会。他的这一举动让这个思想保守但在外交上表现温和的大国，从此带着修正主义的目光重新审视他的帝国，以及他现已昭然若揭的单方面统治德意志甚至整个欧洲的意图。他也放弃了与俄国共谋永久和平的机

会。俄国丢了两支军队，不仅损失惨重，而且威严扫地。然而，和法国一样，俄国的战略军事储备也是罗马式的，哪怕它没有举国征兵。沙皇的土地固然伤痕累累，但它并未被击溃。英国则在一旁观望、等候，并向任何有意在未来缔结联盟以阻止拿破仑的欧洲国都提供秘密资助和激励。很快，他也亲手葬送了与普鲁士和平共处的机会，怯懦的普鲁士国王一心只盼和平（普鲁士的国王早已不是腓特烈大帝），但他显然无心实现对方的愿望。普鲁士决定站出来反抗，以阻止拿破仑继续按照法兰西帝国的利益——换句话说，他本人的意志——改造德意志。

无视拥有和遵循长期战略的必要性，是要付出沉重代价的。由于未能将军事胜利转化为持久的政治利益，他所拥有的一切，从战场得胜一刻的狂妄自得，到插手别国长期利益时的颐指气使，终将离他而去。拿破仑在战场上无人能敌，但他对如何在沙场凯旋之后继续走向会议桌上的胜利却毫无头绪。其他法国人知道该怎么做，但他从来不听。在1805年取得惊人的胜利之后，他的自负已经膨胀到了几乎听不进任何建议的地步。[68]所以，当成熟的克劳塞维茨对这样一位统帅国王极尽推崇时，难免令人感到讶异；因为显然，这位统帅国王是将政策当作了胜仗通过同样手段的延续，而且是可以通过同样手段实现的延续①，然而也正是他的这种行为，使得其他国家不得不选择了一种在战争中走向联合的政策，并最终将其击败和推翻。 215

1806年初，拿破仑派他的一位元帅和一支军队去征服弱小而无害的波旁王朝的那不勒斯王国。原因无他，就因为他做得到。然而，法国军队并没有进入西西里岛，因为英国海军包围了那个岛屿。他让缪拉登上了一个无中生有的意大利王位，

① 因克劳塞维茨认为，战争本身就是一种政治行为，“是政治通过另一种手段的继续”。

让他的弟弟约瑟夫（Jérôme）去统治一个被创造出来的威斯特伐利亚王国，在迫使荷兰成为其附属王国之后，又将另一个弟弟路易推上荷兰王国的王位——即使荷兰早在1796年就已经是法国的忠实盟友，也未改变这一事实。他在明知普鲁士一定会反对的情况下，仍于1806年8月6日正式终结了神圣罗马帝国。虽然严格地说，发动之后那场战争的是普鲁士，但拿破仑才是罪魁祸首。也只有这一次，战争是“短促而激烈”的。普鲁士军和萨克森军远远领先同为联军的俄国人，这让拿破仑带着18万法国人进入德意志，然后从它的小盟国和巴伐利亚处集结得到10万德意志军。这支强大的军队机动来到位于莱比锡西南方向上的耶拿－奥尔施泰特，与一支来自腓特烈时代的部队相遇。

10月14日，在耶拿（较小的一场）和奥尔斯泰特（更重要、更血腥的一场）分别进行的两场战役中，拿破仑和他的元帅们一举摧毁了由腓特烈一手打造的普鲁士军及其威名。普军的战力已经大不如前。或者确切地说，它的战力一如从前，但这正是它失败的原因。在耶拿的普军横队以团为单位，组成三列纵深的梯队（当时普军还未采用师、军等大型编制），准备按部就班地依照腓特烈式的斜线战术进攻；然而，还未完成部署，就遭到正在掩护重型纵队快速移动的法军散兵的线膛枪攻击。更大规模的师级部队紧随其后，排列密集的普军于是被整团击溃。达武元帅率领的军在奥尔施泰特战场表现更好，27000名法军击溃了6万名阵形散乱、领导不力的普军。缪拉展开追击，切断普军退路，陷入混乱和恐慌的大批普军步兵投降。法军乘胜向普鲁士进发，普军军团和一连串要塞守军未做进一步抵抗即举手投降。耶拿－奥尔施泰特会战是又一场伟大的胜利，它使得普鲁士退出战争。柏林被一支法国军队占领，拿破仑随后赶到，亲自提出条件，条件之苛刻一如既往。国王

在羞愧中退位，并因此引发刻薄的拿破仑对普鲁士王后的揶揄："她是普鲁士唯一的男人。"[69]事实上，愿意走上战场的普鲁士人不在少数，在索恩（Thorn）就有这样一支15000人的队伍，他们还会给拿破仑带来麻烦。还有一些人，比如年轻的克劳塞维茨，将在离开后加入沙皇的军队，在普鲁士战败投降后继续与拿破仑的较量。

216

接下来，拿破仑向着波兰推进，准备对付俄军。眼见拿破仑胜利在望，有利可图，萨克森和其他的德意志小邦及其统治者纷纷倒戈，转投他的阵营。拿破仑抵达波兰，让波兰人兴奋不已，他们以为他要从普鲁士人和俄国人手中拯救他们。他们错了。拿破仑总是以革命理想的旗手和被俘国家解放者的身份出现，但事实上他并没有这种情怀或打算。到1806年底，沙皇亚历山大决定在波兰发起对抗，这既是为了挽救普鲁士君主制，避免整个欧洲权力平衡的局面遭到彻底破坏，也是为了通过发起一次罕见的冬季作战行动，打对手一个措手不及。亚历山大希望几个月来的军队组织和其他方面的改革已经造就了一支整体更加现代化的俄国军队。可事实上，它仍旧过于依赖不识字的农奴士兵，而且指挥职务仍由太多能力可疑的贵族和外国军官把持着。不过和大多数俄国军队一样，沙皇在波兰的军队规模庞大，这是它的独特优势。另外，19世纪初的技术尚未适应这个时代军队规模的增长，因此在军队扩编之后，所有的指挥官都发现了军队在指挥和控制上存在的问题。两支兵力庞大的军队即将相遇。

拿破仑一路追着俄军而去，两军最终于埃劳（1807年2月7—8日）相遇。这是一场在4英尺厚的积雪和许多小片的冰封湖面上展开的血腥战斗，其中包括一次罕见的在俄军后卫部队与法军先头部队之间（兵力均已扩编至军的规模）连夜展开的揭幕战。战斗一直持续到入夜，凛冬的夜晚寒风呼啸，小

镇陷入火海，几成废墟，漫天飞舞的雪、木头燃烧时的噼啪火星、炮弹炸起的冲天火光，将这个黑夜照得犹如白昼。第二天，所有部队在冰天雪地中打了一场冬季会战。法军的进攻不太顺利，因为俄军没有如其所愿地坐等他们的包围。不仅如此，拿破仑还差点弄丢了他的军队和自己的人身自由，因为俄军步兵占领了他的指挥总部（就坐落在一片墓地里）。他很早就动用了他的预备队，即著名的帝国卫队。他不得不这样做，因为那天下午，7000 名充满男子气概的普鲁士人，从索恩一路穿越风雪，赶来增援兵力逐渐不支的俄军左翼。引领他们加入战场的是沙恩霍斯特将军（Gerhard von Scharnhorst）。接下来，法军的一个军向着被烟雾和冰雾遮盖的俄军炮兵发动攻击。俄军从 300 英尺（100 米）处向对方发射霰弹，而法军炮群误将前进中的纵队认作敌人，因此也对着他们倾泻炮弹。当这一天结束时，一切就都结束了，除了那些在后来死于败血和无人照料的人之外，到处都是伤痕累累、血肉模糊。真相是否被隐藏在拿破仑伪造的伤亡名单和安东万－尚·葛罗（Antoine-Jean Gros）绘制在画布上的谎言中，这并不重要。[70] 因为拿破仑守住了战场，所以他被称为得胜者。如果是这样的话，和他自己在马伦哥或奥斯特利茨所获得的清晰明了的胜利不同，这场胜利更接近马尔博罗在马尔普拉凯的胜利：埃劳一役，法军死伤 25000 人，俄、普两军死伤 15000 人。25000 占了整个大军团三分之一的人数。法军伤亡惨重，因而没能追击，而乘胜追击本是法军将屠杀变成决定性胜利的著名方法和手段。内伊勃然大怒道：“多么惨烈的一场屠杀！但却毫无战果。”[71]

217

再度开战的前 4 个多月里，两边军队都在忙着包扎、治疗伤员和军队重整，当时俄国在波兰的最后一支军队刚刚越过边境，位于埃劳以西 15 英里处的弗里德兰（1807 年 6 月 14 日）。即使是拿破仑最沙文主义的崇拜者也不能说他在那天表现出了

任何精妙的战术或天才。因为有兵力优势，所以他决定，这场弗里德兰之战，他将以武力取胜；他在后来的博罗季诺战役中将再次使用这一策略。他计划集中兵力，凭借庞大的体量和火力直接向俄军发起重击。这次他将以一种全新的方式使用他的炮兵，这是一种在后来被称为“大炮群”（grand battery）的战术和技艺。[72]这一迹象表明连法国和拿破仑本人也开始感受到了老兵折损带来的压力，因而被迫转向使用火力而不是直接的步兵攻击。这个方法在弗里德兰起了作用，因为那里的俄军部署十分糟糕，他们的阵线背靠阿勒河（River Alle）排开，所以除了入河或者迎着炮火向前，他们别无退路。在这个大开杀戒的漫长夏季里，俄军或是倒在枪林弹雨之下，或是被困在陷入火海的小镇中，同时还得接受来自附近高地的敌方火力的狂轰，或是在炮火和恐惧的迫近下跌落河中溺毙。惊恐万状的步兵、哥萨克人和马匹在浑水中纠缠，一时间河流堵塞，积尸数里，直到后来，这些烧焦的浮尸才像森林大火中淤积在水面的漂木一样慢慢散开，变成一片片焦黑的尸骸，漂往下游。是役，俄军死伤共计 3 万人，其中战死者 15000 人，这些伤亡换来的是法军的 1400 人死亡（他们的身下是干爽的土地）和 8500 人受伤。

俄国指挥官对当天的伤亡数字感到震惊，他们此刻的心情大概和 1916 年 7 月 1 日的英国军官是一样的，当时索姆河战役开战不过一日，身穿卡其军服的士兵已有 19240 人死亡，近 37646 人受伤。但是大规模的死亡并没有给 1916 年的战争带来什么，除了新一轮更大的伤亡，以及誓要在下一次或下下次战役中取得成功的决心。不过在 1807 年，这场规模相当的屠杀足以让人们暂时停下战斗的脚步，惊呆了的亚历山大要求停火谈判。6 月 25 日，他在蒂尔西特的尼曼河（Niemen）上一艘盖有顶篷的驳船上与拿破仑见面。两位皇帝似乎一见如故。 218

他们互相检阅了对方的军队，刚走下战场的老兵在他们面前列队行进，就在他们跋行数百英里，浴冰蹈火、流血牺牲之后，身心疲惫而警惕的他们一定惊叹于这两位半神为何仍能如此自若地谈论和平。于是，东西两大帝国达成约定，解决了位于圣彼得堡和巴黎之间的中欧和东欧所有小国的事务，其中也包括普鲁士。针对普鲁士的条款十分严苛，致其损失大半领土，国力大减。[73] 18世纪里那些连年的征讨、腓特烈从瓜分波兰中获得的利益，就这样在19世纪几个月的时间里付之东流了。

就像因为极度迷恋腓特烈，不惜将进军柏林、准备消灭腓特烈的俄军召回的沙皇彼得三世一样，亚历山大也被拿破仑迷得神魂颠倒，把维斯瓦河以西的整个欧洲都留给了他。他们曾考虑发动一场征服和肢解奥斯曼帝国的联合行动，但这个想法没有实现。大约45年后，法、俄，连同土耳其和英国，将在克里米亚因“近东问题”互相厮杀。那时的沙皇将是亚历山大的弟弟尼古拉，统治法国的则是另一位拿破仑，权力与帝国的游戏还会继续下去。就现在而言，在尼曼河上谈判的法皇与俄皇瓜分了波兰和普鲁士，并同意将英国的贸易和影响排除在欧洲大陆之外。于是，英国被孤立，奥地利重伤，普鲁士则一败涂地。俄国在一项强制协议的掩护下向东撤退。《蒂尔西特条约》签订之后，还在和法国战斗的只有英国，而战斗也主要是在海上或者通过经济封锁进行。从维斯瓦河到英吉利海峡、从波罗的海到意大利，这片欧洲大陆尽归拿破仑掌控。他本应满足于和平的统治。但他没有。

## 注　释

1　关于拿破仑，有一部优秀的传记作品：Philip Dwyer, *Napoleon: The Path to Power* (New Haven: Yale University Press, 2008) and *Napoleon:*

*Citizen Emperor* (New Haven: Yale University Press, 2015)。另见 Alan Schom, *Napoleon Bonaparte* (New York: Harper Collins, 1997), and Patrice Gueniffey, *Bonaparte, 1769–1802* (Cambridge: Belknap, 2015)。

2 有关法国大革命起因的研究文献可谓卷帙浩繁。例如 Thomas Kaiser and Dale Van Kley, editors, *From Deficit to Deluge: Origins of the French Revolution* (Stanford: Stanford University Press, 2011)。

3 国际史学者认为法国大革命的根源是外交错误，而不是法国国内重压和失误，参见 Paul Schroeder, *The Transformation of European Politics, 1763–1848* (Oxford: Clarendon, 1994): pp. 1–52。另见 T. W. C. Blanning, *The French Revolutionary Wars, 1787–1802* (New York: Hodder, 1996) and *Origins of the French Revolutionary Wars* (New York: Longman, 1986)。布朗宁认为是战争导致了大革命的激进，而非相反。

4 Timothy Tackett, "The Flight to Varennes and the Coming of the Terror," *Réflexions Historiques* 29/3, *Violence and the French Revolution*(Fall 2003): pp. 469–493.

5 Schroeder, *Transformation of European Politics*: pp. 53–99.

6 著名的"马拉之死"：1793 年，因其在九月屠杀中扮演的角色，马拉遭夏绿蒂·科黛（Charlotte Corday）刺杀身亡。雅克－路易·大卫的油画表现的就是马拉刚刚被刺后的场景：7QGjl9R141MCBw at Google Cultural Institute。

7 Timothy Tackett, "Rumor and Revolution: The Case of the September Massacres," *French History and Civilization* (2011): pp. 54–64; Blanning, *Revolutionary Wars*: pp. 71–82.

8 Arno Mayer, *The Furies: Violence and Terror in the French and Russian Revolutions* (Princeton: Princeton University Press, 2000): pp. 171–226.

9 Alain Gérard, "La Vendée: Répression, ou terrorisme d' État?" *La Revue administrative* 60.360 (2007): pp. 574–577; I. A. Gérard, "*Par principe d' humanité*" : *La Terreur et la Vendée* (Paris: Fayard, 1995); Mayer, *The Furies*: pp. 323–370; Hervé Coutau-Bégarie and Charles Doré, editors, *Histoire militaire des Guerres de Vendée* (Paris: Economica, 2010).

10 关于及至 1794 年的恐怖统治、军队和战争，参见 Owen Connelly, *Wars of the French Revolution and Napoleon, 1792–1815* (New York: Routledge, 2006): pp. 40–67。

11 格里博瓦尔体系的创建者是 18 世纪中期的火炮改革者陆军中将让·巴

蒂斯特·德·格里博瓦尔（Jean Baptiste Vaquette de Gribeauval），这个火炮体系使用了一个新的生产系统，实现了火炮的标准化，在保证野战火炮的威力和有效射程的前提下，大幅减轻了火炮的重量，使之具有更强的机动性。它们是那个时代最好的野战炮。René Chartrand, *Napoleon's Guns: 1792–1815*, Vol. I (Oxford: Osprey, 2003): pp. 3–14, 33–34, 44–45.

12 关于散兵战术，参见 Paddy Griffith, *The Art of War of Revolutionary France, 1789–1802* (London: Greenhill, 1998): pp. 208, 214, 220–225。关于骑兵，参见 Rory Muir, *Tactics and the Experience of Battle in the Age of Napoleon* (London: St. Edmundsbury, 1998): pp.105–139。

13 大卫·钱德勒在他的书中将拿破仑描绘成一个天才：David Chandler, *Campaigns of Napoleon: The Mind and Method of History's Greatest Soldier* (New York: Macmillan, 1995): pp. 133–204。欧文·康奈利虽然比前者更具批判性，但他仍然使用了“军事天才”和“战场天才”这样的词：Owen Connelly, *Blundering to Glory: Napoleon's Military Campaigns* (Wilmington: Scholarly Resource, 1984): pp. 1–2。杰弗里·埃利斯为我们提供了一个基于分析得出的中间立场：Geoffrey Ellis, *The Napoleonic Empire*, 2nd ed. (London: MacMillan, 2003): pp. 73–80。一向十分鄙视决定性会战或战争中的决定性时刻这类概念的拉塞尔·韦格利，却对拿破仑的战争技艺表现出钦佩之意：Russell Weigley, *Age of Battles*: pp. 354–398。还有一项虽然时间上较为久远，但信息量不小的研究，它来自詹姆斯·马歇尔－康沃尔，他是二战中英国的一名高级军官，因此有着来自战场的第一手指挥经验：James Marshall-Cornwall, *Napoleon as Military Commander* (London: Penguin, 2002)。

14 转引自 Carter Malkasian, *A History of Modern Wars of Attrition*(Westport: Praeger, 2002): p. 3。拿破仑的专注让人想起以赛亚·柏林的名篇《刺猬与狐狸》：Isaiah Berlin, *The Hedgehog and the Fox* (Princeton: Princeton University Press, 2013)。

15 例如布鲁诺·科尔森（Bruno Colson）就试图将拿破仑说过的不成体系的话和原本散乱各处的思想移植到克劳塞维茨的系统化理论上，他甚至还模仿《战争论》的结构也将全书分为八篇，实则有牵强附会之嫌，参见 idem., editor, *Napoleon on War* (Oxford: Oxford University Press, 2015)。

16 Starkey, “Philosophes,” p. 36, 43–45; R. R. Palmer, “Frederick the Great, Guibert, Bulow: From Dynastic to National War,” in Paret,

*Modern Strategy*: pp. 105–113; Linda Colley, "Whose Nation? Class and National Consciousness in Britain 1750–1830," *Past & Present* 113 (1986): pp. 97–117.

17 Lynn, *Battle*: pp. 183–188; Jordan R. Hayworth, "Evolution or Revolution on the Battlefield? The Army of the Sambre and Meuse in 1794," *War in History* 21/2 (2014): pp. 170–192.

18 此处参见一项调查研究：Marie-Cécile Thoral, *From Valmy to Waterloo: France at War, 1792–1815* (New York: Palgrave, 2011)。

19 Bien, "Reform, Reaction and Revolution," pp. 68–98.

20 关于征兵令的政治起源，参见 Scott Lytle, "Robespierre, Danton, and the levée en masse," *Journal of Modern History* 30/4 (1958): pp. 325–337; text available at http://tofindtheprinciples. blogspot.com/2010/08/23–august–1793–revolutionary-france.html and reprinted in John Lynn, *Bayonets of the Republic: Motivation and Tactics in the Army of Revolutionary France, 1791–1794* (Boulder, CO: Westview Press, 1996): p. 56。

21 征兵令的出台和丹东与罗伯斯庇尔之间在更大范围内的斗争有关，有关这一错综复杂的事件，参见 Lytle, "Levée en masse," pp. 325–337。关于征兵令在政治和军事上的作用，参见 Wolfgang Kruse, "Revolutionary France and the Meanings of Levée en Masse," in Roger Chickering and Stig Förster, editors, *War in an Age of Revolution, 1775–1815* (Cambridge: Cambridge University Press, 2010): pp. 299–312。有关征兵令在地方上的执行，一则案例研究可供参考：Annie Crépin, *Révolution et Armée Nouvelle en Seine-et-Marne, 1791–1797* (Paris: Editions du CTHS, 2008): pp. 121–135。

22 Alan Forrest, "La patrie en danger: The French Revolution and the First Levée en masse," in Daniel Moran and Arthur Waldron, editors, *The People in Arms: Military Myth and National Mobilization Since the French Revolution* (Cambridge: Cambridge University Press, 2003): pp. 18–19.

23 关于火炮的铸造、运动和炮兵战术，参见 Kevin Kiley, *Artillery of the Napoleonic Wars* (London: Greenhill, 2004), and Ken Adler, *Engineering the Revolution: Arms and Enlightenment in France, 1763–1815* (Chicago: University of Chicago Press, 2010)。

24 Günther Rothenberg, *The Art of Warfare in the Age of Napoleon*

(Bloomington: Indiana University Press, 1978): p. 99. 这种情况在1917年的俄军和俄国内战初期的红军中也很常见。西班牙内战中的共和国军队也经历过类似的部队被灌输意识形态的问题。关于在激进的平等主义氛围中保持纪律和训练的难处，参见 George Orwell, *Homage to Catalonia* (1938), especially Chapter 3。

25 Rothenberg, *Art of Warfare*: pp. 110–113; Maxime Weygand, *Histoire de l'armée française* (Paris: Flammarion, 1961): pp. 210–211; Hoffman Nickerson, *The Armed Horde*, 1793–1939 (New York: Putnam, 1940): pp. 74–75; Blanning, *French Revolutionary Wars*: pp. 71–127; Griffith, *Art of War*: pp. 80–85, 175–187, 199–206, 212–217. 法国的马克思主义史学家特别指出革命热情足以解释一切。

26 关键著作包括 Jean-Paul Bertaud, *La Révolution armée: Les soldats-citoyens et la Révolution française* (Paris: Laffont, 1979); Lynn, *Bayonets of the Republic*; 以及一部综述性作品：Connelly, *Wars of the French Revolution*。另见 Michael Hughes, *Forging Napoleon's Grande Armée: Motivation, Military Culture, and Masculinity in the French Army, 1800–1808* (New York: New York University Press, 2012): pp. 17–107。

27 Rafe Blaufarb, *The French Army, 1750–1820: Careers, Talent, Merit* (Manchester: Manchester University Press, 2003): pp. 133–193.

28 Lynn, *Bayonets of the Republic*: pp. 21–40, 163–184. 林恩的关注点是法国11个边防军当中规模最大的北方军团（*L'Armée du Nord*），但他经过深入洞察的结论是普遍适用的。

29 Alan Forrest, *Conscripts and Deserters: The Army and French Society during the Revolution and Empire* (Oxford: Oxford University Press, 1989): pp. 43–73，169–186.

30 Bertaud, *La Révolution armée*: p. 100, 191. 1793年的这道全民动员令是一道分界线，界线两边分别是支持军队职业化的保守派，与支持公民军队、支持征兵和建立共和制军队的左翼激进分子，他们在意识形态、政治和财政预算上进行了长达一个世纪的激烈斗争。双方都在援引1793年以示警告或者赞扬。这场辩论在1870—1871年普法战争和第一次世界大战之前至关重要。

31 Alan Forrest, " L'armée de l'an II: La levée en masse et la création d'un mythe républicain," *Annales Historiques de la Révolution française* 335.1 (2004): pp. 111–130; idem, "La patrie en danger" : pp. 8–32. 关

于拿破仑时期的将领和军官，参见 Muir, *Tactics*: pp. 141–192。关于革命军事文化和保守军事文化的对比，参见 John Lynn, "Toward an Army of Honor: The Moral Evolution of the French Army, 1789–1815," *French Historical Studies* 16/1 (1989): p. 164。关于奥地利和革命挑战，参见 Charles Ingrao, *The Habsburg Monarchy, 1618–1815* (Cambridge: Cambridge University Press, 2000): pp. 220–241。

32 Bertaud, *La Révolution armée*: p. 217. 更多不同的数据，参见 Lynn,*Bayonets of the Republic*: pp. 49–57。

33 Alan Forest, "The Logistics of Revolutionary War in France," in Chickering, *Age of Revolution*: pp. 177–196; Jacques Godechot, *Les institutions de la France sous la Révolution et l'Empire* (Paris: Presses Universitaires de France, 1968): pp. 361–363, 367; "Introduction," in Donald Stoker et al., editors, *Conscription in the Napoleonic Era* (Abingdon: Routledge, 2009): pp. 1–2; Frederick Schneid, editor, *Warfare in Europe, 1792–1815* (London: Ashgate, 2007): pp. xv– xvi. 英国并未承担如此庞大的陆军负担。它通过补贴雇用外国军队，在陆上通过缔结联盟与法国保持抗衡，在海上则由已经取得海上霸权的皇家海军坐镇。Christopher Hall, *British Strategy in the Napoleonic War, 1803–1815* (Manchester: Manchester University Press, 1992); Martin Robson, *A History of the Royal Navy: The Napoleonic Wars* (New York: I. B. Tauris, 2014).

34 Connelly, *Blundering to Glory*: p. 84.

35 Lynn, *Bayonets of the Republic*: pp. 43–118, 163–260, 278–286; Bertaud, *La Révolution armée*, loc. cit.

36 Howard Brown, "Politics, Professionalism, and the Fate of Army Generals after Thermidor," *French Historical Studies* 19 (1995): pp. 132–152.

37 Peter Mezhiritsky, *On the Precipice: Red Army Leadership and the Road to Stalingrad, 1931–1942* (Solihull: Helion, 2012); Geoffrey Roberta, *Stalin's General* (New York: Random House, 2012).

38 士兵们明白对这句话的理解不能过于较真，关于这一点，见 Jean Morvan,*Le Soldat imperial* (Paris: Plon-Nourrit, 1904): pp. 435–443。

39 Connelly, *Blundering to Glory*: pp. 152–153.

40 Jean-Paul Bertaud, *La Vie quotidienne des soldats de la Révolution, 1789–1799* (Paris: Hachette littérature, 1985): pp. 114–115, 290–292 以

及多处。

41 莫尔万的话转引自 Lynn, “Army of Honor,” p. 172。

42 Ibid., pp. 152–173. See also Owen Connelly, “A Critique of John Lynn’s ‘Toward an Army of Honor: The Moral Evolution of the French Army, 1789–1815,’” *French Historical Studies* 16/ 1 (1989): pp. 174–179. 反对在罗伯斯庇尔的美德概念和拿破仑的荣誉灌输之间做如此泾渭分明的割裂的是 John Elting, *Swords Around a Throne: Napoleon’s Grande Armée* (New York: Da Capo, 1997)。另见 Jean-Paul Bertaud, *Quand les enfants parlaient de gloire: L’armée au coeur de la France de Napoléon* (Paris: Aubier, 2006)。

43 关于法国的爱国主义的死亡谎言，参见 Lynn, *Bayonets of the Republic*: pp. 173–176。关于新的共和式的爱国主义及其战斗神话和后世影响，参见 Forrest, “Mythe Républicain,” pp. 111–130。

44 Connelly, *Wars of the French Revolution*: pp. 8–39.

45 关于这个问题的简明扼要的讨论可见 Paddy Griffith, *Forward into Battle: Fighting Tactics from Waterloo to the Near Future* (Novato, CA: Presidio, 1990): pp. 12–49。另见 Brent Nosworthy, *With Muskets, Cannon and Sword: Battle Tactics of Napoleon and His Enemies* (London: Hippocrene, 1995)。

46 格里菲斯（Paddy Griffith）指出，由于滑膛枪的射击准度不如人意，纵队火力不够准确，实际伤亡人数比人们通常认为的要少。*Forward into Battle*: p. 37. 关于拿破仑在第一次意大利战局中冒进的投机主义，见 Connelly, *Wars of the French Revolution*: pp. 77–96; Rothenberg, *Art of Warfare*: pp. 98–126。后期的战局情况，见 Frederick Schneid, *Napoleon’sItalian Campaigns: 1805–1815* (Westport: Praeger, 2002)。

47 转引自 Lynn, *Battle*: p. 199。

48 欧文·康奈利认为拿破仑能够从失意和战败中“迅速恢复”过来，是他的核心战争技能之一，并就此给出了最为清晰扼要的论述：Connelly, *Blundering to Glory*: pp. 23–50, 77–92。

49 Gérard Bouan, *La premiere campagne d’Italie* (Paris: Économica, 2011).

50 Martin van Creveld, “Napoleon and the Dawn of Operational Warfare,” in idem and John Olsen, editors, *The Evolution of Operational Art from Napoleon to the Present* (Oxford: Oxford University Press, 2011): pp. 9–34.

51 埃及是拿破仑的所有战局中最离奇的一次，关于这次远征，见 Connelly,

*Wars of the French Revolution*: pp. 51–62, and Chandler, *Campaigns of Napoleon*: Part IV, “Oriental Interlude”。关于意大利战局，见 Blanning, *French Revolutionary Wars*: pp. 221–225; and Connelly, pp. 107–117。

52　See *Consecration of the Emperor* at http://louvre.fr.

53　不加批判的爱国主义最初出现在“大军团”中的老兵群体身上，这种非理性信念后来被称为“沙文主义”，词源来自一个名叫尼古拉·沙文（Nicolas Chauvin）的狂热分子（此人有可能是杜撰的）。法语原文更加直白：“*idolatrie napoléonienne*”（“拿破仑式的偶像崇拜”之意）。*Oxford English Dictionary*.

54　See Joseph Clarke, “‘Valor Knows Neither Age nor Sex’: *Recueil des Actions Héroïques* and the Representation of Courage in Revolutionary France,” *War in History* 20/1 (2013): pp. 50–75, and Peter Paret, *Imagined Battles: Reflections of War in European Art* (Chapel Hill: University of North Carolina Press, 1997).

55　罗伯特·杰克逊的这篇论述提供了一个更加全面的视角：Robert L. Jackson, “Napoleon in Russian Literature,” *Yale French Studies* 26, *The Myth of Napoleon* (1960): pp. 106–118。

56　这位年轻贵族于1804年在巴登被绑架，随后在一秘密法庭上被指曾参与策划波旁政变，最后被以叛国罪判处枪决，而实际上他从未参与这次政变。这是一次司法谋杀，目的是对所有希望复辟的波旁分子杀一儆百，并以这种无情的方式恐吓全欧洲，让他们接受即将到来的拿破仑统治下的王朝和帝国。这不是他统治下的唯一一次司法谋杀，只是最臭名昭著的一次。

57　关于这些讴歌式的宣传作品，见大卫为拿破仑所做的画作：Rabb, *The Artist and the Warrior*: pp. 152–158 and http://www.ngv.vic.gov.au/napoleon。在安东万－尚·葛罗创作的《阿尔科莱桥上的波拿巴》（*Bonaparte sur le pont d'Arcole*, 1801）中，拿破仑的形象让人想起圣女贞德；在其另一幅画作《阿布基尔战役》（*Bataille d'Aboukir*, 1806）中，埃及战场上垂死的阿拉伯奴隶兵（Mamluk）正以哀求的神情望向如半神般降临的拿破仑，而与此同时他身旁的法军正在屠戮战场。

58　Paul W. Schroeder, “Napoleon's Foreign Policy: A Criminal Enterprise,” *Journal of Military History* 54/2 (1990): pp. 147–162. Also see Black, *Fate of a Great Power*: pp. 178–196; Alexander Grab, *Napoleon and*

*the Transformation of Europe* (New York: Palgrave, 2003): pp. 19–33, 197–203.

59 David, *Napoleon crossing the Alps*, available at http://www.histoire-image.org/photo/zoom/ben11_david_001f.jpg.

60 玛丽·路易莎，1810年至1814年的法国皇后，是被其父亲称为“罗马王”的拿破仑·弗朗索瓦·波拿巴（Napoléon François Bonaparte）的母亲，两人均于1814年4月永远离开了法国。她于1847年去世；他于1832年去世，时年21岁。

61 Schroeder, “Criminal Enterprise,” p. 155. Also see Frederick Kagan, *The End of the Old Order: Napoleon and Europe, 1801–1805* (New York: Da Capo, 2006).

62 在《胜利与失败的拿破仑》一文中，两位作者没有被吓退，而是以体育比赛比分的方式报告了拿破仑在55场“重大或重要会战中……赢48场，平3场，负4场”。至于损失，若将1814年他最后四次会战的损失考虑在内，那么拿破仑“从法国民众那里得到的帮助少得可怜”。然而，“他的军事天才并未因此变得黯淡”。在不少军事史学家那里，对拿破仑的个人崇拜仍然持续了相当长一段时间：Vincent Hawkins and T. N. Dupuy, “Napoleon in Victory and Defeat”, *Understanding Defeat*: pp. 93–118。

63 James Charleton, editor, *The Military Quotation Book* (New York: St. Martin’s, 2013): p. 5. 康奈利写道：“拿破仑是一个军事天才……他的其他关键优势包括他惊人的能量，把握乱局的能力，让他的手下跟随他，一次又一次出击的能力，以及接受失败的能力 ......[ 他 ] 还得益于他敌人的无能以及他自己的幸运……最后他有一流的下属。” *Blundering to Victory*: p. 1.

64 Charles Esdaile, *Napoleon’s Wars: An International History* (London: Penguin, 2007): pp. 154– 208; Frederick Schneid, *Napoleon’s Conquest of Europe: The War of the Third Coalition* (Westport: Praeger, 2005): pp. 37–62; Connelly, *Blundering to Glory*: pp. 80–82; David Gates, *The Napoleonic Wars, 1803–1815* (New York: Hodder, 1997): pp. 15–37; Chandler, *Campaigns of Napoleon*: pp. 381–442.

65 约翰·林恩对此多有溢美之词，他认为正是在奥斯特利茨的普拉钦的山坡上，“拿破仑完成了他的旷世杰作，并以此改变了欧洲对会战本身的理解”。即使撇开将战场的血腥屠杀比作“战争艺术”这样的不当类比不谈，这一结论本身也绝对是言过其实的。*Battle*: pp. 179–180.

66 Schneid, *Napoleon's Conquest of Europe*: pp. 91–144; Esdaile, *Napoleon's Wars*: pp. 209–253. 关于此战的详细叙述可见 Christopher Duffy, *Austerlitz, 1805* (Hamden: Archon, 1977)。

67 Connelly, *Wars of the French Revolution*: p. 128.

68 关于从奥斯特利茨到蒂尔西特的外交活动，参见 Schroeder, *Transformation of European Politics*: pp. 287–323。

69 关于大卫·钱德勒对战局的描述，参见 Chandler, *Campaigns of Napoleon*: pp. 443–508, and Gates, *Napoleonic Wars*: pp. 48–69。拿破仑的原话载于 Connelly, *Blundering to Glory*: p. 116。另见一位法国军官根据战后报告所做的战役再现：Scott Bowden, translator, *Napoleon's Apogee: Pascal Bressonnet's Tactical Studies 1806: Saalfeld, Jena and Auerstädt* (Madison: Military History Press, 2009)。

70 卢浮宫网站上的标题是《慈悲的帝王》: *The Compassionate Emperor*, www.louvre.fr。另见 David O'Brien, "Propaganda and the Republic of the Arts in Antoine-Jean Gros's *Napoléon Visiting the Battlefield of Eylau the Morning after the Battle*," *French Historical Studies* 26/2 *French History in the Visual Sphere* (2003): pp. 281–314。关于伤亡情况，参见 Michel Roucaud, "La mort dans les armées napoléoniennes: Du combat au traumatisme," in Hervé Drévillon et al., editors, *Guerres et armées napoléoniennes: Nouveaux regards* (Paris: Ministère de la Défense-DMPA 2013)。

71 转引自 Connelly, *Blundering to Glory*: p. 110；Citino, *German Way of War*: pp. 120–127；Gates, *Napoleonic Wars*: pp. 69–82。

72 Chandler, *Campaigns of Napoleon*: pp. 559–584; Esdaile,*Napoleon's Wars*: pp. 282–287. 关于炮兵战术，参见 Muir, *Tactics*: pp. 29–50。

73 关于从《蒂尔西特条约》的签订到 1812 年期间的外交活动，参见 Schroeder, *Transformation of European Politics*: pp. 384–442。

## 八　落败的会战

219 决定性的会战让拿破仑成为法兰西人的皇帝和整个欧洲事实上的皇帝。而损耗将使他沦为厄尔巴岛的皇帝。这个过程已经开始了。拿破仑通常会带着 10 万人奔赴战场，以军为单位兵分几路行军。1807 年的战局开始暴露出他在战争准备以及远离法国在陌生环境（道路极少、路况不佳，人烟稀少）作战时的严重不足。这两个问题将使他在 1812—1814 年败得一塌糊涂。而此时，刚刚为哈布斯堡、普鲁士和俄国军队带去重挫的他，并未意识到自己的成功必然刺激敌人在军事上厉行改革，而与此同时，法国的军事力量已经触及外部极限，他那凭借武力表达意志即可扭转事态、改变一个国家面貌的能力也已达到极限。这些迹象从 1806 年末开始显现。当时，虽然指挥不力，但俄国人还是在两场发生在同一天的小会战中［1806 年 12 月 26 日的普乌图斯克（Pultusk）和戈利明（Golymin）战役］顺利击败了法国的两个军。仅仅几周后，在埃劳，一支俄军击败拿破仑，成功阻击了大军团的进攻。法国仍有源源不断的兵员，供他填补那些子弹和大炮轰出的缺口，但是接踵而来的会战和接连倒下的士兵，已经让这支军队的质量和士气都日益衰减。[1] 一个问题是帝国卫队中的牢骚鬼们（*les grognards*）①，包括在新世纪的前五年里为拿破仑赢得赫赫战功的那些熊皮帽老兵，不是正在老去，就是已经战死。[2]

出于同样的原因，1807 年之后的法国炮兵也在悄然生变，但是为了弥补步兵方面因为老兵不断折损导致的兵力不济，拿

---

① 牢骚鬼们指拿破仑帝国卫队中的“老近卫军”，他们很早就追随拿破仑作战，忠心耿耿，极富经验，是帝国卫队中的精英。老近卫军的成员因为这层特殊的身份而获得许多特权，其中之一就是能够公开抱怨自己的不满，因此得一外号“牢骚鬼”。头戴熊皮帽是他们的着装特色之一。

破仑现在必须倚赖大炮的打击力。1812年在俄国发生的一场灾难更是让法军损失了大量的优秀骑兵，骑兵力量大为削弱，拿破仑因此急需炮兵火力的支持，在1813—1814年法军横跨德意志作战的防御性战局中就更是如此。拿破仑最后三年即1812—1815年的作战，通常是先用大炮群打破敌人的防线，然后再让步兵冲锋，而且步兵的冲击方向通常也只是敌阵的中央，因为他已经不再相信他的军队还能作出更精准的战场机动了。他会先用密集火力在敌人的战线上打出一个大洞，然后派出步兵纵队冲击，之后再派骑兵前去支援，进攻侧翼缺口，追击逃敌。直接，而且粗暴。甚至他的工兵军长后来也说，最后阶段的拿破仑太粗暴了，丝毫不顾部下的死活。[3]他这样做是因为昔日的兵力优势（包括绝对人数和老兵素养）正在永远地离他而去。曾经，他的战术标志是集中分散的行军纵队，以实现局部的兵力优势，获得攻敌不备的效果，而在1812年之后，他更多的是在面对集中优势兵力来对付他的敌人，逼得他不得不在人数居于绝对劣势的情况下投入战斗。自大军团在撤离莫斯科途中遭遇毁灭性打击后，拿破仑就未再拥有过足够的部队，或者说足够好的部队去投入一对一的会战，除非别无选择，咬牙硬上。即使他有足够的人，他落败的次数也比以前多了很多。[4]

220

形势的恶化始于1807年的战局，这次战局折损了太多大军团中的老人。在弗里德兰之后（也正因为它），拿破仑再也没有自信地指挥过人数众多的大军，因为承托大军的核心骨干正是那些曾为他赢下无数战役的老兵。不仅如此，他还在最基本的指挥层面，即对野战部队的补给上犯了错误。他似乎没有正确理解东方战场的后勤，那里地广人稀，作战环境与西欧截然不同。在东部，行军部队无法轻易做到就地取给，可供行军的本就只有不多的几条破烂不堪的道路，而且路程遥远，沿

途人烟稀少，农田贫瘠。经验表明，每当大军团粮草不济的时候，就是麻烦接踵而至的时候，具体表现为逃兵增多、整个作战单位跑去搜刮粮秣，以及普遍的军纪散漫。可选道路数量的减少，意味着各军无法像在西欧密集的道路网上那样做到快速、出其不意的机动。法国元帅们从前习惯的那套依靠快速行军，向敌人发起突袭、侧翼攻击或者将其包围的办法，如今已经行不通了。拿破仑从来没有吸取过这一关键教训，五年后他在俄国将自己在埃劳战役中犯过的全部错误又犯了一遍，就说明了这一点。他被自己的傲慢、自负和众人的谄媚奉承所腐蚀，变得臃肿肥胖，且极其易怒。公认的行军能力和战术才华使他变得越发自信，乃至过于自信，他认为自己的临场战术解决方案和危机处理能力，不论到了哪里都能迅速荡平一切，带来最终胜利。因此，他严重忽视了在远离补给和增援的长期战局和更为长期的战争中，两个更为基本的现实问题：后勤和士气。

221 从1804年开始，大军团的平均人数增至逾50万人，这个数字在主要的战局年份更是激增。其他国家也不得不参照这一征兵方式扩张军力。随着法国的全民动员模式兴起，除了各国根据自己不同社会环境所作出的调整外，除英国外的所有主要交战国都已慢慢采用了这种征兵方式。[5]在奥地利和普鲁士，极度保守的君主政体在整个法国大革命战争期间都在避免大规模的军队征募，但到了拿破仑战争时期，他们却不得不这样做。普鲁士军队在耶拿–奥尔施泰特的失败迫使柏林大刀阔斧地改革，而法国对“德意志士兵贸易”的垄断也切断了几个世纪以来所有君主国家的主要雇佣兵源。在普鲁士和奥地利之外，德意志人通过为巴伐利亚、萨克森和符腾堡等小盟国的军队服役间接为法国作战，或者作为上贡部队或雇佣兵被直接招募到法国服役的情况也越来越多。[6]1809年后，为与法国抗衡，各国军队再次扩编，战役规模和随之而来的伤亡人数也在

扩大。瓦格拉姆、博罗季诺、吕岑和包岑会战中的军队规模都在25万人以上。在1813年的莱比锡，60多万人战斗了4天。法国凭借其独有的全民动员模式获得兵力优势的时代已经过去了。

看着这么多武装起来的资产阶级和平民，国王和皇帝们都深表忧虑，但是为了阻挠拿破仑，他们还是做了他们必须做的事。尽管如此，这一教训也是在经过多年的屡战屡败之后才被认识到的；因为法国大革命的硝烟仍未散尽，对于武装自己臣民这件事，君主们的恐惧仍是巨大的。如果说全民征兵让法国以外的精英阶层都高兴不起来的话，那我们可以想象征兵制在那些被迫服役人群中的受欢迎程度。在战争的最后几年里，所有军队的逃兵数量都居高不下。逃避服兵役的现象也很普遍，而且往往是通过自残的方式。比如敲掉自己的牙齿，这样就不能给燧发枪装子弹了，因为纸质弹壳必须用牙咬开；更激进的会把自己拇指切掉，这样就无法握住步枪或射击。[7]入伍的人也可能在沉闷的军营中受病痛折磨而死，这就要求兵员必须得到不断补充；当局于是颁行新的、更为严酷的征兵办法，结果带来素质参差不齐的兵员，导致纪律散漫和逃兵现象恶化。

此外，并非所有法国的或者军事上有用的东西都可以进口。虽然征兵是必要的，但它总是深深威胁着保守君主政体的内部秩序。当时和现在一样，军队在很大程度上反映了其所在的社会，并将社会和文化特征带入营地、军营甚至战场。1800年后的其他大国无法仅仅照搬法国的征兵制度、公民士兵的作战动机，以及一支融合了贵族军事特权与下层人才的精英军官队伍。他们必须在各自社会的约束下、在贵族以及其他阶层的抵制中找到平衡。然而，到最后，战争的紧迫意味着除英国外的每个大国都在尽可能地模仿法国模式的核心要素，甚至英国自己也在战争期间养着数量多达100万的士兵和水手。[8]奥地

222

利和普鲁士都在咬紧牙关征兵，虽然它们只是在经历过战败之后，在两害相权的情势下，不得不选择武装他们的人民。普鲁士在1806年后走得最远，也输得最惨，但直到1814年它才开始全面征兵。到那时，即使是古板顽抗的哈布斯堡家族也开始同意在预备役中使用征召士兵。俄国依靠彼得一世从1700年开始建立的长期服役制度已有很长一段时间，该制度根植于其独特的专制统治和农奴制度，这是其他国家所不具备也无法复制的。[9]英国也抗拒征兵，但民兵和皇家海军除外。从1807年到1812年，英国每年都有15000到25000名军人死亡，大部分死于疾病。另有5000人因不适合服役而退伍，与此同时还有多达7000名的逃兵。[10]然而，英国国内对大规模常备军的不信任，加上它给盟国政府的补贴，意味着它想要的、需要的或者真正实行的只是有限的征兵制。通过补贴别人的军队，让他们去和拿破仑战斗，英国的伤亡人数得以保持在一个总体较低的水平上。

除普鲁士外，到拿破仑战争结束时，法国主要的改革实践都得到了广泛的采用，比如使用全兵种混编的师级、军级编制来管理扩张后的军队。尽管抗拒跟随某项具体的改革，但最大刀阔斧的军事变革还是发生在了普鲁士，毕竟一个下午的时间，它就在耶拿－奥尔施泰特毫无准备地输掉了一支军队和一场战争。1806年的失败是一场全面的、系统性的军事崩溃，这一点柏林的人都知道。原因有很多，但所有矛头最终都指向腓特烈二世建立起来的模范军，它早已落后于时代，普鲁士却仍不自知。1806年的普军仍然是一支大量依靠外国雇佣兵的职业军队，它的规模相对于这个新时代来说太小了。此外，它的作战阵形还是三列纵深的梯队阵形，所使用的燧发枪还是1754年式的，战术单位也还停留在团的层面，而不是像法军那样启用全新的师和军。它缺乏参谋人员，十分依赖腓特烈时

代留下的老将，甚至在耶拿也是如此。一众将领中，只有三人脱颖而出，而这三人都在改革中发挥了巨大作用。他们分别是格奈森瑙（August von Gneisenau）、布吕歇尔和沙恩霍斯特（将从索恩要塞赶来的半个军带到埃劳，成功拯救俄军左翼的正是沙恩霍斯特）。[11]1813年的改革是一个值得骄傲的时刻，直到第二次世界大战时德国军官仍然提起它。然而，失败才是更重要的。在一场“自上而下的革命”中，农奴和犹太人在法律上获得解放，官僚机构实现了现代化，城镇举行了第一次地方选举，普鲁士的爱国主义热情被激起，普鲁士军也进行了相应的改编重组，以拥抱日益增长的、除了王朝忠诚之外的国家忠诚。[12]

223

军官队伍向优秀人才开放，并在一定程度上向所有阶层开放，尽管在现实中军官职务和指挥权仍受容克贵族把控。1809年新的陆军部成立，允许短期服役的士兵替代长期职业军人，颁布“民兵敕令”（1813年3月17日），设立国土防卫军（*Landwehr*）——独立于主力军的本土防御部队。[13]1812年，一份新的战术手册引入了法国模式的散兵和联合武器攻击，旅取代了团。虽然还不是师和军，但至少改革是在朝着这个方向前进。在指挥层面，建立了总参谋部，以及著名的军事学院，克劳塞维茨后来就在那里任教。[14]军事学院的学生在毕业后出任参谋军官，以确保将领和作战军官对战斗教义的理解。在1813年的解放战役中，随着新的普鲁士军将拿破仑赶出德意志北部，这些改变证明了它们的价值。[15]有了大量（占总数的三分之二）俄国补充部队的助力，普军在三位普鲁士将军的指挥下，在吕岑和包岑会战中都发挥良好。莱比锡一战它也打得十分出色。之后普军于1814年进军法国，与拿破仑仓促组建的军队进行了许多军级规模的会战。1815年，它在滑铁卢击败了拿破仑的最后一支军队。尽管随着战争的绵延和伤亡人数

的增加，随着征兵队伍的每一次换补更替，法国的资源已经日渐空虚，但在之前的两年里，它仍然有着比联军更深的战略储备。但两年过后，普鲁士有了和法国一样可以玩转罗马模式、把整个军和军团借给柏林的盟友，而它自己则开始展现出斯巴达般的战斗力。

1800 年的哈布斯堡军仍然介于皇朝工具和国家军队之间，这是一个他们永远无法弥合的距离，因为哈布斯堡的众多领地无论如何也不能被称为一个民族国家，它是一个由多民族构成的聚合体和世袭网络。哈布斯堡帝国在几个世纪的时间里被组建起来，它的建立和统治依靠的与其说是武力，毋宁说是一次又一次的联姻。1792 年，哈布斯堡军兵员已达 30 万人，但它还是一支跨族裔军，而且在很多方面仍很落后。比如它依旧需要坐拥大量世袭领地的马扎尔贵族为它提供正式的骑士服务。它抗拒组建民兵，倾向于使用长期服役（长达 14 年）的职业军队。直到 1805 年在乌尔姆和奥斯特利茨发生的灾难，才迫使它在 1806 年至 1809 年进行了最低限度的改革。这次改革，将军们被解职，后勤走上专业化道路，炮兵则参照法军的编制模式，被集中放在一个以师和军为战术单位的体系中，此外他们还有意识地摆脱对冲击战术的依赖，将更多精力放在火力攻击上。然而，步兵的线式战术和 18 世纪的训练模式仍然得到保留。即使是 1805 年奥斯特利茨战役和 1809 年瓦格拉姆战役的失败，也并未让哈布斯堡家族痛下决心，武装他们潜在的不安分的人民。直到 1813—1814 年战端再起，才有了更多的变化，开始引入由散兵带领纵队进攻，以及为获取局部兵力优势而集中的行军战术。但是核心问题仍然没有得到解决，即建立一支真正的国家军队。想要将这样一个由多民族组成的庞杂帝国联结在一起，却不通过共同的语言或种族，甚至也不通过共同的法律和习俗，而只是单纯依靠哈布斯堡的世袭权力和历史

224

纽带，这是绝不可能做到的。[16]

在拿破仑战争的最后阶段，除了通过军级编制下放部分指挥权外，多数军队还伴随着从横队到法式纵队战术的转变。到1815年，面对排成重型步兵纵队的法军，只有纪律严明的英国步兵还在使用老办法。然而，即使是阿瑟·韦尔斯利（Arthur Wellesley，1809年取得贵族头衔，并于1814年击败拿破仑后获封威灵顿公爵），他在西班牙和滑铁卢时也是这么做的，唯一的不同在于他十分谨慎地将高地纳入他的防御阵地。尤其值得注意的是，他会将步兵部署在山的后坡，使其免受法军的炮击，而在那个时候，随着拿破仑的战术演变，集中的炮群轰击正是法军使用的主要战术。不同于英军，在拿破仑战争的最后几年，多数军队更青睐步兵正面进攻而不是使用火力。不仅如此，在19世纪中期之后的大多数军队中，包括在奥地利和法国，冲击战术都还是欧洲步兵战术思想中的主流。直到排成横队行进的普鲁士步兵使用一种射速极快的线膛枪——由约翰·冯·德莱赛（Johann von Dreyse）研发的著名的德莱赛针发枪（*Zündnadelgewehr*）——在1866年战局初期撕碎了哈布斯堡的整整一个军，然后又在克尼格雷茨成功摧毁了维也纳的主力部队，步兵战术才开始有所转变。

历史学家仍在为拿破仑时代的纵队与横队战术孰优孰劣而争论不休，而且立场往往是沿着国界划分的。英国历史历来喜欢“数步枪”，认为枪口最多的步兵战斗系统必然是最为优越的。这是当然，因为这就意味着红衫军稳定的排队射击战术优于法军的纵队进攻。英国在半岛战争（人们常说的1808年至1813年在西班牙对抗拿破仑军队的战争）中的胜利就是证据；滑铁卢一战更是名副其实的盖棺结辩。[17]天平的另一边，是研究拿破仑时代战术的专家帕迪·格里菲斯（Paddy Griffith），他指出“步枪比刺刀更致命，但这并不意味着它更具决定性。

毕竟最具杀伤力的步枪，是为散兵射击而设的……为的是消耗，而不是决战”。[18]英国人在火力上的自吹自擂早在威灵顿时期就开始了，1811年他在伊比利亚时说：“这些对我们战线的纵队攻击实在是可鄙得很。”[19]法国在西班牙和其他地方的失败，并不在于面对英国人的机巧和火力优势时所谓的愚蠢和对纵队战术的盲目坚持，它的问题是更深层次和更普遍的：战争后期法国士兵质素的下降。吉恩·莫尔万对法国军事教育质量的下降、糟糕的纪律以及最后几年缺乏作战热情的情况做了不留情面的批评，并将其归咎于法国士兵作战热情的颓靡。[20]我们或许可以换一种说法：这个国家已经厌倦了无休止的战争，老兵和高素质的新兵越来越少。失败与失败主义心理和20年来的艰苦战斗及不断攀升的伤亡有着莫大的关系，这并非拿破仑在博罗季诺或内伊在滑铁卢犯下的那两三个战术错误可以解释的。法国最终还是输了，输在了漫长战争的消磨中。

225

1808年抵达西班牙的新兵技能低下，几乎没有受过任何军事训练，有些人连燧发枪都没摸过。他们从一开始就士气不振，难以派上用场。法国占领军随后受到当地游击队的频繁袭扰，伤亡不断，士气持续下落。这些非正规军对驻军和补给队造成了巨大的破坏，乡村地区因此变得险象环生，法军的巡逻和护送队伍甚至不敢冒险外出。[21]然而，我们不应该对游击队的角色做过多的浪漫化解读，正如我们不应高估红衫军的勇气和步枪火力在会战中所起的决定性作用一样（且不说会战对最终结果本就不具备决定性作用）。除了呈现在弗朗西斯科·戈雅（Francisco Goya）画作中的悲情英雄形象，西班牙游击队在现实中可能不过是一群暴戾的土匪、罪犯和逃兵团伙，他们在全民战争中的角色既是寄生虫也是解放者。[22]不过还是有大批年轻法军士兵死在外出取给途中。1810—1811年，新兵

（“战争征兵”）取代了在伊比利亚地区的 10 万名法军伤亡将士。这些都是在长期消耗战中流失的兵员，而此时拿破仑并未在欧洲其他地方开战（虽然他已经在为与俄国的战争做准备）。在半岛战争的 5 年里，法军一共损失了惊人的 30 万人。当中的绝大多数人从未见过英国人的枪口。因此纵队与横队之争不足以解释法国在西班牙遇到的问题，进攻队形的区别更不是联军的主要优势所在，如果它称得上是一个优势的话。

导致法军兵败西班牙的是疾病、逃兵和萎靡不振的士气，这些问题自 1811 年起出现，随着拿破仑在 1812 年将他最好的部队调去入侵俄国、1813 年在德意志地区的屡战屡退而迅速恶化。因为经验丰富的军官被留在了西班牙，指挥职务出缺，最后只能由伤残老兵顶上，这预示着在 1814 年的混乱防御中，法国将付出巨大的战争代价。[23] 威灵顿在葡萄牙和西班牙战场上表现出的指挥能力有目共睹，但他从未正面承认过西班牙的全民武装对反法同盟（而不仅仅是英国）在半岛战争胜利中起到的真正作用。法国的失败同样也离不开葡萄牙所提供的必不可少的后勤援助，以及它的正规军：在萨拉曼卡（Salamanca）会战中，有 2 万名葡萄牙人在威灵顿的带领下投入战斗。

226

历史学家指出，威灵顿将军的成功得益于健全的后勤保障、大体谨慎的战略、他作为一名“印度兵将军”① 在印度学到的“又快又轻”的新颖战术，以及他对战争、政治和战略之间联系的敏锐感知。我们不必用沙文主义的语言、将帅的高低排位或者“天才”之说来解释他的成功，否则只会遮蔽这种真正的洞察力。[24] 在对法战争中，威灵顿为那个时候军力投入最大的英国军队贡献了自己坚实的领导能力和真正的管理技能，同时他也指挥着葡萄牙军队和部分西班牙军队。他在伊比利亚发

① “印度兵将军”（Sepoy general）是拿破仑对曾在印度服役的威灵顿的蔑称。

动了一场传统的阵地战，先用防线和要塞消耗永远咄咄逼人的敌人，然后自己再发动攻势。1810 年末，就在法国展开对葡萄牙的入侵的同时，威灵顿开始建造三道平行的托雷斯韦德拉什防线（Lines of Torres Vedras）；这三道防线，他认为没有 10 万大军是无法攻破的。然而对手仅有的 67000 人还是让他焦头烂额；他且战且退，打了一场拖延战，并在 10 月 14 日到达并守住了防线。那年冬天，法国人因战斗、疾病和饥饿损失了 2 万人。

长期被“小战争”折磨的法军于 1811 年 3 月退回西班牙，当年的战局因英葡联军未能攻下两个要塞而陷入了僵局，这两个要塞一个是罗德里戈城（Ciudad Rodrigo），另一个是巴达霍斯（Badajoz），它们守卫着进入西班牙北部的咽喉要道，历来是入侵者的必争之地。5 月在丰特斯德奥诺罗（Fuentes d'Onoro，5 月 3—5 日）和拉阿尔武埃拉（Albuera，5 月 16 日）发生了两场血战，但到 1811 年底，已经有太多的法军被抽调出来准备向俄国进军，这使得法军无法在伊比利亚地区保持防线。威灵顿用 13 天的围攻，拿下罗德里戈城（1812 年 1 月 19 日）；又用三周的围攻，拿下巴达霍斯（1812 年 4 月 6 日）。由于在攻打要塞时伤亡惨重，失去理智的英军在进城后疯狂屠杀了许多平民。在这之后，威灵顿才在萨拉曼卡（7 月 22 日）对阵一支法国野战军，有了一场大规模的定点会战。[25] 8 月 12 日，马德里陷落，但威灵顿的入侵在 9 月和 10 月围攻布尔戈斯（Burgos）要塞时失败了。他撤退到罗德里戈城，此时天气转差，英军队伍中也出现了很多不守纪律的行为。因此，拿破仑在莫斯科收到的关于威灵顿可能在 1812 年入侵法国南部的报告看来是不切实际的。为了应对 1813 年在欧洲中部的防御性战局，拿破仑撤走了不少部队，在西班牙的法军军力严重削弱，之后在

227

俄国灾难性的战局失利更是令情况雪上加霜，促使威灵顿于1813年率领联军发动新的攻势。他将仅余的最后一批疲于奔命的法军赶向东北一线，并在维多利亚（6月21日）将其击败，且双方的兵力对比在此战中已经颠倒过来：威灵顿以联军的75000人对阵法军的6万人。法军借助比利牛斯山脉撤退，这减缓了英国人的追击，威灵顿在1813年的夏末才越过边境进入法国南部。[26]与此同时，拿破仑在德意志发动了一场日益绝望的、规模更大的战局。

导致法国在半岛战争中失败的其他因素包括自巴黎而下的过分集中的军事控制，以及驻西班牙高级军官之间的嫉妒和争吵，这预示着拿破仑和法国末日的全面来临。而且很多时候，被过早从战区轮换出去的经验丰富的军官和部队，也带走了至关重要的战场和反叛乱经验。因此，当游击队员变得更有经验，更善于制造混乱，不断对法军的巡逻、驻军、补给线和仓库带去袭扰和伏击时，法国人却在日渐走向疲惫和衰弱。有时法国驻军不得不在食物即将耗尽之际出来战斗，他们太孱弱了，无法在一个充满敌意的地区进行有效的机动，更不用说他们的征发行动无论如何都会遭到当地游击队的阻挠。[27]在恶劣的后勤条件下艰难求存的，还有威灵顿的军队，对于想要就地取给的军队来说，西班牙是一个干燥、严酷和充满敌意的地方。[28]

造成这一混乱局面的原因是拿破仑在战略上对西班牙战事的忽视，他只看到了那里的“小战争”，并对此不以为意。当时的法国军队实际上是有所谓“低强度战斗”的传统的，而且最早甚至可以追溯到旺代起义之前的路易十四和路易十五时期的反胡格诺运动。不久之前，它也曾在蒂罗尔和巴伐利亚遭遇过非正规军，在巴尔干地区与那里的边防民兵作战，在海地和南美平定叛乱。[29]然而，能让“战狼”提起兴趣的只有“大战

争”。拿破仑是为会战而生的，但是西班牙只有脏污、凶残和苍蝇。它的“小战争”，它的游击战，都太小了，无法填满他的壮志雄心。保护辎重车队哪有什么荣耀可言？那里的战斗，诸如围攻要塞、突破托雷斯韦德拉什防线之类，都太过老套。他以为自己还有时间，可以回过头来再处理西班牙的问题，他以为一旦那里的问题值得他去关注，解决起来只是小菜一碟。他不明白它在更大范围内的战争中的作用，也没有意识到在这场与英、俄及其盟友普鲁士和奥地利之间的帝国厮杀中，仅仅只是处于次要地位的半岛战争在如何耗尽他的兵员和技术，侵蚀军队的士气，消磨军官的意志。他从未意识到这场发生在西班牙的战争的意义，直到在流放时，他才在愤懑中说起“那个把我害死的西班牙溃疡”，但为时已晚。不过即便如此，那也只是一种典型的自怜自艾，为了推卸责任而夸大半岛战争对他倒台的影响，这是他能找到的一个托词，因为他的确从未真正在那里打过仗。这场战争的决定性战区远离大西洋，远离西班牙，甚至远离英吉利海峡，它早在几年前就已经转移到了中东欧——大陆帝国的接壤地。但是从战略耗损而言，他的悲叹道出的也是一大事实。[30]

228

1809年，拿破仑扔下西班牙战场不顾，进军瓦格拉姆，打击奥地利人。在瓦格拉姆，危险的苗头再次闪现。在他投入这次战局的20万人中，曾经上过战场的只有一半。[31] 总体而言，确切的瓦格拉姆战役史告诉我们，中部战区的战争正在发生战略层面的变化：随着其他大国改革和整顿军队，其战斗力和恢复力都不可同日而语，大军团也就优势不再。[32] 军事优势的下滑，以及随之而来的大国政治和战略平衡的重构，这些迹象正在逐一显现。这意味着两件事：第一，拿破仑被那些熟悉其打法，并且能够对其优点撷英取长、对其弱点发动猛攻的对手击败的次数将会越来越多。第二，决定长期战争的依旧是损耗，

这在以前是如此，以后也是这样。马鞍上的“天才”以其一己之力决战沙场的日子已经远去，如果它曾经存在过的话。战争如今考验的是一国的耐力，以及它的战略深度和视野。这也是英国在击败拿破仑这件事上的主要贡献所在。它并不来自红衫军的线性火力战术，甚至也和西班牙的拖沓战争无关。它并不来自1812年以来在伊比利亚的战事胜利和围城，也不来自1815年6月在弗兰德的最后一次战局——那个时候，除了滑铁卢的最后一记绝杀，整场战争基本已经结束。而滑铁卢一战，无论在何种意义上讲，都并未影响过拿破仑战争的胜负。相比法国的事实战败，它只是用了一个更戏剧性的方式宣告战争的结束，而法国战败的实际发生时间是在1814年。

英国对最终胜利的关键贡献在于这个国家在这次长达23年的战争（其间只有1802年《亚眠和约》带来的短暂中断）中表现出的非凡耐力。[33]它向盟国提供贷款和直接的资金补助，使它们在经济发展落后的情况下仍能维持庞大的军队开支，与此同时，每次反法同盟的建立都少不了伦敦在经济外交方面的引导，这对反法大联盟的最终胜利和拿破仑的落败，都是至关重要的。它还养护着一支由500多艘战舰组成的舰队，并为超过25万名皇家海军和海外英国陆军人员提供食物、服务和补给。[34]英国海军的贡献远不止那些发生在尼罗河、哥本哈根和特拉法尔加的决定性海战。它还包括对法国所占领海岸进行的长达数年的严密封锁，并将国家和私人承包商的合作关系整合成一个前后贯穿的国家供应系统，使其能够维持世界各地人员和船只的养护和运转。这一切都有赖于一个复杂而强大的海军财政体系，这一体系的建立可以追溯到18世纪，它使皇家海军在战事不断的60年时间里迅速扩张，成为一支真正的全球力量。[35]

229

对胜利的更多贡献来自英国在工业领域的战争动员、军队

和物资的两栖运输，以及它的高超的外交能力。所有这些都需要出色的组织和行政技能。英国政府处理了几次严重的财政危机和战时通货膨胀。在这一过程中，为了满足战争需要，来自劳工和乡村的不满被政治和社会统治阶级压了下来。这一切在1802年至1815年的“为了胜利而行动”的全国性努力中达到高潮，1807年至1812年是其中的一段关键时期，当时，作为胜利者和欧陆霸主的拿破仑，其势力范围从英吉利海峡一直延伸到尼曼河。[36]英国的军事力量和意志在伊比利亚向法国施压，然后在最后几年的战局中为盟国提供大量补贴以及小型的野战军队。如果反法大联盟没有这种基本的结构性支持，打败拿破仑肯定要耗费更多的时间。我们没有必要为了追求民族自豪，夸大英军火力战术的重要性，或者夸大那场虽然勇气可嘉但实质作用有限的滑铁卢战役的决定性意义。

***

1811年，战争的基本结构正在发生变化，而拿破仑对此不以为意，他不是在计划如何保卫他已经拥有的庞大帝国，而是在为新的入侵做准备——他要入侵俄国。沙皇不顾他的意愿和他们在蒂尔西特缔结的协议，公然恢复与英国的贸易，打破了他对英国封锁政策的反制，也就是他那煞有介事但其实漏洞百出的大陆封锁体系。[37]他的帝国被英国的封锁政策搞得焦头烂额，因为为了追求胜利，每个大国都在牺牲所有其他国家的利益，而且它们的触角早已越出欧洲这个地理空间，伸向包括美洲的港口和海岸线在内的全球帝国边缘。英国皇家海军牵制着他在海上的一举一动，伦敦则是每个反法同盟背后的资助者。然而，自从1805年他在特拉法尔加失去他的护航舰队之后，他的军队就再也没能跨过英吉利海峡，这道

狭窄的水道因为皇家海军的阻挠而成为天堑。[38]由于欧洲各国对英国商品都有需求，他的反制措施并未如他所愿起到向英国收紧经济绞索的效果。因此，为了摧毁英国的意志，他决定消灭英国的最后一个潜在盟友——俄国，即先拿最近开始挑战他意志的俄国开刀，以此粉碎那个一再挑战他意志的伦敦。[39]

拿破仑被身边的顾问警告不要这样做。他学习过军事史，知道卡尔十二世曾在乌克兰大雪纷飞的广袤大地上失去过一支军队，这支军队因为远离家乡和稳定补给而最终解体，卡尔十二世不仅丢掉了他的帝国霸业，也让瑞典丢掉了它的大国地位，而所有这些都随着瑞典军队落败波尔塔瓦（Poltava，1709年7月8日）而拱手让给了彼得大帝。[40]1812年的拿破仑早已习惯了独断专行，他变得性格败坏，脾气暴躁，对所有反对意见都不屑一顾。他总能找到让旁人闭嘴的方法。他也感觉到了年龄带来的压力。他有癫痫发作史，有严重的痔疮，骑马会让他痛苦不堪，此外他还有胃溃疡和脱发的问题。他也和大多数中年男人一样，变得自信爆棚、体重超标。因为这种种原因，为了满足他的虚荣和荣耀，他再一次号召法国的子民走上战场。25万人对此欢呼叫好，当中不乏真情实感者。 230

他要求他的盟友和仆从国把它们的军队也投入进来。入侵俄国的将是整个欧洲，而不仅仅是法国。至于他自己，他不仅召回了在西班牙的精锐，还带上了他的帝国卫队。围绕在年事已高的老兵周围的是1810年和1811年的征召部队——稚气未脱的年轻男孩子们。5月，他在数百架镀金马车的欢送下离开巴黎，场面极其盛大。总之，他做的所有事情都离不开一个“大”。整个欧洲的附庸军队都在摩拳擦掌，准备在波兰与他会合，以便集中力量向俄国大举进攻。大军团缓速集结，当庞大的先头部队抵达尼曼河畔扎营时，其主力和后卫还在更远

的后方集结，整个波兰和德意志一带都绵延着他的队伍。拿破仑亲自勘察渡口，并指挥工程师在夜间搭建浮桥。然后他率领先头部队过河。那是1812年6月24日。他越过的既是尼曼河，也是他的卢比孔河[①]，他已经没有退路。在接下来的三年里，这将是一场生死之战。这不是一场国王之间甚或帝王之间的战争，而是一场国家与民族的战争。这个无所顾忌的冒险家，这个必须把自己的意志强加给所有人的人，这个没有给其他国家的利益、自尊或历史留下任何余地的人，这个在胜利时锱铢必较、报复心强，在失败时郁郁寡欢、不负责任的人，这个将在后来的流放中恼羞成怒地把所有责任都推得一干二净的人，欧洲最终会让他下台。此刻已经没有转圜的余地了。拿破仑对俄国的征讨必须取胜，否则他和法国将失去一切。

1812年仲夏，他率领64万名士兵和50万匹马进入俄国。其中有三分之一的法国人和16万名德意志人。此外还有波兰人、波罗的海人、荷兰人、意大利人和奥地利人，这些都是来自被占领地的征兵部队，以及忠诚度极低甚至根本没有忠诚可言的附庸部队。他的队伍包括逾50万名步兵、11万名骑兵、25000名平民，还有130门攻城炮和1200门野战炮——主要是6磅和12磅炮，后者至今仍被称为“拿破仑炮”。马车方面，用于运载粮草的有逾6000架，运载枪弹火药的2000架，还有数百架载满了无用的军官行李。数以千计的重型军用马车，连同从波兰和德意志诸邦征用来的简易农用车，在15万匹马的拉动下徐徐移动，这些马匹都是地方上的农用挽马，绝大部分此前从未离开过它们所在

231

① 典出前49年恺撒率军横渡卢比孔河，此举因被罗马元老院认定是叛乱和向其宣战的行为，而成为罗马内战的导火线。横渡卢比孔河从此成为一个谚语，意为作出没有退路的决定。

的乡村集市。这些可怜的生物就这样被套在大炮、弹药以及饲料和补给车上。大军团由 34 万头役畜拉动。另有 10 万匹骑兵战马也在向东行进。这次入侵和撤退行动结束后，存活下来的牲畜几乎为零。庞大的陆上无敌舰队沿着狭窄的土路行进，即使在天气不错的时候一日行程也不过 15 英里。每个师由 1 万名士兵和支援马车组成，队伍总长达 3 英里到 4 英里。这是欧洲近 1500 年来规模最大的军队，当它行走在俄国贫瘠、狭窄的土路上时，它很快就制造出了史上最大的交通拥堵。马车、士兵、马匹和大炮都被堵在了 200 英里之外。[41]

大军分三部分前进。25 万人的大部队随拿破仑行进，但拿破仑避开了炎炎烈日，因为他是坐在马车里的——免得刺痛他的痔疮。两支小部队各 75000 人则在两翼，分头并进。后面还跟着 165000 名替补兵员。这看起来势不可当。然而，从它越过尼曼河的那一刻起，情势急转直下。应征兵，尤其是外国的应征兵，开始成群结队地擅离部队，要么在外出征集粮秣时消失，要么躲在乡村或者某个荒败的村庄里，然后转身回家。甚至拿破仑的弟弟约瑟夫也丢下自己的军队，回到他在威斯特伐利亚的王座上生起闷气来。很快，整个后勤就崩溃了。补给不足，路况太糟，征来的农用车也根本不够用。而领导这支军队的这位军阀曾经说过这样一句名言：“一支军队是靠它的胃前进的。”他的战争技巧在那些地形高低起伏的地区发挥良好，但在旷野之中似乎并不奏效。他没有从 1807 年的波兰经历中得到任何教训，以致在 1812 年的俄国，他又重蹈覆辙。

在大举挺进的部队面前，俄国人撤退了，他们拒绝应战，但却在不断拉长拿破仑的补给线；拿破仑的大军不断向东，不断深入，离他们在德意志和波兰的给养基地越来越远。俄国人

往井里投毒，赶在法军之前沿途放火，把村庄、庄稼、谷仓、喂马的干草和草料烧得一干二净。这和1708年、1941年如出一辙：1708年，彼得一世在入侵的瑞典军面前烧毁一切，直接导致瑞典军在煎熬了一个严冬之后，在第二年的波尔塔瓦会战中被一击即溃；1941年的夏天，苏联红军如法炮制，赶在德军的装甲部队以及因为战线拉得过长而被远远甩在坦克后面的步兵纵队到来之前，将整个俄罗斯西部和乌克兰付之一炬。俄国人将可以迁走的农户和粮食储备迁走，迁不走的就一把火烧掉，他们后来在面对来势汹汹的德军时用的也是这一招。当法军试图走出被烧成灰烬的地域，扩大征发范围时，他们又发现广阔的侧翼经常遭遇敌人精锐轻骑的袭扰，他们的去路都被堵死了。

232

沙皇亚历山大和他的将军们拥有41万人的军队，包括少数反拿破仑的、反大革命的，或者两者兼而有之的流亡军官。他们的大量兵力此时要么耗在了驻军中，要么尚在集结，不过尽管如此，相比入侵的法军，俄国人在自己的土地上仍然有着更好的后勤保障。这不仅仅是因为占了地利的优势。俄国的战争大臣米哈伊尔·巴克莱·德托利（Mikhail Barclay de Tolly）早就在筹划一场可以坚持两年甚至更久的防御战。他的密探以及过往经验告诉他，拿破仑想要的是速战速决。他清楚防御战在西班牙对法军造成的影响，所以为了保卫俄国，他选择的是一种明确的消耗战略。他的手下将领在率军撤退、引诱法军前进的同时，动用了6个月的存粮。所以当拿破仑庞大且已体力不支的队伍缺粮少水时，有意有序撤退的俄军不仅仍能获得持续的补给供应，还能时刻观察大军团的动向。

巴克莱·德托利显然也更了解哥萨克人和农民。就在拿破仑还在天真地希望两者可以奋起反抗沙皇的时候，他们反而团

结起来了。就在拿破仑竭力寻找战机的时候，巴克莱·德托利思考的是如何引君入瓮，然后将其拖垮。1812 年的沙皇军队拥有其在 1709 年以及苏联红军在 1941 年同样的盟友，那便是时间和空间。打败法国人的不是寒冬也不是激战（毕竟天气是俄国人也不得不面对的一个问题），而是糟糕的后勤保障——当敌人拒绝正面交锋，而是选择以另一种方式应战时，这位好战的指挥官便无计可施了。法军的军官团让法国和它的友军部队陷入没有帐篷、食物、暖和的衣物，而且因为马匹开始死亡，他们也没有足够的马力去拉动所有的枪炮和马车的悲惨境地。最重要的是拿破仑那令人震惊的傲慢，他入侵一个幅员辽阔的国家，但是对于一旦军队抵达莫斯科时该怎么办，又或应该如何赢得战争，却没有一个可行的计划。他只是想赢得会战，然后期盼其他事情会迎刃而解。[42] 拿破仑集中各军军力，希望能够成功拦截并击败敌军。这是他一贯的做法。俄军拒不出战，接连后撤到广阔的空地上，烧毁一切对敌人有用的东西。这也是他们一贯的做法。

法军入侵之时正值炎夏，烈日烤灼，大军团在缪拉骑兵的带领下行进速度过快，役畜和士兵们的体力都渐渐不支，不出数日便死了 1 万匹马，而且都是活活给跑死的。最先倒下的是波兰和德意志的农场马，这些年老体弱的牲畜远离熟悉的牧场，来到千里之外，拉着超载的弹药车和数吨重的大炮长途奔波，直到再也不堪忍受重负和车夫的怒喝与鞭打，心脏衰竭而死。它们和人一样在高温中倒下。那年的天气异常炎热和干燥。还有数千匹马因为吃了还未熟或者发了霉的饲料而死于腹绞痛。因为没有干燥的干草（已被烧光），马匹吃的都是废弃村庄屋顶上的潮湿茅草和普里佩特沼泽地（Pripet Marshes）里的沼泽草，结果因为肠胃胀气，马肚子越撑越大，最后整个炸了开来。马在极度痛苦中发出撕心裂肺的嚎叫，让人听来心

233

生苦楚、斗志全无——马匹濒死的哀鸣向来有这样的效果。很快，行军道上躺满了马尸，1万多具腐肉向着蜿蜒行来的长长纵队，散播着恶臭和疾病。对预备队来说，没有比这更可怖的场景了。

饮用水匮乏，导致部队脱水严重，死亡频发。除了未被掩埋的马尸，道路两侧是数十万人留下的排泄物，路中则是数量相当的马留下的马粪。行军部队无时无刻不是置身在危险的污物和难以忍受的恶臭当中。痢疾、越来越严重的脱水，还有通过脏污制服里的虱子传播的斑疹伤寒，都在一点一点加重“士兵身上的重负”[①]。更糟糕的是遮天蔽日的尘土：60万名拖着沉重脚步的士兵和近50万匹马，所到之处播土扬尘，天幕一片灰黑，仿佛是悬在他们行军路上的一块裹尸布。然后开始下雨，每天都下。土路在雨水的浇灌下，变成一个无法通行的泥潭，这种天候在俄语中被称作“泥季”（*rasputitsa*），现在便是俄国秋天里的泥季。普里佩特沼泽开始升高、鼓胀，是这个季节水量最大的时候，泥路融成泥浆，人脚、马蹄、车轮纷纷沦陷。雨停后，泥浆干涸成了硬块，车辙变得像混凝土一样干硬，它们深深切入路面，道路彻底被毁。车轴断了，马匹还在接连倒下，士兵奉命充作劳工，用绳缆和索具搬运枪炮和马车，行军纵队现在的速度已经和蠕动无异。

步兵们就这样又热又湿、又饿又困地跋涉了数百英里。那些体力已经到达极限的人开始一样一样地扔掉他们背囊里最重的东西：面粉、火药、铅弹。但不知为何，空无一物的野战背囊依旧一日重过一日，他们被压得喘不过气来。每走一步

---

① 原文“things they carried”，出自著名战争小说家提姆·奥布莱恩（William Timothy “Tim” O’Brien）一本关于越南战争的半自传小说集《士兵的重负》（*The Things They Carried*）。

都使他们越发深入俄国的领地：300 英里、500 英里，然后是 1000 英里，他们离萨克森、威斯特伐利亚、那不勒斯、诺曼底或普罗旺斯的家越来越远。能溜掉的人都已经开溜。溜不掉的，只好忍着痛苦继续战斗。逃兵的比例达到 20%。到 9 月，因逃兵、疾病或体力不支而损失的兵员已有 10 万人。整个营队的士兵都跑去搜刮粮秣，他们杀害、强暴农民，烧毁村庄，很多人走了就再也没有回去，他们有些是因为受到没有军纪约束的自由的召唤，有些是死在了哥萨克人的刀枪之下。在这空旷而无限延伸、似乎永远没有尽头的天地之间，士气开始动摇。人的心理在这样的环境下是会被严重压抑的。然而 1941 年夏，身着原野灰军装的德军装甲部队和轻装步兵将再次开动，并在苏联的辽阔国土上面对苏军的顽强抵抗，付出惨重的代价。

234

拿破仑全程坐在他的指挥官马车里，几乎没有注意到沿途的废墟。他中途有两周时间的停留，组织了一次对维捷布斯克（Vitebsk）的无意义占领。他仍坚持每天检阅他的帝国卫队，受阅者必须身着全套礼服。他深入俄境 300 英里，大军团还未进行过一次会战，就已经因为疾病、逃兵，以及派兵增援不断拉长的侧翼、补给线和通讯线的需要，而损失了三分之一的兵力。[43] 这恰是俄国有意为之的策略，且早在战前就已征得沙皇亚历山大和巴克莱·德托利的同意。8 月 11 日，巴克莱去信正在拿破仑后方行军观察的多瑙河军（Army of the Danube）的指挥官："敌人渴望通过决定性的会战来结束这场战争，我们则相反，我们必须努力避免这种会战……我们的主要目标一定是尽可能多地争取时间［以便在内陆建立预备队］。"[44] 拿破仑正在将 50 万人推向敌人设下的圈套。现在俄国人要做的就是关门捉贼。

8 月 14 日在克拉斯尼（Krasnyi）发生了一场小规模交

战，但交战对手只有7000名俄军。第一场大战发生在8月16日至18日的斯摩棱斯克（Smolensk）城外。拿破仑的进攻再次暴露了大军团深层次的问题：面对一个坚固的防御工事，它使用的是野蛮的正面强攻，结果不但被击退，而且伤亡惨重。第二天的战斗结束后，巴克莱不顾手下渴望一战的将军们的反对，下令撤退。拿破仑此时也需作出抉择。他是应该在斯摩棱斯克停下来，占领俄国西部省份，还是去追击正在撤退的俄军？他选了后者，追了上去，并且为此穿过一片森林。这是一个错误的选择，不仅给俄国人留出了更多的时间，还让自己本就窘困不济的补给线拉得越来越长。他将一切限制抛诸脑后。他被拉到了东边，因为他想打一场大仗，而且他需要一场大仗，除此之外他并无其他任何制胜的计划。他想靠着一次战局赢得一切，而不是在斯摩棱斯克过冬，等到1813年再战。他认为即使在俄国这样辽阔的土地上，他也能用几个月的时间赢下战争，似乎在那里的行军打仗会和在莱茵兰时一样。

随着大军团逐渐深入，它的侧翼备受威胁，因为俄国的辽阔腹地正在逼得各军向两翼散开，军力被不断打散，拿破仑的元帅们陷入难以用兵的窘境。他们分散行动，既是为了应对来自神出鬼没般的俄军的威胁，也是为了消灭在他们后方留下的驻军，以绝后患。他们发现，俄国还有足以与其深度匹敌的宽度。当他们干掉一队驻军，或者在抵达时发现对方已经逃匿的时候，总有下一队、下下一队在等着他们，他们在两翼的更远处，一个法军根本无法到达或者被哥萨克人或轻骑兵拦住去路的地方。8月29日，新任俄军统帅米哈伊尔·库图佐夫的到来，让军队士气大振。至于法军，他们在污秽的行军路上每多迈出一步，他们便离家越远，士气便越发消沉。这一切不仅可以预见，而且已经被预见。

235

当入侵的大军团来到距离莫斯科不到100英里处时，拿破仑的可用兵力仅余13万人。他的补给线绵延650英里，一路退至尼曼河以西。仅仅分兵去看守马车，就已从主力部队中抽调了数万人。尽管如此，拿破仑心头还是涌起一阵喜悦，因为侦察兵说俄军正建设防御阵地，准备在莫斯科城前迎战。他终于等到了他的伟大会战。库图佐夫的厮杀地点选择在莫斯科以西78英里的博罗季诺村附近。他把最好的炮群架设在多个坚固堡垒里［包括最著名的雷夫斯基堡（Raevsky Redoubt）］，这些堡垒位于一道西向防线中央的一排小山头上。他的左翼几乎是敞开的，没有任何天然的地形优势。在那里，他不得不依靠三个箭头形状的凸角堡，凸角堡的前方是突出的角垒，后方则是开放的空地。他有24000名哥萨克骑兵，但步兵只有9万名，其中还有很多人缺乏训练，即将迎来他们人生的第一场仗。大炮必须稳住。

第一批法军于9月5日抵达，双方随即陷入一场小规模激战，各损失5000人。第二天，主力部队抵达。看到俄军那道前角突出的防线后，法国的元帅们开始面朝敌方防线部署兵力。9月7日，破晓时分，当曙光开始洒落尚未被战争打扰的田野和树林时，对即将到来的战斗，拿破仑激动不已，他对身旁仍睡眼惺忪的元帅们说："看啊，奥斯特利茨的太阳。"[45]多数俄军沿一个狭长正面排布，挤在一个突出的前角中。库图佐夫打算用这个阵地重创法军，但他自己的炮兵也要承受高伤亡率的代价，因为这些炮兵阵型集中，时常成为纵射的目标。并不是库图佐夫和其他俄军将领特别无情，这只是一种新的作战方式，而且是一种从现在开始所有人都必须采取的方式。军队的背后是整个国家，而不再仅仅是国王。简单来说就是他们知道自己的伤亡可以用后备力量补上，但拿破仑不行，这里离法国太远，他的人来不了，即使来了也为时已晚。尽管如此，这

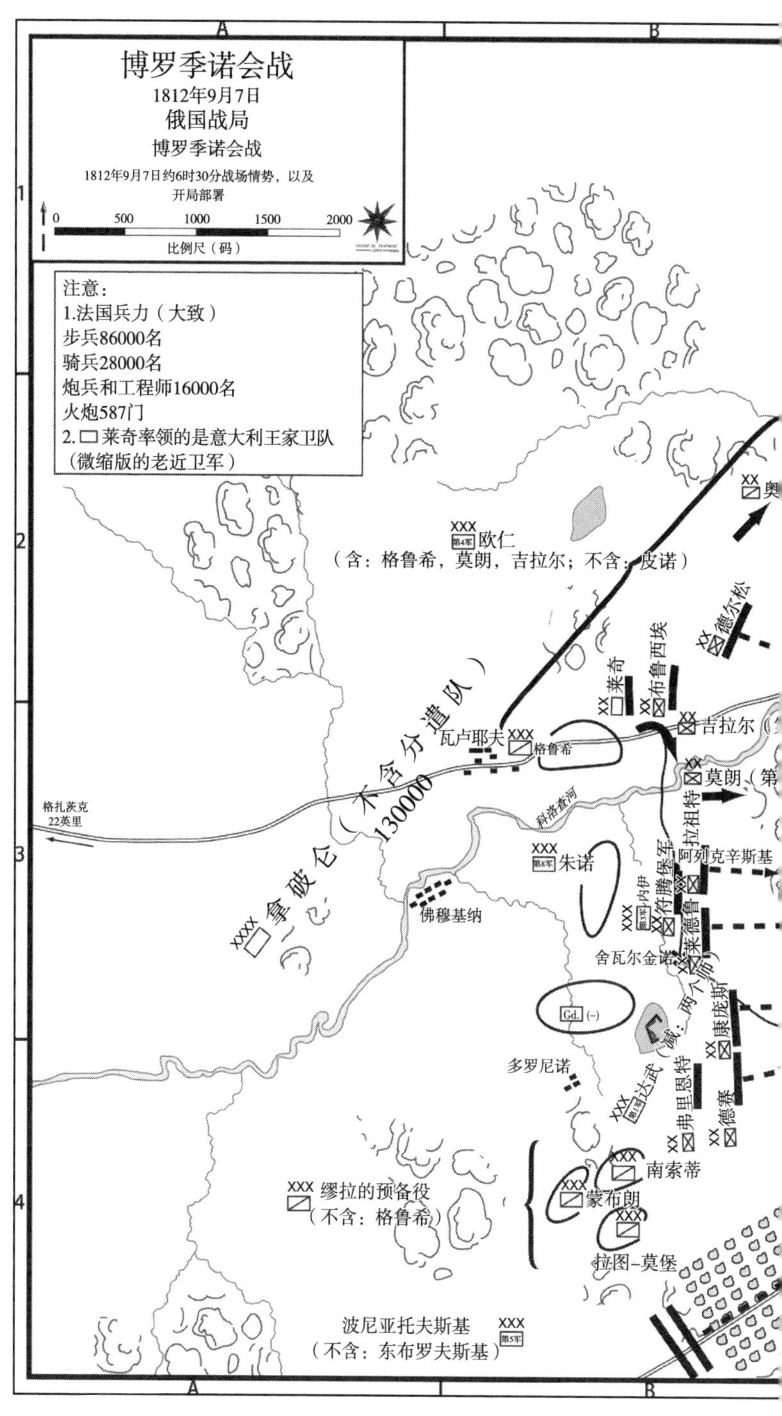


博罗季诺会战（1812 年 9 月 7 日）

美国西点军校历史系提供；George Chakvetadze 重绘

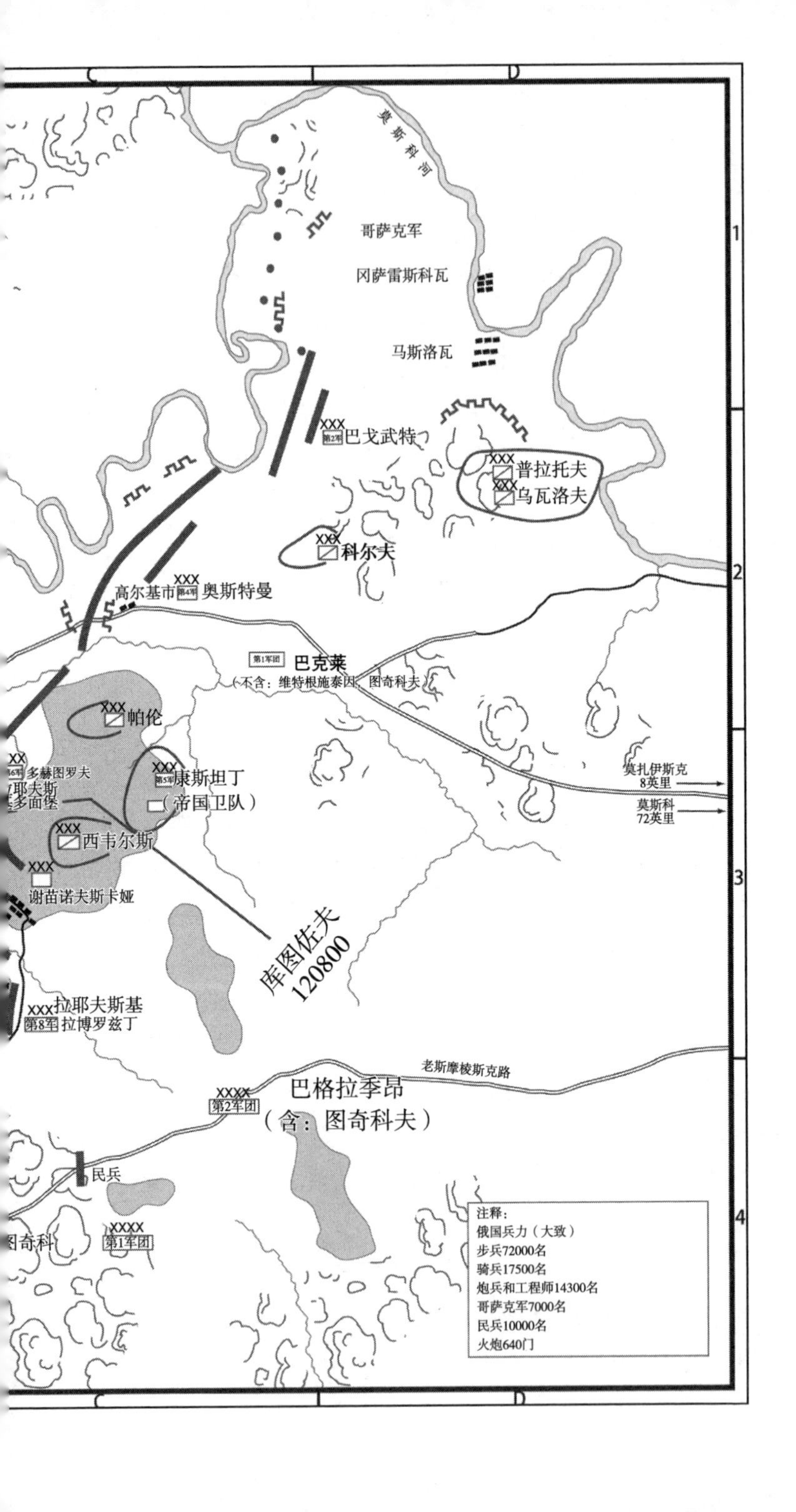

莫斯科河
哥萨克军
冈萨雷斯科瓦
马斯洛瓦
第2军 巴戈武特
普拉托夫
乌瓦洛夫
科尔夫
高尔基市
第4军 奥斯特曼
第1军团 巴克莱
（不含：维特根施泰因、图奇科夫）
帕伦
多赫图罗夫
第5军 康斯坦丁
（帝国卫队）
西韦尔斯
谢苗诺夫斯卡娅
库图佐夫
120800
莫扎伊斯克
8英里
莫斯科
72英里
拉耶夫斯基
第8军 拉博罗兹丁
老斯摩棱斯克路
第2军团 巴格拉季昂
（含：图奇科夫）
民兵
第1军团
注释：
俄国兵力（大致）
步兵72000名
骑兵17500名
炮兵和工程师14300名
哥萨克军7000名
民兵10000名
火炮640门

仍然是一个残酷的决定，目的是迫使拿破仑放弃他惯用的机动伎俩，投身于一场用火炮、步枪和士兵的生命进行的肉搏战。然而，俄军中有两路军的部署很差，他们以为的法军进攻并未发生。这两路军直到很晚才加入战斗。他们的缺席迫使库图佐夫从一开始就把他的预备队部署在突出部，给法军火炮增加了瞄准目标的密度。在射击开始之前，俄国人骄傲地展示了他们从斯摩棱斯克撤退时带走的一个著名标志。对面的法国人则有些不屑地看着。[46]

238

达武建议拿破仑带 4 万兵力绕着库图佐夫的凸角堡行军，但遭拿破仑拒绝。他希望马上战斗，而不是继续行军。他似乎不再有往日的胆识，摒弃一切机动，下令向俄军防线中心大举进攻。他将在滑铁卢再次这样做。这不是病，尽管那天他是真病了。这也不是他的战术缪斯或所谓的战争天赋在危急关头抛弃了他。促使他这样做的既是他的军队，也是他的敌人。经过 20 年的战争，大军团的老兵越来越少，许多人战死沙场，还有许多已经退役。他不相信眼前的新兵可以像他那支日渐凋零的老近卫军一样，用老办法顺利完成机动、战斗和取胜这一系列动作。当然，他所面对的敌人采取的也不再是他们以前的那一套已被证明无效的老办法。他一头扎了进来，一动不动，或者根本是动弹不得。如果光是这些穿着军装的年轻小伙子不能把俄国人轰出或移出他们的角堡，那么他的大炮必须做到。拿破仑那天在博罗季诺布置了 587 门大炮，远远超过了他在滑铁卢的山脊线上用来猛轰红衫军的大炮数量，然而，这可能还不够。

9 月 7 日早上 6 点，法军大炮向凸角堡开火。有些炮群摆放位置不佳，只好冒着猛烈的反击火力重新部署。这不是一个好的开始。铁球从两个方向飞来，砸向土地、大炮和人马。骑兵和步兵散兵向前挺进。首次交火发生在博罗季诺村，以法军占领该

村作结。随后，围绕着凸角堡发生了更为激烈的战斗，堡垒的土墙最终被不断落下的实心铁弹和高速炸裂的弹片砸塌。内伊、达武和缪拉连番向其发起进攻，试图掀翻俄军元帅巴格拉季昂（Pyotr Bagration）的阵地和侧翼，城墙几度易手。上午 8 时 30 分，拿破仑被迫投入他的一部分预备队。90 分钟后，法军对俄军右翼的猛烈攻击遭到库图佐夫固定阵地内 300 门大炮火力的阻击。法军步兵冲进浓烟中，俄军大炮弹药不足，雷夫斯基堡被攻克。不过之后又再次被俄军夺回。俄军的炮兵总指挥，连同巴格拉季昂，均死于激战。1944 年，苏联红军将用这位死在入侵军队手中的沙皇将军的名字来命名其在第二次世界大战中最伟大的一次攻势——巴格拉季昂行动，苏军的坦克、火炮和部队在这次攻势中粉碎了德国中央集团军群，整个德国军团分崩离析。一个英勇就义者的名字——这便是一次抵御入侵的英雄行动在战争中铭记和缅怀另一段抵御外敌历史的独特方式。

在博罗季诺，命丧沙场的还有法军将领。法军的步兵一如既往，不断以密集纵队形式发起进攻。骑兵也在奋力冲锋。内伊和缪拉亲自带领骑兵反复发动攻势。法国人、波兰人和德意志人的英勇挺进遭到数万挺俄国滑膛枪和双排大炮的阻击，它们发射的炮弹将前进的队伍撕得粉碎。俄国人的防线靠着枪炮、热血和冰冷的刺刀，顶住了压力。它有后弯的趋势，但始终未曾折断。拿破仑大感震撼。哥萨克人从北面策马进攻，威胁法军后方，在其左翼制造恐慌。与此同时在南面战场，即俄军的左翼，法军的大炮还在向前推进，径直对着俄军步兵开炮，这些步兵为了抵御敌人的反复骑兵冲锋，不得不始终保持方阵阵形，这直接导致 1600 名步兵在炮声中倒下。步兵方阵开始撤退，留下数以百计的残肢断臂，但依旧没有崩溃。

239

法军的几位元帅认为情况危急，愤然请求拿破仑即刻投入帝国近卫军，但遭到拿破仑的否决。库图佐夫利用这段时间挖

掘壕沟，组成第二道防线。中午时分，坚固的凸角堡被一个由400门火炮组成的大型炮群轰开豁口。拿破仑此时还在他的帐篷里，身体不适的他已经在那里度过了这一天中的大部分时间，甚至没有出来观看这一场他不远万里领着大军前来参加的会战。下午2点，法国重骑兵进攻并占领了凸角堡——让骑兵单独去与火炮对抗，这是一种罕见的战术。几乎所有俄军士兵都选择了与自己的炮共存亡。而所有留下来的人，都免不了在与敌方骑兵的激烈交锋中倒在对方的骑枪、长剑或手枪下。现在，2万名法国步兵开始向前推进，保卫凸角堡。与此同时俄国骑兵展开反攻，一场混战随之而来。拿破仑又一次犹豫了，仍然拒绝投入他的老近卫军，失去了他取得重大胜利的最后机会。

博罗季诺不接受投降。在战争和它催生的仇恨面前，贵族姿态、个人荣誉，甚或仁慈，都已不值一提。这是新时代的“殊死之战”。库图佐夫的防线鲜血淋漓，摇摇欲坠。下午4点，拿破仑走出帐篷，在旁人的搀扶下吃力地骑上他的战马。多位元帅犯颜直谏，但他还是拒绝使用帝国卫队。在离巴黎800里格①的地方失去他最为倚赖的老近卫军，接下来可能发生的事情让他感到害怕。他再次将希望转向大炮，计划在第二天用更大规模的火力轰炸来赢得战斗。库图佐夫也想再战，但当他听说帝国卫队仍未出战，而自己又已经损失惨重时，他就知道已经不能再战了。经过12个小时的近身激战，整支队伍，士兵也好，将领也罢，都已经受够了。[47]师、军作战单位四分五裂，实际上已经不剩多少战斗力。库图佐夫决定当晚将队伍撤离，来一次不动声色的有序撤退。他将死者留给营地的野狗和食腐的鸟禽，将伤员的命运寄托于法国人的

① 里格，欧洲旧时距离单位，它在不同国家、不同时代所指的具体长度不同。按照法国在1812年至1840年使用的公制里格的定义，一公制里格等于精确的4公里，800里格即3200公里。

240

仁慈。截肢手术持续了四日四夜。上万来自不同族裔的伤员一连数日躺在原地。他们无人照料，自生自灭，最后多数都因失血过多而死。法国外交官阿尔芒·德·考兰库尔（Armand de Caulaincourt）在他的战地日记中写道，一个男孩子在一个星期后才被发现，被发现时“他的半个身子正埋进一匹死马的肚子里，像野狗一样吃着它的生肉”。他的弟弟是一名骑兵将领，是16名在博罗季诺战役中阵亡的法军将领之一。

拿破仑占领了战场，赢得了这次会战的技术性胜利，但付出的代价将是他无法承受的。是役，俄军伤亡45000人，法军（包括来自波兰、德意志和其他地区的人）伤亡35000人。他损失的兵员更难补充，伤员反而成了负担。病愈后，他带着深深的沉默与忧郁走在战场上。是为他失去的士兵，还是为他被打击的野心？只有他自己知道，但我们更有理由相信是后者。撤退的俄军被打得七零八落，但始终未被击溃。9月14日，当它走过莫斯科时，整个城市的居民正在涌出。援军正从另一个方向跨越沙皇帝国向莫斯科进发。但拿破仑没有援军，除了还在赶来莫斯科路上的几千名掉队士兵。大军团踉踉跄跄地进入已成一座鬼城的莫斯科：在市长费奥多尔·罗斯托钦伯爵（Count Fyodor Rostopchin）的命令下，莫斯科市民弃城而去，随后整座城市被付之一炬，拒绝成为法国人的营房。被留下来的只有穷人、疯子、罪犯和一些外国人，还有几百名间谍和破坏分子。

9月15日，拿破仑坐着他的指挥官马车进入莫斯科，他的马车在寂静的街道上穿行，两旁是空荡荡的宅邸和洋葱形圆顶教堂。拿破仑看着这一切，陷入沉思。中午时分，他从克里姆林宫门前经过。偌大的宫殿空空如也，就像一年后英国人看到的白宫一样。他的胜利在哪里？荣耀又在哪里？他对身边的人说：“我打败了他们。我已经打败了他们。难道毫无意义？”[48] 大失所望的他在沙皇的寝宫里睡了过去。第一场大火在晚上8

拿破仑在克里姆林宫（1812 年）

图片来源：Wikimedia Creative Commons

点腾空而起。及至午夜，整座城市已陷于熊熊烈火之中，纵火者因不愿为法国人提供庇护而将其烧毁。莫斯科顿成一片焦土废墟。拿破仑被从睡梦中惊醒，看到克里姆林宫窗外火光熊熊。

他看着莫斯科城中心翻腾的火红烈焰，在浓烟中艰难地维持着呼吸。他当晚就逃离了大火和城市，留下一座燃烧的地狱，四分之三的莫斯科城——法军的营地——就此陷入火海。[49] 寒冬将至，营房、食物所剩无几，衣衫单薄、无处栖身的法军即将暴露于严寒当中受尽折磨。他的胜利换来的只是一个灰烬萦绕的废墟。

拿破仑没有计划，没有战略，有的只是狂妄自大和对交战的饥渴；而如今这场战争已经不再能为自己埋单了。它在掏空自己，也在掏空他。战争成了一具空壳，没有意义，折磨人心。他究竟为什么会来莫斯科？那里有什么是他不曾拥有的？他的胜利和荣耀在哪里？他写信给沙皇，把责任推得一干二净："我对陛下开战并非出于敌意：在上次战役前后，只要您捎一句话，我本是可以停止前进的。"[50] 这话写得可能连他自己也深信不疑。只要法国人的脚还踏在俄国的土地上一日，亚历山大是拒绝和谈的，但他没有放过用暗示和诡计耍弄拿破仑的机会。他想尽可能长时间地把大军团留在莫斯科，而新的俄军正在沿路集结，远至白俄罗斯都是他们的军队。现在巴黎传来噩讯，有人发动政变未遂。政变其实是痴人说梦，拿破仑的忠臣们不费吹灰之力就将其镇压了下来，但对拿破仑来说，这或许是一个凶兆。西班牙的局势也不容乐观，他被告知7月威灵顿在萨拉曼卡也取得了胜利。这位能征善战的法兰西皇帝远在千里之外，对方极有可能伺机而动，入侵法国。他应该离开莫斯科还是留下？冬天马上就要到了。拿破仑在前来莫斯科的路上留下了几个军的兵力保护通信和补给，但他们现在正在不断受到袭扰。如果他选择留下，后退的大门随时可能在他身后关闭。

241

242

数百人被法国行刑队就地枪决，其中既包括俄国方面的破坏者、被指控的纵火犯，也包括劫掠的法国士兵。法军部队内部此时军心涣散、纪律松弛，士兵公然违抗长官命令，整日酗酒。他们在俄国人留下的宅邸地板上生火，焚烧书籍和家具来

取暖和烹煮马肉。他们掠夺一切，然后把掠得的财物堆在一起，就像征服者走进特诺奇提特兰的藏宝室一样，在废墟中肆意发泄自己对金银财宝的可怕欲望。拿破仑下令枪决更多的劫掠者，可是为时已晚。军队已经失去控制，变成了一个烂醉、目无纪律的暴徒。而就在法国士兵胡作非为时，四支全新的俄国军团正在向前开进，切断法军通路，将他们恨之入骨的入侵者团团围了起来。法军守着这座已被烧成焦土的鬼城，顿时士气全无。博罗季诺一役后，拿破仑只剩 102000 人的兵力、500 门炮和 15000 名伤员，军队没有足够的马车运送伤员和物资，役马也所剩无几，即便有也只是些瘦骨嶙峋、四腿打战的饿马。但他还是下了一道致命的命令。怎么都好，总之不能在这座已经化作废墟和烟尘、湮灭雄心壮志的异国空城里过冬。他在离开时下令炸毁克里姆林宫，仿佛这场战争是他和沙皇之间的战争，而不是两个全民武装、充满仇恨的国家之间的战争。对他身边或欧洲正在发生的事情，拿破仑是越来越不了解了。

10 月 18 日，俄国人在塔鲁蒂诺（Tarutino）的一个森林里伏击了内伊的部队，造成 3000 人伤亡，缴获数量众多的大炮和鹰旗。入侵者大惊失色。他们此时正在慌乱中准备撤出莫斯科，而几支俄国军团已经摆好阵势等着他们。俄军准备切断敌人退路，他们要将拿破仑已然受伤的野心彻底踏碎，在大军团的残余部队抵达边境前将其赶尽杀绝。苟延残喘的大军团在第二天开始向西撤退，这是他们进入莫斯科后的第 35 天。它已经没有战斗力了。和那些蹑手蹑脚走下堤道，试图趁着夜色溜出特诺奇提特兰的西班牙军贼一样，法国人的马车上也满载着他们的贪婪和掠夺品：银器、毛皮、地毯、画作，甚至是大理石雕像和从豪华宅邸的天花板上扯下来的吊灯。一列笨重的马车队伍沿着原路艰难向西行进，途经的还是他们在夏天走过的同一片焦土。10 月 24 日，在小雅罗斯拉韦茨

(Maloyaroslavets)，大约32000名俄军与24000名意大利军发生血战，双方各有7000人伤亡。大军团撤出莫斯科的第9天，粮食已经吃了大半，但回过身去，依然可见那些耸立着的、被烧焦的尖顶和洋葱形圆顶。衣衫褴褛、疲于奔命的纵队还在不断受到哥萨克轻骑兵和骠骑兵的致命袭扰。



再往南的地方有食物，但往南的路已被15000名顿河哥萨克人和另一支俄国军团堵死。军事会议决定原路返回博罗季诺，从那里退往斯摩棱斯克，最后前往边境。这支灾难部队排成纵队前后足有50英里长。5天后，它的先头部队通过博罗季诺战场，那里仍有数万具未被掩埋的尸体，有些已经被食腐的鸟类和狼啃食了一半。大军团在向莫斯科挺进时留下的重伤士兵还在没有暖气的棚屋和一座拥挤的修道院里。拿破仑命令把他们抬到他的马车上去，但后来还是被车夫们甩了出去。从那里到边境，撤退队伍将蜿蜒穿过焦土和战争留下的废墟。每天都有骨瘦如柴的马匹死去，它们要么死于殴打和饥饿，要么被射杀、吃掉，撤退速度因此愈加缓慢。那些掉队和逃亡的士兵每晚都会受到哥萨克人或游击队的袭击，一部分人因此被杀，其余的也都被吓破了胆，有一次对方差点儿就抓到了拿破仑——在被他的帝国卫队救出之前，拿破仑已经把自己的剑拔了出来。在夜里走失或迷路的普通士兵会撞上当地的农民或游击队员，这些农民和游击队员犯下的个人暴行数以百计。他们将许多掉队的年轻士兵谋杀后肢解，或者肢解后谋杀，而他们的后代在1941年的12月末也对逃亡的德国士兵做过同样的事。一半的骑兵已经下马步行。11月6日，天降大雪。

一切都在坍塌。军令被抛诸脑后。纪律荡然无存。战利品被扔进雪堆里，就像西班牙征服者为了跑下最后几码的堤道，把他们的黄金都扔进了湖里一样，法国人也丢下了他们的大炮和弹药箱。马匹常常被偷，偷马的人多是逃兵，有时

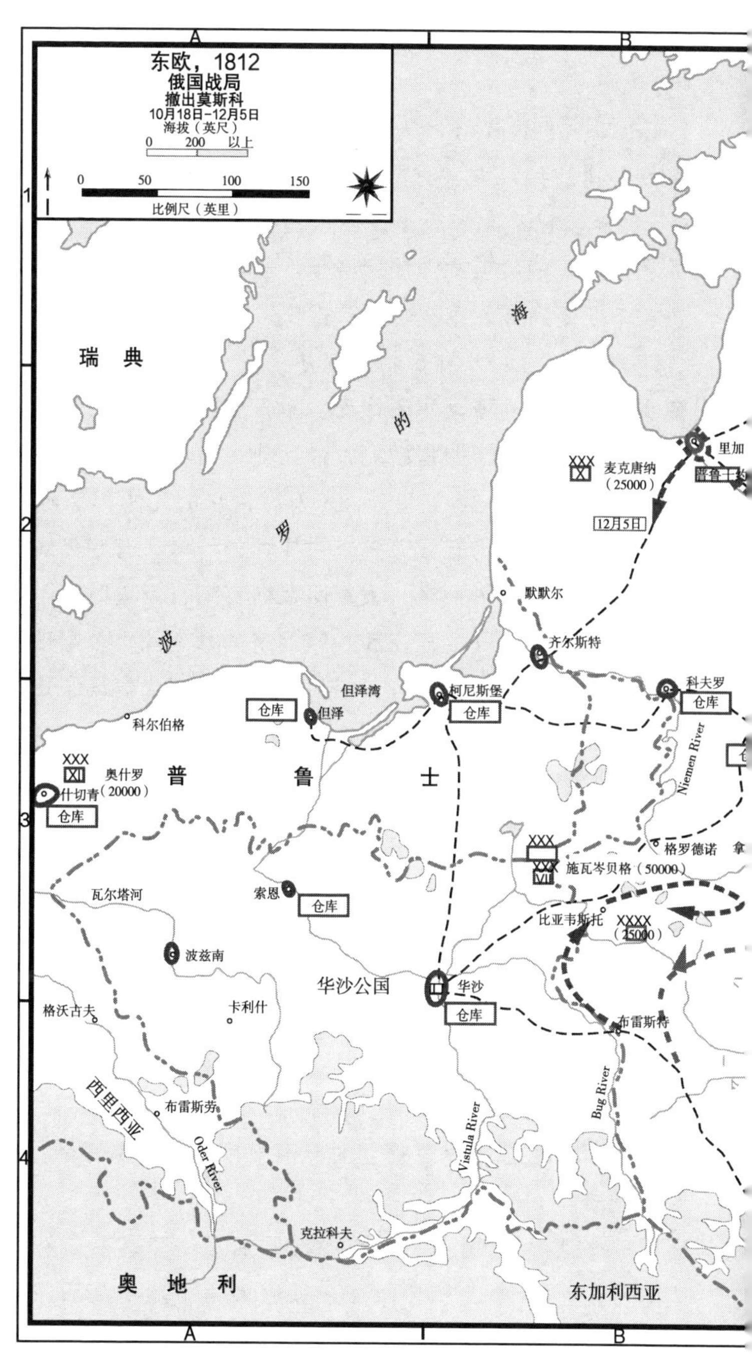


从莫斯科撤退，1812 年 10 月 18 日至 12 月 5 日

美国西点军校历史系提供

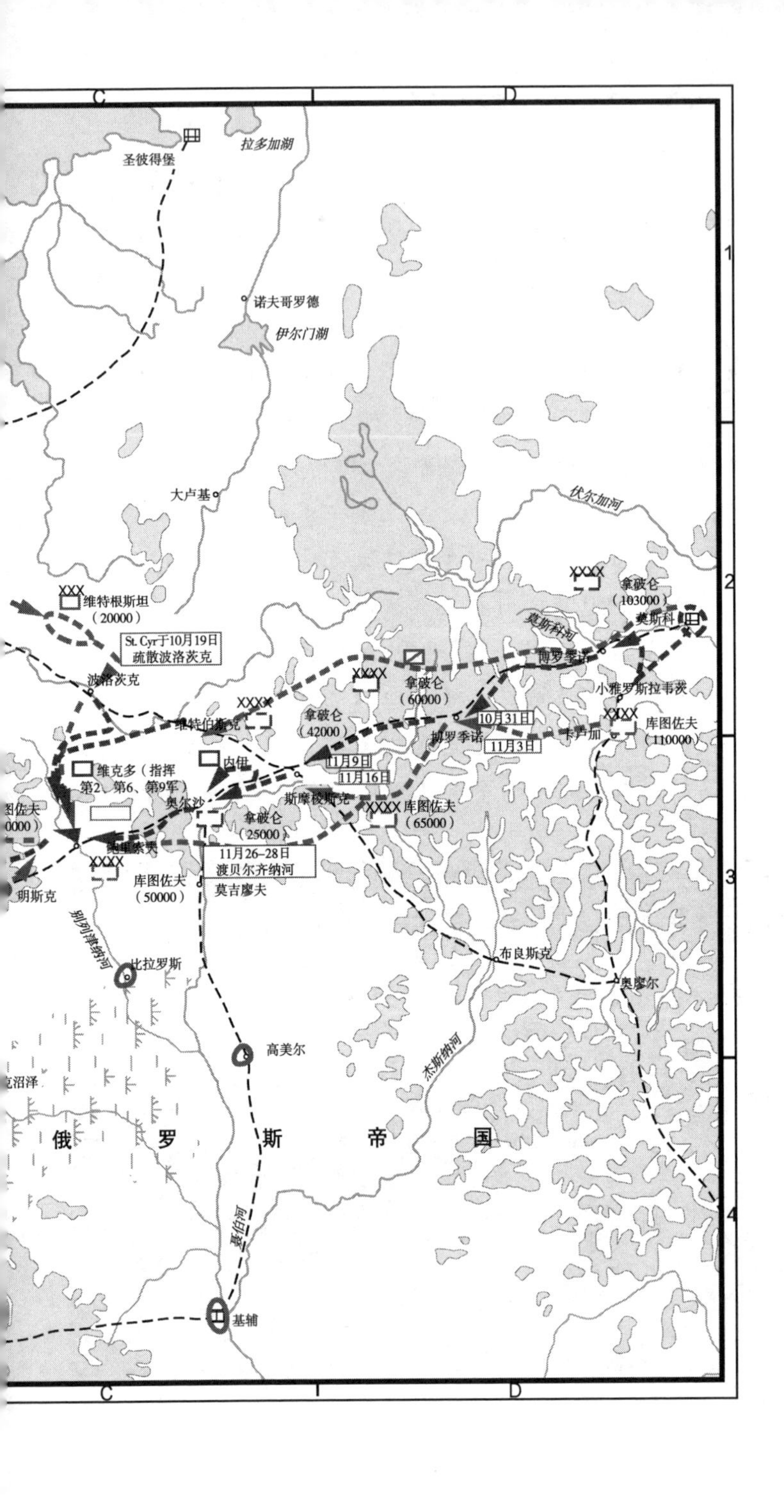

圣彼得堡
拉多加湖
诺夫哥罗德
伊尔门湖
大卢基
伏尔加河
拿破仑
（103000）
莫斯科河
莫斯科
维特根斯坦
（20000）
St. Cyr于10月19日
疏散波洛茨克
波洛茨克
博罗季诺
拿破仑
（60000）
小雅罗斯拉韦茨
拿破仑
（42000）
维特伯斯克
10月31日
卡卢加
库图佐夫
（110000）
11月3日
11月9日
11月16日
维克多（指挥
第2、第6、第9军）
内伊
奥尔沙
斯摩棱斯克
库图佐夫
（65000）
拿破仑
（25000）
11月26–28日
渡贝尔齐纳河
库图佐夫
（50000）
莫吉廖夫
明斯克
别列津纳河
比拉罗斯
布良斯克
奥廖尔
高美尔
杰斯纳河
俄 罗 斯 帝 国
第聂伯河
基辅

也有为了逃命的军官。那些稍微健康一点儿的人把伤员扔出无马马车，还偷走他们所有的衣服，任由他们被冻死或者被游击队杀死。气温骤降至零下35华氏度。很多人在睡觉时被冻死，无人照管，也无人关心。断了气的人，他们身上的衣服和靴子都被还没断气的人扒光了。其中200名士兵的遗体经暴雪覆盖，被遗忘在冻土之下，直到2002年才再被发现，被发现时遗体还像胎儿一样蜷缩着，保持着它们在1812年刚死时的姿势。法医鉴定显示，他们的平均年龄为21岁。在今天立陶宛维尔纽斯郊区的一个集体墓穴中，人们又发现了数千具成排堆列的遗骸。荷兰人、法国人还有许多其他国家人的遗骸仍穿着蓝布衣服，戴着浅顶的筒状军帽，别着锡铜纽扣，上面的编号完整可见，显示他们来自40多个不同的团。其中一具尸体还戴着一只带三色帽徽的头盔。大多数人都是饿死的。他们被以完整的军事荣誉礼仪重新安葬，2011年又

246

夜间宿营，从莫斯科撤退（1812年）

图片来源：Wikimedia Creative Commons

举行了一次庄严的国际纪念仪式。[51] 如果说其余的 3 万具尸体会在他们离开莫斯科后的短短两周内，堆满他们的撤退之路的话，这并不准确，因为还有不少人是被狼群或快饿死的人吃掉的。等活下来的人都抵达斯摩棱斯克时，队伍中已经没有真正的骑兵了。冬季补给对俄国人来说也是一大难题，这使得拿破仑免于被俄军包围或俘虏。那时他手下的很多人已经忍无可忍了。步兵的意志随着最后一点儿食物的耗尽而消散，许多军官逃之夭夭，他们宁愿向追击他们的俄国人投降也不愿继续前进。11 月 9 日，老近卫军的成员第一次拒绝执行命令。他们发了疯似的在一天里吃光了储存在斯摩棱斯克的一周的食物。所以当其余部队抵达时，这座城市已然成了一座掏空的废墟，除了被屠杀的俄国人，里面什么也没有。

拿破仑往巴黎派去一名信使，命令重新征召 30 万名士兵。他打算组建一支新的军队在德意志作战。他丢下他那支不再那么大的大军团，裹着羊皮大衣，乘着三驾马车，越过冰封的尼曼河，向着巴黎狂奔。6 月，跟着拿破仑威风八面地渡过该河的共计 64 万人，而如今渡河回去的就只剩不到 5 万人了。内伊率部 15000 人负责断后，到 11 月 18 日时也只余 800 人。11 月 26 日至 29 日，为了通过别列津纳河（Berezina）上最后一座浮桥，法军残部不得不奋力在炮火中杀出一条血路。超过 25000 人在这场渡桥之战中丧生，一并丢失的还有大批物资和枪炮。[52] 俄军并未停止追杀，在接下来的三个星期里，逃出来的人中又有超过半数的人被毙、被俘。俄国人在这场激烈的追击战中，以 48000 人的损失，换来约 10 万名的法军及其盟军俘虏。然而，沙皇和他的将军们对此并不满意。他们希望困住整个法军，擒住拿破仑，可惜他早已走了。余下的人也就此没了踪迹，不是被抛弃，就是失踪了，或者死了。次年春天，拿破仑留下的 40 万具尸首被俄国人掩埋或烧毁。仅法国方面，

247

就有 50 万匹马死亡，其中包括 10 万匹骑兵坐骑，它们无可替代的价值将在 1813—1814 年的最后几次战役中显现出来。

拿破仑已经迫不及待地要将俄国战局的失败归咎于除他自己以外的所有人。对征俄计划的破灭，他始终关心的是他的声誉，而不是他留下的 50 万名法军和盟军士兵的死。他告诉波兰大使："从伟大到可笑只有一步之遥。" 普鲁士于 1813 年 3 月 17 日与俄国结盟。英国向所有同意组建另一个反法联盟的国家提供补贴。一些跟随拿破仑的元帅如今对他在战争中的表现大失所望，开始设法保全自己，以防他像他们现在怀疑的那样输掉战争。缪拉回到那不勒斯，身上依然坠着羽饰和金辫。朱诺元帅疯了。就在列强集结各自军队向拿破仑宣战时，让－巴蒂斯特·贝尔纳多特（Jean-Baptiste Bernadotte），这位曾经的法国元帅，在成为瑞典国王养子、即位为卡尔十四世后，把他的收养国也带入了反拿破仑的战争中。萨克森的德累斯顿落入一支俄军之手，巴伐利亚要求脱离与法国的联盟。就连拿破仑自 1810 年以来的岳父，哈布斯堡皇帝弗朗茨一世（Francis I），也加入了这个最后也是最大的一次反法联盟。联盟各方达成共识，不单独媾和，共同追击拿破仑，直到他接受谈判条件或者联军占领巴黎为止。[53]

到 1813 年 8 月，与拿破仑开战的是整个欧洲。俄国、普鲁士、西班牙、奥地利、荷兰，联军正从四面八方向他袭来。法国打仗已经打了整整一代人，到 1813 年的时候，它的可用兵力已经所剩无几，余下的都是老人、小孩，还有驻守在德意志的一些二、三流驻军。西班牙和俄国给法军带来的损失是灾难性的，这迫使拿破仑不断降低入伍年龄，把本不合格的新兵征入队伍。然而，他最后只得到 20 万名替补，根本不足以弥补他在东边和比利牛斯山那边折损的兵力。他往里填入大军团的残部，还有二流的守备部队和 5 万名德意志人充数。他往日的附庸部队正在消失，不是已经倒戈，就是还在观望战局，伺

248

机倒戈。从这个时候开始，只要是在法国以外的战场作战，他的兵力总是不及对手一半。他的将军们对他在俄国的糟糕举止和比之更加糟糕的指挥能力感到失望。因为缺乏训练有素的战马，他的骑兵几乎无马可骑。他的步兵多是新手。炮群的炮也在减少。所以当然，他得赶回德意志去，去与一个庞大的联盟开战。他不能停下脚步。

就像每次失败后一样，拿破仑将他的全部希望都倾注在下一场会战上。即使是现在，他还抱有速战速决的幻想，认为下一次的胜利将是决定性的，足以弥补他过去所犯的所有政治错误，解决和修复他曾经破坏的一切。他与联军在吕岑相遇（5月2日）并险胜。随后两军又于包岑展开鏖战，双方损失惨烈。他希望继续进攻，但逃兵率飙升。这算是士气低落时士兵们的惯常举动，除此之外还有不少人自残，比如切断扣扳机的手指，朝自己的手、脚或者臀部开枪等。另一些人则在战斗中假装受伤，好在敌人发起攻击时倒在地上一动不动，不仅不还击，还要找准机会投降。这是一种深刻的厌战情绪，伴随着一种在联军的压倒性优势下新近流行起来的现实主义。[54] 法国知道战败即将来临。但拿破仑并不同意这种日趋盛行的观点。

双方在7月20日达成停战（但非和平）协议。两边都在重整旗鼓，以备再战。停战期结束后，他的岳父，也就是他儿子的外祖父，率领30万人的军队加入反法联盟，与之对抗。俄国持续向西输送军队。普鲁士军也加入了战斗，而它已经不再是他在耶拿－奥尔施泰特时面对的那个被动挨打的弱者了。经过改革的普军此时意气风发，朝着德意志的战场挺进。他在瑞典的前元帅带来95000人，并在一场激战中击败了内伊。缪拉私下与反法联盟接触，以期通过背叛拿破仑，带着那不勒斯加入敌营以自保。与此同时，威灵顿带着一支刚刚在西班牙取得胜利的老兵队伍走出比利牛斯山脉。也就是说，到1813年

秋天，共有60万人的反法联军包围了拿破仑军。联军开出慷慨的议和条件，但遭拿破仑拒绝。他认为再来一场会战，再来一次战局，就可以改变一切。

但事实并非如此。联军达成一致，调出三个军团，兵分三路，以压倒性力量包围并夹击拿破仑军［称“特拉亨贝格计划”（Trachenberg Plan）］。他们别无他法，因为他仍是无可匹敌的战狼，他们害怕他充满理性的战技。在德累斯顿的泥潭（8月26—27日），拿破仑成功孤立出三路围军中的一路并将其击溃，不过他自己也损失了10000人。最后，联军集中兵力，像猎狗一样将他赶向莱比锡，在那里他们将杀死这只最聪明的狐狸。对于来自新的普鲁士军事学院和总参谋部的军官们来说，莱比锡之战将成为他们在接下来140年里所发动的所有战争的典范，这是他们第一次策划并取得成功的“围歼战”（*Kesselschlacht*，字面意思是“坩埚之战”）——兵分多路合围敌军并将其全歼。[55]

249

来自法国的军队与来自俄国、普鲁士、奥地利和瑞典的军队，共计60余万人在莱比锡苦战，正因如此，莱比锡战役也被称为“诸民族之战”。从1813年10月16日到19日，它前后持续了4天。拿破仑仍然相信决定性会战，他仍然认为在新的战争方式下，这就是决出胜负的不二法门。在决战前夕，有人听到他在喃喃自语：“一场胜仗和一场败仗之间是一道鸿沟，而帝国就矗立在那里。”他有195000名士兵和700门大炮。他的敌人有41万人和1500门炮。联军凭借兵力和技术优势展开围攻，拿破仑被迫四面防御。内线毫无优势可言；四周只剩屠杀。战斗进行到一半，眼看败局已定，他开始谋求和谈。和谈要求被一口回绝。布吕歇尔身先士卒，率领普鲁士军从北部进攻。其余联军也从各个方向围攻法军。拿破仑撤出莱比锡，追击的联军蜂拥而至，粉碎了他的后卫部队。有人在恐慌中过早地炸

毁了桥梁，导致法军还剩四个军被阻隔在河对岸。对被困在莱比锡的法军，联军采取的办法是以其人之道治之：就像拿破仑在弗里德兰对背水一战的俄军所做的那样，他们也毫不留情地把法军赶到河里，于是数千人落水，活活溺死。是役，算上投降的3万人，拿破仑共损失68000人，联军损失54000人。[56]

拿破仑退到法国。此前征召的20万名新军中，如今随他一起越过莱茵河的只余8万名。他再次得到对方开出的慷慨条件：留在法国，像一名普通君主一样统治它，便可获得和平；若是带着军队出来，你将被击垮、推翻，你的皇朝必会倾覆。再一次，他不愿自己的野心受到分毫拘禁或限制。12月1日，反法联盟再次承诺不会单独媾和，而是共同出击。拿破仑要求法国再为他征募一支军队。这是一支原始得不能更原始的部队，入伍年龄一降再降，士兵都是些乳臭未干的孩子，装备不足，几乎完全没有受过行军训练。这些孩子兵被称为“玛丽·路易莎”，因为拿破仑不在，这些人的征兵通知是法兰西皇后、哈布斯堡皇朝的女儿玛丽·路易莎签署的。他们与青年自卫军（这是一些资产阶级志愿兵），以及一个在绝望中被召回但极其欠缺武装和作战能力的民兵组织——国民自卫军，组成了一个大杂烩。他们缺少炮兵，缺少弹药、工兵、燧发枪和军装。他们什么都缺，尤其是满腹牢骚的老兵。法国已经被掏空。当拿破仑开始提前征召1815—1820年的适龄青年，命令十四五岁的男孩子拿起武器时，已经没有多少年轻人可以响应动员，没有多少年轻人能被绝望的母亲允许离家了。[57]在拿破仑的字典里，没有羞耻二字。

250

但他的战技仍然精湛。我们仍能在他的最后几次战局中看到快速机动和军级规模的会战，包括几次小范围内的胜利。法兰西帝国和罗马帝国一样，建立了密集的道路网络来运输它的军团和战争物资。已经进入法国境内的联军此时采取了一种并

不高明的办法：他们兵分几路，分散作战。这让对法国道路了如指掌的拿破仑，得以利用它们从中心位置发起了一场小规模战斗，切断并突袭了几支联军部队。在1814年1月的分散作战中，他四次击败布吕歇尔领导的普鲁士军。此后不久，他又相继取得两次边境会战的胜利。联军第三次向他开出和谈条件。他第三次予以拒绝。因为对西班牙不屑一顾，他没有从西班牙打击侵略者的方式中学到任何经验，他拒绝仿效西班牙的游击战，也拒绝使用俄国游击队员曾经对他的军队使用过的方法。他回避再来一次“全民动员”的建议，即以最初的共和主义号召民众奋起反抗，保卫法国免受入侵。可以拯救法国的只有他，只有他才能通过卓越的意志和才能把握战机、赢得战役。这场战争不可能靠不入流的“小战争”打赢。他允许少数民众组建游击队，但条件是他们必须由值得信赖的正规军军官领导。[58] 然后他又回到了渴求会战的状态。

他相信，只要他的军队不因逃兵而随春雪一起融化，他就会赢。他再次遇到布吕歇尔的普鲁士军。这一次，他在拉昂（Laon）被对手击败（3月9—10日）。他转身在奥布河畔阿尔西（Arcis-sur-Aube）击败2万名奥地利人（3月20日）。他对战斗的渴望再次升腾。但联军对他已经兴趣寥寥，正在争论取代他的人会是谁。他们在法国北部有五个军团，而他只有一个军团和几个相互分散的军。他分身乏术。联军两路大军绕过他的一小撮部队，直取巴黎。他带着六个助手在前面策马飞奔，3月31日，就在距离巴黎不到10英里的地方，消息传来，巴黎已经投降了。巴黎不是法国，他才是法国，他曾这么向参议院宣称。他在枫丹白露集结了6万人的军队，扬言要夺回首都。塔列朗受够了，转身离开。4月4日，终于，内伊和其他的法兰西元帅也对他说了“不”字。他们说，他们不会再和他一起或者在他手下行军了。毕竟他不是法国。[59] 两天后，联军逼他退位，将其流放至厄尔巴

251

岛当“厄尔巴岛的皇帝”，这个小岛就位于他的故乡科西嘉岛和一度成就了他的帝国与野心的法国之间。然后，列强在维也纳坐了下来，寻求一份只要拿破仑在场一日，或者说只要他还在这个大陆一日，就无法达成的和平。

他最后一次回来找他们的麻烦，是在百日王朝期间，这尽管不是最重要的一次，但却是他最著名的一次战局，直接导致他 1815 年 6 月 18 日在滑铁卢全面溃败。滑铁卢一役过后，政治家们都清醒地认识到了一点：若要实现和平，拿破仑就必须被驱逐出欧洲，而不仅仅是法国。他们将他送到南大西洋多风的圣赫勒拿岛度过余生。英国人同意保护他直到他去世。[60] 拿破仑的帝国战争让法国死了 86 万人，确切的数字可能更接近 92 万。按人口比例计，这大致相当于法国在第一次世界大战中的损失，尽管它持续的时间要更长。这些数字还意味着 1790 年至 1795 年出生的男性有着高达 38% 的死亡率——他们就是最后三年的战争里那些从战场上消失了的老兵。欧洲整体损失了 500 万人，与第一次世界大战相当，甚至更糟。[61] 是这种大规模的伤亡以及随之而来的社会、经济、政治和文化生活的破败最终决定了拿破仑战争，而不是会战本身，会战在很大程度上只是战略消耗的加速器，而战略消耗才是决定结果的根源所在。法国最终在 1814 年放弃了战斗，因为它已经精疲力竭，无力再战了。

战争的结果也是在那一年决定的，而不是在第二年的滑铁卢。维克多·雨果说滑铁卢“不是一场会战。它是宇宙方向的一次改变”。事实并非如此。一个更恰当的说法是，它“光荣，但无关紧要”。[62] 即使拿破仑赢了滑铁卢一战，也于战争终局无碍，唯一的不同是为了将其彻底击垮，为了大多数人的福祉，需要付出更多的伤亡代价。对拿破仑，威灵顿有一句名言：“他的出现，可匹敌 4 万人的兵力。”[63] 如果这是真的，那

比路易十五可就差远了，因为萨克斯在丰特努瓦曾说："他的存在给我们增加了5万人。"关于拿破仑的这些说法是否属实，其实并不重要。联军在1815年拥有的兵力比这多得多，无论那一天在比利时发生了什么，无论结果是输是赢，联军用他们庞大的军队击垮拿破仑的意志是坚定的。超过50万人的各国大军正在逼近法国边界，而在他们的身后更多的联军还在陆续涌来。这场大战的败局已定，士气跌落谷底，法国已经不再愿意将年轻人交到拿破仑的手里，而更愿将他们交给联军、交给和平。再来一场、两场甚至更多的非决定性会战也不会改变这种战略考量。最终喊出"各自逃命吧！快逃！"的不仅仅是在滑铁卢面对死亡和布吕歇尔的老近卫军，还有整个法国。

252

***

拿破仑在1809年前创造了无数辉煌时刻，它们是如此的夺目，以致少有人注意到他最后的失败和他在战略规划上的长期不足。但这并不能改变他在战略层面上的溃败事实，他在战术和作战层面的优势有多引人注目，他在战略上就输得有多彻底。因为相信自己的指挥能力高于一切，他的唯一政策就是发动战争，短暂的休战也是权宜之计，不用多久就会被他打破，他并不关心这是否有损法国的外交声誉、有损于王朝和帝国利益有益的长期稳定和平。拿破仑因此失去了一切，他失去了从乌尔姆、奥斯特利茨和耶拿－奥尔施泰特等战场上取得的早期胜利，也失去了他的帝国、他的皇朝。胜利似乎能让你成为军事史上的天才，失去一切也并不总会剥夺此前加诸你身上的赞誉和头衔，这或许不无道理。战争太过重要，天才是不够的。它也太过复杂，任何人都不可能像拿破仑和他的崇拜者所认为的那样真正控制它；它也包含偶然的因素，运气，无论好坏，

在每一次会战的结果和每场战争的喧嚣与狂怒中，它都与将领的指挥技巧和士兵的勇气一起，发挥着巨大的作用。

在历史记忆的迷雾中，在约米尼和克劳塞维茨以及上百位对其推崇备至的历史学家的影响下，在接下来的一个多世纪的时间里，拿破仑和他的决战思想成为军事思想中的主导。然而，即使在他那个时代，这样的胜利也是罕见的和异常的。在这个被认为是“会战时代”的年代里，在这位有史以来最为伟大的战将的戎马生涯的最后，恰恰是合作与消耗为他的对手赢得了胜利。他对机动和包围作战的敏锐的战术运用，无疑表现出了他在作战指挥上的高深造诣，这是其他指挥官无法比拟的。然而，他的胜利在更大程度上依赖的是大规模征兵、先进的官僚组织、高昂的部队士气和军事职业化给法国军队带来的优势，而且事实证明这些优势只是暂时的，所有这些都是他从革命军那里继承下来的，还有一部分来自军队自身在旧制度末期的发展。只是这一切在那些声称拿破仑改变一切的仰慕者们眼中，都是不值一提的。

拿破仑堪称18世纪战术与会战的集大成者，代表了战马-火枪时代的最高成就。但他本身并不是主要的创新者。相反，他是掌握了早期的变革与创新的大师，有时也是它们的完善者；这些变革与创新显示出联合武器攻击在战马-火枪战役中的优势。即使是他独有的军级编制系统——它提高了军队的机动速度，扩大了粮秣搜集范围，模糊了真实的行军方向，使其常能在战斗打响前出人意料地集中兵力、获得局部的兵力优势——在腓特烈二世的战略中也能找到先例。[64]然而，拿破仑无疑有其独特的才能，他能预见军队的复杂动向，读懂更为保守的敌人的意图，然后带着更多的兵力和枪支率先抵达战场——至少在敌人拥有比他更多的兵力和枪支，以致抵达目的地的先后顺序已经不再重要之

253

前是如此。现在，在他自己的有生之年，这一刻已经成为过去。在他最后几场主要战役中，交战两军无论是外表还是作战方式都如出一辙，敌人对他的战术了如指掌。他们正在用自己的军队碾压他的军队，如今以寡敌众的他所能做的就是硬冲硬打。

即使最保守的政权和军队也都跟上了他的战术，并击败了他。同样，“全民动员”和“小战争”也动员了除法国人民以外的各国人民，并打败了法国。在博罗季诺和莱比锡之后的50年里，战争动员制造出规模庞大的军队，它让拿破仑的大多数方法都不再管用，尽管他的声望仍在继续发挥作用。他的快速移动和会战战术适合人数在10万人或10万人以下的军队，而且在最后几年的战局里，它们的效果已不如从前。1812年的战局证明，一支50万人或50万人以上的军队不可能做到真正的出敌不意，或者始终保持灵活的机动，拿破仑也只是在率领规模比之小得多的军队时才有可能做到。他在俄国的失败也表明，如此庞大的军队——而且只会越来越庞大——是无法依靠就地征发粮秣存活的。而1813年的德意志战局表明，当对阵双方都是数十万人的大军时，所有的灵活机动到头来都不过是你冲我撞的混战，是大炮和火枪的拼杀，而在这样一种野蛮的战斗形式中，上帝总会站在人多的那一边。技术也在发生改变。拿破仑是马力时代最伟大的将领，但更重要的是，他也将是最后一个。铁马才是战争的未来。英国当时已经在用蒸汽机驱动工业发展，驱动货物在其世界帝国内的流通。不出50年，各地的主要军队都将通过铁路投入战场，跟在他们身后的则是一道横跨国家和大陆的补给线。

## 注 释

1 Dorothée Malfoy-Noël, “Le baptême du feu: Faire ses premières armes

dans les armées napoléoniennes," and Vladimir Brnadić, "Gagner les cœurs et les esprits: Officiers et soldats illyriens de l' armée napoléonienne, 1809–1814," both in Natalie Petiteau, Jean-Marc Olivier and Sylvie Caucanas, editors, *Les Européens dans les guerres napoléoniennes* (Toulouse: Privat, 2012).

2　关于拿破仑军队中生命与死亡的经典作品有：Marcel Baldet, *La Vie quotidienne dans les armées de Napoleon* (Paris: Hachette, 1964), and Maurice Choury, *Les Grognards et Napoleon* (Paris: Librairie académique Perrin, 1968)。舒里（Choury）认为大多数穿军装的农民都是心甘情愿拥抱帝国，并为帝国的价值观而战的。

3　Bruno Colson, *Le Général Rogniat, ingénieur et critique de Napoléon* (Paris: Economica, 2006): passim.

4　Nosworthy, *Battle Tactics*: pp. 174–181. Strachan, *European Armies*: pp. 51–52: Creveld, *Technology and War*: pp. 94–96. 反对这一命题的是：McConachy, "Napoleonic Artillery Tactics," pp. 617–640. "拿破仑曾主张以尽可能低的生命代价赢得战斗：'我所关心的是怎样以尽可能少的流血取胜。我的士兵是我的孩子'……他在埃劳战役后的这份信件 [ 显示出 ] 他是如何突然意识到了……战争的代价。"转引自第 638–639 页。如果说埃劳是第一场让拿破仑在目睹了它的战后场景后能够产生触动的战役，那就太奇怪了。一个更有可能的情况是他只是表面故作感伤，其实主要担心的还是损失战斗力的问题。

5　"Introduction," in Donald Stoker et al., editors, *Conscription in the Napoleonic Era* (Abingdon: Routledge, 2009): pp. 1–4; André Corvisier, editor, *Histoire militaire de la France* (Paris: Presses Universitaires de France, 1992): pp. 238–244; Aurélien Lignereux, "Les Européens face à la conscription napoléonienne (1800–1814)," in Petiteau et al., *Les Européens dans les guerres napoléoniennes*: pp. 173–188.

6　Wilson, *German Armies*: pp. 298–330; Martin Kitchen, *A History of Modern Germany, 1800 to the Present*, 2nd ed. (London: Wiley-Blackwell, 2011): pp. 10–17.

7　Strachan, *European Armies*: pp. 8–33; Howard, *War in European History*: pp. 75–93; Larry *Addington, Patterns of War Since the Eighteenth Century* (Bloomington: Indiana University Press, 1994): pp. 19–44; Stoker, *Conscription*: p. 3; and Forrest, *Conscripts and Deserters*: pp. 43–73; 169–186.

8　关于各国的模式，见哈罗德·布兰顿（Harold Blanton）关于法国的文章、迪尔克·瓦尔特（Dierk Walter）关于普鲁士的文章、阿瑟·布尔克（Arthur Boerke）关于奥地利的文章，以及弗雷德里克·施奈德（Frederick Schneid）关于欧洲的整体（但是是暂时性的）军事化的文章：Stoker, *Conscription*；以及 Elise Wirtschafter, "The French Army 1789–1914: Volunteers, Pressed Soldiers and Conscripts," in Zurcher, *Fighting for a Living*。

9　Thomas Hippler, *Soldats et citoyens: Naissance du service militaire en France et en Prusse* (Paris: Presses universitaires de France, 2006). On Germany, Mark Hewitson, "Princes' Wars, Wars of the People, or Total War? Mass Armies and the Question of a Military Revolution in Germany," *War in History* 20 (2013): pp. 452–49, and Peter Paret, *The Cognitive Challenge of War: Prussia 1806* (Princeton: Princeton University Press, 2009). See Christina Moll-Murata and Ulrich Theobald, "Military Service and the Russian Social Order, 1649–1861," in Zurcher, *Fighting for a Living*.

10　Kevin Linch, *Britain and Wellington's Army: Recruitment, Society and Tradition, 1807–1815* (New York: Palgrave, 2011): pp. 3–35, 99–104, 144–145.

11　作为一名直率勇莽的老轻骑兵，布吕歇尔战功赫赫，他是砍向拿破仑马刀的一柄战斧，也是与威灵顿灵巧战术配合无间的一柄利剑。迈克尔·莱吉雷（Michael Leggiere）认为他是一名十分称职的联军领袖，尽管普鲁士在两天前的战败中损失惨重，而且威灵顿在利尼（1815 年 6 月 16 日）并未援救布吕歇尔，但他仍然在滑铁卢对威灵顿鼎力相助，甚至可以说是救了他。Michael V. Leggiere, *Blücher: Scourge of Napoleon*(Norman: University of Oklahoma Press, 2014).

12　Citino, *German Way of War*: pp. 104, 110–119, 127–128; Gates, *Napoleonic Wars*: pp. 86–99; Esdaile, *Wars of Napoleon*: pp. 182–216.

13　Michael Leggiere *Napoleon and Berlin: The Franco-Prussian War in North Germany, 1813* (Norman: University of Oklahoma Press, 2002): pp. 57–58, 89–97, 以及多处。

14　关于这一变化的长期意义，参见 Stephen Rogers, "August Gneisenau," in David Zabecki, editor, *Chief of Staff*, Vol. 1: *Napoleonic Wars to World War I* (Annapolis: Naval Institute Press, 2008): pp. 43–59。关于 1813 年的军官和总参谋部，参见 Leggiere, *Napoleon and Berlin*: pp.

99–100, 130–133。

15 Michael V. Leggiere, *Napoleon and the Struggle for Germany: The Franco-Prussian War of 1913*, Vol. 1: *The War of Liberation, Spring 181*, and Vol 2: *The Defeat of Napoleon* (Cambridge: Cambridge University press, 2015).

16 Rothenburg, "Habsburg Army," pp. 3–4.

17 For example, see Jac Weller, *Wellington in the Peninsula, 1808–1814*(London: Kaye & Ward, 1969), and David Chandler, *Campaigns of Napoleon*, Chapters 16 and 92。

18 Griffith, *Forward into Battle*: p. 28. Also balanced is Muir, *Tactics and Experience of Battle*: pp. 51–104.

19 原话出自 1811 年 4 月 3 日，在萨布鲁格（Sabrugal）战役之后。James Arnold, "A Reappraisal of Column Versus Line in the Peninsular War," *Journal of Military History* 68/2 (2004): pp. 535–552. 他在第 545 页引用了威灵顿的话。阿诺德有力地批评了钱德勒和威灵顿对英国火力的强调，他认为这可以追溯到更早期查尔斯·阿曼的拙劣作品。"数步枪"就是他给出的简洁有力的反驳。

20 Jean-Marc Lafon, "Des violeurs et meurtriers ordinaires? Les officiers et soldats napoléoniens en Espagne: Analyse du sac de Castro Urdiales (Cantabrie, 11 mai 1813)," in Petiteau et al., *Les Européens dans les guerres napoléoniennes*: pp. 149–170; Morvan, *Le soldat impérial*, Vol. 2: pp. 485–497.

21 Arnold, "Peninsular War," pp. 549–550. 一部极具修正主义思想的作品是：Charles Esdaile, *Fighting Napoleon: Guerrillas, Bandits, and Adventurers in Spain* (New Haven: Yale University Press, 2004)。作者不认为游击队对西班牙战事的贡献有任何战略意义；而大卫·钱德勒则提出法国伤亡中有一半，即每天约 50 人，都是非正规军造成的，参见 David Chandler, "Regular and Irregular Warfare," *International History Review* 11/1 (1989): pp. 2–13。

22 关于戈雅，见 www.museodelprado.es；特别是 *Los desastres de la guerra* (ca. 1812) 和 *El2 de mayo de 1808 en Madrid*。关于戈雅对法军暴行的回应，见 Rabb, *Artist and the Warrior*: pp. 158–165。

23 第二次世界大战的最后几年，巴尔干地区的德国驻军也不得不采取类似的绝望措施，那里的一些部队由独臂或独眼的老兵组成。这样的人通常是不被允许服役的，但在那个时候，纳粹德国的国防军管不了那么多了。

24 Huw Davies, *Wellington's Wars: The Making of a Military Genius*(New Haven: Yale University Press, 2012): pp. 76–98.

25 详细的会战史料，见 Rory Muir, *Salamanca, 1812* (New Haven: Yale University Press, 2001)。

26 Muir, *Path to Victory*: pp. 43–166, 92–94, 322–323, 366–369, 396–403; idem, "Wellington and the Peninsular War: The Ingredients of Victory," in *Inside Wellington's Peninsular Army, 1808–1814* (Barnsley: Pen & Sword, 2007); Davies, *Wellington's Wars*: pp. 140–213.

27 Arnold, "Peninsular War" : p. 551. Also Muir et al., *Wellington's Peninsular Army* (Barnsley: Pen & Sword, 2007), and Connelly, *Wars of the French Revolution*: pp. 142–154.

28 See Ian Robertson, *A Commanding Presence: Wellington in the Peninsula, 1808–1814: Logistics, Strategy, Survival* (Stroud: History Press, 2008).

29 Michael Broers, *Napoleon's Other War: Bandits, Rebels, and their Pursuers in the Age of Revolutions* (Oxford: Peter Lang, 2010): pp. 1–18, 53–104, 129–180.

30 Esdaile, *Napoleon's Wars*: pp. 346–400. 和保罗·施罗德一样，埃斯代尔（Esdaile）认为拿破仑本质上是一个机会主义者和战争贩子。

31 一位资深史学家对瓦格拉姆战役的描述：Günther Rothenberg, *The Emperor's Last Victory: Napoleon and the Battle of Wagram*(London: Cassell, 2005)。最完整可靠的战役史是一套三卷本：John Gill, *1809 Thunder on the Danube*, 3 volumes (Havertown: Casemate, 2009– 2010)。篇幅较短的有：Gates, *Napoleonic Wars*: pp. 109–146。

32 Gill, *Thunder on the Danube*, Vol. 3: p. 328, 以及多处。

33 Esdaile, *Napoleon's Wars*: pp. 110–153; Schroeder, *Transformation of European Politics*: pp. 177– 230. 珍妮·厄格洛（Jenny Uglow）对于一代人在战争中度过的广泛社会影响做了详尽分析：Jenny Uglow, *In These Times: Living in Britain through the Napoleonic Wars* (New York: Farrar, Straus and Giroux, 2014)。

34 Blanning, *French Revolutionary Wars*: pp. 189–220; N. A. M. Roger, *The Command of the Ocean: A Naval History of Britain, 1649–1815* (New York: Norton, 2004): pp. 426–441, 528–574; Janet Macdonald, *British Navy's Victualling Board, 1793–1815* (Woodbridge: Boydell, 2012). 关于英国皇家海军在数十年对法战争中的成功及雄厚的实力根基，参见

David Syrett, *Shipping and Military Power in the Seven Years' War: Sails of Victory* (Exeter: University of Exeter Press, 2008)。

35 在严密封锁中，船只在冬季不回港，而是在海上得到补给。关于 1793–1815 年英国的海上封锁和拿破仑作为反击的大陆封锁政策，见 Lance Davis and Stanley Engerman, *Naval Blockades in Peace and War: An Economic History Since 1750* (Cambridge: Cambridge University Press, 2006): pp. 25–52; also Macdonald, *Victualling Board; Roger Knight and Martin Wilcox, Sustaining the Fleet, 1793–1815: War, the British Navy, and the Contractor State* (Woodbridge: Boydell, 2010); and Roger Morriss, *Foundations of British Maritime Ascendancy: Resources, Logistics and the State* (Cambridge: Cambridge University Press, 2011)。

36 Roger Knight, *Britain Against Napoleon: Organization of Victory, 1793–1815* (London: Allan Lane, 2013).

37 关于当时的整个政府环境，见 Katherine Aaslestad and Johan Joor, editors, *Revisiting Napoleon's Continental System* (Basingstoke: Palgrave Macmillan, 2015)。

38 拿破仑在 1815 年下台后，在被英国关押期间说："只要是木头能漂到的地方，我肯定会在那里找到英格兰的旗帜。" 这句话据信是他在 1815 年 7 月，在罗什福尔作为俘虏登上皇家海军的"柏勒罗丰号"之前说的。拿破仑一直都把他的英国对手称为"英格兰人"，把英国称为"英格兰"。

39 希特勒在 1940 年做了一个相同的决定，即进攻苏联，尽管当时苏联是纳粹德国事实上的盟友。他和拿破仑都没有一个赢得战争的通盘计划或战略，他们的所有考虑都是作战层面上的。两人都没有给自己留下任何选择的余地，轻易屈服于一厢情愿的想法和对"决定性战役"的幻想。然而，两人本就不愿作出不同的选择，这也是事实。

40 即儒略历下的 1709 年 6 月 27 日。

41 不可或缺的参考书目：Armand de Caulaincourt, *With Napoleon in Russia*, edited by Jean Hanoteau (New York: William Morrow, 1954)。另见 Marie-Pierre Rey, "La grande armée dans la campagne de Russie," in Drévillon, *Guerres et armées napoléoniennes*。

42 Dominic Lieven, *Russia Against Napoleon* (London: Penguin, 2010). 多米尼克·列文更多地从俄国方面的积极投入而不是法国的缺陷（当然更不是天气）来解释法军在 1812 年的失败，他彻底推翻了拿破仑败于严寒的迷思。更简短的叙述来自 David A. Bell, *The First Total War: Napoleon's Europe and the Birth of Warfare as We Know It* (New York:

Houghton Mifflin, 2007): pp. 256–262。对贝尔在这一时期使用“全面战争”一词提出强烈批评的是：Michael Broers, “The Concept of ‘Total War’ in the Revolutionary-Napoleonic Period,” *War in History* 15 (2008): pp. 247–268。

43 Connelly, *Blundering to Glory*: pp. 163–164. 关于战争掠夺，参见 Griffith, *Art of War*: pp. 51–62; David R. Stone, *A Military History of Russia* (Westport: Praeger, 2006): pp. 100–105。

44 转引自 Lieven, *Russia Against Napoleon*: pp. 160–161。

45 转引自 Connelly, *Blundering to Glory*: p. 167。对沙皇军队中嫉妒心极深的俄国（和德意志）指挥官的战斗表现进行了丰富描述的是：Alexander Mikaberidze, *The Battle of Borodino* (Barnsley: Pen & Sword, 2007)。

46 Lieven, *Russia Against Napoleon*: pp. 193–199.

47 Esdaile,*Napoleon's Wars*: pp. 476–478.

48 转引自 Connelly, *Blundering to Glory*: p. 171。

49 关于莫斯科的这次大火，参见 Caulaincourt, *With Napoleon in Russia*: pp. 112–119; Lieven, *Russia Against Napoleon*: pp. 213–214。

50 转引自 Connelly, *Blundering to Glory*: p. 172。

51 http://www.bbc.co.uk/history/ancient/archaeology/napoleon_army_01.shtml.

52 Alexander Mikaberidze, *The Battle of the Berezina* (Barnsley: Pen & Sword, 2010).

53 Schroeder, *Transformation of European Politics*: pp. 445–582; Munro Price, *Napoleon: The End of Glory* (New York: Oxford University Press, 2014): pp. 5–88.

54 Ralph Ashby, *Napoleon Against Great Odds: The Emperor and the Defenders of France, 1814* (Westport: Praeger, 2010): pp. 169–176, 180–189.

55 Price, *End of Glory*: pp. 89–110; Muir, *Path to Victory*: pp. 537–589; Leggiere *Napoleon and Berlin*: pp. 256–277; Gates, *Napoleonic Wars*: pp. 221–254; Lieven, *Russia Against Napoleon*: pp. 437–459; Citino, *German Way of War*: pp. 137–138.

56 Connelly, *Blundering to Glory*: p. 193; Price, *End of Glory*: pp. 110–152.

57 关于1815年的征召令和自卫军，参见 Ashby, *Against Great Odds*: pp. 50–51, 79–86。

58 Esdaile, *Napoleon's Wars*: pp. 460–531; Lieven, *Russia Against*

*Napoleon*: pp. 460–493; Ashby, *Against Great Odds*: pp. 124–125, 132–133, 137–139.

59 Price, *End of Glory*: pp. 218–231. 详细的战局历史参见 Michael Leggiere, *The Fall of Napoleon: The Allied Invasion of France*(Cambridge: Cambridge University Press, 2007): pp. 42– 62, 534–554。偏向于为拿破仑说话的是：George Nafziger, *The End of Empire: Napoleon's 1814 Campaign*(Solihull: Helion, 2015): pp. 401–490。另见 Andrew Uffindell, *Napoleon 1814: The Defense of France*(Barnsley: Pen & Sword, 2009)。

60 Schroeder, *Transformation of European Politics*: pp. 477–582; Esdaile, *Napoleon's Wars*: pp. 532–565.

61 有学者认为这个数字是 863000：Jacques Houdaille, "Pertes de l' armée de terre sous le premier Empire, d' après les registres matricules," *Population* 27 (January 1972): pp. 113–114； 盖茨认为这个数字是 916000：Gates, *Napoleonic Wars*: p. 271。

62 Connelly, *Blundering to Glory*: pp. 201–217; Esdaile, *Napoleon's Wars*: pp. 545–554. 关于滑铁卢的战役研究文献同样卷帙浩繁。最近的研究包括：Jeremy Black, *Battle of Waterloo* (New York: Random, 2010); Alan Forrest, *Waterloo* (Oxford: Oxford University Press, 2015)。另见 Carl von Clausewitz, *On Waterloo: Clausewitz, Wellington and the Campaign of 1815*, available at www.Clausewitz.com (2010)，其中第 219–236 页转载了威灵顿 1842 年写给克劳塞维茨和其他批评家的备忘录。

63 他在许多年后的 1831 年 11 月 2 日发表了这一评论。转引自 Philip Henry, *Notes of Conversations with the Duke of Wellington* (New York: Da Capo Press, 1973)，最初发表于 1888 年。

64 持相反观点的是詹姆斯·沃森中校（Lt. Colonel James Wasson），他认为拿破仑凭其一己之力完成了作战层面的军事革命。*Innovator or Imitator: Napoleon's Operational Concepts and the Legacies of Bourcet and Guibert* (Fort Leavenworth: School of Advanced Military Studies, U.S. Army Command and General Staff College, 1998).

## 九　广受追捧的会战

254

拿破仑创造的战场传奇在军事家的脑海中挥之不去。他的言论和经历被仔细分析，影响着同时代人的思维与写作，其中也包括约米尼和克劳塞维茨。正如他主宰着他那个时代的战事一样，他也主宰着直到20世纪的军事思想和理论。战争是可以被简化为可知的原则的，即使你的才能不及拿破仑，你也必须将战争作为一门神秘的艺术来实践——这是那个时代的理论家所说的话，他们从纸上领会大师的会战精神，又在纸上躬行。他们看着拿破仑挣脱弹药库和堡垒的约束，进入开阔地带，通过内线机动，移动到敌人的后方对其实施局部包围（“从后围堵策略”）。法国的约米尼、普鲁士的克劳塞维茨、英国的威廉·纳皮尔（William Napier）以及西点军校的丹尼斯·马汉（Denis Mahan）和亨利·哈勒克（Henry Halleck）等理论家认为，大师的作战方式永远地改变了战争，抛弃了过去那种僵持不下的石头战和静态战，以及磨人的阵地战。他行动敏捷，目的只有一个，就是完成战争的基本动作——会战。他们没有意识到，除了乌尔姆、奥斯特利茨这样血腥但罕见的决战时刻，还有另一种战略疲惫的存在，它在年复一年、一场又一场的会战中延续，不断推高全民皆兵型国家的成本和伤亡，而比之前者，它对拿破仑战争的结果更为关键。他们认为，战争的高潮是以会战的形式展现出来的，会战是真正柏拉图式的战争。他们试图找到可以将会战转化为持久决策的点金石。他们认为他们在视之为行动指南的天才思想中找到了它，这种天才思想即始终发动一切可能的力量，力求围堵和歼灭目标——此即*Vernichtungsschlacht*，一种拿破仑式的决定性、“歼灭性会战”。[1]

过去指导未来作战的精粹是同心包围，不只是侧翼包抄，

而是吞没并消灭整支敌军，最好是在战争刚刚拉开序幕时出场的主力部队。目标是彻底摧毁敌人的军事抵抗能力，通过军事上的歼灭，推动政治上的决断。[2]拿破仑是这一信条的化身。他的胜利是通过挑战古老智慧赢得的，他将军队分编成若干个军，这些军级单位灵活机动、分散行进，但它们的目标是一致的，那就是同时从几个方向接近敌人，切断其后方的通讯和补给线，从而迫使对手在极为不利的状况下投入一场大会战。正如他的军队在乌尔姆和奥斯特利茨所做的那样，你的军队只要快速移动，并在会战高潮到来之前重新集中兵力，也能获得出其不意的效果和局部兵力优势。虽然这种挑衅性的进攻必然会四处树敌，甚至引致敌方阵营强强联手，进而将自己拖入漫长的物资战，但是不要在意。像他那样速战速胜，你就能赢得一切。

255

启蒙时代末期多数军事思想家的理论都遵循一个前提假定，即战争服从于纯粹的科学法则的安排。他们将拿破仑视为典范，战争中什么是可能的，什么是完美的、永恒的、可复制的，都可以从这位被废黜的法国皇帝身上找到答案。起初，约米尼是这群新理论家中读者最多的一个。随着时间的推移（但也不过十余载），克劳塞维茨的论著开始赢得赞誉，被认为是最具独创性和重要性的。他帮助形成了一种不同的尤其根源于德意志的军事理论，是对僵化的军事理性主义的批判。然而，他的战争艺术理论也将拿破仑奉为天纵英才，他称拿破仑为“战神”，认为他对战争本质的深刻洞察使得他的行动符合理性的最高原则。[3]克劳塞维茨作为一名可塑性极强的年轻军官，曾先后在普鲁士和俄国军队中服役。1812年，他从拿破仑的对立面观察莫斯科战局。当时他的周围全是消耗战略留下的焦灼证据，这种战略使得拿破仑根本无法获得他想要的决定性会战，大军团也随之毁灭。然而，就在那年，对所有亲身经历和

证据都熟视无睹的克劳塞维茨发出这样的感叹："会战决定一切。"[4] 他从未完全摆脱过对拿破仑、对决定性会战的短视崇拜。

启蒙思想家写道，战争是令人遗憾的，不过即便如此，也总还有人认为，只要它是由最好的专制者发动的君主之间的决斗，战争仍是值得拥护的。他们认为"战争艺术"是由冷静和理性主导的暴力，认为围城和会战是使用火枪和大炮奏出的高亢乐章，是由天才指挥的行动协奏曲，是与亚历山大、汉尼拔、西庇阿和恺撒的古典杰作交相辉映的战斗音乐会。浪漫主义者反对完美战争中那些枯燥乏味的几何公式，他们对法国大革命和全民动员中的澎湃激情印象深刻。关于战争的浪漫主义唤起了对变革和统治的憧憬，毫不讳言对武力和胜利的渴望。于是，一种观点追捧现代伟大将领的世俗天才，另一种则在歌颂全民战争中被释放出来的精灵。拿破仑将这两种激情融合，一曲狂怒之舞令所有人为之迷醉。如果这样一位伟大将领的模样和天生的才能可以被提炼和传授，那么大概会诞生一门关于为将之道的科学。克劳塞维茨抛开了纯理性主义者关于普适性的战争规则的幻想，将其简化为训诫和箴言。对在他身边发生的一切全民战争引致的不受控的愤怒与暴力，他同样无动于衷。他想要的是某种既能控制战争决策，又能在被释放的力量中表现出浪漫的东西。寻找天才提炼物的工作开始了。

256

克劳塞维茨认为，一切战争行动都是朝着彻底毁灭而去的（"绝对战争"），"歼灭战"是战争的真实目标。他大书特书战争中的"破坏性原则"和"彻底推翻"敌人的重要性。他以自信，甚至是轻蔑的态度，坚定地将消耗从决定性会战中抹去："当这部分兵力逐渐把战斗力消耗殆尽时……它就会为另一部分所代替。于是，会战就像潮湿的火药一样缓慢燃烧，而后熄灭。"然而，他自己吹嘘的战争理论，就像他所摒弃的18世纪的战争理论一样，也是过分教条的。[5] 直到晚年，克劳塞维茨

才纠正了这一错误，或者更确切地说，是陷入一个深刻的、他直至离世也未解决的矛盾危机中去了，因为并非所有实际发生的战争都接近他早期理论中的绝对战争。事实上，历史上的大多数战争，它们在手段和目的上都没有达到“趋向极端”的地步。战争并不全是围绕会战展开的。值得称赞的是，他承认他年轻时提出的抽象理论是建立在严重的经验错误之上的，因为对历史的研究表明，大多数战争并没有变得“不受约束”。为什么会这样呢，他明明是亲眼见过战争走向“绝对”的？因为战争是一种政策工具，由选择、调解和限制军事手段的社会、文化和政治利益所界定。因为在现实世界中，战争行为不是某些年轻理论家的纸上谈兵。会战并不决定一切。[6]

克劳塞维茨未完成的杰作《战争论》在他死后出版，他尚未解除的矛盾危机，成了印刷出来的白纸黑字。不管人们是否注意到了这一点，总之所有人又都回到战术和会战的话题上来了。一个世纪以来，他首先发表的关于战争倾向于以绝对手段实现彻底打垮敌人的绝对目标的观点在军事理论中占据主导。进攻就是一切。一个人必须像拿破仑那样渴望战争，以高潮迭起的会战这一最纯粹和崇高的方式表现战争的本质，才算是真正地懂得了如何发动战争。摧毁敌军的行动是光荣的；固守坚垒，让敌人把他的军力全都浪费在你的枪炮和堡垒上则是可鄙的。这些思想在19世纪中期的几场德意志统一战争中发挥了一些作用，因为毛奇在克尼格雷茨（1866年）和色当（1870年）取得了决定性胜利，这似乎是对克劳塞维茨所有教导的肯定。[7]1914年，在第一次世界大战的开局阶段，德国人本想通过一场巨大的包围战取胜，结果第一次马恩河战役战败，计划泡汤，德国终因人力物力耗尽而输掉了第一次世界大战。他们在这之后更是加重赌注。希特勒的军队在1939—1941年的包围战中大获全胜，结果却在一场更大的物资战中被彻底击垮。

257

他们都在援引克劳塞维茨的话。希特勒甚至以这位已经作古的理论家的名字命名了1942年德军在苏联南部的一次行动，但他显然没有怎么读过或者认真思考过克劳塞维茨的理论。克劳塞维茨无须为在他之后，或者只是以他之名发生的事情承担骂名。并非他的思想将世界引向了全面战争，而是全面战争让世界重新看到了他。

***

投身拿破仑战争的普鲁士将军将腓特烈二世视为军阀国王的典范。他们只看到了他精妙的行军手法和作战命令，而没有看到他的王朝因失败的对外战争已经走到了覆灭的边缘。科学主义的公式捕捉到了他对内线的使用，并对其进行了完美的几何阐述，为这位民族天才唱起了赞美诗。然后在1806年，令人震惊的消息传回：普鲁士过时的职业化模范军被征召军队击败。于是，沐浴在德意志浪漫主义中的思想家开始摒弃腓特烈狭隘的军事体系及其视部下为炮灰的轻蔑态度。他们又把目光投向获胜的法国，全民动员时代下的法国创造了一套公民性的、根基广泛的爱国主义，他们希望能以某种形式仿而行之，收获类似的收益。他们试图将被克劳塞维茨视为战争主宰的天才制度化，写入他们的作战条文，植入他们新的总参谋部中去。他们强调战争的自然一面，在这样的战争中，军事思想史家阿扎尔·盖特（Azar Gat）所说的“创造性的天才、精神的力量，以及不确定性和偶然性”就都有其容身的空间。[8]在从1815年到1914年的一个世纪里，从滑铁卢到第一次世界大战爆发，这种理想化的、腓特烈式和拿破仑式的创造性会战，演变为精心谋划、为了赢得战争的战局，并成为柏林总参谋部官员追求的目标。

普鲁士的这门关于作战规划的新“科学”，以总参谋部（有人称之为来自德意志的“战争天才”）的工作和规划为核心，[9]其要旨就是要在开战之初赢得迅速而全面的胜利，避免被拖入他们也明知自己赢不了的消耗战。他们学习和仿效的对象是罗斯巴赫、洛伊滕和乌尔姆（施里芬在19世纪90年代又将坎尼纳入参谋课程）。[10]这一通过快速行动来实现明确和压倒性的包围态势的战争理念，俨然已成为军官培训、预算编制、后勤、武器乃至军民关系的指导思想。它导致了短战思维，在这种思维下，人们更愿谈论强兵勇将和作战条文，而不愿去思考如何应对更可能在各国之间发生的长期战争。迅速打响的开局战役，让地缘政治地位极其脆弱、奉行激进扩张主义政策的普鲁士（以及后来的德国），看到了以亚历山大式的方法解决问题的希望①：几十年来一直无法解决的在军事上被包围的地缘政治难题，如今可以通过速战速胜来解决。普鲁士再也不会像1806年那样遭受战败、被侵犯和领土割据的痛苦经历。普鲁士军将在19世纪完成腓特烈在18世纪的未竟事业，这将使得普鲁士成为德意志的霸主，继而让德意志成为欧洲的霸主。

258

事实证明，普鲁士的政治和军事领袖将在接下来的7年时间里，构思、准备并执行三次以速胜为目标的惊人的军事行动。他们先是在奥地利的帮助下于1864年进攻丹麦，然后在1866年的普奥战争中转而粉碎哈布斯堡皇朝。他们将按照多年前的大胆设想，通过快速的开局作战，取得一边倒的胜利（胜利的转捩点实际出现在克尼格雷茨）。然后，他们将矛头指向法国，并再次行动：1870年，他们将一支法军围在梅茨（Metz），并在色当完成对另一支法军的合围，

① 典出亚历山大大帝一刀斩断戈耳狄俄斯之结（参见第七章相关注解），类似以快刀斩乱麻之意。

俘虏法皇路易-拿破仑·波拿巴。[11] 这是一个令人叹服的过程。毛奇和俾斯麦将战争与外交近乎完美地融合在一起，在7周内孤立并击败奥地利，7个月内击败法国。以闪电般的“歼灭之战”连续击败两个大国，这个结果似乎表明，即使面对比自己强大得多的对手，战争作为一种治国手段仍是可用的。他们的成功将引发20世纪中期的德国和其他国家的致命效仿。

***

随着1815年各国恢复和平，没有哪个国王或皇帝，尤其是沙皇，愿意保留一大批从下层阶级征来、忠诚度可疑的武装人员。毛奇后来写道：“武器分发下去很快，但想收回却没那么简单。”任何形式的民族主义都让胜利在手的反动政权感到恐惧，尤其是这种动员全民的军事组织形式。要想压制这种潜在的、不可控的革命力量，就意味着要叫停本土以及所有其他国家的“全民武装”制度。正如迈克尔·霍华德所说：“不管拿破仑的战争方式对一个试图推翻欧洲国家体系的政权来说有多大价值，对试图维护这一体系的政治家来说，它的价值近乎无。”[12] 统治阶层也希望结束这种毁灭性的全民战争。他们知道，欧洲的冲突不会就此打住，但希望由头脑冷静的政府商讨出更理性的解决方法。全民皆兵在国内是一种危险，在国际上也是一种威胁。它必须被废止。

这种法式的、不受统治者控制的全民开战——不惜代价之战——让精英感到害怕，他们希望重新回到内阁战上来，回到作为国王之间的小型国家事务的战争上来，它们影响到的只是未经过动员武装的民众，有着较小的军队规模和有限的目标，战争的目的不是革命或者推翻另一国的政府，更不是推翻

整个执政体系。这意味着全民征兵的结束和主要由贵族军官领导、长期服役的职业化军队的回归。[13] 法国是个例外，大革命在那里留下了深刻而持久的社会烙印，到 1815 年后已不可能再将所有非贵族赶出军队。在法国陆军中，一个由贵族和下层野心家共同组成的军官团，管理着服役年限为 7 年的长期服役士兵。为了和平时期轻松稳定的薪水，许多人重新应征入伍，一直服役到 40 多岁甚至 50 岁。另一个例外是俄国，它保留了它特有的可以追溯到彼得大帝时期的农民兵役制达 25 年之久。及至 19 世纪中期，只有好战的普鲁士保留了短期服役（3 年）的征兵制。

而在其他各国军队中，“社会精英”又一次倾向于长期服役的士兵，他们生活在军营中，隔绝于民族主义热情之外，因此可以免遭侵蚀。军队依旧听命于君主，而非议会或其他煽动者。这种近乎回归到革命前的状态，定然是包括一些基于对法战争教训的结构性改革的。然而，从政治和社会层面上看，1815年后欧洲协调（Concert of Europe）体系下的各国军队，致力于维系的是国内复辟的旧制度以及——如果有的话——为了有限目的而进行的有限战争。他们小心翼翼地刻意避免成为“人民的军队”。[14] 过度暴力的革命和冲突迭起的战争所带来的财政空虚和精神疲惫鼓励了军事保守主义的回归。这一回归，连同和平，持续了一代人的时间。

随着经历战争灾难的一代人的离世，战争逐渐被下一代人遗忘，与此同时，技术也在不断迭代。到 1850 年，新的通信、交通和作战技术为众人重塑了战争这个游戏场；这些人既包括领导者，也包括公民，对于战争，他们或不了解或没有记忆，认为不妨一试。电报、铁路和新的速射火枪改变了铁骰子的投掷方式。特别是电报，它似乎预示着一场指挥与控制的革命，而且它确实能够实现军队间的远距离通信。而电力则让快速通 260

信成为可能，这反过来又会导致拿破仑战术的复兴，拿破仑的机动战术在19世纪中期这种规模较大的军队中原本是很难做到的。事实上，由于有电线杆和电缆的限制，电报技术在防御战中的应用价值更大。至于行军轨迹不定的军队，则很难从中受益，除非采取类似19世纪60年代初军队在美国西部战局中的做法：始终贴着铁路行军。随着克里米亚战争的深入，尤其是巴黎和伦敦的迅速卷入，再加上报纸的普及和识字率的不断提高，电报催生了一个新的政治问题：它满足了大众对前线新闻日益增长的需求，从而帮助形成了关于政治和战争行为的第一次社会舆论。内阁战争的有限性变得难以为继，因为普通民众认为遥远地方的战果与他们有着某种程度上的利害关联，这让极端爱国的公众亟须获得胜利的消息。[15]

1848年，无论是革命军还是反革命军，所有军队在德意志地区内的机动全都依靠铁路实现，铁路首次显现出它的军事价值。并非每个人都能从经验中汲取正确的教训。11年后，奥地利人和他们的祖辈一样，师、军混杂着穿过逼仄的山路，进入意大利北部，进军皮埃蒙特。然而，铁路彻底改变了补给方式，它使得全年作战成为可能：铁路一直修到距离前线数百英里的基地，粮草由火车送抵，军队不再需要蛰伏在冬季的营地里。技术再一次被固定下来，部队总是被投放到事先安排好的铁路尽头，这样一来，出奇制胜的机会就变得少之又少。此外，军队规模的扩大和后勤负担的加重也是两大限制因素。铁路带来的最直接结果就是地理差距的缩小，军队的机动速度因此大为提高。这又暴露出新的弱点。相比过去的步行和骑马，在铁路的帮助下，法国陆军移动至边境的速度要快得多，法军的移动速度越快，普鲁士的不安全感就越强。反过来也是一样的。不过一旦离开国内铁路枢纽，军队的移动和后勤依赖的还是马匹和双脚，这对整个行军计划的不良影响还有待观察。

在不同的国家，铁路还遇到不同程度的文化阻力和预算限制，比如除了铁路，修建行军道路也是一个选择。取舍是不可避免的。[16]

261

战斗还是老样子，庞大笨重的步兵队伍在四散的骑兵幕的掩护下互相侦察，朝着有机可乘的侧翼机动，搜寻对方的踪迹，然后展开一般军官难以控制的定点激战。因此，那项关键技术就落在了一种新型的单发后膛枪上，它有着比老式前膛枪更快的射速，而且因为也有膛线，因此能够完成远距离的瞄准射击。这一新式步枪固然让步兵的进攻火力有所提升，但是更显著地增强了防御一方的火力。直到多年后，人们才认识到这场后膛枪和“步枪革命”的全部意义。早在 1776 年，英国陆军就已经装备了少量后膛装填步枪，东印度公司也从 18 世纪末开始使用后膛枪。不过这些早期型号用的还是被指军事效率低下的插塞式的定装弹药。它在弹腔中使用一个金属托塞（*culot*），在发射时压入子弹，扩张弹体以减少枪管内的风力影响偏差，使其贴合膛线发射。金属托塞后来被改成小的木托塞或者黏土托塞。后来，克洛德-艾蒂安·米尼耶（Claude-Étienne Minié）发明了一种底部掏空的锥形弹丸，称“米尼耶弹”，依靠高压气体让弹体膨胀并填充掏空部分，使得子弹紧贴膛线。1853 年，英国陆军开始采用恩菲尔德步枪作为他们的制式装备，正好赶上克里米亚战争的爆发，这种新式步枪加上新的米尼耶弹，让还在使用老式滑膛枪的俄军伤亡惨重。[17]

到 19 世纪 40 年代，许多军用针式步枪陆续进入军备市场，包括后来因被普鲁士人使用而走红的德莱赛针发枪。这些都是后膛枪，采用击针穿透纸质弹壳，并在撞击雷管后点燃火药。理论上，它们将步兵的射程延长到了拿破仑时代燧发枪的 10 倍（约 4000 英尺或 1200 米），射速也大为提高。然而，尽管

优势明显，针发枪和其他速射步枪还是遭到一些高级军官的强烈抵制。过去的和平是如此持久，而新的枪支、弹药又是如此昂贵，因此驱动他们去改变的动力小之又小，直到它们在19世纪中期的德意志统一战争中显露出压倒性的优势。为了节约子弹，哈布斯堡家族多年来一直在限制步兵的射击练习，这一拖延最终在1866年显示出它的致命性。更广泛的阻力则根植于古老的军事文化。速射步枪带来的不光是再补给的问题，士兵们是否可以在真正的冲突来临之前保持克制，不在小型冲突或慌乱的交火中打光身上所有弹药，也是一个问题。上层的专业人士对此并不确定。他们担心速射会耗尽弹药，那样的话，事实上已经手无寸铁的部队面临的将是敌人的决定性进攻，而直接发起进攻仍然是当时步兵的首选战术。1866年，在普鲁士与奥地利的战争中，这种情况确实在普军中发生过几次。4年后，无独有偶，在与法国人的战斗中，巴伐利亚部队也因过早耗尽弹药，而干脆离开了战场。

262

前膛枪到后膛枪的转变在19世纪50年代初便已完成，但直到19世纪60年代中期，人们仍未接受速射枪型。由于缺乏对步兵火力效果的实战证明，1866年之前的保守观点普遍认为，根本性变革是否真的已经到来还需打一个问号。即使是在当时最有军事远见的普鲁士，对针发枪的抵制也是存在的。作为同类型枪中第一种被大规模生产的德莱赛针发枪，其诞生可追溯至1836年，但直到1858年它才被普鲁士军队采用，之后又做了设计改进。直到人们相信德莱赛针发枪在1866年与奥地利的战争中起了决定性作用，所有的主要军队，甚至是资金严重短缺的意大利人，都开始争先恐后地装备起新式步枪来。[18] 为了应对射速大增的阵地防御火力，战术也随着速射步枪的装备而发生着基本的变化。首先，后膛枪手可以跪着或趴着装填，而前膛枪手则必须站着。新的步枪也意味着存在于过去战争中

的或旧日军事史中的那些杀伤距离已经过时。新的距离将以最残酷的方式被记住，那就是通过战斗。最大的影响是取消了旧式的横队和纵队，因为直立步兵不可能在远程精准火力的打击下——无论它们来自线膛枪还是锻有膛线的大炮——保持在开阔地带前进。增加散兵是一个解决办法，总的来说就是让原来步兵对步兵的战斗变成队形疏开的枪战。

远程步枪逼得炮兵节节后退，直到炮群突破它的老战术，不再依赖霰弹来接近敌人。现在，为了靠近敌人并发起最终的冲锋，进攻步兵或骑兵需要直面远处炮群的炮火，这些炮群从更远的距离以更快更精准的线膛火力向他们投掷炸弹。总的来说，所有这些技术革新正在大大提升防守而非进攻一方的力量。这些后膛装填的速射线膛炮所具备的水平射程也在进一步拓宽战场，从此，进攻一方要对有炮兵掩护的阵地发起战术侧攻可谓难上加难。最后，法国陆军引入一种米特留斯排放枪（*mitrailleuse*），它每分钟能发射 75 发子弹，其实已经是一种早期的机枪。它在世纪中叶的出现，以及新式步枪和线膛炮的应用，表明在未来的战争中，主要的战术问题已经不再是如何攻克石墙，而是如何攻克铅墙。

263

1853 年克里米亚战争爆发，打破了 1815 年以来的长期和平。这场由俄国人、法国人、英国人和奥斯曼人参与的混战，战线沿着多瑙河一路延伸进入高加索，波罗的海和白海是小规模冲突的发生地，主要的会战战场则位于黑海和克里米亚半岛，其中又以 1854 年在阿尔马（Alma）、巴拉克拉瓦（Balaclava）和因克尔曼（Inkerman）爆发的激战为代表。但是会战对结果的影响，并不比令人精疲力竭的围城更大。针对塞瓦斯托波尔（Sebastopol）的围攻从 1854 年 10 月开始，到 1855 年 9 月结束，持续了近一年。列夫・托尔斯泰在他的《塞瓦斯托波尔故事》（*Sevastopol Sketches*）中，真实而赤裸

地回顾了他从天真的民族主义热情到严峻的现实主义，再到日益高涨的反战主义的思想历程。[19]然而，这些偶然而遥远的事件并未让欧洲各国政府意识到真正的变革即将到来。一方面，西方军队是通过船只抵达的，而俄国的铁路状况又糟糕透顶，导致这一技术并未显露出它在运输和补充兵力上的巨大潜力。专业研究被束之高阁，西方极度保守的军队和政府认为它们是无益的，他们横竖都是鄙夷和害怕平民大众进入战争的，并自以为是地认为，虽然俄军损失惨重，但那些目不识丁的农民义务兵的事对他们毫无借鉴意义。[20]

过时的武器和战术也进一步掩盖了正在工业化世界中的铁匠铺、专利局里如火如荼进行着的火力革命。克里米亚战争中出现的多数武器都是前装枪炮，尽管英国和法国部队至少用上了较新的线膛枪。当英国人已经用上前膛装填的1853型恩菲尔德式步枪时，俄国人用的还是完全过时的滑膛枪和与之配套的战术，比如列成纵队进攻以及其他生硬的、早在1815年之前就在使用的攻击战术。无能的英国指挥官只会发起笨拙的正面进攻，但没有多少人对此有过反思，他们当中有些是真的留任军官，其他的则更多是精神上的返祖者，仍然钟情于他们祖辈的作战方式。所有人都站在荣耀的一边、正义的一边，所有人都能得到上帝的庇佑。当时的民族主义者曾自豪地说，“只要是有正义和荣耀引领的地方”，就有英国的大炮。[21]然而，正是俄国人的大炮在巴拉克拉瓦屠杀了一个英国轻骑兵旅，迫使诗人丁尼生在他1854年的《轻骑旅的冲锋》（*The Charge of the Light Brigade*）中写下了著名的诗句：

炮打在他们右面，

炮打在他们左面，

炮打在他们前面，
排炮在轰鸣，
冒着炮火和霰弹，
他们善骑又勇敢。
骑兵六百名
冲进地狱的大门，
冲进死神的牙关。[22]



每个人都有枪。每个人也都满怀自豪。所以克里米亚的军队还在以过去的方式作战，那是马刀、骑枪、火枪和刺刀的厮杀，是横飞的炮弹碎片、被撕扯得支离破碎的马匹，也是在沉闷的战壕下忍受重炮轰击的无数个日夜。[23]

第一批战地记者通过跨洋电报电缆向远在欧洲各国首都的报纸编辑和印刷厂发送稿件，传递真正意义上的“新”闻。这些便士报成为早期爱国沙文主义者的宣泄口，他们的狂热情绪在后来一首脍炙人口的酒馆歌曲中得到再现，吼出这首歌的年轻人早已忘掉父辈一代的战争，正急不可耐地想要亲尝战争的味道：

我们不想出手，但是，如果要打的话，
我们要船有船，要人有人，要钞票有钞票。
俄罗斯熊我们之前不是没有教训过，只要我们英国人出手，
君士坦丁堡哪还有俄国人的份。[24]

然而，对西方的许多人来说，哪怕他们身在英国和法国这样的参战国，克里米亚仍然是一个遥远的地名，他们对它知之甚少，也不甚关心。特别是在前期几场毫无决断作用的会战

之后，战争开始迎来围城和堑壕战，他们从中嗅到了未来的味道，见到了战争不那么荣耀的一面。这还不算，女性在战争中发挥的作用越来越大，也越来越直接：在战地医院，“慈悲天使”弗洛伦丝·南丁格尔（Florence Nightingale）领导着一支日益壮大的女护士志愿者队伍，她们的帮助起初遭到部分英国军官的拒绝和排斥，但受到伤员们的欢迎和拥戴。还有一个警告来自战线的另一边：那里的大部分死于战争者都是在条件糟糕得多的俄国医院或营地里断气的。与战争有关的死亡总人数接近 75 万。沙皇军队损失 475000 人，其中大部分是被征召入伍、最后死于疾病的农民。数以万计的平民也因此送命。因为他们大多死于斑疹伤寒、痢疾、霍乱或其他沼泽或营地热病，这一具有欺骗性的事实让西方人自以为是地将悲剧归咎于俄国的落后。法军损失 95000 人，其中 2 万人在战斗中死亡或在后来死于战伤；剩余的 75000 人死于各种疾病。英军死亡 22000 人，而它被遗忘的盟友——苏丹军队，则共损失 45000 人。[25]

265

这场战争几乎就是克劳塞维茨式战争的反义词，是决断的反义词，那些让战争高潮迭起的会战几乎不可见。各方就这么在懵然无知的状态下，被动地进入了一场由围城战和堑壕战组成的愚蠢而无益的战争。这是一场被忽视了的悲剧，一个被忽视了的预警。面对工业化战争不断变化的性质，面对大大增强的防御力量，各国并未从中得出一个总的经验教训。他们带着一些零碎不成体系的反思，连同身体和精神上的累累伤痕，从黑海港口撤军回家。每个交战国都在以自己的方式躲避这种屠杀，但谁也没能总结出一个有益于反思战争的总体教训。奥斯曼帝国的苏丹们暂时保住了地位，但他们仍需面临来自巴尔干半岛和东地中海地区汹涌的民族主义、来自莫斯科酝酿已久的复仇主义的挑战。战后，奥斯曼帝国“高门”终于被正式接纳

为欧洲外交体系的一员，但这更多是一种力量消退的迹象，这些新的弱点和不稳定性极有可能成为动摇其整个国家体制的因素。在它最后的日子里，奥斯曼帝国还要面对少数族裔的不满和随之而来的动荡，而这些不满和动荡往往得到外部势力的支持。奥地利和俄国对奥斯曼帝国领土的图谋迫使列强多次进行外交干预，但问题还是没有解决，直到伊斯坦布尔愚蠢地加入1914—1918年的世界大战，奥斯曼帝国的统治和帝国事业才真正迎来致命一击。

俄国遭受重创，于是转向国内改革腐朽的社会和经济结构。这次改革转向主要是为了推进俄国军队的现代化，以恢复俄国在黑海的主权——1856年克里米亚战争结束时签订的《巴黎条约》使其受到限制，因此这将是一项长期而艰巨的任务。沙皇亚历山大二世废除了农奴制，这很大程度上是为对腐朽的征兵制度进行基本改革扫清障碍。他还试图改革官僚机构、司法系统和教育，所有这些都是为了实现现代化，以吸引外国资本来开发大量亟待开发的资源。由于战前铁路线路的匮乏，战争期间增援兵力和补给抵达克里米亚半岛的速度极为缓慢，由此激发的愤怒情绪在很大程度上刺激了接下来几十年里俄国铁路的修建。它建造重工业和其他基础设施，主要目的是维持一支现代化的军队，发展经济以满足未来与其他现代化帝国进行工业化战争的需求，并支持其意欲维系自身强国地位的战略野心。[26]

英国的民族主义者对他们在克里米亚受到玷污的胜利并不满意。他们对英国陆军没能一雪前耻感到沮丧，很多人指责皇家海军对铁甲炮舰（是英国为从俄国手中夺取黑海控制权而建造的军舰）的部署不当。政治和军事高层开始相互攻讦，然后政治掌权者让英国退出了这一可能在未来带来一场战争的大陆事务，不愿再为遥远的地方和他人的争吵花费力气。巩固它的

266

海外帝国，扩大和改革英国本土民主才是重点。所以在接下来的关键十年里，对于德意志统一过程中发生的所有三次战争，英国都将袖手旁观。而且，爱尔兰问题一直在恶化。19世纪60年代的芬尼亚兄弟会（Fenians）① 非常活跃，不仅地方自治成了英国政治的一大困扰，爱尔兰海对岸的教派纷争也萦绕不去，如果有朝一日导致武装冲突，英国军队的介入将在所难免。这另一个岛上的麻烦始终笼罩着英国的政治及其未来。[27]

在形式上保持中立的奥地利反而成了这场克里米亚战争中最大的战略输家，因为置身事外并不会为它赢得任何朋友。相反，它因为一场它没有参与的战争和一个它并未参与谈判签署的和约而深陷孤立。为了争夺对德意志地区的控制权，它与普鲁士之间相互对峙已达数十年，如今双方的斗争更是达到顶峰。德意志这片多民族地区被组织成一个邦联，即德意志邦联，由4个自由城市和35个邦国组成。它最初成立于1815年，目的是叫停大国在德意志事务上的纷争，以免引发新一轮战争，阻碍德意志的统一。虽然根据邦联条约规定，奥地利在邦联事务中占据支配地位，但普鲁士在现实世界中的影响力却日益增强。[28] 内政方面，奥地利帝国需要面对的是一个走向破裂的宪法结构和一系列错综复杂的民族问题；1848年革命爆发，虽然革命最终失败并被镇压，但也令这个多民族帝国的管理雪上加霜。在外交上陷入孤立的奥地利，又在政治上反对任何形式的民族主义（因为奥地利认为民族主义浪潮威胁到了自己的多民族特性），这导致它在1859年与法国和意大利之间爆发了一场老式的内阁战争，而且输得一塌糊涂。自此，哈布斯堡家族行事变得谨小慎微，对重新崛起的意大利，它没再作出任何侵略性的外交举动，但又正因为它的过于弱

① 芬尼亚兄弟会是一个爱尔兰民族主义者团体，致力于以激进的暴动形式推翻英国对爱尔兰的统治。

小，当它在大德意志内部的地位和角色遭受重大挑战时，它不得不给出一个强有力的回应。而这恰恰成了它下一个威胁的来源。[29]

如此看来，法国倒像是1856年的大赢家。拿破仑那位地位不及他显赫的侄子、正在执掌法兰西第二帝国的路易－拿破仑此时既得国内民众拥戴，又有不俗的国际声望，似乎正处于权力事业的顶峰。而事实是，他在这两头的地位都不稳固。他以为自己可以像他那位举世瞩目的叔叔那样不去理会欧洲的权力平衡，或者至少可以让巴黎成为某个联盟的中心，而这个联盟主导的将是一个更加庞大的体系。他扮演的是煽动者而非政治家的角色：他对南欧和东欧的小型民族主义运动和几场小规模的公开叛乱表示支持。这是一个危险的举动，他不仅因此疏远了保守的东方大国（奥地利和俄国），也让偏向自由主义的英国感到不满，因为英国不愿看到欧洲大陆在自己推动国内改革和扩张海外帝国事业的当口发生任何动荡。接下来，法国更是直接介入1859年的奥意战争。从法国的角度来看，这次铤而走险在军事上是成功的，但在战略上却是走了一步蠢棋。为了支持意大利而击败奥地利，导致法国南部边境一支新的独立势力抬头，却没有换来路易－拿破仑所需要的以及他期望中的意大利人的持久感激。轻率且无能，这是世人对路易－拿破仑的评价，这一评价不可谓不公允：他先是将法国孤立于欧洲各国之外，之后又把法国的军力和钱财挥霍在了它在墨西哥的帝国事业上，并在几年后以屈辱和失败告终。[30]

早在他被俾斯麦骗入1870年战争之前，路易－拿破仑就做过不少蠢事，只不过这次他是在为俾斯麦的计划充当垫脚石。巴黎看似是克里米亚战争的赢家，但其实回避战争的柏林才是这场无关大局的局部战争中真正的得利者。俾斯麦知道，在国际事务中和在国内一样，只有那些重大问题才是国家

267

事务中的关键，而“当代的重大问题，并非通过演说和多数派决议就能解决的……而是要用铁和血来解决”。[31] 现在，既然这场遥远而愚蠢的战争摧毁了“欧洲协调”（欧洲在拿破仑和法国战败后于1814—1815年建立起来的一个合作体系），他决定让柏林踏着其他国家的断铁和残血前进，他要让柏林成为这场战争的最大受益者。他的兴趣是让德意志在普鲁士的领导下完成统一，这一雄心长期以来受到“侧翼力量”（柏林如此形容它的邻国）的阻挠。现在，在德意志战争前夕，所有国家的力量都遭到削弱，不愿被卷入更广阔的战事中。英国愠怒不满，孤立主义抬头；俄国从战争中抽身，专注国内的现代化改革；奥地利被战争削弱，外交局势不明，陷入前所未有的孤立境地。法国志得意满，可惜领导它的是一个过于鲁莽自负、极易受人操弄的傻瓜。再没有哪个政治家具备俾斯麦的机智或狡黠，[32] 或者毛奇的冷酷诡诈——毛奇策划的一系列军事行动将粉碎旧有的秩序和权力平衡，让德意志在普鲁士的领导下实现统一。[33]

***

那么来自大西洋彼岸的教训呢？人们是否意识到他们应该更加谨慎地看待会战，毕竟根据美国的经验，防御性火力已经主导了现在的战争？然而在欧洲，几乎不会有人认为他们可以从美国内战当中学到什么。普鲁士总参谋部的军官们在制定战略的时候，几乎不会考虑互相关联的政治、经济和军事目标。他们会在战前钻研会战历史，但极少关注战局，更不用说一场完整的战争或者战争本身。[34] 有些美国人已经预见到了即将到来的一场旷日持久的战争。但大多数人没有。战争爆发后，美军司令温菲尔德·斯科特（Winfield Scott）对此有过

268

著名的预言，他说战争一定是漫长的，而且战争只可能通过封锁（“蟒蛇计划”）和消耗南部力量来取胜，而不是通过几场漂亮的决定性会战。上校罗伯特·李也同样预见到了即将到来的漫长战争。然而，在英勇杀敌、迅速制胜这一理想的诱惑下，大多数政治家和军官都动摇了，他们开始相信开局的几场会战将会决定战争的走向。在北方联邦这边，乔治·麦克莱伦将军（George McClellan）为一场短促的冲突制订了一个考虑不周的计划。而在南方，博雷加德将军（P. G. T. Beauregard）更是粗暴提议直取华盛顿，并在一个月内结束战争。[35]北军一开始只准备让志愿兵服役90天，想着一举制胜，夺取里士满，南军则想着一举打倒北方佬，攻入华盛顿，但是这些赤裸裸的幻想很快就会被惊人的真实且血腥的会战所粉碎。以1861年7月21日发生在离华盛顿郊区不远处的第一次奔牛河之役［First Bull Run，又称第一次马纳沙斯（Manassas）之役］为起点，会战的现实将让两军连同他们的民众一道清醒过来。

这终归会是一场漫长而艰苦的战争。对南方邦联来说，他们无法承受失去任何一处领土、一点资源，以及对其生存至关重要的国际认可，它必须挫败北方联邦在军事上取得速胜的信念。它还有扩张领土的野心。它设立了一个独立的亚利桑那领地（Arizona Territory），并与印第安领地的部落谈判，承诺印第安领地将被美利坚联盟国接纳为州。于是它被授权采取侵略性的军事行动，南军由此进入一个总体呈进攻态势的战略境地。[36]因此，南方对北方的军事挑衅不是一次而是多次，最后一年战争甚至打到了密苏里和肯塔基。随着会战的增多、军队和征兵人数的增加、伤亡名单的延长，所有人都开始放弃速战速决的想法。每个阵营、每个民族、每个共和政体，都在奋身陷阵，沿着蜿蜒半个大陆的铁路和河道，投入一场漫长的消耗

之战。联邦为赢得胜利所必须采取的策略——消耗、封锁经济和缩减领土——直到林肯总统最终找到他的将军格兰特之前，都始终难以实施。这时的后勤手段已经从拿破仑时代的马匹和马车过渡到了铁路和蒸汽轮船，可即便如此，这场横贯大陆的战争依然为后勤和领土管理带来巨大的挑战。双方的军队都通过铁路远距离运输和获得补给，但仍然需要役畜，离开铁路后也要继续依靠就地征发的方式获取补给。电报在远程指挥和控制军队方面也被证明起到了关键作用，而这一方式在欧洲还未实现。[37]

269

美国人这时已经开始使用新式的后膛装填步枪，但大部分用的还是前膛装填的线膛枪，而且型号繁杂多样，没有统一的制作标准。屠杀规模是空前的，死亡人数约为 64 万人（美国的战前人口也不过才 310 万人），这一战亡数字超过了美国所有其他战争死亡人数的总和。在多场会战和长期战局中，一方或双方都有欧洲军队派去的观察员在场，然而他们的分析要么被束之高阁，要么因为被认为缺乏专业的军事价值而遭受冷眼——在当时的欧洲人看来，南北战争不过是一场不知所谓的外行混战。南北两方迅速组建起的军队和欧洲的任何一支军队都不同：他们由民兵、志愿者和服短役的征召兵组成。人们无法理解，一场步枪革命会在遥远如 1862 年的夏罗（Shiloh）和弗雷德里克斯堡（Fredericksburg）或 1863 年的葛底斯堡（Gettysburg）和 1864 年的莽原（Wilderness）这样的地方上演。[38] 即使没有针发枪的高射速，线膛步枪所造成的伤亡率也是有增无减。步兵通过守在挖好的战壕里或土墙后方做防御性战斗，以及发动小规模战斗或狙击的方式保护自己，而不再发起猛攻。骑兵和炮兵都被射程更远的步兵武器逼退，导致战斗力下降。新的技术表明，它们可以通过加强防御工事的优势来延长战争，使得会战不再像拿破仑战争中或当时德意志军事理论所声称的那样具有决定性意义。那帮策划战争的柏林赌徒确

信，他们比笨拙的门外汉更懂战争的门道，美国人无计可施，因而只能选择困守战壕、不停杀戮，但他们不一样，他们可以完成一场“短促而有活力”的战争。然而，相比军事理论的可知，战争却总是不可预测的，它充满了混乱、努力和偶然，还有被押在铁骰子和冰冷钢铁上的巨额赌注。

柏林不仅看到了欧洲在军事上经历的跌跌撞撞，还在一场战争中看到了一项新的潜在威胁。这场战争几乎已经被今天的我们所遗忘，但它却是电报、铁路和步枪等所有这些新技术齐齐亮相并接受考验的第一场战争，那就是 1859 年的意大利战争。法国人靠着铁路（和蒸汽船）实现了比奥地利人更有效和迅速的机动，速度比拿破仑行动最快的军还要快上 6 倍。[39] 这向柏林的战争规划者透露了一个信息，即法国在通过铁路快速机动到莱茵河边境方面可能也有很大的优势。事实上，法国铁路网的高效一次又一次地（1866 年、1870 年和 1914 年）让普鲁士和德国的战略家们感到忧心。然而，一旦越过波河，在超出铁路里程的地方，法军就只能在一场由大炮、马车、弹药车、疲惫的士兵和力竭的马匹合力酿成的严重的交通堵塞中艰难地缓缓朝前挪动。然而，普鲁士人并未从这一事实中充分获取他们本可以获取的信息——在 1866 年、1870 年以及（灾难性的）1914 年，抛开胜利的表象，他们自己在离开铁轨之后的狼狈就十分有力地证明了这一点。此外，尽管法国陆军可以迅速行军至意大利边境，但随之而来的并不是一场迅速果决的伟大会战，而是奥地利在蒙特贝罗（Montebello）、帕莱斯特罗（Palestro）和马真塔（Magenta）的接连失利，然后是 30 万名法国人、奥地利人和皮埃蒙特人因在索尔费里诺（Solferino，1859 年 6 月 24 日）不期而遇而引发的混战，是役双方死伤惨重，胜利的天平倾向了法国。之后便是漫无目的、打打停停的山地战，奥地利人此时已经崩溃，陷入一

270

片混乱之中，他们没有充分利用他们的线膛枪优势，而是撤退到了四角防线。那是他们的退路，四角防线是一个由四个相互支援的大型要塞城镇——曼图亚（Mantua）、佩斯基耶拉（Peschiera）、维罗纳（Verona）和莱尼亚戈（Legnago）组成的防御体系，横跨伦巴第（Lombardy）和威尼西亚（Venetia）之间的哈布斯堡控制区。欧洲的外交官意识到法国接下来可能进军奥地利的威胁，于是以加入战争相威胁，迫使路易－拿破仑作出让步。奥皇弗朗茨·约瑟夫一世以一种旧制度下特有的平静态度接受了这次令人丧气的失败："我输了一场战斗，付出了一个省。"[40] 他指的是伦巴第，奥地利在停战协定中将伦巴第割让给了皮埃蒙特。整场战争都是不合时宜的，与这个日新月异的军事时代并不同步。

弗朗茨·约瑟夫一世所表现出的这种稳重姿态和克制政策之所以能够实现，是因为这依然是一场有限的，且交战各方对战争的有限已经达成某种默契的内阁战争。这位奥皇面对他的下一场战争所带来的灾难性结果，恐怕是乐观不起来的。面对野心勃勃的普鲁士，任何的失利都有可能将哈布斯堡家族逐出德意志，同时暴露他们长期以来在军事力量上的不济。事实上，俾斯麦和毛奇的目的就是要取得全面的、决定性的军事胜利，从而永久地扫除奥地利对柏林统治德国造成的障碍。俾斯麦首先会在政治上孤立维也纳，好让毛奇充分利用哈布斯堡的军事短板，包括落后的武器、训练和战术，腐朽和任人唯亲的指挥体系，以及并不健全的铁路和运输系统。在索尔费里诺战役结束 7 年后，几乎没有经历任何改革的维也纳军如今面对的是一支现代化的普鲁士军的进攻。他们首先通过铁路快速移动到边境，然后以超乎寻常的极限和技巧行军。更重要的是，这样做的目的不是占领一个省，而是为统治整个德意志扫清道路，也就是说，这次不是内阁战，而是歼灭战。这将是一场速

胜。它将彻底歼灭奥地利的武装力量，通过移除它的抵抗手段，来摧毁它的抵抗意志。毛奇呼应拿破仑和克劳塞维茨的观点说，普鲁士人不可能“依靠除……会战以外的任何手段”在德意志赢得他们想要的东西。[41]

普鲁士的人口只有奥匈帝国的一半，它的领土在其西北边境一带也是非连续的。不过，正当奥地利在崩溃边缘徘徊之际，19 世纪 60 年代的普鲁士却是如日中天，这得益于其对煤炭和铁矿的开采、中心地理位置带来的经济优势，以及与德意志各邦之间的贸易往来。然而，柏林看到的却是它地理位置带来的劣势，担心如果自己在德意志内挑战奥地利，侧翼力量（法国和俄国）的反应可能会将普鲁士压垮。在宽泛的外交背景下尚能使用“侧翼力量”这样一个粗糙的军事类比，显示出军事问题及其应对是一直存在于普鲁士关于地缘政治问题的思考中的。不过，俾斯麦还是很谨慎的。他担心的是，如果普鲁士激进地通过武力强迫德意志国家和民族集结于普鲁士的统治之下，会刺激列强联合起来对付普鲁士。[42] 为了能让战争真正成为普鲁士治国的手段，普鲁士迫切需要进行军事改革。这一责任被交给了另外两个杰出的人，普鲁士陆军首领毛奇，以及自 1859 年起担任战争部长的将军阿尔布雷希特·冯·罗恩（Albrecht von Roon）。在他执掌总参谋部期间（1858 年至 1888 年），毛奇重塑了总参谋部。罗恩负责监督预算、采购，以及国土防卫军的关键性重组。他们一起升级、扩张了普鲁士陆军，夯实了它在这个国家的根基和中心地位。他们还为其装备了新的步兵武器和运输工具。[43]

271

俾斯麦不喜欢战争。它会引发政治混乱，而且还会迫使他把自己手中的控制权交到那些远见和能力都无法让他信任的将军手里。[44] 不过，如果时机成熟，他是愿意利用战争和这些将军来推动国家政策的施行的。丹麦战争（又称“1864 年战

争”）期间，由于害怕引起其他大国的忌惮，俾斯麦的行事一直慎之又慎。这场一边倒的战争为期十分短暂，奥地利和普鲁士联合，将易北河畔的两个公国（石勒苏益格和荷尔斯泰因）从丹麦分离了出去。[45]在俾斯麦看来，1864年北方的赌注还不够高，还不足以让他发动一场更大规模的或更全面的战争，因为战争的爆发必然会彻底改变现有的领土划分，进而打破德意志地区的权力平衡。所以如果要赌这一把，回报就必须够高，而不只是从丹麦手里夺走一块土地那么简单。两年后，机会来了。他一边暗中操控他那位不情愿的国王（威廉一世），一边在战后借着易北河畔两公国的处置问题挑起与奥地利的激烈争论，并在有利的政治条件下安排发动了1866年的普奥战争。[46]事实证明，这场规模更大、意义更为重大的战争有其关键作用，它向世人展现了俾斯麦的外交手腕，以及毛奇的军事战略和精湛的“作战艺术”——尽管这对他来说还是一个陌生的词汇。[47]他们即将联合起来迎战一个不幸的毫无准备的敌人。

272

奥地利的军队因为族裔分歧而四分五裂，在作战方式上极度保守，在军官的提拔任用机制上重视裙带关系，任人唯亲，这不仅妨碍了个人竞争，也造成了高层专业水平的低下。因为高级指挥官领导作战不力，奥军在1859年的意大利战争中落败。在1866年与普鲁士（和意大利）的战争中，奥军再次因为指挥官的无能而陷入窘境，尽管南线的情况比迎战毛奇的北线要好一些。奥地利之所以一直守着旧制度下老掉牙的战术理念不放，主要是因为以下三点。首先，约米尼呆板和形式主义的思想主导着普鲁士以外地区的军事思想（普鲁士是个例外，一是克劳塞维茨的影响力更大，二是还有毛奇和罗恩的改革）。其次，对一支更多地由保皇主义者，而不是民众构成的长期服役的军队来说，对一个甚至在拿破仑战争打得如火如荼的时候都不信任征兵和全民皆兵体系的政权来说，显然那套旧办法是

更适合的。最后，相比毛奇的盘算，回避侵略的旧战术有着更强的防御属性，也更符合维也纳现在的政治目标和糟糕至极的财政状况。[48]

另外，由于新的线膛步枪和线膛大炮的出现，基于拿破仑战争时期纵队战术的大规模步兵攻击已经严重过时了。然而，奥地利的战术依然十分依赖猎兵（*Jäger*）；猎兵的任务就是在重装步兵纵队发起主攻前进行散兵战。1866 年的悲剧由此而来：无能的奥地利将军在面对射程远比 1815 年更远的普鲁士火力时，仍固执地使用古老的战术，导致所有试图发起传统纵队进攻的队伍死伤惨重。此外，毛奇还创造性地将快速机动和分散指挥的优势融入普鲁士的战术之中。约米尼的那些被认为是亘古不变的战争原则，将在奥地利人的实践中遭遇克劳塞维茨式的全面战争，因为毛奇的创新已经点燃了军中酝酿已久的战斗怒火，那是一种只为全歼奥地利主力的日耳曼人的狂怒。[49]

1855 年，哈布斯堡皇朝向其大部分（但不是全部）部队发放升级后的撞击式前装式步枪，即"洛伦兹步枪"（Lorenz rifle）。然而，在 1859 年的意大利，尽管拥有这一武器优势，奥地利高级指挥部和军官团还是没能调整战术，将快速射击的步兵纳入他们的作战体系，部分原因是他们不愿支付训练所需的弹药费用。在 19 世纪 60 年代，资金紧张的奥地利再次拒绝使用更新换代后的步枪（鉴于日新月异的技术变化，这是必要的），因为他们在几年前刚刚花费巨资更换了步兵武器。对一个穷困拮据、顽固古板的政权来说，这样的改革只是杯水车薪，而且为时已晚。他们不愿发生战争，而且即使战争来临，他们也无力为之做好准备。结果，使用洛伦兹步枪的哈布斯堡军队在 1866 年的战争中远远不敌装备德莱赛针发枪的普鲁士步兵。在丹麦战争期间，奥地利的军官们分明是目睹过普鲁士

273

军凭借速射后膛枪所取得的战场成功的，可这样的失败还是发生了。和在其他地方一样，阻止维也纳采购线膛枪的一个主要担忧是，没有受过教育、缺乏训练的农民会在战斗的关键时刻到来之前打光他们的弹药。杰弗里·沃罗（Geoffrey Wawro）指出，坚持使用简单粗暴的冲击战术也“为皇帝省去了大量的步枪训练费用，通过像赶牛一样把他族裔混杂的营队赶到一起，他还能率先解决语言和士气问题”。[50]令人震惊的是，奥地利军官团在1914年又做了同样的事，他们再次将自己的整个师团赶到一起，送到对方密集的炮口下，去接受那些先进得多的步枪、机枪和速射炮的扫射。

奥地利的机动能力也比正在全面铺开的铁路革命落后了几十年。为了将部队转移到北部边境预设的防御阵地，应对普鲁士人的预期进攻，哈布斯堡家族修建了一条铁路线，即北部铁路（*Nordbahn*）。但还是那句话：杯水车薪，为时已晚。他们的战略和战术一样过时，基本上还是依靠几十年前花费巨资建立起来的固定的防御工事网络，而且为这些工事提供联结的全是静态的通信线路。四散的驻军又占用了太多的可用兵力，而且因为敌人的兵力可以通过铁路实现快速移动，所以比之旧时，这些驻军在这种新型战争中更容易被孤立。意大利北部的四角防线将在1866年再次证明它的价值，但这主要得益于意大利在战争指挥和计划上的无能。然而，在北边，奥地利的前置防御战略所依赖的伟大的克尼格雷茨要塞及其姐妹堡垒，将主要用于协助毛奇完成他对奥地利北方军团的大包围。

与之相对的是，在1862年至1866年，毛奇和罗恩对普鲁士陆军进行了扩充和现代化改造，使其不再依赖粗暴的冲击战术，而是充分利用德莱赛针发枪发动火力攻击。炮兵是个例外，由于柏林的预算限制，普军的滑膛炮远远落后于更现代的、以线膛炮为主的奥地利炮。战术、作战行动及战略思维和

规划方面的变化是深刻的，因为毛奇和罗恩吸取了1848年、1864年的机动和行动迟滞所带来的经验教训，开始在1866年和1870年的战争中充分利用电报和铁路等新的通信和运输技术。[51] 毛奇早在19世纪40年代就已经开始研究铁路潜在的军事价值，而那个时候德意志还未建起一条铁路。此后，资金就从防御工事的修建转移到了铁路网的敷设上。从1861年起，毛奇和罗恩成功争取到了加速铁路建设的资金，希望能以法国速度向边境推进。他们还通过普鲁士议会强行扩张陆军规模，及至1866年，普鲁士陆军规模相较此前扩大了两倍，达30万人，已经超出任何内阁战争的需要。

274

终于，毛奇有了可以将战术行动转化为围攻合击的武器，这也许在一开始就可以决定一场有限战争。如果俾斯麦的外交活动可以首先孤立奥地利，为他的进攻扫清障碍，而没有引发一场范围更广、时间更长、挣脱势力平衡的联盟战争的话。如果敌人的机动和战斗都会按照他的预计行事。如果他的行动没有受到克劳塞维茨所说的“阻力”（因意外事件、身体极限和敌人行动而带来的指挥意图不明和失败）的挫败。[52] 如果他的下属执行了他的意志和意图，并迅速取得胜利，而非让战争向新的战线蔓延。如果普鲁士成功抢占先机的开局没有演变成一场与拥有巨大的人口和资源优势的三个强邻（法、奥、俄）之间进行的激烈较量。如果他的运气够好，如果他的计划一切顺利。总之，有许多的如果。这是一场真正的军事豪赌，后来的观察者不应因为这场豪赌的最终成功而忽视它的高风险本质。当时的大多数观察家，包括路易-拿破仑，无不认为如果战争爆发，奥地利将在这场以武力统一德意志并在后来被称为“兄弟之战”的战争中轻松击败普鲁士。[53]

普鲁士的总参谋部在计划和执行这些雄心勃勃的作战计划方面是不可或缺的，它比以往任何时候都更迅速地在更广阔的

战线上部署了大批军队。然而，还有很多很难计划的问题，首先是普鲁士自己的外交孤立局面和零落四散的领土分布，这两个问题使它极易在多个地点，乃至四面八方，都受到敌人的反入侵。它历史悠久的东部省份勃兰登堡－普鲁士与其富饶的西部领土威斯特伐利亚和莱茵地区并不相连，中间割裂的空间被包括巴登、汉诺威和黑森在内的几个独立的德意志邦所占据。1866 年，法国人口数量为 3500 万人，哈布斯堡家族拥有 3300 万种族各异的臣民，沙皇统治着 7600 万人。而属于普鲁士国王的臣民只有 1900 万人。这意味着四散分布在德意志邦联土地上的约 2000 万名德意志人对这四个大国来说可能是至关重要的。普鲁士已经借由关税同盟（*Zollverein*）将这些人口与它蓬勃发展的经济联系在了一起，但柏林想要的不只是这些，它想要的是从政治和军事上控制邦联，以便将它的新兵招募基地扩大一倍，继而跃居强国之列。挑战在于，如何做到这一点，而又不让自己成为众矢之的，引爆一场自己无法取胜的冲突。对于欧洲体系中的所有其他大国来说，它们的目标本应是阻止柏林实现其称霸德意志的野心，特别是当对方要用武力手段实现其野心的时候。然而，在 1866 年，这些大国的注意力都被分散了，或者说它们都睡着了。

275

毛奇直接从克劳塞维茨那里获取灵感，将其思想与德国的军事传统相结合。最终，他对所有这些复杂问题给出的解决办法是，他不仅要让普军成为整个欧洲训练最为有素的军队，而且要确保它的训练始终围绕速战速决来进行，即通过快速动员和迅速部署来达到开局制胜、直取战略胜利的目的。简言之，普军接受的训练指令便是朝着敌人进击，再创罗斯巴赫、洛伊滕、乌尔姆之辉煌。普军将迅速动员起来，沿着密集的公路系统和完善的由多条精心设计的弧形铁路线构成的铁路网向边境进发。而一旦重新集结，整个普鲁士陆军就必须立即展开进

攻，寻求一场决定性的对抗。所有的运动都是为了把军队迅速送到边境，然后使其同时从多个方向以包抄姿态朝着位于中心的奥地利北方军团行军。[54]和拿破仑的部队一样，将军们被告知不要在战斗时刻到来之前集中已经分散的兵力。按腓特烈的思路，即使普鲁士的突击不幸触发一场更大范围的战争，这种分进行军的方式至少能让普军赶在其他敌人有所行动之前，击败其中一支敌军。这是腓特烈二世极富侵略和进攻精神的闪电战思路，使用的是拿破仑前期分散兵力行军，以备最后一刻集中战斗的办法。正在执行其他行动的部队也会临时加入这个同心包围圈。[55]整个思路，如罗伯特·西蒂诺所言，就是“用一个军将敌人固定在正面，然后用另一个军同时打击它的侧翼和后方”。[56]如果一切都能按计划进行，结果将是一场“坩埚之战”，被困在这口大锅中的奥地利人，将被烹杀。但如果没有，战争就会朝着消耗的方向发展，因为大国将会结成联盟，为阻止普鲁士而战。这种速战速决、孤注一掷的赌徒模式常见于早期普鲁士战争的开局战斗中。在即将到来的德国战争中，它还会再次出现。

在毛奇的1866年作战计划中，军团取代军成为基本的机动单位。这就意味着要让数个军团在不同的行军路线上各自动员、集结、运输，以便普军在关键时刻集中优势兵力时，可以快敌一步，迅速包围敌军主力。由于确信普鲁士通往南部边境的多条铁路线可以在兵力调动方面提供关键的时间优势，毛奇认为应该沿着外线向心作战。这将避免太多部队同时行动造成拥塞，同时保证对北方军团的围攻和包抄。但这明显有违在当时被广泛接受的内线优势理论，约米尼认为谋取内线优势是拿破仑制胜战场的基础，实际上也是所有战争取胜的基础。毛奇打算走的是另一条路。他的计划明显模仿了拿破仑在1805年首先分散行军，等到乌尔姆时才把分散的兵力集中起来并将奥

276

军一举击溃的做法。[57]其风险在于，由于外线兵力分散，所以容易在行军过程中就被灵活机动、兵力集中的敌人各个击破。不过，毛奇清楚，他将要面对的并不是这样的敌军和指挥官。在南部边境的另一边，几乎没有灵活机动和主动性可言。

尽管意识到了如果失败将面临的严重后果，以及分散行军在指挥上的不确定性，毛奇还是将四个军团（第1军团、第2军团、易北军团和西部军团）派到相去甚远的铁路线上，它们之间的间距为90英里至120英里。在这一路上，普军必须先击败由南德各邦所派分遣队组成的邦联军。尽管对方有15万人，但这只是一个唬人的数字，因为这些部队没有在一个统一的指挥下训练或作战。[58]清理了邦联军之后，所有四个军团将开进波希米亚，集中25万兵力歼灭北方军团；按照奥地利人一贯的行事方式，北方军团在战场上大概也是姗姗来迟。毛奇的目标不只是重现乌尔姆的辉煌。无论他之后如何宣称，这都不是一场内阁战争。这将是对德意志内部秩序和国际秩序的一次彻底动摇。他和俾斯麦的目的无他，就是要在德意志内永久地铲除奥地利这个对手，粉碎旧的邦联，吞并或恐吓其他的德意志小邦，在整个德意志境内建立由普鲁士主宰的新霸权秩序。这一计划要求兵分几路的纵队可以协同行动，快速挺进德意志南部和波希米亚，通过侧翼攻击，包围并摧毁邦联军和北方军团。普军将在他们的敌人还在部署的时候迅速抵达战场，然后用优势火力粉碎所有敌军。这就是所谓坩埚战的主要思想。在毛奇的设想中，这是足以赢得战争的行动，只需在一次战局中，包围敌人的主力部队，然后在战局的高潮时刻围而歼之。[59]这是一次风险极高的豪赌，同时融合了几种策略和若干历史实例。它在战略构想上是克劳塞维茨式的，在行动的胆量上是拿破仑式的。它的孤注一掷则是普鲁士式的：他们坚信，短期战争的胜利能够抹平自己被拖入一场范围更广、时间更长

且自己无法战胜的战争中的概率。

277 在维也纳，宫廷战争委员会（*Hofkriegsrat*）没有感受到类似的对激战的向往。那是侵略者的想法，而奥地利是一个致力于保持现状的国家。坚持战略防御路线的哈布斯堡将领，准备让 245000 人的北方军团缓步推进，占领位于摩拉维亚的奥洛穆茨的防御阵地，在那里等待普鲁士人的到来。规模小得多的伊瑟尔军（6 万名士兵和各式各样的驻军）则零落地分布在波希米亚一条古老而过时的防御工事线上。另有 13 万人被牵制在了南部边境的威尼西亚，他们在四角防线内凭垒固守，与意大利相抗。结果，尽管奥军在库斯托扎（Custoza）的一场血腥激战中大败领导不力的意大利人（6 月 24 日），谨慎的哈布斯堡将军及其南方军团依然拒绝冒险离开安全的四角防线去追击一支士气低落的败军。但是至少，他没有像那位无能的北方军团指挥官一样，失去一切。[60]

因为关于普军动向的报告和谣言传到了维也纳，奥地利最终放弃了蹲守奥洛穆茨的计划，但是因为这次计划的更改来得太晚，这对他们来说将是致命的。6 月 16 日，也就是普鲁士军进入萨克森州的同一天，宫廷战争委员会命令北方军团离开奥洛穆茨，向西转移，沿着一道以约瑟夫城和克尼格雷茨的 18 世纪大型堡垒为依托的古老防线，阻击普鲁士的入侵。但奥地利的军官们也研究了拿破仑的论述和战役，眼前这个自己兵力集中、敌人兵力分散的局面，让他们看到了一个追随大师脚步的机会。6 月 17 日，路德维希·冯·贝内德克将军（Ludwig von Benedek）命令他近 25 万兵力的北方军团向伊瑟尔河进军。毛奇希望复制拿破仑在乌尔姆的成功，而贝内德克则更多的是受到大师内线作战的启发，即当敌人兵力处于分散状态时，要利用数量优势逐个击败对手。所以，他希望采用各个击破的战略，先后攻灭兵力不如自己的数个普军军团。不幸的

是，在向伊瑟尔河的长距离侧翼行军中，无论是贝内德克自己，还是他的部队，行军速度连以前的法军标准都没有达到，更不用说由速度惊人的普军所开创的新的战争节奏了。

北方军团拉着三列冗长笨重的行军纵队向伊瑟尔河进发，每列纵队都足有几十英里长。在接下来的10天里，由于行军速度缓慢，长途跋涉，许多士兵精疲力竭，士气越发低落。更让士兵们痛苦的是，交替出现的雨水和酷热，进一步打击了他们的精神，道路变得泥泞难走，可供选择的路线少之又少。后勤很快就崩溃了，士兵和马匹浑身泥污，又困又饿，又热又累。和1812年在酷暑中踏上前往莫斯科道路的大军团一样，疲惫不堪的士兵们丢下了背包、大衣，甚至弹药和步枪。塞满道路的马车、弹药箱、货车和大炮在波希米亚泥泞的道路上摇晃行进。[61]这一缓慢而痛苦的过程，给了毛奇的军队充足的时间，使其能够快速通过铁路进入汉诺威、卡塞尔（Kassel）和萨克森，在那里将效率低下的邦联军队分而击之，使其无法按照预定计划与北方军团会合。至此，一切都在按照毛奇的计划进行。

萨克森工兵试图摧毁铁路未果，让易北军团得以在两天内南下，并占领了德累斯顿。零落四散的邦联军部队由于动员效率低下，或者说机动能力不足，至此已经无力再对战局产生任何影响。而事实上，它的大队人马正被普军的西部军团牵制，也已无缘主战场了。事情的的确确就是这样发生的，尽管西部军团是普军四个军团中规模最小的一个，尽管它没有明确的指挥，多次出现本可避免的延误和低级的指挥失误，让毛奇为之心烦意乱。这场所谓的邦联战争在朗根萨尔察一役（Langensalza，6月27—28日）中达到高潮，在这场战役中，普鲁士国土防卫军后备部队的表现令人担忧。尽管如此，汉诺威还是以兵败出局收场。[62]

那些规模较小的邦联军队有的战败，有的投降，有的溃逃，有的固守不出，三个普军军团因而在德意志南部畅行无阻。就像拿破仑对他的军曾经做过的一样，毛奇也在以同样的才干充分提高他的军团的机动性，使之沿着行军路线全速前进。他利用普鲁士的铁路，以及后来占领的南德铁路网，实现了他那句名言的第一个部分，即“分散进军，集中打击”。接下来的问题是，他能否收拢这个包围圈，利用这些分散的兵力之一拖住贝内德克，将奥地利军困在眼前的铁砧上，再让他的其他两个军团合力将其锤死在这块铁砧上。他需要快速行动，因为普军各师已经出现严重的后勤困难，包括在超出铁道尽头之后遭遇的供应受阻。之后，在波希米亚的普军将被迫就地取给，像几个世纪前的军队一样，偷粮抢粮，以打草谷维生。由于体力透支、营养不良和各种物资的匮乏，在奥地利的普军一度暴发霍乱，境况非常不妙。但对毛奇的计划来说，幸运的是，这事发生的时候已是7月。[63]

从6月23日开始，普鲁士人从克尔科诺谢山（Karkonosze，即巨人山）的三个山口涌入哈布斯堡的领土。在山口脚下的第一场战斗对北方军团的侧翼部队来说十分糟糕。从6月26日开始，沿伊瑟尔河发生的小规模冲突逐渐升级，普鲁士人给奥地利的步兵和骑兵侧翼卫队带去巨大伤亡（每次战斗的伤亡比都是4：1甚至5：1）。后者表现得十分英勇，甚至到了不计后果的地步，但终归还是徒劳的。他们端着上了刺刀的洛伦兹前装枪，朝着普鲁士的速射针发枪阵线反复发起冲锋。奥地利人对冲锋纵队的依赖已经变得危险而过时，负责冲锋的士兵被告知要端着刺刀冲到敌人面前，而且在此过程中不能开枪。[64]曾经风光无限的老连队和哈布斯堡军团败得一塌糊涂。所有的反击在普鲁士人的后膛装填速射步枪和速射手枪下皆被粉碎，死伤比达到了惊人的1：5。

279

身着普鲁士深蓝军服的士兵忙着开火，后膛装弹，再开火，来回重复这个过程。有时甚至不等瞄准，他们手里的枪就朝着对面一阵快速扫射，将惊魂未定的或绿或灰或黄或黑的马扎尔骠骑兵、斯洛伐克猎兵、波兰骑兵和罗马尼亚及德意志步兵击倒。士兵仿佛被割草一般，成片成片地倒下。面对这种新的步枪作战方式、这种难以置信的射击速度，即使是最好的哈布斯堡部队也只能承受这么多了，他们扔下自己的前膛枪，举起双手表示投降，或者干脆转身逃跑。在好几次近战中，是数千支德莱赛枪与洛伦兹枪和刺刀的对决，双方的炮兵也都参与了战斗，它们切断骑兵冲锋，将拥挤的营队撕出一个个口子。普鲁士人就是这样冲下山口，突破北方军团的侧翼防线，进入山下的平原。

数以千计的士兵投入隘口附近愈演愈烈的战斗，一次在波多尔（Podol），一次在维索科夫（Vysokov），还有两次在特劳特瑙（Trautenau）。与此同时，臃肿的北方军团还在波希米亚平原上挣扎，抱着能与伊瑟尔军的60000人增援部队会合的希望，向着克尼格雷茨的要塞缓缓挪动。终于，他们在堡垒中缓过劲来，整装朝着大炮轰鸣的方向前进。集结地点被定在了伊钦镇（Jičín）。一路上，北方军团的侦察兵和散兵与从山上下来的三支普鲁士军的先头部队之间爆发了多场战斗。随后，在6月26日至28日的3天时间里，双方又陆续在明兴格拉茨（Münchengrätz）、布克尔斯多夫（Burkersdorf）、鲁德斯多夫（Rudersdorf）和斯卡利斯（Skalice）展开血腥战斗。[65]成千上万的士兵死在令人措手不及的速射弹雨之下，他们排着已经过时的密集纵队——它更适合出现在瓦格拉姆或滑铁卢的战场上，源源不断地被一个混乱且毫无准备的军官团送入侧翼，去抵挡强大的普军火力。一些人仓皇而逃，另一些人举手投降，这是他们的军官从未设想过，因而也就无从应对的火力

强度。

就在毛奇的钳形攻势突破北方军团的侧翼防守，即将将其包围时，贝内德克作出了一个最糟糕的决定。他非但没有加速向西脱离两支敌军的包围，反而转身要求开战，下令军队沿易北河集结。他坚信自己一定会赢，因为约米尼的主要战争原则之一偏向的就是他的“内线阵地”。这些从拿破仑那个时代和战事中摘取的教条，即使在当时也未被视作规则，只是几种能被观察识别的“结果”。然而，面对半个世纪后已经改变了的技术和环境，贝内德克依然选择墨守成规。他一定会赢，因为他的军队拥有关键的、决定性的优势，即他们占据了那个至关紧要的内线阵地。军事理论是这样说的，历史也是这样说的。贝内德克告诉他的参谋人员，他将把他的部队正面转而朝北，面向第2军团并与之开战，在迅速击败它之后，掉头向西，攻打第1军团，因为对方不可能越过外部防线，绕过他的侧翼，包抄他的后方。一位对约米尼的所谓永恒洞见不太感冒的奥地利参谋记录下了他的震惊：“这实际上意味着，现在普鲁士人可以从三个方向来攻打我们了……真是愚蠢的想法！”[66]

280

而普鲁士这边，速度正在引发真正的困扰。易北军团和第1军团的食物已经耗尽，因为他们所在的位置离铁路线太远，物资无法靠铁路运送，而可以靠铁路运送的现在也被堵在了路上。与普军纪律严明的形象相反，越来越多的征召新兵开始装病甚至当起了逃兵。持续到来的战斗正在破坏毛奇的大计。然而，在6月29日的伊钦，4万名奥地利人和伊瑟尔军中的萨克森人被迫面对密集的速射火力，那些普鲁士步兵在面对哈布斯堡骑兵时，甚至没有排成方阵，他们只是站成一排，开火，装弹，击退奥军的反复冲锋。让奥地利步兵溃不成军的还有威力强劲的针发枪。过时的战术和懵懂无知的军官帮助普鲁士人完成了这场射杀，他们的部队有些被反复暴露在密集的步枪火力

之下，另一些则在没有得到命令的情况下原地待命，眼睁睁地看着普鲁士人以笔直的队列一边射击、装弹，一边朝着他们挺进。德意志军官和波兰、捷克或其他部队之间的语言差异让军队的指挥和控制变得更加复杂，同样的问题还将出现在1914年更为血腥的塞尔维亚和加利西亚战场上。在接下来的两天里，伊瑟尔军的残余部队踉踉跄跄地撤向易北河畔。贝内德克对这场战局近乎绝望，但他一如既往地将失败归咎于部下。他给皇帝发了电报："伊瑟尔军的溃败使我不得不向克尼格雷茨方向撤退。"[67]

速度对毛奇来说是至关紧要的，他担心如果不能速战速决，恐怕会引来法国在西面的干预，那时普鲁士再想将军事胜利转化为持久的战略成功就难了。[68]高潮战役发生在易北河左岸一座有着120年历史的克尼格雷茨要塞前。此次克尼格雷茨的战斗，又称萨多瓦会战（Sadowa），双方总共投入兵力45万人，它既预示着战争风格的转变，也是战场杀戮规模的一次空前升级。这是自1813年在莱比锡爆发的诸民族之战以来欧洲规模最大的一场战役。投入这场会战的赌注是如此之巨，而一旦军队离开公路和铁路进入敌人的乡间，电报的指挥作用又是如此有限，以至毛奇亲身南下，现场督战。这场激战是如此之壮观，以至连俾斯麦和普鲁士国王也要前来观看。他们将看到数以万计的人如何在一天之内变得或死或伤。

281

幸运和智慧都站在毛奇一边，所以很难说在接下来的日子里哪个更重要。首先，贝内德克错误地留在易北河的对岸，把他的整个军队沿着平缓的比斯特日采河（Bystřice River）的河道，挤在一个狭长的营地里，那里既得不到足够的补给，也不能完全展开部署。关于贝内德克为什么这样做，历史学家之间一直存在分歧。戈登·克雷格（Gordon Craig）认为，他留在要塞群前是为了发动反攻，虽然这在后来没有实现，而杰弗

里·沃罗则将贝内德克的决定归因于抑郁和无能。[69]他犯的另一个重大错误就是将他的部队排成了月牙形，突出中央，收缩两翼。这实际上是将他的阵地分成了三个离散的战线，两翼相隔太远，相互之间无法提供火力支援或快速增援——这很难说是一种充分利用内线优势的兵力部署办法。此外，他的阵型纵深过浅。他的部署依据依然是50年前老式燧发枪的战术和射程数字，丝毫没有考虑到普鲁士新式线膛枪炮延长后的射程。这意味着他的后备部队，到时无论是站立待命还是在外围晃荡，几乎从一开始就处于猛烈火力的包围之下，当他需要他们的时候，他们早已乱作一团，毫无斗志。最后，他的指挥官们直到战斗前的最后一天，还将大部分时间都浪费在无谓的争论上，其中有几个人预感到即将到来的灾难，于是提前写好一些先发制人、为自己开脱的信件和倒填日期的命令，以便在大难临头时拿出来自保。[70]

在听完哈布斯堡军令人费解的阵地部署汇报后，毛奇迅速作出了反应。他命令易北军团和第1军团作为铁砧，等待第2军团11万支步枪的锤击，同时敦促第2军团朝着枪响的方向强行军。第2军团已经在这样做了。贝内德克的中路很强大，他在那里布下的兵力和大炮数量比毛奇预期的要多，但他没有行动，而是等待击退预期中的普军的进攻。毛奇终究还是在第2军团到达之前就发动了进攻。他应该再等等的，因为现在的他只有易北军团和第1军团的135000支步枪可用。然而，等，不是他的风格，也不是普鲁士的风格，更不是日后德国人在战争中会有的风格。

282

所有会战都是高风险的，即使是在技术、战场，乃至敌人都站在你那一边的时候。而将军们作出的决策也会给战斗的演算增添一分风险。毛奇的所有美德中绝不包括耐心，所以在7月3日早上8点，他用300门大炮打响了战斗。在随后的战斗

中，由于几位下级将领没有明白或服从他的命令，这次过早的进攻让北方军团四分之三的兵力从毛奇筹谋已久且梦寐以求的坩埚之战中逃脱。[71] 幸运的是，这对他来说没有什么影响，因为贝内德克确实是一个不折不扣的无能之人，他最终还是输了这场战斗。尽管如此，毛奇的进攻心切在克尼格雷茨的奥地利人面前还是太过冒险，普鲁士人不是没有可能输掉这次豪赌的。

尽管贝内德克的部署极其糟糕，但等到中午时分，他的几个部下凭借兵力优势和战术攻势，马上就要突破普鲁士人的左翼或将其包围了。与此同时，哈布斯堡优越的线膛火炮猛烈轰击并击退了普军四个师对中路的进攻，将他们压制得动弹不得。第 2 军团迟迟没有消息，威廉国王哀号道："毛奇，毛奇，我们正在输掉这场战斗！"[72] 毛奇厉声斥道："在这里，没有退路。我们在为普鲁士的生存而战。"[73] 在他说话的时候，铁骰子正在翻滚，但它还未最终定格，会战的结果如何、谁将入主德意志，都是未知之数。这就是那个高潮时刻，双方的指挥官（除了贝内德克）都想包抄对方，而最终谁是包抄者，谁是被包抄者，此刻谁也不知道。

毛奇身边的参谋们忧心忡忡地望向远方的地平线，寻找第 2 军团的踪影。它正在赶来，但被雨水浇透的道路拖慢了脚步，它的行军队伍一路延伸，足有 25 英里长。贝内德克的参谋敦促他在中路乘胜追击，但他不愿为了反击离开自己的固定阵地，也不愿去支援他更强硬的部下正在进行的侧翼攻势。相反，他把所有的希望和结果都推给了炮兵。整整几个小时，猛烈的炮轰声不绝于耳。其间夹杂着突击、撤退和局部反击。下午 1 点刚过，第 2 军团的先头炮兵和负责冲锋陷阵的近卫连终于赶来加入了战斗，军乐随之响起。普鲁士的行军声让正在受困的易北军团和第 1 军团军心大振，但却让哈布斯堡军心头战

栗、士气动摇。得到增援、胆子大了起来的普鲁士步兵开始向前推进，他们边走边快速射击，在行进中装弹，这是哈布斯堡步兵的前膛枪所做不到的。他们横扫了一些萨克森人，然后在30分钟内摧毁了整支奥地利军。毛奇即将实现对北方军团的完全包围。欣喜若狂的他随即投入他最后的预备役，并下令从后备弹药箱中取出最后的炮弹。他完全沉浸在战斗的快感中，敦促指挥官们全力包围敌军侧翼，打出“第二个坎尼”。[74] 他要的不只是胜利，他要的是彻底歼灭。

283

相反，奥军部署在克卢姆（Chlum）的主要城镇和高地周围的中右翼崩溃解体，将8000多名痛苦、茫然的俘虏留给了进击中的普鲁士人。一些部队留在原地断后，并英勇赴死。后来最著名的是一个由8门炮组成的“死亡炮群”。它在克卢姆一度阻止了普鲁士人的进攻，但随即被普鲁士步兵的速射火力碾压摧毁。[75] 有些士兵跟随军官举剑搏斗，发起勇敢但徒劳的反击，有些士兵则抱头逃窜。在中路指挥部崩溃后剩下的幸存者，扔下背包和武器，奔向易北河。疾驰的骑兵径直穿过后备军团，引起一阵恐慌。和罗斯巴赫一役中的联军骑兵一样，被吓得阵脚大乱的奥军骑兵此时已经慌不择路，直奔尚被困在纵队中的友军步兵而去。其他骑兵则拒绝接受命令，既未前去堵住步兵战线上的巨大缺口，也没能阻止中路兵马的溃逃。炮群在没有接到命令的情况下搭上弹药车径自撤离，把亟待支援的步兵丢给了不断推进中的普鲁士人。惊恐的奥地利人和匈牙利人误把撤退的邦联军队认作普军，慌乱开火。下午3点的时候，现场已经彻底陷入混乱。贝内德克的人阵脚大乱，四散而逃，但也正因如此，他们才没有落得被全歼的下场。

没了弹药的大炮，鞍上有人、无人的战马，还有来自4个军的数万名无人统率、惊慌失措的步兵，纷纷从被攻破的中路和两翼阵地逃出。他们像在涌入一个漏斗，从克卢姆一个2.5

英里的缺口冲向一座窄桥，那是通往对岸克尼格雷茨要塞的唯一通道。他们不顾一切地要渡桥，要在猛烈的炮火投向密集的人潮之前冲过去，要在普军纵队执行毛奇的计策将其包抄之前冲过去。侧翼的溃逃，让失去掩护的两个军因此暴露，他们在绝望中被击溃。他们组织了几次反攻，队形依然是过时的纵队，尽管徒劳，甚至也许在战术上还是愚蠢的，但勇气可嘉。普鲁士的火力是如此猛烈，以致那些仍在勉力战斗的奥地利燧发枪手发现，随着铅弹嗖嗖掠过的疾风，甚至使弹药的装填也成了一个难题。其中有一条隘路，上面满满当当地堆满了死去的和垂死的奥地利人和乌克兰人，这条路后来被称为“死亡之路”。光是哈布斯堡第 6 军，一个小时内就损失了 6000 人。一位奥地利军官如此描述这场大屠杀：“骑兵、步兵、炮兵、辎重，所有的一切；我们既不能带走他们，也无力恢复任何形式的秩序。我们的纵队分崩离析。敌人将炮火对准了这个挤满了人的峡谷，弹无虚发。我们撤退了，留下数以千计的战死者。”[76]

284

下午 4 点前后，北方军团败局已定。等到下午 5 点，它已溃不成军。这支由 24 万人组成并由能力欠佳的统帅领导的军队，这支曾经不可一世的以旧制为荣的军队如今已是一帮惊慌失措、为了活命而公然抗命逃跑的败兵散卒。幸存者只有一个目的，那就是渡过易北河，远离不断落下的炮弹，远离普军步兵速射火力的追击。高级指挥官抛弃了他们。贝内德克渡了河，朝着易北河的下游而去，那里是堆满了大炮和师团的克尼格雷茨要塞。渡过河后，贝内德克命令拆掉身后的四座浮桥，不仅切断自己部众的退路，也不给普鲁士人任何追击的机会。除此之外，他几乎没有，或者说根本没有采取任何行动来帮助他的大批残余部队渡河。相反，他选择安坐下来，写了一封为自己开脱罪责的电报给他的皇帝，宣布战败，并将其归咎于那天早上的大雾和他的下属。与此同时，克尼格雷茨要塞大门

紧闭，以抵御数以万计的武装人员对大门的挤压和捶打。人们在愤怒和混乱中开了枪，部分守卫部队出动，逼退了绝望且来势汹汹的武装难民暴徒，守住了堤道。数百人在试图游过易北河和它的支流阿德勒河时淹死。夜晚用它的黑暗和怜悯笼罩战场，压抑着炮火的轰隆，这让四周的呻吟和呼救声显得更加清晰可闻。奥地利和邦联在此战中死伤24000人，被俘2万人。毛奇一方死亡、受伤或失踪9000人。[77]

经过一场短暂而激烈的战斗之后，普鲁士人赢了一场巨大的会战，尽管它完全没有按照计划进行。作战计划中的合围聚歼、坩埚之战，并未如期出现在克尼格雷茨的战场上。[78]成功可以说是得益于普鲁士先进的武器和娴熟的战前训练，或者更应归功于对手犯下的错误，而不是毛奇在当天表现出的所谓天才。贝内德克错误的部署和拒绝改变、拒绝采取主动的态度，助了毛奇一臂之力。请君入瓮、围而歼之的计划勉强起了作用，只是因为贝内德克不顾劝阻，坚持背水作战，同时还将兵力分散部署在离普鲁士大炮太近的地方。然而，毛奇在自己兵力不如对手的情况下过于急切地提前发动进攻，但不幸中的万幸是，固执刻板的贝内德克拒绝迈出他坚固的中央据点，导致在奥军的火炮优势令普鲁士损失惨重之后没能乘胜追击。[79]

285

北方军团拼命撤退，加上毛奇在第2军团仍未脱离行军纵队、离战场还有几小时路程的情况下作出的在当天清晨进攻的决定，都是普鲁士人无法合围全歼北方军团的原因。普鲁士骑兵的糟糕表现凸显了毛奇所作决策的错误，因为他们无论是对这场战斗还是之后的追击行动都毫无贡献。北方军团没有覆没，18万名溃散士卒在易北河对岸重新集结，并在第2军团有气无力的追击下艰难逃至奥洛穆茨。这是贝内德克的又一个错误，但普军还是没能抓住这个机会。北方军团撤到奥洛穆茨为第1军团和易北军团打开了通往维也纳的道路，但这三

支饥肠辘辘的普鲁士军队却在向南进军时选择洗劫帝国最富裕的省份。他们一路上几乎没有遇到抵抗，尽管奥地利仍有20万兵力。哈布斯堡的抵抗意志基本已被摧毁。7月22日，在毛奇还未正式向维也纳发起积极进攻之前——而战事的蔓延可能会激起其他大国的介入，进而打乱俾斯麦在德意志的计划——维也纳要求议和。

俾斯麦提出的外交解决方案，保住并扩大了这一惊人的军事胜利的果实。一向谨慎的威廉一世突然对领土吞并起了贪欲，是俾斯麦阻止了这位国王的过分要求。俾斯麦坚持不吞并奥地利的省份，因为这很可能会激怒法国和俄国。相反，他在停战协议上做了让步，以防其他国家站出来支持奥地利，或者试图扭转克尼格雷茨一役的胜利在德意志内部的意义。柏林放弃向南，普军也就随即撤出了下西里西亚和波希米亚两省。奥地利及其邦联盟国虽然要向柏林支付巨额赔款，但在领土方面，奥地利除了要将威尼西亚割让给意大利外，其余部分基本保持完整。德意志和欧洲的权力平衡正在动摇，但是因为奥地利在战前被俾斯麦孤立得如此彻底，战争期间又被毛奇如此迅速地击败，以致其他大国未能对普鲁士在财富、资源和人口方面发生的这种根本转变作出反应。

在接下来的两年里，德意志南部各邦被迫与普鲁士签订防御条约，与普鲁士绑定在一起。维也纳之后再也没有在德意志内挑战过柏林。它将注意力转向帝国内部。此时的奥地利帝国，非德意志人汹涌的民族主义浪潮，正在加速一场长期的内部危机，而这场危机对1914年的第一次世界大战的爆发和1918年哈布斯堡帝国的最终解体起了很大作用。1867年，内部分裂愈演愈烈，于是这个同时统治着多个相互联系但并不统一的领地（它们分属于德意志人、马扎尔人，还有其他许多少数族裔）的君主国改为奥地利－匈牙利二元帝国，即所谓的奥

286

匈帝国。每个邦国仍然保留自己的军队。每支军队都有自己的民族和预算体系、自己的征募地区和制度、自己的指挥语言，以及基于民族的作战单位。共有陆军（*Gemeinsame Armee*）由德意志人主导和管理，指挥部设在维也纳，匈牙利王家防卫军（*Honvéd*）是马扎尔人的防卫军，由布达佩斯管辖。而帝国和王家地方防卫军（*Kaiserlich Königliche Landwehr*）则构成了这个既不统一也不现代的哈布斯堡军队的第三个部分。一个如此分裂的政权，无论它有多么古老，都是无法站稳脚跟的。帝国内部在何时使用军队，以及如何甚至是否应该为整个帝国的防御支付费用等问题上的分歧，从1866年起到第一次世界大战，一直在削弱帝国的根基，最终以1918年古老的哈布斯堡帝国在军事和政治上的彻底覆灭告终。[80]

普鲁士想要接管整个德意志的野心在1866年之后的法国遭到越来越多的反对，但与此同时，路易－拿破仑无力的领导和外交，包括第二帝国对欧洲“民族原则”不切实际的支持，又让它获得了好处。俾斯麦和毛奇从其他列强那里得到的东西，已经远远超过他们的国王此前的想象，包括：吞并了从丹麦战争中取得的所有战利品；在击败奥地利之后，吞并法兰克福、汉诺威、黑森－卡塞尔和拿骚，填补普鲁士巨大的领土缺口，使之连成一片；在扩大普鲁士财源和人口的同时，修补了以前普鲁士与法国边境的漏洞。其他的北方邦国和城市在名义上保持独立，但是通过北德意志邦联，它们实际还是处于普鲁士的控制之下，因为邦联的军事和外交政策都是由柏林制定的。[81]毛奇高速的军事行动和俾斯麦弹无虚发的外交行动早在战前就已经过周密计划和反复权衡，所以当军事或政治机会出现的时候，他们总能因时因势而变。他们的灵活机动，确保了克尼格雷茨战役在任何意义上都是一场真正的决定性战役。它取得了胜利，结束了战争，使柏林既给了奥地利宽大的和平，

又能从事实上压制它。它使普鲁士一夜之间成为大国中的强者。它使普鲁士的东西领土得以相连。它为普鲁士增加了数以百万计的子民，也为毛奇和总参谋部送去了未来的军和军团。

作为与奥地利签订宽大和约的回报，俾斯麦有了可以在不久的将来作出激进举动的自由，即通过武力将德意志的其他地区收入普鲁士的囊中。奥地利被打败了。法国四分五裂，领导者无能。俄国和英国有它们自己的内部问题需要解决，此外还有两国在中亚展开的“影子竞赛”（*Turniry teney*）——这是俄语中的说法，英语中的提法是充满诗意的、因帝国诗人鲁德亚德·吉卜林（Rudyard Kipling）的使用而流传开来的“大博弈”。[82] 因此，毛奇和俾斯麦准备挑起另一场艰难的、毁灭性的决战，这次他们的对象是法国。只有击败法国，才能确保柏林对整个德意志的统治，消除最后一个阻挠普鲁士吞并南德各邦的大国障碍。这将为普鲁士再添数百万的臣民和20万名训练有素的邦联士兵，使柏林的权力和威望上升到前所未有的水平。俾斯麦和毛奇不仅要打败法国，而且要羞辱它，要让普鲁士领导下的德国从此超越一切。然而，即将到来的战争将带来惊喜，并揭示毛奇所未预料到的关于战争之深刻的战略事实。他新的快速作战方式和短期战争将受到持久的全民战争的考验，其结果是可预见的，同时又是令人担忧的。

## 注　释

1　Gat, *Military Thought*: pp. 270–271; Michael Bonura, *Under the Shadow of Napoleon: French Influence on the American Way of Warfare from Independence to the Eve of World War II* (New York: New York University Press, 2012): pp. 11–40.

2　Peter Paret, “Clausewitz and the Nineteenth Century,” in Michael Howard, editor, *Theory and Practice of War* (Bloomington: Indiana University Press, 1975): pp. 21–41; Jay Luvaas, “European Military

Thought and Doctrine, 1870–1914," ibid., pp. 69–93; Stig Förster, "Facing 'Peoples' War' : Moltke the Elder and Germany's Military Options After 1871," *Journal of Strategic Studies* 10/2 (1987): pp. 209–230; Foley,*Path to Verdun*: pp. 14–25, 34–37.

3　盖特认为，这种军事研究方法是从康德具有广泛影响力的艺术理论中发展出来的。*Military Thought*: pp. 143–148, 177–180, 197–198. 另见 Citino, *German Way of War*: pp. xii–xiii。斯塔基提供了一种截然不同的观点：Starkey, *War in the Enlightenment*: pp. 211–216。

4　Clausewitz, *Principles of War* (1812)；这篇简短的论述是他后来更为经典的著作《战争论》的先导。Available online at http://www.clausewitz.com/readings/Principles/index.htm.

5　Gat, *Military Thought*: p. 212.

6　Clausewitz, *On War*: Book VI, Chapter 30; Gat, *Military Thought*: pp. 201–216.

7　Foley, *Path to Verdun*: pp. 210–228; Hew Strachan, *Clausewitz's On War* (New York: Atlantic, 2007): pp. 106–146.

8　Gat, *Military Thought*: p. 310. 关于法国大革命为普鲁士带去的长期文化和政治影响，以及这些影响与普鲁士在 19 世纪中期一系列作战政策的关系，参见 William Carr, *Origins of the Wars of German Unification*(New York: Longman, 1991): pp. 1–33。

9　在基钦的评述中，德国的军事思想显得十分僵化：Michael Kitchen, "Traditions of German Strategic Thought," *International History Review* 1–2 (1979): pp. 163–190。相比之下，迪普伊对其可谓充满敬意：Trevor Dupuy, *A Genius for War: The German Army and General Staff, 1807–1945* (New Jersey: Prentice-Hall, 1977)。态度中立的学术性著作有：Gordon Craig, *The Politics of the Prussian Army* (Oxford: Clarendon Press, 1955)；Arden Bucholz, *Moltke, Schlieffen, and Prussian War Planning* (Providence: Berg, 1991)；Luvaas, "European Military Thought"；以及 Gat, *Military Thought*: pp. 314–381。

10　Clausewitz, "On Genius," *On War*: Book IV, Chapter 2; Alfred von Schlieffen, "Cannae Studies," pp. 208–218；另见盖特关于克劳塞维茨及其对 19 世纪德国军事思想的影响的极富洞察力的讨论：Gat, *Military Thought*: pp. 108–265, 314–381。

11　最好的英文单卷本研究是：Geoffrey Wawro, *The Austro-Prussian War: Austria's War with Prussia and Italy in 1866* (Cambridge: Cambridge

University Press, 1997)。类似主题且同样高质量的有：idem, *Franco-Prussian War: The German Conquest of France in 1870–1871*(Cambridge: Cambridge University Press, 2005)。

12 Howard, *War in European History*: pp. 75–94, quoted at p. 94; Strachan, *European Armies*: pp. 8– 33; Addington, *Patterns of War*: pp. 19–44; Frederick Schneid, "Napoleonic Conscription and the Militarization of Europe?" in Donald Stoker et al., editors, *Conscription in the Napoleonic Era* (Abingdon: Routledge, 2009): pp. 189–205.

13 Helmuth von Moltke, "The Nature of War," in Daniel Hughes, editor, *Moltke on the Art of War: Selected Writings* (Novato, CA: Presidio Press, 1995): p. 33. Foley, *Path to Verdun*: pp. 14–37; Howard, *War in European History*: p. 95.

14 Dennis Showalter, "The Retaming of Bellona:Prussia and the Institutionalization of the Napoleonic Legacy, 1815–1876," *Military Affairs* 44/2 (1980): pp. 57–63; Alfred Vagts, *A History of Militarism: Civilian and Military*, rev. ed. (Westport, CT: Greenwood, 1981): passim; Theodore Ropp, *War in the Modern World* (Baltimore: Johns Hopkins University Press, 1959): pp. 143–160; Howard, *War in European History*: pp. 94–115.

15 Denis Showalter, "Soldiers into Postmasters: The Electric Telegraph as an Instrument of Command in the Prussian Army," *Military Affairs* 37 (1973): pp. 48–52; Angela Fleming and John Hamilton, editors, *The Crimean War as Seen by Those Who Reported It* (New Orleans: Louisiana State University Press, 2009)，它最初发表于 1856 年，题为 "Complete History of the Russian War"。另见一项较早的研究：Lynn Marshall Case, *French Opinion on War and Diplomacy During the Second Empire* (Philadelphia: University of Pennsylvania Press, 1954)。

16 Frederick Schneid, "A Well-Coordinated Affair: Franco-Piedmontese War Planning in 1859," *Journal of Military History* 76 (2012): pp. 395–425; Dennis Showalter, "Railroads, the Prussian Army, and the German Way of War in the Nineteenth Century," in T. G. Otte and Keith Neilson, editors, *Railways and International Politics: Paths of Empire, 1848–1945* (New York: Routledge, 2006): pp. 21–44. 肖沃尔特更早期的作品取代了埃德温·普拉特的原创研究：Edwin Pratt, *The Rise of Rail-Power in War and Conquest* (London: P. S. King, 1915)。

17　Robert O' Connell, *Of Arms and Men: A History of War, Weapons and Aggression* (Oxford: Oxford University Press, 1990): pp. 189–211.

18　William Reid, *The Lore of Arms: A Concise History of Weaponry*(New York: Facts on File, 1976): pp. 149–150, 224–225; Strachan, *European Armies*: pp. 111–113.

19　1854年托尔斯泰作为一名年轻军官在克里米亚服役，这段经历使他转向反战主义。相关的英国报道转载于 Fleming and Hamilton, *The Crimean War*: pp. 98–168。有关士兵们的经历，见 Alastair Massie, *National Army Museum Book of the Crimean War: The Untold Stories*(London: Macmillan, 2004)。关于塞瓦斯托波尔的长期围困，参见 Orlando Figes, *The Crimean War*(New York: Holt, 2011): pp. 345–410。

20　关于战争起因，见 David Goldfrank, *The Origins of the Crimean War* (New York: Routledge, 2013); Werner Mosse, *The European Powers and the German Question, 1848–1871* (New York: Octagon Books, 1969): pp. 49–79; David Wetzel, *The Crimean War: A Diplomatic History*(New York: Columbia University Press, 1986); Figes, *Crimean War*: pp. 1–129。关于战略，见 Andrew Lambert, *The Crimean War: British Grand Strategy Against Russia, 1853–1856* (Farnham: Ashgate, 2011): pp. 113–128。

21　*Ubique, quo fas et gloria ducunt.*

22　Alfred Lord Tennyson, "The Charge of the Light Brigade" (1854). 霍姆斯对此有过广泛而丰富的探讨：Holmes, *Redcoat*: pp. 234–243。

23　"他们以同样的方式上场，我们以同样的方式击败了他们。"这据说是威灵顿在联军制胜滑铁卢之后说的话。以诸如"号角声起，战鼓齐鸣"这样极度传统的文风写就的关于克里米亚战争的综述性文字见 Robert Edgerton, *Death or Glory: The Legacy of the Crimean War*(Boulder, CO: Westview Press, 1999)。

24　这是一首可以追溯到1877年的流行歌曲，在英俄在中亚的"大博弈"极有可能引发新战的背景下，歌词中提到了克里米亚战争。

25　Winfried Baumgart, *The Crimean War, 1853–1856* (New York: Oxford University Press, 1999): pp. 61–90, 115–166, 203–216; L. G. Beskrovnyi, edited and translated by Gordon E. Smith, *The Russian Army and Fleet in the Nineteenth Century: Handbook of Armaments, Personnel and Policy* (Gulf Breeze: Academic International Press, 1996), originally published in Russian in 1958; René Guillemin, *La guerre de Crimée:*

*Le Tsar de toutes les Russies face à l'Europe* (Paris: Editions France-Empire, 1981); Alain Gouttman, *La guerre de Crimée, 1853–1856* (Paris: SPM, 1995); Figes, *Crimean War*: pp. xviii–xix, 363, 371, 467, 483, 488–489; Baumgart, *Crimean War*: pp. 215–216; John Curtiss, *Russia's Crimean War* (Durham: Duke University Press, 1979).

26 Baumgart, *Crimean War*: pp. 211–213; Figes, *Crimean War*: pp. 355–356, 449; J. N. Westwood, *Endurance and Endeavor: Russian History, 1812–1992*, 4th ed. (Oxford: Oxford University Press, 1993): pp. 71–84, 93–97; "Reforms and Reactions," in Warren B. Walsh, editor,*Readings in Russian History*, Vol. 2 (Syracuse: Syracuse University Press, 1963): pp. 367–533.

27 不同教派的爱尔兰人之间日渐高涨的军备竞赛导致 1912 年在英国陆军内爆发了一次兵变，虽然兵变被镇压，但它还是在第一次世界大战到来之前分散了军官和高层的注意力。随后在 1916 年的复活节起义和第一次世界大战后的英爱战争期间，又在爱尔兰发生了直接的军事冲突。关于战前危机，参见 C. J. Bartlett, *Defence and Diplomacy: Britain and the Great Powers, 1815–1914* (Manchester: Manchester University Press, 1993): pp. 59–93。

28 关于这一复杂时代德意志内部及欧洲范围内的外交历史，参见 James J. Sheehan, *German History, 1770–1866* (Oxford: Clarendon Press, 1989): pp. 391–450, 588–729, 853–911; Mosse, *German Question*: pp. 129–145; and Carr, *Origins*: pp. 1–54。

29 有关这一时期的外交，参见 A. J. P. Taylor, *The Struggle for Mastery in Europe, 1848–1914* (Oxford: Clarendon Press, 1954): pp. 99–125; idem, *Bismarck* (New York: Vintage, 1967): pp. 53–123。关于意大利，参见 Frederick Schneid, *The French-Piedmontese Campaign of 1959*(Rome: Ufficio Storico, 2014)。另见 Kitchen, *Modern Germany*: pp. 71–112。

30 Mosse, *German Question*: pp. 81–146. 关于法兰西第二帝国的那些"好年头"，见 Alain Plessis, *The Rise and Fall of the Second Empire, 1852–1871* (Cambridge: Cambridge University Press, 1985): pp. 58–151。内容广泛的文化批评，参见 David Baguley, *Napoleon III and His Regime: An Extravaganza* (Baton Rouge: Louisiana University Press, 2000)。

31 出自 1862 年 9 月 30 日俾斯麦的议会演说。

32 概述性作品见 Kitchen, *Modern Germany*: pp. 113–138。俾斯麦在历史上的争议颇多，对俾斯麦作为一位革命性政治家提出强烈批评的是：

Lothar Gall, *Bismarck: The White Revolutionary*, Vol. 1 (London: Allen and Unwin, 1986)；同样尖锐的还有：Jonathan Steinberg, *Bismarck: A Life* (Oxford: Oxford University Press, 2011)。相较之下，对俾斯麦持赞许态度的是：Otto Pflanze, "Realism and Idealism in Historical Perspective: Otto von Bismarck," in Cathal J. Nolan, editor, *Ethics and Statecraft*, 2nd ed.: pp. 149–164。

33　参见 Brendan Simms, *The Struggle for Mastery in Germany 1779–1850* (New York: Palgrave, 1998)。

34　Jay Luvaas, *Military Legacy of the Civil War: The European Inheritance* (Lawrence: University Press of Kansas, 1988): pp. 119–142; Citino, *German Way of War*: pp. 142–147; Weigley, *The American Way of War* (New York: Macmillan, 1973). pp. 59–91; Antulio Echevarria, *Reconsidering the American Way of War* (Washington: Georgetown University Press, 2014): pp. 32–46; Carol Reardon, *With a Sword in One Hand and Jomini in the Other* (Chapel Hill: University of North Carolina Press, 2012): pp. 17–54, 89–124, 137, 关于"天才崇拜"见 pp. 55–88; Gat, *Military Thought*: pp. 284–292; Michael Bonura, *Under the Shadow of Napoleon* (New York: NYU Press, 2012): pp. 36–37 以及多处。

35　Emory Thomas, *The Dogs of War: 1861* (New York: Oxford University Press, 2011): pp. 21–36; 46–48, 50–51, 78–79.

36　Joseph Harsh, *Confederate Tide Rising: Robert E. Lee and the Making of Southern Strategy, 1861– 1862* (Kent: Kent State University Press, 1998): pp. 5–10.

37　关于这个课题，唐纳德·斯托克有一部极好的研究之作：Donald Stoker, *The Grand Design: Strategy and the U.S. Civil War* (Oxford: Oxford University Press, 2010)。有关后勤，请参阅 James Huston, *Sinews of War: Army Logistics 1755–1953* (Washington: Office of the Chief of Military History, 1966): pp. 159–252。

38　美国内战中的"步枪革命"的概念首次出现在：John Mahon, "Civil War Infantry Assault Tactics," *Military Affairs* 25 (1961): pp. 57–68。它先是在史学界被广泛接受，见 Grady McWhiney and Perry Jamieson, *Attack and Die: Civil War Military Tactics and the Southern Heritage* (Tuscaloosa: University of Alabama Press, 1982): pp. 48–68，以及 James MacPherson,*Ordeal by Fire*(New York: Knopf, 1982): pp. 193–195。后来这一旧论被从根本上质疑：战场上崎岖不平的地形和线膛枪呈抛物线

的子弹运行轨迹意味着在美国战争中，队形密集的线式战术仍然是最重要和最有效的，这导致在很长一段时间里，大多数战斗都发生在100码或更短的距离内。厄尔·赫斯认为，重要的是射击的量而不是线膛枪的准度：Earl Hess, *The Rifle Musket in Civil War Combat: Reality and Myth* (Lawrence: University Press of Kansas, 2008): pp. 9–34, 85–120, 197– 216; and idem, *Civil War Infantry Tactics: Combat and Small Unit Effectiveness* (Baton Rouge: Louisiana State University Press, 2015)。

39 奥匈帝国在意大利的主要目的是阻止意大利在皮埃蒙特的领导下实现统一，但它缺乏这样做的军事力量和外交技巧。Geoffrey Wawro, "Austria versus the Risorgimento," *European Studies Quarterly* 26 (1996): pp. 7–29. 关于动员，请参阅 Showalter, *Railroads and Rifles*: pp. 36–37; 48。

40 转引自 Strachan, *European Armies*: p. 73。

41 Daniel Hughes, "Introduction," in *Moltke on the Art of War*: pp. 5–6. 毛奇的话转引自 Hajo Holborn, "The Prusso-German School: Moltke and the Rise of the General Staff," in Paret, *Modern Strategy*: p. 289。

42 Urlich Wengenroth, "Industry and Warfare in Prussia," in Stig Förster and Jörg Nagler, editors, *On the Road to Total War* (New York: Cambridge University Press, 1997): pp. 263–282. 比起"民族国家"，俾斯麦更喜欢"国家民族"这个术语，他认为构成一个大国的要件不是共同的民族或文化（*Kultur*），而是单一主权下的政治统一性。Pflanze, "Realism and Idealism."

43 Michael Howard, *Franco-Prussian War* (London: Routledge, 2001): pp. 18–28; Carr, *Origins*: pp. 34–88; Dierk Walter, "Roon, the Prussian Landwehr, and the Reorganization of 1859– 1860," *War in History* 16/3 (2009): pp. 269–297; Manfred Messerschmidt, "Prussian Army from Reform to War," in Förster and Nagler, *Road to Total War*: pp. 263–282.

44 A. J. P. Taylor, *Bismarck: The Man and the Statesman* (New York: Vintage, 1967): p. 81.

45 Denis Showalter, *Wars of German Unification*(New York: Bloomsbury, 2004): pp. 88– 200; Christopher Clark, *Iron Kingdom: The Rise and Downfall of Prussia, 1600–1947* (Cambridge: Belknap, 2006): pp. 518–531.

46 Mosse, *German Question*: pp. 146–252; Taylor, *Bismarck*: pp. 73–81; Wawro, *Austro-Prussian War*: pp. 40–44; Otto Pflanze, *Bismarck and*

*the Development of Germany, 1815–1871*, Vol. 1 (Princeton: Princeton University Press, 1963): pp. 233–261; J. C. Clardy, "Austrian Foreign Policy during the Schleswig-Holstein Crisis of 1864." *Diplomacy and Statecraft* 2 (July 1991): pp. 254–269; Showalter, *Wars of Unification*: pp. 123–200; Carr, *Origins*: pp. 89–135. 关于普奥战争，还有一种观点认为它是个性驱动的结果，见 David Wetzel, *A Duel of Giants: Bismarck, Napoleon III, and the Origins of the Franco-Prussian War* (Madison: University of Wisconsin Press, 2003)。

47 Arthur Coumbe, "Operational Command in the Franco-Prussian War," *Parameters* 21/2 (1991): pp. 86–99. 毛奇并没有从现代意义上使用过"作战行动"（operations）一词。大多数德国人的著作或思想也没有把作战行动看作介乎战略和战术之间的一个独立的活动层次。然而，"作战行动"的现代用法在历史和专业文献中无处不在，而且的确是有帮助的。

48 Günther Rothenberg, "The Habsburg Army and the Nationality Problem in the Nineteenth Century, 1815–1914." *Austrian History Yearbook*: 3/1 (1967): pp. 70–87; Geoffrey Wawro, "Inside the Whale: The Tangled Finances of the Austrian Army, 1848–1866." *War in History* 3 (1966): pp. 42–65. 另见一项内容丰富且至今仍然非常有用的早期研究：Günther Rothenberg, *The Army of Francis Joseph* (West Lafayette: Purdue University Press, 1976)。

49 关于毛奇如何将普鲁士陆军从约米尼的桎梏和教诲中解放出来，代之以克劳塞维茨、沙恩霍斯特和格奈森瑙的铁血精神，参见 Gat,*Military Thought*: pp. 310–341。

50 Wawro, *Austro-Prussian War*: pp. 24, 30–35; and idem, "An 'Army of Pigs'：The Technical, Social, and Political Bases of Austrian Shock Tactics, 1859–1866," *Journal of Military History* 59 (1995): pp. 407–434.

51 Martin van Creveld, *Command in War* (Cambridge: Harvard University Press, 1985): pp. 103–147.

52 Clausewitz, *On War*: pp. 115–116, 119–121.

53 Howard, *Franco-Prussian War*: pp. 2–3; Showalter, "Railroads," pp. 21–44; idem, *Wars of Unification*: pp. 201–239; Carr, *Origin*: pp. 34–88; Clark, *Iron Kingdom*: pp. 531–535.

54 Moltke, "Importance of Railroads," and "Significance of Telegraphs," in *Moltke on the Art of War*: pp. 107–114.

55 Wawro, *Austro-Prussian War*: pp. 15–16; Holborn, "The Prusso-German School," pp. 281–295.

56 Citino, *German Way of War*: pp. 151–152.

57 John Shy, "Jomini," in Paret, *Modern Strategy*: pp. 143–185; Strachan, *European Armies*: pp. 60–75; Wawro, *Austro-Prussian War*: pp. 18–19; and Holborn, "Prusso-German School," pp. 287–288. 毛奇的作战计划转载于 Helmuth von Moltke, *Moltke's Projects for the Campaign of 1866 Against Austria*(London: HMSO, 1907): pp. 3–32。

58 Wawro, *Austro-Prussian War*: pp. 52–65; Clark, *Iron Kingdom*: pp. 536–537.

59 Pflanze, *Bismarck*, Vol. 1: pp. 262–365; Wawro, *Austro-Prussian War*: p. 20; Helmuth von Moltke, *Strategy, Its Theory and Application: The Wars for German Unification, 1866–1871* (Westport: Greenwood, 1971).

60 Gordon Craig, *The Battle of Königgrätz: Prussia's Victory over Austria, 1866*(Philadelphia: Lippincourt, 1964): pp. 1–25. 但当时的克雷格还没有机会接触重要的德国档案和日记，这些档案和日记将在苏联解体后重新被西方学者发现。而这些新的信息为杰弗里·沃罗提供了丰富的资源，使其作出超越前人的研究，详见 Geoffrey Wawro, *Austro-Prussian War*: pp. 82–123。

61 Ibid., pp. 126–127.

62 Craig, *Königgrätz*: pp. 26–42, and Arthur Wagner, *The Campaign of Königgrätz*(Westport: Greenwood Press, 1972), reprint of 1889 original: pp. 36–68.

63 后勤专家马丁·范·克里夫德推测，如果这场战局持续的时间更长一点，后勤供应的不足必然会严重阻碍毛奇对奥地利的行动。Creveld, *Supplying War*: pp. 79–85. Moltke quoted at p. 81.

64 反对观点见 Clark, *Iron Kingdom*: pp. 539–540。

65 Craig, *Königgrätz*: pp. 43–70; Creveld, *Command in War*: pp. 123–132; Wawro, *Austro-Prussian War*: pp. 124–180.

66 转引自 ibid., p. 179。着重文本为原文所加。

67 Ibid., pp. 183–192. Quoted at p. 196. 着重文本为原文所加。

68 Moltke, *Strategy*: pp. 52–54.

69 Craig, *Königgrätz*: pp. 81–89; Wawro, *Austro-Prussian War*: pp. 202–203. 沃罗对贝内德克的批评非常尖刻。

70 Ibid., pp. 208–215.

71　Holborn, "Prusso-German School," p. 294; Wawro, *Austro-Prussian War*: pp. 238–273; Craig, *Königgrätz*: pp. 113–164; Creveld, *Command in War*: pp. 132–140.

72　Craig, *Königgrätz*: pp. 87–112; Wilhelm I quoted in Creveld, *Command in War*: pp. 137–138.

73　转引自 Craig, *Königgrätz*: p. 111；以及 Wawro, *Austro-Prussian War*: p. 233。着重文本为原文所加。

74　Craig, *Königgrätz*: pp. 113–138; Wawro, *Austro-Prussian War*: pp. 242–247. Moltke quoted at p. 247.

75　数十匹马和 52 人死亡。哈布斯堡家族在 1914 年修建了一座"死亡炮群"纪念碑。它位于克卢姆，现在的捷克共和国境内。

76　Ibid., pp. 250–262, quoted at p. 267.

77　Ibid., pp. 264–274.

78　Citino, *German Way of War*: p. 172.

79　Craig, *Königgrätz*: pp. 99, 113–164. 沃罗批评了毛奇过早发动攻击导致围歼计划失败的决定，他的观点虽然带有强烈的修正主义但不乏说服力。*Austro-Prussian War*: p. 273.

80　Robin Okey, *The Habsburg Monarchy 1765–1918: From Enlightenment to Eclipse* (New York: Palgrave 2000): pp. 157–190; Alan Sked, *The Decline and Fall of the Habsburg Empire, 1815–1918* (New York: Pearson, 2001): pp. 187–238; F. R. Bridge, *From Sadowa to Sarajevo* (London: Routledge, 1972): pp. 1–29; David Blackbourn, *History of Germany, 1780–1918*, 2nd ed. (New York: Wiley-Blackwell, 2003): pp. 171–203.

81　Mosse, *German Question*: pp. 253–290; Pflanze, *Bismarck*, Vol. 1: pp. 314–316, 401–405; Carr, *Origins*: pp. 136–143; Gordon Craig, *Germany 1866–1945* (New York: Oxford University Press, 1978): p. 1–21; Taylor, *Bismarck*: pp. 92–122; idem, *Struggle for Mastery in Europe*: pp. 201–254; Heinrich Friedjung, *The Struggle for Supremacy in Germany, 1859–1866* (London: MacMillan, 1935): pp. 300ff.

82　比如 Karl E. Meyer and Shareen Blair Brysac, *Tournament of Shadows: The Great Game and the Race for Empire in Central Asia* (Washington: Counterpoint, 1999)。

## 十 歼灭会战

288 在1870—1871年普法战争爆发前的10年里，皇帝拿破仑三世（路易-拿破仑）已经在1859年糊里糊涂地在意大利打了一场无用的战争，然后又在墨西哥进行了一次厄运般的帝国冒险。他甚至还打起了联合英国以外交和海军两种手段干涉美国内战的主意，以支持南方邦联的存续和美国的解体。破坏力更甚的是，他在冲动之下对东欧和中欧的少数民族主义运动的支持，反而使法国疏远了它那些保守的大国盟友，但是如果要阻止普鲁士通过领导德意志的统一来建立欧洲霸权，这些大国盟友是不可或缺的。这位虚荣的冒险家直到1866年底才意识到来自柏林的核心威胁，而此时毛奇的军队已经在克尼格雷茨获胜。他的干预来得太晚，已经无法阻止俾斯麦扩张到北德意志，特别是法德边境一带。此后，几乎可以肯定的是，法国和普鲁士之间的紧张局势将会加剧，战争将会爆发。[1]

然而，所有的战争都是选择的结果，可以是双方的选择，但至少也是一方的选择。1870—1871年的普法战争就是莱茵河两岸领导人所希望和选择的结果。4年前，普鲁士在普奥战争中取得惊人的胜利，德意志内部格局重新洗牌，普法战争就是在这种欧洲均势遭遇剧烈动荡的时刻作出的。普鲁士权力和地位的提高，使柏林的下一个目标和意图变得不确定，权力关系的变化使得不安全感丛生。[2]当大国在撼动山脉的时候，许多小国听着雷声阵阵，相信他们也想要战斗。1870年夏，当国家的骄傲与统治者的虚荣自大交织在一起（这种情况并不少见），战争的狂热便被煽动了起来。1870年和1914年的夏天一样，当德意志与法国宣布开战时，在柏林街头、巴黎的林荫大道和咖啡馆都能听见公众的欢呼声。

289 即使在历史学家的眼中，路易-拿破仑也是一个令人费解

之人。他是一个不择手段的野心家，是一个反复无常、缺乏安全感的人，热衷于传播宏大的政治理念、毫无根基的殖民愿景和幼稚的军事幻想。维克多·雨果给他起了一个语带轻蔑的绰号“小拿破仑”（Napoléon le petit）①，使其声名扫地。彼时，路易－拿破仑的“自由帝国”正在瓦解，海外事业也是挫折不断，面对日益高涨的反对声浪，他不得不考虑发动一场战争，来转移国内的视线。他希望拉近与这个国家的距离，因为国内对他个人和政策的不满有可能使他垮台。在1869年的全国大选中，共和主义者再次要求结束他的独裁统治和第二帝国的腐败，他变得越来越绝望。他在政治上的不安全感和个人的虚荣自大在很大程度上促成了开战的决定，这一切都让法国在战争的道路上加速前进。[3]然而，很明显，普鲁士的政策才是那个主要推手。

毛奇和俾斯麦一心要用武力完成普鲁士领导下的德意志统一大业。特别是俾斯麦，他在国内外广施诡计，千方百计煽动公众，激起他们对战争的支持：他在7月13日利用一则经过精心编辑的“埃姆斯密电”（*Dépêche d'Ems* 或 *Emser Depesche*），人为制造了一场危机。起因是法国大使在巴特埃姆斯（Bad Ems）的疗养地面见威廉国王，说巴黎方面希望普鲁士承诺，霍亨索伦家族成员永远不再继承西班牙王位。俾斯麦在接到关于此事的一封简要电文后，擅自修改了其中的内容，使得法国的要求显得尤其咄咄逼人，并以战争相威胁。他随后将这份经过篡改的电文发给各外国使馆和国内报刊。电文一出，双方都深感自己国家尊严受辱，两国上下一时群情激愤，路易－拿破仑也一如俾斯麦所料，作出过激反应——这位极易受人引导和操控的皇帝向普鲁士宣战了。俾斯麦和毛奇如愿得到

① 此处的“小”（le petit）指的是品德能力之小，而非辈分之小（le Jeune）。

了他们想要的东西。[4]二人计划再来一次短暂而激烈的战斗，以三赌三胜为1864年、1866年和1870年的德意志统一战争画上句号。

在谈到开战的决定时，俾斯麦毫不掩饰地总结道："一支在边境上征战的军队不会因为雄辩的力量而停止前进。"只是他没有说明的是，在他的手里这支征服之军并非他国军队，而往往是普鲁士军，被进犯的也往往是由他国军队守护的边界。毛奇更神秘地谈到，战斗可以让普鲁士的问题迎刃而解，从而迅速实现更大的目标："永存的和平只是一个梦想，甚至不是一个美好的梦想。战争是上帝为了维护世界秩序而创造的一个工具。"[5]俾斯麦在前线指挥部与威廉国王会合，当时战争动员正在如火如荼地进行。他期望在一个月后回到柏林，期望在又一次"短暂而激烈"的胜利之后，在那里向法国宣读条款。结果，经过数月的战争，直到1871年3月6日，直到他亲自下令连续炮轰巴黎，按住了毛奇那颗想要侵入法国腹地以平息一场四处燃烧的全民战争的蠢蠢欲动的心，他才最终离开被入侵的法国。

289

就在法国和普鲁士挥师边境的那一刻，双方心里想的都是进行一场"短暂而激烈"的战斗，轻松而迅速地赢得胜利。和1866年的奥地利人一样，法国陆军以古老的方式做好了战斗准备，区别在于这次法国在火力上做了重要调整。法国计划集结人力炮力，建立一支秩序井然的大军，这支大军，按照其参谋部的说法，将能稳守法国边界，击退任何来犯之敌，而且一旦它选择进攻，必是所向披靡。法国陆军认为，依靠绝对的兵力优势，加上它在几年前就已使用的先进的步枪火力，战胜普军不在话下。它对自己的专业老兵更是信心百倍。事实上，许多老兵是不可靠的，而且总体而言，它只是一支严重落后于时代的部队。它于1815年在维也纳会议的阴影下重组，成为一

支纯粹的防御性部队，服役于一个在战败后不被信任、备受束缚的国家。在接下来的几十年里，法国军队陆续有过几次小规模的改革，但总的来说，法国军队并未跟上19世纪30年代到50年代间加速的军事现代化步伐。及至19世纪60年代中期，经过第二帝国多年的折腾和腐败之后，法国陆军的大部分战争经验都是在阿尔及利亚和墨西哥与衣不蔽体的敌人作战时获得的殖民战争经验，它的组织和战斗理论几乎未经考验。它最近一次与欧洲大国作战是在1859年，那时它在意大利北部与一支比它更弱小的奥地利军进行了一场苦战。在参战的三支军队中，法国的动员、野战机动和战斗表现无疑是最好的，因此它也就几乎没有得到任何教训，也就没有作出任何改进以跟上快速现代化的普鲁士。[6]

1870年，法国陆军的内核是一支长期服役的职业队伍，服役期满后队伍的维系依靠的是丰厚的再入伍奖金而非功绩。这一制度让太多身材走样、战斗经验过时的兵油子、兵痞留在军中，他们大都已经过了他们职业生涯的黄金年龄，有些甚至已年过六十。这些老兵无论是身体素质还是心理状态都极不适合战争。军官的整体素质也相当差，部分军官还是文盲。所有人都处于一种倒退的文化当中，他们对艰涩的技术教育嗤之以鼻，对现实世界的军需物资不屑一顾，浸淫在只存在于记忆中的（或想象中的）力量（*élan*）当中。这种态度与拿破仑一世的荣耀之说遥相呼应，但与更加开放的疏开队形战术、更强大的防御性步枪和大炮火力却有着致命的脱节。显然，这支军队服务于侄子的第二帝国，而不是叔叔的第一帝国。它无法与“日耳曼人的狂怒”相抗，而对方即将乘坐数百辆军列开赴法国边境。尽管有一个很好的铁路系统，但是面对普鲁士人的动员速度，以及实战经验丰富的德意志军官和部队的技能，匆忙集结且训练不足的法国人完全没有准备。[7]更糟糕的是，军队

291

的统帅是路易－拿破仑。1870 年，他的身体、心智，乃至政治和外交状况都在严重恶化。[8]

法国没有可靠的预备队伍，尽管路易－拿破仑曾经承诺过要将国民自卫军（*Garde nationale*）的人数提高到 100 万人，以对抗普鲁士的预备力量，但承诺没有兑现。1868 年的一项改革将服役年限从 7 年延长到 9 年，其中 4 年是在机动警卫队（*Garde mobile*）中服预备役。但这一改革遭到国内反对派的阻挠，直至普法战争前夕，这支部队总共只有 90000 人，而且都是些几乎未经训练的新兵。战争爆发的时候，它的动员来得太晚，而且部署糟糕，很多人连步枪和装备都没有就上路了。法军的第二支后备力量是效率更低的预备国民警卫队（*Garde nationale sédentaire*），它让 30 至 40 岁的人承担守备任务，好让年轻人去训练和战斗。战争开始时，法国陆军仅有 40 万名战斗人员，可以动员的增援力量少之又少。怎会有人认为这支老掉牙的军队可以打得过千锤百炼的普鲁士人？那是因为人们对所谓老兵的战斗素质抱有错误的信心，因为在咖啡馆和内阁充斥着太多不知内情的吹嘘夸口，认为法国的老一辈职业军人可以毫不费力地碾压普鲁士前赴后继的预备役和匆忙征召来的新兵。[9]

至于法国的总参谋部，它几乎不配称为参谋部。它的组织和技术，与作风强硬的毛奇领导下的普鲁士总参谋部相比，可谓天壤之别。[10] 内部腐败成风，大肆挪用军费（包括路易－拿破仑本人），这些问题都严重阻碍了它的发展。除了好几年前几次均以失败告终的努力，它没有任何可以拿来对付边境上的普鲁士军的作战计划。法军总参谋部缺乏关键的行政和后勤体系，导致它的战前动员和集结速度甚至达不到普军开赴边境速度的一半，战时的兵力调动和部署也完全跟不上毛奇的脚步。它既不鼓励下级发挥主动性，也没有对军级单位该如何执

行仅持续一天的行军给予指导。下级军官不会得到相应的地图，作战完全依赖上级发号施令。与之相对的是，所有的普鲁士军官都能拿到好用的大比例尺作战地图，他们会因在局部行动中独立行事、展现进取心而得到奖励。[11]另外，法国的总参谋部未能按照19世纪中期加速的铁路时刻表来计划从和平到战时的动员工作，法国陆军和整个法国都将为此付出沉重的代价。[12]



第二帝国军也不是完全冥顽不灵的。来自萨多瓦的火力震撼——法国人如此形容克尼格雷茨战役中普鲁士的针发枪带来的影响——让他们不得不接受1870年之前军官和军事作家提出的一些有力批评。共和派的批评人士希望恢复“全民动员”，通过实行普遍的短期兵役制，组建一支国家军队。职业军官虽然拒绝接受这一想法，但至少他们还是尝试去跟上现代装备、武器、通信和运输的步伐。炮兵部队是个例外。他们认为，在1859年的意大利或墨西哥好用的大炮，在1870年还不过时。事实上，1866年在大炮上吃了奥地利的亏的普鲁士已经升级了它的炮兵，所以和普军即将投入战斗的强大钢炮相比，法国的老式铜炮早已过时。它的炮兵理论也是一样的老掉牙，而且太多的炮弹将在制造的那一刻起就被证明是不稳定和不可靠的。[13]

在克尼格雷茨，普军散兵在速射火力的保护下，以交错分散的波次前进。即使是低级军官也能在他上级设定的大方向内充分发挥他们的主动性，这被称为“任务导向战术”。它鼓励下属积极追求整体目标，直接进入进攻状态，以完成明确的任务，而不是无论如何都死守一套既定的指令。[14]与之相反，在法军中，所有的射击指令并非由与敌人有实际接触的军官发出，而是保留给了中央指挥部。这在整个指挥系统中造成了致命的延迟，减少了有效反击，使得法军的反应在整体上都更

迟缓。

至少，法国的最高指挥部已经认识到了普军笔直的射击线比奥地利过时的步兵战术要更为优越，这当然也是直到1866年他们才意识到的问题。人们再也不能指望以冲击纵队取胜了。因此，旧的方式被抛弃，取而代之的是夏塞波后膛步枪（chassepotrifles，将在下文讨论）和一种以梯级排列的营为单位进行推进的战术学说。这一进攻战术依然采用密集队形将步兵集中在一起，因此并未解决步兵易受普鲁士步枪和远程火炮攻击的弱点。不过，他们有一个明智的补救措施，即命令步兵在普军的猛烈炮火下挖战壕，以最大限度地发挥他们的夏塞波后膛步枪和米特留斯排放枪的防御性火力。他们有十足的把握，法军的"营级火力"一定可以击倒蓝色浪潮般向前推进的普鲁士步兵。步枪射速的优势是如此之大，它必将是决定性的。有了更好的步枪和独特的米特留斯排放枪，尽管铜炮已经过时了至少十年，法军依然可以依靠自己的优势火力碾压普鲁士军。既然强大的火力对付普军已是绰绰有余，那么其他的关键改革也就自然被搁置了下来，比如在维系现有的职业军队和实行普遍兵役制之间如何抉择这一棘手的政治问题。[15]

293

当法军参谋部还在想象战争的时候，毛奇已经在计划战争了。他的准备工作更加专业、精确，且经过反复权衡，他可以毫不留情地丢弃那些他认为已经过时的想法，包括他自己的想法。他将军费挪用到了铁路上，用于订购大批的轨道车辆、宽敞的装卸平台和其他设施，以便通过铁路将大量的兵员和马匹运往西部。正如他曾在1866年所做的那样，在1870年，他将再次派出几个较小的军团，沿独立路线行军，在战斗地点会合。他将使用电报将军队的快速动员与自己的直接指挥和控制结合起来，所有这些都是为了在法国复制普奥战争的胜利，在

一场坩埚之战中实现对敌军的巨大包围和摧毁。与克劳塞维茨一样，毛奇认为，军事行动必须以让主力部队发生激烈交战为目标。由于普鲁士四面环敌，这一脆弱的战略环境迫使毛奇要得更多，他不仅要赢得开局之战，而且必须迅速拿下整场战争。这也是毛奇对德国战争方式的标志性贡献；从 1870 年直到 1945 年，这种战争方式将令世界为之瞩目。[16]

自 1866 年起，普鲁士短期服役制的征兵人数大幅增加，军队人数从那时的 30 万人急剧扩张至 1870 年的 120 万人。每个 20 岁的男子都要到正规军中服役 3 年，然后转入预备役部队服役 4 年。到 1868 年，北德军队被完全合并，因此柏林有一支作为核心的 30 万人的职业军队，加上 40 万人的在服预备役军队和 50 万人的国土防卫军。[17] 比之法国，普鲁士的正规军有着更高的文化素养，而且将更多的时间花在打靶练习，以及以小单位进行的操练和机动上。这是他们的真正优势，尽管 1866 年至 1870 年军队的大幅扩张必然导致训练的滞后，也就是说，为了换取数量和速度，新兵和预备役兵的技能是被牺牲掉了的。在 1870 年踏上火车奔赴前线的新兵中，三分之一的人不知如何使用针发枪，也完全没有接受过基本战术的训练。这和毛奇自己对火力作用的谨慎判断不符："在下一场战争中，我们的针发枪要面对的将不再是远不如它的步枪，而是……一种完全可以与之匹敌的武器。优势不再在于武器，而在于挥舞它的手。"[18] 这又是一场典型的普鲁士式赌博。这也是短战思维在工业时代战争中脱颖而出的一个表现。因为计划和军事预算已经无法跟上日新月异的技术变化，于是当这些硬性的物质因素难以获得，与之相应的长期消耗战并不具备吸引力的时候，人们便越来越多地诉诸精神品质和部队的战斗优势，坚信它们一定会让自己迅速取胜。 294

更糟糕的是，毛奇对步枪的看法其实是错的。法国的夏塞

波步枪与德莱赛针发枪并非完全等同，而是明显优于德莱赛针发枪。这款由安东尼·夏塞波（Antoine Chassepot）研制并在1868年被法国陆军采用的步枪，首先在射程上就轻松超过了对手，它的有效射程（不是最大射程，而是现实中可以保证射击精度的射程）达1000码，德莱赛针发枪的射程只有400码，两者不可同日而语。而且夏塞波步枪的射速更高，每分钟发射子弹15—18发，高于德莱赛针发枪4—5发的水平。夏塞波步枪使用的子弹口径更小、重量更轻（亚麻布壳），所以法国步兵每人可以带105发子弹，而普军的标准只有70发。此外，虽然并非有意设计，但夏塞波步枪的杀伤力也是更大的，因为它们的子弹会旋转翻滚，在进出人和马的身体时留下锯齿状的撕裂伤口。[19] 普法战争中，与普鲁士人并肩作战的部分巴伐利亚部队用上了温德尔步枪（Werder），其性能与夏塞波步枪大致相当，不过其余部队配备的还是1858年的珀德维尔斯步枪（Podewils），结果在战斗中不堪一击。随着米特留斯排放枪的加入，即使炮兵力量薄弱，法国陆军整体的步兵火力优势明显。

毛奇升级大炮的选择让普军的射速优势在克尼格雷茨战役之后悄然溜走。毛奇知道普军在1866年使用的老式滑膛炮比不上奥地利的线膛炮，并对普军的大部分伤亡是由对方的大炮造成的这一事实感到震惊。因此，他将大量资金投入到克虏伯兵工厂生产的速射钢制后膛炮上。这些后膛炮使普鲁士人在火炮的射速、射程和精度方面获得了决定性的优势，使用的还是更具杀伤力的易爆弹药。然而，这是一种取舍。把钱花在铁路和大炮上就意味着毛奇无法更换步兵的步枪，尽管克尼格雷茨战役刚过去不过4年，但德莱赛步枪在夏塞波步枪面前已经过时了。他被迫在高射速的大炮和更好的步枪之间作出选择，由于对奥地利火炮在克尼格雷茨战役中的过人表

现印象更深，他选择了前者。[20]他还指望经过改良的铁路能够将军队更快送抵边境，在那里他们将用威力强大的钢炮组成的“炮阵”战胜法国步兵的夏塞波步枪和米特留斯排放枪。法国陆军则完全反其道而行，为每名士兵配备多达三支的夏塞波步枪。[21]

毛奇并未理会正在进行的步兵和炮兵火力革命在防御方面的作用。他关注的是新技术的进攻潜力，至于它们对防守力量和战术的影响，他表现得不以为然。毛奇和普鲁士军始终强调的是进攻。而防御服务的是那些维持现状的政权，不是着力改变德意志和欧洲权力结构、要以速战求速决的修正主义者。他拒绝承认一个事实，即如果其他大国也使用速射武器，战争必然会被引向堑壕战，或者大规模屠杀。他只是不像法国的将领那样明白防御性火力的重要性，他们在其他许多方面大错特错，但在火力方面却并不愚钝，他们通过让部队挖掘战壕、接受攻击来最大限度地增强自己的火力。毛奇所不能接受的是，普军凭借总参谋部的战争策划和作战技巧所获得的进攻性优势只是暂时的，而其他国家采用的新技术和随之而来的防御性战术将很可能成为扳平的武器。如果他接受了，普鲁士要想打赢战争将变得毫无根据。如果他接受了，俾斯麦将无法证明战争是柏林外交“通过另一种手段的继续”的正当性（这个手段就是借以打破“侧翼力量”对普鲁士命运的围困的包围战和决定性会战）。否认军事手段的硬性限制是建立在柏林过度扩张的政治目标之上的。这一基本问题和僵化的思维习惯，在世界大战之前只会变得越来越糟，两次大战都是在速战速决的妄想下开始的，并且两次都以漫长的战争消耗，以及被柏林挑起的强大联盟打败而结束。

295

毛奇不能接受现代战争中的火力优势正在有力地朝防御者倾斜的说法，因为这意味着他将无法对法国发动短促而激烈

的战争，而这对完成他的国王领导下的德国统一是至关重要的。坚持认为一支机动灵活、技术娴熟的野战军足以给敌人决定性一击的他，对战术学说做了恰到好处的修改。在法国人挖壕防守的时候，他的各营会向对方的中心位置发起弱攻，这么做主要是为了降低集中防御性火力的威胁程度。故意发起的正面弱攻可以牵制敌军兵力，从而隐蔽真正的进攻企图，即包围侧翼，彻底歼灭敌军。一如既往，即使在战术层面上，他的目标也是围绕侧翼迅速取得决定性胜利。[22] 作为现实世界的障碍和普鲁士的战略野心之间的折中方案，这无疑是经过深思熟虑的。然而，如何让军团和师级指挥官服从他的命令和学说，又是另一回事。

和 1866 年一样，1870 年的毛奇还是兵分几路（*getrennte Heeresteile*，字面意思即“军队的分离部分”），以便加速行军。每支分离出来的军团都将沿着自己的路线获取物资供给，而且如果发生遭遇战，在其他部队迅速赶来增援和包围之前，它们都有足够的力量保全自己。还有一种情况是，先由其中一个军派出侦察部队，确定敌人主力的位置，一旦接敌成功，它的工作就是充当毛奇的铁砧，其余各军则在枪声中全速前进，围攻法军侧翼，打它一个措手不及。毛奇只有在确定并成功拖住法军主力之后才会集中兵力，迂回行进，将整个法军引入一个巨大的坩埚之中，然后在那里将其有条不紊地消灭，赢得胜利。

296

这个设计的目标是发动并赢取一场理想化的乌尔姆之战或坎尼之战，通过快速的机动实现大规模的包围和压倒性的胜利，从而在战争的开局阶段决定战争的结果。毛奇将分别派遣三个较小的军团从不同路线进入法国，以此缓解一支庞大部队行军时所面临的运输和供应上的固有问题，这和拿破仑分军挺进是一个道理。1866 年他在波希米亚已经成功地做到了这一

点，甚至这在腓特烈时代也有过很好的先例：腓特烈在1742年入侵波希米亚时便选择了跨省分兵前进。这种兵分几路的初始部署原则和做法，也有可能落得被各个击破的结局。这是一种冒险的做法，但这也是在大国战争演变成疲劳的消耗战之前，或在其他所谓的侧翼力量介入，并对柏林的进攻和政治目标加以阻挠之前，依靠快速机动，在短时间内取得决定性胜利的唯一途径。[23]

毛奇确信，他在战术和作战层面上的包围技术可以带来战略上的胜利。但是他并不相信所有军官都能理解这种方法，所以他在1869年颁布规定，严令禁止部队执行传统的正面进攻。他这样做是对的。许多年长的军官仍然沉浸在他们祖父时代的战术之中，这些战术在面对普鲁士最富有魅力的对手——法兰西第一帝国的大军团时，曾给普鲁士带来屈辱和失败。他们仍然推崇通过密集纵队发起的“精神冲击”，但是在敌方步兵和炮兵的远程速射火力下，这一战术势必会造成极为惨烈的伤亡，他们自己在克尼格雷茨的经验已经证明了这一点。毛奇担心他们还是会不顾后果，贸然进攻那些被大炮、米特留斯排放枪、夏塞波步枪严防死守的坚固阵地，导致白白浪费兵力。[24]的确会有普鲁士将领在关键时刻作出这样的事来。另外，毛奇的速射战术在对阵装备水平相当甚至更好的法国人时，同样会遭遇重大伤亡。普鲁士军队在1870—1871年的伤亡人数将是1866年的13倍，其中大部分人都是倒在夏塞波的火力之下。1864年到1865年，南北战争中联邦军屡次向里士满发起进攻，然而面对野战工事后方邦联军的步枪阻击，他们的进攻频频受阻。或许满脑子进攻的德意志人可以从这些业余的美国人身上领悟到些什么？他们甚至不需要看那么远，因为他们已经看到自己的步枪给奥地利人带来的影响。然而，他们视若无睹，而且在接下来的半个世纪里依

297

然如此，直到他们的速战速决计划在第一次马恩河战役中彻底熄了火。

***

1870年7月19日，当法国向普鲁士宣战时，包括一小支预备役部队在内，它的可供动员兵力是492585人。法军的参谋人员认为，法军可以比普鲁士人更快地将它的部队沿着专门打造的坚实铁路网投送到边境。然而，由于动员计划考虑不周，前线运输一片混乱，最终集结起来的只有零星几支部队。两周后，当战斗爆发时，顺利抵达前线的法军只有304000人，而他们需要面对的是426000名普鲁士人（和其他德意志人）。不仅如此，法军的后勤状况也糟糕得惊人。普鲁士人至少在一开始是不缺食物、草料和武器的。而法军却是从一开始就供应紧缺。法国在接下来几周和几个月里面临的灾难，根源在于没有提前组织、训练足够的人员，而对于已有的师团又无力调遣和供应。它没有把主力部队——莱茵军团——及时送到边境，以迎接普鲁士的集结。等它到达并遇到从另一方向来的机动部队时，它所依赖的战斗学说却又无法弥补军官素养的不足和一种并不鼓励主动性和创造力的僵硬文化带来的缺陷。[25]

与普鲁士的六条铁路相比，法国通往边境的铁路线只有4条，而且它们之间并非完全连通。第5条关键的凡尔登－梅茨铁路还未完工，而现有的4条铁路中，复线路段更是少之又少。法国有着优越的公路系统，或许可以帮助纾解铁路的运力紧张，但是由于缺乏周密计划，这个想法并未实现。同样由于缺乏计划，法军在梅茨和斯特拉斯堡附近的集结情况十分糟糕，不但延误严重，而且陷入巨大的混乱。没有一支队伍是被

充分动员起来的。步兵、骑兵和炮兵都被困在拥挤的仓库里，或者在还未等来预备役部队的情况下就离开。这使得许多部队缺少人员和重型武器，尤其缺乏马匹和炮兵。本就无序的动员工作被差劲的后勤工作搞成一团乱麻。虽然表面看来，装备绰绰有余，但法国的供应系统并没有以一个19世纪中期铁路战争应有的速度运送它们的部队、马匹和枪支弹药。[26]

在边境上首次对阵敌军的法国部队很快就寡不敌众。一些指挥官犹豫不决，或因预备役部队延迟报到或延迟抵达集结点而受阻。悲哀的是，太多的军官对铁路系统一无所知，而铁路系统对动员和物资供应都是如此关键。普军向着阵地挺进时，法军明显倾向于保持防守，这是一种源于北非和墨西哥的殖民战争经验，因为那里的战地侦察往往难以进行，所以军官们宁愿守在安全的阵地上等待敌人来犯。虽然前线一片混乱，路易-拿破仑率领莱茵军团走出巴黎时，还是一脸轻松地向夹道欢送（而非来看热闹的）的人群承诺，他领导的军队将为他们带来“第二个耶拿”[27]。他没有像他的叔叔在1806年那样，在一场短暂而迅速的战争中将普鲁士击败；相反，他即将带领法国走入普鲁士人愤怒与复仇的深渊。

298

普鲁士人的动员速度被夸大了。由于仍在试验阶段的移动补给系统没能跟上作战部队的步伐，一旦来到铁路尽头，毛奇的行军部队很快就会面临物资短缺的问题。一位研究1870年动员工作的历史学家总结说，这套补给系统并非普鲁士人赢得边境战役的原因，准确的说法应该是糟糕的补给工作并未妨碍普鲁士人最终赢得边境战役。[28]战争后期，当普鲁士人决定在巴黎城外扎营并对其进行长达数月的围困时，情况也是一日糟过一日。普军并非没有吃过类似的苦头，克尼格雷茨战役之前，普军在补给已经严重不足的情况下，勉力行军抵达战场，得胜之后不得不扩大范围搜寻粮秣，但这绝非一支庞大的19

世纪军队可以长时间倚赖的取给方式。轻视后勤、只求速战是普鲁士体系的一个主要缺陷，它源于一种快速取胜的错觉，而这种错觉使得普鲁士人把资源和最好的军官都投入到了战斗部队，而不是供应部队。这不会是最后一次，在1914年德国在法国的作战计划中和1941年入侵苏联时，这一缺陷将再三出现。不过，至少在1870年，普军在抵达边境的运动上是铁路战争在速度、里程和效率上的一个典范。铁路之外，仍是另一幅图景：炎炎烈日之下，马车趔趄，背满粮弹的士兵踏着土路，踩着泥泞，艰难前行。

毛奇将他的几路大军分散到了6条铁路线上，这6条铁路线都有着超长的复线路段、专门的补给站，以及为了支持进攻式作战而专门建造的宽阔的装卸平台，就像纳粹在20世纪30年代极力建造宽阔笔直的高速公路，以加速运送军队进入未来的战争一样。他的计划是，一旦法军的部署和主要行军方向变得明确，就提前围绕即将抵达的敌军侧翼布置阵地，以备随时调整。他有13个普鲁士军，以及数量更多的南德意志联军。他继而将这些部队分为三个规模较小、快速机动的军团。第2军团是主攻力量，有131000人的兵力，负责在中路移动。右面是第1军团，开始时只有6万人，但增援还在不断到来。第3军团被放在最南端，负责守护沿普法尔茨边界分布的左翼，不过只要法军行动方向确定，第3军团可以随时准备包抄。这支125000人的军团大部分是南德士兵。

299

毛奇的分兵三路为法国将军们提供了一个真正难能可贵的机会，他们可以在侧面发动进攻，将其逐一击溃。在集中投入作战前，过于分散的兵力，无论放在哪种作战体系下都是一场赌博。成功的关键是速度而不是力量，首先是动员的速度，然后是军队离开铁路后野外行军的速度。毛奇毫不怀疑他能在法军完成动员之前抵达边境，就像法国将军也毫不怀疑法军一定

会率先到达，因为他们有更密集的铁路网一样。一旦到达目的地，毛奇就会立即向敌军主力的侧翼发起进攻，打乱敌人的阵脚。无论法军到时转向哪个方向，只要他的军队先于法军到达预定地点，他们就可以实行包抄。或者，他也可以让第1和第2军团牵制莱茵军团，同时派第3军团绕过南翼，切断对方的补给、通信和退路。无论如何，包围都会带来胜利和复仇。耶拿和奥尔施泰特，还有1806年柏林自被攻占后的屈辱记忆，都将随着一场速胜得以雪清。更重要的是，普鲁士将赢得整个德意志。

急于用军事上的成功来增加他的政治资本的路易－拿破仑，决定率军亲征，他命令莱茵军团在要塞城市梅茨城外集结，只给巴黎留下15000兵马以应对可能到来的民众抗议。在举止和自负方面，他很像他的叔叔。但在政治和军事能力方面，作为男人和领袖，他要远远逊色于他的叔叔，因此只能被称为“小拿破仑”。他害怕战争风头被自己在陆军中的对手抢走，而且基于已有的人生经验，他清楚知道政变的威力，所以他把最好的几位将军贬为军长这样的辅助角色，或者把他们派到远离主战场的地方去执行无足轻重的任务，以免他们的锋芒盖过自己。他大张旗鼓地骑马从巴黎出发，在会战的诱惑下来到前线，却对其危险不以为然。他的生存或覆灭，全在这铁骰子的旋转滚动之间。

法兰西第二帝国的老兵、元帅巴赞（Achille Bazaine）被剥夺了总指挥权，在战争初期仅担任由路易－拿破仑直接领导的军指挥官一职。由45000人组成的独立第1军，在元帅麦克马洪（Patrice de MacMahon）的带领下开赴阿尔萨斯（Alsace）。臃肿的第6军一开始由元帅弗朗索瓦·康罗贝尔（François Canrobert）指挥，于沙隆（Châlons）集结。为了摆出进攻姿态，路易－拿破仑派人越过边境，进入萨尔

（Saar），做了一次早期的军事示威。这仅仅是一个姿态，一个用来唤起国家舆论和公众压力的舒芙蕾①，上面还铺上了一层希望渺茫的糖霜，用以吸引奥地利、丹麦和意大利加入战争。其他时间，这位皇帝都与莱茵军团的22个师坐在一起，保持着纯粹的防御姿态。或者更准确地说，他的部属正在仍然一片混乱的动员中摸索前进，并与来势汹汹的敌军有了初步的接触——现在普军已经离开铁路，越过边境进入法国。手握大军的路易－拿破仑其实并没有一个真正的计划，他的部下缺乏一位自信的指挥官来告诉他们该去哪里，或者下一步该做什么。战前，法军的参谋人员只是简单地认定，一支规模庞大、更为专业的法国陆军将以某种方式对抗并阻止普鲁士的任何入侵，但当战争来临时，边境上蔓延和充斥着的只有混乱、恐惧和不确定性。至于那位皇帝，路易－拿破仑根本不知道自己在做什么，也不知道该如何指挥一次行动。[29]

毛奇对法军的大队人马不以为意。他轻松击退试探性进入萨尔的法军，随即命令第3军团离开阿尔萨斯，去追踪敌人的侧翼和后方。[30]到目前为止，一切都在按计划进行，不过并非毫无风浪。毛奇曾下令严禁正面强攻，但总有轻率冒进或不服从命令的军指挥官不把这一命令当回事，导致早期战斗时机和进程被耽误。他宏大的行军计划被这种他并不想要的小打小闹的会战打乱了。他追求的是大规模的战略包围，而不是这一星半点的荣耀。然而这种指挥行为并不罕见。这凸显出任务导向战术的弊端，它鼓励下级军官在现场行使指挥自主权，同时也是在鼓励下级将领的自负。1914年德国入侵法国期间，这种情况将在整个德国军队层面再次上演，当时在另一场边境战役中，将军们没有按照命令撤退，而是径直发动进攻，为第一次

① 舒芙蕾（soufflé），一种法式甜品。

马恩河战役的失败埋下伏笔。这种情况不止一次发生，1940年5月，德军装甲部队指挥官在越过默兹河后，没有服从来自上级包括希特勒的直接命令，不过幸运的是（对英国和法国而言不是）他们赶在前面抵达海岸，将协约国军队一分为二。然而，在1941年，进军苏联的国防军将领们，由于过于渴望夺取战斗荣誉或占领某个有着穹顶教堂的城市，并不总是按照行军计划行事。一次、两次不听从上级指挥可能是巧合。而三次、四次甚至更多次的话，说明这是普鲁士－德国战争方式的一个关键特征。它有的时候是奏效的，但其他时候某位军官的荣耀换来的只是更大的灾难。

1870年，普军高级军官违背毛奇命令，向防守严密的敌人阵地直接发起传统的步兵强攻，师级与军级的交战就这样展开了。有时法军会在石堡后方挖壕沟，这些堡垒有着几百年历史，墙上布满洞眼，那是曾经的弓箭手保卫死去的国王和古老信仰的地方。法军的狙击手和散兵藏身在低矮的沟渠、战壕里，有时也在高地上。普鲁士人在这些小规模的遭遇战中所向披靡，尽管伤亡人数在不断增加。法军为保护国土进行了艰苦卓绝的战斗。从夏塞波步枪中射出的强劲火力，在空气中荡起层层涟漪，逼得身着普鲁士深蓝、巴伐利亚淡蓝、渴望一战的小伙子，以及其他穿着深浅不一的蓝黑色调军服、并不那么热衷于战争的德意志征召兵，都不得不趴下卧倒。翻滚的子弹离开亚麻弹壳，以更快的速度从更远的距离向他们袭来，这是他们的针发枪所无法抗衡的。或者他们会在自己倒下的时候听到米特留斯排放枪发出的咔嗒咔嗒的巨大声响，这种枪口径更大，杀伤力自然更为惊人。幸存者称这种新型武器为“地狱机器”。一阵又一阵他们无法理解的炮火，正在人和马的身上撕开一个个窟窿。如果现代战争真的存在天才一说的话，那这些被用于破坏目的的工业化和科学就是这种天才的早期

301

显现。

是普军一个长久以来的习惯性做法拯救了这些幸存者，即集中向着战斗打响的地方行军。附近的师、军在排枪声中匆匆赶来。藏身战壕的法军变得寡不敌众，通常会在每天入夜前离开他们的固定阵地。坐镇军指挥部的高级军官没有加强防御阵地，也没有围绕进攻者进行反机动，即使他们在人数上有优势。他们满足于依靠优势火力，仔细部署步兵横队，以最大限度地发挥夏塞波步枪的优势，但在更多的普鲁士人抵达并绕过非连续的战线两端时，却没有加宽战线以保护暴露的侧翼。这更像是1914年的8月，而不是11月：侧翼还在，而且还有挪转的余地。法国的军官将整个师聚在一起，结果遭到装填着高爆弹的普军钢炮的密集火力的屠杀，死伤遍地。普军的克虏伯炮被寄予厚望，靠着工兵临时搭建的木筏被推过河来。全新的战斗每天都在开启，但一天下来，要么兵力不及对手，要么被从侧翼包抄，所以虽然法军砥砺奋战，而且打得不错，他们还是在大炮的狂轰滥炸下撤退了。德意志军不断向法国纵深推进，积极寻求围歼机会。

第一场大型遭遇战于8月4日在阿尔萨斯的维桑堡（Wissembourg）打响。法军元帅麦克马洪率领的第1军底下的一个师遭遇普鲁士第3军团的先头部队，前者孤“师”奋战，而后者已经瞄准敌军位置，做好了进攻莱茵军团侧翼的准备。麦克马洪的部队受到重创并撤退。两天后，一场规模更大、准备更充分的防御战在附近的弗勒什维莱尔高地（Froeschwiller Heights）展开，88000名德意志军面对5万名法军。第3军团的名义指挥官威廉王储（Friedrich Wilhelm）本指望这场与麦克马洪第1军的第二次比拼可以成为一场小规模的坩埚之战，给自己打响名号。结果，他手下一名不守规矩的军指挥官命令部队向藏身于高地战壕中的法国和阿尔及利亚部队发起猛攻，

302

死伤惨烈。

在弗勒什维莱尔高地一役（又称沃尔特会战）中，防御一方挖好一个半月形的战壕，严阵以待。仗着夏塞波枪和排放枪优越的射程，还未等对方步兵走近，他们就迅速开火，而普军的针发枪对此毫无办法。向前推进的普鲁士步兵频频遭到对方步枪扫射，却无力回击。这是一场简单直接的步兵对抗防御战，按道理来说法军是可以取胜的，但打得忘乎所以的法国军官，此时下了一道进攻的命令。就像下令强攻的普鲁士同行追求的是腓特烈式的歼灭一样，太多的法国军官在步兵冲锋中试图寻求他们想象中的拿破仑式的荣耀。而且，法军的炮兵也明显处于劣势。法国军官急于用旧的战术争取新的荣耀，他们命令隐蔽的部队离开战壕，进入开阔地带做不必要的反攻。当毫无遮挡的法军终于进入针发枪的射程时，普鲁士的散兵和火力线立即回以枪林弹雨。[31] 连骑兵也在铺天盖地的炮火中发起了进攻。在发起冲锋的 1200 名法国枪骑兵中，倒在针发枪下的逾 800 人，这次死亡冲锋的徒劳程度甚至超过了在克里米亚的巴拉克拉瓦战役中，正面冲向俄军炮兵的英国轻骑兵旅的那次冲锋。没有一个人成功冲入对方阵地。直到第二次世界大战，骑兵在战争中都还发挥着辅助作用，但在开阔战场上冲锋陷阵、向着装备步枪的步兵发起冲击的日子已经一去不复返了。[32] 此次战役的决定权最终落在了快速抵达战场的普鲁士钢炮上，高地、战壕、士兵当即就被轰得四分五裂。在死伤的 11000 名法军中，大多是被炮弹碎片击中的。最终是重型武器，连同兵力优势，拿下了这个战场，而不是战术才华或普鲁士人的指挥天才。[33]

还是在 8 月 6 日，第三场边境战斗在洛林的斯皮舍朗（Spichern）爆发。同样，这场战役也不是毛奇设计或选择的结果，因为克劳塞维茨的所谓不可避免的“阻力”影响了他的

宏大计划。在指挥部发生的摩擦更接近荒诞剧的意味，因为真正的闹剧是由他手下一些资深将领编排和上演的。主角是74岁的卡尔·冯·斯坦梅茨（Karl von Steinmetz），他是对奥战争的英雄，现在任第1军团的指挥官。他瞧不上毛奇的机动和包围计划，反而对普鲁士老将布吕歇尔在拿破仑战争中所表现出的猛冲硬攻式的进攻风格钦佩有加，所以对于会战，他有自己的想法。他没有执行毛奇下达的行军命令，而是带着他的8个师直接穿过了第2军团的队伍，第2军团被拦腰截断，毛奇在萨尔的围歼计划也随之落空。这不能仅仅被解读为一个老人的虚荣心在作怪。几次类似的事件在其他将军那里也发生过。这就是普鲁士的攻击精神，也是任务导向战术被滥用的结果。[34]



斯坦梅茨直奔法军的坚固阵地而去，穿过密林，爬上一座山坡。又一次，身着普鲁士蓝的年轻人被夏塞波和米特留斯迅疾的防御火力击倒在地，成片成片地倒下；又一次，听见枪响的其他军赶来支援，并在夜幕降临之前为毛奇拿下了战场；又一次，炮群完成了任务，克虏伯炮群重炮连发，以交叉火力摧毁了法军阵地。无能的法国将领也帮了很大的忙，特别是巴赞。他带着4个师待命，但当他的同胞被普鲁士人团团围住时，他却无动于衷，什么也没做。因此，斯皮舍朗一战获胜的是普军。然而，从毛奇的角度来看，一个自作主张的部下给他的计划造成了意想不到的致命延误，他的计划依赖的是速度与服从，而这正是现在的普军所唯一缺乏的。他并不满足于捕获一部分敌军，他想要的是全部。现在，他在梅茨前包围莱茵军团的计划失败了。尽管法军被打得分成了两截，士兵的力量和斗志也在流失，但他必须在别处找到他在政治上不可或缺的决定性战役。[35]

边境战役中的暴行是不容忽视的。一些德意志人对投

降的"黑人"——他们如此称呼在法军中服役的柏柏尔兵（Berber）——毫不留情。表现出仁慈的人后来遭到俾斯麦的谴责："不应该把那些黑人当囚犯。照我的办法，每一个俘虏黑人的士兵都要被逮起来。他们是猛兽，应该被击毙。"[36]虽然此时还未成熟，但在德意志的军事和政治思想中已经开始出现另一种意义上的关于歼灭的主题，其中蕴含的险恶和凶残意味，已经超出毛奇关于获取毁灭性胜利的军事理想。那年晚些时候，民众战争开始，更多针对所有肤色的暴行也随之而来。当德国人面对来自真实的或想象中的自由射手的非常规抵抗时，他们给出的回应是集体报复和无差别杀戮。后来，类似的甚至比之更为黑暗的行为让德国对赫雷罗人（Herero）、纳马人（Nama）的殖民行动恶名深种，这类事件在 1914 年于法国国土上展开的开局战役中发生过，然后在 1940 年又再次上演。[37]虽然不论哪支军队，总会有一些这样的人，如果没有良心的约束，失去训练和军官的管控，他们也会做出这种事情来，但这种残酷的模式已经超越"战争就是战争"这种一般意义上的道德冷漠。一种德意志民族的权力国家观正在酝酿，为了这一理想的达成，其他一切都是可以牺牲的。

304

尽管普鲁士的指挥官作出了这些非计划内的过时举动，但弗勒什维莱尔高地和斯皮舍朗的两次战役还是成功截断了莱茵军团，撬开了边境。深入法国指日可待。战略上，这两次战役也浇灭了其他国家想要与巴黎结盟的热情。当然这一热情原本也是有限的。[38]边境战败的消息也激起了民众的不满，路易-拿破仑在国内实施的军事管制，以及让全国人民支持第二帝国的呼吁，都遭到民众的反对。如今这个第二帝国，与记忆中第一帝国的荣耀已经相去甚远。莱茵军团现在带着一个庞大笨重而又孤立无援的左翼，无序地向要塞城市巴黎撤退，法国

参谋人员缺乏任何严肃的战前或应急计划的缺陷至此完全暴露出来。欠佳的健康状况和倍增的压力最终导致路易-拿破仑精神和身体的全面崩溃。他命令莱茵军团避开巴黎，转向进入并守住梅茨。然后他把指挥权交给了巴赞。在边境遭遇多番失利的法国陆军如今四分五裂、意志消沉，毫无战斗意志。进入梅茨有可能使其主力部队困于一个要塞群内。但法军得到的命令就是朝着梅茨的一个防御阵地进发，而非进入兵力充足、易守难攻的巴黎。原因是路易-拿破仑担心，自己曾经夸下海口要拿下“第二个耶拿”，此时撤回巴黎可能会让他彻底玩完。在经历了一个盛夏的民族主义所带来的兴奋情绪后，不仅迅速取胜的期待和承诺突然落空，现在大军再一路撤到巴黎，这是可能激起一场革命，并最终将他赶下台的。因此，这位独裁者选择了梅茨。

撤退进入梅茨的莱茵军团被挫败感包围，士气低落，军纪涣散。[39]路易-拿破仑直接向四处分散的各军指挥官下达糟糕的行军命令，远在巴黎的皇后和她的支持者对军事事务的横加干预，这些都无助于局势的改善。而在军队艰难地进入梅茨后，巴赞在指挥事务上表现出的令人费解的冷漠也在让事情变得更糟。此前普军第1军团和第2军团的行军路线在斯坦梅茨的一通操作下团成了乱麻，毛奇不得不在8月7日命令他的所有部队停下来，以便将两个军团分开。在这三天的空档期里，趁着普军自乱阵脚的当口，巴赞本可组织一次反击，击退并打乱普军的入侵计划，但他错过了这个时机。情报落后，战略不清，将帅之间互相猜忌争执，部下越来越频繁地不服从命令，这些情况使他与其他法国将军的差距进一步拉大。巴赞已经表现出失败主义情绪，他公开对其他所有人的干涉表示不满，指控他的高级军官不服从命令。他接连犯错，先是行动迟缓地撤到凡尔登，然后又在手握40万大军的情况下，没能集中兵力

305

去打击3支分散的德意志军团。莱茵军团仍是所托非人。

普军这边的状况也好不到哪儿去，长途行军让他们疲惫不堪，食物短缺，交通工具匮乏，还有不少伤员需要护理。即便如此，大多数军官还是在努力适应并解决问题，尽力让部队的行进步伐跟上毛奇的宏伟蓝图。但是与此同时，尽管一支新的但兵力较弱的法军已经在麦克马洪的率领下在沙隆集结，巴赞还是只顾发泄他的愤懑，带着20万人在梅茨摇摆不定、犹豫不决。他不知道的是，针对莱茵军团的最终清算已经近在咫尺。[40]8月14日，第1军团与莱茵军团遭遇，爆发了一场小规模的血腥会战。第二天，巴赞终于启程，沿着通往凡尔登的道路朝着沙隆进发，试图在那里与麦克马洪会合，但这已经是不可能的事了。8月16日，刚愎自用的普鲁士将军再次违抗毛奇的命令，在马尔拉图（Mars-la-Tour）主动进攻人数占优的法军。死伤2万人之后，普军的大批克虏伯钢炮终于赶到现场，通过与过于谨慎的法国将领的合谋，夺回了胜利与战场。巴赞没有继续前进，当晚就撤到了格拉韦洛特（Gravelotte）。至此，坐守梅茨的莱茵军团不仅被切断了与巴黎的联系，而且与麦克马洪试图在沙隆组建的新军之间也有了阻隔。

在另一个指挥部，毛奇和罗恩一致认为，如果再来一次会战，那么2万人伤亡的代价也是可以承受的，因为在他们的算法中，这代表的是机会而不是屠杀。毛奇命令4个军停止向默兹河推进，而是调转方向，他要将莱茵军团困死在梅茨。这个要塞无论如何是无法容纳或者养活它的守军、平民，外加一支停留在那里的20万人大军的，且不说这支大军的大部分补给早已在撤退路上或者在那之前就已经丢弃或遗失了。虽然离最初的包围计划相去甚远——这个计划已经失败——但最终的决定性会战在毛奇的努力之下或许仍有希望，如果能够成功引诱或以某种方式迫使巴赞出来迎战的话。即使不能，那么传统

的围城断粮也不失为一个可行的办法，即使对求战心切的毛奇来说也是如此。[41]巴赞已经被不祥的预感所笼罩，8月18日他在格拉韦洛特－圣普里瓦（Saint Privat）冒险出战。这是普法战争中的首场一方叫阵、一方应战的定点会战。之前的一系列会战都是遭遇战（两军在行军途中因意外相遇而展开的战斗）。这也是这场战争中最为壮烈的一次战斗，超过36万人参战。这是一件特别可怕的事情，因为在抵达战场之前，首先需要经过马尔拉图的战场，两天前发生的这场战斗的现场遍地是还未来得及掩埋的尸体。[42]一位普鲁士军官后来回忆说："太可怕了。我们不得不策马穿过一排排的尸体……我永远也忘不了车轮下头骨碎裂的声音，还有胳膊和腿被夹在轮辐里发出的闷响；当受惊的马在疯狂甩动，试图找到一条可以绕过尸体的路时，所有的凝聚力都消失了。"普鲁士指挥部的一位著名访客，美国南北战争时期的菲利普·谢里登（Philip Sheridan）将军也目睹了类似的场景。[43]

306

格拉韦洛特的伤亡一如毛奇和罗恩的预期，法国人付出死伤12000人的代价，击毙击伤普军2万人。总体而言，普鲁士对任务导向战术的依赖确实是一个优势，但是有时掌握指挥主动权的人会倾向于采取保守过时的战术，或者就是单纯的所托非人，进而威胁到更大范围内的行动。格拉韦洛特战役就是这种情况。普鲁士军的死伤人数不断增加，因为固执古板的将军们再次拼尽全力发起正面强攻，毛奇没有教会他们什么，克尼格雷茨或边境战役也没有教会他们什么。某些指挥官只是简单地将步兵推进法军布防好的阵地，将其送到自己根本无法招架的法军枪口之下。毛奇与谢里登、俾斯麦、威廉国王在一起，他轻快地踱着步，将自己对这种白白消耗步兵做法的怒火平息下去。他接受高伤亡率，并不去考虑它对垂死的人意味着什么，正如他对罗恩承认的那样，只是为了实现更高的作战目

标。在通往胜利的道路上，其他将领的残酷只是蛮干的结果，而他们的残酷却是经过权衡之后采取的必要手段。

格拉韦洛特的普鲁士步兵（1870年）

图片来源：Wikimedia Creative Commons

307

一波又一波的普鲁士人、汉诺威人和黑森人被法军火力扫倒。夏塞波步枪的射程大大超过普军装备的针发枪，普军被法军火线上翻滚而来的子弹压制着，无力回击。两种步枪射程之差的这一段距离被称为“夏塞波缺口”，普军需要冲过它来赢得反击的机会，于是数以千计的普军士兵倒在了这道缺口前。格拉韦洛特不是克尼格雷茨。谢里登可以证明，它看起来更像是弗雷德里克斯堡：邦联军在高地上挖好堑壕，集中火力向着来犯的联邦军一通屠戮。圣普里瓦山脊上的夏塞波枪手躲在隐蔽阵地后方进行防御阻击，德军步兵久攻不下，最后还是被毛奇的炮群轰得粉碎。270门钢炮一字排开，朝高地投掷了2万枚高爆弹。[44]炮弹炸裂后的钢铁碎片漫天飞舞，变成一道飓风，战场上的人就在浓烟和烈焰卷起的旋涡中被炸得四分五裂。世界各地的士兵都将学会如何将脚下的黏土和白垩土挖得更深，以躲过工业战争时代可怕的炮火。不过，现在还没到时候。在

格拉韦洛特，法国人在没有挖掘工具的情况下投入了战斗，除了伏在地上，他们无处可躲。趴在地上的人被在他们头顶炸开的炮弹溅起的灼热碎片炸死或炸伤。头戴布帽的人、光着脑袋的人，因为没有保护，大批大批地死去。同时饱受轰击的法军防线正在被拉长，因为德军步兵还在积极机动，直到他们终于找到并攻下一个防御薄弱的侧翼，双方都付出了惨烈的代价。新式步枪和大炮所带来的火力革命并不只是理论上的，它在格拉韦洛特的杀戮场上得到了实践的证明。

巴赞回到梅茨休养他的伤口和自尊，心甘情愿地留在毛奇为他准备的大锅里，炖煮他苦涩的怨恨。他陷入精神困顿、指挥乏力的状态中，沉浸在一种长期的、致命的病态情绪里，以致除了 8 月 26 日和 31 日的两次草率尝试，他并未真正试着冲出包围圈。莱茵军团剩下的人至此陷入绝望和缓慢加剧的饥饿之中。巴赞甚至任由普军工兵拆毁最后几座桥梁，在梅茨周边安置钢炮。[45] 他异乎寻常的消极态度帮了毛奇一个大忙，毛奇最后留下来包围梅茨的兵力只有 12 万人。他对巴赞的毫不作为感到十分疑惑，一度认为这位法国指挥官是在玩一场高深的政治游戏。巴赞会的，但那是后来的事了：巴赞参与了两起阴谋，意在推翻于 9 月 4 日，也就是法军在色当战败、路易－拿破仑被普鲁士人俘虏三天后，在巴黎宣布成立的革命共和政府。[46] 但两次密谋发生的时间并不能解释巴赞在 8 月的不作为、他在格拉韦洛特的冷眼旁观，以及他在梅茨的沉郁寡欢，这些灾难导致梅茨和莱茵军团残部在 10 月投降。这一切发生得如此奇怪，巴赞的无能令人倍感屈辱，他在战后被控叛国，被迫接受军事法庭的判决。[47]

308

随着破碎的莱茵军团和巴赞被困梅茨，一个新的沙隆军团在麦克马洪元帅的率领下组建起来，同在沙隆的还有心情抑郁的路易－拿破仑。现在的问题是，这支由 104000 人组成的部

队是否应该退到巴黎，去支援那里的守军；巴黎的守军已经从最初的15000人扩大到了现在的15万人，这座城市尚在他们的控制之下。欧仁妮皇后警告她那心理防线已然坍塌的丈夫，撤退会带来严重的政治风险。相反，沙隆军团应该远离巴黎，去解救莱茵军团被困梅茨尚在忍饥挨饿的幸存者，将法军兵力重新集结起来与普军决一死战。麦克马洪甚至可以引开围攻梅茨的德军，如果他能赶在追击者前面，把新军带到梅茨的话。然后他就可以攻击普鲁士朝外的厚厚的“围城防线”，与此同时巴赞冲出要塞，攻击普鲁士朝内的“围城防线”。简言之，麦克马洪的队伍应该作为一支救援部队进入梅茨，与巴赞里应外合，解除围困。

就在沙隆和梅茨之间的通信被切断之前，争吵不休的将军们达成协议——巴赞承诺说莱茵军团会向外突围，并在蒙梅迪（Montmédy）与沙隆军团会合。事实上，无论是莱茵军团实现突围，还是沙隆军团前往蒙梅迪接应巴赞，两支军队都没有足够的实力完成各自的任务。巴赞缺乏实现突围的指挥才能和意志，而聚集在沙隆的所谓军队只是一群散漫的散兵游勇，连基本的团队凝聚力都无法维系，更不用说完成救援任务了。他们由麦克马洪两度溃败的第1军和部分第7军组成，这是法国最后的预备役部队了。当中的大多数人都是在弗勒什维莱尔高地一役之后撤退到沙隆的残部，虽然活了下来，但已经身心受创，又或是被长途撤退折磨得疲惫不堪。还有一些是机动警卫队的战斗新手，他们除了步枪之外没有任何基础装备。还有一些零星部队则由掉队的、姗姗来迟的预备役士兵和未经训练的征召兵组成。有的人在开战之初就已应征入伍，但至今仍在等待部署，他们在混乱的7月动员中被滞留在铁路沿线的集结点上，匆忙开走的火车把他们留在了突然安静的站台上。[48]

麦克马洪不情不愿地让那些饥肠辘辘、衣不蔽体的人去挑

战身体的极限，继续行军，彼时他们的周围已经都是普军，但309是由于侦查工作的低效，法军对此毫无察觉。毛奇接下来要去哪里？麦克马洪对普军第3军团的位置一无所知，他更不知道毛奇已经组建了一支新军——由2个军和一些从第2军团抽调出来的几个松散的师，共计12万人组成的默兹军团，而且它的规模还在壮大，增援人员和预备役人员仍在源源不断地涌入法国。到8月底，15万新兵已经抵达法国，用以补充他在法国的人员损失，另有30万人正在其他德意志地区集结。相比之下，沙隆军团可用的补给很少，没有开放的补给线，没有合适的炮队，没有足够的马匹或马车，甚至连士兵的个人装备也配不齐全。这支最可悲的法军从一个空空如也的补给站奔向另一个补给站，其间不时受到敌军的骚扰和追击却无力抵抗。最后，它终于踉踉跄跄地来到色当。

毛奇也在加紧让自己从困顿中走出来，他的困顿源于下级将领的刚愎自用、机动的困难和信息的难以获取，几场多余的、意外到来的边境战役，原包围计划的失败，以及众多不可预见的突发事件、战争中剧烈的体力消耗和不断积压的精神压力。没能在一开始就发起一场决定性的会战，就意味着如果要赢得战争，现在他必须用有限的兵力做成三件事：将莱茵军团困在梅茨，摧毁沙隆军团，围攻巴黎。为了达成这些目标，他需要用到每一个可用的兵员、每一个仍在德意志各邦集结或训练的预备役士兵。[49] 等他们一到，他立即派出默兹军团和第3军团的30万军力，去追赶麦克马洪的沙隆军团——那些正在“绝望之沼”中蹒跚而行、饥饿的可怜灵魂。沙隆军团在绝望中涌入色当，他们现在的处境已经和被困梅茨的莱茵军团无异。

色当的老旧堡垒完全是按照18世纪的标准建造的，不可能指望它去抵御眼前的现代钢炮。麦克马洪和路易-拿破仑因

为将兵力部署在了默兹河的错误一侧，而在无意间配合着毛奇将法军推向了一个致命的陷阱。毛奇命令他的军队和大炮火速前进，他终于看到了胜利的机会，同时也担心，如果他不能给法国人致命一击，对方会将战争变成一场漫长的防御战。[50]事实上，他即将得到的正是这两种结果的结合：在色当摧毁沙隆军团，然后在被唤起战斗意志的法国境内进行了数月的小规模消耗战。他原来的决定性、歼灭性的单一战局计划已经瓦解，但是这种瓦解后来被德意志的民族主义历史和毛奇在总参谋部的继任者掩盖，而大众的记忆和许多军事史要么选择了原谅，要么选择了遗忘。

色当之战于9月1日凌晨4点开始。杀戮和死亡占据了一天中的大部分时间，但结果实际上早在战斗开始前就已经决定了。沙隆军团在兵力、武器和射程上都远远落后于它的对手。它所在的位置十分糟糕，没有退路，难以机动，几乎没有还击的能力。它的将军很早就被击退了。当时普军的大型钢炮从法国老式大炮难以回击的位置朝色当扔了2万发炮弹，麦克马洪被弹片击中。三边防线坍塌了两边，战栗的法军士兵踉跄逃回要塞。但就像在克尼格雷茨发生的那样，混乱的人群挤在防御工事底下，炮弹咆哮而至，一波又一波紧追不舍的德军杀了上来，将他们击倒在地。 310

尽管他们的阵地位置和指挥官给他们设置了各种致命的障碍，许多法国将士仍然顽强而出色地完成了他们的任务。有些已经超出他们的职责，他们凭着一腔愚勇行事。弗勒什维莱尔高地的灾难再次上演，一匹匹疲惫不堪的战马向着密集的火炮和德军步兵奋力冲锋，结果只留下一堆堆血肉模糊的人员和战马，以及沾染在医务兵围裙上的碎肉。对于那些试图逃跑或者找掩护的人来说，700门普鲁士火炮的合围轰炸，让他们无处可逃。[51]炮弹打在堡垒石墙上炸出的石块碎片与炮弹的金属

弹片一起，成为恐惧、伤口和痛苦的来源。树木爆裂产生的沉重的木渣木片也是如此，它们在人们的身体上劈出巨大的撕裂伤，就像6年前美国南北两军在华盛顿南部熊熊燃起的莽原森林中所遭受的折磨一样。75年后，德国人将再次对着法国轰以重炮，并在附近的许特根森林（Huertgen Forest）和阿登，通过爆破树林（treeburst）将美国的年轻人撕成碎片。同样的战斗正在一遍一遍地重演。

路易-拿破仑拒绝尝试突围退往巴黎。他与俾斯麦会谈，结果在被对方训斥了一个小时后，同意无条件交出沙隆军团，这是莫大的羞辱。[52] 为了荣耀，他的叔叔奋力拼搏，他是否得偿所愿，或许是的，但他的侄子跌倒在耻辱中，却是确实无疑的咎由自取。法军在色当死伤17000人，被俘83000人。德军死伤或失踪9000人。随着路易-拿破仑成为威廉国王的阶下囚，第二帝国垮台，一个激进的政府在巴黎宣布成立。6周之内，毛奇分裂莱茵军团，将其大部围在梅茨，然后在色当粉碎了沙隆军团。这并不完全是他计划中的快速围歼战，但似乎也是一个决定性的胜利。巴赞和莱茵军团在梅茨的投降只是古老而确定的饥饿机制在发生作用。梅茨市内，逃兵涌现，军民纪律完全崩溃，吃饭都成问题的被困法国军队开始暴动。10月27日的耻辱投降宣告围城的结束。[53] 所有人都认为普鲁士已经胜券在握，战争已经结束。但事实并非如此，虽然法国军队输掉了梅茨和色当，但法国人并不接受这个结果。

俾斯麦和毛奇粉碎的不只是法国陆军，还有法国的宪法秩序。两人都是极度保守的人，他们支持一切欧洲的既定秩序，除了普鲁士在其中的地位。为了改变这种状况，他们用暴力摧毁法国，但这又在不经意间释放了法国自1815年以来一直压抑着的激进情绪。法国革命再次爆发，新的国防政府呼吁举国

311

共抗普鲁士。巴黎的“赤色分子”希望通过激进重演1793年的全民动员来继续这场战争。他们呼吁全民战争，甚至呼吁回归“恐怖统治”；呼吁全民武装，呼吁处决所有共和国的叛徒和导致失败的罪魁祸首。后来，在巴黎成立的激进公社中，这种复仇行为得到了部分执行。[54]政治动荡就像燎原的野火一样席卷了法国。内战也迫在眉睫，因为在政治争论的另一端，激烈的反动派坚定地站在帝国的一边，嘀咕着“普鲁士人比共和国强”。他们在第二次世界大战前夕以及维希政权时期的精神-政治后继者们说：“希特勒总比布鲁姆强”；莱昂·布鲁姆（Léon Blum）是当时的法国总理，但因为他的犹太身份和温和的社会党施政理念而受到轻蔑。[55]

巴黎是一个大城市，但它也是防御最为森严的城市之一。9月19日，24万名普鲁士军中的第一批抵达巴黎。他们很快就包围了这座要塞之都，开始安营扎寨，为这场围城战做好准备。他们的任务十分艰巨：他们需在四面挖掘战壕，运送粮草、弹药，切断所有通道，隔离整座城市，同时还要保护他们自己暴露的营地和围城阵地，以避开骚扰性攻击。他们十分依赖补给线，而这条绵长的补给线一路延伸到了德意志境内，这意味着这些围攻者需要面对的还是那些古老而司空见惯的问题：逃兵、疾病，还有因长时间扎营于此而产生的懒散倦怠、百无聊赖，士兵们日渐不满，甚至开始讨论哗变。普鲁士人大范围的粮草征发行为、对巴黎食物供应的陆上封锁，再加上巴黎城内拥挤、膨胀的人口，意味着粮食短缺的问题几乎是即刻发酵的。由于东部战役的爆发，后期征召的士兵越来越多，因此虽然守备部队随时准备战斗，但40万人的粮食供应依然是一个巨大的负担。巴黎和法国其他地区之间的通信是通过一种邮政热气球的服务来维持的——这让普鲁士人发明出了第一门高射炮。消息还是传了出去，它呼吁全国征

312

募新军，发动大规模的非正规战，在各个城镇、各个地区，用一切可用的手段发起“不惜代价之战”。于是，小型正规军和“自由射手”迅速在入侵者的四周集结，发起焦土作战和骚扰性攻击。[56]

11月2日，国防政府发起大规模征兵，有意唤起1793年援军驰援巴黎的精神，一些人还唱起了《马赛曲》。甘必大（Léon Gambetta）将军从西部、南部几个小省的驻军和机动警卫队中抽调人员，组建起一支新的正规部队，尽管训练不足。武器供应也有保障：从比利时进口的武器被分发给了众多新兵。法国军舰，这个当时还不被柏林理解的国家力量组成部分，让法国从英美采购武器成为可能。直至1871年初战争结束，法国一共投入的新兵数量达到近百万人。尽管这些人和部队的战斗力有限，但成群结队的所谓自由射手和其他临时组建起来的部队对占领者构成的威胁是实实在在的，这激起了德意志人对法国平民的恶性集体报复，他们处决了所有被指控的人。[57] 简言之，德意志人在法国的所作所为与他们在1914年和第二次世界大战期间的表现是一样的，而这又和法国人在60年前半岛战争中对待西班牙游击队和平民的方式是一样的。

毛奇认识到，任何旷日持久的战争都会给参与者带来巨大的经济、社会和政治压力。作为一个保守的君主主义者，他曾担心战争从国王之间的内阁战争转向国家之间的全民战争，进而带来革命性的社会影响。而现在他正在亲手将这种担忧变成现实。对法战争的作战方式和性质都在发生变化，它正在从一场激烈但短促的两军对垒，变为一场潜在的旷日持久、糟糕透顶的全民战争。已经没有多余的时间策划新的乌尔姆或坎尼，来对付伏击纵队和骚扰巡逻队的自由射手了。10多年来，毛奇和普鲁士军队一直强调进攻，专注于如何将战争引向激战，

他们既没有准备好去迎接巴黎周围发展起来的堑壕战，也不知如何应对让村庄陷入火海的“不惜代价之战”。他们的所有训练都在为会战做准备，依靠快速行军、集合行军，形成大规模的战斗群，最后包围、打击正规军。但当面对的是法国游击队时，这些技能就都失去了意义。非正规的法国自由射手和准正规的游击队将德意志军拆得七零八落，暴露了他们完全不充分的补给系统的一个严重弱点。普鲁士军及其德意志盟友受到非正规军的严峻挑战，他们只占领了法国的北部和东部。法国大部分地区还未见到德意志军的人影，也未闻其靴子踏进城来的声音。[58]



尽管毛奇已经在色当和梅茨取得胜利，而且他的人已经包围了巴黎，但他还是没能彻底摧毁敌人的军事抵抗力。与革命同步到来的是边境地区的军事崩溃，但仍有近50万人死守巴黎，首都以外地区的民族反抗情绪也愈演愈烈。他计划中的小型内阁战争未能及时完成，战况的焦灼让他越发焦躁，于是他向着一个与内阁战争背道而驰的解决方案一冲而去。他下令发起一场“灭绝战”，粉碎一切来自非正规军和平民支持者的抵抗。他的意图是彻底的，他要消灭全法国的所有反对派，然后施以无情的独裁统治。[59]他计划进军南方，打击法军新生力量，一举消灭所有意欲脱离其意志和控制的反抗力量。但是万一这种策略上的改变失败了，普鲁士军将陷入一场类似于半个世纪前法国在西班牙遭遇的漫长战事。入侵南部实际上超出了普鲁士军的能力，远远超过它的后勤或储备能力。更重要的是，要想全面征服和占领法国这样的大国，无论现在已经付出多大的伤亡代价，都还必须牵扯到钢炮无法解决的复杂外交问题。其他人也知道这一点。俾斯麦和罗恩阻止了毛奇对法国南部和西部的入侵。他们担心其他大国的反应，担心入侵和占领只会延长战斗，使普军陷入一场它本不打算发动的持久战。他

们想要的是迅速结束战斗，以锁定德国的统一和地缘政治优势。[60]这是当初发动战争的全部意义，而毛奇似乎偏离了这一目标。

这场激烈论战的结果就是俾斯麦从毛奇手中接过了军事缰绳，他认为为了国家利益，他有权直接干涉60万德军在法国境内的使用。为了尽快结束战争，他命令用重炮将巴黎团团包围，用高爆炸药和燃烧弹对其一通狂轰滥炸，以达到炮击平民、威慑巴黎，最终迫其投降的明确目的。[61]毛奇表示反对，他说炮击只会让抵抗变得更加激烈，他主张继续封锁城市，用饥饿逼迫他们就范。这对俾斯麦来说太慢了，而他赢了这场论战。巴黎遭到无情的炮击。当法国人拒不投降时，就该轮到俾斯麦施展他经过精心计算的残酷了。他下令烧毁村庄，只要遇到反抗，哪怕再微小（比如有小男孩儿向德意志人扔石子或吐口水），也要施以绞刑和枪决。他的妻子在私人信件中更进一步，写道，他不应该在年龄和性别上有所区分。“射杀、刺杀所有法国人，”她劝告丈夫说，“小婴儿也一样。”[62]

314

对自由射手深恶痛绝的普鲁士人忘了，1813年普鲁士人正是用类似手段和新建的军队对拿破仑军发起了一场正义的全民战争。值得注意的是，同样的残酷事件也发生在1914年：当时在边境战役中，关于法国自由射手的传言让德国实施了类似的暴行，他们因此患上“树篱恐惧症”，因为据说每片树篱背后都潜伏着狙击手，这一草木皆兵的恐惧心理直接导致他们不分青红皂白，作出无区别报复的举动。[63]从1939年在波兰开战的第一天起，类似的行为，甚至比之残忍百倍的行为，就已成为德国国防军和武装党卫军的标志性特点，其性质也迅速由个人自发的暴行升级为道德沦丧的、有预谋有组织的行动。除了任务导向战术、以迅速包抄敌军为目的的“围歼战”和“歼灭战”，以及德国留给军事专业人士的其他作战艺术、语

言和理论外，迅速上升为军事策略、国家政策的野蛮行为也是组成“德国战争方式”的一个要素。战争不会使人变得柔软。而德国在理论和行动上对彻底歼灭敌人的主张，让情况变得更糟，它让几代人中的大部分德国人都表现得像战争罪犯一样，而个中原因不是寻常的战争狂热足以解释的。

巴黎守军一共发动了三次大规模的突围，可是一次比一次绝望。最后一次发生在1871年1月19日，共有9万人参与。这是一次血淋淋的失败，法军死亡、受伤以及失踪者合计8000人，最后以饥肠辘辘的士兵满地抢挖土豆充饥告终。那个时候的巴黎，每周有4000人死于饥饿和传染病。城市外围的德意志人境况要稍好一些，尽管他们的日子也不好过。毛奇的速战速决计划已经沦为一场消耗赛，因为法国人正在调整策略，以拖延和全民战争来适应日益减少的中央资源。德军的部分营在饥饿、疾病和与法国游击队的对抗中，被消耗得只剩下一个连的兵力；其他营则需要面对分散在南部和西部的几支小规模法军。及至新年，双方都已临近崩溃。冬天的饥饿，1月与德军的激烈交火，以及俾斯麦对巴黎毫不手软的持续炮轰，最终迫使巴黎投降。[64]

***

1871年1月18日，一个新的德意志帝国在路易十四的凡尔赛宫的镜厅里正式宣告成立，年迈的普鲁士国王在那里加冕，称德意志皇帝威廉一世。10天后的1月28日，停战协议生效。与1866年对奥地利的审慎态度不同，在普鲁士的霸权和德国的统一都已得到保证的情况下，俾斯麦在5月10日逼迫法国签订了苛刻的《法兰克福条约》。阿尔萨斯以及洛林的大部分地区都直接并入德国，法国被要求支付的战争赔款是5 315

年前奥地利赔款的60倍。这对法国来说是一个巨大的经济负担，旨在削弱它的战后军事开支，并削弱第三共和国的政治根基。为让条款得到执行，5万德军蹲守在法国的土地上，直到赔款全部付清。俾斯麦随后通过胁迫南德各邦加入新的德意志帝国，为德意志统一战争画上了句号。德国和法国之间的领土缓冲地带不复存在，一个强大的军事威胁阴云此后便一直笼罩在法国的边界上。欧洲原有的均势也被打破，协调体系下的一切伪装也都褪去。从此以后，虽然权力均势的形式和语言仍然存在，但俾斯麦都将保证德国在欧洲的地位是其中的 *primus inter pares*（同侪之首）。[65]

就像腓特烈和拿破仑一样，毛奇也得到了敌人的助力。然而，他并不满意。他的军队利用电报、铁路以及速射步枪和火炮，粉碎了领导不力的丹麦、奥地利和法国的部队。他的成功有时也被称为“军事天才”之作，被广为颂扬。然而，当战争从传统军队的边境作战转变为全国范围内的不惜代价之战，这一战争性质的转变令他感到担忧。这场“肮脏战争”①以意想不到的方式消耗着普鲁士的资源，这超出了他对计划失败的预想，要让100万人在战场上奋战数月对普鲁士来说是难以承受的。战斗结束后，毛奇冷静下来反思，他认识到现代战争有一个明显的趋势，即从传统的两军对垒转变为全民战争，转变为两个全民武装的民族国家之间的长期斗争。他知道，这样的战争在将来一定会使整个工业化国家的破坏能力受到制约，它们要么攻击取胜，要么被消耗打倒，陷入没有仁慈、没有花环或任何可预见结局的长期战争。这预示着下一次大国交战时德国将面临的危急局面。

毛奇和俾斯麦入侵法国的过程显示“有限战争”已过时，

① 肮脏战争（dirty war），指的是政府在面对国内人民的罢工、社会不安、暴力或政治颠覆等行为时所作出的回应。

它最终以对法国首都的轰炸和惩罚性命令告终。以尊重其他大国权利为前提，设定有限目标，作出合理妥协的做法已经不复存在。更糟糕的是，他们被迫采用老式的长期作战技术，那不是决战，而是封锁、饥饿、轰炸以及在城市和平民中散播的恐怖活动。年轻军官对毛奇的战术和作战理念的推崇和拥护也许过于极致，他们被民族傲慢和军事胜利所迷惑。他担心其他大国也会从1870年的高伤亡和战争后期的损耗中得到更深刻的教训。这样一来，德国在战争开局依靠强大的快速机动能力所获得的军事优势便有可能消失殆尽，使未来的战争变成防御性火力革命的天下，而这正是他在19世纪50年代所努力规避的。[66] 因此问题就在于，德国统一战争的迅速了结是否只是一个例外，这场战争不过是被唤醒的全民武装国家之间长期消耗性战争中的一个插曲？就连毛奇对此也有疑虑。他越是在安定的和平环境中研究和思考，就越是深切怀疑战争对德国的效用。

316

毛奇的担心是对的。1870年对法国人来说是真正的凶年。但是，即使经历了第二帝国的覆灭，新的第三共和国的恢复速度仍比预期的要快。它于1873年引入征兵制，努力建立一支在文化上更适合其共和政治的军队。它遣散了那些不得人心的爱发牢骚的老兵，希望延续战争后期甘必大匆忙组建的省级军团的成功。巨额战争赔款的结清速度也比俾斯麦预期的要快，所以到1873年时，法军就又恢复到了毛奇认为它已有能力与普军一战的程度。[67] 不过，出生率骤降是一个严峻的问题，如果法国希望自己至少能在兵力上与德国抗衡的话。现实不久就将证明，法国无法做到这一点，对比在统一后迅速膨胀的德国人口，法国的人口和军事劣势将是永久性的。[68] 与此同时，直到19世纪90年代初，俾斯麦巧妙的外交手段仍使法国无法通过与柏林的其他对手结成强大的军事联盟来弥补其在兵力上的短板。

因此，法国采取了防御性战略，在边境地区坚壁固垒，严阵以待，以防德军再扰。改革后的法国参谋部仍然不像德国的总参谋部那样是一个独立的战争计划机构。法国陆军也因为军中的保守派势力对第三共和国的敌意而陷入分裂，这一深刻的裂痕在 1895 年的德雷福斯事件中显现出来。这次事件的起因是一名犹太裔法国军官德雷福斯遭到莫须有的间谍指控。这场旷日持久的激烈争端，毒害了军民关系，甚至鼓励平民干预法军在第一次世界大战中的作战理论。因此，为了削弱保守派的影响并使法国军队民主化，左翼共和派在国民议会随后颁布的改革方案中重申“不限代价的进攻”。这一政治冲动，将在 1914 年 8 月将大批步兵直接送到德国的大炮和机枪口下。[69] 另外，运输和动员协议的改革意味着 1914 年的法国陆军将以其在 1870 年所缺乏的机动灵活与德军相抗，并借此在马恩河一战中取得关键胜利。

317

重要的是，除了英国以外，其他的大国军队也都在或多或少地效仿德国，以短期兵役制下的军队取代德意志统一战争前它们所依赖的由长期服役的专业军人组成的过时的、规模有限的传统军队。几十年来，兵役年限、后备力量、防御工事和军事基础设施，以及动员计划等问题一直左右着国家预算和军民关系。由于担心自己的军队在开战之初即遭到准备更充分、兵力更集中的敌人的毁灭性打击，各国在思考未来冲突时始终神经紧绷，这不仅影响了征兵工作，而且推动了公民空间的军事化。各国的参谋人员都在计划如何在下一次战争开始时迅速动员、集中兵力，并立即展开大规模的进攻行动。他们几乎把所有的注意力都集中在如何快速取胜上，因为他们和毛奇、普鲁士人一样，认为未来的战争会像 1866 年和 1870 年一样（但不会有自由射手），并且会以同样快的速度决出胜负。即使总参谋部和预算部门拿出的作战方案是如此完美，但是万一卷入长

期消耗战，应该如何应对，几乎没有人真正思考过这个问题。

变化最小的是德国，这是在战胜方身上经常发生的事。尽管毛奇在1866年和1870年都没有实现全面包围，但他的快速部署和追求已经为未来战争的规划设定了模式，即以一场谋算精当的毁灭性战局达到先声夺人的目的。他的作战理论为“决战”打造了一个诱人的、克劳塞维茨式的模样，他的实际经历则是在塑造一个关于彻底击败敌人的完美战局的传说。这一军事思想轨迹在德国的政治阶层和军官队伍中大行其道，尽管毛奇自己对此并非全无疑虑，而且随着年龄的增长，目睹不断变化的地缘战略事实和威胁，他的疑虑更是与日俱增。他最终得出结论：决战和速战的时代已经过去，民族国家的战争即将到来。1890年5月14日，在对帝国议会的最后一次演讲中，他警告说：“内阁战争的时代已经过去，现在摆在我们面前的是全民战争……谁也无法估计战争的持续时间……它可能要持续7年，甚至30年——可是谁先在欧洲划亮这根火柴，谁先把火柴扔进火药桶里，谁就要倒霉了！”[70]几乎没人听见他说的话，包括他的继任者。

318

德军的作战思想出现了分裂。多数规划者和军官像飞蛾一样围着毛奇的天才之火打转，歌颂它在克尼格雷茨和色当的胜利。它们将是未来德国战争的典范，是对罗斯巴赫、洛伊滕、乌尔姆和古代坎尼的补充。[71]围绕敌人机动以围歼敌人、缔造现代坎尼的战争理念因此受到追捧，成为德国作战艺术的主流形象。人们很少看到坎尼会战之后的多年战事，当时迦太基被拖入一场耗时日久的消耗战，不仅没了赢的机会，也彻底丧失了再与罗马抗衡的希望；很少看到在洛伊滕歼灭敌军、大获成功的腓特烈却在战争中险些断送了整个普鲁士；很少看到在取得乌尔姆以及其他数不胜数的辉煌战绩之后，拿破仑最终还是失去了法国。相反，策划者们设计了连他们自

己都不相信可以成功的摧枯拉朽式的开局战役，然后把征召入伍的士兵送到1914年8月敌人蠢蠢欲动的枪口下，以及之后那场漫长、熬人、屡战屡败的战争中。[72] 在歼灭的理想中加入了更多杀戮和种族灭绝的纳粹含义，“歼灭之战”作为一种作战理论，再次成为1939年至1941年德国国防军的赌徒指南。[73]

在德国的军事思想中，始终有一小拨人把1813年发生在普鲁士和1870年发生在法国的全民战争视为更有可能的未来的战争模式。与这些少数人一样，毛奇开始对所谓“歼灭战”（无论它是单独的一次战局，还是几个战局的串联）的效用产生了怀疑。正如我们即将看到的，这种对现代战争的不同理解，并未阻止人们对速战速决继续抱有幻想；相反，它在1916年的埃里希·冯·法金汉将军（Erich von Falkenhayn）那里获得共鸣——法金汉将军在凡尔登上演了一出以消耗为代价的歼灭战。[74] 对于未来战争，塞瓦斯托波尔、弗雷德里克斯堡、弗勒什维莱尔高地和格拉韦洛特的防御性火力，巴黎四周的堑壕和围城战役，以及成群结队的法国自由射手，都比克尼格雷茨或色当更有发言权。但在柏林，人们对此充耳不闻，即使它们出自毛奇之口。在为下一场战争做准备方面，军事史上最近的例子往往是最有力的，即使它所暗示的教训是错误的。因此，毛奇此前在战争中的行动被证明比他后来的结论和警告更有力。

在军事和政治上执着于重现洛伊滕、乌尔姆、克尼格雷茨或色当的并不限于德国人，因为战争的成功总会催生仿效。毛奇被认为是超越拿破仑和腓特烈的名将，他的作战艺术的成功，使得会战在速战速决这一场景中的吸引力在所有军事思想中都得到了关键性的提升。其他国家的规划者和将军也在聆听着警报拉响的乐声，沉浸在速胜以及战争作为低成本外交手段

带来的喜悦当中；那是克尼格雷茨和色当在非洲和亚洲重新打响的乐声；是赶在第一声枪响划破宁静和在战争中失去至亲的痛苦激起民众起来反抗之前，通过快速取胜减轻人员、物资以及长期战争预算的压力的乐声。这乐声在那些高度修正主义国家的人听来最是动听，因为它似乎为侵略者提供了一个用以斩开战略死结的军事解决方案：比如德国脆弱的地缘政治地位及其相对于强大敌国的有限资源，曾让1914年之前的柏林忧心忡忡；比如意大利的工业落后和人口过剩问题，两度诱使罗马在阿比西尼亚的土地上进行殖民冒险并深陷灾难；比如日本在20世纪30年代的资源匮乏，及其无法进入一个封闭市场的窘境，诱使它作出进军中国东北进而侵略整个中国的选择。 319

人们从克里米亚战争和美国内战中那些血流漂杵但毫无意义的会战、漫长的围城和战壕中得出的可能是不同的结论，甚至对此视而不见，因为普鲁士在欧洲取得的胜利是如此耀眼夺目。欧洲各国的军队被毛奇在战场上的成功所迷惑，因此假定存在一种德国人的或至少是总参谋部的“为战争而生的天才”，所以它们很少注意到克里米亚战争中的死亡沼泽。他们也未从美国内战中吸取更多的教训。在今天看来，美国内战中那些杂牌军的血腥消耗战和铁锹战，似乎比普鲁士席卷丹麦、奥地利和法国要更接近战争的应有之义。全面战争即将到来，消耗战争和全民战争早已在战线后方伺机而动，尽管它还未席卷大地。然而，借用叶芝的名言，“血染的潮水”很快将被释放，因为这头“粗蛮的野兽，它的时刻终将来临”，它将慵懒地向着弗兰德和凡尔登的方向投生。[75]

军事史不是一个关于科学法则和结果的故事，它只是一个模式的串联，而这个模式虽然反复出现，但在不断变化的技术和不同的军事文化环境下，它的内容又不完全相同。因此不得不说，即使是在一个以消耗模式为主导的大国战争时代，有些

会战确实是有决定性作用的，克尼格雷茨会战就是其中之一。它决定了两个大国之间的战争结果，重塑了它们的历史，以及除此之外的方方面面。与之相比，色当是不那么明确的。这并不在于法国的军事溃败程度，而在于它的政治意义。它更像是一场大规模的扫尾行动，而不是毛奇意义上的歼灭战。而且包括毛奇在内的敏锐的观察家们，都在这场发生在法国的后半场的战争中识别出了现代战争的一个基本特征，它的意义可能比梅茨和色当取得的胜利更加重要。因为即使在失去他们的战斗部队之后，法国人还是通过全民动员组建了新的军和军团，不惜烧毁他们自己的家园，发起一场“不惜代价之战”。

320 对法战争自色当之后，便未再爆发大规模的会战，但普鲁士人还是付出了沉重的人员、物资、精神以及政治代价。这是一个不同的未来：决定战争的不再是像克尼格雷茨那样的决定性会战，而是废墟。毛奇意识到，一旦到了危急关头，在贵族政治和外交克制的外衣之下，欧洲人民是会冲破限制和内阁战争，转而诉之以举国皆兵的全面战争的。[76]因此，寄希望于单一会战或战局的速胜战略，已经不再可能如此迅速或轻易地击溃一个大国。不仅如此，胜利也改变了一切，特别是其他国家对统一的、崛起的德国的看法。19世纪80年代，毛奇反复警告政界人士和他的军官同人，未来的德军不会再像1866年和1870年的普军那样，面对孤立无援和毫无准备的邻国。他警告说，不要采取咄咄逼人的外交手段，因为这势必会让德军陷入双线作战的窘境，再无获胜的可能。他预言，在下一次战争中，德国面对的将是两个或三个大国，它们将会结成军事联盟，互通有无，以避免往日战事的重演。[77]他的预言，除了数字，都是对的。

毛奇后来的谨慎和有别于主流的警告并未受到重视，只被当作一个老人软弱无力的喃喃自语。德国的军官们更愿听

施里芬（Alfred von Schlieffen）的，他是毛奇的主要继任者，接替毛奇担任德国的总参谋长。这一点非常重要。扩张后的帝国陆军享有非同一般的显赫的政治和社会地位，总参谋部在制订军事理论和计划方面几乎不受文官政府的控制。[78]施里芬无视毛奇的警告，而是坚持他最初的想法：按照歼灭战略（*Niederwerfungsstrategie*）设计作战行动，力图彻底推翻敌人。如果说有什么变化的话，那就是他将这一理论提升到了一个无可置疑的崇高地位；他明确援引坎尼作为范本，致力于践行一种炼金术般的诡秘军事文化，1866年和1870年的胜利模式成为他作战计划中的指导思想。以“歼灭战役”开场被认为是赢得任何一场大战的必要条件。为歼灭战制订计划已经成为这门有关作战艺术的军事神学（它的教义已由先前的天才所揭示并转录）的信仰。无人关心毛奇那句名言，他曾对他的军官们说：没有一个作战计划能“在与敌军主力的首次交锋之后还能保持一成不变”。计划是总参谋部的工作。

各国军队都在研究德国的理论。一些远在亚洲的国家也邀请德国教官来训练它们的军队，使用德式制服配合操练。德国周边的大国都试图模仿其高效的参谋部设置，努力像柏林一样将所谓的战争天才制度化，将拿破仑和毛奇成功的窍门装入瓶中，好让世世代代的军官汲取其中的养分。某种程度上，他们忠于的是这样一种相关信念，即只要他们在军官和部队中灌输进攻精神，那么这种较高的精神能量就能克服防御性火力的优势。这被学者们称为“进攻至上主义”，意指人们在面对技术优势持续朝着防御一方倾斜这一现实时产生的一种核心非理性认识，这些技术现实包括：弹匣供弹的连发步枪；更具破坏力的氮基高爆炸药；无烟火药；配有炮挡和制退器的后膛装填炮；大口径迫击炮；实现了刚在1870年投入使用的米特留斯排放枪的功能的机枪。[79]在这种进攻意识形态的背后，是对会

321

战在现代战争中的决定性作用的笃信，拿破仑曾在战场上践行过它，克劳塞维茨在理论上对其进行理想化，而毛奇则将其作为主要的作战信条加以巩固。

真正的决战是可以实现的，这一信念不仅支撑着职业军人的战略设想，同样也抓住了对预算高度敏感的政治家的心，因为短期战争也意味着更便宜的战争。然而德国以外的多数政府，和德国的军官不一样，他们面对这种新的战争方式时，表现出的更多是害怕，而不是热爱。他们并非要模仿德国，而是在避免重蹈奥、法的覆辙，以防德国和其他修正主义国家效仿毛奇，举兵入侵。有一点是显而易见的，即其他大国对这种短期破坏性战争的接受程度十分有限，它们无意模仿德国的战争方式，这与1815年后拿破仑战法被束之高阁，直到毛奇才让其重放光彩的原因是一样的。*Niederwerfungsstrategie*，即歼灭战略，或者克劳塞维茨所说的绝对战争，并不是一种适合于防御性大国使用的作战方式。它是赤裸裸的侵略战争。所以在践行毛奇的作战艺术之前，一个国家必须先有计划一场入侵战争的野心。而多数大国是没有的。因此，它们满足于在阵地防御中部分地运用这些方法，最多就是加速进入防御状态，以更快的速度将军队动员到前线，践行更灵活的野战战术和机动，配备更快的步兵火力，以及将钢炮集合起来以提升火力效果。

在他职业生涯的后期，俾斯麦同样多了几分谨慎和克制，但是伤害已经难以挽回。因为有过德意志统一战争中的压倒性胜利，因而速战速决的观念在德国已经深入人心。1866年和1871年的胜利让理想战局这个概念始终在军事思想中占有一席之地，即使这些胜利已经极大地改变了德国周遭的环境，以致如果还想再来一次能够快速推翻敌国的军事大捷，那么一场大范围的屠戮将在所难免。1890年，历经一代人的和平之

322

后，俾斯麦和毛奇的反思和克制已被从外交和军事计划中移除。[80]现在上台的这代领导人年轻气盛，他们不了解战争及其带来的恶果（对他们来说这还只是书上读来的内容），认为可以放手一搏。从19世纪90年代开始，为了找到自己在这个世界中的一席之地，德意志帝国奉行世界政策（*Weltpolitik*），急于对外扩张，这一政策激化了周边国家的忌惮心理，促成反德联盟的结成，尤其共和法国和沙皇俄国之间的军事联系变得日益紧密。为了冲破敌国给自己套上的不公正枷锁，德意志帝国及其子民的胜负心和荣辱感亟待唤醒。于是，集结号变成了*Weltmacht oder Niedergang*（"争雄世界或毁灭"）。面对一个强大的对抗联盟，德国人在一次又一次的危机中被唤起对国家声威问题的关注，战争被拿来公开讨论——因为社会达尔文主义思想的气息早已渗入政治分析，有些人将其视为一种积极的道德力量。[81]战争规划者需要找到一种方法来避免他们最担心的长期"消耗战"，这是一场为了发动全面战争而让战争物资的工业生产与整个帝国的人口相匹配的比拼。他们知道，如果帝国陆军不能在歼灭战争（它被认为由一连串的歼灭会战组成）中迅速胜出，德国就势必陷入一场它无法取胜的旷日持久的耐力竞赛。在一场由恐惧、野心和妄想构筑的狂热中，计划就这样被一遍遍地勾画、推翻，然后再勾画。于是，灾难就此降临。

## 注　释

1　Mosse, *German Question*: pp. 81–146.

2　Carr, *Origins*: pp.144–202; Showalter, *Wars of Unification*: pp.285–313; Mosse, *German Question*: pp. 213–332; Pflanze, *Bismarck*, Vol. 1: pp. 419–457.

3 一系列社会和改革政策的崩溃，最终导致灾难性的1869—1870年“自由帝国”试验，详见 Alain Plessis, *The Rise and Fall of the Second Empire, 1852–1871* (Cambridge: Cambridge University Press, 1985): pp. 152–167；另见 Roger Price, *The French Second Empire: An Anatomy of Political Power* (Cambridge: Cambridge University Press, 2005): pp. 255–404。

4 完整原文见 Edmund Wright, editor, *A Dictionary of World History*, 2nd ed. (Oxford: Oxford University Press, 2007)。关于战争的一般起因和俾斯麦在埃姆斯电文上具体的欺骗行为，参见 Clark, *Iron Kingdom*: pp. 548–550; Taylor, *Bismarck*: pp. 92–122; idem, *Struggle for Mastery in Europe*: pp. 171–205; Wawro, *Franco-Prussian War*: pp. 16–40; Pflanze, *Bismarck*, Vol. 1: pp. 466–469。

5 Otto von Bismarck, Speech to the North German Confederation Reichstag, September 24, 1867; Moltke, “War and Peace,” pp. 22–35; quoted at p. 22.

6 Sttrachan, *European Armies*: pp. 108–115; Wawro, *Franco-Prussian War*: pp. 41–64; Douglas Porch, *Army and Revolution: France, 1815–1848* (London: Routledge, 1974).

7 Eugène Carrias, *La pensée militaire française* (Paris: Presses Universitaires de France, 1960): pp. 232–235; William Serman, *Les origines des officiers français, 1848–1870* (Paris: Publications de la Sorbonne, 1979); Stéphane Audoin-Rouzeau, *1870: La France dans la guerre* (Paris: Armand Colin, 1989): pp. 87–91.

8 Plessis, *Second Empire*: pp. 1–11, 152–167; Price, *French Second Empire*: pp. 41–254; David Baguley, *Napoleon III and His Regime: An Extravaganza* (Baton Rouge: Louisiana University Press, 2000): pp. 118–148.

9 Howard, *Franco-Prussian War*: pp. 30–33; Richard Holmes, *The Road to Sedan: The French Army, 1866–1870* (London: Royal Historical Society, 1984): passim; Wawro, *Franco-Prussian War*: pp. 42, 46.

10 Antulio Echevarria, “Helmut von Moltke,” in Zabecki, *Chief of Staff*, Vol. 1: pp. 89–108; Dupuy, *Genius for War*: pp. 44–69, 89–109; Walter Görlitz, *History of the German General Staff, 1657– 1945* (New York: Praeger, 1957): passim; Dallas Irvine, “The French and Prussian General Staff Systems before 1870,” *Journal of the American Military History*

*Foundation* 2/4 (1938): pp. 192–203.

11　Arden Bucholz, *Moltke, Schlieffen, and Prussian War Planning*(New York: Berg, 1991): pp. 31–57; Wawro, *Franco-Prussian War*: pp. 49–50, 66–67; Richard Holmes, *Road to Sedan*: pp. 165–179; Thomas Adriance, *The Last Gaiter Button: A Study of the Mobilization and Concentration of the French Army in the War of 1870*(Westport: Greenwood Press, 1987): pp. 54–62; Howard, *Franco-Prussian War*: pp. 57–76; E. R. Rocolle, "Anatomie d' une mobilisation," *Revue historique des armées* 2 (1970): pp. 34–69.

12　Irvine, "French and Prussian Staff Systems," p. 192; Bertrand Taithe, *Citizenship and Wars: France in Turmoil, 1870–1871* (London: Taylor & Francis, 2001).

13　Holmes, *Road to Sedan*: pp. 229–231; Howard, *Franco-Prussian War*: p. 94, 96, 188; Wawro, *Franco-Prussian War*: pp. 155–156.

14　Moltke, "Independence of Subordinate Commanders," *Moltke on the Art of War*: pp. 132–133; Wawro, *Franco-Prussian War*: pp. 53–54.

15　Adriance, *Last Gaiter Button*: pp. 20–38; Howard, *Franco-Prussian War*: pp. 29–39; Arpad Kovacs, "French Military Institutions before the Franco-Prussian War," *American Historical Review* 51/2 (1946): pp. 217–235, and Richard Challener, *The French Theory of the Nation in Arms, 1866–1939* (New York: Columbia University Press, 1955): p. 13.

16　Helmuth von Moltke, *Moltke's Military Correspondence, 1870–1871*, Part I: *The War to the Battle of Sedan* (Oxford: Clarendon Press, 1923): pp. 28–33; Dennis Showalter, *Railroads and Rifles*: pp. 40– 51; Bucholz, *Prussian War Planning*: pp. 31–43; Hughes, "Introduction," *Moltke on the Art of War*: p. 14.

17　Wawro, *Franco-Prussian War*: pp. 41–42. 总参谋部公布的确切数字是1183389。阿德里安斯给出的数字是约120万，与此相当：Adriance, *Last Gaiter Button*: pp. 40–41, 63。

18　Moltke, "Infantry," "Cavalry," and "Field Artillery," in *Moltke on the Art of War*: pp. 161–166, 201–208.

19　夏塞波步枪使用的是亚麻布壳而非纸壳定装弹。所有主要军队纷纷效仿，在1870年后用起了亚麻壳或黄铜壳的子弹：Reid, *Lore of Arms*: pp. 149–150, 224–225。另见 Strachan, *European Armies*: pp. 111–113。

20　Adriance, *Last Gaiter Button*: pp. 9–10; Barthélemy Palat, *Histoire de*

*la guerre de 1870–1871*(Paris: Berger-Levrault, 1903–1908): Vol. 2: pp. 228–232; Wawro, *Franco-Prussian War*: p. 58.

21 莱茵军团原定为其大约30万人提供1037555支步枪。Adriance, *Last Gaiter Button*: p. 85.

22 Moltke, "Infantry and Jäger," in *Moltke on the Art of War*: pp. 201–208.

23 毛奇在他后来的著作中清楚地阐述了这一点。见 *Strategy, Its Theory and Application: The Wars for German Unification, 1866–1871* (Westport: Greenwood, 1971)。

24 Moltke, "1869 Regulations for Large Unit Commanders," *Moltke on the Art of War*: pp. 171–224; Holborn, "Prusso-German School," pp. 281–295; Günter Rothenberg, "Moltke, Schlieffen, and the Doctrine of Strategic Envelopment," ibid., pp. 296–325; Strachan, *European Armies*: pp. 115– 116; Howard, *Franco-Prussian War*: pp. 93–182; Wawro, *Austro-Prussian War*: p. 287.

25 Ibid., pp. 65–84.

26 Ibid., pp. 74–76; Creveld, *Supplying War*: p. 86; Adriance, *Last Gaiter Button*: p. 83, 92–98; 104– 109; *La Guerre de 1870–1871*, Vol. 2: pp. 127–133; Palat, *Histoire de la guerre de 1870–1871*: pp. 158–160.

27 Douglas Fermer, *Three German Invasions of France: The Summer Campaigns of 1870–1914–1941* (Barnsley: Pen & Sword, 2013): Part I: "1870: The Débâcle."

28 Adriance: *Last Gaiter Button*: pp. 49–50.

29 Howard, *Franco-Prussian War*:pp.45–47, 79, 85–87, 122–126; Adriance:*Last Gaiter Button*: pp. 120–127; Michel Cantal, *La Guerre de 1870* (Paris: Bordas, 1972).

30 Helmuth von Moltke, *The Franco-German War of 1870–1871* (New York: Harper, 1892): pp. 8–14.

31 关于这些边境战役，最好的简短记录仍数 Wawro, *Franco-Prussian War*: pp. 85–137，以及 Howard, *Franco-Prussian War*: pp. 85–138。

32 关于1870年战局骑兵在掩护和侦察方面的作用，以及它在双方都由速射步兵主导的战役扮演的次要角色，参见 David Dorondo, *Riders of the Apocalypse: German Cavalry and Modern Warfare, 1870–1945* (Annapolis: Naval Institute Press, 2012): Chapter 2。

33 基于沃罗给出的战役记录，这个结论可以说是不言自明的：Wawro, *Franco-Prussian War*: pp. 121–137。关于德意志火炮在勒什维莱尔高地

一役中的关键作用，参见 Howard, *Franco-Prussian War*: pp. 109–119。

34 Citino, *German Way of War*: p. 187.

35 Wawro, *Franco-Prussian War*: pp. 107–120; Howard, *Franco-Prussian War*: pp. 85–98. 普军在斯皮舍朗的死伤人数逾 5000 人，是法军的两倍。

36 Wawro, *Franco-Prussian War*: pp. 130–131. Quoted at p. 131 and in Pflanze, *Bismarck*, Vol. 1: p. 483.

37 Isabel Hull, *Absolute Destruction: Military Culture and the Practices of War in Imperial Germany* (Ithaca: Cornell University Press, 2005): pp. 5–90; Raffael Scheck, "Killing of Black Soldiers from the French Army by the Wehrmacht in 1940," *German Studies Review* 28/33 (2005): pp. 595– 606; idem, *Hitler's African Victims: The German Army Massacres of Black French Soldiers in 1940* (Cambridge: Cambridge University Press, 2008). More generally, Alan Kramer, *Dynamic of Destruction: Culture and Mass Killing in the First World War* (Oxford: Oxford University Press, 2007): pp. 31–68, 211–229.

38 Howard, *Franco-Prussian War*: pp. 120–121.

39 Ibid., pp. 122–147; Ropp, *War in the Modern World*: pp. 171–172. 关于战争和革命，参见 Price, *French Second Empire: Adriance: Last Gaiter Button*: 128–132; Wawro, *Franco-Prussian War*: pp. 75–79。

40 Ibid., pp. 121–137.

41 Ibid., pp. 138–185. 毛奇和罗恩的对话在第 160 页；Moltke, *Franco-German War of 1870–1871*: pp. 48–50；Bucholz, *German Wars*: pp. 139–184。

42 Moltke, "Gravelotte," in *Moltke on the Art of War*: p. 67; Wawro, *Franco-Prussian War*: pp. 164–185.

43 转引自 Wawro, *Franco-Prussian War*: p. 169；Philip H. Sheridan, *Personal Memoirs of P. H. Sheridan* (New York: C. L. Webster, 1888), Vol. 2: Chapters 16 and 17；Adriance: *Last Gaiter Button*: p. 132。

44 Wawro, *Franco-Prussian War*: p. 174.

45 Howard, *Franco-Prussian War*: pp. 147–149, 163–164, 187–191, 228–229, 260–267.

46 Moltke, *Franco-German War of 1870–1871*: pp. 104–105; Wawro,*Franco-Prussian War*: pp. 244–245.

47 认为巴赞无须对 1870 年法军战败负主要责任的综述性作品见 Edmond Ruby and Jean Regnauld, *Bazaine, coupable ou victime? A la lumière de*

*documents nouveaux* (Paris: Peyronnet, 1960)。另见 Maurice Beaumont, *Bazaine, les secrets d'un maréchal* (Paris: Imprimerie nationale, 1978): pp. 1811–1888。

48 Adriance: *Last Gaiter Button*: p. 133.

49 Wawro, *Franco-Prussian War*: p. 194.

50 Moltke, *Franco-German War of 1870–1871*: pp. 70–72, 84–88.

51 Howard, *Franco-Prussian War*: pp. 203–223; Wawro, *Franco-Prussian War*: 211–224; Sheridan, *Personal Memoirs*: Chapter 18; Frederick III, *Diaries of the Emperor Frederick during the Campaign of 1866 and 1870–1871* (London: Chapman & Hall, 1902): pp. 89–99.

52 Wawro, *Franco-Prussian War*: 227–228; Frederick III, *Diaries*: p. 99.

53 Wawro, *Franco-Prussian War*: pp. 240–253; Howard, *Franco-Prussian War*: pp. 258–268, 276–277.

54 Rupert Christianson, *Paris Babylon: The Story of the Paris Commune* (New York: Penguin, 1994): pp. 117–166; Stéphane Audoin-Rouzeau, "French Public Opinion in 1871 and the Emergence of Total War," in *Förster and Nagler, Road to Total War*: pp. 393–412; John Merriman, *Massacre: The Life and Death of the Paris Commune of 1871* (New Haven: Yale University Press, 2015).

55 布卢姆早在第一次世界大战前的德雷福斯事件中就已崭露头角，但直到多年之后的 1936 年，他才成为法国第一位社会党总理，后来被维希政权逮捕，被纳粹囚禁在达豪（Dachau）。他在战争中幸存了下来。

56 Christianson, *Paris Babylon*: pp. 167–272; William Serman, "French Mobilization in 1870," in *Förster and Nagler, Road to Total War*: p. 283–294; Howard, *Franco-Prussian War*: pp. 233–256; 关于围城政治，参见 Jean Brunet-Moret, *Le Général Trochu, 1815–1896* (Paris: Editions Haussmann, 1955)。

57 Ropp, *War in the Modern World*: p. 174; Wawro, Franco-Prussian War: pp. 237–238, 256–269, 288–290, 309–310; Howard, *Franco-Prussian War*: pp. 249–256, 374–391.

58 Moltke, "Rapid Decision," *Moltke on the Art of War*: pp. 125–126. 他在《战争本质》(*The Nature of War*) 这一章中略去了这一冲突，并把一切都归咎于法国。Ibid., pp. 24, 32–33.

59 Foley, *Path to Verdun*: pp. 18–20; Stig Förster, "Facing 'Peoples' War': Moltke the Elder and Germany's Military Options after

1871," *Journal of Strategic Studies* 10/2 (1987): pp. 213–214; Howard, *Franco-Prussian War*: pp. 417, 436–437, 445; Hew Strachan, "From Cabinet War to Total War," in Roger Chickering and Stig Förster, editors, *Great War, Total War: Combat and Mobilization on the Western Front, 1914–1918*(Cambridge: Cambridge University Press, 2000): pp. 19–34.

60 Förster, "Facing Peoples' War," pp. 213–214; Foley, *Path to Verdun*: 20; Gerhard Ritter, *The Sword and the Scepter*, Vol. 1: *The Prussian Tradition, 1740–1890* (Coral Gables: University of Miami Press, 1969): pp. 219–223; Showalter, *Wars of German Unification*: pp. 314–340.

61 Taylor, *Struggle for Mastery in Europe*: pp. 212–227; Stig Förster, "The Prussian Triangle of Leadership in Face of Peoples' War," in idem and Nagler, *Road to Total War*: pp. 115–140. 关于平民的经历，见雷切尔·克里斯蒂尔详尽全面的文化史：Rachel Chrastil, *The Siege of Strasbourg* (Cambridge: Harvard University Press, 2014), especially Chapters 3, 4, and 5, and idem, *Organizing for War: France, 1870–1914* (Baton Rouge: Louisiana State University Press, 2010): pp. 6–14, 21– 24, 31–36, 45–48, 131–133。

62 Wawro, *Franco-Prussian War*: pp. 278–280; 287–290.

63 关于1870年和1914年（以及1940年）德国暴行之间的联系，参见 John Horne and Alan Kramer, *German Atrocities, 1914: A History of Denial* (New Haven: Yale University Press, 2001)； 及 Jeff Lipkes, *Rehearsal: The German Army in Belgium, August 1914* (Leuven: Leuven University Press, 2007): pp. 543–574。

64 Wawro, *Franco-Prussian War*: pp. 276–298; Robert Tombs, "The Wars Against Paris," in Förster and Nagler, *Road to Total War*: pp. 541–564.

65 Pflanze, *Bismarck*, Vol. 1: pp. 490–504; Howard, *Franco-Prussian War*: pp. 432–456; Wawro, *Franco-Prussian War*: pp. 299–314; Craig, *Germany, 1866–1945*: pp. 27–37; Steinberg, *Bismarck*: pp. 258–311; Clark, *Iron Kingdom*: pp. 556–595; Carr, *Origins*: pp. 210–213; Mosse, *German Question*: pp. 333–358.

66 关于普遍的"战术危机"的想法和德国的解决方案，参见 Antulio J. Echevarria, *After Clausewitz, German Military Thinkers Before the Great War* (Lawrence: University of Kansas Press, 2001): pp. 13–64; idem, "Heroic History and Vicarious War: Nineteenth-Century German Military History Writing," *The Historian* 59 (1997): pp. 573–590. Also

see Strachan, *European Armies*: pp. 89–106。

67 Douglas Porch, *The March to the Marne: The French Army, 1871–1914* (Cambridge: Cambridge University Press, 1981): pp. 23–32; James Stone, "The War-in-Sight Crisis of 1875 Revisited," *Militärgeschichtliche Mitteilungen* 53 (1994): pp. 304–326.

68 Allan Mitchell, "'A Situation of Inferiority' : French Military Reorganization after the Defeat of 1870," *American Historical Review* 86 (1981): pp. 49–62; idem, *Victors and Vanquished: The German Influence on Army and Church in France after 1870* (Chapel Hill: University of North Carolina Press, 1984): pp. 29–117.

69 Porch, *March to the Marne*: pp. 105–153, 213–254; Howard, "Men Against Fire," pp. 519–524; Maxime Weygand, *Histoire de l'armée française*: pp. 291–317; Joseph Revol, *Histoire de l'armée française* (Paris: Larousse, 1929): pp. 203–219; Gorce, *French Army*: pp. 1–61; Challener, *Nation in Arms*: pp. 32–79.

70 Foley, *Path to Verdun*: pp. 16–23. Moltke quoted at p. 23. Also in Roger Chickering and Stig Förster, editors, *Anticipating Total War: The German and American Experiences* (Cambridge: Cambridge University Press, 1999): p. 347.

71 将毛奇描绘成军事天才的研究包括：Rothenberg, "Doctrine of Strategic Envelopment" ; Martin Kitchen, *A Military History of Germany* (Bloomington: Indiana University Press, 1971): passim; Bucholz, *Prussian War Planning; idem, Moltke and the German Wars, 1864– 1871* (New York: Palgrave, 2001): pp. 50–76；Larry Addington,*The Blitzkrieg Era and the German General Staff, 1865–1941* (New Brunswick: Rutgers University Press, 1971)。持不同意见的有：Dupuy, *Genius for War*: pp. 44–45， 及 Terence Zuber, *The Moltke Myth: Prussian War Planning, 1857– 1871* (Lanham: University Press of America, 2008)。

72 Moltke, "Victory the Main Point," pp. 128–129; Hughes, "Introduction," in ibid., pp. 12–19; Schlieffen, "Cannae Studies," in Foley, *Schlieffen's Military Writings*: pp. 208–218; Martin Kitchen, *The German Officer Corps, 1890–1914* (Oxford: Clarendon, 1968): pp. 96–114; idem, "German Strategic Thought," pp. 163–190; Wawro, *Austro-Prussian War*: p. 283; Snyder, *Ideology of the Offensive*: pp. 107–156; Michael Howard, "Men Against Fire: The Doctrine of the Offensive in 1914," in

Paret, *Modern Strategy*: pp. 519–524.

73 Robert M. Citino, *The Path to Blitzkrieg: Doctrine and Training in the German Army, 1920–1939* (Boulder, CO: Lynne Reinner, 1998); idem, *Quest for Decisive Victory: From Stalemate to Blitzkrieg in Europe, 1899–1940* (Lawrence: University Press of Kansas, 2002): pp. 181–185, 281–282; Michael Geyer, "German Strategy in the Age of Machine Warfare, 1914–1945," in Paret, *Modern Strategy*: pp. 527–597.

74 Foley, *Path to Verdun*: pp. 4–5 and passim; *Paul Jankowski, Verdun*(New York: Oxford University Press, 2013).

75 William B. Yeats, "The Second Coming" (1919).

76 这是在毛奇领导下的总参谋部任职的科尔玛·冯·德·戈尔茨（Colmar von der Goltz）的观点。Foley, *Path to Verdun*: pp. 25–30.

77 Förster, "Facing 'Peoples' War," pp. 209–230. Kitchen, *Military History of Germany*: pp. 138–144; Wawro, *Austro-Prussian War*: p. 288.

78 Gordon Craig, *The Politics of the Prussian Army* (Oxford: Clarendon Press, 1955): pp. 238–298; Ritter, *Sword and the Scepter*, Volume 1: pp. 193–206.

79 Stephen Van Evera, "The Cult of the Offensive and the Origins of the First World War," *International Security* 9 (1984): pp. 58–107; Jack Snyder, *Ideology of the Offensive: Military Decision-Making and the Disasters of 1914* (Ithaca: Cornell University Press, 1984). 与此相反的观点：Antulio Echevarria, "The 'Cult of the Offensive' Revisited," *Journal of Strategic Studies* 25/1 (2002): pp. 199–214.

80 Pflanze, "Realism and Idealism," pp. 149–164; Wolfgang Schivelbusch, *The Culture of Defeat: On National Trauma, Mourning, and Recovery* (New York: Picador, 2004): pp. 103–188. 关于俾斯麦在德皇威廉二世执政后下台，参见 Taylor, *Bismarck*: pp. 231–253。

81 这一主题在许多对第一次世界大战战前的战略思考中已经存在，且与一些社会达尔文主义的生物学规则相融合，它预示着纳粹主义的到来。相关例子可见腓特烈·冯·贝纳尔迪 1912 年关于德意志帝国地缘战略地位的文章：Friedrich von Bernhardi, *Unsere Zukunft: Ein Mahnwort an das deutsche Volk* [Our future: A word of warning to the German people] (Stuttgart: J. G. Cotta, 1912)。原文的摘录及翻译见 "The Inevitability of War", at www.germanhistorydocs.ghi-dc.org/sub_document.cfm?document_id=775。

## 十一 会战的覆灭

323

早在1914年最后一个和平之夏到来之前，人们已经得到一个光明美好的保证：崭新的20世纪将会是一个取得更大进步的世纪。和平运动声势浩大，从国家元首到宗教团体再到国际律师，响应者众。拟议组建的国际联盟，会议已经召开，条约和章程草案也已准备就绪。沙皇于1899年和1907年在海牙召集了两次国际和平与裁军会议。数十个国家参加了会议。他们就限制军备竞赛达成一致，确认共同的道德准则，包括禁止在未来任何战争中使用气球炸弹。会上签署了数百份仲裁条约，各国庄严承诺和平解决国际争端。社会主义领导人说，在未来的资本主义和帝国主义战争中，工人永远不会与其他工人为敌。1901年，诺贝尔和平奖首次颁发。早期的诺贝尔和平奖授予了创立红十字会和国际和平局的人道主义者，备受尊敬的国际谈判代表、裁军倡导者、和平主义者和议会议员。如果知道在之后的1914年、1915年、1916年、1917年和1918年，诺贝尔和平奖都没有授奖，所有人都会感到震惊。

人们认真地说，未来不可能再爆发战争了——不是不应该，而是不可能。过分乐观的经济学家和社论家写道，战争时代早已过去，世界已经来到一个市场一体化、物质空前繁荣、科技高度昌明、整个社会甚至道德都在前进的新时代。1899年，一位波兰银行家让·德布洛赫（Jean de Bloch）在研究了速射步枪、机枪和新式火炮后，出版了一本广受欢迎的书，其副标题为《战争现在是不可能的了吗？》。他的结论是，使用这些武器必然会导致堑壕战，因此提高火力只会让战场走入僵局，未来的战争在防御工事和大规模伤亡面前将会因为陷入胶着而寸步难行。那将是一场“堑壕大战……对士兵来说，铁

324

锹将变得和步枪一样不可或缺”，而不再是“在一连串的决定

性会战中死战到底”。数以百万计的人将参加战斗，这样一支大军是根本无法机动的。后勤将会崩溃，士气也是一样：“屠杀将是无止境的，规模之可怕，根本不可能令军队将会战推向那个决定性的时刻。”一场铁锹战争将使军队和人民无法填饱肚子。在这样的条件下，下一场战争必然导致大规模的社会动荡和革命，导致1870年巴黎公社运动在大范围内——也许是整个欧洲大陆的重演。战争不仅无法在巨大的战壕中取胜，又会对社会造成极大的破坏，这是精英们不会允许的。[1]

诺曼·安吉尔（Norman Angell）的《大幻觉》（*The Great Illusion*）自1910年出版以来即畅销各国，他的看法被公认是深刻而有预见性的。他写道，各个大国的经济紧密相依，战争将不再对任何国家有利，因为战争必然导致贸易的中断。战争造成的破坏总是大于收益，因此理性的人将排除这种选择。[2]军国主义和战争同样是道德进化的失败。它们已经灭绝，长期的和平证明了这一点。战争将只存在于野蛮的文化中，或者是一种只能在历史博物馆里看到的东西，就像恐龙的骨头。战争已在发达的欧洲绝迹。让·德布洛赫说，战争没有赢家，它对社会的巨大破坏性使其不被允许存续：军队的规模、纯粹的屠杀和对社会震荡的恐惧，将确保和平永存。安吉尔说，战争是不合理的，是无利可图的，理智的人和理智的政府永远不会诉诸战争。和平是肯定的。H.G. 威尔斯（H. G. Wells）在1908年出版的《空中战争》（*The War in the Air*）中描绘了一个更为黑暗的图景，预言在未来的世界大战中，战略轰炸机群将占领各国上空。不过没人当真。

当战争在1914年7月的最后一周爆发时，整个欧洲为之惊愕。巴尔干半岛一场小小的危机，一个并不受自己人民爱戴的哈布斯堡继承人被暗杀，怎么会使欧洲及其领土遍布世界的帝国陷入危机？德皇威廉二世还在他的游艇上，巴黎正在为它

一年一度的典礼做准备。一个和平代表团正在驶往俄国的慢船上，这表明还有时间来避免最坏的情况发生。白厅还是一副不以为然、满不在乎的样子。只有维也纳和贝尔格莱德在忙着处理外交照会和军事恐吓，这在其他漠不关心的欧洲国家眼里不过是些上不得台面的口舌之争。然后，一切就在短短一周的时间里爆发了。外交谈判破裂，多国接连发出动员令，上千列火车冒起了白烟。数百万人来到他们的集结点报到，笨拙地穿上了英国的卡其、法国的红－蓝、德国的原野灰和俄国的棕色制服。他们拿起步枪，背起装备，登上呼呼喘着粗气的火车，开始了他们生命中的一次伟大冒险。在欢呼声中，火车启程驶向边境——虽然不是处处如此，也不总是如此。

325

此时距离欧洲上一次全面战争已近一个世纪（只差一年）；距离造成50多万人死亡的遥远的克里米亚战争已近60年；距离普鲁士人最后一次进军法国已经过去40多年，那时报纸上会刊登死亡名单，经过紧闭的房屋时，人们还能听到低沉的恸哭声。半个世纪之后，硝烟散尽，经历过战争的一代人已经老去，变得虚弱，仅存的记忆就是老照片上已经过世的丈夫或孩子，它和褪色的斗篷一样变得黯淡发白；胜利之后，柏林游行庆祝，法国对指挥不力和可能的叛国行为进行公开调查。在那段时间里，各国连年征兵，努力在为下一次战争做准备，但战争并没有发生。上一次战争是如此久远，时间的流逝模糊了战争的记忆，对此时许多登上军用列车或在站台上挥手的人来说，战争似乎是一次伟大的冒险。火车一列接一列按照计划周密的官方时刻表驶出站台。在1914年之前的十年里，欧洲经历了一次又一次危机，为什么这次危机与上一次的或者更久之前的不同？整个7月大家都在说不必担心，直到命令发出，火车还是开走了。[3] 这次不一样。

大多数人都认为这样的情况不会持续很久。也许几周，最

多四五个月。诗人罗伯特·格雷夫斯（Robert Graves）说他入伍时以为圣诞节前仗就能打完。[4]他不是唯一这么想的人。除了少数例外，几乎每个首都的报纸和政治家都在大胆预测自己一方将会迅速获胜。红十字会在德国很难募得捐款，因为大多数德国人坚信德皇会赢得轻松而迅速，所以红十字会的服务对他们来说用处不大。而几乎所有人都认为，自己国家出战是正义的，是完全防御性的，是为了反抗别国的欺凌或赤裸裸的侵略。[5]此前紧绷了几十年的阶级冲突随着各国的工人不再拥抱属于社会主义者的理想主义，转而捍卫自己的祖国而得以化解。战争是谁挑起的？这是一个遵循游戏场上的道德标准而问的问题，是当时最常被问到的问题，而且也是任何一场战争最常被问到的问题。国际法是这样问的："哪一方是侵略者？"法国人和俄国人认为是德国人。德国人和奥地利人确信是塞尔维亚人、法国人、英国人和俄国人：是他们的政府提出无耻苛刻的要求，威胁我们的盟友，导致和平破裂；是他们的军队最先动员起来，进军我们的边境。我们的战士将为捍卫心爱的*Heimat*（德语：家园）、俄罗斯母亲、*la patrie*（法语：祖国）、帝国、小国权利、法律与修养而战，为文明本身而战。他们的战士则为罪恶而战。他们是匈人，是野蛮人。

326

对战争的热情并不普遍，尽管这种兴奋是真实的——虽然动机不一。人们聚在一起打听前线的消息，他们兴奋地谈论起了国家荣誉，谈论起了个人冒险和对枯燥日常生活的逃离，不过奇怪的是，这些情况多数发生在城市里，而不是在占应征入伍者绝大多数的农民群体中。响应四处发布的动员令并集结报到的，绝大多数都是征召士兵。也有自愿的，包括来自慕尼黑的25岁的阿道夫·希特勒，就在几个月前，他还被奥地利的征兵委员会判定体检不合格。一个更令人振奋的例子是斯蒂芬·库尔特·韦斯特曼（Stephan Kurt Westmann）。21岁的

他离开弗赖堡大学应征入伍，他起初在德军一支战斗部队中服役，1915年被调去领导一支医疗队，直到1918年战争结束。另一边，乔治·布隆德（Georges Blond）记得，当时他还只有8岁，当1000名法国士兵坐在开赴前线的火车上高唱着《马赛曲》从他的村庄经过时，他感受到了四周洋溢着的兴奋情绪和高涨的民族主义热情。[6] 每个人都知道历史正在被创造，而他们正在创造历史。大量妇女自愿参军，并从一开始就在为支援战争而成立的全国妇女组织中做好了武装准备。从未亲身经历过战争的父亲们自豪地谈论着当兵的儿子；母亲们则大多忧心忡忡，为人母者似乎总是如此。似乎没有证据表明这些父母的感受与英国诗人鲁伯特·布鲁克（Rupert Brooke）一样，他写道："把世界抛诸脑后；倒出红色的青春甜酒；放弃年华……交出，他们的儿子，以及他们的不朽。"[7]1915年，布鲁克在一艘开往加利波利（Gallipoli）的法国医疗船上死于感染。他的死去，隐身在了那个"1000万"的死亡统计数据中。在浪漫的迷雾中，同样死去的还有他的战斗童贞。他从未上过战场，除了在诗歌里。

如果只是诗人和知识分子在写颂歌或冗长的社论，或在咖啡馆里报纸的地图上插上大头针，标出军队的去向（即使那是错的）；如果只是公众在民族主义情绪爆发的狂热中放纵他们的速战幻想，这倒不会太令人惊讶。准确来说，是无关紧要，除非你是专注文化和社会议题的历史学家。真正令后世惊讶的，是所有政府也都相信战争可以速战速决——虽然备战时间如此仓促，虽然对阵军队的规模如此庞大，但不管怎样，只要开战，就能快速解决，而不会像实际发生的那样拖下去。[8] 一些关键决策者后来撒谎说，他们对战争的爆发感到难以置信，可事实是为了推动自己的国家参战，他们自己也没少出一分力。1914年8月1日上午，德国总理霍尔维格（Theobald

von Bethmann-Hollweg）说："若铁骰子必须滚动，愿主协助我们。"然而，他就是掷骰子的人之一。当天晚上7点，德国西线大军的第一个连强行越过边境进入卢森堡，占领了对德国动员计划至关重要的乌尔夫林根（Ulflingen）火车站。接下来，7月的疾风骤雨掠过和平的地平线，变成了8月枪炮的轰鸣。战争就这样开始了。对于那些奔赴前线的人、那些服役的人、那些只是冷眼旁观的人来说，战争如何开始已经不再重要。唯一重要的是，他们自己的生活，以及他们所知道的每一个人、每一件事都在以某种方式被卷入战争。尽管如此，这一切的始作俑者是谁，这个问题不仅在当时，包括现在，也是有意义的。



是身在维也纳、正在因为境内各个民族意欲脱离中央控制而感到惴惴不安的哈布斯堡家族？是位处圣彼得堡，既害怕现代化，但又需要现代化的罗曼诺夫皇朝？是总在担心被其他新兴大国，特别是俄国包围或超越的德国精英？还是因为自己的军队在形式和构成上有着巨大的内部裂痕、因为出生率不断下降导致征兵人数永远赶不上德国，而极度缺乏安全感的共和法国？这就是为什么巴黎坚持要与人口众多的俄国结盟，因为那是一支拥有沉默的数百万储备力量的军队。那么，是权力均势导致了战争吗？是因为每个国家都试图与敌人的敌人达成秘密协议，所以反而让这些协议变成了自我实现的预言？还是因为英国过于忌惮别国染指其全球利益和地位，特别是在德国企图在欧洲之外挑战英国的海上霸主地位的时候？伦敦会更积极地打压还是迎合德国的利益？是英德海军的军备竞赛导致了战争吗？有人知道吗？外交史学家从那时起就一直在争论到底是谁在1914年挑起了战争。这已经成为一个多年未得到解决的历史悬案。

宏大的战争似乎需要与之匹配的宏大解释，但是这样的理

由真的存在吗？无论在当时还是在那之后，人们提出了许多宏观方面的理由去解释这场战争：僵化的秘密联盟、凶猛的敌对民族主义、帝国殖民主义、海外市场竞争、欧洲上下深刻的阶级冲突、狂热的社会达尔文主义、刻板的威权主义、古老的容克主义、普遍的军国主义、海上军备竞争、过去战争的积怨，以及单方面的仇恨。但要说它们与这场战争的爆发之间有着深刻的联系，是难以令人信服的。后来，为了绕开持续数十年的争论，人们开始流行说，没人想要战争，或者战争不是任何人的本意。[9]第一次世界大战就是一个悲剧性的错误，是一次集体失当，仿佛政府和国家是被苏族人追赶的水牛，因为慌不择路才跌落崖底“血盆”深渊中的。但它不是，我们不能将第一次世界大战简单地归结为一次重大分歧的爆发。它不是万不得已犯下的错误，不是梦游者的失足，不是人群惊慌失措下的疯狂踩踏。和所有战争一样，第一次世界大战是某几位领导者作出艰难选择后的结果，是在对国家利益进行冷酷计算后混合了误判与失算的结果。1914年五个大国的领导人都作出了明确的决定，以挽救或巩固他们的国家利益——它们通常被模糊地定义为荣誉或声威。他们清楚他们每走一步都会带来极高的战争风险。但即使如此，他们还是走出了那一步。[10]

328

列强并不是盲目进入战争的。五大国政府中由决策者构成的小圈子要么选择了战争，要么接受了战争。奥地利和德国是主要的侵略者，它们借由一场部分捏造出来的与塞尔维亚的危机，暗中就联合发动战争达成一致。有了强大的柏林作为后盾，弱小的维也纳在前面开路，密谋并策划着这场战争，以确保它在东部爆发，尽管两国很快就会得到一场迅速蔓延、远超它们预期的战争。奥地利想与塞尔维亚开战，但这样做的风险就是与俄国二次开战。德国要么是没能控制住这个至关重要的盟友，要么是为维也纳开具了一张无限支持的“空白支票”，

进而激发了维也纳攻击、惩罚塞尔维亚的野心。这一切引起俄国的警觉，它立即动员起来，以支持其弱小的塞尔维亚盟友。[11]塞尔维亚人和俄国人负有责任，但不是主要责任，莫斯科只是升级了这场预谋已久的危机。[12]

7月的巴黎没人渴望战争，尽管8月就出现了为它欢呼的人群。战前的法国军队和军事学说普遍存在“进攻至上主义”，因此法军从开战之初就以一种高度投入的热情在参与作战，但这掩盖了一个事实，即法国是被拖入这场不必要的防御性战争中的。法国受到了威胁：它与俄国建立了防御联盟，法国将受到攻击。它并非侵略者。同样，英国的领导人也很被动。他们是如此被动，以致他们可能要为长期以来的反应过度，为在关键事件以及这场正在维也纳和柏林、巴黎和圣彼得堡之间不断恶化的外交危机上的滞后和摇摆不定的反应承担责任。伦敦担心俄国在亚洲的威胁，害怕德国称霸，希望维护早前所缔结条约的神圣性，十分怀疑在欧洲大陆作出军事承诺是否明智。最终，英国作出参战的决定，这是为了它的帝国和其超群的地位——遍布世界的海外殖民地，也是为了荣誉和法律。[13]英国也是唯一一个预期战争将会长期持续的国家。它的战争部长基钦纳（Lord Kitchener）在8月5日对内阁说，这场战争将持续三年，需要募集数百万军队。这是一个低估了的数字，但比大多数人的预计都更准确。

战争是在每个大国中那个由决策者构成的小圈子中发起的，不过即使是在统治精英内部，战争也并不总是受到支持。但是这个决策将持续下去，并最终被大规模的民众运动所接管；战争将获得民众的全力支持，然后就需要更多的战争，来持续地唤起整个民族更澎湃的激情和战斗意志。第一个关键决定是7月19日在维也纳作出的，当时维也纳起草了一份最后通牒，这份通牒的目的是让塞尔维亚拒绝，以便为奥地利提供一个宣战理由。在维也纳，有人希望通过战争来支撑一个摇摇

329

欲坠的帝国。塞尔维亚的恐怖分子给了他们一个机会，他们抓住了这个机会。7月25日，这一最后通牒不出所料地遭到拒绝，尽管只是部分拒绝，因为塞尔维亚在最后一刻仍试图平息它已挑起多年的冲突。战时动员随即展开。奥地利于7月28日向塞尔维亚宣战。什么也没发生，哈布斯堡的炮兵被拉到边境，象征性地朝着对面发射了几枚炮弹，然后就退了回来。

所以，在明知俄国会插手的情况下，维也纳还是有意向塞尔维亚发动了一场它以为将会是一场短暂的局部战争的战争。之所以敢这么干，是因为万一与俄国爆发战争，它认为自己可以得到德国的支持。柏林的领导人也在7月初表示了对这一政策的支持，这使得德国在战争的爆发中扮演了重要角色。现在，这张空白支票的后果开始显现。维也纳的最后通牒和精心谋划引发了柏林和莫斯科的迅速反应，使事态从巴尔干半岛的一场口角变成了大范围蔓延的恐慌和全欧洲的军事动员，然后便是世界大战。这种扩大化源于柏林的作战计划，而这在某种程度上又是由德国的中心地理位置决定的。帝国陆军必须选择一个方向，快速消灭那里的敌人，然后再转过身来对付另一个边界上的敌人。总参谋部的规划者选择先打击法国，然后是俄国，这一计划的实现需要取道比利时，这将有违比利时的中立国地位，很有可能会把英国拉进来，并将一场欧洲战争转化为世界大战。在任何地方，对统治瓦解的恐惧、对落后于他人的恐惧都是人们作出战争决策的最重要动机，而军国主义、民族主义以及其他关切则为其提供辅助性的支持，并在之后上升到首要地位。

在柏林，恐惧是与一个机会结合在一起的，这个机会就是依靠速度和猛攻在地缘政治衰退中抢占先机，从而取得主导地位。柏林的统治精英认为，帝国已被包围，俄国将会在通往世界强国的道路上赶超自己。这是他们所不能接受的，他们必

须阻止它发生，即使代价是在欧洲挑起一场全面战争。他们知道，俄国为了兑现自己对塞尔维亚的承诺，战争很可能会蔓延到巴尔干半岛以外的地方，而且根据他们自己的战争计划，他们必须与法国开战，很可能还会和英国开战。尽管如此，他们还是选择了战争。德国之所以要取道比利时向法国发起进攻，原因之一是要避开法国边境的堡垒，尽管可能的代价是与庞大的大英帝国开战。这是在短时间内有力取胜的唯一途径，避免俄国在东部动员的同时，德军还长时间地耗在法国边境上。在德国，能否快速取胜就是人们在审度和计划时的唯一考量。

330

战前的俄国，反政府革命被镇压，沙皇的改革尚未完成，这导致政局不稳，民心不安；其文化的独特性和深刻的历史屈辱——最近一次是1905年在中国东北地区被日本击败——让社会精英积怨已久。他们决定无论如何也要支持仆从国塞尔维亚，哪怕是将战争蔓延到巴尔干以外的地区。法国内部在军队的征募和军官问题上分歧严重，这可以追溯到德雷福斯事件，而1870—1871年的战败留下的黑暗而痛苦的记忆，虽然已经淡化，但一旦法国遭到攻击，记忆将很容易复苏，进而唤起民众对防御性战争的支持。英国已经很难再从“孤立”中感到“光荣”。它的庞大帝国不仅在本土海域受到德国的挑战，而且从阿富汗到爱尔兰也都出现了裂痕。它将制裁它的主要挑战者，捍卫其在欧洲大陆非正式的传统义务。因此，不是梦游，不是绊倒在了黑暗中，而是疯狂肆虐的恐惧，是赌徒的算计和深思熟虑后的选择。

不过几天时间，德国相继与法国、俄国和英国开战。而英国的参与，意味着由于它的世界影响力，第一次世界大战，和第二次世界大战一样，已经从一场区域性战争变成了一场全球性战争，欧洲以外的帝国资源和民众也被卷入了这场欧洲战争中。而且，同样是在这两场战争中，同样是在两次战争爆发后

的几年，英国对德国霸权发起的对抗吸引了美国的关键支持。1914年和1939年的战争在当时即被视作一场反对德国推行大陆霸权的大联盟战，这一看法是对的。然而，战争也在孕育着战争。因此随着时间的推移，其他国家也加入了进来，有浑水摸鱼、趁乱搜刮领土的（日本、意大利、罗马尼亚）；有为了解决自身根本性难题，以拯救濒临崩溃的帝国的（奥斯曼帝国）；也有披着道德外衣维护世界秩序安全的（美国）。新的交战国带着与1914年8月类似的速战速决的幻想进入战争。意大利人、奥斯曼人、罗马尼亚人、保加利亚人和美国人都认为他们能在别人失败的地方迅速获胜。[14]甫一交战，人员的牺牲和物资的损耗即在不断加剧交战国之间的紧张局势，于是各国的战争目标变得越发激进，各个政府不断争取民众对战争的支持，不断提高社会的战争热情，使之迅速成为一场全面的全民战争。因此在战争结束之前，世界上的所有帝国，所有遥远的土地，以及因情感或胁迫而依附于它们的人民，都被迫进入这场持续多年的第一次真正的全面战争。

对军队来说，战争是从过往战争给予的教训开始的，无论是小规模的殖民战争，还是新近的更大规模的布尔战争、日俄战争，以及1912年和1913年的巴尔干战争。[15]巴尔干半岛诸国纷纷为了领土利益开战，这场战争从一开始就被当作又一场得到外部支持的区域战争，被视为第一次和第二次巴尔干战争的延续。[16]奥斯曼军队中的"青年土耳其党人"改革者战前从他们的德国盟友那里获得战斗理论，即在开局就进行快速猛烈的打击，以确保凭借类似坎尼的包抄运动迅速取胜。他们于1912年在巴尔干半岛尝试过这种做法，但在实践中却无法实现这些在理论上看来如此具有说服力的效果。奥斯曼军队因此陷入多线作战的困境，先是需要同时出战色雷斯和马其顿，后来又增加了对保加利亚的第三战线和对沙俄的第四战线，处境

331

越发艰难。[17] 直到后来，奥斯曼的领导人才发现他们的军队在防守中的战斗力要比在技术占优势的敌人面前寻求荒唐的决战时高得多。[18] 他们在 1915 年的加利波利以及后来的整个中东和巴尔干地区都吸取了这一教训。[19] 事实证明，更多的军事投入并不足以拯救古老的帝国，却足以将其周边的战火蔓延燃烧到 1918 年，甚至在那之后。德意志帝国军队也没有从其盟友奥斯曼帝国的近期经验，以及它的核心战斗学说在 1912—1913 年巴尔干地区遭遇失败的事实中得到教训。这可能只是因为对方国力稍逊、军队能力不足，而非行动理论的失败，而事实上它也的确是被如此解读的。

相反，在大多数欧洲观察家看来，巴尔干战争似乎更加印证了进攻至上主义的正确性，因为成功的选择是发起进攻，虽然伤亡惨重，但赢了战争，而保守的防御者虽然保存了生命，却输了战争。[20] 德国的参谋人员继续按照旧时的腓特烈或拿破仑的战局思维来规划火力的变化，尽管这项任务已经超出技术层面，正因德国的国内政治和民族传统而变得复杂。他们仍在援引那些强进攻性的歼灭战例，如坎尼、洛伊滕、奥斯特利茨、乌尔姆和克尼格雷茨，却又一次忽略了那些死伤枕藉的反面案例，如马尔普拉凯、埃劳、因克尔曼和格拉韦洛特。他们对此前经历的僵局和长期的铁锹战视而不见。相反，他们计划的是风卷残云式的开局战役。这么计划的不仅仅是德国人。大多数军队都高估了他们称之为“精神要素”的东西，将“锐气”计入进攻力量，却忘了这是防守一方也可以具备的要素。他们低估了防守的坚韧，也低估了主要由预备役和缺乏训练的征召兵组成的百万大军在后勤和行动方面面临的与日俱增的限制。他们总是假设自己的军队具有事实上它们并不具有的灵活机动的能力和压倒性的进攻优势。最后，德国人在计算敌军军力时还忽略了 ·点，那便是权力平衡带来的影响，对这片曾经

诞生过俾斯麦的土地来说，这个失误是惊人的。

332 几十年的争论下来，在今天已经几乎没人怀疑，德国外交政策中的赌性是将七月危机变成八月炮火的主要驱动力。[21] 德国对奥地利的莽撞之举的支持是致命的。但在这最后一个和平之夏，奥地利扮演的并不是另一个笨拙的大国。它并不像人们以为的那样，是一个古朴、可爱、安乐自得的传统社会，即使它受制于一个好战的盟友德国。[22] 事实上，维也纳作为铁骰子的掷出者，其罪责并不亚于它充满恐惧和狂妄的伙伴。更直白地说，发起战争是维也纳和柏林的选择，但前提是奥地利通过粉碎塞尔维亚来阻止其内部种族分裂的意图——它认为塞尔维亚的存在对它而言就是一个威胁，原因之一是塞尔维亚对其本国的塞尔维亚族来说相当于一块民族主义的磁铁，二是贝尔格莱德在巴尔干的扩张主义政策。维也纳知道，攻击塞尔维亚意味着与俄国开战。因此它要想有所动作，就必须获得德国的全力支持。

这就使得德国的政策成为战争爆发的关键。柏林长期以来一直想摧毁在它看来正在对它形成包围的敌国封锁圈，至少要毁灭性地战胜其中一个所谓的“侧翼力量”，即法国或俄国。当哈布斯堡家族获得德国首肯向塞尔维亚宣战时，双方都知道这意味着同时与俄国开战。维也纳和柏林令人骇然的鲁莽举动将东欧的兽群引向悬崖，而欧洲其他地区也紧随其后，一跃而下。早在1878年，俾斯麦就警告过他的同胞：“今天的欧洲是一个火药桶，各国领导人就像是在军火库里抽烟的人。一颗火星落下，就会引发一场爆炸，将我们全部吞噬。我不能告诉你爆炸发生的时间，但我能告诉你爆炸发生的地点。巴尔干半岛上一些该死的蠢货将会引爆它。”[23] 事实上，引爆火药桶的是维也纳和柏林的蠢货，他们拿整个欧洲和世界大部分地区的和平做赌注，用巴尔干玩儿起了掷铁骰子的游戏。奥地利对短期

战争必胜的坚定信念配合着它的军事无能，定位并塑造了即将到来的长期战争的南部和东南部战线，而德国“开局制胜”的思维和其完全在预料之中的失败则塑造了战争的东北和西部战线。剩下的就是打了。

***

哈布斯堡皇朝在1900年之后试图在帝国内部重建德意志民族性（Germanness），结果适得其反。这让非德意志的少数族裔试图脱离帝国控制，获得更多的自由，一些人还向塞尔维亚或意大利寻求外部援助和支持，导致帝国加速分裂。马扎尔人在匈牙利已经有了自治权，包括拥有他们自己的军队匈牙利王家防卫军。到1905年，族裔问题影响严重，以致维也纳的君主国暗中计划入侵并占领它自己在匈牙利的领土，其目的是收回1867年奥地利－匈牙利折中方案中授予匈牙利的自治权（二元君主制的奥匈帝国正是基于该折中方案建立的），妄想让德意志裔重新支配这一地区。然而，帝国内部没有足够的德意志人来实施这一计划，而中央政权的解体已经在所难免。民族危机接踵而至，皇帝被迫使用他最可靠的部队——帝国和王家地方防卫军中的波斯尼亚穆斯林，以保护德意志城镇免遭斯拉夫人的攻击。塞尔维亚在1912年和1913年的两次巴尔干战争中收获颇丰，让维也纳对自身困境和在巴尔干半岛地位下降的绝望情绪更加恶化。因此，塞尔维亚恐怖分子刺杀哈布斯堡皇储一事，给维也纳提供了一个完美的借口和泄愤的机会，它随即向柏林提议对贝尔格莱德发动一场短促、激烈的“讨伐之战”。随后发生的事情给哈布斯堡帝国留下了深刻的印记，这个帝国的衰老迹象和耽于妄想的特点，就像它年迈且迷糊的皇帝一样，正在变得越来越明显。[24]

333

弗朗茨·斐迪南大公（Archduke Franz Ferdinand），哈布斯堡皇帝的侄子、王位的继承人，是一个性格粗暴、令人不快、不受欢迎的人，但他不希望发生战争。在外交政策上，他代表的是并不温和的维也纳方面一种较为理性和温和的声音，直到1914年6月28日萨拉热窝的刺客普林西普（Gavrilo Princip）的那颗子弹将其彻底湮灭。在皇权本就日益衰微的维也纳，皇储的死更让实权在握的奥地利陆军总参谋长康拉德·冯·赫岑多夫将军（Franz Conrad von Hötzendorf）没了牵制。事实证明，康拉德是一个鲁莽的外交家和将军，他不知权力的极限在哪里，不知现代大军对后勤的要求，也缺乏速射步枪的战术经验。他对发动超出军力极限的大型进攻的痴迷将在整场战争中得到淋漓尽致的体现。他不断在意大利和俄国战场上发起进攻，但是因为兵力不足，双线作战的哈布斯堡军最终被他摆弄得七零八落，形同散沙。第一次世界大战期间的一个真正的奇迹就是，虽然总在个人幻想的宏图和深深的心理绝望之间摇摆不定，但他仍将总参谋长的位置稳稳地坐到了战争结束。[25] 在战争开始前，他就预感到了1918年末日的降临。1913年1月，他写道："我越来越相信，我们的目标只会像艘逐渐下沉的船，体面地没顶。"[26] 他在外交和军事政策上的无所顾忌，足以解释他手下炮兵所遭受的灾难，以及在接下来的四年里，日渐不满、指挥不力的哈布斯堡军所承受的巨大伤亡。柏林也有责任，因为在德国军队一次次地临危受命为其解围之后，它仍未坚持让维也纳撤换掉康拉德。

334

1914年夏天，和他的德国伙伴一样，康拉德希望在两条战线上展开闪电战，逐个击破，目的是实现一个完全超出他或他的军队能力的双坎尼之战。首先，他将入侵并击溃塞尔维亚，然后挥师北上，在加利西亚集结并击败有着"俄国压路机"之称的俄军。这是一个由错得离谱的将军执行的错得离

谱的计划，它最后呈现在战场上的样子比任何人想象的都要糟糕。研究奥地利战争的著名历史学家杰弗里·沃罗写道，这从根本上说就是一场“不计后果的赌博，以为君主国的内部问题可以靠战争来解决”。[27]战争被当作一切问题的出路，尽管几十年来，这个南部帝国的军队资金紧缺、物资不足、军备落后，完全没有准备好应对它的部长们、将军们提出的咄咄逼人的双线计划。马扎尔人因1867年的折中方案而脱离了帝国的控制。因为马扎尔精英的阻挠，中央征税和军事备战难以进行，以致共有陆军装备不良、规模不足，军队内部也因为语言混杂、各个派系各行其是而变得四分五裂。这在一定程度上是俾斯麦的错。在1866年和1870年普鲁士取得胜利之后的几十年里，他支持马扎尔人反抗维也纳，以防奥法联盟阻挠德意志的统一。这样的后果就是，到1914年时，德意志帝国发现和自己坐在同一条船上的主要盟友竟是一个羸弱不堪、行将就木的南方帝国。

哈布斯堡的军官团主要使用德语，而军队则是基于族裔和语言的不同而划分组建的，因此军官们很难甚至根本无法与这些心怀怨怼、永远三心二意的部下沟通。在最初的几周里，哈布斯堡军一塌糊涂的行军和战斗表现，让它的盟友，乃至敌人为之错愕。他们甚至没有吸取1866年的教训（关于作战单位规模和火力之间的关系），尽管就在半个世纪前，步兵火力曾让他们遭受几近灭顶之灾的打击。1914年的8月至9月，战斗打响不久，哈布斯堡的百万大军和塞尔维亚军队在德里纳河（Drina）沿岸发生冲突，而在更北的加利西亚，还有更多的哈布斯堡军正在对抗向前推进的俄军；然而，战场上的哈布斯堡军使用的队形和他们的祖辈在克尼格雷茨战役中使用的一样，依然是密集队形，当他们仍以类似方阵的形式发动进攻时，他们无疑就成了塞尔维亚和俄国的大炮和机枪下的活靶子。[28]这

种军事仿古主义的产生在一定程度上与文化有关。德意志裔的将军认为不识字的斯拉夫农民完成不了复杂的机动，也不能离335开军官的视线独立作战，所以他们认为应该把步兵集中起来，而不是以不那么脆弱的疏开队形前进。从一开始就很巨大的伤亡，压制了本就十分低落的士气和战斗精神，这就使得德意志裔军官与屡遭挫败、缺吃少穿、心烦意乱的非德意志裔的野战部队之间分裂更甚。[29] 征召入伍的士兵对这些军官或帝国事业本就没有多少忠诚可言，结果就是他们在1914年和1915年大量投降。后来，有些人将身上军服外套一反，就将枪口指向了哈布斯堡。或者也可以说，他们是在拿起武器为自己民族的独立而战。叛国与否取决于一个人的视角。

我们知道，德国施里芬计划的原意是派八分之七的帝国陆军借道比利时入侵法国，这会让东普鲁士的边境防守变得十分薄弱。但康拉德不知道。他一直未被告知，德国布置在东北边境上的兵力会如此之少，以致大批俄军进入加利西亚，挥师南下，如入无人之境。而这正是俄军总司令部（*Stavka*）千方百计要做的事。另外，康拉德也没有告诉德国人，他也改变了奥地利的作战计划，他决定削弱用于加利西亚的兵力，将重心放在对付塞尔维亚上。与此同时，他的合作伙伴、德国总参谋长赫尔穆特·冯·毛奇（Helmuth von Moltke），也就是老毛奇的侄子小毛奇，认为到时哈布斯堡的兵力将足以在加利西亚牵制并压制俄军，这样他在东普鲁士就可以轻松防守，将德军的主要兵力都用在击败法国上。这是双方在一级层面上的沟通失败，直接导致奥地利军队甫一开战，就在布局过散的战线上踏入两场（而非一场）灾难之中。

这种自摆乌龙的失误在战争打响的最初几天，甚至在更早的时候，就已在一个接一个地发生。塞尔维亚的一位能将拉多米尔·普特尼克（Radomir Putnik）于7月25日在布达佩

斯的一个火车站被奥地利官员逮捕。他当时正从温泉疗养地回来，准备加入塞尔维亚军担任高级指挥官。就在维也纳发动战争的前三天，随着最后通牒的时间期限逼近，哈布斯堡官员释放了他，允许普特尼克返回塞尔维亚并担任指挥。到1914年底，他将阻挡或挫败奥地利对塞尔维亚的三次入侵，造成哈布斯堡军逾40万人的伤亡，并发起反攻侵入哈布斯堡的领土以帮助那里的塞尔维亚族人，掉转了这场因萨拉热窝暗杀事件而起的“讨伐之战”的枪头。这只是一个开始。直到1918年的最后一刻，这场战争对奥地利而言都是一连串彻头彻尾的灾难。

在战争的头两个星期，康拉德没有将第2军团派往北边牵制俄军，而是令其南下对付塞尔维亚，但很快俄军在加利西亚的推进速度让康拉德恐慌不已，于是在这次机动完成之前他又紧急将第2军团调往北面。这不仅加剧了指挥上的混乱，而且第2军团还因为被命令在离原定集结地100英里的地方下了火车而浪费了更多时间。于是，第2军团先是进军塞尔维亚，随后乘车折返加利西亚，然后走了一段不必要的、徒增消耗的路。也就是说，在战争的开始阶段，它两边的战场都没有赶上，没有达成任何军事目的，却已经被消磨得筋疲力尽了。这是整场战争，或许还是有史以来所有战争中最奇怪、最浪费军力的一次行动——一出前无古人后无来者的关于动员、部署和指挥错误的悲喜剧。这并不是维也纳的陆军高级司令部（*Armeeoberkommando*，AOK）最后一次因为部署失当和严重误导而使其军队在过分分散的战线上陷入绝望的战斗。奥军在加利西亚和波兰战场上失误不断，而且全都付出了血的代价，康拉德曾经非常自信可以快速取胜，以致他已经为当时尚在俄国控制之下的华沙任命了一位军事长官。但一切都乱了：慢得不能再慢的动员，崩溃的后勤，致使50万人死伤的

336

过时战术，康拉德在战略方向上的错误。过时的步兵战术早在1866年就已经受到火力的碾压。当这些战术在1914年仍保留使用时，使用它们的军队遭到更现代和更具破坏性的武器的屠杀是毫无疑问的。康拉德的所有作战计划都只是在盲目标榜进攻，甚至在开赴塞尔维亚的军队被调往俄国战线，塞尔维亚计划失败后也是如此。伤亡是不可持续的。没有任何目标被完成。到1914年底，奥地利军第三次被逐出塞尔维亚。加利西亚和波兰的军队被俄军摧毁，仅在这些战线上死去的哈布斯堡人就有19万人；总伤亡人数为100万人。活下来的人则陷入溃败、痛苦和在冰天雪地中挨冻的处境。来的俄国人远比担心的要多，而来的德国人却比想象中的要少，或者说比扭转局势甚至只是守住东部战线所需要的要少。[30]

摆在面前的是一场漫长的消耗战，一场要与俄国比拼人员、士气和物资的战争，而在这所有三个方面，俄国的储备之深，是奥地利无法望其项背的。它已经输了，而且输得如此彻底，只有德国的干预才能使维也纳的军队免于彻底崩溃。但是祸不单行，因为在1915年，奥地利除了与塞尔维亚和俄国开战，还将陷入第三战线，即它与意大利的战争。被收买进入协约国一方的意大利，想着哈布斯堡在塞尔维亚和加利西亚损失惨重，此时要想击败奥军应该不难。谁料这条新的阿尔卑斯山战线反而很快陷入僵局。意大利军最终于1917年在卡波雷托（Caporetto）战役中溃败，该战役也被称为第十二次伊松佐河战役——这一命名规则足以体现整个奥意战线的拉锯和无意义。[31]奥地利军队参加了所有的伊松佐河战役，它之所以还能在阿尔卑斯山战线中活下来，依赖的是帝国陆军的支持，就像它在其他战线上一样。到1915年，奥地利已经是德意志帝国事实上的附庸。它的军队只是在胡乱挥舞拳脚，基本的军需和食物供应也已无法保证。胜利已经无望，生存也成了问题：总

337

之与维也纳在1914年7月那场人为危机中设想的速胜图景相去甚远，军官团中一度传出这样的消息："我们正在经历一场新的三十年战争。"[32]不需要那么长时间。导致崩溃的杀戮被压缩进了四年时间里，在此期间，康拉德试图发动新的进攻，赢一场他根本无法取胜的人力战和物资战，但他开局战略的失败已无法弥补。随着溃败、衰落加剧，随着灾难临近，死亡名单只会越来越长。这个行将覆灭的王朝很快会被扫入历史的垃圾堆。万人坑正朝它的人民张开大口。

1916年11月，老皇帝弗朗茨·约瑟夫一世去世，卡尔一世接替他的伯祖父称帝。他想言和，而且已经秘密这样做了，但遭到康拉德的否决。在德国也是如此，1916年，强硬的将军们牢牢把控着文官和德皇手中的战争控制权。1917年3月，协约国向维也纳提出了宽大的媾和条件：恢复塞尔维亚和保加利亚的独立，以及放弃对俄国控制君士坦丁堡的干涉——这是早在1453年拜占庭首都陷落之后，莫斯科就始终怀有的古老野心，就此协约国之间已经有了秘密协定。一年后，卡尔讨论其和平愿望的秘密信函在法国被公布，1918年5月，在遭到鲁登道夫将军（Erich von Ludendorff）当面严词训斥之后，卡尔皇帝对德国表现出惊人的顺从。奥地利于是被迫跟随德国执行1918年的进攻计划，结果在6个月后彻底陷入败局。由于不被本国以及德国的将军允许退出战争，奥地利将在皮亚韦战役（Battle of the Piave，1918年6月15日至23日）中继续损失30万人。最后，它把自己的铁路、军需工厂和军队的控制权也一并让给了柏林。在德国人的要求下，男孩子和领养老金的人在最后几个月的战斗中被迫穿上军装，军队从工厂带走最后一批技术工人，填补步兵队伍的空缺。这场战争在消耗哈布斯堡，以及更多的宝贵资源。[33]自始至终，奥地利毫无胜算。而且讽刺的是，如果它胜出，那意味着它将继续吞并纳入数千万非德意志臣民，进而加剧它的内部危

338

机。这场战争从头到尾都毫无意义。用杰弗里·沃罗的话来说，这场奥地利的战争就是一场“疯狂的灾难”。[34]

***

1888年2月6日，铁血宰相在帝国议会发表了一次无所畏惧的演说。他对聚集在一起的议员们说：“在这个世上，我们德国人除了畏惧上帝，别无所惧。”事实上，像当时的大多数德国人一样，他还害怕敌国的包围。他花了几十年时间成功阻止法国与奥地利或俄国结盟，但后来他和毛奇退休。德国自19世纪90年代起对威望的夸张追求，与毛奇和俾斯麦对国家政策已经失去掌控有关，也与年轻气盛的新皇威廉二世的难以捉摸的个性和野心有关。整个国家也处于焦躁不安的状态，德国渴望提升自己的威望和权力，成为世界一流强国。在历届政府的领导下，德国的自信、魄力逐渐演变为不必要的侵略性，小小的危机因而常被扩大化，导致俾斯麦长期以来小心翼翼阻止的俄法联盟变得越发牢固。从1904年起，法国和英国也在一系列的非正式协定——“挚诚协定”（Entente Cordiale）中拉近了距离。英国也与德国有着事实上的对抗，即使还未加入形式上的反德联盟。[35]因此，柏林会感到自己正被一个战前即存在的敌国集团，即由法国和俄国以及姗姗来迟的英国组成的三国协约（Triple Entente）所包围，而这很大程度上都是它自讨的。

德国并不信任它最近的盟友意大利。而对于奥地利这位旧敌和新友，它也有所保留，因为对方君主年事已高，境内的其他少数民族又蠢蠢欲动，它甚至怀疑这个帝国还能存活多久。意大利在1914年战争爆发时保持中立，然后在1915年转投协约国阵营。与奥斯曼人的联盟看起来很有希望，但高门的军事力量似乎颇为羸弱，而且它无论如何都无法像奥地利那样护住位处中心的

德国的南翼。战前的德国急需一个强大的奥地利，体现在外交上便是德国对维也纳的行动经常性的无条件支持，因为如果哈布斯堡帝国分裂，那么留给它的唯一结局就是孤立和包围。这就是为什么在7月危机期间，柏林同意维也纳对塞尔维亚宣战，要让战争的车轮碾过这个狂妄的巴尔干半岛新贵。是的，奥地利将会与俄国开战，那意味着德国也必然要与俄国开战，但柏林的政治家和将军有击败俄国的信心。他们目睹了沙俄军队在1905年对日作战时的可悲表现，以及随后沙俄境内此起彼伏的革命和反对势力。如果他们能像俾斯麦在1866年和1870年孤立奥地利和法国那样孤立俄国，那么另一场短促而激烈的毛奇战争就能挣破包围在德国及其微不足道的盟友身上的铁环。[36]

339

这严重低估了日俄战争之后9年里沙皇改革的成功，以及俄国潜在的军事力量。俄国军队正在快速现代化，铁路和重工业也在迅速发展。[37]柏林还错误地估计了法国不要再被孤立的决心，以及得益于军事运输和动员计划改革，法国军队在1914年与德军在机动性和灵活性方面已不相上下的事实——1870年的法军曾是如此致命地缺乏这些能力。[38]德国的领导人还低估了伦敦对维持欧洲均势的兴趣——这种均势在全球范围内对英国非常有利，低估了它为了维护《伦敦条约》给予比利时的中立地位、加强与法国的军事联系（尽管这种联系仍然是非正式的）而作出的努力。[39]海军至上主义思维也在发挥作用。海军元帅阿尔弗雷德·冯·提尔皮茨（Alfred von Tirpitz）提出战略“风险理论”，建立了一支足以威胁皇家海军的帝国海军，尽管它在一场重大海战中未能击败对方。[40]提尔皮茨认为，这种“存在舰队”（fleet in being）——人们如此称呼这一战略概念——足以牵制英国的活动，阻止其对大陆战争的干预，帝国陆军则可迅速赢得陆战。[41]一支小小的英国陆军成不了气候，施里芬十分不屑地补充道。小毛奇并不同意。他认

为，德国如果不能及时取胜，英国一定会动员其工业经济和数百万兵力打上一场旷日持久的陆战——这是英国以前从未做过的。[42]

意大利的王家陆军（*Regio Esercito*）有人，但没有战斗力。它没有在山区作战取胜的有效理论，也没有足够先进的武器。因此，当战争来临时，意大利站在哪一边可能并不重要。另外，小毛奇掌握了关于哈布斯堡军队令人震惊的秘密情报，知道如果没有外援，它是没有能力守卫德国的南翼的。奥地利的军队从上到下一团糟，但这一事实不但没有吓倒柏林的领导人，反而将他们更快地推向危机和战争。他们的想法是，如果他们再等下去，事情只会变得更糟。[43] 在赌徒式的冒险行动中，340 柏林承诺无论如何都会支持奥匈帝国对抗塞尔维亚，因为奥匈帝国对其南部边境的安全至关重要。经过参谋人员多年的计划和推敲，它最后确定下来的方法是，在开战之初即发动战局，横扫法国，彻底将其击败，然后移师东部战线，与彼时已经充分动员起来的可怕的俄国压路机展开较量。也许对俄战争需要耗费较长的时间，但那个时候，德国并非没有赢的把握。这场战争的风险很大，但德国的将军们确信，他们一定也能取得对俄战争的胜利。这一著名的速战妄想，是傲慢与恐慌混合而成的产物，因此更加危险。相信帝国陆军可以在两条疏散的独立战线上分离作战，反而催生出一场加倍漫长且全面的战争，在这场战争中，德国被迫以分散的劣势兵力东、西线同时作战，除此之外还要分出兵力调往南部，以支持摇摇欲坠的哈布斯堡军队。柏林的孤注一掷和咄咄逼人的野心招来多个国家联手奋起反抗，这导致了迄今为止无法想象的巨大伤亡和破坏。

作为一名思想家，施里芬的思想活力和独创性都不及老毛奇。尽管如此，他仍是主要作战概念的决定性设计者，直到 1906 年出炉之前，施里芬的这套作战方法历经六版主要草案、多次沙盘推

演和实地考察。经过小毛奇修改后的施里芬计划在1914年8月战争爆发后被执行。施里芬在德国陆军中也留下了自己的印记，他的几十名高级军官在战后很长一段时间里仍然对他的理念保持着炽烈的忠诚。其计划的实质是什么？某种程度上来说即永远保持攻势，追求制胜的包抄围歼，消灭敌人主力，并随之摧毁敌人继续抵抗的意志和能力。只要一切努力、行动、目的、战争意志都指向“歼灭战”，你可以以任何一位英雄的名字来称呼它：腓特烈计划、拿破仑计划、克劳塞维茨计划、毛奇计划，不一而足。[44]施里芬想要一个现代的坎尼，通过包围赢得一场压倒性的胜利，以一次战局击溃一个大国。帝国陆军必须做到普鲁士军没能在克尼格雷茨做到的事——关于克尼格雷茨一战，他批评老毛奇没有完成彻底歼灭这一任务。他把他的想法称为“没有明天的战斗”。[45]寻常的胜利是不够的。敌人的军队拥有庞大的后备力量，寻常的战争是打不垮的。德国需要坎尼和乌尔姆。任何一点缺失，都会导致失败。随着敌方联盟积聚力量，逐渐收拢包围圈，失败只是早晚的问题。了解到这一点，如果是更谨慎的领导人可能会重新考虑战争对德国的意义，并调整它的主要地缘政治目标。但在1914年，柏林缺乏谨慎。

施里芬选择了乌尔姆作为他入侵比利时的模式，与之相连的是用于击败法国的坎尼模式。及至1905—1906年，歼灭战的核心概念已被牢牢嵌入军事教条。对这一机制的小修小补是被允许的，毛奇便对其进行了几次修改。然而，施里芬在1906年题为《对法战争》的备忘录中提出的主要目标并未受到挑战，它被认为是“施里芬计划”的核心。[46]它是一组脚手架的中心，但是这组搭建自19世纪90年代的脚手架并不那么稳当；作战计划在反复的沙盘推演和参谋人员的实地考察中被起草、修改和演练，但它的第一作者始终对其不甚满意。毛奇在1914年之前就对这一核心概念深表怀疑，但当文官政治

341

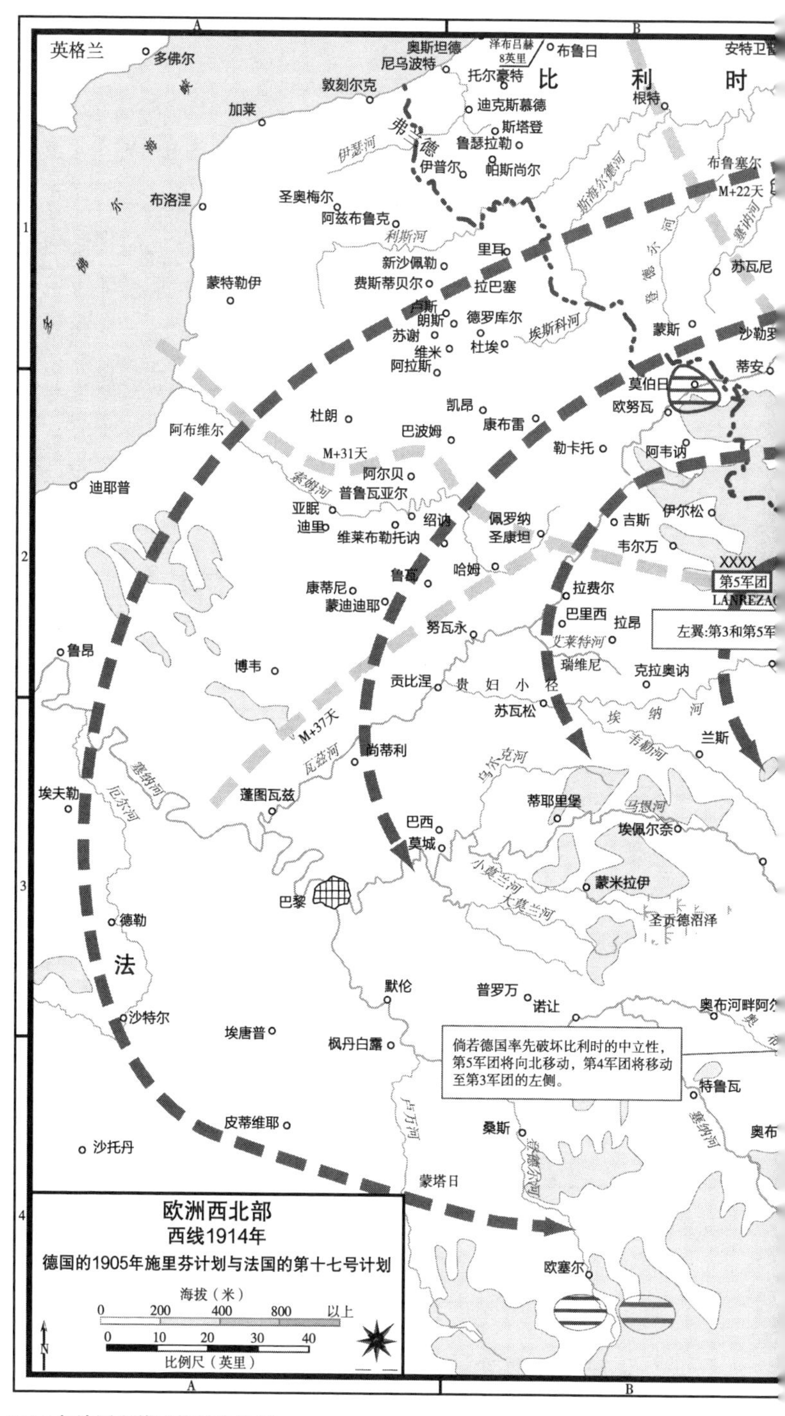


1914 年法国和德国的战争计划

美国西点军校历史系提供

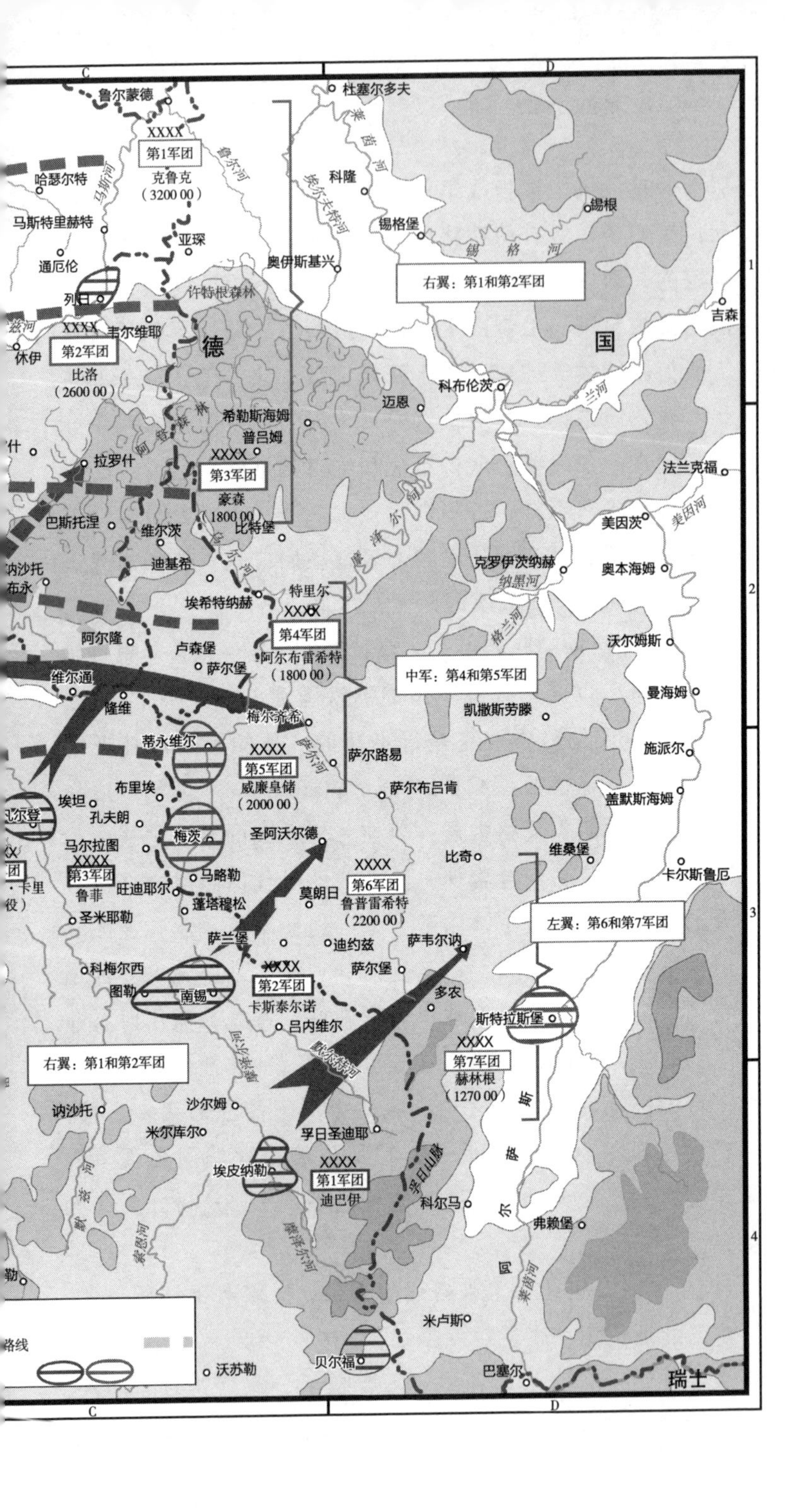

鲁尔蒙德
杜塞尔多夫
第1军团
克鲁克
（3200 00）
鲁尔河
哈瑟尔特
马斯河
马斯特里赫特
亚琛
通厄伦
列日
科隆
埃尔夫特河
莱茵河
锡格堡
锡根
锡格河
奥伊斯基兴
许特根森林
右翼：第1和第2军团
吉森
第2军团
比洛
（2600 00）
韦尔维耶
休伊
德
国
科布伦茨
兰河
迈恩
希勒斯海姆
普吕姆
拉罗什
阿登森林
第3军团
豪森
（1800 00）
比特堡
巴斯托涅
维尔茨
迪基希
法兰克福
美因茨
美因河
摩泽尔河
克罗伊茨纳赫
纳黑河
奥本海姆
埃希特纳赫
特里尔
第4军团
阿尔布雷希特
（1800 00）
卢森堡
阿尔隆
萨尔堡
格兰河
沃尔姆斯
维尔通
隆维
中军：第4和第5军团
曼海姆
梅尔济希
凯撒斯劳滕
蒂永维尔
第5军团
威廉皇储
（2000 00）
萨尔河
萨尔路易
施派尔
萨尔布吕肯
盖默斯海姆
布里埃
埃坦
孔夫朗
梅茨
圣阿沃尔德
马尔拉图
第3军团
鲁菲
马略勒
旺迪耶尔
蓬塔穆松
莫朗日
第6军团
鲁普雷希特
（2200 00）
比奇
维桑堡
卡尔斯鲁厄
圣米耶勒
萨兰堡
迪约兹
萨韦尔讷
左翼：第6和第7军团
科梅尔西
萨尔堡
图勒
南锡
第2军团
卡斯泰尔诺
吕内维尔
多农
斯特拉斯堡
右翼：第1和第2军团
默尔特河
第7军团
赫林根
（1270 00）
沙尔姆
孚日圣迪耶
米尔库尔
埃皮纳勒
第1军团
迪巴伊
孚日山脉
科尔马
萨
尔
河
莱茵河
弗赖堡
摩泽尔河
索恩河
米卢斯
贝尔福
沃苏勒
巴塞尔
瑞士
路线

家在那场仲夏危机中选择战争这条路的时候，他别无选择，只能将其付诸实践。所有的铁路和动员时间表都是按照它的指导思想制定的，即以粉碎性摧毁法军作为开局战役的高潮，然后再对俄军实施包围。毛奇决定不再取道荷兰，并让军队从右翼转移，但他不能放弃施里芬关于两线三敌（法、俄、英）的核心设想。对德国来说，要对抗这样一个强大的联盟只有一个办法，就是先在一条战线上取得迅速和绝对的胜利，然后再转战另一条战线。除非不打，否则别无他选。这一速战教条推动着帝国陆军的部署，而帝国陆军的部署也在回应这一严酷的战争目标，一场长期的全面战争因此拉开帷幕。[47]

在 1914 年之前的几年里，文官和军事高层一直在梦想一场新的毛奇战争，以此在环绕德国的钢铁围墙上打开一个缺口，尽管连毛奇本人也警告说这是行不通的。他的直接继任者阿尔弗雷德·冯·瓦德西（Alfred von Waldersee）设想单线作战，想方设法仿照克尼格雷茨，要在一场庞大的坩埚之战中消灭俄国。[48] 毛奇曾私下警告他，大会战的时代已经过去，没有哪个大国会在孤军奋战中被击败，他的经验不可复制，速战时代已经一去不复返。结果，取瓦德西计划而代之的施里芬计划说，我们只需在两条战线上取得胜利就好。首先，抓住所有在边境集结的法国军队，像拎“袋子里的猫”一样把他们一把拎起来。帝国陆军将在六周之内摧毁一个大国的全部武装力量，然后横穿大陆，移师东部战线，在那里解决比法国更强、战略纵深更大且已充分动员、陈兵边境的俄国——这份狂妄令人窒息。

1914 年前，正在为未来备战的德国，看着对手日渐坐大，深感自己的地位正在变得越发飘摇，1866 年和 1870 年的胜利让人难以抗拒昔日会战的诱惑。不要忘了，施里芬的继任者、老毛奇的侄子小毛奇，和他的叔叔一样，否认这一切可以重

演，更不用说同时对抗两个大国（或者三个，如果一向事不关己的英国也加入战斗的话，而实际上这正是这项计划即将推动促成的）。施里芬在他的蓝图中提出，帝国陆军八分之七的兵力要用来对付法国，同时要以最后那点儿兵力去抵抗东边的俄国大军。不要忘了，作为继施里芬之后的总参谋长，无论在阿尔萨斯－洛林即将发生什么，小毛奇对俄国的恐惧总是远远超过对以守为主的法国的恐惧的。火车的时刻表已经拟好并且锁定。战争动员将依时间表进行，即将给予法国致命一击的战局也将按时间表步步推进。这就是历经施里芬 14 年的盘算计划、参谋人员 8 年的实地考察和沙盘推演，以及小毛奇在边角上忧心忡忡的修补和调整之后的最终成果。

尽管战争计划存在基础缺陷，乃至致命缺陷，但柏林的文官在外交上行事依然咄咄逼人，不断推动周边大国结成牢固的反德联盟。而将军们在制订所有作战计划时也并不知会文官政府，他们一心考虑军事问题，小心地捍卫自己的战争特权。他们起草、设计、选择动员路线，制定时间表，而所有这些都是在一个不对政治和外交官员开放的军事车间里完成的，他们将军事和政治相互割裂，无视克劳塞维茨的警告，也丢掉了自己的理想，即像腓特烈或拿破仑那样，成为集军政头衔于一身的统帅国王。1914 年 7 月，文官们硬是让一场外交危机将这个国家拖到开战的边缘，这些将军于是不得不从高阁上取下并着手实施他们唯一的计划，尽管它有这样那样的缺陷，尽管它将酿成不堪设想的外交后果，尽管它完全无视了对在它提议过境或入侵的土地掀起全民战争的危险。更不用说，它对法国边防工事这一技术问题的解决办法是何等狭隘：入侵比利时，将英国和它的帝国拖入战争，破坏它所有借以速胜的前提，进而从一场甚至和德国并不相干的巴尔干纷争中，生出一场欧洲和世界大战来。就这样，总参谋部闭门造车的作战理论和文官闭塞

的世界观与政策一拍即合。因此，下一场战争将以一个经过深思熟虑的作战计划开始，服务那些永远无法实现的目标。

战争前夕，柏林城内的每一个人都在放声高谈腓特烈和毛奇，这些辉煌的过去在德国的政治、军事、文化记忆中总是占据着最瞩目的位置。军官们兴奋地谈论着另一场罗斯巴赫，另一场洛伊滕，当然还有克尼格雷茨和色当。人们在私下里并非没有疑虑。文官亦然。这就是为什么 8 月 1 日，当铁骰子尚带着余温从他手中滚落时，离开赌桌的霍尔维格仍在祈求上帝的庇护。人们提起老毛奇的辉煌，却忘记了他的告诫：军事行动必须考虑战略政治，而且对德国来说，基本的地缘政治条件已经改变。[49] 施里芬总是将他的参谋和研究工作隔绝于政治之外，并在所有的作战计划中坚持以军事为先的原则。在他为数不多的疑虑中，他关心的也只是诸如取道比利时扫荡法国的右翼力量是否足够强大，或者其他一些琐碎的技术问题。[50] 他从未质疑过其中的战略要素。

345

小毛奇在 1914 年负有指挥责任，但他已经被命运捆住了手脚。要想在一时之间调动数百万人和他们所有的物资、食物和装备是不可能的，至少不可能满足施里芬的备忘录里写满的拿破仑式对速度和时机的苛刻要求。他知道将要发生什么。他在 1905 年私下写下了他的担心："未来的战争将是一场全民的战争，它不会由一场决定性的会战来结束。[ 它将被分解成为 ] 一场漫长而持久的缠斗。" 战争前夕，他被眼前一切有关敌人的兵员、铁锹和机器的疑问所困扰。[51] 然而，批评家陷入了困境，因为除了开战——被认为是德国实现其"世界强权"野心的必经之路——德国没有其他选择。如果未来的全民战争会持续数年，那么避免这种灾难的最好办法就是在一开始就迅速取得胜利。施里芬至少提出了一种可能的方案。如果总参谋部不能计划一场成功的短期战争——因为这样的战争不再可行——

那么战争对德国有什么用呢？[52]德国人不是和平主义者。他们会做必要的事去实现他们的国家野心。毛奇明白，眼前他和德国只有两个选择：要么为了一场希望渺茫的速战速决掷下这颗铁骰子，豪赌一把；要么彻底放弃战争——作为治国手段的战争。但是在柏林，没人甘心选择后者，没人愿意德国变成一个安静的、泯然于众的国家，只要还有通过战争取胜的一丝机会。毛奇知道，德国一定会打这场仗，无论计划好坏、风险高低。否则，它的大国地位只会一降再降，永远无法成为“世界强权”。

在没有一个可行的替代方案的情况下，毛奇不能轻易地推翻前任的计划，即使他十分怀疑这个计划成功的概率能有多大。于是，他进行了修补。德国不会取道荷兰，只对比利时发动进攻，因为一旦战争开始，它需要荷兰为德国充当那根进出欧洲大陆的“气管”。他把更多兵力直接部署在德法边境上，以阻挡法国人对阿尔萨斯－洛林的猛烈冲锋，因为那可能会威胁到萨尔地区的关键产业。增加的兵力是从右翼抽调过来的，因为已无其他兵源可用。由于仍然缺乏人手，他又把国土防卫军也投入进去了，以便为最初的进攻加强兵力优势，这是一场押上了整个预备役的、将以局部优势取胜的豪赌。他将要求康拉德和维也纳的高级司令部派兵到加利西亚，去牵制俄国人，尽管他知道自己也许应该去增援东线，因为他收到令人担忧的情报：盟军队伍羸弱，不堪一击。他可能不得不从关键的右翼抽调更多兵力，回头驻守东普鲁士。除此之外，他还不知道康拉德决定不告诉他的事情：当战争爆发时，奥地利将会全力入侵塞尔维亚，在对俄作战的最初几周里将军队撤出加利西亚。

346

毛奇不是一个战争贩子。然而，他从1911年开始就大力推动战争，尽管那个时候，他已经对德军能否完成两线作战、

同时对付三个大国对手产生怀疑，而且这种怀疑还在逐渐加深。他对这一“两线两战”的豪赌计划基本不抱希望。即使侥幸成功，在他看来，所能收获的也不过是战略上一时的喘息之机，而不是施里芬计划中宣称的东、西两线的制胜战局。再过几年，俄国将在几个工业产出领域超过德国，广铺铁道线路，与它在空间和人口方面已经存在的巨大优势相称。落后于俄国，将会关上德国成为世界一流强国的机会之窗。正是德国的相对薄弱这一事实，加重了他的衰落感，促使他提议在德国仍有希望取得有限胜利的情况下尽快发动战争。毛奇是一个军事宿命论者，他对施里芬计划的所有修改，都不过是在为帝国陆军增强实力争取时间，以应对他认为不可避免的更大范围的世界大战。[53]1914 年 5 月 14 日，就在斐迪南大公在萨拉热窝被暗杀、和平被打破的六周前，毛奇确认了自己的看法，即施里芬的理论行不通。可尽管如此，他也肯定帝国陆军还是会将它付诸实践。柏林对维也纳的承诺，那张将欧洲推向一场全面战争的空白支票，在一定程度上也是在他的敦促下发出的。在随后的危机日子里，他的悲观表现为一种绝对的宿命论。7 月 28 日，他秘密去信总理霍尔维格，称“一场世界大战”即将到来，再次证实唯一可用的战争计划中内含的短期战争概念存在致命缺陷。两天后，他的作战部长格哈德·塔彭将军（Gerhard Tappen）打开了总参谋部的钢制保险箱，取出一份《1914/1915 年部署计划》——经毛奇修订的施里芬计划。然后，带着腓特烈和拿破仑的战魂，帝国陆军走向了战场。[54]

毛奇的疑虑引出这样一个问题：他以及柏林决策团体中选择战争的其他人，他们是爱妄想，还是明知这场战争势必会走向持久战、明知德国几乎无胜算，依然选择战争？[55]看来，他们是知道的。否则我们怎么理解埃里希·冯·法金汉将军——他在后来指挥了最为惨烈血腥的凡尔登和索姆河战役——在战

347

争的第一天说，“即使我们因此失败，它仍然是美丽的”？[56] 深表疑虑的人还有很多。比如，后勤官员。然而，所有反对意见都被置于一旁。1914 年的德国领导人需要相信战争可以在短时间内结束，因为他们相信战争不可避免，相信战争是实现其野心的唯一途径。战争一旦爆发，德国必须迅速获胜，否则它的整个地缘战略事业将无以为继。与一个强大的反德联盟进行长期较量的战略胜算越小，利用战斗来脱离因为坚定追求世界政策而陷入的政治军事陷阱的诱惑就越大。施里芬计划了一场难以实现，但又需要迅速实现的双线战争，原因是他认为德国无法在长期战争中活下来。毛奇只希望 1914 年可以与法国速战速决，因为他相信对俄或者对其他国家，战争只会持续更久。[57]

无论如何，短期战争思维已经成为德国军事文化的一部分。因此领导人和规划者告诉自己，奥地利终究足够强大，而俄国则比实际要弱得多。他们说服自己，英国并不关心欧洲内部的力量平衡，通过比利时发动进攻不会引发英国的干预。他们说，伦敦不会加入反德联盟，即使它真的这么做了，它那点军队也是不碍事的，不足以左右开局战役的走向，而开局战役将为德国赢得战争。战争将很快结束，伦敦届时必须接受一个既成事实。然而，在这一切表象之下，他们知道胜算渺茫。战争前夕，疑虑日深的毛奇已经来到绝望的边缘，巨大的绝望感即将将他吞噬。1914 年德国领导人并非错在因过度自信和傲慢而使欧洲乃至世界大部分地区陷入全面战争，而是他们明知这场侵略战争可能会将他们带入僵局或导致他们失败，却仍然要发动它。[58]

随着法国改革的推进、俄国的日渐强大和奥地利的日渐衰落，德国的地缘战略形势将进一步恶化，因此德国领导人希望能在形势恶化之前把握时机，保持主动，并以武力出击。为

此，他们谎话连篇。霍尔维格在私下十分担心德国会在持久战中陷入困境，对外却说这将是一场“短暂的风暴”。结果，这是一场持续了四年的钢铁风暴。[59]1914 年 8 月的头几天，德皇威廉对前往前线的战士们说：“你们将在树叶落下之前回家。”[60]然而，如果计划严重出错，如果树叶落下后战斗仍在继续，是没有任何后备计划的。他们，以及其他高层文官的政治自负是德国发动战争的驱动力。作战层面的自负，以及对向心式包围的信仰，已经成为几乎所有德国参谋人员军事信仰中的教条。[61]除此之外，许多德国军官还对他们相对于敌人的专业优势很自负。[62]如果他们认为德国人，因为他们是德国人，可以通过纯粹的战场指挥技巧来克服现代工业战争中更为基本的损耗性，那就太过轻率傲慢了。[63]灾难即将降临，且将再次降临，因为对速战速决的幻觉和自诩军事文化优越的狂妄，还将继续影响走入第二次世界大战的德国军官团。

348

***

帝国陆军在西线的进攻引发了战争史上最大规模的步兵战斗。7 个德国军团与 5 个（后来增至 6 支）法国军团、比利时军队以及规模虽小但是技术精湛、专业有余的英国远征军发生激战，数百万人展开厮杀。开局的关键是法国于 1870 年战败后建立起来的一套坚固厚实的边防要塞系统。这些堡垒迫使德国军队绕向防线的末端，选择了一条通过横扫比利时进入法国北部的入侵路线。[64]德军的大部分兵力都集中在了这个“强大的右翼”上。施里芬说，右翼与左翼的兵力对比应该被设定为 7∶1，以确保右翼能完全压制法军，但在 1909 年，毛奇决定部署两个军团的兵力守卫阿尔萨斯和洛林，这个比例因而降至 3∶1。他在 1913 年确认了这一修改。战后，施里芬的军官追

随者和传记作家们纷纷指责正是这次兵力调整断送了第一次马恩河战役，而这场关键战役的失利恰是导致此后多年堑壕战的根源。1918年，德国在战后反思中否认真正的战败原因，上述批评是其中的一种声音，虽然战败的根源并不在战术或行动，而在更加基本的战略层面。

毛奇派出五个军团组成一个巨大的旋转门，绕着法国边境要塞行进。右翼（“锤子”）快速推进，而由两个军团组成的左翼（“铁砧”）则在原地等待东进的法军。左翼的任务是牵制法军，为锤子的到来做好准备，而锤子将以压倒性的力量迅速取得胜利，为帝国陆军的主力移师俄国，征战下一个广阔战场释放充足兵力。然而，比利时人的抵抗强而有力，而铁砧部队也并未安心等待法国人的到来。虚荣的将军们想要自己的小坎尼，因而一再违抗毛奇的命令。他们没有等待法军进攻，而是自己发起了进攻。伴随着两军相遇不可避免的混乱，8月14日至24日爆发了一系列边境战役，从阿尔萨斯-洛林到阿尔贡和阿登地区，冲突接连而至，三分之一的军队参与其中。这些边境战役规模庞大、血腥，伤亡人数达到惊人的52万人。然而，根据施里芬的重新定义，它们甚至不被视为独立的会战，它们只是作为战术性遭遇战被归入一个规模更大的宏大会战，也就是整个战局之中。



然而，多数德军指挥官无法在这种层面上思考，也不准备接受毛奇的命令。当法国的军或军团出现在他们面前时，他们总是试图将其“洛伊滕化”。结果就是，从第一次交手开始，德国军队就在前进，而不是像计划中说的那样撤退，以便诱敌深入。毛奇的作战思想至此失去了重心，也不再集中。[65]那把巨大的“锤子”也出了问题。五个军团正在全速向前推进，试图遵守一个严格的时间表：在第22天之前扫清比利时这个障碍并到达法国边境；在第31天之前越过索姆河和默兹河；在

第40天前困住并消灭整个法军，将其捣毁在正在狭长边境线上严阵以待的铁砧上，从而取得西线的胜利。所有这一切都要靠一支臃肿的征召军来完成，而这支军队无论在组织、后勤还是指挥上都是状况百出。[66]1914年的其他军团也遭遇了严重的结构性问题。这里的重点是他们并不打算抓紧时间拿下一场双线作战的战争。

8月中旬的时候，没有一支军队是安分的。他们都行进在自己的行军路上，数百万人同时分散在四条战线上：西线、东普鲁士、加利西亚和塞尔维亚。此外，所有军队都在通过发起进攻开始战争。因此爆发的遭遇战都是军和军团规模的，每条战线都是血流漂杵，但决定性的遭遇战发生在西线。那里是5个法国步兵军团和7个德国军团，双方都试图侦察敌情，相向搜索前进：完全遵循旧有作战方式的骑兵侦察小队走在前面，全新的、尚未装备武器的飞行器则在头顶上空逡巡。[67]对德军来说，前路依然迢迢：他们要在炎炎夏日里，全副武装地穿过比利时和法国北部。德军的一个军（一个军团有四个军）在开始时有1500名军官和4万名士兵、14000匹马、2400辆重型马车，足足绵延30英里。每个军团每天130吨的粮草供应很快就会被消耗一空。德军还拖上了精良的野战炮，一共24个炮群，每个炮群配6门炮，此外还有4个分别配有4门重炮的重炮群。每个军上方飞有六架双翼侦察机。[68]这是一个相当惊人的规模，但问题还是很快就出现了。有人因中暑而退出行军，有人因为穿着沉重的钉靴走得太远而变得脚步蹒跚。不少马匹因为中暑、腹绞痛、马鞍疮，还有马掌质量不佳导致的裂蹄而掉队。德国士兵从平民那里偷取他们需要或想要的东西，沿途暴行不断，还因为不常清洁而臭气熏天。数以百万计的人和马沿途排便。就像1812年大军团挺进莫斯科时一样，那道长长的原野灰所经之处，身后无不留下一道油腻污糟的痕迹。

350

甚至没人想起过战壕。法国方面共有五个军团，军团之下又设军一级单位，以 4 万人为一军。每个军都配备了专为机动战争而设计的先进的 75 毫米野战炮；一门法国 75 毫米野战炮的射速是相应德国炮的两倍，每天最多可发射子弹 1000 发，它被德军称为“黑屠夫”。美国人将于 1918 年在法国使用它们，他们是从法国人那里借来的，因为毫无准备的美国远征军缺乏现代大炮，以及其他许多东西。[69] 然而，1914 年的法国军团没有装备重型火炮。骑兵的装备还是老样子，即以发起冲击性攻击为目标的马刀、骑枪以及短小的单动式卡宾枪。很多骑兵仍然穿戴胸甲。甚至步兵也还在继承那一套刺刀 - 冲击理论。费迪南·福煦元帅（Ferdinand Foch）和其他的战前“法国学派”思想家对精神力量在弥补兵力劣势方面的作用最感兴趣。战前，出于对己方不利地位的担忧，法国的将军们决定强调战争中的精神因素能够抵消敌人数量优势的观点。这种对“民族精神”、锐气所起作用的乐观态度，是对当时冲击法国哲学，包括军事思想大门的新学派——活力论（vitalism）的完美补充。[70] 同样令人无法看清战争走向的一个因素是士兵手里的武器：从德国的毛瑟枪和英国的李 - 恩菲尔德步枪（Lee-Enfield）这样的速射步枪到机枪、枪榴弹和手榴弹，再到一系列的轻型、重型马拉火炮，它们的威力和效果从未经过如此规模的战争的检验。

德军在法国的行军时间表是从施里芬那里继承下来的，源于许多德国军官的恐惧和对俄国陆军的蔑视。他们认为俄国要想动员和调遣军队，对东普鲁士造成威胁，至少需要六周。[71] 如果要速战速决，那么这六周就是击败法军的全部时间。法国战败后，被认为不会构成重大军事威胁的那一小支英国远征军，自然也就撤出欧洲大陆，英国随之退出战争。随着西线列强的溃败和德国西部边界的稳固，帝国陆军主力便可安全登上火车，

通过一张专门打造的精良的军用铁路网，急速向东推进，阻击俄军深入东普鲁士。如前所述，这个计划忽视了奥地利的脆弱，351留下它独自应对大批俄军。维也纳的哈布斯堡总司令部和毛奇的总司令部（或称最高陆军指挥部，*Oberste Heeresleitung*）之间不存在真正的战前协调。奥地利被留在东部独自抵御这支欧洲规模最庞大的军队，康拉德莽撞地计划在加利西亚发动进攻，而柏林则一心一意地在法国寻求全胜。结果，两支俄军比预期更快地向东普鲁士挺进，德国陷入恐慌，要求毛奇从西线撤回两个军来，保卫（或者更准确地说，平定）后方。

在东部，规模更大的俄军南下打击奥地利人，在加利西亚与康拉德疯狂机动但行动迟缓的部队发生冲突。与此同时，还有另外两个军团组成的规模小得多的俄军正在进入东普鲁士，分别按照计划向柯尼斯堡做同心圆式的推进。俄国人想的是像毛奇困住法国人一样困住德国人。因为俄国人的推进速度比预期的要快，所以德国根本来不及调动更多的兵力。但是两支俄国军团的行进步调并不一致，加上将军之间的个人恩怨、糟糕的通信、无法得到保障的无线电通信安全（俄国人用的都是明码电报），以及没有部署骑兵侦察和掩护，这些情况对毛奇来说都是有利的。所以在最初的恐慌过后，德军很快抓住对手的失误，利用自己在运动和兵力上的优势，连续取得坦嫩贝格（Tannenberg，8月26—30日）和马祖里湖区（Masurian Lakes，9月9—14日）的胜利，这两场战役俄军一败涂地，死伤惨重，但对德国来说，除了取得局部胜利，它们并未起到更多的决定性作用。[72] 坦嫩贝格战役的胜利后来被德国的宣传机器拿来大肆渲染，部分原因在于它貌似验证了包围作战和任务导向战术的有效——就此战而言，它应归功于保罗·冯·兴登堡将军（Paul von Hindenburg）和鲁登道夫（以及他们手下的得力参谋）。不过讽刺的是，1914年德国的两次开局胜利

都是在东线上意外取得的，而一个经过深思熟虑、旨在法国取得大捷的计划反而为其带来决定性的失败。

在西线的五个德国军团在攻下比利时后长驱直入，准备由比法边界进入法国北部。他们的最初设想是绕着巴黎行军，因为巴黎本身就是一个巨大的要塞城市，有 14 个建于 1870 年前的内部堡垒，以及 25 个较新的外围堡垒。一旦越过首都，德军右翼就会在被困于法德边境的法国军队的后面关上一道铁门。起初挡在前面的是比利时军，它共有六个轻步兵师和一个骑兵师，全部正规军加在一起也只有 117000 人，不过在夏季动员时又额外征召了 236000 名预备役士兵。大多数人都被分配到固定的防御阵地——列日要塞上，这是一个由 10 个大型堡垒和众多小型堡垒以及相连的野战工事组成的综合防御体。352 在现代攻城炮的猛烈轰击下，列日要塞沦陷。随后，从 8 月 16 日开始，德国的第 1 和第 2 军团带领右翼横扫比利时。问题很快就开始显现，和 1812 年法军挺进莫斯科时遇到的情况如出一辙：道路狭窄，军队人员、马车和大炮拥塞，德军的后勤在军队越过铁道卸除点后迅速恶化，行军速度变得极为缓慢。8 月 22 日，自巴黎东进的法国第 3 和第 4 军团在阿登地区与德国的第 4 和第 5 军团发生冲突。这两个德国军团充当的是这扇巨大旋转铁门的铰链，连接毛奇整个战线的左右两翼。法国人的伤亡尤其惨重。[73] 然而，大战还在前面，在马恩河边。

那 12 万人的英国远征军无疑是骁勇难挡的，但有关他们的故事往往已经脱离历史，变成了神话，变成了一个关于这支训练有素的精锐部队如何抗击不堪一击的德军、如何让怯懦的敌人和无能的盟友相形见绌，并靠勇气、胆识和手上精良的步枪取得来之不易的胜利的近乎童话的故事。英国远征军最初的失败形象靠着一次成功的撤退行动得以反转：这次撤退甚至比许多进攻都要光荣，故事在一次英勇的强行军中走向高潮，这

次强行军让英国得以在11月精准干预伊普尔战役（Ypres），彻底阻断德国赢得战争的可能性。但事实与此大相径庭。[74]远征军在首次与敌交战之前的行军十分缓慢，而且因为规模袖珍，所以因为人多而造成道路堵塞的理由在他们身上并不适用。8月23—24日，它在蒙斯（Mons）撞上了即将来袭的德军右翼的部分兵力，遭遇惨败。8月26日，它又在勒卡托（Le Cateau）损失了8000人的兵力，这是自一个世纪前的滑铁卢战役以来英军伤亡最多的一次。在这两场鏖战中，英国远征军并没有建立起英国步枪和精锐部队的优越形象，倒是被领导有力、装备精良的帝国陆军打得落花流水。这批英国远征军还有一个“老不齿”（Old Contemptibles）[75]的称号，他们和拿破仑手下的“牢骚鬼”是一样的，有着一身上阵杀敌的勇气，但在技能、武器和经验方面确已跟不上时代。英国远征军实际上是在近乎溃败的状况下狼狈撤离蒙斯的。后来是在法军的指挥官、被人尊称“老爹”的霞飞将军（Joseph Joffre）的恳求下，由伦敦的政治高层出面干预，撤退才停下来。“老不齿”们在战斗中奋勇当先，行军路上更是丝毫不畏艰险，只是领导阶层指挥失当，装备也十分落后。深秋，他们将在伊普尔做最后一次抵抗。直到战争进入后半程，在沿着索姆河以及更远的地方，英军才开始体现出它的巨大责任和成功。现在，英国远征军依然是一支小小的部队，一小股帝国作战力量。它将在1916年成为一支百万大军，虽然仍在学习如何执行大规模的作战行动。到1918年，它将成为一支创新的突破性力量。但1914年的战斗始终是在法国和德国之间进行的。[76]

353 关于霞飞，传统看法认为他过分狭隘地专注于战前的进攻至上主义这一将“生命冲力”当作战斗和战争的决定性因素的思想。但事实要比这复杂得多。的确，霞飞确实决意进攻，但并非出于对“生命冲力”的神秘信仰。他不希望军队陷入

1870年法军在梅茨和色当遭遇的那种困境。就像1914年的德国人以及其他所有人一样，他和法国的军官团都致力于实现速战速决的理想，通过决定性的会战，通过主力军队的碰撞来回应德意志人的毛奇战术。一场短暂的战争还可以让法国摆脱人口基数小带来的在持久战和征兵上的劣势。法德两国在这一速战速决理想上的不谋而合，意味着一场大战几乎是不可避免的。也就是说，霞飞比他现在已经过时的名声或“生命冲力”这个概念所暗示的更有耐心。[77]他在最初几天将兵力集中在东北边境，这是他在1911年战前作为总参谋长起草的“第十七号计划”中拟定的部署行动。一到那里，他就等着看德军的动向。到8月6日时，他已经有了一支掩护部队，按照法国与俄国一项长期联盟协议的约定，现在只等俄国在战争动员开始的15天后向东普鲁士派遣80万人的沙皇军队，他便可以发起进攻了。

霞飞在8月8日发布的第1号指令中明确了他的战略变化。他将把主力派往比利时中部，而不是阿尔萨斯和洛林这两个“失去的省份”。第十七号计划因此被弃。这个计划的目的从来只是陈兵边境，在尊重比利时的中立国地位的同时，将自己放在一个既可随时开进阿尔萨斯－洛林，也可转而攻入比利时的位置上。这个计划和施里芬－毛奇的计划相比，总归是不太死板的。现在，霞飞准备直击正在前进的德军中路，大战一场；只是，他对德军的中路兵力估计不足，还错误判断了它的位置。他还在8月14日（就在俄国进攻东普鲁士的同一天）向着阿尔萨斯－洛林对德军的最右翼发动了进攻，但这并不是法国的主攻目标。法军的主攻是后来在比利时发动的，当时激烈的边境战役已经爆发了。[78]

眼里看着大军的移动和战局的发展，毛奇的情绪也跟着起起落落，一时升起对歼灭法军的希望，一时又跌入对即将到来

的失败的绝望当中。8月中旬的他激情洋溢，认为或许自己终究还是能够获得一个新的坎尼，虽然那将证明他多年来的疑虑是多余的，而且有违他在和平时期研究战争计划时得出的理智结论。尽管他的计划已经在边境地区的战斗中被打乱，但他仍然希望能将大部分法军牢牢锁定在他的砧板上。因此，他于8月20日在阿尔萨斯－洛林发起反击，以便拖住更多的法军，等待强大的右翼完成它漫长的南下行军。

354

第二天，霞飞率领两个军团攻入比利时，希望与德军一战。他在洛林的处境开始恶化，但他对自己的（错误的）推测很有信心，认为德意志帝国陆军不会大范围横扫比利时。霞飞预计德军向南的转向会转得更急，更贴近边境，就在巴黎以西不远处。所以霞飞选择继续进攻，而德军恰恰就做了霞飞认为他们不会做的事——深入比利时腹地，将整个比利时横扫而过。霞飞也没有意识到，毛奇已经在他的先头部队中投入了国土防卫军。因此，德军在开局的战斗中比霞飞预想的要强大得多。这是一个严重的错误，霞飞没能及时意识到致命的威胁其实来自他的左侧，即德军的右翼，这把挥舞的铁锤，正从北方落下。不过，他很快就回过神来，利用内线的巨大优势将法国军队转向左侧。他还请求英国远征军司令部（此时其最高指挥层内部正在经历严峻的分歧和争吵），停止从勒卡托的溃败中撤退远征军，回头面对敌人。[79]

英国远征军的缓慢北撤，将对即将到来的重大战役的结果产生影响，因此成为法军在马恩河沿岸加强防御并进行反击的一次大型即兴行动的一部分。这将成为1914年整个西线战局中的一场大战。它发生在9月5日至11日的马恩河沿岸，从设防的巴黎北部一直延伸到古罗马的要塞城镇凡尔登。200万名德国人面对200万名法国人和10万名英国人，即4个德国军团对阵4个法国军团和一支英国远征军。[80]［这个数字包括了沿乌尔克河

（Ourcq）作战的德军第 1 军团和法军第 6 军团，它们与沿马恩河作战的 6 个军团无论在战斗过程还是结果上都是有联系的。] 它不仅是 20 世纪最重要的，还可能是最具决定性的战役之一。它阻止了德军和施里芬 – 毛奇计划的推进，为持续四年的堑壕战埋下伏笔。这主要是法国和德国之间的事情，尽管英国远征军也发挥了作用。就在我们衡量这一作用大小的过程中，被衡量的与其说是那支打仗的军队，毋宁说是我们自己，特别是当在与其他国家的负面比较中，我们把一个国家的死伤人数作为衡量其贡献的标准的时候。即便如此，在第一次马恩河战役中，英国远征军总共伤亡 1701 人，这比个别法国和德国的旅的人数还少。[81]

德军正在逼近巴黎，法国政府随即迁往波尔多；无独有偶，1940 年，当德军装甲部队攻入法国，法国政府将再次撤出巴黎，撤至波尔多（并从那里进入维希）。加利埃尼将军（Joseph-Simon Galliéni）被留在空荡荡的首都，接受驻防巴黎的任务。双方都感受到了边境战役带来的影响，不仅是飙高的伤亡人数，还有体力上的损耗，特别是对经过长途行军刚刚到达马恩河的德国军团而言。更重要的是，毛奇本来就已将施里芬计划中的攻防兵力分配比例从理想的 7∶1 缩减到了 3∶1，但是现在连 3∶1 都达不到了。右翼兵力在行军和沿途的一系列规模虽小但损耗不断的遭遇战中被严重侵蚀。这意味着在关键战斗开始的时候，在兵力上占据上风的是法军。霞飞匆忙从预备役和巴黎守军中抽调兵力，临时组建了一支新的军队，称第 6 军团。[82] 由于毛奇早已把预备役投入他预想的决定性一战中，所以几乎没有哪支德军是不在路上的。所以，要么赢，要么输得精光。打头阵的是克鲁克将军（Alexander von Kluck）领导的第 1 军团，为了完成包抄，克鲁克决定转向东南方向，现在他们正在追击溃不成军的法国第 5 军团。卡尔·冯·比洛将军（Karl von Bülow）率领的第 2 军团接到命令，要与克鲁克的第 1 军团朝巴黎东南方向齐头并进。

355

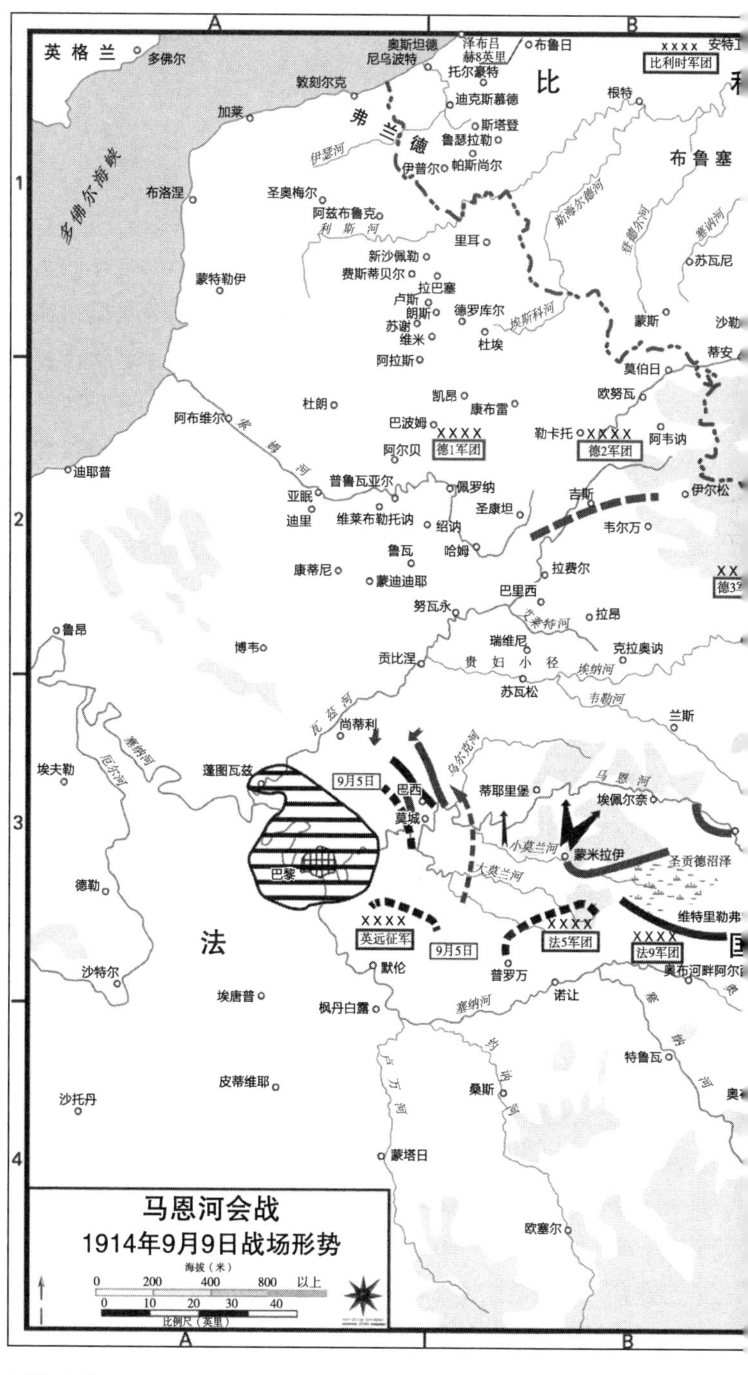


马恩河会战

美国西点军校历史系提供；George Chakvetadze 重绘

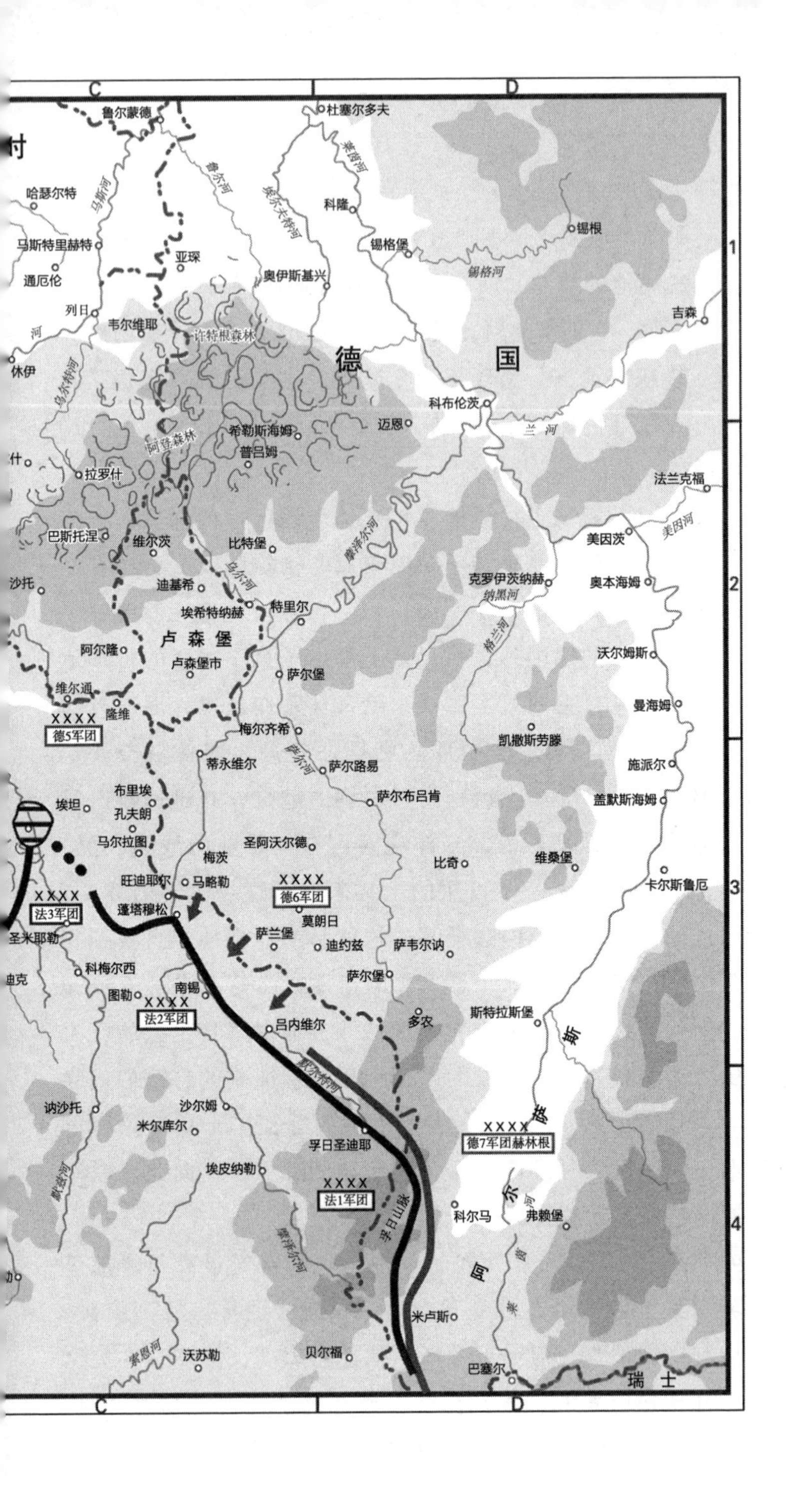

C
D
鲁尔蒙德
杜塞尔多夫
莱茵河
鲁尔河
埃尔夫特河
马斯河
哈瑟尔特
科隆
锡根
马斯特里赫特
锡格堡
亚琛
锡格河
通厄伦
奥伊斯基兴
列日
吉森
韦尔维耶
许特根森林
休伊
乌尔特河
德
国
科布伦茨
迈恩
兰河
阿登森林
希勒斯海姆
普吕姆
拉罗什
法兰克福
美因河
巴斯托涅
摩泽尔河
美因茨
维尔茨
比特堡
乌尔河
克罗伊茨纳赫
奥本海姆
沙托
迪基希
纳黑河
埃希特纳赫
特里尔
格兰河
卢森堡
阿尔隆
沃尔姆斯
卢森堡市
萨尔堡
维尔通
曼海姆
隆维
XXXX
德5军团
梅尔齐希
凯撒斯劳滕
萨尔河
蒂永维尔
萨尔路易
施派尔
布里埃
萨尔布吕肯
盖默斯海姆
埃坦
孔夫朗
马尔拉图
圣阿沃尔德
梅茨
比奇
维桑堡
旺迪耶尔
马略勒
XXXX
德6军团
卡尔斯鲁厄
XXXX
法3军团
蓬塔穆松
莫朗日
圣米耶勒
萨兰堡
迪约兹
萨韦尔讷
科梅尔西
萨尔堡
图勒
南锡
XXXX
法2军团
多农
斯特拉斯堡
吕内维尔
斯
默尔特河
讷沙托
沙尔姆
萨
XXXX
德7军团赫林根
米尔库尔
孚日圣迪耶
默兹河
埃皮纳勒
XXXX
法1军团
尔
河
科尔马
弗赖堡
孚日山脉
摩泽尔河
阿
茵
米卢斯
莱
贝尔福
索恩河
沃苏勒
巴塞尔
瑞
士
1
2
3
4

就在这一关键时刻，通信的混乱和军事情报的频频出错，让毛奇失去了与军队的联系，他不知道右翼的两个军团，第1和第2军团，已经脱离他的控制，两个军团正在背道而行，每多走一步、每过一个小时，它们都离对方更远了一些。所以在两个军团侧翼本应相互接应的地方，出现了一个缺口。将军们既不能相互沟通，也无法告知毛奇自己的行动，于是在他们的自作主张下，这个缺口正在一点儿一点儿地扩大。

与此同时，霞飞正尽可能多地从边境地区抽调部队，将阵线左移，兵力沿马恩河集结，在巴黎以北构筑防线。已经有一些部队在逼近克鲁克的第1军团，但克鲁克对此毫无察觉——法军从一个死去的德国参谋的尸体上翻出了第1军团的行军地图，所以对于克鲁克的行军路线，毛奇被蒙在鼓里，而霞飞却知道得一清二楚。其余法军部队则摆好阵势，准备阻击其他德国军团的进攻。[83]霞飞识别到了左侧的危险，并迅速作出反应，放弃战前的计划假设，专注应对摆在他眼前的战场状况。他知道他需要用尽每一个可用的士兵来进行这场关键的战斗，包括已经撤出战斗的英国远征军。这就是为什么他亲自找到并前往英国远征军的指挥部，恳求它的指挥官弗伦奇将军（Lord French）停止撤军，回来准备再次战斗。面对来自伦敦的巨大政治压力，包括基钦纳伯爵的严词训斥，远征军的将军们最终只能乖乖俯首听命。[84]7万名疲惫不堪的远征军士兵于是跨过克雷西——这里曾是英国的军事荣耀之地——继续向北。联军的大撤退结束。大战开始了。

358 9月3日，第一批德军抵达马恩河。毛奇对最高司令部里有关英国甚至俄国将在丹麦开辟第三条战线的传言感到担忧。这些传言毫无根据，但令人分心。他还意识到，霞飞正在集结兵力，打算在巴黎北部发动反击，而他自己的右翼军力薄弱，而且不知下落。9月4日，他发布了一项改变整个战争走向的指

令：令第 6 和第 7 军团，尽全力在洛林牵制和拖住更多的法军；令第 4 和第 5 军团，保持攻势，以在阿尔贡森林中牵制更多敌军；令右翼——以前的锤子、克鲁克和比洛领导的第 1 和第 2 军团，停止行军，原地待命；令同样位于右翼的第 3 军团，探准对方虚实，伺机支持第 1 和第 2 军团。[85] 简言之，帝国陆军被告知要停在原地，准备好接受来自法国人的重击——这与它多年来的思考和计划，与它在法国所希望做到的事恰恰相反。

第二天，法国人用他们临时组建的第 6 军团发动了进攻：在巴黎以北 25 英里的地方，蓝色阵营和原野灰阵营相互碰撞，在军级别的战斗中相互碰撞。第 6 军团由 8 万人的巴黎守备部队、预备役部队、其他二线部队，还有一个刚走下船的阿尔及利亚师和第 3 军团的一个军组成，总共 15 万人。其中包括加利埃尼将军于 9 月 7 日至 8 日通过 600 辆红黑配色的雷诺 AG1 型出租车（来回打表）运送的 3000 名士兵。事后，关于“马恩河出租车”（*Taxi de la Marne*）挽救法国于危难的故事经过聪明的渲染宣传，成为大众记忆并被传颂至今，它虽然并非凭空捏造，但确实存在诸多演绎的成分。[86] 但这不重要，重要的是，加利埃尼将这些临时拼凑的散兵游勇迅速集结了起来，组成一支突击力量，并在主力法军抵达之前赶往北方。直到对方发起袭击，克鲁克都对新的法国第 6 军团的存在毫不知情。

主攻在 9 月 7 日发起。在接下来的几天里，近 100 万名法国人和 7 万名英国远征军向 75 万名德国人发起猛攻，约是英法联军的 49 个步兵师和 8 个骑兵师对阵德国方面的 46 个步兵师和 7 个骑兵师。两边部队的战斗力不相上下。一纸混乱的军令将克鲁克的两个军调往了北边的乌尔克河，试图在那里围困法国的第 5 军团，而比洛则将他的另外三个军撤回到小莫兰河（Petit Morin）后面 10 英里的防御阵地。由于柏林的最高司令部没有得到充分的信息，这些独立行动的最终结果就是德军

359 第1和第2军团两翼之间的缺口扩大到了20英里。结果就是，两个军团各自为战。与此同时，英国远征军继续慢条斯理地行军（在几乎没有遇到什么抵抗的情况下，3天行军25英里），进入不断扩大的缺口。这无疑是有帮助的，但制胜第一次马恩河战役的基本架构仍是在霞飞和其他法国将领的带领下完成的，这是一次围绕枢轴转动的出色行动，位于凡尔登的第3军团是这个强大的枢轴，第6军团、第5军团、第9军团和第4军团绕其摆动。法国的另外两个军团，即第2和第1军团，负责保卫阿尔萨斯-洛林边境。

法军一边防御克鲁克，一边对比洛暴露的右翼发起攻击；在那里，有法军拒绝接受近500名德国人的投降，并将其击毙。德军在8月穿过比利时进入法国北部时，也曾屠杀过俘虏和引起麻烦的平民。等英国远征军在黄昏时分抵达缺口时，比洛的侧翼已经被攻下，法军乘势紧追不舍。当天晚上，比洛进一步后撤，两个德国军团之间的豁口扩大到了30英里。在这关键的一天一夜，毛奇进入了他的脑力和精神崩溃的第一阶段。随着他的计划停滞不前并最终坍塌，他知道，对帝国陆军和德国来说，这个最可怕的噩梦正在成为现实。这场战争已经成为一场屠杀，此后也必将沦为一场残酷的屠戮竞赛，它将吞噬这个国家，当然还有它的野心。[87]

当晚，凌晨3点，德国第3军团的一个师对索姆河对岸一个熟睡中的法国师发动了攻击。他们被法军的75毫米野战炮轰炸了一整天。由于没有可以还击的机动炮兵，他们的指挥官下令夜间发起刺刀突袭。士兵们被要求卸掉子弹，把枪闩装进口袋，并装上刺刀。军官们集结、驱赶着队伍，就像在莱比锡或滑铁卢一样，尽管在那些杀戮场上从来没人是在夜间扛着空枪发动进攻的。他们摸黑涉水穿过索姆河，然后随着突然响起的军号和鼓声冲进敌营。[88]在随后的肉搏战中，总共死了数千

人，其中法国人和德国人居多。第二天，由于缺乏食物和援军，这一局部的推进行动被叫停。这是一次时代错置的壮举——如果将一把毛瑟 M1898 的锯齿刺刀插入一个清醒之人的胸膛或肚子里可以被视作壮举的话——但除此之外，它没有任何意义。

危机就在德军第 1 和第 2 军团之间的巨大缺口上，疲惫不堪的 7 万人英国远征军终于分成四个纵队姗姗抵达，在糟糕的指挥官的领导下，自开战以来他们已行军 600 英里，早已精疲力竭。英军向缺口推进的速度也因德军有效的后卫行动而有所延缓。不过尽管如此，最后，英国远征军还是攻抵预定位置，即将和法国人一起对德军的要害发起攻击。一场大规模冲突得以避免，因为联军部队进入两个德国军团之间的空隙这一威胁本身已经足够了。比洛随即发出一道简短的撤退命令，没有征求最高司令部的意见，就在一队轻骑兵的掩护下撤退了。这次撤退迫使克鲁克不得不在接下来的两天里撤退，前往埃纳河。9 月 9 日，毛奇向各军团司令部派去一名特使。理查德·亨茨中校（Richard Hentsch）随后向各军团指挥官传达了 9 月 10 日由毛奇的总司令部发出的总撤退令。帝国陆军从马恩河有序撤退，直到抵达埃纳河。接下来它选了一片最好的高地，开始挖战壕。在德军停止撤退并转身面敌时，疲惫的联军追了上来。追兵匆忙对德军防线发起攻击，但在第一道浅沟的坚定防御下被击退。这些战壕很快就修到了大西洋边，因为在名为“奔向大海”的一系列机动作战中，双方多次相互迂回包抄对方侧翼的努力都以失败告终。直到不再有侧翼，直到 1918 年。

360

帝国陆军掉头撤离时距巴黎只有 20 英里。在那些重型轰炸机让城市陷入漆黑之前，许多人见到了这座城市的夜色。多年以来，他们在这道停止前进和撤退的命令上争论不休，扼腕叹息。一代人之后，他们的儿子会回忆起 1941 年 12 月最

后一次在莫斯科远郊看到的洋葱形圆顶教堂的尖顶。德国人也为这一次失利感到遗憾。接下来会令德国扼腕悲叹的事情还有很多。1914 年的士兵们后来宣称，那年夏天和秋天，他们原本是可以在法国取胜的，也许他们真的可以。战斗自有一套发展和演变的作用方式，并不（或者说极少）存在开战之前结局已定的战斗。可话虽如此，德国人的计划仍风险极高，胜算渺茫，不管毛奇最后是否加强右翼的兵力。在任何一个时间点上，边境战役、马恩河战役都可能产生和现在迥异的结果。若果真如此，果真帝国陆军在 1914 年获胜，那么毫无疑问，军事历史书架上将会排满将施里芬奉为天才的书籍，而小毛奇作为军队的推动者、一名伟大的现代将领，其名声将远远超过他的叔叔。可事与愿违，德国人在一场近乎与奥地利一样疯狂的灾难中败下阵来，毛奇全面崩溃。就像 1870 年在梅茨城外的路易·拿破仑一样，他的所有个人雄心和信心顷刻尽失，此后作为一个领导者也毫无用处。他甚至可能中风了。总之他在 9 月 14 日被迫辞职。法金汉顶替了他的位置，并在私下里以他一贯的冷酷态度写道：“施里芬的计划已经终结，毛奇的智慧亦然。”[89]

361 指挥官变动一事是在 4 个月后的 1915 年 1 月才向德国公众宣布的。隐瞒这一消息是为了隐瞒德军在马恩河全线溃败的事实。霍尔维格和柏林的其他文官当局，和陆军总司令部以及所有指挥战败军队的将军们一样，从上到下都在撒着弥天大谎，隐瞒和谎报战败的事实和真实的伤亡数字。[90] 隐瞒战败，隐瞒战败对战争的影响，否认战败和战败的真正原因，这将成为帝国陆军最高统帅部代代相承的主要遗产。1918 年后，军事谎言将毒害魏玛德国的政治变革和德国与欧洲各国的和解，让德国军官团从根本上吸取军事教训的希望就此破灭。早在 1914 年，推卸责任的话语就已经开始出现，这将破坏德国的

战后民主，因为帝国陆军将责任推给了除自己的军官和士兵以外的任何人。[91] 鲁登道夫，自 1919 年起就是魏玛民主的敌人，也是 20 世纪 20 年代希特勒在巴伐利亚的重要盟友，他把失败归咎于共济会和犹太人的阴谋，而不是战前僵化的思维和计划，以及过于依赖无法实现的后勤保障；不是拒绝服从、擅自行动的将军；不是行军过度、疲惫不堪，太多新手预备役人员组成的军队；不是总与战略脱节的战术；甚至不是本应受到尊重的法国的强大而灵活的抵抗。1945 年，在纽伦堡的证词和对回忆的追溯中，另一群德国将军将以同样的方式为一场输掉的战争和自己犯下的许多罪行开脱。

***

1918 年的夏天还会有第二次马恩河战役——是的，在这场典型的由铁锹和炮弹、带刺的铁丝网和反复受挫的进攻组成的战争中，它不再有包抄，不再有运动，但是会有第二次香槟战役、第三次伊普尔战役以及第十二次伊松佐河战役。这场现在被称为第一次马恩河战役的大战，就后来的战争和大规模杀戮而言，是一场真正意义上的决定性会战。尽管这不是法国人或德国人想要的方式，因为两国希望的是一步登天，顷刻赢得整个战争。它的直接影响是让意大利选择置身事外，而从长远来看，则是置身于与德国的同盟关系之外。意大利王家陆军和罗马政府看着强大的帝国陆军战败，决定放弃遵守战前对德国的承诺。1915 年，协约国秘密向其承诺，可以满足它对奥匈帝国的收复失地要求，于是意大利转身投入协约国阵营。这并没有什么区别。南方战线并不决定主要交战国的胜败。它的主要影响只是加速意大利和哈布斯堡军队的毁灭，进而加速双方在西线兵力和资源的耗损。到 1917 年，阿尔卑斯战线上的徒

362

劳战斗的损失将耗尽西方协约国和德国人的力量，减少西线的人力储备，因为双方都不得不为了几英亩的高山草场和几英里的岩石地而被迫去支援一个濒临崩溃的盟友。

更重要的是，第一次马恩河战役是法国军队取得的一次决定性的防御胜利。它阻止了法国输掉战争，阻止了德国在一开始就赢得战争，这就是它在塑造此次世界大战的基本轮廓上的巨大意义。法国元帅费迪南·福煦在其1931年出版的回忆录中这样说道："我们没有取得对敌的巨大胜利，但我们阻止了敌人对我们的胜利。"[92] 德国一举瓦解法国军事抵抗的希望落空，意味着法国将继续战斗，只要德国人的靴子还在法国的土地上，只要法兰西民族一息尚存，它就会扛起武器进行抵抗。因此，这次失败使德国陷入一场不仅是军队之间的，而且是人民之间的漫长战争，它需要对抗的是法国被唤醒的斗志和英国日益增长的武装力量，还有直到1917年底前那个庞大的俄罗斯帝国。还有意大利，以及许多依附或听命于协约国联盟的小国。甚至，直到战争即将结束前，还有那个此前一直冷眼观战的美国。马恩河一战意味着战争将一直持续，直到几乎所有的参战国都筋疲力尽，直到好些国家的裂痕不断加深到了无法弥补的地步，这些国家是奥地利、德国、俄国和奥斯曼帝国。

它推翻了一个世纪以来认为可以通过腓特烈和拿破仑式的风格、速度和方式，通过精心设计和执行的歼灭战来赢得短期战争的军事理论。它激发了理论学者和职业军人对消耗战略的兴趣，即把消耗战略作为赢得现代工业战争的一种方式，以对抗其他大国。一位震惊和愤怒的观察家汤姆林森（H. M. Tomlinson）于战争结束几年后提起第一次马恩河战役结束后出现在埃纳河沿岸的战壕时写道："在1914年11月结束时，整个军事科学和历史图书馆就已形同巫术的符文般过时了。"[93] 不是所有人都同意这种说法。德国人沉浸在他们自己想象中的

近在咫尺的胜利中，他们还记得巴黎教堂的尖顶，并在第二次世界大战中继续坚持以会战赢得战略胜利的教条。等到德国的将军们意识到这完全超出了他们和德国的能力时，已经太晚了。[94]

甚至在帝国陆军开始撤退的时候，霍尔维格的参谋还起草了一份明确的战争目标清单，在后来的一些历史学家看来，这份清单证明柏林在思考和计划战争之初就已经怀有恶劣的侵略意图。霍尔维格这份仓促的备忘录被称为“九月计划”，计划要求德国连续吞并边境地区，让比利时成为自己的仆从国，迫使法国退出大国行列。这将把战争和未来地缘政治斗争的焦点转移到主要敌人英国的身上。战后，德国将在“可以想象的所有时间里”制霸“欧洲的东、西两部”。甚至它自己的盟友也不能幸免，因为“九月计划”补充说，有必要动用武力迫使奥匈帝国成为德国统治下的中欧的一员。此外，德皇要求驱逐居住在阿尔萨斯－洛林和所有德国计划吞并的地区中的非德意志人，这是一个预兆，透露出德国在下一次战争中即将采取的行动。[95]这看起来是德国意欲永久称霸军事、政治和经济领域的一份行动初稿；是德国渴望通过战争升格为“世界强权”的一份精心策划的、毫不掩饰的行动纲要。

363

“九月计划”实际上并非正式的内阁政策，也非战后指令的真正蓝图，它是另一种想法的初稿。德国在这场看不到尽头的绝望大战中陷入自己一手造成的孤立无援的困境中，然而这份计划不仅无法挽回它的劣势，还将让它越陷越深。柏林的战争政策刚刚切断了德国与世界市场的联系。霍尔维格知道，要想作为一个大国生存下去，德国必须利用周围的领土和资源建立一个中欧帝国，它战前在非洲或亚洲所做的那些尝试是行不通的——那些尝试进行得太晚，而且获益有限。但这在很大程度上只是一个幻想，是它为了适应长期持久战这一新地缘战略

现实而进行的第一次尝试。然而，这样的想法和狂妄并不是凭空出现的。它们在德国人的思绪中蔓延开来，就像病毒一样。一旦德国自己发动的一场世界大战阻碍了它的扩张和贸易，阻碍了它获得欧洲以外的重要资源，那么对于一个追求世界政策和世界强权的德国来说，扩张和统治欧洲就是一个合乎逻辑的结论。孤立和侵略于是成了一个不断自我强化、自我实现的预言，在这条军事的死胡同里打转。

## 注 释

1 Jean de Bloch (Ivan Bliokh), *The Future of War in its Technical, Economic, and Political Relations: Is War Now Impossible?* (New York: Doubleday & McClure, 1899): pp. xii–xxxviii, 262–263, 356. 他的这套六卷本俄语作品，只有最后一卷曾以英文出版。所有六卷都有法语和德语版。参见 Grant Dawson, "Preventing 'A Great Moral Evil': Jean de Bloch's 'The Future of War' as Anti-Revolutionary Pacifism," *Journal of Contemporary History* 37/1 (2002): pp. 5–19。批评者否定了他的反军国主义，称"精神因素"仍然比机枪和大炮更具决定性。见爱德华·范·戴克在 1901 年的评论文章：Edward van Dyke Robinson, *Political Science Quarterly* 16/2 (1901): pp. 338–341。李德·哈特对布洛赫表示赞许：Basil Liddell Hart, *The British Way in Warfare* (London: Faber & Faber, 1932): p. 123。关于德国思想，参见 Echevarria, *After Clausewitz*: pp. 65–120。

2 Norman Angell, *The Great Illusion: A Study of the Military Power to National Advantage* (New York: G. P. Putnam's Sons, 1910).

3 Hew Strachan, *The First World War* (Oxford: Oxford University Press, 2001): pp. 64–102.

4 Robert Graves, *Goodbye to All That* (New York: Knopf, 1958): p. 67. Also see the Imperial War Museum podcast *Over by Christmas*, available at http://www.iwm.org.uk.

5 Michael Neiberg, *Dance of the Furies: Europe and the Outbreak of World War I* (Cambridge: Belknap, 2011): pp. 1–4, 117–120, 140–142,

150–166.

6 斯特拉坎对此有过精妙的讨论：Strachan, *First World War*: pp. 103–162。关于长期战争的大众同意（popular consent），参见 Alexander Watson, *Ring of Steel: Germany and Austria-Hungary in World War I: The Peoples War* (New York: Allen Lane, 2014)。更多个人化记录，参见 Stephan Kurt Westmann, *Surgeon with the Kaiser's Army* (Barnsley: Pen & Sword, 2014): pp. 3–40；Georges Blond, *The Marne* (London: Prion, 2002): pp. 13–14。

7 Rupert Brooke, "The Dead" (1914).

8 Earl Ziemke, "Annihilation, Attrition, and the Short War," *Parameters* 12/1 (1982): p. 24.

9 这个论点因为芭芭拉·塔奇曼的《八月炮火》而闻名，参见 Barbara Tuchman, *The Guns of August* (New York: Macmillan, 1962)。另见 Christopher Clark, *The Sleepwalkers: How Europe Went to War in 1914* (New York: Harper, 2014)。

10 相关文献卷帙浩繁。关于外交和起源，可以参见观点较为平衡的文章选集：Richard Hamilton and Holger Herwig, editors, *The Origins of World War I* (Cambridge: Cambridge University Press. 2003)，及 Holger Afflerbach and David Stevenson, editors, *An Improbable War? The Outbreak of World War I and European Political Culture before 1914* (New York: Berghahn, 2007)。另见 Margaret MacMillan, *The War that Ended Peace: The Road to 1914* (New York: Random House, 2013): pp. 28–55, 80–109, 142–211。关于主要中央大国的军事和理论渊源，参见 Geoffrey Wawro, *A Mad Catastrophe: The Outbreak of World War I and the Collapse of the Habsburg Empire* (New York: Basic, 2014): pp. 1–120，及 Citino, *German Way of War*: pp. 191– 237。在英国和第一次世界大战的问题上，较为偏离主流的一个观点参见 Niall Ferguson,*The Pity of War* (London: Penguin, 1999): Chapters 6 and 7。

11 关于奥地利和德国，参见 Watson, *Ring of Steel*: pp. 53–103, 375–415。

12 肖恩·麦克米金提出了一个没有被广泛接受的有争议论点，即俄国从 1912 年开始就因为它与奥匈帝国的问题以及奥匈帝国内部的问题有了开战的意图，因此它是在有意迫使德国宣战，参见 Sean McMeekin, *The Russian Origins of the First World War* (Cambridge: Belknap,2011)。

13 关于英国国内对战争的反对以及一小部分政客和外交部官员对情报的操纵，参见 Douglas Newton, *The Darkest Days: The Truth Behind*

*Britain's Rush to War, 1914* (London: Verso, 2014)。

14 关于作出这些互不相关的选择的外交政策，参见 Hamilton and Herwig, *Origins of World War I*: pp. 300– 442，以及相关论文：idem, editors, *Decisions for War, 1914–1917* (Cambridge: Cambridge University Press, 2004)。另见杰出的三卷本研究：Jay Winter, editor, *The First World War* (Cambridge: Cambridge University Press, 2014)。关于奥斯曼人，参见 Eugene Rogan, *The Fall of the Ottomans: The Great War in the Middle East* (New York: Basic Books, 2015): pp. 1–74。

15 关于 1914 年以前在"小战争"中的那些没有会战的胜利，参阅 Bruce Collins, "Defining Victory in Victorian Warfare, 1860–1882," *Journal of Military History* 77 (July 2013): pp. 895–929。

16 关于奥斯曼帝国和巴尔干国家，参见 Michael Reynolds, *Shattering Empires: The Clash and Collapse of the Ottoman and Russia Empires, 1908–1918* (Cambridge: Cambridge University Press, 2011): pp. 1–106；Edward Erickson, *Defeat in Detail: The Ottoman Army in the Balkans, 1912–1913* (Westport: Praeger, 2003)；Richard Hall, *The Balkan Wars, 1912–1913: Prelude to the First World War* (New York: Routledge, 2000)；Samuel Williamson, *Austria-Hungary and the Origins of the First World War* (New York: St. Martins, 1991); Strachan, *First World War*: pp. 35–64; Sean McMeekin, *The Ottoman Endgame: War, Revolution, and the Making of the Modern Middle East, 1908–1923* (New York: Penguin, 2015): pp. 2–162。

17 Erickson, *Defeat in Detail*: pp. 1–36, 45–48; Hall, *Balkan Wars*: pp. 22–68; Sean McMeekin, *The Berlin-Baghdad Express: The Ottoman Empire and Germany's Bid for World Power* (Cambridge: Belknap Press, 2010): pp. 54–99.

18 特别是在伊斯坦布尔东部的恰塔尔贾（Çatalca）防线上的两场战斗。Erickson, *Defeat in Detail*: pp. 122–136, 251–292; Hall, *Balkan Wars*: pp. 32–38, 90–91.

19 Rogan, *Fall of the Ottomans*: pp. 75–242.

20 关于巴尔干战争的教训，参见 Nicholas Murray, *The Rocky Road to the Great War: The Evolution of Trench Warfare to 1914* (Washington: Potomac, 2013): pp. 171–210.

21 引发争论的主要书目是 Fritz Fischer, *Germany's Aims in the First World War* (London: Chatto & Windus, 1967)。对这场关键辩论中的主要论点进

行了简明扼要的总结的是 *Journal of Contemporary History* 48/2, Special Issue, *The Fischer Controversy after 50 Years* (2013)。

22 Wawro, *Mad Catastrophe*: pp. 383–385.

23 关于该地区战争的前因后果，参见 Mark Biondich, *The Balkans: Revolution, War, and Political Violence* (Oxford: Oxford University Press, 2011): pp. 1–94; Richard Hall, *Balkan Breakthrough* (Bloomington: Indiana University Press, 2010): pp. 1–35; Andrej Mitrović, *Serbia's Great War, 1914–1918* (London: Hurst, 2007): pp. 1–102; Glen Torrey, *The Romanian Battlefront in World War I*(Lawrence: University of Kansas Press, 2012): pp. 1–44。

24 关于哈布斯堡家族意图利用军事文化来培育国家忠诚的做法，参阅 Laurence Cole, *Military Culture and Popular Patriotism in Late Imperial Austria* (Oxford: Oxford University Press, 2014)。

25 Wawro, *Mad Catastrophe*: passim; Lawrence Sondhaus, *Franz Conrad von Hötzendorf: Architect of the Apocalypse* (Boston: Brill, 2000): pp. 81–138. 沃罗措辞严厉，相较之下桑德豪斯更为温和，但他也认为康拉德在战略层面是失败的。

26 转引自 Wawro, *Mad Catastrophe*: p. 94。

27 Ibid., pp. xxiii, 1–13, 383–385. Quoted at p. 385.

28 Max Hastings, *Catastrophe 1914* (New York: Knopf, 2013): pp. 138–158.

29 Norman Stone, "Army and Society in the Habsburg Monarchy, 1900–1914," *Past and Present* 33 (1966): pp. 95–111; Geoffrey Wawro, "Morale in the Austro-Hungarian Army," in Peter Liddle and Hugh Cecil, editors, *Facing Armageddon: The First World War Experienced* (London: Pen & Sword, 1996): pp. 399–412.

30 Wawro, *Mad Catastrophe*: pp. 67–71, 121–168, 186–191; Hastings, *Catastrophe*: pp. 386–410; Stone, *Eastern Front*: pp. 70–91; Watson,*Ring of Steel*: pp. 104–159.

31 关于意大利，参见 Mark Thomson, *The White War: Life and Death on the Italian Front, 1915–1919* (New York: Basic, 2008): pp. 294–327。

32 Sondhaus, *Conrad*: pp. 139–170; Wawro, *Mad Catastrophe*: pp. 269–385.

33 Watson, *Ring of Steel*: pp. 514–556. 在某种程度上，所有的军队和交战经济体都会面临类似的问题，具体可参见 Allan Millet and Williamson Murray, *Military Effectiveness: The First World War* (Cambridge: Cambridge University Press, 2010): passim。

34 Wawro, *Mad Catastrophe*: pp. 372–385.

35 Strachan, *First World War*: pp. 1–35.

36 Jonathan Bailey, "Military History and the Pathology of Lessons Learned: The Russo-Japanese War," in Williamson Murray and Richard Sinnreich, editors, *The Past as Prologue: The Importance of History to the Military Profession* (Cambridge: Cambridge University Press, 2006): pp. 170–194; Echevarria, *After Clausewitz*: pp. 121–156.

37 综述性的介绍，参见 Strachan, *European Armies*: pp. 59–74。有关俄国改革，参见 Bruce Menning, *Bayonets Before Bullets: The Imperial Russian Army, 1861–1914* (Bloomington: Indiana University Press, 1992): pp. 6–86；Forrest A. Miller, *Dmitrii Miliutin and the Reform Era in Russia* (Charlotte: Vanderbilt University Press, 1968): pp. 196–200；David Schimmelpenninck van der Oye et al., *Reforming the Tsar's Army: Military Innovation in Imperial Russia from Peter the Great to the Revolution* (Cambridge: Cambridge University Press, 2011): pp. 11–55；John Steinberg, *All the Tsar's Men: Russia's General Staff and the Fate of Empire, 1898–1914* (Baltimore: Johns Hopkins University Press, 2010)。关于俄国的战斗理论，参见 Jacob Kipp, "Tsarist and Soviet Operational Art, 1853–1991," in Creveld and Olsen, *Evolution of Operational Art*: pp. 64–85；Richard Harrison, *The Russian Way of War: Operational Art, 1900–1940* (Lawrence: University Press of Kansas, 2001): pp. 5–72。

38 关于法国陆军的政治，参见 Porch, *March to the Marne, and Paul-Marie de La Gorce, The French Army: A Military-Political History* (London: Braziller, 1963)；也可以参考以下图书的相关章节：Pierre Chalmin, *L'Officier français de 1815 à 1870* (Paris: Rivière, 1957) 以及 Raoul Girardet, *La société militaire de 1815 à nos jours* (Paris: Perrin, 2001)。

39 关于战前英国对欧洲大陆的承诺，参见论文：William Philpott and Thomas Otte in Keith Neilson and Greg Kennedy, editors, *The British War of Warfare: Power and the International System, 1856–1956* (Farnham: Ashgate, 2010): pp. 83–100 and 301–324。

40 在极有可能限制他打造世界级舰队大计的财政拨款大战中，提尔皮茨以机智战胜了将军、内阁和帝国议会。战争期间，他在决定性海战和商路破袭中采取的是截然不同的作战办法。他于 1916 年 3 月被迫下台。Michael Epkenhans, *Tirpitz: Architect of the German High Seas*

*Fleet* (Washington: Potomac, 2008): pp. 15–72; Keith Bird, "The Tirpitz Legacy," *Journal of Military History* 69/3 (2005): pp. 821–825.

41　Peter Schenk, "Germany: The Kriegsmarine," in Vincent P. O' Hara et al, editors, *On Seas Contested* (Annapolis, MD: Naval Institute Press, 2010); Patrick Kelley, *Tirpitz and the Imperial German Navy* (Bloomington: Indiana University Press, 2011): pp. 263–322; Roger Parkinson, *The Late Victorian Navy: The Pre-Dreadnought Era and the Origins of World War I* (Woodbridge, UK: Boydell, 2008).

42　关于英国打造公民士兵的长期努力，参见 Harold Raugh, *The British Army 1815–1914* (London: Ashgate, 2006)，以及 Michael Ramsey, *Command and Cohesion: The Citizen Soldier and Minor Tactics in the British Army, 1870–1918* (Westport: Praeger, 2002)。

43　Günther Rothenberg, *The Army of Francis Joseph* (West Lafayette: Purdue University Press, 1977): pp. 9ff.

44　Günther Rothenberg, "Moltke, Schlieffen, and the Doctrine of Strategic Envelopment," in Paret, *Makers of Modern Strategy*: pp. 296–325. Quoted at p. 296. Also see Lynn, *Battle*: pp. 212–213.

45　施里芬的"坎尼研究"并不只是关于坎尼，他们以坎尼会战为基准解读腓特烈、拿破仑和毛奇的所有主要战局。Schlieffen, "Cannae Studies," in Foley, *Schlieffen's Military Writings*: pp. 208–218. 施里芬评论克尼格雷茨的话载于 Wawro, *Austro-Prussian War*: p. 271。另见 Peter Paret, "Clausewitz and Schlieffen as Interpreters of Frederick the Great," *Journal of Military History* 76/3 (2012): pp. 843–845。

46　"Memorandum of 1905: The Schlieffen Plan" and Schlieffen's "Addendum to the Memorandum, 1906," translated and reprinted in Foley, Schlieffen's *Military Writings*: pp. 163–177. Also see "Comments by Moltke on the Memorandum, c.1911" in ibid., pp. 178–182. 率先提出批评的是 Gerhard Ritter, *The Schlieffen Plan* (London: Oswold Wolff, 1958)。

47　特伦斯·祖贝尔的观点一度引起激烈讨论，参见 Terence Zuber, "Schlieffen Plan Reconsidered," *War in History* 6/ 3 (1999): pp. 262–305，以及 *Inventing the Schlieffen Plan* (Oxford: Oxford University Press, 2002)。祖贝尔称不存在施里芬计划，也不存在对以歼灭为作战目标的背书。德国军事历史研究办公室出版了 *Der Schlieffenplan: Analysen und Dokumentedocuments*，包括一份误存于弗赖堡档案馆几十

年的文件副本，英译本请参阅 Hans Ehlert et al., editors, *The Schlieffen Plan: International Perspectives on German Strategy for World War I* (Lexington: University of Kentucky Press, 2014)。另载于 *War in History* 15 (2010): pp. 389–421。其他文章涉及对俄国、奥地利、法国、比利时和英国的计划。关键是文献附录：Appendix: pp. 339–526。

48 Kitchen, *German Officer Corps*: pp. 64–71; Graydon Tunstall, *Planning for War Against Russia and Serbia* (Boulder: Social Science Monographs, 1993): pp. 33–39; Eric Dorn Brose, *The Kaiser's Army: The Politics of Military Technology in Germany During the Machine Age, 1870–1918* (Oxford: Oxford University Press, 2001): pp. 49, 73–77.

49 关于毛奇对长期战争的恐惧，参见 Annika Mombauer, *Helmuth von Moltke and the Origins of the First World War* (Cambridge: Cambridge University Press, 2001): pp. 211, 285–287， 以及 Stig Förster, "Facing 'Peoples' War' : Moltke the Elder and Germany's Military Options After 1871," *Journal of Strategic Studies* 10/2 (1987): pp. 209–230。

50 Craig, *Prussian*: pp. 238–298. 对德国思想的细致研究，参见 Foley, *Path to Verdun*: pp. 1–81。另见 Echevarria, *After Clausewitz*: pp. 203–204。

51 转引自 Holger Herwig, "Germany and the 'Short-War' Illusion: Toward a New Interpretation?" *Journal of Military History* 66/3 (2002): p. 688。关于毛奇在 1912 年的观点，参见 L. L. Farrar, *The Short-War Illusion: German Policy, Strategy & Domestic Affairs, August–December 1914* (Santa Barbara: Clio, 1973): pp. 137–138。另见 Strachan, *First World War*: pp. 1005–1014； Roger Chickering, *Imperial Germany and the Great War, 1914–1918*, 3rd ed. (Cambridge: Cambridge University Press, 2014): pp. 18–23。

52 Herwig, "Germany and the 'Short–War' Illusion," p. 688.

53 Holger Herwig, *The Marne, 1914* (New York: Random House, 2009): pp. 3–29; Mombauer, *Moltke*: pp. 283–289; Foley, *Path to Verdun*: pp. 79–81; Tim Hadley, "Military Diplomacy in the Dual Alliance," *War in History* 17/3 (2010): pp. 294–312.

54 Annika Mombauer, "The Moltke Plan," in Ehlert, *Schlieffen Plan*: pp. 43–66; Robert Foley, "The Schlieffen Plan—A War Plan," in ibid., pp. 67–84.

55 这个关键问题是由研究一战时期的德国的著名历史学家霍尔格·赫尔维格提出的，参见 Holger Herwig, "Germany and the 'Short–War'

Illusion," p. 693。

56 法金汉的话发表于 1914 年 8 月 1 日，转引自 Herwig, *Marne*: p. 29。

57 Foley, *Path to Verdun*: pp. 5–6, 74–81.

58 Stig Förster, "Dreams and Nightmares: German Military Leadership and the Images of Future War, 1871–1914," in Chickering, *Anticipating Total War*: pp. 343–376.

59 伦敦的温斯顿·丘吉尔用了同样振奋人心的比喻形容即将到来的战争风暴；法国的亨利·庞加莱也不例外。John Stoessinger, *Why Nations Go to War*, 10th ed. (New York: Thompson Wadsworth, 2008): p. 3.

60 L. L. Farrar, *Short-War Illusion*: Bethmann-Hollweg quoted at p. 5.

61 Jehuda Wallach, *The Dogma of the Battle of Annihilation: The Theories of Clausewitz and Schlieffen and their Impact on the German Conduct of Two World Wars* (Westport, CT: Greenwood, 1986), originally published in German in 1967; Michael Geyer, "German Strategy in the Age of Machine Warfare, 1914–1945," in Paret, *Makers of Modern Strategy*: p. 531; Echevarria, *After Clausewitz*: pp. 94–120; Michael Handel, *Clausewitz and Modern Strategy* (London: Frank Cass, 1986): pp. 213–286; Strachan, "Clausewitz," pp. 370–372; Dennis Showalter, "German Grand Strategy: A Contradiction in Terms?" *Militärgeschichtliche Mitteilungen* 2 (1990): pp. 65–102; idem, "From Deterrence to Doomsday Machine: The German Way of War, 1890–1914," *Journal of Military History* 64 (2000): pp. 679–710; Addington, *The Blitzkrieg Era*: pp. 9–27; Denis Showalter, *Tannenberg: Clash of Empires* (Hamden: Archon, 1992): pp. 13–35.

62 Brose, *Kaiser's Army*: pp. 138–182.

63 Herwig, "Germany and the 'Short-War' Illusion," p. 688; Foley, *Path to Verdun*: pp. 59–81.

64 法国将在两次世界大战之间采取类似的防御措施，花费重金修建和守卫马其诺防线。在两次世界大战之前，法国已经完全地转为了守势。

65 Herwig, *Marne*: pp. 132–158; Dieter Storz, "This Trench and Fortress Warfare is Horrible," in Ehlert, *Schlieffen Plan*: pp. 137–188; Foley, *Path to Verdun*: p. 66.

66 See Frank Buchholz, et al., *The Great War Dawning: Germany and its Army at the Start of World War I* (Vienna: Verlag Militaria, 2013).

67 1914 年的西方军事思想家的一个共识是，骑兵作为一支辅助力量在掩

护和侦察上用处最大，作为下马步兵也有一定的作用，参见 Dorondo, *Riders of the Apocalypse*: Chapter 3; Stephen Badsey, "The Boer War and British Cavalry Doctrine: A Reevaluation," *Journal of Military History* 71/1 (2007): pp. 75–97。持相反观点的是Gervase Phillips, "Who Shall Say That the Days of Cavalry Are Over?" *War in History* 18/1 (November 2011): pp. 5–32。关于战争后期骑兵的复兴，参见 Paddy Griffith, *Battle Tactics of the Western Front: The British Army's Art of Attack, 1916–1918* (New Haven: Yale University Press, 1994): pp. 159–162。

68 Herwig, *Marne*: p. 46.

69 哈里·杜鲁门上尉曾指挥一个由法 75 炮组成的美国炮群。现有一门这样的炮存放于哈里·杜鲁门总统图书馆暨博物馆（Harry S. Truman Library & Museum）中。

70 Ferdinand Foch, *Des principes de la guerre*, 4th ed. (Paris: Berger-Levrault, 1917); Stefan Possony and Étienne Mantoux, "Du Picq and Foch: The French School," in Edward Earle, editor, *Makers of Modern Strategy* (Princeton: Princeton University Press, 1943): pp. 206–233; Eugène Carrias, *La pensée militaire française* (Paris: Presses Universitaires de France, 1960): pp. 278–281; Gat, *Military Thought*: pp. 382–440. 关于早期在面对全新的火力技术时人们对意志力的思考，参阅 Ardant du Piq, *Battle Studies* (Mechanicsburg: Stackpole, 1987)。

71 关于俄国的战前计划，参见 Strachan, *First World War*: pp. 297–316。

72 Hastings, *Catastrophe*: pp. 258–285; Stone, *Eastern Front*: pp. 44–69; William Astore and Dennis Showalter, *Hindenburg* (Washington: Potomac, 2005): pp. 15–23; Citino, *German Way of War*: pp. 224–237.

73 特伦斯·祖伯认为，德军优越的战术让敌人在这些遭遇战中付出了更高的伤亡代价，不过他从未质疑德军在战略上的不足：Terrence Zuber,*Battle of the Frontiers: Ardennes, 1914* (Stroud: Tempus, 2007)。

74 一项打破神话的研究：Peter Hart, *Fire and Movement: The British Expeditionary Force and the Campaign of 1914* (New York: Oxford University Press, 2015)。

75 "老不齿"是英国远征军一个引以为豪的称号，为的是回应德皇威廉对它的一句评价，虽然可能是不实之词，即它是"一支令人不齿的小军队"。

76 Hart, *Fire and Movement*: pp. 42–179.

77 Douglas Porch, "The Marne and After: A Reappraisal of French Strategy

in the First World War", *Journal of Military History* 53/4 (1989): pp. 363–386; idem, "Clausewitz and the French," in Michael Handel, editor, *Clausewitz and Modern Strategy* (London: Frank Cass, 1986): pp. 287–302.

78　对于学界对霞飞长达80年固有看法的重大修正来自：Robert A. Doughty, "French Strategy in 1914: Joffre's Own," *Journal of Military History* 67/2 (2003): pp. 427–454；and idem, *Pyrrhic Victory: French Strategy and Operations in the Great War* (Cambridge: Harvard University Press, 2005): pp. 46–104。

79　Hart, *Fire and Movement*: pp. 156–162.

80　简要的总结参见 Strachan, *First World War*: pp. 242–280。关于马恩河畔的英国远征军，参见 Hart, *Fire and Movement*: pp. 180–197。

81　Herwig, *Marne*: pp. 153–155, 175–177, 182–183; Strachan, *First World War*: pp. 208–242; Hastings, *Catastrophe*: pp. 200–257, 340.

82　Herwig, *Marne*: pp. 219–224.

83　Hastings, *Catastrophe*: pp. 286–312.

84　Hart, *Fire and Movement*: pp. 180–186.

85　Strachan, *First World War*: pp. 254–256; Herwig, *Marne*: pp. 234–236.

86　布朗德对加利埃尼将军的评价很高，参见 Blond, *The Marne*: pp. 97–132。出租车的故事参见 pp. 170–183。

87　Hastings, *Catastrophe*: pp.187–194; Blond, *The Marne*: pp. 208–219.

88　Herwig, *Marne*: pp. 257–258.

89　法金汉的话转引自 Hastings, *Catastrophe*: p. 338。

90　Herwig, *Marne*: pp. xxiii–xix, 301–302.

91　Foley, *Path to Verdun*: pp. 56–57; Wallach, *Dogma*: pp. 87–93.

92　Ferdinand Foch, *The Memoirs of Marshal Foch* (London: William Heinemann, 1931): p. 200.

93　转引自 Ziemke, "Annihilation" (1982): p. 23。

94　Robert T. Foley, "Preparing the German Army for the First World War," *War & Society* 22/2 (2004): pp. 1–25.

95　Wayne Thompson, "The September Program: Reflections on the Evidence," *Central European History* 11/4 (1978): pp. 348–354; Farrar, *Short-War Illusion*: pp. 22–33, 102–116.

## 十二 战略的覆灭



第一次世界大战在西线打响时，德国人和法国人都想打一场高潮迭起、制胜全局的会战。之所以这么计划，是因为他们都担心，如果不能赢得一场短期战争，就意味着陷入并输掉一场长期战争。在主动进攻的思维下，法国人决定向比利时进军，要与德国人决一死战——这一思维的形成原因，部分在于害怕长期人口萎缩给自己在战场上带来的不利形势。他们的攻势错过了从比利时更西面推进的德军主力。帝国陆军的进攻甚至动用了后备力量，因为柏林方面担心，如果不能立即取胜，庞大的反德联盟会利用它的人员和战备优势将其扼杀。毛奇的右翼之锤在比利时的翻转半径比霞飞预计的要大，它因而错过了法军主力，法军主力既不在施里芬预测的地方，也不在毛奇希望它在的地方。霞飞知道，如果自己急于冲进阿尔萨斯－洛林只会落得被困的下场，因为彼时法军背对比利时，而此时的比利时到处都是德国人。当两军终于在马恩河畔相遇时，战斗随之打响，尽管夹杂着一些新奇的形式，但总体而言还是回到老路上，沦为一场你杀我伐，互相攻打的悲剧。法国人赢了，而且是决定性的，但没有谁被谁歼灭。德国人的情况更加不妙。[1] 对他们来说，一场短期战争意味着一场他们尚有胜算的有限战争，而一场长期战争则意味着一场他们自认必输无疑的全民战争、国家战争、全面战争。而且要对抗的不只是法国。多少英国人在蒙斯死于德国人之手，多少俄国人倒在了坦嫩贝格。民族义愤被唤醒。国家荣誉岌岌可危。空气中弥漫着誓死战斗与复仇的味道。

帝国陆军在 8 月初首先采取行动。它也是第一支在西线快速取胜的希望破灭后停下来挖壕固守的军队。11 月 8 日，法金汉告诉德皇，在弗兰德的战斗无法推进。“带刺的铁丝网无

法穿越。”[2] 自此，德国不得不面对它最担心的事情，即在两条战线上与一个几乎方方面面都比它强的联盟作战。因此，马恩河战役的结果是双方都不想看到的，但是比起协约国集团，同盟国方面更加无力承受损失，这是一场在战壕中进行的沉闷而致命的战争，壕沟越挖越深，越挖越复杂，防空洞和掩体也变得越发具有永久性特征。这是一场持续不断的消耗战，它被称作“堑壕战”，在这种长期的低水平战斗中，人员和物资被缓慢地消耗；当然也有跃出壕沟发起进攻的时候，但这样的进攻大多无果，进攻者最终还是回到战壕，只是回来的人会比出发的少一些，对方的人亦然。于是在会战崇拜理念下成长的国家学会了忍受消耗，并将其作为一种赢得战争的方式去拥抱。在未来几年的战斗中，他们将寻找新的方法，通过使用更多的大炮、毒气、地雷和更多的人，来加速堑壕战的进程。

365

战壕中挤满普通士兵，他们越来越像彼此，而不像留在他们身后的平民，尽管他们对彼此的恨足以让他们屠戮对方数百万人。普通士兵，法国人称为 *poilus*（“胡子兵”），德国人称 *Landser*（“兰瑟”），英国人称 Tommies（“汤米”）。他们也给对方起了名字，比如法国人称德国人为 *les boches*（“白菜头”）。在东线的战壕和战斗中，两相对峙的是 Ivans（“伊凡”）和 Fritzes（“弗里茨”）。在阿尔卑斯山和巴尔干半岛，加利西亚和喀尔巴阡山脉的雪地上，以及整个中东地区，也有好些稀奇古怪的名字。1918 年，美国的 doughboys（“面团”）抵达，迎接他们的是加拿大人和西印度人、来自印度的穆斯林和来自西非的原住民步兵，他们都已在那里待了多年。迎接他们的还有来自另一个半球的澳新军团（ANZACS），这些年轻的澳大利亚人和新西兰人，远离家乡，打着别人的战争。在前线的生活是蜷缩着度过的，头顶上空是呼啸而过的炮弹、机枪子弹和嘶嘶作响的毒气。置身于这极其不普通的环境，这些普通人的

生命随时可能会因为一顿罐头早餐而终结于狙击手的枪下，在一次夜间巡逻中终结于骚扰性的炮弹、炮火或毒气中。每隔数月，就会爆发一次大规模的杀戮，总有一方翻身“跃出”战壕，跌跌撞撞地冲入无人地带，那里有前一次浩大攻势中留下的炮弹弹坑、铁丝网和预先设置好的机枪攻击带，直到另一方停止进攻，从另一个方向反击。如此循环往复。

到1914年年底，在结束了边境战役和第一次马恩河战役，结束了坦嫩贝格和马祖里湖区战役以及在加利西亚和塞尔维亚的十几场战斗后，形势已然十分明朗，那就是战争持续的时间会比任何人预料的长得多，难度也要大得多。机动性已经崩溃，需要数年时间才能恢复。后勤系统四处失灵。壕沟越掘越深，士兵和军队在拼了命地往下钻，以躲避横空飞来的炮弹和突突作响的机枪。[3]同时，每个人又在想尽办法，要把另一支鼹鼠军队挖出来杀死。但这并不意味着将军们放弃了运动战。他们从来没有。他们只是不知道如何重新启动它。或者，更准确地说，即使他们重新启动了它，他们也无法将其继续下去。在接下来的3年里，几乎所有的战术和进攻都是失败的，死伤更甚，直到人们不得不冷酷地承认，消耗才是取胜的办法。

366

在军队能够再次机动起来之前，他们需要创造侧翼，这就意味着要以某种方式在敌人的防线上打出一个豁口来。寻找关键突破口的工作正在进行，因为每个人仍然主要从进攻的角度考虑问题。1914年10月至11月，当他们在第一次伊普尔战役的最后一搏中，再次损失10万兵力之后，德国陆军总司令部希望在西边重新组织军队，以便在1915年发起新的进攻。协约国也不是坐以待毙。相反，他们要把德国人赶出法国和比利时。他们不得不在1915年发动进攻。问题是没有可供实施迂回的侧翼，侧翼消失在堡垒中，一端浸入大西洋，另一端则沿阿尔卑斯山坡攀缘而上。当中是440英里长的战壕，凿过黏

土、白垩土和肥沃的黑土，穿过密林，甚至通过相连的石灰岩洞钻入绝无人迹的地底。这是阵地战，是数百万人相互对峙的大规模围攻战；是一场用上了铁锹和壕沟、铁丝网和防御工事的战斗；一场全民皆兵、无休无止的全面战争。

现在他们全都置身一场长期战争之中，谁也没有准备好。英国没有人，其他国家没有物资。所有人都手忙脚乱，把技术工人遣散回厂，制造炮弹、发动机和步枪。许多工厂不得不在8月关闭，因为技术工人都被动员起来，去打一场大家都以为很快就会结束的短期战争。这对平民经济的损害是巨大的。损失的工钱和推迟的采购打击着每个行业，从街角商店、餐馆，到造纸厂和服装业。这种情况必须得到扭转。现在，各国不仅要拿起武器，还要征召农民、铆工和电焊工。这不仅是一场充

索姆河战役中的英国战壕（1916年）

图片来源：Wikimedia Creative Commons

斥着铁锹、铁丝网和步枪，躲在战壕里发射炮弹的战争，也是一场播种、收获、商业，以及在战线后方制造炮弹的战争。炮弹，始终是高于一切的。

全民战争意味着数以百万计的妇女也被武装和动员了起来，起初是以辅助性的志愿者组织的形式，后来则带有些许胁迫意味。各国开始成立定量配给委员会，推进生产研究，政府的战时权力得到极大扩张。各种各样的审查制度，严肃的、愚蠢的，威胁性的和专制的，陆续上线。对（真实的或是想象中的）异见者的逮捕随处可见，包括在民主国家。协约国学会了挖掘他们的最大优势：三个通过联盟海军守卫的海上通道和沙皇军团跨越多个时区捍卫的陆上通道相连的世界性帝国，其人口和经济资源是丰富的。这一切都发生在1915年柏林出台更具侵略性的政策，威胁要把美国拖入战争（事实上这发生在1917年）之前。不算印度和非洲也被部分动员起来的帝国人口，协约国在1915年共有人口2.6亿，而同盟国只有1.2亿，协约国的国民收入也比同盟国高出60%。大卫·劳合·乔治（David Lloyd George）早在1914年9月就在私下自信地谈到过后者，说他将用“银弹”赢得胜利。[4]

德国为一场短期战争做了周密的计划，但对一场长期战争的到来，它毫无准备。它必须立即对眼前的一切作出应变。于是，1914年9月10日，就在陆军总司令部命令它的将军们停止他们在马恩河沿岸的一切行动、远离巴黎和正在赶来的联军的同一天，一道奇怪的命令被发布了出来。就在德国领导人承认自己已经陷入长期作战泥潭的那天，普鲁士战争部向各野战军发出了它在面对新的现实后的第一道命令。它的命令是搜刮一切，包括尸体上的：“骑兵只能穿着他们的‘内衣和裤子’下葬，靴子、外衣和装备都要收集起来以备重复使用。回收所有死、伤步兵的弹药和武器……炮弹碎片、破损机枪、裂损大

炮、弹药箱和［从死马身上卸下的］马具要被收集起来。同样要被回收的还有被击落的飞机残骸和齐柏林飞艇上的所有部件。”[5]没过多久，在国内战线上，定量配给就开始变得艰难起来，因为政府已经预见到冬季收成即将面临的部分减损，以及因市场被关闭和各国相互封锁而出现的短缺。战争结束前，饥饿将重回欧洲部分地区，但打击的主要是平民。让·德布洛赫将被证明是正确的。在相持和匮乏的情况下，军队会比人民先填饱肚子。

1915 年的春夏，帝国陆军将它在西线上的防御理论彻底推翻重建，转而采用一种复杂的环环相扣的战壕系统，仔细布置侧翼阵地，演练预设的火力阻击。它尽可能在 1914 年占据的高地的反斜面上建设工事，以保护步兵和掩体免受协约国军炮火的攻击。最初，它的“第一道防线战术”在面对协约国军有着炮兵支援的步兵攻击时表现不佳，因此它又仓促发展出更灵活的防御战术，将人员从第一道战壕（主战线）中转移出来，将大部分人重新部署到第二道战壕，然后在第三道战壕中集结，加大纵深防御，以防防线被突破，最后发起反击。这一体系的初衷，是想通过削减部署在第一道防线上的兵力来避免过多的伤亡，然后从人员更密集的第二道防线和防守最为严密的第三道防线上组织反击。[6]加大纵深防御虽然有效地减少了伤亡，但战争也因此变得更加缓慢，如此一来，德国就永远别指望能赢了。协约国的生产效率已经超过了它，它们的产品不仅从英国和法国本土的工厂中被大量生产出来，而且还从遍及世界的法兰西和大英帝国领地以及仍然保持中立的美国涌入欧洲。另外一个办法是尝试在东部而不是西部取得胜利，毕竟它在 1914 年的西线战场是失败的。在未来几年中，德国将会不停地转换它的攻势方向——西线（1914 年）—东线（1915 年）—西线（1916 年）—东线（1917 年）—西线（1918 年）——试图找到某种可

以摆脱两线作战的办法。直到1917年，俄国的崩溃才为它带来有可能在1918年的最后一击中击败西方盟国的一点希望。

法国陆军在1915年也发展了新的堑壕战战术，其中包括它自己的一套相当复杂的纵深堑壕防御系统。在德国和法国的例子中，新系统都是对进攻策略的一种支持。也就是说，它们可以减少特定区域的伤亡，提高对敌人突围破防的整体防御能力，但这样做的部分原因是让更多的部队集中到其他地方去发起攻击。在战略层面上，法军的进攻战术已经从寻求直接突破的硬攻转变为刻意消耗，或者用霞飞的话来说，"蚕食"德军的力量，一小口一小口地夺回法国的失地。摧毁德军仍然是最高目标，但现在协约国军只是逐步夺取领土，不再被迫采取全面进攻手段，不再为了夺回一寸神圣的土地而流失更为神圣的血液。[7]此外，采取赢得全面战争胜利的手段需要时间，对慢人一步的英国来说尤其如此。

369

在1915年的最初几个月，由于遭遇全面的炮弹短缺，大炮都闷不作声，战斗开始放缓。炮群开始囤积炮弹，每门炮每天只发5至10发弹，有时甚至只发1发，这就违背了配有制退器的现代速射火炮的设计和使用目的。在19世纪普鲁士的战争年代，炮弹的制造量为每周7000枚。到1915年，每支军队每天的需求量是这个数字的20倍。战壕出现后，对不同种类炮弹的需求也因应而生：不是用在轻型机动炮上的榴霰弹，而是用在重型炮和迫击炮上的高爆炸药，它们能在步兵发起冲锋前穿透防空壕、切断铁丝网。短缺首先在法国出现，但俄国的整体状况最为糟糕，那里的炮弹供应危机因为其他关键战争物资的短缺而加剧。在1915年年初，在500万身着戎装的俄国士兵中，只有120万士兵每人拥有一支步枪，部分原因是几个英美供应商没能交货。[8]在德军炮火的压制下，俄军在1915年中期被迫从波兰大规模撤退（这一撤退直到1944年苏联红

军返回波兰才得以逆转），一位俄国将军因此叹息道："德国人消耗的是金属，我们消耗的是生命。"[9]

英国被迫改变它的整个军队结构，而不仅仅是战场上的部队结构。到第一次伊普尔战役（1914 年 10 月 19 日至 11 月 22 日）——这是英国远征军在整个 1914 年战局中表现最好的一场战役——结束时，其原有的组织架构几乎已被摧毁殆尽。基钦纳将启动招募英国有史以来第一支百万级别的征召军队，它的意图显而易见：等其他国家军力耗尽时，英国还将保持完整的储备力量，如此无论战争还是和平，它都将占据绝对的话语权。[10] 然而，如此大规模军队的训练需要时间。在此期间，法国军队必须守住阵地，等待英国为陆战做好武装准备——在 1914 年之前，因为预算和精力都被集中到了与德国的海军军备竞赛上，所以英国的陆军基本是一股被忽视的军事力量。人力需求的提高导致身高和健康标准的降低，比如"矮脚鸡"部队的成立即是一例，"矮脚鸡"部队全由身材非常矮小的士兵组成。这种招募标准的转变，英国军队并非孤例。巨大的伤亡迫使法国和德国军队开始征召此前身体和心智被判定为不适服役的人。澳大利亚人、加拿大人和美国人的平均身高往往高于他们的欧洲同行，这一现象在战争后期尤为明显。[11] 然而，无论敌人多么矮小，从 1916 年起德国人就已经意识到，施里芬对英国在陆战中难以有所作为的判断是一个致命的错误。德国人在第一次伊普尔战役中摧毁了袖珍的英国远征军，但到 1918 年，他们将面对一支完全改头换面、有着 25 个后备军力量的英国陆军。

372

***

在接下来的 4 年里，一场史无前例的钢铁风暴将让山川地貌为之重塑，其规模甚至直到现在都是令人难以想象的。它

欧洲西北部，1915—1916年

美国西点军校历史系提供

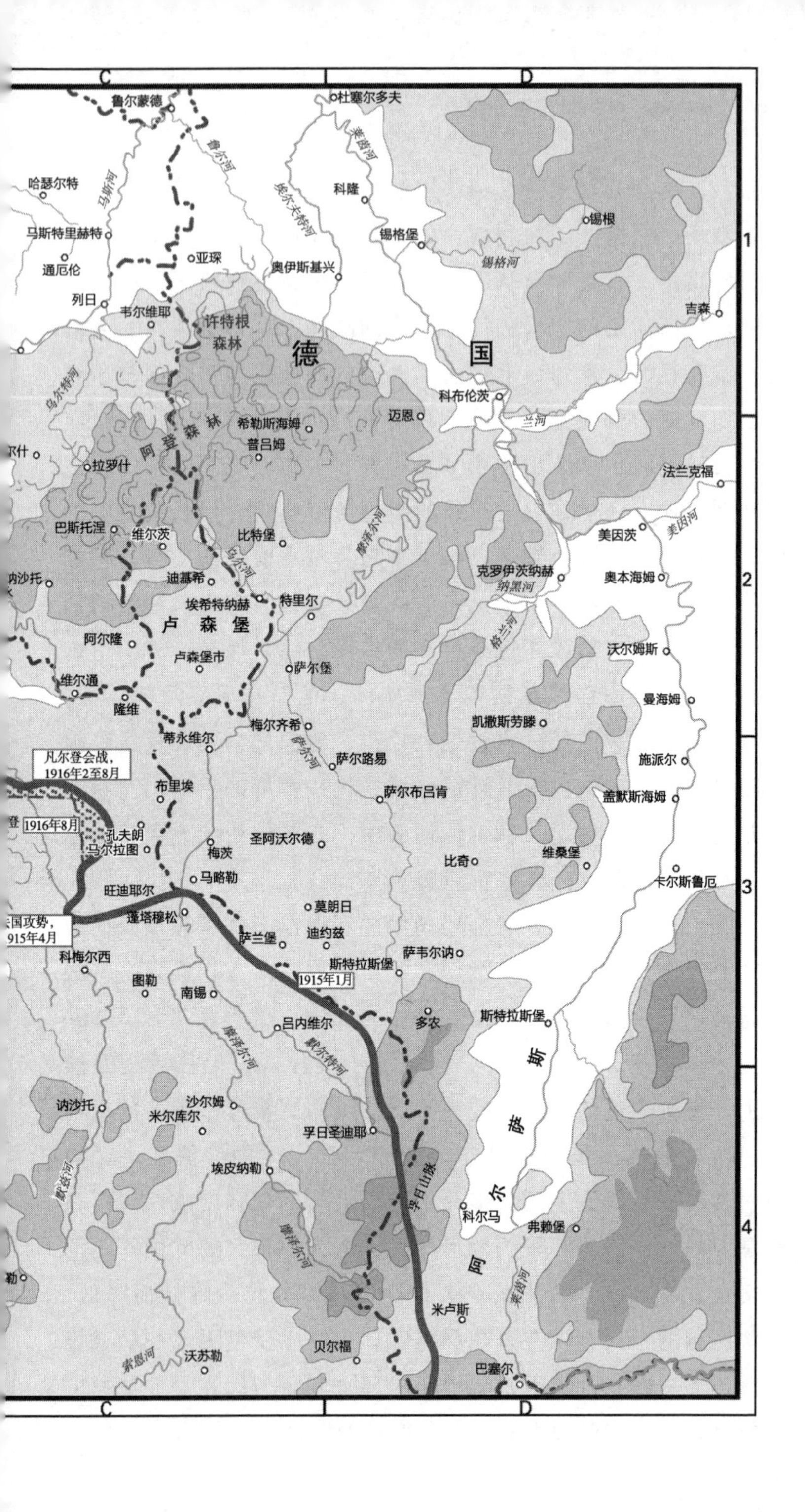
C
D
鲁尔蒙德
杜塞尔多夫
莱茵河
鲁尔河
哈瑟尔特
马斯河
埃尔夫特河
科隆
马斯特里赫特
锡根
锡格堡
亚琛
通厄伦
奥伊斯基兴
锡格河
列日
韦尔维耶
许特根森林
吉森
德国
乌尔特河
科布伦茨
迈恩
兰河
希勒斯海姆
阿登森林
普吕姆
拉罗什
法兰克福
巴斯托涅
维尔茨
比特堡
摩泽尔河
美因茨
美因河
乌尔河
迪基希
克罗伊茨纳赫
奥本海姆
纳黑河
埃希特纳赫
特里尔
卢森堡
阿尔隆
格兰河
沃尔姆斯
卢森堡市
萨尔堡
维尔通
曼海姆
隆维
梅尔齐希
凯撒斯劳滕
蒂永维尔
萨尔河
萨尔路易
施派尔
凡尔登会战，1916年2至8月
布里埃
萨尔布吕肯
盖默斯海姆
1916年8月
孔夫朗
圣阿沃尔德
马尔拉图
梅茨
比奇
维桑堡
马略勒
旺迪耶尔
卡尔斯鲁厄
莫朗日
蓬塔穆松
迪约兹
萨兰堡
萨韦尔讷
科梅尔西
斯特拉斯堡
1915年1月
图勒
南锡
多农
斯特拉斯堡
吕内维尔
默尔特河
阿尔萨斯
孚日山脉
摩泽尔河
纳沙托
沙尔姆
米尔库尔
孚日圣迪耶
埃皮纳勒
默兹河
科尔马
弗赖堡
米卢斯
莱茵河
贝尔福
索恩河
沃苏勒
巴塞尔
1
2
3
4

将弗兰德温和的罂粟草场和法国温暖的茵茵原野变成一片巨大的杀戮场。它撕开了加利西亚的山谷，在俄国西部的平原上埋下大堆腐尸。它把碎石从山坡上打落下来，落在喀尔巴阡山脉和阿尔卑斯高山的伊松佐河谷冰冷的战场上。德里纳河、多瑙河、维斯瓦河、索姆河上漂满了人类的断肢残骸，全面战争被发动了起来，那是整个民族，而不仅仅是陆军和海军的战争。从大西洋到阿尔卑斯山的440英里间，一道“之”字形的伤疤在欧洲大地上赫然划过。东线的战壕虽不连续，但长度是它的两倍。较短的战壕封锁了巴尔干半岛和奥意前线的山口，将那里的田野拦腰截断。一个成熟的战壕系统，会在无人地带的两侧延伸数英里，形成三道或更多的纵深防线，保护己方免遭炮火的轰击。后方防线是挤满了部队的，他们在那里严阵以待，一旦有敌人突破前线，躲过炮火攻击，他们就会发起反击。前方防线蜿蜒穿过数以百万计的弹坑，这些弹坑的疤痕仍然存在于非自然力留下的起伏和坑洼地貌中，自然的侵蚀、柔软的草丛、时间的流逝或许会将它们抚平。

利维坦们做到了，它们用高爆弹和鼹鼠军队互相残杀。战斗区通过密如蛛网的通讯战壕和补给战壕与后方相连，这些战壕与“之”字形战线之间也存在一定折角。继续往里深入100英里左右的区域属于后方，同样属于交战区，再往后就是腹地了。飞机飞过的地界，充满了交战国间剑拔弩张带来的火药味。西线的战祸集中在凡尔登和弗兰德之间的一块狭小区域中，其他漫长战线上的大多只是断断续续的低强度战斗。再往南是安静区，因为那里的地形拓宽了无人地带，因此两军之间的交火并不活跃，攻击的必要性随着战略地位的降低而降低。这些区域的士兵，也在杀戮和牺牲，也需忍受毫无尊严的战壕生活，那些骚扰性的炮击、夜袭、巡逻和狙击同样贯穿他们的日与夜，只是它们发生的密集程度较低而已。

373

战线后方的土地上，是纵横交错的军用公路和铁路，是狭长的土垒、一排排不见边际的松木营房、设防的运河，是掩体、仓库、坦克营地、医院、墓地，以及休养营和妓院。这一切都由海边码头和繁忙的港口提供服务，这些港口从世界各地运来即将到前线去战斗的男人、去照料伤员的女人，还有大批食物和战争物资。仅在西线，每天就需要10万名厨师来喂养至少200多万人，尽管前线部队吃的是诸如罐装牛肉、硬的奶酪和更硬的饼干之类的冷食。[12]沿岸船厂林立，到处都是忙着卸货的船队，以及U型潜艇基地——这些脆弱的小船将把战争带入一个冰冷棘手的第三空间。它悄无声息地潜伏在洋面下，大西洋上的商船在军舰的护航下一边留意下方潜行的灰狼，一边穿梭曲行；一旦陆战失败，各个大国将会到海上寻找决定性的霸权。

第一次世界大战充满了各种别出心裁的野蛮行为。事实证明，H.G.威尔斯是对的，错的是诺曼·安吉尔：空中的确出现了战争。1914年9月，在马恩河沿岸的决定性战役中，没有武器的侦察兵只是在降落时基于观察勾画一些草图，又或者只是在脑海中完成记录。也有少数人会使用手持相机。然后，他们随着侦察机跟踪撤退的德军，告诉协约国将领他们的确切位置，并为进攻和炮兵部署指明方向，人们开始意识到侦察飞机在远距离侦察上的前所未有的优势。因为当所有军事行动停止，第一批浅战壕挖到阿尔卑斯山，并触及比利时海岸时，作为一直以来的战斗情报来源的间谍或骑兵，其任何敌后行动从此就有了一道不可逾越的障碍。于是，战争膨胀到了第四空间，观察气球像被下了锚的海牛一样漂浮在战壕后面，保持着古怪而优雅的肥胖姿态，直到被疯狂拖拽下来，或者突然着起火来，让没穿降落伞的人慌忙翻滚着爬出篮子，跳着逃离火海。固定翼侦察机很快成为各方必不可少的装备，它们的摄像机就是大炮、地图绘制者和行动规划者的敏锐双目。[13]

于是战斗机开始出现在天际，它们猎杀气球和侦察机，然后互相闪避，试图击退彼此。战斗机在蓝色天空中展开近距离的空战，帆布和木头上下翻腾，机枪疯狂地突突轰响。每有一个观察气球被击中，空中卷起一个个黑色、白色的烟团，还带着从坠落下来的飞机和燃烧的人体身上拖着的一串长长黑烟。地面和地下，一群群穿着军装的人，就像发了狂的老鼠或鼹鼠一样，在泥土、黏土或白垩土里挖洞，躲避俯冲而下的炮弹——它们总能在飞机飞过之后更加准确地落下。飞艇和固定翼轰炸机接下来将把战争带到城市，带到列日和巴黎，然后全面进入伦敦，以及德国边境上的城市。[14] 在伦敦，人们逃入地铁等待空袭结束，而这一幕将在 25 年后再次上演。当然，飞机也会轰炸和扫射军队。在 52 个月的全面战争中，数以百计的飞机排成整齐的中队，它们的射程、速度和数量无一不是在逐月递增。



那些被飞行中队、飞行小队掠过的地方，炮弹像英仙座流星雨一样昼夜不停地落在双方阵地上，牧场被炸得坑坑洼洼，凸凹不平的弹坑到处皆是，乡村已然是月球表面的模样。乡村的战祸与士兵的痛苦交织在一起，这在以前的战争中是没有过的。炮弹落下，未被掩埋的尸体被炸得粉碎，残尸碎骨最终化成一堆腐烂的、毫无尊严的弹坑炖肉。树消失了，草也不长了，泥土拌着碎肉，空气中弥漫着腐烂的味道。还有毒气，那些黄绿色的芥子气和其他比空气更重的死亡气体正在悄然潜入弹坑和战壕，寻找下一个要将其窒息的人。糜烂性毒剂攻击皮肤和视力，毒气腐蚀肺部组织，神经毒剂破坏中枢神经系统，让人像一条被抓住的鳟鱼一样在甲板上扑腾，直到死去。士兵开始使用防毒面具，但不久呕吐剂被添加到炮弹中，迫使戴防毒面具的人扯下面具吸入毒气。[15]1916 年，年轻的托尔金（J. R. R. Tolkien）在索姆河服役。当然，他将在那里见

到死亡、伤病和痛苦。他自觉在战火中感受到了生死与共的兄弟情谊，并在后来将这份情谊写到了他的巨著《魔戒现身》（*Fellowship of the Ring*）当中。他的周围是一片毫无生气的腐烂土地，四处皆是叮当作响地将自然撕裂的金属怪物，空气也沾染上了一丝毒气的味道，而在他脚下的铺道板旁，是一张张瞪着双眼、仰面朝上溺水而死的脸。多年之后，他将这片亡灵之地写入他的小说。他称之为魔多。

诗人发出了与鲁伯特·布鲁克热切的孩子气有所不同的声音：萨松（Siegfried Sassoon）对普通民众伪善的义愤，格雷夫斯愤世嫉俗的超然态度，欧文（Wilfred Owen）那些带有宗教色彩的个人悲剧。[16]或者干脆什么意义都没有，即后来的达达主义。艺术家也找到了新的主题。那些颇有名望的艺术家创作出的令人回味的画布和蚀刻画，至今仍挂在画廊里。[17]而部队中更多的是平凡艺术家，他们用多余的德国水泥雕刻的一些无名雕像，如今依然矗立在阿登森林中，尽管已经残破不堪、荒草丛生。有人在洞穴里雕小教堂，有人在洞壁上雕色情塑像，还有人只是刻下他们自己的名字和家乡城市的名字。大多数人没有在战壕里找到诗歌、高雅艺术或神灵，他们只是与少数的艺术家和诗人站在一起，而这少数艺术家和诗人的作品过滤了亡者的感知，淹没了数百万人的声音。也许不是有意为之，但当它们被视为整个民族或一代人的代表的时候，结果确是如此。普通人在战壕里找寻到了自己的意义，又或者根本没有任何可寻的意义。如果我们主要通过少数艺术家和诗人的视野和文字来理解战争，那么我们可能错过的是一片更广阔的森林。

375

对于那些在史籍中籍籍无名、只停留在一些沉闷的统计数字中的人，即绝大多数人来说，这不是全部。战争于他们而言，不是男孩手中故事书里的神奇历险，不是关于战旗和英

雄、关于寻获“红色英勇勋章”、关于在炮火下重拾男子气概的故事。[18]战争也不是一件能在日后用拉丁文和希腊文或软粉彩来咒骂它的事。它是野蛮的杀戮：使用拳头、刀子、铲子、手榴弹和火焰喷射器的近身打斗；使用毒气、炸弹、炮弹或低空轰炸的远距离屠杀。它是与动物的搏斗，比如虱子，以及无所畏惧的食尸鼠——它们总是吃得腰圆肚大，因为食物唾手可得。它是缄默、创伤、夜惊和没日没夜的恐惧。是从俄国人的蒸馏器里滴出的私酿烈酒，是从法国和意大利葡萄园里掠来的葡萄酒。是热腾腾的食物，也许还是躲在防线后方的一次偷摸做爱。是对战友的安抚或者埋葬，是相隔两地的爱恋，是写在信中的分离。然而最重要的依旧是，这是一个许许多多无名生命死去的过程。到1914年年底，战亡者数量首次达到百万。到1918年战争结束前，这个数字已是900万，还有可能更多，取决于你的统计方式。

在马尔博罗、腓特烈和拿破仑英雄故事中成长起来的一代学童，迎来的不是荣耀，而是新的、旧的形式各异的残酷死亡：悬在（不知哪里的牧场主为了圈住牛群而发明的）布满倒刺的铁丝网上，正在因为无法脱身而慌乱挣扎时，被狙击手一枪了结的冰冷之死；液体火焰涌来，将人像一根罗马蜡烛一样燃亮的炽热之死；带有锯齿的尖利刺刀轻易划入人的内脏时的黏腻之死。还有汩汩作响的死，那是喉咙被扯断，或者下巴被机枪子弹打掉后，想要呼救却无法呼救时发出的声音；躺在一个浅浅弹坑的坑底，与周围积存下来的黄澄澄的雨水和尿液，以及被最近一次轰炸掀起后又落下的马和人的碎肉共存的孤独之死；当一枚高爆弹落在一英尺外的地方时，一个男孩瞬间化作一团粉色的肉浆和血雾时的顷刻之死，而这枚高爆弹只是一场日夜不停落下的钢铁弹雨中的其中一滴。随着战争的继续，还有因芥子气以及其他更加可怖，可怖百倍的化学武器导

致的惨不忍睹的死亡。[19]死亡无处不在，这数千万人的每顿饭都是在和着腐烂的马肉和人肉的甜腻气味中咽下去的。这是一场充斥着夜袭、泥泞和寒冷、战壕足、战壕口、战壕热和战壕大衣的战争；腕表代替怀表，而且在说英语的部队在法国或弗兰德逗留这么长时间之后，“*souvenirs*”开始进入英语，取代“keepsakes”用来表示纪念品；而生活在黏土地下掩体或白垩洞穴里的这些穴居人，在地面狂怒炮火的轰击下不得不继续往地下深处走去。这意味着要用铲子把五分钟前还是儿时伙伴的一团烂肉和布料的混合物装进煤袋。法国人把死于这种方式的人称为 *viande à canon*（“大炮肉”）。

376

新的奇迹横空出世，它们插上翅膀、安上车轮，俨然一台杀人机器。其效率之高，前所未见，规模之大，闻所未闻。它不是当箭雨落在阿金库尔时，羽箭尾翼在空气中呼哧抖动，发出的类似一群飞鸽齐齐扇动翅膀的声音；不是在卡斯蒂永偶尔听见的一两声轰鸣，甚至也不是克尼格雷茨战场上已然稳定输出的炮火的咆哮，而是炮弹的刺耳尖啸和爆炸发生时隆隆不断的轰响。数千万枚壳装高爆弹昼夜不休地从数英里外飞出，它们尖鸣着在空中划出一道道抛物线飞落而至，地上的人奔跑闪躲，这样一场似乎永远不会停止的战斗已将置身其中的一些人逼疯。它不像过去的战争，每次战斗持续几个小时或几天，它是长达数月的持续战斗，带来的是连续紧绷、从未有过一刻放松的压力。这种创伤，人们一度认为是炮弹引起的，因此它最初被称为弹震症，但实际上引发创伤的是极端而持续的压力，只要暴露其中的时间够长，它会在每个人身上引起深刻的创伤。最坏的情况包括缄默症、无法控制的哭泣、紧张性痉挛、自残、抽搐、颤抖不休、对巨大噪声的极度恐惧、神游状态或完全丧失个人身份和记忆、宿命论、丧失生存本能、自杀。无声的创伤被困在咆哮的战争风暴中，它们可以将一个

人隔绝于疯狂的人群之外，但同时也将战斗中的他们与他们的家庭和社会分隔了开来。[20]尽管不是全部，甚至也不是大多数。

大多数人都忍了下来，他们在第二天醒来，吃着糟糕的食物，开着瘆人的玩笑，去巡逻，去踏台上站岗，服从长官的命令，尽管并不情愿。但是虽然有满腹的牢骚，他们也为自己在做的事情、为祖国感到自豪。国家也在为他们而战，国家与他们同在。[21]所有军队的士兵都留了下来，他们努力挖壕，起来战斗，休假，并且总是回来。他们变得更加硬朗，更加专业，也更具杀伤力。军队和士兵都已适应运动战的结束以及随之而来的尸横遍野。他们适应了这种相对安全的战壕生活，有人还打趣攻击目标的稀少和有限。并非所有的人都是保罗·鲍默（Paul Baumers）①，在东线、南线或西线的无尽死亡中陷入创伤性的失落与孤独，直到一切归于沉寂。他们的苦难感或许是共通的，但这并不意味着他们会将穿着其他制服的士兵当作与自己一样的人。恩斯特·荣格尔（Ernst Jünger）以其灰暗苍白的活力论调、对民族主义战争的拥护及其笔下作为战胜工业力量的道德英雄的前线战士的形象，赢得许多共鸣。相比之下，埃里希·玛利亚·雷马克（Erich Maria Remarque）令人印象深刻的反英雄主义（比如被战斗打倒的主人公）和国际和平主义，或许还稍显逊色。[22]如果我们忘记了士兵在他们祖国发动的全面战争中的奉献，在不适中忽略他们默默践行的道德约定——忍受无法忍受的，跨越难以跨越的——我们是无法看到或者理解他们的战争的。我们仅仅是在将我们的理解加于其上。

377

① 保罗·鲍默是雷马克创作的著名反战小说《西线无战事》的主人公，小说借由这名有着悲悯之心的普通士兵的视角表现西线战场上的残酷与毁灭、绝望与挣扎。

***

凡尔登战役从1916年2月21日持续到12月18日，是历史上时间最长的战役。超过170万法国人和70万德国人参战。法金汉发起这场战争是为了试验一种新的战争方式，一直以来德国人都在担心这种战争方式会给德国带来不可避免的致命结果，但现在法金汉要用它来对付盟军：消耗并未代替歼灭这一理想，而是被视为以不同形式呈现的消灭。法金汉提议，设法诱使法军投入大量兵力，向他张网以待的炮兵发起集体攻击，走进“鲜血磨坊”，只要兵力被大量消耗，法国就必然会被踢出战局。如此一来，不愿孤军出战的英国也将被迫退出，而且无论如何以其一己之力是无法守住这条连续战线的。一旦侧翼回归，战争恢复运动，德国的作战天才便有了施展的机会。

确切地说，法金汉是想通过挑起敌人的大反攻来削弱盟军的人力储备，他会先用密集火炮进行防御，一旦盟军防线被削弱，他就发动自己的制胜攻势。进攻总是会比防御损失更多的兵力。他并不关心敌人的反攻是在凡尔登、索姆河还是在香槟地区发生。他总会阻止它，然后投入他的预备役去打破一个兵力耗尽的盟军战线。他从未真正放弃过通过一场围歼敌人的决战来取得全面胜利的老旧观念。法金汉试图把榨干敌人的鲜血作为恢复德军机动和包围战术的第一步，以取得一场传统的胜利。[23]他认为，拿下西线战场之后，德国就能占据谈判的主导并结束战争。然而，其他人并不准备按照德国的作战目标或者霍尔维格在1914年9月提出的扩大目标行事。而且很难想象，凡尔登的胜利会如法金汉所说的那样收敛德国人的野心。德意志帝国中的一些上位者，特别是兴登堡和鲁登道夫，他们并没

有谈判的打算，而是意图利用胜利在被征服的斯拉夫土地上开辟出一个中欧帝国，使德意志第二帝国成为一个真正的世界强国。他们之所以梦想1916年在西线取得一场伟大的胜利的另一个主要原因是：移师东进，粉碎俄国。

378

法金汉认为，法军一定会不惜一切代价防守通往默兹河的凡尔登要塞，凡尔登有时也被称为“法国的温泉关”。他要耗尽法军军力，在他的设想中，法军会像野猪一样冲向对准了他们的炮兵之矛。他本意是赶在新组建的英军在索姆河畔集结发动救援攻势之前击败法军。他的计划代号为“审判行动”（*Gericht*）。它的前提是激起法国人的民族荣誉感，使其发起一场全面反击，进而集中大量炮兵火力将其摧毁。它的模板是1915年11月6日结束的第二次香槟战役（又称*Herbstschlacht*，即“秋季战役”）。此次战役中，法军攻势被德军重炮击退，而且伤亡异常惨烈。面对一个无法迂回机动的敌人，法金汉再次求助于大炮的威力。他下令步兵进攻，本意只是为了激起敌人的奋力反击。然而，正如德国军事史上已经司空见惯的那样，不听话的将军自有他们的想法。法金汉只打算攻占东部的一排山头，以便在那里架设大炮，为即将到来的大开杀戒做好准备，而德国第5军团的指挥官却计划了一次全面的步兵突击，这将让德军陷入一场漫长而残酷的战斗，致其伤亡倍增。

突击部队在混凝土掩体中休息，免受炮弹袭击，但掩体距离法军战壕有1000码远，而不是盟军攻击时的100—200码。这是一个经过计算的风险。重大的第一波伤亡预计出现在更远的开阔地带上，虽然饱和的掩护火力被认为可以降低伤亡比例。等待他们的是世界上最强大的要塞群——但目前还只是理论上的。凡尔登山上的堡垒数不胜数：有罗马式的，有沃邦为路易十四设计的，有19世纪末经过钢筋水泥和土方工程的现代化加

固的。然而，它们基本都是虚有其表。凡尔登是一个平静的战区，所以法军极少，甚至根本不在这里部署日常的侦察活动，电话线和铁丝网也十分罕见。多数堡垒内部没有大炮，堡垒之间并无通信路径，彼此处于隔绝状态。[24]军事情报也告失灵。阿尔萨斯的逃兵报告了德军的集结情况，但无人理会。如果一场入侵迫在眉睫，盟军一直使用的起跳战壕在哪里？无人过问为什么尖塔会在另一边消失——为了混淆反炮兵火力的调整。巴黎和伦敦相信帝国陆军会在1916年进攻俄国，于是都在埋头准备自己的攻势：法国人的在春天；英国人和俄国人的在夏天；意大利人的则在阿尔卑斯山。盟军在1916年的计划是给德国带去全方位的压力和伤亡。然而，让人始料不及的是，德国选择了先发制人。

并非一切都对德国有利。第5军团在2月12日做好了准备，但雪下了一周，阻碍了对整个战役设想至关重要的炮兵瞄准。天寒地冻，步兵就这样在满是径流和冰雪的掩体中苦等。这一延误便酿成了严重的后果。法国的军事情报部门现在意识到，一场战斗即将来临。巴黎方面紧急增派三个师，将阵地突出部分及其周围的防御兵力提高到了三个军。然后，雪停了。法金汉集结了1201门大炮，这在当时是有史以来最多的一次。他还另外准备了200门重型短程迫击炮。这些大炮对着敌军阵地的突出部三面环攻，1915年年初的炮弹短缺危机早已过去，如今炮弹横飞如雨。德军一侧有着相当完善的铁路线（法国一侧则不尽然），弹药供应源源不断。这将是一场不靠机动而靠钢铁和高爆弹的猛烈打击获得的胜利。法金汉预计投入三个军的进攻兵力，伤亡人数理应不高，不曾想到他的将军们会在接下来的几小时、几天里拒绝服从他的命令，过度投入步兵。无论如何，他的周密计划已经全乱了套。得益于2月的一场小雪，法国人有了警觉，并因此加强

379

戒备，严阵以待。

1916年2月21日上午7时15分，一场钢铁风暴在法国上空爆发。重达1700磅的炮弹从12—15英里外的380毫米巨炮中飞射而出，那些黑点越来越大，越来越大，画出巨大的抛物线，飞向城镇和后方，随后倾泻到前线的战壕中。刚开始开火的只有远程炮，碎石烂泥随着爆炸的火焰轰然抛飞，然后和炽热的弹片一起如雨点般洒落在法国的战壕、堡垒和城镇中。到上午9点，第一道战壕的通讯被切断。然后，就在炮声停下的片刻，身穿知更鸟蓝的士兵惊魂未定地从战壕里踉踉跄跄地走出来，周围是一片诡异的宁静。隐身的大炮等待的就是这一刻。重型短程迫击炮将炸弹抛向吓得愣在原地的步兵。随着更多的步兵集结，远程火炮逐渐将目标转向后方。1400多门大炮雷鸣般的轰隆声持续了一整天，并在下午4点到5点达到高潮。法军大炮试图反击，结果不少炮群直接被对方的精准火力轰倒。其他法国炮手被迫挤成一团，以保护自己免受毒气弹的袭击。[25] 幸存者惊恐地看着自己的同胞消失在那将肮脏的积雪和爆裂的钢铁弹片席卷而起的狂风中。法军的战壕先是腾地升起一片灼目的火光，随后传来轰鸣巨响，最后消失在滚滚翻腾的刺鼻浓烟之中。见此画面，德军纷纷欢呼起来。目击者说，这像一场沿着地面急速翻动而起的巨大风暴。只是那风暴中心有着数以万计活生生的人。一片方圆半英里的区域，6小时前还在一起吃着早餐的1000人，还活着的就只剩50人了。死伤遍地，哀鸿盈野。烧得焦黑的树枝上晃悠悠地挂着死人和内脏，外面还粘着破烂不堪的制服。

380

下午晚些时候，德军的第一批步兵成功接触到了法军的第一道战壕，但与其说是攻入，不如说是潜入。他们几乎没有遇到抵抗力量，活人已经逃得不知踪影，剩下的都是死人。下午5点，炮声停了下来。伴着2月的微弱光线和严寒，步兵开始

进攻。8万名原野灰开始向前推进，他们确信没有什么能在炮轰中活下来，更远的队伍列好阵势，以密集队形冲向破碎的法国防线。漫无边际的灰色潮水，一道接着一道地向前涌去。突击部队和战斗工兵用乙炔喷灯割断所有未断的铁丝网，然后用手榴弹和刺刀解决掉最后一批还在晕头转向的守军。支离破碎的法军部队用刺刀、手榴弹和削尖的铁锹做近身抵抗。执行这次进攻的是德国的3个军，他们在精锐突击部队的率领下，从侧面包围已经破防的法军，8个火焰兵分队手提火焰喷射器，以“之”字形路线朝掩体内喷射液体火焰。这是一种恐怖的武器。人们惊慌失措地逃离火焰，朝第二道防线跑去。德国人于是调转机枪，对着奔跑之人暴露的背部开火。

不到30分钟，A区的第一道战壕即被攻陷。第二道战壕也不例外。发回陆军总司令部的报告说法军全军覆没。然而，B区和C区还在抵抗，那里的部队利用未被破坏的树林和固定的机枪阵地战斗。直到一个冬夜来临，屠戮方才告一段落。雪又下了起来，雪花轻轻覆在无法动弹的伤员身上，他们即将失血而死，而冰冷的冬夜正在让这一过程变得缓慢。第二天早上，孤立无援的守军试图发起反击。结果只是白白送命。一个由120名勇敢的法国士兵组成的连队在一名中尉的带领下前进，这名中尉高举长剑，仿若博罗季诺或滑铁卢战场上的内伊。他们遇到从机枪和毛瑟步枪的枪口迸发而出的钢铁冰雹，让人依稀想起克尼格雷茨战场上普鲁士人手里的针发枪，又或是格拉韦洛特战场上法国人的夏塞波和米特留斯排放枪。[26]短短几分钟内，他们发起的攻势已然散作一团蓝色的记忆迷雾，除了满足男孩天真的虚荣，所有的牺牲都毫无意义。

士兵无须再躲避那些火焰喷射器了，因为狙击手射穿了喷射器的燃料罐，将手提喷射器的火焰兵变成了人肉喷灯。更多的抵抗来自残破村庄和小堡垒中的孤军奋战的机枪小队。这一

小撮人硬是扛住了整个灰色大潮，直到他们弹药耗尽，被德国人杀死。在一个艰难的夜晚过后，又有数千名伤员在冰天雪地中或被冻亡，或独自失血而死，而这只是凡尔登10个月的全面战斗中的第二个夜晚。在300天后战役结束之前，四分之三的法国军队在这场战斗中循环更替作战，让它的“胡子兵”遭受这共同的苦难，用这可怕的记忆唤起法国人民的决心。这10平方英里内死亡密度之高前所未见，第一次世界大战中任何一个战场，哪怕是第二次世界大战诺曼底登陆日的奥马哈海滩、硫磺岛（Iwo Jima）的沙地或卡西诺（Monte Cassino）战场上的坡地，都无法与之匹敌。1942年，他们把斯大林格勒战役称为“俄罗斯人的凡尔登”。

381

法金汉只想做一件事：通过炮轰血洗法国守军。而他的将军们却像飞蛾扑火般地行动了起来。他们命令步兵发起不惜代价的进攻，意图占领要塞，摧毁凡尔登的外堡，而不是安坐于半月形的阵地中，用远处的德国大炮将进攻的法军推倒。法金汉转变后的作战理论并没有成功渗透或说服高级军官团放弃其在会战中直接歼灭敌人的旧习惯。[27] 第三天，德军步兵还在一个劲地往前猛冲，区别在于他们现在已经陆续进入法国炮群的射程，而德国的大炮在他们先前制造的弹坑面前寸步难行。机动炮兵艰难地向前挪动，落在了进攻步兵的后面。第五天，德军到达杜奥蒙堡（Fort Douaumont）和沃堡（Fort Vaux）的外围防线。随后上演了一出悲喜剧，这场杜奥蒙堡保卫战一枪未发，因为勃兰登堡先锋队（Brandenburger Pioneers，特种部队工兵）仅仅只是爬进了已经干涸的护城河上方的一扇窗户。从心理层面而言，这是一个关键的时刻。随着全国性节日的到来，教堂的钟声在柏林响起。法国大感惊愕，同时也变得更加沮丧。一些法国部队始终没有放弃抵抗，他们一直战斗到了最后一个人，为正从法国各地赶往战场的后备力量争取

了时间。霞飞想撤到默兹河后，但巴黎的市民不允许。神圣山河，不容分割寸土。无论付出什么代价，凡尔登不能沦陷。自1914年的边境战役以来，这个一直让人忽略的地方如今俨然已是民族荣誉和国家救亡图存的中心所在。于是，法国陆军吞下了法金汉的毒饵。他将榨干法国的血，尽管不是以他所期望的方式，也不是以帝国陆军所能长期维系的方式。法军在短短5天内就损失了24000人。对德国人来说，这本是一个好的开始，可不幸的是他们的损失高达25000人。[28]

在为期10个月的凡尔登大屠杀中，法军展现出了它的战斗精神，而这正是法金汉所希望看到的，他要借此将法国碾压在血泊中。新的师团被投入战斗，法国竖起一道由蓝衣战士的身躯组成的海堤，前去抵御汹涌而来的原野灰巨浪。几天之内，又有20万人赶往支援凡尔登，法军的投入增加到了9个军。法国陆军的指挥权被交到了亨利－菲利普·贝当（Henri-Philippe Pétain）将军的手里。他不相信消耗，他不相信人的身体可以与物质世界的力量相抗。他相信火力，相信大炮。一个月前，法国陆军发布一项指令："不能用人去对抗物力。"[29]因此，为了对付德国人，贝当将他能从其他战线上召集来的炮全都抽调到凡尔登战场上来，还把炮兵转移到高处的纵射阵地上，因为德军步兵此时已经聚集到了要塞的突出部，虽然这与法金汉的意图背道而驰。[30]为了修复士气，贝当为士兵提供热食，引入快速轮换制度，让前线的士兵短暂休假，使得后备力量和休整人员可以源源不断地得到补充。对普通士兵的关心使他得到全国人民的认可。后来作为维希法国的总统，他与纳粹占领者的合作过于密切，他的思想和判断力在晚年发生了偏移。但在1916年的凡尔登，当他向法国喊出那句著名的承诺"誓死坚守！"（*On ne passe pas!*）时，他是坚定的。这句话成为法国军队在战争余下的时间里

382

抵制德国的标志性口号。

艰苦的战斗开始了。德军动用毒气、火焰喷射器和大批步兵发动攻击。然后法军反击。如此反复再三。这是一场没有尽头的战争。在这块 10 平方英里的寸土之地挤着 50 万法国人，以及 17 万匹马。数量与之相当的德国人同时抵达战线的另一侧。两国的妇女都在轮班制造炮弹，包括常规弹和毒气弹，用来杀死彼此的丈夫和儿子。弹药制造是战事的重要组成部分，事实上它也是这么被解读的。这让妇女在道义上与作战人员纠缠在了一起，并被明确列为轰炸和海上饥饿封锁的目标。当炮弹抵达战场时，一种心理动力占据了上风。指挥官们清楚发动进攻胜算不大，但又担心停止进攻会让他们的部队丧失士气。除非出于在战术上夺取下一次进攻所需的堡垒或树林的目的，没人争夺阵地。现在一切都是为了国家声望。为荣誉而战的古老动机并没有从现代世界的战争中消失。它是凡尔登，乃至整个第一次世界大战的核心。[31]

德军的战术在战斗期间发生了变化。炮击让位，取而代之的是将军们不惜代价发动的步兵进攻。[32] 陆军总司令部因此耗尽了它的储备，投入这场本意是为了消耗法国力量而在凡尔登开始的包围战。德国人开始忧心忡忡地谈论起 Maasmühle：这个默兹河上的血肉磨坊（Maasmühle），磨掉的是他们的人心和军力。这破坏了法金汉的计划，因为即使法军战略预备力量的致命损伤使其在德军的攻势面前不堪一击，德军预备力量的丧失也意味着德国自己已经没有部队可以发起这样的攻势了。德国在人数上相对于法国及其盟国的劣势，在战前已然十分明显，而随着时间一分一秒过去，这种劣势只会越来越凸显。所以越来越多的将军开始认为数字并不重要。他们使自己相信，他们的士兵作为战斗人员在道德上，乃至于精神上都比敌人更加优越。战后，总司令部的作战部长格哈德·塔彭写

383

道："德国士兵的个人价值远超敌人，单凭人数不足以决定胜负。"[33] 吹捧精神或道德力量，无视军队在兵力或工业物资上的不足，这是速战错觉的另一个标志。美国内战中的南军便是这样做的（"一名出色的南军士兵，胜过五个该死的北方佬"）。德国人将在第二次世界大战中重蹈覆辙。日本人在1895年至1945年的所有战争中都是这样做的。即使这在战争伊始可以实现，但高昂的士气始终不会是战争最终的那个决定性因素。一个在人力和物力上都不敌强国的国家，将在消耗中被击垮。

法军在凡尔登取得成功的关键是补给。所有运至凡尔登的补给，包括人员、粮草、弹药、马匹，它们最后50英里旅程都是通过一条单轨铁路或依靠轻型卡车的运输完成的，而供这些卡车通行的是一条狭窄的二级公路，不过用不了多久这条公路就会被拓宽以提升运力。内燃机的时代已经到来，它们在凡尔登被投入使用。卡车日夜不停地行驶在公路上。在战事最激烈的时候，每24小时就有6000辆（或者每14秒就有一辆）卡车和汽车抵达投放终点。在这条被法国人称为"神圣之路"的从不间断的生命线上，纪律被无情地执行着。在这10个月的时间里，它是法国军队的大动脉：一旦被切断，法国就会流血而死。但德国的空中力量没能做好这项工作，因为默兹河上的桥梁安然无损，路上卡车照跑、火车照开。[34] 凡尔登战役的关键在于后勤。德国人没能抓住这个重点，炸毁那些桥梁。另外，法国的空中力量却发挥出了它的关键作用。一旦在战场上建立了空中优势，密集火炮（到6月法国一方有近3000门火炮）的命中精度就会明显提高。大批德军步兵被急于立功的将军塞进要塞的突出部，并最终倒在了法金汉原本打算留给法国人的炮火之下。

局势在同一片破碎地形上来回摆荡，在上万门大炮的轰炸

下，要塞早已变成坑坑洼洼、弹坑无数的残垣废墟。进攻的浪潮不断涌向布满炮坑的杜奥蒙堡、沃堡以及更小的堡垒，涌向死人山（Le Mort Homme）、白蚁丘（Termite Hill）、265高地（Côte 265）、304高地（Côte 304）等关键山头，这片废墟也随之数度易主。争夺山头的战斗一直持续到5月。数百人在一小时或一天的时间里死在凡尔登，而取而代之的是来自法国和德国各地的数千人，其中一些只有16岁。他们举着手榴弹从一个坑洞跑到另一个坑洞——严格来说，它们已经不是战壕了。战壕早已被炮火湮没。其中一天，在一场什么也没有改变的战斗中，德军损失的人数为2400人，与美国在1944年诺曼底登陆日的死亡数字大致相当。然而，在那个血腥的日子里，盟军撕开了欧洲的一个小口，之后就再未放手，而1916年在凡尔登付出高昂生命代价的德国却没有因此获得任何好处。拉近距离的消耗就是一场彻头彻尾的歼灭：双方尸横满地，血肉狼藉，早已难分彼此地融入同一片泥地。一位法国记者在谈到凡尔登的战斗时指出："那里的一切都不像一场真正的战役。"[35]

384

这是"迷惘的一代"，是战争史上众多"迷惘的一代"之一。他们被从自己的生活中剥离，被从生他们的、爱他们的或他们所爱的女人的生活中剥离，投放到战场上。男孩的生命就像无情的老人在苦果上花费的硬币一样，被国家的野心和虚荣喂入战争摩洛神的大嘴中。上尉夏尔·戴高乐（Charles de Gaulle）是此役受伤和被俘的法军将士中的一员。彼时还正年轻的德军中尉埃尔温·隆美尔（Erwin Rommel）的身影也出现在了凡尔登的战场上。而在日后生活中不那么出名的，则有磨坊主、木匠、诗人、家禽饲养人、资产阶级、工人、穿制服的教师和他们的学生、无神论者和虔诚的教徒，而绝大多数都是朴实的乡下人和迷迷糊糊的农民，他们的生命在法国75

毫米野战炮和德国连珠炮火（*Trommelfeuer*）的轰击下戛然而止。

马也死了。仅一天内，就会有7000匹马死在法国的大炮下，一发炮弹可以炸死97匹马。数以千计的马匹死在凡尔登，它们听不懂人们的大声警告，不知道在听见炮弹落下的尖啸声时寻求躲避，不能像它们的主人那样跳进弹坑或战壕，它们或被弹片炸伤，或被毒气毒倒，发出刺耳的哀鸣。它们个头太大，飞溅的弹片不可能打不中。士兵用饲料袋为它们制作防毒面具，但这几乎没有帮助。他们被埋在大坑里，撒上石灰。所有生命都在消失。树木倒伏，野草蔫死，鸟儿也绝了迹。几乎没有建筑物能在炮轰中幸存下来。空气中弥漫着致死的毒气和持续的腐臭。试图埋葬一个人往往会导致另两个人被杀。所以尸体会被抛入弹坑，然后更多的炮弹会将它们炸成两半，继而是四半，直至粉碎。现在已是一场士兵之间的战斗。将军已经不重要了。下士、中士和上尉更重要。热汤也很重要，送汤的人冒着大炮和狙击手的枪林弹雨将它们送到士兵手里。对法国士兵来说，廉价红葡萄酒（即所谓的*pinard*）的配给是至关重要的。送酒的人会把装酒的瓶子绑在自己的腿上，这样即使自己死了，酒也能送到。*Merci. Vive le mort!*（谢谢，逝者万岁！）

***

就在法军在凡尔登对峙德军的这10个月里，其他盟军也正在其他战线上向德军发起攻击。这个思路与法金汉的如出一辙，但是比之更具战略意义，而不只有作战意义。首先，通过制造（以及承受）巨大的伤亡来消耗德军的后备力量，然后尝试突破被削弱后的防线，并以传统的方式——运动、包围，以及攻击新暴露的侧翼——结束战争。[36] 意大利人仅在1916年

就沿伊松佐战线发动了五次进攻，尽其所能地给盟军施加压力。战斗也席卷了巴尔干半岛、罗马尼亚和保加利亚。[37]1916年，奥斯曼帝国的军队和英军在中东交战。骑兵和骆驼编队沿着通往耶路撒冷和大马士革的古道前行、后撤，作为一场与欧洲的对峙僵局形成鲜明对比的运动战，它吸引了全世界的关注。[38]1916年，德国人还在东非发起了一场小规模的战争，攻击盟军的外围防线。[39]俄国在这一年发动了战争中最猛烈的一次攻势，震惊了同盟国。从6月4日开始，布鲁西洛夫攻势（Brusilov Offensive）在短短10天内即粉碎了一半的哈布斯堡军队，残余各部也是士气低落，溃不成军，仅靠德军部队和将领的力量在勉强维持。[40]1916年的欧洲笼罩在浓重的战争阴影之下。陌生的新型机器在天上相互作战，对着地面轰炸和扫射。机械巨兽在战场上爬行，沾满泥泞。海军在水上水下通过封锁和反封锁对敌国实行饥饿封锁。军队每天都会杀死成千上万的人。所有的人和事都在与战争发生关系。

385

6月24日，盟军在索姆河用3300门大炮、1400门迫击炮和海军炮对德军进行了大规模炮轰。炮击持续了一个星期，共有250多万枚炮弹投向德军防线，但有太多的炮弹在空中爆炸，而掩体及其里面的德军则毫发无损。更糟糕的是，足足有三分之一的英军炮弹根本没有爆炸。这样过了7天之后，英国军队跳出战壕，结果仅在第一天，即1916年7月1日就有19240人阵亡，37646人受伤。这是两年工业战争的低谷和高潮，之前没有任何经验作为指导。虽然惨痛，但英国人确实从索姆河战役和帕森代尔（Passchendaele）的第二次屠杀，以及康布雷战役和阿拉斯战役中吸取了教训。到1917年年底，英国人的表现显著改善，到1918年则已更进一步。[41]然而，进步的代价是惊人和巨大的。

死在索姆河畔的还有许多德国人。法金汉拒绝让出地盘，

并动用了西部军团预备役部队的剩余兵力。因为在各条战线上兵力都不及对手，法金汉于是自欺欺人地比较起双方的伤亡数字来。“阵地战的首要原则，”他说，“必须是不让出一寸阵地，一旦失去阵地，即使只剩最后一个人也要立即投入反击。”因此，为了不失寸土，法金汉在索姆河畔让他的预备役部队做了他希望法军在凡尔登做的事情：“流尽最后一滴血。”他的副指挥官们都同意这种做法。但是，这场战役的规模、强度以及军队的损失还是让他们感到震惊。在索姆河畔，德军抵达战场的每个师都在两周内被消耗殆尽，这给绷紧神经的预备役带来的压力甚至超过了凡尔登战役中长达数月但不那么激烈的缓慢消耗。[42]

386

凡尔登战役的持续使法军对索姆河攻势的贡献从 40 个师减少到只有 14 个师。尽管如此，在接下来的 4 个月里，依然有相当于 166 个盟军师的兵力对德军西部军团的 147 个师发起了攻击，西部军团现在被法金汉称为德国的“铁壁”，而不再是战争早期的“铁拳”。这一暗喻的使用显示出了惊人的攻守变化。造成这种差异的也不仅仅是物资优势。盟军在一次多兵种战役中也击败了德国人。如果说索姆河战役对英军来说还算不上是一场血腥的胜利，那它肯定是盟军战略上的一次重大成功，因为它消耗了德国的储备和士气。[43]英国将组建更多的军并在 1917 年再次组织进攻，但德国已经没有这样的能力了。尽管有 1914—1915 年在弗兰德的经验，尽管有纵深防御和在凡尔登试验性的炮兵消耗理论，但帝国陆军没有能力维持如此规模兵力和物资的战争。仅在索姆河一役，它就已遭受 43 万人的伤亡，在经过凡尔登、意大利的伊松佐前线和东线的布鲁西洛夫攻势之后，伤亡名单还会更长。

7 月，当德军最后一次进攻在凡尔登停滞不前时，帝国陆军可以拿出来的东西已经所剩无几了。到 8 月，德国的陆军总司令部只剩最后一个师了。法金汉上前组织防御，结果只是让

德军暴露在占据高地的法军炮火面前。8月29日，法金汉的总参谋长职务被解除，由东部的将军兴登堡和鲁登道夫接任。法军随后继续在凡尔登发动进攻，不断尝试收复失地，月复一月地蚕食德军阵地，10月夺回杜奥蒙堡，11月2日夺回沃堡。这一次，几乎没人欢呼。战役于12月在双方的精疲力竭中结束。这比输掉一场大战还要糟糕。连同盟军在索姆河的救援攻势（远比法金汉预期的要强大）一道，凡尔登成为这场战争的一个分水岭。仅凡尔登一役，德国死伤337000人，法国死伤377000人。[44] 以几乎是以一命抵一命的比例交换伤亡数字，这不是法金汉所期望的，更不是帝国陆军所能承受的。本意是让法国流血至死的1916年这场持续时间最长的战争，让德国遭遇大失血。然而，凡尔登只是那猩红的一年中加速各方军队损耗（其中又以德国损耗最为严重）的众多战役之一。

对法国来说，凡尔登是它的一次胜利，但也是一次代价高昂的皮洛士式的胜利。1917年4月爆发的兵变，使它在1918年年中之前都无法恢复进攻行动。[45] 幸运的是，帝国陆军自己也是筋骨大伤，已无力再对此做些什么。它的兵源也近枯竭，入伍年龄一再降低，此前被判定为不健康和不合格的人也被送上战场。它的战线太多、太长。凡尔登死了数十万法国人和德国人，索姆河畔的德国人在与法国人、英国人相互残杀，东线战场上德国人与俄国人一道成批成批地死去，而在伊松佐河谷还有更多的德国人死在与意大利人的鏖战中。德国有着有限的鲜血和生命，以及前仆后继的敌人。在兴登堡和鲁登道夫暗地操控的独裁统治下，取胜希望破灭并迎来阵地战的德国非但没有寻求和谈，反而开始动员一切。不会再有凡尔登那样代价高昂的进攻了，至少不会只是为了在和会上获得更多的话语权而寻求有限的优势地位。国际秩序的微小调整和德国在其中地位如何也不再值得关心。从现在开始，这将是一场“争雄世界或

387

毁灭”的总体战。[46]东线的将军们回归到了通过直接的军事手段、通过发动横扫一切的战局和足以匹敌坦嫩贝格和马祖里湖会战的包围战以寻求全面胜利的道路上来。兴登堡直到战败后也仍然坚信胜利的唯一途径是保持进攻。[47]

柏林穷尽一切手段来实现这一目标，包括在海上。海战同样陷入僵局：随着日德兰海战进入反常的对峙状态（1916年5月31日至6月1日），打一场决定性海战的想法彻底落空。战前，曾有德国的军事思想家考虑过“国家授权的海盗行为”，但这个想法很快就被提尔皮茨打造大型战列舰的计划所湮没。这意味着能够在水面发起贸易劫掠的舰艇所剩无几，它们要么频繁受到协约国海军的袭扰，要么已被击沉，因此另一条路也已被堵死。[48]然而，1916年的全球粮食收成十分糟糕。德国最高统帅部希望U型潜艇能够利用这一危机，使其影响恶化，让协约国陷入饥荒，切断英国基本的食物和燃料供应。[49]

1916年12月22日，即凡尔登战斗结束的两周后，海军上将亨宁·冯·霍尔岑多夫（Henning von Holtzendorf）在一份备忘录中指出U型潜艇计划的紧迫性：“这场战争需要在1917年秋季之前作出决定，以免它在各方消耗中走向终结，给我们带来灾难……我们若能成功击断英国的脊骨，不仅战事立定，而且结果将是对我们有利的。”至于美国方面：“对外交破裂的恐惧不应导致我们在决定性的时刻退缩，并放弃使用一种有望为我们带来胜利的武器。”[50]一个月后，德国决定恢复无限制潜艇战，以便在美国的好战行为使力量平衡发生变化进而导致德国无法获胜之前，用U型潜艇将英国扼杀。4月6日，美国宣布参战。柏林的政策再次确保自己将同时面对多个劲敌。又一次，德国必须快速获胜——在1917年击倒俄国、打败法国、饿死英国，所有这些都要在美国以足够强大的兵力抵达战场，并对西线产生真正影响之前完成——要么赢尽所有，

388

要么在一场消耗之战中输掉一切。

德国人成功完成了第一个部分，即迫使俄国退出战争。1916年布鲁西洛夫攻势的残局使许多士兵变得激进，1917年3月俄国发生兵变，这是1917年俄国两次革命中的第一次，沙皇退位，他那支溃不成军的军队及其士兵在其中扮演了重要角色。1917年的仲夏，经过不明智且失败的七月攻势或克伦斯基攻势（1917年7月1日至16日）之后，俄国伤亡更甚，兵变愈演愈烈，显然俄国的战败至此已成事实。[51] 大量士兵开始拒绝服从命令。整个部队扔下武器逃之夭夭。擅自离队和违抗上级命令的情况一天比一天严重。俄国军队的这种分裂在很大程度上促成了11月的布尔什维克革命，而这场革命进一步打开了德国深入东线的大门。到1917年年底，俄军实际上已从盟军的战斗序列中消失。这应归因于俄国军事体系的崩溃，而不是德国人的作战优势，但是洋洋自得的德军参谋们并不这么认为，这体现在德国陆军总司令部的报告以及1941年德国预备第二次入侵苏联的计划中。在没有遇到抵抗的情况下，德军长驱直入，深入俄国腹地，直到布尔什维克最终在12月同意停战。然而，谈判在1月陷入僵局，德军恢复敌对行动。这迫使布尔什维克于1918年3月3日在布列斯特－立托夫斯克接受苛刻的停战条件。[52] 条约要求把俄属波兰、立陶宛以及里加全部割让给德国（还有小部分割予奥地利）；承认乌克兰、芬兰、爱沙尼亚，以及拉脱维亚的其他地区独立，且这些地区受到德国的军事和政治保护；其余较小的领土归罗马尼亚和奥斯曼人所有。那是40万平方英里和4500万人口，约占欧陆俄国领土的一半。被占领区还有俄国50%的工业、90%的煤炭产量，以及所有的黄金储备。只是因为德国在当年晚些时候战败，这份屈辱的条约才被搁置下来。

兴登堡和鲁登道夫操控下的军事独裁政权强化了这一切，包括德国的内政和战争目标。[53] 他们还颠倒了施里芬思想的顺

东线战场上的俄军战壕（1917 年）

图片来源：Wikimedia Greative Commons

序，在1917年将主力战场拉回到东线，以求首先击退俄国，然后在1918年返回西线并在那里取得胜利。就这样，德军再次屈服于进攻的诱惑、“下一场决定性战役”的诱惑，正是在这些诱惑下，帝国陆军在1914年被拉向西线，又在1915年移师东线，1916年折返西线，1917年再次回到东线，1918年最后一次回到西线，并在那里迎来彻底的军事溃败。1916年，罗马尼亚在8月加入协约国阵营，这成为战火的一次中断：带着轻松拿下的预期（谁又不是呢？），布加勒斯特向同盟国宣战。可事与愿违，不到两个月，罗马尼亚的领土即遭到由所有四支同盟国军队组成的两个军团的反入侵和占领。[54]罗马尼亚的失败并没有像协约国所希望的那样，在德国已经四面楚歌的情况下，通过继续向其施压来结束战争，相反，它让柏林得到了所急需的粮食储备，使其得以将战事撑到1918年。

390

不仅仅是柏林的主张变得强硬起来。从1916年开始，各国上台掌权的（法国和英国通过选举，俄国通过沙皇的任命）都是态度强硬的政府，承诺要将战争进行到底。面对柏林的咄咄逼人，协约国并未示弱，它们签订了削弱奥地利和瓦解奥斯曼帝国的秘密协定，甚至夸下海口承诺要将君士坦丁堡送给俄国。第三罗马（东正教的莫斯科）将吞并第二罗马（东正教的拜占庭），以实现莫斯科人古已有之的地缘政治和宗教野心。结果，沙皇俄国自己分崩离析，内战爆发，革命者暴力攻击所有东正教会。华盛顿的立场也在变得强硬。直到1917年年初，美国仍未中断与各国的贸易，以及对各国的责骂。伍德罗·威尔逊总统一边在军事上袖手旁观，一边自以为义地呼吁各国在这场目的和手段都在趋于总体化的战争中实现“无胜利者的和平”。而一旦在那年4月参战，美国当然会为取得全面的军事胜利而战。随后，威尔逊在1919年的巴黎主持了一场胜利者的和会，强迫战败的德国俯首签字。只要脱去那套自欺欺人的高尚言辞，你会发现这不过是

正常的国家行为：一旦参战，就设法赢得战争，并在随后的条约中锁定胜利果实。但是即便如此，也不曾有一个协约国考虑过德国在1918年3月对俄国开出的那种苛刻条件，《布列斯特-立托夫斯克条约》背后的战争目标远比1914年的要激进得多。

每个国家的战争目标都在随着鲜血和财富的流失而改变，这是它们一贯的必然做法：不断扩大战局，用承诺中的未来证明过去、现在和未来的一切牺牲都是合理的。没人能停下来。在某些情况下，如果政客和将军们试图在胜利之前退出战争，他们自己的人民可能就会因为他们将国家拖入战争而将他们绞死。革命的威胁使几个古老帝国的保守精英在过去很长一段时间里苦苦挣扎，虽然理性告诉他们通过谈判终结战争才是上策。只有奥地利的新皇帝卡尔一世试图通过谈判退出，但他受到了康拉德、他自己的政府以及王朝所依赖的军官阶层的阻挠和羞辱。对于这场1914年他们在速战速决错觉下一手发动，且已失控的全民战争，他们已经无力阻止。他们感觉自己的阶级特权，甚至他们的个人生存正在受到威胁，他们并没有错。总体战意味着彻底的胜利或彻底的失败，而一旦他们身处其中，他们就能清楚地感知这一点。那么，为什么不继续战斗呢，如果不这样做就会失去一切的话？于是他们继续战斗，但还是失去了一切。落败的后果就是，哈布斯堡皇朝、霍亨索伦王朝、奥斯曼王朝和罗曼诺夫皇朝将被一一推翻。沙皇一家全数被杀。

391

美国人直到1918年年初才大量抵达法国。士兵们（“面团子们”）轻快地走下踏板，他们没有带来任何的现代大炮之类的装备。尽管如此，协约国军还是很高兴看到他们，加紧提供他们所缺的物资。有人在背地里称这支新来的军队为“乞丐军”，因为直到战争结束，他们的大部分大炮、飞机、汽油、食物和马匹都由英国和法国提供。但话虽如此，仅仅是将庞大的美国军队运到法国，再在远隔重洋的地方建立并运行一个

庞大的补给系统，就已经是一大贡献。但约翰·潘兴（John Pershing）将军对美国远征军的指挥则是另一回事。潘兴不仅仍然坚持战前的战术观点，而且也将19世纪并不足信的观念奉为信条。他认为美国远征军优越的枪法和老式步枪可与德国机枪抗衡，认为开阔战场的战斗还将恢复，因此坚持让军队进行并不成熟的战斗操练，而不是学习如何在战壕中作战。美国陆军的庞大队伍因此承受了巨大的伤亡。[55]

在第一次世界大战后期，初来乍到的美国人仍然坚持发动大规模的正面进攻，这是对会战之诱惑力的又一有力证明。本着"生命冲力"的精神和自豪信念，美国人坚信自己可以在欧洲军队泥足深陷的地方快速取胜，因而不顾盟军的建议，发起这些行动。除了潘兴瞄准射击之类的胡言乱语，其他美国将军也低估了毒气的作用。因此在1918年的最后几场战役中，美国远征军的毒气伤亡比例远远高于其他盟军部队。[56]一项重要研究十分有力地表明，美国远征军在圣米耶勒（St. Mihiel）和默兹-阿尔贡（Meuse-Argonne）的指挥失误意味着，兵力数量，而非作战技巧，才是美国人对协约国阵营取得胜利的主要贡献。[57]那年夏天，100万美国人接替了法国军队，法军因此得以向北推进，以支援在五次德军攻势中的前两次中伤亡惨重的英国远征军。除了人多势众的法军之外，来势汹汹的美军也让德军士气有所颓靡，美国士兵快活地哼唱道，他们来法国是为了"偿还拉法耶特的恩情"。[58]

***

392 1917年年初，德国在战争生产的方方面面，尤其是飞机、炮管和改变会战模式的新型坦克的生产方面，都远远落后于协约国。因此，英法两国于这一年在联合武器的战术使用上遥遥领先，飞机和坦克支持寻求防线突破的步兵，使其得以继续前

进，深入敌人后方。相比之下，德军因为缺乏足够的侦察机，甚至连基本的反炮兵火力也无法协调，他们的炮兵除了会被盟军的同行击倒外，被自己的问题大炮命中的情况也时有发生。老旧的炮管磨蚀了膛线，不仅降低射击精度，还会导致炮管出现细小但足以致命的裂痕，安全性大大降低。弹药和引信的质量也在下降。[59] 在又一年的战斗中，情势每况愈下，越拉越大的供应差距开始影响部队的士气。

1917 年，西线改革指挥、转攻为守的理论和做法，看起来保存了德军的力量，守住了防线，让试图通过对俄军发动高潮迭起的机动会战来赢得胜利的鲁登道夫和兴登堡得以在东线战场上保持攻势。尽管随着沙皇政权军队士气不振、陷入革命危机，德军在俄国战场上取得了成功，但到了 1918 年，帝国陆军仅存的实力大概只够勉强维持西线的守势，这甚至还是得从现在平静下来的东线往西线搬兵的前提下。然而，相对于设法守住一个仍然具有战略意义的前沿阵地，并就此展开谈判，德国选择在春季和夏季以更大规模的攻势取胜，以便在即将到来的美国增援部队之前占据主动。日后的事实将证明，这样做为时已晚，且已于事无补，开局战略的失败已经无可挽回，它直接导致第一次马恩河战役的失利和自此之后堑壕战的败势。即便如此，决定性会战的魅力仍然将德国的军事想象引向了作战进攻，任何合理的战略成功的希望都因此遭到忽视。

协约国军也感受到了这一点，一方面是对胜利的极度渴求，另一方面则是每次尝试之后因为付出极高的生命代价而生出的沉重感。法军的尼韦勒攻势（Nivelle Offensive，1917 年 4 月 1 日至 24 日）意在发起突破性进攻，结果以惨败告终，并引爆了法军内部好几个师的兵变。士兵没有逃跑，但他们拒绝进攻。贝当花了好几个月的时间来修补残局，及时赶上了 1918 年的大战。尽管英国人于 1917 年 10 月至 11 月在帕森

代尔，即第三伊普尔会战中遭遇悲惨经历，但他们还是接过了这个担子。对许多再次在伊普尔突出部作战的普通英国士兵来说，对首相大卫·劳合·乔治和其他目睹了他们的战斗并感到震惊的人来说，这些只是毫无想象力的战场领导者领导的一次又一次残忍、消耗而无意义的失败。萨松这样写道：

393

> 我死在了地狱——
> （叫作帕森代尔的地区）；我伤势倒不严重，
> 正在蹒跚回营，一枚炮弹炸开，
> 将垫板溅上泥泞，我脚下打滑
> 落入泥坑，再也不见光明。[60]

远征军总司令道格拉斯·黑格（Douglas Haig）后来声称，第三次伊普尔会战对帝国陆军造成巨大影响，给其后备力量带来必要的消耗。虽然1917年在伊普尔和其他地方习得的艰苦的战场经验确实有助于协约国军在一年后取得胜利，但这种关于大规模牺牲可以换来何种相对效益的辩白既不能激励战斗人员，也不能让他们忧心忡忡的家人和政府相信将军们清楚自己在做什么。

1917年，每个国家都在尝试新的突围战术。在这一点上，由于协约国军拥有更多的资源，他们做得更好。毒气的使用初衷是恢复战场的机动性，但它在这方面是失败的，最后只是沦为另一种杀戮的手段。最终让战场恢复机动的是坦克，毒气仅仅是在骚扰性炮击，或在预备性的轰炸中给士兵的日常生活增添恐怖和痛苦。尽管如此，因为可以大量供应，所以双方都使用它，直到战争结束。协约国军在坦克和飞机方面的优势是一个至关重要的技术优势。一旦盟军找到了如何最大限度地利用坦克找到突破口并维持攻势之后，坦克就提供了关键的移动火力，而空中侦察则给了他们在目标定位和远程间接火力上的优势。随着军队走出战

壕并在1918年再次开始行动，空中侦察的关键作用再次体现出来，飞机也开始发挥它战术轰炸和地面扫射的作用。

在1918年的最后几场攻势中，英国陆军发展出了创新的小部队作战战术，使用刘易斯机枪（Lewis guns）、枪榴弹和迫击炮增强火力。这使得排级单位的部队能够在装甲车和更轻更快的惠比特坦克（Whippet）的支持下前进作战。1918年，法国已经从尼韦勒攻势带来的哗变和士气危机中缓过劲来，因此它在这年的表现也要好得多。[61] 三年来，英国和法国一直在平行作战，这种骄傲的做法导致了一次次的失败。最后，他们同意服从一个统一的最高指挥。在多年的指挥摩擦和最低限度的合作之后，直到他们建立起这种更有效的战斗伙伴关系，才有了后来的胜利；[62] 才使得协约国在战时生产、人口、后勤和机械化方面的巨大优势在法国元帅费迪南·福煦的熟练指挥下得以发挥。统一的指挥、高效的生产和改善的后勤（越来越多地从马力运输转向机动化、机械化运输），推动协了约国军在1918年取得胜利。到了那个时候，德国武装部队已经疲惫不堪，在武器和人数上都处于绝对的劣势。[63]1918年，先头作战部队的人数轻易就超过了协约国军后勤部队的人数。帝国陆军同样无法与之匹敌。它在各条战线上都捉襟见肘，还面临因国内工业的激烈竞争而导致的兵员短缺问题。[64]

394

在技术和基础生产层面，德国也败下阵来。第一次世界大战开始时，两项关键的技术转变正在进行。首先，武器的机械化加速了始于19世纪的火力革命，大大增加了杀伤范围和杀伤力，从而加强了在阵地战中本已十分突出的防御优势。其次，人和动物的肌肉力量正在让位于机械力量。在战争的最后两年，在战时开支的压力和创新的驱动下，协约国军通过坦克、牵引车、卡车和飞机恢复了机动性。使技术的天平加速倒向协约国势力的是他们更好的战时管理工作。那同样是一场

极不平衡的物资战，而德国人并不具备同等的组织能力。到1918年，协约国军将新的技术与创新联合作战理论、更好的军队训练和统一的指挥相整合。其结果就是，在战争后期，尤其以英军为代表的协约国军的行动规模和信心大幅提高。美军源源不断地进入法国，开始学习新的作战方式。走出1917年兵变阴霾的法国陆军重新整装上阵，士气大振，在战斗中表现出色。即使俄军被淘汰出局，日益破败的德国部队和军队在这些聚集而起的西方协约国势力面前也是不堪一击。

另外，德国有一套由奥斯卡·冯·胡蒂尔（Oskar von Hutier）将军开发并以他的名字非正式命名的进攻系统。他的这套渗透战术最初运用于东线，后于1918年被带到西线。[65]他们摒弃了协约国军使用的需要经过长时间炮火准备的正面进攻模式，转而采用短促的炮火猛轰击，随后跟以由“风暴突击队”（*Sturmtruppen*）带领的冲锋。这些步兵使用的武器不是步枪，而是近距离攻击性武器（手榴弹、火焰喷射器、手枪），他们的目的是渗透，而不是冲过对方的战壕。他们奉命绕过要塞据点，以保持进攻势头，深入敌后阵地，制造恐慌和混乱，扰乱通信，拖延敌人的增援时间。突击部队会避开大型掩体和机枪巢，将它们留给后面的普通步兵去隔离和处理。这些突击战术取得了相当成功的战果，但这样还不够。

395

到1918年，所有人都知道了该如何突破敌人的战壕，无论是通过胡蒂尔战术、创新的英国陆军小部队战术，还是法国人使用坦克和飞机完成的联合武器袭击。[66]关键的区别在于，协约国军和它的将军们现在有足够的兵力和资源，让他们的技术创新和战术系统在战争层面，而不仅仅是战役层面发挥作用。而德国人没有。正如在《西线无战事》（*All Quiet on the Western Front*）中，绝望的保罗·鲍默说的：“一架德国飞机，要对付5架英国和美国的飞机。一个饥饿、疲惫的德国士兵，

等待他的是5个活泼、强壮的敌人。德军有一条面包，他们就有50听肉罐头。我们不是被打败的，因为作为士兵，我们更优秀，更有经验：我们只是被压倒性的优势打压、击退了。”[67]他是对的，只是在1918年，他们并不比协约国的士兵更优秀，整个德国军队即将在运动战的回归中迎来彻底而决定性的失败。

鲁登道夫的进攻助了协约国军一臂之力。这是德国将军和政府在绝望之下经常会做的事：通过一次作战行动来挽救一个他们自己一手造成、难以解决的问题，而这个作战行动又往往脱离了他们真正的战略目的。从下一场战争的第一天起，他们还会这么做，在取得连他们自己都感到意外的离奇的开局胜利之后，又跌跌撞撞地走向宿命般的、没人会感到意外的失败。在第一次世界大战的最后几次战局中，鲁登道夫在政治和军事上无人能及的权力，是一个巨大的负担。同样的还包括他一系列行动所体现出来的互不相关的作战理念。他将1918年于西线发动的连续攻势煞有介事地命名为“大作战计划”，其中包括五次主要的春季和夏季攻势（又称皇帝会战，*Kaiserschlacht*）。这些行动取得了初步的突破并恢复了有限的运动，然而皇帝会战没有战略目标或者某个更高的目标，因为德军本身就不关心任何超出局部和战术范畴的目的。他并没有创造出任何新的军事现实，这些攻势既不能通过为德国赢得战争来决定战争，也不可能在德国战败和谈时为其争取宽大的条件。这些攻击穿透了敌人的战壕，并将敌军击退，但始终没有达成更大的目的。这些行动的背后是一个徒劳的幻想，即后续也许会有转机，也许这些转机可以为他们带来更多的收益，但这些希冀的背后仍然没有一个指导性的战略方向或结果。作战行动与战略之间的分裂表明，从一开始德国的战争努力就存在问题，将军们在最后阶段无声的独裁统治也是如此。使这一最后的努力真正成为泡影的，是鲁登道夫对全面胜利的执念。他对和平的唯一理解，就

396 是通过他自己和德国军队高超的作战能力，让德国成为世界强国。当一切结束时，在他糟糕领导下的德军士兵在法国占领了更多的领土，但比以往任何时候都离胜利更远。在过度的扩张和攻伐中，面对压倒性的敌人数量，他们的士气最终瓦解、崩溃。

故事说起来并不复杂。鲁登道夫将英军确定为他前两次攻势的进攻重点，以图在法国增援部队赶来撑起残局之前重挫英军。结果，由于美军顶替接管了法国在阿尔贡的战区，法国对英国的增援成为可能。因此鲁登道夫认为，他需要在解决英国人之前，首先切断法军的支援，所以他在接下来的两次攻势中转而攻击法国人。这是一次重大的错误，它不仅分散了投入，没有取得任何效果，还让遭受重创的英军有了喘息之机。他的第五次攻势，也是帝国陆军发起的最后一次攻势，完全没有重点，仅仅 4 天就宣告结束。[68] 德国已经耗尽了所有的兵力、士气和物资，但是战略地位却一日不如一日。占领更多的领土，只是意味着要用更少的兵力守住更长的战壕，要将兵力不济的军放在几个脆弱的突出部去承受盟军的三面攻击。失败也使士兵们士气低落，他们从仲夏开始就面临着规模更大、装备更精良的协约国军的反攻和似乎还在不断到来的增援，他们的意志开始动摇。[69]

相比之下，福煦协调了盟军从 7 月 18 日开始的后续反攻，并取得了远远超出预期的成功，为盟军重新赢得了战略主动权，并直接促成了 11 月的胜利。重整旗鼓的法国陆军恢复了其在盟军战斗序列中的领导地位，成为第一次世界大战中德国战败的主要推动者。在整场战争中，协约国军的大部分战斗和伤亡是法国陆军完成和承受的，大部分战争物资也是在法国经济的支撑下生产制造的。法国如今为所有其他盟国提供作战和战略指导，而美国、英国和英联邦军队则接受福煦为最高指挥官，准备执行他下达的对德国发动最后一系列攻势的命令。在他的制胜统帅下，协约国军得以充分利用它的压倒性物资和兵力优势，通过所谓的大

消耗来赢得战争，通过加速德军的投入和消耗来结束这场长时段的战争。[70] 所有高级指挥官（除了极度自信的英国远征军总司令黑格）都准备迎接另一个漫长的冬天和为期一两年的战斗。相反，福煦为 1918 年的胜利指明了方向，战争的结束比预期的时间早了一年，他一举击溃在鲁登道夫的无效攻势下暴露出来的德国防线突出部。[71] 突出部崩溃后，德军的士气也就随之瓦解了。

397

鲁登道夫是一个教条的卢德主义者（Luddite），他把帝国陆军引向失败的深渊，在他最后的日子里也依然谎话连篇，在战后鼓吹“刀刺在背”说①，利用自己的名声和地位为希特勒和纳粹背书，否认德国 1918 年的军事失败。福煦不是卢德主义者，他固守的是相对过时的法国学说。他起初深受战前军事学说的影响，即在任何情况下都要发挥活力，采取积极的攻势。而在 1918 年，他学会了如何通过更具技术、更加讲究方法的攻击来减少伤亡。[72] 凡尔登让他和法国军队了解到，火力可以代替人，而且在 1914 年之前，法国理论家尚在忧心法国的长期人口劣势，但现在的法军可以以他们从未想过的方式完成对德国的反杀。福煦也没有像贝当据信曾经说过的那样，“等待美国人和坦克的到来”。[73] 即使贝当自己也没有这样做。相反，法国的将军们优化训练，让自己的士兵熟悉联合武器战术和机动作战。当新鲜但装备简陋的步兵从大西洋彼岸抵达时，他们还为美军提供重型武器和精锐部队及顾问，有时甚至以牺牲自己部队的力量为代价。然后，他们将阿尔贡和阿登森林的大片战壕防线移交给美军，自己向北、向西转移，以支援英国部队。这是一次真正的联盟。

协约国军的最后几次战局，都是在传统的按部就班的办法和利用坦克、飞机实现突破的战术之间寻求一种折中。其中的关键在于，新的联合武器攻击办法是接受损耗的，它认为消耗是现代战争

① 指鲁登道夫等人炮制的“德国未败，德军在第一次世界大战中的失利是因为遭到犹太人的陷害和背叛”的谣言。

不可避免的一部分，是胜利的必要条件。但现在大规模的伤亡被机动战的重新崛起所掩盖，战场机动性的恢复则得益于新的武器、更好的指挥和控制，以及盟军下至战士上至统帅层面的精诚合作。协约国军利用无线通信、更好的战术和机动性更强、杀伤力更大的武器（从毒气到轻型坦克再到更致命的炸弹和炮弹），以开阔机动的制胜战局结束了这场战争。[74]因此，美军在康蒂尼（Cantigny，5月28日至31日）的第一次大规模进攻得到了法国火焰兵部队、重型坦克、飞机和大炮的大力支持。[75]德军的疲惫也是促成协约国军成功的因素之一。双方势头于是此消彼长，协约国军在加速推进，而德军则在加速崩溃，这是双方在夏季战斗开始时都没有预见到的。帝国陆军一夜之间土崩瓦解。无论是协约国的指挥官和政府，还是德国的普通士兵，对此都大感诧异，许多德军士兵自始至终都不能接受他们已经输掉了这场战争的事实。

398

协约国军在1918年的胜利并不像保罗·鲍默认为的那样，只是技术和物资的胜利。它还得益于英国的战术创新、法国多年来在绝大部分战线上的坚守，以及后来的美国人提供的兵力数量优势。法国从它仅有的3800万人口中动员了至少850万人上前线。在1560天的战争中，他们以每天近900人的速度战死，最后共死亡140万人，近400万人受伤。（相当于美国1.1亿人口中的1400万。）1914年，英国首先向法国派出的是一支小型远征军，而不是一支军队。到1918年，英国陆军已经集结起了数百万人，但这个数字在战场上仍以5:9的比例落后于法国军队。当战斗在11月停止时，美国远征军还在陆续抵达，而且它与法军的训练和合作（包括对德军突出部的几次攻势）最为密切。[76]当战争骤然停止的时候，美国远征军才刚刚显现出它完整的战斗力。总之，西线战斗从头到尾都是一场主要发生于法德两军之间且得到英国和英联邦部队大力支持的冲突。姗姗来迟的美国资源和人力在真正的盟军联合作战中为胜利的天平添上了最后一分力，击溃了一支残破、

直到最后关头仍旧领导无力的德军。[77]法国以高昂的代价赢得一场惨胜。即便如此，所有协约国军，包括加拿大人、印度人和澳新军团以及其他的许多人，无不是在英勇作战，并为此付出了巨大的鲜血和财富代价。

德军士兵同样英勇善战，但德国在各个层面上都输了第一次世界大战。1918 年 11 月 11 日停战协定签订后不久，德军士兵陆续步行回到他们自己的家。即便如此，他们也没有结束战斗。一些人加入了自由军团（*Freikorps*），这是由退伍军人或右翼民兵组成的民兵组织，在东部边境上与复国的波兰对抗。所有的人都被告知这次世界大战他们没有输，而许多人都相信了这一点。这就是所谓的刀刺在背传说，即德国战士并没有被打败，而是被据信推翻了帝国政府、建立了魏玛共和国的社会主义者和犹太人，以及那些被希特勒称为“十一月罪人”的叛徒，“从背后插了一刀”。停战协定也没有结束其他地方的战斗。此后数年，沿着旧俄罗斯帝国的西部边境，从芬兰到波罗的海国家、波兰、乌克兰和阿塞拜疆，战火仍在持续。战火还烧到了整个中东地区，奥斯曼帝国在战败后成为第二个灭亡的帝国，留在其原来地盘上的各省相互对抗、争夺话事权，在地界的划定以及如何或是否使继任政权合法化等问题上不断产生血腥纷争。[78]这种情况在第二次世界大战后再次发生，在苏联西部和南斯拉夫，隐秘的战斗仍在继续，希腊内部分裂的政治势力走向公开对立，中国战火燎原，东南亚硝烟滚滚，战争亦在印度爆发，因为越来越多的海外帝国势力正因其在欧陆巨大的军事投入或失败而走向瓦解。两次世界大战在很大程度上打破了旧秩序，因此即使在主要的侵略国——德国两次被彻底击败后，战争也不会轻易或迅速地归于沉寂。

399

人们普遍认为在 1914 年夏秋陷入血腥争端的两方军队都未能在此后多年的堑壕战中吸取任何教训，然而这种看法是错误的。这场战争并不只是一个关于战壕中的“狮子”“兰瑟”和

“胡子兵”，如何被一群蠢驴①、容克或城堡将军②糟蹋了的故事。战争初期那些在开阔战场上进行的会战的确是灾难性的，其伤亡率在这整整52个月的战争中是最高的。在这些会战中，以哈布斯堡军为例，士兵们被迫使用19世纪的近身作战战术密集作战，导致他们惨遭屠戮，白白送命。[79]但实际上，除了康拉德这位从始至终都在断送哈布斯堡军性命的将军之外，其他将军并非一直缺乏远见和智慧，一旦他们战前拟定的战术遭遇挫败或陷入僵局，他们是能作出调整的。

为了适应堑壕战的现实，主要军队纷纷发展新的、有效的作战理论，并将其运用到强大的纵深防御、火力支援和后勤系统。[80]这是军官阶层在适应防御性战争方面取得的巨大成功，而这种成功也许常常被人们对失败的进攻和运动战恢复的过度关注所掩盖。随着1914年年底战线两翼的消失，以及迂回运动的可能性的消失（除了东部地区），为了躲避机枪和炮弹，士兵们开始往地下钻，然后各国的最高统帅部开始为他们发放工具，士兵们抄起铁锹，将战壕挖得更深更远，并用铁丝网和攻击者无法轻易穿透或攻破的纵深战壕系统来保护自己。这也是因为欧洲军队有可以追溯到17世纪的阵地战史，因此他们可以很快地重拾这些传统的作战办法。同时也是因为在某种意义上，他们都预料到了它的到来。1914年的所有交战国军队都预见到，如果他们的速战计划失败，等待他们的将是某种形式的堑壕战（在野战防御工事中展开战斗），而这的确是每支军队的遭遇。[81]这正是将军们，甚至包括他们的政府，从一开始就屈从于速战速决幻想的原因。但这始终只是绝望中的希望，而不是可能的现实。

最后，在法国和弗兰德的德军，只有那些认为自己没有被

① “狮子”指的是第一次世界大战中勇敢的英国步兵，驴则是他们的将领，人们常借“一群驴带领一群狮子”这个比喻来批评一战中英国将领的指挥不力。

② “城堡将军”（*château* generals）指不了解战场，不顾前线战士死活的将领。

打败的老兵还保持着大义凛然的模样，昂首挺立在外国的战场上。但是不管后来鲁登道夫或自由军团和刀刺在背的传说如何否认，德军完蛋已成事实。在战争的最后几个月，德国野战军采取的是隐蔽的军事打击形式，然而士气已经崩溃，大部分军事努力也已随之瓦解。[82]这并不是说德国士兵有了叛变或革命的情绪。他们只是累了，想要停止战斗，希望获得任何形式的和平。德国士兵为此付出的努力和时间可能比其他任何军队都要多。他们打赢了很多战役，但他们输掉的更多，而且输掉的几乎都是重要的。他们在一场他们国家永远无法打赢的人力和物资战争中打得筋疲力尽，这场战争是如此漫长，以至于他们的敌人克服了德国最初为短期战争设计的战术优势，在战术战斗和总体战中全方位地将其击败。德国的领导者配不上他们从普通"兰瑟"那里获得的服务和忠诚。更糟的是，他们没有吸取任何基本的教训。帝国陆军最后发起的徒劳攻势，指向的就是后来德军输掉第二次世界大战的方式：大肆追捧战术和作战的灵活性，将其隔绝于任何指导性的战略之外，试图以此赢得战争，对抗一个从一开始人力和物力都远比自己丰富的敌人。

402

在1918年战争结束之前，奥地利和俄国的军队已经走向崩解，意大利的主力也是如此，直到盟军施以援手。美国陆军的经历正好相反。它正在学习抛弃植根于19世纪小规模战争的过时观念，以及如何以新的总体战方式作战。在刚刚获得的战斗技能能够充分发挥作用之前，战争就结束了。英国陆军两度被击溃，第一次是在1914年的蒙斯，第二次是在皇帝会战中的前面两次攻势中。不过在1918年，它已经完全具备卷土重来的实力，它加入协约国联军发起攻势，并在最后的百日攻势（7月18日至11月11日）中取得胜利。即便如此，当停战的钟声敲响时，英国陆军距离被压垮也就一线之差。[83]而对德国的大克星法国陆军来说，这场胜利同样是一场惨胜。当踉跄着越过

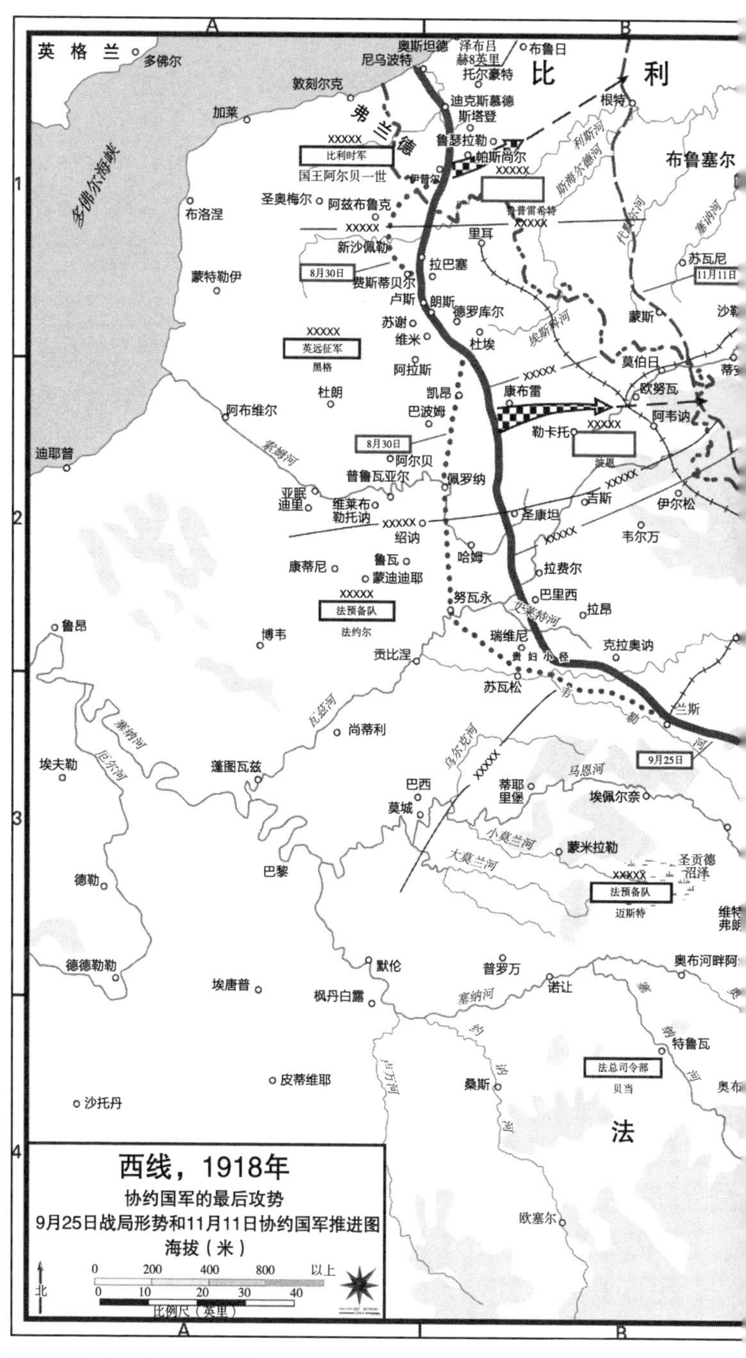


西方战线，1918 年百日攻势

美国西点军校历史系提供；George Chakvetadze 重绘

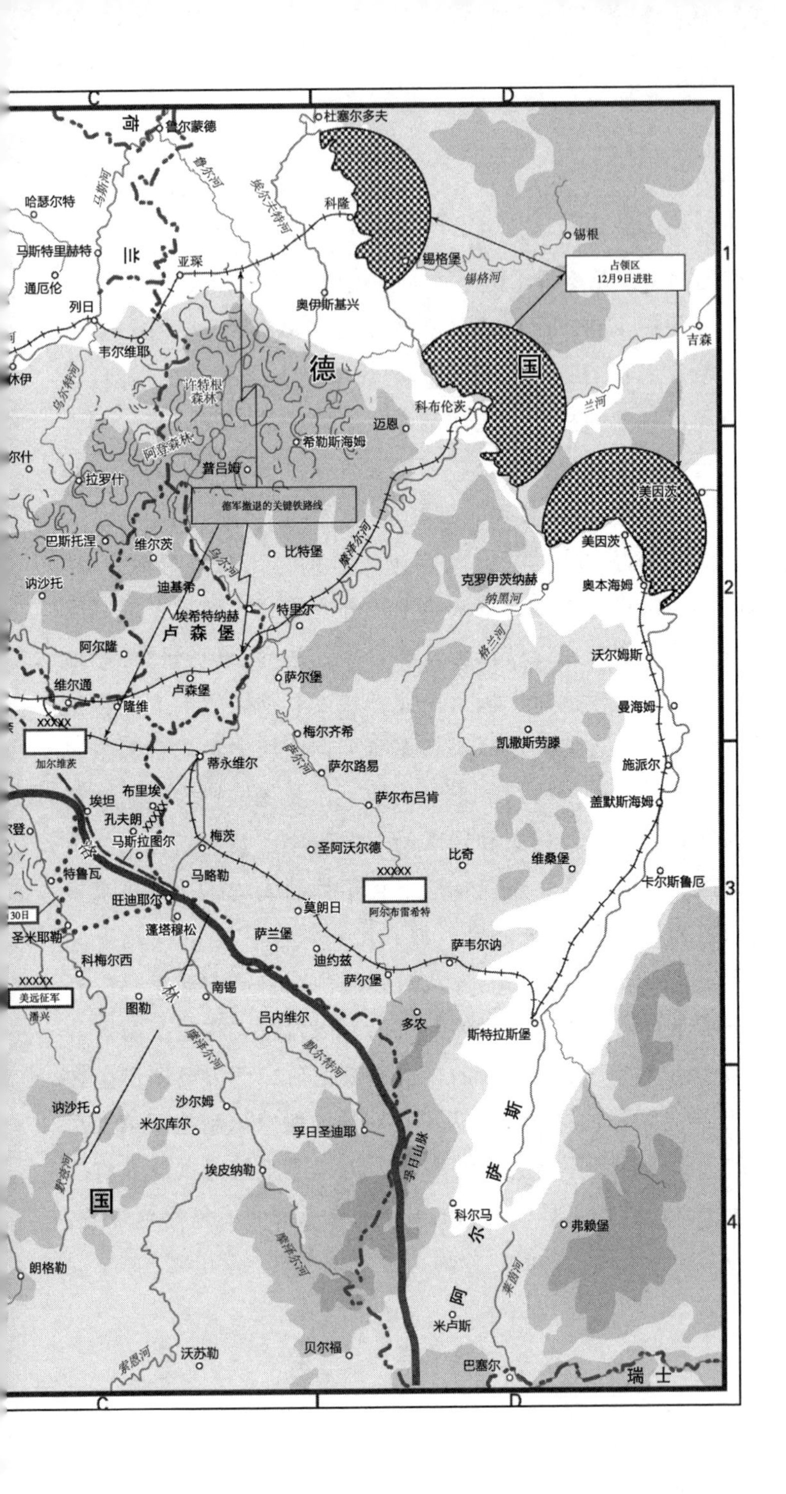

杜塞尔多夫
鲁尔蒙德
科隆
锡根
哈瑟尔特
马斯特里赫特
亚琛
锡格堡
锡格河
占领区
12月9日进驻
通厄伦
列日
奥伊斯基兴
吉森
韦尔维耶
德
国
休伊
许特根森林
科布伦茨
兰河
迈恩
阿登森林
希勒斯海姆
拉罗什
普吕姆
美因茨
德军撤退的关键铁路线
巴斯托涅
维尔茨
比特堡
美因茨
克罗伊茨纳赫
奥本海姆
讷沙托
迪基希
纳黑河
埃希特纳赫
特里尔
卢森堡
阿尔隆
沃尔姆斯
维尔通
萨尔堡
隆维
卢森堡
曼海姆
XXXXX
加尔维茨
梅尔齐希
凯撒斯劳滕
蒂永维尔
萨尔路易
施派尔
布里埃
萨尔布吕肯
盖默斯海姆
埃坦
孔夫朗
马斯拉图尔
梅茨
圣阿沃尔德
比奇
维桑堡
特鲁瓦
马略勒
XXXXX
卡尔斯鲁厄
旺迪耶尔
莫朗日
阿尔布雷希特
30日
圣米耶勒
蓬塔穆松
萨兰堡
萨韦尔讷
科梅尔西
迪约兹
XXXXX
萨尔堡
美远征军
南锡
图勒
吕内维尔
多农
斯特拉斯堡
沙尔姆
讷沙托
米尔库尔
孚日圣迪耶
斯
萨
孚日山脉
埃皮纳勒
国
科尔马
尔
弗赖堡
朗格勒
阿
米卢斯
贝尔福
沃苏勒
索恩河
巴塞尔
瑞
士

终点线时，它长长队伍中的士兵们已近力竭，就像刚刚经历过一场盛夏赛事的马拉松选手。[84] 尽管如此，自豪的“胡子兵们”和他们的国家还是赢得了战争，而且他们知道会有这么一天。

现在他们不得不眼睁睁地看着政治家挥霍和平。在巴黎会面的政治家并没有在他们制定的条约中解决大战的核心问题，因此一场更可怕的战争注定还会爆发，它的恐怖比之毒气和穴居战壕更甚，杀戮规模更大，习得性仇恨日增，更多的科技和工业化生产将被用于破坏。那场 H.G. 威尔斯在 1914 年希望可以“结束战争的战争”，其尚未完成的结果反而导致了 20 年后的第二次世界大战。[85] 政治家和外交家齐聚巴黎，试图缔造和平，重新划定破碎帝国和新兴国家的边界，但遗憾的是他们失败了。他们没能以德国人民能够接受、德国领导人能够认可的方式，来陈述协约国联军在军事上彻底将德意志帝国击败的事实。结果，由于协议缺乏明确性，以及德国的将军们和其他德国领导人对他们国家和军队的战败程度以及他们自己应负的责任撒了弥天大谎，所以本应下达给德国人的战败判决未被接受。这意味着第一次世界大战在唯一真正重要的问题上完全没有定论，即德国能否自发或被强制削减自己称霸世界的野心，满足于自己在现有国际体系中的有限地位。在迫于德国的野心和侵略，将一切以更高的代价重演之后，西方盟国不会在 1945 年再犯同样的错误了。为了让对方清醒意识到德国第二次彻底的、毁灭性的军事失败的事实，为了说服德国人放弃将战争作为振兴民族的工具，他们的城市将被蓄意且有秩序地烧毁，他们的家园被入侵、截断、分割、占领长达半个世纪之久。

403

## 注释

1 Farrar, *Short-War Illusion*: p. 15.

2 转引自 Foley, *Path to Verdun*: p. 103。

3 参见 Ian Brown, *British Logistics on the Western Front: 1914–1919* (Westport: Praeger, 1998): pp. 41–74。关于步兵的整体境况，参见 Griffith, *Battle Tactics*: pp. 47–64。

4 Wawro, *Mad Catastrophe*: pp. 372–373. 关于经济动员，参见 Chickering, *Great War, Total War*; Stone, *Eastern Front*: pp. 194–211; Leonard Smith et al., *France and the Great War, 1914–1818* (New York: Cambridge University Press, 2003): pp. 42–75; 以及 Strachan, *First World War*: pp. 815–992。

5 转引自 Herwig, *Marne*: pp. 303–304。关于计划的转变，参见 Farrar, *Short-War Illusion*: pp. 28–31。关于整顿改编，参见 Chickering, *Imperial Germany and the Great War*: pp. 32–50。

6 Foley, *Path to Verdun*: p. 163; Jean-Claude Laparra, *La machine à vaincre: De l'espoir à la désillusion; histoire de l'armée allemande 1914–1918* (Verdun: 14–18 Éditions, 2006): p. 121; Robin Prior and Trevor Wilson, *The Somme* (New Haven: Yale University Press, 2005): pp. 266–271; Jack Sheldon, *The German Army on the Somme, 1914–1916* (London: Pen & Sword, 2005): pp. 93ff.

7 Jonathan Krause, "The French Battle for Vimy Ridge, Spring 1915," *Journal of Military History* 77/1 (2013): 91–113. 另一种观点参见 Anthony Clayton, *Paths of Glory: The French Army, 1914–1918*(London: Cassell, 2003)。一个例外是 John Mosier, *Myth of the Great War* (London: Profile, 2001)。另见 Smith, *France and the Great War*: pp. 77–83, 113–145; Robert Ferrell, "What's in a Name? The Development of Strategies of Attrition on the Western Front, 1914–1918," *Historian* 68 (2006): pp. 722–746; Paul Harris and Sanders Marble, "The 'Step-by-Step' Approach: British Military Thought and Operational Method on the Western Front, 1915– 1917," *War in History* 15 (2000): pp. 17–42。

8 Wawro, *Mad Catastrophe*: p. 57 and p. 424n55; Stone, *Eastern Front*: pp. 144–164.

9 转引自 Foley, *Path to Verdun*: p. 149。关于哈布斯堡和俄国军队在 1915 年的困境，参见 Richard DiNardo, *Breakthrough: The Gorlice-Tarnów Campaign, 1915* (Santa Barbara: ABCCLIO, 2010); Graydon Tunstall, *Blood on the Snow: The Carpathian Winter War of 1915* (Lawrence: University Press of Kansas, 2010)。

10 Strachan, *First World War*: pp. 993–1005; Spencer Jones, *From Boer War*

*to World War: Tactical Reform of the British Army, 1902–1914* (Norman: University of Oklahoma Press, 2012); Hastings, *Catastrophe*: pp. 463–496; David French, "The Meaning of Attrition, 1914–1916," *English Historical Review* 103 (1988): pp. 388–389.

11 Sanders Marble, editor, *Scraping the Barrel: The Military Use of Substandard Manpower, 1860–1960* (New York: Fordham University Press, 2012): pp. 5–131. 第二次世界大战期间，所有军队，包括美国陆军，都出现了下调征募标准的情况。到 1944 年，美国的医学检查人员已将没有牙齿的人列为适于战斗者。Rick Atkinson, "Projecting American Power in the Second World War," *Journal of Military History* 80 (2016): p. 348.

12 Rachel Duffett, *The Stomach for Fighting: Food and the Soldiers of the Great War* (Manchester: Manchester University Press, 2012); Martin van Creveld, "World War I and the Revolution in Logistics," in Chickering and Förster, *Great War, Total War*: pp. 57–72; Peter Lummel, "Food Provisioning in the German Army in the First World War," in Ina Zweiniger-Bargielowska et al., editors, *Food and War in Twentieth-Century Europe* (Farnham: Ashgate, 2011): pp. 13–26. 关于在战争后期军队对长期战争的调整，参见 Brown, *British Logistics*: pp. 41–74。

13 Birger Stichelbaut and Piet Chielens, *The Great War Seen from the Air: In Flanders Fields, 1914–1918* (Brussels: Mercatorfonds, 2013); John Morrow, "The First World War, 1914–1919," in John Olsen, editor, *A History of Air Warfare* (Washington: Potomac, 2010): pp. 3–26.

14 Christian Geinitz, "The First Air War against Non-Combatants," in Chickering and Förster, *Great War, Total War*: pp. 207–226.

15 关于毒气的影响，参见 Edgar Jones, "Terror Weapons: The British Experience of Gas and Its Treatment," *War in History* 21/3 (2014): pp. 355–375。关于索姆河战役的德国视角，参见 Westmann, *Surgeon with the Kaiser's Army*: pp. 69–85。

16 批判性研究可见于 Paul Fussell, *The Great War in Modern Memory* (Oxford: Oxford University Press, 2013)。

17 Raphaëlle Branche, "De l' art dans les tranchées," *Vingtième Siècle: Revue d' histoire* 94 (2007): pp. 253–255; Rabb, *Artist and the Warrior*: pp. 182–198. 特别是艺术家对战壕的反应，见第 182—183 页。作者在一本私人照片集中看到洞穴教堂和雕像。另见 Evan Hadingham, "The Hidden World of the Great War," *National Geographic Society*, 可见于 http://ngm.nationalgeographic.com/2014/08/ww1-underground/

hadingham-text。

18　参见 Henri Barbusse, *Le feu: Journal d'une escouade* (Paris: Flammarion 1917)；英译本为 *Under Fire: The Story of a Squad* (New York: E. P. Dutton, 1917)。

19　更大范围的描述，参见 Michael Freemantle, *Gas! Gas! Quick, Boys! How Chemistry Changed the First World War* (Stroud, UK: Spellmount, 2012)。对中了毒气的伤员的治疗，参阅韦斯特曼一位德国军医的一手记录：*Surgeon with the Kaiser's Army*: pp. 95–106。

20　Ted Bogacz, "War Neurosis and Cultural Change in England, 1914–22: The Work of the War Office Committee of Enquiry into 'Shell-Shock,'" *Journal of Contemporary History* 24/2 (1989): pp. 227–256.

21　Alexander Watson, *Enduring the Great War: Combat, Morale and Collapse in the German and British Armies, 1914–1918* (Cambridge: Cambridge University Press, 2009): pp. 140–183; Gary Sheffield, *Forgotten Victory: The First World War, Myths and Realities*(London: Headline, 2001): passim; Westmann, *Surgeon with the Kaiser's Army*: pp. 107–119.

22　Ernst Jünger, *Storm of Steel* (London: Penguin, 2004), first published in 1920; Erich Maria Remarque, *All Quiet on the Western Front* (New York: Ballantine, 1987), first published in 1929. Also see Herbert Sulzbach, *With the German Guns: Four Years on the Western Front* (Barnsley: Pen & Sword, 2003), and Jason Crouthamel, "Nervous Nazis: National Socialism and Memory of the First World War," *War & Society* 21/2 (2003): pp. 55–75.

23　Jankowski, *Verdun*: pp. 35–46.

24　Georges Blond, *Verdun* (London: White Lion, 1976): p. 30; Holger Afflerbach, "Planning Total War? Falkenhayn and the Battle of Verdun, 1916," in Chickering and Förster, *Great War, Total War*: pp. 113–131.

25　Jankowski, *Verdun*: pp. 12–13.

26　关于步兵在战壕外和开阔地带上面对的"钢铁风暴"，参见 Griffith, *Battle Tactics*: pp. 38–44。

27　Foley, *Path to Verdun:* pp. 212–215.

28　Ibid., pp. 219–220.

29　转引自 Jankowski, *Verdun*: p. 109。

30　See Henri-Philippe Pétain, *Verdun* (London: Mathews & Marrot, 1930): passim.

31 关于现代战争中的荣誉，参见 Howard, "When are Wars Decisive," pp. 127–128。

32 Foley, *Path to Verdun*: pp. 229–234.

33 转引自 ibid., p. 185。

34 Jankowski, *Verdun*: pp. 72–73, 77.

35 转引自 ibid., p. 84。

36 Hew Strachan, "Breaking the Deadlock," *MHQ: Quarterly Journal of Military History* 16 (2004): pp. 72–83; William Philpott, *Anglo-French Relations and Strategy on the Western Front 1914–1918* (London: Macmillan, 1996): pp. 112–128.

37 Michael Barrett, *Prelude to Blitzkrieg: The 1916 Austro-German Campaign in Rumania* (Bloomington: Indiana University Press, 2013): pp. 264–281.

38 Rogan, *Fall of the Ottomans*: pp. 243–310; Mcmeekan, *Ottoman Endgame*: pp. 247–314.

39 Edward Erickson, *Ottoman Army Effectiveness in World War I* (New York: Routledge, 2007): pp. 61–117; John Grainger, *The Battle for Palestine* (New York: Boydell, 2006); Strachan, *First World War*: pp. 495–643.

40 Graydon Tunstall, "Austria-Hungary and the Brusilov Offensive of 1916," *The Historian* 70/ 1 (2008): pp. 30–53; Stone, *Eastern Front*: pp. 35–61, 232–263; Timothy Dowling, *The Brusilov Offensive* (Bloomington: Indiana University Press, 2008): pp. 62–134.

41 Brian Bond, *Britain's Two World Wars Against Germany* (New York: Cambridge University Press, 2014): pp. 125–143.

42 William Philpott, *Bloody Victory: The Sacrifice on the Somme and the Making of the Twentieth Century* (London: Little Brown, 2009): pp. 167–208; Keegan, *Face of Battle*: pp. 207–284. 法金汉的话转引自 Robert Foley, "Learning War's Lessons: The German Army and the Battle of the Somme 1916," *Journal of Military History* 75/2 (2011): p. 479。

43 Jankowski, *Verdun*: p. 99; Foley, "Learning War's Lessons," p. 480–482, 492, Falkenhayn quoted at p. 472; Philpott, *Bloody Victory*: pp. 207–289; Tim Travers, *The Killing Ground: The British Army, the Western Front and the Emergence of Modern Warfare* (London: Routledge, 1990): pp. 127–199; Gary Sheffield, *The Somme* (New Haven: Yale University Press, 2005); Prior and Wilson, *The Somme*: pp. 35–56, 112–118.

44 William Philpott, *War of Attrition: Fighting the First World War* (London: Overlook, 2014): p. 226.

45 Elizabeth Greenhalgh, *The French Army and the First World War* (Cambridge: Cambridge University press, 2014: pp. 170–270; Smith,*France and the Great War*: pp. 113–145; Robert Doughty, "How Did France Weather the Troubles of 1917?" and Michael Neiberg, "'What True Misery Is' : France's Crisis of Morale 1917," in Peter Dennis and Jeffrey Grey, editors, *1917: Tactics, Training, and Technology* (Loftus: Australia Military History Publications, 2008): pp. 88–104, 105–124.

46 当代对德国的这种战争目的的看法参见 Nicholas Butler, "The Road to Durable Peace," *Advocate of Peace* 80/4 (April 1918): pp. 110–111。另可参见 Roger Chickering, "Sore Loser: Ludendorff's Total War," in idem 以及 Stig Förster, editors, *The Shadows of Total War, 1919– 1939* (New York: Cambridge University Press, 2003): pp. 151–178。

47 这是兴登堡自我辩白的回忆录中的一个中心思想。兴登堡的回忆录原名 *Aus meinem Leben*（《我的生活片段》），出版于 1920 年；英文版本经过大量编辑和删节后重新出版：*The Great War* (London: Greenhill, 2006)。

48 Lisle Rose, *Power at Sea: The Age of Navalism, 1890–1918* (Columbia: University of Missouri Press, 2007): pp. 216–246; David Olivier, *German Naval Strategy 1856–1888: Forerunners of Tirpitz* (New York: Routledge, 2012): pp. 41–76; 130–189. 另见 Lawrence Sondhaus, *Preparing for Weltpolitik: German Sea Power Before the Tirpitz Era* (Annapolis: Naval Institute Press, 1997)。

49 关于 1915 年至 1918 年的 U 型潜艇战争，见 Rose, *Power at Sea*: pp. 247–292。

50 备忘录翻译、转载于 Dirk Steffen, "The Holtzendorff Memorandum of 22 December 1916, and Germany's Declaration of Unrestricted U-boat Warfare," *Journal of Military History* 68/1 (2004): pp. 215–224。德国称恢复这一做法的原因是美国向协约国提供战争贷款。

51 Dowling, *Brusilov Offensive*: pp. 282–301; Joshua Sanborn, *Imperial Apocalypse: The Great War and the Destruction of the Russian Empire* (Oxford: Oxford University Press, 2014): pp. 171–204.

52 条约的英文译文可见于 https://wwi.lib.byu.edu/index.php/The_Peace_Treaty_of_Brest-Litovsk。

53 Martin Kitchen, *The Silent Dictatorship: The Politics of German High*

*Command under Hindenburg and Ludendorff, 1916–1918* (London: Holmes & Meier, 1976). 另见 Chickering, *Imperial Germany and the Great War*: pp. 66–153。沃森为这一转变辩护，认为这是对长期战争的一种理性回应，参见 Watson, *Ring of Steel*: pp. 464–465。

54 Barrett, *Prelude to Blitzkrieg*: pp. 1–31, 212–122, 280–281.

55 关于美国作战陡峭的学习曲线，参见 Timothy Kutta, "The American Army in World War I," *Strategy & Tactics* 217 (2003): pp. 6–22， 以及 Edward Coffman, *The War to End All Wars: The American Military Experience in World War I* (Lexington: University of Kentucky Press, 1998): pp. 121–186, 262–298。

56 Nick Lloyd, *Hundred Days: The Campaign that Ended World War I* (New York: Basic Books, 2014): pp. 115–132.

57 Robert Ferrell, *America's Deadliest Battle: Meuse-Argonne, 1918* (Lawrence: University Press of Kansas, 2007): pp. 112–147.

58 歌曲和歌词可见于 http://www.loc.gov/item/2014570675/。

59 Foley, "Lessons," p. 496.

60 Siegfried Sassoon, "Memorial Tablet" (October 1918).

61 Griffith, *Forward into Battle*: pp. 50–94; Williamson Murray, *Military Adaptation in War* (Cambridge: Cambridge University Press, 2011): pp. 74–118.

62 Tim Travers, *How the War Was Won: Command and Technology in the British Army on the Western Front, 1917–1918* (London: Routledge, 1992): pp. 11–109.

63 Elizabeth Greenhaigh, *Victory Through Coalition: Britain and France during the First World War* (Cambridge: Cambridge University Press, 2005): pp. 186–264; Travers, *How the War Was Won*: pp. 110–182; David Stevenson, *With Our Backs to the Wall: Victory and Defeat in 1918* (Cambridge: Belknap Press, 2011): pp. 222–243.

64 Brown, *British Logistics*: pp. 179–210; Martin Horn, *Britain, France, and the Financing of the First World War* (Montreal: McGill-Queen's University Press, 2002): pp. 28–56; Rachel Chrastil, *Organizing for War: France, 1870–1914* (Baton Rouge: Louisiana State University Press, 2010): pp. 112–126; Robert T. Foley, "The Other Side of the Wire: The German Army in 1917," in Dennis and Grey, *1917*: pp. 155–178. 有关法国的情况，参见 Rémy Porte, *La mobilisation industrielle, « premier*

*front » de la Grande Guerre?* (Cahors: 14–18 Éditions, 2006)。更宽泛的研究参见 Strachan, *First World War*: pp. 993–1113。

65　Griffith, *Forward into Battle*: pp. 100–101; Bruce Gudmundsson, *Stormtroop Tactics: Innovation in the German Army, 1914–1918* (New York: Praeger, 1988).

66　Tim Gale, *The French Army's Tank Force in the Great War* (Farnham: Ashgate, 2013): pp. 126–130.

67　Remarque, *All Quiet*: p. 286.

68　David Zabecki, *The German 1918 Offensives: A Case Study in the Operational Level of War* (New York: Routledge, 2006): pp. 73–76, 81–82, 324, 326–327; Ian Passingham, *The German Offensives of 1918: Last Desperate Gamble* (Barnsley: Pen & Sword, 2006); Martin Kitchen, *The German Offensives of 1918* (Stroud: Tempus, 2001). 关于鲁登道夫和总参谋部，参见 Paul J. Rose in Zabecki, *Chief of Staff*, Vol. 1: pp. 109–122。

69　Lloyd, *Hundred Days*: pp. 71–73; 234–237; Zabecki, *1918 Offensives*: pp. 233–278.

70　这是道蒂（Doughty）在其研究著作《皮洛士式胜利》（*Pyrrhic Victory*）中的中心论点。

71　黑格也相信 1917 年即可赢得胜利。他的每一个重大战局计划都默认至少可以彻底打败德国。Lloyd, *Hundred Days*: pp. 139–140; Harris, *Haig*: pp. 298– 354; 485–517.

72　Elizabeth Greenhaigh, *Foch in Command* (Cambridge: Cambridge University Press, 2011): pp. 192–216, 263–494; idem, *Victory Through Coalition*: pp. 228–264.

73　Doughty, *Pyrrhic Victory*: pp. 250–310.

74　Griffith, *Battle Tactics*: pp. 101–176; Travers, *How the War Was Won*; Gary Sheffield and Dan Todman, editors, *Command and Control on the Western Front: The British Army's Experience, 1918– 1918* (Staplehurst: History Press, 2004); Jonathon Boff, "Combined Arms during the Hundred Days Campaign," *War in History* 17 (2010): pp. 459–478; idem, *Winning and Losing on the Western Front: The British Third Army and the Defeat of Germany in 1918* (Cambridge: Cambridge University Press, 2012): pp. 74–159; Simon Robbins, *British Generalship on the Western Front 1914–1918: Defeat into Victory* (London: Frank Cass, 2005): pp. 83–131.

75　Alan Millett, *Well Planned and Splendidly Executed*, 2nd ed. (Chicago:

Cantigny Foundation, 2013).

76 Jean-Bapiste Duroselle, *La Grande Guerre des Français* (Paris: Perrin, 1994): p. 7; Doughty, *Pyrrhic Victory*: p. 1–2; Krause, “Vimy Ridge,” p. 92; Robert Bruce, *A Fraternity of Arms: America and France in the Great War* (Lawrence: University Press of Kansas, 2003): pp. 97ff.

77 博夫对这些重要论点有过精彩的阐述，参见 Boff, *Winning and Losing*: pp. 226–251。

78 Rogan, *Fall of the Ottomans*: pp. 311–384; David Fromkin, *A Peace to End All Peace: The Fall of the Ottoman Empire and the Creation of the Modern Middle East*, 2nd ed. (New York: Holt, 2009): pp. 415–568.

79 Steven Jackman, “Shoulder to Shoulder: Close Control and ‘Old Prussian Drill’ in German Offensive Infantry Tactics, 1871–1914,” *Journal of Military History* 68/1 (2004): pp. 102–104.

80 关于德国在堑壕战上的适应性的开创性研究，参见 Graeme C. Wynne, *If Germany Attacks: The Battle in Depth in the West* (Westport: Praeger, 1971)，于 1940 年首次出版。对传统观点的重要纠正，来自 Foley, “Learning War’s Lessons,” pp. 471–504，以及 idem, “Dumb Donkeys or Cunning Foxes? Learning in the British and German Armies during the Great War,” *International Affairs* 90/2 (2014): pp. 279–298。

81 这是默里提出的启发性见解，参见 Murray, *Rocky Road*: pp. 225–238 以及多处。

82 参见 Wilhelm Deist, “The Military Collapse of the German Empire: The Reality Behind the Stab-in-the-Back Myth,” *War in History* 3 (April 1996): pp. 186–207。另见 Westmann, *Surgeon with the Kaiser's Army*: pp. 120–151。

83 参见 Lloyd, *Hundred Days*: pp. 167–270。英国历史倾向于把协约国军的胜利几乎完全归功于百日攻势，而忽略了法军的巨大作用，在这方面多尔蒂的研究有着重要的修正作用，参见 Doughty, *Pyrrhic Victory*: pp. 405–507。

84 Ibid., pp. 504–512.

85 H. G. Wells, *The War that Will End War* (New York: Duffield, 1914). 电子版见 http:// catalog.hathitrust.org/Record/000403366。伍德罗·威尔逊用了一个不同的措辞：“我向你们保证，这将是最后的战争——结束所有战争的战争。”出自 1917 年 4 月 2 日美国总统在国会两院联席会议上发表的讲话。

## 十三　民族的覆灭



沿地平线上传来的人造雷声在1918年停止了，但之后出现的并不是和平。福煦元帅在1919年预言，协约国和德国签署的《凡尔赛条约》不过是“一份二十年停战协议”。[1]他一点没说错。戴高乐也持相同观点，他后来将这两次世界大战称为20世纪的三十年战争。德国领导人称雄世界的野心是这场总体战的基石，这场总体战始于1914年，而且确切地说，直到1945年才结束。再一次，德国的领导人从他们的开局胜利中得到短期战争的经验，但代价却是忽略了致其失败的长期战争的教训。盟国人民将不得不为其外交官未能将自己国家的将军和士兵获得的胜利坐实、德国人拒绝面对自己失败的规模和程度，付出可怕的代价。[2]就其毁灭性而言，第二次世界大战的目标和手段无一不呈现总体战的特点，德国过度膨胀的民族野心只能接受战争的裁决，因此为了将其击退，为了致其灭亡，一场大战势在必发。

几乎每个在1914年设法保持中立的小国都将被卷入这场战争。1938年希特勒一枪未发，吞并了奥地利以及捷克斯洛伐克的苏台德地区，并且得到意大利、英国和法国的全面默许。然后，他在1939年年初吞并了捷克的剩余部分。最终，西方国家强硬了起来，但为时已晚，它们已经无法阻止纳粹与苏联联手，在9月和10月入侵并瓜分波兰，分割占领波罗的海国家。在接下来的几个月里，苏联进攻并吞并了芬兰的部分地区，并从罗马尼亚攫取了更多的领土，并威胁到其他几个小国。1940年4月，德国在苏联的秘密协助下，入侵了丹麦和挪威。接下来是对卢森堡、荷兰、比利时和法国的入侵——全都发生在1940年5月10日这同一天里。装甲部队开进希腊，并于1941年4月粉碎南斯拉夫。随着英国从希腊全面撤退，

405 德国的空降猎兵（*Fallschirmjäger*）空降克里特岛，将最后一批英国军队彻底赶出欧洲大陆，这是英军在这一年里的第四次撤离。从大西洋到维斯瓦河，从波罗的海到地中海，整个欧陆都处于希特勒和他的法西斯小盟友的控制或占领下。他的南翼已经得到保障，希特勒于是准备将他的部队调往东线。

这场战争的根源和核心始终是纳粹德国的激进野心，但其他侵略者也企图趁着1940年法国失败和英国势弱浑水摸鱼。意大利入侵肯尼亚、索马里兰和苏丹等东非殖民地，战火沿着法国和英国的殖民势力布局一路向东非和西非蔓延，并沿着世界海上航道向印度洋和美洲海岸线蔓延。自由法国军队在西非站稳了脚跟并转向北方，而此时意大利人正在东非与英国和英联邦军队展开激战。东至阿尔及利亚，西至埃及，还有更多的轴心国军队在北非伺机掠夺，威胁着苏伊士运河。伊拉克的一场亲轴心国的政变导致英国的介入，以阻止德国接管，而自由法国军队则入侵了隔壁的叙利亚。在中国站稳了脚跟的日本，伺机南下进入法属印度支那，准备在1941年年底发动更大规模的袭击。这加剧了它与美国之间本已紧张的关系，局势加速恶化。

战火席卷半个世界，但这些都是外围活动，这一点在1941年年中希特勒将国防军（改名后的德国军事力量）[3]和其他轴心国军队派往苏联，整个战争中心发生转移时就很清楚了。此后，第二次世界大战的重心以及战斗和决策的主战场都转移到了中欧及苏联西部的血染之地上。意大利、芬兰、保加利亚、罗马尼亚和匈牙利在诱惑或胁迫之下加入这场迅速席卷并覆盖了白俄罗斯、乌克兰和高加索地区的战斗。没人能够置身事外，至少不能长久地置身事外。随着战争蔓延到新的地区和野蛮程度的加剧，入侵、屈服和合作，以及地区机会主义式的侵略行为，使更多的国家被卷入进来。[4]随着征服者开始实

施种族鉴定、隔离、禁食和灭绝等非常规措施，在亚美尼亚这样的落后贫瘠之地上，战争开始显露出一种即使在第一次世界大战中也未见过的邪恶和杀戮本质。

1937年开始的日本侵华战争在亚洲引爆了另一场战争，战争于1945年结束，大部分亚洲小国被卷入其中。虽然日本与意大利和德国结成同盟，是轴心国的一员，但是中国战争，或称第二次中日战争①，最初与欧洲战争并无关联。1941年12月7日，日军袭击珍珠港，同时染指英国在中国香港和马来亚的地盘，这些让日本军队从中国扩张到太平洋的事件改变了亚洲战争的性质。同样重要的还有德国和意大利在4天后对美国的宣战，它从战略上把亚洲地区的战争与欧洲的战争联系了起来。[5] 亚洲战争和欧洲战争此后汇合成一场真正的世界大战，美国在大西洋和太平洋上架起了由大量战争物资、飞机、军队和舰队组成的战争桥梁。1942年的最初几个月，尝到胜利甜头的日本又入侵了缅甸、马来亚、荷属东印度群岛和菲律宾，同时还占领了分布在太平洋中部和南部的遥远岛链。然而，到该年年底，日本又被逼回到外围防御，此后只在缅甸和中国境内偶尔发动进攻。日本同时在太平洋以及中国和缅甸与它的敌人两线作战，直到1945年结束。 406

***

旧秩序被打破之后，废弃或失败的文明被残暴的社会取代，激进政党上台，在几个主要首都掌权，比如1922年的罗马和1933年的柏林。较小的犯罪团伙在较小的首都掌权，与激进的群众政党有关的政治暴力几乎无处不在。恶劣的新的世

① 即抗日战争。

俗意识形态颂扬由恐怖警察实施的国家恐怖主义，并逐渐转向制度化的大规模谋杀，以及（在下一场战争之前和期间）多种阶级、种族和宗教灭绝。作为军阀式领袖的希特勒被异乎寻常的个人崇拜奉为暴君将军。即使是比较体面的主要交战国，也从第一次世界大战中屠杀穿制服的年轻人升级到了第二次世界大战中的屠杀“敌方平民”——这个标志性术语的使用，让这场战争变成一场彻底不受法纪约束的屠戮，每个站在枪口或炮口对面的人都可被视作一个潜在、合法的射杀目标。在战争结束之前，所有大国都在打一场规模更大且不择手段的战争，这场战争的目的不再只是决定在哪里重划边界，又或者如何互换帝国省份，而是决定整个民族是否会被灭种，是否会从历史和世界上消失。第二次世界大战的死亡人数不只是第一次世界大战里的 1000 万人，这场肆无忌惮的灭绝战杀死了 6500 万人，甚至更多。这是一场绝对的民族之战，它所造成的破坏、所蓄意策划的大规模屠杀，无论在规模和手段上都是前所未有的。

在第二次世界大战中，所有主要交战国都把饥饿，无论是通过海上封锁还是直接没收粮食，当作它们的一项主要的政策和作战手段。战争导致欧洲和亚洲的大部分地区遭遇营养不良和饥荒，发生在孟加拉和河南的饥荒造成数百万人死亡。[6] 荷兰经历了“饥饿严冬”，列宁格勒发生吃人事件，在中国农村地区类似事件也有很多。德国人在 1941—1942 年有计划地饿死 300 万红军俘虏，还有数百万人被纳粹视为“无用之人”，德国为此拒绝为 20 多个被占领的国家提供食物。这是强制清理人口的前奏，而清理人口本身也是一个计划的前奏，即在战后用经过种族验证的德意志裔人（*Volksdeutsche*）对被征服的和人口稀少的土地进行殖民统治。最终计划通过饥饿或更加积极的行动将战前和历史上曾生活在这片土地上的人口清空，将整个国家分而治之，由一个产生自纳粹党和国防军高层的贵

407

族阶层去统治一个庞大的经由优生管理的蓄奴殖民地。这是战争史上最激进的一套最终目标。

战争期间，奴役至死的现象已经在轴心国占领的欧洲出现。这是希特勒想要的战争，即针对民族的战争，他认为这比边界和帝国的战争更加重要。他相信种族战争（*Rassenkrieg*）胜于一切，他所追求的社会和种族议程是如此激进，以至于他还分别为儿童和妇女、罗姆人和犹太人设立了集中营。作为杀人团被派出的特别行动队立即开始了在波兰，以及后来在苏联的杀戮。在全面种族灭绝的决定下达之后，特别行动队的屠杀数量很快便被为进行工业规模人口屠杀而建的灭绝营所超过。从波罗的海到高加索地区也都发生了针对其他少数民族的较小规模的种族屠杀。在南斯拉夫，相当多的更具有意识形态色彩的种族屠杀被党派斗争和内战所掩盖。在乌克兰、波兰、东南亚、中国，以及其他遭到轴心国入侵、占领或在第二次世界大战期间陷入局部恶性内战的地方，情况也是如此。

投降的士兵往往会被就地杀死，或者死在死亡行军路上，死在战俘营或强制劳动营中。法国（1940年）和意大利（1943年）的所有俘虏军队都被驱逐到德国，押作人质以制衡他们的国家。战俘被日本帝国和纳粹德国用作强制劳工。恐怖警察或穿制服的党派暴徒和杀人犯无处不在：盖世太保、铁卫团、黑衫军、OVRA（警惕和镇压反法西斯主义组织）、乌斯塔沙（*Ustaše*）、法兰西民兵（*Milice*）、箭十字党、日本宪兵等。南京大屠杀是日军屠杀战俘和平民的黑暗一页，标志着日军在中国，以及后来从马来亚到马尼拉一连串侵略罪行的到来。在巴丹死亡行军路上，以及在被称为“死亡铁路”的泰缅铁路上，盟军战俘要么在每日的殴打和挨饿中慢慢走向死亡，要么突然被斩首或死在刺刀之下。直到战争结束，在匈牙利、普鲁士以及其他许多地方，战俘、集中营的囚犯以及数十万平

408

民所遭受的死亡行军从未停止过。[7]

虽然不能说这两个对立阵营之间存在着道德上的对等，但是我们必须明白，战时行为的标准确实是在普遍恶化。无差别的海上战争在第一天就开始了，一艘U型潜艇击沉了一艘客轮。双方海军都在这样做，两个阵营互相实施封锁，其目的不只是打断贸易，还是为了让对方陷入贫困和饥荒。同盟国方面发动了一系列“宰完就跑”的突击行动，而轴心国对死亡的狂热不断加深，推动了自杀式战术的扩大和暴行的加剧。无差别的空中战争也在战争的第一天即告开始，波兰城市被轰炸，难民队伍遭到扫射。从波兰到斯大林格勒，从德累斯顿到东京和长崎，恐怖轰炸政策得到普遍采纳。平民并不只是精确打击在偏离路线后导致的附带伤害，而是“士气轰炸”中被蓄意设定的目标。到最后，西方盟军的空军和政策一共摧毁了德国的120座城市和日本的62座城市，那里的建筑物和民众在民主国家空军播撒的燃烧弹下化作灰烬。野蛮主义笼罩了整个世界。文明在一个可怕的时刻止步不前，在这场残酷的战斗取得胜利之前，文明是难以维系的，文明的代价也是人们所无力承受的。

***

在两次世界大战之间的这段时间里，法国担心的情况是，德国军事实力迅速复苏，其南部和东部边境的邻国遭到削弱，强大但被孤立的法国因而不得不独自面对柏林的复仇之心。在1914—1918年赢得战争的大国联盟中，只有法国是从1923年起就在努力遏制德国的。在这一关键努力中，因为英国、俄国和美国都在20世纪20年代一门心思打理起了自己的事务，法国因而被秉持孤立主义外交的前盟友们抛弃了。在边境地区

409

修筑防御工事既能放大地形效果，又能极大增强内部守军的战斗力，是非常合理的选择。这些堡垒可以阻挡德国军队径直穿过阿尔萨斯－洛林入侵法国，迫使他们绕道迂回。由于庞大的现代军队无法穿越阿尔卑斯山脉，德国人将被引向北边低地国家，沿着过去的施里芬路线行进，但这一次，他们将在比利时森林和荷兰沼泽之间遭遇来自盟军的强大拦截阻力。即使西部军团（*Westheer*，西线的德国军队）试图通过更直接的路线发动突袭，边境要塞至少可以拖住敌人，为法国动员留足时间。最后，有了这些防御工事，法国可以选择更加冒险的战略，集中机动性最强的精锐兵力，调往北边反攻比利时。

边境设防还考虑到了严重的人口劣势，这一劣势将因1914—1918年的"空心年"（*années creuses*，或*class creuses*）的到来而加剧。由于1914—1918年阵亡一代的消失，从1933年开始，法国出生率将下降近50%，法国军队的入伍人数将急剧萎缩。鉴于兵源不足已是不争的事实，而部署防御又比建立野战军节省人力，20世纪20年代，霞飞和贝当提出修建大型防御工事的想法，但这一提议遭到年轻的运动战倡导者，如戴高乐和许多法兰西第三共和国政治家的反对。最后，辩论结束，马其诺防线建成。马其诺防线在1930年至1939年间分阶段建造，其名字来自1916年在凡尔登负伤的法国陆军部长安德烈·马其诺（André Maginot）。与德国接壤的东北边境的主要防御工事包括22个大型（大部分为非地下）堡垒以及36个较小的堡垒和驻军。所有这些都由碉堡、掩体、加固的机枪巢和其间的铁路线连接起来。这是"铜墙铁壁"与1914—1918年的战壕的合体和重现。然而，大萧条的到来，让造价昂贵的装甲打击部队的打造计划大为缩水，而这是马其诺防线战略概念的一个重要组成部分。[8]

在法国，人们已经不再对决定性会战抱有希望，1914年8

月霞飞在比利时寻求的那种决定性会战是失败的，直到那场更加绝望但为协约国军赢得了胜利的马恩河会战的到来。作为一个满足于维持现状的大国，进攻并不符合法国的利益。这也超出了法国的军事能力。德国有着巨大的兵力优势，苏联深陷激进的孤立主义，不愿恢复旧的法俄同盟，而英国也已解除陆军武装，回到1914年以前的水平，要想重建1916年至1918年的那支对盟军胜利至关重要的百万大军必须重新花上几年的时间。考虑到20世纪30年代欧洲大陆的地缘政治现实，法英是默认的盟友关系，但并没有白纸黑字作为正式保证。法国也不能指望美国人来帮助捍卫国际秩序，抵御来自法西斯国家的挑战，因为他们在20年代初就已将所有军队撤离欧洲，而且随着大萧条的加剧恶化，他们甚至有从所有国际安全承诺中抽身的倾向。所以当希特勒上台并着手恢复德国军事实力以适应其扩张野心时，法国能靠的几乎就只有自己了。

410

巴黎计划建立一支由90个师组成的强大防御力量，并由12个比利时师作为补充。然后，它加固了阿尔萨斯的边防，不是畏缩不前，而是为了解放机动装甲和机械化部队，集中力量挥师北上。法国陆军希望重演第一次马恩河战役的胜利，只不过这意味着守住自己的边境，以便精锐部队下次可以在其他地方作战，而不是在法国本土。在20世纪30年代，相比任何速战速决的妄想，法国的计划者们预想的是一场针对重新崛起的德国的长期战争。他们清楚，自己必须利用法兰西和大英帝国的资源，此外还需要一个更大的联盟。他们计划首先挡住德国国防军直接攻势下的那波“日耳曼人的怒火”，然后一边动员一边逐步取得胜利。[9] 法国陆军认为，它必须在一开始撑住局面，同时再次等待那一小股象征性的英国远征军在世界最强大帝国的工业动员的支撑下，成长为一支强大的拥兵百万的英国陆军。一旦战争的铁蹄迫使布鲁塞尔与巴黎合作，机动性将成

为关键，届时需要将兵力从中立的比利时与法国接壤的南部边境后方，迅速部署到比德边境。就让德国人派他们的军队去冲击铜墙铁壁。马其诺防线将作为强大的右翼坚守阵地，而配备大量现代化飞机、坦克和大炮的法国机动部队则迅速进入比利时。根据计划者的说法，在两年或更短的时间内，西方盟国面对的将是一个因为德国战略资产和战争工厂遭封锁和轰炸而实力大减的德国国防军。与此同时，全速动员起来的盟军，其战时经济将大大超过德国，为来自两个世界性帝国的数百万受过充分训练的新兵提供更先进的武器。届时，盟军将从比利时和法国边境的阵地防御战中抽身而出，向德国本土发起进攻，并在那里赢得战争。[10]

总之，到 20 世纪 30 年代中期，法国陆军计划再次以 1918 年时让协约国军获胜的巅峰状态投入战争。它将确保主要战役在比利时而不是法国进行，除此之外，它将像上一次那样，在基本没有外来援助的情况下，在开局阶段孤军奋战，抵挡德国的全力进攻。它将为自己争取完成经济和社会动员所需的时间，将法兰西民族和帝国的潜力转化为实实在在的军事力量，同时希望大英帝国也能付出同样的努力。是的，德国也不会闲着。它的武装力量必然也在日益增强。然而，在巴黎（以及后来的伦敦），人们毫不怀疑地相信，在未来与德国的疲惫战中，盟国是从根本上更强大的一方，上次战争就是明证。一如大卫·劳合·乔治曾经夸下的海口，在通往胜利的道路上，英国的“银弹”确实在为铅弹埋单。一旦他们的国家和帝国完全武装起来，一旦它们将经济、科技和人民都动员起来，盟军的力量必然将对德国产生决定性的作用。尽管受制于国内分歧和贯穿 20 世纪 30 年代的大萧条所带来的预算限制，但法国制订了一个很好的集体防御计划来对抗重整旗鼓、复仇心切的德国。只要它的老盟友能够合作。

法国在1936年比利时正式恢复它的中立国地位之后与其进行了数次秘密会谈，他们自欺欺人地认为合法的中立地位可使比利时免受德国的再次入侵。由于这一变化，法国的防御体系中的一个重要区域被留在了错误的一侧，那是弗兰德的港口、钢铁厂和煤矿，是长期战争所需要的。巴黎计划打持久战，这意味着无论布鲁塞尔的政策多么短视，比利时及其工业、资源都必须得到保卫。这就要求在战争的一开始，就有一支机动的攻击部队迅速进入比利时，抵达代勒河（Dyle River）沿岸的前线防御阵地。为此，法国希望稳步加强盟军由机械化和摩托化部队组成的打击力量，特别是英军的装甲师。法国方面希望英军能够将开支集中在其远征军的机械化和装甲化上，以提高一个统一协调的盟军部队的机动性和打击力。然而，由于没有战争的压力和动力，巴黎和伦敦之间缺乏协调的传统再次回归，在应该如何应对意大利在地中海的侵略行为这一问题上的分歧更是让情况雪上加霜。因为不清楚反对意大利是会阻止墨索里尼的侵略，还是会将他更加推向希特勒一边，它们选择了同时安抚法西斯意大利和纳粹德国，以便盟军有足够的时间积蓄力量。但即便如此，墨索里尼还是被希特勒的致命魅力所吸引，离它们而去了。[11]

多年来，因为英国的政治家拒绝对派遣远征军作出远期承诺或与法国签署联盟条约，法国的防御计划一直未能成型。相反，在一项名为“有限责任”的政策下，历届英国政府在对纳粹德国进行绥靖的同时，也在克制自己对欧洲大陆事务的投入。[12]这一做法直到1938年9月各国为避免战争爆发而召开慕尼黑会议才最终改变。《慕尼黑协定》的签署削弱了国防军内部的反对力量，这样一来，所有希望通过发动反希特勒政变拯救德国的努力都被扼杀掉了。这也给了希特勒一个铲除异己的机会：在将军们因为担心他会让德国卷入一场它尚未准备好

412

413

1940年，阿道夫·希特勒与艾伯特·施佩尔（左）和阿诺·布雷克（右）在巴黎

图片来源：Wikimedia Creative Commons

的战争而将他赶下台之前，先把他们扫地出门。慕尼黑会议之后，他迅速采取行动，直接接管国防军，将数十名将军解职或重新任命，并建立了一个由他亲自领导的国防军最高统帅部（*Oberkommando der Wehrmacht*，OKW）。至此，希特勒已经建立起了彻底的、军事化的个人独裁统治。国防军中少数勇敢而可敬的人仍在着手策划一场以逮捕或暗杀希特勒为前提的政变，但这次大好机会被慕尼黑会议断送，这将是1944年7月20日瓦尔基里计划（*Valkyrie*）启动并险些成功之前的最后一次重要机会。

慕尼黑会议之后，德国以外的局势也在迅速发生变化。斯大林从军事自决和孤立主义转变为与希特勒侵略行动的积极合作，并最终以武力和正式协议的方式共同瓜分东欧。战争迫在眉睫，英国加紧重整空军和陆军军备，加快其地面部队的筹备工作，以便加入法国的长期战斗。[13]1939年2月6日，英国向法国作出切实的军事承诺，此时西方盟国的公众舆论也转向支持武装抵抗希特勒。3月15日，德国对捷克斯洛伐克尚未被占领土地的入侵证明了这一决定的正确性。接下来，希特勒要求但泽投降，波兰同时面临来自三个方向的潜在入侵：西部的奥得河—尼斯河线、北部的波美拉尼亚以及南部被占领的斯洛伐克。当苏联军队在9月中旬从东向西推进时，波兰还需面临来自第四个方向的入侵。在迟来的威慑警告中，盟国政府公开保证，如果波兰受到德国攻击，它们将给予反击。与1914年夏天的平静和毫无戒备不同，1939年的夏天，空气中充满了剑拔弩张的气息，大战一触即发。

英国的战前军费主要投向海军，目标是应对一场漫长的海上战争。1938年，英国开始将预算资金向皇家空军（RAF）倾斜，开发防空战斗机，战斗机具备一定的轰炸能力，可以阻止德国轰炸机入侵其城市。事实证明这些投入是值得的；1940

年法国沦陷后，皇家空军保卫了英国的领空，皇家海军则威慑住了德国海军可能发动的跨海峡入侵。随着时间的推移，皇家海军还将为重要船队保驾护航，皇家空军开发出重型轰炸机，它们将飞越德国上空，向着那里的城市和平民无情地扔下炸弹。然而，在陆地上，事情就简单很多。直到1939年3月希特勒出兵占领捷克斯洛伐克全境时，英国才开始征兵（国家兵役）。那年4月，有限征兵制获得通过。英国在战前准备落后多年的情况下匆忙应战，它的领导人在动员一支机动野战部队时，想当然地认为它可以依赖法国的步兵和装甲部队。直到 414 1941年年中，英国陆军才算整装完毕，准备好了向德国发起进攻。[14]1940年5月10日，当德国国防军在西线发动进攻时，英国部署在法国的除远征军之外，总共就只有10个陆军预备役师。

然而，在慕尼黑会议之后的几个月里，伦敦和巴黎方面对它们终将赢得未来战争的信心，让它们放弃了绥靖政策，转而与纳粹德国直接对抗。在政府政策趋于强硬的同时，西方的公众也坚定了决心，支持政府采取军事措施阻止希特勒的持续侵略。西方军队也没有因为害怕纳粹的武装力量而退缩。相反，英国和法国领导人决心重走1914—1918年缓慢取胜的老路，并为这场他们打算通过战略消耗取胜的战争进行了现实的经济和军事规划。[15]盟军将从坚固的前线防御开始，扛住德国国防军（以及意大利的王家陆军，如果意大利维持与德国的轴心国同盟关系的话）的开局暴击。他们会在之后转变攻势，但前提是选择一个自己力量最强且局势对自己最为有利的时机。这是一个现实的取胜策略，根植于前一次战争的共同经验，即胜利只能在耐心等待中获得。这一战略一开始就以法国的意外落败而宣告失败，但这一事实并不能说明盟军缺乏远见或者作战水平严重不足，它呈现的是战争的偶然性，以及希特勒和他的将

军们交上的一连串好运，赌徒的好运。这种运气一开始令人振奋，但对那些不能放下铁骰子，只是加倍下注、不断滚动骰子的人来说，这种运气终会耗尽，然后陷入灾难。

在1918年之后的德国，军事记忆是被一种错误认知所扭曲的，德国的战争规划者和将领认为他们在1914年的第一次马恩河战役和1918年的第二次马恩河战役中距离胜利不过咫尺之遥。柏林那自1933年1月被纳粹主义的狂热所扭曲的地缘战略野心如今丝毫未减，但它面临着与以前相同的困境：要以并不充裕的物资在过多的战线上与过多的敌人打一场长期的物资战争。一些将军已经从失败中吸取了教训。从1935年起，在国防军的最高层内部，就有人担心希特勒会带着德国过早地对西方国家开战。然而，更多人认为，有了新的武器——通过无线电相连的坦克和飞机——以及经过改进的运动战理论，他们可以赢得下一场战争的胜利。他们回顾了1914年和1918年的一战运动战阶段的战事并得出结论：运动是战争的常态，而中间那段更加漫长的静态的“阵地战”才是真正的反常现象。大多数德国军官对战壕根本不感兴趣。侵略者不可能从战壕中获胜。他们需要以某种方式越过或绕过它们，再度踏进决定性会战的战场。他们相信，他们在1914年离胜利是如此之近，所以他们应该以上次那样的方式展开下一场战争，通过“闪电般的战局”求得胜利。德国的计划者称此为机动战，后来西方作者把它称作闪电战。不管叫什么名字，它代表的是对恢复作战技艺的愿景，而所谓的作战技艺，即强大的战役机动和应变能力，则被认为是德国的特殊才能。这给德国国防军带来了希望，他们将在一场短期战争，或者一连串短期战争中，碾压它一如既往数量众多的敌人并取得惊人的胜利。[16]

415

总参谋部的规划者认识到，现代战争早已过了那个通过一场歼灭战役就能解决问题的阶段。因此，他们计划发动一系

列围歼战，将其连缀为一场歼灭战争，以消除德国在资源、战争生产和人口方面无法克服的缺陷。这种对单一军事方法的固守、对快速机动和作战技能的依赖，源于德国长期以来的地缘政治弱点，要想打破这个困局就需要一个激进而非普通寻常的军事解决方案。其次，它反映的是几代人为了打破所谓的围堵德国之帝国野心的包围圈，而不计代价、不计后果的坚定决心。最后，它表现出的是政治和军事想象力的严重不足。两个世纪以来，速战速决已经成为普鲁士人和德国人的思维定式，随之而来的还有对实现大国地位，继而是世界强权地位的物质障碍的否认。纳粹的政治和军事文化处于这一光谱的极端，不仅如此，它还被加入了更加疯狂的种族幻想，其中包括法西斯意志必将战胜西方军队和颓废现象的准军事幻想，以及种族民族主义（*völkisch*）[①] 所赋予德国战士的与生俱来的优势。

早在希特勒于 1933 年掌权之前，战后的德国陆军（1935 年前称国家防卫军）就在计划一场未来的战争，以推翻凡尔赛对德国在欧洲之角色的裁决。在汉斯·冯·塞克特（Hans von Seeckt）将军的领导下，一个用以替代总参谋部、名为部队局（*Truppenamt*）的机构成立了。它用这个掩人耳目的名字，为参谋人员培训重要作战理论、安排实地考察和军事演习。20 世纪 20 年代初，拒绝遵循和约中的裁军规定的德国军方开始在苏联境内与红军合作进行秘密训练，这两个不满 1919 年和约的修正主义国家在反对西方和战后秩序方面取得了共识。德国军方在伏尔加河上的喀山（Kazan）秘密设计、试验包括坦克在内的已被明文禁止的武器——其中一些军官将在 1942 年以国防军高级指挥官的身份，率领装甲部队回到那里。规模受到限制的德国海军继续研发被条约禁止保留的 U 型潜艇，并为

416

① 纳粹党人的用词，指以种族主义为基础的民族主义，是一种种族主义与民族主义的结合体。

有一天铺设战舰龙骨和航空母舰下水制订计划。同样不被允许存在的空军则暗中利用滑翔机进行飞行员训练，为日后德国空军飞行员的招募和技能培训奠定基础。军方赞助民间飞行俱乐部，并支持希特勒青年团（*Hitlerjugend*）对年轻男孩进行地图阅读、徒步、密集队形操练、射击、领导力和其他军事技能的培训。

塞克特重新将机动性作为下一场陆战的关键，坚持认为所有行动的目标“将是在［敌军］大部队甚至还未开始行动之前，以高机动性、高作战能力的部队完成它的决定性作用”。[17] 这种将机动性不如自己的敌军逼入战场的假设在1914年的对俄作战中被证明是错误的。但塞克特认为，这一次和上一次不同，因为德国有了可以通过无线电与卓越的指挥意志相连的装甲车，可以发起多兵种联合攻击。盟军在1917—1918年用坦克和飞机战胜了德国人，然而，战争中的落败者几乎总能比得胜者更好地从中获得教训。因此，当各国军队都在致力于打装甲战的时候，德国人却把重心放在了机械化联合武器攻击上。只有苏联红军的“纵深作战”概念可与之媲美；所谓纵深作战，是一种旨在通过机械化和空降部队深入敌人侧翼和后方，中断敌人补给和通信，使其无法对苏联装甲部队的包围作出任何反应的联合作战理论。[18]

德国人不只是简单地将坦克集中起来发起大规模攻击，而是创造性地组建了一种新型的联合武装力量：装甲师（后来扩大到装甲军和装甲集群或军团）。装甲师中的坦克得到独立侦察部队、机械化炮兵，以及配备了具有越野性能的半履带车的装甲掷弹兵的支持。装甲师还有自己的补给和架桥工兵。它可以快速机动，包围敌人的作战部队，合拢一个包围圈，并依靠自己的步兵和炮兵抵抗反击。它有着相互整合、协调的战术性空中力量的支持，它们之间的通信可以通过指挥电台轻而易举

地实现，而且这些电台不只是排长的坦克上有（如苏联红军和大多数其他军队那样），每台车上都有。一个装甲师不只是在步兵之前或在步兵支持下发起集体进攻的大量坦克的集合；它被设计为一种可以借以实现彻底摧毁敌人的作战理论的工具。[19]装甲部队将满足德国军官梦寐以求的机动战、敏捷迅疾的战局和随之而来的围歼战役所需的一切条件：突破阵地防御，侧翼机动，军官的主动性创造力，对机动性较差和能力较弱的敌军编队实施包围并以此取得的全面胜利。

417

第一次世界大战结束的方式已经向所有战争规划者表明，堑壕战已经结束，战役已经恢复了机动性。有了坦克、无线电和飞机，慢不再是大国联盟之间交战的必然常态。也许通过恢复作战的机动，天才和决断也可以得到恢复？毕竟，1918 年出现的技术和战术转变在一战之后并未中断。坦克和野战炮兵变得更加强大、灵活、规模庞大。在下一场战争中，步兵不仅在防守，而且在进攻中也可以拥有重型火力的支援。他们还将拥有无线电以及灵活矫健的空中机群，它们将以战术轰炸的形式为步兵发挥其作为侦察兵和空中炮兵的作用。德国的战争规划者对坦克和飞机的革命性力量充满信心；法西斯思想家们深信他们的运动走在现代化的前沿，对这些新机器和新学说多了一份崇敬之情。发动机、内燃机时代的到来，将打破铁锹战争的僵局。它将通过在铁路无法到达的地方——德军在 1914 年西线战局中的崩溃之处——保护和提高步兵作战能力，实现速战速决。当战争来临时，从 1939 年到 1941 年，德国的装甲部队将获得惊人的成功。直到他们的优势被另一方的装甲和人力赶上，世界大战的决定权将再次回到战争物资的生产和部署的优势能力上来。一旦防御者不再震惊于装甲部队的突击，并学会用数量庞大且以战略性纵深防御部署的地雷、大炮和飞机加以应对，装甲部队就会陷入困境并遭到系统性的摧毁。[20]但在

第二次世界大战初期，我们首先看到的仍是，在波兰和法国，甚至在苏联也一度势如破竹、取得耀眼战绩的德军。

对一套固化理念的追求、对快速取得某次行动胜利的追求，已经成为德国战争方式的灵魂，它的野心并未改变，只是换了一种实现它的手段。因为德国捉襟见肘的资源依然无法与法兰西、大英帝国或者苏联抗衡。这一点德国的战争策划者明白，但纳粹德国的军事化无政府状态意味着他们无论如何都要投入战争，尽管他们知道德国的钢铁和石油产量完全不能满足将军们提出且已得到希特勒首肯的装甲战的需求。这个根本弱点非但没有放缓它侵略的脚步，反而更加激发了它快速取胜的动力，抢占用于扩张的关键资源，以使国防军能够赢得下一场以及再下一场战争——或者，因为寄希望于从作战层面取得战略成果而输掉一切。这是在阿道夫·希特勒——现代史上最大的军事赌徒——成为元首之前德国的标志性做法。但在另一个方面，它与过去的做法又是截然不同的，而且更难解释。一支几十年来极力避免全民战争，将其视作最糟糕的一种战斗方式的军队，却在向一个追求极致毁灭的总体战的狂热信徒敞开怀抱。希特勒想为德国兼并领土、攫取军事资源，这几乎是他的第二层级的目标。他想发动战争，早在1938年他就萌生了这个想法，主要出于纳粹种族意识形态的考虑。他相信战争，将其视为一种积极的造福社会、道德和种族的行为。战争是一种机制，它将天然适合生存的少数人群与按照自然法则理应被毁灭的弱者和劣等种族区分开来。军官团宣誓效忠于这个不可思议的人，然后热切地追随他投入对大国联盟的战争，进而使德国和他们自己走向毁灭。

418

在两次世界大战中，德国均未制定大的战略，在开局战役中也没有任何除了信仰之外的取胜计划，之后就陷入左右摇摆、游移不定的局面。1939年，德国的政治领袖、军事思想家和将军们仔细研究了历史上的战役和他们自己亲身经历的现代战争经验，然而他

们的行为和行动却表现得，用拿破仑的话来说就是，像是“对战略完全陌生的人”。纳粹思想家们声称，德国士兵以及他们所代表的德意志民族身上的种族和精神优势便是弥补资源劣势的办法。“意志的胜利”是纳粹主义的核心理念，也是法西斯宣传和希特勒式幻想的一个主要特征。但这不是大多数总参谋部的军官和战地将军的想法。相反，军官们依赖的是另一种错觉，即对自己专业技能的自信，他们认为凭借行动的敏捷和随机应变，可以让他们避免卷入一场他们知道德国无法胜出的物资战。对他们来说，通过一连串野蛮屠戮的战役和战局获得的成功机会，是高超战技的展现，而不是意志或种族的胜利。但这体现的是另一种身为德国人的优越感，另一种更加古老的、有着不同表现形式的优越感。

此外，只要希特勒坚持推翻现有的力量平衡，重建世界秩序（在这个崭新的世界秩序中，纳粹德国称霸欧洲，甚至在他最疯狂的幻想中，成为世界唯一的超级强权），那么一场风卷残云式的急速战争就是唯一的选择。因此，国防军的作战计划脱离了基本的战略考量，甚至没有一个长期的经济安排或战争生产计划作为支撑。相信速战速决可行是考虑发动战争的必要条件，因为理性分析警告称，无论在哪一场世界大战中，军事和地缘政治因素都不利于德国实现它的霸权野心。即便如此，为了称霸世界，柏林的硬汉们还是一次又一次不计后果地赌上一切，以至于他们把德国周围的所有大国都变成自己的敌人，这些大国在 1941 年后建立同盟，在无论如何都要阻止德国野心继续膨胀的问题上达成一致，这注定了德国的毁灭。结果是不可避免的，剩下的就是可怕的过程：在一代人的时间里，总体战的所有英勇无畏和恐怖骇人，将被第二次带到这个世界上，这是对德国称霸世界的野心的一次残酷打击，虽然这个野心从来没有多少成功的机会。

419

德国的战争规划者认识到的一点是，对国际秩序的第二次赤裸裸的挑战势必会挑起一个反德联盟的成立，这意味着

取胜的唯一方法还是在一开始就干掉至少一个主要对手。[21] 而正如希特勒在1939年9月1日入侵波兰之前亲自向数百名高级军官解释的那样，这一“歼灭之战”的作战理想还有一层更险恶的含义。在8月22日那次臭名昭著的上萨尔茨堡（Obersalzberg）演讲中，他毫不避讳地告诉他的指挥官们，他打算从第一天起就发动一场针对波兰军队以及平民的绝对战争。他命令他的军队发起一场灭绝战，而这场战争将把纳粹德国的文化野心和暴力推向极致，因此一旦开始就必须以他和纳粹德国的完全胜利或完全毁灭而结束。他说，他想要的战争不只是消灭波兰的军队，还是消灭整个他认为只能在文化上乃至最终在物理上被灭绝的族群。没人提出反对。一些高级军官甚

420

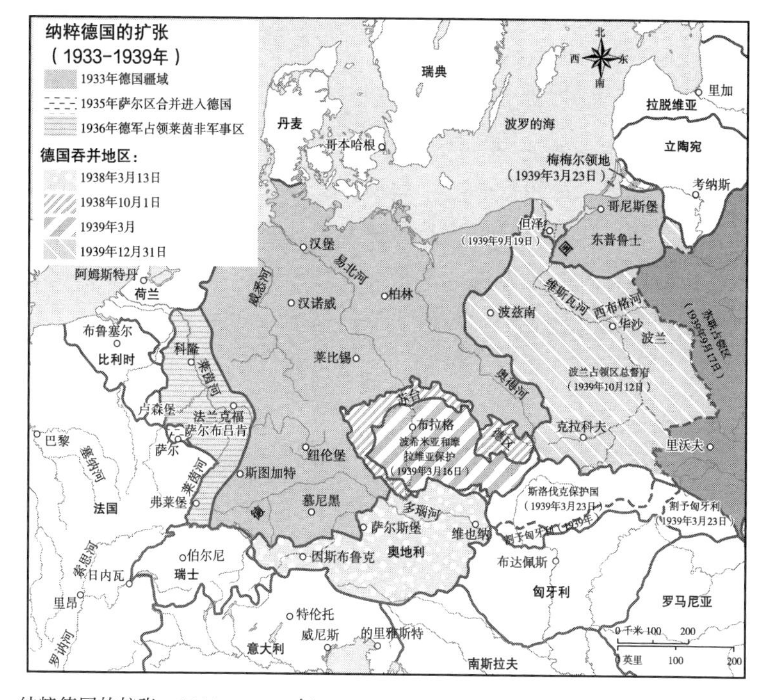


纳粹德国的扩张，1933—1939年

美国西点军校历史系提供。George Chakvetadze 重绘

至回到他们的指挥部，发出他们个人更加明确的灭绝和屠杀指令。[22]第二天，希特勒取得一项外交胜利，签订了《苏德条约》（Nazi-Soviet Pact），这项条约确保了德国国防军不会两面受袭，至少现在还不会。还有很多时间留给希特勒和唯其马首是瞻的将军们去犯下这个巨大的错误。

更为直接的影响是，希特勒在波兰问题上的判断失误了。他以为自己在1939年对波兰人发动的只是一场小规模的战争——当然，这还是一场消灭种族敌人的战争，但就更广泛的欧洲和国际体系而言，这只是一场有限的局部战争。当希特勒在9月1日冒险攻入波兰时，德国远不具备赢得一场更大冲突所需的军事实力，因此当英国和法国在两天后向德国宣战时，德国是震惊的。希特勒以为自己已经看穿了英法，认为它们在慕尼黑会议期间以及之后都是缺乏勇气的，不会为了波兰与他开战。但不管怎样，他还是欣然应战，认为这对“种族斗争”来说是至关重要的，在他看来，社会达尔文主义的“种族斗争”是一切国内、国外政治的核心。他也需要波兰的资源来支援德国发动下一场战争，然后是下一场和再下一场，在此过程中不断升级战争的规模，应对更加强大的敌人，直至夺得霸权。他的侵略是连续的，他的仇恨无法平息，征服欲望永无止境。他在一份手稿中阐述了这一切，这份手稿在描述其外交政策目标方面比《我的奋斗》更为极端，因此在他生前一直没有出版。它清楚地表明，种族战争，以及一般意义上的战争，始终是他恐怖手段的黑色内核。[23]

***

1939年8月23日，《苏德条约》签署，苏联与德国粗暴划分两国在东欧的势力范围，这份协议让1807年俄罗斯和法

兰西帝国之间约定瓜分欧洲的《蒂尔西特条约》也相形见绌。[24] 华沙匆忙完成它很晚才启动的动员工作，以便在重要的收获季节将战争工人留在工厂和农场。波兰人害怕激怒德国，但其实这并不重要。希特勒并不需要被激怒。对于战争，他迫不及待。事实上，早在几个月前，他就已命令最高统帅部起草了一份代号为“白色方案”（*Fall Weiss*）的入侵波兰计划，不过贝尼托·墨索里尼直到8月24日才得到这一消息，可见轴心国在整场战争中的协调将会是多么糟糕。当被要求提供意大利军队时，墨索里尼退缩了，因为法西斯意大利对于要发动一场可能要与英国和法国为敌并且波及全欧洲的战争毫无准备。希特勒对此感到意外，把进攻推迟了几天。与此同时，英国和法国重申他们对波兰的军事承诺。现在，任何入侵举动都势必引发一场大战。

421

即便如此也不能阻止希特勒。在失去他的主要盟友，并确认两个强大帝国将会联合起来抵抗纳粹德国之后，他下令白色方案照常推进。这是德国的战争方式，而不仅仅是他的。在面对围攻、寡不敌众的时候，选择继续进攻，打破敌人的包围，同时在两边投入德国军队，保证至少一个边界的安全。但这同时也是他误判盟军作战决心的产物。来自伦敦的最后通牒已经发出，警告说如果他不在9月3日前撤出波兰，英国将会对德宣战，随后巴黎方面也发出了同样的警告。希特勒对此大为惊愕。在沉默了几分钟后，他转向他的外交部部长约阿希姆·冯·里宾特洛甫（Joachim von Ribbentrop），问：“现在怎么办？”即便多数将领都以极大的个人和职业热情拥抱战争，但一些军方高层知道等待他们的是什么。阿勃维尔（*Abwehr*，军事情报机构）的负责人威廉·卡纳里斯（Wilhelm Canaris）上将私下写道：“德国的末日到了。”

8月31日夜间，党卫队的一支特别行动分队策划上演了

一出边境事件，这为希特勒渲染国内舆论、发动战争提供了契机。希特勒对后方的恐惧总是甚于对敌人，这是1918年所谓“十一月罪人”在德国士兵背后捅刀子的事给他留下的阴影。8名党卫军穿上了偷来的波兰军服；军服是卡纳里斯发给他们的，卡纳里斯对希特勒的反感并没有阻止他的参与。在夜色的掩护下，他们对西里西亚边境德国一侧的格莱维茨（Gleiwitz）电台发动了假袭击。他们本来还打算播放一段广播，但信号太弱，没人听见，即使有，也是寥寥无几。他们以党卫军的一贯残忍作风，将被杀害的囚犯展示给约瑟夫·戈培尔（Josef Goebbels）领导下的宣传部的摄影师。这一阴谋是由德国的政坛新星莱因哈德·海德里希（Reinhard Heydrich）策划的，他同时也是党卫军领袖海因里希·希姆莱（Heinrich Himmler）的门生。海德里希后来因“布拉格屠夫”而臭名昭著，他领导特别行动队，主持了拟定“最终解决方案”（Endlösung）的万湖会议，并监督了奥斯威辛和其他死亡集中营的建造计划。战争就这样在谎言和谋杀中开始了，而德国人将从头到尾地贯彻这一做法。到1945年，战前不足4000万的波兰人口中，将有600万波兰人，其中包括300万波兰犹太人，被杀害。

422 除了兵力数量和用兵策略处于下风之外，波兰人的主力部队还被部署在了他们根本无力拱卫的外围防御，而不是纵深防御上。糟糕的兵力部署一方面和它不利的地理条件有关，另一方面也是这个刚刚获得独立的国家的民族主义要求所决定的，在这里每一寸土地都是必须捍卫的神圣领土。于是，波兰的民族主义促使其采取了一种与其自身军事能力并不相称的强硬的防御体系。波兰军队在边境一带的兵力非常紧张，极有可能陷入三面受敌、三面被攻破的窘境，其中南面战线就是因为《慕尼黑协定》签署导致捷克斯洛伐克被瓜分吞并而暴露出来的。

对捷克斯洛代克的瓜分是赤裸裸的侵略行径，波兰愚蠢地参与其中，分得一小块战利品。波兰还面临一个几乎无法解决的作战问题，即它无力保卫暴露出来的但泽和波兰走廊的狭长地带。这是一片脆弱的领土带，在1919年作为巴黎和会的一个政治建构被划归波兰。

1939年9月1日黎明时分，战争的第一声枪响从一艘老旧的德国海军巡洋舰上响起，它向规模不大的但泽驻军发起猛攻。几天前，它曾进入港口进行所谓的友好访问。德国空军的亨克尔（Heinkel）和斯图卡（Stuka）俯冲轰炸机呼啸着越过边境，用轰炸和扫射恐吓逃难的平民，同时为正于黎明时分越过边境的装甲部队提供掩护。60个师的150多万德国士兵，在5个装甲师的率领下涌入边境，每个装甲师各配有300多辆坦克，由精锐的装甲掷弹兵和4个摩托化步兵师支援。两个集团军分别由北面和南面越过边境，旨在对波兰军队进行同心圆式的包围。第三个集团军则向东进攻，负责在钳形包围圈中牵制敌人主力。波兰空军只有313架飞机，其中一半是轰炸机，大部分战斗机已过时。德国空军的飞机数量是它的5倍。在最初的几个小时里，许多波兰飞机要么尚未起飞就被击毁，要么在空中被技术更胜一筹、驾驶着先进飞机的德军飞行员击落。不过几天，波兰步兵和平民被迫后撤，德军的斯图卡和ME-109战斗机步步紧逼，对其发起一波又一波的轰炸和扫射，仅存的几架波兰飞机根本无力阻止。更大的Do-17和He-111轰炸机对华沙进行了无差别的恐怖轰炸，试图以此迫使华沙政府屈服。[25]

德军面对的是装备不足、只是部分动员的130万波兰人。波兰人在装甲车数量上以1∶15的比例处于劣势。他们有11个骑兵旅，但其中只有两个机械化旅配备了过时的小坦克（一种十分轻巧，且火力与装甲俱弱的坦克）。这类坦克和其他轻

型装甲车，根本不是迎面而来的装甲纵队的对手，只能落得被装甲车和机动炮轰击并推到一边，或者被斯图卡炸得粉碎的下场。当德军的先锋部队袭来时，波兰军的一些步兵师仍在集结。他们零零落落地冲进战场，一个接一个地被摧毁。装甲部队突破了好几处边境防线，战斗经验不足的守军很快被快速移动的坦克和机械化步兵所淹没，在集结区接受一支势不可挡的强大空军的轰炸，这支空军的成立初衷正是为快速机动的地面部队提供战术支持。很快，装甲部队就自由驰骋在了这片完全属于坦克的土地上，这里没有密林、大河或运河的阻挡，地势平坦，毫无遮拦。

423

“白色方案”是装甲部队的一次尝试，目的是快速取胜，避免出现阵地战的僵局。试验虽然在 1939 年的波兰进行，但其真正针对的是未来的第一次世界大战中的老对手。在最初的几个小时里，海因茨·古德里安（Heinz Guderian）将军率领第 19 军团从波美拉尼亚向南进入波兰走廊，步兵用橡皮艇渡河，为坦克架设桥梁。当天结束时，两个波兰步兵师遭到围困，并在两天后被摧毁。一旦装甲部队突围，它们将以令军政各界，乃至那些已然相信坦克是移动战争之未来的人震惊的速度穿过开阔的波兰国土。事实证明，没人可以阻挡坚不可摧的装甲先头部队的步伐，轻步兵紧随其后，它们形成一道强大的轴线。这是一种有效的新型机动和机械化战争，使德国军队在接下来的两年里大放异彩。然而，经常被提起的关于古老过时的波兰枪骑兵向现代德国坦克发起冲锋的故事纯属无稽之谈。骑兵和装甲车之间确实有过一场战斗，但不是波兰骑兵冲击德国坦克，而是德国坦克发现并消灭了一个暴露的波兰骑兵旅。[26]

完整的作战计划在接下来的两周相继展开。最外围的装甲部队向南侧和北部侧翼发起向心攻击，包围华沙以西边境的波

兰陆军主力。该计划是为了切断所有进入波兰中部和东部的撤退通道，同时用从正西方向赶来的德军主力猛烈冲击几个被困的波兰军团。因此，南方集团军从德占斯洛伐克向北进攻。北方集团军穿过波兰走廊，孤立但泽，连接波美拉尼亚和东普鲁士，然后向南开进，合拢首都以西的钳形攻势。它在行进中多次遭到波兰人的反击，但最后仍然顺利向前推进。[27] 最猛烈的攻势来自西面，它越过奥得河—尼斯河线，挥师东进，貌似直取华沙而去，但真正目的是接触、拖住并牵制波兰军团，等待北部和南部的两支利钳前来包围、钳制敌军，然后直捣中心。中心位置就是所谓的重心（*Schwerpunkt*），是即将到来的决定性的坩埚会战之地。[28]

424 波兰的七个军团均集中在西部和中部，暴露在钳形装甲部队的包围圈内。德军装甲部队在 3 天之内进入波兰走廊并于南端汇合。待钳形攻势形成，德军在 9 月 6 日至 10 日间派出侦察部队向华沙方面突进。装甲部队遇到的唯一一次主要阻击发生在布楚拉河［Bzura River，或称库特诺（Kutno）］，德军第 8 军团于 9 月 9 日在那里遭到波兹南军团的反击，被迫撤退 10 英里，远离了华沙方向。然而，9 月 14 日，德国第 10 军团出动，同时获得斯图卡和 ME-109 战斗机的支援，在这一凌厉攻势下，波兹南军团不得不改变路线，放弃反击。至此，西部的包围态势彻底形成，欢欣鼓舞的德军开始收紧包围圈，摧毁其中的波兰军队。

波兰人期望盟军以立即轰炸德国西部，或者由法军在沿莱茵河一带发起攻势的形式提供援助，早前双方曾约定援助行动应在德国的入侵开始后不晚于两周进行（时间是根据法国的动员时间表确定的）。但是没有证据表明，法国或英国在德国另一侧的战斗中认真考虑过发动地面进攻。他们认为既然波兰的局势已经难以挽回，那么最好的办法还是继续为他们预计要

打18个月到24个月的防御战争进行集结和训练，同时通过轰炸行动来削弱德国并在海上取胜。海上是除了波兰之外的另一个战场，这里的战斗从第一天起就显得十分严峻。这与温斯顿·丘吉尔不无关系，他在被英国政府召回担任第一海军大臣后，即果断下令追击此前攻击商船的德军舰艇；而且，就在9月1日过去不到几个小时，英国一艘民用客轮"雅典号（SS Athenia）"即遭到饱受争议的德军U型潜艇的袭击，成为第一艘被U型潜艇击沉的船只。[29]

而盟军眼中的谨慎和现实主义，在大多数波兰人看来却是一次不折不扣的背叛，因为他们从此陷入了被纳粹占领的漫长黑夜当中。然而，从更深层次的原因来看，盟军的按兵不动指向的并非盟军的有意背叛，而恰恰是他们追求长期作战战略的证据。巴黎和伦敦认为波兰战局只是一场更大规模战争的开端，而事实证明它们是对的。离开法国边境的强大防线，向着莱茵兰发动仅仅具有象征意义的进攻是愚蠢的。这个时候，盟军要做的应该是搭建武器系统、编练新军，同时静待力量的天平向盟军倾斜。除此之外，因为害怕引来报复，轰炸的想法也被搁置了下来。最后，英国人只是在鲁尔（Ruhr）空投传单，尽管德国人最终认定这是一场真正的战争，并击落了英国皇家空军的飞机。这段没有军事活动的时期被戏称为"静坐战"（又称"假战"或"怪战"），它一直延续到1940年4月——英法对挪威的一次灾难性外围远征与同时抵达那里实施入侵行动的德军发生遭遇。[30]

425

真正的背叛发生在波兰的东部边境。9月17日，斯大林宣布波兰已经"不复存在"，随即派出苏联红军越过东部边境，在《苏德条约》的秘密附约中预先划定的分界线上与德军会合。[31]苏联入侵的时机太晚了，等红军进入波兰东部时，波兰陆军的大部队已经在波兰西部和中部被德军击败或包围。规

模虽小但战况激烈的战斗仍在发生。波兰人在腹背受敌的情况下，仍然在华沙周围坚持了10天，期间华沙一直处于德军的空袭和炮火之下，直到9月27日守军投降。波军残部于10月5日正式投降，不过仍有许多士兵选择越境逃入罗马尼亚，并未投降。柏林和莫斯科方面要求西方盟国承认它们在中欧和东欧以赤裸裸的武力建立的新秩序。

在长达一个月的波兰战役中，德军损失700辆坦克，8100人死亡，32000人受伤。红军投入战斗时间短，死、伤和失踪者共有2600人。波军在各条战线上总共有7万人阵亡，13万人受伤，42万人被德军俘虏，24万人落入苏军手中。德军战斗势头强劲，国防军一路猛攻，部分部队已经出离华沙以东，越过了苏德此前划定的两国势力界线，但他们随即在9月20日至26日间撤至了该线以西。古德里安亲自将布列斯特－立托夫斯克交给红军，这里正是1918年德国勒令布尔什维克签订和约的地方。这些直截了当的交接和联合入侵证实，《苏德条约》让苏德两国组成了一个事实上的侵略联盟，苏联已经加入轴心国阵营，同西方盟国对立。波兰战役还表明，在战争余下的时间里，消灭被占领国的各级反对派是德国和苏联政治领导人的主要目标和手段：摧毁军队只是消灭那些在历史上存在过的国家和民族的前奏。于是，苏德共同宣布波兰政权将被“灭绝”，对波兰民族的杀戮也加快了步伐。

这不是第一次世界大战。从第二次世界大战的第一天起，杀戮对象便已不再限于士兵，损失也远远超出领土或资源的范畴，到达灭绝、物理淘汰以及民族消亡的地步。在德占区，流窜行凶的骷髅总队负责杀害波兰犹太人以及波兰的政治和文化领袖。在苏占区，内务人民委员部（NKVD）的杀手们也在做同样的事，即围捕和射杀那些被认为有能力在未来领导抵抗斯大林的人，只是这些压迫并不针对犹太人。双方同

426

意的少数族裔驱逐行动随后跨过纳粹和苏联的边界进行。迁入德占波兰的是德意志裔人，他们包括从被苏联吞并的波罗的海国家驱逐出来的德意志人，以及其他自愿从德国来到波兰的“定居者”。[32]在接下来的几个月里，苏联人将波兰人、波罗的海人和其他来自现已被吞并领土的“内部”被驱逐者运到古拉格。德国人把从农村和小城镇赶来的犹太人聚集在城市的犹太人隔都，而党卫军、别动队、骷髅总队，以及军队里的普通列兵，都开始毫无顾忌地杀害犹太人、罗姆人和其他族裔，而且手段越发残忍。纳粹帝国的种族分类和重新播种的工作已经开始。

极权主义政权及其恐怖警察——盖世太保强行驱逐或直接杀害任何他们认为不值得关心或不配生存的人，宣布整个民族的家园灭绝并将其在地图上抹去。这些驱逐和杀戮是后来许多更大规模的强迫人口迁移的开始，包括1945年数百万德意志平民被驱逐出他们祖先生活了几个世纪的东方土地。在上一次战争结束时，伍德罗·威尔逊曾提出移动边界以适应人口（“国家和民族的自决”）的原则。而在这场新的战争中，整个民族和曾经生活在这里的少数群体将被迁移，或被杀害，去适应由军事不可抗力所设定的边界。甚至在希特勒死后，事情也还未结束，因为西方盟国和苏联一致决定，改写东欧和中欧的某些人口事实，然后围绕它们重新划定国家边界，让波兰国界西迁，以截断曾经的东普鲁士和德国的其他地区。这是一场由德国人发动，并由他们的武装部队、政治警察及其他警察以前所未有的残酷和暴力执行的残酷战争，而战败后的德国为此付出了历史性的代价。

波兰战争在10月的第一个星期结束，但数百万波兰人的战斗并未停止。1941年轴心国进攻苏联后，数万名波兰战俘被斯大林释放，加入在东线作战的全波兰裔红军部队。其他人则

被允许加入在中东作战的英国陆军，编入此前经由罗马尼亚前往西方国家的其他波兰人组建的部队。波兰流亡政府在巴黎成立，并于1940年6月巴黎沦陷时迁往伦敦。波兰部队以盟军的身份投入战斗：1940年在法国，1941—1942年在中东，1943年在意大利，1944年回到法国，后在1945年打进德国。战后，他们返回祖国的要求被斯大林拒绝，恢复主权后的波兰随即被一个得到苏联红军和NKVD支持的共产主义政权接管。但是1939年被苏联红军俘虏的那22000名波兰军官没能起来作战，他们在1940年年初被NKVD在苏联境内不同地点杀害，最臭名昭著的一次是发生在斯摩棱斯克郊外的卡廷森林的战俘大屠杀。更多的波兰人死于波兰救国军（Home Army）发起的1943年华沙犹太隔都起义和1944年的华沙起义中。其他人多死在盖世太保的拷打者和刽子手的手下，以及集中营和死亡营里。总共600万人。

427

德国终于赢了一场速战速决的战争，但是被击垮的只是波兰——一个被困在纳粹德国和苏联这左右两个磨盘当中、孤立无援的小国。希特勒与西方盟国之间绝不会止于这一次短暂的交手。伦敦和巴黎是对的，是希特勒和他的将军们错了。波兰只是一场刚刚拉开帷幕的总体战的开局，这场战争的走向将由各国上下的大规模动员程度决定，这是一场历史上从未见过、从未有人尝试过的民族战争。甚至希特勒也无法控制它的节奏，而且随着这场大战旋涡的不断扩大，每一个卷入其中的国家都已无力指引或阻止局势的发展，他将失去更多的控制权。纳粹德国发起的一场波兰战争，逐渐变成一场欧洲战争，然后是一场世界大战。当所有大国都在为更深入的战争整装扩军的时候，它的胜算也在变得渺茫，即使此时此刻它的将领和装甲部队获得了他们最为辉煌的胜利。

接下来采取行动的是斯大林，他向另一个安静的小国发起

攻击。而芬兰在1939年年底出人意料地抵抗住了苏联的入侵，让第一批越过其边境的红军纵队损失惨重。然而，就在苏联攻势受阻时，苏联最高统帅部又派来21个配备重炮和空中力量支援的步兵师。与红军在开局战役中血腥的正面硬攻不同，这批新的步兵师被告知他们要做的是有计划地消耗规模不如自己的芬兰陆军，而非花哨的机动。这是一个信号，预示着即将到来的事，但并不是以希特勒和其他德国观察家所认为的那种方式。是的，庞大的苏联红军一开始就暴露出它在作战中的无能，但它不久即显示出为了取胜，红军和斯大林可以接受任何必要的伤亡的坚定决心。[33] 而且它的预备兵力十分充足，几乎是德国情报部门此前估算数字的两倍。苏联人在开局失利后的反应已经在很大程度上说明了未来东线战争的样子，这预示着德国人在准备打第二次世界大战的决定性战局时，不仅对敌人的情况一无所知，而且它所采取的作战手段——以闪击的方式对付一个拥有极大的领土和战略深度以及潜在军事力量（它们让任何作战技巧都显得无力）的政权——几乎从一开始就注定是要失败的。

428

波兰的装甲部队给德国国防军留下了深刻印象，德军因此把增加坦克师作为首要任务，准备用更大的装甲部队和更强大的坦克来打未来的闪电战。而与此同时，它即将面对的主要对手都在加紧夯实它们的经济和武装力量，以便发起长时间的人力、物力消耗战。西方盟国暂时蜷缩在坚固的防线后方，可实际是在信心满满地等待敌人来袭，同时苏联红军也已经显示出它应对缓慢的阵地战，即令德国的战争规划者感到忧虑的静态战的能力。整个德国政权的领导层，从纳粹高层、政府高级官员，到国防军的最高统帅部、将军、身在战场的军官团，都将目光放在了通过机动实现围歼敌人的战争理想上。而且他们每个人也都认为他们拥有实现这一目标的完美工具——装甲军和

装甲军团。当然，德国的敌人也都会制造坦克，都会往战场上派装甲师，而且早在美国进入柏林的死敌行列之前，西方盟军所拥有的坦克数量就已是德国的工业或军事储备所望尘莫及的了。它的敌人已经或即将下定决心，它们不仅要第二次打败德国，而且要进军德国本土，粉碎那里的纳粹主义。然而，在这一切发生之前，德军装甲部队对法军的一场意外胜出加强了对波兰战争的选择性解读，也让德国军官视速战速决为现代战争取胜之道的教条主义信念更加根深蒂固。

***

1940 年，法国遭遇了它在现代军事史上的一次惨败，那支曾经在 1914 年至 1918 年期间坚守阵地并击退帝国陆军的法国陆军在短短几周时间里即被击溃。近 150 万名战俘随后作为人质被带到德国，直到 1945 年。法国再也没能恢复其在同盟国中的地位，重拾其战前的大国地位和影响力。这次戏剧性的、“奇怪的战败”——历史学家马克·布洛赫（Marc Bloch）在被盖世太保枪决之前在他的战时笔记中如此描述法国的落败——让法国内外所有人都为之震惊。[34] 英、法帝国对胜利充满信心，因为他们比纳粹德国富有、先进，并曾通过共同的努力和牺牲击败德意志帝国。第一次马恩河战役的英雄之一莫里斯·甘末林（Maurice Gamelin）将军，在德军入侵并摧毁法军的四个月前曾夸口说，他希望希特勒能帮西方盟军一个忙，发动进攻。话虽愚蠢，但也体现了其对盟军战略防御政策的信心，以及对军事力量平衡和更大范围内围绕西方帝国的权力不平衡的信心。希特勒政权也曾吹嘘说，纳粹创造了经济奇迹，德国业已走出大萧条，但实际上，这个依靠更新和重整军备来维持经济复苏表象的“声望工程”

429

早已举步维艰，到1938年时已濒临破产，需要通过吞并捷克和掠夺黄金储备来维持它的运转。然后，纳粹发动了一场战争，并且成功窃取波兰。但法国是另一回事，希特勒和他的将军们知道这一点。

第二次世界大战开始时，希特勒和德国的将军们都没有闪电战的概念。他们共有的是对战壕的厌恶，以及建立在两个世纪以来普鲁士军官为寻求围歼而即兴发动侵略行动这一作战传统之上的观念。鲁登道夫对军事知识分子不屑一顾，他曾将德国战术的精髓称为"先打个洞，看看会发生什么"。在第一次世界大战的最后几年，他们这样做了几次，但收效甚微。他们在1940年再次这样做。德国进攻法国取得的胜利并不归功于总参谋部的出色计划，而是一线军官在审时度势后不止一次不顾最高统帅部的反对而临时作出的调整。事实上，高级规划人员曾经激烈反对希特勒最终采纳的计划，担心行动刚一开始就会在阿登地区迎来灾难。结果的成功、当时对辉煌战绩的宣传，以及战后理论分析对"任务导向战术"给予的过度关注都模糊了一个更大的事实，即国防军在法国的行动并非一帆风顺，而是一路跌跌绊绊，但这直到最近才被人们注意到。德国将军们的瞒天过海，以及德军在短短几周击败一个大国所广泛引发的惊叹，掩盖了另一个事实，那就是1940年法国军队的溃败同样出乎国防军中所有人的意料。[35]

1940年，德国国防军仍只是部分实现了现代化。它没有足够的坦克、半履带车或卡车将其大部分部队快速送达战场。少数步兵实现了机械化或摩托化，但大多数步兵仍以1914年他们父辈的速度进入法国。绝大部分后勤仍然需要依靠畜力。弹药车、救护车、野战厨房、粮草车都由马匹拉动，仿佛现在是在1914年或1870年，甚至1756年。纪录片中插入了旧的新闻片段，将坦克和机械化步兵作为闪电战的基本影像着重呈

430

现，这是对纳粹宣传目的的迎合，以及对现代记忆的扭曲。它们大多由戈培尔或国防军的电影摄制组拍摄，其直接目的是塑造“国家社会主义的战争方式”，表现一种新的法西斯主义下的“生命冲力”和绝对的现代主义。除了速胜带来的直接心理影响外，这些影响还为闪电战和德国军队赢得了他们并不完全与之相配的关于这一学说的非凡创举和德军战术素养之严谨的声誉。事实上，1940 年的德军将领并没有像在 1914 年那样计划一场全面的歼灭战役。虽然战争终局仍是取得全面胜利，但它没有像施里芬那样确定或计划如何实现这一目标。1940 年法国的沦陷并不是计划的胜利，也不是什么新的出色的作战理念的胜利。它确实是法国军队一次奇怪的战败和德国军队一次奇怪的胜利。[36]

1940 年德国在西方战线上最初的作战计划即“黄色方案（*Fall Gelb*）”的野心，相比 1914 年的计划，或希特勒最终采用的计划要有限得多。最高统帅部最初提出的建议不是征服法国，而是将法国军队从索姆河以北击溃并清除，这样德国国防军就可以占领低地国家和法国北部。这一有限的成就将为德国提供近距离恐怖轰炸英国城市所需的空军基地，甚至可能迫使英国臣服于德国在欧洲的统治地位，而不必越过英吉利海峡，面对英国皇家空军特别是皇家海军的激烈抵抗。不过，经过与埃里希·冯·曼施坦因（Erich von Manstein）将军的一番谈话后，希特勒修改了这第一个地面作战计划。他被说服改变装甲主力的配置方位，将其从位于北方的 B 集团军转移到位于南部的 A 集团军，使其穿过阿登山区，转移到盟军主力部队的后方，因为几乎可以肯定，盟军的主力一定会进入比利时。曼施坦因征服法国的“镰刀收割”（*Sichelschnitt*）修订计划的孤注一掷的特点迎合了希特勒内心的赌徒本能和更加激进的装甲部队的将军们，但它遭到最高统帅部作风传统的

参谋人员和谨慎的作战官员的反对。尽管如此，装甲主力还是在希特勒的干预下重新部署，即将通过色当附近的阿登森林进入法国。

希特勒还将延续过往那种粗暴的、俨然要向全世界宣战的指挥模式，即用坦克推进，“先打个洞，看看会发生什么”，之后再随机应变。[37]毕竟，这在波兰很有效，国防军在那里打了几个大洞，然后包围了波兰人。然而，法国不是波兰。可以进攻的边界多为深山密林。通过阿登山区的道路极为狭窄，而且少得可怜，所以装甲纵队一开始必须小心缓行，而且它们经不起空袭，也许还没等进入法国北部的开阔平原就已经被轻易捣毁。这一行动风险极大。装甲部队甚至可能因为被困在密林中和默兹河的另一边而被消灭。就在假意攻击荷兰和比利时的同时，德军的5个装甲师和3个摩托化师将把钢铁炮口探入山林，然后沿着只能供一辆坦克行驶的森林小径轰隆前进。与此同时，盟军的主力部队只会在比利时遇到一支表面上看起来的确像那么回事的进攻部队，并在荷兰遇到规模比前者更小一些、只是为了将盟军的注意力从阿登地区吸引过来的佯攻力量。[38]

431

双方的战斗力从纸面数字来看是相当的。军事学者认为，法国拥有欧洲最好的陆军，无论作战部队、坦克，还是枪炮，都是一顶一的。法国空军同样强大，尽管它还在经历更新换代，缺乏足够的现代机型。尽管如此，法国空军与英国皇家空军联合，仍可与德国空军一战。在地面上，法国拥有的坦克数量比德国多出二分之一：法国共有3500辆坦克，德国有2300辆，而且法国的重型坦克数量也占优。更大的问题是装甲作战理论。法国人关于“有条不紊的战斗”的想法依赖于对坦克的中央指挥，强调重型火力是决定性因素，而不是运动，认为坦克应为步兵提供近距离的支援，而不是成为发起突击的主要力

量。德国装甲部队则强调装甲部队的突进速度而非火力，奉行任务导向战术，充分给予指挥官以主动权。这是两种作战方式之间的较量，法国是谨慎的、严谨的，而德国则是猛冲突进、随机调整，而在这场较量中，许多盟军的高级指挥官表现得过于古板守旧，有着极重的猜忌心理。[39]

在法国与比利时持续到1940年的秘密军事会谈中，双方商定，法国最好的装甲师和英国远征军将推进到比利时的前沿防御阵地，但前提是等德国开始发起进攻之后。[40]盟军对他们在战斗开始后的阻击能力很有信心，因此他们同意将最好的装甲师和机动部队转移到代勒河防线，横跨他们所认为的德军进攻主力的必经之路。[41]因此，当德军的装甲部队比预期还早一周越过默兹河时，盟军的精锐之师完全不在正确的位置上。如果盟军的装甲和机动部队只是原地待命、伺敌而动，德军这一意外之举的效果可能会大打折扣。但是相反，直到德国决定开战之前，同盟国的外交决定以及一个小小中立国的恐惧，一直将盟军的打击力量留在了错误的边界上。早在大战开始之前，这一决策就已经把空间、时间以及所有的主动权都让给了德国人。

5月10日清晨，比利时和荷兰的上空传来现实的轰鸣，比利时边境上的边防军终于解除过境障碍，允许盟军向代勒河防线前进。德军的空降猎兵和滑翔部队率先着陆，紧随其后的是高速前进的B集团军。他们成功占领阿尔伯特运河（Albert Canal）上的两座桥梁，突破了比利时的一道关键防线，让装甲部队早于原定时间进入比利时。最令人震惊的是，德军以区区80名空降兵拿下了整个埃本－埃美尔要塞（Eben-Emael）巨大的堡垒群，该要塞曾被认为能够抵御最猛烈的炮火轰炸，对其进行任何攻击都必然要付出极大代价。空降猎兵降落在要塞顶部，然后顺着外墙爬下，透过堡垒的炮眼进入内部，实现

了完全的出敌不意。一旦进入堡垒内部，他们就封住透气口，直接干掉守军，或者使用成型装药和火焰喷射器压制，直到德军的大批正规步兵抵达。就在第二天，埃本－埃美尔要塞投降。这是杜奥蒙堡事件的又一次重演，只是后果要严重得多。

盟军的情报部门此时还未意识到敌军通过森林进入色当的威胁。最高指挥部的注意力完全放在了德军极具欺骗性的佯攻、自己向代勒河防线的转移，以及前往支援荷兰的法国第7军团的行动上。5月10日，空降猎兵率先占领海牙周围机场，为第22空降师的Ju–52运输机准备着陆场。他们遭到顽强抵抗，德国空军因此失去80%的运力。荷军激烈反抗，重新夺回了大部分机场，空降猎兵被重重包围，孤立无援，最终死伤惨重——事实将一次又一次地证明伞兵部队在快速反击面前是极其脆弱的。然而，德军第18军团抢在法国第7军团之前迅速攻入泽兰半岛，因为荷兰放行法军入境的时间太迟，法军又离核心的战斗区域太远，以致无法阻止德军的进攻。荷兰守军在德军推进之前就破坏堤坝淹没了圩田，将地面部队引向堤坝道路。但这种传统的防御手段并不能阻止更多的空降部队，他们占领了关键桥梁，并坚守至精锐特种部队（勃兰登堡部队）到来，后者将乘装甲列车，带领坦克和摩托化步兵越过边界。荷兰人摧毁了几列火车，但有一列在亨讷普（Gennep）成功越境，德国地面部队因此得以与控制着默兹河和几条主要运河上关键桥梁的空降部队会合。1940年，德军的几次渡河都完成得十分利落，对于这些河流和运河，盟军要么付出极大代价，要么夺取失败，要么没能守到最后，而在4年后1944年9月一次时机并不成熟的解放荷兰的尝试中，这一场景将再次上演。

被寄予厚望的马斯防线（Maas Line）、皮尔防线（Peel Line）在第一天就被攻破，荷军弃逃。随着荷兰皇家陆军

433

（*Koninklijke Landmacht*）不断撤向内陆，更深的艾瑟尔防线（Ijssel Line）也在两天内被攻破；荷兰的内陆腹地有一道由水体和防御工事构成、用于拱卫多德雷赫特、乌得勒支、哈勒姆和阿姆斯特丹等城市的避险圣地，被称为荷兰要塞（*Vesting Holland*）。从布拉班特撤退的荷兰军队启动了水防线，这条撤退路线让他们和法国的第7军团越来越远。德军第18军团在河流和运河纵横交错的复杂地形上快速移动，飞快地越过了曾以大挫来犯者势头而闻名的坚固防御工事。随着荷兰防线的崩溃，进攻者在5月14日对鹿特丹发起无情的轰炸，这对荷兰人来说是致命的心理打击。恐怖轰炸达到了预期效果，由于担心德军还会对乌得勒支和其他荷兰城市发起同样的空袭，荷兰人在第二天要求停火。

盟军认为低地国家将是主要战场，现在德军在那里发起的双线佯攻更加坚定了这一想法，因此他们继续让自己最好的部队加速进入比利时，甚至在德军第一批装甲部队从森林探出头来到达色当上方的默兹河时也未改变。德军十分幸运，穿越森林的整个过程并未遇到太大抵抗。阿登地区出现巨大的交通堵塞，坦克和卡车排成三列纵队，绵延数英里。毫不夸张地说，其中一些坦克直接碾过了试图阻止它们前进的比利时自行车部队和法国轻骑兵。然而，5月13日坦克大军抵达默兹河时，牵引式大炮还远远落在后面。这场战局的决定性会战将在色当附近打响，这个地名让人想起1870年法国战败的气味，现在，1940年的法国陆军将在那里迎来第二场灾难。

德军的渡河攻势还未真正开始，就几乎要以灾难告终。长长的装甲纵队还在默兹河防线对岸，德军派出满载工兵和突击步兵的橡皮艇，试图在河上搭建桥头堡，但是河这边的机枪挡住了它们的去路，橡皮艇被打得七零八落。5月13日，古德里安的第19装甲军在法国人的抵抗下6次渡河失败，步兵伤亡惨重。经过

两天苦战，德军终于渡河成功，并发现一个未设防且法国工兵还未来得及炸毁的渔堰。步兵越过渔堰，建起一个外围防御阵地，工兵修起一座可承重的浮桥，坦克得以顺利通过。通过凡尔登式的肉搏厮杀，原本摇摇欲坠的两英里的桥头堡被扩大到 5 英里。希特勒和最高统帅部的大多数高级军官都被这一早期出乎意料的成功吓坏了，不敢再贸然向前一步。最高统帅部的参谋人员和前线的将军就下一步该怎么做以及如何使用坦克展开激烈争论。最后，几位将军没有服从命令，选择自行突围。古德里安的坦克开进色当和迪南（Dinant）之间狭窄的桥头堡。虽然部分法国步兵惊慌失措，但其余多数仍是英勇应战。关于装甲部队如何基于一个宏伟的总体计划勇猛地击溃弱小的预备役部队、关于德军的能力和军事优势以及法国人的失败主义和军事颓废的老故事，更多只是添油加醋的传言。[42] 事实是，此次德军渡河攻势的成功，运气因素不可小觑，因为那里的许多法国将士英勇战斗，他们的伤亡名单就是对过去质疑的回应。

436

装甲部队之所以能通过，与其说是法军将士缺乏勇气，不如说是缺少地雷。莱因哈德（Reinhard）装甲军和霍特（Hoth）装甲军分别突围，与此同时，佯攻还在继续，霍普纳（Hoepner）率领的装甲军向着比利时的代勒河防线发起攻击。[43] 而在这整场关键战斗中，许多法国步兵师都被留在了马其诺防线上，除了与对面德军的几次轻微交手，未再参与任何战斗。甘末林命令从预备队中抽调更多的师来增援色当，但只安排他们在 5 月 14 日至 21 日到达。他也未从荷兰或比利时召回机动部队。他被牵引着来到最后一战，他的注意力完全放在了错误的战线上，默兹河畔那些装甲部队的将军们偷走了主动权。当装甲部队穿过地壳防线，向着法国的北部平原疾驰而去时，色当前方西岸的线性防御开始松解。

古德里安拉着他的 800 辆坦克和所有装甲掷弹兵继续前

1940 年西线战局

美国西点军校历史系提供；George Chakvetadze 重绘

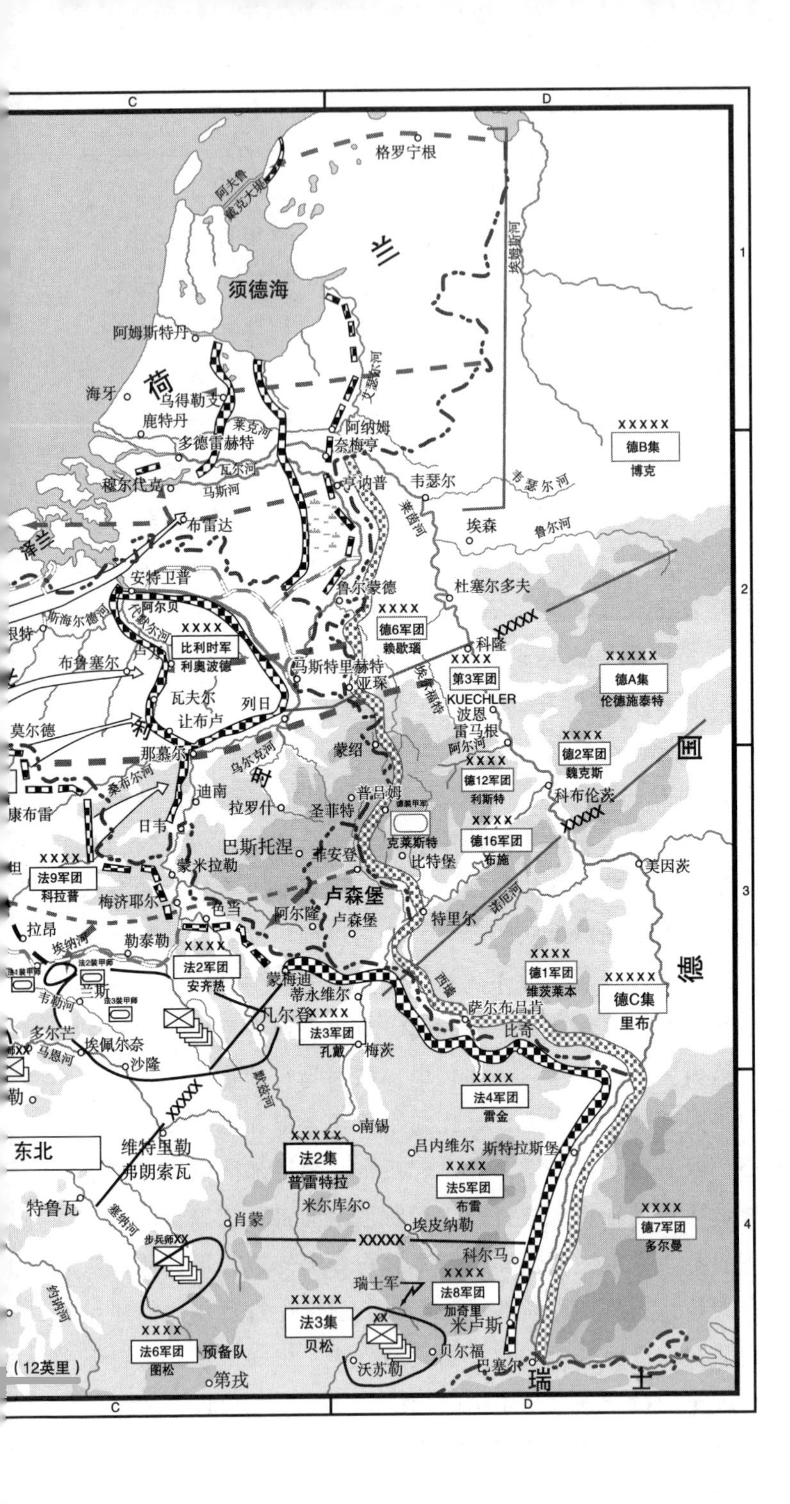

C
D
格罗宁根
阿夫鲁
戴克大堤
兰
埃姆斯河
1
须德海
阿姆斯特丹
荷
支瑟尔河
海牙
乌得勒支
阿纳姆
莱克河
鹿特丹
多德雷赫特
奈梅亨
XXXXX
德B集
博克
瓦尔河
穆尔代克
亨纳普
韦瑟尔
韦瑟尔河
马斯河
莱茵河
布雷达
埃森
鲁尔河
泽兰
安特卫普
鲁尔蒙德
杜塞尔多夫
2
阿尔贝
XXXX
德6军团
赖歇瑙
斯海尔德河
代尔河
XXXX
比利时军
利奥波德
XXXXX
科隆
根特
布鲁塞尔
马斯特里赫特
XXXX
第3军团
XXXXX
德A集
伦德施泰特
亚琛
埃菲尔
KUECHLER
瓦夫尔
列日
波恩
莫尔德
让布卢
雷马根
阿尔河
XXXX
德2军团
魏克斯
利
那慕尔
蒙绍
XXXX
德12军团
利斯特
国
乌尔克河
时
桑布尔河
迪南
普吕姆
科布伦茨
德装甲军
XXXXX
康布雷
拉罗什
圣菲特
XXXX
日韦
克莱斯特
德16军团
布施
巴斯托涅
菲安登
比特堡
XXXX
法9军团
科拉普
蒙米拉勒
美因茨
3
卢森堡
梅济耶尔
诺厄河
色当
阿尔隆
卢森堡
特里尔
拉昂
埃纳河
勒泰勒
XXXX
法2军团
安齐热
XXXX
德1军团
维茨莱本
法2装甲师
兰斯
蒙梅迪
德
法3装甲师
蒂永维尔
XXXXX
韦勒河
凡尔登
XXXX
萨尔布吕肯
德C集
里布
法3军团
孔戴
比奇
多尔芒
梅茨
马恩河
埃佩尔奈
沙隆
XXXX
摩泽尔河
法4军团
雷金
XXXXX
勒
南锡
东北
维特里勒
吕内维尔
斯特拉斯堡
XXXXX
弗朗索瓦
法2集
XXXX
普雷特拉
法5军团
布雷
特鲁瓦
米尔库尔
塞纳河
肖蒙
埃皮纳勒
XXXX
德7军团
多尔曼
4
步兵师XX
XXXXX
科尔马
XXXX
瑞士军
法8军团
加奇里
约纳河
XXXXX
米卢斯
法3集
XX
贝松
XXXX
贝尔福
法6军团
预备队
图松
沃苏勒
巴塞尔
（12英里）
瑞
第戎
士
C
D

进，而没有像法国最高指挥部所认为的那样等待与轻步兵会合。德军攻势猛烈，取得突破的其中一个装甲师是埃尔温·隆美尔将军率领的第7装甲师，它因为捉摸不定的行踪和不听指挥的行动习惯，又被称为“幽灵师”。[44]终于，盟军指挥总部开始对德军突如其来的攻势感到震惊。报告显示，在阿登地区，德军装甲部队的渗透深度和攻击部队的进攻力度都在不断增加，德军西部军团的装甲部队在远离盟军情报部门认为它们应该或可能出现的地方出现了，而且实力远超预期。很明显，德军的主攻方向在南部，而不是像盟军规划人员所想的那样发生在比利时。第一批德国坦克于5月18日到达康布雷，长长的钢铁纵队向海岸延伸而去。现在，德军装甲部队的推进深度和位置在战地指挥部和各盟国的首都算是引起了真正的恐慌。

在比利时的盟军被命令停止向代勒河防线移动，转而折返法国北部，因为那里才是德军装甲主力出现的地方，后面还跟着急步赶来的轻步兵。原地掉头向西，意味着重装作战部队被滞留在背向战场的纵队的后方，而最慢的运输车反而挡在头部，让极力赶往主战场的作战部队无路可走。与此同时，德国的三个装甲军正飞快横穿法国北部，直击大西洋沿岸，切断了比利时境内盟军的去路。一些装甲部队因为行动过于迅速，将后方的步兵部队甩开很远，这让陆军总司令部和部分前线将领很担心，万一盟军对暴露侧翼发起反击，装甲部队钢铁矛尖下的这根步兵传动轴将会被打断，到时被困的将是德国自己的装甲部队而不是撤退中的盟军。陆军总司令部知道装甲部队的队列拉得太长，被从中截断的风险不小，但争论过后，他们还是让它们继续前进。恐慌的希特勒愤怒咆哮，出面干预，亲自下达停止进军的命令，这是整个战局中两道“停止前进”命令中的第一道。但是，面对那些不管不顾，一门心思继续向海岸推

437

进的国防军最高统帅部的将军们，他最终还是让步了。他在战场上也有不被服从的时候。坦克纵队的将领编造谎言，无视陆军总司令部和希特勒的命令。最终，是他们的不服从，而不是一个出色的总体计划，导致原本被德军装甲力量包围在法比边境的英法联军被转移到英吉利海峡港口，并得以从一个正在合拢的包围圈中撤离。

除了为暴露出来的侧翼提供最低限度保护，古德里安抛下一切，继续突进。他得到的命令是展开战前的武力侦察，但事实是他的"侦察任务"是他带领着整个装甲部队执行的，并对陆军总司令部谎报了自己的位置。他不仅没有因此遭受可怕的后果，后来还因为进军成功而获得奖赏和晋升。隆美尔所率领的"幽灵师"也做了类似的事，他们无视停止前进的命令，继续向海岸推进。没有哪个1940年的盟军将领，甚至可以说在有史以来的战争中，都极少有人敢于尝试这样的擅自行动，而且还能逃脱惩罚。正如研究1940年闪电战的著名历史学家卡尔-海因茨·弗里泽（Karl-Heinz Frieser）在一部重要的修正主义著作中所确证的那样，古德里安和隆美尔在法国战役的这一阶段的成功应该归功于运气，而不是能力。他们还得益于甘末林的软弱领导，盟军的反应被拖慢了，法军尝试对在默兹河被甩下的德军保护性步兵的暴露侧翼发起反击，但以失败告终，还有更多的反击行动也因为数以百万计的难民沿着同一道路惊恐逃难而受阻。[45]

当隆美尔的幽灵师与法国第1装甲师相遇，第二次世界大战中的第一场大型坦克对战随即爆发。另一场更大的战斗则发生在法国的骑兵军与霍普纳的装甲军之间，由法国方面的240辆重型坦克对阵由德国空军的斯图卡和战斗机提供支援的大批轻型坦克。在这场坦克大战中，法国人损失了100辆坦克，但打掉了对方160辆装甲车。[46]德军在斯图卡支援下

展开的坦克扫荡在战术上被证明是无效的，空军对平民和步兵纵队的俯冲轰炸和低空扫射，作为一种心理武器，反而效果更佳，它加剧了人们的恐慌和混乱。戴高乐的第4装甲师在5月17日发起反击，试图袭击古德里安的补给纵队，但西部军团的装甲力量实在过于强大，这种局部冲击根本没有效果。就在盟军调转方向时，为了进一步巩固破防成果，国防军最高统帅部命令此前在比利时执行佯攻的两个装甲军往南回援，将德军在法国的装甲部队增加到9个装甲师和4个摩托化师。迅速移动的先头部队向阿拉斯和索姆河之间的海岸驶去，碾过或越过上一代战争中那些血淋淋的战场——蒙斯、阿拉斯、伊普尔，还有其他令人厌恶的屠戮地。总参谋部的弗朗茨·哈尔德（Franz Halder）将军想让部队掉头南下，兴许是想让装甲部队去重新执行已被抛弃的施里芬计划。希特勒否决了他的意见，仍在为向海岸挺进的装甲部队暴露的侧翼担心。相反，他希望所有装甲部队停下来，好让后方的轻步兵跟上。争论十分激烈。[47]

438

在盟军内部，将领们的分歧也很大，一些政客已经开始感到恐慌。甘末林于5月18日被撤职，接替他的是从叙利亚殖民服役中被召回的马克西姆·魏刚（Maxime Weygand）。5月21日，英国装甲部队向隆美尔在阿拉斯附近的阵地发起进攻，但攻势被阻断。当第一只德军靴子的足尖在这天的午夜时分没过大西洋的水面时，大多数装备最好、训练有素的盟军部队此时还滞留在比利时。法国军队正在向南集结，以保卫巴黎免遭德军入侵，但他们大多没有装甲保护。最高统帅部和希特勒在这个时候阻止古德里安的坦克继续突进，这个命令帮了盟军一把。希特勒被“黄色方案”的意外顺利弄得晕头转向，但是，正如在面临重大选择时经常发生的那样，他的犹豫不决让他失去了勇气。他担心万一盟军大举反攻并切断他的

装甲部队，那么等待他的将是彻底的失败。事实上，除了几个局部地区，盟军根本无力进行有效的反击。促成希特勒下达命令的还有一个非军事性理由，那就是他希望借此重新树立自己对最高统帅部以及所有不听指挥的前线将军们的个人权威。为了实现这一内部政治目标，他牺牲了一次立即全歼受困盟军的机会。[48]

盟军向海岸的撤退由于与比利时军的残余部队和1100万惊慌失措的平民搅和在一起而变得混乱不堪。后者用堆满家庭财物的马车堵塞了道路，上面坐着孕妇、小孩或年迈的父母。难民和行军纵队受到ME-109战斗机的扫射和袭扰，并遭到斯图卡的轰炸。在装甲纵队的下方，大部分法国步兵试图在巴黎北部的空旷地带建立一条新的防线。英国指挥官约翰·戈特（John Gort）于5月24日下令，让英国远征军从阿拉斯向敦刻尔克撤退，而皇家海军则在多佛尔（Dover）为撤军做准备。[49]这一决定在盟国会议中引起轩然大波，被认为是严重的背信弃义之举。许多法国人指责英国人抛弃了他们。

439

在伦敦仍有一些关于留在法国作战的讨论，即不把撤离部队运到英国，而是运到法国南部的港口，然后再行军折返北部，支援法军在巴黎北部的新防线。比利时于5月28日投降，留下英国远征军和数以万计的法军滞留在敦刻尔克周围的一块飞地上。西部军团的装甲和机械化部队持续袭扰和追击撤退中的盟军，逐渐将其逼向困境。对英国远征军来说，幸运的是，希特勒和最高统帅部下令坦克部队停下整装。他们已经把目光投向了南方，投向即将到来的与法军余部的决战，期待着彻底将其摧毁。装甲部队的停顿不前，以及敦刻尔克周围艰苦的外围激战，让24万英国远征军和12万法军、比军，最终得以在几日几夜的时间里通过海上撤离至英国。为了掩护地面撤退，英国空军出动了近距离战斗机阻击德国空军的袭扰；前来接应

的除了海军军舰，还有许多应召前来的小民船，因为需要涉水登船，盟军战士的车辆、大炮、坦克，甚至很多人的步枪和靴子，都被留在了海滩上。[50]

对于法国在1940年的战败，一种传统的狭隘解释是把一切都归结到坦克的身上，认为法国的坦克与装甲部队在力量上并不相等。这是不对的，因为就坦克本身而言，法国的许多坦克其实更胜一筹。装甲作战思想的作用则是另一回事。在这方面，德国人是领先盟军的，虽然这个优势并不像这场胜利所表现出来的那样大。另一种解释则集中在甘末林和其他将军的不称职上，认为法国奇怪的战败是统帅无能的结果，而不是部队素质、坦克或者兵力多寡的问题。[51]而当中错得最离谱，而且多年来一直存在的一种观点是，法国的失败与军事无关，其根源在于精神堕落和深刻的社会分裂。这种观点认为战前的法军内部充斥着以马其诺防线为象征的失败主义，这种萎靡不振的情绪使法国军队毫无准备、无心战斗。[52]事实上，法国军队并没有因为失败主义而蜷缩在防御工事后方。但它也没有组建装甲部队形成集中攻势的想法，或者发展出与之相匹敌的进攻理论。

1940年之前，法国是一个对侵略战争不感兴趣的防御型大国。这在很大程度上影响了它对组建装甲部队的态度和它在加固边防上的决定，也让它在这场几乎可以肯定将是又一场长期战的战争开局摆出应战而不是主动发起挑战的姿态。[53]它将一边利用马其诺防线阻止德军入侵，一边向外围移动，实施机动防御。一支强大的装甲突击部队，加上摩托化步兵和大炮，将迎战并阻击通过比利时和荷兰入侵的德国人。[54]这是一个经过推敲、有理有据的战略，只是没能成功。研究两次世界大战中的法国陆军的主要历史学家罗伯特·道蒂（Robert Doughty）认为，法国在1940年战败也是因为它选择了一种

440

错误的作战方式。它希望发动的是“精心控制的、有条不紊的战役，而这些恰恰是德国极力想要避免的。而在战争的压力下，法国根本无法应对［德国国防军所追求的］战斗类型”。[55]此外，在开场战局中，英国再次仅仅派出一小股远征军前来相助，这对法国来说无异于杯水车薪。但是，应当指出的是，法国陆军并非死守，一旦英国人完全动员起来，其强大的装甲师也将向敌人开战。

除了英国在战争开始时的软弱，盟军的战略也受到战前外交的阻碍。比利时和荷兰心存幻想，以为严守中立可以维护自身安全，这导致它们未能与对方或与实力更为强大的西方国家协调防御政策。比利时拒绝盟军在德军打响第一枪之前进入其领土，这是1940年战败中的关键一环，直接导致当德军的3个装甲军在色当突破默兹河防线并向他们身后的海岸疾驰而去时，盟军最具机动性的步兵师和几乎所有的精锐装甲部队仍在向代勒河防线移动。国防军同样利用对荷兰本土发起的小规模入侵迷惑盟军，掩饰其通过阿登山区直接进军法国的真实意图。在一场虽然英勇但也混乱且毫无组织的抵御战后，在敌人强大的机动部队，以及古老城市所面临的赤裸裸的轰炸威胁面前，荷兰不得不向敌人投降。[56]

1940年，德国人拥有的与其说是一支优越的军队，毋宁说是一套优越的作战理论，但仅这一点还不足以解释他们的胜利。同样关键的是盟军出现在了错误的方位上，而当快速移动的装甲军越过默兹河，从色当奔向海岸时，甘末林等人的反应又太过迟缓。尽管对于那些喜欢把军事史绑在严谨的因果链条上的人来说，这可能并不令人满意，但另一个关键的解释是，是一系列的意外和偶然的阴差阳错，使德国的将军们得以利用他们所拥有的理论和技术优势：灵活、速度以及连接从坦克到飞机的所有武器的战术无线电。击败法国的是德国人的技术，

但也是运气；是德国人优越的理论和应变灵活的任务导向战术，但也是模糊与错漏频出的决定，以及出现在所有战役中的战斗事故和瞬息万变的局势。只是在这种情况下，铁骰子才一再为一方翻出六点。[57]

441

法国不久就迎来了它的终局。政府离开巴黎前往波尔多，就像在1914年那样。剩余的少量坦克支撑着一道主要由步兵组成的防线，但德军未费吹灰之力就在这层薄薄的地壳上打开一个缺口，绕过据点，飞速进入法国中部和南部。6月10日，意大利在阿尔卑斯山发动进攻，这是豺狼意图叼起狮子的猎物。只是南部法军战斗力依然强劲，意大利王家陆军在隘口上惨遭血洗。两天后，德军列队走过香榭丽舍大道，在拿破仑的凯旋门下昂首阔步，此时隆美尔在南部战场上更是创下坦克一日推进160英里的速度记录。其他师团前往抵达格勒诺布尔（Grenoble）或挥师向东，从后方拿下马奇诺防线的堡垒和驻军。古德里安在6月的第三个星期向东转入阿尔萨斯，将50万法军团团围住。戴高乐和其他可以脱身的人纷纷撤离，继续在海外战斗。法国上下不得不将希望放在法国一战时的凡尔登英雄菲利普·贝当的身上，希望他能再次拯救他们；贝当随即请求和谈，接受停战条件，并在之后担任维希政府元首。6月22日，停战协议在贡比涅的一节火车车厢内签署，希特勒也在场，1918年11月11日，法德两国正是在同一节车厢内签下了那份让德国领导人深恶痛绝的一战停战协议。

到1940年年底，在大多数观察家看来，纳粹德国已经赢得了战争。法国人的前方是屈辱、占领、合作和抵抗，一段漫长而凄冷的黑夜笼罩着法国，因而也笼罩着欧洲。对英国来说，等它的军队再次踏上法国的土地之前，它将在欧洲以外经历四年的战争，而后又过了将近一年的时间，才等来半复兴的法国加入英国和其他盟军的行列，一起解放欧洲的西半部。德

国人做好了充分准备，以一种充满活力的新的方式作战，这让他们在1939年用装甲车横扫波兰，迅速取胜，甚至在1940年的法国和低地国家取得更加辉煌的战绩。然而，他们完全没有准备好如何面对在此之后的长期战争，或者说，是随着入侵苏联而来的持续侵略给德国和欧洲带来的无限扩张的战争深渊。后来的柏林，就像1940年黯淡无光的巴黎和伦敦，摆在它面前的是彻底的失败和彻底的毁灭。

## 注 释

1 转引自 Williamson Murray, "Versailles: The Peace Without a Chance," 及 Jim Lacey, editors, *The Making of Peace: Rulers, States, and the Aftermath of War* (Cambridge: Cambridge University Press, 2009): p. 209。

2 Alan Sharp, *The Consequences of the Peace: The Versailles Settlement; Aftermath and Legacy* (Chicago: University of Chicago Press, 2015): pp. 9–70.

3 战后的德国武装部队在1935年之前称"国家防卫军"（*Reichswehr*），之后称"国防军"。后者包括所有的武装部门：空军、海军和陆军。

4 Gerhard Weinberg, *A World at Arms: A Global History of World War II* (Cambridge: Cambridge University Press, 1995): pp. 96–100, 187–263.

5 意大利独裁者贝尼托·墨索里尼在罗马威尼斯广场的一个阳台上公开发表宣言。希特勒则在帝国议会的演讲中发表了德国的宣战演说，时间都是12月11日。

6 一次在中国发生的饥荒事件，参见 Rana Mitter, *Forgotten Ally: China's World War II, 1937–1945*(London: Penguin, 2013): pp. 263–279。

7 参见 Kelly Crager, *Hell Under the Rising Sun* (College Station: Texas A&M University Press, 2008)，以及 Daniel Blatman, *Death Marches: The Final Phase of Genocide* (Cambridge: Belknap, 2011)。

8 Julian Jackson, *The Fall of France: The Nazi Invasion of 1940* (Oxford: Oxford University Press, 2003): pp. 60–78; Ernst May, *Strange Victory: Hitler's Conquest of France* (New York: Hill & Wang, 2000):

pp. 113–194. Also see Martin Alexander, *The Republic is in Danger* (Cambridge: Cambridge University Press, 1993); E. C. Kiesling, *Arming Against Hitler: France and the Limits of Military Planning* (Lawrence: University Press of Kansas, 1996); Elizabeth Kier, *Imagining Doctrine: French and British Military Doctrine between the Wars* (Princeton: Princeton University Press, 1997).

9 相反观点来自 Talbot Imlay, *Facing the Second World War: Strategy, Politics, and Economics in Britain and France, 1938–1940* (Oxford: Oxford University Press, 2003): pp. 8–9, 23–134。

10 Peter Jackson, "British Power and French Security, 1919–1939," in Neilson and Kennedy, *British War of Warfare*: pp. 101–134; May, *Strange Victory*: pp. 306–322.

11 Gérard Saint-Martin, *L'Armée blindée française*, Vol. 1 (Paris: Economica, 1998): pp. 44–74; Reynolds Salerno, *Vital Crossroads: Mediterranean Origins of the Second World War, 1935–1940* (Oxford: Oxford University Press, 2002): pp. 40–72; May, *Strange Victory*: pp. 8–168. 一项较早的研究是 F. W. Deakin, *The Brutal Friendship: Mussolini, Hitler and the Fall of Italian Fascism* (London: Weidenfeld and Nicolson, 1962)。

12 William Philpott and Martin Alexander, "The French and British Field Force: Moral Support or Material Contribution?" *Journal of Military History* 71/3 (2007): pp. 743–772; Brian Bond, *British Military Policy Between the Two World Wars* (Oxford: Oxford University Press, 1980): pp. 269–276.

13 关于两次世界大战之间所有主要军队的计划，参见 Allan Millet and Williamson Murray, *Military Effectiveness: The Interwar Period* (Cambridge: Cambridge University Press, 2010)。

14 Philpott and Alexander, "The British Field Force," pp. 751–752, 765–770.

15 Paul Kennedy, "British 'Net Assessment' and the Coming of the Second World War," and Stephen Ross, "French Net Assessment," in Williamson Murray and Allan R. Millet, editors, *Calculations: Net Assessment and the Coming of World War II* (New York: Macmillan, 1992): pp. 19–59, 136–174. R. J. Young, "La guerre de longue durée," in A. Preston, editor, *General Staffs and Diplomacy Before the Second World War* (London:

Croom Helm, 1978): pp. 41–64.

16　关于第一次世界大战后德国的主流文化，参阅 Wolfgang Schivelbusch, *The Culture of Defeat: On National Trauma, Mourning, and Recovery* (New York: Picador, 2004): pp. 189– 288。关于一直到 1941 年仍未能为长期战争动员经济的问题，参阅 David Stahel, *Kiev 1941: Hitler's Battle for Supremacy in the East* (Cambridge: Cambridge University Press, 2012): pp. 48–65； Forster, "Germany's War in Europe," pp. 99–102。关于短期战争思维，参阅 Karl-Heinz Frieser, *The Blitzkrieg Legend: The 1940 Campaign in the West* (Annapolis: Naval Institute Press, 2005): pp. 10–59; and Citino, *German Way of War*: pp. 236–237。

17　转引自 ibid., p. 243。参阅 Matthias Strohn, *The German Army and the Defence of the Reich: Military Doctrine and the Conduct of Defensive Battle, 1918–1939* (Cambridge: Cambridge University Press, 2011): pp. 17–130;185–202; 219–244； N. H. Gaworek, "Hans von Seeckt," in Zabecki, *Chief of Staff*, Vol. 1: pp. 136–148，　以　及 James Corum, *The Roots of Blitzkrieg: Hans Von Seeckt and German Military Reform* (Lawrence: University Press of Kansas, 1992): pp. 1–121。

18　Denis Showalter, *Hitler's Panzers: The Lightning Attacks that Revolutionized Warfare* (New York: Penguin, 2009): pp. 3–36; 44–61; Corum, *Roots of Blitzkrieg*: pp. 122–143; David Stone, "Misreading Svechin: Attrition, Annihilation, and Historicism," *Journal of Military History* 76/3 (2012): pp. 677–678; Richard Simpkin, *Deep Battle* (London: Brassey's, 1987); Jacob Kipp, "Military Doctrine and the Origins of Operational Art, 1917–1936," in Willard Frank and Philip Gillette, editors, *Soviet Military Doctrine from Lenin to Gorbachev* (Westport: Greenwood, 1992): pp. 85–132; David Glantz, "Developing Offensive Success," ibid., pp. 133–174; Richard Harrison, *The Russian Way of War: Operational Art, 1900–1940* (Lawrence: University Press of Kansas, 2001): pp. 186–194.

19　Citino, *German Way of War*: pp. 253–256.

20　Gary Sheffield, "Blitzkrieg and Attrition: Land Operations in Europe, 1914–1945," in idem and Colin McInnes, editors, *Warfare in the Twentieth Century* (London: Unwin Hyman, 1988): pp. 51– 79. 闪电战（Blitzkrieg）通常是指以突破并攻击地方指挥和通信为目标的联合作战攻击。卡尔 – 海因茨・弗里泽对作为作战行动的闪电战（blitzkrieg，或

称闪击战）与闪电战争（lightning war）做了关键性的区分，参见 Karl-Heinz Frieser, *Blitzkrieg Legend*: pp. 4–11。

21 Jürgen Forster, "Germany's War in Europe," in Stig Forster et al., editors, *A World at Total War* (Cambridge: Cambridge University Press, 2005): pp. 89–91.

22 全文翻译并发布在 www.germanhistorydocs.ghi-dc.org/sub_document.cfm?document_id=1546，题为"Hitler's Speech to the Commanders in Chief (August 22, 1939)"。关于这一政策自战争第一天起是如何在波兰实施的，参见 Richard Evans, *The Third Reich At War* (London: Penguin, 2008): pp. 3–105。

23 Gerhard Weinberg, editor, *Hitler's Second Book* (New York: Enigma, 2006): pp. 81–98, 156–238.

24 Weinberg, *World at Arms*: pp. 6–47; Robert C. Tucker, *Stalin in Power* (New York: Norton, 1990): pp. 392–440. 扎拉·斯坦纳对此表示异议，他认为斯大林此时满腹疑虑和猜忌，对各方都不信任，参见 Zara Steiner, *The Triumph of the Dark* (Oxford: Oxford University Press, 2011): p. 910。

25 Steven Zaloga, *Poland 1939: The Birth of Blitzkrieg* (Oxford: Osprey, 2002): pp. 32–33, 75–78.

26 Robert Kennedy, *German Campaign in Poland, 1939* (Washington: Department of the Army, 1956): pp. 81–83; Stephen Zaloga and Victor Madej, *The Polish Campaign* (New York: Hippocrene, 1991): pp. 110–112; Cathal J. Nolan, "The German Invasion of Poland (September 1–October 5, 1939)," in Gordon Martel, editor, *The Encyclopedia of War* (London: Wiley-Blackwell, 2012).

27 Showalter, *Hitler's Panzers*: pp. 88–89.

28 Alexander Rossino, *Hitler Strikes Poland: Blitzkrieg, Ideology, and Atrocity* (Lawrence: University Press of Kansas, 2003): pp. 10–18, 20–21, 31–48, 1–57, 88–120.

29 Bernard Ireland, *Battle of the Atlantic* (Annapolis: Naval Institute Press, 2003): pp. 37–73.

30 Weinberg, *A World at Arms*: pp. 48–121.

31 Rossino, *Hitler Strikes Poland*: pp. 58–87.

32 Ibid., pp. 121–190; Evans, *Third Reich at War*: pp. 3–105; Richard Hargreaves, *Blitzkrieg Unleashed: The German Invasion of Poland,*

*1939* (Mechanicsburg: Stackpole, 2008): pp. 224–259; Jürgen Matthias et al., *War, Pacification, and Mass Murder, 1939: The Einsatzgruppen in Poland* (Lanham: Rowman & Littlefield, 2014).

33 Roger Reese, "Lessons of the Winter War: A Study in the Military Effectiveness of the Red Army, 1939–1940," *Journal of Military History* 72/3 (July 2008): pp. 825–852; Kipp, "Soviet Operational Art," pp. 64–85; Henrik Lunde, *Finland's War of Choice* (Newbury: Casemate, 2011): pp. 1–25, 38– 40, 54–59, 113–117. 里斯（Roger Reese）并不认为红军在芬兰的表现有多么强势，但他也确实表明，红军的表现并不像德国人认为的以及他们后来经常提及和写到的那样，毫无战斗力可言。

34 马克・布洛赫的战争回忆录写于1940年，但直到1946年才在法国以《奇怪的战败》（*L' Étrange Défaite*）这一书名出版，英文版名为 *Strange Defeat* (New York: Oxford University Press, 1949)。布洛赫是经历过两场大战的老兵，他在1944年因为参与法国抵抗运动而被盖世太保逮捕并枪杀。

35 Frieser, *Blitzkrieg Legend*: pp. 1–3, and passim. 这是一位著名的德国历史学家的主要修正性作品，他挑战了关于国防军高超作战能力的传统观点。

36 具有开创意义的重要作品是马克・布洛赫的《奇怪的战败》和恩斯特・梅的《奇怪的胜利》（*Strange Victory*）。在批判意义上同样重要的还有：Frieser, *Blitzkrieg Legend*: pp. 100–346。

37 Ronald Powaski, *Lightning War: Blitzkrieg in the West, 1940* (Hoboken: Wiley, 2003): pp. 33–54; Frieser, *Blitzkrieg Legend*: pp. 60–99; May, *Strange Victory*: pp. 254–270; Citino, *German Way of War*: pp. 274–290.

38 Powaski, *Lightning War*: pp. 16–32.

39 Showalter, *Hitler's Panzers*: p. 103. 更精确的、分门别类的数字见 Frieser, *Blitzkrieg Legend*: pp. 37–44。关于盟军的情况，参见 Doughty, *Seeds of Disaster*: pp. 185–198; Powaski, *Lightning War*: pp. 7–32。

40 Henry Dutailly, *Les problèmes de l'Armée de terre française, 1935–1939* (Paris: Imprimerie Nationale, 1980). 关于法国国内的分歧和英法的外交和政治关系，见 Joel Blatt, editor, *The French Defeat of 1940: Reassessments* (New York: Berghahn, 1998)。

41 Powaski, *Lightning War*: pp. 16–32.

42 关于默兹河防线上的攻防战，一改原有论断的权威作品是：Frieser, *Blitzkrieg Legend*: pp. 100–114，以及 Robert Doughty, *The Breaking*

*Point: Sedan and the Fall of France, 1940* (Mechanicsburg: Stackpole Reprint, 2014): pp. 29–102。关于默兹河攻势中古德里安的表现，参见 Showalter, *Hitler's Panzers*: pp. 106–109。

43 Frieser, *Blitzkrieg Legend*: pp. 145–197, 218–245; Powaski, *Lightning War*: pp. 107–158; Doughty, *Breaking Point*: pp. 103–210.

44 Ibid., pp,265–272; Doughty, *Breaking Point*: pp. 211–250; Showalter, *Hitler's Panzers*: pp. 113–115.

45 Frieser, *Blitzkrieg Legend*: pp. 252–272. 另见 Powaski, *Lightning War*: pp. 159–202；Julian Jackson, *Fall of France*: pp. 174–177。

46 Showalter, *Hitler's Panzers*: pp. 116–119.

47 Ibid., pp. 120–121; Frieser, *Blitzkrieg Legend*: pp. 291–302.

48 Ibid., pp. 305–314.

49 Raymond Callahan, *Churchill and His Generals* (Lawrence: University Press of Kansas, 2007): pp. 7–134.

50 Powaski, *Lightning War*: pp. 248–345; Jackson, *Fall of France*: pp. 94–100.

51 See Don Alexander, "Repercussions of the Breda Variant," *French Historical Studies* 8 (1974): pp. 459–488; Anthony Adamthwaite,*France and the Coming of the Second World War* (London: Frank Cass, 1977); Robert Young, *In Command of France* (Cambridge: Harvard University Press, 1978); Jeffrey Gunsburg, *Divided and Conquered: The French High Command and the Defeat of the West, 1940* (Westport: Greenwood, 1979).

52 消极论的顶点是 Jean-Baptiste Duroselles, *La décadence: La politique étrangère de la France, 1932–1939* (Paris: Imprimerie nationale, 1979)。另见 Jackson, *Fall of France*: pp. 185–227，及 Martin Alexander, "The Fall of France, 1940," *Journal of Strategic Studies* 13/1 (1990): pp. 10–44。

53 R. H. Stolfi, "Equipment for Victory in France," *History* 55 (1970): pp. 1–20; Charles de Gaulle, *Vers l'armée de métier* (Paris: Berger-Levrault, 1934); Imlay, *Facing the Second World War*: pp. 23–75.

54 Robert Doughty, *Seeds of Disaster*: pp. 95–116, 141–184. 另见 Dutailly, *Les problèmes de l'armée de terre française*；Elizabeth Kier,*Imagining War: French and British Military Doctrine Between the Wars* (Princeton: Princeton University Press, 1997)。

55 Robert Doughty, *The Seeds of Disaster: The Development of French Army Doctrine, 1919–1939*(Mechanicsburg: Stackpole Reprint, 2014): p. x.

56 Jeffrey Gunsburg, "La Grande Illusion: Belgian and Dutch Strategy Facing Germany, 1919–May 1940," *Journal of Military History* 78 (2014): pp. 101–158; Herman Amersfoort and Piet Kamphuis, editors, *May 1940: The Battle for the Netherlands* (Leiden: Brill, 2010).

57 Philip Bankwitz, "French Defeat in 1940 and Its Reversal in 1944–1945: The Deuxième Division Blindée," in Blatt, *Reassessments*: pp. 327–353; Jackson, *Fall of France*: pp. 101–142.

## 十四 仁慈的覆灭

442

1940年，法国陆军的战败改变了第二次世界大战的整个轨迹。当时许多人认为，希特勒已经赢得战争，世界必须适应欧洲的纳粹新秩序。当时，欧洲大陆国家要么与纳粹德国结盟，要么被占领，要么一边保持形式上的中立，一边迅速调整其外交政策，以应对纳粹的霸权。瑞典在经济问题上变得更加宽容，同时保持着僵硬和全副武装的中立姿态。芬兰意欲靠拢德国获得武器和潜在的联盟，收复它刚刚被苏联夺走的领土。东欧和中欧的小国转而加入轴心国，或者试图保持形式中立，但总以其他大大小小的方式公然偏向希特勒，如签订有利的贸易协定、在外交上承认他的侵略成果，或断绝与其敌人的联系。一些国家调整国内政策，模仿法西斯的价值观，以适应自身日益坚定的法西斯运动的要求。特别是在被纳粹占领的欧洲南部边境地区，要求变革的压力正在形成。

西班牙的弗朗西斯科·佛朗哥（Francisco Franco）将军一心想着加入轴心国，把西班牙带入战争，以分享纳粹不费吹灰之力得来的战利品。这与他在战后自夸没有让西班牙卷入战争从而使其免于毁灭的说法恰恰相反。他虽然不像墨索里尼那样轻率——墨索里尼在没有得到任何保证的情况下将意大利投入战争，最终回报寥寥——但他和斯大林一样急切，斯大林以不及德国征服波兰西部几分之一的代价，得到了波兰东部和波罗的海三国。佛朗哥想吞掉法国在非洲的脆弱殖民地。然而，他无法与希特勒就西班牙加入的条件达成协议。1940年10月23日，希特勒和佛朗哥在法国与西班牙接壤的昂代伊（Hendaye）会面，双方在政策、利益和个性上冲突激烈。佛朗哥要求德国为西班牙重整军备和购买武器提供资金及其他直接军事援助，但最为关键的是他想要法国的摩洛哥，这也是墨

索里尼所觊觎的。希特勒想让维希法国傀儡政府保持安静，让法西斯意大利听从管束，因此拒绝将摩洛哥移交给佛朗哥。他还希望在西班牙殖民地建立基地，以便用于未来的非洲行动，以及与英国、最后是美国的对抗中。他们讨论了联合攻击直布罗陀的问题，但并未付诸行动。1942 年 12 月，盟军在北非登陆后，佛朗哥对参战的兴趣急剧减弱。[1]

443

大国纷纷加快备战速度，要么与希特勒并肩作战，要么与他相抗。为了抓住这次法国战败和英国疲软的机会，墨索里尼重新计算他发动“平行战争”的胜率。他曾经斥希特勒为“一个糊涂虫”，现在，他对这位德国独裁者的军事成就既嫉妒又由衷钦佩。他认为，希特勒的胜利为意大利提供了一个同步扩张自身帝国的机会，历史的铰链已经从老龄化国家和老牌帝国转向他所认为的更年轻、更有活力的法西斯国家。意识形态和越来越冲动的行为已经取代了他早期深刻的犬儒主义和执政实用主义。他倾尽全力，于 1940 年 6 月攻打法国。彼时，法国陆军已经在巴黎以北被击败，但仍在阿尔卑斯守住了阵地，并血洗了意大利人。墨索里尼并未被在短暂的对法战役中暴露出来的致命军事弱点所吓阻，他对希特勒并不考虑或者说不接受意大利在巴尔干地区的利益和野心感到越发愤怒。他决定在地中海地区发动另一场平行战争，以跟上德国的战果。1940 年 10 月 28 日，在没有与柏林盟友商量的情况下，他下令入侵希腊。准备不足、指挥不力的意大利军队再次惨败，这次是败给了一个小国，后者将意大利人逐出国门，把他们赶回了阿尔巴尼亚。这次惨败促使英国在德国入侵苏联前夕派出小股部队进入巴尔干地区。这使得希特勒大为光火。

这位德国领导人希望在他计划“巴巴罗萨行动”期间，他视之为南部侧翼的地区能够太平无事。原定于 1940 年 11 月开始的行动被推迟到 1941 年 5 月 15 日，然后又被推迟到 6 月

22日。在此期间，在他着手发动这场战争史上最大规模的入侵之前，希特勒先是派兵进入希腊，拯救他的意大利盟友免受屈辱，然后又在一场促使贝尔格莱德的亲英政府上台的政变之后，派兵进入南斯拉夫。德国和意大利于1941年4月6日联合入侵南斯拉夫。南斯拉夫的120万军队几乎没有进行任何有效抵抗，在短短12天内（4月6日至17日）就分化出多个民族作战单位。克罗地亚和斯洛文尼亚宣布独立，并与塞尔维亚和波斯尼亚达成独立和平协议，国家随着军队的解体而四分五裂。它很快陷入一系列恶性的民族和宗教内战，其中一些派别与法西斯势力结盟，占领首都和其他城市，其余一些党派则与苏联或英国结盟。内战一直持续到第二次世界大战结束，直到1945年南斯拉夫才获得全面和平。

444

同样，希特勒也在努力弥补意大利在1941年至1943年沙漠战役中的失败，向北非派遣精干的德意志非洲军（*Afrika Korps*），随后又向突尼斯派遣更大规模的部队。墨索里尼一直高估了意大利武装的能力，其实他们装备落后、士气低落。一些精锐部队在地方一级的作战水平并不亚于任何其他国家的精锐部队，但战略结果却是败绩连连。更糟糕的是，墨索里尼于1941年年中鲁莽地向苏联宣战，加入“巴巴罗萨行动”。他最终派往苏联的意大利军数量比意大利自己在非洲的对英帝国战争中投入的还要多。1941年12月，他再次与希特勒一起向美国宣战，这一决定在与美国有联系的数百万意大利人中极不受欢迎。1943年，他被赶下台，意大利被分割和占领，北方有大批抵达的德军，南方则是入侵的盟军。因此，直到1945年战争结束前，意大利不仅饱受内战蹂躏，它的土地还成了他国军队作战的战场。

法国战败，英国也接连受辱——英国四次从欧洲大陆撤退（挪威、法国、希腊和克里特岛），这使得它不得不将海军

和空军资源集中在英国本土周边，这既是为了预防可能发生的德国入侵，也是为了对抗德国空军的轰炸——日本那些野心勃勃的军国主义分子没能抵抗住这一诱惑。日本的决策者本还在为未来帝国侵略的方向争论不休，但纳粹德国在欧洲取得胜利后，他们开始将目光投向南边脆弱的西方殖民地。日本和苏联此前在诺门罕（哈拉哈河）打了一场名不见经传的小规模边境战，1939 年 8 月，在经历了一次遭苏联红军血洗的战役之后，日本选择抽身，北进计划因而搁置。随后，它在那些中心都市被其柏林伙伴占领或受其直接威胁的帝国身上看到了唾手可得的殖民果实。它让一支军队开进法属印度支那，并为日后进攻荷属东印度群岛、马来亚、中国香港、新加坡、缅甸和孟加拉做好了军事部署。关键的决定是于 1940 年 7 月 27 日作出的，就在法国签署停战协议的 5 周后。日本帝国陆军同意放弃“北进”战略，转而接受海军提出的关于“南进”的建议。作为回报，日本帝国海军不再反对陆军提出要让日本正式加入轴心国阵营的要求，因此，日本于 9 月 27 日正式成为轴心国一员。

英国不仅被逐出欧洲大陆，而且于 1940 年被部分解除武装，由于在撤退期间以及敦刻尔克附近海滩上损失了大量枪支和装备，英国陆军力量损失惨重，用了好几个月的时间来重整军备。在那之后，被丘吉尔称为不列颠之战的战役几乎立即打响，德国空军迁往它所占领的法国境内基地，并于 6 月和 7 月与皇家空军在英吉利海峡上空展开激战。8 月中旬，空战升级，德军开始对英格兰南部的皇家空军机场发起大规模攻击，预备入侵英国本土。秋天，德国空军轰炸了伦敦和其他城市中心，皇家空军则轰炸了柏林，城市之战正式开始。战时内阁曾就伦敦是否应向柏林提出和谈有过讨论，但最后他们断定希特勒并不会遵守他的承诺。英国将继续战斗。它在战争开始时是没有作战计划或者任何取胜手段的，它只有一个长期战略，那就是

445

与法国结盟，但现在这个联盟也被粉碎了。它将为维持战争而战，直到苏联和美国最终意识到纳粹德国带来的致命危险而加入战争，使英国能够作为一个庞大联盟的一员取得胜利。英国预计自己有可能于1940年夏天的任何一个早晨遭到入侵，英国将其黄金储备和外币证券都运往加拿大，因为那里可以购得美国武器，保证英国可以在遭遇入侵后保持作战能力。这向德意志帝国以及美国，发出了一个信号，即纵使大不列颠岛本土被彻底置于纳粹的铁蹄之下，它也将抵抗到底。直到战争结束，英国陆军还将征募并装备220万征召新兵和70万志愿兵。然而，在1940年，一支如此强大、训练有素的军队仍需数年的时间来组建。[2]

德国入侵英国的行动——代号“海狮行动”，这是一个松散而不完整的行动计划——并未成功，这是因为英国在伦敦和英吉利海峡上空的空战中取得胜利，以及更重要的是德国海军羸弱，而英国皇家海军有着拦截入侵舰队的坚定决心和能力。如果这一入侵计划得以执行，可以肯定的是，在英吉利海峡及其上空，皇家海军和空军奋起反击的场面将是壮观的，甚至是自杀式的。相反，在1940年的秋天和冬天，英国的城市经受住了这一轮大轰炸。恐怖轰炸是由一支准备不足的敌方空军发起的，他们没有真正的战略轰炸能力，为了维持这种轰炸力度，损失了不少飞机。希特勒对德国空军感到失望，又被不情愿的德国海军一再搪塞；9月，他转而计划对苏联发动一次大规模攻击，他希望通过这次攻击使英国失去其最后一个潜在的大陆盟友，迫使伦敦接受纳粹在欧洲的霸权，并获得领土和粮食供应，以扩大他在东部的种族帝国。他将总是捉襟见肘的德国空军资源投入到一场规模更大的东部战争中，这给了英国重整军备和恢复喘息的时间。此后，英国将成为关键海上航线的保护者、英美对德国各大城市和军事生产基地发起猛烈联合空

446

袭的千里平台，并最终成为盟军入侵希特勒吹嘘无敌但实际却十分脆弱的欧洲堡垒（*Festung Europa*）的决定性中转站和主要后援基地。

与此同时，围绕轴心国外围的战斗也在展开，因为伦敦奉行的是从外围入手削弱和打击轴心国势力的行动方针。英国在这一时期的行动包括端掉德国阵营中相对弱小的盟国、扫清意大利的外围殖民地，以及在被轴心国占领的欧洲地区煽动颠覆运动和武装抵抗；同时英国皇家空军轰炸机司令部还对德国的工业心脏和人口中心发起猛烈轰炸。轰炸可以扰乱敌军、削弱纳粹德国的战斗力，好让英国腾出手来拉拢新的盟友，扩充能够入侵欧洲大陆的陆军兵力；这种规模的陆军是英国目前所不具备，也无法独立组建的。印度将提供数以百万计的兵力，其他的还有来自大英帝国各个角落的分遣部队，此外英国还得到了戴高乐领导的法兰西流亡政府组建的零散的抵抗组织的支持。保持战斗、继续坚守、积蓄力量，做一切可以做的事，直到苏联红军和美国大兵对德宣战，直到又有数千万人加入战斗。只有到那时，在某个遥远的、尚待确定的日期，英国军队才会发起主攻，重返欧洲大陆，侵入德国，并与强大的盟军地面部队并肩作战，使其足以在这场以耐力和毅力为战略的打击纳粹外围的战争中获胜。

然而，陆上事件迫使英国过早地将有限的资源一股脑儿地投入到防御轴心国侵略的更多小受害者身上，这些国家直到最后一刻仍坚持中立，只有在其边界被意大利王家陆军或德国国防军攻破后才请求军事援助。英国就这样被卷入 1940 年至 1941 年的巴尔干战局，在这场战局中，意大利先是进攻希腊，继而在政治上（虽然不是军事上）入侵南斯拉夫；英国的这次干涉虽然在道德上是崇高的，但在战略上却是失败的。希腊人的战斗力比四分五裂的南斯拉夫人要强，尽管英

国全速赶来增援，他们还是没能守住。逃离巴尔干半岛后，被打败的英国军队和希腊军队残部乘船撤离。德军跟随他们来到克里特岛，空降猎兵和滑翔部队发动了一次惊人的空中突击，占领了主要机场，将英国人赶出了克里特岛。又一次失利，又一次撤离，而这次是撤到埃及。正如丘吉尔于1940年6月4日就敦刻尔克大撤退一事所发出的警告，“战争不是靠撤退取胜的”。[3]

447 在美国，富兰克林·罗斯福也转变了政策方向，以应对法国的沦陷。罗斯福知道，在法国陆军撤出盟军的战斗序列后，要想阻止纳粹德国，美国陆军就可能不得不在某个时刻接替法军的位置。这不是他的意愿，但这可能不得不成为他的政策。他对公众隐瞒了他的意图，直到1940年11月第三次连任成功他才更加公开、坦诚地表露出自己的备战主张。[4]要想为这场可能到来的战争做好准备，前方的路还很长。1939年9月1日，美国的军队规模排名世界第17位，居罗马尼亚之后；到1945年，美国的武装部队总兵力将扩大3500%。美国陆军从20世纪30年代的不到20万人跃升至战争结束时的超过830万现役军人，男女合计总兵力超过1600万。此外，它还将增加3000多个海外基地和供应及支援仓库。[5]在海上，美国海军（USN）的规模将超过所有其他海军的总和，截至战争结束，它所部署的军舰（所有类型）超过1000艘，同时它的造船厂还在生产大量的货船、运兵船和油轮。

罗斯福是联合国会中的反孤立主义者，他开始推动一系列被称为国土防御和整备措施的军事扩张举措，第一步就是拨付巨额的海军经费。更具挑衅性的是，他为远至大西洋冰岛的船队提供海军护航，这一极不寻常的“中立巡逻”让美国海军战舰驶进了德国鱼雷的攻击范围。他与英国谈判达成驱逐舰换基地协定，并通过租借法案向英国、中国，以及在希特勒与斯

大林解除同盟关系后的苏联提供援助；他成功废除早期偏向孤立主义的国会所通过的限制性中立法案，并下令对日本加速采取更具威胁、更加严厉的制裁；他说服国会实行全国征兵（兵役登记制度），截至1945年，共有1000万美国男子穿上了军装。

1941年8月，在美国仍然保持中立的情况下，罗斯福与丘吉尔签署了《大西洋宪章》，其实质是声明共同的战争目标，公开呼吁击败纳粹德国及其所有有害的教义和思想。1941年10月31日，美国海军的四叠式驱逐舰“鲁本·詹姆斯号”（USS Reuben James），连同上面的160名军官和船员中的115人，在大西洋遭遇德军U型潜艇袭击后沉没。那是在“珍珠港事件”之前的五个星期。[6]随着日本于12月7日发动突袭，太平洋战争终于爆发。四天后，德国和意大利对美宣战，美国被拖入欧洲战争。美国能够立即投入战争生产和训练——当时的美国必然能够比1917年的美国更快地适应战争，这在很大程度上要归功于罗斯福的战前努力。[7]1941年12月5日至11日是改变世界以及世界大战的关键一周。苏联红军于12月5日在莫斯科发起反攻，两天后珍珠港被袭；12月11日，德国和意大利对美宣战，独立的亚洲战争和欧洲战争之间就这样架起了跨越大洋的桥梁。

448

斯大林还需要调整政策，以应对法国军队出乎意料地从德国的敌人行列中消失。苏联最高统帅部加快了红军装甲能力的现代化和扩张的步伐，与此同时斯大林也在恢复对希特勒的公开示好。因为比起其他东西，他更需要的是时间，以修复1937年至1938年叶若夫时期（或称大清洗）对红军领导上层造成的损伤；这场血腥屠杀以1936年至1938年的内务人民委员部部长尼古拉·伊万诺维奇·叶若夫（Nikolai I. Yezhov）命名。红军军官遭到叶若夫和内务人民委员部的审

讯和残害，但直至斯大林清洗清洗者，叶若夫被枪决，逮捕和杀戮也仍在斯大林的老亲信克利缅特·伏罗希洛夫（Kliment Voroshilov）元帅的领导下继续。对红军和苏联空军军官的系统性谋杀直到1941年年初才结束。主要受害者多与列夫·托洛茨基（Leon Trotsky）于1918年至1921年在苏俄内战中的指挥有关联，尤其是控制着高级领导层的旧骑兵部队。

在1937年700名旅长以上级别的高级军官中，有400多人于1941年被消灭，包括五位元帅中的三位，18位最高指挥官和90位军区指挥官。在这群人中，最重要且最有远见的军事思想家和改革家是米哈伊尔·图哈切夫斯基（Mikhail Tukhachevsky）元帅。被清洗的还有于1936年至1939年参加过西班牙内战的军官。其他人被清洗的原因则是各式各样，或者根本没有原因。据官方统计，1937年至1939年，有48773名军官被清洗，其中对苏联空军的打击最为集中。1940年，约有11000名军官复职。更多的人于1941年被从监狱或劳改营中抽调出来，恢复原职，并被派往前线；在遭受入侵的头几个月里，每天都有大量的苏联军官在绝望的战斗中死去。从1939年到1941年，军官的自杀率节节攀升，尤其是那些在晋升之后惶恐度日的年轻军官。然而，大清洗也为那些才华横溢的中层军官、在与德国国防军的战斗中大显身手的将军，以及策划和执行了第二次世界大战中一些伟大攻势的作战军官扫清了通往高层的道路。这是一个重要的转变，尽管年轻人才的崛起是必然的，并不能因此就归功于斯大林。[8]

449 尽管大清洗具有破坏性，但它并不是导致苏联在战争前夕疲弱和军事效率低下的主要原因。[9]1936年，新任军械主管G.I. 库利克（G. I. Kulik，后来被斯大林处决）反对向苏军发放自动武器，直到它们的效用在三年后的芬苏战争期间在卡累利阿的雪地和森林中被证明。此外，为了应对他怀疑中的德军

重型装甲威胁，库利克还下令制造更大口径的反坦克炮和防空炮。这导致过渡时期火炮生产的完全停止。当德国人使用的是比库利克所担心的口径更小的坦克和自行火炮时，红军将缺少本可以对其进行有效制衡的45毫米和76毫米反坦克炮。少数军事上的卢德主义者甚至幻想将红军重建为一支由马车支持的全步兵部队，反对与图哈切夫斯基一起被清洗的更多现代军官所倡导的装甲战和纵深战理论。

除了无能的高级军官和理论家，苏联红军还存在很多根本性的问题，比如铁路里程太少和道路状况太差而导致的后勤工作缓慢。大多数铁路都是从一个城市开往另一个城市，而不是到战区。于是，在这样一片广袤空旷的国土上，军队的移动也不得不依赖马力和牛车。这意味着铁路的部署往往是不可变更的，在一个师或军到达目的地之后，几乎就不可能进行横向移动了。[10] 另一个问题是纵深作战理论的不完整，纵深作战是苏联进行军事改革和重组的目标，但它并没有来得及完成。这一理论假定红军的下一场战争将在苏联的西部边界以外进行，而实际上这是直到1944年才会发生的事情。造成早期不利局面的另一个重要原因是，在战争开始时，红军在理论和基本训练上的变化只得到了部分执行。它还处于向新建步兵师和坦克军转变、重组建制为坦克军团和集团军（红军称之为“方面军”）的过渡阶段。1941年的军官们连指挥和为自己部队提供参谋的经验都十分缺乏，更不用说要在绝望中领导一个现代化的师、军或集团军防御一个灵活机动的敌人。其结果就是行动一片混乱，坦克型号新老混杂地编入笨重不堪的编队，以致不得不在1941年下半年的连续大型战役期间，再次打散和重组。

苏联的军事效率因此在短期急剧下降，这在1939年芬苏战争初期，苏联红军进攻曼纳海姆防线（Mannerheim Line）

时遭遇的惨败中可见一斑。在即将到来的苏德战争中，双方都试图通过这场冬季战争来评估苏联红军在未来与德国国防军较量的实力。在芬兰，苏军的损失率与沙皇军队在第一次世界大战中损失最惨重的战役相当。最终，在这次对弱小邻国为期 105 天的入侵中，苏军 131476 人阵亡，264908 人受伤，132213 人因冻伤而丧失战斗力，5846 人被芬军俘虏，这是 90 万参战部队中的近 60%；而芬兰军队死亡 22430 人，受伤 43357 人，被俘 837 人。但莫斯科的第一反应不是总结失败教训并尝试去纠正它们，而是惩罚性地逮捕士兵亲眷，并在前线将其处决示众，督战队则对任何试图后退的士兵格杀勿论。简而言之，就是所有内务人民委员部的策略和斯大林式的恐怖主义惯用手法都被用来恐吓士兵投入战斗，这也是他们所能想到的唯一“激励机制”。[11] 关于苏联军事软弱的报告抵达柏林，但在这套表面说辞之下，更深层次的事实是这些士气低落、纪律涣散、逃兵率高的新兵正在被一套有效的国家恐怖系统鞭策着投入战斗并取得胜利。这残暴吗？当然是的。但是，这是军事效率低下和无能的表现吗？却也未必，因为它也在残酷与坚忍中取得了成功，这是红军战略深度的一个真正表现，德国国防军应该有所意识并小心这一点。[12]

斯大林接连犯下更多错误，比如将苏联边防军从一个被称为“斯大林防线”的旧防御阵地中向前推进，往波兰和波罗的海派驻占领军，锁定已吞并的领土，结果这些占领军被部署在了尚未完成的防御阵地中。他也许是在寄希望于所有的西方大国——那些不可避免地会被视为与苏联思想和政权互不相容的敌人——可以继续相互攻讦。至少在法国沦陷之前有这个可能。直到现在，我们还是很难知道一贯狡猾和沉默寡言的斯大林心里希冀的或者在想的是什么。而与此形成鲜明对比的是，希特勒的想法总是滔滔不绝地从他口中倾泻而出，而且重

复次数之多，常常暴露了他自己的谎言。[13]苏联最高统帅部还于1941年制订了更具侵略性的计划，主要是先发制人，打击纳粹德国。许多年后，历史学家对这些所谓的“破冰”计划争议不断，最后达成一个共识，即朱可夫于1941年提出的只是在对德国的威胁态势日益绝望情绪下的有限的先发制人。[14]朱可夫的想法是发起一场大规模的破坏性进攻，而不是侵略战争。然而，红军没有能力发动这样的进攻，或者正如那年夏天的事件所证明的那样，没有能力在边境地区进行强有力的阵地防御。无论如何，他的提议最后都遭到斯大林的否决，后者继续绥靖政策，直到德国入侵前夕。即便如此，朱可夫后来也没有把一切归咎于斯大林的顽固和其在政治及战略上的盲目。他也承认，红军确实未能预见到德国国防军全方位的打击实力，“这是导致我们在战争初期失利的主要因素”。[15]

451

柏林的总参谋部从其对冬季战争第一阶段的研究中得出结论，认为击败庞大的红军将是一项轻松的任务:“俄国‘群众’不会是一支拥有现代装备和卓越指挥能力的军队的对手。”[16]他们所缺少的是对苏联承受伤亡能力（芬兰战场上平均每天的伤亡人数是5086人）的认知和理解，以及最重要的是缺乏对苏联最高统帅部和斯大林下令发动残酷战争而不惜伤亡代价的无情意愿的认知和理解。德国的参谋们也没有意识到，苏联红军严重的士气问题可以通过纯粹的武力和恐怖手段加以克服，然后又通过有效的宣传，把战争描绘成对祖国的预防性保卫，使之变得柔和。[17]如果德国领导人事先意识到了红军表现出的真正实力，他们是否还会认为苏联可以轻易被他们计划中的闪电战击败？没有什么证据表明他们已经或者将有这一认识。他们似乎对即将到来的现实毫无心理准备，德国国防军将在一场人力、物力都捉襟见肘的持久战中陷入困境，徒劳地辗转于战局之间，追求每一次作战行动的胜利，以摆脱他们自己给自己设下的作

战陷阱，而这种状况将一直持续到1943年中期。极少——如果有的话——有人预见到从1943年到1945年，德军将一路退到柏林，被迫重拾他们在第一次世界大战的战壕中学到的防御技能。没有任何迹象表明希特勒或国防军会停下来，关于苏联红军的情报，不管内容为何，都没有改变他们的想法。德国的军事计划总是建立在短期战争的基础上，归结起来不过是“先打个洞，看看会发生什么”。这就是装甲部队的作用。

德国的规划人员在研究过波兰和法国的结果后，自认手中握有制胜战争的贤者之石，即便对手是苏联也不例外。这块贤者之石就是他们的新式坦克和联合武器攻击——装甲化的包围战。装甲部队将是力量的倍增器，是包围和压倒敌人兵力和资源优势的工具。装甲师将联合武器的力量和速度与德国特有的指挥技巧和任务导向战术结合起来，坦克部队势不可挡。这一点似乎在南斯拉夫为期12天的战争中得到第三次证实，装甲部队在那里领导了一次联合武器进攻，将一支百万大军打得落花流水。敌人部队在来势汹汹的钢铁装甲面前顷刻瓦解，溃不成军。希特勒和国防军最高统帅部满怀信心地期待着要在俄国重演这一切，尽管规模要大得多，种族斗争的目的和手段也要恶毒得多。当时最有野心的两个政权即将在有史以来最血腥的战争中相互倾轧。“巴巴罗萨计划”将是有史以来最大的一次计划入侵行动，其规模前所未有：400万人和成千上万的坦克和飞机，将在那个夏天越过苏联边境，迎来德国意志和种族优越性的胜利，展示一个民族乃至种族的战争天赋。但事实证明，这将是战争史上一次最惊人的豪赌和最严重的误判。

452

***

如果没有短战思想支配着国防军深厚的军事文化和它所服

务的纳粹政权的政治文化和意识形态，“巴巴罗萨战争”根本不可能发生。一年前，希特勒对他的计划制订者和将军们说，入侵“只有在能够将俄国一击即溃的情况下才能达到目的”。1940年12月18日，希特勒发出“巴巴罗萨”指令，宣布行动的目标和他们的工作是通过“大胆的装甲进攻”“在一场迅疾的战局中粉碎苏联”。[18]他确信装甲部队可以迅速取胜，甚至早在最高统帅部的参谋们还在计划“巴巴罗萨”的时候，他就下令于1941年下半年转变生产重心，以制造更多的登陆艇。一旦装甲部队像预期的那样在短时间内击败红军，他将需要船只将他的坦克运过英吉利海峡，于1942年击败英国并赢得战争。许多军官都同意这一假设，有些甚至欣喜地认为他们将在四周之内消灭整个红军。[19]

开局一切顺利，战况几乎就是在按照计划推进，装甲部队突破边境防线，发起一连串包围战，将部署在前方的苏联军队原地围困并歼灭。仅仅三周后，希特勒就得意忘形，开始考虑让部分士兵复员，并下令让一些军用工厂改为生产民用物资。德国人连续赢得几场洛伊滕和乌尔姆，之后又在基辅俘虏665000名战俘，再现了他们最梦寐以求的坎尼会战。在那里，希特勒不顾手下一些将军的反对，将大型装甲纵队调离正向莫斯科推进的中央集团军，转而进攻南部，结果大获全胜。北方集团军则在芬兰人的帮助下，切断列宁格勒与外界的联系，将其三面包围。其他装甲纵队深入数百英里，俘获数以百万计的苏联战俘，在苏德战争的头六个月里，德军杀死了150万红军士兵。[20]然而，苏维埃政权并没有崩溃，红军没有停止战斗，德国人也没有获胜。

453

其中一个原因是，很多德国人也在包围战斗中死去。装甲车和半履带车开始出现磨损和损坏。尽管取得不少胜利，但步兵士气仍然低落，因为胜利的代价是难以承受的死亡、伤痛，

以及长途行军和永无止境的战斗，甚至为了打更多的仗，还有更远的路要走。闪电战早在新闻宣传报道很久之前就已经结束，它在希特勒和他的将军们承认它结束之前就结束了。新的研究表明，它是在斯摩棱斯克结束的：1941 年 7 月 23 日至 8 月 21 日，为了阻挡苏军对叶利尼亚突出部（Yelnya Bulge）的反攻，中央集团军损失惨重。[21] 自装甲集团开动向东推进的马达以来，一个月已经过去；在一个月的冲刺、包围、歼灭之后，它开始减速，陷入停滞。还会有新的冲刺，甚至还有更多的包围和大规模的投降，但装甲纵队前进的“平滑期”已经结束了。

装甲部队已经精疲力竭，根本没有能力赢得这场战局，遑论整场战争。对后勤的忽视或早些时候的否认，意味着灾难将很快降临。[22] 戴维·斯塔赫尔（David Stahel）被公认为是研究“巴巴罗萨战局”的一位重要学者，他在提到德国的这一切尝试时，曾恰如其分地说“妄想是它的关键词”。[23] 将军们和纳粹的思想家都对基本的后勤现实，以及他们有限的军事资源和无限的军事目标之间的不匹配视而不见。他们带着一支德国陆军（和弱小的盟军）去征服苏联，而这支陆军很快就在最初的几个小时和几天的时间里因为战斗损耗而变得越来越小。不到六周，国防军就被困在了一场残酷的物理消耗战中，然而它的将官以及尚未被击败的士兵并未放弃他们的短期作战思维，他们仍在考虑如何实施包围战，以及发动扫荡式的、深入苏联数百英里的坦克推进。他们总想抓住最后的胜利，击败这个正在学习如何利用空间和焦土，利用反坦克炮和燃烧弹以及步兵的一腔血勇来更好地战斗和阻击他们的敌人。苏联西部比法国大好几倍，它的面积几乎是波兰的 18 倍（210 万平方英里，而波兰只有 12 万平方英里），在那里，趾高气扬的装甲部队将领首先发动了新的装甲战争，自信他们可以在任何地方获胜。

反而是高级将领们想到了马恩河一战，他们最害怕的是在莫斯科止步不前，就像1914年他们年轻时止步巴黎一样。他们的恐惧是对的，防御森严的别国首都理应让他们感到困扰。

454

苏联战场上的德国将军早已证明，尽管他们在坦克和野战机动方面的出色表现直至今天仍然享有盛名，但在作战层面上，他们也并未展示出特殊的战争天赋。他们在那个仲夏对苏联发起的三连击必须与“施里芬计划”齐名，因为他们的愚蠢狂妄和对后勤的忽视导致了灾难性的结果。“巴巴罗萨”实际上是现代战争史上计划最糟糕、管理最混乱、最具灾难性的攻势之一。由于德国的经济和人民都没有做好持久战的准备，而且这场速战速决的豪赌很快就被证明是失败的，德国不得不立即倾尽人力物力，去对抗一个拥有两倍于己的人口、更为丰富的军事和经济资源，以及其内部残暴力量至少称得上与之相当的帝国。击败德国将帅和军队的不是广阔无边的土地，不是刺骨的严冬，更不是所谓的希特勒对出色计划的横加干预，而是浅薄的作战计划和更加糟糕的后勤准备工作。他们就这样在那位他们选择追随的领导人的带领下，一头扎进那片土地和严寒中。

打败德国人的还有凶猛的红军守卫者，他们逐渐学会反击，并为到来的全面战争改编军队，面对无情的来犯之敌，他们的防御反击毫不留情。德国的帝国野心在欧洲一侧受阻，因为其海军、空军力量并不占优势，面对英国的激烈抵抗，德军的军事力量无力跨越海峡；而在欧洲的另一侧，德国又因其陆地力量的不足而停滞不前，这一不足被装甲部队在早期阶段取得的巨大成功所掩盖，但在他们因此而无法将军事力量越过苏联的战略纵深以达到其要害地带时就暴露了出来。在这双重军事失败背后，潜藏的是种族和文化的傲慢、过度自信和短战思维。谁会考虑、设想，并真的入侵一个世界上最大的陆地帝国？除非当事者完全不具备与其真正的军事实力相匹配的战略思维。

为什么要这么做，当它还在与世界上最大的海洋帝国交战，同时在空中集结力量、孤军深入自己无法轻易获得增援的边缘地带的时候？英国在国内拥有优越的科学和工业基础，掌握着海上航道的控制权，可以轻易得到来自美国和世界的资源。而德国孤立无援，只能与落后的、同样遭到封锁的地方经济体贸易，与弱小的意大利和中欧小国捆绑结盟。在波兰时的敏捷战法，在法国的娴熟技巧和运气，以及在南斯拉夫面对的四分五裂、士气低落的对手，它们并不会让德国国防军就此具备发动一场现代化、工业化的全面战争的能力。克尼格雷茨一役加重了德国对速战速决的偏好，直到德意志帝国于1914年陷入致命的持久战。第二次世界大战的早期胜利同样在强化德国军官阶层和国防军那种毫无根据的、在面对一切对手时都自认作战天赋高人一等，甚至是强大不可战胜的心理。这样一套危险的集军事、领导和意识形态为一体的思维的固化，带来的直接后果就是东部战线上的灾难。

455

有人，但也仅仅是极少数人，比其他人更早地看清了他们正在做的事。大多数人直到1942年年底甚至1943年年中才会意识到这一点。然而，早在1941年7月，进攻俄国的“巴巴罗萨行动”刚开始几个星期，德国陆军总司令部的参谋长就对此产生过严重怀疑。自1938年起，弗朗茨·哈尔德将军就是国防军中对希特勒言听计从的主要战争发动者之一。他配合并帮助策划了希特勒的一系列侵略行动，“巴巴罗萨行动”就是其巅峰之作。然而，在7月的一天，他在日记中坦言：“我们低估了俄国这个庞然大物，它正在有意识地以一个这样的国家所能调动的所有资源来准备战争。”[24]但为时已晚，不禁让人想起霍尔维格在帮助发动第一次世界大战的那个早晨所表达的忧虑。甚至在哈尔德承认他的疑虑时，装甲纵队已经在向着苏联腹地开进，一步步走向自我毁灭。这是一场为1914年还无

法想象的目的而进行的全面战争，它将把纳粹德国带向彻底的失败。

在9月30日开始的针对莫斯科展开的关键攻势即“台风行动”中，德国因作战目标和战略目标之间的不匹配而带来的内在不稳定性，直接导致其优先作战目标的快速转变：德军从最初的部署地转移到数百英里之外，然后在资源不足、前进轴线过多的情况下继续战斗。国防军想象的是凭借另一连串直接来自总参谋部的演习经验的渗透和扫荡包围行动，轻松达到突袭、扰乱和压倒性击败红军的结果，但事实却是国防军自己反因长时间的艰苦战斗而不断加重损耗，而且这种损耗正在因为野蛮的占领政策以及运输和后勤准备的严重不足而变得更糟。[25]因为几乎所有的适龄男子都穿上了军装，而德国的经济尚未完全动员起来，它无法弥补它在俄国头六个月中遭受的巨大损失。1916年，沙皇的布鲁西洛夫攻势表明，一旦俄国军队得到正确领导，他们的攻击力便不可小觑。德国人在1914年对俄国压路机的恐惧是正确的，在1941年对红军的蔑视是错误的。现在，他们为这种傲慢付出了血的代价：坦克尽失，惨败收场。

456

德国人的幻想还没有结束，因为傲慢在纳粹领导人和军官团中死灰复燃。11月初，希特勒错误地推断红军的伤亡人数为800万，并得出结论说战争显然已经胜利：“世界上没有任何一支军队，包括俄国军队，能从中恢复过来。”研究东部战争的著名学者埃文·莫兹利（Evan Mawdsley）简明扼要地指出：“对歼灭战役的痴心妄想，如今已经被对消耗战的痴心妄想所取代。”[26]“巴巴罗萨行动”中充斥着德国人常犯的错误。而这一次，军事情报也出现了惊人的失误，不仅夸大敌人的伤亡，也没能掌握苏联战斗序列中坦克和飞机的正确数量和类型，同时还严重低估了红军步枪的威力和坦克部队的实力。他们的估计与实际情况偏差很大，达到2∶1甚至更多。换句话说，在

7月战役开始时，苏联红军的规模是德国军事情报所认为的两倍，其实际拥有的巨大储备是国防军无法匹敌的。就在希特勒径自宣布胜利的同一个月，当他们自己还在通往莫斯科的未知之路上时，许多德国军官重读了考兰库尔于1812年所写下的大军团行军日记。[27]1941年12月中旬，德军在呼啸的风雪中仓促撤退，侥幸躲过同样的劫难，丢下支离破碎的装甲车和火炮，就像当年的法国人丢下坏掉的马车和弹药箱一样：4200辆丢失或损坏的坦克，35000辆卡车，50万匹死马和数不清的德国士兵的尸体，其中一些遭到游击队的肢解，就像俄国人曾经对法国人做过的那样。[28]

这巨大的损失是德国的生产能力永远无法弥补的。因为这个原因，再加上其他因素，“巴巴罗萨－台风行动”成为第二次世界大战中这个决定性战区的决定性战局。它对每一个参战的人，甚至那些尚未参战的人，都造成了巨大的影响；它终结了德国“争雄世界”的野心，迫使他们进入一场深入而持久的物资竞赛，东线陆军先是停止前进，最后被迫撤退。面对希特勒提出的加快战争时间表的要求，仓促上阵的策划者只能将那些并不可靠的招数故技重施。结果就是狂妄自大，同时又令人恐惧。策划者冷酷而又幼稚地盘算着如何同时摧毁敌人的军事和平民目标，意在追求一场可以同时满足传统的军事意义和新的希特勒式的残忍的种族意义上的歼灭战争。这场战争在构思上匆忙草率，而且由于在执行过程中忽视基本的后勤和运输，导致供应严重不足。它经受住了各行其是的混乱领导，却没有得到法国战局中那种主要依靠将领的积极主动与偶然因素的结合而产生的良好结果。不过，它的推进力度和速度仍然惊人，而且是典型的德国军官的一贯做法：它们有目的地打击侧翼，迂回包抄，不择手段，寻求战场上的绝对胜利和彻底歼敌。德国这一战争的发动风格可追溯到腓特烈二世年代，而“巴巴罗

457

萨行动”代表的既是这一风格的顶峰，同时也是它失败的起点。[29] 它直接导致长期战争的失败，就像它的那些“短促而激烈”的战争所经历过的那样；就像1914年施里芬和毛奇的歼灭战计划带来的结果那样；就像希特勒和哈尔德在1941年12月以及之后所做的那样。而随着希特勒将他手下最好的一些将军解职，并直接指挥作战，任务导向战术和军官的自主性也宣告结束。

从“巴巴罗萨行动”的第一天起，国防军就开始发起异常猛烈的进攻，直到攻势在莫斯科城外的雪地上戛然而止，陷入停滞。12月5日，红军发起反击，将德国人赶了回来。从战略层面而言，战争在1941年12月初的这同一个星期的时间里就已经失败了。因为在六天后，在又一次灾难性的赌徒的狂妄中，希特勒向美国宣战。虽然输了，但战争还远未结束。大部分的杀戮、破坏和恐怖还在后面，直到那时国防军才会意识到，它在波兰、法国、巴尔干地区的胜利以及它在俄国西部的早期胜利其实是反常的；意识到当时的大国战争有着一个更深层次的转变趋势，那便是由消耗决定战局，短期战争的幻觉正在让位于长期战争的消耗。在波兰和南斯拉夫的胜利是对孤立小国的胜利。而在法国战场上，盟军所表现出的低战斗力和低效，只是因为部署糟糕和指挥不力。在接下来的漫长战争中，德国国防军的战斗力先是回落到平均水平，之后又落入巨大的劣势之中。随着德国的许多对手纷纷开始全面投入战争生产，并随即在所有的陆地边界和领空发动进攻，德国的装甲部队很快就被更好的反坦克武器摧毁了。

* * *

1942年，希特勒意识到，他需要那些关键的资源来为

未来数年的战斗做好准备，于是为了确保粮食和石油的供应，他开始向南进攻哈尔科夫（Kharkov）和高加索地区。此时，后备力量薄弱的南方集团军被命令分阶段执行蓝色方案（Operation *Blau*），第一阶段的攻势在6月下旬开始，目标是向顿河推进。希特勒已经尽力加强增援，但仍然只能让装甲部队沿着单一方向进攻，而不能像1941年的坦克部队那样雄心勃勃地开辟出宽阔的战线，沿着三条轴线推进渗透。南方集团军遭遇9个苏联军团的抵抗，但仍然于7月6日抵达顿河上游的沃罗涅日（Voronezh）和苏军的最右翼位置。然后德国人向南移动，发起一系列经典的侧翼包抄，同时也对顿河中游的防御系统形成压力。这是整场战争中苏军输得最为严重的一次，因为一个巨大的缺口被撕开，苏军损失近40万人和2400多辆坦克。然而，装甲部队并未实现它们设想中的包抄围歼，因为俄国的乡村地区太过开阔，而红军正在学习如何撤退以避免被夹击。

458

蓝色方案第二阶段（后来重命名为“克劳塞维茨”）的计划是快速越过顿巴斯，夺取罗斯托夫（Rostov）。7月23日，德军主力坦克部队抵达罗斯托夫。他们没有攻击一个防守严密的城市，而是选择在更北的地方越过顿河，然后从东面包围罗斯托夫，似乎又是一次胜利。接下来，希特勒和陆军总司令部将南方集团军拆分成A、B两个集团军，两个集团军分道而行，且因为相隔太远，无法相互支援。这促使希特勒从一个目标转向下一个目标，并为达到新目标随意调动军队，个中原因部分是他对彻底击溃苏联红军心存幻想，而更重要的是他的作战行动缺乏一个指导性的战略。A集团军被派往高加索地区，朝着位于巴库的关键油田挺进，这些油田从一开始就把希特勒的视线从莫斯科和列宁格勒吸引了过去。从1942年7月25日一直到12月31日，德军对油田的攻势始终未能成功。接下来是在高山雪地上进行的一场春季战斗性撤退（fighting retreat），

但这除了提高双方的伤亡人数之外，再无任何实质性意义——对于这种人数较量，斯大林是乐意奉陪的，然而随着时间推移，德国人却是必输无疑。[30]

与此同时，B集团军最初只是作为一个辅助角色，为夺取高加索矿产这一更为关键的行动的侧翼提供掩护。然后，它在8月中旬将苏联的第62军团困在顿河的巨大弯道上，并于8月21日渡过顿河，在一片完美适配坦克的地形上开辟出一条通往伏尔加的广阔通道。[31]诱惑来了，德国人于是继续向斯大林格勒开进。他们朝该城市展开攻势，并引发了为期数月、可能是整场战争中最为惨烈的一次城市争夺战。然而，苏联军队在整个秋季的奋力顽抗，让德军攻势从11月的第二周开始逐渐减弱下来。双方的纪律都很严明。7月28日，斯大林下达第227号命令，要求“一步也不许后退！”（*Ni shagunazad!*）。内务人民委员部的督战队和红军将领确保这项命令在斯大林格勒和其他许多地方得到无情的执行。11月19日，在第二次世界大战中仅次于斯大林的重要红军人物朱可夫将军的指挥下，苏军以压倒性力量完成了对德军的一次出色反击。红军在这次反击中，展示了它在移动中作战和补给的新技巧。它共投入了六个军——在尚被压制在“俄国凡尔登”①支离破碎的街道和建筑物中的两个军的两侧分别部署三个军的兵力。红军还在勒热夫（Rzhev）突出部对北方集团军发动了一次声东击西式的牵制性攻击。当时，苏联在反击中央集团军的作战行动中投入的兵力、坦克和战斗机数量，分别是其投入到对散开作战的南方集团军的行动中的2.5倍、2.5倍和50%。

459

苏军在斯大林格勒的反攻一举击溃了位于城市北部的罗马尼亚第3军团，然后突进100英里，转向南部，半包围了德

① 因战况惨烈，斯大林格勒被比之为第二个凡尔登。

国第6军团和其他的轴心国部队。在包围圈的另一面，南翼的苏军在稍晚的两天后出击，它穿过罗马尼亚的第4军团，深入卡尔梅克草原和城市后方。苏联的坦克舰队和机动步兵也出动了，可阿勃维尔对此几乎毫无察觉。红军的装甲纵队和快速移动的步兵一路飞驰，绕过德军的战略据点，切断其与其他部分的联系，留待后续部队解决。11月23日，南北两翼苏军在顿河上的卡拉奇（Kalach）会师，成功包围了德国的第6军团。红军称此为*kotel*，即包围圈。无论用的是哪种语言，这都是一场逆向的“坩埚之战”。

埃里希·冯·曼施坦因元帅被匆忙从高加索地区召回，他奉命率领一个匆忙组建的顿河集团军（一个由德国、罗马尼亚、意大利和匈牙利师组成的大杂烩）前往增援突围。第6军团的指挥官费里德里希·冯·保卢斯将军（Friedrich von Paulus）向他的元首请求向西作战，以与曼施坦因会合，但被告知要留在原地战斗。德国空军总司令赫尔曼·戈林（Hermann Göring）夸下海口，说他的飞机可以为第6军团投放补给。但他们失败了，而且败得一塌糊涂。不只是因为寒冬的天气，而且根本就没有合适的以及足够的运输机。对战双方都在忍受冻伤和体温过低的困扰，而平民仍被困在这座被掏空了的城市里，被包围的轴心国军受尽严寒和饥饿的折磨。曼施坦因的临时部队于12月10日在包围圈外展开救援，但不到四天，这场“冬季风暴作战”就遇到来自对手的反风暴作战，因为苏联最高统帅部再次发动反攻，试图继续深入，嵌入第二套钳形攻势，以完成对斯大林格勒战区内所有轴心国部队的双重包围。苏军在攻势中投入大量步兵、新式坦克和飞机，让供应严重不足的轴心国军队震惊不已。装备低劣、士气低落的罗马尼亚、匈牙利和意大利军很快就被击溃并投降，这在他们的国家引发了政治危机。苏军的装甲和摩托化部队快速推进，一直

延伸至城市以西 200 英里处，直接威胁曼施坦因的顿河集团军。曼施坦因只好拉开距离，以图摆脱正在步步逼近的钳形陷阱，顿河集团军因此在 12 月 24 日停止一切救援第 6 军团的努力，改变了行军路线，救援行动宣告结束。而在接下来的数周时间里，斯大林格勒城内的战斗、严寒和死亡仍在持续。[32]

460

随着第 6 军团最后几个可用的机场失陷，最后一架德国空军的飞机也飞离了收紧的绞索，留下在断壁残垣和涣散士气中“各自逃命”的绝望的德国伤员。城内，红军的风暴突击队于 12 月 3 日收复了几个关键据点，然后逐街逐屋（甚至包括下水道）展开猛烈反击。次年 1 月 10 日，最后一次进攻开始。被冻僵在包围圈内的德国人要么投降，要么被就地屠杀。只有 11 万名幸存者活到 1 月 31 日——保卢斯投降的那一天。被俘的敌军被押着沿伏尔加河岸从唱着歌的红军部队身边走过，被装上火车，运往战俘营。希特勒的位于拉斯滕堡森林（Rastenberg Forest）的“狼穴”（*Wolfsschanze*）指挥部的广播宣称：“军团的牺牲，为这次历史性的欧洲使命构筑了一道壁垒，它是不会被白费的。”

然而事实就是，一切都被白费了。蓝色方案的目标无一实现。纳粹德国没有获得巴库的石油或俄国南部的粮食储备，而且希特勒也无法阻止苏联使用这些资源。更糟糕的是，苏联的战时经济在 1942 年已经复苏，并且已经开始超过德国仍未达标的产量。英国的战时生产也是如此，美国则正全力投入到对德战争中。希特勒转而向他的将军们发难：面对无法逾越的物质障碍，怒不可遏的希特勒在他的“狼穴”里发号施令，将多名将帅撤职。这一时期被他裁撤的陆军元帅包括威廉·李斯特（Wilhelm List）、费多尔·冯·博克（Fedor von Bock）和弗朗茨·哈尔德。陆军总司令部越发落入更加阿谀奉承的阿尔弗雷德·约德尔（Alfred Jodl）和威廉·凯特尔（Wilhelm

Keitel）的控制，换句话说，它变得越发受制于希特勒心血来潮式的兴致和冲动。最后的改变发生在几个月后。

蓝色方案中的进攻在两个方向上都失败了，根源在于每路攻势都过于薄弱，军事资源不足和指挥层摇摆不定的问题只会随着时间的推移恶化。蓝色方案的两路进攻都没有一个真正的目标，它们只是试图给苏联带去局部的军事危机。相反，它们在高加索地区遭遇惨败，在伏尔加河上踏入灾难。鲁登道夫曾说德国的战术天才归根结底就是“先打个洞，看看会发生什么”，而这两次挫败的原因正是因为他们在重犯这个错误。相对于它的对手，德国国防军在机动作战方面仍然优势显著，尽管红军在这方面，包括静态防御作战方面，都正做得越来越好。然而，蓝色方案也暴露出德国的军事情报持续不足、最高政治和军事领导层毫无战略眼光的问题。德国人撕开了苏联的防线，到达顿河和伏尔加河，并深入高加索地区。他们包围并摧毁了敌人的整个军团，占领了大片领土。然而，他们的后勤又一次瘫痪在了高加索和伏尔加河地区。

461

苏军围绕斯大林格勒这个已成废墟的“防波堤”展开反攻，他们的攻势捣毁了三支轴心国军，后续行动也几乎困住了顿河集团军。1943年1月，甚至对希特勒和陆军最高司令部来说，形势也已经逐渐变得明朗，即德国国防军遭遇的是一次战略意义上的失败，而不只是一次作战行动的挫败。轴心国战斗序列失去的是相当于50个师的军官和士兵，同样被夺去的还有不可替代的坦克、火炮、卡车和救险车（装甲抢修车）。轴心国的22个师，或者说他们仅存的兵力，不得不向这个在18个月前还被自己嗤之以鼻，认为其无论在种族还是军事力量上都不如自己的敌人投降。德国的第6军团和罗马尼亚的第3、第4军团全军覆没。德国的第4装甲军团也被打得遍体鳞伤，战斗力所剩无几。德国空军的弱点暴露无遗，这只是一个

领导不力，也几乎没有补给能力和远程轰炸能力的空壳。它有用于防御的战斗机，但也仅此而已。为了摆脱另一个正在逐步逼近的包围圈，就连在高加索地区取得的那点成果，他们也将在春天拱手让出。

1943年年中，4个德国军团和大部分德军装甲部队在库尔斯克（Kursk，1943年7月5日至23日）战败，战争走势从此彻底扭转，这是东线规模最大、最复杂的一场战役。东线陆军的失败，在一定程度上是缺乏想象力的总参谋部作战计划的失败。它要求德军向苏联的一个已做好严密防御准备、防御纵深超过100英里的突出部直接发起猛攻。德军的钳形攻势的目标是那个最显眼的地方：突出部的铰链位置，正是红军的将军们预计德军最有可能进攻，因此严加布置其纵深防守的地方。苏联情报部门准确获取了德军的时间表和作战计划细节，并且已经做好用隐蔽的坦克和空中编队来对付来势汹汹的装甲部队的准备。这次行动再次由格奥尔吉·朱可夫领导，现在的他已是苏联元帅。他将他的军团密集部署在前方战场上，目的是在敌人进攻的最初阶段消化和遏制其力量。斯大林和最高统帅部终于认识到这场战争的一个深刻真相，那就是只有消耗东线陆军才能赢得这场战争。只有到那时，苏联才能凭借其充满活力的坦克部队和空中优势，直击东线陆军的要害，继而对纳粹德国发起决定性的一击，这是对其战前"纵深作战"思想的改良性应用。

462

朱可夫在库尔斯克构筑了七条纵深防御带，用于消耗和阻击装甲部队的进攻力量，然后同时在北边和南边粉碎装甲部队的突击。库尔斯克之战中，德军吹嘘的作战艺术在哪里？[33] 与之相对的，是红军优越的防御战术、雷区布防和能够将坦克歼灭的炮兵和步兵。双方都拿出了极大的作战勇气，战场上到处是杀戮和死亡，在普罗霍洛夫卡（Prokhorovka）发生了战争

史上规模最大的坦克战，在那里有超过5000辆的坦克和其他装甲车辆参战。[34]尽管德国在库尔斯克凭借其“豹式坦克”和“虎式坦克”重新恢复了它在技术上的优势，但论坦克的产量，德国远无法与苏联和西方盟国相抗衡；因此德国在经过1943年夏季的人员和武器上的战斗力损耗之后，就再也没能恢复过来。莫斯科付出的胜利代价则是大量的人员伤亡和装备损失。当时在库尔斯克突出部一带作战的兵力总共约有350万，接近当时部署在1500英里长的东线上的850万军队的一半。随后苏军又向德军发起一轮接一轮的攻势，期间虽有暂停，但整体一直持续到1945年全面胜利的到来。[35]在库尔斯克战斗期间，有西方军队在西西里岛登陆的消息传到柏林。希特勒被迫叫停东线陆军的最后一次战略攻势，以便调离即时展开西线防御所需的一切空军和其他资产。各条战线的加速崩解使国防军失去了进攻能力，它从此被迫进入战略防御，1943年7月之后就只发动局部的反击。

装甲部队和空中支援一月比一月减少的德军，开始在列宁格勒北部林地和位于维亚济马－布良斯克地区（Vyazma-Bryansk）中央集团军控制的主要战区深入地下，进入静态防御姿态。堑壕战又开始了，只是这是一条并不连续，而且战略深度达100英里以上的战线。陆军最高司令部将其剩余的装甲力量转入临时战斗群，这些战斗群在库尔斯克会战之后不得不四散开来进行反击，而不再发挥其主攻作用。在此之后，东线陆军一直试图用为数不多的兵力、坦克和大炮，为数不多的空军舰队和步兵部队来守住这道漫长的东线，去对抗一个在各个方面都在一日比一日变得强大的敌人。德国工业也随之“转攻为守”——虽然它早该如此——转向生产更多的防空和反坦克武器，以及更多的突击炮和重型坦克，它们都是为城防战斗而不是在开阔战场上驰骋的装甲部队准备的，对武器的轻便灵活的

追求逐渐让位于对重量和火力的追求。东线陆军被迫从战争初期的闪电战转向战争后期的静态战。

而在欧洲的另一边，水陆两栖入侵悄然逼近，威胁着装备同样不足，甚至更糟的西部军团，西部军团即将面临的是重返法国和低地国家的西方盟军（如今包括美国和其他装备精良的波兰、自由法国和英联邦部队）。在撤退问题上争执不下成为德国在战争后期的常态，而不再是装甲部队带领下一次又一次的胜利挺进。先是从高加索地区和苏联南部撤退，然后于 1942 年中期轴心国军进攻苏伊士失败后，在英国第 8 军团的追击下，横跨北非沙漠的撤退。德国国防军在阿拉曼（El Alamein）和斯大林格勒第一次尝到大败的滋味。甚至在库尔斯克这个最终转捩点到来之前，还有两个军团将于春季在突尼斯向西方盟军投降。一切都在分崩离析。[36]



希特勒于 1942 年所说的“喘息空间”，即他所认为的在他向美国宣战和美国全面投入对德战争之间的这段平静期，已经被浪费，而且一去不复返了。第一批美国军队于 1943 年年初就已包围了在北非的最后一批轴心国军。虽然欧洲战场上的美国陆军还只是一支新手部队，但它的学习速度很快，而它的友军则是规模更大、更为老练的英军和英联邦军，现在的他们装备精良，得到有力的领导，由经过实战考验、信心十足的装甲和步兵师组成。西方军队接下来将从被解放的地中海南部海岸入侵德国的主要盟友意大利。随着盟军对阵 U 型潜艇的大西洋海战在 1943 年的最初几个月里取得实质性的胜利，西方盟国开始为取道法国和低地国家大举入侵德国本土做准备，英国的基地储备了大量战争物资以及数百万战斗人员。轰炸机群抵达德国领空，预示着即将到来的事情：美国陆军航空队和英国皇家空军日夜轮番轰炸，德国城市一座接一座地陷入熊熊火海。到 1945 年时，盟军的重型轰炸机群将摧毁 120 座德国城

市，其中不乏刻意制造的火灾风暴。

希特勒通过轴心国联盟壮大力量以对抗同盟国的努力失败了。罗马尼亚军主力在斯大林格勒遭受重创，意大利人不仅折戟非洲，在东线也变得萎靡不振。1943年年中，纳粹德国的其他几个弱小盟友的军队也陷入四分五裂的境地。其余的轴心盟国装备落后，且对纳粹事业不负有道义上的责任，因此它们除了能在“种族战争”上提供合作（开往死亡集中营的火车总是满载而行），对纳粹事业几无助益。除此之外，那些实力较小的轴心国成员的国民也对战争感到厌倦，曾经自信无比的法西斯精英如今也只希望尽早脱身，以免寻求报复的西方盟国和苏联红军用坦克编队碾过自己的国界——坦克编队的规模之大，将是希特勒的装甲部队所不敢想象也无力控制的。西方盟军9月已进入意大利南部，而苏联人也在库尔斯克之后完全夺取了东线的主动权。三个世界帝国被唤醒，并拿起武器反对纳粹德国，决心为子孙后代摧毁希特勒主义和德国的军事力量。柏林一度认为自己拥有的那些大战略都已宣告破产，他们不再对德国空军抱有希望。在战争余下的时间里，面对遭受重创和轰炸的家园，德国武装部队唯一能做的就是让不可避免将要到来的撤退回国的时刻，以及他们自己的最后时刻来得更晚一些。德国平民所能做的就是眼睁睁地看着他们身边的家园和城市变成废墟，看着他们的军队输掉战争，看着战场上自己的同胞死去。而希特勒把这一切都归罪于犹太人。德国人死得越多，纳粹的失败越临近，纳粹的屠杀机器就越发加足了它的马力。[37]

464

***

德国人从不认为俄国是不可征服的，他们在1918年就曾

征服过它。然而，他们忽视了在此之前，即 1914 年至 1917 年，在沙皇军队崩溃之前的那场物资战争中自己洒下的所有鲜血。于是，他们把对会战的沉迷，装扮成速战速决的战局，并用装甲力量寻求决定性的胜利。从 1943 年起，他们每天战斗的目的只是将失败推向下一个明天。一度强大无比的东线陆军几乎于 1941 年战死在俄国西部，然后于 1942 年鲁莽地推进到高加索地区和斯大林格勒时又一次被打败。当第 6 军团到达伏尔加河和斯大林格勒的内城并停止东进时，它的南翼实际上已经伤痕累累。而在库尔斯克之后，东线陆军已经遍体鳞伤，举步维艰，它开始了一场最终结束于 1945 年柏林废墟之上的漫长撤退。讽刺的是，进入 1944 年之后，所有大国的飞机、坦克和大炮的产量都在增长，强制征兵使得各国新组建的师、军团和集团军的兵力迅速膨胀，规模最大的杀戮还未到来。到 1943 年，虽然德国的战略失败已成定局，但在东线和西线战场，德军还未被击退。这场战争的主要伤亡，无论是军人还是平民，还在后面。东线尤其如此。

直到战争结束前的几个月，东线上的几乎所有战斗仍然发生在苏联领土上。在平坦无树的南部大草原上，战斗可以进行得更加行云流水，装甲部队仍有可能实施深远的渗透和包围。有时装甲部队在局部地区向东推进，但随后红军的大规模攻势总是会将战线向西拉得更远。在普里佩特沼泽，游击队员与在沼泽地里从事灭绝活动的党卫队——骷髅总队斗争。在更北的地方，第一次世界大战风格的战壕和土墙挡住了坦克的去路。在布良斯克和列宁格勒周围的茂密森林中，一场围攻和阵地战伴随着凡尔登和伊普尔的幽灵以及旧日的铁锹战而来。德国人、俄国人和芬兰人还在北极圈作战，他们用镐头凿开冰冻的土地，在茫茫的白夜和无尽的黑暗中争夺冰湖，在短暂的夏日里用靴子踏过、用坦克碾过苔原上的鲜花和苔藓。铁路和卡车车队将活

465

人，连同数百万吨的设备和炮弹一起运到冰雪前线。马车和雪橇则将死者、伤者拖到后方，那些断体残躯上还穿着苏军的白色冬衣、棕色夏服，或者德国和芬兰的原野灰。这些年轻人从未想过自己会见到这样一个干净明亮的地方（更不用说死在这里）沦为——就像伏尔泰在描述此前一场在天寒地冻中进行的战争时所说的——人们为了“几英亩雪地”而拼得你死我活的场所。[38] 当然，驱使他们的还有仇恨、民族荣誉、冷酷无情的现代意识形态，以及对屠夫人格的可怕崇拜。

1941 年，德军最初凭借出其不意占据的优势，再加上苏联内部的不稳定和非俄罗斯边境省份对政权的敌意，让东线陆军取得了惊人的开局胜利——但这风卷残云般的胜利，在持续一两个月后即告终止。接下来，在不到六个月的时间，随着红军展开战斗性撤退，德军疲于奔命，开局优势便都化作血雾和烟尘，消散而去了。“巴巴罗萨”和“台风行动”摧毁了不少红军部队，1942 年的苏联生力军因此遭到重创。不过，资质平平的俄罗斯人终究还是学会了如何更好地战斗。从 1942 年年底开始，他们有了更多、更好的作战武器。在红军从西部非俄罗斯省份撤退，进入俄罗斯本土后，俄罗斯民族部队出于民族主义热情而有着更为强悍的战力。到 1943 年，红军的素质比 1941 年要高，将士们知道了该如何应对德军的战术，士气也得到了恢复。苏联的将帅素质也在提高。早期斯大林在军中的宠臣和旧部要么被解职，要么被提拔到了最高统帅部，以便让新人上位。斯大林也表现出一定的领导和学习能力，这与希特勒面对经验和建议的强硬态度正好相反。他将更多的权力赋予他最优秀的将军，而希特勒则更倾向于亲自去做哪怕最细微的决定。结果也是德国战败，苏联获胜，因为红军是作为一个强大的反德联盟的一员在战斗，就像沙皇俄国并非单独击败拿破仑，而是作为 1813—1815 年大联盟的一部分。纳粹德国从

1943 年开始落入下风，四面受敌，最后被一个联盟打败；德军的许多战术在一开始显得大胆新奇，但一旦盟军学会了如何应对，其威力也就随着时间的推移和装甲部队的损耗而消退。

466

苏联不是波兰，或者法国。它的国土面积、潜在的和实际的军事力量，及其如罗马帝国般的战略空间和资源深度都说明了这一点。此外，纳粹在苏联实施的野蛮镇压以及推行的种族和占领政策也与在法国的不尽相同，因此在苏联，来自非正规军事力量的抵抗之激烈（这也成为苏联以及其他东线地区抵抗运动的一个特点）比法国要高出许多。[39] 除此之外，传统的正规战争，即那些由战壕和攻势、坦克和大炮、大型移动军队和大集团军挑起的战事，同样有着足以将城市和乡村毁于一旦的巨大破坏力。与这些差异同样重要，甚至或许比之更重要的是，无论是纳粹还是国防军都不知道如何打赢这场不一样的战争，这是一场深刻的精神和物质资源的较量，其规模和持续时间是他们所始料未及的，而这场较量一旦开始，他们就会彻底失去控制或影响它的能力。纳粹只有一个凶残的种族理论，而柏林的思想家和党卫军干部越是试图在被占领的土地上执行纳粹主义，它就越是激起更多的敌人拿起武器，导致全民战争的矛盾空前激化。他们只有一个粗糙的领袖原则，这一原则将太多的决策权力集中在太少的人手中，而且是在错误的和通常并不称职的人手中，这种情况将会随着战事进入 1944 年至 1945 年期间变得更加明显。当战局变得越来越对德军不利的时候，纳粹便转而通过开除和处决军官，然后是普通士兵，来转移分摊战败责任。

德国国防军的军官们自认拥有灵活自主的任务导向战术，最开始对总参谋部的作战计划也信心满满，但他们的战争经验是在较小的战场上从与有限敌人的斗争中获得的。他们摒弃了自己在 1915 年至 1918 年期间静态战的经验和技能，但没能提

出一个在苏联腹地与一个绝不放弃、绝不投降的敌人作战的制胜计划或战略，而且就在东线陆军随着战斗打响而渐趋疲弱之际，这个敌人还将变得越来越强大，特别是在 1941 年年底之后。纳粹德国缺乏相应的经济能力和人口来动员一场足以击败苏联的全面战争，而另一边的苏联早在 1941 年之前就已经在为全面战争做准备了。纳粹和国防军——这两者的区别将变得越来越模糊——缺乏足以满足其狂妄野心的资源。他们的行动迫使一个本不太可能形成的强大联盟诞生，这个联盟由三个无比强大但又不尽相同的帝国——美、英、俄——以及像澳大利亚、印度、加拿大和巴西这样的许多国力虽然较小但一直在战斗的国家组成。德军相信自己已经恢复了会战的决定性，并认为可以借此恢复短促而激烈的战争的决定性。其实不然。原始的、粗糙的、残酷的消耗仍然是现代工业战争中残忍、苛刻且起着决定性作用的主宰因素。于是，因为国家和领导阶层对战争虚荣的追求，战争祭坛上的可怕牺牲仍在继续。

467

于苏联方面而言，“巴巴罗萨”代表的是一个人们对危险视而不见、斯大林糊涂犯错，并以接二连三的军事灾难和有史以来最为惨烈的伤亡收场的故事。但同时，这也是一个惊人的关于恢复和抵抗入侵的故事，是有史以来最伟大的一次关于耐力和坚韧的壮举。[40] 而于德国而言，这是一个关于极度狂妄，关于准备并不充分然后陷入崩溃的后勤，关于忙乱仓促，关于一个必胜信念的破灭，以及关于闻所未闻的野蛮屠杀的故事。人们肯定会问，希特勒为什么要这样做？为什么他的将军们如此热切地配合他的战争，不仅要摧毁红军，还要将整个民族从物理上灭绝？驱使希特勒这样做的是一种极端的意识形态，而这种意识形态指导着他所有的战争行为。他的全部世界观和对历史的理解都建立在那些悖谬的假生物学理论之上，它们分别是 *Rassenkampf*，即种族斗争，以及 *Rassenkrieg*，即种族战

争。这些都是从社会达尔文主义的瘴气中升腾起来的古怪概念，却在纳粹党的圈子里被当作一种系统性的思想。关于战争和生存、战斗高于经济发展、种族是权力基础等粗俗的思想观念，始终贯穿于《我的奋斗》和希特勒当时尚未出版的第二本书以及他所有的公开演讲和私下讲话中。希特勒想要什么，我们知道，他当时的将军们也知道。[41]

而且这类世界观——从相当典型的希特勒式的短战思维，到认为自己能够所向披靡地迅速打赢一场战局的自负——在这些将军的身上都有或多或少的体现，至少比他们后来承认的要多。他们被决战的想法所吸引，被坎尼、洛伊滕和乌尔姆所代表的理想战争类型所诱惑。这让他们陷入一场灾难性的溃败，使德国和他们的威名化为乌有。这在某种程度上是几代人的野心与欲望攀升登顶的结果，是普鲁士－德国快速机动的军事风格积聚到了极点的结果。这种军事风格无视后勤限制，轻视情报，纵容不听命令的将军，养成他们自以为凭借随机应变就可以取得成功的自大心态，最重要的是它缺乏任何总体上的指导性战略或政治约束。德国国防军军官把他们自己的认知误区和盲目，他们对 *Niederwerfungsstrategie*（字面意思即“推翻战略”）和 *Vernichtungskrieg*（理想战局和歼灭战争）的依赖带到了赌桌上。自从老毛奇 1866 年和 1870 年期间第一次掷出可怕的铁骰子以击败奥地利和法国以来，它们便与总参谋部如影随形。1914 年，铁骰子再一次被掷出，结果酿成灾祸。1939 年至 1940 年，它们再次滚动起来，而这一次，它们带来了有限的成功。到 1941 年，这种狭隘的思维方式已经成为德国的战争规划者唯一的思考模式，他们将以此对付他们有史以来遭遇的最大军事对手。长时段下的全面战争现实——那种驱使西方盟军和苏联制订出更现实的计划和采购决策的现实——被推到一边，抛诸脑后，取而代之的是对所谓将帅之才的推

468

崇，是对装甲部队和德国空军猛冲突进的追求。这种高度局限的军事想象力压倒了任何真正的战略概念。无论如何，精湛的作战技巧总会以某种方式扩大赢面。将军们需要做的就是再打一个洞，并不断取得胜利。

这一切听起来是那么熟悉，熟悉得令人痛心，这种国家的或德国的战争方式，它的核心仍然集中在旧有的传统上：场景训练、由军官掌握主动的任务导向战术、机动战、冲击式进攻，还有对出奇制胜的追求——但它只限于作战层面的，除了可以帮助赢得开局的一两次战役之外，它并无一个可以制胜整场战争的战略概念或外壳。[42]1939 年的小胜和 1940 年的奇胜让德军信心倍增，直接让他们在 1941 年中期“巴巴罗萨行动”开始时升腾起又一阵狂妄自负。他们相信自己能够并且可以快速获胜，这让他们在接下来的两年时间里孤注一掷地投入装甲突击，在一个无法解决的战略困境中将所有赌注压在不断减少的作战回报上，直到希特勒和他的将军们被挡在斯大林格勒和库尔斯克这两个东部战线上巨大的破坏加速的装置面前。再加上阿拉曼和突尼斯的重创，这些让德国的战争局势雪上加霜。而且不仅仅是纳粹党人和军官，知识分子和文化领袖也参与了这场大战的赌博，投身其中数十年。这不仅是在拿德国的命运冒险，也是在拿整个欧洲的命运冒险，而且在这样一个世界性帝国时代，更是拿整个世界在冒险。历史学家奥托·欣策（Otto Hintze）在第一次世界大战期间写道：“如果情况变得更糟，我们将把自己埋葬在欧洲文明的废墟之下。”[43]30 年后，读过他的文字并有同样想法的德国人将其变为了现实。

在德国武装部队这张宽阔但并不空白的画布上，那位身在柏林沉吟思谋的业余艺术家和军阀在挥洒他的才思。纳粹思想在德国军中传播，导致杀戮和暴行贯穿于整个第二次世界大战，无论是海上、陆上还是空中，各地军事行动都是如此。

德国空军彻底纳粹化。相对而言，在卡尔·邓尼茨海军上将（1945 年 5 月之后的希特勒继任者和最后一位领袖）领导下的海军的情况并不那么严重，当然 U 型潜艇的行动除外。[44]1939 年的波兰和 1940 年的法国都发生了自发性的种族屠杀和相关杀戮，包括屠杀法国陆军中的黑人士兵，当时德国的西部军团杀害了 1000—3000 名被俘的非洲裔士兵（塞内加尔步枪兵和柏柏尔人）。仇恨的种子是早在战前希特勒青年团的意识形态氛围中，以及士兵的纳粹化训练中埋下的。除此之外，他们还传播更古老的关于“黑人”战争暴行的故事，渲染 1870 年和 1914 年土著步兵身上的耸人听闻的事件，又杜撰出关于 1918 年外国军队在莱茵兰实施所谓“黑色恐怖”① 的疯狂传说。[45]而德国列兵普遍参与暴行、屠杀、杀害战俘和种族灭绝行为的事实和动机在今天都有据可查。[46]犯下这种可怕的战争罪行或参与种族灭绝行为的大多数人，并不是因为惧怕他们的陆军上级，或者惧怕遭到纳粹政权的报复才这样做的，因为几乎没有证据表明拒绝杀害平民或囚犯的正派士兵因此受到惩罚。虽然并非处处如此，但至少在国防军和党卫军中，一个在很大程度上起着镇痛作用的屠杀体系和暴行参与的常态化是普遍存在的。



那些并不认为自己属于纳粹分子的德国军官，非但没有制止这种行为，反而全部或部分地接受了纳粹的种族目标，包括灭绝主义政策和做法。国防军军官，而不仅仅是党卫军或特别行动队的冷酷杀手，还在 1941 年执行了希特勒关于处决所有被俘的苏联政治官员（包括高级和低级政委）的所谓“政委处决令”。“巴巴罗萨行动”期间，所有 13 个德军军团和

---

① 在 1918 年至 1930 年法国占领莱茵兰期间，在法军中服役的塞内加尔和其他非洲裔士兵被指在当地犯下了十恶不赦的罪行，其中强暴德国妇女是最普遍的一项指控。

44个军都执行了这一命令。数以百万计的红军战俘——这是德国国防军的直接责任，而不是党卫军或后方的纳粹大区长官（Gauleiters）的责任——在1941—1942年的冬天被故意饿死或冻死。根据德国统计，在最初的7个月里，东部战场上平均每天的死亡人数超过1万人。[47]将军们的目标和态度是要消灭数以百万计的“无用之人”，这些人是战俘或者没有工作能力的平民，他们会和德国士兵争夺从当地居民那里抢来的食物，所以同样落得挨饿受冻的下场。那些穿着原野灰的年轻人拿走了他们的冬衣，霸占他们的蜗居，在落雪的冬夜将他们赶出家门。通过谋杀和饥饿来减少人口是东线陆军得以在其征服的土地上生存的先决条件，这也是纳粹要让德意志裔人定居到“经过种族清洗后的”领土上的先决条件。关于德国国防军军官作为职业军人并不参与纳粹政治和种族灭绝的说法是一个弥天大谎，将军们在纽伦堡的证词以及他们的回忆录内容都证实了这一点。[48]

国防军不是帝国陆军。它的士兵、士官和军官经常大规模杀害战俘或平民。有时这是一种手段，比如为了确保后方安全，或者是为了报复哪怕最微弱的抵抗。更多时候，他们这么做只是因为他们可以这么做。他们无须担心因为放纵自己的野蛮暴力和残酷欲望，而受到来自上级的惩罚。德国军官并不因此责罚士兵。[49]德国的占领政策要求征收全部收成，当地农业生产因此受到抑制，粮食短缺，这加剧了军事后方的动荡和死亡。强制劳动和驱逐出境政策也在刺激年轻人选择脱逃或加入游击队。随着游击队的规模和战力的增长，更多的野蛮暴行随之而来。德国司令部经常把手无寸铁的无助逃亡者定性为“土匪”，这样逃亡者就成了他们的合法军事打击目标。希特勒下达毫无怜悯可言的“剿匪”令，下级将士几乎盲目遵从，但这并不是他们公开屠杀所有年龄段的平民，特别是犹太人的

470

一个站得住脚的理由。凶残的搜捕行动是更大的淘汰、奴役［*Erfassung*，字面意义为“登记（苦役）”］和全面的种族灭绝计划（*Endlösung der Judenfrage*，即“犹太人问题的最终解决方案”）的一部分。[50]这些事件的背后还有一层更深的历史背景：1870年在毛奇主导下普鲁士对法国的全民战争的激烈回应，这在军官中仍然是一段重要的记忆，他们因此认定所有的游击队活动都是犯罪，理应受到无情的军事惩罚。在第二次世界大战中，这包括设立并扫荡指定的绝杀区，搜捕一切可疑的土匪。

攫取占领区资源本是这场战争的核心目标，而上述一切对这一目标的实现起到的是巨大的反作用。东部战线的极端血腥镇压先是激起越来越大的消极抵抗，然后是经济不合作，最后是某种形式的武装抵抗。这不仅使得东欧和中欧这片染满鲜血的被占领区对德国的可利用价值降低，还令党卫军和国防军的管控变得越发困难。随着各种抵抗活动的蔓延，战区后方反而抽走了部队和前线急需的稀缺资源，去执行种族灭绝、征收和劳工围捕。[51]大多数占领区产生的经济回报越来越少，而与此同时对深陷战争的德国而言，这些经济回报正在变得越来越重要。但作恶者对此并不在意，他们的思想和行动不会因此而有所改变，尤其是在他们拥有如此惊人的、可以支配数百万人生死的权力的时候。因此，抵抗带来更大的打击报复，以及更残酷的暴行，然后催生更多的反抗。其他在上一场战争中被卷入战火的民众已经在战争结束之后学会接纳磨难，并拒绝战争，而纳粹则在德国人（而不仅仅是德国士兵）中反复灌输战斗的观念，谈及在战争的毁灭中追寻共同荣耀。[52]而对纳粹来说，战争是进行种族斗争必不可少的工具。

将军们后来试图把战败和他们犯下战争罪行的责任统统推给希特勒和其他纳粹分子。然而从一开始，他们就忠于一种军

471

事文化，这种文化使得希特勒有机可乘，能够将他的战略权威发挥到极致，最终攫取作战指挥权，对敌人的军队，乃至手无寸铁的民众发动灭绝战。除了极少数原则性强的军官拒不服从之外，大多数德国军官，直到柏林陷入火海，直到希特勒在元首地堡里度过他最后的日子的时候，都对他言听计从，即使他剥夺了他们在国防军中的最终军事权力。这些军官就像是穿着军装的浮士德，在一场可怕的交易中一点一点地出让他们的灵魂：他们在19世纪30年代接受希特勒登上至高无上的位置，最终换来的只是装甲车及作为纳粹革命和战争国家主要受益者的地位。他们接受了希特勒作为他们的元首，并以个人名义起誓效忠"阿道夫·希特勒"。尽管这位元首对军事一无所知，除了在上一次战争中作为信使和下士在战壕里奔跑之外，没有接受过任何训练，但他们还是这样做了。他们说，他们必须遵守誓言的约束，但他们也曾对魏玛共和国立下效忠的誓言，但他们仍然轻易地违背了他们对那个可能阻止纳粹主义的年轻的、步履艰难的民主政权的承诺。[53]

军官们追随希特勒走向毁灭，不是因为荣誉的错位，而是因为荣誉的缺失，他们认同希特勒为德国制定的大部分目标，甚至赞同他的极端手段。这些身居高位的总参谋部官员和战地指挥官，对纳粹世界观中的许多要素都是拥护的，包括它的反共产主义、反和平主义，还有邪恶的反犹太主义。最重要的是，他们同意在20世纪30年代对德国社会进行再武装和军事化，作为回到侵略和扩张道路、实现他们服役世界强国之军的古老梦想的必要步骤。灭绝主义政策与希特勒对1941年即将取得对苏联的全面胜利的狂喜直接相连，而后又与战败后的血腥复仇相连。他们知道这一点，并同意助他实施种族灭绝计划，其中有些人在下达屠杀命令时所怀的热情是真挚的。早在1939年战争开始之前，希特勒就告诉他们，他的战争目标是

种族战争，是毁灭整个欧洲的古老民族。他们没有反对。这是战争的全部意义所在。这是他的战争，也是他们的战争。

除了几位坚持原则的军官——特别是大将路德维希·贝克（Ludwig Beck）、少将汉斯·奥斯特（Hans Oster）、少将亨宁·冯·特雷斯科夫（Henning von Tresckow）和海军上将威廉·卡纳里斯——几乎所有的高级军官在纳粹的一系列侵略行动中扮演的都是心甘情愿的，甚至是急不可耐的共谋者的角色。他们当中的许多人热切参与自己指挥区域内的政权暴行和战争罪行。[54] 一众军官赞同希特勒的基本政治和种族理念，包括他的野心，即通过战争创建一个"经过种族净化的"的民族共同体（*Volk*）——一个矗立于东欧的大陆帝国。虽然不是全部，但肯定是大多数。抵制战争罪行的高级军官的圈子相对广泛，而愿意刺杀希特勒、推翻纳粹政权的积极抵抗者的群体则非常狭窄。曾有几名军官在从未参与积极抵抗运动（比如导致 1944 年 7 月 20 日瓦尔基里暗杀行动和政变未遂的密谋计划）的情况下抗议战争罪行。直接参与大规模屠杀计划和立场坚定地反对这些计划只是两种极端，在这两个极端之间还有一大片光谱，中间形态的观点和反应可见于各级军官群体：公然参与犯罪谋杀，并不情愿的默许，事不关己的冷漠态度，适度的反对，以及，最罕见的，隐蔽或公开的抵抗。[55]

472

在战场上，许多指挥官不仅是欣然，甚至可以说是热切地配合他们所负责地区内特别行动队的残暴行动，以及纳粹在占领区的粮食分配政策，即使他们清楚地知道这意味着数百万无辜者将被活活饿死。[56] 有些人接受了希特勒的秘密贿赂。所有人都希望能在打赢战争后得到回报——从灭亡的国家中划出的巨大贵族庄园，以及在庄园中为其服务、沦为奴役的幸存者。暗杀行动每每失败，每次参与暗杀的军官总会比上一次的表现

特别行动队在乌克兰（1942年）

得更有性格和勇气，而每次暗杀行动的失败，也会让他们的同僚更加团结在希特勒身边。这些人愚顽地认为，政治和军事指挥权统一在一个人的手中是必要的，这是战争的需要，这双手曾经是腓特烈的、拿破仑的、毛奇的，现在则是希特勒的。[57]他们接受他为当代的“统帅国王”——他们的最高指挥官和德国军阀。他将像腓特烈那样统一军事行动和政策，使政治和战争成为一个无缝的整体。于是，这些以自己的军事专业性为荣的军官们，在第二次世界大战中追随的是一个外行，一个——用兴登堡的话来说——“波希米亚下士”。他们因此让德国的精神和军事力量，以及他们自己——一个被夺去灵魂、被掏空荣誉的“浮士德”军官团——走向毁灭。但在战争史上，由于他们在战后撒下的谎言，德军在武器和技术上的专业功绩往往是被夸大的，或者即使没有夸大，但对前述事件也是绝口不提。

473

东线陆军在向东部推进的同时，也在走上不归路。纳粹德国在战争中粗糙的意识形态和种族性质使其难以取胜，更难达到它以战养战的目的。那些把德国的先头部队当作解放者，并用面包和盐来迎接的反苏民众，很快就会意识到自己错得有多离谱。在这些沦陷的国家，只有希特勒的出现才能让斯大林——这位残暴可怕、令人生畏，并且已经通过制造大范围饥荒、驱逐出境以及古拉格劳改营杀害数百万自己的人民的领导者——更受欢迎。希特勒从未看到种族战争的实施和他最终输掉军事战争之间的联系，因为他的战争就是种族战争。而斯大林至少认识到了在苏联西部爆发的、民众自发的反对纳粹占领的游击战的潜力。他派出军官和顾问来对其加以组织，为其空投武器和补给，充分发挥它的军事潜力，尽管他也派出间谍、秘密警察和暗杀者来控制它，并在1944年和1945年期间将其视作自己回收权力路上的竞争对手而加以消灭。游击队可以在极大区域内提供情报，破坏德军后勤，杀死对方的掉队者。如果说他们对东线陆军的损失贡献较小的话，那他们对占领军的牵制是实实在在的，游击队的存在让他们的占领变得困难重重。[58]战线后方几乎没有出现类似的反对红军的力量，但是如果是一个遵循不同占领政策的德国，很可能是会选择扶持这样一支力量，并从当地民众对苏维埃政权的仇恨中获益的。

希特勒是纯粹从其激进的乌托邦式的种族战争的意识形态角度来看待东部战争的，他将其视为一场为争夺领土和食物而进行的种族清洗斗争，而他要争夺的这片土地，上面原本的灵魂和生命在他看来没有任何价值。尽管纳粹对DNA一无所知，而且直到1953年纳粹主义已经化为余烬时DNA才被确认和发现，但他们的核心战争目标无异于改写人类的基因组。希特勒的种族战争的目标是从军事上击败敌军，但这只是物理消灭整个民族和阶层、犹太人和布尔什维克、斯拉夫知识

474

分子和文化领袖，以及适龄入伍男性的序幕。所有这些人都将从历史中，从生物学中以及这个世界上消失，在这之前是多年的占领和移居计划的实施，还将有数以千万计的斯拉夫人被处决或被驱逐，以清理、建立一个经过种族审查和净化、供德意志民族共同体定居的毗连的大陆帝国。然后，德国将拥有希特勒日思夜想的资源基础和安全的粮食供应，这是德国崛起成为世界强国所必需的。纳粹试图将克劳塞维茨的理念融入自己的思想体系（虽然并不深入），他们将他的话修改为，在战争中歼灭敌人（这一概念被扩大到国内外的敌人，包括军队，也包括平民）不是政策的手段和继续，而是它的完成。对纳粹政权来说，彻底摧毁敌军和种族敌人是所有战争和政策的目的。大屠杀从一开始就是计划的一部分，而且是计划中至关重要的一部分。在这一切中，希特勒和他的纳粹干部得到了德国主流政治、军事、科学和经济精英阶层的广泛支持。[59]

随着工业战争的爆发，随着德国于1941年轻松迅速取胜的计划落空，战争变成持久战和全面战，苏联西部数百万人死在自己的家园和村庄里。除了波兰人、犹太人、乌克兰人和俄罗斯人，数以百万计的普通的亚美尼亚人、格鲁吉亚人、哈萨克人、西伯利亚人、乌兹别克人、雅库特人（Yakuts），以及其他从高加索、西伯利亚和其他地方被拉到前线或军工厂的十几个少数民族的人，都被吞没在这场滔天海啸般的暴力当中。灾难的巨浪席卷了草原上的草海，冲入燃起熊熊烈火的北方森林，淹没被掏空的灰暗城市。共同的苦难在加深人们对自己家园的忠诚，他们回报敌人的是毫不手软的野蛮行为，因为在一场无限制的肮脏竞赛中，野蛮已经悄悄成为每个民族的第一反应。[60]但即使这样，仍有数以百万计的男人和女人决心作为文明人生存下去。他们抵制恐怖行为，就像白天抵制黑夜，他们胜利过，也失败过，但他们总是再次奋起反击，仅苏联军队的

损失就达到1000万，另外还有1700万苏联平民死在这个战争史上前所未有的杀戮场中。[61]

当纳粹德国即将耗尽它的战斗人员时，它开始召集此前因为在关键军工行业服务而被豁免服役的专业工人。为了取代他们，纳粹德国从所有占领区中征用了数百万奴隶和其他强制劳动力。到1944年年中，大约560万外国劳工被带到德国，去清理街道上的瓦砾、缝制士兵制服、制造武器。这些人里有战俘（来自法国、意大利、波兰和俄罗斯），有被送入中产家庭和中等农场的乌克兰女奴，甚至还有犹太人，虽然严格来说犹太人不被允许踏足帝国，但实际上他们会被给予几个月的宽限期，好让他们在德国的隐蔽工厂里工作至死，他们吃得很差，遭受的也是非人待遇，常因违反集中营中一项最轻微的罪行而被殴打或绞死。[62]在萨克森州哈茨山的诺德豪森（Nordhausen），一个代号为“DORA”的地下集中营里，生活着成千上万沦为奴隶的人，他们正在那里为满足希特勒最后的幻想——即他的“奇迹武器”，这些强大的火箭和喷气式飞机将从纳粹主义在德国和欧洲留下的灰烬中窃取胜利——而工作，虽然有时也会从中破坏。

475

越来越多的俄国战俘在德国国防军的野战师中担任“*Hiwis*”（*Hilfswillige* 或 *Hilfsfreiwillige*）的工作，这是一种辅助性的武装力量，或称“志愿助理”，他们被分配到规模正在疾速萎缩、急需劳动力的战斗部队中从事服务工作，以便让所有的德国人都能上战场。他们备受虐待和鄙视，但为了换取一点食物或者不被枪毙，他们必须照做。[63]他们当中有些人在反苏维埃的俄国解放军（Vlasov's Army）或者东方军团（*Osttruppen*）中服役。因此，一旦被红军俘虏，他们会被就地射杀，在斯大林格勒一役之后以及在战争后期，这样被枪毙的“志愿助理”成千上万。其余人则在战争结束后接受枪

决。他们被当作德国战俘，在战俘营或劳改营接受特工的审讯，这些令人不寒而栗的特工来自军事反谍组织“施密尔舒”（SMERSH，“间谍之死”），为斯大林服务。他们被定罪判刑，被驱逐到西伯利亚，或因在1941年或1942年投降而被判叛国罪，并被命令立即处决。[64] 1943年1月，希特勒曾说：“这场战争将不会有胜利者和失败者，只有幸存者和被摧毁者。”他是对的。[65]

***

事实证明，德国国防军和纳粹政权都没有能力将战术和行动与足以制胜的战略相匹配。相反，他们越来越依赖他们自诩的、几乎已经成为一种军事迷信的所谓历史和专业优势。这一次，他们还加入了荒谬扭曲的种族理论，认为法西斯意志的道德力量和成就势必克服德国在物质资源上的劣势，这一种族和意识形态上的狂妄自负已经融入武装党卫军的军事行为当中。起初，德国国防军的指挥官鄙视这些部队，但很快将军们就叫嚷着要把党卫军装甲师编入自己的军团，因为他们知道对方作为一帮装备更好、斗志更强、在对种族战争的追求上也更加不择手段的狂热战士，往往比装甲师更可靠。这很激进，但也让人很熟悉：对战争中的精神因素的强调，往往是物质力量不占优势一方的终极手段。于是，又一个突发奇想随着德军对战斗人员的需求而蠢蠢欲动起来，它促成了希特勒（以及希姆莱）与来自苏联和西方帝国殖民地的穆斯林异见者之间的会面。希特勒对伊斯兰教抱有模糊的崇拜和好感，虽然他对伊斯兰教严重缺乏了解；他不以国家或地区来区分伊斯兰教，伊斯兰教于他而言是一种用来识别历史上强大的“尚武种族”的标志物。党卫军中的一些人提出的想法是让纳粹与“伊斯兰世界”结

476

盟，然后以某种方式动员印度、中东、巴尔干和苏联南部的数百万穆斯林加入德国的事业，这导致数千名穆斯林出于地方或个人原因在党卫军和国防军部队中作战。但它并未起到任何战略性的作用。[66]然后是下一次的臆想。

库尔斯克一役之后，不可阻挡的人力和物资消耗开始成为战争走向的决定性因素，正是从那时起，希特勒越发依赖他个人在第一次世界大战中的战壕战斗经验。他没有理会那些仍在敦促务必使用装甲部队进行更流畅的攻击、发动更肆无忌惮的机动战的军事专业人士的建议。那时他只是个下士，没有战略眼光或经验。不过，他还是不屑去听从来自国防军最高统帅部和一个他一直鄙视的军官团的建议。他转而相信直觉和个人的有限经验，这让他犯下严重的错误，过于死板的防御战术让两个主要战线加速走向失败，并给他的将军们留下话柄，日后说是希特勒毁掉了他们的战争。一直以来，军事法庭上的阿谀奉承者都在煽惑人们去相信他的军事天才和他自我标榜的地缘战略远见。但他其实更是一个频繁（尽管并非总是如此）犯下战术失误的人，他每每拒绝理性的撤退，哪怕撤退可以让整个军和军团免于被围歼，从而获得重整旗鼓、来日再战的机会。他的错误没有一个国家决策机构来予以纠正，德国没有相当于苏联的国防委员会，或英国的战争内阁，或华盛顿的参谋长联席会议这样的机构，更不用说同盟国领导人共同组建的联合参谋首长团（CCS）。在国防军最高统帅部中唯希特勒命令是从的将军如凯特尔和约德尔，也许会质疑某一项命令，但他们从不会在体制上挑战他，这是德国战争方式的另一个重大缺陷。但尽管如此，将军们仍需为战败负起很大的责任。他们远没有他们自认为的、在战后为了自我开脱而撒谎辩白中说的，或者自我吹擂而来的名声中那样能够胜任自己的角色，更不用说完成得如何出色。他们总是想做他们唯一知道的事情，那就是寄希

望于有限的行动，去解决他们为了满足希特勒和他们自己的军事幻想而造成的无法解决的大战争问题。在物质境况决定了必须采取防御行为之后的很长一段时间里，他们仍然寻求与装甲部队一起快速进攻，就像被裹在麻袋里的野猫一样挣扎着抵抗消耗带来的窒息。

477

1944年年中，苏联和同盟国派出大批装备精良的集团军，沿着多条前进轴线同时向德国逼近。在这种攻势下，德国国防军却在迅速地、逐步地走向去现代化。就连装甲师——德国新军事理论的骄傲和德军早期成功的关键——也越来越依赖马匹运输。与约瑟夫·戈培尔制作的、时至今日仍在播放的德军自我吹嘘式的新闻短片中展示的半履带车相去甚远的是，装甲掷弹兵使用的交通工具是自行车，以便跟上坦克的步伐。[67]也许会出现另一个“勃兰登堡家族的奇迹”拯救希特勒的德国，就像曾经的天降幸运拯救腓特烈和普鲁士一样？甚至希特勒有时也会这么梦想通过斯大林或丘吉尔或富兰克林·罗斯福的死亡摆脱失败。其他人也同意一个领导人的死亡也许可以改变战争的进程，但这些勇敢的人没能在1944年7月20日的瓦尔基里政变中在希特勒的东部司令部杀死他。在“七月密谋”和随后希特勒对军官团的愤怒的血腥清洗之后，高级指挥权被交到更忠诚的将军，甚至是一些公开的纳粹分子，比如陆军元帅瓦尔特·莫德尔（Walter Model）的手里。他至少是一个在军事上胜任的忠诚者。其他人则不然，比如当希姆莱于1945年被短暂地授予战地指挥权的时候。直到纳粹政权的最后几天，纳粹领导人甚至从未向彼此，更不用说向德国公众透露，战争是打不赢的，失败随时可能来临的事实。相反，他们加大宣传力度，进一步将社会组织纳粹化，加强国内的直接威压统治。希特勒最好的传记作者伊恩·克肖（Ian Kershaw）肯定地说，希特勒“没有退出战争的策略”。[68]盟军也没有，除非德国无

条件投降和消灭纳粹。除此之外，没有退路，也没有谈判的可能。这是一场双方都必须打到底的战斗。

几乎从开战的第一天起，德国就已经输掉了这场关于发动机和物资的战争，这是德国 1945 年战败的基本原因。纳粹的管理者在 1939 年之前只是蜻蜓点水地动员了一下经济，而他们需要应对的却是一场旷日持久的战争。这部分是因为他们一厢情愿的想法，但也是因为希特勒为了平息国内动荡而希望发展民用经济，因为他（错误地）认为这是导致德国在 1918 年战败的根源。最重要的是，在希特勒认为必须发动一场长久战之前的几年，在德国经济还未准备好打一场长久战之前，他就挑起了与西方盟国在波兰问题上的争斗。截至 1941 年 4 月，有 700 万枚榴弹炮因为缺乏高爆炸药和推进剂而无法完成，每月的突击炮产量只有 50 门。尽管在当时和后世，人们谈起德国的装甲力量时多是咏赞之词，但值得注意的是，直到 1944 年德国的坦克产量才达到顶峰，而且这是在牺牲了德国空军和 U 型潜艇发展的基础上完成的——对有限的钢铁和熟练工人资源的激烈抢夺一直在这三者之间进行着。[69] 过时的坦克底盘被焊接在更大的主炮下，用来制造临时的反坦克和其他野战武器，与此同时西方盟军的工业产出蒸蒸日上，生产出数以万计的新式突击炮和设计精良的反坦克炮以及坦克。即使是遭到战争严重破坏的苏联经济也从 1943 年开始超过了德国。[70]

478

尽管美国在 1941 年 12 月之前仍是中立国，但它已经在着手建立军工产业，其规模之庞大远超轴心国的总和。美国人在第二次世界大战期间制造了近 68000 辆坦克，以及更多的装甲车辆，从半履带车到装甲汽车再到坦克歼击车。苏联制造了 8 万辆 T-34 坦克以及其他的轻型、重型坦克。英国制造的装甲车，从轻型、重型坦克到装甲汽车，同样数以万计。像加拿大这样较小的经济体也在通过其优越的战时生产为轴心国后勤的

覆没作出贡献。[71] 即使加上在被占领国缴获的车辆和被占领国的武器生产能力，德国也无法跟上同盟国阵营的步伐。德国工业总计只制造出 46000 辆装甲车，许多还是战争后期生产的被安装在过时的坦克底盘上的突击炮（*Sturmgeschütz*）以及其他为城市战斗设计的突击炮。其中德军坦克中的王牌——重装甲的虎 I、虎 II 坦克只有不到 2000 辆。在庸碌无能、腐败成风的纳粹领导层的带领下，德国战争工业面对的管理不善问题，与它在资源短缺、供应不足和运输瓶颈上遇到的难题同样棘手，甚至更为严峻。

在战斗机的生产和空中运输能力方面，德国同样远远落后于它的敌人。1939 年，整个美国飞机工业生产的飞机只有 6000 架。但是从 1940 年到 1945 年，美国总共生产制造出 30 万架军用飞机，而且这已经是它在 1944 年由于产量过剩而大幅削减生产后的结果。同一时期，英国增加产出超过 13 万架军用飞机，当中包括德国并未大规模部署的大型重型轰炸机。苏联在战争结束时制造了近 16 万架军用飞机。从 1939 年到 1945 年，德国的飞机产量不到 12 万架。它的盟友日本制造的飞机只有 76000 架，而意大利从 1939 年开始直至 1943 年墨索里尼被推翻，它制造出来的所有类型的军用飞机数量加在一起也只是微不足道的 13253 架。[72] 从 1939 年起，海上封锁对德国的战时生产造成巨大压力，它不得不为某些关键矿物和各种燃料寻找替代品。从 1943 年起，盟军持续而猛烈的轰炸迫使它转向地下工厂，分散生产。1944 年，轰炸变得更有针对性，严重阻碍了德国的战斗机和石油生产，并摧毁了它的铁路网。

479

即便如此，在 1942 年年中这段纳粹领土扩张的鼎峰期，柏林得到的欧洲大陆资源本可让它维持更强大、更长久的军事竞争力。但纳粹的战时经济管理失当，以及它对其新帝国中被

占领区人民的残酷镇压，导致经济效率极端低下，资源的开发利用也遇到重重阻挠。德国发动战争的本意是确保纳粹德国可以掌握借以发动更多战争的资源，然而希特勒领导下的无能政权完全没能利用这一机会。它转向使用征用、强制和奴役劳动等手段，而盖世太保和党卫军则在挥霍殖民地人民的善意，他们本把德国人当作苏联暴政的解放者来迎接，最后被迫奋起抗争。另外，苏联和西方盟国都在最大限度地利用其科学、工程、农业、运输和生产力，力求在战争投入的质量和数量上压倒轴心国。

胜负之别并不仅仅源于两个阵营在工业生产力上的差异。它不只关乎盟军在地面和空中的压倒性优势火力，盟军的最终胜利并不单纯取决于飞机、坦克、军队和战争物资的绝对数量。这个结果并不像著名的唯物主义者斯大林所断言的那样，是一场发动机之战的必然结果。赢得这场战争还需要卓越的远见、领导力、战时计划和战略管理。而所有这些方面，纳粹也都表现得乏善可陈。很多时候，德国国防军也被西方和苏联的情报部门所误导或欺骗，这都严重影响着战争的走向和结果。随着战争的继续，德国的将帅和军队也有技不如人的时候，不时被兵力数量处于劣势的盟军打败，比如诺曼底的莫尔坦（Mortain）防御战、更为人熟知的阿登战役（“突出部战役”），以及东线上的其他多场战役。[73] 到战争结束时，大多数还活跃在战场上的军队，其战斗技能都已经远超从前，无论是志愿军还是由装备不足的征召新兵组成的大军。他们在应对更大的作战单位和战役方面也都变得更加熟练，俨然已是高效的杀人机器。但是德国国防军除外，与开战之初相比，它的战斗力、机动力和作战技能如今已经所剩无几。当其他军队疲惫不堪、元气大伤、几近力竭的时候，德军已是崩溃状态。

德国的战争努力因其极端的种族主义而进一步受阻。犹太人、波兰人和其他有才能的人被禁止从事研究、管理工作，也不被允许进入大学。因此，许多人选择加入由同盟国领导的先进的战争研究项目，包括曼哈顿计划和各类情报研究工作。在对女性的贬抑方面，就连德国国内的紧急医疗服务也是直到1941年才开始大规模招募女性，而在此之前，所有其他主要交战国早已接纳女性从事战争工作和担当军中的辅助角色。纳粹的种族灭绝主义意识形态从未松懈，但随着总体战压力加剧，关于女性角色的观念处处都在转变——1945年，共有50万名女性以某种身份在国防军中服役，另有100万名女性在防空部队中担任高炮辅助人员——纳粹在妇女问题上确实有所让步。[74] 即便如此，在西方国家和苏联，为了让妇女参与到重要的战争工作中来，更多工作还是做得更早；在苏联，战场上的高伤亡率导致的男兵急剧短缺也为女性招募工作提供了额外的动力。它的女性征兵工作于1942年启动，大约有90万名女性在红军中服役。在前线作战的苏联女性或许有52万人之多，她们当中不乏日间轰炸机、夜间战斗机的飞行员和坦克手（包括司机、装弹手和炮手），更多女性担任的是狙击手、机枪手、爆破手、战斗工兵，甚至是仿照1917年布尔什维克和俄国内战原版组建的残酷的“妇女敢死营”中的步兵。另有20万女性担任战斗医务人员，数十万女性在后方和防空部队中服役。还有数以百万计的妇女在工厂和农场从事那些必不可少的战争工作，有些妇女真的套上了挽具，代替去了前线拉炮以便更好杀敌的马、牛和拖拉机拉犁耙地。[75]

从一开始，英国人就表明了无论需要多长时间他们都会战斗下去的决心。1940年和1941年，他们在尚不拥有强有力盟友的情况下，选择的是一种战略消耗的抵抗方式，即攻击

德国的弱小盟友和外围领土。它的主要思路是通过空袭削弱德国的内部力量，通过海上封锁切断德国的外部联系；同时，利用英国的两栖作战能力（尽管陆军实力有限）切断其延伸部分和较小的纳粹盟友（意大利和维希法国，从它们的殖民帝国着手），而主战部队将在未来某个时间登陆法国。[76]1942 年年末，英国已经拥有规模相当的军团、盟友以及特种舰艇和飞机来有效地完成这一任务。英国军队在东非和北非赢得战役，同时轰炸了德国的工业设施和城市，确保了护航路线的安全，成功将帝国和美洲的资源和士兵带到对抗德国的战场上。希特勒通过在德国征服和占领的非重要海角驻扎大型驻军，让英国的这一传统海军战略效率得到直接提升。而每次他的意大利盟友在那些对最终结果并不重要的战区（比如北非和巴尔干）陷入困境时，他都会让自己离失败更近一步。由于被滞留或困在希腊、南斯拉夫、挪威、北极芬兰和意大利北部，因此德国驻军一直游离在主战场之外。[77]它和英国的不同在于，英国有一个外围作战的战略，而希特勒有的只是幻想和冲动。

481

1943 年 2 月，当德国的敌人都已全副武装做好发动全面战争的准备时，约瑟夫·戈培尔发表呼吁总体战的公开演讲，并得到被纳粹化的激进群众的热烈支持："你们想要总体战吗？你们想吗？……比我们今天所能想象的更全面、更彻底的总体战？……我们的口号将是：现在，人们啊，站起来吧，让暴风雨爆发吧！"这是可以唤起柏林的纳粹群众的一个绝妙而富有戏剧性的口号，但总体战实际上是德国国防军最可怕的噩梦。国防军不可能赢得一场长期战争，当然也不可能对抗得了三个背靠大陆或海外帝国、有着无穷无尽的人口和工业资源支持的大国，尤其当它们当中的每一个都已经是纳粹德国所渴望成为的"世界一流强国"的时候。斯大林在听闻戈培尔的演说内容后，一语道破那个显而易见的事实：这是德国领导人在承认他

们鼓吹的闪电战已经失败。[78] 那一年，西方盟军以德国无法回击的方式将总体战带到德国，它们的空军对德国展开联合轰炸机攻势，德国城市上空掀起的火灾风暴和盟军一次又一次的千机大轰炸一直持续到1945年年末。到1944年年中时，所有敌人开始发起步调一致的合围，数百万军队同时从各个方向进攻，德国四面楚歌。幻象变成了噩梦。

482

1942年，希特勒不仅没有像他吹嘘的那样，在规模逐步扩大的连续战争中取得胜利，反倒让纳粹德国走上同时与三个最大的工业霸主和世界强权——英国、苏联和美国——为敌的道路。法国于1940年被踢出战争，整个欧洲大陆被占领，且在盖世太保和党卫军的威权下唯唯诺诺，但从战略上讲，这些事实也都已经不再重要。德国的战线遍布非洲、意大利北部、巴尔干地区、大洋之下，以及他们自己的城市上空，不仅

艾森豪威尔正在查看虎II坦克（1944年）

如此，他们还不得不在已经占领的欧洲地区与出没无常的游击队周旋，最重要的是要与苏联西部的庞大红军作战，德军已经力不从心。他们为数不多的盟友，目前剩下的有虚弱涣散的意大利，遥远、弱小、败局已定的日本，以及少数几个欧洲的小仆从国，这些国家的军队从来没有经过现代武装，或者早在1943年年中就被击垮并投降，而此时正是同盟国的战时生产和作战技术达到顶峰的时候。

情况甚至比这更糟。德国与日本的联盟从来都只是名义上的，甚至墨索里尼也总是擅自发动和实施战争，与柏林之间也极少共享情报，双方没有任何战略协调。轴心国成员之间几乎没有贸易往来，极少进行研究领域、经济领域或战局规划的合作，他们甚至不向对方通报自己即将开辟全新战线或发动战争的决定。墨索里尼在入侵阿尔巴尼亚和后来的希腊之前，没有告诉希特勒。当日本仍在诺门罕与红军部队交战时，德国没有警告日本，它将与苏联签署《苏德互不侵犯条约》，柏林没有告诉东京，德国国防军将启动“巴巴罗萨行动”。[79]这不是管理或者赢得一场战争的正确方式。西方盟国在军事和情报方面的合作并不总是顺利的，但整体而言是出色的，包括组建联合参谋首长团和开展联合轰炸机攻势。西方盟国与苏联的合作深度虽然远不及它们彼此之间的合作，但仍不乏几次战时峰会、几次非常有限的情报警告（单向，且直接送达莫斯科），以及在真正战略层面上的对整体攻击时机和长期计划的协调，包括1944年从两个方向上同时攻打德国。

483

日本在东南亚和太平洋地区与规模小得多的西方远征军事力量作战，但没有对德国的主要敌人苏联宣战。而斯大林也没有对日本宣战，尽管日本自1941年12月起是其西方盟友的一个活跃敌人。苏联正式对日宣战，是在德国投降后的三个月、广岛原子弹爆炸的两天后。斯大林一再呼吁要在西方开辟针对

德国的第二条战线，在这场对德战争中，苏联红军投入巨大的人力物力，经历开局阶段的绝望，单线作战直到1945年5月9日；然后从1945年8月8日起，红军又开始了对亚洲大陆上萎靡虚弱的日本军队的短暂的单线作战。是英国和美国发动了多个大陆（非洲、亚洲和欧洲）战争以及海上战争，并投入大量资源，将战火烧到了德国的上空。即使在其军事力量和征战的鼎盛时期，德国也未能让其军队渡过英吉利海峡的狭窄水域去对付英国。英美舰队跨越两个大洋，把数以百万计的地面部队和支援海空作战的物资带到相隔遥远的各个大陆，与德国人、意大利人和日本人开战。从1943年开始，面对这个联合起来的同盟，这个在自证的预言中将纳粹德国紧紧包围的铁环，德国人再也无法把控战争的方向。第二年，来自两条战线的入侵和战斗消耗了希特勒的陆军，其破坏程度和伤亡概率超过了第一次世界大战中最惨烈的那场战斗。

***

1939年至1941年，德军在苏联一路高歌猛进，连战连捷，但最终止步于莫斯科城前；进入1942年后，娴熟的战技以及苏联的大草原和北非的沙漠平原凸显出装甲部队的魔力，德军借此又取得几次胜绩。但在俄罗斯的北部密林，或者在阿拉曼被蒙哥马利用地雷和大炮封锁的狭长土地上，德军仍然束手无策，不仅如此，隆美尔在阿拉曼的坦克和意大利步兵还将在蒙哥马利发起的反击中遭到重创。德国装甲部队顺利穿过南部草原到达斯大林格勒，却在高加索和突尼斯山区遇到更大的阻滞，之后在1943年的西西里岛和意大利也是如此。地形是影响装甲部队成败的重要因素。城市也不例外，斯大林格勒便是明证。坦克在城市里极易成为搜寻目标，因为城市堵塞了它

484

们的车道，截断了它们的火力线。而在第二次世界大战的后半段时间里，大部分战斗都将转移到城市。另一个拦住坦克去路的因素是红军和西方盟军士兵的勇气、坚韧和战术积累。他们现在有了更好的反坦克武器和经过改进的理论，德国最初的装甲和战术优势已经不复存在。

苏联红军的坦克作战能力赶上并超过了德国国防军，他们抢夺德军阵地，摧毁德军坦克，让数量本就谈不上富余的德军坦克更加捉襟见肘。西方盟军也在做同样的事，因此在所有战线上，德国的装甲部队和军队都被打得支离破碎。打倒它们的既是失败，也是曾经那些一时一地的辉煌。这就是物资战的本质，没有哪一场战役或者哪一次叫得出名字的失败可以决定一场战争的胜负：斯大林格勒不能，阿拉曼不能，比塞大（Bizerta）不能，甚至库尔斯克也不能。[80] 相反，每一场大战都是对德国武装和后备力量的消耗，并使消耗的曲线变得越来越陡峭，直到战略主动权彻底转移到同盟国阵营，这首先发生在苏联境内，然后是东欧、海上、空中。像曼施坦因和埃瓦尔德·冯·克莱斯特（Ewald von Kleist）这样极具侵略性的装甲将领提议在东部进行更多的机动战，妄图在这片没有任何一场战斗可以决定漫长战局之胜负的土地上进行新的决定性战役。他们不顾一切，急切地要把推进装甲力量的想法和为闪电战及任务导向战术而建立的军队从敌人的物资战争压迫中解放出来。他们仍然想用余下为数不多的坦克夺取压倒一切的决策权，谁料反被势不可挡的苏联军队困住并击溃。[81]

从 1939 年到 1942 年，德国相对较高的军事技能使得战争局势和力量对比看起来比实际更均衡，但这只是表现在开始阶段。从 1943 年到结束，西方盟国和苏联迅速积累起来的经验技能，以及为其提供支撑的大量战争物资表明，德国将决定性战役作为赢得一场世界大战的手段的想法始终只是一个妄

想。当红军越过1940年与德国划定的边界，第一次在外国土地上作战时，战斗是艰难的，损失也极为惨重。开着T-34和485KV-2的苏联坦克手绕过静止的德军阵地，更多的部队和补给则由盟国基于租借法案为苏联提供的卡车护送，从1941年和1942年损失的数千辆红军坦克的钢骨上飞驰而过。然而，不要以为闪电战的神话因此能在苏联上演，因为红军仍然严重依赖马匹。数万匹马，还有骆驼，将跟随红军一路朝柏林奔去。红军以大规模的装甲部队和步兵迎击一波又一波冲上来的坦克军团，红军付出了惨重的代价，但其长驱直入的攻势同样难以阻挡。英美则用更有条理的装甲战术和空中力量，先是在法国和莱茵河沿岸的森林地带，然后在德国西部，打击他们面对的最后一批装甲部队和步兵。它们取得胜利的法宝不是闪电战中的那道闪电，而是重金属和火力：在保存自己有生力量的同时，撕开虎式坦克和四号坦克，杀死里面的乘员。

在库尔斯克战役之后，希特勒驳回了一大半雄心勃勃的计划，因为他在他的许多将军之前就已经认识到，用坦克发动花哨进攻的时代已经过去。在那之后，德军只有在需要发起反击时才会用到装甲部队。苏军在1944年以迅猛火力接连吞噬东线陆军防区，1945年突破其一度固若金汤的防御阵地，此时的德军装甲部队转而扮演起救火队员的角色，不再是可以通过闪电攻势制胜战争的决定性法宝。同样的情况也发生在西部，在战争的最后一年，西部军团已经被打得七零八落。掌握地面作战指挥权的德国空军元帅阿尔贝特·凯塞林（Albert Kesselring）最大限度地利用地形在意大利打防御战，这一度给西方盟军带去重创，拖慢其进军速度，但并未令其停下脚步。格尔德·冯·伦德施泰特（Gerd von Rundstedt）和埃尔温·隆美尔为如何应对将在法国和西北欧发生的入侵而争论不休，但未能达成一致，也未能在入侵到来时阻止它。现在数千

辆谢尔曼坦克、丘吉尔坦克潮涌而来，将因为严重缺乏空中力量支援而只能在夜间移动其装甲部队和摩托化部队的敌人围得水泄不通。

很难说希特勒是否有过一个可以制胜战争的军事战略。除了种族战争的仇恨，他没有任何长远的愿景或指导性的目的，他总是翻来覆去且过于频繁地改变他的作战目标。在战争的最后一年，这一模式变得更加可怕和荒谬，因为即便所谓的第三帝国内外交困、濒临瓦解，也没人敢出来质疑他的决定，特别是在他逃过瓦尔基里刺杀行动之后。他回归到第一次世界大战中的静态防御，拒绝退让一步，但最终还是失去了一切，就像腓特烈曾说的：捍卫一切的结果就是什么都捍卫不了。希特勒宣布沿第聂伯河构筑一道防线，作为德国新的“东墙”（*Ostwall*）。他以一贯不切实际的自负，下令建造一道由野战工事组成的不可逾越的屏障，这道屏障将从芬兰湾延伸到亚速海，全长1000英里。最终，沿着天然的河流屏障，一些野战工事被构筑起来，使这个想法具备了一定的防御价值，但并不能改变这主要还是一个空想的事实，因为五个月后，面对红军的进攻，它几乎没有起到任何作用。更多想象中的城墙、“堡垒”宣布要被建成，但从未建成，有些只是停留在希特勒指挥部地堡中的地图上的一个标记，而其余的那些，驻守在那里的也只是零星的大炮和被命令绝不撤退的步兵。它们无一例外地被俄国人攻下并消灭。在盟军和苏联的夹击之下，纳粹德国此刻就像一只受伤的豪猪一样蜷缩着，现在要想拯救这个在1939年至1941年威风八面，但之后的每一天都在犯下致命管理错误的帝国，为时已晚。不仅想象中的东部要塞阵地顷刻土崩瓦解，被浮夸地冠以“欧洲堡垒”之名的海岸防线也在诺曼底登陆日（1944年6月6日）和随后数周的战斗中被勇敢的士兵们攻破。[82] 在内陆，沿着20世纪30年代的老兴登堡防线

486

（*Siegfriedstellung*，或称齐格菲防线）修建的近400英里的“西墙”也并不牢固，尽管它的修建耗费了大量的强制劳工和宝贵物资。1945年，西方盟军轻而易举地攻破了它，然后大举侵入德国。[83]

最后几个月的战争，无论是在地面还是德国上空，都在以前所未有的方式全面展开。希特勒撤走了他在巴尔干地区的最后一批驻军，但就在德国陷入火海的时候，却莫名其妙地把其他驻军都徒劳地留在了挪威。西方军团在罗马以北艰难跋涉，待他们赶到德国南部时，战斗已经接近尾声；但在法国的德军1944年8月即被击溃，残部在荷兰和莱茵河畔的森林中重新集结。1944年8月，苏联红军在白俄罗斯发动“巴格拉季昂行动”（Operation Bagration），并将中央集团军彻底击溃，中央集团军至此名存实亡。其他的苏联集团军则冲进罗马尼亚和波兰，并向东普鲁士、萨克森和奥地利发起猛攻。[84]德军面临的不是由某一个军团或某一个集团军发起的向心式包围——这是德军以其吹嘘的装甲理论和军团力量所能取得成就的极限——而是整个国家的。[85]这一立足整场战争的战略包围，足以让拿破仑、毛奇或施里芬的任何筹谋都相形见绌，其推进力量也远不是“巴巴罗萨”所能及：数百万人、数千辆坦克披坚执锐，就等跨过德国边界，聚而歼之。这场战争谁赢谁输，至此不言而喻。

在许特根森林战役等一系列防守性战斗中，西部军团的士兵仍在拼死抵抗，直到希特勒将德国最后的后备力量浪费在了阿登地区，在那里发起完全无用的反攻（“突出部之役”）。德军就这样在四面受敌的情况下发动了进攻。进攻，是他们所知的全部。于是，在根本没有出击目标，甚至无法获得出击目标的情况下，他们在1944年将最后的装甲部队向西送进阿登地区。这场攻势最终因为枪炮、飞机、坦克短缺，燃油耗尽而收

场。1945年，还在德国本土西部和南部进行零星抵抗的最后一批部队也被摧毁。1945年3月，德军向匈牙利发起最后一次进攻，但结果只是加倍的徒劳，这也成为他们在第二次世界大战中的最后一次攻势。拥有绝对空中优势的盟军将德国仅余的装甲部队击毁，冻结了德国的所有行动，直到德军的残余部队连同惊恐的难民一起被困在库尔兰半岛和莱茵河下游地区。在这最后几处德国人奋起抵抗的地方，凄惨、绝望、毁灭的景象让人难以言表。西部军团和东线陆军至此被彻底粉碎和摧毁，而后者更是在加倍残酷和血腥的战斗中，回忆并偿还了它在苏联所做的一切。

苏联、美国、英国和英联邦部队拥有更多的卡车、半履带车，以及坦克、枪炮和飞机，更多的一切。他们将德军团团围住，这些倒霉的德军（甚至连主力装甲师也不例外）常常被困在既不讨好又缺少坦克支援的阵地上。德军的战术早已被盟军摸熟摸透，因此它在每条战线上都遭到盟军的阻挠和打击：意大利、法国、白俄罗斯、波兰、匈牙利，然后是德国本土。德国国防军在饱经战火摧残的阿登和匈牙利发动的最后一波攻势是对闪电战的拙劣模仿，装甲部队的推进完全依赖缴获的敌军燃料来驱动。闪电战已经从胜利走向悲剧，最终走向闹剧和彻底的败亡。在盟军攻打德国南部和西部期间，没有重大战役发生，只有拥有强大盟军的压倒性倾轧，以及针对支离破碎的德国军、军团和师团残部的小规模战斗。失败是一刀一刀的割切累积起来的：那都是些小规模的战斗，虽然没有浩大的战役，但无数次的小冲突、小战斗累积起来同样可以是决定性的。最后几场战役的规模和强度都比不上曾让众多装甲部队走向覆亡的斯大林格勒，或库尔斯克，或诺曼底的法莱斯。即使是苏联红军在柏林战役中的血腥进攻，也更像是一条巨蟒对最后一波狂热抵抗的碾压，而不是像在滑铁卢那样两支现代军队之间蓄

势待发的定点会战。[86]

第二次世界大战的最后阶段，在德国国防军自己一手制造的这片跨越德国和大半个欧洲的道德和物质废墟上，他们输掉了所有的战役、所有的军队和所有的荣誉。希特勒不知道该怎么办，他的将军们也不知道，所以他们不断地继续战斗。幻想的代价是彻底的毁灭。在大屠杀的最后一年，纳粹德国的战争努力已经超出他们可以管理或修复的范围，因为支离破碎、连遭痛击的装甲部队和节节败退的步兵正在失去他们的机动性、效率，以及对世界的威胁。但不应被忽略的是，在军官团为希特勒提供的军服和钢盾背后，纳粹政权建立的党卫军死亡机器仍在执行它的大屠杀计划，继续将数百万无辜平民送上灭绝之路。旷日持久的防守战让德国平民经历了整场战争中盟军最猛的狂轰滥炸和火力风暴。随着战败的临近，更加疯狂的纳粹化也在后方显现，身着褐衫军装的纳粹党暴徒将受到指控的逃兵吊在灯柱上，革命就这样吞噬了它曾在希特勒青年团中呵护的孩子们。

488

身着红边军裤的柏林参谋人员，以及造成这一局面的始作俑者、仍在率领德军残部的灰衣将军们，此时神情冷峻，他们并非没有经历过这一切——在一代人之前，在他们还只是年轻军官时，在另一场失败的世界大战中。20 世纪二三十年代，在回溯第一次战败的真正原因时，他们选择自我蒙蔽，说服自己下次一定可以获胜。由于缺乏想象力，他们只能简单重复 1914 年的事情，结果就是他们第二次输掉一场世界大战。来自四面八方的攻击突破了德国国防军的装甲和人力所能承受的极限，德国军队要么开始向内坍缩，要么在 1945 年的最初五个月就将储备消耗殆尽。1945 年 4 月 25 日，来自苏联和西方盟国的几个庞大的集团军先头部队在托尔高一座被炸桥梁上会师。五天后，希特勒在柏林自杀，但纳粹和党卫军的狂热分子

在那之后又战斗了一周，直到德国于5月8日向西方盟国、5月9日向苏联无条件投降。

第二次世界大战的规模之大、消耗之伤筋动骨，是同盟国也无法安然承受的。到1944年年底，在巨大的投入和伤亡的重压以及多年全面战争带来的精神和心理负担下，它们也在焦急万状地为前方寻找补充兵源。美国人把赌注压在了一支规模比他们实际所需要小的军队上，这支军队最终因为伤亡过大和兵力不足而导致战斗力下降。1945年，英国和加拿大也因为合格兵员耗尽，而不得不将早已疲惫不堪、兵力寡少，因而攻击性不强的师团派上战场。英国陆军被迫拆用部分师的兵力，只为了保住剩余师的战斗力。红军中的一些征召兵仍然在没有军靴的情况下就上了战场，跟在马车旁边趔趄行军。但到最后，德国人往往已经耗尽了食物、燃料或弹药，因为生产已经在事实上停止，已经生产出来的东西也无法转移。德国士兵非常清楚他们在苏联所做的一切，并不指望能够得到来自东方的宽恕，也正因如此，他们在东线的战斗比在其他战线都更加拼尽全力。而事实也证明，当红军进入柏林和其他城镇时，他们的报复的确残酷而不留情面。[87]

即使在即将收拢大包围圈的关键时刻，也不能或不愿使用步兵和坦克攻击来增加对地压力的西方盟军——因为这会让它们一方付出生命代价——加速了其以空中力量摧毁德国城市的步伐。屈从于全面战争逻辑的西方盟国空军，早已偏离于精确打击和避免让非战斗人员成为目标的路线之外。从1943年起，他们派出的轰炸机便有意以平民为轰炸目标，意在打击敌国的斗志。正如空战历史学家塔米·比德尔（Tami Biddle）所说，1945年的盟军倾尽其空中力量，“不择手段、尽其所能地努力阻止欧洲战争拖到1946年”。[88] 为了结束这场战斗并让德国人永远记住这一点，他们全面拥抱了这场全面战争。美

489

国的乔治·马歇尔（George C. Marshall）将军告诉媒体，那些历史上终止战争的先例和旧有规则将不再适用，相反，有一种“迫在眉睫的必要性，即随时计划和做好发动一场战争的准备，不仅要在战略上打败敌军，而且要让这些军事力量从事实上被歼灭”。[89] 亨利·阿诺德（Henry H. Arnold）将军对此完全同意：“我们决不能手软。战争必须是破坏性的，而且在某种程度上是不人道和无情的。”[90] 那些出动千架飞机的大轰炸将残酷的战争带向平民，使他们明白，他们决不能再允许他们的领导人选择战争。纳粹和德国国防军的梦想随着刺鼻的黑烟在一个又一个城市上空升起而成为历史；在东部，从库尔兰到德累斯顿，再到柏林，被占领的高速公路两旁是噼啪燃烧的装甲车和数以万计德国士兵的尸体。文明停了下来，残暴和野蛮接手，完成它们必要的工作。同样的情况也将发生在日本身上。

## 注释

1 See Stanley Payne, *Franco and Hitler: Spain, Germany, and World War II* (New Haven: Yale University Press, 2008): pp. 87–208; 267–270.

2 关于英国虽然混乱但最终取得成功，并成功击败轴心国的有效军队动员，参见 Allan Allport, *Browned-Off and Bloody-Minded: The British Soldier Goes to War, 1939–1945* (New Haven: Yale University Press, 2015): pp. 203–276 and passim。

3 Winston Churchill, June 4, 1940, House of Commons, available at http://www.churchill-society-london.org.uk/Dunkirk.html.

4 关于富兰克林·罗斯福的选举谎言的必要性，参见 Cathal J. Nolan, “‘Bodyguard of Lies’: Franklin D. Roosevelt and Defensible Deceit in World War II,” in idem, editor, *Ethics and Statecraft: The Moral Dimension of International Affairs*, 3rd ed. (Westport: Praeger, 2016)。

5 Atkinson, “Projecting American Power,” pp. 348–349.

6　伍迪·格思里（Woody Guthrie）写了一首关于此次遇袭沉船事件的歌。它的副歌是："告诉我，他们叫什么名字？你有朋友在鲁本·詹姆斯号上吗？"

7　Nolan, "Defensible Deceit."

8　Cynthia Roberts, "Planning for War: The Red Army and the Catastrophe of 1941," *Europe-Asia Studies* 48/8 (1995): pp. 1293–1326.

9　Roger R. Reese, "The Impact of the Great Purge on the Red Army: Wrestling With Hard Numbers," *Slavic & Eurasian Studies* 19 (1992): pp. 71–90; Walter S. Dunn, *Stalin's Keys to Victory: The Rebirth of the Red Army* (Mechanicsburg: Stackpole, 2007): pp. 7–62.

10　Ibid., p. viii.

11　Alexander Statiev, "Blocking Detachments in the Red Army," *Journal of Military History* 75 (2012): pp. 475–495.

12　Reese, "Lessons of the Winter War," pp. 827–830. 关于后来在"继续战争"中形成的德芬联盟，参见 Lunde, *Finland's War of Choice*: pp. 26–54。

13　关于战前的阴谋，见 Gabriel Gorodetsky, *Grand Delusion: Stalin and the German Invasion of Russia* (New Haven: Yale University Press, 1999): pp. 48–114。

14　主要著作有 Viktor Suvorov, *The Chief Culprit: Stalin's Grand Design to Start World War II* (Annapolis: Naval Institute Press, 2008)，另见 David Glantz,*Stumbling Colossus: The Red Army on the Eve of World War* (Lawrence: University Press of Kansas, 1998)，后者对前者关于斯大林正计划对德国发起先发制人打击的争议性论点进行了驳斥。持温和观点的是 Evan Mawdsley, "Crossing the Rubicon: Soviet Plans for Offensive War in 1940–1941," *International History Review* 25/4 (2003): pp. 818–865。另见颇具说服力的一则文献证据：Alexander Hill, editor,*The Great Patriotic War of the Soviet Union, 1941–1945: A Documentary Reader* (New York: Routledge, 2009), Chapter 2: "The Icebreaker Controversy and Soviet Intentions in 1941"。

15　转引自 Cynthia Roberts, "Planning for War," p. 1293。

16　December 31, 1939, German General Staff report, *Nazi Conspiracy and Aggression*, Vol. 6 (Washington: GPO, 1946): pp. 981–982.

17　Reese, "Lessons of the Winter War," pp. 827–830. 关于苏联的驱动力，参见 idem, *Why Stalin's Soldiers Fought: The Red Army's Military*

*Effectiveness in World War II* (Lawrence: University Press of Kansas, 2011)，以及 Catherine Merridale, *Ivan's War: Life and Death in the Red Army, 1939–1945* (New York: Macmillan, 2006): passim。

18 Führer Directive No. 21 (December 18, 1940), in Hugh Trevor-Roper, editor, *Hitler's War Directives, 1939–1945* (Edinburgh: Birlinn, 2004): pp. 95–98.

19 Geoffrey Megargee, *Barbarossa 1941: Hitler's War of Annihilation* (Stroud: Tempus, 2007): pp. 53–54.

20 对长期以来关于基辅包围战的观点作出根本性修正的是 Stahel,*Kiev 1941*: pp. 274–302。关于后勤的失败，见第 185—187、322—331 页。关于北方集团军和森林战斗，见 David Glantz, *Battle for Leningrad, 1941–1944* (Lawrence: University Press of Kansas, 2002): pp. 25–50。

21 David Glantz, *Barbarossa Derailed*, Vol. 1 (Havertown: Casemate, 2010); David Stahel, *Operation Barbarossa and Germany's Defeat in the East* (Cambridge: Cambridge University Press, 2009): pp. 260–360.

22 关于否认后勤在德国的失败中的核心作用，见 Craig Luther, *Barbarossa Unleashed* (Atglen: Schiffer, 2013)。这部作品在德国国防军的罪行问题上不太可靠。另见 Showalter, *Hitler's Panzers*: pp. 129–193。

23 Stahel, *Operation Barbarossa*: pp. 84–94, 127–138.

24 Entries for July 3 and August 11, 1941, Franz Halder, *Halder War Diary, 1939–1942* (Nuremberg: Office of Chief of Council for War Crimes, 1946).

25 David Stahel, *Operation Typhoon: Hitler's March on Moscow, October 1941* (Cambridge: Cambridge University Press 2013).

26 Evan Mawdsley, *Thunder in the East: The Nazi-Soviet War, 1941–1945* (London: Hodder, 2005): pp. 44–45. 希特勒的话转引自第 110 页。

27 Citino, *German Way of War*: p. 299.

28 Showalter, *Hitler's Panzers*: pp. 196–199; Mawdsley, *Thunder in the East*: pp. 118–148.

29 关于这一论点，最具权威和说服力的著作是 Citino, *German Way of War*。

30 参见 Robert Citino, *Death of the Wehrmacht: The German Campaign of 1942* (Lawrence: University of Kansas Press, 2007)。

31 Mawdsley, *Thunder in the East*: pp. 149–182.

32 David Glantz, "Stalingrad Revisited," *Journal of Military History* 72 (2008): pp. 907–910; idem, *The Stalingrad Trilogy*, 3 volumes

(Lawrence: University Press of Kansas, 2014); Anthony Beevor, *Stalingrad,The Fateful Siege: 1942–1943* (London: Penguin Books, 1999). 来自第62军指挥官的第一手记录以及随之而来的问题，参见 V. I. Chuikov, *The Battle for Stalingrad* (New York: Holt, Rinehart, & Winston, 1964)，于1959年在苏联首次出版。

33　罗伯特·奇蒂诺对德军在此战中的表现批评得很尖锐，参见 *The Wehrmacht Retreats: Fighting a Lost War* (Lawrence: University Press of Kansas, 2012): pp. 110–144。带有修正主义色彩的一部著作是：Denis Showalter, *Armor and Blood: The Battle of Kursk* (New York: Random House, 2013)。

34　见 Steven Newton, editor, *Kursk: The German View* (New York: Da Capo, 2003); David Glantz and Jonathon House, *Battle of Kursk* (Lawrence: University Press of Kansas, 2004); Valeriy Zamulin, *Demolishing the Myth: The Tank Battle at Prokhorovka, Kursk, July 1943* (Solihull: Helion, 2011).

35　关于库尔斯克之后的苏军攻势，见 Mawdsley, *Thunder in the East*: pp. 273–396。关于德国在二战中的表现，持不同看法的是：Murray, *Military Adaptation*: pp. 119–152。

36　Douglas Porch, *Path to Victory: The Mediterranean Theater in World War II* (New York: Farrar, Straus, and Giroux, 2004): pp. 563–613; "Situation Conference, December 12, 1942," in Helmut Heiber and David Glantz, editors, *Hitler and His Generals: Military Conferences 1942–1945* (New York: Enigma, 2004): pp. 18–21.

37　Evans, *Third Reich at War*: pp. 217–318, 541–562, 593–646.

38　Adam Classen, *Hitler's Northern War* (Lawrence: University of Kansas Press, 2001).

39　参见 Thomas J. Laub, "The Development of German Policy in Occupied France, 1941, Against the Backdrop of the War in the East," in Alex Kay et al., editors, *Nazi Policy on the Eastern Front, 1941: Total War, Genocide, and Radicalization* (New York: University of Rochester Press, 2012): pp. 289–313。

40　关于斯大林个人对这场灾难的责任，见 David Murphy, *What Stalin Knew: The Enigma of Barbarossa* (New Haven: Yale University Press, 2005)。

41　Weinberg, *Hitler's Second Book*: pp. 7–36.

42 这一现象在罗伯特·奇蒂诺的《德国战争方式》（*German Way of War*）一书中有清晰的阐述，丹尼斯·肖沃特在他的《希特勒的装甲部队》（*Hitler's Panzers*）中也有含蓄提及。

43 转引自 Farrar, *Short-War Illusion*: p. 151。关于对纳粹政策的剖析，见 Evans, *Third Reich at War*: pp. 112–214。

44 Keith Bird, *Erich Raeder: Admiral of the Third Reich* (Annapolis: Naval Institute Press, 2006): pp. xviii–xxv, 84–85, 91–96,100–111; G. Bennett and R. Bennett, *Hitler's Admirals* (Annapolis: Naval Institute Press, 1998): pp. 191–225.

45 Scheck, *Hitler's African Victims; Megargee, War of Annihilation*: pp. 1–18.

46 对相关论题发表过重要著作的有：Klaus Arnold，Omer Bartov，Jürgen Förster，Christian Gerlach，Christian Hartmann，Johannes Hürter 和 Christian Streit，等等。另见 Raul Hilberg, *Destruction of the European Jews* (New York: Holmes & Meier, 1985)；Timothy Snyder, *Bloodlands: Europe Between Hitler and Stalin* (New York: Basic, 2010)；Peter Longerich, *Heinrich Himmler: A Life* (Oxford: Oxford University Press, 2012): pp. 515–645。

47 Gerhard Weinberg, "Some Myths of World War II," *Journal of Military History* 75/3 (2011): p. 705.

48 尤其可参阅 Erich von Manstein, *Lost Victories* (Chicago: Regnery, 1958)；Heinz Guderian, *Panzer Leader* (New York: Dutton, 1952)；覆盖面稍窄的参见 Russell Hart, *Guderian: Panzer Pioneer or Myth Maker?* (Washington: Potomac Books, 2006)。关于军官犯下的罪行，见 Omer Bartov, *The Eastern Front 1941–1945: German Troops and the Barbarization of Warfare*, 2nd ed. (New York: Palgrave, 2001): pp. 40–67, 106–141。

49 Felix Römer, "The Wehrmacht in the War of Ideologies," in Kay, *Nazi Policy*: pp. 73–100，以及本卷和 Hannes Heer、Klaus Naumann 编辑的其他文章：Hannes Heer and Klaus Naumann, editors, *War of Extermination: The German Military in World War II, 1941–1944* (New York: Berghahn, 2000)。

50 Waitman Beorn, "A Calculus of Complicity: The 'Wehrmacht', the Anti-Partisan War, and the Final Solution in White Russia, 1941–42," *Central European History* 44/2 (2011): pp. 308–337; idem, *Marching*

*into Darkness: The Wehrmacht and the Holocaust in Belarus*(Cambridge: Harvard University Press, 2014); Phillip W. Blood, *Hitler's Bandit Hunters: The SS and the Nazi Occupation of Europe* (Lincoln: University of Nebraska Press, 2006): pp. 95–213.

51　Yaron Pasher, *Holocaust vs. Wehrmacht: How Hitler's 'Final Solution' Undermined the German War Effort* (Lawrence: University of Kansas Press, 2015).

52　这一有力观点来自 Omer Bartov, *Mirrors of Destruction: War, Genocide, and Modern Identity* (New York: Oxford University Press, 2000): pp. 9–43。

53　这一观点出自 Weinberg,*A World at Arms*: p. 482。

54　Hans Mommsen, "German Society and the Resistance Against Hitler," in Christian Leitz, editor, *The Third Reich: Essential Readings* (London: Blackwell, 1999): pp. 255–273.

55　Danny Orbach, *The Plots Against Hitler* (New York: Houghton Mifflin Harcourt, 2016): pp. 121–126, and passim.

56　Wolfram Wette, *The Wehrmacht: History, Myth, Reality* (Cambridge: Harvard University Press, 2006); Stephen Fritz, *Ostkrieg: Hitler's War of Extermination in the East* (Lexington: University of Kentucky Press, 2011); Geoffrey Megargee, *War of Annihilation: Combat and Genocide on the Eastern Front* (New York: Rowman & Littlefield, 2006); Lizzie Collingham, *The Taste of War: World War II and the Battle for Food* (London: Penguin, 2011): pp. 18–48, 180–218; Alex Kay, "The Purpose of the Russian Campaign is the Decimation of the Slavic Population by Thirty Million: The Radicalization of German Food Policy in Early 1941," in Kay, *Nazi Policy*: pp. 101–129.

57　Citino, *German Way of War*: pp. 269–305; Dennis Showalter, "Prussian and German Operational Art, 1740–1943," in John Andreas Olsen and Martin van Creveld, editors, *The Evolution of Operational Art from Napoleon to the Present* (Oxford: Oxford University Press, 2011): pp. 96–136.

58　关于波兰，参见 Blood, *Hitler's Bandit Hunters*: pp. 219–240；关于苏联，参见 Kenneth Slepyan, *Stalin's Guerrillas: Soviet Partisans in World War II* (Lawrence: University Press of Kansas, 2006): pp. 15–59。

59　Christian Hartman, *Operation Barbarossa: Nazi Germany's War in the*

*East, 1941–1945* (Oxford: Oxford University Press, 2013): pp. 9–18 and passim.

60 Römer, "War of Ideologies," pp. 73–100.

61 关于平民部分的权威之作，参见 Karel Berkoff, *Harvest of Despair: Life and Death in Ukraine under Nazi Rule* (Cambridge: Belknap, 2004)。另见 Laurie Cohen, *Smolensk Under the Nazis: Everyday Life in Occupied Russia* (New York: University of Rochester Press, 2013)。

62 关于这方面最权威的德国历史的英译本见 Bernhard Kroener et al., *Germany and the Second World War*, Vol. 5: *Wartime Administration, Economy, and Manpower Resources, 1942– 1945* (Oxford: Clarendon, 2003)。

63 关于战时食物政策，参见 Wendy Goldman and Donald Filtzer, editors, *Hunger and War: Food Provisioning in the Soviet Union during World War II* (Bloomington, Indiana University Press, 2015): pp. 1–43。

64 Robert Pringle, "SMERSH: Military Counterintelligence and Stalin's Control of the USSR," *International Journal of Intelligence and Counterintelligence* 21 (2008): pp. 122–134; Cathal J. Nolan, "Americans in the Gulag," *Journal of Contemporary History* 25/4 (1990): pp. 523–545.

65 Mawdsley, *Thunder in the East*: p. 402.

66 Motadel, *Islam and Nazi Germany's War*: pp. 217–315.

67 R. L. Dinardo and Austin Bay, "Horse-Drawn Transport in the German Army," *Journal of Contemporary History* 23/1 (1988): p. 135; Showalter, *Hitler's Panzers*: p. 358; Omer Bartov, *Hitler's Army: Soldiers, Nazis and War in the Third Reich* (Oxford: Oxford University Press, 1992): pp. 12–28.

68 Ian Kershaw, *The End: The Defiance and Destruction of Hitler's Germany, 1944–1945* (New York: Penguin, 2011): p. 27, 207–246.

69 关于不同军种之间的竞争，请参阅 James Corum, *The Luftflotte: Creating the Operational Air War, 1918– 1940* (Lawrence: University of Kansas Press, 1997): pp. 109–112; 263–266；David Isby, editor, *The Luftwaffe's War at Sea, 1939–1945* (London: Chatham, 2005)；以及 Sonke Neitzel, "Kriegsmarine and Luftwaffe Co-operation in the War against Britain, 1939–1945," *War in History 10* (2003): pp. 448–463。关于整体上的组织运作紊乱，见 Williamson Murray, *Strategy for Defeat: The Luftflotte,*

*1933–1945* (Maxwell: Air University Press, 1983)。

70　参见 Showalter, *Hitler's Panzers*: pp. 136–139; Evans, *Third Reich at War*: pp. 321–402；以及 Allan Millet and Williamson Murray, *Military Effectiveness*, Vol. 3: *The Second World War* (Cambridge: Cambridge University Press, 2010) 中的比较研究。

71　例如，二战期间的加拿大在船舶制造上的排名仅次于美国和英国，它在战前只是一个规模不值一提的造船基地，但其造船能力在后来得到戏剧性的提升。James Pritchard, *A Bridge of Ships: Canadian Ship-Building during the Second World War* (Montreal: McGill-Queen's University Press, 2011).

72　关于同盟国一方的军备生产，参见 Richard Overy, *Why the Allies Won* (New York: Norton, 1995): pp. 180– 207；Adrian Tooze, *Wages of Destruction: The Making and Breaking of the Nazi Economy* (London: Penguin, 2006): pp. 461ff.；Mark Harrison, editor, *The Economies of World War II* (Cambridge: Cambridge University Press, 1998)。大卫·埃哲顿（David Edgerton）认为，凭借其优越的战争生产、海军优势和空中优势，英国本有能力独自击败德国，参见 David Edgerton, *Britain's War Machine: Weapons, Resources, and Experts in the Second World War* (Oxford: Oxford University Press, 2011)。马克·哈里森（Mark Harrison）持有鲜明的唯物主义观点，认为战争拼的就是工业实力，参见 Mark Harrison, *Soviet Planning in Peace and War, 1938–1945* (Cambridge: Cambridge University Press, 1985)，以及 idem, "The USSR and Total War," in Forster, *World at Total War*: pp. 137–156。

73　Mark Reardon, *Victory at Mortain: Stopping Hitler's Panzer Counteroffensive* (Lawrence: University Press of Kansas, 2002): pp. 287–296; John Prados, *Normandy Crucible: The Decisive Battle That Shaped World War II in Europe* (New York: NAL Caliber, 2012); Peter Caddick-Adams, *Snow & Steel: The Battle of the Bulge, 1944–1945* (New York: Oxford University Press, 2014): pp. 473–502; John Eisenhower, *The Bitter Woods: The Battle of the Bulge* (New York: Da Capo, 1995): pp. 307– 345, 346–375, 405–430.

74　Karen Hagemann, "Mobilizing for War: The History, Historiography, and Memory of German Women's Service in Two World Wars," *Journal of Military History*, 75 (2011): pp. 1055–1093; Perry Biddescombe, "Into the Maelstrom: German Women in Combat, 1944–1945," *War & Society*

30 (2011): pp. 61–89.

75 关于红军人数的原始信息，参见 Anna Krylova, *Soviet Women in Combat: A History of Violence on the Eastern Front* (Cambridge: Cambridge University Press, 2010): pp. 162–170, 204–210, 241–245。关于女性步兵，参见 Euridice Cardona and Roger Markwick, "'Our Brigade Will Not Be Sent to the Front'：Soviet Women Under Arms in the Great Fatherland War, 1941–45," *Russian Review* 68/2 (2009): pp. 240–262。另见 Reese, *Why Stalin's Soldiers Fought*: pp. 257–305; Roger Markwick and Euridice Cardona, *Soviet Women on the Frontline in World War II* (New York: Palgrave, 2012): pp. 84–116; 230–238；以及 Reina Pennington, "Offensive Women: Women in Combat in the Red Army in the Second World War, *Journal of Military History* 74/3 (2010): pp. 775–820。

76 Weinberg, *A World at Arms*: pp. 42–44, 364–407. 另见 Edgerton, *Britain's War Machine*: pp. 12–14; 158–194; 277–278。

77 关于意大利在轴心国中的角色和经历，参见 Morgan, *Fall of Mussolini*: pp. 127–266; Brian Sullivan, "The Italian Soldier in Combat," in Paul Addison and Angus Calder, editors, *Time to Kill: The Soldier's Experience of War in the West, 1939–1945* (London: Random House, 1997); Davide Rodogno, *Fascism's European Empire: Italian Occupation During the Second World War* (Cambridge: Cambridge University Press, 2006)。

78 文本载于 http://research.calvin.edu/german-propaganda-archive/goeb36.htm。另见 Mawdsley, *Thunder in the East*: pp. 186–187; Evans, *Third Reich at War*: pp. 403–432。

79 关于意大利，参见 Philip Morgan, *The Fall of Mussolini: Italy, the Italians, and the Second World War* (New York: Oxford University Press, 2008): pp. 34–84。

80 Glantz, "Stalingrad Revisited," pp. 907–910. 一项分类研究或许无意中在其标题（《第二次世界大战的十二个转折点》）中暴露了这一点，见 P. Bell, *Twelve Turning Points of the Second World War* (New Haven: Yale University Press, 2011)。作者在内文中无力地将转折点定义为"简单地说就是某个发生决定性或重要变化的时间点"（第 xiii 页）。

81 Citino, *Wehrmacht Retreats*: pp. 143–144; 227.

82 关于诺曼底登陆日和诺曼底战役的文献非常丰富。较好的入门著作，

参见 Craig Symonds, *Neptune: The Allied Invasion of Europe and the D-Day Landings* (New York: Oxford University Press, 2014)，以及 Anthony Beevor, *D-Day: The Battle for Normandy* (New York: Viking, 2009)。奥利维耶·韦维尔卡（Olivier Wieviorka）在《诺曼底》中对盟军的表现给予了非常苛刻的评价，对他所认为的盟军的所谓韧性不足表示蔑视，并尖刻斥责了他们对法国平民的行为，参见 Olivier Wieviorka, *Normandy: The Landings to the Liberation of Paris* (Cambridge: Harvard University Press, 2008): pp. 201–270; 323–355，法语原版参见 *Histoire du débarquement en Normandie: Des origines à la libération de Paris, 1941–1944* (Paris: Seuil, 2007)。作为对这种苛刻批判以及美国对英国军队的常规批评的有益对照，见 John Buckley, *Monty's Men: The British Army and the Liberation of Europe* (New Haven: Yale University Press, 2013): especially pp. 72–145。特里·科普（Terry Copp）的精湛研究同样对加拿大陆军的名声起到了修正作用：Terry Copp, *Fields of Fire: Canadians in Normandy* (Toronto: University of Toronto Press, 2003): pp. 215–252。

83 J. Kaufmann and H. Kaufmann, *Fortress Third Reich: German Fortifications and Defense Systems in World War II* (Cambridge: Da Capo, 2003). 关于东墙的部分见 pp. 274–280, 327–331。

84 Mawdsley, *Thunder in the East*: pp. 291–360; Evans, *Third Reich at War*: pp. 649–764.

85 Weinberg, *A World at Arms*: pp. 667–721, 780–841.

86 Anthony Beevor, *The Battle of Berlin* (New York: Penguin, 2003): pp. 266–406. 对以决定性战役解释同盟国的胜利和轴心国的失败的观点进行了重要纠正的是：Paul Kennedy, *Engineers of Victory: The Problem Solvers Who Turned the Tide in the Second World War* (New York: Random House, 2013)。另见 Overy, *Why the Allies Won*。

87 Merridale, *Ivan's War*: pp. 281–314.

88 Tami Davis Biddle, "Dresden 1945: Reality, History, and Memory," *Journal of Military History* 72/ 2 (2008): p. 431–436; Paul Addison and Jeremy Crang, editors, *Firestorm: The Bombing of Dresden* (Chicago: Ivan R. Dee, 2006); Richard Overy, *The Bombers and the Bombed: Allied Air War over Europe, 1940–1945* (New York: Viking, 2014). 奥弗里认为德国平民死亡人数为 353000 人，这个数字比主流认知中的 62 万人要少很多。

89 出自 Overseas Press Club Talk, March 1, 1945，着重文本为原文所加。可见于 http://marshallfoundation.org/library/digital-archive/speech-to-the-overseas-press-club。

90 阿诺德的话转引自 Biddle, "Dresden," p. 441。

## 十五　海上的歼灭

会战的诱惑并不局限于欧洲。在日本，面对希望迅速战胜实力远超自己的敌人的提议，日本军方和文官高层也没能摆脱这一致命的诱惑。如果说有什么不同的话，那就是他们比德国人更疯狂：面对一旦战线拉长自己将永远无法击败的强敌，仍能沉溺于开战即能速战速决的狂妄幻想当中。1868年明治维新后不久，日本帝国海军和日本帝国陆军对日本在全球中的威望和存在感的提升发挥着核心作用。这两个军种长期不睦（包括战争期间），拒绝相互协作制定一个统一的战略，反而总是为资源、预算分配和各自在国家政策及战争中的地位而激烈对立。[1]它们缺乏一个能够纠正它们的军事假设、解决他们的分歧和反叛行为的文官政府。叛逆者不仅出现在高层，而且存在于整个初级军官队伍中，沿着横向而不是纵向的忠诚线分布。另外，驱动日本发动帝国战争的并不只是军事目的。帝国的意识形态得到高层文官和武官的普遍认同，他们同意通过不断扩张来获取经济资源和世界性的强权地位。为什么要推翻日本境外叛军所取得的帝国成就，即使它的行为事先并未取得适当的授权？帝国的建立向来是一条单向道，叛军知道他们在外围取得的成果定能得到中央的批准。[2]其结果是一连串的侵略，其侵略边界不断外扩，直到帝国的过度扩张带来战略轰炸的灾难和全面战争的失败，此前一切努力付诸东流。

490

自19世纪90年代即日本积极通过战争建立其海外帝国的第一个十年起，日本帝国海军就走上了现代化和扩军的道路。从一开始，它就强调舰艇的质量而不是数量，强调一种侵略性的先发制人的战斗原则，并将决定性海战视为所有训练、学说和采办的终点。[3]这种热烈拥抱高潮战斗的倾向自然有其内在

491

的文化和政治根源，但它的主要目的仍是意图通过开局的致命一击来弥补自己相较于敌人海军在耐力上的劣势，它的第一个对手就是清朝海军。1894—1895 年，在第一次中日战争（或称日清战争、甲午战争）中，比起他们的陆军同僚，海军军官要更为谨慎些。这场冲突表面上是在为朝鲜独立而战，但实际上与日本的现代化，以及它对此刻在外围强权压力下趋于瓦解的以中国为中心的东亚权力体系的挑战息息相关。日本帝国海军的主要任务是确保补给线的安全，并为两栖登陆做好支援。然而，当他们与一支过于自信的清军舰队在鸭绿江口附近的黄海海域上相遇寻衅时，这一强调猛烈进攻、强调胆量与火力相匹配的新兴战斗理论受到了考验。

北洋水师是大清的四支海军舰队之一，这四支舰队独立行事，没有任何形式的中央指挥或现代化的管理。它在舰艇设计上也是一个大杂烩式的组合，并无统一标准。有些是老式的铁甲舰，有些配有轻型的武器和装甲。它的战舰船体巨大，都由德国或英国制造，但款式又老又怪。它们有厚重的装甲，但配备的是相当过时的短管炮，其发射弧度非常有限，这就决定了它们只能短线近战。这个时候，有关线式战斗队列的指引尚未在中国的海军军事理论中显现。北洋舰队的舰长们（管带）接受的训练是以双舰为单位作战，编组后的双舰又再排成相互平行的横队或纵队。同单位内的军舰分列前后，较弱的军舰排在后方——这更多是为了提供保护应援，而不是为了增加战线的火力。大多数日本战舰都是在英国或法国建造的。它们的航速是中国战舰的两倍。此外，相比北洋战舰，它们的小口径速射炮还拥有 6 ∶ 1 的射速优势。尽管如此，北洋舰队整体火炮的尺寸优势还是让它的舰长们充满信心，他们驶向鸭绿江，希望在那里找到并击败这些不知天高地厚的日本帝国海军。[4] 迫于在海上迅速取胜以实现陆面作战的压力，日军舰队司令

伊东祐亨率领由10艘主力舰组成的联合舰队进入黄海寻找战机。

他很快就遇到了由舰队司令（水师提督）丁汝昌指挥的10艘北洋主力舰，它们于1894年9月17日深夜驶过鸭绿江口。两支舰队同时发现海平线上对方军舰冒出的煤烟，随即以不同阵形驶向对方。中国舰队的阵形是船体相互平行的参差横队，而伊东那边则是由两个中队组成的一个单纵队。丁汝昌在5000米处开火，但这超出了他的短炮射程。与此同时，伊东以两倍于中国舰阵的速度拉近距离，期间未发一炮。一声令下，日本纵队一分为二，航速较快的第一游击队在前，本队在后。第一游击队航向清军右翼，它的现代巡洋舰打算击沉最弱的中国船只，然后绕过战线末端向其他船只发起纵射。伊东在3600米处开火，但北洋战舰上厚厚的装甲很好地抵御住了日舰的轻型炮弹。虽然炮弹没能击穿船体，但弹片和高爆炸药带来的冲击还是波及整个甲板和上层建筑，船员伤亡严重。随后就是一场混战，双方都用上了各种口径炮进行近距离射击，还有人试图用巡洋舰对敌舰发起撞击。当浓烟笼罩着舰队时，数以百计的人在油和火、蒸汽或海水的包围中带着难以名状的痛苦死去。紧接着是主力舰之间的对轰，日本的速射火炮对着中国战舰的上层建筑发起纵射，北洋舰队回之以12英寸火炮火力。进入战斗的日本人相信过人的速度和战术可以打败中国的巨炮重甲。在这一点上，他们是对的。伊东的舰队固然遭受伤亡和损失，但是由于北洋舰队航速较慢，而且舰阵排布拙劣，导致5艘北洋军舰被击沉。其余各舰则在炮火中逃逸，其中有些已经耗尽弹药。[5]所有人都把这一决定性的结果解读为：日本现在已是亚洲舞台上的一个参与者，一个正在崛起的大国，它有朝一日将与中国争夺地区霸主地位。

492

与中国的战争后期，日本帝国海军还获得了它的第一批海

外基地，使其在战后有了一个以海军为主导的对外扩张策略，直接与陆军所提倡的向西伯利亚和中国北部“北进”的方案相抗衡。黄海海战是海军推动“南进”方案的第一大步，这将利用其新的两栖和海上作战能力。此后，日本帝国海军希望克服其作为区域海岸警卫队的出身，获得更高的预算拨款，以使其成为一支世界级的海军。它想要得到规模更大、更现代化的能够真正进行远洋巡航的舰艇，谋求更高的政治地位，以与陆军的陆上扩张策略分庭抗礼。日本经济开始从依赖煤炭转向依赖石油，这无疑是给这场本就十分激烈的对立“火上浇油”。这一变化带来新的海军要务，因为日本被迫通过水路进口石油这一基础资源，因此确保海外市场通路和燃油供应的安全就成了重中之重。黄海海战的胜利也证明了海军战术理念的可行，即建立一支以进攻为上、追求决定性行动的舰队去对付一个资源丰富的大国。这一理念体现在一系列的理论和战术口号中：“以少胜多”、“见敌即杀”和“近敌诛杀”。两位研究日本帝国海军的著名学者指出，这些模糊的准则既是心理层面的，也是战术层面的，它们形成了一种半神秘的战斗方法，在接下来的半个世纪里主导了日本海军的态度。[6]

493

这种必须在海战中迅速取胜的压力也出现在了日俄战争之初。而这一次，它带来的是一次相当拙劣的行动，那便是对俄军的太平洋分舰队的突袭。当时太平洋分舰队正停泊在亚瑟港（旅顺口），港内警戒和灯火管制仍执行“平时规定”，内港出入口灯火一片通明。联合舰队司令东乡平八郎的驱逐舰在1904年2月8日至9日的寒夜发起攻击。他们很好地做到了攻敌不备，但随后的攻击却因日本舰长的无纪律性而陷入混乱。迫不及待的驱逐舰单独或成对地冲向内港，其中一艘还未开火就撞上了停泊在那里的俄国舰只，而这些舰艇的军官和船员大多都在岸上。这本应是一场屠杀，结果却是这些驱逐舰匆

忙驶离港口，逃回他们在朝鲜的基地，甚至未能向东乡提交行动事后报告。事实上，俄军有两艘战列舰和一艘巡洋舰受损，但是损伤还算不上严重或致命。

翌日，东乡以主力舰炮轰港口，但随即被俄军击退。之后他以在朝鲜的主要基地为起点，使用以巡洋舰和驱逐舰为主的舰只建起一个远程封锁链。考虑到当时船舶需要不断返回朝鲜补给燃煤，这是一项令人疲惫的工作。日本舰只的燃煤补给在基地进行，这是一项肮脏而艰巨的任务。在接下来的几周和几个月里，日本驱逐舰多次发起鱼雷攻击，但均劳而无功。东乡几次率领战列舰对港口实施轰炸，但更多时候是忙于支援登陆部队在其他地方的任务。接下来，他开始使用阻塞船，试图沉船堵塞外港，但三次尝试均告失败，最后还是港外布下的水雷起了作用。一艘俄国战列舰在出港迎战的时候由于撞上一枚水雷，被炸毁在外港。强大的水雷和后续的爆炸让它的大部分船员和舰队司令、太平洋分舰队的指挥官斯捷潘·马卡洛夫（Stepan Makarov）当场死亡。战争的走向就这样因为一枚水雷而改变，然而，旅顺外港仅仅一艘俄舰燃烧窜起的黑烟与海军军官们心目中的决定性海战仍然相去甚远。[7]

494

失去将领的太平洋舰队驶出旅顺港，朝着符拉迪沃斯托克（海参崴）方向突围，随即遭到东乡舰队的拦截，黄海海战（8 月 10 日）爆发。这场战役从一开始就是一场撤逃和追击战，因为俄国人的目的仅是脱身，而不是决战。关键时刻到来，几颗炮弹击中俄军旗舰“皇太子号”的舰桥，致其操舵装置被毁，新任舰队司令也因此殒命。日军精准而快速的火力再次表明，击沉主力舰，海军炮弹并不需要穿透板甲（事实上也没有炮弹可以穿透）。转向失灵的“皇太子号”不受控地打转，就像 1941 年“俾斯麦号”在大西洋上沉没前

那样，区别在于那天的“俾斯麦号”是孤军作战，而“皇太子号”的身后是整个舰队，跟随旗舰行动的舰只仍在忠诚地模仿它的动作（“紧随它的尾流和航迹”）。在这艘巨大战舰闯入自己的编队后，它令人费解的动作很快引起一系列连锁反应。俄舰队整个战斗队形被打乱，失去指挥的舰只如无头苍蝇，四散逃离。大部分俄舰逃回了旅顺港，也有一些逃到其他的中立港，日舰的追击火力更是让俄国的这次溃败再添伤亡和耻辱。夜幕的降临避免了一场更大的灾祸。结果，俄方舰队在此役中损失战列舰 2 艘，以及 8 艘巡洋舰中的 6 艘、25 艘驱逐舰中的 13 艘。

在随后的几个月里，以海参崴为基地的俄军舰艇表现更好，它们袭击了日本海岸并击沉了几艘装满士兵的运兵船。然而，驻守旅顺港的太平洋分舰队的情况则相当不妙，它的主要战舰已经全军覆没。输掉海战之后，日本帝国陆军经由陆路迫近旅顺港，并对其发起攻击，陆军步兵自周围山丘上俯冲而下，发起了几乎是自杀式的大规模冲锋，俄军以步兵、机枪和大炮将其击退，日军付出巨大的生命代价。后来日本人的报告在提到这场地面战斗的开局战况时，所使用的描述是“尸山血海”。[8]然而，在步兵被击退后，安置在高地上的重炮有条不紊地将内港毁掉大半，并击沉了停泊在下面的军舰。在一次陆上进攻中失去一队战舰、一支舰队输给一支陆军，这是俄国在这场战争中遭受的又一次奇耻大辱，而更糟糕的事情还在后面。

495

俄国波罗的海舰队更名为第二太平洋舰队，奉命向 18000 多英里外的日本海驶去。[9]舰队于 1904 年 10 月 2 日出发，绕过非洲大陆远端，长途跋涉，在经过几个月的死亡、苦难以及缺乏专业训练的水手发起的兵变之后抵达日本。1905 年 5 月 27—28 日，舰队在对马海峡被以逸待劳的日本人一举歼灭。

一切从一开始就是错的：这支自无敌舰队以来最为命途乖舛的舰队离开里斯本，驶向加莱，然后又绕过苏格兰和爱尔兰，回到西班牙，这一路上，除了饱尝史诗般的苦难外，它并未给上帝、国王或国家争取到任何好处。煤炭是其中一个问题。俄国在这条航线上没有可以停靠补给的加煤站，而英国作为日本的盟友（英国和日本在 1902 年签署了一项部分针对俄国的盟约）也不允许其势力范围内的港口向盟友之敌出售或供应煤炭。舰队需要 50 万吨煤，所以它不得不在离开港口时尽可能多地带走煤炭。煤堆得到处都是：甲板上、铺位下、炮塔内。船舱内充满污浊、呛人的煤尘，船员每日在暗无天日的痛苦中度过，而这还只是开始。幸运的是，德皇威廉挺身而出，拨弄了一下英国狮子的鼻子。他向他的俄国表亲提供了运煤船，帮助波罗的海战舰驶往亚洲。于是，由四艘新造战列舰和三艘老式战列舰、四艘新式巡洋舰和三艘老式巡洋舰、九艘驱逐舰、一艘维修船、一艘医疗船、德国的运煤船和一些拖船组成的第二太平洋舰队，在舰队司令齐诺维·罗杰斯特文斯基（Zinovy Rozhestvensky）的带领下，向着日本进发。等所有 3 支分舰队、总共 42 艘舰艇在安南集合完毕，波罗的海舰队的这趟日本远征前后一共历经 8 个月。

从舰队离开港口沿着西欧海岸航行的那一刻起，船员就处于高度紧张的状态。期间又出现传言，称日本的驱逐舰和鱼雷艇出现在了北海，这导致 10 月 21 日至 22 日夜间在多格尔沙洲（Dodger Bank）发生了一起误开火事件。当时，多格尔沙洲大雾弥漫，一艘俄国舰艇误将几艘英国拖网渔船认作正在逼近的日本鱼雷艇，于是疯狂发出信号，称自己受到攻击，俄舰队随即对这几艘渔船发起炮轰。最终，通过发表道歉声明、同意接受国际仲裁，以及向死者家属作出赔偿，俄国才算避免了与英国的危机。在这期间，英国巡洋舰愤怒而又带着

炫耀意味地尾随深感懊悔的俄国舰队穿过直布罗陀直到丹吉尔（Tangier）。在那里，第二太平洋舰队一分为二。它的大船无法通过苏伊士运河，所以只能绕着非洲大陆航行，而且由于远离寒冷的俄罗斯水域，舰队缺少合适的海图。他们在绕过好望角时又遇上了飓风。舰队在马达加斯加重新会合，在那里他们又花了 77 天的时间等待第三组舰队的到来，但直到行至法属印度支那的安南时，第三组舰队才赶上大部队，然后舰队在那里又逗留了 33 天。

496

在马达加斯加时，船员们得知旅顺港已经失守。他们还听说了圣彼得堡的血腥星期日（1905 年 1 月 22 日），1000 名绝对的和平示威者试图就基本工作条件和选举权向沙皇请愿时，在圣彼得堡冬宫前被枪杀或踩踏。1905 年革命已经到来，但这些水手却被悲惨地困在非洲东南海岸，远离陷入动荡的家乡和家人。他们正在前往一片无人见过的遥远水域，奔赴一场看上去已经输掉的战争，但船长们还是起锚了。舰队绕过印度，向北驶向印度支那。正当第二太平洋舰队在这场污秽、炎热和看似徒劳的闹剧般的远征中穿越印度洋驶向安南时，更多的船只正在经由苏伊士运河抵达。在这支第三太平洋舰队中，有 1400 名士兵在 2 月离开俄国前就已经叛变。他们带来了真正的不和谐音和危险的革命思想。[10]

热带疾病，加上煤尘、糟糕的食物、不称职的军官和长时间枯燥的海上航行，导致船员的抑郁和自杀行为相当普遍。两支舰队在补充好燃煤后，继续从安南驶向新加坡，并于 4 月 8 日悄然入港。日本间谍清点了这些船只的数量，并向东乡司令报告了它们的糟糕状况。俄国人听说，满洲里正在进行激烈的陆上战斗，国内革命启幕，社会陷入无政府状态，沙皇政权涣散，战备工作也濒于瘫痪。船员们病病歪歪，脾气暴躁，士气近乎崩溃；有些人在杀人和叛变的情绪边缘徘徊；船长们争吵

不休。自从启航赴战以来，已经过去半年多时间，但船员们仍然训练不足，炮技生疏。为了节省弹药和煤炭，他们鲜少进行射击或快速机动的训练。与此同时，东乡的人正在厉兵秣马、整装备战，静待敌军的到来。日本帝国海军的舰艇闪着簇新的、锃亮的、纪律严明的光。炮已准备就绪，休整后的船员状态良好、训练有素，信心高涨。

在各大海军之间进行的传统的战列线战斗中，战队中的每艘船都以中队为单位列队航行，同时“紧随［旗舰或中队先导舰的］尾流和航迹”。任何一艘舰艇，无论其因何脱队，都必须按照标准作战程序，以其舰长、船员和引擎所能调动的最快速度重新加入战线。这种战术避免了战斗因为不可预测的、混乱的巨炮（1904年的不可控因素还包括鱼雷）而产生恶变，导致难以挽回的损失。海军的建立和维护成本非常高，因此和17世纪的军队一样，采用战列线战术的主要动机是避免出现以两艘船舰对攻为标志的混战。各个舰长都被告知要服从舰队司令的指示，而作为一位舰队司令，他的目标往往只是保全自己的舰队。舰队组成战列线作战的优势在于，当舰队通过敌方防线时，它能最大限度地发挥每艘船的舷侧火力。然而，这种战术限制了舰长和中队的主动性，被指不利于海战中决定性战略作用的达成。批评者说，在太多的战列线战斗中，即使个别舰船被破坏，也造成了人员伤亡，但因为舰队幸存了下来，这就意味着它所达成的胜负并无真正的决定性意义。理想的做法是击穿敌人的战线，就像纳尔逊在特拉法尔加海战中所做的那样。最好的机动策略是在敌人纵队的一端抢占T字横头，或者横穿敌人战线，近距离攻击侧方船只，这就是纳尔逊在特拉法尔加海战中的做法，这一战术取得了压倒性的胜利，并在100年后主导着各地的海战思想，就像萦绕在无数在陆上作战、绞尽脑汁要达成侧翼包抄的将军们的脑海中挥之不去的“坎尼”

497

或“乌尔姆”一样。而满怀信心的日本舰长们，在出发前去对付疲惫的俄国人时，脑海中浮现的正是特拉法尔加的景象。他们离这一步将足够接近。

要去海参崴，俄舰队就必须从日本人眼皮子底下通过。1905年5月27日凌晨3点30分，一艘日本快速巡洋舰发现一艘老旧、行驶缓慢的俄舰出现在一支船队的尾部。巡洋舰舰长向正在附近海湾等待的东乡发出信号。俄国人分三路通过对马海峡：新式战列舰在前部，缓慢的老式战列舰在中部，而因为过时或性能落后而基本无用的则排在后部。4艘日本巡洋舰尾随着它们，一边保持监视一边等待东乡率领其余战列舰到来：4艘战列舰、11艘巡洋舰，以及一群快速驱逐舰和鱼雷艇。海面上的浓雾一度让日本舰队失去了俄国舰队的踪迹，但在早上6点之后，俄舰又重新进入视距；东乡登上“三笠号”，驶入对马海峡进行拦截，为日本赢得了一场特拉法尔加。以战斗诗人的姿态，他发出电报：“今日天气晴朗波浪高。”

俄国人的大炮数量更加可观，因此在火力总量和远距离火力方面有优势，但日本的船只和大炮更快，船员技术也更加纯熟。这场追逐战持续了好几个小时。下午1点55分，东乡下令舰队进入战斗状态，展开Z字旗，向所有舰长发出设计好的信号。熟悉世界海军历史的东乡，在他的旗语中有意效仿纳尔逊在特拉法尔加海战中使用的短语：“皇国兴废在此一战，诸君一同努力。”[11] 但事实上，日本帝国的命运不会由任何一场战役来决定，哪怕是像这次这样壮观的、战场局面一边倒的大战役。现代战争已经超越了单一决定性战役的范畴，尽管在海上取得决定性胜利的机会仍旧比在陆上的更大，因为在海上没有撤退的空间、改革的余地，只有使人和船只都沉没其中的深渊。然而战争必须有它的浪漫——关于某个人的，或

498

者某个时刻的。这就是为什么那些关于东乡在对马海峡发出的这个信号的记忆，在接下来的几十年里以及在后来的战争中，无论是在帝国海军内部还是在日本这个国家，往往是在表现战役的诱惑，表现决定性战斗作为一种弱者推翻强者、低位颠覆高位、精神战胜现实的手段的魅力，而不谈战斗的真相。不谈在九州和本州附近那个雾气蒙蒙的春日里的战略现实，也不谈即将在随后几十年以及接下来的战争中面临的战略现实。

俄国战舰仍然满载煤炭，东乡则把多余的煤倾倒在船外，以提高战斗速度。一支领导不力、士气低落、至少是部分过时的俄国舰队，在强劲有力、训练有素、技术娴熟的日本帝国海军面前，正在一步步走向灾难。然而，就像在几乎所有战役和战争中都会发生的那样，偶然性远比所谓的天才起作用。东乡的计划是白天使用大船的火炮攻击，晚上再派他的小鱼雷艇近距离作战。然而，在追击过程中，他发现俄舰深入海峡的距离比先前他得到的情报要远得多，对方也许在他的小船发起进攻之前就逃之夭夭了。于是，他下令全线舰只掉头拦截，所有大型军舰紧随他的战舰尾流，依次完成转向。他的崇拜者说，他从一开始就想到了用这一绝妙举动抢占俄战列线的 T 字横头，勇敢地将舰身暴露给敌人的炮口，顶住最初的猛烈火力，获得最终的优势射击位置。然而，似乎更有可能的是，东乡只是惊讶地发现敌人舰队的位置，并简单地对此给出反应，作出大胆而积极的选择，当然这一选择是有技巧的，但与远见、筹划或天才无关。在拉近距离后，在两舰队相距 6400 米处，他的舷侧炮开火了。

速度慢得多的俄国人仍在笨拙艰难地摆弄阵形，以形成一道战列线，一些舰只甚至关闭引擎来避免相互碰撞。两支舰队进入平行状态，大炮开始猛烈对轰。“三笠号”一次又一次

地被击中，但总的来说，日军的炮击精度依旧弥补了它大炮较少的劣势。东乡训练有素的船员取得了相当不错的命中率。俄国人也击中了目标，至少在前半个小时是这样。之后，在硝烟、恐惧和惊惶中，炮战很快就陷入一片混乱。战斗持续了一整天，俄国两艘战列舰和几艘巡洋舰遭受重创，而东乡率领的更加敏捷灵活的战舰则以两倍于俄舰的命中率承受了较小的损失。换句话说，俄舰发出的每100发炮弹中，大约有5发或以下的炮弹击中东乡的战舰，而每100发来袭的炮弹中，则有10发或以下的炮弹击中目标。日本炮弹的爆炸力也大得多，是常规炮弹的四倍。它们不能穿透装甲，但它们强烈的燃烧反应可以引燃船只。胜利的关键在于东乡舰队中每艘舰艇优越的结构和设计、舰艇作为舰队成员在设计和战术上的贯穿统一，以及它们在紧张的战斗转弯和机动中的高速和精细操作。[12] 总而言之，俄舰船员训练不足、舰队领导无能，而日军舰队却同时拥有打赢战役和制胜战争的两大要素——运气和实力。这就是为什么，尽管俄国人一开始在12英寸远程舰炮的数量上有着41∶17的优势，但日本人仍能靠着口径更小的火炮、优越的机动性，以及由训练有素的船员提供的更为精确的炮击力打败了它。

499

当钢铁风暴席卷舰只，对那些葬身其中的人来说，这些数字并不重要。炮弹对一切生命、一切品性或国籍都一视同仁，它们砸向甲板和炮塔，将水兵、炮塔和上层建筑引燃。随着战列线之间的距离拉近，更小口径的炮弹开始发挥作用，大量的速射火力尤其向着俄国人倾泻而去，随着他们的队形变得混乱，指挥和控制失灵或中断，俄舰的还击火力也越来越弱。钢制甲板开始变形，在空中炸开的炮弹将炽热的金属碎片泼洒到操作舰艇或火炮的船员身上，液体火焰从高爆弹中喷射而出，燃尽挡路的一切——不管那是弹药、钢铁，还是血肉之

躯。下午3点10分，当俄舰驶离风暴时，“奥斯利雅维亚号”（Oslyabya）翻身沉没，这是第一艘在敌人进攻中殒命的现代战舰，但还不是最后一艘。“苏沃洛夫公爵号”（Suvorov）转向失灵，在它自己产生的刺鼻黑烟中打转，最后在晚上7点被一艘来势凶猛的日本鱼雷艇击沉。在幽暗的夜色中，幸存下来的舰艇被笼罩在战斗的硝烟里，它们打着转，无法判断自己的方位，也不知道自己在队列中的位置，而生还的人则置身于孤独无助的恐慌当中，感受着方才在战斗压力下迸发的肾上腺素此刻的消退。

漆层在火焰的灼烧下卷起，然后脱离船身；麻绳、船上的小艇，还有栏杆、门板、甲板，一切外露的木材也都不例外。散落在甲板和舱室内的煤被烧着了，烧得通红，煤烟顺势融入周围呛人的浓黑空气中。滚烫的金属雨袭来，击毁了转向装置，切断了从舰桥到炮塔和引擎室的通话管。拴在甲板上作为肉食来源的动物，以及船员和捆扎的货物，也都被炮弹炸落水中。烟囱、桅杆和炮塔被炸毁或弯折，失去了它们的作用。弹药库和引擎室在一波波的爆炸中猛烈晃动，舰舱里充满了愤怒的声音和烧烤的气味。火控装置坏了，火势蔓延开来，为了防止火舌窜向弹药库，继而引爆整艘军舰，船员们不得不用灌水的方法来扑灭火焰。到处都是奄奄一息和死去的人，有些人虽然侥幸活着，但不是被严重烧伤就是被炸伤，横躺在参差开裂的甲板上，或者裂开的舱壁后面。杀伤力巨大的炮弹还在呼啸而下，在爆炸前划出巨大的抛物线，以绝对的重量和力度直直砸向敌舰。随着两支舰队越来越近，弹道弧线拉得越发平直，炮轰进入混战状态，这支在水面上迸射、闪烁、燃烧的死亡之舞变成了一场屠杀。 500

越来越多的炮弹从日本巡洋舰和驱逐舰上画出弧线，砰砰砸向臃肿不堪、行动缓慢的目标。它们在破碎的装甲、开裂的

船体上炸开，在断裂的舰桥和弯折的甲板上留下溜光的油、水和鲜血。战舰深处，惊恐的人们听着头顶传来的轰隆声，感受着己方大炮反击时带来的震颤，以及随之起伏、摇摆、震晃的船体；然后他们听到炮声停了下来，因为炮塔被击毁了。通风扇也被打烂了，他们拼了命地在浓烈刺眼的煤烟和硝烟中大口喘息，甲板下的空气中充斥着燃油、肉身和金属燃烧的气味。锅炉破裂后喷涌而出的高压蒸汽，将人烫伤，让人没了须发、面皮，骨肉脱离，挣扎在痛苦的深渊。这样的伤员是没有任何希望的，只有死亡才能让他们彻底从痛苦中解脱。灼热的弹片劈开人的肢体，刺入人的肉躯。这些在钢铁风暴和爆炸风暴中哀号和乞求的伤员，没人可以帮助他们。还有一些人落入海中，他们或是被爆炸带来的冲击波抛入海中，或是自己跳入水中。一旦入水，他们即被海面燃起的石油烈焰包围，船被烧焦，他们挥舞手脚，竭力挣扎；落水的人同时被火焰和海水吞噬着。

事情还未结束。日本两个分舰队从两个方向夹击混乱的俄军舰船。就在它们即将收紧包围圈时，“博罗季诺号”带领俄国舰队，重整队列，奋力向北逃离。日舰猛然提速，两支舰队平行相对，双方再度展开激烈炮击。本就遭受重创的“亚历山大三世号”，连同船上乘员，在下午6点50分翻沉入海。20分钟后，“博罗季诺号”的弹药库被击中，船被炸得粉碎。此时地平线上隐约可见一个个小黑点，那是东乡等候击敌的一排鱼雷艇。大多数俄国舰只转而向南，努力向港口驶去。日本驱逐舰在黑暗中发起袭击，目标舰只被烧着的燃油和己方已经被毁的舰只照亮，以便他们发射鱼雷。铃木贯太郎负责领导一支由小船组成的分舰队，他将是1945年日本投降时的首相，他在几小时前击沉了“苏沃洛夫公爵号”。现在，他那敏捷小巧的船只迅速追近敌舰，并在几乎要与敌舰同归于尽的距离将鱼

雷发射出去，并埋设水雷。“纳瓦林号”（Navarin）战列舰撞上在其航道上布设的大片水雷，当即沉没。“伟大的西索亚号”（Sisoi Veliky）战列舰也被击中，并于第二天沉没。所有其他俄国舰只都分散开来，并尽可能往侧向加速，如果它们还有这个能力的话。多数舰只向北驶向海参崴，还有一些逃到中立港并在那里被扣留。东乡舰队眼见胜利在望，向敌疾驶，包围了俄军的5艘主力舰，并在最后时刻展示了自己的仁慈。5艘主力舰投降，其余较小船只的下场也不外乎投降、被击沉，或在强硬船长的带领下自沉。[13]



俄方死亡4800人，数千人受伤，6000人被俘，38艘舰船中有34艘被俘，另有1900名船员被关押。日方战死110人，损失3艘鱼雷艇，其余各类舰船则受到不同程度的损坏。整个俄国舰队遭受的是一次彻底的、不可思议的全面溃败。就其一边倒的结果而言，对马海峡战役与1571年的勒班陀（Lepanto）战役相差无几。二者的区别在于，对它们各自所属的战争来说，对马海峡一战更具决定性意义。这与当时的俄国政局和其在满洲陆战的战略走向有关。沙皇政权深陷窘境，风雨飘摇，一边是国内四面楚歌的危局，一边是僵持数月的陆上战争，而这场战争带来的消耗之大，是双方都没有预料到且无法承受的。俄国陆军的主要兵力远在欧洲，远水不解近渴，即使可以，其政治可靠程度或许也不足以用来对付日本；而日本人同样也震惊于战争的伤亡水平，这迫使他们大幅扩大征兵范围、延长服役年限。于是，当陆战的重压让双方都喘不过气来的时候，俄国在海战中一边倒式的崩盘打破了这一平衡，是对俄国声威和士气的一次决定性打击。同时，对东京而言，这次海战赢得足够辉煌，足以掩盖日本在陆战中付出的惨烈代价和其所深陷的财政危机。简而言之，双方都将这次战役当作一次契机，借以实现两方都急需的正

式和平。

对马海战是海军史上罕见的一次彻底的战术胜利，就其压倒性的结果以及对敌舰的摧毁程度而言，它与勒班陀和特拉法尔加海战不相上下，但是对日本海军文化来说，这是发生在日本帝国海军身上最糟糕的事情之一。在接下来的40年里，对这场胜利的追忆将被固化为一套海上决战学说，但作为一种制胜战略，这种理念早已过时。对马海峡一战中，东乡身旁还有一位年轻的海军军官，山本五十六。后来，他进入哈佛大学，参加了1921—1922年的华盛顿会议，游历美国各地，对这个未来的敌人有着细致的了解，这在日本领导人当中是少见的。1941年12月7日，他在一艘跟随航空母舰的战舰上，指挥对停泊在珍珠港的美国太平洋舰队的攻击，这次攻击最初被称为“Z行动”，以纪念东乡在对马海峡战役中的胜利。虽然倚靠的是海军航空力量这一新手段，但山本五十六追求的仍然是一击致命的效果。之后，怀着海军军官们数十年来梦寐以求的海上决战的梦想，他将带领航空母舰在1942年6月出战中途岛战役，并迎来战略性的失败。在中途岛和莱特湾（Leyte Gulf）以及其他地方，许多勇敢的日本将士一次又一次地“竭尽全力”，因为决定他们帝国命运的并不是某一场战役，而是海上数量众多的敌人以及他们无法与之匹敌的陆上力量，他们本不该指望他们能在这场自己挑起的旷日持久的较量中胜出。未来灾难的种子早在1905年就已种下，它从对战中国和俄国的海上胜利中萌芽，并随着在40年后全面爆发的太平洋战争中滋生的巨大狂妄而生长起来。

***

与海军一样，日本帝国陆军也是在明治维新一系列复杂的

立国改革的背景下出现的。在戊辰战争（1868—1869年）和西南战争（1877年）等武士起义中，这支新军展示并鼓励了一种混杂交融的“武士－平民”文化，这种文化将成为日本陆军的标志，直到第二次世界大战结束。随着明治改革以及后来的征兵制度的实施，中间阶层和其他的平民职业军人取代了旧有的多数志愿武士，混合文化于是得到加强。接下来的中央政权不断灌输职业精神和国家服务意识，并有意识地以效忠天皇为其核心，这种新的对天皇的崇拜随着时间的推移，逐步得到细化和深化，目的是从思想上维持国家的统一。[14]然而，这种努力并不总是成功的，尤其体现在统治高层，以及沿横向发展的忠诚体系上——主导这道横向轴线的是根深蒂固、力量往往也更为强大的宗族式的忠诚观。在与中国和俄国开战时，日本陆军看似现代化，但它仍然由一个按照明治时代之前的地区和藩属身份划分传统派系的军官团管理。许多横向的忠诚联结已经超过了（通往最高司令部和天皇的）纵向联结，从而鼓励了一种下级军官不服从高级文职官员甚至武职官员的文化。简而言之，尽管将士身穿的是代表现代化日本民族和国家的西式军服，但以效忠藩国和大名为核心的旧式地方忠诚观依然十分强大。陆军文化中的这一深层特征将在20世纪30年代演变成一场灾难：下级军官在这一次级忠诚意识的影响下擅自行动，导致日本在没有得到东京最初首肯的情况下卷入与中国的战争。[15]

随着日本帝国陆军军事文化的逐渐成形，除了忠诚链断裂的问题，由于杂糅了从欧洲舶来的影响和经过筛选磨合的日本传统，它在其他方面也表现得同样复杂和多源。它的战术学说、现代纪律和野战训练均引自法国以及后来的德国，这意味着对皇室崇拜的强化，强调对军事命令以及理论上的自天皇而下的等级权威的绝对服从。然而在西南战争期间，武士们对国

503

家军队表现出一种本能的不服从和凶猛不驯的武士精神。这促进了一种与天皇崇拜平行共生的不服从文化的滋长，而且随着时间的推移，后者变得越来越重要，因为改革者热衷于将真实的、人为构造的武士伦理输送到日本帝国陆军的血液中，利用道德和精神力量来弥补日本始终无法摆脱的物质资源短板。最值得注意的是新加入的关于不管胜算有多渺茫，都要战斗到死的传统；这一道德理想表面上是对古代武士传统的挖掘。在这方面，德国教官发挥了他们的作用；他们向受训者强调高攻击性和进攻精神在战斗中的重要性，对后勤保障的忽视甚至远远超过当时在被胜利冲昏头脑的德国的普遍做法。[16] 不过这种影响不应该被夸大。这时的明治军队所表现出的理性和战术谨慎，远远超过第二次世界大战中的日本帝国陆军。之后出现的非理性的死亡崇拜虽然从一开始就存在，但还称不上是根深蒂固。它与最初引自海外、后来习自战场的更为理性和现代的军事理念相互冲撞和制衡。日本帝国陆军在最后 20 年里的死亡崇拜行为，更应归因于对所谓“精神教育”的过分强调，而精神教育的根由又在于 20 世纪 20 年代部分军事改革的灾难性推行。[17]

19 世纪 90 年代的日本帝国陆军并不太关注武士精神，而更关心军事基础设施的建设，比如可以同时为本土防御和海外部署提供方便的通往日本西部城市广岛的铁路。1894 年，改革后的陆军和新建基础设施在朝鲜迎来它们的第一场考验，对手是清军。表面上看，清军的力量要大得多，就像北洋海军在开战前表现得要比联合舰队更强大一样。由于确信中国人不会发起真正的战斗，日本的将军们计划的是一场非常短暂的战争：没有为部队准备冬装，没有真正的医疗服务，只有最低限度的后勤支持，以及一个试图以未经检验的 12 万兵力挑战有着庞大军事力量储备的中国的入侵计划。日本的作战计划带有

所有常见的物质匮乏的标志，预示着速战幻想的破灭。不过，对日本人来说，幸运的是，清朝政权正处于动荡之中，清军中各个民族、地区派系割裂，缺乏整体的中央指挥。抵达大陆的日本陆军很快就会暴露出它的疲软无力和准备不足，但是中国人的情况更糟糕。[18]

504

开赴中国战场的日本帝国陆军无论在武器还是外观上都表现得非常现代化。日本的征召兵带着当时通用的单发步枪，穿着欧洲样式的黑夹克和平顶军帽，接受的是和欧洲部队一样的操练、行军和战斗训练。他们所呈现出来的，以及希望被看到的身份是现代士兵，而不是封建武士。为了进一步说明这一点，日本军官配的是法国刀，而不是传统的武士刀。[19] 后来出现在日本陆军史上的一切，无不从一开始就有了苗头：在作战上依赖决定性战役，追求德国式的短促而激烈的战争，几乎没有战略覆盖；计划的制订不自量力，认为攻城略地有如探囊取物，认为敌人战斗力低下，没有战斗精神，不值一打；军种之间竞争激烈，已经到了不能如常协调运作、严重阻碍战场行动的地步；惯于违抗上令的将军，比之任务导向战术下的德军有过之而无不及。此外，还有对战俘和平民的残酷而频繁的屠杀。

陆军有意要在国内政治地位上压倒海军，但为了到达朝鲜并在那里开展行动，抵御清朝海军，它需要海军提供交通工具和对其补给线的保护。因此，直到黄海海战摧毁了北洋舰队之前，它都不能真正行动。然而陆军军官在开战之前，已经表现出两个不良积习，而且这种情况一直持续到 1945 年：一是未能或拒绝将文官的关切和更广泛的政治利益纳入作战计划；二是刻意将海军排除在作战计划之外，其中甚至包括两栖作战和陆军登陆后的海上补给计划。这种对文官权威和海军能力的忽视，一定程度上与它的学习对象，即德国总参谋部的去政治化

及其对海军的漠视有关。被放大了的军种对立，与德意志帝国的训练、武器以及战斗学说一起，被纳入日本帝国陆军的文化中。不过，它也产生于尽忠地方藩国、反抗任何形式的中央权威的忠诚观——这一不受管教的军事文化可追溯到明治维新后的十年内乱时期。其结果就是陆军所表现出的对海军的极端的、从未减弱的敌意。

由于长期缺乏合作，日本陆军和海军之间的联合作战计划几乎为零，陆军没有能将部队送过水面的运兵船。一个岛国，在没有运兵船和货船的情况下决定发动一场海外战争。这是一个预警，资源严重匮乏和计划不足这两个弊端将在日本后来的更大规模的战争中持续存在。陆军的兵员和物资是靠临时租来的邮船和少量匆忙购买的洋船运抵朝鲜的。帝国海军还未打败北洋舰队，因此在北京附近登陆太过冒险。第一军将在仁川登陆，并被告知要经由朝鲜向北京推进，而第二军则前往占领辽东半岛，以此掩护第一军的行动。日本陆军无论外观还是行军方式看起来都像一支现代军队，但当时很少有外部观察家认为，眼前这个于 1904 年 6 月中旬以极少兵力登陆的新兴岛国可以击败中国。

505

面对庞大但内部四分五裂、管理不善的清军及其预备役部队，日本的将军们并不缺乏信心或野心。他们所计划的远不止一场有限的朝鲜战局。日本陆军希望通过发起全面进攻寻求一场陆上的决定性战役，这是当时流行的欧洲军事理论和那个时代的精神的反映，后者很快就会掀起一阵对“生命冲力”的狂热崇拜。日本陆军希望仅凭一场战役摧毁清军，就像四分之一个世纪前他们的德国教官在梅茨和色当摧毁法国军队那样。他们的新色当，他们仿制的坎尼，将在中国的华北平原上启动。怀着一场战斗可以决定整场战争的信念，他们起兵出发，朝着胜利前进。考虑到他们在朝鲜参差的兵力和薄弱的后勤系统，

这不得不说是一个野心十足的计划。补给问题马上就出现了，日本帝国陆军的后勤补给一塌糊涂，行军部队为了充饥不得不将负责拉补给车和弹药车的牛宰了。出于对食物的渴望，第一军向着平壤猛扑过去，因为指挥部承诺他们可以在那里得到基本的补给，如果没有，那里也还有大量的清军储备正等待他们缴获。1944 年，在阿登地区，德军得到的也是类似的保证，他们被派往前方作战，夺取装甲部队所需的燃料，而事实上他们只是被赶往指挥部地图上的下一个目标。9 月中旬，饥肠辘辘的日本人抵达平壤，那里的一小支清廷驻军在一场激烈的军级战斗中被击败，残部撤退到鸭绿江边，占据了一个利于防守的位置，等待日本人的下一步行动。[20]

在此期间，日本帝国海军在鸭绿江口得胜，第二军顺利在辽东半岛登陆。它于 11 月攻陷旅顺港，并在那里大肆屠杀投降的中国人。对此，东京方面的说辞和其在 1937 年南京大屠杀后的开脱之词如出一辙，即中国士兵拒绝投降，或称他们杀的是换上了便服的士兵。在更远的北方，第一军向中国的进军因大范围的后勤崩溃而宣告失败，尽管他们招募了 15 万名赤贫劳工充作军夫。这些军夫不穿军装，而是头戴斗笠，将部队编号画在衣服上。许多人被活活冻死或死于营地疾病，剩下来的也都当了逃兵。[21] 一切都在走向瓦解，从基本的后勤，到粮食和药物，然后是部队的士气。接下来，试图遵照“交替火力推进”（fire-and-advance）的战斗准则执行步枪冲锋的第一军，在清军步兵的阻击下伤亡严重，他们的密集阵型已经无法适应现代防御火力，哪怕对手是士气不振的中国军队。医疗人员不足，粮食补给匮乏，部队士气越来越低落。征召兵战斗动力不足，不少人扔掉了他们的武器。而日本后来从中得出的教训是，必须提高征召新兵的操练水平，必须认识到意志力、精神因素和优越的大和之魂可以克服最难逾越的物质困境。[22] 这

506

个教训将让日本军队在以后的战局和更长时间的战争中陷入深重的苦难。

陆军第一军司令官山县有朋将军病得很重。然而，他不等战时大本营（又称“帝国总司令部”）的授权和支持，就自行决定向奉天进军；战时大本营是名义上的负责协调各军种间事宜的监管机构，理应统筹所有的战争投入。山县有朋把第一军从其补给基地调走，罔顾部队官兵的性命，于12月在寒冷的满洲开始了一场冬季战局。由于健康状况不佳，他很快就被送回了广岛，但第一军仍在冰冻的道路上继续前进。没有来自平壤的补给，冬装也极为不足，有些人只能穿着草鞋。而在临时后勤部队中，身披涂有编号的蓑衣、头戴斗笠的“苦力”的情况当然还要糟糕很多。随着冬季行军的继续，越来越多的人死在路上或当了逃兵。当第一军抵达满洲时，队伍中开始出现大量冻伤减员。而清军部队低下的战斗力和更糟糕的供应条件，让日军躲过了灾难。

507

辽东和朝鲜被日本攻占，但在华北平原上爆发的决战却超出了帝国陆军的控制和能力。现在，战争计划有了变化。战时大本营派出第二军迂回侧后，去夺取中国位于山东半岛威海卫的一个大型海军基地。海军则从另一侧封锁，该港口在被围困三周后于2月投降。随后，第一军于1895年3月5日在满洲赢得营口之战。3月下旬，日军先是在上海以北的海州两栖登陆，后又攻占台湾附近的澎湖列岛，这两次战败成为压倒清朝的最后一根稻草。4月17日，《马关条约》签订，将辽东半岛割让给日本。然而，这一条约所得并未保留太久。俄国、法国和英国随即出手干预，迫使东京方面归还辽东半岛。折在西方人手中的民族耻辱，日本从未忘却或原谅，即使在几年后日本同意提供其三分之一的国际部队干预中国的义和团运动时也是如此。[23] 日本对俄国的敌意尤其强烈。

***

1904—1905 年日俄战争中的那些战役，已经透露出 10 年后欧洲在世界大战期间即将面临的许多情况，但是只有极少数人能从中吸取教训，那便是工业化屠杀的上演：密集的步兵队伍在新的军事技术面前变得迟钝僵滞；数百万人被机枪和速射炮逼入战壕；拒绝作出任何决定，直到军队因伤亡和精神压力而耗尽最后一点力气，德意志的帝国陆军尤其如此。战争计划于 1900 年展开，东京方面希望通过一场毛奇式的速胜来战胜一个更大、更成熟的大国。这一决定是在 1904 年 2 月 4 日的御前会议上作出的。他们的想法是赶在笨重的俄军增援之前，在奉天取得决定性的胜利，战时大本营认为这需要六到八个月。这一次，日军的装备更加精良了。他们穿着崭新的卡其布军服，用靴子代替凉鞋，手持五发弹容量的步枪，背后是德国最新的野战炮。俄国是一个比中国更可怕的敌人，但军官团一如既往地充满信心。

这是第一场双方的现代军队同时用上了机枪和速射炮的战争，由此而来的巨大伤亡让所有观察家骇然。第一场大型的预示性战斗发生在南山（1904 年 5 月 24 日至 26 日）。这场战斗发生在辽东半岛的最窄处，此前第一军从仁川推进，将一小股俄国部队逼退至鸭绿江对岸，第二军的三个师团遂以密集纵队前进，但其攻势遭遇顽强的俄军及其密集的防御火力的阻挠，日军的损耗速度远超战时大本营的预期。接下来约有 16000 名日军在旅顺港的正面进攻中（8 月 19 日）倒下，另有 23000 名日军倒在辽阳战场上（8 月 25 日至 9 月 3 日）。在急于向公众彰显部队士气和战斗精神的宣传人员口中，这些灾难性的进攻不再是导致骇人伤亡的战术失误，而是揭示精神和道德境界

508

的卓越典范，达到这一境界的人被称为“肉弹”。[24]在日本帝国陆军内部，以及在其呈现给日本公众的战斗死亡人数中，正在悄然运行着一种稳定（尽管还未完全确定）的模式，这将使得他们走不出宿命般的结局。在这场战争和日本此后的所有战争中，伤亡人数只会随着宣传机构对光荣赴义的鼓吹和大众对普通士兵以身殉国的期待的上升而上升。

10月，俄军在辽阳发起反击，双方又有数以万计的年轻人死于机关枪、速射步枪和大炮之下。仅日本方面就伤亡了近6万人。这些都是闻所未闻的数字，显示出在军事技术上火力革命的威力，这场革命贯穿整个19世纪下半叶，催生出真正的机枪、备有制退器的速射钢炮，以及更为强劲的高爆炮弹。在俄国，因粮食短缺和反对战争而开展起来的革命抗议活动本就进行得如火如荼，现在长长的死亡名单的公布更是让大批愤怒的民众走上街头，他们对发动这场战争并将俄国子民送上战场的沙皇政权的无能更加确信不疑，革命情绪因此空前高涨。在日本，报纸对伤亡情况隐瞒不报，甚至预测新的色当会战即将到来。[25]接下来发生的事更是凡尔登屠宰场的预演。

最惨烈的战斗发生在奉天（今沈阳），战前的日本陆军曾自信地认为它将在一场全面会战中胜出，但事实上这场围城式的战斗从2月22日一直持续到3月10日。奉天是又一场恶战，30万俄军在土方和城墙后对阵20万日军。战斗结束后，日本人占领了这座城市，双方逾16万人躺在冰冻的泥地中或死或伤。伤员被留在两军中照料，但那里的医疗设施简陋，且已不堪重负。死亡过程是缓慢的，它持续了数周之久。随着俄国在1905年其国内革命的重压下走向崩溃，日本宣布自己赢得了一场伟大的胜利。它确实取得了胜利，但是是在那年5月晚些时候的对马海峡，而不是在奉天。事实上，能在这么短的时间

509

内摆脱战争，日本是幸运的，因为其规模不尽人意的武装部队在陆上蒙受的惨重损失，并不比无能的俄国海军在海上的惨烈遭遇好多少。当日俄在美国的调停下在朴次茅斯开始谈判时，俄国正从战争中的进退失据彻底掉入国内革命的崩溃旋涡，而在 1917 年这一切还将再度上演。日本的情况看起来要好一些，但事实上它正在耗尽它的人员和战争物资——这一切也将在 1945 年灾难性地重演。

精英们的谎言始于东京，审查制度和军事神话亦然。在接下来的 40 年里，陆军将领、海军将领、日报、政界和文化领袖都在重复同样的谎话，直到日本帝国在原子弹和满目灰烬中走向终结。他们先是否认伤亡的规模，接着又否认这是悲剧，之后又说这是光荣的。这是一种仪式化了的、得到官方认可的为日本帝国和天皇献身的狂热崇拜的开始。它深入借助传说、文学和民间传统，人为地创造出武士道精神——一种得到国家认可的意识形态，并将其作为士兵和海员的最高道德和军事理想加以坚守。被遣返回国的战俘将接受甄别和审讯，继而在他们的家乡——村庄或城镇中被羞辱和孤立。这是一种宣扬"大和民族"种族和文化优越性的官方意识形态，它以天皇崇拜以及所谓的岛国人民的种族纯洁性和独特性为核心，并通过神道教仪式和被供奉在靖国神社的殉道者的血祭将其神圣化。军事神秘主义和迷信披着血祭、"肉弹"和"战神"之类理想化故事的外衣，假装植根于武士历史和日本传统价值观，但实则大部分都是现代国家和武装部队的人为装配。[26]

军官团是否吸取了奉天的教训？完全没有。日本跟上了第一次世界大战前的军事发展潮流，对"生命冲力"推崇备至——但欧洲各国（除俄国外）尚有借口说它们直至 1914 年前都不拥有面对防御性火力的直接经验，日本则不然，它的军官们断定是卓越的"民族精神"让日本战胜了一个远比自己强大的敌

人。于是，战略家们以理想化的克尼格雷茨或色当会战为蓝本，草拟了更多关于未来如何通过双重包围取得决定性胜利的计划。类似奉天会战这样的屠戮惨剧，也并未被列入考量，因为他们自信可以通过作战技巧和迅速移动的会战来加以避免。所有这些都在忽略一个事实，即日军并不具备在满洲战斗中真正包围俄军部队的能力。奥列格·贝尼希（Oleg Benesch）解释了此后日本陆军是如何发明"武士之道"，以极力渲染精神战争，并将其置于物质战争之上的。原因就在于，对于后者，日本陆军总是捉襟见肘："步兵是战斗中的决定性武器，进攻精神是战争的基础，而徒手搏斗是战斗中的决定性因素。"[27] 准确地说，它强调的是步兵的刺刀突击战术，仿佛现在还是1745年，萨克斯元帅领兵的时代。而即便在那时，这一战术也并未达到什么效果。尽管如此，步兵被告知即使缺乏炮兵支持也要前进，以保持攻击势头。猛烈的攻势将填补火力的不足和敌人的堑壕。

510

从拼火力向拼肉搏的价值转向，恰恰发生在火力革命达到高潮、战斗力从进攻转向防守的时候。它对日本士兵在精神方面的优越性、无形的道德品质，以及在明治时代新的民族主义浪潮中被扩及全体日本国民的道德优势深信不疑。然而，支撑这一信念的是典型的短战思维下的一种补偿逻辑：当现实物力不足时，爱国主义和道德品质可以战胜拥有巨大的人力和物力优势的敌人。因此，日本保留了发动侵略战争的选择，将其作为国家进步以及殖民和帝国主义借以获取新的领土和资源的可行手段。它能战胜更大的敌人，因为日本在道德上更胜一筹，国民如此，士兵如此，整个国家亦是如此。明治时期的国家军队代表了传统武士朝现代部队的转变，而日本帝国陆军则重新为其注入一个反现代的——而不仅仅是前现代的——军事文化元素。它将在短期内为日本，或至少是为军官团服务。然而，

随着时间的推移，它将导致彻底的失败。

虽然在海上取得了令人瞩目的胜利，但在陆上，日军已经到了弹尽粮绝、四面楚歌的地步，因此日本在军事上远不如其精英们向日本民众宣扬的那样成功，不过日本还是从明治时期的对外战争中获得了相当丰厚的收益。十年内两次对阵更为庞大和强大的邻国，两次取得胜利，消除了日本的不安全感，并创造了或至少是开启了明治时代的“富国强兵”理想。[28]1902年，与世界强国、海上超级大国英国的结盟，以及表面上的打败另一个大国沙皇俄国，都让日本的国际威望得到提高。日本还在朝鲜、中国的台湾和澎湖列岛建立了帝国殖民地，通过征用海外粮食和奴役劳动力刺激其国内经济。所有这些都让日本的精英阶层和政策转而向外图谋，踏上了对外疯狂扩张、建立海外帝国的不归路。

***

在十年内取得对两个大国的军事胜利，无论其成色如何，结果都提高了日本的世界地位，同时严重挫伤中国和俄国的威望。日本海军在海上取得的成功使其一跃成为助力日本帝国前进的重要工具，虽然它也因此给海军留下妄图依仗单一交战制胜的后遗症，这一理念一直指导着直至第二次世界大战结束的日本海军理论和军备采购。在接下来的几十年里，在鸭绿江和对马海峡取得的特拉法尔加式的胜利被这个国家承袭下来，并在进口的海军理论的支持下得到进一步加强。和当时多数国家的海军一样，日本海军的思想也深受阿尔弗雷德·赛耶·马汉（Alfred Thayer Mahan）的影响，马汉是美国战略家，也是当时举足轻重的海军思想家。他写了许多关于海权思想的极具影响力的书，致力于将约米尼的陆战战术运用于海上作战。[29]他认为，

511

主导世界的不是陆上帝国，而是一个拥有多个海外基地、海外市场，并能借此充分利用海洋运输的高效和不受阻挡的优势的海军大国。正如约米尼弱化技术变革对陆战的重要性一样，马汉也坚持认为，海上武器和装甲技术的发展并没有改变海军战略的基本原则，海上战事万变不离其宗，一国的国力大小取决于其制海权及贸易通道和海外市场（贸易保护和封锁）的大小。当涉及战斗时，与约米尼给出的陆上作战原则一样，马汉也强调集中海上力量，以便在关键时刻给予敌人惊人的、决定性打击的重要性。

日本海军中也有少数人有过关于持久海战的想法，但总的来说，日本海军仍然更加青睐马汉的思想，即与下一个潜在敌人来一场倾其所有的大规模海战。1905 年，在一项根据能力而不是战略态势或实际军事意图来确定未来战争对手的分析文件中，这个潜在的“预算敌人”（日本海军与陆军谈判时使用的一个术语）有了一个具体的名字——美国海军。人们对舰队的关注，与其说是在为长期战略做武装准备，抵御以伪装巡洋舰和潜艇为手段的海上破袭，毋宁说是把它当成了在高潮战役中决一胜负的工具。[30] 在 1923 年的《帝国国防方针》中，美国海军作为“假想敌”赫然在列，日美海战似乎不可避免。其结果就是，海军采购政策和过时数十年的僵化作战理论，本着与强大得多的美国海军进行一场高潮迭起的水面战争的目的，一往无前，而忽视了其余的一切。

在这一决定性海战的设想中，小型水面舰艇和潜艇将对美国太平洋舰队发动初步的“渐减作战”行动，即在主力舰队决战之前，先行消耗敌人的舰艇数量，乃至其重炮数量。[31] 512 小型舰艇和潜艇的夜战演习——这在后来的瓜达尔卡纳尔岛（Guadalcanal）附近的拦截护航船队行动中给了日本海军意想不到但实实在在的优势——重点是削弱美国海军，执行辅助

性行动，为主力舰队之间的关键决战做准备。其目的是在美国海军主力舰队驶向日本途中，削减其军舰数量，并为一场被命名为“翌朝舰队决战”的日间决定性战舰战斗扫清道路。“翌朝”，是过度自负的日本海军认为自己即将战胜美国海军的日期和时刻。它将用它优越的火炮一举摧毁美国舰队——虽然己方战舰数量预计将会落于下风，但是每艘战舰都拥有无可挑剔的设计，以及在精神上高人一筹的战斗人员。[32] 因此，损耗当然存在，但那不过是为了消灭美国舰队所做的准备。

这种持续进攻思维的根源是一种古老的本土军事文化，它推崇在面对优势力量时发动猛烈攻击。这也呼应了日本陆军战术中显见的陆战传统，比如鼓励小股战士冲锋，直捣敌人阵地中心，凭借其优越的精神状态克敌制胜。这种潜藏的残暴的战斗文化直接催生出一种毫无遮掩的战斗学说，例如强调鱼雷艇的猛攻、潜艇在舰队攻击中提供支援而不是担任商路破袭者的角色，以及有意将驱逐舰设计为配备多达 12 个鱼雷发射管的全面攻击平台。[33] 这与西方的驱逐舰不同。西方驱逐舰扮演的是巡逻、警戒和护航的角色，或作为潜艇猎手（猎潜艇或攻击艇）以及反潜战中的主力。对日本海军来说，不幸的是，在大炮时代已在事实上走向没落的时候，这一关于战舰和决战的观念成为明规定令，并在日军取得对俄空前胜利后被彻底锁定下来。这使得其所有理论、计划和军备采购政策的制定，都着眼于一场全由配置大型主炮的战舰组成的舰队出战的海上大决战，而此时更大的威胁正从潜艇和海上空中力量技术的进步中显现。虽然程度不一，但其他主要国家的海军也感受到了这一影响，它让日本海军教条式的“大舰巨炮”主义变得不再适用。战列舰的实用性越发遭到海上空中力量倡导者的质疑，但直至第二次世界大战期间，列强海军也并未放弃建造战列舰，不过，就日本海军对由大舰巨炮赢得高潮战役的坚定信念而

言，世界各国海军并无出其右者。

尽管日本海军将美国海军视为未来的主要对手，但直至20世纪30年代中后期，它与美国之间几乎没有发生过值得通过战争解决的实质性国家利益冲突。日本自1905年起的几十年间，一直将美国海军视为未来的主要竞争对手，这一隧道视野带来的一个负面影响就是削弱了更广泛的用以应对地缘政治冲突的政治和外交手段。它使人更易搁置将日本带入主要贸易国和大国内部共同体的非暴力手段。同样重要的是，这一与美国太平洋舰队作战的长期计划，使得海军在其每年与陆军的资金争夺战中有了一个可供争取预算配额的名目；作为政策和战争的驱动力，这是一个不可低估的因素。在这场内部博弈中，海军高层坚持认为日本海军应保有相对美国海军70%的吨位和火炮实力。然而，在1922年的华盛顿会议上，出于对政治大局的考量，日本领导人同意了更为严苛的吨位限制条件：条约规定，日本海军的主力舰吨位不应超过美国海军的60%；这一结果在海军中引起轩然大波。[34] 在1922年至1936年的“条约时代”，日本海军内部分化为战舰派和条约派，前者拒绝任何对主力舰的限制，后者则认为可以接受这一限制，因为日本大可在不受管制的舰艇级别（尤其是重巡洋舰）的建造上不受约束地发挥创造力。[35]

进入20世纪30年代中期，马汉的决定性海战准则同样主导着美国海军的思想，但它同时也在探索三维舰队的概念（海上空军、水面和水下潜艇），一旦战争开始，它将迅速发展起来。[36] 早期的战争计划是在中太平洋地区发动一场一击致命的战役，而且这场战役的胜负——和日本海军的主导想法一样——将是在诱使敌人的航空母舰进入陷阱并将其摧毁之后，通过大炮战舰之间的决斗来决出。这一胜利将缓解菲律宾的压力，同时也为日后通过海上封锁或入侵来击败日本开辟

道路。进入20世纪30年代中期，美国海军内部关于“推进器”的争论日渐增多。这一关键群体希望先头主力舰队“横穿太平洋”，发动一场大型海战，而不是一波不疾不徐、慢条斯理的攻势。1935年，美国海军内部一个更加谨慎的派系确定了一项新的战略，根据这一战略，美国海军可以接受在与日开战初期损失菲律宾（尽管美国陆军并不接受），同时将中太平洋上的舰队对决日延后。[37]

两个太平洋强国的关键海军派系在对战役重心的思考上不谋而合，与英国皇家海军的不屑一顾形成极大反差，后者将更多的时间和精力花在了后勤和工业领先力上，将其作为战略海上力量的来源。这也在很大程度上反映出，德国或意大利并没有一支有能力或有意愿与之抗衡的舰队。[38]在这种情况下，墨索里尼急不可耐地要加入瓜分法国的豺狼盛宴中，让意大利王家海军一时之间应付不迭。换句话说，对意大利舰队而言，战争来得太早，这比他们计划中整修老旧军舰和下水更多现代军舰的时间早了大约三年。因此，当墨索里尼在1940年将意大利带入大西洋和地中海的海战中时，意大利王家海军是拒绝寻求一场大战的。此后，它打了一场大体成功但成果有限的防御战，使得英美希望能更快地将法西斯意大利的战舰从地中海的主要航道上清除出去的愿望落空。[39]20世纪20年代的苏联学说认为，决定性海战是可笑的。苏联海军舰队拒绝接受马汉的理论，因为它认为这是一个由潜艇和航空母舰主导的时代，而这两者将是“不可阻挡的”。然而，随着斯大林下令打造让苏联海军声威大振的战舰，以及在1937—1938年大清洗期间内务人民委员部将旧观点的拥护者送入坟墓或古拉格集中营，这一切便在一夜之间发生了改变。等待巡弋附近海域的战列舰的龙骨已经铺设完毕，但在战争来临时这些大船还未完工，之后也再无法完工了。当时，德国占领、封锁了黑海的关键船坞和

514

港口，苏联造船业深受其扰，同时陆上战争也将钢铁原料和熟练技工分流到了优先级更高的坦克、飞机和大炮的生产中，苏联的战列舰建造大计就此搁浅。[40]

如此一来，就只剩下日本海军还在坚守它那基于对18世纪和19世纪战争的研究，随后又在其早期历史的影响下被固化下来的战斗理论教条。海军军官们坚持认为，建造舰艇、发起舰队决战是所有海上战事的要义和最终决定因素。于是又一个信条诞生了，这也是海战的诱惑所在，即日本舰艇、武器和船员素质的优越将足以战胜以数量见长的美国海军。[41]这与德国对装甲力量和装甲将领的制胜能力的迷信如出一辙，这是一种根深蒂固的信念，认为仅凭狭隘的技术和战术，就能应对自己一手造成的战略困境。这两个设想，都只有在下一场战争可以速战速决的情况下才能成立。如果战势未能如愿，卷入长期战和消耗战，它们是没有备选方案的。但凡能够坦诚面对现实的战争计划者和军官都明白，日本永远不用指望可以赢得这样一场战争，面对美国海军及其作战能力，日本只能选择速胜，或者输掉一切。

海上速战的迷梦主导着日本各个阶层的思想，这并非因为他们对自己的劣势视而不见，而正是因为它在科学、经济、工业和军事方面相对于其“假想敌”存在着人所共知的弱点。日本的海军将领没有计划一场长期战争，并妄想自己能赢。他们计划的是一场短期海战，并迫切地希望那会是一场短期海战，并妄想他们也许能赢，他们知道这是唯一一类他们能有一点胜算的战争。无论从心理、制度还是理论层面而言，这种在一开始就坚信自己能够战胜假以时日必然变得更加强大的水面舰队和海上空中力量的信念，始终是东京方面和帝国海军奉行的帝国主义政策的关键。要么信从短期战争，要么放弃整个帝国事业——而这是整个日本领导层，无论是文

515

官还是武官，都无法开始想象的一个选择。他们将被迫放弃通过武力扩张获得的帝国愿景。战争即将来临，烈焰和毁灭就在眼前。

1936年，华盛顿海军条约到期，日本拒绝延长条约中限制海军军备力量的约定，并宣布它将建造超出限制的主力舰。这种突破法律限制的做法固然满足了那些想要摆脱限制的激进者，但它也解放了美国海军和国会，刺激它们采取同样的行动。华盛顿方面先是加快了始于1934年的一项造船计划，但随后将其废止，同时启动了震惊日本的预算和海军规划人员的后条约时代拨款方案。这一应急计划的设计目的就是彻底压垮日本海军，使其为决定性海战而备的理论和训练变得毫无用处。美国的海军建设承诺将在几年之内将日本相对自己的吨位比例降至过去60%的条约限制之下，并在1944年降至30%。而根据日本的作战理论要求，决定性行动中的战斗舰队数量比例不能低于70%。原始数字令人震惊。1934年的追赶计划，已经提出要在1942年之前建造102艘新战舰的要求，而在1938年，美国国会批准将吨位增加20%，再新增1000架海军飞机，并将所有老旧舰只进行升级和现代化改造。日本现在面临的是德意志帝国在1914年之前面临的两难境地：是在胜算极小的当下迅速开战，还是要等到毫无胜算的时候。与1914年的柏林一样，东京选择了战争。

由于在船体铺设的速度上，甚至是老式舰艇的现代化改造速度上，都无法与美国匹敌，因此从1937年开始，日本海军的将领们开始寄希望于以技术缩小差距：从“大和号”和“武藏号”开始，打造超级战列舰。这些秘密建造的舰艇只有一个用途，那便是在一次舰队行动中摧毁较小的美国战舰。这些超级战列舰拥有世界上任何其他战舰都无法与之比拟的18英寸口径炮，它们的唯一目的就是在未来的很多年里，无论敌人是

否有新的拨款，都要在火力和射程上压倒其投入到海上的一切武器。[42] 面对空前膨胀的战舰数量，只有超级战舰才能带来胜利。作为一种日益增长的绝望情绪的表征，日本在疯狂地寻找一个技术解决方案，它计划再造 7 艘超级战舰，并进一步为其配置更加巨大的 19.6 英寸口径炮。这纯粹是痴人说梦。因为为了满足现有的主力舰生产计划，日本有限的钢厂和船厂已经开足马力，至于油轮和辅助舰船的生产则早已陷入困境，产出数量远远无法满足需求。[43] 面对一个数量占优的敌人，“以质胜量”并不是一个天然不合理的概念或野心，问题在于质量无几，而数量太多，因为日本新增的 7 艘超级战舰没有一艘完工，而美国海军的扩张却已达到惊人的水平。但尽管如此，在日本海军和政府部门中几乎无人思考过是否需要重新评估与美国开战一事的明智性。

516

1940 年，法国战败对第二次世界大战在亚洲进程的影响，几乎与其对欧洲的影响程度相当，因为德国的胜利严重削弱了英国、法国和荷兰在其东南亚殖民地的防御。这一新的事实诱使日本最终确定了它未来的征服方向。若是沿陆路跨过其位于中国的基地向北挺进，它需要面对的是久经考验的苏联军事力量。自从被苏联红军在哈桑湖（即张鼓峰战役，1938 年 7 月 29 日至 8 月 11 日）血洗，继而又在诺门罕（又称哈拉哈河战役，这场不宣而战的边境战役始于 5 月，并随着主要战斗的发生于 1939 年 8 月 20 日至 9 月 16 日达到高潮）被苏联装甲师打得溃不成军之后，日本将领面对苏联红军的态度就变得更加谨慎。[44]1940 年年中，南进的道路看起来要顺畅很多，越过水面，日本或许就能将那些已被其纳粹盟友占领，或如英国所担心的那样很快将被占领的几乎不设防但价值极高的欧洲帝国殖民地逐一拿下。南进之路上的主要障碍是美国，它在菲律宾有一个大型空军基地和一支小型军队，而它的太平洋舰队最近也

已从圣地亚哥转移到夏威夷。

1937年到1940年，日本海军为了南进已经尽可能占领中国南部沿海的飞地和基地，拿下了海南岛和南沙群岛，为未来在东南亚的征服战争做好了准备。早在东京和华盛顿政府的关系破裂到无法修复之前，日本海军就已部分动员起来，准备发动它希望在太平洋上看到的战争。[45]当日本陆军最终也认可了南进比北进拥有更多机会时，海军倡导的南进之路至此已无后顾之忧。北进，是与一个已经见识过其实力的可怕敌人发起全面战争，南进至少提供了一次押注速胜的机会。此外，占领防守空虚的南方殖民地，还能为日军带来石油等其他关键的战略资源，这些都是它当时正在进行的对华战争以及它期望中的未来的对苏战争所需要的。[46]

1940年7月，美国国会匆忙通过《两洋海军法案》，作为对法国沦陷一事的回应，这使得日本南进的抉择变得更加紧迫。《两洋海军法案》的规模再次让日本人感到震惊。海军作战部部长哈罗德·斯塔克（Harold Stark）上将在接受国会质询时说，美国海军请求的新增拨款将使其能够额外建造7艘快速战列舰（比旧型号更有能力跟上航母）、18艘航空母舰、3000架海军飞机、27艘巡洋舰、115艘驱逐舰和43艘潜水艇。这超过了早期拨款中正在建造的130艘军舰和358艘正在服役的军舰。美国海军基础实力将有70%的增长。[47]前车之鉴就是，如果一个国家的资源基础类似于不来夫斯库（Blefuscu），在战争中与之匹配的只有小人国，那么它就不应该与被激起斗志的格列佛玩铁骰子。但这已经太晚了。日本的精英已经在帝国主义的道路上走得太远，无法回头，开战势在必行。日本不会像富兰克林·罗斯福从1940年年末起就坚持的那样，放弃它的帝国，回到二线国家的位置。它宁愿走入战争，也不愿放弃自己的野心。

***

如果必须打响战斗，那么日本更愿选择进攻。如果它必须进攻，那么它就需要出敌不意。对美战争的开局必须做到惊人得短暂且兼具真正的决定性意义——虽然可能性不大——否则日本海军将无法获胜。它的领导人和策划者的眼光始终停留在一次突袭带来的先发优势上，因此他们设计了一个突袭计划，这次突袭将重创美国海军的太平洋舰队，彼时太平洋舰队正停泊在夏威夷一个暴露出来的可被攻击的港口内。如果他们可以留心最初的不足，或将眼光放得更长远，他们就会看到不可避免的海军损失和自己的后继乏力，而美国海军却迅速恢复甚至超越了原来的实力水平。无论如何，他们还是出击了。要么走入战争，要么走向衰落，要么先发制人，要么落后于人，缓慢但不可阻挡地迈向失败。事情已经发展到这个地步，正如1914年德国的经历。“争雄世界或毁灭”虽然不是日本帝国喊出的口号，但它所代表的极具破坏性的思想内核却是确实存在于东京的核心军事思想中的。

伴随1940年狂热的战前气氛，日本海军的谈判代表抛出对美开战的提案作为在预算分配谈判中对抗陆军的新筹码。陆军必须将更多的预算份额让予海军。毕竟，海军需要更多的资源来打败美国人，并在那之后加强对已征服殖民地的控制。其中，最珍贵的战利品当属荷属东印度群岛的油田；随着美国自1940年逐步收紧制裁、罗斯福总统于1941年完全切断石油出口，它们成为不可或缺的资源。东南亚的石油对日本海军的致命吸引力，以及几十年来将美国海军视为天敌、将太平洋视为日本帝国事业扩张的天然战场，是日本走上“南进”战争之路的主要原因。对经济安全的追求即将演变为一场在资源丰富的

帝国主义势力地区武力争夺霸权的战争。[48]然而，攫取和守成是不一样的。1940年，鉴于纳粹横扫欧洲所引起的结构性变化，前者是日本能够做到的，但后者却远远超出日本的掌控范围，而且这个事实将以比日本的所有悲观主义者所预计的都要快的速度来临。 518

日本陆军在中国已到了进退失据的地步，这是一场它既无法取胜也无法结束，但又不愿放弃的战争。它有着广泛的支持，可以将战争继续下去，因为如果说日本军方和文官政府能在什么事情上达成共识的话，那就是日本绝对不会放弃已经到手的成果。1940年9月22日，日本陆军在没有遭遇任何抵抗的情况下开进法属印度支那北部，骰子就此被掷下。5天后的9月27日，日本加入轴心国联盟。沦陷的维希法国连保卫巴黎都做不到，更不用说河内和其余东京地区（Tonkin），所以日本政府认为最好赶在德国人之前到达那里。事实上，希特勒对印度支那几乎不感兴趣，而且也没有拿下它的能力，然而日本领导人非常清楚，不管是不是轴心国盟友，侵吞国家的小偷之间并无荣誉和信任可言。[49]整个冬天，两个军种都在为南进的下一个目标以及南进速度争论不休。陆军提议以闪电式打击的方式拿下马来亚和荷属东印度群岛，确信这样可以避免与美国人开战。海军则持不同意见，要求更多的时间和资源。致命的抉择发生在1941年7月，当时日军部队从东京（Tonkin）转移到了印度支那南部（安南、交趾支那和柬埔寨）。

1940年4月的海军演习表明，除非同时与英国和美国开战，否则日本是无法夺取并守住荷属东印度群岛的油田这一主要战利品的。海军大将们告知战时大本营和政府，他们能赢，但如果这样的战争持续18个月以上，考虑到战舰对石油的迫切需求，这个结果将无法保证。他们没有告知文官政府或帝国

陆军的是，为了确保得到日本战胜美国海军这一结果，裁判员们在几次军事演习中都作了弊。[50] 在太平洋的彼岸，美国海军举行的类似舰队演习显示出的是完全相反的结果：潜艇和海上空军力量对日本海军有着巨大的破坏潜力。[51] 即便如此，对法属印度支那的占领还是在那个秋天照常推进，它为日本的两个军种提供了前沿空军基地，为接下来广泛深入地入侵东南亚提供了条件，但代价是高昂的。罗斯福已经对日本东京的野心和政策表现出强烈的敌意，在他看来，日本现在已经与它在欧洲咄咄逼人的法西斯盟友没有什么两样。它终归是轴心国的一员，在对待所有邻国的行为上也是毫无二致。在 1941 年期间，日本与华盛顿的关系变得更加紧张，因为罗斯福不仅执意要求日本从印度支那撤军，放弃其在东南亚的帝国追求，而且要求它也必须撤离中国。随后，美国采取了一系列旨在逐步削弱日本的制裁措施，包括从废金属到主要矿物，最后是石油的禁运。

519

由于石油供应被切断，而日本为主要军事行动做的资源储备也无法挺过 18 个月，日本海军领导人敦促对美开战，认为宜早不宜迟。在 1941 年 10 月的一次大本营政府联络会议上，海军军令部总长永野修身大呼：“海军每小时要消耗 400 吨石油，形势紧急，我们希望尽快作出决定。”[52] 这场日本自取的危机倒让军种间和政府间一反常态地团结起来，其核心是最大化地唤起民族精神，进入一场既是光荣的也是必要的战争。这是一个广纳众议的决定，得到多数文职和军事领导人的赞同。连裕仁天皇也在担心，如果日本退缩，会导致又一场低阶军官的政变。[53] 日本作出袭击珍珠港和英、荷在亚洲的殖民地的决定，并不像人们曾经认为的那样，是出于对敌人的强大实力的无知，而恰恰是基于其对美国超强能力的了解，甚至是透彻的认识。而这种认识是由一位极度焦虑的日本驻华盛顿大使、海

军大将野村吉三郎提供给日本东京的决策者的。[54]

日本高层得出一个令人难以置信的结论，即解决中国战场僵局的办法是在东南亚和太平洋地区对英国和美国发动全新的战争。日本希望以震慑西方列强的方式，促使它们一方面停止通过滇缅公路向国民党提供物资，另一方面重新开放对日本的石油（以及橡胶和大米）贸易，好让它维持一个过度扩张的帝国，同时将战争继续下去。然而，在这个问题上，就像在其他多数事情上一样，日本政府并没有得到真正有价值的情报，告诉它敌人将作何反应。[55]它只是以反殖民主义之名，行抢夺殖民地之实，强迫对方接受它在亚洲的霸权。这一切的根源是它在中国的过度扩张，导致弄巧成拙，现在面对美国的抵抗，又不愿放弃到手的成果。走出困境的唯一办法就是快速而有力地打击美国，迫使其向日本的地区霸主地位低头。这完全是一场高风险的赌博，他们赌的是即使受到攻击，美国人也不愿把他们的儿子送到一个从未听说过的地方去送死——仅仅为了帮助他人复国。尽管日本在战争上筹谋了几十年，也考虑到了他们在广阔的太平洋彼岸的那个“假想敌”，但日本的领导人不曾预见美国会向他们投掷军队、舰队和飞机，留下钢铁风暴和烈焰火海。既满怀民族自豪感又心存恐惧的他们，决定发动一场本可避免而无法取胜的战争。[56]

520

日本陆军明白，它无法在同等条件下与美国陆军作战，一个主要原因是它的大部队都被困在了中国。它计划躲在一个由海军提供作战人员的设防外围后方，如此一个接一个岛屿地固防、坚守，他们认为这种方式必然会提高美国人的进攻成本，从而打消盟军意图直接阻挠其在东南亚攫取更多重要殖民地的行动的念头。无论它和海军一道通过两栖作战夺取了什么，陆军都会以顽强的精神死守到底。它也许会丢失一些外围领地，但它会努力留住靠近本土岛屿的殖民地战利品，同时保

住早先在中国的成果。相比之下，日本海军对其接下来与美国海军的较量就显得自负很多。现在仍被思考或被允许存在的只有战术上的疑问。然后，山本五十六提议要对日本海军在过去20年间一直设想的诱敌西进计划——首先削弱西进的太平洋舰队，再在最后一场舰队对决战中将其消灭的渐减策略——作出重大变更。他的替代计划是用集中的海上空军力量袭击停泊在珍珠港的太平洋舰队。[57] 在一些人看来，这似乎是对其先前所有理论的彻底背离，是对海上打击力量从重炮到航母的转移的接受。即便如此，它还是有着常见的在绝望下产生的臆想和对单一战役的依赖，这个单一战役指的不是珍珠港，而是在那之后，在美国舰队的战斗力急剧下降之后。实际上，在夏威夷的进攻中，山本五十六主要把航母当作了替代力量，目的是在真正的决战到来之前削弱美国的战列线。

虽然山本五十六认为日本在这场战争中胜率渺茫，但至少他的计划可以保护本土岛屿，并于1942年守住“南进”的侧翼。他还认为，太平洋舰队所受的重击可能会给日本赢得一年左右的时间来巩固征服的土地并加固其新的外围防御线。[58] 其他高级军官对放弃原来的渐减行动和战舰决战仍持强烈怀疑态度，只是在山本五十六以辞职要挟后，他们才接受了他的替代方案，并正式重申所有海军行动的最终目标是在袭击珍珠港后，引诱美国海军接近日本，并在舰队对决的行动中击败美国海军。[59] 最后，许多高级海军将领都支持这一攻击计划，因为他们认为这将在高潮战役到来之前重挫敌人的战线。这场他们耗费整个职业生涯规划的决战，现在终于就要到来。[60] 于是，一声令下，舰队启航，军机盘旋的夏威夷上空，弥漫的是绝望的气息。

除了“亚利桑那号”被炸毁和“俄克拉荷马号”翻沉外，521 美国海军在1941年12月7日的珍珠港事件中遭受的损失只是老式战舰的暂时性损伤。珍珠港的水位很浅，其余在港内受

损沉没的战列舰，后来都被成功打捞起来，在修复之后重新服役。除了付出生命代价的悲剧外，对美国来说，这些行动迟缓的战舰究竟受到什么损伤几乎无关紧要。珍珠港事件真正解决的，是美国海军内部大舰巨炮主义拥护者和海军航空战力倡导者之间的分歧。日本的攻击将老旧的、机动慢的战列舰推到一边，而将航母部队保留下来，最终使美国海军顺理成章地成为太平洋上的一支航母突击力量。因此，美国海军对日本的推进将在海军和以岛屿为基地的空中力量的保护下逐步进行，而不是像日本以为的那样是以战列舰组成的单一舰队的推进。对日本来说，更糟糕的是，它的领导人错误地认为他们可以在太平洋上敌方力量的外围发动一场有限的战争，就像它1895年在朝鲜和1904—1905年在中国东北地区发起作战一样。美国并不这么看，受到攻击的它不会因为大洋上的一道外围防御或前期的损失就停下脚步，美国的军事力量正在朝着日本而去。

面对一个准备好了持久作战，并且要在海上以及后来的空中发动全面战争的敌人，日本海军高层所表现出的对海战以及普遍意义上的战争的“全面性”的理解是狭隘的。因此，他们拒绝了作为弱势一方海军的传统选择，即以袭击港口和商船为主要手段，避免舰队之间的交战，因为这样的较量没有荣誉可言，战斗就是一切，甚至攻击敌人海军补给的行动也会被认为有悖于他们的战斗传统，他们错失了一个真正的良机。日本海军拥有一支多样化的潜艇部队，包括当时世界上最大、最先进的潜水器，以及在1941年全世界无出其右的鱼雷。然而，除了偶尔一两次漫不经心的行动，它的海军将领并不屑于使用这些精良的武器去袭扰美国海岸附近的航运，或攻击澳大利亚一带的运兵护航船或印度周围的航运。相反，潜艇被指派去执行远距离攻击任务，以便在仍被寄予厚望、为赢得太平洋战争势

在必行的高潮战役之前削减美军的主力舰数量。日本海军为拦截航速达到21节的美军战列舰而建造的潜艇，立即面对的就是速度更加超群的航空母舰，而讽刺的是，正是因为日本成功摧毁了美军的老式战列舰，才有了这一结果。

日本海军的潜艇在夏威夷和珊瑚海海战（1942年5月4日至8日）、中途岛海战（1942年6月4日至7日）中表现不佳。之后，它们在瓜达尔卡纳尔岛意外爆发的激烈而持久的战斗（1942年8月7日至1943年2月9日）中被迫扮演补给角色，尽管这有违它的设计初衷和意图。在那之后，海军将领们拒绝派出潜艇参与商路破袭，因为他们不愿放弃舰队对决的迷梦，始终坚信潜艇将在最终决战中发挥其打击美国战舰的作用。这种臆想一直持续到1944年，但是到了那时一切都已太晚，日本余留下来的潜艇少得可怜，它们能做的已经不多。[61] 尽管囤积了这些潜艇以备日后一战，但在整个战争期间，它们的战力也因为过分分散而被稀释：有被派去执行疯狂的侦察任务的，有被派去毫无目的地炮击俄勒冈州海岸的，有被用来撤军或为被切断供应的岛屿驻军提供补给的，有被派去驻守外港监视航运活动的，甚至还有被用来给海上飞机运送汽油的。[62] 当美国海军早早就将它的潜艇用于商路破袭或破坏补给线时，坚持将潜艇和联合舰队的战列线绑定在一起的日本海军，其实早已没了发起一场高潮战役的希望，而那场“决战”的唯一作用也只是让战前的理论学说沦为笑谈。

522

出于同样的原因，日本人打造了更加高级的驱逐舰，但其设计目的不是护航，甚至也不是保护舰队，而是发动鱼雷攻击，对美国战列线上的巨舰发起“近敌诛杀”的攻势。[63] 对他们自己潜艇的潜在海上破交作用视而不见的日本海军上将们，也在很大程度上忽视了反潜武器的发展和操练，以及敌人可能派遣潜艇击沉己方商船，尤其是早在战争开始前就已经

十分匮乏的油轮船队的可能性。而事实就是，经过早期的缓慢起步之后，美国海军潜艇正是这样做的。美国海军意在发动全面的潜艇战，运用自己的力量发起潜艇史上最为成功，同时也是最为残酷的一场海上破交战。[64] 而与此同时，日本海军的驱逐舰却很少贴近保护已经成为敌人攻击目标的商船和至关重要的油轮船队。

此外，日本的战争策划者将海军航空兵（航空母舰、水上飞机和以岛屿为基地的战斗机和轰炸机群）的功能集中放在消耗美国海军的战舰数量上，而最终决战将由它们的超级战舰出击迎敌，但是由于钢材匮乏，船厂生产能力有限，超级战舰的建造计划被迫搁置。这其中的战术理念熟悉得不能再熟悉，即通过“邀击行动”① 逐步消解敌人的优势，决定性的海战将会在那之后到来，或许是在菲律宾一带的海域。这不是其他海军所了解的那种消耗战略，“邀击行动”的定位从始至终都是那场舰队大对决的前戏。直到 1942 年年底，规划者才向战争现实低头，认为有必要将有限的造船能力从超级战舰转移到航母损失上，也接受了海军航空兵对重炮的明显主导地位。“大和级”的超级战列舰“信浓号”于 1940 年开始建造，之后未完工的船体被改装成整个第二次世界大战中最大的航空母舰。但是由于物资建材、技术工人匮乏以及日本船厂产能的不足，该工程耗时三年才完成。然而在 1944 年 11 月底，“信浓号”被美国潜艇击沉，造成大量人员伤亡，当时距离其首次投入使用仅几天，甲板上还未装备一架飞机。[65] 那时，日本的所有军事行动和战术开始被一种真正的病态所主导。随着事情变得越发无望，全面战争越发逼近岛国本土，一种对死亡的崇拜牢牢控制着这个帝国的海陆空部队。

523

① 所谓邀击，即拦截的意思。

# 注 释

1 关于日本帝国海军，参见 David C. Evans and Mark Peattie, *Kaigun: Strategy, Tactics, and Technology in the Imperial Japanese Navy, 1897–1941* (Annapolis: Naval Institute Press, 1994): pp. 1–31。关于日本帝国陆军，参见 Edward Drea, *Japan's Imperial Army: Its Rise and Fall, 1853–1945* (Lawrence: University Press of Kansas, 2009)，以及 Stewart Lone, *Army, Empire, and Politics in Meiji Japan* (New York: St. Martin's, 2000)。

2 相关论述的形成请允许我感谢丹尼·奥尔巴赫（Danny Orbach），这些深刻见解乃从我和他的谈话以及他的历史学博士论文《不服从的文化》[“Culture of Disobedience: Rebellion and Defiance in the Japanese Army, 1860–1937,” Harvard University, 2015]（作者答辩稿）中收集而来，已出版书名为 *Curse on This Country: Japanese Military Insubordination and the Origins of the Pacific War* (Cornell University Press, 2017)。

3 Mark Peattie, “Japan: The Teikoku Kaigun,” in Vincent P. O' Hara et al., editors, *On Seas Contested: The Seven Great Navies of the Second World War* (Annapolis: Naval Institute Press, 2010): pp. 157–159.

4 Richard Wright, *The Chinese Steam Navy: 1862–1945* (London: Chatham, 2000): pp. 41–84; H. P. Willmott, *The Last Century of Sea Power*, Vol. 1: *From Port Arthur to Chanak, 1894–1922* (Bloomington: Indiana University Press, 2009): pp. 19–27.

5 Ibid., pp. 85–96; S. C. M. Paine, *The Sino-Japanese War of 1894–1895: Perceptions, Power, and Primacy* (New York: Cambridge University Press, 2003): pp. 179–194; Evans and Peattie, *Kaigun:* pp. 38–51; John Perry, “The Battle off the Tayang, 17 September 1894,” *Mariner's Mirror* 50 (1964): pp. 243–259; Evans and Peattie, *Kaigun*: pp. 37–51.

6 Evans and Peattie, pp. 50–51.

7 J. N. Westwood, *Russia Against Japan, 1904–1905: A New Look at the Russo-Japanese War* (Albany: SUNY Press, 1986): pp. 37–51, 72–115.

8 Evans and Peattie, *Kaigun*: pp. 102–110.

9 下文叙述参考了 ibid., pp. 94–132；Westwood, *Russia Against Japan*:

pp. 137–151; David Stone, *A Military History of Russia* (Westport: Praeger, 2006): pp. 139–155; Ronald Spector, *At War at Sea* (New York: Penguin, 2001): pp. 1–21; Willmott, *Port Arthur to Chanak*: pp. 74–127; Pertii Luntinen and Bruce Menning, "The Russian Navy at War," in John Steinberg et al., editors, *The Russo-Japanese War in Global Perspective* (Leiden: Brill, 2005): pp. 229–260；以及来自"鹰号"战列舰（Oryol）上一位管事的第一手材料：A. Novikoff-Priboy, *Tsushima*, translated by Eden and Cedar Paul (London: Allen & Unwin, 1936)。

10 John Bushnell, "The Specter of Mutinous Reserves," in Steinberg, *Russo-Japanese War*: pp. 333–348.

11 Evans and Peattie, *Kaigun*: pp. 118. 纳尔逊在 1805 年的旗语是"英格兰期盼各人恪尽其责"（England expects that every man will do his duty）。

12 Ibid., pp. 124–125.

13 Ibid., pp. 116–124; David R. Stone, *A Military History of Russia* (Westport: Praeger, 2006): pp. 139–155; Ronald Spector, *At War at Sea* (New York: Penguin, 2001): pp. 1–21.

14 Drea, *Japan's Imperial Army*: pp. 17–18, 28–34, 57–61.

15 Orbach, *Culture of Disobedience*.

16 Drea, *Japan's Imperial Army*: pp. 35–46; Ernst Presseisen, *Before Aggression: Europeans Prepare the Japanese Army* (Tucson: University of Arizona Press, I965). 外籍顾问中的关键人物是雅各布·梅克尔（Jacob Meckel）。

17 感谢丹尼·奥尔巴赫在这个问题上的见解。

18 Paine, *Sino-Japanese War of 1894–1895*: pp. 147–149, 236–238.

19 Drea, *Japan's Imperial Army*: p.74.

20 Ibid., pp. 165–175; Drea, *Japan's Imperial Army*: pp. 84–85.

21 Ibid.

22 Paine, *Sino-Japanese War of 1894–1895*: pp. 168–169 and passim; Drea, *Japan's Imperial Army*: p. 86.

23 Paine, *Sino-Japanese War of 1894–1895*: pp. 187–192.

24 Yoshihisa Tak Matsusaka, "Human Bullets, General Nogi, and the Myth of Port Arthur," in Steinberg, *Russo-Japanese War*: pp. 179–202. 一位低阶军官的参与记录见 Tadayoshi Sakurai, *Human Bullets: A Soldier's Story of the Russo-Japanese War* (Boston: Houghton, Mifflin, 1907)，由

内布拉斯加大学出版社（University of Nebraska Press）于1999年重印。

25 Drea, *Japan's Imperial Army*: pp. 104–108.

26 Oleg Benesch, *Inventing the Way of the Samurai* (Oxford: Oxford University Press, 2014): pp. 42–110.

27 Ibid., pp. 131–133.

28 见 Richard J. Samuels, *"Rich Nation, Strong Army": National Security and the Technological Transformation of Japan* (Ithaca: Cornell University Press, 1996)。

29 Alfred Thayer Mahan, *The Influence of Sea Power upon History, 1660–1783* (Boston: Little, Brown, 1890–1892). 另见文集 John B. Hattendorf, editor, *The Influence of History on Mahan* (Newport: Naval War College Press, 1991)。

30 Roger Dingman, "Japan and Mahan," in Hattendorf, *Influence of History on Mahan*: pp. 49–66; Sadao Asada, *From Mahan to Pearl Harbor: American Strategic Theory and the Rise of the Imperial Japanese Navy* (Annapolis: Naval Institute Press, 2006): pp. 3–46. 关于日德兰海战，见 Spector, *At War at Sea*: pp. 64–91。

31 Carl Boyd and Akihiko Yoshida, *The Japanese Submarine Force and World War II* (Annapolis: Naval Institute Press, 2012): pp. 1–7.

32 Richard Frank, *Guadalcanal* (New York: Penguin, 1992): pp. 428–492; Jeff Reardon, "Breaking the U.S. Navy's 'Gun Club' Mentality in the South Pacific," *Journal of Military History* 75 (2011): pp. 533–564; Paul S. Dull, *A Battle History of the Imperial Japanese Navy, 1941–1945* (Annapolis: Naval Institute Press, 1978): pp. 181–275; Evans and Peattie, *Kaigun*: pp. 199–212.

33 Peattie, "Teikoku Kaigun," pp. 159–160; 164; 173–174; Evans and Peattie, *Kaigun*: pp. 52–93.

34 关于日本在第一次世界大战前追求的"六六舰队"，以及其后为了追赶美国海军而扩充的"八八舰队"构想，见 Evans and Peattie, *Kaigun*: pp. 133–198。

35 Sadeo Asada, "The Revolt Against the Washington Treaty: The Imperial Japanese Navy and Naval Limitation, 1921–1927," *Naval War College Review* 46 (Summer 1993): pp. 82–97.

36 关于美国海军在战前是否以战列舰为重心这一点，有些学者提出过质疑。见 Joel Holwitt, "Reappraising the Interwar U.S. Navy," *Journal of*

*Military History* 76 (2012): pp. 193–210；Thomas Hone and Trent Hone, *Battle Line: The United States Navy, 1919–1939* (Annapolis: Naval Institute Press, 2006): Chapters 5, 6, and 7。

37 Edward Miller, *War Plan Orange: The U.S. Strategy to Defeat Japan, 1897–1945* (Annapolis: Naval Institute Press, 1991): pp. 77–149, 180–185, 286–312; Henry Gole, *The Road to Rainbow: Army Planning for Global War, 1934–1940* (Lawrence: University Press of Kansas, 2003); Trent Hone, "Evolution of Fleet Tactical Doctrine in the U.S. Navy, 1922–1941," *Journal of Military History* 67 (2003): pp. 1007–1048; idem, "U.S. Navy Surface Battle Doctrine and Victory in the Pacific," *Naval War College Review*, 62/1 (2009): pp. 67–105.

38 Kennedy, *British Naval Mastery*: pp. 239–298; Andrew Field, *Royal Navy Strategy in the Far East, 1919–1939: Planning for War Against Japan* (New York: Cass, 2004): pp. 123–182.

39 Enrico Cernuschi and Vincent P. O' Hara, "Italy: The Regia Marina," in O' Hara, *On Seas Contested*: pp. 125–129; 134; James Sadkovich,*The Italian Navy in World War II* (Westport: Greenwood, 1994).

40 Stephen McLaughlin, "USSR: The Voenno-morskoi Flot SSSR," in O' Hara, *On Seas Contested*: p. 254, 260–261; 278; M. G. Saunders, editor, *The Soviet Navy* (New York: Praeger, 1958); and Jürgen Rohwer and Mikhail Monakov, *Stalin's Ocean-Going Fleet: Soviet Naval Strategic and Shipbuilding Programmes, 1935–1953* (London: Frank Cass, 2001).

41 Peattie, "Teikoku Kaigun," p. 160–161; Evans and Peattie, *Kaigun*: pp. 199–298.

42 Ibid., pp. 370–383.

43 Ibid., pp. 357–360.

44 Alvin Coox, *Nomonhan: Japan Against Russia, 1939* (Stanford: Stanford University Press, 1985). 另见 Stuart Goldman, *Nomonhan: The Red Army's Victory that Shaped World War II* (Annapolis: Naval Institute Press, 2012)。细节问题参见 Hiroaki Kuromiya, "The Mystery of Nomonhan, 1939," *Journal of Slavic Military Studies* 24/4 (2011): pp. 659–677。

45 Barnhart, *Japan Prepares for Total War*: pp. 198–214; Sumio Hatana and Sadao Asada, "The Japanese Decision to Move South, 1939–1941," in

Robert Boyce and Esmond Robertson, editors, *Paths to War* (New York: St. Martins, 1989): pp. 383–407.

46 Nicholas Tarling, *A Sudden Rampage: The Japanese Occupation of Southeast Asia, 1941–1945* (Honolulu: University of Hawaii Press, 2001): pp. 39–79; H. P. Willmott, *Empires in the Balance: Japanese and Allied Pacific Strategies to April 1942* (Annapolis: Naval Institute Press, 1982): pp. 67–94.

47 John T. Kuehn, *Agents of Innovation: The General Board and the Design of the Fleet that Defeated the Japanese* (Annapolis: Naval Institute Press, 2008): pp. 40–143; Robert Love, *History of the U.S. Navy, 1775–1941* (Harrisburg: Stackpole, 1992): pp. 594–595, 606–607, 622–623.

48 Yoichi Hirama, "Japanese Naval Preparations for World War II," *Naval War College Review* 44 (Spring 1991): pp. 63–81. 它关于日本海军是日本与美国之间的战争的主要推动者的论点并未被普遍接受。更有说服力的阐述见 Evans and Peattie, *Kaigun*: pp. 447–486。大量支持性文献证据可见于 James Morley, editor, *The Fateful Choice: Japan's Advance into Southeast Asia, 1939–1941*，译自 *Taiheiyō sensō e no michi* series, 1962–1963 (New York: Columbia University Press, 1980)。另见 Michael Barnhart, *Japan Prepares for Total War: The Search for Economic Security, 1919–1941* (Ithaca: Cornell University Press, 1987)。

49 鉴于德国军队占领了法国部分地区这一铁的事实，日本确实对德国是否有意染指法属印度支那有过担忧，见 Drea, *Japan's Imperial Army*: p. 209。关于日本陆军对自身在亚洲的角色的看法，见 Yukio Koshiro,*Imperial Eagle: Japan's Strategic Thinking about Continental Asia before August 1945* (Ithaca: Cornell University Press, 2013)。

50 Evans and Peattie, *Kaigun*: pp. 510–511, 609, n.44.

51 Holwitt, "Reappraising," p. 201; Alfred Nofi, *To Train the Fleet for War: The U.S. Navy Fleet Problems, 1923–1940* (Newport: Naval War College Press, 2010): pp. 195–264.

52 转引自 Evans and Peattie, *Kaigun*: p. 456。关于决定开战之前的复杂问题和谈判，见 Dorothy Borg and Shumpei Okamato, editors, *Pear Harbor as History: Japanese-American Relations, 1931–1941* (New York: Columbia University Press, 1973)，以及 Hilary Conroy and Harry Wray, editors, *Pearl Harbor Reexamined: Prologue to the Pacific War* (Honolulu: University of Hawaii Press, 1990)。关于文化背景，见 Akira

Iriye, *The Origins of the Second World War in Asia and the Pacific* (New York: Longman, 1987)。关于日本的计划和危机决策，见 Barnhart, *Japan Prepares for Total War*: pp. 237–262; James Morley, *Japan's Road to the Pacific War* (New York: Columbia University Press, 2013): pp. 230–248; Nobutaka Ike, editor, *Japan's Decision for War: Records of the 1941 Policy Conferences* (Stanford: Stanford University Press, 1967); Donald Goldstein and Katherine Dillon, editors, *The Pearl Harbor Papers: Inside the Japanese Plans* (New York: Brassey, 1993); 以及 Peter Mauch, *Sailor Diplomat: Nomura Kichisaburō and the Japanese-American War* (Cambridge: Harvard University Press, 2011): pp. 136–203。

53 Edward Drea, *In the Service of the Emperor: Essays on the Imperial Japanese Army* (Lincoln: University of Nebraska Press, 1998): p. 187.

54 Mauch, *Nomura Kichisaburō*: pp. 114–203.

55 Michael Barnhart, "Japanese Intelligence Before the Second World War," in Ernest R. May, editor, *Knowing One's Enemies: Intelligence Assessment Before the Two World Wars* (Princeton: Princeton University Press, 1984): pp. 424–455. 另见 Edward Drea, *MacArthur's ULTRA: Codebreaking and the War Against Japan, 1941–1945* (Lawrence: University of Kansas Press, 1992); Douglas Ford, "Planning for an Unpredictable War: British Intelligence Assessments and the War Against Japan, 1937–1945," *Journal of Strategic Studies* (2004): pp. 136–167; 以及 idem, *Britain's Secret War Against Japan* (New York: Routledge, 2006)。

56 Eri Hotta, *Japan 1941: Countdown to Infamy* (New York: Knopf, 2013): p. 14. 一个有理有据的相反观点来自 Michael W. Myers, *The Pacific War and Contingent Victory: Why Japanese Defeat Was Not Inevitable* (Lawrence: University Press of Kansas, 2015); 另见 James Wood, *Japanese Military Strategy in the Pacific War: Was Defeat Inevitable?* (Lanham MD: Rowman and Littlefield, 2007)。

57 这方面的经典作品，见 Gordon Prange et al., *At Dawn We Slept: The Untold Story of Pearl Harbor* (New York: McGraw-Hill, 1981): pp. 189–306。另见 Willmott, *Empires in the Balance*: pp. 130– 174; Evans and Peattie, *Kaigun*: pp. 471–479; Dull, *Battle History*: pp. 1–48; Gordon Prange et al., *Pearl Harbor: The Verdict of History* (New York: McGraw

Hill, 1986)。

58 Hiroyuki Agawa, *The Reluctant Admiral: Yamamoto and the Imperial Navy* (Tokyo: Kodansha International, 1979): pp. 193–200, 214–223, 227–230, 238; and Yoji Koda, "A Commander's Dilemma: Admiral Yamamoto and the 'Gradual Attrition' Strategy," *Naval War College Review* 46 (Autumn 1993): pp. 63–7; Evans and Peattie, *Kaigun*: pp. 466, 472, 480, 482.

59 海军大将永野修身于1941年11月15日在大本营政府联络会议上提出的大战略文本的转载与翻译可见于 Ike, *Japan's Decision for War*: pp. 247–249。另见 Gordon Prange et al., *December 7, 1941: The Day the Japanese Attacked Pearl Harbor* (New York: Wings Books, 1991)。

60 Evans and Peattie, *Kaigun*: pp. 479–480; Ikuhiko Hata, "Admiral Yamamoto's Surprise Attack and the Japanese Navy's War Strategy," in Saki Dockrill, editor, *From Pearl Harbor to Hiroshima: The Second World War in Asia and the Pacific, 1941–1945* (New York: St. Martin's, 1994): pp. 55–72; Herbert Rosinski, "The Strategy of Japan," in B. Simpson, editor, *Development of Naval Thought* (Newport: Naval Institute Press, 1976).

61 Boyd and Yoshida, *The Japanese Submarine Force*: pp. 53–91, 134–157. 英国皇家海军的潜艇也同样因为被打散，而无法发挥出它们在地中海战区中所表现出来的高效进攻角色。见 Richard Hammond, "Fighting under a Different Flag: Multinational Naval Cooperation and Submarine Warfare in the Mediterranean, 1941– 1944," *Journal of Military History* 80 (2016): pp. 451–460。

62 Boyd and Yoshida, *The Japanese Submarine Force*: pp. xi–xii, 113–133, 158–190.

63 唯一的例外是日本驱逐舰对运兵船的保护。Peattie, "Teikoku Kaigun," p. 127; Oi Atushi, "Why Japan's Anti-Submarine Warfare Failed," in David C. Evans, editor, *The Japanese Navy in World War II in the Words of Former Japanese Naval Officers*, 2nd ed. (Annapolis: Naval Institute Press, 1986); Evans and Peattie, *Kaigun*: pp. 199–298, 364–370, 424–446; Peattie, "Teikoku Kaigun," pp. 162–164.

64 Trent Hone, "The U.S. Navy," in O' Hara, *On Seas Contested*: pp. 228–230, and Tomas Hone and Trent Hone, *Battle Line: The United States Navy,1919–1939* (Annapolis: Naval Institute Press, 2006): pp.

110–125; Clay Blair, *Silent Victory: The U.S. Submarine War Against Japan* (Annapolis: Naval Institute Press, 2001); Kenneth J. Hagan, "American Submarine Warfare in the Pacific, 1941–1945: Guerre de course Triumphant," in Günther Bischof and Robert Dupont, editors, *The Pacific War Revisited* (Baton Rouge: Louisiana University Press, 1997): pp. 81–108.

65 Hans Lengerer, "The Japanese Superbattleship Strategy," Parts 1–3, *Warship*, 22/23/24 (1982).

# 十六 迷梦的覆灭

524

几十年来，日本陆军的战争计划针对的是一个与海军所设想的完全不同的对手：第一次世界大战前的沙皇俄国和在那之后的苏联。两个军种之间出现了根本性的分歧，而这一分歧从未得到纠正，并一直延续到1940年战争前夕。海军军官准备与美国开战，陆军军官则预备与苏联交手。并非没人尝试去解决这个问题，但这些尝试只是让事情变得更糟，同时也暴露出战前包括文官和武官在内所有日本精英阶层的极度轻率。例如，早在1918年日本天皇签署的一份帝国战略中，日本确定的是一个典型的不解决任何问题的和稀泥方案：武装部队应同时准备与苏联和美国开战。不仅如此，深陷军阀统治乱局和内战的中国也被列为入侵对象之一。因此，在整个20世纪二三十年代，日本都在为对抗潜在的中、苏、美联盟备战。这一任务当然无比艰巨，但据说是可以取胜的，因为日本陆军首先会在中国发动一场闪电战，从而夺取击退苏联和美国所需的资源。[1]日本最终也确实得到了这一切，只是并非以它预期中的那种方式：一场在中国进行的令人难以忍受的地面战，一场对阵美国的进度迟缓的海空战，以及1945年的一次闪电式攻击——只是这次攻击的发动者不是它自己，而是苏联红军。

日本高层的战争设想中充斥着关于军事和帝国主义的种种臆想：从快速战争到大和民族的种族优势，再到他们战斗人员身上确信可以克服物质资源劣势的精神境界。一旦战争开始，它的军事思想将随着战败的迫近而逐步变得激进起来，它向士兵灌输对天皇的崇拜，在最极端的时候会要求它的士兵以在欧洲或亚洲任何军队中都闻所未闻的方式战斗至死。作为回报，士兵和海员被告知，他们在道德上不受来自日本平民的指责，当然也不受任何在其控制下的外国人的谴责。士兵被教导投降是不光彩的，于是

许多人开始对投降这一行为嗤之以鼻，哪怕这将以他们自己或战俘的生命为代价。这一在种族主义帝国和军事文化的鼓励下催生出的对平民和战俘生命的漠视，直接导致在南京等开明之地以及“死亡铁路”沿线的暴行。然而，当一切都结束时，彻底覆灭的只是日本人的优越感和他们的帝国野心。

525

***

并非所有日本人都屈服于同样的幻想。1916 年，日本陆军大将田中义一主持了一个由 25 名军官组成的委员会，研究正在欧洲发生的战争。他不能接受堑壕战所揭示出的现代战争的消耗本质，因为这意味着日本在亚洲建立帝国的目标将变得难以企及。他清楚，日本的实力始终不足以直接挑战西方的殖民列强。接下来，他得出了两个结论，它们将让以战争手段建立帝国霸业的可能性得到保全。他承认第一次世界大战表明短期内阁战争的时代已经过去，因此为了应对未来的持久战，日本必须保持经济上的独立。这意味着它需要不受限制地控制中国的资源，因为未来工业国家之间的战争，决定胜负的将是耐力，而非过人的“民族精神”或“生命冲力”。至于必然会削弱日本本已非常微弱的实力的堑壕战，他给出的解决办法不是放弃战争，而是更早地发动战争，通过尽快解决弱小的亚洲邻国，使日本变得足够强大，以备在未来与欧洲列强开战。然而，一个更有权势的群体对德国战前的战斗理论推崇备至，甚至在 1914 年这一理论被证明无用、1918 年德国战败之后依然如此。他们坚信，和德国一样，日本要克服它的弱势地位只有一个办法，那便是要么不开战，要么就在开战之初迅速取胜。他们对全面战争的潦草分析和规划可以得出的唯一结论，就是一切长期战争的预期对日本来说都是不可接受的，所以它的军事领导人一次又一次地回到了要么大获全胜、要么满盘皆输的战役理念上来。在帝国霸

业的诱惑和文化需要的驱动下，他人的战壕警示被无视了。

20世纪20年代，在大本营内，改革派与守旧派之间的争论仍在继续，前者希望有一支现代化的火力部队，以应对一场旷日持久的物资战，后者则相信大和民族的精神优越性，以及一次开局制胜的会战。1927年，守旧派，即施里芬的崇拜者，重写了步兵作战和指挥操典，新的操典强调精神因素和进攻精神在战争中永远的决定性地位——尽管他们自己的人生经历全都指向相反的一面。然后，石原莞尔，关东军中的一位年轻参谋、日本扩张主义战争的关键策划者，在1931年挑起入侵中国东北的军事行动。石原是一个宗教狂热分子，同时也是一位重要的战略理论家。和田中义一一样，他相信决定其他现代战争的，必然也将最终决定日本的战争，那就是国家和帝国之间大规模的、持久的人口和战争物资比拼。他认为，接管中国东北地区将为日本提供其与苏联和美国竞争所需的资源，但前提是日本也要被改造为一个有着能够适应全面战争所需的经济动员制度和联合一体的民族精神的一党制国家。[2]

526

石原在引导日本为争夺中国东北地区资源而发动战争的行动中很有影响力，但在日本未来必须对更强大的敌人发动什么样的持久战这一更大的问题上却没有说服力。他的一些同僚希望通过集中的、有计划的工业化，为今后的全面战争动员打下基础，为日本创造经济和战略深度，赋予其在大国之间平等竞争的实力。这是苏联正在经历的事，从20世纪20年代开始，斯大林通过强权建立起一个战争国家，而事实上这个国家也将在一次施里芬式的突击入侵又旋即失败的行动中幸存下来。这就是大英帝国和美国这两个潜在但广阔的资源大国所拥有，而半工业化和资源贫乏的日本没有的东西。然而，日本内部太多的集团派系互不相让，将政策拉向相互矛盾的方向，直到其中某个派系决定放弃口舌之争，直接采取行动，拉着整个日本走向以军事手段扩张海外帝国的不归路。

许多年轻军官虽然同意日本需要拓宽其资源根基，但并不理解石原关于长期战争的推理。他们感兴趣的主要是武器生产，并且对此急不可耐。[3]他们只想要战争工厂的产品，而不愿为打造更深层的、用以维持未来全面战争的经济环境付出努力。他们不相信全面战争，不相信消耗是通向胜利的途径，也不相信现代大国冲突所揭示的现实。他们是军事浪漫主义者，还有一些是军事唯心论者，他们拒绝接受消耗对精神力量的胜利，他们仍然相信孤注一掷的战役和依靠战士美德（比如发起攻击时的残暴）取得的胜利。1936年，“精神”派再度掌权，帝国战略再次迷失在妄想当中。陆、海军共同制定的《帝国国防方针》明确提出，日本可以同时攻打并击败苏联和美国，陆上、海上双线并行，快速赢得与二者的战争。[4]次年，冒失急进、不愿听从上令的下级军官在中国挑起一场不必要的战争，日本自此踏入一个它无法挣脱的泥潭，并走向一场它从未准备过的全面战争。这就是战役的幻象对致力于要在20世纪中期变得更加强大的弱国的吸引力：它扭曲了现实，否认了经验，政治的野心和欲望与军事和帝国之迷梦在此交融。然后，选择就此产生。

527

在这一时期，军种之间能够达成共识的一个领域就是有关“统帅权独立”的原则，即由天皇总揽最高指挥权和战略指导权的理念。这意味着事实上的军部自治，因为如果军队的合法统帅权只属于天皇的话，那么中央政府的文官就永远无权过问军部事宜。此外，日本没有一个有权执行资源分配或决定战略的政策协调机关。战时的大本营过于软弱，无法对两个势成水火的军种实行统合的军事控制，更不用说制定一个它们都必须遵从的统一的大战略了。1937年，日本一头栽入中国泥潭后开始召开的大本营政府联络会议，也只是在纸面上和和稀泥，而不提供真正的指引。陆海军在国家政策方向和战争规划上的重大分歧，并不仅仅是其他国家和军队中那种司空见惯的军种藩篱。它们从根本上分化了大战略，分化了日本自19世纪90年代以来追求的海外帝国

计划的目的和实现手段。陆军和海军之间的恶性竞争一直是日本的政治、外交和军事冒险主义中不可回避的事实，也是日本长期战略混乱的根源，因而导致1941年日本被迫同时应对几场大战。

这一切都在1936年6月经天皇批准颁布的《帝国国防方针》中得到调和，这项折中方案重申，陆军应准备在西伯利亚对抗苏联红军，而海军则应在太平洋地区备战美国海军。实际上，统合大战略意味着这两个军种必须接受不同的预算分配。但两个军种为了追求各自的利益，总是试图最大限度地提高自己的预算占比。在旧的国际秩序和各地纷纷瓦解的关键时刻，这么做意味着对过去"一次对付一个敌人"的作战智慧的彻底背离，转而追求一种四面树敌、多线作战，在战争规划上缺乏重心的分裂政策。而且鉴于已经没有办法限制两个军种继续增加各自的新任务和新目标，这也意味着军事野心清单的不断见长。因此，在1937年得到普遍认可的战争计划是入侵中国，同时以美国和苏联为对手。与其说这是一个经过深思熟虑的国家决策，不如说它是中日关系恶化，军内派系不从上令、煽动侵略的结果。日本的陆上行动已经放弃了战略谨慎，海军同样不将新加坡的英国皇家海军放在眼里，并将大英帝国作为第四个潜在的敌人加入假想敌的名单中。这是一种极其罕见的、全然不计后果的狂妄，这在任何严肃意义上都称不上是理性的。它由政治和体制驱动，只存在于理论和行动的泡影中，不属于任何战略计划甚至想法的范畴。这实际上意味着，日本军方准备（包括武器采购和训练）打两场独立的战争，它们分属海军和陆军，分别对抗美国和苏联，然而现实是它并不具备可以发动任何一场战争的资源。1937年，随着民族主义的崛起，日本帝国深感自己在大陆的利益受到威胁，再加上前线军官在并未征得上级意见的情况下便擅自采取了行动，它转而入侵了中国。[5]

530

***

同时发动两场快速战争并击败两个大国的想法是可笑的，特别是在陆军事实上只准备好了与落后软弱的中国军队作战的情况下。它使用的是次等武器，现代化水平与其事实上的中国对手相差无几，尚未达到被其视为潜在敌人的苏联和美国的现代武器标准。日本认为中国软弱，因此对中国极端轻视，以至于在北进与南进的争论中，双方都没有将现实世界中中国民族主义的崛起纳入它们的论辩。这种态度直接导致更多极不明智的侵略行为，首先是暴戾的日本军官于1937年7月7日在马可波罗桥（卢沟桥）挑起与当地中方军队的冲突，导致了日本人所谓的“中国事变”（“七七事变”）。当时，在海河支流（永定河）上的一座桥附近，有枪声从黑暗中传来。驻扎在该地的日本华北驻屯军决定执行其“治外法权”。有一名日本士兵失踪了两个小时，但除此之外，无人受伤。然而，现场军官决心利用这一情况。他们要求道歉，并要求中方军队从其他重要桥梁撤出，为未来入侵华北开辟道路。中方驻军拒绝行动。[6]次日早晨，日本和中国部队发生冲突，一次地区冲突遂升级为一场战争危机。日本派驻在外的地方部队长期以来一直希望有一个可以借机入侵的由头，而这次的小小事件便提供了这个由头。日本陆军中的其他部队也应声而起，批准了对中国华北地区的入侵。民族主义的中国不再接受日本的羞辱，开始全面动员起来。日本陆军高层得知当时苏军正处于大清洗的血腥震荡当中，认为此时的莫斯科已经无暇他顾，那么现在或许就是东京的一次大好机会——不仅是为了向中国扩张，也是为了日后与苏联的开战。7月25日，日军一边从驻朝鲜军中抽调部队增援，一边从日本本土派出三个师赶赴华北。两天后，日本大

531

举进攻中国，挑起第二次中日战争。

不服从的文化再次绑架了日本政策的整个走向。[7]另外，侵华行动发生在一个帝国主义扩张战略广受军方和政要拥戴的时代背景之下，因此这次入侵在几天之内就得到各级帝国陆军军官和文官政府要员的认可——军事上的不服从没有帝国事业那么重要。最近的研究表明，当时的情况也许比此前认为的更加复杂。这次侵华事端，可能已经得到主要的文官政要，特别是时任首相近卫文麿和后来的首相平沼骐一郎的支持，目的是预防“皇道派”——日本帝国陆军内部的极端民族主义势力作出他们所认为的更加冲动的行为，即进攻苏联。此外，他们也在关注要求与欧洲的法西斯国家建立更紧密联系的“统制派”的影响。借助新的档案资料，安德鲁·莱维迪斯（Andrew Levidis）认为，日本内阁决定支持在华军事行动的“主要考虑之一”是担心“如果敌对行动过快终止……重新得势的皇道派会推动这些师团向北重新部署到满洲①，为与苏联的战争做准备”。[8]相比陆军在冲动之下与苏联开战，对华作战被认为是一种威胁更小的选择。

面对一个战略深度超过他们能力范围的敌人，日军在中国的战斗模式和四年后德军在俄国的一样：一次行动接着一次行动，但行动之间并没有真正的战略联系，也缺少一个制胜战争的通盘计划。它还推行令人发指的占领政策，导致民族抵抗情绪愈发激化。中国方面的伤亡是巨大的，而且从一开始就远远超出日本人自己的预期。虽然不少国土、城市落入侵略者之手，但为了避免彻底沦陷，中国军队撤向西南地区和内陆腹地，这是一个国土面积大得超出日本人的理解和经验范畴的国家，而这又将是德国日后灾难的预演。于是，战争继续，中国

① 指伪满洲国。

方面的伤亡人数之高，时至今日仍无法准确统计。这场战争的残酷程度也与后来德国在欧洲的血腥入侵不相上下。日本官兵的行为往往肆无忌惮，甚至表现出嗜杀的野蛮兽行。推进中的日军起初并未像他们在第一次中日战争期间做的那样，费神收押俘虏，或在投降后将他们杀死。而情况只会变得更糟，就像在其他持久战中一样，死于战斗或中国人之手的日本士兵越多，战略泥潭带来的挫败感就越深，日本为结束这场战争开出的条件就越发苛刻和严酷。

532

艰苦的战争马上就打响了。作为中国国民党及其军队首脑的蒋介石，同时也是一位军阀和独裁者，他决定在东南方向600英里处的上海开辟第二战场。战斗于8月中旬开始，历时三个月，中国投入75万兵力与25万日军展开战斗，11月5日，日军组织两栖登陆，对中国军队呈包围之势，后者被迫西撤，日军继续向前推进；到11月底，超过4万日本人和至少20万中国人战死。这又为自12月开始的历时7周的连续暴行“南京大屠杀”创造了条件。“南京大屠杀”是这场战争中发生过的最为惨烈的残杀和掠夺事件，大约有20万中国人遭到屠杀（这个数字至今仍有争议）①。[9]但这绝不是日本军队在中国犯下的最后一桩暴行。

就在南京的杀戮正在进行之际，德国大使提出的调解想法也曾在东京被讨论，但最终未被采纳。不仅如此，1938年1月，日本拒绝了所有第三方提出的调解要求，并终止了与蒋介石国民政府在未来的所有关系。它接下来还将采取强硬的政策，这可能是因为日本的文官政府高层担心，如果通过谈判过早地结束了这场虽然正在扩大但仍然“有限”的对华战争，陆军中的皇道派势力会将矛头转向苏联，让日本陷入一场与世界

① 根据可靠的研究，死亡人数应为至少30万人。

大国争战的全面战争。[10]结果，中国军民激烈而坚定的抵抗仍在继续，日军不断上升的伤亡数字让日本政府深陷道德和政治困境，而且这种困境正在随着每一个海外士兵的死亡而变得更加难以扭转。如此种种都在让这场战争愈演愈烈。东京在中国的几个占领区中建立了傀儡政权，明确释放出其意图长期瓜分进而控制中国的信号，这激起更深层次的抵抗，结果战火越烧越旺，即使此时战斗规模和深度已经超出日本的掌控。[11]与此同时，倨傲自大的海外驻地将领依旧蔑视中央指挥，不断向内陆推进，让一个本就捉襟见肘、难以满足作战需求的后勤系统不堪重负。然而，就像最初指导他们的德国军事思想家和训导师一样，日本的将领也对后勤不屑一顾，这不是一个战斗民族的战斗阶层应该关心的事情。于是，在未改变任何战略考量的情况下，他们持续采取往往未经授权的军事行动，导致伤亡加剧。整个日本社会被迫推动全面战争动员，军事化进程加深。

533

1938年3月，日军两个师团在国民党部队的痛击下全面溃败并撤退，损失惨重，日本上下为之震惊。随后，徐州附近爆发更多激烈战斗，中国方面虽然失去整个师团，但主力军队又一次存活了下来。[12]日本人被迫改变策略，他们转而占领领土，而不再试图通过一次又一次的战役来打败国民党，这表示他们已经认识到战争将持续很长时间。在进入下一次重大战役即武汉战役之前，蒋介石显示了他本人以及国民党将会如何坚决无情地反击。为了拖住两个西进的日军师团，他下令摧毁黄河堤防，洪水导致三省被淹，近百万中国平民死亡，390万难民外逃。[13]洪水阻挡了日本人几个月，直到水位下降，日军在驳船和炮艇的帮助下，沿着被淹没的河岸重新进发。

然而令人惊讶的是，即便是在不断深陷对华战争泥潭的此刻，日本的将军们依然在梦想着他们真正想要的战争：北上对抗苏联红军。就在这场持续时间和伤亡人数都已偏离预期的主

要陆战进行期间，驻防在苏联边境的不计后果的关东军陷入与红军的激战，他们又一次在没有中央授权的情况下擅自行动。战斗一直持续到8月，日军出动的部队达到师、团级别。一年后，在诺门罕爆发的战斗将更加激烈，苏联红军大败日军之后不久，纳粹德国和苏联即缔结了互不侵犯条约并联合入侵波兰。[14]在接下来的两年里，日本的政治活动和国策的主要方向即通过《反共产国际协定》加强与欧洲法西斯国家的联系，依靠政治和官僚手段在日本全社会做战争动员，以及根据欧洲战局和与美国关系的变化不断调整它的外交政策。

与此同时，中国的战斗仍在继续。日军沿长江两岸推进，30万日军随后在武汉附近与100万人的中国军队发生了一系列遭遇战。此时，日本陆军部队已经远离他们的补给基地，这标志着日本后勤能力和战略渗透的极限。在中国深远的战略纵深以及激烈的民族主义抵抗热潮下，日本陆军不得不转而采取以小股军队驻防和大规模扫荡相结合的临时作战策略。这意味着要在固定阵地上使用素质较低的征召兵，以保住他们在沿海以及内陆河流或铁路沿线地区赢下的初步成果。现在，由于英国和美国通过中国香港和缅甸公路向华南地区的蒋介石军队提供物资，日方伤亡还在无止境地上升。[15]日军杀死的中国人要多得多，但他们自己的伤亡也是如此之高，以致他们不得不从强调进击精神的步兵攻击战术转向强调速度和机动，以应对来自中国军队的攻击，尽管日本陆军缺乏现代机械化战争手段来执行这一战术转变。

534

日本的军事政策与其说是大胆和不拘一格，毋宁说是莽撞冒失。为了实现之前夸下的海口而过分虚张的军事承诺，导致在根本没有解决方案或战略目标和最终目的的情况下，资源的进一步稀释。攻势一波接着一波，有些来自国民党，但更多是日本陆军发动的。1941年后，更多的盟军物资流入中国，这

既是为了支持蒋介石的军队对抗日本，也是为了将日本陆军牵制在中国战场上，因此虽然战线不断前移，但战略僵局并未被打破。更多懵懵懂懂的征召新兵被派到这里防守战线、补充小型驻军的兵力，他们只被用来发起投机式的进攻，而事实已经证明，这样的进攻对一个幅员辽阔的被进攻的一方来说毫无意义，况且它还受到一个正在走强的大国联盟的保护（而这个联盟的缔结正是日本自己主动挑起的）。这一时期存在一定的军队活动，但这时的战役更应被理解为加速消耗的事件。每次战役单独来看都是非决定性的，但从总体上和战略上看，它们在一场耐力压倒军事技巧的较量中同时消耗着两方的军队。由于日本的侵华方针追求的是永久的分治和持续的统治，因此南方的国民党军队，以及在西北的、人数上逊色许多的共产党游击队都在发起激烈抵抗，关键的国际参与者也出面干预，以牵制日本军队、确保中国的完整。与此同时，更现代化的美军以及同盟国空军、陆军则在太平洋上实行跳岛战术，计划轰炸和入侵日益暴露的日本本土岛屿。[16]

进入1944年，日本陆军和海军的高级军官团仍然沉醉于战术和行动层面上的成功，认为它们可以直接转化为这些在亚洲爆发的层层嵌套的战争的战略胜利：在日本发动的亚洲地区战争中，嵌套着一场中国内战，而这场亚洲战争又被嵌套在一场更大范围内的、战火现已燃遍太平洋的世界战争当中。[17]在大陆上，只是因为中国军队技术拙劣，加上不少将领腐败无能，才让日本陆军免于因为漏洞百出的后勤和更大的战略失误而陷于崩溃。在太平洋战争中，普通日本士兵被要求在一项不可能完成的任务中付出异于常人的努力。1943年年底，日本在太平洋战场败局已定，在中国以外的战场上也已回天乏术，在此情势之下，从1944年4月到1945年2月，50万日军发起了其陆军史上规模最大、时间最长的一次战局。这次行动代

号为“一号作战”①，日本帝国陆军沿着中部海岸一路南进，粉碎试图前来阻拦的国民党部队，然后转向内陆，直取蒋介石的主要基地和指挥部——重庆。

日本的主要目标是切断外部对重庆的所有供应，攻击位于中国南方的美国轰炸机基地，令美军轰炸机的航程范围远离日本本土，迫使国民党放弃抵抗。日本人还需要为他们在法属印度支那的部队打通一条陆上交通线，因为他们的商船在美国潜艇和海上空中力量的打击下遭受巨大损失，导致他们在法属印度支那的驻军无法通过海路得到补给。起初，日军攻势进展顺利，取得自1937—1938年来未见的成功，包括在河南中部，日军新组建的装甲师团在那里实现了快速包围；5月，日军占领了中国中南大片地区；6月，他们发起三次连续的作战行动，向法属印度支那开进。然而，这一前所未有的尝试结果却是让更多的中国领土落在了日本陆军的势力范围之外，就像无论装甲部队开进过多少土地，在前方等待东线陆军的仍是无穷无尽的俄国一样。1944年，进占华南的攻势从未真正将日本从显然即将到来的全面溃败中解脱出来。[18]连连受挫的日军在羞怒愤懑之下开始实施穷凶极恶的焦土策略——这个中国人称为“三光政策”、日军后来冠之以“三光作战”的行动命令于1940年首次发布，具体指令为：“烧光、杀光、抢光。”然而，愤怒并不会带来胜利。

也没有什么可以拯救在缅甸的日军，那里的部分日军部队在缺少武器的情况下，与重整旗鼓后指挥更为有力、装备更为精良的英国和印度远征部队做最后的搏斗。手无寸铁的日本人被告知要跟随并取走阵亡者身上的步枪，就像一些俄国步兵在1915年和1941年得到的指令一样。缅甸的战场上经历过游击

① 即豫湘桂会战。

战，经历过英军对特种部队作出的大规模的深入部署，经历过漫长的、引致包围战的丛林作战，也见证了日本第15军在英帕尔（Imphal）和科希马（Kohima）的彻底瓦解。在缅甸的最后一次战局中，违逆上令的情况在日军各级将领中变得更为普遍，它的后勤系统经历了整场战争中最为严重然而又是意料之内的几次溃败，在撤往伊洛瓦底江（Irrawaddy River）的乱局中，普通士兵经历了一次自毁式的痛苦不堪的死亡行军。1945年年初，日军的指挥、补给和士气彻底崩溃，西方军队因此得以深入缅甸。战场上的最后几个月对日军来说是一场十足的灾难。被打得溃不成军、弹尽粮绝的日军残兵试图杀出一条生路，但付出了惨重的生命代价，部分部队的人员损失比例达到60%至90%。[19]

536

***

最终，是日本在太平洋上另一场嵌套战争中的失败，结束了日本侵华战争，并导致日军在亚洲的全面投降和撤离。[20]1941年，当日本领导人作出与美国开战的决定时，他们对日本的武装力量信心十足，认为其已准备就绪，补给也充足。事实上，日本海军进行的是一场豪赌，他们孤注一掷，然后在不到六个月的时间里被彻底打垮；而在太平洋的日本陆军则全无战略可言，即便在珍珠港事件之前，他们在对苏联红军的作战计划上已经谋划了十余年，在中国也有了数年的实战经历。相反，日本有一个模糊的作战计划，意欲趁纳粹德国在其本土岛屿绞杀英国之机，夺取英国在印度洋的基地，切断它与其海外帝国的联系。日本推断，只要英国退出战争，中国南部被切断外来补给供应的国民党军必将崩溃。届时，华盛顿只能同意谈判，并最终接受东京对亚洲的统治，自足、强大的日本帝国将作为一

个权力国家崛起。这一切的前提是日本能够利用它在东南亚攫取的资源，为其在中国和太平洋地区发动的持久战服务。然而，日本的战争规划者严重误判了他们开采利用东南亚原材料的速度，其中一个很重要的原因是他们缺乏将这些重要资源运回日本的商船和油轮运力。这还是在美国海军的潜艇及其海军航空力量遍布海上航道之前。[21] 日本本身既没有准备好，也没有能力去应对一场漫长的战争，它只是指望美国能在自己辉煌的开局胜利的震慑之下放弃开战意愿，在日本将士表现出来的极高的精神品格面前胆怯不前，崇高的精神境界将战胜贫乏的物质优势，但这一切都只是一场幻梦。

尽管要实现这一想象中的场景困难重重，但这是让日本避免彻底失败并保住帝国的唯一机会。在第一年，趁着美国的军事力量尚未从珍珠港事件中恢复过来，与纳粹德国一起打击英国；并在美国大举开进太平洋之前的一年左右时间里，加强外围防御，通过提高对方的进攻代价和人员伤亡来阻挡反击。如果日本的领导人能推迟两周再下开战的决定，他们将会看到，德国国防军是如何在苏联停止攻势，又是如何在莫斯科城前被击退的。这有可能会动摇他们的谋划，他们本以为德国胜利在望，因此日本必须在美国海军变得过于强大、东南亚的机会消失之前趁势出击。但也只是可能，不是一定。因为他们已经没有退路；他们在战争和帝国之路上狂飙突进，这一局面已经无法得到真正扭转。结果，在珍珠港事件后的几个月里，面对一连串的胜利，经历了从兴奋到狂喜的日本领导人此时应该已经意识到，他们在俄国的纳粹盟友已经在军事上泥足深陷，正如他们被牢牢牵制在了中国一样。

537

尽管日本海军为那一场海上决战已经谋划了数十年，但这场由“大舰巨炮”主宰的决定性海战并不会发生。美国从未如日本人所愿，将其主要舰队力量投入到一场决定性的比拼当

中，所以日本海军并未迎来它计划中的，以及它所需要的关键性胜利，它得到的只有珍珠港。而这一局部成功却在很大程度上加速了美国海军在军备采购和战术方向上的转变：战前已经认识到航母力量的美国海军此时更是让航母取代战列舰成为其主要的攻击武器。[22] 此外，美国的造船工业强大至此，它在整个太平洋战争期间，都未停止过各个级别战舰的建造。直至1944年，日本海军在菲律宾海经历了两场绝望的海战，被打得几乎片甲不留，那时它的海军将领也仍然相信凌厉的攻势和单场战役可以决定一场海上战争。他们从未认可过消耗战的决定性作用，即使他们深陷其中。他们的战争完全是一场疯狂的灾难。

研究日本帝国海军的杰出历史学家大卫·埃文斯（David Evans）和马克·皮蒂（Mark Peattie）对这一情况作了准确的阐述：海军最高司令部和整个海军军官团“对战争既无了解，也不做准备。相反，它信仰并准备战役……那是一种单一的、毁灭性的、肤浅的、基本遵循海军作战思维得到的胜利，目的是迫使敌人屈服……［这］就造就了一支单向度的、脆弱的战斗力量”。[23] 正因如此，随着战力和士气的逐步走低，日本海军很快就在各个层面上被击败。于是，一支由大约800名技术过人的飞行员（“海上鹰”）组成的精英部队被一次又一次地派往战场，试图对美国航母发起致命一击。1941年的他们比世界上任何其他舰载机飞行员都更富战斗经验，但是很少有人在战前受过训练，而且作战期间也没有一个行之有效的人员更替或训练计划。从第一场海上战役打响、日本承受损失开始，日本海军飞行员的技能就在走向不可逆转的衰退。相较之下，美国海军从1938年开始就将飞行员和机组人员轮换到后方的训练项目中，而且为了扩大训练机队的规模，甚至可以牺牲战斗飞机的生产，这一训练体系让整个海军航空力量的经验和技能都得到稳步提升。日本人试图于1941年开始追赶，但那时已

经太晚。[24]在那之后，美国继续建造大量更快更好的海军飞机，以及数十艘航母，以图歼灭残余的日本舰队，并凭借快速的航母突袭行动摧毁其海外基地。

这场太平洋上的战争迅速演变为一场航母之战，石油和精炼燃油的长期短缺更加剧了飞行员人手不足的问题。日本的油轮从一开始就有数量不足的缺陷，再加上海军拒绝让小型战舰为船队护航（因为将领们希望将所有的驱逐舰都保留在战列舰队中以备在日后的大战中大显身手），使这些油轮变得更加脆弱。独自航行的小型油轮自然成为美国海军潜艇以及日后海军空袭的主要目标，损失无法弥补。在整个战争期间，因为造船能力极为不足，日本只新造了四艘油轮。在战争的最后 15 个月时间里，只有 9% 的日本油轮能够同时从潜艇和空中袭击的围追堵截中存活下来。面对油轮船队遭受的灾难，陆海两军给出的反应是在各自的石油储备上互相欺骗，隐瞒库存。他们在 1941 年开战的主要目的之一就是顺利攫取荷属东印度群岛的石油资源，而如今的所有这些无能、不备以及战时的自欺欺人和互相欺瞒都令人唏嘘。结果，从 1943 年开始，日本海军部队发生燃料储备耗尽和短缺危机，基本的飞行训练受限，这导致本就素质不高的飞行员训练不足，本应进行的空中和海上巡逻次数锐减。1945 年，仅存的战斗舰队只被允许在靠近燃料来源的水域活动，提供短距离的空中掩护。绝望之下，他们不得不诉诸一些非常手段，例如用战舰运送桶装油，以及试验土豆汽油，尽管这将加剧日本国内的粮食供应短缺危机。这些案例无不在印证日本帝国海军在能力以及深层战略规划上的极度匮乏。[25]

东京为之开战的其他海外资源也同样没有得到充分利用。战前的日本和英国一样依赖它的商船，但在战争期间，它已经无法弥补潜航猎杀的美国潜艇带来的损失。从 1944 年年末开

始，从菲律宾起飞的空中巡逻更是使其损耗倍增。更大的损失来自潜艇和飞机在日本周围航道布下的大片水雷，这次打击被美国海军直白地命名为“饥饿行动”，行动计划由五部分组成，目的是消灭围绕日本本土进行的所有航运活动。[26]战争后期，为了生产货船，日本被迫减少军舰的制造，但即便如此，它的造船能力远远不及美国，美国强大的造船工业不仅在帮助英国渡过U型潜艇危机方面做了许多工作，同时也将美国的陆空力量带到了两个大洋的彼岸。严格来说，日本早在战争开始之前，就已经输掉了这场造船之战。[27]然后，它又输掉了船舶之

539

战，不仅是因为错误地使用自己的小型军舰资产，没能对敌人的行动造成太大的干扰，更是因为没能打破军种藩篱，无法协调自己的陆海行动。因此，当日本陆军在1944年为了保住南海与东南亚资源之间的海上联结而付出极大（但为时已晚的）努力时，日本海军已经失去了对邻近海上通道的控制。这使得血腥的陆上战斗变得毫无意义。[28]

从1941年到1945年，日本海军改装或建造的航母只有15艘，其中大多只能搭载小型水上飞机。有些直到战争后期才下水投入使用，但那时已经没有飞机或者受过训练的飞行员来让它们派上应有的用场了。截至1945年，日本共损失334艘军舰和数百艘辅助舰艇。战争期间，美国的军舰产量超过所有其他国家海军的总和。光是1945年，美国海军下水的战舰便过千艘，其中包括141艘各个类型的航母和数以万计的战机，以及担任支持角色的232艘潜艇和大批辅助舰艇：运兵舰、运输船、油轮、医疗船等。[29]在商船方面的差距更是巨大。截至1945年8月，日本的商船总吨位从600万吨锐减至150万吨，油轮船队完全消失，海军俨然已是一支被抽空了战斗力的幽灵舰队，这是因为日本本土资源极度匮乏，缺少所有关键金属和一切可让工业机器运转起来的燃油。在最后的六个月里，敌人

带着大批海军资产将日本海岸围得水泄不通，然而它们的猎杀目标却已所剩无几，以至于即使部分美国海军舰长出于人道主义表示反对，小小的日本渔船仍被列为潜艇的击沉对象之一。影像记录显示，从快速航母打击舰队上起飞的美国海军战斗机，向着一切正在移动的车辆发起扫射，包括独自骑着自行车的人和海滩上毫无威胁的漫步者。1945 年，美国海军的潜艇和空中封锁活动，与美国空军在日本城市上空的空袭行动一样，有着破坏力巨大的特征，这是战前的日本人从未想象过，甚至是实现了这一目标的美国人也从未想象过的。甚至当战争终于结束时，盟军的毁灭力量仍在上升，它们的毁灭行动仍在扩大。[30]

没有必要等到 1945 年才去评说日本在计划和战略上的匮乏。第一年的战斗就已经显示出日本根本没有做好应对战争的准备，无论战争形式是短期、长期，战斗发生在陆上、海上还是空中。例如，因为预计美国海军将穿越太平洋，在菲律宾海域与己方舰队展开决定性的海战，日本海军的舰艇设计考虑的都是如何高速战斗，而未考虑远程作战的需求。直到战争开始前，日本海军甚至没有试验过它的海上补给和加油系统。所以，当它最终进入实战时，与美国海军优越的水下补给能力相比，日本海军的补给体系堪称原始。[31] 随着战争时间的拉长，甚至连炮弹和航空军械也都出现了短缺，这个问题在战争的最后阶段变得更为普遍和严重。由于在中国战场上意想不到的高伤亡率，大批熟练工人作为兵员补充被征召进入步兵队伍，这又进一步加剧了日本民间企业的生产压力。

540

这是日本所有战时行业生产都在经历的一个问题。甚至飞机的生产制造，也由于被迫采用前现代的、几乎是家庭作坊式的生产方式，而致使产能进一步受限。日本本土的运输和交通网络并不成熟，由于燃料短缺，运输效率被进一步拉低，1945 年的大轰炸则更是让整个网络变得四散零落。美国人在两个大

洋之间生产和运输着大量的工业战争物资，而在日本国内，成品的供应，比如装箱的战机，却不得不使用牛车充当运输工具。日本其实早早地就输掉了技术竞赛，战前它的科学力量本就薄弱，加上战争期间动员不足，它已经无法跟上盟军在金属合金、发动机和武器方面的进步。1944 年，由大批受过良好训练的飞行员驾驶的敌军战机和轰炸机，已经在火力和战力上赶超了数量日趋减少的日本低劣战机和几乎没有受过训练的飞行员。美国战时生产的绝大部分都跨过大西洋流向了德国，但即使考虑这个因素，各项统计数字仍是向美国一边倒。美国每生产 61 吨炸药，日本只能生产 1 吨；美国建造船只 583 万总吨，日本建造船只 60 万总吨；美国动员人数达 1640 万，而日本只有 910 万；美国投入战场的坦克共计 88000 辆，而日本陆军的这个数字只有 2515 辆。[32] 这些数据指向的是一场无望而又无谓的战争，一场因扩张主义者和军国主义者而起——他们自 1895 年开始在通往帝国霸业的单向道上一路狂飙、无法回头——却被加诸亚太人民身上的苦难。

***

痛苦和毁灭最终降临到了全体日本人民的头上。在这场没能在开局拿下，或者换句话说，持续时间超过一年的战争里，因为未能预见到基本的后勤需求，普通的日本军人和平民遭受了无尽的痛苦。首当其冲的是饱受饥饿和疾病折磨的孤岛驻军。日本海军无法为这些驻军提供补给，却拒绝撤离，甚至在连陆军都没有把握的情况下坚持认为，绝不能让太平洋防御带的外围据点失守。因为海军无视岛上驻军对建筑物资、大型建造设备，以及在新获领土上加固防御所需的熟练劳工的需求，山本五十六和海军航空兵用珍珠港的有限胜利换来的一年时间

就这样被挥霍殆尽。日本占领了一个长达14200英里（22800公里）的岛屿“外围防御圈”。这种狂妄自大带来的是一场后勤噩梦，这是一个海军无法抵达、陆军无法守卫的距离——而事实上，一心追求决战的海军将领甚至没有为此尝试一下的意图。他们没能为外派驻军，乃至他们自己的陆战队员提供最低限度的保护和补给。相反，他们烧掉大量石油，在印度洋和阿留申群岛之间来回奔袭，徒劳地试图发动一场决定性的舰队行动。

541

由于物资匮乏，就连推土机和水泥这样的基本物资也无法保障，滞留在偏远的太平洋前哨基地的日本士兵和海军陆战队员被迫徒手建造一切，包括他们自己的简陋住所。海军设营队（建筑部队）安排工兵，以及来自中国台湾和韩国的强迫劳工，在工程师或低级军官手下干活。盟军（美国和澳大利亚）的两栖部队从1942年开始发动反击，其速度之快、规模之大，远远超出日本情报部门的预计以及日军的防御能力，当时日本外围防御圈各岛上的防御工程几乎没有一个完工的。[33] 同样被困在周边岛屿上的非日籍劳工，则被迫在基地遭到攻击时参与战斗。他们的士气异常低落，因此在交战中几乎毫无用处，因为除了个人生存，日军胜利与否对他们并无其他利害关系。在混乱的两军交火中，他们既可能被不愿投降的日本人杀死，也可能被没能将他们与正规日本部队区分开的美国人或澳大利亚人杀死。到战争结束时，商船几乎都已沉入海底，被切断了补给的驻军不得不自己养活自己，最好的情况也只是让并非为此设计，也不具备运载能力的潜艇前来提供给养，孤立感在这种情况下日渐加剧。补给进不来，伤员和病患也出不去。这一切，都与不断涌入瓜达尔卡纳尔岛以及此后的每一个被解放的岛屿的美国海军补给和建筑部队，形成鲜明的对比。1943—1945年，盟军实行跳岛战术，导致更多日本守备兵力被无视、绕

过，弹尽粮绝的煎熬因此变得加倍痛苦而漫长。

而陆军的大将们也并不比海军更切实际。身在中国战场的他们，不仅同意与英国和美国开战，同时仍在计划他们望穿秋水的那场对苏之战。他们在最初“百日攻势”中的速胜似乎表明，他们心中认为的日军相对驻守亚洲殖民地前哨的西方军队的优势是确实存在的。从 1941 年 12 月到 1942 年 4 月，日本陆军以不可阻挡的凌厉攻势，攻下了中国香港、马来亚、新加坡、缅甸、荷属东印度群岛，以及半个巨大的新几内亚岛和散落南太平洋的多个岛链。看着满载日军的入侵舰队一路顺风顺水，殖民地一个接一个地被攻陷，西方和当地的军事反对力量也随之被迅速粉碎，大本营中规划者们的雀跃之情溢于言表。[34] 接下来是第二阶段：巩固战略据点，防止美国发起反击，并消灭美国在菲律宾的驻军和基地。菲律宾群岛防守薄弱，美国战争部的计划人员已经预见并接受了它即将沦陷的现实。然而，军种之间缺乏沟通的弊病此时再次显现出来，马尼拉陷落得太快，海军的战列舰队没能来得及快速集结并展开其梦寐以求的决定性海战。倒是在 5 月的珊瑚海和 6 月的中途岛海战中，航母迅速崛起，成为对战中的关键舰种。

海军策划了中途岛战役，但陆军对此全不知情，它很快就发现自己被困在了阿留申群岛漫长的极夜中——对阿图岛（Attu）和基斯卡岛（Kiska）的佯攻变成了一场暗无天日的冬季战局。[35] 在阿图岛，陆军经历了它在这场战争中的第一次全军覆没。这也创了一个可怕的先例：在发起最后一次自杀式攻击之前，部队医生杀死了所有因伤势过重无法加入攻势的人，据称他这样做是为了保住帝国荣誉。这更多是一种人为创造的武士道精神，这种残酷的谋杀行为在日本国内的宣传中被冠之以“阿图岛玉碎”的美称。日本国民被告知，中途岛是一场伟大的胜利，他们的海军没有在那里损失四艘舰队航母和许多无

542

法取代的优秀飞行员。为了维系这个谎言，战败的老兵在回到日本后即被物理隔离和孤立。继中途岛（和阿图岛）的灾难之后，从1942年年底至1943年年初，瓜达尔卡纳尔岛上又爆发了长达数月的血腥鏖战。[36]在不到一年的时间里，日本的战争已经开始瓦解，或者更确切地说，它变成了太平洋上一场必败的海战和两栖战斗。这让正在中国陷入僵局的地面战争压力倍增，因为日本陆军曾经希望通过海路断绝盟军对国民党的补给，获得对维持其军事努力至关重要的资源，从而赢得战争。

日本虽然在珍珠港事件之后一度享有清晰可见的优势，但海军违背了自己的理论，没能集结舰队发起致命一击。相反，一系列代价高昂的航母战斗（加上水泥和斗志的短缺）让日本未能完成其外围防御圈的构筑，敌人仍然可以利用澳大利亚和夏威夷作为在南太平洋和中太平洋发起深度反攻的跳板。[37]在短短六个月内，日本海军开始沦为一支逐渐丧失战力的部队，而美国海军力量则在不断成长中学习，开始占据对日海上作战的优势地位。这种情况的首次出现是在1942年年底的所罗门群岛战役中。是役，日本人首先赢得一系列小型舰艇的夜间水面行动，进而，美国开始调集巨大的工业、经济和智力资源，阻止日本的推进（澳大利亚在其中提供了大量而常被遗忘的支援）。美国随后以日军始料不及的速度，在南太平洋发动了一次压倒性的反攻。进而，它从吉尔伯特群岛（Gilbert Islands）开始释放它的巨大能量，通过中太平洋向日本发起第二次进攻，这是在它将80%的非海军军事资产部署到欧洲的同时进行的，而且其支出占国内生产总值的比例比第二次世界大战中任何其他主要交战国都要小。英国和印度陆军部队也于1943年重新集结整装，攻入缅甸。与此同时，中国的步兵战仍在无情地继续着。[38]

543

日本人对此感到震惊。大本营一直对美国的生产能力感

到恐惧，因此它执着于追求战役的胜利，但它没有想到美国会作出如此激烈的反应，没有想到美国会以如此迅捷的速度建造新的、更好的船只和飞机护送、运输陆军和海军陆战部队，攻击、突破它的岛屿防御圈，并开始从海空两个方向逼近日本本土。随着战斗的推进，一边是未能充分使用、集结自己的资源，战斗伤亡飙升的日本，另一边是舰艇和飞机产量不断见长的美国，海军和空军的力量平衡正在发生快速且不可逆转的改变。正如海军史学家马克·皮蒂所解释的，“为了应对过度扩张的日本，美国发动了如此具有革命性的海上力量，动用了如此大规模的海空武器装备，日本海军无论在战略、作战或战术层面，都没有做好应对的准备”。[39]1943年年底，日本帝国迎来它最绝望的时刻，盟军跳过或穿过太平洋上几乎没有价值可言的岛屿前哨而来。日本在防御手段不足的情况下，将数万名士兵安置在防守薄弱的外围地区，要求他们为帝国战斗至死，务必重创敌军，以阻止其一路攻至日本本土。之后，军方便任由他们在疾病、饥饿和敌人的骚扰或攻击之下自生自灭。日本本土岛屿很快就会面临来自空中和海上的直接入侵威胁。一个拙劣、一成不变的防御战略就这样在不到两年的时间里被掏空和打破了。

日本的领导人再次将希望的目光投向“决战”，逃避消耗的现实。两个军种都在努力通过日益绝望的冲刺和战术来解决这个问题，试图让经历了一连串军事打击的战局产生某种改变。美国意欲对日本本土发动双线进攻，日本必须摧毁美国人的这一进攻意志，否则它将同时输掉它的荣誉和战争。而人们一致认为，实现这一目标的唯一手段就是分别在海上和陆上发动一场大型战役。于是，反潜巡逻、船队护航，以及其他一应防御性海军活动都被牺牲掉了，它们被迫为这场为了打消美国继续战斗的意愿、入侵日本本土的决心而单独发起的大战作

544

出让步。各个规模和等级的军舰都被集结起来，为这场终极之战做准备。陆军同样厉兵秣马，严阵以待。它的士兵在一个又一个的岛屿上奋战到最后一刻，他们意图让这群西方的来犯者认识到未来发动一次入侵要付出的代价——他们称其为“出血”[40]。然而，最终这一目标是以一种悖谬和令人始料不及的方式实现的。一旦美国的空中力量以及在那之后的核力量得到发展，一旦它发现自己可以不费兵卒地将日本本土炸为废墟并使之屈服，参谋长联席会议的领导人，尤其是海军领导人，都将重新审视发动一次代价高昂的入侵行动的必要性。

日军在各地战场节节败退。各个战场上的帝国子民都在拼尽全力让敌人付出代价。日本并不完全输在坦克、飞机、舰船，以及各式精良武器的数量劣势上，尽管这的确是它战败的一大原因。因为盟军部队也在变得更加强硬：被迫在绝望的小单位战斗中与防御工事后方狂热的日本守军肉搏的盟军士兵，在一座又一座岛屿上、一次又一次的两栖进攻中冷酷而出色地完成了自己的任务。1944 年 6 月 15 日至 7 月 9 日的塞班岛（Saipan）战役，上演了一场完整而疯狂的悲剧；在那里，就连许多平民妇女也都带着自己的孩子，来到今天被称为“自裁崖”和“万岁崖”的崖边，纵身跳下，但凡有犹豫的，全家人都会被在一旁看着的日本军官击落或投掷手榴弹。然后，争夺岛屿的战斗最后在 3000 多名衣着褴褛的士兵的死亡冲锋中结束，其中包括非卧床的伤员、病人和瘦弱的士兵，他们一边踉跄着从病床上爬起来，一边高喊“天皇万岁！”。全体高级军官在海军大将南云忠一的带领下切腹自杀，南云忠一曾在珍珠港和中途岛指挥航空母舰，但于 1944 年失势，丧失海上指挥权。塞班岛上的 3 万驻军几乎全灭，但在日本的国内宣传中，他们被誉为“肉弹”——一支由“人肉子弹”组成的充满精神追求和献身精神的驻军，一如 1904 年和 1905 年倒在辽阳或奉

天战场上的士兵。[41]

曾指挥由印度陆军、英国及英联邦部队和驻缅特种部队组成的英国陆军第 14 军的威廉·斯利姆（William Slim）将军，是这样描述盟军所面对的日本敌人的："他们行军、战斗，至死方休。如果 500 名日本人被命令守住一个阵地，那么为了夺取这个阵地，我们必须杀掉 495 个人——最后 5 人将选择自杀。"[42] 进入 1945 年后，这话已经没有多少虚夸的成分了。这一对敌人勇气生硬勉强的赞美，掩盖了日本军官团毫无想象力的思维方式，及其死守阵地战术的极端愚蠢和无意义。这一日本帝国陆军虚造的武士道精神一旦在东南亚和太平洋战场上遭遇现代火力的打击，它连同它的士兵，都将转瞬消失在鲜血和尸块中。

545

大本营制定并宣布了一个"绝对国防圈"的概念。绝对国防圈是一个中心战略带，它包括缅甸、马来亚、新几内亚西部、荷属东印度群岛、卡罗琳群岛、马里亚纳群岛和千岛群岛，日本将对这一中心安全带实施全面防御。而落在这一范围之外的日军占领区，则在战略上被认为是可被牺牲的，它们的价值仅仅是用来延缓敌人向日本帝国关键核心的挺进。一些陆军军官抗议这种浪费的战略，宁愿退守菲律宾或中国台湾等大岛，与盟军进行更常规的大部队战斗。但在那个时候，日本海军因为缺乏海上运输工具，就连给孤岛驻军的补给都无法保证供应，更不用说将他们撤出或转移到菲律宾或中国台湾的主要据点上去。因此，所有人仍旧留在原地，继续战斗。战斗的时间和地点，乃至是否战斗（还是干脆跳过孤立的驻军），都是英国人、澳大利亚人和美国人选择的。

1944 年年中，轴心国的情况变得非常糟糕。法西斯意大利战败出局，纳粹德国的所谓"欧洲堡垒"两端都遭攻破。东京倒是没有太大变化。7 月 24 日，就在希特勒将几个试图在

4 天前刺杀他的将军吊死在钩在肉钩上的钢琴弦上的同一天，东京大本营发布了一项新的指令，并将其取名为“捷号作战”（“捷”取“胜利”之意，尽管自嘲、讥讽绝对不是命名者的初衷）。随着从缅甸到马里亚纳群岛的所谓内防御圈告破，这份“捷号作战”计划再次回归到了最初的决战思想上。日本陆军将其所有仅存资产的 70% 都投入到了这次作战行动中，只留下 30% 用于守住其在中国、整个东南亚和太平洋地区的阵地，“出血”结束。陆军再次选择了通过一场伟大的战役来获取胜利，而不是逐步进攻，一步一步地削弱敌军实力。它划定了四个可能赢得这种胜利的战场：菲律宾、中国台湾、日本本土（除北海道）和北海道（除其他本土岛屿）。这是一种更加不可救药的妄想，完全没有任何可以为之开脱的理由。

为了逃避自己亲手制造出来的战略死胡同，日本的将军们拜倒在了会战的诱惑面前，这也许是有史以来会战的诱惑体现得最为淋漓尽致的一次，也正因如此，这场战争将在日本的绝对毁灭中走向终结，尽管当时的日本领导人并不这么认为。他们说，盟军的耐力将会首先耗尽，因为堕落的西方列强不具备将战斗进行到底的精神品质，致命的文化和精神弱点让他们只能依赖物质资源。他们的人民不能像独特的大和民族那样，以为国献身的精神对待战场上的生死。新的战术手册被编写出来并分发给部队。他们号召各岛守军倾尽全力，坚守岛屿，主力部队则要做好迎接最终决战的准备。他们坚持决不投降，要在“终战”的序幕中光荣赴死。这预示着陆上和海上即将降临的深重灾难，以及 1945 年日本多个城市的毁灭。东京大本营认为“捷号作战”可以挽回一切损失，并将日本人民带离苦难。但是毫不夸张地说，直到战争结束前几天——在两颗原子弹都已落下，苏联红军以压倒性力量攻入大陆之后——“捷号作战”的行动位置仍迟迟不定。随着敌人步步紧逼，“捷号作战”的

546

作战地点也在不断退让，最后退至日本本土。通过决战获得解救的信念不容动摇。可悲的是，随着末日的临近，这种信念正在变得愈发狂热、荒唐和粗俗。

一息尚存的联合舰队在绝望中发起最后一搏，却在菲律宾海海战（1944 年 6 月 19—20 日）中遭遇毁灭性的、无法挽回的海军航空力量损失。那次空战也被美国水兵和飞行员称为“马里亚纳猎火鸡大赛”，他们将日军僵硬的飞行模式和缺乏经验的飞行员比作火鸡——在美国国内出了名的笨鸟。数百架飞机被击落，上面经验匮乏的年轻飞行员也一同殉葬。在之后的莱特湾海战（1944 年 10 月 23 日至 26 日）中，日本海军的指挥官使尽浑身解数，把能派上用场的全都用上了，包括首次对盟军舰艇发动“特攻”战术（一种自杀式攻击）。在这两场在菲律宾海上空进行的鏖战中，日军总共损失了近 1600 架飞机。莱特湾海战是如此复杂的一场海战，运气和决策的偶然因素在其中盘错交结，但凡它们稍有变化，这场海战的结局或许就是另一番景象了。然而，即使日军在最初占了上风，它也只能延迟而不能改变日本海军覆灭，盟军登陆、解放菲律宾的结果。

事实是，日本海军在莱特湾海战失利后就已经丧失了进攻的能力。它还剩最后几艘航空母舰，但是飞机或掌握飞行技术的飞行员却已经寥寥无几，这导致它的主力舰和护航编队在最后阶段的海战（在很大程度上是海上空战）中已经基本失去空中保护。它甚至已经难以自保，更不用说像以前那样投射力量挑战敌人的舰队和前哨了。所有人都清楚，敌军的庞大舰队正在朝着日本本土逼近，但是除了让命途不济的飞行员发起绝望的自杀式攻击之外，帝国海军已经无计可施，而到后来不仅是飞行员，就连它那几艘最伟大的舰艇也都进行了类似的失败尝试。[43] 它的主要舰只被单独或分批击沉，首先是超级战舰“武藏号”在莱特湾被击沉，接着是刚在那年 11 月完成改装的“信浓号”航母。1945 年

547

1 月 20 日，随着一切走向分崩离析，日本帝国海军和陆军有史以来首次协商一致，准备发起统一的联合作战行动。为了配合当时的形势和气氛，他们倡议发起全方位的自杀式袭击，保卫国土家园。同样没有任何讽刺意味的是，东京大本营将这一行动命名为“决号作战”（“决”取“决定”之意）。[44]

与此同时，尽管美军和他们的菲律宾盟友在人员和物资方面占尽优势，吕宋岛（Luzon）崎岖的地形仍让兵力不足、物资匮乏的日本人直到 1945 年 2 月之前都得以在陆军大将山下奉文的领导下在巴丹岛（Bataan）负隅顽抗，随后双方爆发大规模山地战，直至战争结束。在日益高涨的杀戮崇拜中，在马尼拉的日军像发了狂一样，肆意妄为，重演了早些时候的城市大屠杀。另外，美军的炮火由于导航错误，偏离方向，也让马尼拉的平民伤亡人数不断攀升。在硫磺岛，坚守战壕、领导有方的日本守军重创美国海军陆战队，但这反而坚定（而非削弱）了美国攻岛的决心。[45]而在婆罗洲（Borneo）和新几内亚，已被世人遗忘的战局还在进行，已被遗弃的日本守岛部队还在奋力抵抗经验丰富的澳大利亚军，残酷但无意义；日本第 18 军的 14 万强大驻军，在投降时就只剩下 1 万名衣衫褴褛的饥疲之兵。[46]空中、陆地、海上，死亡无处不在，无时不在，似乎永无止境。事实上，这毫无光荣可言。更多的只是虚无：单薄、狂热、徒劳、宿命。

***

太平洋战争常被描述为一场种族之战，而种族主义的错误则主要被归咎于西方人。[47]虽然在这场战争中，种族主义确实是贯穿始终，但这个指控从以下两个方面来看都是错误的。它错误地将很大程度上只是战斗愤怒情绪的浅层表达当作了战斗爆发的根

本原因，而且它忽视了这一影响是同时作用在双方身上的。事实上，当美国人在战斗谈话和宣传图片中贬低日本人的同时，日本人也在以同样的方式妖魔化西方人。[48]残忍和暴行来源于战斗的极端残酷，因为他们要对抗的是随时准备战死的敌人。然而，即使面对特攻队的死亡崇拜行为，在美国海军情报人员留下的记录中也没有任何关于日本文化，遑论种族的刻板印象信息。[49]在已经游离于全面战争情绪之外几十年的历史学家发难之前，也许我们应该先指出日本陆军杀害了数以万计的西方战俘和数十万亚洲囚犯，而且这类屠杀往往还是有计划地进行的。而美国、澳大利亚和英国的军队没有做过类似的事情，尽管杀害、虐待无助日本人的情况偶有发生。然后是丧尽天良的731部队。[50]太平洋上确实正在进行着一场无情之战，但在中国和欧洲也是如此。一直到1945年，世界上已经没有什么仁慈可言了。

548

当然，种族主义在太平洋战场上是存在的。双方都在使用低劣的种族主义言论。作为随战斗而来的一种现象，这是一定存在的，但它与战争中真正重要的事实和结果无关。西方人也会使用诸如“意大利人的懒惰”和“日耳曼人的效率”这样的语言，但这并非出于种族主义情绪，而是一种在认知上贪图便捷的简短表达。种族主义并不能解释为什么太平洋战争会发生，或者如何发生。因为确切而言，是战争解释了种族主义。双方的仇恨在战斗中滋长，又因战斗而蔓延。战斗的仇恨岩浆在上海和武汉的激战中积蓄、膨胀，并在南京大屠杀、崩溃的黄河大坝、拒绝接收中国俘虏、杀害被关押者等事件之后爆发。巴丹的死亡行军、中国香港和新加坡的大屠杀、战时对被占领区民众的虐待以及战争后期在马尼拉和中国十几个城市的残忍暴行，无一不是在助推它的喷发。它顺着那些从战俘营中和死亡铁路线上泄露出来的暴行故事，那些离敌人只有一个手榴弹之遥、被吓得魂飞魄散的前线士兵的家信而滚滚流淌着。

很快，在西方国家卑劣的宣传中，日本人被描绘成猴人和野蛮人，带有种族歧视色彩的词汇在海军陆战队员、头条作家、政治家的讲话中，以及儿童漫画书中比比皆是。这种情况反过来也在发生。日本人经常把西方人描绘成古老民间故事中的蓝色恶魔，长着爪子和獠牙，还有非人的蓝色皮肤。他们把英国人描绘成猴人、半人半猿，或者半人半猪。第一次世界大战期间的英国人也是这么对德国人的，他们在报纸上把德国人描绘成强奸处女的猿人，手提斧头、头戴钉盔、嘴角淌着口水的野兽。社会达尔文主义在两次世界大战战前和战争期间十分盛行。

仇恨是战争的孪生兄弟。它比在太平洋地区涌现的任何种族主义都更古老和原始。宗教战争期间，仇恨蔓延整个欧洲，它驱使人将人活活烧死。从 1794 年起，仇恨随着共和主义暴行在法国的爆发、随着保皇派不惜代价维护旧制度带来的坚定对立而潜滋暗长，即便在共和政体消亡、拿破仑被流放圣赫勒拿岛多年之后，它不断蓄积的力量仍能将温和得多的革命粉碎。它宁可将莫斯科付之一炬，也不愿让法国人入城高枕；它随后涌向巴黎，两次将一个丝毫不得民心的波旁胖国王推上王位。嗜血的愤怒让西班牙人对陷入绝境的法国驻军使用了野蛮的屠杀手段，这与日本人和澳大利亚人在新几内亚的行径并无两样。历史上所有战争都曾出现过残杀战俘和平民的现象，而其中大多数并不牵扯种族问题。在怒火的驱策下，大军所到之处，留下的尽是焦土。在这些野蛮的“全民战争”中，疯狂的游击报复和洗劫不断降临一个又一个村庄。仇恨让哥萨克人策马在殷红的雪地上残杀、肢解落单的年轻士兵；1812 年的法国人，还有 130 年后的德国人皆如此殒命于哥萨克人的屠刀下。仇恨源于战争，一旦战争脱去那根自一开始就未被绷紧过的缰绳，它便伴随着残酷而生。

549

它源自恐惧——在凡尔登被枪杀或被刺刀刺死的恐惧，被苏

联游击队俘虏、肢解的恐惧，被四处扫荡的党卫军杀手杀害的恐惧；在18岁、20岁的年纪远离家乡，因为每晚在狭小的战壕里哭泣而感到羞耻、因为失禁而感到尴尬的恐惧；在又一场被诅咒的伊松佐河战役中仰脸就能看到子弹在头顶唰唰掠过的恐惧，在索姆河上端着刺刀和未上膛的毛瑟枪向着仍在睡梦中的法军部队发起冲锋的恐惧；在瓜达尔卡纳尔岛上看着战友踩到地雷的恐惧，在阿拉曼或冲绳看着身边的人消失在粉色雾气中的恐惧；目睹同伴被狙击手的子弹打死，身体挂在伊普尔的铁丝网上或者倒在硫磺岛的灰烬中时的恐惧；在奉天朝着俄军的一排排机枪冲锋的恐惧，在战俘营里染上斑疹伤寒的恐惧，在日本本州的矿井下被强制劳作时的恐惧。它来自“树篱恐惧症”；因为你总觉得不知道哪个草垛后面、哪个地窖下面就躲着一个散兵或者一个狙击手，所以在经过它们时你往里扔了一颗手榴弹，结果听到一户人家的哀鸣。它来自与其他1万名囚犯争夺食物的恐惧——当一个冷酷的营地守卫将残羹剩饭扔进饥饿的人群中时，你仰头看着他，嘴里说着“请给一点土豆吧”。

在这两次世界大战中，人们根本不需要种族差异，仇恨就会从战斗中升起，进而导致愤怒和谋杀。加拿大人在第一次世界大战的战壕里残杀德国人，只因为传言说他们中的一个人在伊普尔被对方的刺刀钉死在了十字架上。不管是真是假，有人信了，并以残忍的手段进行报复。这令人遗憾，但它确实是相当普遍的现象。太平洋战场上的年轻士兵，除非接到命令，否则拒绝接受日本人的投降（但这一事件的发生概率是被极大地夸大了的），促使他们这样做的原因是他们的战斗经验，而不是那些宣传图片、漫画、社论或训练影片。因为已经有太多的日本士兵会用事先藏好的手榴弹杀死捉拿他们的人，或者先假意投降，等待后来的同伴来碰这个运气。于是，随着杀戮和残害愈演愈烈，许多无辜的日本人因此丧命。战斗也在让日本人残忍地羞辱、虐待和残杀

中国人和盟军战俘，他们对其实施殴打、斩首，强迫他们进行死亡行军，将其送入奴隶劳改营，战争结束时美国战俘并未获得释放，而是被杀死，数百人被活活烧死、枪杀或用刺刀刺死。

日本人被教导说日本民族是“指导民族”，是最优秀和“领先的民族”。这种想法直到20世纪30年代之前，都还不构成真正的恶意，或者至少没有妨碍日本人与其他民族的合作。它确实认为，日本已经完美实现东西方的融合，因此应该在引领东亚进步、摆脱殖民主义势力和文化复兴方面发挥特殊作用。然后，在日本迈向战争的过程中，以及在战争期间，这个概念开始有了更黑暗的含义。其他亚洲民族被描绘成落后的民族，就像孩子，需要被引导走向大东亚共荣圈的光明高地。这将是一个日本即将通过战争建立、监督和压榨的封闭的贸易体系和帝国权力集团。日本的宣传人员提出“亚洲是亚洲人的亚洲”，但他们的真正目的是要把亚洲分给获胜的（甚至不是所有的）日本人。凭此，日本有了贩卖鸦片给中国人（但日本禁止他们自己的部队使用鸦片）的理由；有了为给关东军筹集资金而强迫卖淫和开展赌博谋利的理由、将30万名妇女作为所谓的“慰安妇”关押在慰安所中的理由，有了日军杀死南京所有警察和年轻男子，然后强奸和杀害妇女的理由。它导致殴打、斩首、强迫劳动、饥饿、屠杀、将囚犯当作刺刀练习的标靶、731部队活体解剖和三光政策。它俨然已成日本帝国陆军要做的、想做的一切事情的理由。

550

我们需要以一个更开阔的视角去检视太平洋战争中的所有这些仇恨与愤怒。我们应该记得，苏联人和德国人也对对方做过许多丧失人性的可怕折磨和残害。在欧洲东线战场，大量平民被残忍杀害。从1943年到战争结束，民主国家毫不留情地从空中向德国人民倾泻炮弹。杀戮是一种非自然的行为，这对大多数人来说都是艰难的。因此必须弱化敌人的人性，才能使之看起来不那么像谋杀。你必须让敌人看起来像是非人的兽

类，以便让你的战斗少年杀死对方的战斗少年。这在战争中十分常见，它永远能为自己的野蛮行径开脱，同时让人保持这样的信念：我们怀着敌人没有的荣誉和崇高的理想在战斗。在这样一个战争仇恨的旋涡中，在一个人要置他人于死地的时候，他们是否沉溺于种族辱骂已经变得不重要了。对在第二次世界大战中产生的那些愤怒的种族歧视语言的关注几乎已是老生常谈。它忽略了更重要的一点，那就是更深层次的仇恨。美国人仇恨日本人吗？是的，当然。他们是如此致命、老练、危险的敌人。反之亦然。日本人也学会了仇恨美国人，而且这种仇恨随着战败的临近，以及那自高空落下的梦魇的降临，变得愈加浓烈。战争之中，如果交战各方毫无恨意，那会是相当奇怪的一件事。然而，直到他们在战斗中第一次遇见、面对勇敢的日本子民之前，极少会有西方士兵憎恨日本人。反之亦然。[51]

必须强调的是，无论种族在太平洋战争中扮演的是何种角色，发生在欧洲战场上的战争却是一场确实的、根源于德国的种族战争。纳粹对此甚至有个专门的叫法——*Rassenkrieg*（种族战争）。是在欧洲，而不是亚洲，整个民族可能因为一种子虚乌有的种族理论被列为灭绝对象，“劣等种族”和“优等种族”之间发生性行为，当事人将被处以绞刑。在欧洲，数以百万的人会仅仅因为他们的出身而死于非命，在武装力量和世俗意识形态面前，他们是无辜的弱者。在欧洲，行刑队从第一天开始就在四处抓捕屠杀，死亡行军在这个大陆无所不至；所有交战国家都试图用饥饿拖垮敌人。在欧洲，西方盟国和苏联各自杀害的德国平民都要远多于被杀害的日本平民人数，尽管后者的人口基数更大。在欧洲，主要侵略者的核心战争目标是用大屠杀的凿子将一个虚造的生物新秩序刻入这个世界，他们用毒气和子弹制造种族灭绝，数千万人因此被饿死，其余人遭强制绝育，导致的后果就是人类育种计划的出台，整个大陆生活在奴役的枷锁之下。

551

***

盟军的地面部队让日本毫无还击之力。随着“欧战胜利日”（1945年5月8日）的到来，换句话说，如有必要，欧洲战场此刻可以释放出数百万西方盟军和苏联援军。面对这一迫近而无望的现实，日本的将军们仍然坚持发起一场最终的、彻底的“精神”之战，即计划在日本本土进行“决号作战”行动。日军对于死亡普遍有着一种崇拜心理，在这种病态的崇拜心理的驱动下，军官团和部分文官在最后作出不少野蛮行为，而“决号作战”计划就是这种死亡崇拜发展到极点的表现。但这并不是大多数普通日本人，包括士兵和平民的愿望，他们被困住了，困在精英阶层的“精神”主张和傲慢自大中。不仅是神风敢死队的飞行员，各个级别的将士都有可能被要求执行自杀战术：前赴后继的“万岁冲锋”；隐蔽在逼仄“蛸壶”掩体里，等待在爆炸声响起之后与路过的一辆谢尔曼坦克同归于尽（就像在硫磺岛上一样）的步兵；由人操舵的“回天”（*kaiten*）鱼雷、微型潜艇中的死士；等着向来犯船只发射导弹的樱花特别攻击机（由飞行员操纵的喷气式导弹）；还有埋伏在岛屿浅滩水下，待美军登陆舰接近后随时准备引爆自己的“伏龙”（自杀式潜水员）。日本圈定的“绝对国防圈”已经从各个方向上——海上、海底、陆上和空中——崩塌，只有本土岛屿尚且幸存。面对即将到来的灭顶之灾，已经失去盟友、防御能力和希望的日本军方，表示要战斗到底。

在冲绳岛战役（1945年4月1日至6月21日）中，数以千计的特攻队和少量的樱花特别攻击机一起，以自杀式袭击的方式向入侵舰队发起攻击。[52]4月7日，日本海军的最后一艘超级战舰“大和号”为了转移敌军火力，发起一次形同自杀的奔袭行动，最终葬身海底。日本海军的骄傲、这座印有整个民族名字的

552

巨型钢铁神殿，竟被派去当作一个诱饵，引开美国海军的空中力量，以便特攻队能够抵达敌人舰队和航母。身为日本大炮舰队旗舰以及大炮巨舰主义图腾的“大和号”，被美军的数百架舰载机围得水泄不通，轰炸机像蚊群一样对着它俯冲叮咬，直到它和船上 2498 名官兵一起消失在一场巨大的爆炸里。在陆上战役中，许多日军对冲绳岛民的痛苦无动于衷。他们虐待冲绳人，将其视作间谍处死，或者仅仅因为讨厌而将他们杀害。这是太平洋战争中规模最大的一场地面战役，但日军并未作出任何努力去保证冲绳民众的安全。日本陆军的军官知道他们败局已定，但还是很乐意能让美国人的血多流一段时间，好让他们有足够的时间从中国调回更多兵力来打这场末日之战——此战地点已由东京大本营从纸上转移到九州。这在 1937 年或 1941 年是难以想象的。

有人认为美国人过于依赖火力，并且对此嗤之以鼻，仿佛美国人的物质优势同时意味着他们在精神上的低人一等。仿佛对于士兵、陆军或海军这些角色来说，能够更加强大、有力和高效地发动和赢得战争，是一件有所亏失的事，是真正的战士所不齿的可鄙之事。而这些真正的战士，在漫天落下的敌机炸弹面前，除了慨然赴死、前赴后继地用个人生命为他们落败的帝国献祭之外，别无他法。西方士兵是软弱的，他们畏惧与日本士兵拼白刃。盟军进入日本岛后，迎接他们的将是不畏以生命守护家园的全体日本国民。日本的上亿民众已经准备好了要“像破裂的玉石一样壮烈牺牲”，这就是“一亿玉碎”计划。这是最后的口号和道德准则，玉碎之人得到了可以在战斗中绽放生命的承诺。他们要为更高的价值而死，他们的死是出于对天皇的忠诚和对整个国家的超然价值的追求，类似于罗马的为国（*patria*）捐躯。[53] 而事实上，冲绳岛上的日本士兵开始以前所未闻的数量弃械投降，而此时的日本本土平民正因饥饿、城市轰炸和对入侵的恐惧，游走在崩溃的边缘。[54]

特攻队的存在对入侵舰队来说是一个极大的威胁，尽管它们对入侵的结果没有影响。若用 T.S. 艾略特的诗句作比的话，那便是日本情报部门“在一片镜海中”，故意夸大了自杀式袭击在冲绳海岸摧毁的敌方船只的数量和级别，鼓吹大批敌军航母和战舰被击沉。[55] 让人欲罢不能的战斗诱惑紧紧笼罩着时任第五航空舰队司令的宇垣缠，他认为他的特攻队正在摧毁整个入侵舰队，为日本赢得最终的战斗。事实上，他们确实让对手损失惨重，美国海军有 47 艘军舰被击沉，5000 名船员丧生，这是它有史以来面对的最大一次威胁。然而，这只是整支舰队中的一小部分，而且支援舰队还在源源不断到来，入侵大势已成，日军根本无力阻挡。宇垣缠的乐观情绪并未持续太久，他在日记中承认：“从这一刻起，除了空中游击战，我们现存的航空力量什么也做不了……我们一直在走失败之路。”[56] 出现在日本海岸线上的也不再只是美国人。英国太平洋舰队已经准备好在即将到来的盟军对日本本土的入侵中支持英国和英联邦部队。这是英国皇家海军史上出动的最大的一支海上舰队，它的能力用来对付此刻的日本实在宽裕有余，以至于其中一艘船被欣然改装成了一个海上酿酒厂。[57] 纳粹德国战败的三个月后，苏联红军也开始在中国的东北和华北地区大规模集结。而在仲夏的日本城市上空，B-29 轰炸机群如入无人之境，掀起一场火焰、死亡与黑雨的旋风。

553

***

关于全面战争，最惨痛的教训是从空中落下的，因为在 1944—1945 年期间，西方盟军将其坚定冷酷的意志带到了对敌的战略轰炸行动中：纳粹德国首当其冲，然后是日本。他们完成了对德国 120 个城市的系统性摧毁，夷平了 62 座日本城

市——最后两座是通过两颗原子弹的爆炸完成的。尽管它的攻击目标最终扩展到了平民的身上，但刚开始时轰炸并不是作为一种针对“敌方平民”（轴心国的平民很快被赋予这样的称谓）的恐怖武器登场的。它的最初目的是通过攻击后方纵深地区的关键工业区来破坏敌人的战时生产能力。然而，针对平民的空袭作为一种现代的甚至是普遍的做法，早在1914年9月协约国军和德国相互在对方城市使用那些以第二次世界大战的标准看来与玩具无异的飞机和炸弹发动空袭的时候，就已经存在了。[58]1945年，关于短期战争的妄想虽然不再普遍，但仍确实存在，将城市作为轰炸目标就是这一妄想的终极表现，持有这一观点的尤以西方国家空军和部分政客为甚。将巨大的战略轰炸机群投向敌人的天空，这既是H.G.威尔斯的一个陈年构想，也是20世纪20年代空军理论家心中的梦；因此，作为一种战略手段，战略轰炸被寄予制胜战争的厚望，它的使用或许足以避免盟军重蹈一战中的伤亡惨剧。

第一次世界大战后，轰炸给大多数观察家留下深刻印象的不是它做了什么，而是它还能用来做什么。空军理论家提出，可以用战略轰炸机群瞄准敌人战略后方深处的战争制造工业，它将是一种可以直接越过可怕战壕，将弹药投向为战斗人员提供武器和装备，为军队提供衣物、住房和食物的工厂的武器。战略轰炸最大的吸引力在于它的切实可行，因为轰炸机十分擅长制造破坏。不过在最初，道德问题也是一个考量因素——堑壕战以及对年轻士兵的杀戮使人心生厌恶。相比派出庞大的新兵队伍在战壕边上互相残杀，空中力量的倡导者说，攻击敌人战略腹地的工业区是一个更合乎道德的选择。轰炸，似乎不失为一种打破战争僵局的手段。它因此吸引了所有大国的目光，但其中尤以英美等国家最感兴趣，因为它们的政府对大规模伤亡的政治代价更为敏感，在进入第二次世界大战时采取的也是一种防御性姿

554

态。而且，作为两次大战之间的一种威慑力量，轰炸也比武装一支百万大军更具成本效益，这对那些生活在艰难而漫长的大萧条时期的民主政治人士来说无疑是一个巨大的吸引力。

在两次世界大战之间，关于轰炸机的激进设想十分常见，但投入了可观资源来开发这种军用飞机和相关必要技术的只有两支空军：英国皇家空军和美国陆军航空军。他们是战略轰炸机的拥趸，笃信战略轰炸机可以给敌人带去“致命一击”，是战争中无可匹敌的制胜武器。意大利人发展了空战理论，但缺乏与之匹配的工业生产能力。德国、法国、苏联和日本，则都选择了制造可以用来支援野战陆军和海军的战术轰炸机。只有英国和美国在同时计划建立战略轰炸机机群，其中英国皇家空军的轰炸机群就是直接基于英国的一战经验建立起来的。进入20世纪30年代末，英美加快了它们的步伐，因为德国和日本自那时开始对小国城市实施恐怖轰炸：首当其冲的是西班牙巴斯克地区的格尔尼卡（Guernica），纳粹德国空军于1937年4月轰炸了该地。日本也在那年8月空袭了上海。中国不是一个小国，但在1937年，它是一个软弱和分裂的大国，缺乏可以反击日本的航空力量。接下来是1939年9月的华沙和1940年5月的鹿特丹。结果各有不同：轰炸并未在西班牙取得胜利；德国坦克在纳粹德国空军的支援下，击溃波兰；荷兰不仅屈服于德国的空中力量，对其移动神速的地面装甲部队也难以招架；中国则坚持了下来。

战略轰炸的要义是消耗，而德国人和日本人痛恨消耗。作为资源弱国，它们首先考虑的是速战速决，是“意志的胜利”，是“精神”，是让独特的民族精神和武士美德战胜悬殊的物质力量对比。他们十分乐意进行恐怖轰炸，只是欠缺大规模实施的能力。1940—1941年，纳粹德国对英国大轰炸行动的失败证明了这一点，日本在中国进行的战略轰炸也证明了这一点：日本对中

国多个城市的轰炸只能断断续续进行，整体收效有限，而导致这一结果的原因并非日本没有这个意愿，而是缺乏足够的飞机和资金。总体而言，轴心国做的都是短线思考，而轰炸是一种长期武器。555他们相信军队的力量，因此选择建造战术用途而非战略用途的飞机和空军来支持它们的地面部队。日本为了满足海军航空力量的需要，额外打造轰炸机群，作为对其战舰的保护。德国和日本的目的是侵占领土，在地面获胜。英国和美国则没有这样的领土野心，而且它们和装甲部队之间还隔着大片水域，因此隔岸放火、远距离轰炸对它们来说完全不是问题。

1940 年，纳粹空军对英国城市的轰炸，非但没有为德国赢得战争，反而大大放松了英国方面的道德束缚，孕育了民众的复仇心理，激起了英国人要轰炸德国城市的以牙还牙的报复欲望，虽然即使没有这次轰炸，英国可能也会这么做。1940 年，英国的海上和空中力量强大，但对陆战却束手无策。它需要时间来集结、训练、武装和装备数百万本土征召部队，以及来自整个帝国的其他数百万名士兵。它还需要向被占领的欧洲，以及仍持怀疑态度（当时还保持中立）的美国人证明，大英帝国致力于与纳粹主义的长期斗争。而轰炸可以做到这一切。英国皇家空军可从空中给予纳粹德国以打击，这一打击甚至一度被认为可能是决定性的。于是，飞机被制造出来，精锐飞行员被训练如何精确打击经济和军事目标，大量资源被投入到轰炸机的开发和人才培养上，为的就是横跨英吉利海峡，轰炸德国本土。

然而，1941 年 8 月的一份报告给出的评估结果令人始料不及。报告显示，英国皇家空军这种尽量不伤害德国平民的轰炸方式，对德国战争经济完全起不到打击作用。太多的因素导致皇家空军无法精确命中预定目标：天气恶劣，能见度极低（特别是在冬天），导航设备糟糕，轰炸瞄准具不尽人意，此外德国防空系统（包括雷达制导的防空炮，以及一路从法国海

岸飞抵德国上空集结往返作战的夜间战斗机）的日益复杂，也让没有远程战斗机护航的皇家空军损失惨重。整整三分之一的英军轰炸机未能到达指定目标区域，只有五分之一的轰炸机能将炸弹投放到距离预定目标5英里的范围以内。[59] 结论显而易见，英国皇家空军飞行员付出生命代价，造价昂贵的飞机从德国上空坠落，换来的结果却只是把乡村夷平。这种情况必须改变。英国在空战中投入了太多的精力、财力和生命，这让它断然无法接受这种不痛不痒的结果。

轰炸范围必须扩大。如果摧毁一座工厂的唯一办法是连带轰炸它的周边、轰炸它所在的地区，那就这么做吧。于是，因情势所逼而“不得不”降低道德标准的英国皇家空军提出了所谓的“区域轰炸”概念，对可命中目标的界定也变得更为宽松：为了打击、夷平位于其中的工厂，轰炸目标被扩大到了大都市区。至于住在附近的平民工人？他们是可接受的“附带损害”。况且，他们并非完全无辜，因为他们帮助纳粹生产是在助纣为虐。无论如何，德国的军工生产慢慢分散和转移到了地下，于是丘吉尔提出要让工人“无家可归”，从而达到减缓敌人生产的目的。那么他们的家人呢？无辜者的死亡固然令人遗憾，但是可以接受的，也是必要的。他们是德国人，而德国人是始作俑者。英国和盟国政府的首要道德责任是通过赢得战争来保护他们自己的人民，为此可以不惜一切代价。在一些人看来，轰炸本身就可以解决一切问题。

556

现在什么也不能阻止轰炸的继续。以生产工人为目标，烧毁他们的家园和聚居区是合乎逻辑和道德的。要做到这一点，最好的办法是把城市作为目标进行大规模破坏，消灭工人，夷平他们的住所（这还能给德国国内带来大量难民问题），摧毁交通网、公共设施和一切有价值的东西。而对敌人来说，没有什么比其民众的战斗意愿和抵抗意志更有价值的了，这就是下一个目标，英

国皇家空军称之为“士气轰炸”。而站在废墟之下，遥望汉堡、柏林和其他上百个城市的断壁残垣的约瑟夫·戈培尔——希特勒的宣传部部长，则将其称为恐怖轰炸，并掀起针对执行空袭的盟军飞行员的复仇风暴。[60]德国人基本上同意戈培尔的观点。盖世太保和地方当局不得不保护被击落并俘虏的“恐怖飞行员”，以防其被煽动起来的暴民谋杀。[61]他们还指责帝国元帅戈林和他的纳粹空军，并将矛头指向纳粹党官员，有时甚至扯下他们的党徽并当街殴打，而当地警察也只是站在一边袖手旁观。[62]

1943 年年中，盟军开始采取行动。全面轰炸得到包括首相、总统，以及联合参谋首长团在内的最高层的批准。早在 1940 年 7 月，丘吉尔就曾谈到过他对轰炸机的坚定信念：“有一样东西能把［希特勒］……赶下台，那就是让这个国家的重型轰炸机对纳粹本土发动一次绝对毁灭性的、灭绝性的攻击。”[63]罗斯福也是轰炸机的信徒。1941 年，他对一群热切的年轻人说道：“在两大洋的彼岸，在两大洋的洋面，在两大洋的上空，战斗在武装力量之间进行，它所造成的破坏和杀戮之可怖，在现代史上是空前的。这也是必然的。抵抗赤裸裸的武力，只能依靠赤裸裸的武力。在这样一场战争中，规则是由侵略的一方制定的；抵抗者别无选择，只能以毁灭对抗毁灭，以更大的杀戮对抗杀戮。”[64]公众赞同轰炸，并且要求进行更多的轰炸。大量的资源被投入到建造更大、更好的飞机上，以便将更大的炸弹投向更远的目标。

557 1943 年，西方盟国终于拥有了在空中发动全面战争的手段。他们在卡萨布兰卡会议（1943 年 1 月 14 日至 24 日）上批准了“联合轰炸进攻”（CBO）的作战计划。联合首长们同意，美国陆军航空军将在白天进行轰炸，而英国皇家空军轰炸机司令部则在夜间对德国实施区域轰炸。这份卡萨布兰卡训令集合了对战略轰炸作用的一切设想：破坏敌人的交通和通信网

络，延缓战争生产，以及对平民士气的有意抑制。在给西方盟国空军的总体战略指令中，有一份按照优先次序列出的主要目标清单：U 型潜艇隐蔽坞，德国飞机制造工业，运输和通信目标，以及合成石油设备和油田。关于轰炸，英军希望通过“士气轰炸”来赢得战争，而美军则仍坚持认为轰炸的最大作用是对敌人工业的精准打击和为有针对性的地面进攻做准备，而卡萨布兰卡训令掩盖了盟军之间的这种分歧。

英国皇家空军轰炸机司令部司令、空军元帅亚瑟·哈里斯（Arthur Harris）对士气轰炸情有独钟，他将该训令解读为对士气轰炸的认可。他在当年 10 月的一份内部备忘录中坦言：“联合轰炸进攻的目的……就是摧毁德国城市，杀死德国工人，扰乱整个德国的文明社群生活。应该强调的是，摧毁房屋、公共设施、交通和生命，造成空前规模的难民问题，以及利用人们对轰炸的持续和加强的恐惧来瓦解德国本土及其前方战线的士气，这些都是轰炸政策已被接受的既定目标，而非轰炸工厂的副产品。”[65] 盟军认为，通过轰炸杀死轴心国的公民，最终可使盟国军民免于伤亡，这主要是因为它避免了像 1914—1918 年那种伤亡惨重的地面战争的重演。到战争结束时，德国的 120 座城市几被夷为平地，在联合轰炸的目标清单上，它们的名字被一个接一个地划掉。就如石入潭般，被轰炸机追赶着四散逃命的大批难民，带着可怖的悲惨故事，在帝国内一波接一波地激起震惊与绝望的涟漪。

这始于 1943 年的一系列空战和空袭，哈里斯认为它们将是决定性的，尽管结果证明并非如此。第一场战役是在 3 月 5 日鲁尔山谷烟雾弥漫的空中开始的。在接下来的四个月里，轰炸机对着鲁尔的城区和工业区一通狂轰滥炸，这个整个德国防守最为严密的地区遭受了巨大的伤亡。纽伦堡、埃森（Essen）、多特蒙德（Dortmund）、杜伊斯堡（Duisburg）和杜塞尔多夫（Düsseldorf）遭到多次攻击，波鸿（Bochum）、奥伯豪森（Oberhausen）和一

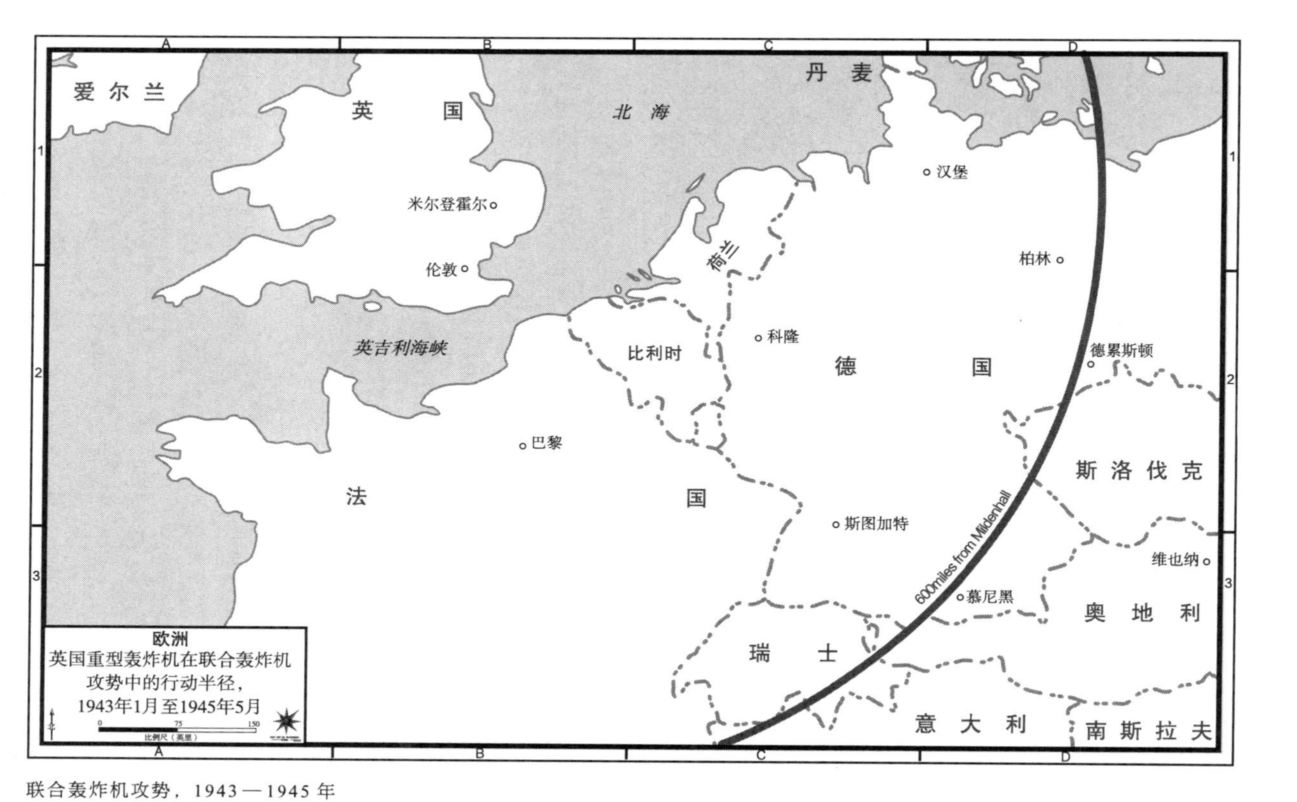


联合轰炸机攻势，1943—1945年

美国西点军校历史系提供；George Chakvetadze 重绘

些较小的城市也遭到袭击。在整个鲁尔空战中，盟军损失了1000架飞机。尽管损失惨重，大批平民遇难，但鲁尔并未停止为纳粹的军工生产供应关键的煤炭资源。哈里斯没有被这一有限的结果吓倒，他下令轰炸更多的城市，包括科隆。

559

3000架重型轰炸机连续发起的四次大型空袭，一直持续到1943年8月2日。第一次是7月24日和25日午夜，近800架轰炸机抵达汉堡上空——这次行动的代号是"蛾摩拉"，足以说明盟军清楚自己在做什么[①]。更多的空袭接踵而至，美国人负责白天，英国人负责晚上。7月27—28日，英国皇家空军派出700架轰炸机，正面总长133英里的25万座建筑消失在高爆炸弹和燃烧弹燃起的熊熊火光中。这是有史以来出现的第一次人工火焰暴风，大火迅速蹿升，形成高大的烈焰漏斗，温度高达800摄氏度。它的飓风旋涡不断从它的周围吸入更多的燃料：破碎的建筑材料，以及死去的或者活着的人。街上的人被烧着了，变成火把，这次空袭总共造成44000人死亡，125000人受伤，许多人是被活活烧死的，还有些被压在倒塌的建筑物下。在如此强风烈焰下，数十万人惊惶失措，无家可归。[66]然而，大型轰炸机仍在不断到来，在汉堡上空轰鸣着列成百里纵队，来回轰炸底下的废墟和流离失所的人。汉堡的船厂停止了U型潜艇的生产，所有的军工生产都慢了下来，成千上万难民散落在德国各地，在所有盟国都弥漫着炽热的复仇情绪。"蛾摩拉"被认为是一次巨大的成功。

在第一次魁北克会议上（1943年8月17日至24日），官方文件不再强调"士气轰炸"，转而倡导入侵前在攻击名单上明确列出高价值目标。在这些轰炸目标中，被列为第一优先级的是纳粹空军的战斗机部队。美国第8航空军试图对施韦因富特（Schweinfurt）和雷根斯堡（Regensburg）同时发动两次精确

---

① 蛾摩拉是《圣经》中记载的与所多玛城同时被神毁灭的古城。

空袭（1943 年 8 月 17 日和 10 月 14 日），其中施韦因富特是德国战斗机和滚珠轴承生产的一个关键基地，防空极为严密。施韦因富特空袭成为这次空战的一个转捩点。在发起第一次空袭的 376 架美国轰炸机中，有 147 架再也没有返航。第二次空袭甚至更加失败，291 架轰炸机中有 60 架轰炸机被击落，142 架严重受损。美国陆军航空军对其对精确轰炸和重型轰炸机的自卫能力的过度信任深感懊悔。直到 1944 年 2 月，它才再度尝试袭击施韦因富特。英国皇家空军轰炸机司令部的重点仍然是城市轰炸，并将 1943—1944 年冬季的轰炸目标定为柏林。美国人在重新审视了耗资巨大的日间精确轰炸是否明智之后，决定加入英国皇家空军，将攻势推向柏林。英国皇家空军和美国陆军航空军协同发起针对柏林的千机空袭，将炸弹从德国上空投向柏林的地窖、地铁和郊区。盟军的轰炸未能在这个庞大的城市中制造出一场火焰暴风，盟军在这些空袭行动中损失了 500 多架轰炸机和 5000 名机组人员。但戈林在纳粹高层中仅存的声誉也在这一次次的空袭中彻底葬送。它们成功地使 45 万柏林人无家可归，但盟军仍然认为这是一次代价高昂的失败行动，并转而进攻那些防空炮火不如希特勒的首都猛烈的城市。

560

及至 1944 年上半年，盟军开始将重点放在减少德国战斗机的生产，以及吸引其现役战斗机出动以便将其一举摧毁上，好为即将到来的诺曼底登陆和“霸王行动”（Overlord action）做准备。美国的远程战斗机的出现使这一切成为可能。P-51 野马战斗机配有外挂油箱，能够护送轰炸机深入德国腹地空袭作战，空战的胜利天平至此永久地倒向了盟军。不断增强的信心和空中优势，促使英美盟军发动了一次为期 6 天的大规模行动（1944 年 2 月 20 日至 25 日），代号“论证行动”（Argument action），历史上称为“大礼拜”（Big Week）。它由驻扎在英国和意大利的美国陆军航空军第 8、第 9 和第 15

航空队，以及英国皇家空军轰炸机司令部发动。超过6150架轰炸机参与了这次持续一周的对纳粹空军战斗机工厂和基地的空袭。盟军损失了411架飞机，但它不仅让德国的战斗机制造倒退了几个月，也成功消耗了德国的现役飞行员和飞机，让盟军得以夺取法国及其他登陆地区的制空权。此后，德国飞行员的技术水平明显降低，盟军发起空袭作战的命中率也在逐次攀升。有了远程护航之后，连轰炸机司令部也开始执行起了日间空袭。

随着英美盟军夺取并掌握制空权，苏联紧接着出兵德国边境，真正的破坏开始了——只要天气合适、可燃物充足，德国城市一个接一个地接受着火焰暴风的吞噬，瞬间满目疮痍。盟军的轰炸机充裕如斯，他们往一些老旧型号的轰炸机内塞满弹药，让它们飞向德国，机上人员在即将飞抵时跳伞，任由轰炸机坠毁在城区——他们甚至无意去做任何的瞄准工作。这些轰炸机是从天而降的"地狱纵火者"[①]。其他空袭都是诱饵，它们的作用是引出对方的战斗机，以便让技高一筹的盟军飞机和飞行员将其摧毁。此次空战的高潮——尽管不是终点——发生在1945年2月13—15日的德累斯顿。在德累斯顿遭受的轰炸还不算严重的时候，各条战线上的德国国防军虽然已经开始走向崩溃，但也还未完全丧失战斗力。德累斯顿是一个主要的铁路和公路枢纽，挤满了试图逃离苏军控制的难民。在某种程度上，盟军的计划就是制造一场大规模的难民危机，从而堵塞道路，阻滞德军的军事调动和增援速度，协助苏军前进。开始的时候，20架"探路者"在前面低飞，执行照明任务，并用彩色烟雾和标示弹为后机标记地面目标。不到30分钟，城市中心闪烁起来，绿色、红色和黄

① "地狱纵火者"（Hellburner）是荷兰独立战争（又称八十年战争）中，荷兰叛军在安特卫普保卫战期间使用的一种火攻船的名字，他们往船上填满火药，让其顺风驶出，随后火船通过定时引信被引爆，炸毁了一座封锁安特卫普的西班牙浮桥。

色的浓烟滚滚升起。随后英国皇家空军500架兰开斯特轰炸机（Lancasters）入场，投下高爆炸药和燃烧弹。由于掌握了制空权，再加上天公作美，可见度极佳，盟军的这次轰炸执行得异常精确。数以千计的重型高爆炸弹不偏不倚地落在了市中心，其中一些装有延时引信的炸弹混入了碎石瓦砾堆中，它们可以将之后赶来的消防、医务和救援人员也一网打尽。然后，整座城市便陷入了一片火海。

561

区域轰炸的模式奏效了。数以百计的小火堆连成一气，汇聚成为一场能量巨大的烈焰风暴，中心的“火焰墙”就像飓风的眼壁一样激烈旋转，但是速度甚至要比五级风暴还快——超过200英里/小时，温度超过800摄氏度。德累斯顿几乎没有防空洞，只有临时搭建的连接旧地窖的隧道。但当火蛇顺着流动的空气和人群蜿蜒而下，最后盘绕在挤成一团的难民群上方时，这些隧道就成了死亡陷阱。无色无味的一氧化碳也在往地下涌去，造成数千人中毒身亡。在那个夜晚，他们是死得最痛快的，无声无息，毫无痛苦。第二天，300架美国B-17轰炸机抵达。在距离100英里远的地方，他们眼前只有一个巨大的、气味刺鼻的黑色烟柱，看不见城市。于是，他们朝这些烟雾投弹。轰炸机连续三天呼啸不息，迫不及待地要去轰击这个整场战争中最显眼的目标。附近的盟军战俘被迫前去清理烧焦的尸体和瓦砾，年轻的库尔特·冯内古特（Kurt Vonnegut）便是其中一员，他在战后发表的小说《五号屠场》（*Slaughterhouse-Five*）或许更多的是在模糊而不是记录这个可怕的事件，它把令人难以置信的现实变成了讽刺的科幻作品。

哈里斯一贯提倡的为了达到某种心理效果而进行的轰炸是一回事——因为在道德方面的问题，以及未能实现事先承诺的效果，这一轰炸模式仍然受到尖锐和严厉的批评——战略轰炸，总体而言则是另一回事。事实上，有一种有力的观点认为，尽管轰炸带来前所未有的恐慌，还有随之而来的非难，但盟军的轰炸对

最终战胜德国的贡献是巨大的。因为1945年轰炸机将摧毁德国的运输系统，捣毁包括石油的供应和提炼在内的大多数重要军工产业，令战斗机的生产无以为继。然后，盟军和苏联的空中战术力量将把最后的德军部队压制在地面上，使其动弹不得、作战反应陷入瘫痪、失去还手之力。到最后，无论德国还是日本，在它们各自的战场上，即使在其本国境内都已无法按照它们自己的意愿移动军事物资，完成武器或部队的生产或部署。[67]

***

针对德国的城市轰炸一直持续到1945年4月，那时目标已经所剩无几。B-29轰炸机已经在忙着毁灭日本。在官方和公开场合，盟军的超远程轰炸攻势目标都瞄准了日本的战争经济。然而，正如1943年盟军作出要对德国城市发起无差别轰炸，且力图达到基本的心理震慑效果的决定一样，对日本的工业目标也只能通过饱和轰炸或区域轰炸进行打击。针对德国的轰炸，在行动上已经不可避免地转向以城市为目标，而为了打击士气、攻破心理防线、收获难民效应，在道德上它也在经历从平民伤亡可被接受，到有意识地以平民为轰炸目标的转变。盟军对待日本自然也不会例外。B-29轰炸机的真正目标，不仅是敌人的物理抵抗能力，更是敌人的抵抗意志，这也是一切获胜的战争需要达到的目标。[68]只不过这是一场全面战争，这意味着在这场战争中对方全民皆敌，因此为了打败对手，是可以无所不用其极的。行此事的正是民主国家，这在很大程度上说明了所有现代战争在道德伦理上的滑坡本质。它首先发生在德国，触发它的显然是德国的军事抵抗，而不是德国与同盟国之间的种族差异。日本的情况也是一样，轰炸是为了获胜，而非出于种族仇恨。盟军并非没有考虑过向德国城市投放原子

562

弹，但德国在1945年5月退出了战争，而日本选择继续战斗。

日本领导人曾在私下谈起，预计将有2000万人在这场入侵中死去，但他们仍毫不犹豫地要求他们饱受苦难的人民去承受这样的代价，只为了去输掉一场早已没有希望的战争，不管最后被牺牲掉的是什么。在盟军方面，当特制的B-29洲际战机从塞班岛抵达日本时，全面战争的逻辑和道德标准已被各国领导人接受，这是一群行事正派的君子，但他们坚信只要可以赢得战争并尽快结束战争造成的破坏，一切手段都是必要的。[69] 但有一点必须指出，即盟军对日本城市的无差别凶残破坏，并不像人们常常过于轻率且错误地指控的那样，是出于西方的种族主义。它源自新生的军事能力、麻木的道德情感，以及希望结束和赢得这场有史以来最糟糕、最血腥的战争的原始意愿。这股意志不仅仅存在于唐宁街10号和白宫。到1945年，从约克郡（Yorkshire）、多佛尔到缅因州（Maine）和加利福尼亚，从温哥华到堪培拉和奥克兰，轰炸无一例外地大受欢迎。各地的人们都相信，轰炸可以挽救盟军士兵的生命，轰炸是获得胜利的必要之举，是对作为侵略者的轴心国的正义报复。

1945年，在新几内亚以及散落在广阔太平洋上的数十个岛屿和环礁的血腥战场上，日本人仍在顽抗。缅甸对交战双方来说都是一个丛林地狱。而所罗门群岛中部的新乔治亚群岛（New Georgia）战役，只是盟军部队与散落各岛的日本驻军之间爆发的众多激战中的其中一场，这些日本驻军在战争后期仍然保持着昂扬的斗志。从1943年到1945年，澳大利亚人在新不列颠岛（New Britain）与7万日军进行了一场苦战。这些为了保卫日本本土不受入侵而在小小的岛屿上爆发的殊死抵抗，愈发加剧了日本民众对外敌入侵的恐惧，但这正是日本领导人想要看到的：通过制造对大规模伤亡的恐惧来威慑民众抵抗入侵，这是他们有过的唯一勉强可称之为战略的战略。在塔拉瓦（Tarawa，1943年

563

11月20日至23日)，4600名日本驻岛士兵中只有17名被活捉。在夸贾林岛(Kwajalein lsland，1944年1月29日至2月7日)，7900人的驻军只有105人幸存下来；在埃尼威托克(Eniwetok，1944年2月17日至23日)，只有66名日本人和朝鲜人被俘，其余守军全部死亡；在比亚克岛(Biak Island，1944年5月27日至6月20日)，1万人的驻守部队，活着投降的只有几百人，其中许多人还是在最后因为伤势过重无法自杀或杀死俘虏他们的人才被带走的。对过重的战场伤亡十分忌惮的民主国家领导人因此选择轰炸日本的城市，以避免自己国家的军队受损。[70]这在当时来说，是一个很简单的道德选择，他们也是这么对待德国的，而且持续时间越长，平民伤亡越大。问题在于，要进入德国境内，轰炸机可以从英国和已被解放的意大利起飞，但要轰炸日本本土，难度就要比这大得多。美国陆军航空军最初尝试让B-29轰炸机从印度起飞，在中国境内落地加油，然后空袭日本，结果令人失望，更不用提不久之后它在中国的加油点就被日本的"捷号作战"推到了轰炸机的航程之外。然而，一旦拿下了塞班岛，日本就完全落在了B-29轰炸机的往返航程之内。

被选定用来毁灭以及——没错，惩罚日本的手段，是火。美国顶尖大学的教授们研究了日本的建筑材料和城市布局，他们注意到日本密集的工人住宅主要由木材和纸张制成(德国城市则以石头建筑为主)。他们通过测试这些材料的可燃性，研究最佳的轰炸模式，计算出了制造一场可自行持续燃烧的火焰屠杀所需的燃烧弹和高爆弹的适当比例。他们学会了如何制造一场足以吞噬日本帝国的城市、住房、医院和铁路、工厂和工人，以及最重要的，它的抵抗意志的火焰暴风。日本人的斗志将被轰炸机放在火上炙烤，直到炸裂、崩溃。盟军对此十分清楚。

1945年3月9日至10日，B-29轰炸机抵达东京上空，执行了至今仍是战争史上最致命、最具破坏性的一次行动，其威力

甚至超过了原子弹。日本不仅缺少防空资源，而且防空意识自战前一直十分薄弱，这意味着B-29轰炸机要飞越的是一个几乎完全开放的不设防城市。于是，它们改为低空飞行，卸下机炮、弹药和炮手，给每架飞机额外装上3000磅燃烧弹。机群以单列编队形式运行，这样既可以节省燃料，也能确保炸弹落下的密集程度足以使东京的建筑物裂成无数碎块，为谋划中的火焰暴风提供充足燃料。这次以杀死大量平民为目标的行动最终得到美国陆军航空军司令部、参谋长联席会议和富兰克林·罗斯福的正式批准。B-29轰炸机就是为此而造的，机组人员对此也都一清二楚，因为平民作为轰炸目标在他们的飞行指令中清晰在列。[71]

564

首先划破黑夜的是发动机低沉的轰鸣声：探路者在前方交叉绕圈盘旋，为后方的主力机群标记投弹区域。然后是数以千计的标记信号弹在空中爆裂成耀眼的彩色圆环时发出的噼啪声。家家户户都出来了，聚集在山坡上，观看下方“城市碗”①中的花火表演。孩子们看着远处星星点点的灯火，兴奋地叫了起来。因为战争肮脏而又诡秘的真相就是：它是恐怖的，但往往又是美丽的、令人兴奋的，就像火本身。接下来是主力部队：279架携带凝固汽油弹和高爆弹的B-29，它们将搭载的炸弹整齐地投在标记圈内。不到15分钟，寒冷的冬夜马上热得令人难以忍受。液体火焰的喷泉从30万枚燃烧弹中喷薄而出，闪着黄色、白色、绿色和蓝色的光。随着凝固汽油弹的喷涌和燃烧，汽油的味道四处弥漫开来。房屋的木头和墙壁不支倒地，发出噼啪的爆裂声。幸存者回忆说，建筑物坍塌时发出沉重的砰砰声，随即便是一股强烈的热浪袭来。火焰翻飞嘶鸣，木材噼啪爆响，当中还夹杂着人和动物被烧焦时发出的滋

① “碗”（bowl）常被用于橄榄球赛事的命名，比如美国的第一大人气赛事“超级碗”。“碗”源自最初举办这些比赛的碗形体育场，“城市碗”借用了这一叫法。

滋声响，烤肉的气味和呼啸穿梭的热风带走了尚未被听到的凄厉哀鸣。轰炸引发数千起火灾，恣意翻飞的火团从一个屋顶跃到另一个屋顶，猛烈交融，直到一个巨大的旋涡开始在东京上空搅动。B-29轰炸机是成功的，火焰暴风出现了。仅仅损失两架战机，却换来16平方英里的城市被毁，失控的东京足足烧了10个小时。上升的灰烬将落下的雪变成黑色；黑色的雨雪冲刷着瓦砾和废墟，以及上面死去的、被烧伤的数十万平民，而东京只是1945年遭遇如此经历的日本62个城市中的第一个。在这场烈焰飓风中，25万座建筑物被烧毁，83973人死亡，另有41000人严重受伤。100万平民无家可归，他们同时失去了庇护和希望。这次轰炸比战争史上任何一次军事行动导致的伤亡人数都要多。[72] 至少目前是这样。

火焰暴风内部又是什么模样？一个巨大的火焰漏斗越过了所有防火带，它贪婪地搜寻燃料，吞吸周围的一切——建筑物、汽车、有轨电车、人、狗——来壮大自己。一场烈焰海啸席卷了这座呈缓坡倾斜的城市，炽热的高压气体顺着山坡滚滚而下，就像从富士山上落下的火山碎屑流一样，还未触碰，已将人的肉体化作焦炭，点燃了肺里的空气。人们有的死于大火，有的死于高温，有的死于吸入过多烟雾导致的窒息；还有的死于一氧化碳中毒，因为急速旋转的火墙夺走了这座城市的氧气，释放出了有毒气体。在街上奔跑的人，头发和衣服会突然起火，停下脚步检查的母亲会发现背上的婴儿早已被烧焦。跑向开阔空地的人避免不了死亡，因为热浪是如此强势，空气中的氧气都已被消耗殆尽。跳入河中的人也只有一个下场，那就是被滚烫的水活活煮死。数以千计的人又涌向东京湾，试图逃离火焰，却也只是淹死在上涨的潮水中。“空袭警报解除”的警报声在当天凌晨5点响起，但东京还是烧了一天。尸体被放在波纹铁皮上抬走，送到寺庙或公园火化。那些已经变成焦炭的尸身则被装进桶里，埋入坑中：7

565

万名死者的身份因为没有面孔而无法辨认。[73]

这套系统是有效的。于是，B-29 继续被派回日本纵火。空袭东京两天后，他们袭击了名古屋。第二天，大阪被烧，四天后，是神户。接下来是横滨，以及其余几十座城市。火攻一直延续到仲夏。换了日本人也会这么做，就像他们在上海和中国其他城市的上空曾经展示过的那样。他们缺少的只是可以直抵敌人城市的洲际轰炸机。同样可以肯定的是，如果不是因为核研究项目全部告败，他们的政府和军队也早已向敌人投下原子弹。日本人所能设法送过太平洋上空的是数千个“风船爆弹”，这是一种装上了燃烧弹和炸弹，然后利用高速气流的吹送飞过太平洋的纸制气球，制作者甚至包括在全面战争中被动员起来的女学生。1942 年 4 月的杜立特空袭（Doolittle Raid）促使日本人开始研究这种报复手段，“风船爆弹”在太平洋上空漂浮着，一直到 1945 年春天。在投放的 9000 枚“风船爆弹”中，已知成功落地的只有 630 枚。这种攻击手段在目标的选择上同样是低效且无差别的。日本人对“风船爆弹”的定位是恐怖武器，他们希望借此提高日本的士气，同时给美国（和加拿大）造成恐慌和一定程度的经济损失。“风船爆弹”的落地地点，北至加拿大，南至墨西哥，最东到艾奥瓦州，这些地方都有发现。不过，只有其中的一枚造成了人员伤亡。在俄勒冈州的布莱（Bly）城外，4 名好奇的学生和他们的老师因错误操作一枚挂在树枝上的气球炸弹而被炸死。[74]

566

可以称道的是，美军事先投下传单，让日本人迅速离开他们的城市。数百万人这样做了。随着城市工人的逃离，日本战时生产下降了 75%。士气也一落千丈。宪兵队报告称，民众骚乱不断，对政府的不满情绪正在加剧。精英开始担心，如果这种情况继续下去，日本可能会像 1905 年和 1917 年的俄国一样，在战争期间爆发革命，走向溃败。[75] 工人拒绝工作。数百万人回到乡下避难，只求填饱肚子，他们或许曾在那里有过平静的生活，直到日本领导人将半个亚洲卷入战

争，而这一切都只是在满足日本帝国海军、陆军，以及军国主义文官高层的虚荣——这份虚荣甚至无关民族和国家。战争内阁中有人想要结束战争，要求谈判。另一些人则呼吁发起人弹攻击、自杀式战术，要求上亿民众为国玉碎。对这些领导者来说，战争已经成为一种死亡崇拜，是披在整个国家身上的裹尸布，是无法理喻的。[76]

入侵九州的行动定在 11 月 1 日，这是盟军对日本本土岛屿两次必要入侵行动中的第一次。一道 6 月 6 日发布的防卫命令号召日本做好在海滩上迎击入侵者的准备，点燃了民族精魂的自杀式部队将沿着海岸线发起全面的特攻作战。200 英里外，入侵船队将遭遇来自"回天"、小型潜艇，以及樱花特别攻击机和 4000 名特攻队员发起的大规模自杀式攻击；"伏龙"将沿着海岸线埋伏，然后从水下引爆，与敌人的登陆舰艇同归于尽；隐身在山洞里的大炮将猛烈轰击任何试图上岸的盟军步兵，日本守军的铮铮铁骨将会吓退他们。这时被消灭的入侵者预计可以达到 50%。然后，大批日军，包括刚从中国回来的关东军，会对敌军发起连续不断的人海攻势。没有什么可以阻挡他们杀死进攻者。日本的伤员不会被抬走，他们将留在倒下的地方："照顾战友是不可饶恕的。"敌人没有踏上海岸的机会，即使他们这么做了，机动预备队也会把他们干掉。通往内陆的道路将被打开，诱使谢尔曼坦克驶入田野，自杀小队将在那里恭候它们。每个军官和士兵都被明令发动自杀式攻击。两周后，盟军情报部门截获日军一道后续指令，预警了即将发生的事："这场战役将是一场决定性的战役——一场终极决战……空中和海上部队必须在海上歼灭盟军的入侵部队。地面部队必须……压倒并歼灭海岸上的敌人。"[77] 就这样，原子弹落下了。最后的幻想破灭了。

567

与此同时，1945 年 7 月 16 日，在遥远彼岸的沙漠上，曼哈顿计划的科学家正在进行代号为"三位一体"（Trinity）的有史以来第一次核试爆。哈里·杜鲁门在波茨坦会议上（1945 年 7 月 17 日至 8

月2日）将此事告诉了斯大林。美国，与英国和中国一道，就此事向日本发出预警。现在回头再看，当天的状况或许并不如杜鲁门想的那样，或者它本应呈现的那样清晰分明。在后来的观察家看来，与原子弹有关的道德问题，比当时在陆地上空爆发的全面战争所带来的火焰暴风热潮更加值得注目。盟军情报显示，九州南部的14个野战师至少有兵力625000，凡有意投降者都将面临军事法庭的死亡威胁。而事实上，驻守九州的第16方面军的兵力为90万。[78] 日本陆军仍在扩充它的本土兵力以应对入侵，它一边从中国大陆分出部队填补缺口，一边在本土招募新兵；于是有了8月6日在广岛和8月9日在长崎的两次原子弹爆炸。考虑到空战的进展程度，对已经无所不用其极的双方来说，使用原子弹并不是一个艰难的决定。

经过几十年的争论，已经有充足的证据证实，投掷原子弹主要是为了尽快终结战争，而事实上它们也确实做到了。8月8日，苏军在两次原子弹爆炸之间开始大规模进攻中国东北和华北，这对日本来说无疑是雪上加霜。[79] 几十年来，日本陆军将领一直在谋划着与苏军的大战，也热切期盼着这一天的到来。然而，当红色风暴终于在北方爆发，他们以及他们在中国东北和华北的部队却被打得一败涂地，毫无还击之力；尽管客观地说，由于关东军的精锐部队多被调回九州，抵抗苏军的日本部队本就多是临时组建、实力不如前者的替补部队。投降者约有60万，他们中的一些人此生再也不会见到故土，他们将作为强迫劳工被扣留在西伯利亚，就像直到1953年斯大林去世之前一直被关押在苏联西部的一些德国战俘一样。[80] 宪兵队关于各地即将爆发社会革命的担忧和报告令日本政府感到震惊，哪怕它此时更应考虑的是如何应对盟军的轰炸以及带有装甲闪电突击色彩的苏军入侵。[81] 他们想知道，“国体”——帝国之根基，是否能在接下来的战争日子中存续。

570

日本输了，输得彻底，输得精光，但它仍然没有投降。最

初伤亡报告中的惊人数字让杜鲁门大为震撼，他下令除非他特别授权，否则不得再投掷原子弹。然而，他也下令应按“目前的强度”继续发动常规攻击。下一颗原子弹将于8月21日问世。它可以投放在第三个城市的上空，也可以用在盟军攻入日本期间——到那时，备战的原子弹数量至少会增加到7颗，它们将被用来炸开海滩上的守军，并扫除内陆驻守部队。[82]如果原子弹的使用一直被限制在如此明确的军事用途上，也许它们今天就不会饱受后人的诟病。这些远离全面战争硝烟的后世诟病者，生活在受着洲际弹道导弹核威慑力荫庇的国家中，安坐在审判席上，评判着死去的一代。但是道德的卢比孔河，早在1945年8月6日和9日的两次原子弹爆炸之前就已经被跨过去了。当时如此，未来也是如此。

在原子弹在长崎爆炸后的一周里，美国飞机穿越日本上空，向被烧毁的城市投下传单，传单上透露了日本政府拒绝告知民众的正在进行的投降谈判内容。同盟国放弃了无条件投降的要求，允许日本至少保留天皇制度这一外在国体形式。由于担心这一消息的曝光会刺激狂热军官发起兵变，战争内阁决定开会讨论投降问题。会议陷入僵局，投票结果为3∶3，一半人想投降，另外三人则仍在争论末日之战、“一亿玉碎”之类的话。面对社会的动荡，以及他的帝国和天皇体制可能走向终结（而非对饱受战争折磨的人民或人道怀有任何明显的恻隐之心），日本天皇裕仁打破了这一僵局。于是，8月15日，日本帝国低头，同意了同盟国提出的投降条款。作为曾经支持过纳粹联盟、多年来对愈发狂热的日本外交和战争政策至少是袖手旁观的裕仁天皇，躲在他的皇宫防空洞内录制了他的首次公开声明。在对外广播之前，深受不服从文化熏陶的少壮派军官试图拦截录音、阻止终战诏书的对外播送（史称“宫城事件”），但他们失败了，随后几名年轻的政变军人自杀。

在他的“玉音放送”中，裕仁天皇用几乎没有普通民众能够听懂的优雅日语发表讲话，且讲话中始终不曾承认自己对日本军方发动的一系列侵略战争负有任何责任。相反，他将自己和日本的责任推卸得一干二净，宣称日本宣战只是为了自卫，他没有向日本的受害者致歉，只对日本的盟邦傀儡表示遗憾，因为日本没能完成“解放东亚”的共同使命。他对“国体”在战争中“得以护持”感到骄傲，然后轻描淡写地宣布，从此刻起日本臣民都必须“忍其所难忍，耐其所难耐”。[83]仿佛这是尚未发生的事情。爱德华·德雷亚（Edward Drea）恰如其分地总结道，裕仁天皇“重视天皇体制甚于他的人民、他的军队，以及他的帝国”。[84]当这一讲话内容被转播给亚洲各地的日本陆军部队时，一些事先认为战斗必将继续的军官有些自杀，有些则选择杀掉最后一批盟军战俘。9月2日，在东京湾美国“密苏里号”战列舰的甲板上，日本代表正式在投降书上签字。稍远处，停靠着一支庞大的盟军舰队，日本人从未想象过他们的敌人能造出这样的舰队，更不用说它们能够安然停泊在天皇陛下的神圣海岸边了。

在战前以及整个第二次世界大战期间，在战争发展的许多重大关头，日本是有机会作出有别于其领导人现在实际所做的选择的，包括如何战斗，以及如何对待被占领区人民和被俘士兵。它甚至可以选择何时结束以及如何结束这场灾难性的败仗，阻止烈焰之雨像极光一样降临、笼罩于它的家园上空。但它的领导人选择了继续战斗，走向原子毁灭之路。从这个意义上来说，他们的选择与希特勒的选择是一致的、遥相呼应的。希特勒说他不会交出他的虚无主义，他说他将一直战斗“直到午夜后的五分钟”，而他正是这么做的：他决不放弃纳粹德国，哪怕它已成了废墟，直到苏军兵临城下，他选择开枪自杀。于是，尽管日本早已无望取得军事胜利，屠戮仍然席卷了整个亚

洲。它从空中落下、从陆上碾过，它在洋上翻动着、在水下暗涌着。更多的人在无辜送命，更多的城市消失在火柱之下，更多的铮铮瘦骨为了残暴军官和帝国的虚荣而拼死战斗到最后一刻，然后他们的尸骨又将被其他怀揣惊恐的士兵用坦克、炸弹和火焰喷射器翻弄出来。战争，只有死亡，没有怜悯。

## 注　释

1　Drea, *Japan's Imperial Army*: pp. 138–141.

2　见 Mark Peattie, *Ishiwara Kanji and Japan's Confrontation with the West* (Princeton: Princeton University Press, 1976)。

3　见史蒂芬·佩尔茨（Stephen Pelz）富有洞见的评论文章：*Journal of the American Oriental Society* 97 (1977): p. 344。

4　Drea, *Japan's Imperial Army*: pp. 156–159, 182–183. James Morley, editor, *The China Quagmire: Japan's Expansion on the Asian Continent, 1933–1941* (New York: Columbia University Press, 1983): pp. 3–230.

5　Barbara Brooks, *Japan's Imperial Diplomacy: Consuls, Treaty Ports, and War in China, 1895–1938* (Honolulu: University of Hawaii Press, 2000): pp. 160–207; Barnhart, *Japan Prepares for Total War*: pp. 198–214; Drea, *In the Service of the Emperor*: pp. 169–215; John Chapman, "The Imperial Japanese Navy and the North-South Dilemma," in John Erickson and David Dilks, editors, *Barbarossa: The Axis and The Allies* (Edinburgh: Edinburgh University Press, 1994): pp. 150–206; Evans and Peattie, *Kaigun*: pp. 447–486.

6　Mitter, *Forgotten Ally*: pp. 79–97.

7　Morley, *China Quagmire*: pp. 233–286.

8　Andrew Levidis, "Conservatism and Japanese Army Factionalism, 1937–1939: The Case of Prince Konoe Fumimaro and Baron Hiranuma Kiichirō," unpublished notes of research talk (2016): pp. 1–3.

9　Peter Harmsen, *Shanghai 1937: Stalingrad on the Yangtze* (Havertown: Casemate, 2013): pp. 133– 148, 162–179, fall of Nanjing at pp. 233–247; Mitter,*Forgotten Ally*: pp. 98–108, 124–144. 在日本有一个专门生产否认

大屠杀事件发生的印刷品的作坊产业。中国官方的遇难数字是 30 万。

10 Levidis, "Conservatism and Japanese Army Factionalism," pp. 4–5.

11 Morley, *China Quagmire*: pp. 309–435.

12 Chang Jui-te, "The Nationalist Army on the Eve of War," in Mark Peattie et al., editors, *The Battle for China: Essays on the Military History of the Sino-Japanese War, 1937–1945* (Stanford: Stanford University Press, 2011): pp. 83–104; Edward Drea, "The Japanese Army on the Eve of War," ibid., pp. 105–135; Peter Worthing, *A Military History of Modern China* (Westport: Praeger, 2007): pp. 1–130.

13 关于蒋介石毁堤泄洪的决定，参见 Jay Taylor, *The Generalissimo: Chiang Kai-Shek and the Struggle for Modern China* (Cambridge: Belknap Press, 2009): pp. 154–155; Mitter, *Forgotten Ally*: pp. 157–172。

14 Drea,*In the Service of the Emperor*: pp. 1–13.

15 Franco Macri, *Clash of Empires in South China: The Allied Nations' Proxy War with Japan, 1935–1941* (Lawrence: University of Kansas Press, 2012); Mitter, *Forgotten Ally*: pp. 239–364.

16 John Plating, *The Hump: America's Strategy for Keeping China in World War II* (College Station: Texas A&M University Press, 2011). 关于中国共产党在战争中的表现，见 Sherman Xiaogang, *A Springboard to Victory: Shandong Province and Chinese Communist Military and Financial Strength, 1937–1945* (Leiden: Brill, 2011)。更温和的观点见 Dagfinn Gatu, *Village China at War: The Impact of Resistance to Japan, 1937–1945* (Copenhagen: NAIS Press, 2007)。

17 S. C. M. Paine, *Wars for Asia, 1911–1949* (New York: Cambridge University Press, 2014): pp. 109–281.

18 Hara Takeshi, "The Ichig ō Offensive," in Peattie, *Battle for China*: pp. 392–402.

19 见 Louis Allen, *Burma: The Longest War, 1941–1945* (London: J. M. Dent, 1984)，及 Donovan Webster, *The Burma Road* (New York: Farrar, Strauss & Giroux, 2003): pp. 243–269。

20 "Unexpected Victory," in Mitter, *Forgotten Ally*: pp. 345–364.

21 Jerome B. Cohen, *Japan's Economy in War and Reconstruction* (Minneapolis: University of Minnesota Press, 1949): pp. 1–47; Drea, *In the Service of the Emperor*: pp. 26–41; Werner Rahn, "Japan and Germany, 1941–1943: No Common Objective, No Common Plans,

No Basis of Trust." *Naval War College Review* 46 (1993): pp. 47–68; Barnhart, *Japan Prepares for Total War*: pp. 162– 214; Evans and Peattie, *Kaigun*: pp. 467–480.

22 对此持有不同观点的是：Vincent O' Hara, *The U.S. Navy Against the Axis: Surface Combat, 1941–1945* (Annapolis: Naval Institute Press, 2007): pp. 297–298 and passim。

23 Evans and Peattie, *Kaigun*: p. 515. 着重文本为原文所加。另见 Mark Peattie, *Sunburst: The Rise of Japanese Naval Air Power, 1909–1941* (Annapolis: Naval Institute Press, 2001)。

24 Evans and Peattie, *Kaigun*: pp. 324–326.

25 Willmott, *Empires in the Balance*: p. 87; Mark Parillo, *The Japanese Merchant Marine in World War II* (Annapolis: Naval Institute Press, 1993); Michel Poirier, "Results of the American Pacific Submarine Campaign of World War II," Chief of Naval Operations (2009): www.navy.mil/navydata/cno/n87/history/pac-campaign.html.

26 Lance Davis and Stanley Engerman, *Naval Blockades in Peace and War* (Cambridge: Cambridge University Press, 2006): pp. 321–382.

27 Evans and Peattie, *Kaigun*: pp. 353–391; Tarling, *Sudden Rampage*: pp. 218–251.

28 Chiyoko Man Kwong, "The Failure of Japanese Land Sea Cooperation During the Second World War," *Journal of Military History* 79 (2015): pp. 69–91.

29 Masanori Ito, *The End of the Imperial Japanese Navy* (New York: Norton, 1962): pp. 210–211; Shizuo Fukui, *Japanese Naval Vessels at the End of World War II* (Annapolis: Naval Institute Press, 1991); Williamson and Millet, *A War to Be Won*: p. 338. 关于美国为太平洋战争投入的一般性战争生产，见 Jim Lacey, *Keep From All Thoughtful Men: How U.S. Economists Won World War II* (Annapolis: Naval Institute Press, 2011): pp. 20–31, 120–128; Peattie, "Teikoku Kaigun," p. 185; Hone, "US Navy," p. 248。

30 Poirier, "American Pacific Submarine Campaign" ; Michael Sturma, *Surface and Destroy: The Submarine Goes to War in the Pacific* (Lexington: University Press of Kentucky, 2012); Joel Ira Holwitt, *Execute Against Japan: The U.S. Decision to Conduct Unrestricted Submarine Warfare* (College Station: A&M University Press, 2013): pp.

162–180.

31 Evans and Peattie, *Kaigun*: pp. 398–401; Daniel Blewett, “Fuel and U.S. Naval Operations in the Pacific, 1942,” in *Pacific War Revisited*: pp. 57–80; Nicholas Sarantakes, *Allies Against the Rising Sun: The United States, the British Nations, and the Defeat of Imperial Japan* (Lawrence: University of Kansas Press, 2009): p. 289; Cohen, *Japan's Economy in War and Reconstruction*, pp. 48–109; 271–354.

32 Willmott, *Empires in the Balance*: pp. 181–434; Thomas Zeiler, *Unconditional Defeat: Japan, America, and the End of World War II* (Wilmington: Scholarly Resources, 2004): pp. 2–7.

33 关于外围防御圈的损失，见 Dull, *Battle History*: pp. 293–308。另见 Alvin D. Cox, “Flawed Perception and its Effect upon Operational Thinking: The Case of the Japanese Army, 1937–1941,” in Michael Handel, editor, *Intelligence and Military Operations* (London: Taylor & Francis, 1990): pp. 239–254。

34 Tarling, *Sudden Rampage*: pp. 80–99; Dull, *Battle History*: pp. 49–118; Philip Snow, *The Fall of Hong Kong: Britain, China, and the Japanese Occupation* (New Haven: Yale University Press, 2004).

35 David Dickson et al., “Doctrine Matters: Why the Japanese Lost at Midway,” *Naval War College Review* (Summer 2001): pp. 139–151; Dallas Isom, “The Battle of Midway: Why the Japanese Lost,” *Naval War College Review* 53 (Summer 2000): pp. 60–100; Spector, *At War at Sea*: pp. 198– 204. 渊田美津雄和奥宫正武的回忆录是关于中途岛一战极有影响力但存在缺陷的著述：Mitsuo Fuchida and Masatake Okumiya, *Midway: The Battle that Doomed Japan* (Annapolis: Naval Institute Press, 1955)，它在后来被乔纳森·帕歇尔和安东尼·塔利的出色研究所取代：Jonathan Parshall and Anthony Tully, *Shattered Sword: The Untold Story of the Battle of Midway* (Washington: Potomac Books, 2005)。另见 Dull, *Battle History*: pp. 119– 179; Craig L. Symonds, *The Battle of Midway* (New York: Oxford University Press, 2011)。

36 Drea, *Japan's Imperial Army*: p. 227. Shunsuke Tsurumi, *An Intellectual History of Wartime Japan* (London: KPI, 1982): pp. 75–84; Benesch,*Inventing the Way of the Samurai*: pp. 174–213; Sharon Lacey, *Pacific Blitzkrieg: World War II in the Central Pacific* (Denton: University of North Texas, 2013): pp. 1–45.

37 未实施的占领夏威夷计划在约翰·斯蒂芬的著作中有详细描述，见 John Stephan, *Hawaii Under the Rising Sun: Japan's Plans for Conquest after Pearl Harbor* (Honolulu: University of Hawaii Press, 1984)。另见 Shigeru Fukudome, "The Hawaii Operation," in David C. Evans, editor, *The Japanese Navy in World War II: In the Words of Former Japanese Naval Officers* (Annapolis: Naval Institute Press, 1986)。

38 Douglas Smith, *Carrier Battles: Command Decision in Harm's Way* (Annapolis: Naval Institute Press, 2006); David Day, *Reluctant Nation: Australia and the Allied Defeat of Japan, 1942–1945* (New York: Oxford University Press, 1992); Sarantakes, *Allies Against the Rising Sun*; Prange, *At Dawn We Slept*: pp. 554–567; Willmott, *Empires in the Balance*: pp. 137–141; Fergal Keane, *Road of Bones: The Siege of Kohima, 1944* (London: Harper Collins, 2010); Frank McLynn, *The Burma Campaign* (New Haven: Yale University Press, 2011); Louis Allen, *Burma: The Longest War, 1941– 1945* (London: Dent, 1984); Atkinson, "Projecting American Power," pp. 345–354.

39 Peattie, "Teikoku Kaigun," p. 200.

40 Ibid., p. 201; Drea, *Japan's Imperial Army*: p. 246.

41 Drea, *In the Service of the Emperor*: pp. 39–41; Nathan Prefer, *The Battle for Tinian* (Havertown: Casemate, 2012); Matthew Hughes, "War Without Mercy? American Armed Forces and the Deaths of Civilians during the Battle for Saipan, 1944," *Journal of Military History* 75 (2011): pp. 93–123; Harold Goldberg, *D-Day in the Pacific: Battle of Saipan* (Bloomington: Indiana University Press, 2007): pp. 90–102, 195–204.

42 William Slim, *Defeat into Victory* (New York: McKay, 1961): p. 538; Charles Brower, *Defeating Japan: The Joint Chiefs and Strategic in the Pacific War, 1943–1945* (New York: Palgrave, 2012): pp. 89–148; Douglas Ford, "US Assessments of Japanese Ground Warfare Tactics and the Army's Campaigns in the Pacific Theatres, 1943–1945: Lessons Learned and Methods Applied," *War in History* 16/3 (2009): pp. 328–329.

43 Milan Vego, *The Battle for Leyte, 1944: Allied and Japanese Plans, Preparations, and Execution* (Annapolis: Naval Institute Press, 2006); Spector, *At War at Sea*: pp. 292–300; H. P. Willmott, *The Battle of Leyte*

*Gulf, 1944: The Last Fleet Action* (Bloomington: Indiana University Press, 2005); Thomas J. Cutler, *The Battle of Leyte Gulf*: 23–26 October, 1944 (Annapolis: Naval Institute Press, 1994); Tully, *Surigao Strait; Dull, Battle History*: pp. 325–349; Drea, *Japan's Imperial Army*: pp. 127–144.

44 Drea, *Japan's Imperial Army*: pp. 245–246. 可与美国参谋长联席会议和联合参谋部的作战计划记录进行比照阅读的是：Grace P. Hayes, *History of the Joint Chiefs of Staff in World War II: The War Against Japan* (Annapolis: Naval Institute Press, 1982)，以及 Mark A. Stoler, *Allies and Adversaries: The Joint Chiefs of Staff, the Grand Alliance, and U.S. Strategy in World War II* (Chapel Hill: University of North Carolina Press, 2000)。

45 Allan Millet, *Semper Fidelis: History of the United States Marine Corps* (New York: Free Press, 1991): pp. 344–444; David Mann, "Japanese Defense of Bataan, Luzon, Philippine Islands, 1945," *Journal of Military History* 67 (2003): pp. 1149–1176.

46 Alan Powell, *The Third Force: ANGAU's New Guinea War, 1942–1946* (New York: Oxford University Press, 2003): pp. 25–91, 191–240.

47 这一流派的代表作品，见 John Dower, *War Without Mercy: Pacific War* (New York: Pantheon, 2012)。观点更加平衡的作品，见 Llachlan Grant, *Australian Soldiers in Asia-Pacific in World War II* (Sydney: University of New South Wales, 2014)。另见 Spector, *Eagle Against the Sun*: pp. 9–53。对核心种族主义论点的尖锐而有说服力的批评，见 Lynn, *Battle*: pp. 219–280。休斯（Hughes）指控道尔（Dower）通过"从整个太平洋战区中专门挑选美国的滥杀暴行"来得出误导读者的种族主义论点。详见休斯所著"War Without Mercy?," pp. 122–123。

48 这一点是连道尔也承认的，详见 *War Without Mercy*: pp. 203ff, 234–261。

49 Douglas Ford, *The Elusive Enemy: U.S. Naval Intelligence and the Imperial Japanese Fleet* (Annapolis: Naval Institute Press, 2011): pp. 48–88, 129–163.

50 1939—1945 年，世界各地的战俘共逾 3500 万。关于这个问题的综述性作品见 S. P. MacKenzie, "The Treatment of Prisoners of War in World War II," *Journal of Modern History* 66/3 (1994): pp. 487–520。关于日本，见 Gavan Daws, *Prisoners of the Japanese: POWs of World War II*

*in the Pacific* (New York: William Morrow, 1994)；Edward Russel, *The Knights of Bushido* (New York: Skyhorse, 2008): pp. 53–69, 96–204。对作恶者极尽宽容，同时也模糊了 731 部队的现实意义的是：James Dawes, *Evil Men* (Cambridge: Harvard University Press 2013)。作者评述见 *Michigan War Studies Review* (August 27, 2014)，文章可见于 http://www.miwsr.com/2014-086.aspx。

51　关于这一点，约翰·林恩有很好的阐述（他的观点与约翰·道尔相反），详见 Lynn, *Battle*: pp. 219–280。

52　Toshiyuki Yokoi, "Kamikazes in the Okinawa Campaign," in Evans,*Japanese Navy in World War II*: pp. 454–456. 关于神风特攻队令人沉痛的事迹，可参阅的英文版回忆录包括：Emiko Ohnuki-Tierney, *Kamikaze Diaries: Reflections of Japanese Student Soldiers* (Chicago: University of Chicago Press, 2006)，以及 M. G. Sheftall, editor, *Blossoms in the Wind: Human Legacies of the Kamikaze* (New York: New American Library, 2005)。另见 Hatsuho Naito, *Thunder Gods: The Kamikaze Pilots Tell Their Story* (New York: Kodansha, 1989)；Rikihei Inoguchi and Tadashi Nakajima, *The Divine Wind: Japan's Kamikaze Force in World War II* (Annapolis: Naval Institute Press, 1958)。

53　Hiroaki Sato, "Gyokusai or 'Shattering like a Jewel'：Reflection on the Pacific War," *Asia-Pacific Journal* 6/2 (2008), available at http://apjjf.org/–Hiroaki-Sato/2662/article.html. "玉碎"一词并不仅仅指代令人厌恶的狂热行为，而且是指在战斗中为了追求更高的精神境界而像玉石一样陨落。正如本章其他地方一样，我得感谢丹尼·奥尔巴赫的这一澄清和洞察力。

54　Drea, *Japan's Imperial Army*: pp. 247–248; Roger Spiller, *In the School of War* (Lincoln: University of Nebraska Press, 2010): pp. 87–117; Drea, *In the Service of the Emperor*: pp. 60–74. 两方观点，见 Benis Frank et al., *History of the U.S. Marine Corps Operations in World War II*, Vol. 5: *Victory and Occupation* (Washington: GPO, 1968)；Hiromichi Yahara, *Battle for Okinawa* (New York: Wiley, 1995)；Thomas Huber, *Japan's Battle for Okinawa, April–June, 1945* (Honolulu: University Press of the Pacific, 2005)；以及 Eugene Sledge, *With the Old Breed at Peleliu and Okinawa* (Novato: Presidio Press, 1981)。

55　T. S. Eliot, "Gerontion."

56　Matome Ugaki, *Fading Victory: The Diary of Admiral Matome Ugaki*,

Gordon Prange et al., editors (Pittsburgh: Pittsburgh University Press, 1991): pp. 588–622; Sarantakes, *Allies Against the Rising Sun*: pp. 168–192; Toshiyuki Yokoi, "Kamikazes in the Okinawa Campaign," in Evans, *Japanese Navy in World War II*: pp. 453–473.

57 David Wragg, "Royal Navy," in O' Hara, *On Seas Contested*: pp. 115–116; Edwyn Gray, *Operation Pacific: The Royal Navy's War Against Japan, 1941–1945* (Annapolis: Naval Institute Press, 1990); Sarantakes, *Allies Against the Rising Sun*: Chapters 10–17; Christopher Baxter, "In Pursuit of a Pacific Strategy: British Planning for the Defeat of Japan, 1943–45," *Diplomacy & Statecraft* 15/2 (2004): pp. 253–277.

58 Christian Geinitz, "The First Air War Against Noncombatants," in Chickering and Förster, *Great War, Total War*: pp. 207–225.

59 这项评估报告是由牛津大学物理学家弗雷德里克·林德曼（Frederick Lindemann）和他的助手大卫·班森－布特（David Bensusan-Butt）完成的。由威尔·托马斯（Will Thomas）转录的完整报告［"Butt Report"（PRO AIR 14/1218）］可在网上查阅：https://etherwave.wordpress.com/2014/01/03/document-the-butt-report-1941/。关于其他背景资料，见 idem, *Rational Action: The Sciences of Policy in Britain and America, 1940–1960* (Cambridge: MIT Press, 2014): pp. 51–54；值得特别关注的是：Tami Davis Biddle, *Rhetoric and Reality in Air Warfare* (Princeton: Princeton University Press, 2009): pp. 176–213；评估报告见 301n1, 359n82。

60 相关文献十分丰富。有力的综述性文献见 Overy, *Bombers and the Bombed*，不过它可能低估了平民死亡人数，它提供的平民伤亡数字是低于主流共识的。

61 我在马萨诸塞州内蒂克（Natick）的邻居卡尔·法西克（Karl Fasick，现已去世）有过类似经历：1945 年 3 月，他驾驶的轰炸机在德国上空被击落，因为在跳伞时摔断了腿，他被盖世太保逮捕，但这在某种意义上不啻为一种获救。因为该机组的另一名成员在降落到附近一个城镇时反而被当地平民殴打致死。

62 Evans, *Third Reich at War*: p. 447.

63 Memo from the Prime Minister to Minister of Aircraft Production, July 8, 1940. 着重文本为本书作者所加。

64 Message to the National Convention of Young Democrats. August 21, 1941.

65 转引自 Richard Overy, "Allied Bombing and the Destruction of German Cities," in Forster, *A World at Total War*: p. 290。

66 Evans, *Third Reich at War*: pp. 443–449.

67 飞利浦·奥布莱恩（Philips O' Brien）将这种挑衅性的论点发挥到了极致，见 Philips O' Brien, *How the War was Won: Air-Sea Power and Allied Victory in World War II* (Cambridge: Cambridge University Press, 2015)。他严重低估了盟军和苏联地面部队的贡献。

68 Thomas R. Searle, "It Made a Lot of Sense to Kill Skilled Workers" : The Firebombing of Tokyo in March 1945," *Journal of Military History* 66/1 (2002): pp. 103–133.

69 Biddle, *Rhetoric and Reality*: pp. 214–288; Weinberg, "Myths," p. 714; D. M. Giangreco, *Hell to Pay: Operation DOWNFALL and the Invasion of Japan, 1945–1947* (Annapolis: Naval Institute Press, 2009): p. 122.

70 Edward Drea, "Intelligence Forecasting for the Invasion of Japan: Previews of Hell," in Robert Maddox, editor, *Hiroshima in History: The Myths of Revisionism* (Columbia, University of Missouri Press, 2007): pp. 59–75; D. M. Giangreco, "A Score of Bloody Okinawas and Iwo Jimas: President Truman and Casualty Estimates of the Invasion of Japan," in ibid., pp. 76–115; idem, "Causality Projections for the U.S. Invasion of Japan, 1945–1946," *Journal of Military History* 61 (1997): pp. 521–582. 对此持不同观点的是：John Skates, *The Invasion of Japan: Alternative to the Bomb* (Columbia: University of South Carolina Press, 1994): pp. 234–246。

71 Barrett Tillman, *Whirlwind: Air War Against Japan, 1942–1945* (New York: Simon & Schuster, 2010); Herman Wolk, *Cataclysm: Hap Arnold and the Defeat of Japan* (Denton: University of Texas North Press, 2010); Searle, "Firebombing Tokyo," pp. 113–115; Kenneth Werrell, *Blankets of Fire: U.S. Bombers over Japan during World War II*(Washington: Smithsonian, 1996): pp. 153– 158, 346–347; William Ralph, "Improvised Destruction: Arnold, LeMay, and the Firebombing of Japan," *War in History* 13/4 (2006): pp. 495–522.

72 这些数据来自东京警方当时的统计。虽然被广泛接受，但仍有一些学者认为它们被过于低估了。见 Searle, "Firebombing of Tokyo," *Journal of Military History* 66/1 (2002): p. 103。

73 关于东京空袭的当事人证言，见《亚太期刊》特刊：*Asia-Pacific*

*Journal* 9/3 (2011)，也可在网上查阅：http://apjjf.org/2011/9/3/Bret-Fisk/3469/article.html。另见美国陆军航空军关于此次轰炸的电子档案：http://www.japanairraids.org/，以及 Frank Gibney, editor, *Sensō: The Japanese Remember the Pacific War: Letters to the Editor of "Asahi Shimbun,"* 2nd ed. (New York: Routledge, 2015): Chapter 7, "The Bombing of Japan"。

74 Ross Coen, *Fu-go: The Curious History of Japan's Balloon Bomb Attack on America* (Lincoln: University of Nebraska Press, 2014): pp. 200–203 and passim.

75 Jeremy Yellen, "The Specter of Revolution: Reconsidering Japan's Decision to Surrender", *International History Review* 35:1 (2013): pp. 205–226. 另一方的视角，见 John Chappell, *Before the Bomb: How America Approached the End of the Pacific War* (Lexington: University Press of Kentucky, 1997): pp. 23–38, 116–131。

76 "One Hundred Million Die Together," in Haruko Cook and Theodore Cook, *Japan at War: An Oral History* (New York: New Press, 1993): pp. 334–342.

77 转引自 Drea, *In the Service of the Emperor*: pp. 150–152。

78 关于 90 万的日本部队，见 Drea, *MacArthur's ULTRA*: p. 222。Richard B. Frank, *Downfall: The End of the Japanese Empire* (New York: Random House, 1999): 164–177; 197–213. 詹格雷科（Giangreco）指出，与情报中日本只有 7000 架飞机可用于应对入侵相反，日本实际拥有的飞机数量超过 12700 架，见 Giangreco,*Hell to Pay*: p. xviii。这些作品共同构成了对日本防御和盟军入侵将会面临何种程度的抵抗的全面概述。它们清楚地表明，这对双方来说，都将是一场彻底的血战。

79 见 Sado Asada, "The Shock of the Atomic Bomb and Japan's Decision to Surrender," *Pacific Historical Review* 67 (1998): pp. 477–512; Yukiko Koshiro, "Eurasian Eclipse: Japan's End Game in World War II," *American Historical Review* 109/2 (2004): pp. 417–444; Wilson Miscamble, *The Most Controversial Decision: Truman, the Atomic Bomb, and the Defeat of Japan* (New York: Cambridge University Press, 2011): pp. 20–53, 94–111。关键文献，见 Michael Kort, *Columbia Guide to Hiroshima and the Bomb* (New York: Columbia University Press, 2007)。另可参见 Barton Bernstein, "The Atomic Bombings Reconsidered," *Foreign Affairs* 74/ 1 (1995): pp. 135–152; Alexander Downes,*Targeting*

*Civilians in War* (Ithaca: Cornell University Press, 2008): pp. 115–155; 以及 Tsuyoshi Hasegawa, *Racing the Enemy: Stalin, Truman, and the Surrender of Japan* (Cambridge: Harvard University Press, 2005)。

80 David Glantz, *August Storm: Soviet Operational and Tactical Combat in Manchuria, 1945* (Portland: Frank Cass, 2003); and idem, *The Soviet Strategic Offensive in Manchuria, 1945* (Portland: Frank Cass, 2003).

81 Glantz, *August Storm*.

82 Drea, *In the Service of the Emperor*: pp164–165; 167; Marc Gallicchio, "After Nagasaki: General Marshall's Plan for Tactical Nuclear Weapons in Japan, *Prologue* 23 (1991): pp. 396–404.

83 裕仁天皇广播的英文译文可在以下网址找到：https://www.mtholyoke.edu/acad/intrel/hirohito.htm. The Instrument of Surrender is available at http://archives.gov/exhibits/featured_documents/japanese_surrender_document/。

84 Yellen, "The Specter of Revolution," p. 220; Drea, *Japan's Imperial Army*: pp. 250–251; idem, *In the Service of the Emperor*: pp. 187–188, 205, 211–215.

## 结 语

572

如何在战争中取得决定性的胜利，这是所有职业军人渴望解决的问题，也是战争研究者关注的主要课题。然而，如何将战斗转化为某个重要战略和政治目标的达成，并让对手在战争结束后不得不承认并接受这个目标，才是那件最难办到的事。自文艺复兴时期始，欧洲的知识分子——直到很久以后才由真正指挥军队的新派将领跟进——便把古典的决定性会战模式视为那副可以点石成金的灵丹妙药、视为能把君主的野心和意志转化为政治上的持久成功的关键。本书认为，军事知识分子后来在这个方向上走得太远，他们最终走向克劳塞维茨式的理想，即把高潮会战视为所有军事行动的重心，把天才将军视作达成完美战争的工具。与此相反，本书试图说明的是，如果你是一个防御性的大国，而不是一个急于要在力量平衡被打破，其他巨头势力组建联盟、怒不可遏地举兵将你压制之前获胜的侵略者，那么，消耗是好的。如果你是一个侵略者，尤其是在物资条件明显落后的情况下，如果你是腓特烈、拿破仑，是毛奇、纳粹德国或者日本帝国，你将厌恶和惧怕联盟的消耗策略，你会先下手为强，想方设法避免一开始就陷入消耗。你还将说服自己，你可以避免这种情况的发生，你独一无二的战术或作战技巧，你的钢铁意志、生命冲力，你的种族优势、民族精神，都将赋予你在战争中战胜比你强大得多的敌人的能量，你将战胜物力。

的确，侵略者有时会赢。他们在意大利式要塞的棱堡中找到了缺口，学会了如何在石头边界上调动军队。他们知道如何分散敌人兵力，然后逐一击败他们，或者在短时间内避开高昂的社会和财政成本，赢得胜利，改变战争的面貌。他们对造成决策障碍的人力成本和巨大开支视而不见，轻视战争对于解决

社会和政治精英之间争端的效用。他们试图挣脱石头和效率不断提高的防御火力的束缚，试图以高度机动的快速部队去触达胜利的乐土，在那里用某一天的时间或者某一场决定性的战局摧毁他们的敌人。大多数人无法，或者从未尝试要去做到这一点，但历史认可那些能够做到的人，即使他们靠的是运气而不是技术，即使他们最终失去了一切，只要他们败得不俗、败得匠心独运。



许多更成功的将军却遭到忽视和鄙夷，因为他们将战争推向了僵局——防御而不是侵略才是他们的使命。历史，或者至少是历史学家，偏爱那些大胆而英勇的少数人，而不是沉闷、乏味的多数人：他们甘于在石头和大炮的限制下，在日复一日的防御和围困中作战，他们无意用他人的生命完成自己的意志，他们会让战士驻守在绵延不绝的铁丝网、战壕、大炮或者坚固防线之后，任由对手牺牲自己的部下、挥霍君主的财富，来攻打自己的深沟坚垒，直到对方士气崩溃、人力耗尽、财力枯竭。在传统军事史上，防御的一方总是比不过哪怕是吃了败仗的末路英雄。普鲁士满目疮痍，但这不妨碍腓特烈成为最伟大的德意志人。法国化作一片废墟，但路易十四和天才的拿破仑仍然命名了整个时代。

会战的诱惑带来的是漫长的破坏和苦难，它让战争成为一场经年累月乃至持续数十年的后勤和耐力竞赛。长期战争改变了世界历史的进程，若非如此，会战的诱惑本是无关紧要的。马尔博罗时至今日甚至仍备受推崇，被认为是英国最伟大的将军，是决定性会战的重要再发明者，但是他也因为让太多的荷兰士兵白白送命，而不被荷兰人信任，因为被认为会阻碍和平谈判，而被剥夺对英国军队的指挥权。年轻而桀骜不驯的腓特烈在战场上是如此敏捷和富有决断，既然如此，为什么我们还要去回忆“老弗里茨”在柏林犯下的罪恶与过错？我们不妨驻

足、仰望那颗被称为拿破仑的战争彗星，他率领着汹涌的全民大军和革命队伍走出法国，征服了整个欧洲，他是如此热爱战争，他无法停下出征的脚步，直到两次失去这一切。是的，但这依然是光荣的。

不可否认，拿破仑是战马加火枪时代最伟大的将领。但更重要的是，他也是最后一位。在他的时代，甚至就是在他发动战争的时候，战争有了变化。他是无可匹敌的，直到其他将军和军队迎头赶上，而此时法国也被掏空了，因为他不知何时停下，即使是在胜利的时候。拿破仑的例子扭曲了人们对将军的职能和现代战争的理解；从浓缩抽象的“战争原则”到总参谋部官员的战役研究，人们总是不断想要抓住他的所谓天才，意图将其收入囊中，为己所用。他个人精湛的作战技巧蒙蔽了后人甚至是历史学家的双眼，他们因此没能理解战略消耗在1814年法国战败中所起的作用，以及1815年的拿破仑不再可能单凭他的才能取得持久胜利的道理。最终真正起着关键作用的、决定一场战争是胜是负的，是在各国风起云涌的全国动员和全民战争。就战争史而言，比起拿破仑的个人军事生涯和作战战术，“全民动员”这一征兵模式的兴起才是更重要的，它建立起了由征召兵组成的平民步兵队伍相对职业军人的主导地位，同时赋予他们为国而战的新动力，去对抗那些外表和作战方式都和他们相差无几的外国军队，直到战争在一代人之后结束。然而，历史和大众的想象都集中在了拿破仑身上，直到或多或少仍保留着年少时的偶像崇拜的克劳塞维茨为其镀上神圣的金光，一如宫廷画家雅克－路易·大卫笔下的英雄画像。

574

对会战的崇拜取代了对战争行为的思考，重塑了现代军事的想象。反常的是，正是启蒙运动和浪漫主义对“天才”（具体到本例中即军事天才）的共同理想化，预示了新的侵略精神的到来。除了随机游走的战争，其他的人类活动领域极少会出

现“天才”这个词被如此廉价地大面积使用的情况。[1]天才名将的传奇事迹动人心魄，它们跨越时间，跨越国界，有着令人难以抗拒的极强诱惑。辉煌的战术记录似乎也验证了这样一个信念：战场是创造力的终极舞台，是生死时刻天才展露自己并取得胜利的辉煌之地。它可以是一次斜线战术、一次装甲突击，也可以是一双能俯察地利、瞄准敌人暴露的侧翼予以攻击的“慧眼”。即使这种马背上的天才最终落败，他们的努力也会被认为是艺术性的、有价值的；在混乱和喧嚣的战斗中，在弱小者纷纷倒下、逃跑、落败的时候，独有一个脱略尘俗的创造性灵魂在精心编排着一曲富有秩序之美的交响乐。会战被描绘成了意志与力量的终极竞技场，在那里，少数超凡的人掌控着那一杀戮盈溢的时刻——它意味着一切，也将改变一切：从克里姆林宫金光熠熠的帝国野心到高门的圣战狂想，从瑞典冰冷的新教积雪到凡尔赛宫映着路易十四的虚荣的镜厅，再到那标志着拿破仑军事生涯终结、因被烧毁而大开的乌古蒙（Hougoumont）城门，帝国的大门或将大开，或将紧闭。这些都是踩着高跷说的胡话，但它的魅力依然不减。

客观地说，那些伟大的现代将领确实具备有别于传统指挥官的独到之处。但他们的战术技巧是被过分拔高的，乃至高于那些发动了阵地战的、虽然名气不及前者但更为谨慎的将领。时至今日，他们的名字仍然带着光环，被誉为富有创见之人。他们当中有些是真正的创新者，取得过令人瞩目的战场胜利。然而，他们没能冲破后勤或者新的防御技术带来的压倒性的困境，那些新奇有用的早期战术却早已暴露无遗，他们的军队也因为过多的战争、开支和杀戮而疲惫不堪。莫里斯做好了正面交战的准备，却被石墙和对方明智的避战不出的军事文化所阻挡；古斯塔夫领兵冲锋，结果战死；马尔博罗输掉了他的最后一场会战，落得被解职的下场；腓特烈只是靠着命运女神的眷

575

顾才让普鲁士免于毁灭和倾覆；为战而战、没有一个最终目标的拿破仑先是赢得了一切，然后又失去了一切。

对会战的追求作为一种英雄式的理想，深深地嵌入了整个拿破仑战争的历史，然后又贯穿约米尼、克劳塞维茨等人的作品，后者将会战的一般吸引力上升到了伪科学教条的高度。在整个19世纪，据说所谓的歼灭性会战（没错，就是歼灭），足以在短时间内取得决定性的胜利，所谓的短时间，即在潜在的均势力量联合起来将其压制，或者将某位马背上的天才拉下马来之前的这段时间。据说，战争需要掌权者具备非凡的军事才能，它可以是一位将军的天赋之资，可以是某个作战学说于其澄明透亮中折射出的一道光，也可以是围坐于作战地图旁的参谋人员的运筹。它可以从对伟大将领的学习与模仿中习得，19世纪的历史学家用柏拉图式的术语记录了这些将领，他们关注的是战局战术和战役中的将领之道，而极少关注其他方面，当然更不关注真正决定胜负的深层社会因素。1815年后，决战这一理想交战模式在战胜一方的作战学说中被奉为圭臬，其坚定程度比之战败的、受制于人的法军更甚。

两股不幸相互矛盾的潮流——现实中的消耗和被理想化的会战——被普鲁士在德意志统一战争中的成功所掩盖。毛奇取得的惊人胜利要比当时人们所理解的更复杂、更随机，充满偶然和意外。不管他如何警告不要试图复制这些胜利，所有人都在尝试复制，特别是他的直接继任者。克里米亚战争和美国内战的教训指向的是另一个方向，但它们很快就湮没在了普鲁士迅速取胜所带来的兴奋与恐惧中。即使是这位被捧为运动战天才的德意志将领，也无法将各国人民从消耗的事件视界（event horizon）中拉回来。因为消耗的到来是必然的：大国联盟之间相差无几的人口资源和军事技术使其得以维持力量均势，枪炮火力革命的到来使得防御优势大增。此外，普遍义务

兵役制的实行、意识形态的世俗化、官僚组织能力的提高都让动员全国之力投入一场全面战争成为可能。于是，在这些因素的共同驱动下，消耗正在成为现代大国战争的一种基本形式。

随着各国在管理大规模军队和资源方面的经济和行政手段愈见成熟，它们的赌注也越下越大。军队将工业技术加入业已十分强大的防御战中，提高了他们以火力粉碎进攻的能力，所以哪怕动员数百万的战斗人员对大国来说已经越来越不在话下，但大规模的步兵冲锋几乎每次都会演变成一场屠杀。新的后勤噩梦出现了，甚至连已经为此谋划了数十年的普鲁士总参谋部对这个问题也束手无策。然而，非英雄式的消耗，触犯了道德、美学和历史的敏感区域。更糟糕的是，它没有给侵略者带来任何希望，即战争仍可以是其野心“通过另一种手段的继续”。听着伟大将领传奇和那些或新颖或古老的胜利故事长大的人，将军也好平民也好，对决定性会战的渴望仍然胜于一切。

576

第一次世界大战前，就在进攻至上主义主导军事想象之际，一场三重革命正在走向巅峰：首先，持续走强的防御性火力，它确保了防御拥有比大规模进攻更大的优势；其次，从一开始就把整个国家和帝国的潜在后备力量都拉入战争的全民征兵制，军队兵力不断膨胀，规模直指千万；最后，空前强大且长期存在的外交联盟，它使得想要通过一次大胆的打击就孤立和击败一个大国变得不再可能，虽然这在1866年和1870年曾经发生过，但即使是毛奇也警告说，过去不可重演。这些变化在20世纪上半叶的两次全面战争中达到顶峰，这两场战争都由德国领导人发动，他们屈服于短期战争的幻想，因为他们清楚，在巨大的物质劣势面前，要想“争雄世界”，他们只有这一种办法。从1914年开始，这些战争史上规模最大、伤亡最为惨烈的会战无一不在证明，它们大多扮演的只是消耗加速器

的角色。然而，以会战为中心的思想在历经战壕的屠戮折磨之后依然幸存了下来。纳粹德国和日本帝国的领导人再走旧路，带来一场从前不可想象的全面战争，第二次世界大战不仅消耗速率超过了第一次世界大战，还增加了大量的平民伤亡。

速战速决的思维，加剧了德意志帝国在1914年前的不安全感，也激化了导致它迈入第二次世界大战的法西斯主义情绪。它同样加深了日本的军事迷信，它深信根植于特殊文化和武士品格的独特精神气质可以帮助自己战胜强敌，哪怕多个对手同时发起挑战也不在话下。以为可以在一次快速打击中粉碎敌人主要力量，这便是让这两个资源弱国迷失在战争之中的塞壬之歌。让速战速决的概念对德国人和日本人产生如此强大的吸引力的，正是它们自身的劣势，他们不断说服自己国家足够强大，却无法回答自己的战争决策带来的一个最基本问题：如果军事进攻计划失败，战事扩大、战线拉长，接下来该577怎么办？在速战速决的情景设定下，一场开局胜利便让所有进一步的战略考量都显得多余，所以他们从未给予战略如他们在战术上所付出的时间或关注。问题就在于，开局的失败让他们的处境变得十分被动且无措。军队被暴露在捉襟见肘的补给线末端，他们要在一场他们毫无准备的长期战争中应对源源不断的、不可击败的、现在已经被动员起来的敌人。选择无非两个：令人不可接受的撤退，以及继续前进，然后再试一次——“再打一个洞看看”。于是有了第二次向歼灭之诱惑的屈服，然后是第三次。在消耗的泥潭中越陷越深，直到寸步难行，方才停止。然后在毁灭中失去一切，变得与虚无主义毫无区别。

盟军也不是靠物质优势本身赢得两次世界大战的。炮火、钢铁，筋肉、骨头，不能独立于优秀的沙场将军和政治领袖而存在，也离不开士兵的勇气、忍耐和必胜的意志。盟军在第一次世界大战和第二次世界大战中的胜利不是必然的（诚如俄国

和法国的战败所示），只是极有可能。为了击败1918年前欧洲最僵化和愚昧的政权、推翻1945年前史上最卑劣的政权，数以千万计的普通士兵和平民的巨大牺牲不可避免。物质和人口优势所能带给同盟国阵营（包括苏联）的是他们学习战斗所需要的时间，以及结束战斗所需要的资源。军力和物资优势仍然需要相应的战术、领导、军队管理，以及士兵的勇气和平民的牺牲与之匹配。然而，充裕的物资仍为盟军提供了缓冲，延缓了局势，然后随着各国大军在惨痛的教训中终于学会如何通过战斗回应战斗，这些资源便带来了胜利的曙光。

且不论我们是否同意"有些战争是必要的以及正义的"这个观点，即使同意，我们也应对严峻的现实保持清醒的认识，即胜利往往是通过残酷的消耗和大量的屠杀取得的。这种结果几乎不会因为个体的英雄事迹或某位指挥天才的图谋而有所改变。大国之间的现代战争并不是靠优秀的人格或出色的指挥赢得的，尽管在战斗和战争中，英明的领导和将士以及由其组成的军队的坚韧品格仍然一如既往的重要。同时，情报、理论、政治和军事领导人的素质、部队的士气，工业化生产的经济和社会基础，核心后勤，以及战斗过程的不确定性，这些都是影响战争结果的因素。正是战争的不确定性和高风险性吸引了赌徒国家的加入。

消耗似乎是对士兵气概的嘲弄，因为他们面对的是冰冷无情的远程武器，连死亡都是枯燥而千篇一律的。工业战争俨然是一场屠杀，而上帝总是站在经济更加雄厚、兵源更加充足的阵营那边。然而，我们不应就此推断，现代战争的大规模流血是全无意义的，或者那些巨大的伤亡都是空洞无益的悲剧。战争并不总是用心险恶的上位者、年迈者用来引诱年轻人投身到毫无意义的虚妄战斗中去，然后任由他们饱受蒙蔽，最终枉死他乡的一种欺骗手段，尽管它有时候是，或者说往往是。至

578

少，对所有的军中士兵而言，勇气和忠诚都不是无足轻重的事。在现代工业战争的强大火力面前，我们决不能如此幼稚、麻木，将他们的战斗表现解读为无关紧要。

在早期的现代战争中，为了保持紧密的长矛或火枪队形，为了守住那道细细的红线或者蓝线、黑线不被打乱，士兵的个人品格自然是发挥了极大作用的。当士兵站在长长的射击队列中，眼见敌人炮阵喷出白色烟团，炮弹越过绿色的田野呼啸而来，却不知它将落向何处时，他们的品格是重要的。或许正是这样一个工业化战争的时代，让这份品质和坚忍显得更有价值。优秀的军官和斗志昂然、训练有素的士兵是提高战斗力的关键，尤其是当他们站在战场的某个角落，独自对抗即将到来的死亡或残害的时候。可以肯定地说，这种孤身奋战的勇气，这种永远不会被人见证、了解或记录下来的勇气，是最难的。

虽然我在前面说过，个人的英勇在现代战争中极少会起到决定性的作用，然而在许多现代战役中，小至小规模冲突，大到整个集团军之间的倾轧，我们往往能在交战双方的身上见到非凡的身体上的、精神上的勇气。在那些不被记录在案的班、排或连级小型交火中，在师级和军级单位发起的进攻中，都能看到这种彰显的勇气。它在上百个不同的海滩上，在冒着密集火力、蹚着齐膝的海水向岸上挺进的脚步中；以及，是的，它在突突扫射的机枪之后，在望着对面一排人浪横穿无人地带朝自己而来的双目中。它在那些一边忍受难以名状的严冬之苦，一边照顾垂死战友，又或是一边抱头躲避倾注而来的弹幕，一边静静等待敌军到来的士兵身上。它出现在 1940 年伦敦上空孤零零的驾驶舱内，博罗季诺的炮口前，肩扛燧发枪踏过血染的丰特努瓦的队列里，漫天血腥的奉天剧烈颤抖的机枪枪口前。我们在战斗的某个时刻，在战后关于战壕、硫磺岛、许特根森林或布良斯克战役的回忆录中，看到了个体勇气与毅力的

真正含义。男人们、男孩们，他们在历史长河中的这上百场战争中，忍住了逃跑的本能，穿过一个屠戮地带，逼近其他同样惊恐万分、身穿不同颜色军服的男人和男孩，然后与对方拼死搏杀。这种勇气仍然是有价值的。士兵在夏罗、马恩河、哈尔科夫或朱诺海滩（Juno Beach）的那些经历和牺牲，并不是卑贱、渺小，或者没有精神价值的行为。战斗或轰炸带来的消耗并不能泯灭所有的精神和人类意义。579

有些结论声称了解历史教训，可问题在于，历史给了我们太多不同的教训。要想知道哪些适用于当代事件，几乎是不可能的；关于这些事件的看法和认知也必然是云遮雾障的。因此，人们很可能不会去吸取历史教训，而犯下完全自行其是的差错。也就是说，从这次总体研究中得出的主要教训是古老而基本的。首先，要提防国家的虚荣和领导阶层的狂妄自大——包括文官政府和军方，但尤以文官政府为甚。最大的危险莫过于那些从未穿过军装、从未闻过从头顶飘来的火药味、从未跪倒在濒死战友身边的上位者，却在恣意放纵的野心驱使下，迫使年轻一代穿上军装，奔赴战场。他们中的一些人或许在年轻时也曾投身战场，败退而归，他们变得冷酷，决心再试一次。当中并没有什么特别新鲜的东西，唯一新鲜的是一代一代战争发动者的虚荣。

其次，要对任何速战计划和轻松取胜的承诺始终保持怀疑，因为随着战斗开始、战局陷入混乱，所有战前的计划都将偏离最初的设想，而一个明智而意志坚定的敌人不会接受开局的裁决。我们还要摆脱一切关于战神名将、军事天才的说法，无论它是被放在煽动媚俗的民族主义话术中，还是出现在克劳塞维茨经过雕琢润饰的文本里。它不过是一种纸上谈兵，脱离了对战前准备、辅助物资和技能的真正认识，而恰好在战场上得到运气的加持。天才的说法使我们不能真正理解战争中巨大

的复杂性和丰富的偶然性，但后者才是关于战争的更大真理。最好的战地指挥官可以比其他人更好、更快地应对战争中基本的混乱（战争迷雾），但没人能真正指挥或控制诸如战役这样一种复杂而动态的事物，遑论战争。对天才的关注使我们对战争更加广泛的共性以及它的苦难熟视无睹。它颂扬想象中的英勇，而无视现实的暴虐，无论战争是，或曾经是多么正义和必要。民族主义的追随者和历史学家（两者往往是同一类人）对战争的颂扬，掩盖了士兵遭受的磨难，以及那些即使是最伟大的将军也会经历的跌撞。让我们结束这一切，结束关于战争天才的言论、姿态和谎言。

未来会怎样？对军事将领、理论家，还有对战争新闻如饥似渴的公众来说，决定性会战的提法永远会比通过消耗取胜更有吸引力——无论是精神层面还是审美层面。然而，在现代社会的大国争战中，消耗敌人才是那个更能帮助自己实现政治目的的手段，这意味着保持谦逊是必要的。因为在战争中，都存在一种几乎不可避免的倾向，即犯错的倾向，从早期的辉煌胜利一脚踏入屠杀的陷阱，直到军队和国家的力量被一点一点抽空、耗尽。因此，将那些由残酷理性的君主发动的目标有限、手段有限的内阁战争取而代之的，不是头脑灵活、知道如何通过战役达成决策的将军，而是旷日持久、摧毁一切的消耗之战、不惜代价之战：被动员起来的民众在一代又一代人的时间里奋战、挣扎，直至力竭；军队之间拼死厮杀，直到其中一个疲惫的相扑力士终于在其他所有人都行将崩溃之际不支倒地。这种情况既然以前有过，那么之后再次发生也不足为奇。或许不在今朝，不在明日，而在未来无休无止、绵延不尽的战争的历史长河中。

580

在过去的几个世纪里，日新月异的技术、不断更迭的社会，也在改造着被派往战场的陆军和海军。那些没有认识到这

些变化的人——这在变化发生的当下是很难做到的一件事——更有可能在战争中落败，因为他们往往会诉诸他们最熟悉的东西：如何打好最后一战。更糟糕的是将战争套入一个理论模型，用所谓颠扑不破的战争定律来指导作战，殊不知这些定律永远只是对某个特定历史时刻和地点经验的捕捉，而它们如今皆已不复可得。同样的情况也发生在对战斗精神的过度依赖上，他们寄希望于开战之初迸发的惊人战斗力可以击败敌人优越的物质资源和兵员数量。国家领导人一旦相信了这种神话，就会陷入军事神秘主义，并在对迅速获胜的期望中走入战争误区，导致失败。用了 1000 年才建成的城市，就这样在一个月的战斗中、在一日的轰炸中，或在一分钟的原子弹爆炸中被夷为平地。正是认为精神因素在现代战争中起决定性作用的假设，导致了这场灾难的发生。然后，它又似乎在轰隆的工业化战争中，在年复一年的由数以千万计的军队、封锁作战的海军、战略轰炸机，以及对大量伤亡的忍耐构成的战局中，走向沉寂。直到 1945 年，人们对精神因素不再抱有幻想，因为全面战争给整个世界带来了迄今无法想象和预见的杀戮和毁灭。至少人们是这么说的。

它真的停止了吗，正如我们愿意相信的那样？1945 年后的一系列长期冲突表明，事实并非如此。面对现代军队，斗志昂扬的对手选择通过极端民族主义或宗教式的精神力量来弥补他们在兵力和物资上的匮乏，又或者让外部势力提供兵力和物资，以代理的形势将消耗战进行到底。从 20 世纪 60 年代的阿尔及利亚到越南，以及在 20 世纪 80 年代对抗苏联，之后又与北约抗衡的阿富汗，还有 2003 年以来的伊拉克，在某种程度上都是如此。在 20 世纪下半叶和已经血腥和冲突不断的 21 世纪的前十年，与过去截然不同的新的战争模式正在显现。自 1945 年以来，决定了——或者虽然尚未决定，但已然持续了几

581

十年，而且仍在继续的——漫长而残酷的战争的，更多的是弱势一方的意志和精神耐力，而不是实力强壮的一方用以发起毁灭性行动的原始军事力量。1945 年后，旷日持久的全民战争成为武装冲突的主要形式。

战争在演变。就目前来看，全面战争似乎已经退出历史，它已被战略洲际弹道导弹赶离政策选择的舞台，因为后者可以在一小时内彻底歼灭即便是最强的大国。恐怖平衡——大国之间的核威慑——正在发射井里和北极冰层下的静音潜艇中等待着，无论毫无提防的公众是否意识到这一事实；冷战的结束虽然减轻了公众的担忧，但核武器拥有国的能力并不会因此轻易消弭。战术核武器甚至比战略核武器更有可能使庞大征召军队发动的全面战争变得没有必要且毫无胜算，使发展至 1945 年的那种在主要大国之间进行的常规的战争形态失去决定的力量。它们更为短期战争的概念赋予了另一层黑暗的意义。然而，如果就此判断这种战争模式将是永久性的，或者认为最后一次全面战争已经过去，因为下一次战争极有可能就是人类社会的最后一次战争，那又会是另一个错误。我们总是游走在刀锋上，老一代人错误地理解了战争的历史教训，下一代人又会犯下新的错误，因为战争记忆淡薄的他们只会觉得放手一试又有何妨。这在以前不是没有发生过。

会战的诱惑会终结在我们这个时代吗？大量的实例告诉我们，不会。其中有一个最为突出的例子：萨达姆·侯赛因（Saddam Hussein）在 1980 年 9 月匆忙发动伊拉克与伊朗的战争，企图利用混乱的伊朗伊斯兰革命来实现有限的领土目标，但实际上却开始了一场持续近 8 年、直到 1988 年 8 月才结束的大规模冲突。仅仅两年后，1990 年 8 月 2 日，他入侵邻国科威特，导致国际社会介入，设立禁飞区，几支外国空军对其发起的常规轰炸一直持续到 1998 年。2001 年，北约介

入阿富汗以推翻塔利班的统治。它做到了，然而战斗并未因此结束。2003年，美国率领一支缩编联军入侵伊拉克，希望迅速且具决定性地击败已被削弱的二流伊拉克军队。它也确实做到了，然而一场针对政府军和伊斯兰激进分子的长期战争直到2011年才正式宣布结束，但事实却又不然。什叶派和逊尼派之间冲突迭起，不断扩大和恶化的内战在此之后又持续了许多年。乃至作者撰写本文之际，也仍未看到结束迹象。相关的冲突摧毁了叙利亚，并蔓延到大中东地区的阿拉伯半岛和北非。那么其他地方呢？2015年9月，印度陆军总参谋长达尔比尔·辛格·苏哈格（Dalbir Singh Suhag）宣称，他的部队已为“迅速、短暂的未来战争”做好充分准备。巴基斯坦陆军总参谋长拉希勒·谢里夫（Raheel Sharif）也夸口说：“我们的武装力量完全有能力击败各种外部侵略……不管是短期的还是长期的。”[2]因此，这种幻觉一直存在。下一场战争近在眼前。

582

## 注 释

1 在《战争与和平》第十卷第25章的一段短暂对话中，托尔斯泰精准地刻画出了普通百姓对军事天才的信仰以及部队军官对同一问题的怀疑。

2 “India Prepared for Military Action, says Army Chief,” and “Pak. Army Chief Warns India of ‘unbearable cost’ in Case of War,” *The Hindu*, September 1 and 7, 2015.

## 名词解释

阿勃维尔（Abwehr）：德国军事情报机构。它自1935年起由海军上将威廉·卡纳里斯担任负责人，直至1944年被党卫队接管。它从事基于间谍网络的谍报、破坏和颠覆，以及反间谍和中央管理活动。阿勃维尔为国防军留下了大部分的军事通信以及电子和其他技术情报。

协约国（第一次世界大战）[Allies（World War Ⅰ）]：指“协约和参战各国”，包括：英国、法国、俄国、意大利、比利时、塞尔维亚、罗马尼亚、美国，以及大英帝国和法兰西帝国的许多海外领土；美国坚持使用“参战各国”（Associated）一词，是为维持其国父们关于不入联盟的假想。

同盟国（第二次世界大战）[Allies（World War Ⅱ）]：指自1942年1月1日起正式称为联合国的战时联盟。美国、苏联和英国是同盟国阵营中的主要国家。中国是名义上的第四国，对同盟国理事会几乎没有影响。“西方盟国”（Western Allies）不包括苏联和中国，指的是英国、法国、美国以及较小的盟国。

陆军高级司令部[AOK（Armeeoberkommando）]：哈布斯堡军队位于维也纳的陆军指挥部或高级司令部。

接敌行进（Anmarsch）：为拉近两道火线或两军之间距离而进行的进军。

保护费（appatis）：佣兵帮派向城镇、贵族或修道院勒索的赎金。

白刃（arme blanche）：剑或刺刀一类带刃的武器。

侦察部队（army of observation）：一支奉命监视敌军但不攻击敌方阵地、要塞或军队的部队，目的是获取敌方的兵力、动向和意图等信息。

火绳钩枪（arquebus）：一种使用火绳装置的早期慢射小口径火器，发射半盎司的弹丸。

战争艺术（art of war）：广义上包括所有的文学研究、军事手册，以及某一历史时期和地区特有的武器、战术和战略指南。狭义上是指对战术、行动和战略的研究。在最严格的定义中，它是兵法（warcraft）的同义词，或者指某位伟大将领特有的指挥风格。

消耗（attrition）：军事资产、人员和物资随着时间推移产生的耗损。它兼具精神和心理属性，最好理解为不断加剧的力竭感或战争疲劳。

1867年折中方案［*Ausgleich*（1867）］：一份具有宪法效力的使得哈布斯堡帝国成为“奥－匈二元君主国”的折中文件。

任务导向战术（*Auftragstaktik*）：普鲁士和德国的一项原则，鼓励下级军官积极追求首要目标，以确定的任务为导向，直接进入攻击状态，而不是无视周遭情况变化，死板遵守一套预先指定的命令。

轴心国（Axis alliance）：第二次世界大战中反对西方盟国和苏联（联合国），在1939年5月签署《钢铁条约》后正式结成同盟的国家：德国、意大利、日本、匈牙利、罗马尼亚、保加利亚、芬兰以及如斯洛伐克、克罗地亚这样的傀儡国。

弹幕（barrage）：多门火炮按照射击计划同时发起的持续炮击（沿一网格或图案，而不是按瞄准线射击）。它包括行走弹幕（walking）、滚动弹幕（rolling）和固定弹幕（standing）等多种形式。

遭遇战（battle of encounter）：两支或两支以上的军队在行军过程中，因一方成功侦察到另一方的位置或偶然相遇，

而不得不迅速作出部署的会战。

以战养战（*bellum se ipse alet*）：原文是一句古老格言，提倡军队以外国人民和势力的土地为生，并通过掠夺或向战败城镇和人口征收地方税款的方式来支付军饷。

狂战士（berserker）：希腊和西欧对奥斯曼军中被支付额外酬劳去发起近乎自杀式攻击（如冲进破损的围墙缺口，或向一道火线发起全面攻击）的狂热士兵的称呼。

机动战（Bewegungskrieg）：用于一场战局而不是单次会战中。德国军官更有可能使用这个词，而不是西方化的“闪电战”。

闪电战（blitzkrieg）：坦克、其他装甲部队和装甲步兵的联合武器攻击，攻击指挥和通信，寻求突破。“闪电战”与“闪电战争”（lightning war）不同，它是作战层面的，对此应予以严格区分。

射石炮（bombard）：投掷石弹的器械。这个术语［指英文 bombard（译注）］的使用较为随意，但通常指的是中世纪和近代最大的炮，有时也用来指一种使用可拆卸的形如花瓶的罐子装载火药、填塞物和一颗巨大石弹的的后膛炮。

炮击（bombardment）：最初指的是用射石炮发射石弹，后发展为由多门大炮同时发起的攻击，发起炮击通常是为打击和威吓一个设防城镇。在现代用法中，指炮兵发起的连续打击，类似于弹幕射击。

后膛枪炮（breech-loader）：从后部或后膛而不是从枪口或炮管装弹的枪支或大炮。

内阁战争［cabinet war（*Kabinettskrieg*）］：由君主或政府（国王的内阁）发起、进行并结束的战争，此类战争理论上仅涉及有限的目标和有限的手段。见“内阁战争（*guerre de cabinet*）”。

加农炮（cannon）：由黄铜或铁铸成的大炮，到 17 世纪中期，大多采用六种标准化口径（4、8、12、16、24、32 磅）。这个词后来成为火炮的通称。

半回旋战术（caracole）：盛行于 16 世纪的一种“手枪 - 骑兵”战术。骑兵排成短队，骑到步兵横队或长矛和火枪组成的阵列前击发手枪，而后转身离开，然后在安全距离内转身，重新装填弹药后折返。这种战术大多是无效的。

同盟国（Central Powers）：在第一次世界大战中与协约国对敌并失败的四个国家：德国、奥匈帝国、奥斯曼帝国和保加利亚。由于奥地利和匈牙利在战败后分裂，因此在巴黎达成的和约有五项。

佣兵（队长）（condottieri）：源自意大利语中的军事合约（*condotte*）一词。首先是指组建佣兵团并负责谈判合约的佣兵队长，其次是指佣兵团和成员。

欧洲协调（1815—1853）[Concert of Europe（1815—1853）]：由几个大国（奥地利、英国、法国、普鲁士和俄国）在拿破仑和法国战败后于 1815 年建立起来的一个会议体系。它确认了它们在重要国际事务上对小国的共管，但也帮助维持了几十年的和平。多数历史学家认为它始于 1815 年的维也纳会议，也有一些人更倾向于认为它始于 1822 年的英国撤军。

贡金（*Kontributionen*）：在敌人土地上以武力征收的战争税。一开始是一种合法的军事税，但后来在大规模暴力威胁下变成了一种强征税款。

火药颗粒化（corning）：公元前 1429 年法国发明的一种提炼火药的方法。火药的颗粒化技术让火药的标准化制备成为可能，最终火药根据其粒径被划分为三个等级：粒径最细的为火枪级，较粗的被用于加农炮和地雷，以及制作引线或速燃引信头。黑火药因此燃烧更快，更易爆炸，但也更昂贵。这种新

型火药为改进铸造技术提供了巨大动力，因为精制火药有时会使老式火炮爆炸。

蛇炮（culverin）：法语称 *coulverine*，西班牙语称 *culebrina*，早期大炮的一个通称，它的第二个含义是早期的手铳。它们发射的是铅弹而不是石弹或铁弹。这种炮可以和不到 3 英尺长的轻型火炮一样小巧，膛径窄至 1 英寸。早期蛇炮发射 1/3 磅的子弹，射程 200 码。其余的为中型火炮大小，可以将 6 磅至 9 磅的弹丸抛出几千码。最大的一种可以将 32 磅的石球或铁球投掷出几千码的距离，而且精度适中。随着时间的推移，这个词用来指炮管长粗且能在更远的距离上准确投掷实心弹的炮。

手铳（*coulverin à main*）：见“蛇炮”。

胸甲骑兵（cuirassiers）：以他们身上仍在穿戴的胸甲（cuirass）命名的骑兵。

纵深作战（deep battle）：苏联红军在 20 世纪 30 年代为联合武装进攻作战发展起来的作战理论。它要求机械化和空降部队深入敌人侧翼和后方，中断敌方补给和通信，使其陷入瘫痪，因而无法应对装甲部队的包围。

各个击破（defeat-in-detail）：每次击打敌军的一个部分，直至整个军团（或其他单位）被击败。为了避免这种情况，指挥官通常会设法保持集中，或者至少保持近距离行军。

纵深防御（defense-in-depth）：任何使用多层或多道防线，而不是单一而强大的防御战线的防御体系，它的目的在于缓冲一次具有穿透性的攻击，将其压制进而防止突破。1915—1918 年成熟的战壕系统就是一个例子，路易十四的“防线”也属于纵深防御。

示威（demonstration）：军队通过来回行军或其他形式的武力展示，凸显自己的存在并以此威慑（或欺骗）对手。

军马（destrier）：中世纪欧洲一种体形高大的马（*magnus equus*）。它特指成年公马，受过训练，可以在两军对阵时直接冲向敌军。它由人牵引而非骑乘作战。它不会仅仅用于运输，属于战斗用马。

毁坏（devastations）：惩罚性的骑兵劫掠，他们将整个省份付之一炬，以恐吓胁迫当地君主或剥夺敌人资源。本质是由进攻一方推行的焦土政策。

学说（doctrine）：现有的关于什么能在战斗和行动中发挥作用的最佳思考，理想的战斗学说应是基于经验的，但有时它们只是抽象的理论（比如“生命冲力”一说）。学说的原则经常被僵化成扭曲而非指导战术的教条。

龙骑兵（dragoon）：有别于骑兵，或称骑马上阵骑乘作战的士兵，龙骑兵指的是骑马上阵但下马步战的士兵。

吃干抹净（eat out）：军队依靠敌国土地资源维生，且极尽征敛以致当地物力已被搜刮殆尽、无以为继。其影响可能持续一个收获季或几年。

生命冲力（*élan vital*）：20世纪初一个哲学上的［亨利·柏格森（Henri Bergson）］粗糙的生物学概念，它很快被运用到军事和爱国主义运动中，它使得关于进攻精神的思想得到加固，并为1914年的进攻崇拜打下了广泛的情绪基础。

纵射炮火（enfilade）：以炮火射击或攻击侧翼。

挚诚协定（Entente Cordiale）：见“三国协约”。

消耗战略（*Ermattungsstrategie*）：一种通过消耗拖慢战争、达到有限目标的战略。

仓库（étapes）：城镇在预先设定的休息站储存食物和粮草，以供抵达部队购买的一种后勤系统。

费边战略（Fabian strategy）：通过回避作战，转而攻击敌人的补给、通信和士气来拖垮对方的作战策略。

空降猎兵（Fallschirmjäger）：德国的空降步兵或伞兵部队。

梢捆（fascines）：长18英尺至20英尺的成束柴枝，它们或从附近的树林中拣选，或由骑兵或平民工人用马车运到围城现场，用以填补沟渠或干涸的护城河，或者沿着坑道盖在上面的笼网上和炮群的射击孔周围。

火攻船（fireships）：装满炸药、甲板上覆有可燃物和沥青，然后被放火点燃的小船。它们通常航行在战线的下风一侧，多在海军上将的旗舰附近。这使它们可以躲过敌人的视线，直到它们从两艘战船之间乘隙而过，穿过战列线并展开进攻。“地狱纵火者”就是一种特殊的火攻船，船上除了一般的易燃物外，还装上了成桶成桶的黑火药。它是荷兰人发明的，用以对抗西班牙的运河桥梁和港口。

凸角堡（flèche）：一种前端有一凸出尖角、后方开口的防御工事，多为土制。

燧发枪（flintlock）：一种在其闭锁装置中使用弹簧，并令一块燧石在弹簧的作用下捶击一小块铁板或钢板（触发杆）的枪炮。燧石撞击产生火花，引燃引药锅里的细火药，进而引爆主药包。这个词最初是用来指任何使用闭锁装置的火枪。后来，真正的燧发枪的击锤和锅盖是一体制造的，存在“半击发位置”和“完全击发位置”，这种机制使得手枪变得更加可靠和受欢迎。见“轻型燧发枪”。

敢死队（forlorn hope）：最初指瑞士方阵中的弓箭手，他们位于方阵侧翼，无法得到位于强大的方阵中心的长矛兵的保护性掩护。后来，敢死队被部署到方阵前方，可被视作一种早期的散兵线，或者用以引诱对方方阵移动或追击。

自由射手（*francs-tireurs*）：非正规军；游击队员。

自由佣兵团（Free Companies）：由英格兰、弗拉芒和法

兰西佣兵（或它们的组合）混杂组成的帮派，在百年战争期间发起私人战争并勒索保护费。

自由军团（*Freikorps*）：第一次世界大战后的德国右翼民兵私人武装，其中许多是退伍军人。他们在东部边境上与波兰不宣而战。后来，许多人被纳入纳粹的准军事部队和编队。

阻力（friction）：这是一个源自克劳塞维茨的比喻，描述了在战争中由于不可预见的事件、劳顿和敌人的行动，而造成的认识迷雾以及战争指挥意图的崩溃和失控。这一效应会在实战中大大增加。

领袖原则（*Führerprinzip*）：纳粹主义的理念，认为整个国家要按照军事路线组织起来，并绝对服从于最高元首和国家领导人阿道夫·希特勒。较低级别的领袖则负责包括军职和文职在内的低阶级别。在这个系统中，领导人的决定属于绝对权威，凌驾于一切之上，包括成文法。

风船爆弹（*fu-go*）：日本的一种气球炸弹。

伏龙（*fukuryu*）：日本的自杀式潜水员。

轻型燧发枪（fusil）：燧发枪的最终形式。燧发枪装填简单、快捷，误击次数少，提高了步兵的射速。

燧发枪兵（fusilier）：使用燧发枪的步兵。

敕令骑士（*gendarmerie*）：法国重装骑兵，等级高贵，是从百年战争后期到1515年的马里尼亚诺，以及之后一段时间内的法国皇家军队的核心力量。

盖世太保（Gestapo）：秘密国家警察（*Geheime Staatspolizei*），简称盖世太保。纳粹的秘密政治警察，拥有合法的执行酷刑和处决的权利。整个欧洲的被占领区都对其充满恐惧和抵制情绪。

大联盟（Grand Alliance）：英国用语，指反对路易十四的系列联盟；反对拿破仑的系列联盟；丘吉尔对第二次世界大战中用以指称反对轴心国的联合国同盟的首选用法。

大炮群（grand battery）：在一次会战中集结所有大炮，使其形成一个整体，并发起一种早期形式的轰炸。这种战术出现在18世纪中期的线性战役中，它在两翼或中央部署大量火炮。拿破仑是这一战术的开创者，他试图以这一大规模使用大炮的方法，在对方阵线上打出一个缺口，发起一次联合武器攻击，进而取得突破。

大军团（*Grande Armée*）：1805年后，改称呼后的法国陆军。

大国/列强（Great Powers）：任一历史时期的主要军事强国。这一地位通常通过战争取得或失去。有时，一个一般性力量会被所有其他国家误认为是大国，直到事实得到战争的澄清。第一次世界大战和第二次世界大战前的意大利就是一个典型的例子。

关东军（*Guandong* Army）：一支半独立军队，在20世纪上半叶带头推动日本在亚洲大陆的帝国主义攻势。它的名字来自最初的一处位于“关东租界”的驻军位置，“关东”位于中国北部长城和东北三省之间，日本对其觊觎已久。它自1905年在中国东北地区成立。1945年，不过两周，它即被中国和苏联军队击溃。

古拉格（Gulag）：劳动改造营管理总局（*Glavnoe upravlenie ispravitel'no-trudovykh lagerei*），简称古拉格。苏联庞大的劳役和监狱系统中最臭名昭著的一个分支。1941年6月德苏战争开始时，古拉格关押了230万名强迫劳工。该年年底，又有130万人被送入其中，1942年关押者又再增加200万。1941—1942年，在叶若夫时期被清洗的军官复职。自1939年关押进来的波兰陆军俘虏和苏联西部的其他族裔群体被释放，派往东线战场去与德国人战斗。其他被释放的波兰人则在英国的指挥下在西线作战。

国民党：中国国民党及其军队。英语常简称Nationalists。它的作战对象既包括日军，也包括中国共产党。

内阁战争（*guerre de cabinet*）：由内阁或皇室级别操作的一类远程战争，从表面上看，这类战争的手段和目标都是有限的。

不惜代价之战（*guerre à outrance*）：全面的或全民的战争。

商路破袭（*guerre de course*）：由一国海军和私掠船共同发起的商船劫掠。典型的商路破袭，其目标不是在舰队行动中寻求决定性交战，而是攻击敌方和中立的商船，以及保护友方船队。

舰队战（*guerre d'escadre*）：以舰队交战为目标的海军战略和部署，是一个与“商路破袭”相对的海上作战样式。

军事冲突（*guerre guerroyante*）：由广泛分散的部队发动的规模小但程度激烈的袭击和伏击，常发生在双方谁都不能完全控制的边界或边境地区。

殊死之战（guerre mortelle）：在这一口号下，围城军队不仅可以肆意破坏或掠夺财产，而且可以不受法律和道德束缚地去剥夺大部分乃至全部包括士兵和平民在内的守城者的生命。为了支持残暴的、声名狼藉的指挥官肆意掠夺和屠杀，这一口号被滥用。

边防民兵（Grenzer）：巴尔干的非正规军。他们穿着当地服装，而不是哈布斯堡的制服，负责把守奥地利卡尔施塔特（Karlstadt）和温迪什（Windische）边境上的设防村庄、碉堡和瞭望塔。在拿破仑战争期间，他们作为正规军重新接受训练，组成线列步兵。

瑞士方阵（*Haufen*）：*Haufen* 字面意思为“一堆”（heap）或一群。瑞士人使用的战阵。

志愿助理（*Hiwis*）：*Hilfswillige*（附属人员）或 *Hilfsfreiwillige*（志愿助手）的缩写，指在德国部队中担任“助手”的红军战俘。他们大多数人从事的是司机、厨子，或者军事劳工的工作。1943 年，每一个国防军师都有一个正式的多达 2000 人的志愿助理队伍，以便弥补大量伤亡带来的兵员不足的问题。1945 年年中，在国防军中工作的志愿助理共有 50 万人。他们在被囚时备受虐待，在获得自由后也未能免于磨难。许多人遭到“施密尔舒”（SMERSH，“间谍之死”）或内务人民委员部的枪决。

宫廷战争委员会（*Hofkriegsrat*）：哈布斯堡皇朝半军事半政治的委员会。

北进（*hokushin*）：日本帝国陆军主张的侵略方向。

骠骑兵（hussars）：作为 15 世纪末匈牙利的一支边境部队出现在巴尔干半岛的一种轻骑兵。骠骑兵的队形后来被其他军队的骑兵所采用，亦称骠骑兵，而且匈牙利骑兵著名的精致衣饰和绚丽色彩也常被沿用。

胡蒂尔战术（Hutier tactics）：德国的一种使用“风暴突击队”（Sturmtruppen）潜入而不是试图冲过对方的战壕的渗透战术。部队奉命绕过要塞据点，以便保持进攻势头。这是 1917—1918 年十分普遍的一种进攻策略。

抓丁入伍（impressment）：一种以强力（抓壮丁队）征用海军兵力的办法。抓壮丁队通常会说服人们加入海军服役，但必要时会使用武力。

包围（investment）：骑兵或龙骑兵对要塞发起的初步包围，它标志着围城的开始。一旦围城主力抵达，攻守双方的工事构筑随即展开，战壕的挖掘工作也随之开始。

詹姆斯二世党人（Jacobites）：支持信奉天主教的斯图亚特家族——苏格兰和英格兰昔日的统治家族——为英国王位合

法主张者的称詹姆斯二世党人。“雅各布斯”，即英格兰的詹姆斯二世（苏格兰的詹姆斯七世）在 1688 年的光荣革命中遭废黜，支持新教的威廉三世上位，詹姆斯二世党人开始流亡。他们与法国和其他外国君主结盟，从未停止叛乱，直到 18 世纪中叶他们的最后一次叛乱遭到粉碎。

雅各宾派（Jacobins）：共和派政治团体，最终发展成为法国大革命中最激进的派别。在丹东和罗伯斯庇尔的主导下，从 1792 年起，雅各宾派对革命进程的控制越发强劲。他们通过公共安全委员会实施恐怖统治，号召全民动员，宣称自己击退了入侵的君主主义军队，宣布要对欧洲的现存政府和统治规则发动革命战争。

札克雷暴动（*jacquerie*）：以叛军领袖的绰号“雅克·好人”（Jacques Bonhomme）命名的农民起义，第一次暴动发生在 1358 年，此后零星发生。像大多数农民军一样，“札克雷”们缺少凝聚力，没有战略规划和一个明确清晰的改革议程。他们因此遭到王室和贵族的野蛮镇压；面对农民武装叛乱这一共同敌人，王室和贵族选择搁置分歧一致对外。

耶尼切里军团（Janissary Corps）：源自土耳其语 *yeniçeri*（“新民兵”或“新军队”），是奥斯曼苏丹个人或王室亲卫部队（*kapıkulu askerleri*）中的精锐。最初的耶尼切里步兵包括被奴役的战俘，早期是步兵弓箭手，后来发展为一支一流的火器军团。从 1438 年开始，奥斯曼帝国通过德夫希尔梅（devşirme，“征募”之意）这一征兵制度，每年从其基督教臣民的男孩中募集兵丁。15 世纪 70 年代，耶尼切里军团的人数已有近万人，超过当时欧洲的所有宫廷卫队。他们不被允许从事商业活动，自幼时起便接受仅针对战争的训练，戴白色毡帽，以区别于穿红衣的奥斯曼正规军，耶尼切里是那个时代最专业、战术纪律最严明的部队。

回天（*kaiten*）：数种类型的自杀式船只，又称“人体鱼雷”。

宪兵队（*Kempeitai*）：日本的军事警察。他们管理着一个庞大的国内政治情报网。

坩埚（*Kessel*）：见“坩埚之战”。

坩埚之战（*Kesselschlacht*）：德国的一种包围作战理论，即对整个敌军发起同心圆式的机动包围，最终将其摧毁。在一次“楔与坩埚”（*Keil und Kessel*）行动中，机械化的装甲楔子冲破敌人的防线，随后由装甲掷弹兵在不断扩大的侧翼和后方提供摩托化步兵支援这种楔形构造的装甲兵阵形称为装甲楔形阵（Panzerkeil）。

国体（*kokutai*）：这一术语包含语言学、文化以及政治层面的多重含义。作为一种统一的民族意识形态，它以天皇的永久统治为中心，颂扬日本人的特殊美德，为1868年后明治天皇制度奠定了基础。在第二次世界大战期间，它通常指的是帝国主义日本的“家族国家”原则，天皇作为这个国家的神和人父处于其顶峰。保留国体是日本在1945年的投降谈判中提出且得到满足的一项条件。后来，国体一词被重新定义，有了一种更现代、更民主的形式。

统帅国王（*König-Feldherr*）：普鲁士的理想化的“战士-国王（warrior-king）”，它将政策和行动集合在一双手中，瞄准一个单一的目标。

战争金柜（*Kriegskasse*）：在现代经济和税收及经费制度出现之前，国家领导人和将军们储备大量箱子，用来存放支付战争经费的黄金和其他贵重金属。它是将军们存放“贡金”的地方。

兰瑟（*Landser*）：德国人对德军步兵的通俗称呼。

国土防卫军（*Landwehr*）：普鲁士的军事预备队，成立

于1813年。最初是一支独立于普鲁士陆军的本土防御部队；1914年毛奇将其并入挺进法国的主力部队。奥地利很晚才建立了一支国土防卫或后备军，但武装民众和少数民族这件事始终让其感到不适。

全民动员（*levée en masse*）：于1792年在法国推行的第一个现代全民征兵制度。它极大地扩大了共和国军的规模。

防线（Lines）：17—18世纪用以连接堡垒和设防城市，巩固阵地战防御的野战防御工事。它们包括通信和支援战壕以及主要的战斗战壕。其中距离太长的防段常常无人把守。

后勤（logistics）：为移动中的陆军（或海军）或一地驻军提供给养的问题和办法。在历史上的大部分时间里，甚至就东线德军而言在进入第二次世界大战之后，这都意味着征发、募捐、征用，以及其他在被占领地上生活的方式。后勤问题还涉及水和饲料。一匹马每日要消耗20磅以上的干草料或50磅的草。在20世纪前的大多数军队中，全部的乘马和挽马或驮马与人的比例是1 ∶ 2。一个普通士兵每日消耗3磅食物，但却携带65磅至80磅的装备、武器和补给。这就限制了士兵在开始行军时只能携带大约10天的口粮（30磅）。一匹驮马负重250磅，其中给驮马自身的饲料占了100磅。没有后勤支持，就没有军事行动的发生。在罗马时代，军事后勤被比作“战争的筋骨”。在第二次世界大战中，这意味着用以建立和维持投入战场的陆、海、空军所需一应物资的生产、供应和运输，包括从战术到作战再到战略的各个层面。从邮件、药品，到车辆、燃料、食物、鞋子、用于驮运和饲养的动物、弹药和人员，等等，都被包括在需要生产或运输的物品当中。后勤必然涉及对船舶、道路、桥梁、铁路、飞机、机场以及为了完成将人员、设备和物资运送到战场这一基本任务所需的所有其他运输条件的长期管理。将重型牵引车称为“原动力”的美国陆

军，可谓是在不经意间向后勤之神致了敬。

权力国家（*Machtstaat*）：将国家提升为一个具体化的有机整体，赋予其以道德力量和价值，且其价值远远超过任何一个公民的价值的做法，纳粹主义对此最为推崇。这种观点是纳粹呼吁极端民族主义，并鼓励纳粹党人和国防军军官支持其战争政策的基础。

弹药库（magazine）：沿着预期的行军路线预先准备的补给，通常会在边境地区停止，征发劫掠就从那里开始。

火绳枪机（matchlock）：一种被应用在早期火绳枪和手枪上的击发装置，早在1411年之前就已问世，但第一个可靠的军用版本是在1450年至1470年间出现的。这是火器自早期手炮起的第一次重大改进，早期手炮只是一种固定在木杆上带有点火孔的金属管。火绳枪机允许枪手在用双手稳定枪托和枪管的同时进行射击，而不再需要借用叉形支架或让另一个人将缓燃引线或烧红的金属丝放入点火孔内。几英尺长的缓燃火绳被夹具夹着，当蛇形夹杆被放下时，引线会随之落入一个装着引火药的药池内；放下蛇杆的动作最初需由人手完成，但后来扳机被发明出来，扣动扳机可以释放一个弹簧，蛇杆在弹簧的带动下，便可将引线送到药池中。引火药引爆枪管中的推进药，这便是早期枪支标志性的两步点火方式。枪机、枪托和枪管，是将原始手炮变成真正可以架在胸前或肩上瞄准和射击的枪支的三个关键部件，火绳枪机是其中之一。

物资（matériel）：同“战争物资”。战争所需的物质供应：枪炮、马车、炮弹、坦克和其他现代战争的必需品。

物资战（*Materialschlacht*）：物资的战争。德国人惧怕它，盟军（一战的协约国和二战的同盟国）则靠它取得胜利。

军政国境地带［*Militärgrenze*（*vojna krajina* 或 *vojna granica*）］：又称“军事边界”，是哈布斯堡与奥斯曼帝国接

壤的边境地带，是一个由塞尔维亚人和波斯尼亚瓦拉几人承担的军事义务区。在边界的另一边，奥斯曼同样雇用了当地的基督信徒部队，于是两个帝国就这样相互通过塞尔维亚人和波斯尼亚瓦拉几人打了数十年的代理人战争。军政国境地带逐渐拓宽，最终成为一道宽 20 英里到 60 英里、长 1000 多英里的带状地区。在 17 世纪，它被 90 个堡垒所包围，不过多数都很简陋原始，并非全副武装的炮兵堡垒。

破墙者（*Murbräcker*）：16 世纪至 17 世纪的攻城炮。它们在德意志的使用时间比其他地方要长久。炮管上常刻有夸耀其在摧毁防御工事方面的非凡威力，或是称颂其王室主人、表达宗教虔敬的文字。

滑膛枪（musket）：使用火绳或燧石击发装置的步兵火器。15 世纪中期，第一个燧石击发装置在德意志使用，但它在之后的 100 年里一直没有流行起来。大约在 1547 年，佛罗伦萨和瑞典出现了燧发枪的早期版本。法国制造出了更先进的燧发枪型号，但它们直到 17 世纪 40 年代才在法国以外的国家出现。17 世纪 60 年代，燧发枪的相关知识传遍整个欧洲。17 世纪 80 年代，在多数先进军队中——尽管后来其使用范围不断扩大——这一新式枪机已经开始取代旧的火绳枪机成为步枪击发装置的首选。

前膛枪（muzzle-loader）：所有通过枪口而不是通过末端或后膛装填的火药武器。

南进（*nanshin*）：日本帝国海军主张的侵略方向。

全民皆兵（nation-in-arms）：主要由征召兵组成的大规模军队。这一现象在法国大革命期间随着“全民动员”的发起得到首次清晰的呈现。该词在军事史上的含义不断拓展，用来表示最终导致全面战争的“全民战争”的唤起。

新模范军（new model army）：指的是几支以联省共和

国的军队为模板组建的早期现代军队，联省军队装备标准化武器，由拿骚的莫里斯操练排枪齐射战术。古斯塔夫·阿道夫按照荷兰模式改造的瑞典军队也被普遍认为是一支新的模范军队。在英国，根据议会法令在1645年2月17日组建的议会派军队也被称为新模范军，它遵循荷兰和瑞典的操练方式，并注入了清教徒的热情。它基本上是它的第一任指挥官托马斯·费尔法克斯（Thomas Fairfax）的作品。奥利弗·克伦威尔（Oliver Cromwell）负责指挥其中号称铁骑军（Ironsides）的骑兵部队。英王被处决后，得到军队拥护的克伦威尔成为事实上的独裁者。

歼灭战略（*Niederwerfungsstrategie*）：原文字面意义为“推翻战略”。这是一种与更为缓慢、有限的消耗策略相对的，为了快速和彻底取胜而倾尽所有的尝试。

肉弹（*nikudan*）：人体子弹。日本宣传用语，作为“民族精神”的一种表达，用来掩盖1904—1905年俄国机枪带来的大规模伤亡。之后所有的日本战争中都使用了这一表述。

内务人民委员部（NKVD）：Narodnyi Komissariat Vnutrennikh Del的缩写。1934—1954年包括大清洗期间的苏联秘密警察。在此之前，它被称为契卡（Cheka），然后被称为国家政治保卫局（OGPU），1954年更名为克格勃（KGB）。它曾在强制集体化过程中造成数百万富农的死亡，组建了督战队，处决逃兵，运作惩戒营和古拉格的强迫劳改营。

陆军最高司令部（OKH）：*Oberkommando des Heeres*，德国陆军最高司令部。随着“巴巴罗萨计划”的展开，国防军最高统帅部（OKW）被降格为德国南部和西部战线的监督机构，而陆军最高司令部则负责苏联或东部战线。1942年年底，蓝色方案失败后，这种划分变得更加明显。

国防军最高统帅部（OKW）：*Oberkommando der Wehrmacht* 的缩写，德国统管陆海空三军的最高统帅机构。它于1938年成立，当时希特勒肃清了反对其侵略战争计划的国防军高级将领。国防军最高统帅部本应致力于大战略的制定，但它从未成功过。从一开始，希特勒就把政治和军事权力统揽到了自己的身上，同时就作战问题进行协商，于是为他已经决定的事情制订计划变成统帅部的主要职能。统帅部因此失去了它的决策职能，沦为一个技术工种。从1938年到1945年，威廉·凯特尔是其中的关键人物。阿尔弗雷德·约德尔负责领导国防军作战参谋部（*Wehrmachtsfuehrungsstab*）。它为行动提供建议，直到战争后期希特勒接管了那些哪怕只是细枝末节的行动方向。由于空军总司令赫尔曼·戈林在希特勒那里以及在纳粹圈子里举足轻重的政治影响力，德国空军可以在很大程度上独立于最高统帅部，尽管这一状态在1943年至1945年的斯大林格勒战役之后有所减弱。

斜楔序列阵形（oblique order）：腓特烈的标志性战术，它首先让战线上薄弱的一翼后退（回缩），然后让其第二梯队的分遣部队绕着敌人的远处侧翼旋转行军包抄敌人。见“纵射炮火”、“纵射”。

樱花（*Ohka*）：由人操纵的喷气式导弹，是日本在1944—1945年使用的一种反舰自杀武器。MXY-7是一种20英尺长的火箭，机身由轻型铝材制成，机翼为木质结构，携带2600磅的炸药。机首可以穿甲，尾端有三枚火箭，推进速度可达每小时500英里以上。在作战时，樱花导弹被悬挂在一架陆基中型轰炸机的机腹下，它们一旦被投放，会在无动力的情况下滑行，直到飞行员射出短程火箭，它的速度将比任何飞机都要快。或者，它们也会在沿海岸线的悬崖边上的高架轨道上被发射。1944年，由自杀式飞行员组成的“神雷部队”获得批准。

飞行员会接受一次无动力滑行的训练任务。有6艘小型美国军舰被樱花攻击机击中，其中3艘被击沉。

战斗序列（order of battle）：有关组织部署、统筹指挥和（指挥官或国家在战争中）实际可用的作战单位的图表。一张军事资产列表。

东线陆军（*Ostheer*）：第二次世界大战中德国在东线战场上的军队。

行动（operations）：介于以小型作战单位为基础的战术与在战争中制胜（或落败）的战略之间的中间层次战事。它指的是大型作战单位的指挥和运动；所谓大型作战单位，具体到本书所涉及时期，指的是师、军、军团和集团军级作战单位。这是一个20世纪才出现的术语，但在军事史上对早期战事也有追溯性的使用。

越线（passage of Lines）：指调动一支军队使其通过戒备森严的边防地带（防线），见于17、18世纪。越线十分罕见，因此会被视为作战行为的巅峰、一次至高指挥才能的展示。

混战（pell-mell）：试图凭借单船或小支舰队赢得胜利的海上混战，后来被战列线和长期战术条例取代。尽管如此，它们有时还是会出现在较小规模的行动中。一次混战中，舰只会用尽全力以舰炮向敌人发起纵射，上面的船员和海军陆战队员则使用以回旋炮、手榴弹、滑膛枪、手枪为主的短程武器和轻型武器交战。

小战争（*petite guerre*）：*petite guerre*是17世纪的一个术语，同类战事在18世纪中期被称为“partisan war”，在19世纪初开始被称作“guerrilla war”[均为“游击战”之意（译注）]，包括非正规的战斗、侦察劫掠、收缴贡金、劫持人质、快速扫荡、烧毁庄稼和村庄、骚扰驻军、山口设伏，以及手段残忍的惩罚和报复行为。参与者使用多种武器，而且多数

精于机动和假动作。他们往往以龙骑兵的身份骑行，有时也与骠骑兵一马双骑。

胡子兵（*poilus*）：第一次世界大战中的普通法国士兵，包括列兵和军士，不包括军官。

国家理性（*raison d'état*）：等同于我们现在所说的“现实政治”（*Realpolitik*）或“国家利益”。

纵射（rake）：沿着敌军侧翼阵地或舰队战线发起的纵直射击，或者从一艘船的船头或船尾进行的射击。这样可以避免将自己暴露在排枪齐射或舷侧排炮中，同时发挥自己的最大火力作用于敌人。在野战中，这种理想的纵射姿态是众人追求的目标，但它极少能被实现。对抗一次相当规模的步兵纵射在欧洲各支军队当中同样是一件可以上升至军事技术乃至战术层面的事情。这就是腓特烈的斜楔序列阵形可以在一开始如此成功且声名远播的原因。

士卒（ranker）：列兵。普通军人，又称低等兵，或汤米、伊凡、胡子兵或者兰瑟。

泥季（*rasputitsa*）：俄国每年两次（春季和秋季）的“无路季节”。俄国西部的大部分土路和红土地在季节性降雨的浇灌下，变成一个齐膝深的泥潭，它会紧紧吸住脚上的靴子，折断驮马的腿，堵住军车的车轮和履带。就军事行动而言，泥季对战斗、后勤和战略时机的影响要远远大于更常被提起的俄国冬季。

回缩侧翼（refuse the flank or wing）：见“斜楔序列阵形”。

基督教共和国（*res publica Christiana*）：中世纪欧洲的一个概念，它既体现了罗马对继承拉丁基督文明遗产的自豪，也展示了对设想中统一、虔敬的基督共同体（“*Corpus Christianum*”）的信念，是两者相结合的产物。

复仇主义（revanchist）：试图扭转先前的失败并收复上次所失领土的政策。

日本陆战队（*Rikusentai*）：日本帝国海军之陆战队。他们是以2000人为一旅的旅级作战单位。他们的第一次行动是在1932年的上海；在那里，因为他们没能坚守阵地，导致源源不断的高度武装的日本陆军被迫投入战斗。1937年，他们在上海再次遭到国民党精锐部队的袭击。1940年，他们被改编为12个营级单位，每个单位约800—1200人，其中两个接受了空降作战的训练。他们在1941—1942年的百日攻势，包括在对苏拉威西、苏门答腊和帝汶岛的空袭中，发挥了重要作用。

统帅国王（*roi-connétable*）：中世纪法国的一个军职；不仅仅是军队的最高统帅，更接近代理统治者或国王副手的位置。

路盗者（*routiers*）：中世纪法国居无定所、贫穷无业、四处游荡，通过恐吓农民就地取给的雇佣兵帮派。

民族精神（seishin）：与这一时期的许多日本思想一样，开始时或多或少是一种善意的文化和爱国主义概念，但在20世纪三四十年代逐渐演变成恶意的日本民族优越论。它还助长了一种军事神秘主义，否认日本相对它与之对抗的大国的物质劣势。

冲击（shock）：以整个军事单位的重量和力量，直插敌人防线或方阵，给予其出其不意的致命一击。

西班牙重型火绳枪（Spanish muskets）：长6英尺，重至少15磅（更多时候是18—20磅），需要两人抬举和装填，只能依靠叉架或钩在墙上来瞄准和射击的早期火绳枪。它射出的弹丸（1.5盎司）有足够的力量击穿240码外的板甲，使之成为那个时代的反坦克武器。虽然这种冲击力大大超过了

其他任何飞弹武器，但西班牙重型火绳枪在其他几个方面都是极其糟糕的武器。它们太过笨重，而且准度糟糕，有效的狙击或瞄准距离很难超过50码。它们的装填和再装填难度大、耗时长，需要28个独立步骤完成重新装弹这一过程，因此射速极低。

钉炮（spike the guns）：早期的黑火药加农炮射速低下，射程有限，这些固有的弱点导致对手采取了一个简单而有效的反击对策：先让敌人开火，然后冲入对方阵地，压制对方炮兵。于是从15世纪初开始，人们开始采用一种被称为"钉炮"的额外预防措施。一旦火炮被攻占，铁钉就会被敲进火炮的点火孔，这是迅速让火炮失效的最可靠办法。这样一来，即使原主人收复了阵地，火炮也已失去作用。火炮的这一薄弱点需要投入更大规模的步兵队伍前去保护，作为回应对方会派出更多的人冲击炮阵，而这势必又会让防御一方增加兵力，如此循环升级。于是随着时间推移，军队用于保护或攻击火炮的兵力比例大幅增长，其中大部分用在了防守一方在火炮前挖壕沟或建造土墙和栅栏上。

破坏性进攻（spoiling attack）：攻击的目的是阻挠敌人正在筹备的进攻，破坏其准备工作，以免自己陷入被动局面，有时这样做甚至可以彻底捣毁对方的攻击计划。

常备军（standing armies）：长期职业部队，由君主或国家支付军饷、提供营房；它既不会在和平时期被遣散，也不像中世纪的军队那样受限于季节性的招募。到17世纪末，奥斯曼、莫卧儿和明朝都拥有比欧洲任一国家规模大得多的常备军。

国家理性（*Staatsräson*）：等于 *raison d' état*。

最高统帅部（*Stavka*）：*Stavka* 是 *Stavka Verkhovnogo komandovaniya* 的简称，俄军总司令部。1941年7月10日起，

它由斯大林领导，头衔是 *Verkhovnyi glavnokomanduyushchii*（VKG），即“最高统帅”。最高统帅部没有正式的会议。被任命者担任斯大林的军事顾问，但成员身份并不能反映谁是真正的掌权者。从 1942 年年中开始，高级军官计划并监督红军的所有重大行动，特别是在第一次哈尔科夫战役（1942 年 5 月 12 日至 29 日）的失败暴露了指挥和控制的基本问题之后。在战争的最后一个阶段的战局中，即 1945 年 8 月在中国东北地区对抗日本期间，最高统帅部将直接作战指挥权交给了协调三个集团军作战的远东司令部。

重心（*Schwerpunkt*）：也称聚焦点或压力点。克劳塞维茨的一个战略概念，在第一次世界大战前的德军中转变为一种作战理念，施里芬计划中强化右翼的做法是这一理念的体现。同样在第二次世界大战前，这一概念在德国的作战计划中演变为这样一种思想：压倒性的力量优势应用于敌人力量最为薄弱的决定性时刻。一旦敌人战线出现裂痕，德国装甲部队就会穿透其断裂的防线，并实现对其主力部队的包围，完成一场“歼灭战役”。若一系列这样的决定性战役能被串联成一场“歼灭战争”，德国就能避免在消耗性的比拼中失败。只有在这种遥远的意义上，这个术语才模糊地保留了最初克劳塞维茨赋予它的战略含义。

党卫军［SS（*Schutzstaffel*）］：党卫军分为一般党卫军（*Allgemeine* SS）和武装党卫军（Waffen SS），由海因里希·希姆莱领导。截至 1932 年年底，党卫军发展到了逾 5 万人，一年后超过 20 万人，此后规模更大。党卫军在执行纳粹政权最肮脏的任务时，特别行动队的行刑队在波兰游荡。从 1942 年起，它在专门建造的死亡集中营里监督了对数百万人发起的谋杀。它的女性成员在前线担任护士，负责通信和党卫军办公室的工作，以及担任营地守卫。

偷步（steal a march）：隐蔽地机动或使用诡计，以便留下侦察部队，偷得一天的行军时间，在两军之间拉开距离、造成混乱。

阵地战（*Stellungskrieg*）：它在后来的德国用法中，也含有陷入阵地僵局的意思。

高门（Sublime Porte）：译自奥斯曼土耳其语 *Bâb-ı âli*。奥斯曼帝国政府的外交和礼仪用语，取自通往君士坦丁堡中央政府机关楼群的门户，高门之内包括法院、外交部门，自 17 世纪起大维齐尔［帝国的执政首脑，相当于宰相（译注）］的宫殿也在其中。

随军商贩（sutlers）：拉着货物随军向士兵兜售物品的大军需商。随军商贩在中世纪和近代战争中扮演了重要角色，因为当时的士兵要负责自己的食物、衣物、武器和装备。这也成为近代军队的后勤系统中的一个常见特征，没有随军物资支持的军队是寸步难行的。

西班牙大方阵（*tercio*）：原文字面意思为“三”，源于西班牙方阵中常见的三分结构。它是 15—16 世纪西班牙体系中主要的步兵单位。

三国同盟（Triple Alliance）：（1）1668 年：英国、荷兰和瑞典联合抵抗路易十四和法国。（2）1882—1915 年：奥匈帝国、德国和意大利之间的秘密联盟，承诺在法国进攻时相互提供支援。但奥地利和德国不知道的是，意大利于 1902 年与法国签订了秘密的互不侵犯条约。1914 年，由于德国进攻了法国，因此意大利有拒绝接受三国同盟约定生效的合法权利。罗马转而加入了协约国，于 1915 年对德国和奥匈帝国宣战。

三国协约（Triple Entente）：一个定义较为松散的术语，用于指称 1907 年至 1914 年英国、法国、俄国三方合作，这一

合作也常被过于含混地称为“挚诚协定”（俄国和法国）。按照严格定义，这个术语更应用在1914年9月3日订立的正式军事同盟上。布尔什维克在1918年3月与德国单独签署和平协议，并否认了1914年的军事条约。

联合国同盟（United Nations alliance）：第二次世界大战中战胜了轴心国的武装同盟，它更广为人知的名字是同盟国。它的主要成员是美国、苏联和英国，还有一个名义上的第四大但距离遥远的成员中国，以及受伤严重的自由法国。此外，它还有许多较小的成员。

先遣部队（van）：海上：一支舰队中任何三个中队的领头舰支。陆上：军队中最重要的一个主力师；一支分三个部分行军的军队中的先头部队。

“骄兵必败”（victor’s disease）：原文字面意义为“胜利者的疾病”，获胜者相比失败者更难从战争经验中获得有益的教训，因此在如何赢得下次战争的问题上更易滋生自满情绪。军事保守主义的一个简略表达。

武装党卫军（Waffen SS）：Waffen作为前缀出现在一个作战单位的正式名称中时，意为“武装的”，但在最初也含有众多外来志愿者之意。所有德裔部队起初都被称为“党卫军师”（SS-Division）。不过，慢慢“Waffen”一词被用在了所有武装党卫军师的身上，大多数历史学家也都是这样使用的。武装党卫军逐渐成为意识形态上的以及战场上的冲击部队，并取得比国防军更好的运输、武器、人员和补给。武装党卫军的一些部队表现出明显的*Einsatzfreude*，即对战斗的热爱，反映出对意识形态热情的强调。它在1940年6月有10万人，1942年1月达到23万人，1944年6月达到594000人，并在1944年10月达到巅峰——共38个师，91万人。许多单位在那时已经支离破碎，人员和装备严重不足，在失败中苦苦支

撑。并非所有战争后期的党卫军都是志愿兵，尽管他们都必须满足严苛的身高和其他身体要求。

兵法（warcraft）：见“战争艺术”。

世界强国（*Weltmacht*）：德国关于成为世界一流大国，拥有帝国和全球支配力和影响力的设想和野心。

德国国防军（*Wehrmacht*）：包括陆军、空军、海军。在第二次世界大战的最后五个月里，它平均每月损失——含包括死亡、受伤、失踪、被俘在内的所有类型的军事伤亡——近40万人。

世界政策（*Weltpolitik*）：指19世纪90年代德意志帝国寻求成为世界一流强国的政策。它抛弃了俾斯麦的谨慎政策和大陆主义，不断对外，特别是对英国，发起刺激和挑衅。在1914年之前，它让人们相信，德国的未来需要与一个或多个大国进行军事对抗，因为德国正处于这些大国铁环的“包围”之下，它们是德国命运的拦路石。

西部军团（*Westheer*）：第二次世界大战中德国的西线部队。

1648年《威斯特伐利亚和约》[Westphalia, Peace of (1648)]：将结束三十年战争的政治安排写入条款的一系列条约。

叶若夫时期（*Yezhovshchina*）：斯大林时期最大规模的一次清洗运动，以内务人民委员部部长尼古拉·伊万诺维奇·叶若夫的名字命名，清洗从1936年持续到1938年。就在心甘情愿地充当完斯大林的热心刽子手之后，叶若夫和其他内务人民委员部高层官员也被清洗了。各界给出的受害者数目不尽相同，内务人民委员部提供的数字是不到70万人，而罗伯特·康奎斯特（Robert Conquest）所做的严肃的学术估计为近200万人。斯大林的大清洗运动作为一个整体可能已经夺

去1000万人的生命。后来，克格勃的一份报告称，斯大林时期共有2000万人被捕，其中700万人被枪决。算上清洗、人为制造的饥荒、内部流放，以及发生在古拉格群岛的奴隶集中营中的处决，斯大林杀害的人数也许达到了2000万—2500万人。

# 索　引

（索引页码为原书页码，即本书页边码）

图书在版编目（CIP）数据

会战成瘾：军事史上的野心陷阱 / (美) 卡塔尔 · 诺兰 (Cathal J. Nolan) 著；丘梦晨译. -- 北京：社会科学文献出版社, 2023.10

书名原文: The Allure of Battle: A History of How Wars Have Been Won and Lost

ISBN 978-7-5228-0984-7

Ⅰ. ①会… Ⅱ. ①卡… ②丘… Ⅲ. ①战争史－世界 Ⅳ. ①E19

中国版本图书馆CIP数据核字（2022）第230734号

本书地图系原书插附地图

会战成瘾：军事史上的野心陷阱

著　　者 / ［美］卡塔尔 · 诺兰（Cathal J. Nolan）
译　　者 / 丘梦晨

出 版 人 / 冀祥德
组稿编辑 / 段其刚
责任编辑 / 王玉敏
责任印制 / 王京美

出　　版 / 社会科学文献出版社 · 联合出版中心（010）59367151
地址：北京市北三环中路甲29号院华龙大厦　邮编：100029
网址：www.ssap.com.cn
发　　行 / 社会科学文献出版社（010）59367028
印　　装 / 南京爱德印刷有限公司

规　　格 / 开　本：889mm × 1194mm　1/32
印　张：30.375　字　数：760 千字
版　　次 / 2023年10月第1版　2023年10月第1次印刷
书　　号 / ISBN 978-7-5228-0984-7
著作权合同登记号 / 图字01-2017-8399号
审 图 号 / GS（2022）5067号
定　　价 / 168.00元

读者服务电话：4008918866

HELIOS
ASIA

ΑΡΤΕΜΙΣ
ΑΠΟΛΛΩΝ
ΖΕΥΣ
ΗΡΑ
ΗΕΛΛΑΣ
索·恩
历史图书馆
012